中华传统文化视角下的国际经济法

ZHONGHUA CHUANTONG WENHUA
SHIJIAO XIA DE
GUOJI JINGJIFA

王贵国 著

法律出版社
LAW PRESS · CHINA
北京

图书在版编目（CIP）数据

中华传统文化视角下的国际经济法 / 王贵国著. --
北京：法律出版社，2022
ISBN 978-7-5197-7026-6

Ⅰ. ①中… Ⅱ. ①王… Ⅲ. ①国际经济法-研究
Ⅳ. ①D996

中国版本图书馆 CIP 数据核字（2022）第 151294 号

中华传统文化视角下的国际经济法
ZHONGHUA CHUANTONG WENHUA SHIJIAOXIA DE GUOJI JINGJIFA

王贵国 著

策划编辑 李沂蔚 李 军
责任编辑 李沂蔚 李 军
装帧设计 鲍龙卉

出版发行 法律出版社
编辑统筹 法律应用出版分社
责任校对 王晓萍 王 皓
责任印制 刘晓伟
经　　销 新华书店

开本 710 毫米×1000 毫米 1/16
印张 51.75 **字数** 847 千
版本 2022 年 9 月第 1 版
印次 2022 年 9 月第 1 次印刷
印刷 永清县金鑫印刷有限公司

地址：北京市丰台区莲花池西里 7 号（100073）
网址：www. lawpress. com. cn
投稿邮箱：info@ lawpress. com. cn
举报盗版邮箱：jbwq@ lawpress. com. cn
销售电话：010-83938349
客服电话：010-83938350
咨询电话：010-63939796

书号：ISBN 978-7-5197-7026-6
定价：198.00 元

凡购买本社图书，如有印装错误，我社负责退换。电话：010-83938349

作者简介

王贵国

王贵国教授系浙江大学国际战略与法律研究院院长、文科资深教授；“一带一路”国际研究院院长；中华人民共和国最高人民法院国际商事法庭专家委员会委员；苏州市中级人民法院国际商事专家委员会主任委员；美国杜兰大学法学院Eason-Weinmann国际法与比较法荣休教授。王贵国教授曾在香港城市大学工作超过25年，历任法学院院长、中国法与比较法讲座教授、司法教育与研究中心主任等职至2015年离任。

王贵国教授现为香港世界贸易组织研究中心主席、比较法国际（海牙）科学院名誉院士、比较法国际（海牙）科学院香港委员会主席、中国国际经济法学会副会长等。王贵国有丰富的国际和国内仲裁经验，现为中国国际经济贸易仲裁委员会、北京仲裁委员会、香港国际仲裁中心、韩国商事仲裁理事会等仲裁机构的仲裁员。王教授曾在国内外期刊发表学术论文百余篇，并出版专著及其他著作20余部，包括*Sino-American Economic Exchanges: The Legal Contributions*、《国际贸易法律秩序》、《国际金融与银行法》、《发展中的国际投资法律规范》、《国际经济法》、《世界贸易组织法》、《国际贸易法》、*The Law of the WTO: China and the Future of Free Trade*、《国际货币金融法》、《国际投资法》、*Radiating Impact of WTO on Its Members' Legal System: The Chinese Perspective*、*International Investment Law: A Chinese Perspective*、《“一带一路”争端解决机制》（合编）、《“一带一路”沿线国法律精要》（合编，共11卷）等。

自　序

“道生一，一生二，二生三，三生万物。”《道德经》的这一名言道出了世间万事万物发生发展的规律，也成为道家宇宙生成论的基础。基于此，任何事物的发生、发展、灭失、变异都必遵循“道”。然而，我们仅说世间万事万物都须依“道”而生是不足够的，因为任何事物的成长也离不开“德”以及必要的条件和环境，故曰“道生之，德畜之，物形之，势成之”。用冯友兰先生的话讲就是，所有的事物都是由许多分子所构成，而这些分子要构成某一事物必须依照构成该事物的基本规律；合乎此规律者便是道德的，反之则是不道德的。这也许是对“德畜之”最切中的解读。事物的发生发展除了必须依照构成该事物的“道”和“德”以外，还必须有相应的物质分子及必要条件的配合。如制造半导体芯片不仅需要发现相关的科学技术（“道”），遵循制作芯片的规律（“德”），而且还要有制作芯片的原材料（“物”）以及必要的工艺和工具等（“势”）。只有当这些条件全部具备时，相关的事物才会出现（发生）、成长、变异或消亡。儒家的“有物必有则”说的也是此等道理。

国际经济法也必须遵循其“道”和“德”，也需要相应的“物”和“势”。作为国际社会的法律规范，国际经济法的“道”和“德”是为了实现某些目标并具有法律的基本特征。作为国际法律秩序的一部分，国际经济法的目标应与《联合国宪章》的总体目标，即实现人格尊严和世界和平相一致，并按实现此目标的规律发展、壮大、修订。在此过程中，国际经济法的内容（“物”）必依其所依赖的基础和情势（“势”）的演变而改变。国际经济法之所以需要不断发展、修订是因为与之相关的情势会不断发生变化。国际经济法的基础是经济全球化，然全球化不会，也不可能一直向前发展，必有高潮和低谷，必有动力和阻力。用道家的话说就是“万物负阴而抱阳，冲气以为和”。易言之，全球化的正反作用力使国际经济法不断调整,以适合国际社会的发展。当反作用达到一定程度时,国际经济法便会有继续前进的动力,正所谓“反者道之动,弱者道之用。天下万物生于有,有生于无”。

国际经济法的目的是实现人类社会的人格尊严和世界和平,代表了人类的共同价值,从而也应该反映具有不同文化、不同历史和不同习惯国家的价值。华夏文化是世界的主要文明之一,源远流长,对人类的发展做出了巨大的贡献。华夏文明或曰中华传统文化,至今仍对中国政府的决策和决定、对华人社会的生活有着直接、重要的影响。基于此,我们认为,作为世界主要文明之一的中华优秀传统文化对国际经济法的发生和发展有不可替代的直接和间接作用。

当代国际经济法的特点之一是国际法律规则与内国法的相互作用,即内国法原则和规则的国际化以及国际法律规则的内国法化成为趋势。许多内国法的原则和规则不断被纳入多边条约和双边投资协定及自由贸易协定等;世贸组织的专家组和上诉机构、国际投资仲裁庭等在解释、适用国际法律规则时除相互引用对方的裁定外,亦常援引国际法院的判决,而在此过程中内国法的原则经常成为其作出决定的基础。此循环的结果是国际判例法成为事实,成为解释国际条约规则必须参考的内容。这使国际规范进入内国法有了两个渠道:一是条约的强制性规定;二是国际判例法。内国法规则的国际化和国际法律规则的内国法化的过程可简称为法律全球化,而参与法律全球化的深度和广度便成为衡量一个国家的软实力及国际话语权的标准。

作为文化历史悠久、国际经济和政治影响力日升的国家,中国应如何提高自己的国际话语权和软实力成为不可回避的问题。长期以来,我们更多地是以接受者的姿态,主动吸收、接纳已生效的国际原则、惯例和规则。随着国家总体实力的不断提高,每个中华儿女均应考虑如何更多地为世界做出贡献,包括为国际经济法的发展尽一份责任。我们认为,可供参考的一个方法是以中华传统文化的精粹为基础,分析、解释、充实、改进当代国际经济法,使之更符合实现其总体目标的需要和要求。本书的目的便在于此。故本书的分析方法主要是以《道德经》和冯友兰先生的《新理学》为基础,在评价国际经济法的原则和规则及其适用方面,则借鉴《大学》《中庸》《论语》《孟子》《诗经》等的相关论述。

本书分为11章,内容包括:国际经济法的性质和特征;主权权力及限制;最惠国待遇;国民待遇;国际贸易秩序;国际投资秩序;国际金融秩序;网络空间之国际法律秩序;国际公共卫生秩序;国际发展法;国际经济法走势前瞻。

就研析方法言,本书尝试以中华传统文化作为价值取向和标准,分析相关的国际经济法问题;在分析的过程中,着重国际法律原则和规则的实际适用及其内在和外在的原因(法理、历史、经济、地缘政治等),涉及的资料包括国际法院的判决、世贸组织专家组和上诉机构的报告、国际投资仲裁庭的裁决以及一些国家法院的判决等,分析的重点为这些报告、判决、裁决的法理依据、影响、问题及可改进之处等。此外,为求分析和结论的客观性、合理性、公正性,本书尽力博采世界各国学者的观点,包括与作者相同、相近和相反的观点。

以中华传统文化为视角研析国际经济法的相关问题就本人而言是一个新的尝试,且本书所涉及的很多议题,如网络空间、公共卫生等,均属较新的课题,把握不当属意料之中。事实上即使是对较为传统的议题之讨论,错误和谬误亦在所难免。然古人云,"天下难事必作于易;天下大事必作于细";"不积跬步,无以至千里;不积小流,无以成江海"。承有先圣的教诲壮胆,本人不吝粗陋,从易事小事做起,抛砖引玉,以求教于同仁。

本书在写作和出版过程中得到浙江大学国际战略与法律研究院、浙江大学光华法学院、法律出版社的鼎力支持。法律出版社张雪纯先生、冯雨春女士和李沂蔚女士等为本书的编辑、出版倾尽心力、兢兢业业,展现了高水平的专业知识和技能。对这些机构、个人以及多位无法一一列举的人士,深致谢忱。

王贵国

2022年8月29日

CONTENTS 目　录

第一章 国际经济法的性质和特征

第二章 主权权力及限制

第十章 国际发展法

第十一章　国际经济法走势前瞻

第一章　国际经济法的性质和特征

人法地，地法天，天法道，道法自然。

（道德经第25章）

自第二次世界大战结束以来，各国在经济方面的相互依赖关系不断深化，经济全球化的程度不断提高使得作为全球化法律秩序的全球治理无论从形式还是内容都发生了深刻变化。这些变化的基础和前提是：20世纪80年代末和20世纪90年代初苏联和东欧集团解体，从而导致冷战结束，以及原东欧集团国家和中国等开始实行市场经济制度。尽管各国实行的市场经济在市场导向、政府参与等方面不尽相同，但仍然使国际社会主要成员可以在相同的经济环境下合作：如世界贸易组织（以下简称世贸组织）的基础是市场经济，其成员资格的基本条件便是实行市场经济制度。在国际社会绝大多数成员均实行市场经济的情况下，世贸组织涵盖了所有主要经济体，[1]从而也成为经济全球化的重要标志。世贸组织的成功同时促进了区域性和双边经贸合作安排的达成。这些协议和安排一方面促进了经济全球化的发展，另一方面实质上改变了传统国际秩序，包括发达国家间、发达国家和发展中国家、企业与国家政府（包括外国政府）以及企业与企业间的深度相互依赖关系，还包括对国家主权权力行使的限制。面对国际经济秩序或者说全球治理的前述发展，有些国家主张贸易保护主义和单边主义，另外一些国家则主张自由贸易和多边主义。国际环境的变化使得原来并不特别重视国际经济法发展的一些西方学者开始深入研究全球化对国际经贸法律秩序的影响，包括国际公法与国际经济法的关系，自由贸易协定、双边投资协定以及世贸组织的执行机制以及国际经济法

〔1〕 至2022年2月，世贸组织有成员164个，涵盖所有主要经济体。参见https://www.wto.org/english/thewto_e/whatis_e/tif_e/org6_e.htm（2019年2月21日访问）。

的概念、渊源、基本原则、内涵与外延等。

实践中,国际经济法学界和实务界依然受西方发达国家,特别是普通法国家的法律文化、法律价值、法律思维的影响。例如,具独创性的法学理论还是由欧美的学者主导。世贸组织、国际商事和投资仲裁所用的程序规则、诉讼技巧、裁决标准等无不将普通法的相关规范和做法奉为圭臬。

在全球化的过程中,随着自身经济体量和质量的提高,中国从原来的普通参与者,逐步成为全球治理的积极参与者和引领者。由中国主导的"一带一路"倡议之提出和推进、亚洲基础设施投资银行的成立为标志。全球化的深化必然对世界格局产生深远影响,必然要求对现有的国际秩序,包括国际经济法作出必要的调整。如何完善此调整是摆在所有理论和实务工作者以及决策者面前的责任。中国是一个历史悠久并有优秀文化传统的国家。中国传统文化蕴含丰富的治理理念和哲学,可对全球治理的调整作出巨大贡献。基于此,本章以中国传统文化为基础,从中国哲学的维度,参照冯友兰先生新理学〔2〕的分析方法研究国际经济法的基本理论问题。

新理学理论观点之一是"有物必有则",即任何事物之存在必有其赖以存在的规则。故此,国际经济法的产生、发展亦必有其前提条件并遵循一定的规则。新理学的研究方法在于,人们可根据国际经济法产生和发展的条件、现存的规则与原则,预测其在全球化的大势中之可能发展。

一、国际经济法的类与性

新理学认为"有物必有则,一物必有一理"〔3〕。具体言之,"人物之生,必禀此理,然后有性;必禀此气,然后有形"〔4〕。所谓"则"即是"理",也就是规

〔2〕 冯友兰先生指出新理学"大体上是承接宋明道学中之理学一派",但其与宋明以来的理学有"大不相同之处"。这是因为新理学是"接着"而不是"照着"以前的理学讲。参见冯友兰:《新理学》,载刘梦溪主编:《中国现代学术经典——冯友兰卷》(上册),河北教育出版社1996年版,第4页。

〔3〕 参见冯友兰:《新理学》,载刘梦溪主编:《中国现代学术经典——冯友兰卷》(上册),河北教育出版社1996年版,第38页。

〔4〕 冯友兰:《新知言》,载刘梦溪主编:《中国现代学术经典——冯友兰卷》(下册),河北教育出版社1996年版,第883页。

则。任何事物之存在必有其之所以存在之理,即必须遵照该事物产生、存在的规则。例言之,有方的物,必有方的物之理,方的物之所以为方必依方之理或曰规则。扩而言之,一种或一类物,必"有一种物之理。一种事有一种事之理,一种关系有一种关系之理"[5]。鉴于一物可能属于多过一种或一类事,同时一种或一类事可能属于多过一个较大的种类,则任何一种事物或一种关系的存在所依照的并非一个理,但在诸理中会有一个主要的理,主要的理便能反映其主要的性,也就是其应主要属于何类。处于同一类的事物必"皆依照一理。虽皆依照一理,而又各有其个体"[6]。如果个体与个体之间的差异较大,即在一定程度上可以自成体系,则每个个体便可形成一个分类。分类下面还可有次分类,并依此类推。基于此,当观察国际经济法时,我们必须首先分析其是否为法律,即是否具有法之性,是否属于法的一类,然后方可考察其是否可自成体系,构成法律的分类或次分类。

(一)类与性

根据新理学,某一种事物是否可以归入某一类,取决于其是否具有该类的性。一种事物的性反映其所依照的理,鉴于任何事物均会依照超过一个理,故每一种事物都有一个以上的性。在每一种事物的诸性中必有一主性,从而可以表现相关事物属于哪一类,此即为义理之性。"义理之性即是理,是形上底,某一类事物必依照某理,方可成为某一类之事物。某一类之事物,于依照其理,即其义理之性,而成为某一类之事物时,在实际上必有某种结构,能实现某理者。能实现某理之某种结构,是实际底,形下底,即是此种事物之气质或气禀。"[7]因此,只要某事物属于某一类,该事物便会或多或少地反映该类事物之理,具有该类事物之性,反映的程度越高越能证明其确属该类。依此观察国际经济法,我们首先要分析其是否具有法律的性质,从而确定其是否属于法

---

[5] 冯友兰:《新理学》,载刘梦溪主编:《中国现代学术经典——冯友兰卷》(上册),河北教育出版社1996年版,第33页。

[6] 冯友兰:《新理学》,载刘梦溪主编:《中国现代学术经典——冯友兰卷》(上册),河北教育出版社1996年版,第43页。

[7] 冯友兰:《新理学》,载刘梦溪主编:《中国现代学术经典——冯友兰卷》(上册),河北教育出版社1996年版,第87页。

律一类。

义理之性所表现的是相关类别的事物之理。但在现实生活中,几乎没有任何事物可以完全合乎其理。这是因为每一事物都有一个以上的性。从这个意义上讲,每一事物仅可以在一定程度上附合其所依照的理。因此,当讲某事物所依照的理时,我们必须区分该事物所应达到的理的程度和实际达到的程度。应该达到的程度,用冯友兰先生的话说就是“本然底标准”,即“义理之性”。而实际达到的程度则可称为“实际的标准”。[8] 有了衡量某事物已然达到的理的程度便可证明该事物是从低级向高级发展还是从高级向低级退化,是从较不近于其理到较近于其理,还是从较近于其理到较远于其理。任何事物的实际标准发生重大变化便可能脱离其所属的类而变为他类事物。事物的这种嬗变是无穷无尽的。但事物的嬗变并非周而复始,了无新意。这种嬗变有时可以是“循环底日新”,有时可以是“进退底日新”、“损益底日新”或“变通底日新”。[9] 当然,考察某类事物的实际标准时,人们必须以该类的分子为基础。“若一类中之实际底分子,其新者皆较其旧者为近于其理,即更依照其理,则此类之事物,是进步底。若此类中之实际底分子,其新者皆不较旧者为近于其理,则此类之事物是停滞底。若此类中之实际底分子,其新者皆较旧者为更不近于其理,则此类之事物是退步底。”[10] 就国际经济法而言,其分子就是其所包含的规则和原则以及这些原则和规则的适用范围和实际执行情况。从国际经济法分子的变化,我们便可确定其是在接近法的理还是在远离法的理。

根据新理学的分析方法,“若把一特殊底事物,作为某一类之例观之,我们固可说此特殊底事物所有之许多性质中,哪些是主要底,哪些是偶然底。但若把一特殊底事物作为一特殊底事物而观之,则此特殊底事物,无论其为何事物,皆是一五光十色底‘全牛’。于此五光十色中,我们不能指出哪些是其主

[8] 冯友兰:《新理学》,载刘梦溪主编:《中国现代学术经典——冯友兰卷》(上册),河北教育出版社1996年版,第93页。

[9] 冯友兰:《新理学》,载刘梦溪主编:《中国现代学术经典——冯友兰卷》(上册),河北教育出版社1996年版,第76-83页。

[10] 冯友兰:《新理学》,载刘梦溪主编:《中国现代学术经典——冯友兰卷》(上册),河北教育出版社1996年版,第77页。

要底性质,哪些是其偶然底性质"[11]。易言之,只有当我们将特殊事物放在其所属的"类"中分析,才可以发现其在该类中所处的地位,即其一方面属于该类另一方面亦不完全同于该类的其他事物。例如,如果国际经济法是法律,其必有法律的性质,必符合法律的某些理;同时,其作为法律的一特殊事物或分类,尽管其自身不乏五光十色,但其必具有法律的基本性质和特征。不言而喻,在分析国际经济法是否法一类之前,首先需确定法为何物。

(二)法之性

法或法律是相关社会的上层建筑的组成部分,但关于如何界定"法"众说纷纭。有人认为,"在与人类社会相关的问题中,没有几个像'什么是法律'的问题般不断被提出,并且有严肃的思想家们以各式各样的、奇怪的甚至是反论的方式回答"[12]。该作者甚至认为其他任何独立学科的研究也未发生过此类现象,即使不考虑古代和中世纪人们对法律的"性"之推测,而仅关注近 150 年的法学理论亦如此。[13] 关于什么是法的问题不易回答只是说答案可能不同,但并非不能回答亦非无人回答。古希腊哲学家亚里士多德(Aristoteles)认为法律是"规章,执政者凭它来掌握他们的权力,并借以监察和处理一切违法失律的人们"[14]。

美国社会学法学创始人庞德(Roscoe Pound)认为"'法'(law)的一种意义是指裁判的权威基础,或为其指导的总体,由法庭所适用,为政治团体的力量所支持,成为行为的规律或指导,并供法律顾问以建议及预言的基础。但就法律制度的意义而言,'法'不仅指各种法的总体。在法律发展的早期,囿于细腻的条规外,并无其他东西。而成熟的社会经济秩序有更多要求,他们要求法与诸法一样。因为法予诸法以生命,并使他们能成为实现正义的有效工具。法指点我们如何去弥补诸法里的罅隙"。[15]

---

〔11〕 冯友兰:《新事论》,载刘梦溪主编:《中国现代学术经典——冯友兰卷》(上册),河北教育出版社 1996 年版,第 217 页。

〔12〕 H. L. A. Hart, *The Concept of Law* (3rd Ed.), Oxford Press,2012,p. 1.

〔13〕 H. L. A. Hart, *The Concept of Law* (3rd Ed.), Oxford Press,2012,p. 1.

〔14〕 [古希腊]亚里士多德:《政治学》,吴寿彭译,商务印书馆 1996 年版,第 178 页。

〔15〕 此系庞德于 1946 年 7 月 12 日提交的"改进中国法律的初步意见"中提出。参见王健编:《西法东渐——外国人与中国法的近代变革》,中国政法大学出版社 2001 年版,第 61 页。

新自然法学派的主要代表富勒（Lon L. Fuller）给法律下的定义是“使人的行为服从规则治理的事业”。[16] 纯粹法学的创始人凯尔逊（Hans Kelsen）认为法律是“人们行为的命令”，是“具有强制力的命令”；而“行为”亦包括“不行为”。[17] 易言之，法律作为人们行为的命令，规范了哪些行为当为，哪些行为不当为。总体言之，西方学者大多认为法律应为那些获得普遍服从的规则。[18]

卢梭亦认为法律具普遍性，只考虑臣民的共同体以及抽象的行为，而绝不考虑个别的人以及个别的行为。基于此，法律可以规定某类人可享有什么权利或承担何种义务，但不可以规定某人应享有何种权利或承担那些义务。[19]

纽黑文学派主张采用性质上属于人类学领域的研究方法，认为法律是一个持续的决策过程，而这种决策包括权威性和控制性两种。权威性的决定（法律）需由权力机构颁布，但相关权力机构可能并不一定要强制执行这些决定或法律。与此同时，一些规范尽管没有“法律”的标签，但对社会成员具有拘束力；此即控制性决策或法律。[20] 事实上，纽黑文学派并不轻忽法律的权威性，而是试图区别哪些规则实际上有拘束力（无论其是否以正式法律规则的形式出现）以及哪些正式的法律规范实际上得不到执行。为达此任务，纽黑文学派提出了一套系统，从参与者、角度、条件、资源（权力基础）、技巧和结果等方面分析法律的过去与将来。纽黑文学派认为，任何决策过程都涉及两种决策——且是频繁的决策。一是任意决策，即依强权和力量作出。二是由具法定权力者作出的决策。“这种决策符合社会成员的期望值，其形成系经

〔16〕 Lon L. Fuller, *The Morality of Law*, Yale University Press, 1977, p. 106. 转引自沈宗灵主编：《法理学》，高等教育出版社 1994 年版，第 77 页。

〔17〕 Hans Kelsen, “The Concept of Legal Order” (translated by Stanley L. Paulson)，参见 https://academic.oup.com/ajj/article-pdf/27/1/64/7290065/ajj-27-64.pdf（2022 年 2 月 21 日访问）。

〔18〕 如亚里士多德在论述法治时便曾说：“法治应包括两重意义：已订立的法律获得普遍的服从，而大家所服从的法律又应该本身是制定得良好的法律”。参见［古希腊］亚里士多德：《政治学》，吴寿彭译，商务印书馆 1996 年版，第 199 页。

〔19〕 ［法］卢梭：《社会契约论》，何兆武译，商务印书馆 1980 年版，第 50－51 页。

〔20〕 纽黑文学派将这种规范称为“操作规范”，相对于正式法律和“神秘制度”，参见 W. Michael Reisman, *Folded Lies: Bribery, Crusades, and Reforms*, The Free Press, 1979, p. 15－36。

过法定的程序，有充分的基础，并对已形成的管理状态进行有效的保护。”[21] 本质上，权威决策“系由精英作出；该决策首先于较小的社会形成，然后再由精英们将之用以寻求和保护其共同利益”[22]。为了使之符合社会的整体目标，前述两种决策会持续作出及交替作出，并不断修改或完善。纽黑文学派认为权威决策应在一定意义上包括“所有实际影响社会流行和被社会流行影响的所有参与者，即应具有普遍性；在符合经已确立的社会政策的特定结果上，更加理性；在耗费社会资源的意义上，更具经济性；在将潜在的不同主张纳入社会公共利益方面，更具兼容性”。[23] 权威决策为相关社会的宪制程序。总体而言，纽黑文学派强调规则的实际效力和制定规则的过程，并将具实际效力的规则和其他规则加以区别。

中国学者认为，“在任何社会内，法律之所以为法律，必然由于它表现一种行为规律，关系于公共利益，必须普遍遵行，虽则大多数人能够了解它的妥当性，而愿意遵守，依然难免少数人的玩忽违背，实际上非有一种外在的强制力和法规范结合在一起，不足以确保其效力，纵令系国家组织尚未确立的社会，这种外在的强制，也是不可或缺，它同样地为这个社会所确认，而且为这个社会以内的各分子所接受，和政治权力集中的国家社会比较起来，有所不同，无非是运用强制力的机构不甚健全，或是分散不集中而已”[24]。严复关于法的论断是：“盖在中文，物有是非谓之理，国有禁令谓之法，而西方则通谓之法，故人意遂若法理同物，而人事本无所谓是非，专以法之所许所禁为是非者，此理想之累于文字者也。中国理想之累于文字者最多，独此则较西方有一节之长。西方‘法’字于中文有理、礼、法、制四者之异译。”[25] 严复的观点显受先贤对法律论断之影响。如管子便认为：“法者，所以兴功惧暴也；律者，所以

---

〔21〕 Harold D. Lasswell and Myres S. McDougal, *Jurisprudence for a Free Society: Studies in Law*, Science and Policy, New Haven Press, 1992, p. 142.

〔22〕 Harold D. Lasswell and Myres S. McDougal, *Jurisprudence for a Free Society: Studies in Law*, Science and Policy, New Haven Press, 1992, p. 142.

〔23〕 Harold D. Lasswell and Myres S. McDougal, *Jurisprudence for a Free Society: Studies in Law*, Science and Policy, New Haven Press, 1992, p. 161.

〔24〕 韩忠谟：《法学绪论》，韩忠谟基金会1997年版，第19页。

〔25〕 ［法］孟德斯鸠：《孟德斯鸠法意》（上册），严复译，商务印书馆1981年版，第2－3页。

定分止争也;令者,所以令人知事也。法律政令,吏民规矩绳墨也。"[26]显然,中国古代先贤强调的是法律的实质内容和作用,而不是某种事物被冠以法律之名。关于中国古代的"礼"是否具有西方国家"法"的效力,张国华教授曾说:"西周的'礼'其实就是西周调整贵族内部和同族平民关系的'法'……只是在西周不叫'法'或'法律',而名之曰'礼'。"[27]

"礼"乃"天之经也,地之义也,民之行也。"[28]确实,在古代的中国礼是人们普遍遵行的规则。以礼为表现形式的行为规范可谓包罗万象、无所不及。礼之博大宽泛体现在《礼记》的表述中:"道德仁义,非礼不成;教训正俗,非礼不备;分争辩讼,非礼不决;君臣上下,父子兄弟,非礼不定;宦学事师,非理不清;班朝治军,莅官行法,非礼威严不行;祈祷祭祀,供给鬼神,非礼不诚不庄。是以君子恭敬撙节退让以明礼。"[29]梁启超先生对法家的形成进行研究后,认为礼不仅为人们的行为确立规范,而且为法治奠定了基础,"法家成一有系统之学派,为时甚晚,盖自慎到、尹文、韩飞以后。然法治主义则起源甚早。管仲、子产时确已萌芽,其学理上之根据,则儒道墨三家各有一部分为之先导"[30]。

梁启超的"法治主义"放在"礼"中就是"礼义"或曰"礼之义"。用朱熹的话说"礼义"就是能体现"礼"的性者,是"礼"之"理"。[31] 而要使"礼"能尽其性,能充分实现其"理"或较为接近其"理","礼"的内容便需与时俱进,不断更新。具体言之,"夫礼,必本于大一,分而为天地,转而为阴阳,变而为四时,列而为鬼神。其降曰命,其官于天也。夫礼必本于天,动而之地,列而之事,变而从时,协于分艺,其居人也曰养,其行之以货力、辞让:饮食、冠昏、丧祭、射御、朝聘"[32]。孔子所讲的"夫礼,先王以承天之道,以治人之情;故失之者死,

---

[26] 《管子·七臣七主》。

[27] 张国华主编:《中国法律思想史(一)》,山西人民出版社1994年版,第13页。

[28] 《左传》"昭公二十五年"。

[29] 《礼记·曲礼》。

[30] 梁启超:《饮冰室合集》(第7册),中华书局1989年版,第12页。

[31] 朱熹言"礼记要兼仪礼读,如冠礼、丧礼、乡饮酒礼之类,仪礼皆载其事,礼记只发明其理。读礼记而不读仪礼,许多理皆无安著处"。见《朱子语类·卷八十七》。

[32] 《礼记·礼运》。

得之者生”[33]亦说明了此点。

不难看出,中国古代的“礼”就是现在人们所说的法。甚至古代的儒家和法家在此方面也没有严格的分野。梁启超曾云:“儒家固甚尊人治者也,而其所以尊之者,非以其人,乃以其法。盖儒家崇拜古圣人者,谓古圣人为能知自然法,能应用自然法以制人定法也。故儒家者非持简单肤浅的人治主义,而实合人治法治以调和者也。”[34]当然,中国人更崇尚王道而非霸道。是以孟子曰:“以力假仁者霸,霸必有大国;以德行仁者王,王不待大;汤以七十里,文王以百里。以力服人者,非心服也,力不赡也;以德服人者,中心悦而诚服也,如七十子之服孔子也。”[35]如果一定要区分儒家和法家对法律的认识,恐怕儒家更重视法的精神,而不是形式。再有,古代人将法的意思局限于刑律,故有时予人以儒家排斥法的假象。

人们经常援引孔子的“道之以政,齐之以刑,民免而无耻;道之以德,齐之以礼,有耻且格”[36]作为儒家轻视法的证据。然朱熹认为“圣人之意,只为当时专用政刑治民,不用德礼,所以有此言。谓政刑但使之远罪而矣;若是格其非心,非德礼不可。圣人为天下,何曾废刑政来”[37]。依照朱熹的说法,“道之以德”就是以德“感人之善心”。然而,“若不着礼以为之规矩,如何齐得它。须以礼齐之,使贤者知所止,不肖者有所跂及”[38]。而“格”,“是合格、及格之‘格’,使人之合法度而已”。朱熹进而言之,“为政以德,非是不用刑罚号令,但以德先之耳。以德先之,则政皆是德”。[39]或可说,中国古代的礼和法非但不是对立的,而是互为协调和补充者。基于此,儒家的礼即法之主张是符合中国的实际情况的,否则,具有五千年历史的中国是基于何规则管理的便为不可知。

事实上,任何社会的形成、延续和发展都需要一套调整社会成员关系、规范其行为的准则,且此类规则需随社会的发展而改变。对此墨家认为,“古者

---

[33] 《礼记·礼运》。

[34] 梁启超:《饮冰室合集》(第2册),中华书局1989年版,第72页。

[35] 《孟子·公孙丑》。

[36] 《论语·为政》。

[37] 《朱子语类·卷二十三》。

[38] 《朱子语类·卷二十三》。

[39] 《朱子语类·卷二十三》。

民始生未有刑政之时,盖其语人异义;是以一人则一义,二人则二义,十人则十义;其人兹众,其所谓义者亦兹众。是以人是其义,以非人之义,故交相非也。是以内者父子兄弟作怨恶,离散不能相和合。天下之百姓,皆以水火毒药相亏害……天下之乱,若禽兽然。夫明乎天下之所以乱者,生于无政长,是故选天下之贤可者,立以为天子"〔40〕。这也许就是柏拉图所主张的"贤人政治"。但是,"要使事物合于正义,须有毫无偏私的权衡;法律恰恰正是这样一个中道的权衡"〔41〕。中国古代的礼就是西方人言及的法律。正是有礼的约束,有礼作为人们行为处事的标准,社会才能得以有序发展,包括改朝换代的大变革。

我们说遵守法律和违反法律都是就其相关的社会而言。根据新理学,"一种行为,无论其为个人底或团体底,若不站在其所属于之社会之观点看,则无所谓道德底或不道德底……不承认国之上有更高底社会者,以为国家之行为,不入于道德底判断之内。盖国之上既无更高底社会,则国之行为,无所谓合乎一社会所依照之理所规定之基本规律与否,所以亦无所谓道德底或不道德底。凡以为国之行为,可以是不道德者,皆系从一超乎国之上之另一较高底社会之观点说"〔42〕。故此,只有在一具体的社会之内,在统一的规则之下,才有所谓合法和违法。

如果把一个大的社会的每一个分子作为一个独立的整体逐一考察,我们就不难发现,在某个分子中合乎法律的事物很可能不符合大的社会的法律规定。盗亦有道的核心即为此:"跖之徒问于跖曰:'盗亦有道乎?'跖:'何适而无有道耶?夫妄意室中之藏,圣也;入先,勇也;出后,义也;知可否,知也;分均,仁也。五者不备,而能成大盗者,未之有也。'由是观之,善人不得圣人之道不立,跖不得圣人之道不行。"〔43〕国际社会和国家社会的情形亦然。某种事物照国际社会的规则和标准是不合法的或不道德的,但依照某国自己的规则和标准则可能既是合法的又是道德的。这是因为国际社会和国家社会所依照的法的理不同,也即国际社会和国家社会具有不同的性。故此,法之性一定与

---

〔40〕《墨子,尚同上》,载《诸子集成》,团结出版社 1996 年版,第 62 页。

〔41〕[古希腊]亚里士多德:《政治学》,吴寿彭译,商务印书馆 1996 年版,第 169 页。

〔42〕冯友兰:《新理学》,载刘梦溪主编:《中国现代学术经典——冯友兰卷》(上册),河北教育出版社 1996 年版,第 117 页。

〔43〕《庄子,祛箧》,载《诸子集成》(第 3 卷),团结出版社 1996 年版,第 187 页。

其所处的社会直接相关，而诸法之制定和形成，实施方式与方法，强制性的力度或曰法律的效力，执法机构的组成模式等均会因其所处的社会不同而异。

基于前述，法或法律以及具有法律效力的古代的礼之最主要性质是其强制性和普遍适用性。用著名法学家奥斯汀（Austin）的话说，就是“对某种行为或不行为具有普遍约束力的命令，才是法律”[44]。说法律应具有强制性和普遍适用性并不是说法律必然为所有人遵守。有的法律在颁布之初无法得以执行，甚或要数年乃至数十年或更长时间才得以实施。甚至有些法律在制定之初立法者就晓得其不会得以执行或不会得以完全执行。实践中，只有那些能反映相关社会的习惯、公平和正义原则的法律较易于得到遵守。一个社会的法律是否得到全面遵守或执行取决于该社会的整体环境。为了确保法律得到普遍遵行，“非有一种外在的强制力和法规范接合在一起，不足以确保其效力，纵令系国家组织尚未确立的社会，这种外在的强制，也是不可或缺，它同样地为这个社会所确认，而且为这个社会以内的各分子所接受”[45]。而社会结构之不同，社会成员之不同，社会存在的时空之不同均会直接导致这种强制力形式之不同以及行使强制力机构之不同。[46] 故法律的最重要特征或“性”应是其效力的普遍性和强制性。就此而言，法律的效力不以相关方的地位等而异，而应具有“天地不仁，以万物为刍狗”[47]的性质。易言之，法律是不应该有感情的。

（三）国际经济法之性

给国际经济法下一个定义是相当困难的事情，因任何定义都不会得到所有人的认同。我们认为，国际经济法是规范跨国经济关系和交易的规则和习

---

〔44〕 [美]埃德加·博登海默：《法理学——法哲学及其方法》，邓正来、姬敬武译，华夏出版社 1987 年版，第 226 页。Pollock 亦指出，“于某个特定国家中现行有效的规则之总和，不论其以什么特殊的形式表现，用通常的话来讲，就是我们所理解的法律”。参见[美]埃德加·博登海默：《法理学——法哲学及其方法》，邓正来、姬敬武译，华夏出版社 1987 年版，第 227 页。

〔45〕 韩忠谟：《法学绪论》，韩忠谟基金会 1997 年版，第 19 页。

〔46〕 就此而言，“一切社会组织之类型是亘古亘今永存不灭，但其实现在待因缘具足。此因缘中最重要的即是某一种社会组织所需要之物质根据”。参见冯友兰：《新对话（四）》，载《三松堂学术文集》，北京大学出版社 1984 年版，第 267 页。

〔47〕 《道德经》第 5 章。

惯的总称,内容包括多边和双边条约、国际组织具拘束力的规则和决议、国际习惯法和国际判例法等。鉴于国际经济法所规范的关系包括国家与国家、国家与商业实体和个人、国际组织与国家、国际组织与国际组织,其与传统国际公法有必然的联系。例如,对作为国际经济法内容的条约之解释实践中无不诉诸国际公法,特别是传统国际法。此外,国际经济法的一些原则和规定亦从国际公法所派生衍变。尽管人们可以人为地区分国际公法和国际经济法,但实际上这种区隔更多的是由于研究的重点或角度不同而已矣。在高度全球化的当今世界,我们更主张国际经济法是国际公法在经济领域的适用。

国际法与国际经济法都属于国际社会的法律规范,其主体、渊源乃至基本原则都有相当大的重叠。国际经济法是应该作为一个独立的法律分支或是国际法的分支一直是一些学者关注的重点。然而世贸组织、国际投资仲裁等实践说明,在审理争议的个案中裁决者必须考虑国际公法关于条约的解释规则、有关国家责任及规避责任的习惯国际法以及其他国际法原则。故可以肯定地说,国际经济法根本不可能脱离传统国际公法而独立存在。

国际法有较长的历史,学界关于国际法的性质相对统一。如果国际法具有法律的特征从而应该归入法的一类,分析国际经济法的属性时便可以有所参照。考察是否可以将国际法归入法的一类,亦必须从国际社会的角度出发。当今的国际社会还没有发展到国家社会的程度。国际社会的制度,包括法律制度,尚不健全。之所以这样讲是因为我们不能也不应该将国际社会同国家社会相比较,从而忽略了国际社会本身的特点。如果将今天的国际社会同初级的国家社会比较,便不难发现当今的国际社会正在从低级向高级,从制度的不完善、不健全向较为完善、较为健全的方向发展。鉴于国家社会和国际社会是两类不同的社会,其所依据的理必不尽相同,故适用于该两类社会的法律亦不相同,也不可能相同。

如前所述,国家的产生、延续和发展是因为人类生存的需要,是因为只有在一套共同认可的制度下,人们才可以较好地发挥其潜力,从而使每个人都受益。“我们既生于人世间,不能离人,而别人又有权力以影响我们的幸福,则我们为我们自己的幸福起见,应与别人交好,助别人以求别人助我。我们为我们自己的幸福起见,亦须节制我们自己的欲望,并压抑其能引起坏结果者。这是理性所命令之职务，但其原理亦无非所以使吾人多得幸福而已。”[48]“在只有人而尚未有社会组织的时侯，人都无限制地各为其私。人人无限制地各为其私的结果，是普遍底争夺混乱。在普遍底争夺混乱中，人是不能生存底。幸而人虽不是生来都有道德，但却生来都有理智，他们知道在争夺混乱中，人不能生存。他们知道，人若都无限制底为其私，其结果，至都不能为其私。他们遂共同立了一种‘社约’，约定大家对于其为私，都不能超过一个界限。大家又共同制定一种规则，以规定这个规则。墨子荀子以及西洋如霍布士一派的哲学家，对于国家社会，以及法律，道德的起源，都持这一种说法。”[49]将我国以及国外的先哲关于国家社会的起源说引申到国际社会的发展，至少在一定程度上可以说明其亦可以作为国际社会存在、发展的基础。如果每个国家都可以独立存在，“老死不相往来”，也就无所谓国际社会。正是由于各国间存在相互依赖的关系，国际社会才得以产生和存在。各国间相互依赖的关系是随着科学技术的发展而不断加强的。这种相互依赖既表现为国际社会成员间合作的必要性，也反映在没有任何一个国家可以完全操纵国际社会，没有任何一个国家在没有其他国家合作的情况下，可以充分发挥其潜力。

历史上有人认为国际法不具有法律的性质（新理学的“性”）主要是因为国际法不似国内法那样有立法机关负责立法，有行政和司法机关负责执行法律。[50] 但更重要的是他们没有站在国际社会的层面观察国际法。主张国际法具有法律性质的人大多认为国际法之存在是事实，是国际社会各成员间相互依赖关系的结果。这与关于国家形成的理论颇为相似。在这些学者看来，“世界各国在一起构成了一个为了共同利益而结合的团体，这些共同利益使它们之间发生广泛交往，而文化、经济结构或政治制度的不同本身并不影响国际社会作为国际法的基本因素之一的存在”[51]。目前，不支持国际法是法律

[48] 冯友兰：《欧洲十八及十九世纪思想之比较》，载《三松堂学术文集》，北京大学出版社 1984 年版，第 95 页。

[49] 冯友兰：《新原人》，载刘梦溪主编：《中国现代学术经典——冯友兰卷》（下册），河北教育出版社 1996 年版，第 567－568 页。

[50] 早期质疑国际法具有法律之性质的学者的主要代表有英国的奥斯汀等。参见王铁崖主编：《国际法》，法律出版社 1995 年版，第 6－7 页。

[51] ［英］詹宁斯·瓦茨修订：《奥本海国际法》（第 1 卷第 1 分册），王铁崖等译，中国大百科全书出版社 1995 年版，第 6 页。

的观点已越来越少。

权威的国际法专著《奥本海国际法》开宗明义地写道："国际法是对国家在它们彼此往来中有法律拘束力的规则的总和。"[52]英国著名法理学家哈特则认为国际法在许多方面都与现代内国法类似，指出现代国际法的规则更像原始社会的规则，因其仅包括"主要规则"，而无"次级规则"。[53] 尽管如此，哈特并不主张将国际法纳入道德范畴，因为法律规则和道德规范相重叠并不意味法律等同于道德。英国国际法学家劳伦斯（T. J. Lawrence）认为法律是社会意志的体现，早于 1884 年即指出"国际法的一些规则包括明确的制裁，另外一些规则则没有明确的制裁。就后者而言，其强制性完全赖于相关国家的统治者和人民的意愿以及当有的国家不遵守时可能受到的来自于其他国家的反制，而此类反制通常不会事先知晓"[54]。

中国的法学家从来不否认并承认国际法的拘束力。[55] 著名国际法学家王铁崖教授曾明确指出国际法的形成和存在是基于国际社会和国际社会成员间关系存在的事实。"国际法是国家之间来往关系中一种行为规则，而它与其他行为规则不同，它是有强制性的，它是法律。"[56]王铁崖教授认为法律有别于道德或其他规范的最重要特征是其可由外力强制执行。国际常设法院在"荷花号案"的判决亦指向相同的结论："国际法支配独立国家之间的关系。所以，对国家有拘束力的法律规则是产生自其自己的自由意志，这种意志表现于公约或者被一般接受为表现法律原则而且为了调整这些现存独立社会之间的关系或希望达到共同目的而确立的惯例。因此对独立国家的限制是不必推定的。"[57]

我们认为，考察国际法的法律性质时，应首先确定法律应具有哪些特点，

---

〔52〕［英］詹宁斯・瓦茨修订：《奥本海国际法》（第 1 卷第 1 分册），王铁崖等译，中国大百科全书出版社 1995 年版，第 3 页。

〔53〕沈宗灵主编：《法理学》，高等教育出版社 1994 年版，第 222 页。

〔54〕T. J. Lawrence, *Essays on Some Disputed Questions of Modern International Law*, Cambridge, Deighton, Bell and Co., 1885, p. 23.

〔55〕周鲠生：《国际法》，商务印书馆 1981 年版，第 3 页。

〔56〕王铁崖：《国际法引论》（上册），北京大学出版社 1998 年版，第 10 页。

〔57〕"荷花号案"于 1927 年由国际常设法院作出判决；本书所引判词系转引自［英］詹宁斯・瓦茨修订：《奥本海国际法》（第 1 卷第 1 分册），王铁崖等译，中国大百科全书出版社 1995 年版，第 1 章注 11，第 67 页。

即主性,[58]如此才够得上法律。如前所述,法律的基本要件是不具有感情,具有普遍适用性和拘束力。就此而言,借用老子道德经的话讲就是"善者吾善之,不善者吾亦善之","信者吾信之,不信者吾亦信之"。[59] 至于其是否一定需要立法机关通过并公开颁布则并非法律的基本要件。在普通法系国家和地区,法院的判决亦有法律的效力。我们当然不能据此便说法院是立法机关。同时,随着其赖以存在的社会的变革,法律亦会发生变化,有时会更靠近其应有之"性",有时则反之。鉴于国际法赖以存在的国际社会的主要成员是国家,而每个国家的政府会时有更替。这些政府更替会导致相关国家对国际义务和国际法态度的改变,从而使国际法的实际效力受到影响。此外,当前国际社会的大势是全球化。全球化的发展亦会影响国际规则的效力以及其强制执行力。尽管前述诸因素会影响国际法的实际效力,但国际法某些方面的不足,并不影响其作为一个独立的法律秩序存在的事实。国际法在"过去半个世纪的发展表明有改进这些不足的相当进展。一种正在出现的强制执行国际法的制裁体系是可以看得到的,而所谓造法条约的采用以及国际组织的活动的某些方面,都指示着一种立法程序或者至少是与之相类似的国际程序正在出现"。[60] 易言之,国际法的发展是在逐步接近其作为法律的性。

基于前述,我们认为国际法具有作为法律应有的,包括普遍适用性、拘束力在内的"主性",因此其可以并应该被归入法的一类。需要指出的是,国际法是不同于国内法的法律,盖因其所适用的社会与国内法所适用的社会不同。正如王铁崖先生所指出的,"但是这并不是说所有法律都必须具有像国内法那样的强制执行的外力……其实,如果国际法有了像国内法那样的强制执行的外力,国际法就不成为国际法,而成为凌驾于国家之上的世界,政府的世界

---

〔58〕 根据新理学,某物的类别归属应以其主性确定之。

〔59〕 《道德经》第49章。

〔60〕 [英]詹宁斯·瓦茨修订:《奥本海国际法》,王铁崖等译,中国大百科全书出版社1995年版,第7页。《奥本海国际法》还进一步将国际法细分为普遍国际法、特殊国际法和一般国际法。普遍国际法是指"对于一切国家有拘束力的那一部分国际法,以及很大部分的习惯法"。特殊国际法则是指对两个或少数几个国家有拘束力的国际法,即主要是条约法。一般国际法处于普遍国际法和特殊国际法之间,对于很多国家有拘束力。这部分国际法主要是条约法,即"有广泛但非普遍拘束力并确立适宜于普遍适用的规则的某些条约的规定"。参见[英]詹宁斯·瓦茨修订:《奥本海国际法》,王铁崖等译,中国大百科全书出版社1995年版,第3页。

法。这样的世界法在目前是不应该有的,也是在可预见的,未来不会有的"[61]。按照新理学的观点,国际法和国内法应为处于法的共类之下的两个别类或分类,即其既具有法的共性,又有作为适用于两类不同社会的法律之相异之处。从法的共类的角度看,国际法和国内法均须依照一共同的理,有共同的性。从其作为法之共类之内的别类的法言之,国际法和国内法亦各依不同的理,有不同的性。全球化作用的结果,当代国际法和国际经济法在很大程度上处于重叠的状态,后者的渊源和法理原则亦以前者为基础。实践中,没有国际法的支撑,很多规范国际社会经济关系的规则便无法得到有效的执行。故对国际法和国际经济法区别研究主要是观察的角度和侧重不同而已矣。

二、国际经济法的势

根据新理学,"有某理则某种事物可实际地有而不必有。如某种事物能为实际地有,则必先有某种底势"[62]。此处的"某种事物"是就某类事物而言。所谓势即是某类事物发生发展的必要条件。[63] 易言之,事物的发生发展必依其理之外还必须具备以资其发生发展的客观条件。而客观条件的产生、成熟必然导致某类事物之发生、发展。这就是"大势所趋"。

国际经济法作为一类事物,必有其应依照和必依照之理,其发生、发展必赖其发生、发展的势。这种势就是国际经济关系,特别是国际社会的相互依赖关系或曰全球化的发生与发展。有学者指出,"早在公元以前,地中海沿岸亚、欧、非各国之间就已出现频繁的国际经济往来和国际贸易活动"。[64] 且"十七世纪以后,资本主义世界市场逐步形成,世界各民族国家之间的经济贸

[61] 王铁崖:《国际法引论》(上册),北京大学出版社 1998 年版,第 12 页。

[62] 冯友兰:《新理学》,载刘梦溪主编:《中国现代学术经典——冯友兰卷》(上册),河北教育出版社 1996 年版,第 131 页。

[63] 冯友兰先生云"例如有飞机之理,即可有实际底飞机,但实际底飞机,直至最近始有。昔人亦有以种种方法,试作飞行工具者,但均不能成功。今人所以能制飞机者,盖因近人可靠我们现在所有关于物理、气象等方面之知识,可用内燃机之发动机,可用轻金属等材料。此等各方面底事物之联合,即成一种势;在此种势下,人即可发现飞机之理,而依照之以制造飞机"。参见冯友兰:《新理学》,载刘梦溪主编:《中国现代学术经典——冯友兰卷》(上册),河北教育出版社 1996 年版,第 131－132 页。

[64] 陈安主编:《国际经济法学》,北京大学出版社 1994 年版,第 4 页。

易交往空前频繁,国际经济关系空前密切”。[65] 另有学者力证国际经济法之起源至少可以追溯到公元6世纪罗马和迦太基(Carthage)签订的边境贸易协定。[66] 毫无疑问,国际经济关系和交易,甚至某种程度的相互依赖,自有国家时起即已存在。但是,我们认为,真正称得上可以构成国际经济法的“势”的国际经济关系、交易以及各国间的相互依赖系于第二次世界大战后成型。

我们说现代意义的国际经济法的“势”成型于第二次世界大战之后,并不是否认在此之前已经有关于国际经济关系和交易的规范,而是为了说明在此之前国际经济法的“势”尚未完备,或尚未成“大势”。以国际投资为例,作为世界上活跃的国际投资者的美国1929年在海外的直接投资为75亿美元,1946年为120美元,1960年上升到320亿美元,1971年更激升到860亿美元。[67] 第二次世界大战之前国际经济交易量,包括国际投资的总量,之所以低下,是因为当时国际运输(包括海运、空运和铁路和陆路运输)、国际通信技术、国际金融技术和制度等都没有达到足以支持大规模、高速度、高频率的国际商业交易的程度。此外,构成国际经济法的势的不可或缺的国际组织亦未具规模。[68] 当然,这并不是说,国际经济法的势是在第二次世界大战后突然形成;其形成是一个过程,是基于第二次世界大战前国际社会政治经济关系和经济交易的实践。此过程在第二次世界大战后得到快速发展。此正如制造飞机的条件之完备也需要一个过程而不是突然出现一样。然而,我们从“势”的角度考察国际经济法的发生与发展就必须看其大势,即何时到了大势所趋的

---

〔65〕 陈安主编:《国际经济法学》,北京大学出版社1994年版,第7页。

〔66〕 Georg Schwarzenberger, *The Principles and Standards of International Economic Law*, *Collected Courses of the Hague Academy of International Law*, Martinus Nijhoff Publishers, Vol. 117, p. 25 – 26 (1996).

〔67〕 A. F. Lowenfeld, *International Economic Law*, Matthew Bender, Vol. 2, p. 1 – 2(1982).

〔68〕 国际组织的作用在于规范资金的有秩序流动、进口关税的降低从而促进国际直接投资的进行。据统计,1976~1980年,国际直接投资年均约为318亿美元,到了1994年上升到2397亿美元。20世纪90年代国际直接投资的大幅度上升被认为是关税降低和国际组织作用的结果。根据联合国亚太经社理事会2015年报告,贸易成本每降低10%便可使国际直接投资增长8%。参见UN ESCAP, “Reducing Trade Costs: Impact on Foreign Direct Investment”, https://www.unescap.org/resources/reducing – trade – costs – impact – foreign – direct – investment (2022年2月21日访问)。根据联合国贸发组织的报告,在国际直接投资受新冠肺炎疫情影响于2020年急剧下降,此情况料需待疫情结束方可缓和。参见UNCTAD, World Investment Report 2021, 载https://unctad.org/en/PublicationsLibrary/wir2021_en.pdf(2022年2月21日访问)。前述均说明国际社会各成员相互依赖的程度已越来越高。

地步。我们这样讲并无割断历史之意；相反，我们强调历史性的观察问题，特别是从历史的角度分析法律问题。因为，“要想真正了解一个国家的法律，人们必须首先了解该国的法律历史，即必须从研究该国的历史入手，观察其法律历史，从政治、经济和社会等方面审查其法律的发展”[69]。

关于国际经济法的研究亦应采经济、社会和历史的综合透视方法，从不同侧面审查其形成。

（一）早期发展

可以肯定地说，自从有人类社会起，商业交易就必然存在，并且此类交易一定是由远古时代的法则所规范。19 世纪以前，世界上没有成文的商法典。在古罗马，普通的商业交易系由民法规范。上述规则后来与罗马法中关于银行和海商的规则一起被纳入商法典。当时世界上的商法规则之所以鲜为人知是因为商人的行为系由习惯所规范，商人间的争端亦由其他商人以“法官”的身份作出对商业交易最有利的裁决。[70] 国家则没有或没有必要制定法律干涉普通商人间的交易。国家之所以没有必要对商人间的交易进行规范，主要是因为在第一次世界大战以前，交通和通信设施均不发达，不同地区的价格差较小，并且当时各国所实行的外汇政策亦减少了商业交易的投机性。

当然，这并不是说国家在第一次世界大战以前从未对国际经济关系和交易进行任何形式的干预。早于 18 世纪，西方国家即开始实行关税制度。到了 19 世纪上半叶，关税已经成为西方国家干预国际经济交易的主要形式。然而，第一次世界大战以前，各国的关税税率相对较低。因此，资金和货物的国际流通几乎不受到任何限制。现代的非关税壁垒，进出口配额制度等在当时几乎不存在；甚至人员的流动亦可非常自由地进行。当时各国政府为实现高就业率、高经济增长率所采取的措施主要集中在货币币值方面，即通过调整货币的含金量或与其他货币的比值实现预期的经济目标。[71] 既然有跨国经济

---

〔69〕 Norbert Horn, Hein Kotz and Hans G. Leser, *German Private and Commercial Law: An Introduction*, translated by Tony Weir, Oxford University Press, 1982, p. 1.

〔70〕 See G. E. Glos, *Comparative Law*, Fred B. Rothman & Co., 1979, p. 7.

〔71〕 See R. N. Cooper, *National Economic Policy in an Interdependent World Economy*, Yale Law Journal, Vol. 76:2, p. 1276(1968).

关系之存在必有与之相关的国际规则或曰国际法。外交关系,包括跨国经贸关系是国内政策的对外延伸,国际法也必然反映当时内国法的变化。就此而言,有论者注意到,随着社会的发展,“逐渐地法律不再具有权力者命令的特点,而越来越多的建基于习惯法和社会认同。如同萨维尼所说,所有的法律都是形成于惯例和普遍的诚信,然后通过立法完成,并总是先由内部实际运作的权力默认,而并非主要由立法者武断提出。我认为各国同意在其相互关系中遵行的一套规则就是国际法”〔72〕。这些规则当然不仅限于规范国家层面的政治关系。那些涉及跨国交易和交往的国际规则便是当今世界的国际经济法。

无可讳言,第一次世界大战以前各国在经济上即存在相互依赖的关系。但由于当时交通运输与通信技术和设施均相当落后,故现代意义上的国际贸易和国际投资均甚为有限。几个较发达的国家各自拥有殖民统治地区供其进行海外投资。因此,被瓜分了的世界的互赖关系主要存在于殖民统治地区和宗主国之间;真正成规模的国际经济交易系在低层次并以低频率进行。

第一次世界大战的爆发摧毁了原来世界经济关系赖以存在的金本位制。战后,各国均急于发展本国经济,并将恢复金本位制作为长远目标。然而,战争带来的通货膨胀和高失业率,特别是20世纪30年代的世界性经济大萧条,从根本上动摇了各国恢复金本位制的信心。〔73〕当时关税成为各国推动出口、减少进口以及最终实现降低失业率和促进经济增长的手段。为了增加出口,各国竞相贬值货币。其他对国际贸易有抑制作用的非关税壁垒形式,如补贴和倾销等以及国家为抑制此类行为所采取的反补贴、反倾销措施亦相继出现。总之,20世纪30年代初的世界经济大萧条,特别是各国所采取的高关税政策,使国际贸易大幅度下降。据统计,1929年至1933年,由于国际市场价格下跌,美国的对外出口大约下降了70%。〔74〕

因此将两次世界大战之爆发归结为各国经济上的不协调以及以邻为壑的政策是不无根据的。战争的惨痛教训终于使各国认识到,国际社会各成员的贸易摩擦必将使相关各方猜疑和嫉恨;经济上的敌人是无法长期维持政治上

〔72〕 See Lord Russell of Killowen, *International Law*, L. Q. Rev., Vol. 12, 1896, p. 311.

〔73〕 参见王贵国:《国际货币金融法》,北京大学出版社1996年版,第1章。

〔74〕 See John H. Jackson, *Legal Problems of International Economic Relations: Cases, Materials and Text*, West Publishing Co., 1977, p. 13, 29.

的友好关系的。[75] 为了避免战争的悲剧重演，以美国为首的国家在第二次世界大战行将结束时，积极主张建立一套国际制度“以避免经济战争和在最大限度内进行有效的国际经济合作”[76]。当时以美国为首的国家深刻意识到，要想维持世界和平和经济的持续增长，必须承认国际社会经济上相互依赖的关系并基于此进行合作。这种互赖关系当时主要是发达国家之间的相互依赖。

(二)第二次世界大战后的发展

第二次世界大战后，各国在经济上的相互依赖关系急剧加强。关于直接规范各国政府、国际组织、跨国公司、私人企业和个人之间的相互和交叉经济交易和经济关系的法律和制度逐步形成并不断完善。这种法律制度和规范或曰国际经济法亦越来越多地受到国际社会的重视。

以第二次世界大战结束时的世界经济关系为基础的国际经济体制主要包括《关贸总协定》、国际货币基金组织和世界银行。这种国际经济秩序的设置主要是为了避免重复第二次世界大战以前，各国对国际贸易的不合理限制以及货币汇率变更对贸易的影响。为实现这一目标，《关贸总协定》规定，缔约方应在相互的基础上在贸易方面给予其他缔约方以最优惠待遇，并鼓励各缔约方实现贸易的自由化。[77] 国际货币基金组织设立的目的则在于稳定成员方货币的汇率以及对经常性国际交易支付限制的取缔，其另一职能是向遇有国际收支困难的成员方提供短期临时性国际融资。建立世界银行的初衷在于通过向成员方提供长期贷款，以恢复战后经济以及谋求发展。这便是人们通常所说的布雷顿森林体系。[78] 在该体系下，为了保证国际贸易的有效和有序进行，各成员方不应对经常性国际交易支付进行限制。若任何成员方因推动

---

〔75〕 See US State Department, Commercial Policy Series, No. 74, U. S. Government Printing Office, 1944, p. 3.

〔76〕 Recommendation for Renewal of Trade Agreements Act: Message of the President (Roosevelt) to the Congress, Mar. 26, 1945, *Bulletin*, Office of Public Communication, Bureau of Public Affairs, Apr. 1, 1945, p. 533.

〔77〕 关于《关贸总协定》的历史、运作及对国际社会和各成员的影响，参见王贵国：《国际贸易秩序——经济、政治、法律》，法律出版社 1987 年版。

〔78〕 参见王贵国：《国际货币金融法》，北京大学出版社 1996 年版。

自由贸易而导致外汇临时短缺，国际货币基金组织可向相关国家提供外汇支持，以便后者进行经济结构改革，最后实现贸易平衡。布雷顿森林体系的设计者原以为只要各国信守条约义务，国际贸易和经济的发展便将在稳定的基础上进行。

然历史的发展经常不以人们的意志为转移。第二次世界大战的结果之一是东欧集团成立，从而对布雷顿森林体系构成直接冲击。为了抗衡东欧集团，美国推出了120亿美元的马歇尔计划（Marshall Plan），对西欧国家提供直接援助，以便后者弥平战争的创伤、重建家园。[79] 马歇尔计划的实施使原本为西欧等国恢复经济而设的世界银行转为专责向发展中国家提供中长期贷款的机构。

20世纪60年代，原受殖民统治国家纷纷独立，形成一股强大的国际力量。西欧国家和日本在恢复了战争的创伤后，立即成为强大的经济体。原有的国际经济关系发生了深刻的变化。交通运输和通信技术和设施的创新，特别是信息技术的突破性发展，从根本上改变了国际经济关系和交易的进行。跨国经济交往和交易的大幅提高势必使与之相关的风险增加。20世纪60年代初，许多原受殖民统治国家独立。为了发展经济，这些国家亟须外国直接投资。然而，当时有些发展中国家对外国投资进行征收或国有化，令外国私人投资者望而却步。面对此形势，国际社会认为有必要向私人投资者提供较好的保护，以维持国际投资的正常进行。作为国际社会努力的结果，《关于解决国家和他国国民之间投资争端公约》于1965年签署。根据该公约的规定，一个国家政府和其他国家国民之间的投资争端可提交依该公约所设立的解决投资争端国际中心解决。[80]

进入20世纪70年代后，国际社会的相互依赖关系进一步加深，国际经济交易和国际投资的形式不断多样化，发达国家的私人企业向发展中国家的投资大幅度增加。然而，20世纪80年代后，发展中国家债台高筑，跨国公司向

---

〔79〕 关于马歇尔计划的历史及实施，参见 Office of the History, USA, "Marshall Plan, 1948", https://history. state. gov/milestones/1945 – 1952/marshall – plan（2019年5月18日访问）。

〔80〕 关于解决投资争端国际中心的历史、实践及相关法律问题的分析，参见 Guiguo Wang, International Investment Law: A Chinese Perspective, Routledge (2015), p. 61 – 87。

发展中国家的投资急剧减少。[81] 由于发展中国家债务不断增长,对发展中国家投资的风险增加,从而导致私人海外投资的下降。20 世纪 70 年代发达国家私人投资者向发展中国家的投资约为其投资总额的 27% ,到 20 世纪 80 年代初,此类投资下降到 12% 。然而,外国投资者在发展中国家投资的盈利率则相当于在发达国家的 1.5 倍。[82] 与此同时,发达国家的跨国公司亦积极在海外寻找投资场所。发展中国家则积极制定吸引外资的政策、法律和措施。这些因素使国际社会意识到,以《关于解决国家和他国国民之间投资争端公约》和双边条约为基础的国际投资制度尚不足以促进国际资本的投入,因此有必要加强国际投资法律规范的制定,以便给予国际投资者以较大的信心。在 1985 年世界银行理事会年会上,各国达成了《建立多边投资担保机构公约》,向私人国际投资者提供投资保险并为解决相关投资争端提供便利。[83]

国际经济关系和国际经济交易的深刻变化和大幅度发展不断将建基于布雷顿森林体系的国际经济法向前推进。例如,战后国际贸易的成倍数增长促使一些政治性较强的国际组织,如联合国,对与国际贸易以及国际商事争端的解决等法律问题进行研究,并积极推动国际贸易等公约或范式法律条款等的制定,以便对国际货物和服务贸易加以规范。1988 年 1 月 1 日生效的《联合国国际货物销售合同公约》便属此类。[84] 联合国贸易法委员会通过的避免双重税收国际协定范式条款、联合国国际技术转让行动守则和跨国公司行为守则等均对国际经济关系和国际经济交易有重要影响。国际经济关系和国际经济交易的变化又反过来左右规范国际社会行为的法律之发展。

---

〔81〕 1967 年至 1982 年,发展中国家的中、长期贷款的增长幅度约为 9.5%。此类贷款当时为发展中国家的主要非援助性国际资本。到 1986 年,发展中国家的外债高达 10,035 亿美元。See Jurgen Voss, *The Multilateral Investment Guarantee Agency: Status, Mandate, Concept, Features, Implications*, Journal of World Trade Law, Vol. 21:4, p.7(1987).

〔82〕 See Jurgen Voss, *The Multilateral Investment Guarantee Agency: Status, Mandate, Concept, Features, Implications*, Journal of World Trade Law, Vol. 21:4, p.8(1987).

〔83〕 关于《建立多边投资担保机构公约》谈判的历史和运作,参见 Theodor Meron, *Investment Insurance in International Law*, Oceana Publications, 1976。陈安主编:《MIGA 与中国》,福建人民出版社 1995 年版;王贵国:《评多边投资担保机构》,载《北京大学学报(哲学社会科学版)》1989 年第 3 期。

〔84〕 关于联合国国际货物销售合同公约的历史和适用等,参见王贵国:《联合国国际货物销售合同公约的适用范围及解释原则》,载《中国国际法年刊》,法律出版社 1989 年版,第 239 – 258 页。

(三)全球化的雏形

20世纪末至21世纪初,国际社会发生了深刻的变化。20世纪80年代末,东欧剧变,苏联解体,从而结束了东西方严重对立的冷战时代。苏联解体也结束了第二次世界大战以来两个超级大国并存的状况,开始了国际社会的多极时代。政治上的变化直接导致经济上的变革。随着冷战的结束,各国经济上的相互依赖和合作成为主要趋势,国际社会迎来了经济全球化的时代。

全球化首先促成了第一个由发达国家和发展中国家组成的紧密的经济共同体——北美自由贸易区——在美国、加拿大、墨西哥之间建立。美、加、墨三国签订的北美自由贸易区协定规定各成员方在贸易自由化、投资保护、环境保护、劳工待遇等方面的法律和政策需符合协定的标准。另外,该协定亦对争端解决有较严格的规定。[85] 因此,当时人们普遍认为北美自由贸易协定在限制主权权力的行使方面有重大突破,开了历史之先河。

与此同时,欧洲经济共同体成员国之间的一体化亦令人刮目。共同体成员不仅在经济上强化合作,包括发行统一的货币,开放金融市场,统一产品质量,统一企业竞争(如反托拉斯)的政策和法律以及规范人员、货物和服务跨国界流动的自由化,[86]并且在政治上作出主权让与的安排,将一些由主权国行使的权力转让给欧洲联盟(以下简称欧盟),[87]从而使欧盟具有国际法主体的地位。[88]

于1995年成立的世界贸易组织亦具有划时代的意义。世界贸易组织名

---

〔85〕 关于北美自由贸易区的争端解决机制,参见 Ernst - Ulrich Petersmann, *International Trade Law and the GATT/WTO Dispute Settlement System*, Kluwer Law International,1997。

〔86〕 参见 Oscar Schachter, Peaceful Separation:"A New Virus?", Jonathan Ⅰ. Charney, Donald K. Anton and Mary Ellen O'Connell, *Politics, Values and Functions: International Law in the 21st Century*, Martinus Nijhoff Publishers. 1997, p. 17。

〔87〕 欧洲共同体成员方于1992年签署了《马斯特里赫条约》(《欧洲联盟条约》);欧洲共同体亦改称欧洲联盟或欧盟。

〔88〕 参见[英]詹宁斯·瓦茨修订:《奥本海国际法》,王铁崖等译,中国大百科全书出版社1995年版,第12页。

为贸易组织,实则涉及经济领域的诸方面。[89] 例如,它不仅规范货物贸易,而且规范服务贸易;[90] 不仅规定知识产权的保护,而且涉及投资保护的标准;不仅在国际层面规范各成员的义务,而且要求各成员方就内国法的制度与执行作出承诺。同时,世贸组织的争端解决机制亦将《关贸总协定》的机制向前推进了一大步,是对国际社会的一大贡献。[91]

在世界经济一体化的大潮中,亚洲、太平洋地区的国家和地区亦积极安排地区内的经济贸易合作。东南亚国家联盟、[92] 亚洲开发银行、[93] 与实施"一带一路"倡议相关的亚洲基础设施投资银行、[94] 欧亚经济联盟协定、[95] 南亚区域合作联盟[96] 等不仅在区内有重要影响,有的更获区外国家参与。此外,不胜枚举的双边安排亦无日不在制定。"现在,一个大国与其他国家缔结的条约数目平均每天不止一个。"[97] 经济全球化使任何国家,包括最强大的国

---

〔89〕 关于世界贸易组织的运作以及其对各成员的影响,参见 Guiguo Wang, Radiating Impact of WTO on Its Member'S Legal System: The Chinese Perspective, *Recueil des cours of the Hague Academy of International Law*, Vol. 349, Martinus Nijhoff Publishers, 2011, p. 281 – 536;汪尧田、周汉民主编:《世界贸易组织总论》,上海远东出版社 1995 年版;董世忠:《世界贸易组织的法律框架》,载《国际经济法论丛》第 1 卷,法律出版社 1998 年版,第 65 – 86 页。

〔90〕 关于服务贸易问题,参见王贵国:《从服务贸易总协定看经济一体化的法律渗透》,载《国际经济法论丛》第 1 卷,法律出版社 1998 年版,第 87 – 122 页;汪尧田、李力主编:《国际服务贸易总论》,上海交通大学出版社 1997 年版。

〔91〕 关于北美自由贸易区的争端解决机制,参见 Ernst – Ulrich Petersmann, *International Trade Law and the GATT/WTO Dispute Settlement System*, Kluwer Law International, 1997。

〔92〕 东南亚国家联盟于 1961 年 7 月 31 日在泰国首都曼谷成立,现成员方包括马来西亚、印度尼西亚、泰国、菲律宾、新加坡、文莱、越南、老挝、缅甸和柬埔寨。其历史、宗旨等参见 https://asean.org/ (2019 年 5 月 20 日访问)。

〔93〕 关于亚洲开发银行的历史、宗旨和运作,参见 https://www.adb.org/(2019 年 5 月 20 日访问)。

〔94〕 亚洲基础设施投资银行系由中国发起,2015 年 6 月 29 日各参与方签订成立协议,2016 年 1 月 16 日至 18 日召开第一次董事会议,标志亚投行正式营业。至 2019 年 5 月,亚投行有成员 97 个。其宗旨、运作和历史等,参见 https://www.aiib.org/en/index.html (2019 年 5 月 20 日访问)。

〔95〕 欧亚经济联盟的成员包括白俄罗斯、哈萨克斯坦、俄罗斯、亚美尼亚、塔吉克斯坦和吉尔吉斯斯坦。其宗旨、合作领域等,参见 http://www.eurasiancommission.org/en/Pages/ses.aspx(2018 年 9 月 30 日访问)。

〔96〕 关于南亚区域合作联盟的宗旨、成员等,参见 https://www.britannica.com/topic/South – Asian – Association – for – Regional – Co – operation(2018 年 9 月 30 日访问)。

〔97〕 李浩培:《条约法概论》,法律出版社 1987 年版,序。

家,都不可能完全自主地处理自己的事务而不受来自国际社会的限制和影响。[98] 信息技术的急速发展则加快了世界经济一体化的进程。

经济全球化的快速发展需要一些条件相配合,最根本者是各国可在同一平台上按相同的规则合作和竞争。东欧剧变和苏联解体前实行的是计划经济制度,而美国、西欧等西方国家实行的是市场经济制度。两者的最大分别之处在于政府对市场的干预程度和能力,但即使是号称实行市场经济的国家,政府对市场也不是毫无干预。[99] 市场经济和计划经济的另一差异是法律的作用。计划经济主要依赖政府的计划调节生产与市场需求,社会经济个体和经济活动的纽带是计划。在市场经济环境下,市场的绝大多数活动,包括企业与企业,政府与企业之间的经济交易与交往系由法律规范,以法律作为纽带。没有详细、具体的规范经济活动的法律,市场经济就不能运行。

运作模式之不同造就了计划经济和市场经济不可紧密合作的必然结果。这可从第二次世界大战后近半个世纪国际社会的现实得到确认。在 50 余年的时间里,整体上各国经济上的相互依赖是主流,然此种依赖更多地表现在东西方阵营内部的相互依赖,两阵营之间的依赖程度并不高。苏联甚至选择不参加国际货币基金组织、世界银行和《关贸总协定》等国际经贸组织和协定。苏联解体使得各加盟共和国先后独立,俄罗斯则继承了苏联在联合国的地位。这些新独立的国家和前东欧集团成员方先后实行了市场经济制度,尽管在具体运作上与传统市场经济不尽相同。与此同时,中国也宣布实行中国特色的社会主义市场经济。[100] 世界各主要国家施行市场经济制度使得各国可以在同一平台合作,也为经济全球化奠定了基础。

国际社会的经贸交往和交易需要与之相适应的通信、运输与信息技术。

---

[98] Oscar Schachter, *The Decline of Nation - State and its Implications for International Law*, Columbia Journal of Transnational Law, Special Double Issue, Vol. 36, 1997, p. 7.

[99] 2005 年 6 月 23 日,中国海洋石油有限公司提出收购美国第九大石油公司优尼科公司。尽管其报价高出美国雪佛龙公司报价之 14 亿美元,优尼科董事会仍然决定接受雪佛龙公司的报价。这主要是由于美国政府反对。美国政客诬指中国政府想假中海油"锁定"石油资源从而影响全球石油的自由贸易以及中国政府会将优尼科深海勘探技术用于军事用途等。

[100] 邓小平 1992 年到南方考察并发表谈话后,中国政府正式确立了逐步实行市场经济的政策,并从那时起大量引进了市场手段和机制。自 2001 年加入世贸组织后,中国则致力于说服其他国家承认其市场经济地位。

人类在运输动力、方式等方面的革命，计算机和信息技术的革命性发展，特别是网络技术的普及化急剧改变了人们的生活方式，极大地促进了国际贸易、国际投资、国际金融等全方位、高频率、大幅度发展。或可说，没有这些具革命性技术的广泛运用，有些国际交易和交往便根本不可能发生或是因成本过高而成为不可能。

全球化需要相对和平的国际大环境。第二次世界大战以来，世界上虽然并未爆发大规模的战争，但由于意识形态和国际地缘政治，冷战一直在以美国和苏联为首的两大阵营间持续，直到东欧集团解体。冷战的终结完成了全球化不可或缺的另一条件——和平并可对话的国际环境。

不言而喻，前述仅为经济全球化形成的必要条件，缺少任何一个条件经济全球化均成为不可能，具备了所有条件也只能说全球化可以从较低层次开始并向较高层次发展。这些条件并非一朝一夕突然出现，而是经过一个从无到有、从不充分到充分的过程。正因如此，全球化是国际社会相互依赖关系上升到一个新的层次的表现形式，具有承前启后的作用。

（四）全球化的起伏与发展

全球化系不可阻挡的趋势，是世界和历史的潮流。然全球化既非一蹴而就，亦非一成不变，而是时有起伏，有时会发展较快，有时会发展较慢，有时甚至会出现暂时的倒退。例如，正当人们准备迎接经济全球化的洗礼之际，1997年，泰国首先爆发了金融危机。[101] 当人们还没有完全意识到泰国的金融危机可能对其他国家的影响时，金融危机已如暴风雨般以迅雷不及掩耳之势蔓延到东南亚和其他亚洲国家和地区，从而形成亚洲金融风暴。[102] 亚洲金融风暴很快又波及世界其他地区，产生了全球性的影响。

亚洲金融风暴对世界经济一体化的冲击亦不可谓之不大。有的被卷入金融风暴的国家抱怨世界经济一体化遗祸无穷；幸免于难的国家则庆幸尚未与国际市场接轨。尽管众国百态，有一点颇为相似，即每一个国家都将金融安全

---

〔101〕 泰国的金融危机是以其金融机构和银行的坏账、倒闭开始，进而冲击整个金融市场的稳定，导致外汇储备急剧下降、货币大幅度贬值。

〔102〕 参见温世仁：《东亚金融风暴》，台北，大块文化出版股份有限公司1998年版。

提到国家安全的高度对待之。我们认为,金融风暴可以说是全球化的产物,有必然性也有偶然性。金融市场的一体化必然导致资金的自由流动,大量资金的快速移动,其势自会如暴风骤雨般激烈。这便是其必然性。尽管资金的大批量快速流动会产生激荡,但只有本身制度不健全的国家和地区会受到负面影响,而制度健全的市场虽然亦会受到冲击,不会或至少不会受到大的影响。

亚洲金融风暴刚刚过去,国际社会便经历了另一规模更大影响更深远的金融危机,由美国次贷作为导火线,以美国投资银行雷曼兄弟破产、美林证券被美国银行收购为标志的 2008 年全球股市大崩盘。[103] 由于此次金融危机系发生在美国,其影响之广、之深、之远均非以前的危机可比。

全球化的进程亦可能因某些国家的领导人之改变或某些国家的政策而受到影响。此方面近期的例子是美国。美国前总统特朗普执政后即致力于"美国优先"的政策,推行单边主义,任意违反其所承担的国际义务,对国际经济贸易秩序构成严重威胁。

美国破坏国际经贸秩序以其内国法——《1962 年贸易扩展法》(Trade Expansion Act)第 232 节[104]和《1974 年贸易法》第 301 节[105]为基础,采取单边行动,对贸易伙伴任意增收关税,明显违反了其所承担的国际义务,包括世贸组织下的义务,对全球治理的秩序构成严重挑战。根据世贸组织的《关贸总协定》,任何成员对来自其他成员的产品所征收的关税均不得高于其关税减让表的幅度。[106] 美国单方面增征关税不仅违反了前述义务,而且也违反了

---

[103] 关于 2008 年美国金融危机发生、发展及影响等,参见 https://economictimes. indiatimes. com/news/international/business/ten - years - of - the - us - financial - crisis - the - days - that - roiled - the - world - markets/articleshow/64990945. cms(2019 年 5 月 19 日访问)。

[104] 关于美国总统在《贸易扩展法》下的权力以及美国贸易代表关于此轮提高关税的建议,参见 https://www. investopedia. com/terms/s/section - 232 - trade - expansion - act. asp(2019 年 5 月 20 日访问)。

[105] 美国《1974 年贸易法》(Pub. L. 93 - 618, 19 U. S. C. § 2411)第 301 节授权总统基于其他国家的法律、政策或行为违反国际协定或对美国商业构成不公正、不合理、歧视性的限制采取包括报复在内的适当行动。与此相关的特别是第 301 节。第 301 节要求美国贸易代表办公室每年的 4 月 30 日提交报告,指出哪些国家的知识产权保护法律不能为美国企业和个人提供"充分和有效"的保护或不能提供"公平公正的市场准入"。美国总统便可依之采取贸易行动,包括报复。

[106] 参见《关贸总协定》第 2 条第 1 款(a)。关税减让表系指在乌拉圭回合及之后各方达成的关于关税上限的协议。关税减让通常是先分别通过双边谈判达成,然后将各双边协议多边化从而成为《关贸总协定》的附件,即其不可分割之部分。

世贸组织关于争端解决的规定。根据世贸组织《关于争端解决规则与程序的谅解》(以下简称《争端解决谅解》)第23条第1款,“当成员寻求纠正违反义务情形或寻求纠正其他造成适用协议项下利益丧失或减损的情形,或寻求纠正妨碍适用协议任何目标的实现的情形时,它们应援用并遵守本谅解的规则和程序”。易言之,如果美国认为其他世贸组织成员——包括中国——违反了世贸组织规则,其应诉诸世贸组织的争端解决机制解决,而不是单方面采取行动。

《马拉喀什建立世界贸易组织协定》(以下简称《世贸组织协定》)第16条第4款规定,“每一成员应保证其法律、法规和行政程序与所附各协议对其规定的义务相一致”。此协议在世贸组织中具有统领作用,对各成员关于履行义务的规定适用于世贸组织内所有的协议,包括《争端解决谅解》。成员应依世贸组织机制解决争议的义务之严格性不言而喻。

事实上,早于世贸组织成立之初,欧盟已就美国《1974年贸易法》违反世贸组织规则做出投诉。[107] 负责审理的专家组裁定美国《1974年贸易法》违反了世界贸易组织诸成员依《争端解决谅解》第23条第1款承担的义务,理由是该款所规定的是世贸组织成员的两项基本责任:(1)任何成员都必须通过世贸组织争端解决机构的程序解决争议,而不得选择任何其他程序或规则;(2)各成员解决争议时必须受世贸组织争端解决机构的程序和规则的规范。[108] 因此,美国此次依早已被世贸组织裁定为违反国际条约义务的法律对其他世贸组织成员增征关税可以说是明知故犯,是置多边贸易体系的规定于不顾,对后者造成极大的伤害。

美国对贸易伙伴增征关税只是手段,其目的是通过双边谈判达成对美国有利的新协议。在发动贸易摩擦不久,美国便积极与贸易伙伴进行双边谈判,希望达成“无关税、无贸易壁垒、无政府补贴”的“三无”协议。就美国而言,在双边谈判中,其强大的经济和政治实力更易转化为条约利益。2018年8月27日,特朗普宣布与墨西哥达成了新的协议,并威胁如加拿大无法于9月30日

---

[107] See United States – Sections 301 – 310 of the Trade Act of 1974-Report of the Panel, WTO, Report of the Panel, WT/DS152/R, Dec. 22, 1999.

[108] See United States – Sections 301 – 310 of the Trade Act of 1974 – Report of the Panel, WTO, Report of the Panel, WT/DS152/R, Dec. 22, 1999, p. 313.

前达成协议,便仅有美墨自由贸易区。[109] 迫于美国的压力,加拿大在美国设定的最后期限前同意了美国的条件,从而新的北美自由贸易协议——《美墨加协议》问世。[110] 美国还用相同的方法迫使韩国同意修改仅生效6年的《韩美自由贸易协议》。[111]

在针对中国的贸易摩擦中,美国一方面通过增收关税施压,同时高调宣称美国不仅只关心贸易逆差,而且还关注"中国制造2025"。美国贸易代表办公室关于《1974年贸易法》第301节的调查报告直言提高关税是针对"中国以政策强制要求美国企业向中国本土企业转移科技和知识财产。这些政策帮助中国推进高科技产业,巩固了'中国制造2025'等计划的落实"[112]。该调查报告发布数小时后,特朗普便在推特上公开表示,"我们并非在与中国发起贸易摩擦"。无论美国增征关税是贸易摩擦或是针对"中国制造2025",其所做的一切还是为了与中国达成双边协议——不同于世贸组织义务且对美国有利的协议。与此同时,美国也在推动与欧盟、日本等的谈判,希望达成双边协议。

美国的这些做法就是要绕过世贸组织的多边机制,在世界主要贸易大国间建立起符合美国要求的双边机制。这势必对已运作近1/4世纪的世贸组织构成冲击,进而影响全球治理的秩序。尽管随着时间的延续和经验的积累世贸组织有些方面需要改进,但其依然是目前得到国际社会最广泛接受的多边贸易机制。故遵守世贸组织规则、维护多边贸易机制的权威性符合国际社会的共同利益。

美国不顾及世贸组织的权威性,为了一己之利而削弱多边贸易机制的功能早已有之。因对前韩国籍的上诉机构成员不满意,美国便打破惯例,阻挠其

---

[109] 美墨新协议要求将来在北美销售的汽车零部件的75%应在美国和墨西哥生产(现为62%),且40%至45%在北美销售的汽车零部件之工人工资不得低于每小时16美元。此外,该协议规定其有效期为16年,每6年审查一次。参见 https://www. cnn. com/2018/08/27/politics/mexico - us - trade - deal/index. html (2019年5月20日访问)。

[110] 关于协议的简介,参见 https://www. cnbc. com/2018/10/01/us - canada - nafta - trade - talks. html (2018年10月1日访问)。

[111] 美国和韩国于2018年9月24日在纽约达成共识,修改原有的自由贸易协议,允许更多美国产品进入韩国。参见 https://www. vox. com/2018/9/24/17883506/trump - korea - trade - deal - korus(2019年5月20日访问)。

[112] 参见美国贸易代表办公室于2018年4月3日发布的关于依《贸易法》第301节向中国增收关税的说明及产品目录。

连任。由于世贸组织的决定系依无异议一致通过原则,美国不仅否决了前述韩国籍的成员连任,而且还阻止了上诉机构其他成员的任命。目前,上诉机构的7名成员只有3人在职,只能勉强组成审判庭。[113] 除非美国改弦易辙,否则到2019年年底,世贸组织上诉机构将仅有一位委员,将无法组成上诉庭审理案件,从而完全失去应有的功能。争端解决机制是世贸组织的灵魂。当争端解决机制无法运作时,世贸组织就会事实上消亡。鉴于美国前总统特朗普政府一直威胁要退出世贸组织,[114] 如果美国诉诸双边机制的努力最后成功,则可预测的结果有两个:一是世贸组织按美国的要求改革;二是世贸组织名存实亡,发达国家间的贸易关系主要通过双边协议调整。无论是哪个结果,多边贸易秩序以及全球治理将面临严峻考验。

除在贸易领域不遵守规则外,自前总统特朗普上任后,美国政府还不断推翻前政府签订的协议,退出了《巴黎协定》、《伊朗核协议》、《跨太平洋伙伴关系协定》(TPP)、联合国教科文组织、联合国人权理事会、万国邮政联盟等,尽管这些协定和国际组织基本都是在美国主导下签署或成立的。美国政府的这些随意和任性的做法严重违反了下文论及的国际法的条约必须信守(pacta sunt servanda)和诚实信用原则。[115]

"信不足焉,有不信焉。"[116] 作为超级大国的美国理应讲求诚信,为其他国家作出表率。当超级大国不讲信用、任性所为时,其他国家必然会起而效仿或采取措施应对之。[117] 这种循环势必使国际环境便会变得非常不稳定和不可预测,甚至早已被文明社会唾弃的"丛林法则"有死灰复燃的风险,从而严重危害世界经贸秩序。

---

[113] 这3名成员中,其中两位的任期将于2019年年底结束。参见 https://www.wto.org/english/tratop_e/dispu_e/ab_members_descrp_e.htm(2019年10月13日访问)。

[114] 特朗普于2018年8月30日作出此宣布,但时任美国商务部长罗斯认为当时谈论退出世贸组织为时过早。参见 https://www.cnbc.com/2018/08/30/trump-threatens-to-withdraw-from-world-trade-organization.html(2018年9月12日访问)。

[115] See Max Planck Encyclopaedia of Public International Law: *Pacta Sunt Servanda*.

[116] 《道德经》第17章。

[117] 例如,2018年7月17日,欧盟和日本签署协定,决定建立全球最大的自由贸易区,于8年内基本实现零关税。关于协议的内容简介,参见 http://ec.europa.eu/trade/policy/in-focus/eu-japan-economic-partnership-agreement 和 http://trade.ec.europa.eu/doclib/press/index.cfm?id=1891(2019年5月20日访问)。

然“飘风不终朝,骤雨不终日”。个别国家的行为不可能阻挡全球化的大潮。就在美国前总统特朗普高调宣布要对包括中国在内的主要经贸伙伴加征关税的同时,也在与之积极谈判。[118] 之所以如此是因为美国挑起的贸易摩擦不仅伤害了贸易伙伴的利益而且也使自己的经济受损。这是在说明全球化是不可逆转的大势。事实上,如果全球化一帆风顺,没有任何曲折,没有任何高潮和低谷,反倒是不正常。“道高一尺魔高一丈”,全球化的反作用恰恰证明了其生命力。只有在诸多反作用因素面前仍继续发展才可称为大势所趋。全球化这种波浪形的发展正是国际经济法的“势”之所成、“势所必至”。

三、国际经济法的气

根据新理学,凡实际存在的事物不仅要依据其理而且要依据其气。[119] 气实际上就是事物赖以存在的物质,虽然“气完全是一逻辑底观念”[120]。气是所有事物实现其理的依托,正所谓“人物之生,必禀此理,然后有性;必禀此气,然后有形”[121]。国际经济法作为法的一类的事物之性已如前述。其所以存在亦必须有所依托,即其气。我们认为,国际经济法所依据者,如同其他法律一样,是其基本原则和具体规范。说到法律的基本原则和规范必然关乎其出处或渊源,其如何形成及特点等。国际经济法亦然。

---

[118] 中美之间的贸易谈判系全球瞩目,因其结果会直接影响世界经济。此次谈判引世人关注的另一原因是中美两国的元首直接参与其中。2018 年 12 月 1 日,中国国家主席习近平与时任美国总统特朗普在阿根廷举行会晤,达成临时性休战协议,希望双方能于 2019 年 3 月 1 日达成协议。若届时达不成协议,则美国将对来自中国的 2000 亿美元的产品征收 25% 的关税。2019 年 2 月 12 日,时任美国总统特朗普表示,他对延长 3 月 1 日对中国商品加征关税的最后期限持开放态度,前提是中美双方接近达成一个全面的协议。关于中美贸易谈判的信息,参见 http://news.dwnews.com/topic/11-50001039.html(2019 年 5 月 20 日访问)。然就在世人期待中美两国达成贸易协议之时,美国宣布再次增加关税,从而使贸易摩擦的前景再次变得扑朔迷离。

[119] 参见冯友兰:《新理学》,载刘梦溪主编:《中国现代学术经典——冯友兰卷》(上册),河北教育出版社 1996 年版,第 45 页。

[120] 参见冯友兰:《新理学》,载刘梦溪主编:《中国现代学术经典——冯友兰卷》(上册),河北教育出版社 1996 年版,第 47 页。

[121] 冯友兰:《新知言》,载刘梦溪主编:《中国现代学术经典——冯友兰卷》(下册),河北教育出版社 1996 年版,第 883 页。

(一)国际经济法的渊源

国际经济法渊源的基本与国际公法相同。传统上,很多学者视《国际法院规约》第38条所列举的国际条约、国际习惯、一般法律原则、司法判例和各国权威最高之公法学家学说为国际法的渊源。麦克杜格尔(McDuogal)和赖斯曼(Reisman)教授等认为《国际法院规约》第38条所列举的5项不能充分说明国际法形成的实际情况。他们指出,所有关于国际法的"理论甚至都未能提出一套为正确说明像权力和控制,包括国家的排他性和非排他性决策权这种复杂事项所必备的问题清单。这主要是因为这些理论仅强调那些规范的和模棱两可的规则及假定的各该规则之间的关系,而不注重研究不同社团形成的权威性决策的过程,以及不同社团决策过程的相互关联"[122]。简言之,作为纽黑文学派的创始人和代表,麦克杜格尔和赖斯曼认为国际法包括权威决策和实际控制两部分,故对其研究应兼顾两者,缺一不可。

无论认为《国际法院规约》第38条是列举还是例举,学者大多同意国际法的主要渊源是条约和习惯。随着国际条约的数量不断增加,一些国际习惯被纳入条约,从而使条约的重要性更为突出。"在古代,国际法的渊源在比重上习惯大于条约。而在近代,由于人类文明日益发展,国际互赖日益增加,以及国际关系日益扩大和紧密,条约的比重渐渐超过习惯……另一方面,国际间发生的争端,大部分与条约的履行或解释和适用有关。"[123]说条约的比重渐趋超过习惯有两个方面的含意。首先,许多国际条约具有宣布和确认习惯的作用。如《维也纳条约法公约》的许多条款便经常在国际法院的判决、世界贸易组织专家组和上诉机构报告以及国际投资裁决中被认定为具有宣布习惯国际法的效果。当然,业已存在的习惯并不因未经条约宣布或确认而不具有效力。其次,第二次世界大战以来,特别是自冷战结束以后,国际社会制定了为数众多的具立法性的条约。

我们认为,考察任何法律的渊源不能离开法律的基本特性,即法律的普遍

---

〔122〕 Myres S. McDougal and W. Michael Reisman, *International Law Essays*, Foundation Press, 1981, p. 442.

〔123〕 李浩培:《条约法概论》,法律出版社1987年版,序。

性和拘束力。法律的普遍性有两方面的意思:其一,包括各主要国家在内的多国认同;其二,对国际社会有广泛的拘束力。进言之,作为国际经济法渊源的规范之普遍性,即无论是从所涉及的地域面积、人口总数,还是从所涉及的(认可的)国家数目方面考虑,相关法律规范应已得到国际社会的普遍接受或认可。法律的拘束力并不要求条约的每一个原则或每一项规定都具有强制力,但其部分条款必须具有强制力,否则,其就不构成国际经济法。这也与普通意义上的法律之情况相同;几乎所有法律都既含有强制性规范又含有任意性的规则。

多边条约和双边条约如能满足上述条件,当然可以并且事实上是国际经济法的直接渊源。值得指出的是,多边条约,特别是关于组建国际组织等的重要国际条约,不可能仅针对某些专门的事项。它们可能既含政治的又含经济的规定。双边条约作为国际经济法的渊源主要是指那些能够反映普遍国际经济规范的条款,而非作为整体的条约。换言之,只有那些对同一事项作出实质上相同或类似的规定的双边条约的条款方可被视为国际经济法的规则,从而构成国际经济法的渊源。不言而喻,如果关于某类事物的多个双边条约在整体上雷同,则相关双边条约亦可被视为国际经济法的渊源。就此而言,现行有效的双边投资协定以及自由贸易协定内容上具有普遍一致性,故可构成国际经济法的渊源。

国际习惯作为国际经济法的渊源的情况则较为复杂。首先,国际习惯和国际惯例不同。国际习惯专指在国际社会有拘束力的惯常行为,国际惯例则为任意性的惯常行为。[124] 国际习惯和惯例之形成则是基于实践,包括国际性的和具有普遍意义的实践以及区域性的实践。同时,习惯和惯例形成必受相关地区的文化、历史以及经济、政治、法律制度等的影响。鉴于法律的两个基本特性是普遍性和拘束力,只有国际性的和区域性的习惯可以作为国际经济

---

〔124〕 王铁崖教授认为惯例有狭义和广义之分。"狭义的惯例专指习惯,而广义的惯例则包括习惯"和"尚未具有法律拘束力的惯例。"参见王铁崖主编:《国际法》,法律出版社1995年版,第13页。《奥本海国际法》指出,"习惯有别于惯例。在日常生活和语言中,这两个名词常常混用,但在国际法学者的用语中,它们有不同的意义。习惯是作为某种行动的明显和持续的惯行,而这种惯行是在这些行动按照国际法为必需的和正当的信念下形成的。另外,惯例是作为某种行为的惯行,而这种惯行却不是在这些行为按照国际法为必需的或正当的信念之下形成的。"参见[英]詹宁斯·瓦茨修订:《奥本海国际法》,王铁崖等译,中国大百科全书出版社1995年版,第16页。

法的渊源。

关于国际习惯如何形成，国际习惯的内涵如何确定以及相关的时间元素等，历来不乏不同意见。有论者认为，“与其他法律一样，国际法中的习惯包括一些最古老和最困难的问题。其困难在于习惯是无形的，受众多因素以及数百年来大量不同观点以及由此产生的含混术语的影响。据此，国际习惯和习惯法引发了最多疑问和争议”[125]。另有论者认为只有惯例可以作为国际习惯存在的证明在逻辑上不通。[126] 还有人认为，国际法院不能适用习惯本身，而只能适用被接受为法律的习惯，即习惯法。[127] 也有人提出，第 38 条忽略了国际习惯的许多独特特征，而这些特征并不要求习惯必须具有悠久的历史、获普遍接受、符合道德标准、具合理性和一致性等。[128] 《国际法院规约》下的国际习惯是“作为通例之证明而经接受为法律者”。根据此要求，习惯不仅需要通例或曰惯例作为支持，相关国家还需有遵守该惯例的意愿，即将之视为具拘束力的规范。国际实践排除了国家外的其他实体间形成的惯例和习惯具有国际法意义上拘束力的可能性。国际法院在哥伦比亚诉秘鲁的庇护案为第二次世界大战后早期的国际实践。在该案的咨询意见和命令中，国际法院指出：“依据某个习惯的一方必须证明该习惯的形成已对另一方具有约束力。[在本案中]哥伦比亚政府必须证明其援引的规则符合有关国家一贯的和统一的

---

[125] See Karol Wolfke, *Custom in Present International Law*, WROCLAW, 1964, p. 9. 英文全文参见 http://www.bibliotekacyfrowa.pl/Content/64689/Wolfke_Karol_Custom_in_present_international_law.pdf。Wolfke 同时指出，“国际习惯和国际法的习惯规则不仅作为学术概念比较模糊，而且正如我们所见，在《国际法院规约》这样重要的文件中也是如此。特别是国际司法实践和该学说都未对国际习惯和国际习惯法间的区别予以重视。然而，这种区别即使就司法实践而言不是那么重要，但就研究而言是至关重要的”。See Karol Wolfke, *Custom in Present International Law*, WROCLAW, 1964, p. 17. 另参见 Bin Cheng, United Nations Resolutions on Outer Space: “Instant” International Customary law?, *Studies in International Space Law*, Oxford Scholarship Online: March 2012, p. 36。

[126] See Josef L. Kunz, *The Nature of Customary International Law*, The American Journal of International Law, Vol. 47:4, p. 663 – 665 (1953).

[127] See Mark E. Villiger, *Customary International Law and Treaties: A Manual on the Theory and Practice of the Interrelation of Sources*, Kluwer Law International, 1997, p. 15.

[128] See Paul P. Polanski, *Customary law of the Internet*, Springer, 2007, p. 147.

惯例,并且该惯例是给予庇护国家以权利及在其领土上义务之表示。"[129]国际法院同时指出其前述结论系基于《国际法院规约》第38条。[130] 联合国国际法委员会也认为《国际法院规约》第38条关于习惯的措辞"反映了习惯国际法的两个构成要素",即习惯包括惯例,且惯例被接受为具有法律效力或"法律确信"(*opinio juris*)。[131]

根据《国际法院规约》第38条,国际判例和学术著作可被用以确定习惯存在与否的证据。国际司法实践中经常被认为构成习惯的元素包括惯例持续的时间、普遍性、一致性、道德性、合理性等。有论者认为有些惯例尽管时间较短且没有确定的一致性,但仍可成为习惯。[132] 传统上,人们认为国际法上的习惯系基于国家实践,认为国家实践是确定习惯存在与否的根本条件。在审查实践时,须区别行为和语言。如果某个实践仅限于言语层面,"广义地讲反复重复的话语也可被视为行为,但其作用仅限于宣布习惯,而不是对其所陈述的行为之行为"[133]。国际法院曾经在北海大陆架案中宣布实践"只有很短的时间本身不必然阻碍新的习惯法规则之形成,但一个不可或缺的元素是在此时间段,尽管其可能短暂,但国家实践(特别是利益受到影响的国家的实践)就相关规则而言应该具有广泛性和统一性,并且显示出相关实践包含了对规则或法律义务的一般承认。"[134]田中(Tanaka)法官在其不同意见中提出"快速发展的通信和运输技术加快了当今国际生活的节奏,减少了时间因素的重要性,从而加速了国际习惯的形成。以前需要100年做成的事情现在可能只

---

[129] 参见Asylum Case (Columbia/Peru), Advisory Opinions and Orders, 国际法院判决,1950年11月20日。英文判决全文参见https://www.icj-cij.org/files/case-related/7/007-19501120-JUD-01-00-EN.pdf(2022年2月26日访问)。

[130] 参见Asylum Case (Columbia/Peru), Advisory Opinions and Orders, 国际法院判决,1950年11月20日。英文判决全文参见https://www.icj-cij.org/files/case-related/7/007-19501120-JUD-01-00-EN.pdf(2022年2月26日访问),第14页。

[131] 参见联合国《国际法委员会的报告》(该报告的第五部分为"习惯国际法的识别",以下简称《国际法委员会关于习惯国际法识别的报告》),联合国大会第七十三届会议,正式记录,联合国文件补编第10号(A/73/10),2018年,第127页及第129页。

[132] See Karol Wolfke, *Some Persistent Controversies Regarding Customary International Law*, Netherlands Yearbook of International Law, Vol. 24, p. 3(1993).

[133] Karol Wolfke, Custom in Present International Law, ibid., p. 42.

[134] 北海大陆架(联邦德国/丹麦,联邦德国/荷兰)(North Sea Continental Shelf Cases)案,国际法院判决,1969年2月20日,第74段。

需要不到 10 年就完成”。[135]这便是人们所说的“速成习惯”(instant custom)。此观点自提出时起便具有很大的争议性,因其超出了人们通常对习惯的形成之认识。

人们通常认为惯例(usage)是形成国际习惯的过程中不可或缺者。主张速成习惯的学者并非否定惯例在习惯形成中的作用,而是认为由惯例的不断重复实践而成为习惯的时间不一定需要很久。在国际法院作出北海大陆架案的判决前,郑斌教授便提出更为激进的观点,他认为,“惯例(usage)在国际习惯法的形成中仅是证据:一方面证明国际习惯法规则的内容,另一方面证明有关国家的法律确信。不仅惯例应具相当长的历史不必要,而且要求惯例需反复为之亦不必要,条件是有关国家的法律确信可以清楚确定。因此,实际上国际习惯法只有一个构成要素,即法律确信。鉴于国家是自己的立法者,因此国家间形成的普遍的法律确信便是一般国际法的规则。诚然,将没有惯例为基础的规则视为‘习惯’必会遭到反对。然在此情况下,谈论国际习惯法还是一般国际法或是不成文的国际法规则纯粹是语义问题”[136]。然如果仅考虑法律确信而不顾及惯例存在的期间以及反复实践的频率便认定某个惯例为国际习惯,那如何确定惯例之存在呢?还是说根本就不必考虑惯例存在与否?若如此,在当事方明确表示法律确信存在的情况下,一次性的实践亦可成为习惯。这显然不符合习惯本身的词义,也由此折射出速成习惯逻辑上的不通。

田中法官认为法律确信涉及行为者的“内部动机,属心理性质,很难轻易确定,特别是当政府的立法和行政机关等同时参与批准内部决策过程或其他国家行为时更是如此。除了习惯的外部事实存在及在国际社会的必要性之外没有其他方法确定法律确信”。[137] 正如有论者所指出,“现在国家官员利用公共网站或服务(例如推特)与世界交流,其言论瞬间在社交网络上得到反馈。网络空间中的官方和非官方信息如此之多,很容易发现相互矛盾的宣示”。[138]

---

〔135〕 Judge Tanaka, Dissenting opinion of Judge Tanaka,1969,p. 178.

〔136〕 参见注释 125。郑斌在著作中习惯讲“国际习惯法”,与其他学者讲的“习惯国际法”意思相同。

〔137〕 Judge Tanaka (1969), Dissenting opinion of Judge Tanaka,p. 177.

〔138〕 Paul P. Polanski, *Cyberspace: A new Branch of International Customary Law*?, Computer Law & Security Review,2017,p. 3. 全文参见 http://iranarze. ir/wp – content/uploads/2018/12/E10557 – IranArze. pdf(2022 年 2 月 26 日访问)。

因此,“我们所处的时代比以往任何时候都更需要从国家代表的实际行动中发现习惯规范的证据”[139]。惯例和法律确信是形成国际习惯的两个必要元素系国际社会的共识,而确定习惯是否业已形成时,首先需审查惯例是否已经存在,然后考虑法律确信存在与否。[140] 国际法委员会亦支持此观点,但强调审查惯例和法律确信存在与否确实必要,却不必按固定的先后顺序审查。[141]

联合国国际法委员会认为,惯例和法律确信是构成习惯国际法规则的必要条件,缺一不可,并指出“未被接受为法律(没有法律确信)的惯例,即便被广泛和一致地使用,也只能是没有约束力的做法”[142]。同时,在没有惯例支撑的情况下,任何人“认为某项规定是(或应当是) 法律”,也仅仅属于愿望,而不是法律确信。“只有二者合一方能证实存在一项习惯国际法的规则。”[143]那么,如何确定和识别该两个要素呢? 国际法委员会认为必须对每一个要素的证据进行分别调查和评估。尽管习惯的“两个构成要素可能事实上相互交织(惯例背后可能伴随着某种动机),但就识别习惯国际法规则的目的而言,每一个要素在概念上都是单独”[144]存在的。同时,构成某一个“惯例的行动本身并不是被接受为法律的证据。此外,被接受为法律(法律确信)不仅涉及惯例的参与方,还涉及有能力对惯例作出反应的各方……以某种方式行动或同意以某种方式行动,本身并不能证明任何法律性质的结论”[145]。此处所讲的有

---

[139] Paul P. Polanski, *Cyberspace: A new Branch of International Customary Law?*, Computer Law & Security Review, 2017, p. 3. 全文参见 http://iranarze.ir/wp-content/uploads/2018/12/E10557-IranArze.pdf(2022 年 2 月 26 日访问)。

[140] See Karol Wolfke, *Some Persistent Controversies Regarding Customary International Law*, ibid., p. 5.

[141] 联合国国际法委员会在其关于习惯国际法识别的报告中指出,“在习惯国际法规则的识别过程中,是否存在一般惯例往往是首先考虑的因素,只有确定这个问题之后才开始调查这种一般惯例是否被接受为法律,但这一审查顺序并不是强制的。因此,识别习惯国际法规则也可先评估据称表达了普遍法律信念的书面案文,之后再试图验证是否存在与之相对应的一般惯例”。参见国际法委员会关于习惯国际法识别的报告,联合国大会第七十三届会议,正式记录,联合国文件补编第 10 号(A/73/10),2018 年,第 133 页。

[142] 参见国际法委员会关于习惯国际法识别的报告,联合国大会第七十三届会议,正式记录,联合国文件补编第 10 号(A/73/10),2018 年,第 130 页。

[143] 参见国际法委员会关于习惯国际法识别的报告,联合国大会第七十三届会议,正式记录,联合国文件补编第 10 号(A/73/10),2018 年,第 130 页。

[144] 参见国际法委员会关于习惯国际法识别的报告,联合国大会第七十三届会议,正式记录,联合国文件补编第 10 号(A/73/10),2018 年,第 133 页。

[145] 参见国际法委员会关于习惯国际法识别的报告,联合国大会第七十三届会议,正式记录,联合国文件补编第 10 号(A/73/10),2018 年,第 133 页。

能力对惯例作出反应的各方包括所有受影响的国家。例如,一个国家会因为其他国家所主张为习惯的规则而受到影响,但其并未做出反对的行为,包括实际行为和语言行为,这便可成为该国接受相关主张为习惯的证据。反之,如果一个国家对其他国家主张为习惯的规则一贯性地反对,这便可成为推断习惯存在与否的反面证据。尽管在调查习惯的两个要素方面需单独为之,但同一材料(如文件)却可以同时作为确定该两个要素的证据。“例如,国内法院的一项判决可能既是有关实践,又能表明其结果是习惯国际法的要求。同样,一国发表的官方报告可作为实践(或载有关于该国实践的资料),并表明其所依据的法律观点”〔146〕。据此,各国法院关于网络空间的判决、国家政府的声明、参与提出的联合国大会决议等均可作为证明涉网络空间国际习惯形成的证据。如果各国的声明和宣示性文件仅涉及已有国际法原则和规则的具体适用,除非相关原则和规则已属国际习惯,否则法律确信仍为审查的内容。

审查并确定法律确信之存在与否在理论上没有问题,实践中则有许多不确定因素。首先,法律确信是指国际社会的确信还是某些国家的确信?如系前者,则国际社会的哪些类型的行为(包括实际行为和语言行为)可以宣示法律确信便很难确定。例如,联合国大会的决议,如前述关于网络空间的决议,是否应被视为惯例和宣示国际社会作为一个整体的法律确信呢?〔147〕如法律确信系指国家层面的实践,则哪些国家的行为可能被视为宣示了该信念,以及该宣示对国际法上习惯的构成有何影响则会有更大的争议性。从习惯国际法的角度来说,除非得到绝大多数国家(包括主要国家)的认可,否则个别国家的实践很难被视为代表了国际社会整体。所谓习惯的“即时性”或“速成习惯”亦是颇有争议的问题。除非有明确的证据支持,否则任何即时性的实践均很难作为国际习惯的表现形式〔148〕,毕竟“速成习惯”是一个模糊不清、难

〔146〕 参见国际法委员会关于习惯国际法识别的报告,联合国大会第七十三届会议,正式记录,联合国文件补编第10号(A/73/10),2018年,第133页。

〔147〕 这些决议都宣称国际法和《联合国宪章》适用于网络空间,除重申主权原则等公认的国际法原则外,亦提出了一些涉及网络空间治理的新内容。

〔148〕 关于此问题的讨论,参见G. J. H van Hoof, *Rethinking the Sources of International Law*, Kluwer Law and Taxation Publishers, 1993, p. 86。

以捉摸的概念并存有内在矛盾，联合国国际法委员会亦不支持速成习惯的观点。[149]

学者大多认为具法律责任的行为和简单的重复性行为是不同的。就此，Brierly 教授曾指出："习惯国际法源自于国家的经常性和一致性的行为，且国家认为其有法律义务为之。"[150] 国际法院在北海大陆架案裁定："有关行为不仅必须构成确定的做法，而且行为者必须相信，根据现有的法治规范，作为法律义务，这些行为应如此或应按此方法做。这是法律上必要性概念使然。因此，有关国家必须认为其行为符合法律规定的义务。相关行为做出的频率，甚至是其是否具习惯性则并非足够的条件。国际上很多行为，如礼仪和仪式等总是一成不变地做出，但这些行为只是出于礼貌、方便或传统等考虑，而不是基于法律责任。"[151] 国际法院北海大陆架案的判决确认了法律确信在习惯形成中的作用和地位。行为者（国家政府、国际组织和其他实体）做出某些行为如出于法律责任，至少是其自己认为有此责任，则相关行为便具有法律确信的元素，从而可以作为审查习惯存在与否的内容，否则，一个反复重复的行为也不会对习惯的形成有任何帮助。

此外，尚未具有法律拘束力的惯例虽不能作为习惯国际法的内容，但其对确认习惯存在与否系不可或缺者。就此而言，一些在跨境交易中经常被当事方作为具拘束力的文件在交易合同中提交以及在争端解决中适用的规则也有助于确认习惯和惯例，与此相关者包括《华沙—牛津规则》《国际贸易术语解释通则》《托收统一规则》《跟单信用证统一惯例》《约克—安特卫普规则》等。虽然这些文件并不具有条约的性质，然一旦众多交易方将其作为行业规范写入合同便可渐次成为相关领域或行业的惯例。

---

〔149〕 国际法委员会指出，"若某项一般惯例得到遵循的时间相对较短，这本身并不妨碍确定存在对应的习惯国际法规则。虽然较长的存续时间可能产生更加广泛的惯例，但习惯规则的存在并不需要一般惯例存续了久远或较长或固定的时间"。其同时指出，"一项一般惯例的出现必须经过一些时间"，故国际法不存在"速成习惯"。参见国际法委员会关于习惯国际法识别的报告，联合国大会第七十三届会议，正式记录，联合国文件补编第 10 号（A/73/10），2018 年，第 142 页。

〔150〕 J. L. Brierly, *The Law of Nations: An Introduction to the International Law of Peace*, Andrew Clapham, 1963, p. 59.

〔151〕 北海大陆架（联邦德国/丹麦，联邦德国/荷兰）（North Sea Continental Shelf Cases）案，国际法院判决，1969 年 2 月 20 日，第 77 段。

"一般法律原则"亦为国际经济法的渊源。《国际法院规约》第 9 条提及"世界各大文化及各主要法系",表明各国的法律体系是不相同的。但是,各国法律体系之间毕竟还有一些相同的原则,这些原则就构成一般法律原则。[152] 无论是国际法院的判决还是世界贸易组织上诉机构的裁决或是国际投资仲裁庭的裁决都甚少明示援引一般法律原则,[153]然这并不影响一般法律原则作为国际经济法渊源的地位。实践中,一般法律原则通常会作为国际习惯被援引。例如,"言必信、行必果"对一个国家和民族至关重要,诚实信用几乎成为所有国家法律制度的核心价值,或曰一般法律原则。

随着全球化环境下各国相互依赖关系的不断加强,国际组织在国际上的立法职能在持续增加,此尤以世界贸易组织为表表者。此发展的直接结果是国际组织的决议和决定至少在一定程度上具有普遍拘束力,从而使其具有国际经济法渊源的地位。当然,这并不是说所有国际组织的所有决议和决定均具有国际经济法渊源的地位。首先,有的国际组织的决议针对的是某些具体的事项,如国际组织关于预算案的决议,又如世界贸易组织争端解决机构关于成员所采取的措施是否违反协定义务的裁定,或是对某些国际义务加以解释。这类决议的拘束力一般只在有限的成员间有效,故不能产生普遍国际法律义务。其次,有的国际组织的章程明文规定其某类决议对成员无拘束力,则此类决议通常不产生普遍国际法律权利和义务。但是,如果此类决议的内容事实上是宣布业已存在的国际习惯或确认新的国际规则,[154]则其应具有法律效力。最后,当分析国际组织的决议和决定是否构成国际经济法的渊源时,应对世界性的组织和区域性的组织加以区分。相对而言,区域性组织之决议或决定就确认或形成国际习惯的力度和影响力显然不似多边国际组织。

国际判例现已成为事实上的国际经济法渊源之一。理论上,无论是世界

---

[152] 王铁崖主编:《国际法》,法律出版社 2005 年版,第 16 页。

[153] 关于一般法律原则的历史及国际法院和其他司法和仲裁机构对之之适用,参见 Vladimir Duro Degan, *Sources of International Law*, Martinus Nijhoff Publishers, 1997, p. 14 – 141。

[154] 联合国大会于 1974 年通过的《建立国际经济新秩序宣言》和《各国经济权利和义务宪章》等决议刚刚通过时未得到国际社会的普遍认可。目前,越来越多的人认为各决议确认了一些新的国际法律原则,故应具有拘束力。例如,世界银行于 1992 年通过的《外国直接投资待遇指南》也被视为就投资待遇提出了新的标准。这些标准后来被很多双边投资协定纳入其中。

贸易组织专家组或上诉机构的报告或是国际投资裁决均无国际法先例的作用。世贸组织上诉机构曾明确指出,经通过的专家组和上诉机构报告的结论和建议仅对争议当事方具拘束力。然在审理案件中形成的解释世贸组织规则的理由则对嗣后的个案有说服的效力。此论点的法理基础是世贸组织《争端解决谅解》第3.2条规定的争端解决机制的目的是提高该多边贸易制度的可靠性和可预测性。[155] 易言之,通过对相关条款的解释,争端解决机制为各成员提供了合理的期待,故除非有强有力的理由,否则嗣后的专家组和上诉机构报告不可背离先前报告的关于法律解释的理由。投资仲裁裁决亦无数次提及尽管每个仲裁庭都是独立的,但为了国际投资法的和谐发展,有必要参考先前的裁决。[156] 实践中,无论是贸易还是投资争议,当事方无不将先前的报告和裁决作为先例援引。世贸组织的专家组、上诉机构以及投资仲裁庭在分析法律问题时亦会详论其支持或不支持先前报告和裁决的理由。

专家组、上诉机构及投资仲裁庭对条约的解释对争议当事方的意义自不容置疑。在当今高度信息化的国际社会,自由贸易协定、投资协定等的条款有很高的共性。对这些协定的任何解释都会引起国际社会其他成员的关注,并在立法、行政、司法等活动中力避违约。就此而言,世贸组织争端解决机构的作用尤为明显。这一方面是因为世贸组织有自己的执行机制,另一方面系因为专家组和上诉机构的解释理由对嗣后的决定有事实上的先例作用,且其需经常对贸易条款作出具开拓性的解释。如在美国软木案[157]中,世贸组织上诉机构破天荒地宣布,长在地上的树木为《补贴与反补贴措施协定》(以下简称《反补贴协定》)下的"货物",理由是树木被伐倒后便成为木头,也就是货物。进言之,提供采伐树木的权利就是提供"货物"。[158] 再如,从字面上讲,英文的充分(adequacy)和足够(sufficiency)是同义词。在美国软木案中,上诉机

---

〔155〕 See *Japan – Alcoholic Beverages* Ⅱ, DSR 1996:Ⅰ, para. 107 – 108; *US – Stainless Steel* (*Mexico*), WT/DS344/AB/R, Appellate Body Report, p. 160.

〔156〕 如 AES Corporation v. Argentine Republic, ICSID case No. ARB/02/17, Decision on Jurisdiction, Apr. 26, 2005, para. 23; *Saipem S. p. A. v. People's Republic of Bangladesh*, ICSID Case No. ARB/02/6, Jurisdiction and Recommendation on Provisional Measures, Mar. 21, 2007, para. 67。

〔157〕 参见 United States – Final Countervailing Duty Determination with Respect to Certain Softwood Lumber from Canada, WT/DS257/AB/R, Jan. 19, 2004.

〔158〕 参见美国软木上诉案,第75段。

构认为,当这两个词在同一条款出现时,其意思便不尽相同。[159] 上诉机构还分析了《反补贴协定》第 14 条第 4 款中英文"in relation to"短语的意思,认为其不是指将政府提供货物的价格同私人交易的价格对比,而是"关于"、"参照"(relation, connection, reference, as regards)市场价格的意思。据此,考虑补贴幅度时,除了提供货物成员市场价格外,还可以采用其他标准。[160] 按照世贸组织上诉机构的前述解释,只有当提供货物成员市场的价格因政府的干预不能反映补贴幅度时,进口成员的调查机关方可采用其他标准。这一裁定另一意义是,在反补贴调查中,若调查机关采用其他标准,便必须证明其必要性。在世贸组织制度下,每一成员关于反补贴、反倾销和保障措施的法律都必须在具体细则上与世贸组织协定相一致。前述解释从而也必须为各成员所接受,否则便可能被视为违反世贸协定。

此外,世界贸易组织争端解决机构、国际投资仲裁庭等在审理案件时经常援引国际法院的判决,并相互援引对方的裁决和报告,从而形成范围广泛的判例法。虽然从理论上讲这些报告、判决和裁决的效力均不及于非当双方,但事实上其至少具有参考的价值和说服的效力,即国际判例法。

(二)基本原则

渊源主要是解决国际经济法规则出处的问题。在众多规则中,相关的基本原则起到统领的作用。基本原则和规则共同构成国际经济法的气。考察国际经济法的基本原则,必须从国际社会的层面,用动态的眼光加以审视。同时,任何一项原则或规则都有其时间性,都必须随社会的发展而与时俱进。作为基本原则,其必须具有较高的客观性和稳定性的特征。

---

[159] 参见美国软木上诉案,第 84 段。

[160] 参见美国软木上诉案,第 89 段。上诉机构并不否认,提供货物成员市场的价格应作为确定补贴的主要标准(primary benchmark)。

与基本原则直接相关的是国际强行法原则。[161] 1969 年《维也纳条约法公约》第 53 条规定“条约如在缔结时与一般国际法强行规则相抵触,是无效的”。而“一般国际法强行规则”,是指“国际社会作为整体接受并承认为不得背离且只能由发生在后而具有同一性质的一般国际法规则予以更改的规则”[162]。事实上,《维也纳条约法公约》第 53 条的作用是宣告了一项在国际社会早已存在的一般法律原则,是一项原则规定,但并未解决哪些规则或原则可以构成国际经济法强行法规则的问题。我们认为,就当今国际经济法而言,最重要的强行法原则是主权权力和主权平等原则。当然,与其他法律原则一样,主权原则的内涵也会随国际社会的发展而改变。

主权原则源于习惯国际法,体现的是主权国家的自治权和平等权。这在联合国宪章等文件中均有体现。《关于各国依联合国宪章建立友好关系及合作之国际法原则之宣言》宣示的主权平等原则包括各国法律地位平等;每一国均享有充分主权之固有权利;每一国均有义务尊重其他国家之人格;国家之领土完整及政治独立不得侵犯;每一国均有权利自由选择并发展其政治、社会、经济及文化制度;每一国均有责任充分并一秉诚意履行其国际义务,并与其他国家和平相处。[163] 作为“充分主权之固有权利”的一部分,国家对其境内自然资源的所有权及其相关的处置权则属于主权原则之派生。联合国《关于自然资源永久主权的决议》和《各国经济权利和义务宪章》等即为此原则的具体体现。根据习惯国际法,主权国家国有化或征收外国人的财产,负有赔偿的

---

〔161〕 关于国际强行法之讨论,参见 Egon Schwelb, *Some Aspects of International Jus Cogens as Formulated by the International Law Commission*, The American Journal of International Law, Vol. 61:4, p. 946 – 975 (1967); Levan Alexidze, *Nature of Jus Cogens in Contemporary International Law*, Collected Courses of the Hague Academy of International Law, Vol. 172 (1981); Nijhoff, p. 227 – 263; Giorgio *Gaja*, *Jus Cogens Beyond the Vienna Convention*, Collected Courses of the Hague Academy of International Law, Vol. 172 (1981); Nijhoff, p. 279 – 301; *Lauri Hannikainen*, *Peremptory Norms (Jus Cogens) in International Law*, Finnish Lawyers' Pub. Co., 1988。

〔162〕 参见《维也纳条约法公约》第 53 条。本书所引《维也纳条约法公约》系李浩培教授之译本。李浩培:《条约法概论》,法律出版社 1987 年版,第 701 – 732 页。

〔163〕 参见《关于各国依联合国宪章建立友好关系及合作之国际法原则之宣言》各国主权平等之原则。

责任,但从来没有人认为主权国家无权采取国有化等措施。[164] 这就恰恰说明:主权国家对处于其境内的资产,包括外国人的财产,有权进行处置。外国人的私人财产尚且如此,国家对其自然资源的处置权自不在话下。进言之,联合国的决议主要是以国际文件的形式宣示和确认了这一习惯国际法原则。

源于一般法律原则的约定必须信守和诚实信用亦为国际经济法的基本原则。诚实信用常与约定必须信守原则相联系,扩而广之便是国际法上的条约必须信守原则。[165] 有论者认为条约必须信守早于 19 世纪末 20 世纪初便成为国际法的基本原则,并在国际联盟盟约和联合国宪章中得到体现,尽管该两个文件并未明文言及此原则。[166] 1969 年《维也纳条约法公约》开宗明义地宣布"条约必须遵守规则乃举世所承认",进而规定"凡有效之条约对其各当事国有拘束力,必须由各该国善意履行"[167]。"善意履行"就是指履行条约要遵守诚实信用原则。[168] 易言之,任何国家均不得以国内法为借口拒不履行条约义务。[169] 国际法院在其判词中亦多次援引条约必须信守和诚实信用原则。例如,在匈牙利诉斯洛伐克案中,国际法院裁定《维也纳条约法公约》第 26 条规定条约必须善意履行是"暗示此乃条约本身以及当事方达成协议的目的,此点应重于其字面意思。诚实信用原则要求当事方以合理的方式方法实现条

---

〔164〕 早于第二次世界大战后的国有化浪潮之前,西方学者就主张在国有化赔偿方面应有国际标准,后又有人提出最低标准。See Edwin Borchard, *Minimum Standard of the Treatment of Aliens*, American Society of International Law Proceedings, Vol. 33, p. 51 – 74 (1939); Georg Schwarzenberger, *Foreign Investment and International Law*, Stevens & Sons, 1969; R. Lillich, *The International Law of State Responsibility for Injuries to Aliens*, University Press of Virginia, 1983.

〔165〕 关于条约必须信守原则之讨论,参见 Christina Binder, "Summary – Pacta Sunt Servanda", https://link.springer.com/content/pdf/bbm%3A978-3-642-35094-8%2F1.pdf(2019 年 9 月 30 日访问)。

〔166〕 James G. Apple, *General Principles of International Law*, International Judicial Monitor, Sept. 2008, http://www.judicialmonitor.org/archive_0506/generalprinciples.html.

〔167〕 参见《维也纳条约法公约》的前言和第 26 条。

〔168〕 "善意"系由英文的"good faith"翻译而来。其亦可译为诚实信用。

〔169〕 关于诚实信用原则,参见 Andreas R. Ziegler and Jorun Baumgartner, *Good Faith as a General Principle of (International) Law*, Oxford Scholarship Online, http://www.oxfordscholarship.com/view/10.1093/acprof:oso/9780198739791.001.0001/acprof-9780198739791-chapter-2; Steven Reinhold, *Good Faith in International Law*, UCL Journal of Law and Jurisprudence, No. 2, 2013, p. 40 – 63 (2013)。

约的目的”[170]。目前，诚实信用和条约必须信守已成为公认的国际习惯法，但其显然是植根于各国的内国法。

当代国际贸易和投资诸案中对诚实信用的确认和适用则比比皆是。例如，世贸组织在美国虾和虾产品案中便指出，诚实信用原则系国际法的一般原则，依据该原则所有国家均应诚实地履行条约义务，均不可滥用权利或因主张某项权利而损害条约的规定。[171] 国际投资仲裁庭历来视诚实信用为规范当事方关系至高无上的原则。[172] “该原则要求各当事方诚实并公正地对待对方，诚实地说明己方的目的与动机，且不得以非公平的手段取得利益。”[173] 此外，诚实信用原则要求任何当事方均不得以国内法作为不履行条约义务的理由。[174]

在全球化的环境下，各国经济上相互依赖的程度渐次升高，从而使得合作成为必然。基于此，联合国《关于各国依联合国宪章建立友好关系及合作之国际法原则之宣言》规定各国有相互合作的义务，但应“依照主权平等及不干涉原则处理其在经济、社会、文化、技术及贸易方面之国际关系”[175]。与主权原则不同，国际社会成员相互合作的义务是以“平等”和“相互”为基础，以不损害本国的利益为前提。[176] 虽然国际法上的合作原则尚未得到发达国家的

---

[170] Case concerning the Gabčíkovo – Nagymaros Project (*Hungary v. Slovakia*)，裁决，*I. C. J. Rep.* 1997，第 7 页，见第 142 段。

[171] 参见“US – Import Prohibition of Certain Shrimp and Shrimp Products”，上诉机构报告，世贸组织文件第 WT/DS58/AB/R 号，1998 年 10 月 12 日通过，第 157 段。

[172] 参见 Inceysa Vallisoletana, S. L. v. Republic of EI Salvador, ICSID, ARB/03/26，裁决，2006 年 8 月 2 日，第 30 段。

[173] *Phoenix Action, Ltd. v. The Czech Republic*, ICSID, ARB/06/5，裁决，Apr. 15, 2009, para. 107. 在 Plama 案中，仲裁庭亦指出“诚实信用原则不仅是保加利亚法律的一部分…… 而且是国际法的一部分”。参见 *Plama Consortium Limited v. Bulgaria*, ICSID Case No. ARB/03/24, Aug. 27, 2008, para. 144。

[174] 关于诚实信用原则的讨论，参见 Andreas R. Ziegler and Jorun Baumgartner, *Good Faith as a General Principle of (International) Law*, Oxford Scholarship Online, http://www.oxfordscholarship.com/view/10.1093/acprof:oso/9780198739791.001.0001/acprof – 9780198739791 – chapter – 2 (2022 年 2 月 26 日访问)。

[175] 参见《关于各国依联合国宪章建立友好关系及合作之国际法原则之宣言》各国依照宪章彼此合作之义务。

[176] 例如，联合国大会于 1974 年通过的《国家权利与义务宪章》获 120 票赞成，6 票反对，10 票弃权。投反对和弃权票的都是利益受到影响的发达国家。在此情况下，虽然国际社会可以谴责投反对和弃权票的国家，但不能迫使这些国家在损害本国利益的情况下做出合作的承诺。

广泛认可,但任何国家均有义务不损害其他国家的利益,从而也有义务不以霸凌的手段迫使其他国家与之合作或以某种方式与之合作。无论如何,在高度全球化的当今世界,将合作作为国际经济法的原则推动具有重要意义。

可持续发展受到国际社会越来越多的重视。[177] 无论是国际文件还是国际法院的判决或是仲裁庭的裁决均经常援引。1992 年,联合国在里约热内卢召开环境与发展会议,有 177 个国家和地区(包括欧盟)参加,通过了《地球宪章》和《21 世纪议程》,就环境的保护和各国的国际法律责任作出了原则性的声明,并将可持续发展作为国际法的一项原则。实践中,这一原则已渐次得到国际社会的认可。关于建立世界贸易组织的协定的前言就提及贸易和其他经济活动应有利于"可持续发展之目的扩大对世界资源的充分利用,保护和维护环境"[178]。在匈牙利和斯洛伐克有关多瑙河大坝(Danube Dam)的国际法院的诉讼中,双方均援引可持续发展的国际法原则支持己方的立场。国际法院、国际贸易组织的专家组和上诉机构以及国际投资仲裁庭亦经常在判案中援引可持续发展原则。[179] 如在美国和欧盟关于进口金枪鱼的争议中,[180] 世贸组织专家组便指出,"可持续发展的目标,包括环境的保护和维系,已为总

---

[177] 可持续发展作为国际经济法基本原则的背景是工业革命以来,在人类开发、征服自然的同时,对地球上的不可再生资源进行了过度的开采和使用,从而严重破坏了人类的自然资源。为了减少或停止工业发展对自然资源的破坏,1970 年 4 月 22 日,美国 2000 万人举行游行,呼吁各国采取行动,保护自然资源。1972 年 6 月 5 日,联合国召开了人类环境会议并通过了《人类环境宣言和行动计划》。此后,每年的 6 月 5 日被定为"世界环境日"。1983 年 11 月,联合国成立了世界环境与发展委员会。1987 年,该委员会向联合国提交了一份题为《我们共同的未来》的报告,第一次使用了"可持续发展"的概念。

[178] 参见《马拉喀什建立世界贸易组织协定》的前言部分。该协议见《乌拉圭回合多边贸易谈判结果最后文件》,法律出版社 1995 年版。

[179] 关于国际法院就可持续发展概念之适用的讨论,参见 Philippe Sands, *International Courts and the Application of the Concept of "Sustainable Development"*, Max Planck UNYB 3 (1999), p. 389 - 405。

[180] 世界贸易组织和欧盟关于可持续发展的个案之讨论,参见 A. Mattoo & P. C. Mavroidis, *Trade, Environment and the WTO: The Dispute Settlement Practice Relating to Article* Ⅹ Ⅹ *of GATT*, Ernst - Ulrich Petersmann, *International Trade Law and the GATT/WTO Dispute Settlement System*, Kluwer Law International, 1997, p. 325 - 343。

协定的签字各方所广泛认可”[181]。

近年来，国际社会又将可持续发展与法治相联系，主张为了保证可持续发展，法治环境为不可或缺者。联合国于《2005年世界首脑会议成果》中即指出，“今天我们生活的世界比历史上任何时候都更全球化，相互依存度更高。任何国家都无法完全孤立存在”；“国家和国际的良治和法治，对持续经济增长、可持续发展以及消除贫困与饥饿极为重要”[182]。该会议成果还专辟“法治”一节，重申维护“以法治和国际法为基础的国际秩序”系国家和平共处和合作不可或缺者。[183]《国内和国际的法治问题大会高级别会议宣言》则“重申致力于法治、重申法治对于各国间政治对话与合作具有极为重要的意义”，[184]认为“法治与发展密切关联，相辅相成，推进国内和国际法治，对于实现持续和包容性经济增长、可持续发展……至关重要”[185]。《变革我们的世界：2030年可持续发展议程》亦将法治与可持续发展等议题紧密关联，视法治为国际合作与发展的基石。[186] 尽管人们对法治的内涵和外延可能有不同理解，但其作为可持续发展的内容在国际社会已有共识。

透明度亦已成为公认的国际经济法原则。当代国际社会强调政府行政的透明度。故从理论上讲，透明度作为国际经济法的原则并无问题，然具体某个决策是否符合透明度的要求则并非那么简单。由于历史、文化传统以及法律制度之不同，一个国家的执法机关分析法律条文的方法、决策程序、思考问题

---

[181] 参见 United States - Restrictions on Imports of Tuna, Report of the Panel，关贸总协定文件第DS29/R号，1994年6月16日，全文参见 https://www.wto.org/english/tratop_e/dispu_e/gatt_e/92tuna.pdf（2022年2月21日访问），第5.42段。关于该案的评论，See Steve Charnovitz, *Dolphins and Tuna: An Analysis of the Second GATT Panel Report*, Environmental Law Reporter News & Analysis, Vol. 24, p. 10567 - 10587(1994)。

[182] 联合国大会第六十届会议，《2005年世界首脑会议成果》，联合国文件第A/RES/60/1号，2005年10月24日通过，第7段和第11段。

[183] 联合国大会第六十届会议，《2005年世界首脑会议成果》，联合国文件第A/RES/60/1号，2005年10月24日通过，第134段。

[184] 联合国大会文件第A/RES/67/1号，《国内和国际的法治问题大会高级别会议宣言》，2012年9月24日通过，前言。

[185] 联合国大会文件第A/RES/67/1号，《国内和国际的法治问题大会高级别会议宣言》，2012年9月24日通过，第7段。

[186] 《变革我们的世界：2030年可持续发展议程》由联合国大会第70/1号决议于2015年9月25日通过。该议程列出了国际社会致力于实现的17个目标。参见 http://genevese.mofcom.gov.cn/article/wjysj/201604/20160401295679.shtml（2022年2月21日访问）。

的方法均可能与其他国家不同。在此情况下，如何满足透明度的要求便难免出现异议。在世贸组织的阿根廷家禽案中，阿根廷在答辩中数次提到其关于反倾销的裁定是有根据的，并当场提出了理据。然负责审理此案的专家组强调，阿根廷提出的理据属于事后辩解，是无效的。[187] 从阿根廷案不难看出，世贸组织下的透明度更注重程序、决策过程以及决策所依据的理据，并且决策者的思维过程，包括对证据的采用都必须见诸文字，否则便会违反透明度原则，而一个不符合透明度原则的决定很难符合公平、公正和客观的标准。[188] 国际投资仲裁庭亦常以东道国的行为是否符合透明度的标准作为理由，裁判后者的行为是否构成违约。

除前述诸项外，将于本书另章评析的最惠国待遇、国民待遇、公平公正待遇等已无例外地出现在所有当代自由贸易协定、双边投资协定等文件中。尽管这些规则并不具有超乎其他条约规则的强制性属性，但其显然是国际经贸合作不可或缺者，故构成国际经济法的基本原则。

（三）国际经济法的主体

适用的主体对任何法律而言都是重要的问题，国际经济法亦然。我们认为，任何权利、义务的主体均应从其所属的社会之层面考察，并应根据历史的发展趋势做出具既有现实性又具有前瞻性的判断。国际经济法是以国际关系为调整对象的规范，对其主体的分析亦必须以国际社会为出发点。同时，同一个人或实体可同时为两个不同社会的成员，即分别适用于两个不同社会的法律主体。此外，同一法律亦可有不同的主体，即享受不同权利和承担不同义务的主体。正如《奥本海国际法》所言，国际法“主要是支配国家的关系，但是，国家不是国际法的唯一主体。国际组织，以及在某种范围内的个人，可以是国际法给予权利和设定义务的主体”[189]。

---

〔187〕 参见王贵国：《全球化以致中和——从阿根廷家禽反倾销案说起》，载《法学家》2003 年第 4 期。

〔188〕 从这个意义上讲，世界贸易组织和其他国际组织以及其他现代国际条约的规定对统一各国执法机关，包括法院和行政机关的思考方式和方法，做成决定的程序以及撰写决定和判决都具有直接且重要的影响。

〔189〕 ［英］詹宁斯·瓦茨修订：《奥本海国际法》，王铁崖等译，中国大百科全书出版社 1995 年版，第 3 页。

从国际社会的层面观察,早期的国际法主体除国家外没有其他可言。然随着国际社会的不断成熟,国际组织渐次获得承认为国际法的主体。但国际组织实际上享受权利和承担义务的时间则远早于其获得承认的时间。中国国际法学界,如早期的周鲠生教授等对国际组织的国际法主体地位采不承认的态度,认为只有"国家是国际法主体,并且是国际法上唯一的主体"〔190〕。他们指出"有些西方法学家一方面主张个人是国际法的主体,同时也认为国际组织特别是政治性的一般国际组织如第一次世界大战后创立的国际联盟和第二次世界大战后组织的联合国,也是国际法的主体……联合国是会员方的结合体,是根据主权国家间的协定而组成的;它本身不具有主权,并不能体现一个国际法主体资格所具有的全部功能。不但它的权利出自会员方,而且它的生存和一切活动最后仍以会员方的意志为转移。所以联合国不能说是一个国际法主体(联合国既不是国际法主体,任何其他国际组织不待说,更不是国际法主体)"〔191〕。以周鲠生教授为代表的老一辈法学家显然是将国际法主体与主权紧密联系,将主权作为国际法主体的前提,认为只有具主权资格者方可为国际法主体。

到了20世纪80年代,中国学界的观点开始发生变化,王铁崖教授等提出:"本世纪以来,特别是第二次世界大战以后,随着国家之间的经济、政治、文化等方面关系的迅速发展,政府间的国际组织就大量出现。这样,不仅国际实践提出了这一问题,而且在国际法学界也引起了争论。实际上,国际组织具有国际法主体资格,已成为现实的需要和必然的趋势。"〔192〕进入20世纪90年代后,中国国际法学界便毫不犹豫地承认"国际实践表明,像联合国那样的国际组织确已具备国际法主体的资格"。〔193〕 然中国的学者仍强调国家是国际法的主要主体,非政府组织、跨国公司、私人企业、个人则不具有国际法的主体资格,理由是这些实体和个人"不是直接承受国际权利和义务,他们所承受的国际权利和义务基本上是国家授予的"〔194〕。然这样的论断忽略了一个事实,即

〔190〕 周鲠生:《国际法》(上册),商务印书馆1981年版,第62页。

〔191〕 周鲠生:《国际法》(上册),商务印书馆1981年版,第68-69页。

〔192〕 王铁崖主编:《国际法》,法律出版社1981年版,第96页。

〔193〕 王铁崖主编:《国际法》,法律出版社1981年版,第75页。

〔194〕 王铁崖主编:《国际法》,法律出版社1981年版,第64-65页。

国际组织承担义务和享受权利的能力亦系主权国家所授予。基于此,既然国际组织通过国家的授予可以取得在国际上享受权利和承担义务的能力,成为国际法的主体,公司(法人)和自然人亦可通过国家授权而享受国际法上的权利和承担义务。从民主政体的角度考虑,国家的权力源于人民。[195] 故由国家通过国际法授予个人某种权利在理论上亦无困难。

目前,个人(包括自然人和法人)享受国际法上的权利和承担义务是不争的事实。例如,在联合国主持下于1966年签订的《经济、社会及文化权利国际公约》和《公民权利和政治权利国际公约》直接规范公民应享受的各项权利。《解决国家与他国国民间投资争端公约》以及众多的双边投资协定和自由贸易协定(投资章节)亦赋予公约签字方将投资争端提交依该公约成立的解决投资争议国际中心或其他争端解决机构仲裁的权利。国际法亦有规定个人承担义务的情况。国际刑事法院、[196] 南斯拉夫国际刑事法庭[197] 等的管辖权均包括涉及个人的灭绝种族罪、危害人类罪、战争罪、侵略罪等国际责任。因此,我们认为,自然人和法人在国际法上的权利和义务是一个是否承认,而不是是否存在的问题。我们所处的世界的现实情况是国家与国家,国家与国际组织,国际组织与国际组织,非政府组织与国家和国际组织,国家与他国企业、公司和个人,不同国家的企业、公司和个人无时无刻不在进行交往和交易。基于此,我们认为国际经济法的主体应包括国家、国际组织、非政府组织、公司、企业和个人。

四、国际经济法的形成及特点

国际经济法的最主要渊源是条约,而当代条约,包括其原则和内容在很大

---

[195] 根据J. Bodin:《全体人民为主权者的,是民主政体》。转引自何勤华:《西方法学史》,中国政法大学出版社1996年版,第115页;根据J. Bentham的理论,“在民主制下,主权者是人民(议会是他们的代表)。由于法是意志的体现,而世上只有主权者和上帝是有意志的,故世上只有人为法和神定法两种”。参见何勤华:《西方法学史》,中国政法大学出版社1996年版,第315页。

[196] 关于国际刑事法院的历史、宗旨和运作,参见https://www.icc-cpi.int/(2022年2月21日访问)。

[197] 关于南斯拉夫国际刑事法庭(International Criminal Tribunal for the former Yugoslavia)的历史、宗旨和运作,参见https://www.icty.org/(2022年2月21日访问)。

程度上来自各国的内国法,实现的方法则是内国法的国际法化。实践中,在大多国际条约和协定的谈判中,代表团都是以其内国法的相关规定及司法实践为蓝本提出立场文件,[198]从而使国际条约的安排有明显的内国法痕迹。如世贸组织的专家组和上诉机构以及国际投资仲裁庭所适用的原则很多都来自内国法。[199] 当然,这已经不是原来意义上的内国法规范。首先,这些规则并非原封不动地从国际造法程序走了一遭那么简单。我们所讲的国际造法包括条约和协定的制订以及判例法的形成两个方面。无论是条约谈判还是国际仲裁都有一个改造内国法规则使之适用于相关条约或个案的过程。其次,即使是国际条约未对之加以实质性改变,其适用和解释原则也发生了变化。虽然不争的事实是没有任何单个国家的法律规则被照搬到国际条约之中或因国际裁决而成为国际规范,但另一不可否认的事实是,那些法律制度比较健全,法律之执行较为有效的国家,或曰法治较发达的国家之法律规范进入国际条约和国际裁决的比例及影响均较大。在内国法的原则和规则成为条约和协议的具体条文或被国际仲裁庭(包括世贸组织的专家组和上诉机构)采用后,其便会以具拘束力原则或规则的形式进入内国法。如此就形成一个循环,即先是内国法规范进入国际法,形成国际规范后再回到内国法。当然国际规范并非简单地回到内国法,而是以具拘束力的国际规范回归内国法,从而具有重塑和改造后者的作用。[200]

---

[198] 例如,在对 TRIPs 协议的谈判历史进行研究后,世贸组织知识产权部主任 Taubman 指出,谈判代表的国内法经验和专长对谈判有很大助力,且谈判过程中领导者的政治智慧非常重要。参见 Antony Taubman, *Thematic review: Negotiating "Trade – related Aspects" of Intellectual Property Rights*, https://www. wto. org/english/res_e/booksp_e/trips_agree_e/chapter_2_e. pdf(2022 年 2 月 21 日访问)。

[199] 此方面较为突出者包括世贸组织上诉机构只负责法律审与许多国家的上诉法院的职能一致。关于世贸组织上诉机构限于法律审的规定,参见《关于争端解决规则与程序的谅解》第 17 条第 6 款。

[200] 关于此问题的讨论,参见 Mitsuo Matsushita, Thomas J. Schoenbaum, Petros C. Mavroidis & Michael Hahn, *The World Trade Organization: Law, Practice and Policy* (3rd *Edition*), Oxford University Press, 2015。另参见 John J. Barceló Ⅲ, *The Status of WTO Rules in U. S. Law*, Cornell Law School research paper No. 06 – 004 https://scholarship. law. cornell. edu/cgi/viewcontent. cgi? article = 1035&context = lsrp_papers(2022 年 2 月 21 日访问)。作者讨论了哪些世贸组织规则在美国的法律中起到重要作用,哪些规则没有起到作用及其原因。

(一)国际经济法之解释与效力

在国际条约的实施过程中,国际组织间的合作亦成为必要,一些原本不具有造法功能的国际组织也通过此类协议介入造法。此外,世贸组织的专家组和上诉机构以及投资仲裁庭通过对条约进行解释[201]形成了国际判例法,规范各国的法律、行政行为、司法程序和判决,[202]进而对各国的法律概念、法律价值、法律规则等构成直接影响。这些构成当代国际经济法之形成和特点。

历史上,国际条约大多系原则性地规范缔约方的义务,缺少实际执行的程序和手段,且各国在签订或加入时多有保留,从而大大降低了条约的效力。这种情况在《世贸组织协定》[203]生效后得以改变。世界贸易组织涉及的领域涵盖货物贸易、服务贸易、知识产权保护、国际投资、各成员政策的制定和执行、司法原则和标准等,且就相关事项作出了相当详细的规范。仅就服务贸易而言,世贸协定几乎涵盖除生产环节外的所有商业活动,包括运输、仓储、包装、批发、零售、售后服务等。[204]

世贸协定不允许缔约方对任何条款作出保留,[205]加之其本身详尽的规

---

[201] 参见 Alexandra Hagelüken, *The Impact of EC Law and WTO Law on Domestic Law: A Critical Analysis of the Case Law of the European Court of Justice*, http://digitool. library. mcgill. ca/R/? func = dbin – jump – full&object_id = 21683 & local_base = GEN01 – MCG02(2022 年 2 月 21 日访问)。

[202] 关于此问题的讨论,参见 Markus Wagner, *Regulatory Space in International Trade Law and International Investment Law*, Penn Law: Legal Scholarship Repository, 2015, https://scholarship. law. upenn. edu/cgi/viewcontent. cgi? referer = &httpsredir = 1&article = 1884&context = jil(2022 年 2 月 21 日访问); Frank J. Garcia, Lindita Ciko, Apurv Gaurav & Kirrin Hough, *Reforming the International Investment Regime: Lessons from International Trade Law*, Journal of International Economic Law, Vol. 18:4, p. 861 – 892(2015); Donald McRae, *The World Trade Organization and International Investment Law: Converging Systems*—Can the Case for Convergence be Made?, Jerusalem Review of Legal Studies, Vol. 9:1, p. 13 – 23(2014)。

[203] 1994 年 4 月在摩洛哥马拉喀什举行的关贸总协定部长级会议正式决定成立世界贸易组织,并签订了《马拉喀什建立世界贸易组织协定》,其附件包括《货物贸易总协定》、《服务贸易总协定》、《与贸易有关的知识产权协定》和《关于争端解决规则与程序的谅解》。

[204] 《服务贸易总协定》第 1 条第 2 款将服务贸易界定为以四种方式提供的服务:跨境提供、境外消费、商业存在和自然人流动。

[205] 世界贸易组织协定要求各成员方无选择地以"一揽子"方式接受乌拉圭回合达成的所有协议,唯一的例外是附件 4 下的《民用航空器贸易协定》、《政府采购协定》、《国际奶制品协定》和《国际牛肉协定》。

则,使其拘束力远远超过任何其他国际条约。更为重要的是,世界贸易组织有近似于国际法院的争端解决机制,只要是专家组或是上诉机构作出了裁定,便会依准自动通过原则成为对相关成员有拘束力的文件,[206] 拒不履行的成员便可能受到报复。传统上,基于国际社会弱肉强食的现实,小国、弱国受到不公平待遇时并没有能力报复、制裁大国、强国。连设计者们都没有想到的是,世贸组织的建立使小国、弱国有了报复大国、强国的利器,即知识产权保护的义务。根据世贸组织协定,每一成员均有义务对其他成员合资格的知识产权加以保护。据此,在世贸组织争端解决中胜诉的一方若无能力在相同领域报复,便可基于交叉报复的机制,选择放弃保护败诉一方的知识产权。[207] 鉴于当代知识产权主要掌握在经济大国和强国手中,放弃保护知识产权具有相当大的威慑力。包括报复措施在内的争端解决机制强化使得所有成员认真遵守承诺,[208] 也从实质上改变了传统上国际规范为“无牙老虎”的态势。

国际组织间的合作古而有之。全球化环境下的国际组织合作在国际经济法的构建、解释和执行等方面有重要作用。如国际货币基金组织和世界银行历来被称为“姐妹组织”,原因是该两个机构具有互为补充、相辅相成的特点。基于国际社会的发展,国际货币基金组织和世界银行都不约而同地将工作的重点放在解决世界贫困之上,将之作为国际公共政策(public goods)对待。[209] 这是因为,目前受贫困困扰的主要是发展中国家,然问题解决必须依靠整个国际社会的力量,方法之一便是提高市场的开放程度。开放市场或曰贸易自由化有一个过程。在此过程中,由于国内经济结构的原因,开放市场的国家很可

---

[206] 世界贸易组织争端解决机制引入了“反向协商一致”原则。争端解决机构审议专家组报告或上诉机构报告时,只要不是所有的成员都反对,则相关报告便获得通过,从而排除了败诉方单方面阻挠报告通过的可能。

[207] 在欧共体香蕉案中,欧共体未履行上诉机构报告,厄瓜多尔根据《争端解决规则及程序的谅解》第22条第2款,于1999年11月8日请求争端解决机构授权其中止对欧共体在《1994年关贸总协定》、《服务贸易总协定》和《与贸易有关的知识产权协定》下的义务。2000年5月18日,争端解决机构授权厄瓜多尔依据《1994年关贸总协定》《服务贸易总协定》中止减让,若不足则可根据《与贸易有关的知识产权协定》有关条款中之减让。

[208] 任何小国、弱国拒不履行承诺,其他国家并不缺少制裁的手段和方法,故不必诉诸放弃知识产权保护。当然为了说服其他成员遵守承诺,大国也必须守约。

[209] 参见 Michael Camdessus, *International Financial and Monetary Stability: A Global Public Good?*, May 28, 1999. 全文参见 https://www.imf.org/en/News/Articles/2015/09/28/04/53/sp052899 (2022年2月21日访问)。

能在一定时间内出现贸易逆差。为此,世贸组织与国际货币基金组织和世界银行分别签订协议,[210] 建立了贸易一体化机制(Trade Integration Mechanism),[211] 专责向因贸易自由化出现收支失衡的国家提供援助。当然,没有免费的午餐,援助的提供一定要基于某些条件。有了世贸组织的参与,援助条件是否得以履行便可通过世贸组织争端解决机制进行监督。

国际组织间的合作还对国际条约的解释有直接影响。就此而言,世界贸易组织和世界海关组织[212] 间的合作尤为突出。众所周知,任何进口产品的产地以及进口价值之认定直接关乎进口产品享受的待遇。在世贸组织下,规范此类事项的是《原产地规则协定》[213] 和《海关估价协定》。[214] 然这两个协定的解释和执行则赖于世界海关组织,后者制定的规则,乃至其辖下的委员会之决议或会议记录,均对世贸组织具拘束力。通常情况下,世界海关组织通过的协调系统(HS)为世贸组织下产品分类依赖者,遇有难以确定的个案则需参照世界海关组织的会议记录。例如,在欧盟电脑部件案中,[215] 世贸组织上诉机构不仅参照了协调系统而且还考虑了协调系统委员会的会议记录。

在知识产权保护方面,世界贸易组织和世界知识产权组织的职能有相当大的重叠;世贸组织《与贸易有关的知识产权协定》(以下简称《知识产权协定》)援引了《巴黎公约》、《保护文学和艺术作品伯尔尼公约》(以下简称《伯

---

[210] 世界贸易组织于1996年12月6日与国际货币基金组织签订合作协议,相互给予观察员身份,共享信息,当一方与双方的共同成员所讨论的措施,可能与该成员在另一方所负义务违背时,该方应与另一方磋商。1997年4月,世贸组织与世界银行签订协议,明确双方共享信息,增进交流与合作,互以观察员身份列席对方决策机构的会议。

[211] 根据2004年4月签订的贸易一体化机制协议,国际货币基金组织将向因贸易自由化遭遇支付困难的国家提供援助。

[212] 世界海关组织(World Custom Union, WCO)的前身为海关合作理事会(Customs Cooperation Council,CCC),所在地为比利时首都布鲁塞尔。海关合作理事会于1952年11月成立,1994年10月改称世界海关组织。

[213] 《原产地规则协定》是乌拉圭回合达成的"一揽子"协议之一,旨在协调各成员关于产品的原产地规则。

[214] 《海关估价协定》的正式名称为《关税及贸易总协定第七条贯彻执行协议》,是乌拉圭回合达成的协议之一,旨在制定一项公平、统一和中性的海关对商品的估价制度,以便既符合商业实践的要求,又可避免武断或虚构的海关估价。

[215] 在该案中,欧共体对局域网设备按通信设备征收关税,申诉方美国认为应按自动数据处理机征收关税。双方争议的焦点是如何确定欧共体减让表中涉及局域网设备的关税减让。参见European Communities – Customs Classification of Certain Computer Equipment,上诉机构报告,世贸组织文件第WT/DS62/AB/R, WT/DS67/AB/R及WT/DS68/AB/R号。

尔尼公约》)、《罗马公约》和《关于集成电路的知识产权条约》的部分条文。在美国版权案中,[216]这种援引其他条约条款而不是将后者直接照抄过来的做法被解释为同时接受了被援引条约的实施原则。该案涉及《伯尔尼公约》的"微小例外原则"是否适用于知识产权协定。负责该案的专家组指出,《知识产权协定》第9条并未排除适用"微小例外原则",另从乌拉圭回合的文件起草看,没有任何成员质疑《知识产权协定》系以包括"微小例外原则"在内的《伯尔尼公约》为基础。基于条约的解释应避免相互冲突的意思之原则,专家组裁定知识产权协定通过援引《伯尔尼公约》的相关条款也将其实践中形成的"微小例外原则"纳入其中。[217] 需要指出的是,《巴黎公约》、《伯尔尼公约》、《罗马公约》和《关于集成电路的知识产权条约》均无强制执行机制,甚至没有争端解决机制。通过世贸组织,这些原无执行机制的条款变得具有较大的拘束力。

事实上,早在世界贸易组织成立之前,《关贸总协定》和国际货币基金组织就建立并保持了具实质意义的合作关系。根据《关贸总协定》第12条,任何成员遇有国际收支严重失衡和严重失衡威胁,得对进口产品加以数量限制。欲依此例外对进口进行限制的成员应先与世贸组织国际收支限制委员会磋商,而磋商的基础便是国际货币基金组织的意见。此类意见通常包括相关成员的国际收支状况,如"货币储备是否严重下降"以及应采取的措施等。国际货币基金组织的意见对世界贸易组织具约束力。[218]

国际组织间的合作当然并不限于经贸领域的机构。即使像联合国这样高度政治性的国际组织也早已参与其中。不必讲联合国贸发会议、跨国公司中心等专设机构,联合国本身还与世界贸易组织成立了国际贸易中心,[219]专门负责国际贸易趋势的研究。另世贸组织的前身关贸总协定通过了给予发展中

---

[216] 参见 U. S. – Section 110(5) of the U. S. Copyright Act,专家组报告,世贸组织文件第 WT/DS160/R 号。

[217] 参见 U. S. – Section 110(5) of the U. S. Copyright Act,专家组报告,世贸组织文件第 WT/DS160/R 号,第 23 – 24 页。

[218] 《关贸总协定》第 15 条。

[219] 国际贸易中心系《关贸总协定》于 1964 年设立,自 1968 年始,由《关贸总协定》和联合国贸易与发展会议共同管理。该中心旨在支持发展中国家和转型经济国家,特别是这些国家的企业界,充分开发其在贸易与商业运作方面的潜能,以最终实现可持续发展的目标。

国家特殊与区别待遇的决议。[220] 世贸组织协定的许多附件亦含给予发展中国家优惠待遇的规定,[221] 然这些文件都没有具体界定何为发展中国家,故哪些成员应享有特殊待遇还必须依照联合国的界定。

联合国还制定了一套《中央产品分类表》(CPC),涵盖货物和服务的详细分类。世贸组织成员就服务贸易作出承诺时,大多参照《中央产品分类表》并按其分类编号撰写承诺表。在美国赌博案中,[222] 美国的服务贸易承诺字面上并不包括跨境赌博,然作为指控方的安提瓜认为美国服务贸易具体承诺第10D 项下"其他娱乐活动"包括了赌博。为了确定美国服务贸易的具体承诺是否包含跨境赌博,世贸组织上诉机构通过参阅联合国《中央产品分类表》认定美国对开放国内赌博市场作出了承诺,从而违约。

美国赌博案的直接效果是,遇有服务贸易具体承诺不清楚处,其解释便需参照联合国《中央产品分类表》。鉴于服务贸易是尚在快速发展的领域,日后必然有许多不确定或是难以确定的归类情形,又鉴于在欧盟电脑部件案中,上诉机构参考世界海关组织相关委员会意见的做法未受到质疑,将来在服务贸易争议中联合国有关服务分类的意见势必对世界贸易组织起重要作用。这将进一步推动两个机构间的合作。

国际组织还在一些具体事项上合作。联合国反运毒和罪案办公室(UN Office on Drugs and Crime)曾与世界海关组织达成协议,在厄瓜多尔监控集装箱的运输,以达至反运毒和反有组织犯罪的目的。[223]

至于以相互合作为目的,一个国际组织作为观察员参与另一国际组织活

---

[220] 1979 年《关贸总协定》东京回合通过了《关于发展中国家差别和更优惠待遇、互惠和更充分参与的决定》,使普惠制有了充分的法律依据。

[221] 参见《关税及贸易总协定》第 4 部分,《服务贸易总协定》第 4 条,《与贸易有关的知识产权协定》第 66、67 条,《争端解决规则及程序的谅解》中的第 3 条第 12 款、第 4 条第 10 款、第 12 条第 10 款以及第 21 条第 2、7、8 款等条款都体现了对发展中国家的优惠和差别待遇。

[222] 2003 年,美国众议院通过《禁止非法网络赌博交易法》,限制美国公民使用信用卡和通过银行账户向国外赌博网站支付赌金。此举令安提瓜一度繁荣的网络赌博服务产业日渐衰落。安提瓜认为美国实施的影响赌博服务的跨境提供的措施不符合《服务贸易总协定》的规定及其具体承诺。参见 United States – Measures Affecting the Cross – Border Supply of Gambling and Betting Services,上诉机构报告,世贸组织文件第 WT/DS285/AB/R 号。

[223] 2004 年 10 月,联合国反运毒和罪案办公室与世界海关组织达成协议共同实施《集装箱控制计划》,向各国,尤其是发展中国家提供加强边界和海关控制的培训和技术支持,并大力推动各国在打击贩运领域加强双边和多边合作。

动的做法早已不是什么特例。自世界贸易组织成立以来，先后有世界粮农组织、国际货币基金组织、国际贸易中心、世界银行、经济合作与发展组织（以下简称经合组织）、联合国、联合国贸易与发展会议、世界知识产权组织成为观察员。[224] 国际组织相互向对方派出观察员势必增进这些国际组织相互间的了解和理解，而这种了解和理解其后便会在各自的决策中得到反映，进而形成国际组织间更高层次的合作。

非政府组织在全球化的环境下影响力不断提高，在不同程度上参与了国际规则的制定。非政府组织影响力的扩大受益于通信和信息技术的发达和普及以及手段的增加。非政府组织在国际重大问题上首次展现实力是迫使《多边国际投资协定（草案）》流产。[225] 当时关于《多边国际投资协定（草案）》的谈判在发达国家间紧锣密鼓地进行，其他国家根本不晓得草案的内容以及谈到了什么程度。突然，一个非政府组织将发达国家的草案通过互联网予以公布，令世界哗然，也使《多边国际投资协定》的谈判无疾而终。非政府组织发挥更大威力是在美国西雅图召开的世贸组织部长级会议。反对全球化的非政府组织最终阻止了 2001 年西雅图部长会议的召开以及 2003 年墨西哥坎昆部长会议取得任何成果。

除了大规模的集体行动外，在国际社会的具体事务上，非政府组织也正在发挥越来越大的作用。在世贸组织争端解决和谈判议题上，非政府组织的影响有目共睹。例如，在美国虾和虾产品出口限制案中，[226] 保护海洋中心（Center for Marine Conservation）、国际环境法中心（Center for International Environmental Law）及世界自然基金（World Wide Fund for Nature）三个非政府组织主动向专家组提交意见。世贸组织上诉机构裁定专家组可在审理争议时考虑并采纳这些意见。易言之，非政府组织通过影响专家组和上诉机构的

---

[224] 参见 *International Intergovernmental Organizations Granted Observer Status to WTO bodies*，http://www.wto.org/english/thewto_e/igo_obs_e.htm（2022 年 2 月 21 日访问）。

[225] See Katia Tieleman, *The Failure of Multilateral Agreement on Investment (MAI) and the Absence of A Global Public Policy Framework*, *Case Study for the UN Vision Project on Global Public Policy Networks*, http://citeseerx.ist.psu.edu/viewdoc/download? doi = 10.1.1.627.7992&rep = rep1&type = pdf（2022 年 2 月 21 日访问）。

[226] 参见 United States – Import Prohibition of Certain Shrimp and Shrimp Products，上诉机构报告，世贸组织文件第 WT/DS58/AB/R 号（以下简称美国虾和虾产品上诉案）。

决定而对世贸组织的运作发挥作用。

传统上,从事国际贸易与投资等交易的主要是跨国公司。随着信息技术的广泛应用,跨境交易成本显著下降,资金和资源的转移都变得较为自由。特别是当代国际规范无不将提高政府行为的透明度放在首位,将市场信息的自由传播视为衡量相关市场是否符合国际标准的尺度。此发展使得一些中小企业乃至个人都可从事跨境经济交易,也使得跨国公司的影响相对下降。此发展亦使得众多中小企业乃至个人在国际经济法的构建中能有一定影响。

(二)国际法与内国法之互动

史上对国际法与内国法的关系历来有一元论和二元论之分,[227]然无论是按照哪一种理论,国际规范对内国法都或多或少有一定影响。国际条约在赋予国家权利的同时也必然要求其承担义务。一个国家享有的权利便为一个或所有其他国家应承担的义务,而不同国家的相互承诺则构成了规范国际社会的法律整体。为了履行国际义务,每个国家都必须做到有所为和有所不为。此情况不仅在传统国际公法而且在国际经济领域都会出现。例如,国际货币基金组织协定条款规定所有缔约方都不得执行违反其他缔约方法律的外汇合同。[228] 然这与当代国际经济法规则与内国法之关系相比不过是小巫见大巫。

国际规范有效进入内国法需三个条件:(1)国际规范具强制性;除非国际社会诸成员有义务接受相关国际规范,否则其便只具建议性质;(2)国际规范本身有相对具体详细的规则与程序,否则涉及的国家便有较大的选择性,从而使相关国际规范失去应用的效力;(3)有效的执行机制。当代国际经济法规范进入内国法具有高层次、具体化、强制性的特点,从世贸组织的实践可窥一斑。如前所述,世贸组织协定的特点是不允许任何成员对之保留。此外,与其他国际条约不同,世贸组织协定对货物贸易、服务贸易、知识产权保护等都规定了最低标准。例如,《知识产权协定》具体规定了内国法保护专利、商标和版权的标准,包括在什么情况下商标申请人应获得商标权,满足哪些条件后专

---

[227] See J. G. Starke, *Monism and Dualism in the Theory of International Law*, BRIT. Y. B. INT'L L. Vol. 17, 1936, p. 66.

[228] 《国际货币基金组织协定条款》第 8 条第 2 款(b)。

利申请人应获得专利权，哪些因素不能成为不授予专利权的理由，强制实施专利的条件，惩处侵权行为的方法及赔偿标准等。[229] 此外，《知识产权协定》还要求每个成员都承诺关于知识产权争议的最后决定权不得由行政机关行使。中国加入世贸组织时便将涉及知识产权授予与否的最终裁决权改为由法院行使。[230] 《关于实施 1994 年关税与贸易总协定第 6 条的协定》（以下简称《反倾销协定》）、《反补贴协定》和《保障措施协定》则分别对倾销和补贴的定义、调查程序及标准、实施措施的标准和期限等明确规范。[231] 《实施卫生与植物卫生措施协定》等对成员检疫检验的标准等也有具体规定。

世贸组织协定的另一特点是不同领域的协定可交叉适用。如各成员关于农产品的法律除受农业协定的规范外，亦可能受反补贴协定的管辖，检疫检验一方面受卫生与植物卫生协定的规范，另一方面亦处于《关贸总协定》之下，涉及投资的法律则可能受服务贸易总协定和与贸易相关的投资措施规范。此情况显然并非仅发生在世界贸易组织。世界银行的贷款条件就包括借款国反腐败的绩效、对少数群体的保护、妇女参政议政以及社会改革等。如借款国在前述方面的表现乏善可陈，其下次申请贷款便可能遇到困难。或可说，世贸组织协定与其他国际条约形成了一个网状的权利与义务架构，每个国际社会成员的法律都不得超越该网的范围，但必须符合网内的标准。

世贸组织建立以来，先后多次裁定成员的内国法不符合世贸组织的协定的规定。涉及的成员有的是发达国家，有的则是发展中国家，涵盖的范围则包括最惠国待遇、国民待遇、市场准入、反倾销、反补贴、知识产权保护等。美国《1916 年反倾销法》原含有刑事惩罚条款。鉴于《反倾销协定》关于倾销的惩罚仅限于增加进口税，世贸组织争端解决机构裁定美国行之有效逾 80 年的反倾销法违约，从而必须修改。[232] 其他裁定内国法违反世贸组织的协定的个案

---

[229] 如《与贸易有关的知识产权协定》第 15、16、27、28、31、45 条。

[230] 中国《商标法》第 34 条规定：当事人对商标评审委员会的裁定不服的，可以自收到通知之日起 30 日内向人民法院起诉。《专利法》第 41 条第 2 款规定："专利申请人对专利复审委员会的复审决定不服的，可以自收到通知之日起三个月内向人民法院起诉。"

[231] 参见《关于实施 1994 年关税与贸易总协定第 6 条的协定》第 2 – 13 条、《补贴与反补贴措施协定》第 1 – 8 条、《保障措施协定》第 3 – 4 条。

[232] 参见"United States – Anti – Dumping Act of 1916"，上诉机构报告，世贸组织文件第 WT/DS136/AB/R 和 WT/DS162/AB/R 号。

还包括美国外国销售公司法案、[233]日本烈酒案、[234]欧盟香蕉案、[235]印度专利案、[236]加拿大专利案[237]等。这些案件的共同点是相关法律在世贸协定生效前即已存在,但后来被裁定违反了世贸协定;有的涉及庞大的经济利益,有的则旁及重要法律制度的修改。例如,美国外国销售公司法案关乎美国每年50亿美元的财政收入,欧盟香蕉案则直接影响到欧盟的进口许可证制度、自然灾害补偿制度以及销售制度等。前述涉案事项有的属于法律和制度等方面,有的则可能涉及成员的核心利益。

美国出口限制案[238]属另外一类。该案主要涉及的是补贴的定义,[239]该案的专家组指出,实践中只有当法律的强制性(mandatory)规定违反了世贸组织的协定时,才应被裁定违约;那些给予行政机关预留空间(自由裁量权)的

---

[233] 欧共体认为美国根据其国内法第921－927条对“外国销售公司”给予特殊税收待遇,违反了美国根据《关贸总协定》第3.4、16条和《反补贴协定》第3条所承担的义务。参见 United States－Tax Treatment for “Foreign Sales Corporations”,上诉机构报告,世贸组织文件第 WT/DS108/AB/R 号。

[234] 该案涉及日本的酒税法。根据日本酒税法,在日本销售的酒精含量超过1度的酒都必须缴纳酒税;酒被分成10类,对各类酒按每公升含酒精浓度,规定不同的税率。申诉方欧共体、加拿大和美国认为,日本对酒的分类,实际上造成进口酒比国产酒税率高,因而违反了《关贸总协定》国民待遇的规定。参见“Japan － Taxes on Alcoholic Beverages”,上诉机构报告,世贸组织文件第 WT/DS8/AB/R, WT/DS10/AB/R 及 WT/DS11/AB/R 号。

[235] 在该案,厄瓜多尔、洪都拉斯、危地马拉、墨西哥及美国认为欧共体有关香蕉进口、销售和分销制度违反了《1994年关税与贸易总协定》第1条第1款、第2条、第3条第4款、第10条,《进口许可程序协定》第1条第2款、第3款和第3条第1款,《与贸易有关的投资措施协定》第2条和第5条,《农业协议》第4条第2款以及《服务贸易总协定》第2、11条。参见“European Communities—Regime for the Importation, Sale and Distribution of Bananas”,上诉机构报告,世贸组织文件第 WT/DS27/AB/R 号。

[236] 该案源于美国认为印度缺乏关于医药品和农用化学品的专利保护制度,从而违反了《与贸易有关的知识产权协定》第27、65、70条。尽管印度作为发展中国家可援引过渡期规定,但还是被裁定违约。参见 India － Patent Protection for Pharmaceutical and Agricultural Chemical Products,上诉机构报告,世贸组织文件第 WT/DS50/AB/R 号。

[237] 在该案中,美国主张加拿大《专利法》第44、45条有关专利保护期限的规定不符合《与贸易有关的知识产权协定》第33、65、70条。参见“Canada － Term of Patent Protection”,上诉机构报告,世贸组织文件第 WT/DS170/AB/R 号。

[238] 参见“United States－Measures Treating Export Restraints as Subsidies”,专家组报告,世贸组织文件第 WT/DS194/R 号。

[239] 该案涉及如何解释《补贴与反补贴协定》第1条第1款“政府向一筹资机构付款,或委托或指示一私营机构履行……一种或多种通常应属于政府的职能,且此种做法与政府通常采用的做法并无实质差别”的规定。美国反补贴条例的前言部分规定,任何国家对出口限制便构成补贴,并应依法予以制裁。

规定，虽然表面上可能不符合世贸组织的协定，然因在执行中，执法机关可通过裁量权使之符合协定，该法律便不应被裁定违约。[240] 此解释对世贸成员法律之制订有重要影响。为了既不违反国际义务又保留较大的自由度，立法机构很可能赋予法院和行政机关以较大的裁量权，而不是就相关事项硬性规定。

世贸组织规范对各成员行政机关的执法行为也有直接影响。在阿根廷家禽案中，[241] 巴西对阿根廷提出 40 余项指控，包括发起反倾销调查缺乏依据，错误适用法律（如确定倾销的标准），调查机关在认定证据方面违反了反倾销协定，倾销幅度认定不当，在认定当地产业遭受损失方面没有考虑《反倾销协定》规定的所有因素以及反倾销税的征收不当等。该案的专家组几乎支持了巴西的全部指控，认为阿根廷在答辩时提出的理由为"事后辩解"（*ex post rationalization*），[242] 故不可采用。在泰国钢梁反倾销税案、[243] 美国钢铁保障措施案、[244] 欧盟床单反倾销案[245] 等争议中，世贸组织争端解决机构都对相关成员的调查方法、证据的认定程序和标准等作出了裁定，肯定或否定了相关行为违约与否。

这些裁定会直接影响各成员的立法和执法。由于文化、历史、传统、政治和法律制度等原因，在执法方法和手段方面，有的成员可能较注重调查结果及实体法，其他成员则可能更强调程序正义。世贸组织的所有协定几乎都将公平、公正、客观、合理和透明作为执法的标准。世贸组织的这些规定对各国法

---

[240] 假定成员的法律和法律制度符合世界贸易组织协定下的义务现已成为世界贸易组织的成例。

[241] 参见"Argentina – Definitive Antidumping Duties on Poultry from Brazil"，专家组报告，世贸组织文件第 WT/DS241/R 号（以下简称阿根廷家禽案）。

[242] 参见阿根廷家禽案，第 7.187 段。专家组的这一结论是基于《反倾销协定》附件 2 第 6 段的下述规定："如证据或信息未被接受，则应将有关理由通知提供方，并应提供在合理时间内作出进一步说明的机会，同时适当考虑调查的时限。如主管机关认为相关说明不令人满意，则应在任何公布的裁定中列出拒绝该证据或信息的理由。"

[243] 参见"Thailand – Anti – Dumping Duties on Angles, Shapes and Sections of Iron or Non – Alloy Steel and H – Beams from Poland"，上诉机构报告，世贸组织文件第 WT/DS122/AB/R 号。

[244] 2002 年美国宣布对 14 种钢铁产品实行为期 3 年的进口限制、征收 8% –30% 的关税。欧盟、日本、中国、韩国、瑞士、挪威、新西兰和巴西认为美国所采取的钢铁产品进口限制措施不符合世贸组织的有关规定。参见"United States – Definitive Safeguard Measures on Imports of Certain Steel Products"，上诉机构报告，世贸组织文件第 WT/DS248/AB/R，WT/DS249/AB/R，WT/DS251/AB/R，WT/DS254/AB/R，WT/DS258/AB/R 及 WT/DS259/AB/R 号。

[245] 参见 *European Communities – Anti – Dumping Duties on Imports of Cotton – Type Bed Linen From India*，上诉机构报告，世贸组织文件第 WT/DS142/AB/R 号。

律之执行有重要影响。例如,在美国虾产品案[246]中,世贸组织争端解决机构便推翻了美国国际贸易法院的判决。再如,国际货币基金组织关于任何成员均不得执行违反其他国家外汇条例的合同之规定亦主要是针对司法机关。

鉴于世贸组织协定将其他国际条约的规定纳入其中,对世贸组织协定的解释便会旁及其他国际条约的实施。欧盟香蕉案便涉及洛美协定的执行,[247]而欧盟关税优惠案[248]则与发展中国家应享有的优惠和特别待遇有关;发展中国家的特殊待遇正是依据《关贸总协定》时代通过的1971年豁免决议以及于1979年11月28日通过的关于发展中国家差别和更优惠待遇、互惠和更充分参与的决定(Decision on Differential and More Favourable Treatment, Reciprocity, and Fuller Participation of Developing Countries),即授权条款。

世贸组织协定纳入其他条约条款的连带效果是使后者通过世贸组织的强制执行机制具有了强制的效力并进入内国法。不言而喻,任何国际条约要实质性进入内国法必须有具体详细的规则和标准。在此方面,世贸协定可说树立了典范。它不仅有关于货物和服务的详细分类,而且在实践中还确立了解释货物和服务分类的原则。例如,在欧盟石棉案[249]中,世贸组织裁定对人类健康有负面影响的水泥(如可能导致癌症)与其他水泥不属于同类产品。世贸组织作出裁定时还参考了世界海关组织的意见。

国际投资领域的情况与世贸组织机制下的国际贸易不同,尽管当代双边投资协定和自由贸易协定(投资章节)[250]的内容基本雷同。由于投资争端解决没有上诉机制,众多的投资裁决不乏相互冲突者。此外,仲裁庭就包括最惠国待遇、保护伞条款(umbrella clause)等的解释亦常被认为超出了缔约方的订约原意。凡此种种使得投资争端解决机制广受诟病,然而投资仲裁对东道国

[246] 参见美国虾和虾产品上诉案。

[247] 参见欧盟香蕉上诉案。

[248] 参见 *European Communities – Conditions for the Granting of Tariff Preferences to Developing Countries*,上诉机构报告,世贸组织文件第 WT/DS246/AB/R 号。

[249] 参见 *European Communities – Measures Affecting Asbestos and Asbestos – Containing Products*,上诉机构报告,世贸组织文件第 WT/DS135/AB/R 号。

[250] 据统计,至2018年,各国签订的双边投资协定和自由贸易协定(投资章节)达3322个。参见 UNCTAD, *Recent Developments in the International Investment Regime*, IAA Issues Note, May 2018, Issue 1, https://unctad.org/en/PublicationsLibrary/diaepcbinf2018d1_en.pdf(2022年2月21日访问)。

法律制度、司法解释等的影响也不容小觑。首先,投资仲裁所针对的全部是东道国政府的行为和不行为。这就使得投资仲裁事实上起到准国际司法审查的作用。其次,在所有的投资仲裁中,无论是争议双方还是仲裁庭均无例外地援引先前的裁决并且几乎所有的投资裁决都会在互联网上公开。这就无形中对其他投资东道国构成压力。为了避免在国际仲裁中败诉,有效的方法就是不重复败诉方的错误。国际投资领域正是通过仲裁使得这些内容相似的国际协定作用于内国法、行政行为和司法审批。

综上所述,根据新理学,有物必有其理,而事物的发生、发展必禀其理,然后有性,必禀其气,然后有型。一物必禀其理首先是必禀其类之理。国际法和国际经济法首先应属于法律之类,故必具法律之性、必禀法律之性。何为法律,东西方文化似有差异。综观众多大家的论述,中国传统文化的"礼"即为西方文化中的法,当代国际经济法则以国际公法为根。其形成及其特点与全球化的进程息息相关,受到科学技术快速进步的直接影响,即国际经济法的气。在国际经济法的形成过程中,国际社会诸成员的文化、历史、传统、制度等有直接作用,尽管每个成员的影响力不尽相同。同时,能对国际经济法的形成有直接作用者亦随时间的推移、国际社会生态的变化而异。此方面较为明显者是构成国际社会的非政府组织。通信和信息技术的快速发展和广泛应用使得非政府组织可以经常性地直接参与国际社会的造法活动。[251] 非政府组织有的是以某一群体的利益为诉求,如妇女、少数族裔等,有的是以某些事物为关注点,如环境保护、人权、裁军等。其"论点和结论会在国内和国际立法过程中常被采纳。在许多或者是在绝大多数国际立法活动中,情况都是如此"[252]。在世贸组织争端解决和投资仲裁中亦常有非政府组织的身影。传统上,人们认为国际法规则是"在长期形成的习惯性行为、先例、规范原则的条约、国家文件、基于他国认可的国际秘密会议声明、普遍认可的权威作者的声言以及捕获法庭的决定(仅对相关领域适用)中可获得者"[253]。随着全球化

---

[251] Oscar Schachter, *The Decline of Nation – State and its Implications for International Law*, Columbia Journal of Transnational Law, Special Double Issue, Vol. 36, 1997, p. 18 – 20.

[252] Oscar Schachter, *The Decline of Nation – State and its Implications for International Law*, Columbia Journal of Transnational Law, Special Double Issue, Vol. 36, 1997, p. 19.

[253] Lord Russell of Killowen, *International Law*, L. Q. Rev., Vol. 12, 1896, p. 317.

的持续发展,国际规则的拘束力亦在逐步加强。正是感觉到国际规则拘束力的限制,国际社会时有国家政府不顾及己方承担的国际义务,违反条约义务或任意退出国际条约。此做法必然对全球化和国际经济法的发展构成威胁,然其并不能改变全球化和国际法治化的大势。我们认为,鉴于全球化的基本趋势和方向并未改变,国际经济法的内容势必渐次丰富,拘束力亦会不断提高。在尊重主权原则的基础上,约定必须信守原则已成为国际社会诸成员和平相处的重要保障。“人而无信,不知其可也。大车无輗,小车无軏,其何以行之哉。”[254]人立足于世如此,国家立于民族之林亦然。国际经济法的发展必以此原则为核心。

[254] 《论语·为政》第2章。

第二章 主权权力及限制

知常容，容乃公，公乃王，王乃天，天乃道，道乃久。

（道德经，第16章）

国家主权原则是国际法的基本原则，源于习惯国际法。如很多国际法原则一样，国家主权原则也是内国法平等原则的延伸。人与人的平等关系首先表现为人与人的相互尊重，但不应追求人与人的看法和做法完全一致。中国先贤主张的"君子和而不流"[1]说的就是此理。有了人与人的尊重就会实现人与人的平等。将之放在法律上讲就意味权利和义务的平衡，即一个人的权利必然是另外一个或多个人的义务，一个人享受权利也必然要承担义务。国际法上的权利和义务亦然。既然人与人应该是平等的，由人组成的国家便也应该是平等的。2000多年前，中国的哲学家老子就主张国家与国家的平等，认为要实现此平等大国因其地位不同必须多付出，即"大国者下流"。[2]"大国者下流"说的是大国应该对小国礼让，认为"大国以下小国，则取小国；小国以下大国，则取大国"[3]。或可说，这是中华传统文化关于主权平等原则的最直接和最早的论述，是中华民族的文化基因，将之适用到国际法就是平等的国家应相互礼让，在相互交往中不将自己的权力施加到其他国家，不干涉其他国家在其领土上的作为和不作为。人们一般认为主权国家平等的原则在国际法

〔1〕《中庸》第10章。

〔2〕《道德经》第61章。

〔3〕《道德经》第61章。

上得到正式承认是在《威斯特伐利亚和约》(The Peace of Westphalia)签订之时,[4]盖因威斯特伐利亚合约的内容包括在国际事务中各国的地位平等、互不干涉内政等。后这些原则被写入《联合国宪章》,[5]从而成为公认的国际法基本原则。

人类是群体动物,人类的生存和发展离不开相互交往、依存与合作。国家亦必须与其他国家打交道,需要派遣国家代表与其他国家交往,甚至是处于战争状态的敌对国家间也必不可免地要进行沟通。这就需要考虑如何对待其他平等国家的原则和规则。鉴于传统上国家的代表是君主(sovereign),如何对待来到本国领土内的其他国家的君主及其代表,特别是因其行为和不行为给访问地的人和物造成的损害是否应由当地的法院管辖便成为重要问题。为了国际交往与合作,国家豁免原则便应运而生。根据国家豁免原则,一个主权国家不得对另一主权国家行使民事、行政、刑事管辖权以及对其财产的扣押和执行权等。任何法律原则都是随着社会的发展而演变的。国家豁免原则亦然。在列强可以任意以炮舰打开其他国家门户的年代,政治和军事上的主权就至关重要。在原受殖民统治国家刚刚独立的时候,强调经济主权包括国有化和征收的权利非常重要。随着世界的发展,经济全球化成为主流,国家间的合作取代了对抗,从而导致主权概念和内容以及主权权力的行使发生变化。人们开始讨论国家豁免到底是国际法的原则、权利倘或特权。随着国家介入商业活动的增加、人权意识的提高,此问题愈显突出。

本章拟首先讨论经济全球化对国家主权权力限制的渐次增加,进而分析国际社会在涉及一国法院对其他国家及其财产的管辖权立法方面的努力,然后对一些主要国家关于国家豁免的立法与司法实践进行考察,特别是各国在国家豁免管辖权和豁免执行间的区隔,最后展望全球化环境下国家豁免原则的走势。笔者认为,主权原则依然是国际法的基本原则,然在尊重国家主权和

---

〔4〕 威斯特伐利亚和约是威斯特伐利亚地区内的奥斯纳布吕克和明斯特于1648年5月至10月签订的一系列条约的统称,系近代第一个国际合约。关于导致威斯特伐利亚和约的和平会议、和约的宗旨和内容等,参见 *The Peace of Westphalia and Sovereignty*, https://courses.lumenlearning.com/suny-hccc-worldhistory/chapter/the-peace-of-westphalia-and-sovereignty/(2022年2月6日访问)。

〔5〕《联合国宪章》第2条载明"本组织系基于各会员方主权平等之原则",《联合国宪章》全文参见 https://www.un.org/zh/sections/un-charter/chapter-i/index.html(2022年2月6日访问)。

主权平等的原则下，在全球化的大势之下，国际法的趋势是承认国家豁免的限制性理论，《联合国国家及其财产管辖豁免公约》（United Nations Convention on Jurisdictional Immunities of States and Their Property）（以下简称《国家豁免公约》）[6]的通过便是明证。在此世界大势之下，任何继续坚持绝对豁免原则的国家在实践中可能处于劣势。笔者建议各国应对《国家豁免公约》的解释和执行进行详细具体的研究，并不断累积经验，为公约的实施做好准备，并以此为契机，积极推动全球化的进程，为实现人类的共同目标而努力。

一、全球化环境下主权权力行使之限制

全球化依然是当今世界的大势，其不仅会有高潮和低谷，还会有动力和反动力。诗云："习习谷风，以阴以雨"[7]，说的就是任何事物都有其发生、发展的规律，非哪些个人或国家可以主宰。

（一）市场一体化与法律全球化

全球化的结果之一是原来割裂的国家市场和区域性市场连成一个大的世界市场，即市场的一体化，但这不是简单的地方市场的连接。在将国家和区域的市场转换成世界市场的过程中，各国的经济制度都或多或少地发生了变化，都完成了或是正在完成向市场经济的过渡，或曰经济的市场化。我们所讲的市场则包括货物、服务、资本和劳动力市场，而经济的市场化则是指上述几个市场是否依客观经济规律，在相对自由的条件和环境下运作，即国家政府的干预仅限于法律和法定的市场手段。经济全球化的表现形式是以市场经济为特点的跨国界经济交流与交往。其条件是国际社会的成员或绝大多数成员都实行市场经济制度，各国的市场都相对开放，通信和运输技术和设备能够满足大

---

〔6〕《国家豁免公约》，公约全文参见 https://www.un.org/zh/documents/treaty/files/A－RES－59－38.shtml（2022年1月28日访问）；根据《联合国国家及其财产管辖豁免公约》第30条，"公约应自第30份批准书、接受书、核准书或加入书交存联合国秘书长之日后的第30天生效"；至2022年1月，有22个国家提交了批准书。参见 https://treaties.un.org/pages/ViewDetails.aspx?src=TREATY&mtdsg_no=Ⅲ－13&chapter=3&clang=_en（2022年1月28日访问）。

〔7〕《诗经·谷风》。

规模、高频率、高速度的跨国经济交易，从而促成各国相互依赖关系的进一步加强。在这一大环境下，世界的供应链大幅度延长，几乎每种产品的生产都涉及两个以上国家；每个国家，包括发达国家和发展中国家，都有不断开放市场的压力和需要，且都能从市场开放中受益。这一过程的另一结果是世界的任何一个角落一有风吹草动，整个世界市场便会受到影响。20 世纪末发生在亚洲的金融风暴〔8〕以及 2008 年始于美国的金融危机均是例证。经济全球化亦使得国际社会不得不对原来的行为方式和理念做出检讨。例如，国际货币基金组织前总裁康德苏便曾直言经济全球化使国际金融和货币的稳定成为全球性的社会问题。〔9〕

随着各国经济上相互依赖关系的加强，无论是法律规范的制定还是制度的形成，传统的国际法律原则都正在受到不断深化的世界经济全球化的挑战。随着信息时代的来临，跨国公司的作用更显重要，资本、货币、货物和服务国际市场的一体化程度和独立性不断增强。这使得跨国公司、国际经济实体、国际组织、非政府组织甚至全球性或区域性的市场都可以直接影响国家的决策，从而导致传统的国家主权权力的行使受到限制。在此情势面前，使得哪怕是经济、政治、科技、军事等方面最强大的国家都显得微不足道。没有其他国家的支持和帮助和配合，几乎所有国家都无法解决本国的问题。希腊债务危机和

〔8〕 关于亚洲金融风暴的起因等，参见 IMF, *The Asian Crisis: Causes and Cures*, Finance and Development, Vol. 35:2, 1998。参见 https://www.imf.org/external/pubs/ft/fandd/1998/06/imfstaff.htm（2022 年 2 月 6 日访问）。另参见 Yilmaz Akyuz, *Causes and Cources of the Asian Financial Crisis*, paper presented at the Host Country Event: Symposium on Economic and Financial Recovery in Asia UNCTAD X, Feb. 17, 2000。参见 https://unctad.org/en/Docs/ux_hi_akyuz.en.pdf（2022 年 2 月 6 日访问）。

〔9〕 参见 *International Financial and Monetary Stability: A Global Public Good?*, Remarks by Michel Camdessus，在国际货币基金组织 1999 年 5 月 28 日召开的研讨会上的发言。参见 https://www.imf.org/en/News/Articles/2015/09/28/04/53/sp052899（2022 年 2 月 6 日访问）。

土耳其金融和债务危机都需要国际社会的支持。[10] 其他如全球变暖、环境保护、反洗钱、反恐,特别是肆虐人类已逾两年的新冠肺炎疫情,则更离不开国际合作。[11]

"物有本末,事有终始。知所先后,则近道矣。"[12]全球化的前提是各国经济的一体化。经济是基础,是法律和法律制度的基础。有什么样的经济关系就会有什么样的法律和法律制度。经济关系是法律和法律制度的"势",即必要条件。在国家经济和市场独立存在的情况下,各国的法律和法律制度亦相对独立。国际社会和国家社会的法律规范亦相对独立。然而,在全球化的"大势"之下,全球范围的法律理念、法律价值观、执法标准与原则乃至法律规范和法律制度正在向趋同的方向迈进。这或可曰法律的全球化。法律全球化以经济全球化为基础和前提。法律全球化是一种流行,其内容便是全球化的"气"。[13]

全球化要求具备与之相适应的法律规范,否则,跨国经济交易便不可能在有序的条件下进行。从理论上讲,在全球化的经济环境下,调节跨境经济交易的法律规范仍可分为国际社会的和国家社会的两种。然而,全球化已经使得国家社会的内国法和国际社会的国际法律规范很难截然分开。事实上,在各国相互依赖关系不断加深的情况下,国家社会的法律和国际社会的法律规范

---

〔10〕 2009 年希腊的财政赤字达到其国民生产总值的 15%,引起市场关注,使得希腊无法通过发行债券融资,引发希腊无法偿还主权债务的危机。欧盟和国际货币基金组织均向希腊提供了援助。关于希腊债务危机的原因及影响,参见 *Greek Debt Crisis Explained*, https://www. thebalance. com/what – is – the – greece – debt – crisis – 3305525 (2022 年 2 月 6 日访问);自 2018 年 4 月起,土耳其的里拉不到半年内便贬值 50%,参见 2018 – 2022 Turkish Currency and Debt Crisis, https://en. wikipedia. org/wiki/Turkish_currency_and_debt_crisis,_2018(2022 年 2 月 6 日访问)。此情况的发生主要是因为土耳其拒不释放美国的一名牧师。土耳其政府认为该人为此前政变的幕后黑手;美国对土耳其实施制裁,从而导致其货币贬值。

〔11〕 例如,2022 年年初,美国宣称俄罗斯要入侵乌克兰,故要求国内的芯片生产商做好准备,一旦俄罗斯进攻乌克兰,美国便会限制对俄罗斯的出口;美国政府同时意识到,作为报复手段,俄罗斯可以限制芯片原材料氖和钯的出口,因俄罗斯和乌克兰是美国进口这两种原材料的主要产地。参见 Alexandra Alper 和 Karen Freifeld, *Russia Could Hit U. S. Chip Industry, White House Warns*, https://www. reuters. com/technology/white – house – tells – chip – industry – brace – russian – supply – disruptions – 2022 – 02 – 11/(2022 年 2 月 13 日)。

〔12〕 《大学》第 1 章。

〔13〕 "势"和"气"的概念系取自于冯友兰先生的《新理学》。参见冯友兰:《新理学》,载刘梦溪主编:《中国现代学术经典——冯友兰卷》(上册),河北教育出版社 1996 年版,第 1 – 207 页。

亦相互作用、互为补充、交相融合。原来在某个国家社会被认为是合法的、道德的，现在可能变成不道德的和不合法的。[14] 之所以如此，是因为国际社会的许多规范首先来自国家社会然后又融入了国家社会。这一过程或可称为国家社会规则的国际化和国际规则的内国法化，借助的载体则是国际组织、区域性组织以及多边和双边条约。实践中，在大多国际条约和协定的谈判中，代表国家的谈判代表都是以其本国的相关法律规定为蓝本提出立场文件。[15] 世贸组织的专家组和上诉机构以及国际投资仲裁庭所适用的原则很多都来自内国法。[16] 如此就形成一个循环，即先是内国法规范进入国际法，形成国际规范后再回到内国法。当然国际规范并非简单地回到内国法，而是以具拘束力的国际规范的地位回归内国法，从而具有重塑和改造后者的作用。[17] 这些对内国法有实质影响的规范经由世贸组织的专家组和上诉机构以及投资仲裁庭的解释[18]便形成国际判例法，以及规范各国的法律、行政行为、司法程序和

---

〔14〕 关于国家社会的法律和国际社会规范关系的哲学分析，参见冯友兰《新理学》，河北教育出版社1996年版，第116页。

〔15〕 例如，在对TRIPs协议的谈判历史进行研究后，世贸组织知识产权部主任Taubman指出，谈判代表的国内法经验和专长对谈判有很大助力，且谈判过程中领导者的政治智慧非常重要。参见Antony Taubman, *Thematic Review: Negotiating "trade – related aspects" of Intellectual Property Rights*, https://www.wto – ilibrary.org/content/books/9789287042330s005 – c003（2022年2月6日访问）。

〔16〕 此方面较为突出者包括世贸组织上诉机构只负责法律审与许多国家的上诉法院的职能一致。关于世贸组织上诉机构限于法律审的规定，参见《关于争端解决规则与程序的谅解》第17条第6款。另投资仲裁庭适用的程序规则亦与普通法国家的庭审程序颇为一致。

〔17〕 关于此问题的讨论，参见Mitsuo Matsushita, Thomas J. Schoenbaum, Petros C. Mavroidis & Michael Hahn, *The World Trade Organization: Law, Practice and Policy* (third ed.), Oxford University Press, 2015。另参见John J. Barceló Ⅲ, *The Status of WTO Rules in U. S. Law*, https://scholarship.law.cornell.edu/cgi/viewcontent.cgi? article = 1035&context = lsrp_papers（2022年2月6日访问）。作者讨论了哪些世贸组织规则在美国的法律中起到重要作用，哪些规则没有起到作用及其原因。

〔18〕 参见Alexandra Hagelüken, *The Impact of EC Law and WTO Law on Domestic Law: A Critical Analysis of the Case Law of the European Court of Justice*, http://digitool.library.mcgill.ca/R/?func = dbin – jump – full&object_id = 21683&local_base = GEN01 – MCG02（2022年2月6日访问）。

判决[19]，从而进一步直接影响各国的法律概念、法律价值、法律规则等。

国际社会当前的法律架构是，关于国际金融和国际贸易的国际法律规范以国际货币基金组织、世界银行、世贸组织等为主体。在国际投资方面，虽然目前尚无诸如世贸组织的全球性国际组织，但关于投资保护和争端解决的多边条约和双边条约以及区域性组织如欧洲联盟、美墨加自由贸易区、东南亚联盟、区域全面经济伙伴关系协定等亦形成对国际投资活动有直接作用和影响的国际规范。同时，世贸组织的《服务贸易总协定》与《知识产权协定》事实上既涉及贸易问题又关乎投资事项。《与贸易有关的投资措施协定》（以下简称《投资措施协定》）则直接规定世贸组织诸成员与投资相关的义务。这些国际组织和条约、协议加之传统的国际习惯便构成规范全球化环境下各国合作的法律规范，对各国的法律制度、法律规范、法律的执行等产生直接影响。

（二）主权权力行使之限制

在法律全球化的过程中，主权权力的行使或多或少都受到限制，且有进一步扩张之势。基于此，主权原则也就成为国家社会至关重要的议题。首要者就是如何具体落实联合国宪章的国家主权原则，包括如何对主权原则作出与时俱进的解释和适用。早在20世纪70年代初，联合国就通过了《关于各国依联合国宪章建立友好关系及合作之国际法原则之宣言》[20]，宣布主权平等原则的内容包括各国法律地位平等；每一国均享有充分主权之固有权利；每一国均有义务尊重其他国家之人格；国家之领土完整及政治独立不得侵犯；每一国

---

[19] 关于此问题的讨论，参见 Markus Wagner, *Regulatory Space in International Trade Law and International Investment Law*, https://scholarship. law. upenn. edu/cgi/viewcontent. cgi? referer = &httpsredir = 1&article = 1884&context = jil（2022年2月6日访问）；另参见 Frank J. Garcia, Lindita Ciko, Apurv Gaurav & Kirrin Hough, *Reforming the International Investment Regime: Lessons from International Trade Law*, Journal of International Economic Law, Vol. 18, p. 861 – 892(2015)；Donald McRae, *The World Trade Organization and International Investment Law: Converging Systems—Can the Case for Convergence be Made?*, Jerusalem Review of Legal Studies, Vol. 9, p. 13 – 23(2014)。

[20] 《关于各国依联合国宪章建立友好关系及合作之国际法原则之宣言》作为附件载于联合国第1883次全体会议1970年10月24日通过的第2625(XXV)号决议。中文全文参见 https://www. un. org/zh/documents/treaty/files/A – RES – 2625(XXV). shtml（2022年2月14日访问）。

均有权利自由选择并发展其政治、社会、经济及文化制度;每一国均有责任充分并一秉诚意履行其国际义务,并与其他国家和平相处。[21] 作为“充分主权之固有权利”的一部分,国家对其境内自然资源的所有权及其相关的处置权亦为主权原则的一部分,或曰经济主权。联合国《关于自然资源永久主权的决议》[22]重申“各国必须根据主权平等原则,互相尊重,以促进各国人民及各民族自由有利行使其对自然资源的主权”的原则。《各国经济权利和义务宪章》[23]则将所有国家主权平等、互不侵犯、互不干涉、公平互利、和平共处、和平解决争端等原则适用于经济领域的国际关系,以期促进国际社会正义和国际合作以谋发展。前述文件的共同特点便是强调和确认国家的经济主权,从而将经济主权纳入传统的国际法主权原则,使之成为不可分割的一部分。此发展与各国间相互依赖关系的发展直接相关,是后者在国际法上的直接和必然反映。

前述决议和宪章主要是确认了国家对自然资源的永久主权,是基于国际社会发展的必然反映。此前,国家主权在经济领域的表现形式大多是以国家对在其领土内的外国人和外国人财产的处置权,包括征收权。西方学者大多主张,根据习惯国际法,主权国家国有化或征收外国人的财产,负有赔偿的责任,但从来没有人认为主权国家无权采取国有化等措施。[24] 这说明主权国家对处于其境内的资产,包括外国人的资产,有权进行处置。外国人的私人财产尚且如此,国家对其自然资源的处置权自不在话下。进言之,联合国的决议主要是宣布和以国际文件的形式确认了一项习惯国际法原则。当然,这些国际文件对新独立国家发展经济、维护独立的保障作用是不容置疑的。

除了经济领域的发展对包括主权原则在内的国际法有直接作用外,科技的发展也要求对国际法上主权权力的概念、适用范围等作出与时俱进的解释。

---

〔21〕 参见《关于各国依联合国宪章建立友好关系及合作之国际法原则之宣言》各国主权平等之原则。

〔22〕 《关于自然资源永久主权的决议》于联合国大会1962年11月7日第1803(XVIII)号决议通过。

〔23〕 《各国经济权利和义务宪章》于联合国大会第2315次全体会议1974年12月12日第3281(XXIX)号决议通过。

〔24〕 早于第二次世界大战后的国有化浪潮之前,西方学者就主张在国有化赔偿方面应有国际标准,后又有人提出最低标准。See Edwin Borchard, *The "Minimum Standard" of the Treatment of Aliens*, Michigan Law Review, Vol. 38:4, p. 445 – 461(1940); R. Lillich, *The International Law of State Responsibility for Injuries to Aliens*, University Press of Virginia, 1983.

网络主权就是一例。互联网等通信和信息技术的发展,使得互联网成为人们生活不可或缺的一部分,也使通过互联网干预其他国家的内部事务成为可能。在此情况下,网络主权成为主权原则的一部分。与主权权力的其他方面相同,主权国家享有网络主权,包括对其领土内与网络相关的人和事的管辖,同时亦应承担义务,包括不通过网络干涉其他国家内政,不进行网络攻击等。由此派生出来的国际法原则还包括国家自卫权的行使,即当一个国家受到来自其他国家的网络攻击时可采取适当措施进行自卫。当然,网络主权是主权权力的新内容,与之相关的法律问题之研究尚待人们随技术的发展而深化。[25]

通信技术、运输技术、信息技术、网络技术、人工智能等的快速进步使得全球化在各相关领域不断延伸,随之而衍生的新议题包括地缘政治、地缘经济、信息安全、数据交易与安全、科技创新与知识产权保护等。这一发展也使得政府间组织、非政府组织、企业、个人都可以参与国际社会的决策,尽管主权国家依然是主要的参与者,而这无形中就对主权权力构成不同形式的限制。

那么,包括世贸组织对各成员方内国法律和法律制度构成直接影响的经济全球化对传统的主权原则有什么影响呢?如前所述,经济全球化主要包括两个方面:其一是各国经济制度的市场化;其二是国家市场和区域性市场的一体化。经济制度的市场化要求相关的政府将对经济活动的干预限制在最低限度;无论是政府、企业还是个人均应遵守同样的规则。同时,政府的立法、执法和行政行为都必须有较高的透明度,否则,市场的发展便会受到限制。

(三)国际规范进入内国法

经济全球化将最终导致国际社会各国在法律制度和法律规范上的趋同化,首先是经济领域的法律和法律制度的趋同化。这一流行是通过多边条约使国际社会的规范进入国家社会的范畴。在经济全球化的冲击下,虽然国际

---

〔25〕 关于网络主权的讨论,参见 Eric Talbot Jensen, *Cyber Sovereignty: The Way Adead*, Tex. Int'l L. J., Vol. 50: 2, p. 275 - 304 (2015); Peter Margulies, *Sovereignty and Cyber Attacks: Technology's Challenge to the Law of State Responsibility*, Melb. J. Int'l L., Vol. 14, p. 496 - 519 (2013); Matthew C. Waxman, *Cyber Attacks as "Force" Under UN Charter Article* 2(4), Columbia Law School Scholarship Archive, https://scholarship.law.columbia.edu/cgi/viewcontent.cgi?article=1882&context=faculty_scholarship(2022 年 2 月 6 日访问)。

条约从整体上讲仍然只是针对国家的义务，然而经过相关国家的认可其已对各国的法律、法律制度、经济体制、社会结构、社会价值乃至政治制度产生直接和间接的影响。世贸组织诸协议关于各国司法制度、法院管辖权等的规定就是例证。经济全球化的另一效果是强化了国际社会的法律规范，即使传统上人们认为“软法律”的国际规范变得有相当大的拘束力。任何国家不遵守或违反国际义务，包括国民待遇原则等的行为，都可能受到其他国家的挑战。这一流行在主权原则上的反映便是限制主权的行使。

有人甚至认为当今世界各式各样的国际条约法和习惯国际法规则主要是加于主权国家的国际义务，限制主权国家的行为，乃至包括主权国家对其本国人民的行为。当然这种限制是在相关主权国家自愿的情况下作出的，也就是主权行使的结果。但也有人认为主权国家自限说的理论并不能解释现代国际法适用中“值得注意的现象”。[26] 更有人认为应将国家的主权同相关政府是否可以代表其本国人民相联系，只有真正代表本国人民利益的政府的国家才享有主权。他们主张只有那些建立在合法的横向和纵向合同基础上的国家才有资格享受国际法赋予主权国家的保护和权利。任何国家的纵向合同失效，作为主权者，其应享有国际法上较少的保护。“既然我们同意人权和人类共同寻求的生活应该受到尊重，那么不合法的政府及其各部门便不应受到保护。任何横向和纵向合同均告无效的国家便不是主权国家，但居住在相关领土之上的人民的固有权利不会因之而丧失，应受到外国人的尊重。”[27] 这种主张可以说是目前主权限制论的极端，已远远超出了今天的国际社会所能接受的主权原则的范围，实践中亦行不通。理论上一个国家的政府应该代表其本国人民及其利益。事实上该政府是否可以代表其本国人民应由谁来决定呢？如果

---

〔26〕 See John H. Jackson, *The Great* 1994 *Sovereignty Debate*: *United States Acceptance and Implementation of the Uruguay Round Results*, Columbia Journal of Transnational Law, Vol. 36, p. 157 – 182 (1997)，全文参见 https://www.worldtradelaw.net/document.php?id=articles/jacksonsovereignty.pdf&mode=download（2022 年 2 月 6 日访问）；Oona A. Hathaway, *International Delegation and State Sovereignty*, Law and Contemporary Problems, Vol. 71:1, p. 115 – 149 (2008)。

〔27〕 Fernando R. Tesón, *A Philosophy of International Law*, Westview Press, 1998, p. 58. 横向合同是指每个国家的人民都受一项代表公正的社会契约的约束，而该项契约便构成公正的宪法的基础；依据此类宪法建立的国家和政府是合法的；其作为人民的代表与其所代表的人民有一项代理协议，即纵向合同。

世界上有这样一个有权裁决某国政府是否代表其本国人民从而裁决该国是否应享有主权,国家主权的基本特征就不复存在了。可以预言没有任何国家会同意将自己的命运交由国际机构全权处理。如果这种裁决不是由一个国际的权威机构而是由某个或某几个国家作出,国际社会就可能被推回到由少数"文明国家"操纵的年代。由此可见此理论是如何不切实际以及如何不符合国家主权原则的要义。

基于经济全球化和各国经济合作的需要,国际社会对主权原则的限制明显增加。但这并不意味主权作为国际法的基本原则行将消失。国家仍将存在,国家主权原则(包括经济主权)仍将作为国际法的基本原则存在,在可预见的将来继续存在下去,但其形式和内涵将继续发生变化,并继续受到更多的限制。〔28〕

二、限制主权权力的方式与内涵

古人云,"天地之间,其犹橐乎,虚而不屈,动而欲出"〔29〕。全球化是一个流行,"微妙玄通,深不可测"〔30〕,"迎之不见其首,随之不见其后"〔31〕。其对主权权力的限制是一个渐进的过程。随着全球化的发展,不受限制的主权权力势必影响跨国经贸关系的进行和发展。

(一)对主权权力之限制方式

进入 20 世纪 90 年代后,国际社会显然趋于支持在经济领域对国家主权的行使加以限制。首先,《安第斯条约》(Andean Pact)签字方于 1991 年撤销了对国际投资有严格限制的第 24 号决议。其次,世界银行于 1992 年主持通过了《外国直接投资待遇指引》(Guidelines on the Treatment of Foreign Direct

---

〔28〕 关于全球化环境下国际法对国家主权的影响,西方学者近年有很多讨论。参见 Samantha Besson & John Tasioulas, *The Philosophy of International Law*, Oxford University Press, 2010。

〔29〕《道德经》第 5 章。

〔30〕《道德经》第 15 章。

〔31〕《道德经》第 14 章。

Investment)。[32] 虽然该指引由专家起草并不具有法律拘束力,但在国际社会产生了相当重要的影响。《外国直接投资待遇指引》一改国际组织过去强调外国投资者和跨国公司责任的做法,而是规范投资东道国应给予外国投资者优惠待遇,包括国有化的赔偿标准等。此外,《外国直接投资待遇指引》的目的是逐渐发展国际投资的规则,而不是以总结国际社会关于投资的惯常做法为己任。[33] 同时,虽然《外国直接投资待遇指引》仍然承认国家国有化其境内财产,包括外国人财产的权力,但其主张国有化或征收,包括与国有化和征收有相似效果的措施,应依照法律程序,诚实地为了公共的利益,不应带有基于国籍的歧视,并应给予原财产所有者"充分、有效和即时"的赔偿。[34] 这事实上是为国有化附加了四个前提条件。遇有任何国家在国有化时未完全满足这些前提条件,被国有化财产的原所有人便可指控相关国家违反国际法规范。同时,有的前提条件,如公共利益,却很难界定。关于国有化的赔偿标准,《外国直接投资待遇指引》完全认可了发达国家一直坚持、发展中国家一直反对的三项原则。不仅如此,该指引还具体规定了计算、评估国有化资产的方法和标准。《外国直接投资待遇指引》对主权原则的限制可见一斑。最后,1994年,欧盟和俄罗斯达成了科孚协议(Corfu Agreement),洛美条约(Lome Convention)并完成了对该条约的中期评议。上述协定和条约都对保护外国投资有具体的规定。其总的特点是较关注对外国投资者和投资的保护,但不侧重投资东道国对外国投资的管辖权。

在国际投资方面对主权权力限制的先行者包括于1994年签订的《能源宪章条约》。该条约的谈判肇始于苏联的瓦解,西欧发达国家希望与新独立

---

〔32〕 世界银行《外国直接投资待遇指引》,英文全文参见 https://www.law.umich.edu/facultyhome/drwcasebook/Documents/Documents/2.5 _ World%20Bank%20guidelines%20on%20the%20treatment%20of%20FDI.pdf(2022年2月6日访问)。

〔33〕 联合国就跨国公司行为守则的谈判于1992年停止后,世界银行《外国直接投资待遇指引》的地位和作用更显重要。关于世界银行《外国直接投资待遇指引》的背景、意义及适用范围等,参见世界银行,*Legal Framework for the Treatment of Foreign Investment*, https://documents1.worldbank.org/curated/en/955221468766167766/pdf/multi-page.pdf(2022年2月6日访问)。

〔34〕 参见《外国直接投资待遇指引》,前引书,第4部分。

的东欧和亚洲国家就能源的开发和贸易作出安排。[35] 最初的谈判是在欧盟和东欧国家间进行。美国唯恐欧盟独霸东欧诸国的广大能源资源的开发从而控制能源市场,遂主动加入谈判。后加拿大、澳大利亚、日本等亦相继加入谈判。[36]《能源宪章条约》对与能源相关的国际投资、贸易等均有相当重要的规定。例如,签字方承诺提高本国法律的透明度并承担在谈判能源投资方面给予外商非歧视待遇和最惠国待遇的义务。外国资本进入投资东道国以后则应享有最惠国和国民待遇,受到公平和公正的对待。同时,投资东道国征收外商的资产应给予充分的赔偿。《能源宪章条约》还包括争端解决的强制性规定。根据该条约第 26 条,任何个人投资者都可以将其与投资东道国关于投资的争端提交国际仲裁裁决,无须投资东道国的同意。易言之,《能源宪章条约》的所有签字方均不得对强制性国际仲裁条款作出保留。此种规定在国际条约和经济交易中都是史无前例的。

在国际贸易领域,世贸组织通过"一揽子"承诺和最低标准待遇的规定对各成员的立法权、行政权和司法权的行使作出了限制。世贸组织的争端解决机制则确保了专家组和上诉机构的报告得以准自动通过,从而形成对相关成员具拘束力的裁决。

现代双边条约对主权原则的限制亦甚为突出。根据联合国贸发会议的统计,目前各国签订的双边投资协定达 2815 个,其中 2247 个协议为现时有效者,另有 423 个自由贸易协定和经济合作协定含有投资章节,其中 329 个已生效。[37] 这些与国际投资相关的条约和协议的共同特点是强调东道国对外国投资和投资者的保护,几乎无例外地授予外国投资者将其与东道国政府间的争议提交国际仲裁的权利。就国有化和征收而言,这些条约和协议无例外地

---

〔35〕 这事实上是第二次世界大战后美国和欧洲发达国家致力于建立的以哈瓦那宪章为核心的制度之继续。其契机是苏联的解体和其各加盟共和国的独立。关于《能源宪章条约》的政策背景及意涵,参见 Richard A. Simmons, Eugene D. Coyle & Bert Chapman, *Global Energy Policy Perspectives*, in Eugene D. Coyle & Richard A. Simmons eds., Understanding the Global Energy Crisis, Purdue University Press, 2014。

〔36〕 关于《能源宪章条约》的历史及其影响,参见 Thomas W. Wälde, *European Energy Charter Conference: Final Act, Energy Charter Treaty, Decisions and Energy Charter Protocol on Energy Efficiency and Related Environmental Aspects*, International Legal Materials, Vol. 34:2, p. 360 – 454 (1995)。

〔37〕 See UNCTAD, *Bilateral Investment Treaties*, https://investmentpolicy.unctad.org/international–investment–agreements (2022 年 1 月 28 日访问)。

规定了东道国的赔偿责任。在间接征收、公平公正待遇等成为国际投资仲裁主要内容的当今世界,东道国赔偿责任和国际仲裁的结合使得投资仲裁庭事实上处于对东道国政府行政行为进行行政审查的地位。

国际投资条约的实践使得主权国家关于国有化的权力和赔偿责任发生了潜移默化的改变。传统上,国际法学者也主张国家政府保护外国人财产(包括财产所有权和依合同的财产权)的责任并将之视为国际法的原则。近来,国际社会似乎特别强调保护外国人的财产权,包括依政府和私人之间签订的"国家合同"的权利,主张国家只有在愿意作出充分赔偿的情况下,才可以国有化或征收外国人的财产。这一原则曾受到第三世界和西方一些年轻学者的批评。然实践中国际投资仲裁庭甚至将之视为无须讨论的、业已得到国际社会认可的原则。世界银行《外国直接投资待遇指引》反映了国际社会的趋势,同时又使国有化的前提条件和赔偿标准法律化。

在全球化的大势之下,规范各国交往和交易的制度和具体规定有渐次趋同的特征。无论世贸组织将来是否能有效运作或是在多大程度上进行改革,跨境货物贸易、服务贸易、知识产权保护等依然会进行,与之相关的国际机制在模式、形式甚至内容等方面都会直接影响区域性和双边自由贸易协定的订立与执行。涉及国际金融和银行的国际货币基金组织,世界银行和区域性金融组织和开发银行等机制自第二次世界大战以来几经修改,但国际金融秩序的基本方向未变。新建立的亚洲基础设施投资银行以及欧亚经济联盟协定、[38]南亚区域合作联盟[39]和众多双边自由贸易和投资协定等无不参照相关的、业已存在的机制。甚至现有的自由贸易协定几乎均将投资列为第11章,而开此先例者正是北美自由贸易协定,显然这不是巧合或偶然。前述在说明全球化正在事实上整合国际秩序,包括加大对主权权力行使的限制。

---

〔38〕 欧亚经济联盟的成员包括白俄罗斯、哈萨克斯坦、俄罗斯、亚美尼亚、塔吉克斯坦和吉尔吉斯斯坦。其宗旨、合作领域等,参见 http://www.eurasiancommission.org/en/Pages/ses.aspx(2022年1月28日访问)。

〔39〕 关于南亚区域合作联盟的宗旨、成员等,参见 https://www.britannica.com/topic/South-Asian-Association-for-Regional-Co-operation(2022年1月28日访问)。

(二)市场准入的要求

就对主权权力的限制而言,世贸组织的作用相当明显。世贸组织的成立是全球化的结果,基础是市场经济,特别是世界上主要贸易和经济大国实行了市场经济制度。世贸组织对各国的影响首先是通过市场运作在微观方面触及相关成员的经济、法律制度等诸方面;主要手段则包括对透明度的要求、国民待遇原则以及最低待遇标准规定等。[40] 如前所述,加入世贸组织前,准成员必须接受"一揽子"承诺,[41]包括"保证其法律、法规和行政程序"与世贸组织的义务一致。[42] "一揽子"承诺的要义是任何成员均不得在加入世贸组织时或其后对任何协议条款作出保留,[43]而保障各成员履行世贸组织义务的制度是争端解决机制。[44] 除专家小组机制外,世贸组织还设有上诉机构,并将其作为世贸组织的常设争端解决机构。上诉机构的设立有助于保证世贸组织协议执行的效率、一致性和连续性。此外,世贸组织在表决专家组或上诉机构的报告时采用的是一致不通过或反向一致原则,即除非所有成员一致反对专家组(当事方不上诉的报告)或上诉机构的报告否则相关报告便应予通过。这事实上几乎完全排除了专家组和上诉机构报告被否决的可能性,因胜诉一方基本一定会赞成通过相关报告。世贸组织争端解决的另一特点是拒不执行争端解决机构决定的成员必然面对强制执行的威慑。因此,世贸组织争端解决

---

〔40〕 国际最低标准历来是非常有争议的问题。然而,世界贸易组织《知识产权协定》则对知识产权的授予标准、保护期限等均作出了具体的规定。这些规定都是不得保留的条款,故对各成员有拘束力。关于国际最低标准的讨论,参见 W. Michael Reisman, *The Evolving International Standard and Sovereignty*, Proceedings of the Annual Meeting (American Society of International Law), Vol. 101, p. 462 – 465 (2007); Marcela Klein Bronfman, *Fair and Equitable Treatment: An Evolving Standard*, Estudios Internacionales, Vol. 38:150, p. 89 – 105 (2005); Edwin Borchard, *The "Minimum Standard" of the Treatment of Aliens*, Michigan Law Review, Vol. 38:4, p. 445 – 461 (1940)。

〔41〕 关于《关贸总协定》和世贸组织"一揽子"承诺的谈判历史及相关问题,参见 Robert Wolfe, *The WTO Single Undertaking as Negotiating Technique and Constitutive Metaphor*, Journal of International Economic Law, Vol. 12:4, p. 835 – 858 (2009)。

〔42〕《关于建立世界贸易组织的马来喀什协定》第 16 条第 4 款。

〔43〕《关于建立世界贸易组织的马来喀什协定》第 5 款。

〔44〕 关于世界贸易组织争端解决机制的讨论,参见 Ernst – Ulrich Petersmann, *International Trade Law and the GATT/WTO Dispute Settlement System*, Kluwer Law International, 1997; John H. Jackson, Robert E. Hudec & Donald Davis, *The Role and Effectiveness of the WTO Dispute Settlement Mechanism*, Brookings Trade Forum, 2000, p. 179 – 236。

和执行制度事实上不仅保证了各成员方认真执行诸协议，同时亦为各协议的规定进入成员方的内国法提供了必要的条件。

世贸组织各协议对成员方内国法的影响不可谓不大。国际经济交往与交易的首要问题是一国的商品、服务、知识产权、资本等如何进入其他国家的市场，或曰市场准入。尽管各国政府均公开主张对外开放市场，除非有义务为之，否则出于国内产业、就业、发展以及国际地缘政治的考虑，各国总是希望其他国家开放市场，而不是自己率先开放市场。在世贸组织的制度下，外国商品和服务应享有最惠国待遇和国民待遇。就此而言，货物的市场准入主要表现在关税税率方面。建基于关税及贸易总协定四十几年经验的世贸组织的制度相对成熟，尽管近年美国不顾及自己的国际义务，任性地破坏多边贸易秩序的行为给国际社会带来极大的挑战。

就货物贸易而言，服务贸易不仅是多边贸易秩序的新内容而且涉及的范围远远超出货物贸易秩序。例如，关于何为服务贸易，《服务贸易总协定》并无具体规定，然不可否认的事实是服务与投资有很大的重叠性。任何关于服务的多边规定都或多或少地影响各成员涉及跨国直接投资的法律、法规、政策及行政机关甚至司法机构的行为和不行为。服务贸易的性质决定了其更依赖市场准入的条件。《服务贸易总协定》规定各成员有义务向境外服务提供者和服务提供最惠国待遇，[45] 但国民待遇义务则主要依相关成员的具体承诺。[46] 除非已在其具体承诺表中作出了例外规定，否则任何成员均不得采取下列措施：

(1) 对服务提供商的总数加以限制；

(2) 以配额、经济发展的需要为借口，限制服务贸易或与服务相关的资产的总额；

(3) 限制交易的总量；

(4) 限制提供商的雇佣人数；

(5) 规定提供商必须以何种形式经营；

---

〔45〕 参见《服务贸易总协定》第 2 条。

〔46〕 参见《服务贸易总协定》第 17 条。承诺表构成《服务贸易总协定》的一部分，但每个成员承诺的具体内容并非相同。总体言之，发达国家承诺表中关于市场开放的领域较多，发展中国家则相对较少。

(6)规定提供商的持股数。[47]

实践中,任何希望不按前述规定承担义务的成员必须与其他成员达成协议并将之列于承诺表和"第二条豁免附件"。任何成员给予境外服务提供商和服务的待遇不能低于其承诺表中列明的义务。同时,"第二条豁免附件"下的豁免仅适用于国民待遇,而不影响最惠国待遇原则的适用。

与市场准入直接相关的问题是机构和个人服务提供者资格的认可。[48]实践中如何承认服务提供商的资格是一个非常复杂的问题,因为资格可以包括许多方面。除关于教育水平和经验的要求外,许可证、营业执照、证书等都属于资格的范畴。例如,银行和金融公司的业务在很大程度上涉及公众利益。因此,每个国家和地区均对银行和金融公司的成立、运作、经营进行监管。然而,由于各种各样的原因,每个国家和地区监管银行和金融公司的标准并非一致。根据《服务贸易总协定》,各成员有义务给予其他成员同等的待遇,即无论相关的银行和金融公司来自何方,其均应受到相同的待遇。在此情况下,来自监管较宽松地区的银行和金融公司便会给准许其进入市场的成员带来较大的风险。那么该成员是否有权不承认相关银行和金融公司的资格并不许其进入市场呢?根据最惠国待遇原则,答案便应该是否定的。对律师、会计师、工程师、工程咨询人员等资格的承认更为困难。除了技术性的要求外,此类资格的认可还可能涉及文化和语言等方面。事实上,在同一成员境内,不同机构发放的证书亦可能代表不同的质量水平。

鉴于资格认可是一个复杂的问题,《服务贸易总协定》规定成员方认可来自其他成员方服务提供商的资格问题可通过双边或多边协议解决之或是由相关成员单方面宣布为之。同时,各成员应于世贸组织成立后的12个月内通知

---

〔47〕《服务贸易总协定》第16条。

〔48〕参见《服务贸易总协定》第7条。

理事会其所采取的与资格承认相关的措施。各成员并应与非政府间组织合作,[49]以便达成广为适用的国际标准。

(三)待遇标准的演变

传统上,国民待遇原则只要求形式上的相互性,只要相关政府实际给予外国商品、外国商人、外国投资者不低于本国国民的待遇,便不会违反国民待遇原则。[50] 然而,世贸组织的协议和其他现代国际条约对国民待遇都有实质性的要求。根据《知识产权协定》第1条的规定,"各成员应使本协议的各项规定生效。各成员可以,但不应有义务在其法律中实施比本协议要求更广泛的保护,只要这种保护不违反本协议的规定。"该协定第3条规定,"在知识产权保护方面,每个成员给其他成员的国民待遇不应低于它给本国国民待遇"。《知识产权协定》在知识产权的效力、范围和使用标准等方面都作出了具体规定;且此类规定是各成员必须执行的。任何不执行上述规定的成员便必须承担违反第1条规定的风险。《服务贸易总协定》第1条亦规定,"为履行本协议下的义务和承诺,各成员应采取所有可能的合理措施以确保其境内的地区和地方政府和当局及非政府机构遵守协议"。该协定第17条规定每个成员都有义务确保给予外国服务提供商、服务不低于本国同类服务提供商、本国同类服务的待遇。同时,《服务贸易总协定》还规定了确认服务提供商资格包括教育背景、经验等的原则和标准等。[51] 此类规定几乎见诸世贸组织的所有协议和很多当代关于国际经济合作的多边协议。将世贸组织和其他协议对成员或缔约方内部的法律制度、执法原则与标准同国民待遇原则一起考虑,便不难发现传统的形式上的国民待遇原则已具有了实质上的意义。

---

〔49〕 非政府组织对国际经济以及国际法的影响日渐显著。关于此类问题的研究也越来越多,如 Andrew Walter, *NGOs, Business, and International Investment: The Multilateral Agreement on Investment, Seattle, and Beyond*, Global Governance, Vol. 7:1, p. 51 – 73 (2001); Barbara K. Woodward, *The Role of International NGOS: An Introduction*, Willamette Journal of International Law and Dispute Resolution, Vol. 19:2, p. 203 – 231 (2011); Sigfrido Burgos Cáceres, *NGOs, IGOs, and International Law: Gaining Credibility and Legitimacy through Lobbying and Results*, Georgetown Journal of International Affairs, Vol. 13:1, p. 79 – 87 (2012)。

〔50〕 传统的国民待遇原则加于国际社会成员的是不触及后者法律制度、法律价值、执法原则等的形式上的义务,其特点是严守国际社会和国家社会法律规范的分野。

〔51〕 《服务贸易总协定》第7条。

公平、公正、客观及合理标准常与国际最低标准挂钩。传统上，国际最低标准待遇是一个有争议的问题，包括国际社会是否存在一个法律上的最低标准及假如存在，如何确定相关国际最低标准。世贸组织诸协定和《能源宪章条约》等多边条约都要求缔约方的行政和司法机关在作决定时应遵循客观、公平、公正的原则。[52] 假如说法律、司法和行政措施的透明度以及救济手段是否充分有一定的客观标准的话，何为客观、公平、公正则与相关国家的历史、文化、传统等直接相关。这就无形中将极具争议的国际最低标准纳入了法律范畴。例如，即使一个国家的法律有符合要求的透明度且给予外商以国民待遇，但在执法过程中被认为违反客观、公平、公正的原则，外商的国籍国亦有机会将争端提交国际机构解决。外国投资者亦可以东道国违反了公平公正待遇导致其利益受损要求东道国赔偿。若双方无法就东道国是否有赔偿的责任或应该赔偿多少达成协议，则外国投资者可依双边投资协定或自由贸易协定将争议提交国际仲裁。[53] 不争的事实是当代国际投资仲裁庭解决的争议主要涉及东道国政府的行为和不行为是否违反国际义务，从而使其处于准司法审查机构的地位。加之国际投资和贸易判例法的事实上存在，世贸组织争端解决机构和国际投资仲裁庭对“公平、公正、客观、透明度”等待遇标准的解释渐次形成国际最低标准。

（四）对内国法救济程序的影响

国际条约对内国法的影响还旁及救济制度和执法原则。关于透明度的要求便为例证。涉及透明度的规定现见诸大多数多边条约和自由贸易协定等。[54] 根据此规定，任何国际社会成员的法律和法律制度的透明度不够高、

---

[52] 《服务贸易总协定》第 6 条和《知识产权协定》第 41 条至第 49 条。

[53] 当代双边投资协定和自由贸易协定的投资章节均规定外国投资者有权将其与东道国的争议通过国际仲裁解决之。另《服务贸易总协定》第 6.1 条规定，“每一成员应保证所有影响服务贸易的普遍适用的措施以合理、客观和公正的方式实施”。

[54] 世界贸易组织诸协定、《能源宪章条约》、《美墨加协定》等都有此类规定。《美墨加协定》（Agreement between the United States of America, the United Mexican States, and Canada）于 2020 年 7 月 1 日生效，被称为《北美自由贸易协定》协定的 2.0 版。该协定英文全文参见 https://ustr.gov/trade-agreements/free-trade-agreements/united-states-mexico-canada-agreement/agreement-between（2022 年 2 月 15 日访问）。

不能向外商提供充分的司法和行政救济手段都可能构成违约。实践中，透明度原则与国民待遇原则起到互为补充的作用。例如，某个国家法律的透明度不高，外国商家便可以其不了解当地的游戏规则从而处于劣势为由，要求其国籍国在国际层面启动争端解决程序。这对于绝大多数经济实力不够强大、缺乏国际诉讼经验和人才的发展中国家具有相当大的威慑性。同时，透明度原则适用于一个国家法律制度的各个方面，包括立法机关、行政机关和司法机关的行为。就其所涉及的范围而言，可以说包括从与国际经济交往直接相关的贸易、投资、知识产权保护、民法、税法到行政法、刑法、刑事诉讼法等。因为，在上述任何一个环节出现不够透明的情况都可能违反国民待遇原则。

基于透明度要求的规定，每个成员加入世贸组织时均需公布其所有的与《服务贸易总协定》和货物贸易相关的措施，包括中央政府或地方政府委托非政府机构制订的措施。此外，相关的法律、行政规章、决定或其他形式的行政命令以及国际条约、协议均应予以公布。公布的目的就是便于监督，以便于受影响的个人或机构主张自己的权利。此外，各成员还应每年向理事会报告其相关法律、规章、命令等的生效、修改或撤销。

世贸组织下的《知识产权协定》和《服务贸易总协定》都对成员的国内法律救济制度和执行原则有实质上的规范和限制。这两个协定都规定诸成员应提供有效的行政、准司法和司法救济。[55]《知识产权协定》还就司法机关应享有的复核行政机构决议、提供临时性保全措施等权力作出了具体规定，甚至海关在何种情况下有权扣押被怀疑侵犯知识产权的商品亦在《知识产权协定》的适用规范之内。不言而喻，法院、海关的权力等都是关涉主权的重大问题。此外，根据《服务贸易总协定》和《知识产权协定》，世贸组织的成员有义务建立相应的咨询机制，解答外商的问题。在执行其所通过的措施方面，各成员亦应严格遵守合理、客观和公正的原则。[56]

根据《知识产权协定》，各成员还应采取措施，制定及时有效的救济程序以“阻止侵权，或有效遏制进一步侵权”。这些程序的执行应依公平合理的原

〔55〕 如《服务贸易总协定》第6.2(a)条规定，“每一成员应维持或尽快设立司法、仲裁或行政庭或程序，在受影响的服务提供者请求下，对影响服务贸易的行政决定迅速进行审查”。另《知识产权协定》第32条和第41条分别规定了各成员有关司法审查和司法程序的义务。

〔56〕 参见《服务贸易总协定》第6条及《知识产权协定》第41、42条。

则，且“不应是毫无必要的烦琐、费时，也不应受不合理的时限及无保证的延迟的约束”[57]。对案件的是非曲直的裁决应根据各方有机会了解的证据，“应采取书面形式并陈述理由”，并“使诉讼当事方可获得”赔偿。[58] 同时，当事人应有权就任何最终行政决定进行司法审查及对初步司法裁决提起上诉。[59] 前述公平、公正、客观或公平合理的原则亦为成员行政机关和司法机关判案的准则。

事实上，除一般的司法原则外，世贸组织亦对通常情况下由国内法确定的举证责任和法院应判与当事方的最低赔偿标准有具体的规定。《知识产权协定》规定，如果涉讼的专利之目标物是获得某种产品的流程，成员方司法当局有权令被告举证，以便获得相同产品的流程与授予专利的流程之不同之处。因此，成员方应规定，至少在下列一种情况下，若无相反证据时，任何未经专利所有人许可而生产的相同的产品，应被视为是通过被授予专利的流程生产的：“（一）如通过该已获专利方法获得的产品是新的；（二）如存在实质性的可能性表明该相同产品是由该方法生产的，而专利所有权人经过合理努力不能确定事实上使用了该方法”[60]。在这些情况下，举证责任应由被指控的侵权人承担。并且，“在引述相反证据时，应考虑被告方在保护其制造和商业秘密方面的合法权益”[61]。

“孔德之容，惟道是从。”[62]随着国际经贸活动的不断增加，国际条约加于主权国家的义务亦相应提高，从而对主权权力的行使构成前所未有的限制。限制主权权力之行使是全球化的明显特征，是全球化演进的必然结果。不可讳言，对主权的限制古来有之，只不过当代的限制力度较大、幅度较宽、效果较明显。此发展与国际社会一个多世纪来就与主权限制的另一形式——国家豁免——相关的国际立法一脉相承。

---

〔57〕 参见《知识产权协定》第41.2条和第41.3条。

〔58〕《知识产权协定》第41.3条。

〔59〕《知识产权协定》第41.4条。

〔60〕《知识产权协定》第34.1条。

〔61〕《知识产权协定》第34.3条。

〔62〕《道德经》第21章。

三、全球化环境下的国家豁免

“有无相生,难易相成,长短相形,高下相倾,音声相和,前后相随。”[63]对国家主权的限制与国际豁免是相互依存的关系,是一个问题的两个方面。任何国家在承认别国享有豁免的同时便是对己国主权的限制。

(一)国家豁免为国际法的基本原则

作为国际法的基本原则,国家豁免早于19世纪下半叶便得到欧美国家的承认。国家豁免原则是根据国家独立主权与平等的基本原则而引申出来的一项国际法基本原则,“一般是指一个国家不受另一国家管辖。就司法管辖而言,不得在一国法院对另一国起诉,或对后者的财产加以扣押或强制执行”[64]。在此原则下,各主权国家有义务尊重其他国家的主权,有义务不对其他国家行使任何管辖权。著名国际法学家陈体强先生曾指出,“公认的学说认为:一个国家不受另一国家管辖,并且非经其同意,另一国法院不得对其提起诉讼”;“这种对当地管辖的豁免,理论上是基于所在地国的明示或暗示同意,基于国家在国际法眼中一律平等的原则,基于作为国际大家庭成员之间进行友好交往所不可缺少的因素,使当地管辖权在这些方面有作出让步的必要……这种豁免现在可以说是基于普遍接受的习惯国际法”[65]。

国际法院的判决亦数次涉及国家豁免原则。较近的一次是国际法院于2012年就德国诉意大利的国家管辖豁免(Jurisdictional Immunities of the State Germany v. Italy: Greece intervening)作出的判决(以下简称国家管辖豁免判

---

〔63〕《道德经》第2章。

〔64〕参见倪征日奥:《关于国家豁免的理论和实践》,载《中国国际法年刊(1982)》,中国对外翻译出版公司1982年版,第3页。

〔65〕参见陈体强:《国家主权豁免与国际法——评湖广铁路债权案》,载《中国国际法期刊(1982)》,中国对外翻译出版公司1982年版,第32页。陈体强教授在此援引了欧美国际法学家的观点以作证其自己的意见。

决)。[66] 该案源于第二次世界大战中德国占领意大利期间,德国军队俘虏了数十万意大利武装部队成员,但这些人未被赋予战俘身份并被送到德国从事强迫劳动。根据《巴黎和平条约》第 77(4) 条,意大利代表其自己及其国民放弃了于 1945 年 5 月 8 日仍进行中的对德国及其国民的所有索赔。后德国通过法律对意大利的受害者予以赔偿,但后者并不满意。意大利和德国遂于 1961 年再次签署条约,双方协议由德国向意大利赔偿 4000 万马克,以结束双方的争议。2000 年,德国再次通过法律,设立了一个基金,向在第二次世界大战期间曾被强迫劳动和受到其他非法待遇的人提供补偿,但受益者不包括战俘,理由是战俘根据国际法可以被拘役。这从而使得许多人无法得到补偿。1998 年,一位曾于战时受到迫害的意大利国民 Luigi Ferrini 在意大利法院对德国提起诉讼。德国认为,依国家豁免原则意大利法院没有管辖权;但意大利最高法院裁定国家豁免不适用于国际法上的犯罪行为,从而驳回了德国的国家豁免主张。

2008 年 12 月 23 日,德国就前述争议在国际法院对意大利提起诉讼,声称依国际法意大利法院对其没有管辖权;同时,德国认为意大利法院允许涉及德国财产的诉讼以及允许在意大利执行一项涉及德军的希腊判决也构成对其依国际法的国家豁免权的侵犯。[67] 国际法院认为"国家豁免规则……源于国家主权平等原则,正如《联合国宪章》第 2 条第 1 款明确规定的,国家豁免是国际法律秩序的基本原则之一。这一原则必须与下述原则一起考虑,即国家对其领土拥有主权,从而对在其领土内发生的事件和人具有管辖权。国家豁免的例外是对主权平等原则的背离。豁免可能代表对领土主权原则和由此产生的管辖权的背离"[68]。易言之,国际法院认为国家豁免原则建基于主权国家平等的原则,是国际法的基本原则之一;国家豁免则构成对主权国家管辖权的背离。基于此,任何关于国家豁免原则的例外都是对该主权原则的背离。

---

〔66〕 参见 Jurisdictional Immunities of the State (Germany v. Italy: Greece intervening),判决,*I. C. J. Reports* 2012,p. 99;判决全文参见 https://www. icj – cij. org/public/files/case – related/143/143 – 20120203 – JUD – 01 – 00 – EN. pdf (2022 年 1 月 31 日访问)。

〔67〕 德国援引《欧洲和平解决争端公约》(European Convention for the Peaceful Settlement of Disputes)作为国际法院管辖权的依据。意大利没有对之提出异议。参见国家管辖豁免判决,第 27 – 51 段。

〔68〕 国际法院,国家管辖豁免判决,第 57 段。

或可说,国际法院在本案接受了传统国际法上的国家豁免原则,这可能与案涉的事实有关,毕竟当事方的争议不涉及商业交易等方面的事项。这亦可从国际法院的判决中得到证明。

由于国际社会并无关于国家豁免的条约,故国际法院只能依习惯国际法裁定德国是否享有豁免权。为此国际法院审查了一些国家的实践,然后指出,在其"审视的10个国家的实践中,有9个国家拒绝就在其领土上发生的侵权行为给予豁免权,只有2个国家的法律承认武装部队的行为应享有豁免权;另有8个国家的法院给予外国武装部队和军舰以豁免权"〔69〕。基于此,"国际法院认为,虽然这些法院判决与本案无关,但其说明武装部队的行为系主权行为,故应享有豁免权"〔70〕。最后国际法院认为,"习惯国际法继续要求在武装冲突中,给予外国的武装部队和国家机关在另一国家领土上的侵权行为以豁免权"〔71〕。从国际法院的前述判决可以看出,其判词主要是针对一国的武装部队在其他国家是否享有豁免权,故不应依该判决便认定国家主权原则以及由此产生的国家豁免原则一直不受任何限制。

有论者批评国际法院在此案的判决旨在支持和巩固关于国家豁免的传统的主流意见。其认为国际法院应基于实证主义的法理框架,首先确定在绝对豁免原则被渐次废除和限制性理论出现后,是否出现了新的排除意大利法院对德国战争罪行使管辖权的国际法则,然后再确定该规则是否有例外。其认为国际法院的做法似乎是基于自然法教条,主张国家豁免规则是有用的、合理的和必要的,因此是国际法的一部分。〔72〕事实上,国际法院显然已考虑了国家豁免限制性理论的发展,并认为根据国家实践和联合国国际法委员会的研究,限制性理论主要是针对商业活动,而不是具有明显主权标志的军队和其他国家机构的行为和不行为。〔73〕

然而,随着国际交往,特别是经济交往的不断增加以及国家政府不断参与

---

〔69〕 国际法院,国家管辖豁免判决,第70-71段。

〔70〕 国际法院,国家管辖豁免判决,第73段。

〔71〕 国际法院,国家管辖豁免判决,第78段。

〔72〕 See Alexander Orakhelashvili, *Jurisdictional Immunities of the State (Germany v. Italy; Greece Intervening)*, The American Journal of International Law, Vol. 106:3, p. 609-616(2012).

〔73〕 参见国家管辖豁免判决,第69段。

商业活动,对国家豁免原则在商业活动中的适用加以限制已成趋势。从这个意义上讲,国际法院的前述判决并非不符合国际法的发展趋势。

(二)国际社会早期限制国家豁免原则的努力

国家豁免作为国际法的一项基本原则早已得到国际社会的广泛承认。很多个人和组织并积极努力推动主权原则的成文法化,试图通过制订国际规则对国家豁免原则的适用加以限制。早在1891年召开的汉堡年会上,国际法研究院(Institute of International Law)[74]便通过了《对外国国家、君主或国家元首行使司法管辖权的国际规则草案》(Draft International Regulations on the Competence of Courts in Suits Against Foreign States, Sovereigns, or Heads of States)(以下简称《国际规则草案》),系制定国家豁免规则国际法典的首次尝试之一。[75]《国际规则草案》首先明确规定一国的法院不得对在其管辖区内的外国君主、外国元首或外国的财产实行扣押,作为抵押和质押的财产除外。[76]《国际规则草案》一方面规定国家行为不受外国法院管辖,[77]另一方面列出了许多豁免的例外,其中最重要者包括以下两项:

1. 外国国家、君主或国家元首明示或默示放弃豁免权(通过提起诉讼或参与诉讼而不质疑法院的管辖权);[78]

2. 法院诉讼程序涉及审判地国境内经营的商业或工业设施或铁路。[79]

《国际规则草案》提出之时,各国几乎均采绝对国家豁免原则。其作用在于概括承认国家豁免为国际法的原则,同时对国家豁免权之行使规定了具体例外,从而构成事实上的对国家豁免原则的限制。或可说,这是限制性豁免理论首次由一个国际法学者组成的权威组织正式以条约草案的形式提出,对限制性豁免理论的嗣后发展起到了重要作用。

---

〔74〕 关于国际法研究院的历史、活动等,参见 https://www.idi-iil.org/en/(2022年2月6日访问)。

〔75〕 《国际规则草案》经国际法研究院在1891年汉堡全体年会上讨论(1891年9月8-11日),并于同年9月11日通过,全文参见 https://www.idi-iil.org/app/uploads/2019/06/Annexe-1bis-Compilation-Resolutions-EN.pdf (2022年2月7日访问)。

〔76〕 《国际规则草案》第1-3条。

〔77〕 《国际规则草案》第5条。

〔78〕 《国际规则草案》第4(4)条。

〔79〕 《国际规则草案》第4(3)条。

1927 年,国际法逐步编纂专家委员会(Committee of Experts for the Progressive Codification of International Law)向国际联盟报告,其成立了一个分委员会负责研究国家对在其领土上导致外国人及其财产遭受损害的行为应负的责任,以及是否有可能及以何方式缔结一项国际公约就确定造成损害的事实和涉案国家的责任之确定及以和平手段解决争议、禁止诉诸恐吓措施等作出规定。[80] 专家委员会于 1928 年 6 月向理事会报告,基于其问卷调查,认为编纂国际规则的时机已经成熟。[81] 然而,当年 9 月举行的国际联盟大会决定将该议题留待以后考虑。由于该专家委员会在 1928 年后便没有再举行会议,特别是国际联盟本身当时也相当混乱,故国际法逐步编纂专家委员会停止了对该议题的研究,然哈佛大学接过了该研究的接力棒。[82]

国际法研究院于 1954 年通过的《外国国家管辖权和强制执行豁免决议》(Immunity of Foreign States from Jurisdiction and Measure of Execution)[83](以下简称《管辖权豁免决议》),在原则性承认国家豁免原则的基础上,提出了限制国家豁免的建议。该决议首先主张一国的法院对其他国家及其法人的"国家行为"(acts of State)没有管辖权;此处的国家行为事实上暗示如果外国的行为不是国家行为,则并不排除一国的法院可行使管辖权。此外,该决议特别提出了几种可以使一国法院对外国的国家行为行使管辖权的情况,包括相关外国以明示或暗示方式放弃豁免;参与实质事项的法庭庭审、作为原告提起诉讼、作为反请求的被求偿方均构成放弃豁免。[84] 尽管豁免的放弃可以明示或

---

〔80〕 See *First Session of the Committee of Experts for the Progressive Codification of International Law*, The American Journal of International Law, Vol. 20:3, p. 12 – 16(1926).

〔81〕 See *Report to the Council of the League of Nations on the Questions which Appear Ripe for International Regulation*, The American Journal of International Law, Vol. 22:1, p. 4 – 38(1928).

〔82〕 为了响应联盟的号召,哈佛大学法学院开展了一个国际法研究项目,并起草了一个国际公约草案。See *Diplomatic Privileges and Immunities*, The American Journal of International Law, Supplement: Research in International Law, Vol. 26:1, p. 15 – 192(1932). 另联合国国际法委员会在其讨论国际关系及豁免的文件中亦论证了哈佛法学院的公约草案。见联合国秘书处, *Codification of the International Law Relating to Diplomatic Intercourse and Immunities*, 联合国文件第 A/CN. 4/98 号,1956 年。

〔83〕 See International Law Institute, *Immunity of Foreign States from Jurisdiction and Measure of Execution*, Institut de Droit International Annuaire 1954, Vol. 45, p. 301 – 302(1954), 参见 https://www. idi – iil. org/app/uploads/2017/05/4025 – 45B – OCR – min. pdf (2022 年 2 月 6 日访问)。

〔84〕《管辖权豁免决议》第 1 – 2 条。

默示方式为之，但其必须是“明确无误的”。值得指出的是，国际法研究院的决议特别提出，任何涉及外国及其法人的“非国家行为”之诉均可由行为发生地国的法院审理；至于相关行为是否属于国家行为则应由受案的法院定夺，〔85〕也就是根据其本国的法律和案情确定。国际法研究院的决议还排除了一国法院对涉及外国国债的诉讼管辖权。〔86〕另外，该决议明确提出不得对属于外国且用于非“经济活动”的财产实行强制执行或采取临时措施。〔87〕

虽然国际法研究院的前述决议仅有短短的5条，但是主张对国家豁免加以最宽泛限制的意见，即使放在今天高度全球化的环境下看亦如此。例如，关于对外国国家财产强制执行的范围便明显大于所有国家的现行法律。实践说明该决议对国家豁免的限制性理论有重要推动作用；各国嗣后的立法和司法实践基本都沿袭了该决议的精神，如美国、英国等国家的主权豁免法律都是采用原则性支持豁免，然后以渐进方式规定不获豁免的事项。此外，在国际法研究院的决议作出之两年前，时任美国国务院代理法律顾问的 Jack B. Tate 致函美国司法部（以下简称“Tate 公函”），通知后者美国国务院将改采限制性国家豁免理论。这些都说明西方国家已开始逐步放弃绝对豁免原则、改采限制性国家豁免理论。

国际法协会（International Law Association）也曾尝试推动国家豁免规则的国际法编纂，并于1982年的年会上通过了《国家豁免公约草案》（Draft Convention on State Immunity）。〔88〕《国家豁免公约草案》旨在适用于外国政府、其他国家机关、具有不同于国家和联邦国家组成单位的不具有法人资格的机构。〔89〕总体言之，《国家豁免公约草案》的原则与美国、英国等西方国家关于国家豁免的立场一致，也是将“外国国家进行的商业活动；或……由合同引起的外国国家义务”等排除在管辖豁免的范畴之外。〔90〕国家豁免也可以根据

---

〔85〕《管辖权豁免决议》第3条。

〔86〕《管辖权豁免决议》第4条。

〔87〕《管辖权豁免决议》第5条。

〔88〕See International Law Association, *Draft Articles for a Convention on State Immunity*, International Legal Materials, Vol. 22:2, p. 287 – 291 (1983).

〔89〕《国家豁免公约草案》第 I. B. 条。该公约草案进一步规定：“只有其行使主权时的作为或不作为，具有与国家不同法人资格的外国机关或机构才应被视为外国国家。”

〔90〕《国家豁免公约草案》第3条。

公约草案的条款以明示或暗示的方式予以放弃。《国家豁免公约草案》第8条也排除了法院地国扣押、执行或强制执行外国财产的豁免，条件是相关外国已放弃豁免或相关财产被用于商业活动或曾用于涉诉的商业活动。就此，《国家豁免公约草案》规定如相关外国财产之取得违反国际法，则其不享有豁免。[91] 此规定的主要目的应是针对国有化或征收的财产，如获支持，将对投资仲裁裁决的执行有重要作用。

1991年，国际法研究院再次就国家豁免问题进行研究并通过了《关于管辖和执行的当代国家豁免问题决议》(Contemporary Problems Concerning the Immunity of States in Relation to Questions of Jurisdiction and Enforcement)，[92]认为自1954年《管辖豁免决议》通过后，国家实践和理论都出现了新的重要趋势。1991年决议旨在"限制国家豁免权，同时保持对基本国家利益的保护"[93]。此决议的通过表明国际法研究院支持限制性国家豁免理论，特别是商业活动例外的立场。根据该决议，在下列情况下，一国法院对外国及其机构具有管辖权：[94]外国为涉案商业交易的缔约方；外国为涉案私法性质关系的当事一方，包括(但不限于)商业合同，服务合同，贷款和融资安排，与金融义务有关的担保或赔偿，财产所有权、占有和使用，工业和知识产权保护，与法人团体、非法人团体、协会和合伙等相关的法律关系以及针对船舶和货物及汇票的对物诉讼等；外国作为缔约方的雇佣合同和专业服务合同之诉；其他未被归入"私法性质"但受案法院基于善意和诚信确定的其他诉讼事项；涉及人身和财产损害、仲裁等的诉讼。不难看出，这是迄今为止最超前的关于国家豁免限制的文件。考虑到国际法研究院在国家豁免方面的一贯立场，其决议的超前性也不令人意外。

在执行方面，国际法研究院的决议主张将管辖豁免和执行豁免加以区分。据此，国家及其机构或分支机构所拥有的可被强制执行或扣押的财产仅为"该国家为赔偿而具体分配或指定的财产"或"法院地国领土内正在使用或打

---

〔91〕《国家豁免公约草案》第8条。

〔92〕《关于管辖和执行的当代国家豁免问题决议》英文全文参见 https://www.idi-iil.org/app/uploads/2019/06/Annexe-1bis-Compilation-Resolutions-EN.pdf (2022年2月7日访问)。

〔93〕《关于管辖和执行的当代国家豁免问题决议》序言。

〔94〕这些豁免例外均写在《关于管辖和执行的当代国家豁免问题决议》第2条。

算用于商业目的的国家财产”。[95] 不难看出，尽管国际法研究院支持限制性国家豁免理论，但在最重要同时也是最困难的执行方面也未能超出国家实践。实践中，即使一国在外国拥有财产，财产所在地的法院也不一定有足够的意愿或能力执行。针对此问题，当下唯一可行的解决方法就是相关国家签订协议或合同，明示放弃执行豁免。国际法研究院的立场也说明限制性豁免理论目前仍为有争议的议题，尽管总的趋势是随着全球化的发展，限制性豁免理论有可能渐次成为主流。

(三)联合国的立法努力

联合国就国家豁免问题进行立法的努力始于 1977 年。当时联合国将国家豁免纳入了国际法委员会(ILC)的工作计划。该议题的特别报告人(Sompong Suchartikul)于 1979 年提交了《国家及其财产管辖豁免初步报告》(Preliminary Report on Jurisdictional Immunities of States and Their Property)(以下简称《国家豁免初步报告》)，[96] 内容包括对国家豁免的性质进行探讨，对国家豁免的历史、国家实践和相关法学理论进行调查，就如何通过国际公约规范国家豁免提出初步意见。特别报告人认为，国家豁免依然是必要的，但在某些例外情况下，国家豁免应受到限制。[97] 同时，他认为管辖豁免与扣押或执行豁免显然有很大区别，后者比前者更具“绝对”豁免性。[98] 在肯定了国家豁免为国际法基本原则的基础上，特别报告人列出了一系列例外，包括与商业活动、就业合同和与仲裁有关的事项，[99] 但该初步报告并未对这些例外在国家实践中的重要性进行任何评估或评价。

---

[95] 《关于管辖和执行的当代国家豁免问题决议》第 4 条。

[96] 参见 *Preliminary Report on Jurisdictional Immunities of States and Their Property*，联合国文件第 UN Doc. No. A/CN. 4/323 号，全文参见 https://legal. un. org/ilc/documentation/english/a_cn4_323. pdf (2022 年 1 月 28 日访问)。

[97] 特别报告人说：“国家豁免原则在有些领域适用，在其他领域则不适用。”参见《国家豁免初步报告》第 68 段。

[98] 特别报告人指出：“同意行使管辖权并不意味同意执行判决。放弃管辖豁免并不构成或自动表明放弃执行豁免。放弃执行豁免需要一份单独的弃权书。”参见《国家豁免初步报告》第 67 段。此外，特别报告人还指出，“执行判决时，可能只能将用于商业活动的国有财产用于执行”。参见《国家豁免初步报告》第 85 段。

[99] 《国家豁免初步报告》第 68 – 81 段。

联合国国际法委员会下设的国家及其财产管辖豁免特别委员会经过多年努力，于1991年完成了各条款的起草，并由国际法委员会向联合国大会提交了《国家及其财产管辖豁免条款草案》。[100] 联合国大会于2004年12月2日依第59/38号决议通过了《国家豁免公约》并开放给各方签字、批准和加入。[101]

《国家豁免公约》的原则是既承认国家豁免为国际法的基本原则又允许一国法院对外国政府从事的某些事项行使管辖权。正如国际法院在逮捕令(Arrest Warrant)案所指出的，“规范国家法院管辖权的规则必须与规范管辖豁免的规则认真区分：有管辖权并不意味没有豁免权，没有豁免权也并不意味有管辖权”[102]。这说明国家豁免和法院的管辖权是一个问题的两个方面。原则上，所有国家均享有国际法上的豁免权，同时任何国家均可通过参加《国家豁免公约》或主动放弃等方式允许外国法院在特定情况下行使管辖权。

根据《国家豁免公约》，对国家豁免的放弃只能通过国际协定、书面合同或在法院对特定诉讼发表的声明或对特定诉讼的书面函件明确为之。[103] “一国同意适用另一国的法律，不应被解释为同意该另一国的法院行使管辖权”[104]。虽然《国家豁免公约》并未明确规定国家豁免是否可以默示放弃，但其第8条规定，一国自行提起诉讼或介入诉讼或采取与案件实质内容有关的任何其他步骤，则其不得援引国家豁免原则；如果负责审理案件的法院“确信它在采取这一步骤之前不可能知道可据以主张豁免的事实，则它可以根据那些事实主张豁免，条件是它必须尽早这样做”。一国代表在另一国的法院作证不应被视为接受了该法院的管辖权。[105] 然而，如果一国在另一国法院提起

---

[100] UNILC, *Draft articles on Jurisdictional Immunities of States and Their Property*, *with commentaries* 1991(以下简称国际法委员会1991年报告)，全文参见 https://legal.un.org/ilc/texts/instruments/english/commentaries/4_1_1991.pdf (2022年1月28日访问)。

[101] 关于《国家豁免公约》的谈判过程、涉及的议题以及公约的适用等，参见 David P. Stewart, *The UN Convention on Jurisdictional Immunities of States and Their Property*, The American Journal of International Law, Vol. 99:1, p. 194 - 211(2005)。

[102] International Court of Justice, Arrest Warrant of 11 April 2000 (Democratic Republic of the Congo v. Belgium), *I. C. J. Reports* 2002, 2002年(以下简称逮捕令案), para. 59。

[103] 《国家豁免公约》第7条。

[104] 《国家豁免公约》第7条。

[105] 《国家豁免公约》第8条第3款。

反诉,则“不得就与本诉相同的法律关系或事实所引起的任何反诉向法院援引管辖豁免”〔106〕。

国家豁免历来有管辖豁免和执行豁免之分。一些主张限制性国家豁免的国家也是针对法院的管辖权实行限制性豁免,但在执行方面则比较谨慎。与执行相关的豁免主要是指法院可否判决对其他主权国家的财产采取强制性措施,包括判决前的强制性措施和判决后的强制性措施。《国家豁免公约》第18条〔107〕和第19条〔108〕分别对执行豁免作出了具体规定。此外,即使是一国同意放弃管辖豁免,也不能据此认为其也放弃了执行豁免。〔109〕 各国在国家豁免方面的立场由此可见一斑。

《国家豁免公约》对国家豁免原则的限制主要表现在商业交易方面,规定“一国如与外国一自然人或法人进行一项商业交易,而根据国际私法适用的规则,有关该商业交易的争议应由另一国法院管辖,则该国不得在该商业交易引起的诉讼中援引管辖豁免”〔110〕。此规定的意义在于,除商业交易外,一国的法院不得依《国家豁免公约》主张对人权、刑事责任等行使管辖权。国际法院亦持此意见,指出“管辖豁免属于程序法,刑事责任则属于实体法。管辖豁免可在一定时间内或对某些罪行起到禁止起诉的作用,但其不能免除其适用的人的所有刑事责任”〔111〕。易言之,只有在极特殊的情况下,《国家豁免公约》方有可能适用于刑事责任;此类情况之一便是相关国家间的协议,包括双边和多边条约,允许一国的法院对本应享有国家豁免的刑事案件行使管辖权。有

〔106〕《国家豁免公约》第9条第1款。

〔107〕《国家豁免公约》第18条规定,“不得在另一国法院的诉讼中针对一国财产采取判决前的强制措施,例如查封和扣押措施,除非:(1)该国以下列方式明示同意采取此类措施:①国际协定;②仲裁协议或书面合同;③在法院发表的声明或在当事方发生争端后提出的书面函件。或(2)该国已经拨出或专门指定该财产用于清偿该诉讼标的的请求”。

〔108〕《国家豁免公约》第19条规定,“不得在另一国法院的诉讼中针对一国财产采取判决后的强制措施,例如查封、扣押和执行措施,除非:(1)该国以下列方式明示同意采取此类措施:①国际协定;②仲裁协议或书面合同;③在法院发表的声明或在当事方发生争端后提出的书面函件。或(2)该国已经拨出或专门指定该财产用于清偿该诉讼标的的请求。或(3)已经证明该财产被该国具体用于或意图用于政府非商业性用途以外的目的,并且处于法院地国领土内,但条件是只可对与被诉实体有联系的财产采取判决后强制措施”。

〔109〕《国家豁免公约》第20条。

〔110〕《国家豁免公约》第10条第1款。

〔111〕参见国际法院,逮捕令案的判决,第60段。

论者认为《国家豁免公约》应适用于战时及和平时期的武装部队的行为和不行为，[112]但其非为主流意见。

关于何为“商业交易”，《国家豁免公约》采取了排除的方式，规定可导致国家豁免限制的商业交易不包括国家间的商业交易以及交易当事方明确议定不放弃豁免的商业交易。[113] 按此规定，如果一个国家与一外国企业或个人签订协议，明确规定不放弃与交易相关的豁免，则该规定便应得到尊重。此外，在国有企业及其他具备独立法人资格的国家实体涉及的诉讼中，相关国家不可主张国家豁免，条件是这些企业和实体具有独立处置财产的权力及能力，包括起诉和被诉的能力。[114] 此规定只是就企业或实体的独立财政能力言，一个机构、公司、实体等是否享有国家豁免主要取决于其所从事的活动是否具有国家行为的性质。这就涉及如何界定商业活动及交易与国家公共行为的区别。

在确定一项交易是否为商业交易时，应主要考虑其性质，假如相关合同或交易的目的与确定其是否为商业性质有关，则其目的亦应予以考虑。就此，《国家豁免公约》规定，“如果合同或交易的当事方已达成一致，或者根据法院地国的实践，合同或交易的目的与确定其非商业性质有关，则其目的也应予以考虑”[115]。文中的“根据法院地国的实践”是易于引起争议的规定，盖因各国的实践并不统一。[116] 在《国家豁免公约》下，货物销售、提供服务的合同，贷款、担保或类似金融交易的合同，以及商业、工业、贸易或专业性质的合同[117]均为商业交易。同时根据该公约附件，“投资事项”也属于商业交易的范畴。雇用合同一般情况下则不属于商业交易。然而，如果一国与个人间签订的雇用合同的全部或部分履行地在另一国领土内，且该国家涉及此类合同的诉讼，

---

[112] See Andrew Dickinson, *Status of Forces under the UN Convention on State Immunity*, The International and Comparative Law Quarterly, Vol. 55:2, p. 427 - 435(2006).

[113] 《国家豁免公约》第 10 条第 2 款。

[114] 《国家豁免公约》第 10 条第 3 款。

[115] 《国家豁免公约》第 2 条第 2 款。

[116] 有论者认为此规定使得国家法院可在一定程度上行使裁量权。See Eileen Denza, *The 2005 UN Convention on State Immunity in Perspective*, The International and Comparative Law Quarterly, Vol. 55:2, p. 395 - 398(2006).

[117] 《国家豁免公约》第 2 条第 1(c)款。

其不可援引管辖豁免。[118] 或可说，有了这些范围广泛的由条约确定的商业交易类别，缔约方法院援引本国实践通过交易的目的以确定其性质的机会不会很多。需要指出的是，即使一国的法院有机会解释"法院地国的实践"，其亦须依解释条约的习惯国际法规则善意为之，而不能仅依其本国的法律理解相关规定。从这个意义上讲，"根据法院地国的实践"之规定的作用应限于填补公约的空白，属于"以备不时之需"的条款。[119]

事实上，鉴于《国家豁免公约》是国际条约，其所有规定的含义均应依《维也纳条约法公约》第 31 条和第 32 条予以解释。一项交易是否具"商业交易"性质、其目的为何以及法院地国的实践为何等均应依其通常意义善意解释，从而任何国家或法院的解释皆应受到国际社会的监督。根据《维也纳条约法公约》第 31 条，对所有条约条款的解释均应考虑其目的。就此而言，《国家豁免公约》规定除了交易的性质外，还应考虑相关交易或合同的目的是具体适用了《维也纳条约法公约》关于条约解释的习惯国际法规则。除了关于商业交易的定义外，《国家豁免公约》第 25 条下的附件规定，"对公约若干规定的理解"，属于公约的一部分；联合国国际法委员会特别委员会主席的报告亦可作为解释商业交易的立法背景资料。这些都有助于解释"商业交易"及其他条款。

国家在商业交易中不享有管辖豁免的直接效果是外国法院可行使管辖权，包括对人和物的管辖权。属人管辖主要是针对在外国法院地领土上导致

---

〔118〕《国家豁免公约》第 11 条第 1 款。然此条的适用有许多但书，包括雇员为外交人员、享有外交豁免的其他人员、诉讼事由涉及国家安全利益等。Mullally 等在对美国、英国等的实践审查后认为，关于外交人员在海外驻地雇用当地员工是否享有豁免权问题，如果案件涉及人权等问题，欧美的法院一般愿意受理，但由于每个国家的法律都就管辖豁免规定了例外，从而使得此类案件的原告较难成功诉讼。See Siobhan Mullally & Cliodhna Murphy, *Double Jeopardy: Domestic Workers in Diplomatic Households and Jurisdictional Immunities*, The American Journal of Comparative Law, Vol. 64:3, p. 677 – 720(2016).

〔119〕英国《国家豁免法》关于商业交易范围的规定基本与《国家豁免公约》第 2 条一致。有论者认为英国的法院在实践中仅依据这些范围广泛的界定就足以处理相关个案，因此认为《国家豁免公约》关于国家实践的规定不会成为问题。参见 Hazel Fox, *In Defence of State Immunity: Why the UN Convention on State Immunity Is Important*, The International and Comparative Law Quarterly, Vol. 55:2, p. 400(2006)。

人身伤害和财产损害的诉讼案件。[120] 外国法院行使管辖权应满足两个条件：导致损害的行为或不行为至少部分发生在法院地国领土内以及行为或不行为发生时涉案人(行为或不行为人)本人身处法院地国领土内。[121] 需要指出的是,此条并不适用于外国武装人员等的主权行为和不行为。正如国际法院所指出的,尽管此条没有明确排除其不适用于武装人员等的行为和不行为所造成的对人或财产的损害,但国际法委员会的说明明确排除了其适用于武装冲突,并且负责起草的特别委员会主席也明确表示该条的起草基于其不适用于武装人员的理念。[122]

关于属物管辖,法院的管辖权限于处于其本国领土内的“不动产的任何权利和利益”,包括占有或使用,“对动产或不动产的继承、赠予”以及与“托管财产、破产者财产或公司解散”相关的权利和利益等。[123] 此外,涉及“专利、工业设计、商业名称或企业名称、商标、版权或任何其他形式的知识产权或工业产权的权利”包括相关的侵权亦属于不得援引管辖豁免的范畴。[124] 前述管辖权的行使都有一个但书,即如果相关国家就管辖豁免达成了协议,则该协议具有优先适用的地位。此规定符合特别法优于一般法的习惯国际法原则。

与商业交易相关的另一事项是商事争端解决。《国家豁免公约》规定任何国家与外国自然人或法人订立书面协议,将商业交易的争议提交仲裁,则其不应就仲裁协议的“有效性、解释或适用”,仲裁程序或仲裁裁决的“确认或撤销”等援引管辖豁免。[125] 国际投资仲裁现已成为解决投资者和东道国争议的主要方式。鉴于《国家豁免公约》的商业交易包括“投资事项”,则与投资相关的争议解决应属于商业交易的内容。就此而言,《国家豁免公约》对国际投资仲裁的执行亦有重要意义。

---

[120] 有论者认为到底哪些人可能因为《国家豁免公约》而失去豁免权取决于如何解释相关条款,认为公约的规定并非清晰确定。参见 Gerhard Hafner, *Accountability and Immunity: The United Nations Convention on Jurisdictional Immunity of States and Their Property and the Accountability of States*, Proceedings of the Annual Meeting (American Society of International Law), Vol. 99, p. 237 – 242 (2005)。

[121] 《国家豁免公约》第 12 条。

[122] 国际法院,国家管辖豁免判决,第 69 段。

[123] 《国家豁免公约》第 13 条。

[124] 《国家豁免公约》第 14 条。

[125] 《国家豁免公约》第 17 条。

如前所述,联合国国际法委员会从一开始就认为管辖豁免不同于执行豁免,且后者在实践中更具有豁免的“绝对性”。就此,国际法委员会在其1991年的报告中写道,“必须指出,扣押和查封公共财产或属于外国或由其占有或控制的财产的行为,在国家实践中被认为是实际上牵涉外国或为了迫使外国主权接受当地管辖的诉讼。此类诉讼不仅包括对用于国防及其他和平用途的国有或国营船只的对物或海事诉讼,还包括判决前的扣押或扣押措施以及作为执行判决的措施。判决的执行或执行令不在本条的考虑范围之内,因其不仅涉及管辖豁免,而且还关乎执行豁免,而执行豁免是不同于管辖豁免的另一问题”[126]。基于此,《国家豁免公约》禁止任何国家的法院在诉讼中对外国财产采取判决前的强制措施,包括查封和扣押等,除非该外国以明示方式同意采取此类措施。[127] 一个国家明示同意外国法院采取判决前强制措施的方式限于:(1)国际协定;(2)仲裁协议或书面合同;(3)在法院发表的声明或在当事方发生争端后提出的书面函件。[128] 从前述规定的行文看,明示同意必须以书面形式作出,且这些书面表示应为正式文件,而不是国家政府或其领导人的非正式声明等。此外,该外国还必须“已经拨出或专门指定”了财产“用于清偿该诉讼标的的请求”[129]。易言之,采取强制措施的法院有责任确认相关的外国政府确实做出了拨款或指定了财产等。

关于判决后的强制措施,包括查封、扣押和执行措施,《国家豁免公约》则有更为严格的限制。《国家豁免公约》对判决前强制措施的明示同意、明示同意的方式及已拨出或专门指定用于清偿的财产等亦有明确规定。此外,《国家豁免公约》还要求“已经证明该财产被该国具体用于或意图用于政府非商业性用途以外的目的,并且处于法院地国领土内”,并且“只可对与被诉实体有联系的财产采取判决后强制措施”。[130] 如此严格的限制再次证明国际社会的共识是主权国家在执行方面的豁免依然很少受到限制。这与国际社会对管辖豁免的态度有明显区别。正因如此,《国家豁免公约》还特别强调,任何国

[126] 参见《国际法委员会1991年报告》第25页。
[127] 《国家豁免公约》第18条。
[128] 《国家豁免公约》第18条。
[129] 《国家豁免公约》第18条。
[130] 《国家豁免公约》第19条。

家同意接受外国法院的管辖并不构成“默示同意采取强制措施”。[131]

综合言之，对主权权力的限制系国际趋势，然当代国际实践的特点是在管辖权方面较为进取，大多以商业交易为理由，然在执行层面则较为保守。《国家豁免公约》顺应了此趋势。[132] 正如其序言所说，《国家豁免公约》之制定的目的是通过总结“国家实践的发展”，从而达到“编纂与发展”有关国家及其财产管辖豁免的“习惯国际法原则”。[133] 从这个角度讲，《国家豁免公约》需具有一定的前瞻性，能够把握国际法在此方面的发展趋势。然就某些或某个国家而言，《国家豁免公约》的意义并不相同。一些发达国家也许认为《国家豁免公约》只是将其本国立法与司法实践以条约的形式确认，因这些国家一直主张国家豁免的限制性理论。[134] 就发展中国家而言，《国家豁免公约》则构成对其长期坚持的绝对豁免原则的修订。或可说，《国家豁免公约》反映的是国际社会各种意见的最大公约数，对国际法的发展有重要影响。《国家豁免公约》对国际法的贡献之一是使国家豁免原则具有确定性和统一性。此前，限制性豁免理论主要是强调对管辖权豁免的限制，在执行方面每个国家都表现出相当大的克制，从而使得胜诉方的处境尴尬。随着全球化的不断深层次发展，每个国家的情势都会发生变化，发达国家成为发展中国家法院审理案件的被诉方只是迟早的事。故发展中国家放弃传统的绝对豁免原则，改采限制性理论亦势在必行。各国在此问题上的立场和政策的趋同势必对促进其相互经贸交往有积极作用。基于此，《国家豁免公约》不仅代表了国际法在国家豁免方面的趋势，而且有利于各国跨国经贸关系的拓展。此外，《国家豁免公约》还就送达程序、时限、缺席判决、诉讼文书的语言、费用担保、证据提供、罚款和

---

〔131〕《国家豁免公约》第 20 条。

〔132〕 Tomonori 认为《国家豁免公约》反映的是限制性主权豁免理论，在分析了一系各国家法院和欧洲人权法院的判决后，对公约未能依“无其他选择”原则进一步限制国家豁免表示遗憾。See Mizushima Tomonori, *Denying Foreign State Immunity on the Grounds of the Unavailability of Alternative Means*, The Modern Law Review, Vol. 71:5, p. 734 – 752(2008).

〔133〕《国家豁免公约》开宗明义地宣布，“相信一项关于国家及其财产的管辖豁免国际公约将加强法治和法律的确定性，特别是在国家与自然人或法人的交易方面，并将有助于国际法的编纂与发展及此领域实践的协调”。

〔134〕 有论者认为公约对欧洲大陆和拉丁美洲的一些大陆法系国家可能较具吸引力，因为这些国家“关于国家豁免的实践复杂多样，而更令人惊讶的是其也是基于判例法”。See Hazel Fox, *In Defence of State Immunity: Why the UN Convention on State Immunity Is Important*, ibid., p. 399.

处罚等做出规定。[135] 这些都对统一各国的执法标准有重要影响。虽然《国家豁免公约》尚未生效，但其对国际法发展的深远影响当渐次明朗。

(四)区域性立法努力

早在联合国就国家豁免问题进行研究之前，为了建立统一的市场，欧洲共同体[136]各成员方便意识到需要协调各自的法律，特别是在国家豁免的管辖权方面需要有较为一致的法律。为达此目的，欧洲理事会于1972年5月16日通过了《欧洲国家豁免公约》(European Convention on State Immunity)，供欧洲共同体(以下简称欧共体)成员签字。[137] 这也为欧盟的建立奠定了基础，尽管《欧洲国家豁免公约》尚未获所有欧盟成员方批准，但其规定及致力于实现的政治目标得到了所有欧盟国家的支持。[138]

《欧洲国家豁免公约》是目前关于国家豁免已生效的最具影响的多边条约，[139]其有以下几个特点。首先，其并没有试图将欧洲以外的国家包括在内。公约的解释性报告指出："[公约]仅在欧洲理事会成员方之间的特殊信任基础上在缔约方之间实施。《欧洲国家豁免公约》不授予非缔约方任何权利；特

---

〔135〕 参见《国家豁免公约》第22－24条。

〔136〕 关于欧共体建立的主要历程，参见 *Europe's Common Market founded in Major Step toward Economic Unity*, https://www.history.com/this－day－in－history/common－market－founded#:～:text=March%2025－, Europe's%20Common%20Market%20founded%20in%20major%20step%20toward%20economic%20unity, known%20as%20the%20Common%20Market(2022年2月5日访问)。

〔137〕 《欧洲国家豁免公约》于1972年5月16日签署，1976年6月11日获3个国家批准并生效。至2022年2月5日，该公约共有缔约方8个，包括德国、英国、奥地利、荷兰、瑞士、捷克、比利时和卢森堡；参见 https://www.coe.int/en/web/conventions/full－list? module=signatures－by－treaty&treatynum=074(2022年2月5日访问)。

〔138〕 See Reinhard von Hennigs, *European Convention on State Immunity and other International Aspects of sovereign Immunity*, Willamette Journal of International Law and Dispute Resolution, Vol. 9:1, p. 185－191(2001).

〔139〕 关于《欧洲国家豁免公约》的谈判背景、基本原则及具体条文的特点、解释等，参见 I. M. Sinclair, *The European Convention on State Immunity*, The International and Comparative Law Quarterly, Vol. 22:2, p. 254－283(1973)。

别是,它公开所有关于在缔约方对非缔约国行使管辖权的问题,反之亦然。”[140] 其次,《欧洲国家豁免公约》仅适用于国家法院的管辖权,不涉及与成员方行政当局可能进行的诉讼有关的问题。最后,《欧洲国家豁免公约》仅适用于成员方本身。《欧洲国家豁免公约》第 28 条规定组成联邦国家的各邦不享有豁免权,除非该联邦国家明确声明其组成之各邦可以援引公约的规定。《欧洲国家豁免公约》第 27 条规定,其不适用于与成员方有区别的、可以起诉或被诉的缔约国的任何法律实体,即使它们履行公共职能。

整体而言,法院依《欧洲国家豁免公约》可受理的案件基本与《国家豁免公约》的相同,包括缔约方的商事交易、私人性质的财产交易、知识产权等。这是因为在联合国开始就《国家豁免公约》进行谈判前,《欧洲国家豁免公约》就已经生效。或可说,《欧洲国家豁免公约》在一定程度上起到谈判《国家豁免公约》范本的作用。当然,两者亦有区别,如《欧洲国家豁免公约》规定“缔约国应给予另一缔约国法院作出的判决以效力”,除非依《欧洲国家豁免公约》本身的规定可以不必执行。[141]

关于财产的管辖权,《欧洲国家豁免公约》第 23 条规定不得对缔约方在另一缔约方领土内的财产采取任何“执行措施或保全措施”,除非在个别案件中,缔约方以书面明示同意放弃相关豁免。同时,遇有公约条款不允许缔约方援引豁免的情形,相关缔约方必须执行对其作出的判决。然而,执行判决的规定受到许多限制性条款的制约,包括如果“一个国家这样做明显违反了该国的公共政策”等。[142] 此外,当相关缔约方不执行判决时,“该方主管法院”应裁定不执行是否符合公约的规定。[143]

缔约方不能援引管辖豁免的情形包括其“参加了与私人共同组织的、设在法庭地领土内或在其领土内有实际和法定所在地、登记事务所或主营业所

---

[140] 参见欧洲国家豁免公约解释性报告(Explanatory Report to the European Convention on State Immunity),参见 https://rm. coe. int/16800c96c3(2022 年 2 月 4 日访问);此外,《欧洲国家豁免公约》第 37 条也规定,非欧洲理事会成员方可以加入公约,但必须经投票成员一致表决通过。即使如此,如果已参加《欧洲国家豁免公约》的成员反对该非成员方加入,则其不适用于该成员。

[141] 《欧洲国家豁免公约》第 20 条。

[142] 《欧洲国家豁免公约》第 20. 2. a. 条。

[143] 《欧洲国家豁免公约》第 21 条。

的公司、社团或其他法律实体”[144]及“在法庭地国的领土上设有办事处、代理机构或其他任何形式的组织……从事于商业、工业或金融业活动”。[145] 此外，《欧洲国家豁免公约》的选择性条款规定，只要法庭地国及被判决的国家均声明接受这些选择性条款，则“缔约方和私人一样从事于工业或商业活动时”，法庭地国可以对其专用于此项活动的国家财产根据判决予以执行。[146] 这可以说是到目前为止国际社会关于执行的极具拘束力的条约规定，为国家财产的执行豁免开了先河。

另《欧洲国家豁免公约》第 11 条规定，“缔约方不得主张免于另一缔约方法院的管辖，如诉讼涉及因人身伤害或毁损有形财物而请求损害赔偿，而造成伤害或毁损的事实又发生于法院地国的领土内，其伤害和毁损的肇事者在损害发生时亦在该领土内”。此规定与《国家豁免公约》第 12 条的规定颇为一致。然《欧洲国家豁免公约》第 31 条明确排除了其适用于武装力量的行为和不行为，[147] 其较《国家豁免公约》在此问题上的规定更为明确、确定。[148]

此外，如果一缔约方在法院地国的领土上设有办事处、代理机构或其他组织，且该组织雇用了当地或第三国国民，当地的法院具有管辖权。[149] 实践中，此类争议亦时常被视为与人权相关的案件，从而欧洲人权法院会受理。在一个涉及英国雇员被美国大使馆解雇的争议中，欧洲人权法院便认为，在雇佣关系的争议中限制豁免权是一个普遍趋势，尽管在涉及外交或领事使团的雇佣争议方面各国的实践较不一致；一些国家（如英国）给予所有外交人员以豁免权，其他国家则只给予高级职员以豁免权。[150] 欧洲人权法院同时指出，与解

---

[144] 《欧洲国家豁免公约》第 6 条。

[145] 《欧洲国家豁免公约》第 7 条。

[146] 《欧洲国家豁免公约》第 24 – 26 条。

[147] 《欧洲国家豁免公约》第 31 条规定，“本公约任何条款均不得影响缔约方武装部队在另一缔约方领土内时，其一切行为或不行为，或其他有关事项，享有的豁免权或特权”。

[148] 《国家豁免公约》特别委员会主席在报告中也明确说明了该公约不适用于武装力量，但该报告仅可作为立法背景资料用于证明公约规定的内容。另有学者认为条约规定明确与否可能关系当事人的诉讼地位，参见 Emmanuel Voyiakis, *Access to Court v. State Immunity*, The International and Comparative Law Quarterly, Vol. 52:2, p. 297 – 332(2003)。

[149] 参见《欧洲国家豁免公约》第 5 条和第 7 条。

[150] The European Court of Human Rights, Fogarty v. the United Kingdom, Dec. 21, 2001, para. 37；全文参见 https://www.womenslinkworldwide.org/files/2890/gjo – echr – fogarty – en – pdf.pdf (2022 年 2 月 4 日访问)。

雇雇员不同,驻外使馆在招聘人员方面有较大的豁免权,因受雇者的工作性质可能涉及相关国家的外交政策等敏感和机密事项,故没有证据显示外国使团在招聘人员方面的国家豁免规则有受到限制的趋势。[151]

学者的研究也印证了欧洲人权法院的前述观点。在研究了《欧洲国家豁免公约》缔约方的实践后,Garnett 便认为,几乎所有这些国家都对外交使团的雇用纠纷给予限制性豁免,具体做法则是以雇员的职务和职责及其与主权国家活动的关系作为考虑的基础;如瑞士长期以来的做法是,给予大使馆或领事馆的雇用行为以豁免权与否取决于签订合同的行为是主权行为还是私人行为。[152]

随着欧洲人权法院在欧洲及其以外地区的影响不断增加,加之人们对人权的重视程度越来越高,国家豁免与人权的关系已成为学者研究的重要领域。欧洲在此方面的做法会直接影响其他地区在国家豁免上的立场。

四、国家豁免之国家实践

"君子有诸己而后求诸人,无诸己而后非诸人。"[153] 国家豁免作为国际法的基本原则之存在、演化皆赖于各国的自我认知和实践。国家豁免原则的内容之一是管辖豁免,即一国在另一国家领土上所作的行为,或所作的对后者有直接影响的行为,是否受到后者法院的管辖;或一国在另一国所拥有的财产是否受到后者法院的管辖,以及是否可以被该国法院扣押或强制执行。这一原则最初适用于在其他国家访问的外国元首、军舰、派驻国外的外交官员等。由于上述人和物均代表主权国家执行任务,因此外国法院便不得对之行使管辖权。这一原则后经扩大适用于代表国家执行任何任务的人或机构,包括该国家所拥有的财产,而不问其活动的性质如何。这就是绝对国家豁免原则。

---

[151] The European Court of Human Rights, Fogarty v. the United Kingdom, Dec. 21, 2001, para. 38.

[152] See Richard Garnett, *State and Diplomatic Immunity and Employment Rights: European Law to the Rescue?*, The International and Comparative Law Quarterly, Vol. 64:4, p. 797 (2015).

[153] 《大学》第 10 章。

(一)传统国家豁免原则

20 世纪 50 年代以前,英、美等发达国家一直支持绝对主权原则。早在 1912 年,美国最高法院在交易号(The Schooner Exchange)的判决中就明确肯定了这一原则。[154] 该案的诉讼事由是法国军舰交易号进入美国领水,一美国国民向法院起诉,要求美国法院扣押该军舰,理由是交易号原为一艘商船,后被拿破仑征用并改为军舰。该美国国民称其为交易号的原物主。美国最高法院前院长马歇尔(Marshall)在判决中写道:"一个国家在其领土内的管辖权必须是排他性的、绝对的。非经自愿,一个国家的管辖权不受任何限制。任何依外力的限制均意味对当地国主权的减损和实行限制国家主权之增益,限制、减损和增益的量相同"。"世界是由不同的主权者,即具有平等权利的国家所组成,各国间的相互交往,以及依人性的驱使和人类需要而进行的彼此通好,对各方均有裨益。实践中,所有的主权国家在特定情形下均同意放宽主权所赋予的在其领土内的排他和绝对的管辖权"。[155] 显然,一个国家在其领土内给予其他国家的豁免是基于经济和礼让的考虑并以相互原则为先决条件。那么,这种国家豁免是当地国家固有的排他性管辖权的例外,还是国际法上的原则?

马歇尔接着写道:"假如一个国家不是事先通告而欣然以不符合文明世界业已形成的习惯和接受的义务之方式行使属地管辖权,它便应被认为违反了其承诺,虽然该承诺并非明示作出"。[156] 按照马歇尔的说法,国家豁免在当时已经成为国际社会的习惯原则。至于相关国家是否明确表示接受,则并不重要。"一个主权者在任何方面不从属于另一主权者,它负有最高的义务,不把自己或其主权权力置于另一主权者的管辖之下,从而贬损其国家的尊严";"主权者的这种完全的平等与绝对的独立,以及迫使它们之间进行的相互交往和彼此通好的共同利益,据悉在一系列案例中,均导致主权国家放弃一部分完全的属地管辖权。同时,这亦被称为每一国家的固有属性"。[157] 不难看出,

---

〔154〕 See "The Schooner Exchange v. M'Faddon & Others", *U. S.*, Vol. 11, 1812, p. 116.

〔155〕 See "The Schooner Exchange v. M'Faddon & Others", *U. S.*, Vol. 11, 1812, p. 137.

〔156〕 See "The Schooner Exchange v. M'Faddon & Others", *U. S.*, Vol. 11, 1812, p. 137.

〔157〕 See "The Schooner Exchange v. M'Faddon & Others", *U. S.*, Vol. 11, 1812, p. 137.

美国最高法院在19世纪初承认的国家豁免原则是国际社会公认的习惯国际法原则,其存在主要基于主权国家间的相互原则。

1932年,哈佛大学所做的一个国际法研究项目的结论亦可证明此点。该研究项目的成果之一是起草了《国家豁免公约草案》,其第7条规定,一国不得成为另一国家法院的被告。在对此条的评论中,该研究项目报告写道,“从历史上看,此条规则可以追溯到大多数国家由个人主权者统治的时代,即个人主权者系实际的国家化身的年代。在此时期,受封建主义原则的影响,一国的君主对另一国的君主行使权力,便不可避免地要表现出霸主的优越性或是平等者间的刻意敌对。国家间的和平交往只能建立在主权国家相互尊重的基础上。鉴于君主等同于国家,国家关系在很大程度上是个人关系的化身,礼让自然尤为重要。如果礼让不必要,但出于实际需要,豁免仍然必须给予。如果一个主权者处于外国的管辖,该外国的利益可能很容易受到由此导致的危害。这种国际交往的实际必要性在目前的国家关系中同样存在。如果一国的法院对另一国行使无限管辖权,则其友好关系将不可避免地受到干扰”。[158] 考虑到美国当时尚非处于世界的主导地位,其主张国家间的平等,进而采绝对国家豁免原则实属自然。

在距交易号判决作出后一个世纪的1926年,美国最高法院在Pesaro案的判决中再次肯定了绝对豁免原则。[159] 该案涉及的是意大利政府用于商业活动的商船而非军舰。美国最高法院裁决由于该船系意大利国家所有,故美国法院对其不具有管辖权。[160] 这也是美国最高法院第一次裁定由外国拥有并使用的商船可享有与军舰相同的管辖豁免。美国最高法院将不行使管辖权的理由归结为该意大利船舶虽从事商业活动,但其目的在于维持和促进本国人民的经济利益也不是完全没有道理,因为毕竟相关活动属公共行为的性质。美国当时对国家豁免的立场与英国颇为一致,即不承认欧洲大陆一些国家当时所奉行的对国家豁免的限制。美国最高法院之所以特别声明意大利的船舶Pesaro号所从事的是公共行为,主要因为当时意大利主张对国家豁免原则加

---

〔158〕 See *States as Respondents in the Courts of Other States*, American Journal of International Law, Supplement: Research in International Law, Vol. 26:1, p. 527(1932).

〔159〕 See Berizzi Bros. V. S. S. Pesaro, *U. S.*, Vol. 271, p. 562(1926).

〔160〕 Ibid., p. 576.

以限制。为保持国家间交往与待遇的对等,美国最高法院因此精心选择其判决的理据及措辞,从而不会给人以其向意大利政府屈服的印象。

第二次世界大战后,国家政府参与经济活动,包括拥有商船队和贸易公司等的增加,使得美、英等国意识到,假如其仍坚持绝对国家豁免原则,其本国公司和国民在与外国国营企业进行交易时便可能处于不利的地位。进入 20 世纪 40 年代以后,美、英等国即开始考虑采用限制性国家豁免理论。例如,1943 年,秘鲁国家拥有的船舶被美国扣压。美国最高法院在判决该船舶是否享有管辖豁免时写道,美国国务院关于该船舶应享有豁免权的声明"应对法院具有终极裁决的作用"。[161] 虽然美国总统和国务院拥有对外交事务的决策权,但法院明确表示愿意接受国务院的意见并作为其决定是否行使管辖权的终极意见并不多见。1945 年,美国最高法院在 Republic of Mexico v. Hoffman 的判决中,再次明确了上述观点。[162] 美国最高法院关于国家豁免的表述为美国嗣后采取限制性豁免理论奠定了法理基础。

与美国的情况相似,20 世纪 50 年代以前,英国的判例法基本坚持绝对国家豁免原则。早于 1851 年,英国最高法院在一起涉及葡萄牙元首的案例中明确表示:"将一个外国君主置于地方法院的管辖是违反国际法的行为,是一种侮辱,该外国君主有权抗议。"[163] 然在 1873 年的 The Charkieh 中,Phillimore 法官指出,"据我所知,没有任何国际法原则、任何已决案例以及任何法学家的格言曾主张一个主权王子为了其自己的利益,可扮演商人的角色;当他对私人臣民负有义务时,便可脱去伪装,请允许我这么说,然后首次以主权者的身份出现,具有主权者的所有特征,为了自身的利益,对私人臣民构成伤害"。[164] 此为 Phillimore 法官的意见论述,不属于判决的内容,但被视为英国最早的主张限制性豁免理论的个案。此后,在 The Parlement Belge 案中,负责审理该案的 Phillimore 法官再次主张限制性豁免理论,但被英国上诉法院否决,后者指出,"从所有这些案例得出的原则是,主权者的绝对独立性及国际礼让促使每

---

〔161〕 See Ex parte Republic of Peru, *U. S.*, Vol. 318, 1943, p. 578.

〔162〕 See Republic of Mexico v. Hoffman, *U. S.*, Vol. 324, 1945, p. 30.

〔163〕 See *In the Matter of De Haber and the Queen of Portugal*, *QB*, Vol. 17, p. 196(1851).

〔164〕 *The Charkieh* (6200), High Court of Admiralty, Sir Robert Phillimore, *A. & E.*, Vol. 4, p. 59 (1873),参见 http://uniset.ca/other/cs2/LR4AE59.html (2022 年 2 月 4 日访问)。

个主权国家尊重每个其他国家的独立和尊严，每个国家都拒绝允许其法院对其他国家的君主或大使或对其他国家用于公共目的的财产行使属地管辖权，尽管相关主权者、大使或财产在其领土之内，除非有协议授予管辖权”。[165] 英国上诉法院的前述判决被视为英国主张绝对豁免原则的早期案例之一。[166] 有学者认为判词中的“用于公共目的的财产”的写法事实上与限制性豁免理论并无冲突，显示了英国司法界对绝对豁免原则的保留。[167]

或可说，美、英等西方国家先前一直实行绝对国家豁免原则。然到了 20 世纪 50 年代，苏联的国有贸易公司在美国、英国和欧洲大陆诸国的贸易活动不断增加，使得后者认为应改变其一直支持的绝对国家豁免原则。[168] 美国率先正式提出改采限制性国家豁免理论后，英国和法国等其他欧洲国家亦加入了支持限制性理论的队伍。[169] 然有论者认为，早在 20 世纪初，意大利和比利时便开始适用限制性国家豁免理论，允许就外国的商业或其他私法行为起诉相关国家；“正如意大利学者所指出，事实上意大利法院是最早允许根据限制性理论对外国提起诉讼的法院之一，但这并不意味相关做法违反了国际法”[170]。

（二）中国实行传统国家豁免原则

中国没有关于国家豁免方面的专门法律，故其对国家豁免原则的立场只

---

〔165〕 *The Parlement Belge*, Court of Appeal, Brett L. J., Feb. 27, 1880, *P. D.*, Vol. 5, 1880, p. 197, 214 – 215，参见 http://uniset.ca/other/css/5PD197.html（2022 年 2 月 4 日访问）。

〔166〕 关于 The Parlement Belge 案的影响，参见 Rosalyn Higgins, *Recent Developments in the Law of Sovereign Immunity in the United Kingdom*, The American Journal of International Law, Vol. 71:3, p. 423 – 437(1977)。

〔167〕 See I. M. Sinclair, *The European Convention on State Immunity*, The International and Comparative Law Quarterly, Vol. 22:2, p. 254 – 283(1973).

〔168〕 See Bernard Fensterwald, Jr., *Sovereign Immunity and Soviet State Trading*, Harvard Law Review, Vol. 63:4, p. 614 – 642(1950). 作者在研究了美国、英国、法国、德国、荷兰等国的实践后，认为自这些国家承认苏联后便逐渐意识到继续坚持绝对国家豁免原则会使其本国国民在与苏联贸易公司的交往中处于劣势。

〔169〕 关于法国效法美国和英国，改采限制性国家豁免理论的讨论，参见 J. G. Castel, *Immunity of a Foreign State from Execution: French Practice*, The American Journal of International Law, Vol. 46:3, p. 520 – 526(1952)。

〔170〕 See Lori F. Damrosch, *Changing the International Law of Sovereign Immunity Through National Decisions*, Vanderbilt Law Review, Vol. 44, p. 1196(2011).

可从其与他国的关系中推断。早于1958年4月23日，中国与苏联缔结的《通商航海条约》附件第4条规定："商务代表处享有主权国家所享有的包括对外贸易在内的一切豁免，但双方同意下列情况作为例外：(a)关于商务代表处，根据本附件第3条的规定，和驻在国所签署对外贸易契约的争执，如果没有仲裁处理或其他有关管辖权的保留规定时，由该国法院审理。但是不得作出关于诉讼保全的裁判；(b)关于上述争执对商务代表处所作的已生效的法院终审判决，可以强制执行，但执行对象仅限于商务代表处的货物和债权。"〔171〕

前述规定的效果是将商业活动排除在国家豁免之外，但排除适用国家豁免须经双方同意。由于中国是发展中国家及在历史上饱受外国强权之苦，故对主权问题，包括国家豁免非常敏感也非常坚持。众所周知的湖广铁路债券案，即 Jackson v. People's Republic of China〔172〕使中国第一次有机会就外国法院的管辖权表达正式立场。该案于1981年由美国亚拉巴马州北区地方法院作出缺席判决后，中国驻美大使馆立即向美国国务院发出声明，指出作为主权国家的中国享有司法豁免权，不接受在外国法院对其提起的诉讼，也不接受外国法院对其作出的任何判决。其后，时任中国外交部长吴学谦致函美国时任国务卿，重申了中国政府的立场："国家主权豁免是国际法的一项重要原则，其根据是联合国宪章所确认的国家主权平等的原则。中国作为一个主权国家无可非议地享有司法豁免权。美国地方法院对一个主权国家作为被告的诉讼，行使管辖权，作出缺席判决甚至以强制执行其判决相威胁，完全违反国家主权平等的国际法原则，违反《联合国宪章》。对于这种将美国国内法强加于中国，损害中国主权、损害中华民族尊严的行为，中国政府坚决拒绝。如果美方无视国际法，强制执行上述判决，扣押中国在美国的财产，中国政府保留采取相应措施的权利。"〔173〕中国政府的立场是基于当时采限制性国家豁免理论只有少数国家（当时基本不包括发展中国家），故还没有成为国际法原则的事

---

〔171〕 参见《中华人民共和国和苏维埃社会主义共和国联盟通商航海条约》，载 http://www.chinaruslaw.com/CN/CnRuTreaty/ecTrade/20091225154945_186413.htm（2022年2月8日访问）。

〔172〕 参见 Jackson v People's Republic of China et al.,（The Huguang Railway Bonds Case），*F. 2d*, Vol. 794, 1986, p. 1490（以下简称湖广铁路债券案）。

〔173〕 参见中国外交部长吴学谦于1983年2月2日给美国国务卿 George Shultz 的备忘录，载王振川主编：《中国改革开放新时期年鉴》，中国民主法制出版社1983年版，第72页。

实。就当时中国的情况言，限制性国家豁免理论对中国是弊大于利。美国国务院在湖广铁路债券案中也认为，“中国坚持绝对主权豁免原则，在一定程度上是由于19世纪和20世纪西方列强在（中国境内）的域外法律和管辖权的不良经历造成的”[174]。

中国在国家豁免方面的近期实践是在中国香港特区法院审理的FG v. Democratic Republic of Congo（以下简称刚果案）。该案起因是FG在中国香港特区法院起诉，请求对涉及刚果民主共和国的国际商会仲裁院的两项裁决予以执行。该仲裁涉及FG的前身在20世纪80年代向刚果民主共和国提供的3700万美元融资。2008年，FG在中国香港特区法院起诉，请求截留中国国家铁路集团有限公司向刚果民主共和国支付的“入门费”，用以执行前述裁决。该笔款项系中国政府和刚果政府间一项全面合作协议下的基础设施项目的部分付款。中国香港特区法院需要解决的首要问题是其应适用绝对国家豁免原则还是限制性国家豁免理论；根据限制性豁免理论，如果相关交易属商业性质，则法院便可以支持FG的请求。基于绝对豁免原则，初审法院拒绝了FG关于强制执行国际商会仲裁院仲裁裁决的请求。[175] FG遂提出上诉，上诉法院认为中国香港特区应适用限制性豁免理论，判决涉案的行为属商业性质，故刚果不得主张国家豁免。[176] 上诉法庭多数法官认为无论是管辖豁免还是执行豁免，中国香港特区均应适用限制性理论。如果中国香港特区上诉庭的判决得以执行，其将成为在国家豁免方面最激进的地区。这也说明该上诉庭并不了解国家豁免的总体趋势。

作为中国的特别行政区，中国香港特区享有高度自治权，然根据《香港特别行政区基本法》，中国香港特区的外交事务由中央政府负责。鉴于刚果案涉及国家豁免问题，又鉴于中国采行的是绝对国家豁免原则，故中国香港特区无权自行决定是否采限制性豁免理论。然而，上诉庭的法官认为，即使中国政府继续承认国家豁免的绝对原则，但其尚未能通过立法将这一原则适用于中国香港特区，因此中国香港特区的法院仍可适用普通法的限制性国家豁免

---

〔174〕 参见湖广铁路债券案，第25段。

〔175〕 *Democratic Republic of Congo v. FG Hemisphere Associates*, HKLRD, Vol. 1, p. 410(2009).

〔176〕 *Democratic Republic of Congo v. FG Hemisphere Associates*, HKLRD, Vol. 2, p. 66(2010).

理论。

刚果案最后上诉到中国香港特区终审法院。终审法院于 2011 年 6 月 8 日以 3∶2 的多数票作出初步判决，指出有关国家豁免的法律是《香港特别行政区基本法》第 19 条规定的"国家行为"，进而认为决定各国如何对待他国是行政部门的职责，而行政部门管辖的整个领土内的法院必须遵守相关决定，若不如此行事便"会使国家在处理外交事务时感到尴尬并造成偏见"[177]。由于"中国一贯坚持国家及其财产享有绝对管辖豁免的原则"[178]，故中国香港特区必须坚持这一原则。鉴于终审法院法官在适用国家豁免原则的问题上分歧较大，终审法院认为其有责任就《香港特别行政区基本法》第 13 条和第 19 条的含义提请全国人民代表大会常务委员会予以解释，理由是这些规定涉及属于中央政府管辖的事项或是中央与地方政府的关系。[179] 考虑到主权豁免毫无疑问与外交事务有关，终审法院裁定其"必须尊重并遵守中央政府关于外国国家待遇的决定"。[180]

2011 年 8 月 26 日发布《全国人民代表大会常务委员会关于〈中华人民共和国香港特别行政区基本法〉第十三条第一款和第十九条的解释》（以下简称《香港基本法解释》），即"国家豁免规则或政策属于国家对外事务中的外交事务范畴，中央人民政府有权决定中华人民共和国的国家豁免规则或政策，在中华人民共和国领域内统一实施"，"香港特别行政区法院对中央人民政府决定国家豁免规则或政策的行为无管辖权。因此，香港特别行政区法院在审理案件时遇有外国国家及其财产管辖豁免和执行豁免问题，须适用和实施中央人

[177] *Democratic Republic of Congo v. FG Hemisphere Assoc*, HKCFA, 2011, p. 41, para. 269.

[178] *Democratic Republic of Congo v. FG Hemisphere Assocs*, HKCFA, 2011, p. 41, para. 260.

[179] *Democratic Republic of Congo v. FG Hemisphere Assocs*, HKCFA, 2011, p. 41, para. 339.《香港特别行政区基本法》第 13 条规定"中央人民政府负责管理与香港特别行政区有关的外交事务"；第 19 条第 3 款规定"香港特别行政区法院对国防、外交等国家行为无管辖权。香港特别行政区法院在审理案件中遇有涉及国防、外交等国家行为的事实问题，应取得行政长官就该等问题发出的证明文件，上述文件对法院有约束力。行政长官在发出证明文件前，须取得中央人民政府的证明书"。

[180] *Democratic Republic of Congo v. FG Hemisphere Assocs*, HKCFA, 2011, para. 324.

民政府决定适用于香港特别行政区的国家豁免规则或政策"[181]。关于《香港基本法解释》的说明进一步表明了中国的国家豁免立场,其指出"我国坚持奉行国家豁免这一维护国家间关系正常发展的重要法律原则,即我国法院不管辖、实践中也从未处理以外国国家为被告或针对外国国家财产的案件;同时,我国也不接受外国法院对以我国国家为被告或针对我国国家财产的案件享有管辖权。我国采取的这种国家豁免立场,通常被称为'绝对豁免'";"国家豁免是国际社会普遍接受的国际法原则。国家豁免的具体含义是:(一)未经一国放弃司法管辖豁免,另一国不得受理和审判以该国为被告的诉讼;(二)即使一国已放弃了司法管辖豁免,如未经该国放弃执行豁免,另一国法院不得对该国国家财产采取强制措施。国家豁免建基于国家主权和平等的原则,既是一个法律问题,又是一个涉及国家对外关系的政策问题。作为法律问题,它涉及一国法院对外国国家及其财产是否拥有管辖权,外国国家及其财产在一国法院是否享有豁免权"。[182] 这是到目前为止中国关于国家豁免最权威和重要的法律意见。《香港基本法解释》对中国香港特区的法院具有一锤定音的作用。中国香港特区终审法院遂裁定刚果享有国家豁免,其对刚果没有管辖权。

刚果案涉及的另一重要问题是刚果是否放弃了豁免权,因涉案的贷款协议包含一仲裁条款,且国际商会仲裁院的裁决系依该条款作出。FG认为刚果通过贷款协议的仲裁条款默示放弃了国家豁免权。在初审和上诉阶段,所有法官都拒绝了FG的这一观点,认为刚果并不因接受了仲裁条款便默认放弃了豁免权,认为刚果没有放弃执行裁决的豁免权,其所放弃的是管辖权豁免。终审法院认为放弃豁免权必须明确为之;一个国家"通过自愿服从法院地国的法院对其实体或财产行使管辖权"而放弃豁免。[183] 易言之,放弃执行豁免权必须是明示的并在争端发生后示之。这一中国法院处理的最瞩目的涉及国

---

[181] 参见全国人民代表大会常务委员会《关于〈中华人民共和国香港特别行政区基本法〉第十三条第一款和第十九条的解释》,2011年8月26日,第十一届全国人民代表大会常务委员会第二十二次会议通过,全文参见 https://www.basiclaw.gov.hk/filemanager/content/tc/files/basiclaw-text/basiclawtext_doc24.pdf (2022年2月8日访问)。

[182] 参见"关于《全国人民代表大会常务委员会关于〈中华人民共和国香港特别行政区基本法〉第十三条第一款和第十九条的解释(草案)》的说明",载 http://www.npc.gov.cn/zgrdw/huiyi/cwh/1122/2011-08/27/content_1670088_4.htm(2022年2月8日访问)。

[183] *Democratic Republic of Congo v. FG Hemisphere Assocs*, HKCFA, 2011, para. 377.

家豁免的刚果案便依绝对国家豁免原则结束。

刚果案的结果并不令人意外。然即使按照限制性国家豁免理论或中国已经签署的《国家豁免公约》，中国香港特区法院也仅能对刚果案行使管辖权，最后的结果也会因为刚果没有明示放弃执行豁免而令该两个裁决得不到执行。这也凸显了绝对豁免原则和限制性理论的最主要区别，或曰限制性理论本身的"局限性"。中国近年签订的双边投资协定和自由贸易协定均规定了投资者和东道国仲裁。随着越来越多的中国企业在海外投资和进行其他经济活动，特别是随着全球化的发展，国际社会倾向于对国家豁免施加更多的限制。作为负责任的大国，中国势必需要重新考虑坚持绝对国家豁免原则的益处以及改采限制性理论的弊端，毕竟中国已经签署了《国家豁免公约》。

（三）美国奉行限制性理论及实践

如前所述，20 世纪 40 年代前，美国无论是行政机关还是法院都坚持绝对国家豁免原则。此后，美国法院便出现了对国家豁免原则进行限制性解释的趋势，而到了"Tate 公函"的发出，美国改采限制性理论就完全明朗化。"Tate 公函"写道："一项关于主权豁免的研究显示在主权豁免方面有两种相互冲突但各自确定的理论。根据经典的或绝对豁免原则，非经其自己同意，主权者不能成为外国法院受理案件的被告。根据新的或限制性主权豁免理论，主权者的豁免仅就其主权或公共行为（jure imperii）授予，但其私人行为（jure gestionis）则不享有豁免权"；同时两种理论都不支持主权者在涉及财产权的诉讼中享有豁免。[184] "该新的或限制性主权豁免一直得到比利时和意大利法院的支持。后来亦被埃及和瑞士法院所采用。此外，法国、澳大利亚、希腊这些历来支持绝对豁免理论的国家亦自 20 年代起改采限制性豁免理论。有迹象显示，罗马尼亚、秘鲁甚至丹麦，可能步上述国家的后尘"。"Tate 公函"接着写道："国务院认为国家政府从事商业活动的普遍大幅度增加，有必要使与各该国政府进行交易的个人将其权利交由法院判决。基于上述原因，以后国务院在审查外国政府关于主权豁免的请求时，将沿用限制性主权豁免理论。"[185] 虽然

〔184〕 参见"Tate 公函"。

〔185〕 参见"Tate 公函"。

"Tate 公函"在提出美国将实行限制性国家豁免理论时特别强调美国政府自己接受本国法院的管辖,并且愿意放弃关于美国船舶在外国的管辖,但其本意在于限制国家或其企业在商业活动方面的豁免。"Tate 公函"坦称:"实行国家贸易的国家死硬坚持主权绝对说的理由,正是美国必须改变其政策的最有力原因。"[186]

自"Tate 公函"公布后,美国一些人士便开始酝酿以法律形式确定限制性国家豁免理论。早在 20 世纪 60 年代初,有人便倡导应由"法院而不是国务院决定一个行动是属于商业性的还是非商业性的。如果外国主权者认为其应享有主权豁免,其便应以之作为抗辩理由,并由法院决定相关交易是否具有商业性质。如果相关交易是商业性的,则外国主权者将自动受到法院的管辖 ……尽管法院认定相关交易为商业性后,外国主权者将自动受到管辖,但在是否对主权国家采取实际行动方面,国务院应有否决权。"[187] 美国就是沿着此思路制定了以限制理论为基础的《1976 年外国主权豁免法》(The Foreign Sovereign Immunities Act of 1976)[188](以下简称《外国主权豁免法》)。此后其他一些国家亦先后通过了类似法律,包括英国《国家豁免法》(1978 年)、新加坡《国家豁免法》(1979 年)、巴基斯坦《国家豁免条例》(1981 年)、南非《外国主权豁免法》(1981 年)、加拿大《国家豁免法》(1982 年)和澳大利亚《外国国家豁免法》(1985 年)。[189] 这些法律的共同特点是原则上支持国家豁免原则,但将商业行为作为例外,不给予相关国家以豁免。

美国《外国主权豁免法》原则上给予外国以法院管辖的豁免。[190] 然而,此原则性豁免有许多例外,包括以下几点:

(1)外国政府明示放弃主权豁免的权力。相关国家政府放弃主权豁免

---

〔186〕 参见"Tate 公函"。

〔187〕 John M. Niehuss S. Ed. , *International Law – Sovereign Immunity – The First Decade of the Tate Letter Policy*, Michigan Law Review, Vol. 60:8, p. 1152(1962).

〔188〕 *The Foreign Sovereign Immunities Act of* 1976, *STAT*, 第 9 卷, 1976 年, 第 2891 – 2898 页。关于美国《外国主权豁免法》的立法背景、目的等,参见 Mark B. Feldman, *The United States Foreign Sovereign Immunities Act of* 1976 *in Perspective: A Founder's View*, The International and Comparative Law Quarterly, Vol. 35:2, p. 302 – 319(1986)。

〔189〕 See Ruth Donner, *The Tate Letter Revisited*, Willamette Journal of International Law and Dispute Resolution, Vol. 9:1, p. 28 – 29(2001).

〔190〕 参见美国《外国主权豁免法》第 1604 条。

后，即使撤销其放弃亦不可再次享有豁免权。

(2)外国政府在美国境内从事商业活动，[191] 或相关商业活动不是发生在美国境内进行，但其对美国产生了直接影响。

(3)外国从事商业活动涉及的财产或外国国家机构从事商业活动的财产处于美国境内。

(4)因外国商业活动引起的对船舶留置权的诉讼。

(5)外国在美国法院提起或参与诉讼而引起的反诉。[192]

美国《外国主权豁免法》规定的例外显然超出了美国判例法乃至"Tate 公函"的立场。依《外国主权豁免法》，国家豁免问题交由美国最高法院裁决；美国法院应依涉案活动的性质而不是目的，判断相关外国应否享有国家豁免，而不必再由美国国务院提出证明或建议。同时，不仅外国政府和政府机构在美国境内从事商业活动不享有豁免权，即使是在美国境外从事商业活动，假如美国法院认为该项活动对美国有直接影响，该外国仍不享有国家豁免。美国《外国主权豁免法》不仅将外国明示放弃豁免权作为法院实行管辖权的证据，同时亦允许美国法院从外国国家的行为推断相关外国政府同意放弃国家豁免，即暗示放弃豁免。这就是说，美国最高法院不仅有权断定外国国家从事的哪些行为为商业活动，而且可以推断相关外国是否已经暗示放弃豁免，从而对其实行管辖权。[193] 由此可见，美国《外国主权豁免法》在国家豁免方面授予法院的管辖权相当宽泛，远远超过了其他实行限制性理论国家的做法，后者均要求放弃豁免必须明示为之。这也与《国家豁免公约》要求放弃豁免需明示进行的规定相冲突。

关于传票的送达，美国《外国主权豁免法》规定，除非有特殊安排或协议，否则法院可用邮寄方法送达，如由书记官将传票寄给相关外国的外交部长或

---

〔191〕 美国《外国主权豁免法》第 1603(d) 条将"商业活动"定义为惯常的商业过程或特定的商业交易或行为。一项交易是否属于商业活动应依其性质而非目的确定。

〔192〕 美国《外国主权豁免法》第 1605 条。

〔193〕 关于美国《外国主权豁免法》的立法背景等，参见 Kimberly K. Hill, *Foreign Government - Owned Corporations, the Foreign Sovereign Immunities Act, and the Right to Jury Trial*, Duke Law Journal, Vol. 1982:6, p. 1071 - 1088(1982)。作者认为美国《外国主权豁免法》不包括陪审团机制违反了美国宪法。

由美国国务院通过外交途径送达。[194] 此类程序问题的规定非常重要,实践中法院如何解释适用这些规则更为重要。在刚果案中,刚果根据《外国主权豁免法》就送达提出异议。美国哥伦比亚特区上诉法院在判决指出,由于刚果在此前一年多的时间里始终积极参与诉讼,并未就FG的送达不完全符合《外国主权豁免法》的规定提出异议,因此裁定刚果放弃了提出异议的权利。[195] 根据《外国主权豁免法》,美国法院发出传票送达后的60天内,作为被告的外国必须出庭答辩,否则法院便有权缺席判决。[196]

美国《外国主权豁免法》还规定,符合下述情况之一者,外国在美国的财产不享有管辖豁免:

(1)该外国国家明示或暗示放弃对相关财产扣押或执行的豁免;放弃一经作出便不得撤回;

(2)现在或过去用于涉案商业活动的财产;

(3)以违反国际法的手段取得的并与本案争议直接相关的财产。[197]

传统上,主权国家拥有的财产在其他国家享有豁免权,包括管辖豁免和执行豁免。美国《外国主权豁免法》的前述规定仅适用于管辖豁免,不适用于以执行为目的的扣押等。就此而言,其与其他实行限制性豁免理论国家的做法以及《国家豁免公约》的规定一致。

美国《外国主权豁免法》生效后的第一个影响较大的个案是以尼日利亚为被告的信用证执行案。[198] 20世纪70年代初,尼日利亚开始大量进口水泥,先后与外国供货商签订了109个合同,其中包括与在美国纽约注册的四家贸易公司签订的合同。这些合同规定,尼日利亚应在美国纽约和德国汉堡的银行分别开立不可撤销的信用证。供货方承诺每月提交20,000吨的水泥,在尼日利亚拉各斯港口卸货;根据信用证的规定,供货方在西班牙将货物装船,然

---

〔194〕《外国主权豁免法》第1608条。

〔195〕See FG Hemisphere Associates, LLC v. Democratic Republic of Congo et al. ,United States Court of Appeals,District of Columbia Circuit,No. 05 - 7098,May 19, 2006.

〔196〕《外国主权豁免法》第1608条。

〔197〕《外国主权豁免法》第1610条。

〔198〕以尼日利亚及其中央银行为被告的关联个案有几个,上诉阶段均由美国第二巡回法院(U. S. Court of Appeals, 2d Cir.)审理。参见"Texas Trading & Milling Corp. , Et Al. v. Federal Republic of Nigeria, Et Al. ", *F. 2d*, Vol. 647,1981,p. 300。

后应将船运文件交付设在纽约或汉堡的银行，银行查证文件无误后，便应代尼日利亚交付货款。

由于计划不周，1975 年，有约 400 余条船（大多为运载水泥的船只）拥挤在拉各斯港口。吞吐量有限的拉各斯港口无法承担卸货任务，从而导致一片混乱。1975 年 8 月 18 日，尼日利亚政府电告前述纽约和汉堡的银行停止支付信用证。尼日利亚并在国内发布命令，规定任何船舶未提前两个月获得批准，擅入拉各斯港口者，构成刑事犯罪。鉴于尼日利亚的上述行为，各外国供货商纷纷与尼日利亚政府谈判解决方案。上述纽约的四家贸易公司因无法与尼日利亚政府达成协议，认为尼日利亚政府违约，遂以尼日利亚及其中央银行为被告，在美国联邦法院提起诉讼。

基于国际法上的国家豁免原则，尼日利亚指出，美国法院不应受理以尼日利亚政府和其中央银行为被告的案件。依照美国《外国主权豁免法》受理该案的联邦第二巡回法院需要解决的问题包括尼日利亚及其中央银行的行为是否属于"商业活动"，是否在美国境内造成"直接影响"，以及法院是否具有属人管辖权。美国第二巡回法院认为，美国国会制定《外国主权豁免法》的目的是保护美国国民的重大利益，并为之提供有效的救济手段；据此裁定其对尼日利亚具有属人管辖权。该法院认为尼日利亚购买水泥的合同和信用证为具有商业性质的活动（而其所购买水泥的用途则并不重要，无论是民用还是军用），因此不能在美国法院享有管辖豁免。[199] 尼日利亚案的判决显示，美国法院在确定外国国家的行为是否属于商业活动方面具有较大的裁量权。与其他国家豁免案一样，尼日利亚政府所从事的活动是否属商业活动是确定法院管辖权的关键，但美国《外国主权豁免法》并未具体规定哪些行为构成商业活动以及哪些因素系判断商业活动的内容。故何为商业活动以及商业活动和政府行为的区分只能由法院自行裁决。确立尼日利亚政府活动的性质时，美国第

[199] 关于该案判决的评论，参见 Monroe Leigh，*Texas Trading & Milling Corp.*，*et al. v. Federal Republic of Nigeria*，*et al.* 647 *F.* 2*d* 300，The American Journal of International Law，Vol. 75：4，p. 968－970（1981）。

二巡回法院依据的主要是立法史料以及美国法院的判例和现代国际法原则。[200]

第二巡回法院认为,基于尼日利亚的行为属于商业活动的判断,只要原告可以证明相关行为是在美国国内发生或与美国相关,其便应被认为对美国造成了直接影响,美国法院便具有管辖权;鉴于尼日利亚政府在其与外国供货商所签订的合同中规定,供货商应在纽约的几家银行收付信用证的款项,从而裁定尼日利亚的行为与美国直接相关。根据该判决,只要当事一方为美国公司或任何在美国从事商业活动的公司,相关交易便可被认为与美国有直接关系,从而对美国有直接影响。虽然尼日利亚案的判决不能作为美国法院对《外国主权豁免法》进行全面系统解释的典型判例,但通过该案可以看出美国《外国主权豁免法》的影响及范围不可谓不大。

1988 年,美国对《外国主权豁免法》进行修订,将仲裁裁决列为国家豁免之例外。根据此规定,外国在执行仲裁协议或确认仲裁裁决的过程中不享有豁免权,包括仲裁在美国进行或计划在美国进行;仲裁协议或仲裁裁决适用或可能适用对美国生效的、要求承认和执行仲裁裁决的条约或其他国际协定;除了仲裁协议以外,相关外国所主张的权利可以依据《外国主权豁免法》的规定在美国法院提出的个案;或相关外国已根据《外国主权豁免法》的例外条款放弃豁免。

美国《外国主权豁免法》修订后的一个重要个案是 Republic of Argentina et al. v. Weltover 案。[201] 美国最高法院在该案阐明了国家行为应被视为商业行为的依据,以及应如何判断相关行为是否与美国直接相关或对美国产生了直接影响。1982 年,阿根廷通过其中央银行发行政府债券,规定债权到期日在伦敦、法兰克福、苏黎世或纽约以美元偿还。1986 年,债券到期,阿根廷因缺乏外汇而向债券持有人提供了替代金融工具。Weltover 和另外两名债券持有人拒绝阿根廷的提议,要求阿根廷在纽约以美元支付其到期债券。因阿

---

〔200〕 关于该案判决的评论,参见 Monroe Leigh, *Texas Trading & Milling Corp., et al. v. Federal Republic of Nigeria, et al.* 647 *F. 2d* 300, The American Journal of International Law, Vol. 75:4, p. 970。

〔201〕 Republic of Argentina et al. v. Weltover, Inc., et al., *U. S.*, Vol. 504, 1992, p. 607(以下简称 Weltover).

根廷未能满足前述要求，Weltover 等遂依《外国主权豁免法》向美国地方法院提起诉讼。阿根廷就法院的管辖权提出反对意见，但被法院驳回，遂上诉到美国上诉法院，后者维持了地方法院的判决。阿根廷最后向美国最高法院提出上诉。美国最高法院开庭审理了该案；用 Scalia 大法官的话说，该案的核心问题是“作为阿根廷稳定货币计划一部分的债券发行是否‘商业活动’及其是否‘在美国有直接影响’，从而依《外国主权豁免法》裁决阿根廷是否可在美国被起诉”。[202]

美国法院是否对 Weltover 案有管辖权首先涉及对“商业”一词的解释。美国最高法院认为《外国主权豁免法》对何为“商业”没有明确界定，但指出，该法案“在很大程度上编纂了 1952 年国务院首次认可的‘限制性’外国主权豁免理论。‘商业’的含义是在法规颁布时在限制性理论下通常赋予该词语的含义”。[203] 据此，美国最高法院认为一项行为是否属“商业活动取决于其‘性质’，而不是其‘目的’。故判断的标准不在于外国政府的行为是出于盈利还是为了实现某项主权目标，而在于其采取的行动（无论背后的动机是什么）是否属于私人参与‘贸易和交通或商业’类型的行为”[204]。美国最高法院最后维持了第二巡回法院的判决，理由是“这些［债券］的发行没有任何不类似于私人商业交易的情况（除了其目的）”[205]。美国最高法院的这一标准与美国第七巡回法院在 Hellenic 案适用的标准颇为一致。在 Hellenic 案中，美国第七巡回法院裁定，“在确定外国行为的性质时，一个重要的问题是私人是否可能从事类似的行为。如果私人可以从事同类型的活动，则主权国家便应被推定为从事了《外国主权豁免法》下的‘商业活动’；如果相关行为系私人不可能参与者，则该行为是主权行为，相关外国应免于被诉”[206]。

至于 Weltover 案中阿根廷的行为是否在美国产生了直接影响，美国最高法院维持了上诉法院的裁定。上诉法院认为一种影响无论是“实质性的”还是“可预见性的”，只要其“作为被告活动的直接后果”便可认定相关影响系直

---

[202] Republic of Argentina et al. v. Weltover, Inc., et al., *U.S.*, Vol. 504, 1992, p. 609.

[203] Republic of Argentina et al. v. Weltover, Inc., et al., *U.S.*, Vol. 504, 1992, p. 612 – 613.

[204] Republic of Argentina et al. v. Weltover, Inc., et al., *U.S.*, Vol. 504, 1992, p. 614.

[205] Republic of Argentina et al. v. Weltover, Inc., et al., *U.S.*, Vol. 504, 1992, p. 614 – 615.

[206] Rush – Presbyterian – St. Luke's Medical Center v. Hellenic Republic, *F. 2d*, Vol. 877, 1989, p. 574.

接影响[207]。然美国上诉法院的前述结论违背了《外国主权豁免法》的立法背景资料关于如何确定"直接影响"的立场。美国上诉法院认为，立法背景资料所展示的是立法者授权法院以管辖权，并非法院如何行使司法权。其同时认为，如果在此类案件中美国法院不行使管辖权，纽约就可能失去作为国际金融中心的地位。然这显然不应该是订立《外国主权豁免法》的目的。[208] 美国最高法院虽然维持了上诉法院的判决，但也指出，纽约是阿根廷所签署的合同的履行地，但并非"一定会对美国产生直接影响"。[209] 美国最高法院基于"最低限度接触"的标准支持了上诉法院的判决，指出阿根廷的债券系以美元为币种在纽约还款，指定了纽约的金融公司作为债券发行商。[210] 然此结论受到了批评。有论者指出，即使一国的法院对外国具有法定管辖权，其仍需考虑行使管辖权是否符合正当程序（due process）的要求。"就外国国家签订贷款合同言，人们会预期该交易涉及一些当地元素，包括谈判在美国进行，遵守美国证券法的要求，美国作为付款地以及在美国指定了贷款代理人。因此，在大多数情况下，被告需与美国有'一定限度的接触'方能满足宪法规定的正当程序要求。"[211] 这是很婉转地批评美国法院关于商业活动的扩张解释并不符合美国的宪法规定。

美国最高法院在涉及国家豁免的管辖问题上，大多会参考行政机关的决定并依之授予涉案的外国以豁免。然而这并不意味美国法院在适用《外国主权豁免法》时会主动限制自己的裁量权。在涉及《外国主权豁免法》是否具有溯及既往效力的 Maria Altmann[212] 案中，美国法院便相当程度地发挥了其裁量权。

2000 年 5 月 4 日，美国地方法院在 Altmann 案裁定，《外国主权豁免法》适用于 1952 年之前的事件，从而打破了法治传统中"法律不溯及既往"的原

---

〔207〕 Weltover 案，第 617－618 页。

〔208〕 美国《外国主权豁免法》第 1602 条说明其立法目的是"维护正义并保护外国和美国当事人的权利"，与维护一个城市的金融中心地位毫不相干。

〔209〕 Weltover 案，第 619 页。

〔210〕 Weltover 案，第 619 页。

〔211〕 Georges R. Delaume, *The Foreign Sovereign Immunities Act and Public Debt Litigation: Some Fifteen Years Later*, The American Journal of International Law, Vol. 88:2, p. 263－264(1994).

〔212〕 参见 Altmann v. Austria, *F. Supp. 2d*, Vol. 142, 2001 (Dist. Court, CD California), p. 1187。

则。该案的案情是，美国国民 Maria Altmann 于 1916 年出生在奥地利，当奥地利被纳粹德国吞并后，于 1938 年逃到美国；Altmann 是 Gustav Klimt 在奥地利的一些画作的继承人，而这些画作被收入了奥地利政府的美术馆。1948 年，当时尚在世的继承人同意将画作"捐赠"给奥地利，以换取其他艺术品的出口许可。2000 年，Altmann 在法院起诉，要求奥地利归还前述画作。奥地利主张其拥有国家豁免权，但 Altmann 主张奥地利的行为属于《外国主权豁免法》下的违反国际法的征用，故不享有国家豁免。法院需要解决的问题之一是《外国主权豁免法》是否具有溯及既往的效力。审理该案的地方法院依赖美国最高法院在 Landgraf 案的判决理由，即当法律明确规定其具有溯及既往的效力时，法院应给予该法律以效力，裁定《外国主权豁免法》是"一项不改变实质性法律权利的管辖权法规"，故可追溯适用。[213] 美国巡回法院同意地方法院的意见，但基于的理由是涉案的事实发生在 1948 年，根据当时的法律奥地利不能合理地期待其不法行为会获得豁免。[214]

奥地利遂请求美国最高法院颁发调审令。2003 年 11 月，美国司法部与美国国务院向联邦最高法院提交了一份法庭之友意见，称《外国主权豁免法》未授权美国法院就其颁布前的外国征用行为行使管辖权。美国最高法院不接受美国司法部和国务院的意见，认为《外国主权豁免法》应具有追溯力。[215] 美国最高法院指出，尽管《外国主权豁免法》不能满足 Landgraf 案"明确命令"的要求，但其用语是明确的：其针对的是豁免主张而不是享有豁免的行为，然而豁免主张系源自享有豁免的行为，法院的责任是决定豁免主张是否成立。美国最高法院认为《外国主权豁免法》的总体架构支持其结论，理由是很多程序规则都适用于其通过前的事件。[216]

美国最高法院认为《外国主权豁免法》的"目的从来都不是使外国及其机

---

〔213〕 参见 Altmann v. Austria, *F. Supp. 2d*, Vol. 142, 2001 (Dist. Court, CD California), p. 1201。

〔214〕 参见 Republic of Austria v. Altmann, *F. 3d*, Vol. 317, 2002 (9th Cir.), p. 954。

〔215〕 Republic of Austria et al. v. Altmann, Supreme Court of the United States, Jun. 7, 2004, https://www.supremecourt.gov/opinions/03pdf/03 - 13.pdf (2022 年 2 月 10 日访问).

〔216〕 Republic of Austria et al. v. Altmann, Supreme Court of the United States, Jun. 7, 2004, https://www.supremecourt.gov/opinions/03pdf/03 - 13.pdf (2022 年 2 月 10 日访问), p. 19 - 20.

构改变其行为,从而可免于将来在美国法院被诉"[217]。易言之,《外国主权豁免法》不具有期待外国重塑其行为的功能,只要外国的行为属于法院依法管辖的范畴,法院便应行使管辖权,而不必考虑其结果会对两国关系产生何种影响。值得提出的是,美国最高法院在作出此判断时明确承认国家豁免反映的是政治和国际关系现实。这也是普通法系国家法官的惯常做法,即在原则上肯定,但在具体细节上予以否定。前述说明,美国法院在解释《外国主权豁免法》的趋势是不断拓阔其适用范围。

(四)英国的限制性理论实践

英国对国家豁免原则所持的态度几乎一直与美国保持一致,在第二次世界大战后更是如此。20 世纪 50 年代前,英国一直坚持绝对豁免原则,此后英国的立场便发生了变化。1950 年,在涉及中华人民共和国的两航案件中,英国政府在指示中国香港地区法院受理该案的枢密院令中说:"即使该案件被告为外国主权国家,法院也有权受理。"[218]到了 1975 年 11 月 5 日,英国关于国家豁免原则的立场发生了历史性的变化,当天英国枢密院在 Philippine Admiral[219]案的判决中开始了"具有历史意义的令人兴奋的历程,使英国主权豁免法与大多数司法辖区的实践一致,判决外国主权国家拥有的 Philippine Admiral 不享有豁免权,法院对之具有属物管辖权,原因是该船舶被用于纯粹的商业目的"[220]。鉴于枢密院的前述判决与上诉法院在 The Parlement Belge 的判决不同,枢密院不得不说明其判决的法理依据,其给出的理由恰恰是 The Parlement Belge 的判决所依据的事实是该船舶并非主要用于贸易,而 Philippine Admiral 则被用于纯粹的商业目的。这可以说是从法理上解释了英国司

[217] Republic of Austria et al. v. Altmann, Supreme Court of the United States, Jun. 7, 2004, https://www.supremecourt.gov/opinions/03pdf/03-13.pdf (2022 年 2 月 10 日访问), p. 18.

[218] 参见周鲠生:《国际法》,商务印书馆 1976 年版,第 31 页,注 20。

[219] The Owners of the Ship Philippine Admiral (Philippine Flag) v. Wellem Shipping (Hong Kong) Limited and Another (Hong Kong), Judgment of the Lords of the Judicial Committee of the Privy Council, Nov. 5, 1975,全文参见 https://www.casemine.com/judgement/uk/5b2897b62c94e06b9e199239(2022 年 2 月 4 日访问)。

[220] Rosalyn Higgins, *Recent Developments in the Law of Sovereign Immunity in the United Kingdom*, The American Journal of International Law, Vol. 71:3, p. 424.

法实践的一贯性和一致性，但人们都清楚这只是从法律上完善了英国国家豁免政策的转变而已，否则英国籍的前国际法院法官 Heginns 也就不会感觉该枢密院的判决具有历史意义。

英国在国家豁免政策上的转变很快在其上诉法院的判决中得到体现。在 Trendtex Trading Corporation Ltd. v. Central Bank of Nigera[221]中，上诉法院于 1977 年 1 月 13 日裁定原告胜诉，驳回了被告的国家豁免请求，理由是主权者的商业行为不享有豁免。

1978 年，英国《国家豁免法》(State Immunity Act 1978)[222]正式生效。该法明确规定，在国家豁免原则方面，英国政府将采限制性豁免理论，将国家所从事的公法上的行为与私法上的或商业活动加以区分，并拟给予前者以国家豁免。总的来看，英国《国家豁免法》几乎完全采用了美国《外国主权豁免法》的原则和规定。与美国《外国主权豁免法》相同，英国《国家豁免法》也首先规定任何国家，除法律另有规定外，免受英国法院的管辖，接着便对此普遍给予的国家豁免加以各式各样的例外，包括外国国家自愿放弃豁免，外国从事商业活动和交易，以及对用于商业目的的财产之判决，裁决或海事扣押的强制执行等。[223]

瑞典石油开采公司诉立陶宛政府案[224]体现了英国法院对"国家自愿放弃国家豁免"规定的解释。在该案中，瑞典石油开采公司是一家石油开采提炼公司，1993 年 4 月与立陶宛及加尔格日代国家石油地质公司签订协议设立合资企业进行油田开发。协议第 9 条为争端解决条款，规定缔约方可以将有关纠纷提交立陶宛法院或丹麦哥本哈根的独立仲裁机构审理；第 35 条规定立陶宛及加尔格日代国家石油地质公司放弃国家豁免的所有权利，协议适用立

---

[221] Trendtex Trading Corporation Ltd. v. Central Bank of Nigeria, Court of Appeal, Jan. 13, 1977，全文参见 http://www.uniset.ca/other/css/19772WLR356.html (2022 年 2 月 4 日访问)。

[222] 英国《国家豁免法》英文全文参见 https://www.legislation.gov.uk/ukpga/1978/33 (2022 年 2 月 16 日访问)。关于制定英国《国家豁免法》的历史，该法的基本架构和原则等，参见 Stephan Bird, *The State Immunity Act of 1978: An English Update*, The International Lawyer, Vol. 13:4, p. 619 - 643 (1979)。

[223] 关于英国《国家豁免法》下法院的管辖权、国家豁免例外的定义、豁免的放弃等的讨论，参见 Georges R. Delaume, *The State Immunity Act of the United Kingdom*, The American Journal of International Law, Vol. 73:2, 1979, p. 185 - 199。

[224] Svenska Petroleum Exploration AB v. Lithuania (No. 2), *EWCA Civ*, 2006, p. 1529.

陶宛法律。瑞典石油公司和加尔格日代国家石油地质公司作为缔约方签署了协议。从字面上看,仲裁条款只是针对缔约双方,但立陶宛在协议上签字并批准了该协议,而且在政府代表签字上方有一段红色字体写明"立陶宛共和国批准上述协议,并承认自身像协议的签字方一样,依法、依合同受到约束"。2000 年,由于并没有取得协议下的利益,瑞典石油公司依据仲裁协议在丹麦提起仲裁。2003 年 12 月,仲裁庭作出终局裁决,认定立陶宛和乔纳福塔公司(原加尔格日代国家石油地质公司)违约,应承担赔偿责任。瑞典石油公司遂依《1996 年仲裁法》第 101 条请求英国法院执行仲裁裁决。立陶宛提出其不是仲裁协议一方,要求法院认定执行终局裁决的命令无效。对此英国上诉法院认为:尽管一个国家可以基于行政职权通过在合同上签字,表明对合同条款的批准,而不代表其本身受到合同的约束。但是,协议中的红色字体已经清楚表明了立陶宛政府的真实意图,即其不仅是"批准"协议,而且还承认自己"像协议的签字方那样依法,依合同受到约束"。因此仲裁庭对有关纠纷具有管辖权。此外,如果一个国家同意将纠纷提交仲裁,就表明它应服从可令仲裁生效的相关程序,包括与仲裁相关的程序以及执行仲裁裁决的程序;这些都属于《国家豁免法》第 9 条第 1 款下的"与仲裁相关的程序";因此,立陶宛政府不能就英国法院执行仲裁裁决要求国家豁免。

当然,英国《国家豁免法》与美国《外国主权豁免法》亦有不同之处。例如,英国《国家豁免法》将商业交易〔225〕较具体地定义为:"供货或提供服务之契约,贷款或其他提供融资之交易、与之相关的担保、保证或任何其他形式的融资义务;国家所从事的任何属于主权权力范围以外的交易或行为,包括商业、工业、金融、专业或其他类似性质的活动"等。〔226〕

(五)加拿大的限制性理论实践

1982 年,加拿大亦步美国、英国的后尘,仿效该两国关于国家豁免法律的

〔225〕 英国法院已在数个案件中对何为商业交易进行了解释。关于此方面的讨论,参见 Hazel Fox, *A "Commercial Transaction" under the State Immunity Act* 1978, The International and Comparative Law Quarterly, Vol. 43:1, p. 193 – 202(1994)。

〔226〕 英国《国家豁免法》通过后,英国法院先后判决了一系列国家豁免的案件,其中不乏涉及主权债务者。See Georges R. Delaume, *The Foreign Sovereign Immunities Act and Public Debt Litigation: Some Fifteen Years Later*, ibid., p. 257 – 279.

模式，通过了《国家豁免法》（State Immunity Act）。[227] 加拿大《国家豁免法》几乎照搬了美国《外国主权豁免法》的全部规定，一方面给予国家以原则性、概括性的豁免，另一方面对国家豁免规定了许多例外，包括：（1）外国明示放弃豁免；（2）外国明示或暗示放弃没收、执行、逮捕等方面的豁免；（3）外国从事商业活动或商业活动性质的交易。

加拿大的法律源于英国的普通法，在经济、市场等诸方面与美国关系密切，故在事涉国家豁免的立场等事情上与美英保持一致亦非偶然。

统而言之，自20世纪70年代起，美英等发达国家与其他一些国家先后制定了意在限制国家豁免原则适用的法律，目的之一是将国家涉及或参与的商业交易、商业活动排除在国家豁免的范畴之外，使个人与外国在商业性质的交易中处于平等的地位，从而也起到保护个人财产和利益的作用。根据这些国家的法律，一项交易是否具商业性质应由交易发生地或受影响地的法院裁定。鉴于经济交易的形式多样、内容繁杂，法院判断何为商业行为的标准并不统一。一些国家主张以私法行为和公法行为作为是否限制豁免的依据；如果一国的行为可由私人进行，则其为私法行为，反之则为公法行为；然国际社会就此亦无法形成一致意见。不仅各国对何为私法行为有不同解释，即使是同一国家的不同法院亦有不同的判断。正如国际法院前法官倪征日奥先生所指出："国家购买军用靴鞋的合同，法国和美国法院认为是公法上的行为，意大利法院则认为是私法行为；有些国家认为，国家经营铁路是公法行为，比利时最高法院却认为是私法行为；罗马尼亚认为烟草工业是私法行为，美国则认为是公法行为；法国的一个法院认为，国家购买货物后转售给本国国民是私法行为，法国另一个法院的判决却认为是公法行为"[228]。尽管如此，以涉案行为的性质而不是目的决定是否给予豁免采限制性国家豁免理论国家适用的共同标准。《国家豁免公约》亦规定以此标准确定管辖豁免。这说明目前尚无更可行的标准确定哪些行为应享有国家豁免而哪些不应享有豁免。与其他法律问

---

[227] 该法全称"An Act to Provide for State Immunity in Canadian Courts"，简称"State Immunity Act"，*R. S. C.*，1985，参见 https://laws - lois. justice. gc. ca/eng/acts/S – 18/page – 1. html（2022年2月9日访问）。

[228] 参见倪征日奥：《关于国家豁免的理论与实践》，载《中国国际法年刊（1982）》，中国对外翻译出版公司1982年版，第9页。

题一样,此事只能由法院依具体案情客观判断。另各国的实践还表明,对国家豁免的限制主要限于管辖豁免,执行豁免则需单独处理。

五、国家豁免原则的执行豁免

先贤主张做人做事要有规矩和原则,也就是“絜矩之道”。絜矩之道的根本是己所不欲勿施于人:“所恶于上,毋以使下;所恶于下,毋以事上;所恶于前,毋以先后;所恶于前,毋以先后;所恶于后,毋以从前;所恶于右,毋以交于左;所恶于左,毋以交于右”[229]。虽然国际社会没有国家行事的“絜矩之道”,但任何国家在做某事或不做某事时一般都必须考虑其他国家的反应和可能的反制。在当今全球化的世界中更是如此。就国家豁免言,一国采限制性理论迟早必招致其他国家对之采相同措施;故实行限制性豁免的国家以及《国家豁免公约》无不将管辖豁免区别于执行豁免,原因就是怕其他国家以相同手段报复。

在任何法律制度下,执行都是最重要的程序,盖因民事及商事争议的最终目的是使胜诉方获得赔偿。假如胜诉方不能通过法院强制执行判决或裁决,则其胜诉便没有实质意义。基于此,任何制度之设计均需包含执行的内容。

(一)国际社会的执行机制

国际法系规范国家间、国家与国际组织间、国际组织间以及国家和国际组织与企业和个人间跨国关系的规则。这些规则大多是依国际社会的需要,渐次发展而形成。国家豁免原则经历了从绝对豁免独立存在到绝对豁免和限制性豁免并存的演进过程,反映了国际社会的需要,是各国相互依赖和合作关系发展的必然结果。绝对豁免自不待言,即使是奉行限制性国家豁免的国家,对外国的豁免限制亦主要限于法院的管辖权,实际上不主张执行豁免。《国家豁免公约》亦采此立场,规定即使作为被告的外国放弃了管辖豁免也并不意味其放弃了执行豁免,同时对可用于执行的财产作出了限制性界定。此态势决定了国际社会关于执行的实践少之又少,主要者系近年与投资仲裁相关的

---

[229] 《大学》第11章。

执行。这是因为几乎所有双边投资协定和自由贸易协定的投资章节都包含投资者与东道国仲裁条款。人们认为,如果东道国同意诉诸仲裁,则意味其放弃了国家豁免。[230] 放弃国家豁免的意义在于,如果东道国败诉但拒绝执行裁决,则外国投资者只能寻求其他救济。

就国际投资裁决的执行而言,生效且具影响者非《关于解决国家与其他国家国民之间投资争议公约》(以下简称《华盛顿公约》)[231]莫属。在《华盛顿公约》下成立的"国际投资争端解决中心"是目前审理投资者与东道国争议最多的仲裁机构;《华盛顿公约》包括一个自动执行裁决的机制。[232] 首先,《华盛顿公约》第 27 条要求各缔约方不得向本国投资者提供外交保护,除非缔约另一方未履行其义务。履行义务当然包括东道国败诉后自觉执行相关裁决。其次,《华盛顿公约》第 54 条第 1 款规定:"每一缔约方应承认依照本公约作出的裁决具有约束力,并在其领土内履行该裁决所施加的财政义务,正如该裁决是该国法院的最后判决一样。"这就为各缔约方履行执行裁决的义务规定了具体标准,即将《华盛顿公约》下的裁决视为本国的最终判决,也就是不可上诉的裁决。同时,每个国家都会尊重本国法院作出的判决;既然《华盛顿公约》下的裁决应视为本国法院的最终判决,就没有不执行的理由。这就是《华盛顿公约》的自动执行机制的关键。关于《华盛顿公约》的前述安排,Schreuer 教授曾指出:"'公约'的起草历史表明,负责承认并执行裁决的国家机构应仅负责确定裁决的真实性,其无权审查裁决的内容,即使是公共政策也不能成为拒绝执行的理由。裁决的终局性意味国家法院不能对裁决是否符合国际公共政策或一般国际法进行任何审查。"[233] 按照 Schreuer 教授的解释,《华盛顿公约》加于缔约方的执行义务应强于 1958 年《纽约公约》,因后者将执行地国的

---

[230] See W. Michael Reisman, W. Laurence Craig, William Park & Jan Paulsson, *International Commercial Arbitration: Cases, Materials and Notes on the Resolution of International Business Disputes*, Foundation Press, 1997, p. 1286.

[231] 关于《华盛顿公约》的历史、变迁、文本等,参见 https://icsid.worldbank.org/en/Pages/icsiddocs/ICSID – Convention.aspx。

[232] 有学者对国际投资争端解决中心的运作提出了批评意见。See W. Michael Reisman, *The Breakdown of the Control Mechanism in ICSID Arbitration*, Duke Law Journal, Vol. 1989:4, p. 739 – 807 (1989).

[233] Christoph H. Schreuer, *The ICSID Convention: A Commentary*, Cambridge University Press, 2001, p. 1129.

公共政策列为不执行裁决的例外。

除要求法院地国承认裁决的终局性外,《华盛顿公约》第 54 条第 3 款规定“裁决的执行应受要求在其领土内执行的国家关于执行判决的现行法律的管辖”。这就是说当执行仲裁裁决时,是否可以查封或扣押败诉东道国的资产用以执行裁决应由法院决定。假如根据法院地的法律和政策,败诉的东道国有权就涉及的资产援引执行豁免,则相关裁决便可能不被执行。考虑到此可能的潜在漏洞,《华盛顿公约》第 55 条规定,“第 54 条的规定不得解释为背离任何缔约国现行的关于该国或任何外国执行豁免的法律”。易言之,如果败诉的外国拒绝执行仲裁裁决,胜诉的投资者寻求在《华盛顿公约》下救济的结果将取决于法院地国关于国家豁免的法律。[234] 这也产生了执行《华盛顿公约》裁决的问题。[235]

有了好的制度并不代表该制度一定可以有效运作。《华盛顿公约》亦然。在为数不多的涉及国家豁免的 Mine v. Guinea 中,特别委员会认为其必须遵守《华盛顿公约》第 55 条,同时指出“国家豁免可以很好地为强制执行提供法律辩护,但其不能为不遵守裁决提供论据或是借口。事实上,如果缔约方拒绝遵守其条约义务,通常会出现国家豁免的强制执行问题。一国不遵守规定便构成该国违反其国际义务,并将招致对自己的制裁。在这方面,委员会特别提及《华盛顿公约》第 27 条和第 64 条,以及这种违反行为对该国在私人和公共国际资金来源方面的声誉所造成的后果”[236]。实践中,很难想象在当今世界

---

[234] Van den Berg 教授认为,“如果一个国家同意仲裁,它便应被视为已经接受了所有后果,包括遵守对其不利的裁决。如果败诉国不执行裁决,则其资产(如私人资产般)应该能够被执行。换句话说,放弃管辖权便意味放弃执行豁免。此彰显的是合约必须遵守原则”。See Alber Jan van den Berg, *Alber Jan van den Berg*, *Recent Enforcement Problems Under the New York and ICSID Conventions*, Arbitration International, Vol. 5:2, p. 12(1989).

[235] 在这一问题上,有人认为“尽管大多数被告都确实支付了应付的赔偿,但不是所有国家都必然会这样做:利比里亚、塞内加尔、刚果和哈萨克斯坦都曾拒绝支付裁决规定的赔偿款。这些国家成功地援引了国家豁免说明即使是胜诉的投资者也难以对抗顽隅的国家”。See Andrea K. Bjorklund, *State Immunity and the Enforcement of Investor – State Arbitral Awards*, in Christina Binder eds., International Investment Law for the 21st Century: Essays in Honour of Christoph Schreuer, Oxford Press Scholarship Online, 2009.

[236] MINE v. Guinea, Interim Order No. 1 on Guinea's Application for Stay of Enforcement of the Award, Aug. 12, 1988, para. 25; 参见 https://jusmundi.com/en/document/other/en – maritime – international – nominees – establishment – v – republic – of – guinea – interim – order – 1 – friday – 12th – august – 1988#other_document_96(2022 年 2 月 17 日访问)。

哪个国家会就投资裁决的执行提供外交保护，故《华盛顿公约》的执行机制强调的是自觉执行。正如Mine案的特别委员会所指出，拒不执行裁决的国家可能受到的市场惩罚可能更重要。在当今高度信息化的世界，任何国家不执行投资裁决立刻就会使所有潜在投资者知晓，便可能降低这些潜在投资者的投资意欲。外国直接投资现已成为每个国家经济发展重要组成部分，恐怕没有哪个国家会冒此风险。因此，市场的力量，包括市场惩罚的威慑力，可成为各国执行仲裁裁决的动力。《国家豁免公约》以及一些国家的法律将执行仲裁裁决列为国家豁免的例外亦有助于完善国际社会的执行制度。当然，无论是国际机制还是国家层面的制度最终都必须通过各国的法院实施。就与国家豁免相关的执行问题言，各国法律的规定及其解释尤为重要。下择几个典型国家的实践分别讨论。

（二）美国的执行豁免实践

与管辖豁免的处理方式相同，美国《外国主权豁免法》关于强制执行外国财产的规定也是先笼统地肯定外国财产不可被扣押，然后规定了一系列例外。[237] Birch Shipping 案[238]是涉及执行豁免的案件之一。该案的原告Birch请求法院强制执行涉及坦桑尼亚的仲裁裁决；该裁决系由双方间的货物销售合同所引起，仲裁庭判坦桑尼亚败诉。负责该案的美国哥伦比亚地方法院称，《外国主权豁免法》第1610条（执行豁免的例外）规定了确定执行豁免的“两步分析”法，即外国放弃扣押豁免权和相关财产系用于商业目的。[239]

原告请求扣押的财产是坦桑尼亚驻美国大使馆的支票账户，该账户中的款项主要用于维持大使馆的正常运作，包括支付员工工资和购买大使馆所需的货物和服务等。哥伦比亚地方法院首先需要解决的是被告是否放弃了执行

---

〔237〕 美国《外国主权豁免法》第1609条规定外国财产享有扣押等豁免，第1610条则规定了一系列例外，包括外国财产用于商业活动，条件是经美国法院判决方可扣押。

〔238〕 Birch Shipping Corp. v. Embassy of United Republic of Tanzania, *F. Supp.*, Vol. 507, 1980, p. 311；另参见 https://law.justia.com/cases/federal/district-courts/FSupp/507/311/2251510/（2022年2月17日访问）。

〔239〕 Birch Shipping Corp. v. Embassy of United Republic of Tanzania, *F. Supp.*, Vol. 507, 1980, p. 311；另参见 https://law.justia.com/cases/federal/district-courts/FSupp/507/311/2251510/（2022年2月17日访问）。

豁免,并就此指出,原告与被告达成的协议包含一项仲裁条款:“我们进一步同意,将忠实遵守本协议和规则,将遵守并执行根据本协议作出的任何裁决,以及具有管辖权的法院作出的关于裁决的判决”[240]。该地方法院遂认为被告坦桑尼亚承担的前述义务至少构成其默示放弃了豁免权。哥伦比亚地方法院还认为“通过合同采购的货物或服务用于公共目的这一事实无关紧要;重要的是活动或交易本质上属于商业性质”;“同时,外交人员、公务员或军事人员属于公共或政府性质,而非商业性质,但这不包括外国政府在美国雇用的美国公民或第三国国民”。[241] 该地方法院同时指出,在确定什么是“商业活动”有“很大的自由度”,认为外国政府销售服务或产品,出租财产,借款,雇用或聘用劳工、文职人员或从事公共关系或营销代理的人员,投资美国公司的证券等均属于商业性质。[242] 需要指出的是,在Birck案中,原告请求法院扣押资产的坦桑尼亚账户除了前述支付员工工资等外并未被用于其他商业活动,但哥伦比亚地方法院认为,《外国主权豁免法》及其立法背景资料均不禁止扣押此类“非纯粹商业活动”账户的资产,并且任何对此类扣押的限制必然成为法律漏洞。需要指出的是,在美国哥伦比亚地方法院作出裁决时,美国尚未修订《外国主权豁免法》,仲裁裁决尚未被排除于国家豁免。由此不难看出美国法院在涉及国家豁免的案件中确实如哥伦比亚地方法院所说“具有很大的裁量权”。

另一经常被援引的涉及执行豁免的是LETCO案。[243] 在该案中,法院认为被告利比里亚放弃了执行裁决的管辖豁免,并根据《外国主权豁免法》第

[240] Birch Shipping Corp. v. Embassy of United Republic of Tanzania, *F. Supp.*, Vol. 507, 1980, p. 311;另参见 https://law.justia.com/cases/federal/district-courts/FSupp/507/311/2251510/(2022年2月17日访问)。

[241] Birch Shipping Corp. v. Embassy of United Republic of Tanzania, *F. Supp.*, Vol. 507, 1980, p. 311;另参见 https://law.justia.com/cases/federal/district-courts/FSupp/507/311/2251510/(2022年2月17日访问)。

[242] Birch Shipping Corp. v. Embassy of United Republic of Tanzania, *F. Supp.*, Vol. 507, 1980, p. 311;另参见 https://law.justia.com/cases/federal/district-courts/FSupp/507/311/2251510/(2022年2月17日访问)。

[243] 关于执行仲裁裁决管辖权的决定,参见 Liberiall E. Timber Corp. v. Republic of Liberia, *F. Supp.*, Vol. 650, 1986, p. 73; Liberiall E. Timber Corp. v. Republic of Liberia, *F. Supp.*, Vol. 659, 1987, p. 606。

1610(a)条,认为收取税费的方式无关紧要,然资金的使用至关重要。法院裁定相关资金系用作“公共资金”,而“不是用于商业活动的财产”。[244] 更为重要的是,美国法院裁定利比里亚银行账户中用于商业活动的资金并不影响账户的豁免权。

前述美国哥伦比亚地方法院在利比里亚案的判决理由得到 Connecticut Bank of Commerce v. Republic of Congo[245]的确认。在该案中,美国第五巡回法院强调,当决定被告是否享有执行豁免权时,“重要的是……财产的‘用途’,而不是其产生或得到的方式”。[246]该法院同时指出,如果相关资金系用于商业活动,即使其属于税收等公共资源亦不享有豁免权。基于同样的理由,用通过商业活动获得的资金购买用于公共目的的财产应享有扣押和执行豁免。

至于何为“用于”,第五巡回法院采用了字典中的定义,认为财产被“用于”意味着“将财产用到商业活动上或通过该财产进行活动”。[247]第五巡回法院还将《外国主权豁免法》第 1610 条的“用于商业活动”与第 1605 条管辖豁免例外的“与商业活动有关”进行了比较,认为两者的区别表明第 1605 条例外的商业活动的范围更广,而对第 1610 条应作限制性解释。第五巡回法院的判决参考了《外国主权豁免法》的立法背景资料和国际社会的观点,指出当时“国际社会认为,与仅仅允许提起诉讼而行使管辖权相比,对外国财产的执行是对其主权更大的侮辱”。[248]

另一涉及美国《外国主权豁免法》第 1610 条解释的案件是 Walker International Holdings Ltd. v. Republic of Congo,[249]涉案的财产系无形资产。在该案件中,刚果和意大利公司 Sadelmi Cogepi Spa 就刚果电力基础设施建设签订了一份合同。刚果未能履行合同项下的付款义务。Walker 公司从 Sadel-

---

[244] 关于执行仲裁裁决管辖权的决定,参见 Liberiall E. Timber Corp. v. Republic of Liberia, *F. Supp.*, Vol. 650, 1986, p. 73; Liberiall E. Timber Corp. v. Republic of Liberia, *F. Supp.*, Vol. 659, 1987, p. 606。

[245] Connecticut Bank of Commerce v. Republic of Congo, *F. 3D*, Vol. 309, 2002, p. 240.

[246] Connecticut Bank of Commerce v. Republic of Congo, *F. 3D*, Vol. 309, 2002, p. 251.

[247] Connecticut Bank of Commerce v. Republic of Congo, *F. 3D*, Vol. 309, 2002, p. 255.

[248] Connecticut Bank of Commerce v. Republic of Congo, *F. 3D*, Vol. 309, 2002, p. 256.

[249] Walker International Holdings Ltd. v. Republic of Congo, *F. 3d*, Vol. 395, 2004, p. 229.

mi 处购买了该债务,并根据 Sadelmi 与刚果间的合同,将争议提交国际商会仲裁院仲裁,裁决支持了 Walker 公司的请求。随后 Walker 公司便在地区法院起诉,基于其怀疑 Murphy 欠刚果款项,请求法院扣押 Murphy 的财产,以确保相关资金的安全。地区法院批准该请求后,Murphy 向法院提交了保证金,数额与 Walker 胜诉应获的金额同。刚果和 Murphy 以国家豁免为由提出上诉。

美国第五巡回法院指出,对《外国主权豁免法》第 1610 条的例外应进行三步走的分析,即被告是否放弃了豁免权、涉案财产是否在美国境内和涉案财产是否用于商业活动。就刚果是否放弃了豁免权而言,刚果与 Sadelmi 间的合同规定,“刚果在此不可撤销地放弃在任何与仲裁法院作出的任何仲裁裁决有关的程序中援引任何豁免权”。第五巡回法院认为“任何豁免权”满足了第 1610 条关于放弃豁免权的要求。[250]

鉴于涉案的财产系无形财产,法院须确定该财产是否能满足《外国主权豁免法》的所在地要求。第五巡回法院参考其先前在 Af - Cap Inc. v. Republic of Congo [251] 和 Tacalera Severiano Jorge, S. A. v. Standard Cigar Co. [252] 的判决,指出法院一贯认为债务的所在地与债务人的所在地相同。[253] 此判决的重要性在于实践中很多交易和财产都涉及无形资产,包括债务。就此而言,美国第五巡回法院的判决将会影响关于此方面法律的解释。

Walker 案的另一问题是刚果向 Murphy 退还行政和交易费用是否符合《外国主权豁免法》关于“用于”商业活动的规定。第五巡回法院指出,即使有证据表明,刚果向 Murphy 支付了商业服务费,Walker 的论据仍然无效,因 Murphy 只能从其欠刚果的金额中扣除这些费用,即财产,然产生该财产的初始交易并未将商业活动剥离出来。该法院同时认为,从第 1610 条的上下文和整体来看,其所针对的并非小额退款等。[254] 第五巡回法院的前述意见显然受到 Af - Cap 案的影响;后者裁定“至少有 50% 的收益用于商业活动”的财产方能满足第 1610 条“用于”的要求。由于 Walker 案件的退款远未“接近 50% ”,

[250] Walker International Holdings Ltd. v. Republic of Congo, *F. 3d*, Vol. 395, 2004, p. 234.

[251] Af - Cap Inc. v. The Republic of Congo, *F. 3d*, Vol. 383, 2004, p. 361.

[252] Tabacalera Severiano Jorge, S. A. v. Standard Cigar Co., *F. 2d*, Vol. 392, 1968, p. 706.

[253] Walker International Holdings Ltd. v. Republic of Congo, *F. 3d*, Vol. 395, 2004, p. 235.

[254] Walker International Holdings Ltd. v. Republic of Congo, *F. 3d*, Vol. 395, 2004, p. 236.

故法院认为其没有用于商业活动。[255]

前述案例说明,在美国《外国主权豁免法》下,通过美国法院强制执行外国财产事实上可行,尽管有相当大的困难。任何人欲通过美国法院强制执行或扣押外国及其机构的财产,必须证明被告放弃了执行豁免,而有效的仲裁条款被视为放弃执行豁免的证据。另外,原告必须能够证明涉案的财产处于美国境内且用于商业活动;美国法院对何为"用于"商业活动确定了具体的标准。值得注意的是,美国法院通过对《外国主权豁免法》的解释在国家豁免规则的适用方面积累了相当丰富的经验。美国法院对内国法的解释通过学者的著述、国际会议和国际谈判等在国际层面发生作用,进而对国际法的发展产生影响。这就是人们通常所说的话语权和软实力的具体体现。

(三)英国的执行豁免实践

如前所述,英国《国家豁免法》基本是以美国《外国主权豁免法》为蓝本,其关于执行豁免的规定亦基本与后者完全相同。英国《国家豁免法》第13(2)(b)条规定,"一国财产不得通过任何程序用以执行判决或仲裁裁决,或者在对物诉讼中被扣押或出售";但此规定有两个例外,即涉案外国同意放弃豁免及涉案财产用于商业活动。英国《国家豁免法》第13(4)条并不阻止法院对正在用于或拟用于商业目的的财产进行扣押或销售等。简言之,如果外国财产系用于商业目的,根据英国《国家豁免法》,法院有权判决扣押或销售。那么,如何确定或解释"商业目的"呢?英国《国家豁免法》第17条规定,"商业目的"系指第3(3)条下的"交易或活动的目的",而第3(3)条下的商业交易则包括:"(a)任何货物或服务供应合同;(b)提供融资的贷款合同或其他交易,以及与此类交易或其他金融义务有关的担保或赔偿;(c)一国不是以行使主权而参加或参与的任何其他交易或活动,无论其是商业、工业、金融、专业还是其他类似性质的活动。"此规定显然包括了几乎所有能够想到的商业活动,且此关于商业活动的定义无区分地适用于所有涉及管辖豁免和执行豁免的案件。

关于外国放弃豁免,英国《国家豁免法》第13(5)条规定,一国驻英国外

---

[255] Walker International Holdings Ltd. v. Republic of Congo, *F. 3d*, Vol. 395, 2004, p. 236.

交使团团长或当时正在履行该职责的人，有权代表其本国同意放弃豁免；此外，外交使团团长也可证明涉案财产没有用于商业目的，且其出具的证明文件“应被接受为相关事实的充分证据”，除非有证据证明事实恰恰相反。易言之，根据此规定，一个外交使团的团长，如大使，出具文件说明涉案的财产并未用于或不计划用于商业交易或活动，法院便应将之作为证据接受。在此情况下，举证责任便转到原告一方；除非原告可以出具证据推翻该外交使团的证明，否则就不可以认为涉案财产被用于商业活动或交易。

实践中，外国在合同中声明放弃国家豁免一般会被视为放弃了豁免。在Sabah v. Pakistan案中，巴基斯坦签署了一份合同，规定其“放弃它或它的任何资产……未来可能在任何司法管辖区内享有的任何豁免权”[256]。英国法院认为前述声明已满足了《国家豁免法》关于放弃豁免的要求。关于“目前正用于或拟用于商业目的”的财产之确定，英国法院采用了类似于美国法院的做法。在Alcom Ltd. v. Republic of Colombia & Others[257]中，哥伦比亚大使馆的银行账户能否被扣押系需要解决的问题之一。哥伦比亚大使签发了一份声明，说该账户系用于大使馆的日常运作。英国最高法院认为其决定会有国际影响，故不能仅从国内法的角度解释《国家豁免法》。英国最高法院同意，依《国家豁免法》第13条第4款，银行账户中的资金为财产，但认为涉案的款项并未用于“商业目的”，因此不能扣押。[258] 前述案件涉及的账户系由外国大使馆持有，从本质上讲此类财产应用于公法目的。在Alcom案中，哥伦比亚的大使出具了证明，说明该账户主要用于公共目的。在此情况下，举证责任便转到了原告。鉴于原告未能证明其所主张的大使馆账户内的资金系用于商业目的，从而败诉。需要指出的是，英国对法院大使馆账户下财产的解释并非一

[256] Sabah v. Pakistan, *Lloyd's Rep.*, 2003, p. 571.

[257] Alcom Ltd. v. Republic of Colombia & Others, *A. C.*, 1984, p. 580.

[258] 关于Alcom案所涉法律问题，包括英国初审法院、上诉法院及上议院的判决意见，参见C. M. Chinkin, *Commercial Transaction or Sovereign Act? Alcom Ltd. v. The Republic of Columbia*, Malaya Law Review, Vol. 27:1, p. 161-173 (1985)。

致,甚至是英国最高法院法官对判决亦非没有异议。[259] 这也说明了英国法院在此问题上尚未形成一致性意见。

英国最高法院在 SerVaas 案[260]再次就如何界定财产是否用于商业活动进行解释。该案源于原告与伊拉克前政府的一项商业合同。作为被告的伊拉克现任政府对合同下的义务不持异议,但认为原告不应就政府从一件在伊拉克注册的商业银行破产案中的收款主张权利。该案的焦点问题是,财产的来源是否判断其是否属于"商业活动"范畴的依据。英国最高法院指出,原告/上诉方 SerVaas 未能证明涉案的财产系用于商业目的,或者伊拉克拟将相关款项用于商业目的。[261] 鉴于伊拉克驻英国大使已出具信函,证明相关款项将用于国家行为,英国最高法院认为,根据《国家豁免法》第 13(5)条,SerVaas 有责任证明伊拉克大使出具的证明不正确,即能推翻大使的说明。关于财产的来源与确定相关财产是否用于商业目的的问题,英国最高法院指出,除非 SerVaas 能够证明其有权依财产的来源确定该财产的目的,否则其主张便不获支持。英国最高法院最后明确写道,财产的来源对判断其是否用于商业活动无关紧要,故其根本没有必要就之发表意见。[262]

与执行豁免相关的另一问题是如何判断一个机构是否属于国家机关。在 La Générale des Carrières et des Mines 案[263](以下简称 Gécamines 案),Hemisphere 收购了两个针对刚果的国际仲裁裁决,并提起诉讼请求以刚果国有公司 Gécamines 的资产强制执行该两个裁决。该案的核心问题是 Gécamines 是

---

[259] 有论者认为,证明相关财产属公共性质的举证责任在主权豁免诉讼中很重要。See Judith Gill, Stephen Jagusch & Anthony Sinclair, *Enforcement of Arbitral Awards against Sovereigns—Experience in the Courts of England and Wales*, in R. Doak Bishop ed., Enforcement of Arbitral Awards against Sovereigns, JurisNet, LLC, 2009, p. 305.

[260] SerVaas Incorporated v. Rafidian Bank and others, *UKSC*, Vol. 40, 2012;该判决于 2012 年 8 月 17 日作出,全文参见 https://www.supremecourt.uk/cases/docs/uksc-2011-0247-judgment.pdf (2022 年 2 月 18 日访问)。

[261] SerVaas Incorporated v. Rafidian Bank and others, *UKSC*, Vol. 40, 2012;该判决于 2012 年 8 月 17 日作出,全文参见 https://www.supremecourt.uk/cases/docs/uksc-2011-0247-judgment.pdf (2022 年 2 月 18 日访问), para. 30。

[262] SerVaas Incorporated v. Rafidian Bank and others, *UKSC*, Vol. 40, 2012;该判决于 2012 年 8 月 17 日作出,全文参见 https://www.supremecourt.uk/cases/docs/uksc-2011-0247-judgment.pdf (2022 年 2 月 18 日访问), para. 30。

[263] See *La Générale des Carrières et des Mines v F. G. Hemisphere Associates LLC*, UKPC, 2012, p. 27.

具有法人资格的独立实体还是刚果国家的一部分。就是否应享有豁免而言，英国上诉法院认为欧洲和英国国内法都对国家及其具有起诉和被诉能力的独立实体加以区别。英国上诉法院还援引 Kuwait Airways 案[264]的理据，认为根据《国家豁免法》规定的国家参与商业交易作为国家豁免例外的情况不同于独立实体行使主权职能的情况，后者享有的豁免限制性更强。[265] 该上诉法院最后裁定 Gécamines 不是刚果的国家部门，说"毫无疑问，Gécamines 在对刚果民主共和国国民经济至关重要的部门从事业务，但中央计划经济或国家主导经济中的许多国有企业亦如此经营……毫无疑问，Gécamines 的资产源于国家，但这一点并不令人惊讶也不重要。一经获得，该资产就成了它自己的资产，尽管其处置和收购资产的决定可能会被国家当局否决。那些与 Gécamines 日常业务有关的资产更容易受到国家其他机构的审查和否决，但这并不意味 Gécamines 不是作为一个真正的独立实体存在，也不意味应将其等同于刚果共和国"[266]。

前述判决说明，在英国《国家豁免法》下，一个国有实体只要实际独立运作，就不应被视为国家机构。[267] 这与联合国国际法委员会《国家对国际不法行为的责任的条款草案》[268]有关国家机构的规定以及投资仲裁实践相吻合。在 Gécamines 案中，英国上诉法院认为 Gécamines 拥有大量资产和业务、独立账户，而且其"收入经常被用来缴税"，[269] 故其"在任何意义上都不会因为其功能或活动而作为其本国的核心部门"。事实上，英国上诉法院认为，尽管 Gécamines 过去曾履行过一些政府职能，但这并不影响其作为独立实体的地位。[270]

英国的实践说明，其关于国家豁免的法律不仅在原则、条文设计等方面与

---

[264] Kuwait Airways Corp v. Iraqi Airways Co, *WLR*, Vol. 1, 1995, p. 1147 and p. 1158E – 1160F.

[265] Gécamines 案，第 14 段。

[266] Gécamines 案，第 54 段。

[267] 英国上诉法院在判决书中指出，机构的功能仍然是确定法人资格的重要方面。Gécamines 案，第 22 段。

[268] 《国家对国际不法行为的责任的条款草案》的文本，参见 https://www.un.org/chinese/ga/56/res/a56r83.pdf（2022 年 2 月 9 日访问）。

[269] Gécamines 案，第 71 段。

[270] Gécamines 案，第 71 段。

美国的相同,而且在对相关条款的解释方面也与美国的一致。在前述几个案例中,包括英国最高法院的法官都明确援引美国法院的判决,以支持自己的观点。此做法的结果是在国际层面形成一个普通法的联盟,对国家豁免领域的国际法发展势必产生"1 +1 >2"的效果。

(四)法国的执行豁免实践

法国在国家豁免方面也对管辖豁免和执行豁免加以区分,但在承认和执行裁决方面法律障碍较少。[271] 与美国和英国一样,法国也采用了限制性国家豁免理论。然而,法国法院"不愿意在没有外国主权者同意的情况下批准执行措施"[272]。此做法同样适用于被视为国家机关和机构的实体。

在 SNPC 案中,[273] 巴黎上诉法院需要确定的一个问题是 SNPC 是否为刚果的国家机构,而不仅仅是一家国有企业。SNPC 是一家根据刚果法律成立的国有公司,其董事会成员大多为内阁法令任命的国家各部门代表。此外,公司的运作亦受到内阁的严格控制,以"确保政府的政策、法律和法规的实施,批准其投资计划并监督执行,监督其关于碳氢化合物劳资谈判合同的利润分配和人事政策,甚至收购参与利益和创建子公司、机构或分支机构"等。[274] 根据这些功能特征,巴黎上诉法院认为,SNPC 无论在法律上还是事实上都不具有任何"功能独立性"。更重要的是,SNPC 的"账目也没有清楚表明任何有别

---

[271] 关于此问题的讨论,参见 Sara Francois - Poncet, Brenda Horrigan & Lara Karam, *Enforcement of Arbitral Awards against Sovereign States or State Entities—France*, in R. Doak Bishop ed., Enforcement of Arbitral Awards against Sovereigns, Jurisnet, LLC, 2009, p. 355。

[272] 关于此问题的讨论,参见 Sara Francois - Poncet, Brenda Horrigan & Lara Karam, *Enforcement of Arbitral Awards against Sovereign States or State Entities—France*, in R. Doak Bishop ed., Enforcement of Arbitral Awards against Sovereigns, Jurisnet, LLC, 2009, p. 358。

[273] Societe Nationale des Petroles du Congo v. S. A. Walker International Holdings Ltd.,巴黎上诉法院,第 8 分庭,B 节,2003 年 7 月 3 日的裁决;关于这一案件的讨论是基于法文原件的翻译,参见 Emmanuel Gaillard & Jennifer Younan(编辑), *State Entities in International Arbitration*, *Juris Publishing, Inc.*, 2005, 附录 5。

[274] Societe Nationale des Petroles du Congo v. S. A. Walker International Holdings Ltd.,巴黎上诉法院,第 8 分庭,B 节,2003 年 7 月 3 日的裁决;关于这一案件的讨论是基于法文原件的翻译,参见 Emmanuel Gaillard & Jennifer Younan(编辑), *State Entities in International Arbitration*, *Juris Publishing, Inc.*, 2005, 附录 5。

于公共服务职能的商业活动”[275],因此,SNPC 被裁定为刚果的国家机构,而不是国有公司。

与美国和英国一样,巴黎上诉法院在确定一个实体的性质时总是特别关注其整体功能要素,同时也不愿意广义地解释执行豁免的例外情况。巴黎上诉法院认为,通常情况下,政府对公司的监督和控制以及公司公共政策和商业活动的混合职能不会使之自动失去独立法人的资格。然而,在 SNPC 案中,刚果政府“不仅保留了其对 SNPC 的控制权,而且还保留了真正的指导和批准权。这从而构成事实上的干预并剥夺了 SNPC 的所有实质自治权”[276]。法国法院的观点是,一个企业的独立性或自治性是区分商业实体与国家机关或机构(无论是在法律上还是在事实上)的主要标准。这亦与美国和英国的做法颇为相似。应当指出,在 Walker International Holdings v. Republic of Congo 中,Walker 曾声称 SNPC 是刚果的化身。美国第五巡回法院就此曾表示,即使 SNPC 是刚果的化身或刚果的机关或机构,扣押其资产的法律依据还是《外国主权豁免法》第 1610(b)条;鉴于根据该法律,刚果的财产不能被扣押,则无论 SNPC 是作为刚果的化身还是其机构的财产均不能被扣押。[277] 美国法院的判决之基础是其认定 SNPC 的财产未用于商业活动,故无论 SNPC 是否刚果的机关或机构均无区别。就此而言,法国法院的判决和美国法院的判决几乎一致。

Central Bank of Iraq v. Hochtief AG 案[278]涉及伊拉克中央银行是否是伊拉克国家机构的问题。在该案中,伊拉克中央银行作为中央银行,既从事私人

---

[275] Societe Nationale des Petroles du Congo v. S. A. Walker International Holdings Ltd. ,巴黎上诉法院,第 8 分庭,B 节,2003 年 7 月 3 日的裁决;关于这一案件的讨论是基于法文原件的翻译,参见 Emmanuel Gaillard & Jennifer Younan(编辑),*State Entities in International Arbitration*,*Juris Publishing, Inc.* ,2005,附录 5。

[276] Societe Nationale des Petroles du Congo v. S. A. Walker International Holdings Ltd. ,巴黎上诉法院,第 8 分庭,B 节,2003 年 7 月 3 日的裁决;关于这一案件的讨论是基于法文原件的翻译,参见 Emmanuel Gaillard & Jennifer Younan(编辑),*State Entities in International Arbitration*,*Juris Publishing, Inc.* ,2005,附录 5。

[277] Walker International Holdings Ltd. v. Republic of Congo,*F. 3d*, Vol. 395, 2004, para. 43.

[278] Central Bank of Iraq v. Hochtief AG,巴黎上诉法院,第 8 分庭,B 部分,2005 年 9 月 1 日的裁决。关于此案的讨论是基于法文原件的翻译,原文见 Emmanuel Gaillard & Jennifer Younan ed. ,*State Entities in International Arbitration*,附录 8。

性质的商业交易，又执行公共机构的任务并行使了特权。由于伊拉克中央银行拥有自己的资产、债务人、预算和账目，巴黎上诉法院裁定，尽管伊拉克对伊拉克中央银行进行管理，甚至对其利润实施严格的控制，但该银行具有独立的法人资格。根据法国法律，中央银行既是独立法人又享有特权。〔279〕 此判决亦属预料中事。〔280〕

从以上对美国、英国和法国的司法实践看，主要西方国家关于国家豁免的法律及其适用惊人地相似，代表了美欧国家的政策取向。其共同特点是在国家豁免例外的范围和程度上采相同的政策，即原则性地承认国家豁免为原则，同时宽泛地解释管辖豁免例外，特别是商业例外，然在解释执行例外方面则比较谨慎。或可说，这也代表了发达国家的基本立场。

六、主权原则的走势前瞻

经济全球化导致主权权力之行使受到较以往更多的限制，故主权权力受到限制的多寡与全球化的发展直接相关。全球化依然是当今世界的大势，且作为大势，全球化的发展便不可能没有起伏、反复甚至短期的及表面的倒退。全球化的发展更似大海的波浪，有起有伏，但一直向前。全球化在某个局部有时可能处于低潮，但在另外一些地方又处于高潮。如中美之间的关系现在处于低潮，是全球化的低点，但与此同时，美国在不断加强与其欧洲盟友和其他国家的关系，试图建立不同的较小范围的经济（甚至政治和军事）合作安排，又构成全球化的局部高点；中国和东盟、韩国及日本签订区域全面经济伙伴关系协定，建立了全球最大的自由贸易区，形成全球化的另一个高点。此外，尽管有新冠肺炎疫情的影响，中国和俄罗斯及中亚、东欧诸国的经济合作非但没有减弱，反倒进一步加强。这些均说明，全球化的总体发展方向并没有改变，

---

〔279〕 根据法国《货币和金融法》第 L. 153 - 1 条，中央银行的资产和欠款不得扣押。参见 Sara Francois - Poncet ed al. ,ibid, p. 363 - 364。

〔280〕 有论者认为，法国的司法实践说明，如果一个国家的财产被用于或被指定用于某项商业活动，则该财产便不能享有执行豁免，条件是该商业活动属司法性质；该作者同时指出，法国法院判案的趋势是愈趋于美国和英国的做法。See Jan Paulsson, *Sovereign Immunity From Jurisdiction: French Caselaw Revisited*, The International Lawyer, Vol. 19:1, p. 277 - 285(1985).

发展速度也没有降低,即使有杂音也无法影响其基本走势。全球化的此趋势势必对各国主权权力之行使构成进一步的限制。

(一)全球化与主权权力限制

基于全球化及作为其产物的双边和多边条约与安排的共同点是跨国合作,合作就需要各方相互让步,国家间合作中的让步在法律上的表现形式就是对国家行使主权权力的限制。当代涉及经济合作的国际条约大多涉及经济领域的诸方面,从货物的关税、海关查验程序和文件要求、原产地和产品类别的确定、检疫检验标准、进出口许可证的签发和标准、进入市场后的待遇等到服务贸易的市场准入条件、国民及其他待遇等。鉴于进入国际流通领域的产品和服务的技术和知识含量不断提高,如何保护知识产权成为重要问题。前述可以说是所有双边和多边自由贸易与经济合作条约与安排必不可少者。

为了发展本国经济,各国无不将吸引外资作为重要的国家政策,将引入的外资数量作为政绩的一部分。跨国投资的特点之一是其与服务有很大的重叠;一个项目到底属于投资还是服务多数时间很难确定,银行、金融公司、网络公司、保险公司、水电公司等的跨国经济交易便为例证。此外,即使是较为"纯粹"的投资,如汽车制造和组装、飞机制造、电厂建造等也都包括售后服务和运行后的维护及维修服务等。此情况使得貌似不受某个条约管辖的事项,也可能处于该条约之下,如电信公司在海外的投资便可能属于《世贸组织协定》下的提供服务,但在双边投资协定下也应该属于投资。

前述多边和双边条约涉及的方方面面都要求缔约方通过立法或行政手段执行。无论以何方式执行,这些条约规定都构成对国家主权权力行使的改变或限制,包括实体法和程序法甚至是法律制度方面的修订和改变。除条约规定外,国际判例法亦对主权权力的行使构成限制。历史上有些国家主张外国投资者将其与东道国的争议交由当地的法院解决,但当代自由贸易协定的投资章节和双边投资协定均包含投资者与东道国的仲裁条款,规定此类争议由国际仲裁解决。信息和互联网技术及大数据的快速发展和普遍应用使得投资仲裁的当事方有能力引用先前的裁决,也使得仲裁庭无例外地援引先前的裁决,或是为了证明自己所做决定的正确性或是为了说明自己的决定与先前的其他仲裁庭裁决不同的理由。这些裁决不仅对作为争议一方的东道国有拘束力,而且已经形成事实上的国际判例法,具有溢出效应。投资仲裁所针对的主要是行政机关的行为和不行为,有时还涉及司法机关的判决,故有人将之称为准国际行政审查机制。无论我们选择冠以投资仲裁何名称,投资裁决对东道国的执法理念、标准和价值等的影响不言而喻,对国家主权权力的行使构成限制是不争的事实。

(二)全球化与国家豁免

国家豁免系国际法的基本原则,得到国际社会的普遍承认。自 20 世纪中后期起美欧国家率先提出限制性豁免理论,原则上承认国家豁免系国际法的基本原则,同时对之加诸了许多例外,较突出者为商业活动。在美欧等国实行限制性国家豁免二十几年后,联合国通过了《国家豁免公约》并获 36 个国家签署,22 个国家批准。除美国和德国外,包括中国在内的其他主要国家均签署了该公约,签署国涵盖亚、非、拉美等地区的一众发展中国家。[281] 或可说,《国家豁免公约》,包括其支持的限制性国家豁免原则,代表了国际社会的趋势,尽管该公约尚未生效。[282] 根据《维也纳条约法公约》第 18 条,如果一个国家已经签署了某个条约,在该条约生效前,其"负有义务不得采取任何足以妨碍条约目的及宗旨之行动"。《维也纳条约法公约》第 18 条讲的是法律义务。从学术的角度分析,一个国家签署了一个国际条约,至少表明了该国在相关事项上的态度和立场。正是在此意义上,我们认为有 36 个国家签署的《国家豁

---

[281] 联合国常任理事国中国、英国、法国和俄罗斯,以及其他国家如日本、印度、阿联酋等均为签字方。参见 https://treaties. un. org/Pages/ViewDetails. aspx? src = IND&mtdsg _ no = Ⅲ - 13&chapter = 3&clang = _en(2022 年 2 月 10 日访问)。

[282] 中国在此问题上的立场是:"我国的国家豁免立场,体现在我国政府对外正式声明和实践之中,这是一个法律事实,并为国际社会广泛了解。在国与国之间实行国家豁免的实践中,有些国家对国家豁免规定了例外情况,把国家的商业活动和用于商业活动的财产等排除在国家豁免的范围之外,这种做法通常被称为'限制豁免'。这里需要说明的是,2005 年 9 月 14 日,我国签署了《联合国国家及其财产管辖豁免公约》,该公约在赋予外国国家及其财产管辖豁免和执行豁免的同时,对国家豁免规定若干例外,把国家的商业活动和用于商业活动的财产等排除在国家豁免的范围之外。但该公约尚未生效,全国人大常委会也未批准该公约,目前我国仍然实行一贯坚持的国家豁免规则和政策。"参见《全国人民代表大会常务委员会关于〈中华人民共和国香港特别行政区基本法〉第十三条第一款和第十九条的解释(草案)》的说明。中国的立场也可以解释为,一旦其批准了《国家豁免公约》,中国将实行限制性豁免理论。尽管我们无法预测中国会于何时批准《国家豁免公约》,但与之前相比,中国的立场发生了很大变化,至少现在并不完全排斥限制性豁免理论。

免公约》具有相当的代表性，说明国际社会对国家豁免的态度正在发生变化。

美国尚未在《国家豁免公约》上签字；美国的学者、律师协会等早已开始就如何修订美国《外国主权豁免法》进行研究，并提出了一系列建议。[283] 如有论者认为国际法上的国家豁免应是为了国际社会整体，在一国的行为明显损害国家间的关系或国际社会的整体利益时，便不应依《外国主权豁免法》受到保护，故主张对限制性豁免理论予以修正。[284] 与之相关的是涉及人权、国际罪行等案件应如何处理的问题。[285] 还有人提出关于国家元首刑事责任发生的整体情况应由行政部门评估；在豁免方面如何区分国家首脑与其他政府官员；[286] 个人索赔的案件应提供损害发生时的证据；遇有较为复杂的情况，如案件涉及政治因素，则应将之退回给负责处理外交事务的政府机关处理。[287] 另有论者提出《外国主权豁免法》的修订应包括证据查证的规定，如证据所在地、证据获取方法以及举证责任等。[288] 这些建议可谓五花八门，有的甚至略带荒诞。但实践说明，有些当时看超前、超现实或不切实际的建议，其后都有可能成为立法或修法的依据。无论美国何时修法，也无论其是否修法，或是否加入《国家豁免公约》，美国都可以通过英国、法国、日本等实行限制性豁免理论的国家将其理念带入《国家豁免公约》的解释。即使不考虑《国家豁免公约》，美国法律界的这些论点都可能对美国法院构成影响，进而对英国和欧洲的法院产生作用，毕竟英国、法国等的法院在判决中经常援引美国法院的判决，形成一个事实上的关于国家豁免原则解释的统一战线。

此外，国际判例法现已成事实，各国法院的判决势必对国家豁免原则的发

---

〔283〕 关于美国律师协会就修改美国《外国主权豁免法》的建议，参见 Joseph W. Dellapenna, *Refining the Foreign Sovereign Immunities Act*, Willamette Journal of International Law and Dispute Resolution, Vol. 9:1, p. 57 – 184(2001)。

〔284〕 See Lee M. Caplan, *State Immunity, Human Rights, and Jus Cogens: A Critique of the Normative Hierarchy Theory*, The American Journal of International Law, Vol. 97:4, p. 741 – 781(2003).

〔285〕 在此方面普通法国家已有判例。关于此问题的讨论，参见 Scott A. Keller, *Qualified and Absolute Immunity at Common Law*, Stanford Law Review, Vol. 73, p. 1337 – 1400(2021)。

〔286〕 See Jerrold L. Mallory, *Resolving the Confusion over Head of State Immunity: The Defined Rights of Kings*, Columbia Law Review, Vol. 86:1, p. 169 – 197(1986).

〔287〕 See Ruth Donner, *The Tate Letter Revisited*, Willamette Journal of International Law and Dispute Resolution, Vol. 9:1, p. 39(2001).

〔288〕 See Joseph M. Terry, *Jurisdictional Discovery under the Foreign Sovereign Immunities Act*, The University of Chicago Law Review, Vol. 66:3, p. 1029 – 1059(1999).

展有重要影响。在此方面欧洲人权法院的判决尤其值得关注，盖因其已常在国际投资仲裁中被援引。欧洲人权法院和其他法院的判决对《国家豁免公约》等的解释和适用将有重要作用。

(三)全球化与国际话语权

从国际社会的实践看，各国仍然认为国家豁免是国际法的基本原则；将商业活动等作为例外的限制性豁免理论也渐次得到国际社会的认同；《国家豁免公约》得以在联合国通过并获大多数世界主要国家签署便反映了此趋势。有论者甚至认为，大陆法系和普通法系国家的大量实践均表明，各国都在按照公认的国家豁免的国际公法规则塑造自己的行为。[289] 从已实行限制性豁免理论国家的实践来看，其对执行豁免均非常谨慎，不轻易对外国的财产采取强制措施。这促使越来越多的国家放弃绝对豁免原则，改采限制性豁免理论。目前，大多数采限制性豁免理论的国家都是按照外国行为是属于公法行为还是私法行为来决定是否给予豁免，也就是"商业活动"的标准，然何为商业活动有时并不容易判断。正因如此，"商业活动"的内涵和外延均有待各国在实践中不断细化。

我们认为，一个国家是采绝对豁免原则还是限制性理论是政治决定，但同时也涉及法理问题。国际法上的约定必须信守被公认为是习惯法的重要原则，[290] 故任何国家签订了协议或合同便应按规定履行，发生了争议便应按协议或合同的规定解决。豁免原则之适用主要是在争议发生后，作为缔约一方是否应接受外国(一般是缔约另一方的个人或实体所在地)国家法院的管辖。从约定必须信守的角度看，限制性理论有其法理基础。

从国际社会的实际情况言，实行限制性理论也并非一定有害。先哲说

---

〔289〕 See Hazel Fox, *In Defence of State Immunity: Why the UN Convention on State Immunity Is Important*, ibid., p. 404.

〔290〕 例如，在 SPP (Middle East) Ltd. v. Egypt 中，仲裁庭指出，"条约必须遵守原则在国际法中得到普遍认可，没有理由在本案不适用此原则。主权国家必需足够主权，以根据国际法和地方法作出具约束力的承诺"。参见 SPP (Middle East) Ltd. v. Egypt, ICC, Case No. 3493, Feb. 16, 1983, para. 54。

“三十辐共一毂,当其无有车只用”[291];“有之以为利,无之以为用”[292]。回顾历史,“Tate 公函”标志着美国改变了其关于国家豁免原则的立场,[293]对整个西方世界有重要影响。美国等西方国家自 20 世纪 70 年代起就限制性国家豁免开始立法,限制适用豁免原则的范畴,各该国的法院也在涉及主权国家的案件中主张限制性理论。各国在国家豁免原则方面的立场与其在国际社会的地位、与其他国家的经济交往程度等直接相关。在全球化的环境下,在全球范围实行限制性豁免只是时间的问题。正如“Tate 公函”所说,如果美国仍然坚持绝对豁免原则,其结果必然是美国可能在其他国家的法院成为被告,但其他国家在美国的法院会享有豁免。尽管此说法对美国可能并不确当,对其他相对较弱的国家却是真理。在大多数发达国家和一些发展中国家都实行限制性国家豁免理论的情况下,为了维护自身的利益,其他国家有必要慎重考虑坚持绝对豁免原则的潜在害处。“Tate 公函”已就此提供了答案。

当然,有人或可说即使实行限制性豁免理论,发展中国家的法院可能也没有机会行使管辖权,因行使管辖权的前提是有人愿意在相关法院提起诉讼。国家豁免案的特点是原告是个人或实体,被告则是外国国家。如果一个国家坚持绝对豁免原则,其法院就一定(而不是可能)不会成为以外国为被告的诉讼地。当法治被公认为最有效的治理机制的今天,一个国家的法院和仲裁机构能够经常处理涉及跨国争议的案件便会被认为法治较为健全。一国的法院如不受理涉及国家豁免的案件,就会失去增加国际话语权的机会。正如有的学者所指出,“国家法院的判决通过法理推论的说服力对习惯国际法构成影响,这可能会也可能不会说服其他国家的决策者。然而,意大利法院的一项判决似乎引起了……激烈反应;在国际层面,希腊最近便请求国际法院允许其加入德国诉意大利案,该案涉及一项意大利法院的判决”[294]。这也许就是中国

[291] 《道德经》第 11 章。

[292] 《道德经》第 11 章。

[293] 关于美国在“Tate 公函”前后美国法院在国家豁免方面的判决,参见 Isadore G. Alk, eds., *Absolute Immunity or Enforceable Liability? The Position Before Our Courts of Foreign Sovereigns Engaged in Commercial Activities*, Section of International and Comparative Law Bulletin, Vol. 9:2, p. 27 – 37(1965)。

[294] Lori F. Damrosch, *Changing the International Law of Sovereign Immunity Through National Decisions*, ibid., p. 1197.

等众多国家签署了《国家豁免公约》的考虑之一。

就国家豁免原则本身言,无论是绝对豁免原则还是限制性豁免理论都是关乎法院管辖的程序问题。无论《国家豁免公约》生效与否,国家豁免原则的执行都有赖于各国法院的解释。国家只是一个概念,必须有个人或机构代表方可以主张豁免权,到底谁可以代表一个特定的国家便需要负责的法院根据相关法律解释。在限制性豁免理论下,需要法院解释的条文及程序事项则更多。如到底哪些行为可以构成商业活动？尽管《国家豁免公约》有相关规定,但这些条文均需要放在具体的案情下解释方能产生效力。美国、英国等发达国家的实践均说明,"商业活动"的确定是一个非常复杂的工程。一旦《国家豁免公约》生效,对其条文的解释,在没有先例的情况下,人们一定会援引现在已执行限制性豁免理论国家法院的判决,将之作为先例,为条约解释提供依据。就此而言,美英等实行限制性理论的国家已在实践中积累了丰富的经验,势必处于优势地位。然而这些国家的司法实践也并非没有争议,如美国的法院便曾判决美国《外国主权豁免法》具有溯及既往的效力。这与《国家豁免公约》不具有追溯力的规定相冲突。美国《外国主权豁免法》还规定若外国财产的取得违反国际法,则其不享有豁免,然《国家豁免公约》并无相关规定。考虑到美国的国际地位以及其与欧洲国家在国家豁免法律解释方面的互动和联动,美国法院对内国法的解释一定会有溢出的效果。[295]

诗云:"瞻彼淇奥,绿竹猗猗,有匪君子,如切如磋,如琢如磨。"任何一个国际规则的形成均须长时间地验证、磨合。这将是一个漫长的过程或是没有终点的过程。任何国家若不积极加入此过程,会失去参加国际治理的机会,便不可能有国际话语权。以国家豁免原则为例,目前处于绝对豁免和限制性豁免共处、限制性豁免略占优势的态势。古人云,"天下难事必作于易,天下大事必作于细"[296]。在限制性豁免理论尚未为各国普遍接受之时,国家宜对该理论,特别是《国家豁免公约》的解释等进行具体的研究。此类研究应重在细节的分析,应具体到公约的每一个条款、每一个词语、甚至每一个标点符号。

---

〔295〕 如意大利并无专门针对国家豁免的法律,尚未签署《国家豁免公约》及《欧洲国家豁免公约》,但其法院在判案中遵循的是限制性国家豁免理论。See Elena Sciso,"*Italian Judges*" *Point of View on Foreign States' Immunity*, Vanderbilt Law Review, Vol. 44, p. 1201 – 1231 (2021).

〔296〕 《道德经》第 63 章。

就此而言，任何研究都离不开实践、法律，而国际法的最好试验场是法庭审案、判案。法院的判决不仅可提高司法系统的水平而且可以为学者提供研究的素材。当本国法院不能提供研究素材时，学者便会以外国的素材作为研究对象，这显然是不理想的现象。此外，无论是司法实践还是学者的著述均是提高本国软实力和国际话语权的有效途径。〔297〕

综上所述，在当代高度全球化的大势下，各国相互间的经济交易与交往不断频密。国家间互为依赖关系的提高要求每个国家在主权权力的行使方面作出让步、妥协，也就是对各国的主权加以限制。此限制涉及各国的实体法、程序法、行政程序与决定、司法的权力等，表现形式则包括由条约规范、限制缔约方在立法、行政以及司法等方面的行为。在此情势下，传统的绝对国家豁免原则受到冲击，有渐次被限制性豁免理论取代的趋势，《国家豁免公约》几乎得到了所有主要国家签署便是明证；美国、德国等未签字的国家早已在实行限制性豁免理论。基于此，《国家豁免公约》是继贸易、投资等已生效的多边和双边条约的另一重要条约。美欧等实行限制性豁免理论国家的实践说明，对《国家豁免公约》许多条文的解释必然成为各国争夺话语权的平台。古人云"尊德性，而道问学，致广大，而尽精微"〔298〕，用在我们讨论的问题上就是，对任何议题的研究都必须遵循其发展规律，不仅要分析其宏观方面，而且要探究其细微、具体之处。基于此，我们建议各国，特别是发展中国家，应关注全球化对主权权力的影响趋势及具体方面，包括《国家豁免公约》实际执行中可能遇到的问题，进行具体详细的研究，助力世界实现人类尊严与和平的目标。

---

〔297〕 有学者认为不仅学者间的交流重要，而且应该鼓励不同国家法院间的交流。"为使国家豁免的习惯国际法继续发展，以应对不同国家（司法、立法和行政机构）决策者的行动和反应，司法机构间的对话应予鼓励。通过司法机构间的对话，了解其他地方的法院的先前判决并决定是否遵循这些判决；在此过程中，司法机构可以阐明相关问题并说明维持传统的国家豁免概念或根据不断变化的情势调整国家法院在就外国的不法行为提供补救措施的理由"。See Lori F. Damrosch, *Changing the International Law of Sovereign Immunity Through National Decisions*, ibid., p. 1197.

〔298〕 《中庸》第27章。

第三章　最惠国待遇

致中和，天地位焉，万物育焉。

（中庸）

最惠国条款为当代国际贸易和国际投资相关协议的基本原则。基于关贸总协定的《世界贸易组织协定》、《能源宪章条约》、北美自由贸易协议、尚在谈判中的《区域全面经济伙伴关系协定》（Regional Comprehensive Economic Partnership）以及数以千计的双边投资协定和自由贸易协定无不含有最惠国待遇条款。鉴于贸易（包括货物贸易和服务贸易）和投资必然涉及金融、银行、知识产权、信息通信技术等诸经济领域，最惠国待遇条款已成为当今国际社会跨境经济合作与交往的基石。联合国国际法委员会将最惠国待遇界定为："最惠国待遇是授予方给予受惠方或与之有确定关系的人或事的待遇不低于授予方给予第三方或与之有同于上述关系的人或事的待遇。"[1] 受惠方享受最惠国待遇的权利系根据授予方与受惠方之间达成的协议，且相关权利仅限于协议规定的范围。享有最惠国待遇的主体则包括受惠方自身以及与之有确定关系的人或事。[2] 据此，只有在授予方给予第三方的待遇以及所涉及的人和事的关系均与受惠方和授予方间最惠国待遇条款所规定的事项属于同一类别的情况下，受惠方才可依最惠国待遇条款主张相同的权利。[3] 同时，最惠国待遇需通过相关国家通过谈判达成协议方能授予和享有，故不是法定的国际法上的权利。

---

〔1〕 参见联合国国际法委员会《1978 年最惠国条款草案》（*Draft articles on most－favoured－nation clauses*）第 5 条。该条款草案见《1978 年国际法委员会年鉴》，第 2 卷（第 2 部分），第 16－72 页。授与方是指承担给予最惠国待遇的国家或地区，而受惠方系指授与方已向之承担给予最惠国待遇的国家或地区。

〔2〕 参见《1978 年最惠国条款草案》第 8 条和第 9 条。

〔3〕 《1978 年最惠国条款草案》第 10 条。

作为国际经济关系与交易的基本原则，如何解释、适用最惠国待遇条款自然成为国际社会关注的问题。作为历史最悠久的国际贸易与投资的原则，随着时间的延续、科学技术的发展、交往交易方式方法的改变、法治思维和价值的演变，如何对最惠国条款作出与时俱进的解释亦成为世界的焦点。本章将分析研究最惠国条款的历史、解释原则、世界贸易组织和国际投资仲裁的实践，并就其发展方向提出建议。

一、最惠国条款的演变及解释原则

"知远之近，知风之自，知微之显。"[4]最惠国条款是市场经济竞争环境下的产物，其发端于中世纪的欧洲，系由于当时的商人因无法在外国市场获得垄断地位，便退而求其次改为力求其所受待遇不低于其他竞争者。[5] 故最惠国待遇的本质是无歧视待遇，在国际条约中的表现形式则为国家平等原则。这亦符合国际贸易的比较优势经济理念。根据比较优势理论，每个国家均应生产其最擅长的产品，从而实现国际交易的高效进行，造福国际社会的消费者。然如果甲国不给予乙国的产品和服务以与丙国相同的待遇，亦即对乙国采歧视待遇，理论上这些国家的比较优势就会无法发挥效率。最惠国待遇的作用就是确保这些相关国家的货物、服务、知识产权等均不受到歧视，条件是相关产品、服务具有同类性。易言之，如果甲国和乙国签订一协议规定相互给予来自对方的货物、服务、投资等最惠国待遇，同时甲国与丙国签订一协议承诺给予来自乙国的货物、服务、投资等高于其同乙国协议的待遇，则乙国是否可依最惠国待遇条款要求享有与丙国相同的待遇取决于其货物、服务或投资是否与来自丙国的货物、服务和投资属于同一类别。前述假设涉及两个方面，也是最惠国待遇条款适用的两个关键。一是最惠国待遇的"同类原则"，即除非相关事项属于同类，否则最惠国待遇条款不适用。二是"不低于原则"，即（乙国应享有）待遇的标准或水平应依给予待遇的国家（甲国）给予第三国（乙国）的

---

〔4〕《中庸》第33章。

〔5〕See Endre Ustor, *First Report on the Most – Favoured – Nation Clause*, Yearb Int Law Comm Ⅱ, 1969, p. 157 – 186.

待遇而定;待遇则包括条约或法律规定的待遇和实际待遇两种;易言之,即使给予国的法律表面上属中性,即不涉歧视,然实践中有事实上的歧视,则其仍违反最惠国待遇原则。

最惠国待遇历来是政治和经济妥协和竞争的产物。与国际贸易相关的最惠国待遇涉及通商、航海、关税等方面。具体言之,最惠国待遇通常包括但不限于下述诸方面:(1)有关进口、出口、过境商品的关税及其他各种捐税;(2)在商品进出口、过境、存仓和转运方面的海关规则、手续和费用;(3)进出口许可证的签发;(4)船舶驶入、驶出和停泊时的各种税收、费用和手续;(5)以及关于人员入境、商标、铁路运输等方面的条件等。[6]

(一)最惠国条款的演变

最惠国条款有悠久的历史。早在11世纪和12世纪,具最惠国待遇特征的条款就出现在国际条约中。源于中世纪的一些欧洲商业城市因无法在外国市场取得垄断,从而改为与当地签订协议,以确保其受到不低于其他竞争者的商业机会和待遇,[7]这就奠定了最惠国条款的核心是非歧视的基础。较著名的早期国际条约为弗雷德里克二世(Frederick Ⅱ)与马赛市于1226年11月8日签订的条约。该条约规定马赛人可享受弗雷德里克二世给予比萨市(Pisa)和热那亚市(Genoa)居民的所有特权。[8]最惠国待遇条款在世界商业活动中的较广泛应用则始于15世纪至16世纪。当时,很多欧洲国家签订的条约中都含有类似于最惠国待遇的条款。[9] 英国、荷兰兴起,成为西班牙、葡萄牙在国际商事交往和交易中的竞争对手。与此同时,法国和斯堪的那维亚半岛逐渐发展成为可与汉希特克联盟(Hanseatic League)和日趋没落的意大利共和

---

〔6〕 最惠国条款的范围依条约不同而异。此为例举。另可见联合国国际法委员会通过的《1978年最惠国条款草案》第4条第16项。

〔7〕 See Endre Ustor, *First Report on the Most – Favoured – Nation Clause*, ibid.

〔8〕 该条约被认为是第一个见诸文字的涉及最惠国待遇的国际文件。See Stanley K. Hornbeck, *The Most – Favoured Nation Clause in Commercial Treaties: Its Function in Theory and in Practice and Its Relation to Tariff Policies*, Bulletin of the University of Wisconsin, Vol. 343, p. 11(1910).

〔9〕 该条约被认为是第一个见诸文字的涉及最惠国待遇的国际文件。See Stanley K. Hornbeck, *The Most – Favoured Nation Clause in Commercial Treaties: Its Function in Theory and in Practice and Its Relation to Tariff Policies*, Bulletin of the University of Wisconsin, Vol. 343, p. 11(1910).

国抗衡的强大力量。其结果是西班牙、葡萄牙、英国、荷兰和法国成为势均力敌的竞争对手。[10] 它们既相互猜忌又不得不相互合作。为了取得竞争优势，各国均力图在与其他国家的经济交往中享受不低于第三国的待遇。其后，最惠国条款则无例外地成为友好通商航海条约的一部分。[11] 按照国际法院的解释，最惠国条款的目的是“在相关国家间，在所有时间内，建立并保持根本性的平等且无歧视的关系”[12]。显然，最惠国待遇从开始出现起便具有强烈的政治和经济色彩。

进入 17 世纪后，各国间的经济活动逐步频密，涉及商事交易和交往的条约亦逐渐增多。1642 年 1 月 29 日，英国和葡萄牙签订的《和平与商务条约》(Treaty of Peace Commerce)第 4 条规定英国国民应享受葡萄牙给予其他同盟国国民的豁免与特权。[13] 这在当时是颇有创意的做法，因为在 17 世纪中，最惠国待遇条款一般均列举一两个国家所享有的权利作为标准。此外，17 世纪末叶，有的国际商事条约还将宗教与非宗教国家加以区别。例如，1675 年 10 月 30 日英国与土耳其(the Sublime Porte)签订的《和平与商务条约》(Capitulation of Peace and Commerce)第 3 条规定，最惠国待遇是指不低于“任何其他基督教国家”所享有的待遇。[14]

早期的最惠国待遇都是附有条件的，即系基于互惠的原则。此类条约的最惠国条款大多规定相关缔约方相互给予对方不低于其给予第三国的待遇，而无论相关待遇是签约前还是签约后给予者。不依相互原则给予的优惠待遇或无条件的最惠国待遇条款始于 18 世纪末。19 世纪上半叶，在欧洲再次流行有条件的最惠国待遇。然而，到 19 世纪下半叶，世界经济形势的发展使得欧洲各国一反常态，改而主张不附带条件的最惠国待遇。然天下无免费之午

---

〔10〕 该条约被认为是第一个见诸文字的涉及最惠国待遇的国际文件。See Stanley K. Hornbeck, *The Most – Favoured Nation Clause in Commercial Treaties: Its Function in Theory and in Practice and Its Relation to Tariff Policies*, Bulletin of the University of Wisconsin, Vol. 343, p. 11(1910).

〔11〕 关于最惠国待遇条款的早期发展及国际社会的立法努力，参见 *The Most – Favoured – Nation Clause*, The American Journal of International Law, Supplement: Codification of International Law, Vol. 22:1, p. 133 – 156(1928)。

〔12〕 参见 Case concerning rights of nationals of the United States of America in Morocco, *I. C. J. Reports* 1952, p. 176, 192。

〔13〕 See Hugh O Davis, *America's Trade Equality Policy*, American Council on Public Affairs, 1942, p. 2.

〔14〕 See Hugh O Davis, *America's Trade Equality Policy*, American Council on Public Affairs, 1942, p. 2.

餐——各国给予其他国家无条件最惠国待遇的目的并非向后者宣示友谊或帮助后者的经济发展,而是维持其本国在世界贸易中的支配或主导地位。当时,无条件最惠国待遇政策与新独立的美国所推行的孤立政策形成了鲜明的对比。18 世纪至 19 世纪,美国一直把附带条件的最惠国待遇作为其对外贸易的基本国策。独立战争结束后,虽然美国在政治上具有国际法主体的资格,然却未在世界经济和贸易方面取得与欧洲各国平等的地位。法国、西班牙、英国等都试图将美国拒之于其各自的势力范围之外,使后者无法与受殖民统治地区进行自由贸易。然这些欧洲列强都希望打入美国市场。美国所采取的对策是提高关税和封锁市场:除非欧洲国家愿意以同样条件向其开放市场,否则它不给予这些国家任何便利。1800 年 9 月 30 日,美国与法国签订了第一个友好通商协定,相互给予最惠国待遇。〔15〕 在当时的情况下,美国的附条件最惠国待遇政策增加了其谈判实力,为以后在平等的条件下扩大与欧洲等国的经贸关系奠定了基础。

美国和欧洲在最惠国待遇方面的分歧直到第一次世界大战结束后才有所改变。第一次世界大战后,美国成为经济强国,从原来进口欧洲工业产品与资本、向欧洲出口原材料,改为向欧洲出口工业产品和资本。据此,自 20 世纪 20 年代起,美国的对外经济政策发生了显著变化。在国际贸易中,美国开始支持不附带条件的最惠国待遇,力主各国对进口的限制,特别是在关税方面,应对所有国家一律平等。〔16〕美国海关法院(Court of Customs and Patent Appeals)判决的约翰 · 比尔公司案[John T. Bill Co., Inc., et al. v. United States 104 F. 2d 67 (1939)]就反映了美国的这一政策。〔17〕美国政府是该案的被告。原告比尔公司控告美国政府对产自德国的自行车零部件征收的关税违反了美国和德国于 1925 年 10 月 14 日签订的贸易条约。该条约第 7 条规定,

---

〔15〕 参见美国所签订的具有代表性的最惠国条款一般都规定:缔约双方同意在商业及海运方面给予对方事实上或以后可能给予任何其他国家或国民的优惠、特许或特权,条件是上述特许等纯属赠与性质或基于互惠的原则。就与此相关的讨论,参见 Olivier Accominotti & Marc Flandreau, *Bilateral Treaties and the Most - Favored - Nation Clause: The Myth of Trade Liberalization in the Nineteenth Century*, World Politics, Vol. 60:2, p. 147 - 188(2008)。

〔16〕 美国国会于 1922 年通过关税法授权总统签订不附带条件的最惠国待遇条款。美国《1934 年贸易协定法》重申了上述授权。

〔17〕 See John T. Bill Co., Inc., et al. v. United States, *F. 2d*, Vol. 104, p. 67(1939).

缔约双方在进口方面无条件给予对方不低于其给予任何第三方的待遇。同时,双方承诺在产品出口税和贸易的其他方面给予对方不低于其给予任何第三方的待遇。[18]

比尔公司认为美国和德国贸易条约规定的最惠国待遇是不附带条件的。因此,从德国进口的自行车零部件不应被课以高于从其他国家进口的同类产品的关税。当时,美国向从其他国家进口的自行车零部件征收30%的关税,但对从德国进口的自行车零部件则征收50%的关税。加勒特法官(Judge Garrett)认为美国给予其他国家的优惠应以美国能获得同样优惠待遇为条件。[19]他指出,美德条约关于最惠国待遇条款的基础是相互给予最惠国待遇,而不附带条件的最惠国待遇符合美国的利益与根本目标。实践证明,附带条件的最惠国待遇只能为美国提供讨价还价的机会,而不能真正使美国在海外市场取得平等待遇。只有支持不附带条件的最惠国待遇,美国方能最大限度地确保其利益。鉴于美德条约明文规定相互给予不附带条件的最惠国待遇,美国海关法院最后判决对从德国进口的产品的不平等待遇违反了条约规定。

鉴于最惠国待遇对国际贸易有重要影响,各国在谈判最惠国待遇条款和条件时均希望将最惠国待遇条款的适用范围尽量缩小,以免第三方从中受益。有的关于最惠国待遇的条款甚至有意识地将一些国家可能进口的产品排除在外。

自第二次世界大战后,最惠国条款在涉及国际贸易、金融和投资的领域渐次被纳入双边和多边条约,成为其基本原则。最显著者当系1947年生效的《关贸总协定》。此后,作为多边贸易体系的基本原则,最惠国条款成为《世贸组织协定》的一部分,适用于货物贸易、服务贸易以及与贸易有关的知识产权领域。鉴于服务贸易与投资的重叠性,世贸组织最惠国条款也事实上进入投资领域。当然,始自于第二次世界大战结束后的双边投资协定自20世纪80年代起大量增加。这些协议均含有最惠国待遇条款。双边投资协定最惠国待遇条款随着投资争端仲裁于20世纪末的大幅增加而受到国际社会的重视。

自第二次世界大战以来,除以关税形式对国际贸易进行限制外,各国亦采

---

〔18〕 See John T. Bill Co., Inc., et al. v. United States, *F. 2d*, Vol. 104, p. 67 (1939).

〔19〕 See John T. Bill Co., Inc., et al. v. United States, *F. 2d*, Vol. 104, p. 67 (1939).

用非关税形式,如反倾销法、反补贴法、进口标准要求或出口限制等对贸易进行限制。非关税壁垒从而成为公认的对国际贸易的最大障碍。传统上最惠国待遇只适用于关税或其他程序方面的事项。东京回合将最惠国待遇原则扩大适用于其他协议。由于在东京回合达成的协议只对签字方有效,故各该协议的实际效力有限。自世界贸易组织建立后,最惠国待遇原则适用于所有协议,包括货物贸易、服务贸易、知识产权、非关税壁垒等诸方面。作为多边国际贸易制度的基本原则之一,最惠国待遇是世贸组织诸成员的基本义务,从而也成为国际贸易的基本待遇标准。[20]

(二)对最惠国待遇的挑战

最惠国待遇已成为当代国际经济交易与交往的基本待遇。然一些国家,特别是美国等发达国家经常将之作为干涉其他国家内政的手段。如在中国加入世界贸易组织前,美国每年都进行所谓的人权审查,如其认为中国的人权记录不好,便可单方面拒绝给予来自中国的产品和服务以最惠国待遇。[21] 尽管中国在加入世贸组织前,美国从未因所谓的人权记录而拒绝给予中国最惠国待遇,但美国将之作为干预其他国家内政的目的昭然若揭。这当然与包括美国在内的国际社会诸成员的相互依赖关系日益密切直接相关。随着越来越多的国家和地区加入世界贸易组织,最惠国待遇几乎成为整个世界遵行的贸易基本原则。任何国家单方面拒绝给予其他国家最惠国待遇很可能会违反其所承担的国际义务。[22]

然树欲静而风不止。对国际贸易原则,包括对最惠国待遇原则的挑战并未因世贸组织的建立而平息,近期反倒更肆无忌惮。最令人侧目者当属特朗普担任美国总统后挑起的贸易摩擦。2018 年,美国依据其内国法——1962 年

---

〔20〕 如《关贸总协定》第 1 条、《与贸易有关的知识产权协定》第 4 条和《服务贸易总协定》第 2 条均规定世贸组织成员有义务立即及无条件地实施最惠国待遇。此规定同样适用于作为关贸总协定附件的《农业协定》《实施卫生和植物卫生措施协定》《技术性贸易壁垒协定》等。

〔21〕 在中国加入世贸组织之前的若干年里,美国每年给予(中国)最惠国待遇之前都会审查中国的人权状况。20 世纪 90 年代末,克林顿执政期间将人权与确定最惠国待遇划清界限后,情况方有所改善。

〔22〕 实际上,由于最惠国待遇是世贸组织的基石,无条件地适用于所有世贸组织协定,任何对适用最惠国待遇强加条件的企图,都可能会废除或减少成员的利益,因此,违反 WTO 协议。

《贸易扩展法》(Trade Expansion Act)第 232 节[23]和《1974 年贸易法》(Trade Act of 1974)[24]第 301 节,[25]以“美国优先”为政策诉求,对贸易伙伴增收关税。这明显违反了美国在世贸组织下的义务,包括最惠国待遇义务。根据世贸组织的《关贸总协定》,任何成员对来自其他成员的产品所征收的关税均不得高于其关税减让表的幅度。[26] 美国单方面增征关税显然违反了前述义务。美国对个别世贸组织成员加征关税亦即对来自这些国家的产品和服务给予了低于其他世贸组织成员享有的待遇,故不符合最惠国待遇原则。

美国对贸易伙伴增收关税只是手段,其目的是意图通过双边谈判达成对美国有利的新协议。发动贸易摩擦不久,美国便积极与贸易伙伴开展双边谈判,希望达成“无关税、无贸易壁垒、无政府补贴”的“三无”协议。就美国而言,其强大的经济和政治实力更易在双边谈判中转化为条约利益。2018 年 8 月 27 日,特朗普宣布与墨西哥达成了新的协议,并威胁若加拿大无法于 9 月 30 日前达成协议,便仅有美墨自由贸易区。[27] 迫于美国的压力,加拿大在美国设定的最后期限前同意了美国的条件,从而新的《北美自由贸易协议——美墨加协定》问世。[28]美国还用相同的方法迫使韩国同意修改仅生效 6 年的

---

〔23〕 关于美国总统在《贸易扩展法》下的权力以及美国贸易代表关于此轮提高关税的建议,参见 https://www.investopedia.com/terms/s/section-232-trade-expansion-act.asp(2022 年 2 月 21 日访问)。

〔24〕 美国《1974 年贸易法》英文全文参见 https://uscode.house.gov/view.xhtml?path=/prelim@title19/chapter12&edition=prelim(2022 年 2 月 21 日访问)。

〔25〕 美国《1974 年贸易法》第 301 节授权总统基于其他国家的法律、政策或行为违反国际协定或对美国商业构成不公正、不合理、歧视性的限制采取包括报复在内的适当行动。与此相关的是特别 301 节。特别 301 节要求美国贸易代表办公室每年的 4 月 30 日提交报告,指出哪些国家的知识产权保护法律不能为美国企业和个人提供“充分和有效”的保护或不能提供“公平公正的市场准入”。美国总统便可依之采取贸易行动,包括报复。

〔26〕 参见《关贸总协定》第 2 条第 1 款(a)。关税减让表系指在乌拉圭回合及之后各方达成的关于关税上限的协议。关税减让通常是先分别通过双边谈判达成,然后将各双边协议多边化从而成为关贸总协定的附件,即其不可分割之部分。

〔27〕 美墨新协议要求将来在北美销售的汽车零部件的 75% 应在美国和墨西哥生产(现为 62%),且 40% 至 45% 在北美销售的汽车零部件之工人工资不得低于每小时 16 美元。此外,该协议规定有效期为 16 年,每 6 年审查一次。参见 https://www.cnn.com/2018/08/27/politics/mexico-us-trade-deal/index.html(2022 年 2 月 21 日访问)。

〔28〕 关于协议的简介,参见 https://ustr.gov/trade-agreements/free-trade-agreements/united-states-mexico-canada-agreement/agreement-between(2022 年 2 月 21 日访问)。

《韩美自由贸易协定》。[29] 严格地讲,这些协议不会违反世贸组织最惠国待遇原则。原因在于,根据《关贸总协定》第 24 条,北美自由贸易协议和韩美自由贸易协定均可视为区域性贸易安排,相关成员间可提供高于最惠国待遇的待遇。

在美国发动的贸易摩擦中,中国亦首当其冲成为受害者。美国先是依据其国内法,即《1974 年贸易法》第 301 节以及国家安全等理由对来自中国的商品加征关税,后来根本就不再提基于何理由,而是一言不合即挥舞关税大棒,并同时将关税与中国的产业政策、知识产权等相关法律法规直接挂钩。这也是为什么美国前总统特朗普曾在推特上公开表示,“我们并非在与中国有贸易摩擦”。除了对中国施压,美国还以提高关税为手段对欧盟、土耳其、巴西、阿根廷等施压,力求达成对美国有利的新贸易协议。

美国挑起的贸易摩擦无论是否会以相关国家达成协议而结束都已构成对最惠国待遇原则的严重挑战。事实上,即使达成协议,最惠国待遇原则依然不具有确定性。试想,假如中美或是美欧就降低关税达成协议,或是就服务贸易的市场准入条件等达成协议,相关协议是否应适用于世贸组织其他成员呢?鉴于这些协议并非区域贸易安排,其他成员很可能基于最惠国待遇原则要求享有相同的待遇。如果遭到拒绝,相关成员很可能诉诸争端解决机制。[30] 除对最惠国待遇这一国际贸易基本原则的破坏外,美国的做法也严重违反了国际法的条约必须信守(*pacta sunt servanda*)和诚实信用原则。[31] “信不足焉,有不信焉。”[32] 作为当今世界超级大国的美国不讲求诚信,其他国家为了自保

---

〔29〕 美国和韩国于2018 年9 月24 日在纽约达成共识,修改原有的自由贸易协议,允许更多美国产品进入韩国。参见 https://www. vox. com/2018/9/24/17883506/trump - korea - trade - deal - korus(2022 年2 月21 日访问)。

〔30〕 由于美国的阻挠,世贸组织上诉机构的成员期满离职后,新成员一直无法得以任命。到了 2020 年11 月30 日,上诉机构全部委员的任期届满,从而停止了运作。参见 https://www. wto. org/english/tratop_e/dispu_e/ab_members_descrp_e. htm(2022 年2 月21 日访问)。

〔31〕 条约必须信守早已成为国际法的原则。关于此问题的讨论,参见 Hans Wehberg, *Pacta Sunt Servanda*, The American Journal of International Law, Vol. 53:4, p. 775 - 786(1959); Malcolm P. Sharp, *Pacta Sunt Servanda*, Columbia Law Review, Vol. 41:5, p. 783 - 798(1941)。

〔32〕 《道德经》第 17 章。

等原因势必效仿之。[33] 这种循环势必使得对最惠国待遇原则的挑战溢出到其他领域,从而对世界贸易秩序整体构成挑战。

(三)国际立法努力

如前所述,最惠国待遇是历史最悠久的国际法原则之一,存在于几乎所有当代国际贸易及投资协定。如何就最惠国条款及其解释进行国际立法早已成为国际社会所关注的议题。1924 年 9 月,国际联盟大会就通过了关于"国际法逐步编纂"的决议,决定设立一小组委员会,审议"关于制定一国际协定,以确定和解释条约中最惠国条款影响的主要手段"之可能性。[34] 其后,该小组委员会报告称:"委员会的大多数成员对提交给小组委员会的原始问题给出了否定的答案——即使就前述问题制定规则是可行的,但似乎也既无必要且不可取。"[35] 鉴于小组委员会的工作尚未完成,第二次世界大战后此事再被提起。联合国成立后不久,联合国秘书长在题为"就国际法委员会编纂工作进行的国际法考察"的备忘录中指出:"对最惠国条款的不同解释仍会给各国造成困扰,可能有必要重新考虑国际联盟专家委员会的意见。该委员会基于一份全面的报告,详细讨论了这一问题,认为可以通过双边协议解决之。"[36]

随着最惠国条款重要性的不断增加,20 世纪的 60 年代,联合国国际法委员会在讨论条约与第三方的关系时提出将最惠国条款作为专题列入工作方案并于 1978 年提交了《最惠国条款草案》(以下简称《条款草案》)。《条款草

---

〔33〕 例如,2018 年 7 月 17 日,欧盟和日本签署了《欧盟与日本经济伙伴关系协定》(The EU and Japan's Economic Partnership Agreement),决定建立全球最大的自由贸易区,于 8 年内基本实现零关税。关于协议的内容简介,参见 http://ec. europa. eu/trade/policy/in – focus/eu – japan – economic – partnership – agreement(2022 年 2 月 21 日访问)。

〔34〕 Endre Ustor, *Yearbook of the International Law Commission*, Vol. Ⅱ, 1969, UN Document A/CN. 4/SER. A/1969/Add. 1, 18 April 1969, p. 170; *Second Report on the Most – Favoured – Nation Clause*, Yearbook of the International Law Commission, 1970, Vol. Ⅱ, UN Document A/CN. 4/SER. A/1970/Add. 1, 9 March and 18 May 1970, p. 199.

〔35〕 参见 Second Report on the Most – Favoured – Nation Clause,同上,第 90 段。

〔36〕 The UN, Memorandum submitted by the Secretary – General, *Survey of International Law in Relation to the Work of Codification of the International Law Commission*, in *Book of the ILC* 1949, UN Document A/CN. 4/1/Rev. 1, para. 91.

案》的起草系基于先前的双边和多边条约包括《关贸总协定》的实践。[37] 其第4条规定,“最惠国条款是一项条约规定,据此规定一国向另一国承担一种义务,在约定的关系范围内给予最惠国待遇”。据此,可以断定国际法委员会提出的最惠国条款主要是针对国家间的条约。而关于界定最惠国待遇的第5条则规定,相关待遇系指“授予方给予受惠方或与之有确定关系的人或事的待遇不低于授予方给予第三方或与之有同于上述关系的人或事的待遇”。此处的“同于……关系”的英文表述是“in the same relationship”。这一表述不同于《关贸总协定》的“同类产品”的表述,但前者显然是受其影响,且对后来的最惠国条款之解释有重要影响。《条款草案》的重要贡献之一是明确了最惠国待遇的授予和享受均系基于条约规定。易言之,最惠国待遇首先需在基础条约中规定哪些人或事有权享有相关待遇,其次是比照授予国与第三国的条约,在具有同类关系的人或事中适用最惠国条款。[38] 由于各国无法就与发展中国家相关的待遇达成一致意见以及担心最惠国条款对经济一体化构成负面影响,《条款草案》最终并未得到联合国大会的支持,未作为条约草案由大会表决。关于最惠国条款的国际立法从而也就停滞下来,直至21世纪初再次进入联合国的视野。

国际社会对最惠国待遇的立法再次产生兴趣的主要原因是国际投资仲裁庭在21世纪初的裁决中首次将最惠国条款适用于外国投资者和东道国争议解决的程序上,引起轩然大波。2006年,国际法委员会在第五十八届会议上提出是否应当重新审议最惠国条款问题。联合国国际法委员会于2008年决定将最惠国条款列入工作方案,并设立一研究组负责相关问题的研究。2015年,研究组向国际法委员会提交了报告,[39] 内容涵盖最惠国条款的背景,现实意义及国际实践(包括世贸组织和国际投资仲裁),对国际投资仲裁的政策分析以及指导意见等。

---

〔37〕 参见 Draft Articles on Most – Favoured – Nation Clauses with Commentaries 1978,《国际法委员会年鉴》1978年,第2卷第2部分。在关于第4条的解释中,国际法委员会专门提及关贸总协定和其他一些双边条约。

〔38〕 参见《条款草案》第4 –5条。

〔39〕 该报告的正式名称为国际法委员会最惠国条款研究组最后报告,载于国际法委员会向第67届联合国大会提交的报告之附件,大会正式记录第七十届会议补编第10号,2015年5月9日(以下简称《最惠国条款研究组最后报告》)。

总体而言,国际法委员会研究组的报告主要是针对投资仲裁中出现的问题进行研究。这些问题包括双边投资协定谈判的非对称性以及投资仲裁庭兼具解释条约和解释合同的双重身份等。就前者言,研究组认为尽管双边投资协定有的是发达国家和发展中国家签订,有的国家有自己的协定范本且在与其他国家谈判时将之作为谈判的基础,但"现代投资协定是建立在一些核心规定之上"者,故"无论谈判中是否存在不对称,得到的结果似乎是相似的"。[40] 基于此,研究组的结论是"虽然这个因素有助于拓宽对国际投资法领域的理解,但不是一个与解释单个投资协定有关的因素"。[41]

研究组认为双边投资协定的核心规定,包括最惠国条款,具有一定的一致性,但并不否认具体的条文会因协定之不同而异。其所认为的一致性更多的是指最惠国条款的目标之一致,即"无论具体如何表述,只要条约中的某项条款给予了不低于给予第三方待遇的待遇"。[42] 当然,最惠国条款总体目标的实现方式则"取决于用来表述最惠国义务、范围、覆盖面和受惠方的实际措辞"。[43] 而如何对这些具体规定进行解释系最重要者,也是最易引起争议者。投资仲裁引起的争议就是例证。

关于投资仲裁庭的双重身份问题,研究组认为 1978 年国际法委员会起草最惠国条款时的侧重点是国家间的最惠国待遇,故未仔细研究作为受益人的外国投资者的情况。[44] 研究组的此种解释也并非有充分的说服力,因为《华盛顿公约》于 1965 年已经签字并于 1966 年生效,且很多双边投资协定都规定将投资者与东道国的争端诉诸仲裁解决,只不过在国际法委员会起草最惠国条款草案时投资仲裁的实践非常有限而已。投资仲裁的广泛采用起始于 20 世纪末。研究组认为"投资者与国家间的仲裁具有混合性质,对投资协定的

---

〔40〕《最惠国条款研究组最后报告》第 142 - 143 段。

〔41〕《最惠国条款研究组最后报告》第 144 段。

〔42〕《最惠国条款研究组最后报告》第 146 段。

〔43〕《最惠国条款研究组最后报告》第 147 段。

〔44〕研究组指出,"1978 年拟定条款草案时,可供参考的、以个人为受惠方的实践少之又少。是否要求授与方履行给予最惠国待遇的义务取决于受惠方。不给予最惠国待遇是违约行为,只要有相应的法庭,一方就可以对另一方提起诉讼。不存在供投资者起诉外国的国际法庭;不过,如果相关条约义务已经成为内国法的一部分,或者根据内国法存在独立的起诉权,则投资者可以向授与国的国内法院提起诉讼"。参见《最惠国条款研究组最后报告》第 151 段。

解释构成特殊挑战。协定是国家之间订立的,因而是条约。但解释条约的仲裁庭与商事仲裁具有某种相似性,商事仲裁历来是一个私法制度而非公法制度。因此,解释方将协定视为一项国际法文书还是一项合同安排,可能对解释最惠国规定的方式产生影响"。[45] 整体而言,除了解释条约和解释合同所适用的法律不同外,对两者的解释不应有重大分别。例如,无论是条约还是合同,解释者均须依照相关规定的字义进行解释。实践中,国际投资仲裁庭也是如此为之。

作为指导意见的研究组的结论是"原则上最惠国规定能够适用于双边投资条约的争端解决规定,这一点几乎没有疑问。虽然这种提法可能最初源于对仲裁委员会在安巴提洛斯案[*Ambatielos* (Greece v. United Kingdom)]中真实用意的误读……委员会当时指的是诉诸英国的法院来强制执行实体性权利,而不是强制执行变更援引争端解决的条件的权利。但现在这一点似乎意义不大。在根本上是缔约方自主性的问题;双边投资条约的缔约方如果愿意,可以将诉诸争端解决的条件纳入最惠国规定的覆盖范围"。[46] 正如研究组所指出的,几乎所有双边投资协定和自由贸易协定的投资章节的最惠国条款均没有明确规定其适用于哪些事项以及不适用于哪些事项。这就使得仲裁庭应按何原则解释此类规定变得尤为重要。

(四)最惠国条款的解释原则

作为国际条约的组成部分,最惠国条款应按照解释国际条约的规则加以解释。目前,人们一般认为《维也纳条约法公约》第 31 条和第 32 条反映了传统国际法关于条约解释的规则。此观点在很大程度上系受到国际法院的影响。在"保加利亚,匈牙利和罗马尼亚的和平条约解释"(第二阶段)(1950 年 7 月 18 日国际法院的咨询意见)案中,国际法院指出条约条文"应就其用语按照上下文并参照其目的和宗旨所具有的通常意义,善意地予以解释"[47],"法

---

〔45〕《最惠国条款研究组最后报告》第 153 段。

〔46〕《最惠国条款研究组最后报告》第 162 段。

〔47〕国际法院指出解释条约的条文应根据相关文字的自然和通常含义予以解释,参见 Interpretation of Peace Treaties (second phase),咨询意见,*I. C. J. Reports* 1950,p. 221,227。

院有责任解释条约,而不是修改条约"[48]。国际法院认为,如果公约案文本身足够明确,则无须诉诸相关条约的准备工作(travaux préparatoires),"法庭解释和适用条约条文的首要职责是设法根据条文上下文中的平常和通常意义予以其效力。若相关语词的平常和通常意义在其上下文中合乎情理,则该解释即告有效。反之,若该语词的平常与通常意义模糊或若依据该解释可致不合理之结果,则当且仅当此情形下,法院或须诉诸其他解释方法以查明双方使用该语词时之真实意图"[49]。"条约应依其用语按其上下文并参照条约之目的及宗旨所具有之通常意义,善意解释之"见诸《维也纳条约法公约》第 31 条。国际法院认为《维也纳条约法公约》第 31 条和第 32 条可能在许多方面可以被视为现有国际习惯法。[50] 由此也确立了条约解释应参照《维也纳条约法公约》的权威性意见。

在 Qatar v. Bahrain[51] 案中,国际法院回顾了其在 *Case Concerning Territorial Dispute Libyan Arab Jamahiriya/Chad* 中的论点,指出"根据 1969 年《维也纳条约法公约》第 31 条所反映的国际习惯法,条约应就其用语按照上下文并参照其目的和宗旨所具有的通常意义,善意地予以解释。解释首先须以条约案文为基础。或可诉诸解释资料,如条约的准备工作及缔结条约情形文件作为补充手段"[52]。

此外,Anglo – Iranian Oil Company 案、[53] Concerning Rights of Nationals

---

[48] 法院的责任是解释条约,而不是修改条约。国际法院指出解释条约的条文应根据相关文字的自然和通常含义予以解释,参见 Interpretation of Peace Treaties (second phase),咨询意见,*I. C. J. Reports* 1950,p. 229。

[49] 参见 Case concerning the Arbitral Award of 31 JULY 1989 (UINEA – BISSAU v. SENEGAL),*I. C. J. Reports* 1991,p. 53, para. 48;该判决援引了国际法院在 Competence of the General Assembly for the Admission of a State to the United Nations 案的判决。

[50] 国际法院还强调,解释不是修改条约或解读条约中没有明文规定或默示包含的内容,也不得用解释规则以达到违背条约案文文字或精神的目的;参见 Sir Robert Jennings & Sir Arthur Watts, *Oppenheim's International Law*(9th eds.),Vol. Ⅰ(part 2 – 4),Oxford University Press,p. 1271 – 1272。

[51] 参见 Case concerning Maritime Delimitation and Territorial Questions between Qatar and Bahrain,Jurisdiction and Admissibility,*I. C. J. Reports* 1995, p. 112。

[52] 参见 Case concerning Maritime Delimitation and Territorial Questions between Qatar and Bahrain,Jurisdiction and Admissibility,*I. C. J. Reports* 1995, para. 33。

[53] 国际法院认定其对该案无管辖权。参见 Anglo – Iranian Oil Company Case (United Kingdom v. Iran),Preliminary Objection, *I. C. J. Reports* 1952,p. 93。

of the United States of America in Morocco 案[54]和 Ambatielos 案[55]均涉及关于最惠国条款的解释。国际法院在这些案件中的判决和观点对嗣后的国际贸易和投资仲裁均有重要影响。如在 *Anglo – Iranian Oil Company* 案中,国际法院指出,"独立于且脱离基本条约的第三方条约不能对基本条约缔约方产生任何法律效力"。[56]另在 Concerning Rights of Nationals of the United States of America in Morocco 案中,国际法院称最惠国条款体现了对外贸易领域的待遇平等原则。

Ambatielos 案是关乎如何解释最惠国条款的重要案例。其涉及的问题之一是希腊国民是否有权按照希腊与英国条约中的最惠国条款,根据"公正与平等"的原则获得相应待遇。国际法院多数法官做出的实体问题判决没有就这一问题直接发表意见,[57]然由四名法官联合发表的不同意见(下文称联合不同意见)指出:"在现阶段,我们面对的是 1886 年条约(Final Protocol of the Treaty of 1886)第 10 条。该条载有最惠国条款,希腊政府认为该条包括对适当司法的某些要求。"[58]该联合不同意见指出,第 10 条的最惠国条款只涉及商业和航海,因为"它没有关于司法行政(administration of justice)的规定"。[59]尽管第 15 条第 3 款涉及自由诉诸法院,但鉴于"该条没有提及最惠国待遇"[60],故其结论是最惠国条款并不适用;该四位法官认为,最惠国条款无

---

〔54〕 Case concerning rights of nationals of the United States of America in Morocco, ibid.

〔55〕 Ambatielos Case (Greece v. United Kingdom), Merits: Obligation to Arbitrate, 判决, *I. C. J. Reports* 1953, p. 28.

〔56〕 参见 Anglo – Iranian Oil Co. 案, ibid., p. 109。

〔57〕 该案的管辖权判决参见 Ambatielos case (jurisdiction), *I. C. J. Reports* 1952, 1952, p. 28. 该案的实体内容判决参见 Ambatielos case (merits: obligation to arbitrate), *I. C. J. Reports* 1953, 1953, p. 10。该案的内容概述如下:(1)在国际法院审理的过程中,当事各方提到了 1886 年《商业与航海条约》中所载的最惠国条款以及同一条约中允许"自由诉诸法院"的国民待遇条款。他们在最惠国条款的范围和效力以及"自由诉诸法院"一词的含义上存在很大分歧。(2)法院本身(多数成员)没有对争议的实质内容作出裁决。因此,在法院的判决中,没有对与最惠国条款的运作有关的实质性问题进行讨论。各方的书面和口头陈述以及持反对意见的四名法院成员(包括当时的法院院长 McNair 法官、Basdevant、Klaestad 和 Read 法官)。

〔58〕 Dissenting Opinion by Sir Arnold McNair President and Judges Basdevant, Klaestad and Read, *I. C. J. Reports* 1953, 1953, p. 25.

〔59〕 Dissenting Opinion by Sir Arnold McNair President and Judges Basdevant, Klaestad and Read, *I. C. J. Reports* 1953, 1953, p. 34.

〔60〕 Dissenting Opinion by Sir Arnold McNair President and Judges Basdevant, Klaestad and Read, *I. C. J. Reports* 1953, 1953, p. 34.

法延伸到司法领域,而司法领域也没有相关的明确规定:在其看来,若将最惠国待遇条款适用于司法行政,则构成对最惠国条款的"扩张解释"。[61]

Ambatielos Ⅰ案的联合不同意见还指出:"在本案中,法院必须注意应依据自由诉诸法院条款的含义确定 1926 年声明设定仲裁义务的范围。就当前我们处理的两种第 15 条第 3 款解释而言,我们不赞同将任一解释延伸适用于提供证据领域,从而扩大提交仲裁的义务。我们尤难接受就一国诉诸仲裁的义务进行扩张解释。在 Phosphates in Morocco 案中,常设国际法院指出,管辖权条款的解释绝不能超出其签署国的意图范围。"[62]

由于国际法院的多数法官决定不行使管辖权,因此希腊与英国间的争端改由仲裁委员会(Commission of Arbitration)解决。该仲裁委员会在其对 Ambatielos Ⅱ的裁决[63]中表示,1886 年条约(Final Protocol of the Treaty of 1886)的最惠国条款将其适用范围定义为包括"'与商业和航海有关的所有事项',且该规定本身似乎并没有严格的定义……因此,当最惠国条款包括'与商业和航行有关的所有事项'时,不能认为在涉及保护这些权利的问题上,司法行政必须被排除在最惠国条款的适用范围之外。该问题只能根据缔约方的意图来确定,而缔约方的意图则系从对'条约'的合理解释中推断出来"[64]。

显然,仲裁委员会并不想就最惠国条款是否可以适用于争端解决的程序

---

[61] Dissenting Opinion by Sir Arnold McNair President and Judges Basdevant, Klaestad and Read, *I. C. J. Reports* 1953, 1953, p. 34.

[62] Dissenting Opinion by Sir Arnold McNair President and Judges Basdevant, Klaestad and Read, *I. C. J. Reports* 1953, 1953, p. 33. 其中提到 Phosphates in Morocco Case (Italy v France)案。在该案件中,国际常设法院(PCIJ)认为,如果有疑问,最好对条约中的条款作出限制性解释,因为这样的条款绝不能以超出签署国意图的方式进行解释。参见 *PCIJ Ser.* A/B 第 74 号,1938 年,第 14 页。

[63] 该仲裁委员会由 R. J. Alfaro、A. J. F. Bagge、M. Bourquin、J. Spiropoulos 和 Gerald A. Thesiger 组成,于 1956 年 3 月 6 日作出裁决;参见 Ambatielos Claim (Greece, United Kingdom of Great Britain and Northern Ireland),裁决全文及不同意见等参见 https://jusmundi.com/en/document/decision/en-ambatielos-claim-greece-united-kingdom-of-great-britain-and-northern-ireland-award-tuesday-6th-march-1956(2022 年 2 月 22 日访问)。关于对该裁决的评论,参见 Ambatielos Case (Greece v. United Kingdom), *The American Journal of International Law*, Vol. 50:3, 1956, p. 674-679。

[64] 参见 Ambatielos Claim (Greece, United Kingdom of Great Britain and Northern Ireland), p. 107,仲裁委员会的这种观点在很大程度上被那些赞成将最惠国条款扩展到争端解决程序的仲裁庭所依赖。

问题发表确定性的看法——在该案中,其需处理的最惠国条款限于“任一缔约方实际给予或可能在此后给予任何其他国家的主体或公民的任何特权、优惠或豁免权”[65];因此,若仲裁委员会明确表示最惠国条款适用于争端解决程序,则其便必须将争端解决纳入“特权、优惠或豁免权”的范畴。因此,最佳的选择是既不排除也不确定最惠国条款是否可以适用于争端解决程序,而是将缔约方的缔约目的和意图视为解决此问题的终极方法。但是,事情的演进往往并不以任何机构或个人的意愿为转移。

前述国际法院在 Ambatielos 案的少数意见以及仲裁委员会的裁决都对嗣后的国际投资仲裁影响深远。如下文所述,在数起仲裁案中,反对将最惠国条款适用于争端解决程序的当事方往往以国际法院的少数法官意见为理据,而支持将最惠国条款适用于争端解决程序的一方往往以仲裁委员会的裁决作为理据。

就贸易领域而言,最惠国待遇是世界贸易组织的基本原则。关于最惠国条款的解释,《争端解决谅解》第 3.2 条规定,各成员在世贸组织诸协定下的权利和义务应“依照习惯国际公法的解释规则予以澄清”。这当然包括对最惠国条款的解释。然何为习惯国际公法的解释规则呢?在美国汽油案中,[66]世贸组织上诉机构指出,《维也纳条约法公约》第 31 条“最权威和简明”地反映了习惯国际公法的解释规则。[67] 上诉机构接着写道,关于条约解释的前述一般原则被所有缔约方和第三方所依赖,尽管各方所涉及的并非同一问题。“该一般原则已成为习惯或一般国际法的规则。故其已构成……上诉机构应适用的‘习惯国际公法的解释规则’。”[68]在日本酒精案中,[69]世贸组织上诉机构再次强调,为了澄清所涵盖协定下的权利和义务,必须参照《维也纳条约

[65] Ambatielos Claim (Greece, United Kingdom of Great Britain and Northern Ireland), p. 108.

[66] United States – Standards for Reformulated and Conventional Gasoline,上诉机构报告,世贸组织文件第 WT/DS2/AB/R 号,1996 年 4 月 29 日。

[67] United States – Standards for Reformulated and Conventional Gasoline,上诉机构报告,世贸组织文件第 WT/DS2/AB/R 号,1996 年 4 月 29 日,p. 16。

[68] United States – Standards for Reformulated and Conventional Gasoline,上诉机构报告,世贸组织文件第 WT/DS2/AB/R 号,1996 年 4 月 29 日,p. 17。

[69] Japan – Taxes on Alcoholic Beverages,上诉机构报告,世贸组织文件第 WT/DS8/AB/R 号,1996 年 10 月 4 日。

法公约》第31条。上诉机构同时指出,“毫无疑问《维也纳条约法公约》第32条”也已具有习惯或一般国际法的规则的地位。[70] 鉴于世贸组织自身有较完善的争端解决机制,故其在解释相关协议,包括最惠国条款时,均以《维也纳条约法公约》第31条和第32条为准绳。由于世贸组织有独立的争端解决机制,包括上诉机构,其在最惠国条款的解释原则方面历来以《维也纳条约法公约》为基准,已形成很好的释法实践。

在国际投资的实践中,尽管人们对最惠国条款是否适用于争端解决程序有不同意见,甚至存在严重分歧,但在依何原则解释最惠国条款方面无分歧。投资仲裁庭均无例外地认为《维也纳条约法公约》第31条和第32条系公认的习惯国际法关于条约解释的规则。例如,在Wintershall案[71]中,仲裁庭便指出:“《维也纳条约法公约》第31条中谨慎的措辞所表达的观点是,必须推定案文为当事人意图的真实表达。阐明文本的含义为所有条约解释的起点,而非从其他来源(例如,通过参考准备文件或根据推定意图作出的任何偏好)对当事方的意图进行独立调查。”[72] Wintershall裁决的前述观点也暗示了实践中仲裁庭对如何按《维也纳条约法公约》第31条和第32条解释条约会有不同做法,尽管其均声称遵循相同的条约解释原则。就此而言,如何确定条约用语的通常意义,如何确定条约规则的上下文以及如何参照条约的目的和宗旨实践中投资仲裁庭解释的相异者比比皆是。此外,最惠国条款的解释还涉及何为“同类”的问题,此亦经常产生分歧。

二、关贸总协定时期的最惠国待遇

最惠国待遇现已成为国际贸易的基本待遇,且一直为世贸组织协定、区域性贸易协定和众多双边自由贸易协定中不可或缺者。就国际贸易言,世界贸易组织以及其前身《关税和贸易总协定》在解释最惠国条款方面实践颇丰,其解释不仅对世贸组织本身有重要影响,而且产生溢出效应,影响了区域性安排

---

[70] Japan – Taxes on Alcoholic Beverages,上诉机构报告,世贸组织文件第WT/DS8/AB/R号,1996年10月4日,p.10。

[71] Wintershall Aktiengesellschaft v. Argentine Republic,ICSID,ARB/04/14,Dec.8, 2008.

[72] Wintershall Aktiengesellschaft v. Argentine Republic,ICSID,ARB/04/14,Dec.8, 2008, para.78.

和双边自由贸易协定,甚至国际投资协定下最惠国条款的解释。世贸组织关于最惠国条款的解释又沿袭了《关税和贸易总协定》的传统和实践,可谓一脉相承。

(一)无条件的基本原则

最惠国待遇作为基本原则出现在《关贸总协定》第 1 条第 1 款。该款规定"在对输出或输入、有关输出或输入及输出入货物的国际支付转账所征收的关税和费用方面,在征收上述关税和费用的方法方面,在输出和输入的规章手续方面,以及在本协定第 3 条第 2 款及第 4 款所述事项方面,一成员对来自或运往其他成员的产品所给予的利益、优待、特权或豁免,应当立即无条件地给予来自或运往所有其他成员的同类产品"。故"无条件立即给予"从而成为《关贸总协定》最惠国待遇的基本要求。文中论及的第 3 条是国民待遇条款,其第 2 款和第 4 款分别是关于税收和与国内销售、运输等相关的法律法规。最惠国条款包括了国民待遇的规定就是为了确保在事涉国内税收、销售等方面,来自诸缔约方的产品应享有无差别或非歧视待遇。《关贸总协定》第 1 条主要是强调各成员关于最惠国待遇的义务,即向其他成员提供最惠国待遇义务的原则。[73]

关于《关贸总协定》下最惠国待遇的标准,第 1 条第 4 款规定:

按本条第 2 款可以享受优惠待遇的任何产品,如在有关减让表中未特别规定所应享受的优惠差额,则其优惠最高差额应按以下规定办理:

(1)对有关减让表内列明的产品的关税和费用,这一产品的优惠差额应不超过表列的最惠国税率与优惠税率的差额;若表中未对优惠税率作出规定,则应以 1947 年 4 月 10 日有效实施的优惠税率作为本条所称的优惠税率;若表中未对最惠国税率作出规定,则其差额应不超过 1947 年 4 月 10 日所实施的最惠国税率与优惠税率的差额;

(2)对有关减让表内未列明的产品的关税和费用,这一产品的优惠差额应不超过 1947 年 4 月 10 日所实施的最惠国税率与优惠税率的差额。

---

〔73〕 最惠国待遇反映的是非歧视原则。故《关贸总协定》最惠国条款与第 3、4、5、9 条和第 13 条等有相辅相成的作用。后者规定各成员在执行其法律和措施时不得对任何成员构成歧视性待遇。

关于优惠差额的计算,《关贸总协定》附件九(关于第 1 条)规定,优惠差额系指同类产品的最惠国税率和优惠税率的绝对差额,而不是指这些税率的比例关系。

《关贸总协定》的最惠国待遇制度系基于第二次世界大战前西方国家的实践,是以这些国家签订的条约为蓝本。正如一位前关税及贸易总协定的官员所指出:《关贸总协定》的最惠国条款是过去几十年无条件最惠国待遇的双边协定的产物;但在多边协定里重申无条件的最惠国条款具有其特殊意义。[74] 他同时指出,最惠国待遇主要是基于这样一种考虑,即任何形式的歧视必然导致更严重的歧视。虽然实行歧视性待遇可能给一些国家带来短期的利好,但是从长远看,如果这种情势继续发展,所有国家将深受其害。[75] 这便是关税及贸易总协定各成员无条件地相互给予最惠国待遇的理论基础。

《关贸总协定》生效不久,最惠国条款的解释便因为挪威和丹麦指控比利时案而提上日程。1952 年 11 月关税及贸易总协定成立专家组,调查审理该案。[76] 案情显示,根据比利时于 1930 年通过的家用设备法(于 1939 年和 1951 年先后修订),比利时公共机构从一些国家进口的设备可免征关税,条件是相关设备符合比利时政府所规定的标准。当时从卢森堡、荷兰、法国、意大利、瑞典和英国进口的上述设备均享受免关税待遇,而从丹麦和挪威进口的设备则须缴纳 7.5% 的销售税,导致丹麦和挪威两国产品的竞争力相对下降,因为免缴销售税比利时公共机构便不愿选购丹麦和挪威的产品。丹麦和挪威认为比利时的上述法律违反了《关贸总协定》第 1 条关于最惠国待遇的规定。比利时则强调最惠国待遇只适用于关税的征收,而双方有争议的税收是在销售时

---

〔74〕 参见《关贸总协定》商业政策主任(Director for Commercial Policy of GATT) John W. Evans 于 1956 年 2 月 20 日在 The Bologna Center of the School of Advanced International Studies of John Hopkins University 作题为"Regional Integration and the Multilateral Approach"的报告,全文参见 https://docs. wto. org/gattdocs/q/GG/MGT/56 – 46. PDF(2022 年 2 月 22 日访问)。

〔75〕 参见《关贸总协定》商业政策主任(Director for Commercial Policy of GATT) John W. Evans 于 1956 年 2 月 20 日在 The Bologna Center of the School of Advanced International Studies of John Hopkins University 作题为"Regional Integration and the Multilateral Approach"的报告,全文参见 https://docs. wto. org/gattdocs/q/GG/MGT/56 – 46. PDF(2022 年 2 月 22 日访问)。

〔76〕 参见 Belgian Family Allowances (Allocations Familiales),专家组报告,《关贸总协定》文件第 G/32 号, 1952 年 11 月 7 日,全文参见 https://www. wto. org/english/tratop_e/dispu_e/gatt_e/52famalw. pdf(2022 年 3 月 2 日访问)。

发生，因此不构成对最惠国条款义务的违反。专家组认为，尽管上述税收属于国内税，但《关贸总协定》第 1 条第 1 款规定，缔约方应在平等的基础上立即无条件地给予所有缔约方以优惠、特权和豁免，比利时既然已对来自卢森堡等国的产品给予关税豁免，这种豁免亦应无条件地适用于丹麦、挪威及其他关贸总协定缔约方，至于其他国家所生产的产品是否符合比利时法律的要求则不应属于考虑之列。专家组建议比利时修改国内法，以便使来自丹麦和挪威的产品受到与其他国家产品相同的待遇。

上述裁定是在《关贸总协定》生效后的 5 年内作出，为《关贸总协定》嗣后的解释奠定了基础。其作用是明确了最惠国待遇不仅适用于关税而且适用于国内税收和其他方面的待遇。换言之，关税及贸易总协定各缔约方无论是在关税或其他方面均应受到非歧视待遇。倘若任何缔约方的法律或措施与这一原则不相符合，相关缔约方便应修改其法律。专家组得出结论的法律基础是《关贸总协定》第 1 条关于最惠国待遇的条款提及了第 3 条的国内税和与产品销售相关的法律和待遇等，因此并未超出关贸总协定最惠国待遇的范围。

（二）最惠国待遇之例外

《关贸总协定》下的最惠国条款有很多例外。在谈判之初，各国就意识到由于政治、经济和历史的原因，《关贸总协定》的最惠国条款无法不加区别地一律适用。因此，各国当时就对最惠国待遇原则规定了许多例外，尽管有些例外是基于当时国际贸易的实际情况而规定的，但大多数例外均以政治经济原因为背景。影响最大的例外是第 20 条的一般例外条款和特别针对最惠国待遇的第 24 条区域性安排。此外，第 14 条允许各成员基于收支失衡的理由在进口配额方面实行歧视性待遇；第 6 条允许对低于本国价格或接受补贴的进口产品征收反补贴和反倾销税的规定；第 21 条规定出于国家安全的考虑任何成员均可对进口产品给予低于最惠国的待遇；第 23 条第 2 款则规定任何成员均有权对其他成员违反《关贸总协定》规定的行为或不行为采取报复措施。世界贸易组织成立以前，关税及贸易总协定缔约方常基于政治原因援引该款。1982 年英国和阿根廷就英属南美受殖民统治地区问题发生武装冲突后，欧共体成员方即以国家安全为理由对来自阿根廷的进口产品加以限制。[77] 1982 年 10 月美国曾依该款的规定指控波兰未能履行其加入《关贸总协定》议定书的义务，并单方面停止给予后者最惠国待遇。[78]

如前所述，《关贸总协定》最惠国条款的最主要例外是自由贸易区、关税同盟、可能最后导致建立自由贸易区或关税同盟的临时协议或安排。[79]

《关贸总协定》第 1 条第 2 款规定：[80]

任何有关进口关税或费用的优惠待遇，如不超过本条第 4 款规定的水平，而且在下列范围以内，不必按本条第 1 款的规定予以取消：

(1)本协定附件一所列两个或两个以上的领土之间专享的现行优惠待遇，但以不违反这个附件所订的条件为限；

(2)本协定附件二、附件三和附件四所列已于 1939 年 7 月 1 日以共同主权、保护关系或宗主权互相结合的两个或两个以上的领土之间专享的现行优惠待遇，但以不违反这些附件所订的条件为限；

(3)美利坚合众国和古巴共和国之间专享的现行优惠待遇；

(4)本协定附件五和附件六所列的毗邻国家之间专享的现行优惠待遇。

《关贸总协定》之所以如此规定是因为在谈判之初，一些缔约方便提出，除非其他缔约方承认它们原有的条约义务，并允许其执行相关条约义务，否则签订《关贸总协定》便可能遇到不可避免的困难。当时的规定主要考虑是一些发达国家与其原受殖民统治国家间的优惠安排，[81] 因为 这些优惠安排不同于无条件的最惠国待遇。美国与菲律宾的经济关系以及一些欧洲国家与非

---

〔77〕 参见 Trade Restrictions Affecting Argentina Applied for Non – Economic Reasons，专家组报告，《关贸总协定》文件第 L/5317 号，1982 年 4 月 30 日，全文参见 https://docs.wto.org/gattdocs/q/GG/L5399/5317.PDF（2022 年 3 月 2 日访问）。

〔78〕 参见 Trade Restrictions Affecting Argentina Applied for Non – Economic Reasons，专家组报告，《关贸总协定》文件第 L/5317 号，1982 年 4 月 30 日，全文参见 https://docs.wto.org/gattdocs/q/GG/L5399/5317.PDF（2022 年 3 月 2 日访问）。

〔79〕 参见《关贸总协定》第 24 条。

〔80〕 《关贸总协定》第 1 条第 3 款则规定，"原属于奥托曼帝国后于 1923 年 7 月 24 日分离出来的国家之间实施的优惠待遇，如能按本协定第 25 条第 5 款的规定予以批准，应不受本条第 1 款规定的约束。对这个问题适用本协定第 25 条第 5 款，应参考本协定第 29 条第 1 款"。

〔81〕 如 Yaoundé Convention 1963（1963 年《雅温得协定》）和 Lomé Conventions（Ⅰ：1975；Ⅱ：1979；Ⅲ：1984；Ⅳ：1989；Ⅴ：2000）（《洛美协定》）。

洲、太平洋地区国家的关系都属于这一类。

虽然关税及贸易总协定当时不是一个全球性的国际组织，但其目标是多边化的最惠国待遇和无歧视原则以及逐步实现贸易自由化。区域性安排虽然一般仅涉及少数国家，但其目标也是贸易自由化，且其自由贸易的程度可能超过关税及贸易总协定。从这个意义上讲，两者的目标并无冲突，区域性安排只不过是在自由贸易方面先行了一步而已。《关贸总协定》签订后，一些发达国家曾主张逐步取消区域性组织的优惠安排。然而，如果失去了贸易和其他经济关系上的优惠待遇，区域性安排便没有存在的意义。事实上正是由于区域安排可使相关成员合法相互给予优于最惠国待遇的优惠待遇，《关贸总协定》生效后，许多关税同盟和自由贸易区才相继在世界各地建立。欧共体、东南亚联盟、北美自由贸易区、拉丁美洲自由贸易联盟、加勒比自由贸易联盟、安第斯共同市场、中非关税及经济同盟、西非国家关税同盟、东非共同市场、阿拉伯共同市场以及由印度、南斯拉夫和埃及签订的三方协定等都是明证。

既然区域性贸易安排可能对非成员的利益产生负面影响，为什么《关贸总协定》还将之作为最惠国待遇的例外呢？这是因为人们一般认为自由贸易区的增加或关税同盟的扩大最终会导致国际贸易的自由化，而贸易自由化是符合《关贸总协定》的基本宗旨和原则的。具体言之，《关贸总协定》第 24 条规定，自由贸易区或关税同盟所涉及的贸易必须包括其成员方的“实质上所有的贸易”。[82] 实践证明对“实质上所有的贸易”有不同的理解和解释。此外，区域性安排的第三个例外，即临时协定，只有在“合理的时间内”才有效，但何为“合理的时间”没有明确的定义。第 24 条第 5 款要求关税同盟成员方间的关税税率不得超过未建立同盟前的水平。由于关税同盟必须对外施行统一关税，有的成员在加入同盟后便不得不提高关税，西班牙和葡萄牙加入欧共体的情形即为例证。这一做法目的在于促进自由贸易的区域性安排，然事实上在某种程度上起到增加全球性关税，即阻碍自由贸易的作用。

（三）最惠国待遇例外之解释

与所有的法律和国际协定一样，关贸总协定关于区域性安排的规定只反

---

〔82〕 GATT1994 第 24 条第 8 款第（a）项第（i）目。

映了事物的一个方面。除了条约的规定外,还有一个是如何执行的问题,即如何解释相关规定的问题。对《关贸总协定》的解释在很大程度上受到英美普通法实践的影响,尤当相关条款的规定较为宽泛时更是如此。前文提到的"实质上所有的贸易"和"合理的时间"等例外便属于这一类。同时,对《关贸总协定》的解释亦受到国际形势的影响。有时即使某项例外并不符合条约规定的标准,但由于涉及的国家强大,各缔约方亦不得不作出妥协,在实在无法列为例外的情况下,亦总会以豁免义务的方式达到相同的目的。此外,世贸组织成立以前,关税及贸易总协定没有一个解释协议约文和解决争议的机构,因此各缔约方对其他缔约方,特别是强国的违约行为可以说是无能为力。因此,最惠国条款的实际执行便与其文字规定相去甚远。美国和加拿大汽车部件协定案[83]即为一例。

美国和加拿大于 1965 年 1 月 16 日签订了一项关于汽车部件进出口的协定。[84] 根据该协定,美国对从加拿大进口的汽车部件将不征收任何关税[协定第 2 条第(b)项]。当时,美国并未给予其他国家此类关税优惠。显然,这一安排与《关贸总协定》第 1 条关于最惠国待遇的规定相悖:原因在于,根据该条,其他缔约方应享有美国给予加拿大同样的优惠。美国认为,美加汽车部件贸易安排是基于美、加双方在该项贸易的特殊关系,即设于美国和加拿大的生产上述汽车部件的工厂系由同一集团拥有。与此同时,美国的另一理由是,美国和加拿大地域毗邻,从而使得两国的汽车工业具有不可分割的特殊关系。故美国认为《关贸总协定》第 25 条规定,在特殊情况下关税及贸易总协定缔约方全体可以豁免缔约方的条约义务,[85]因此即使美国的前述关税措施违反最惠国待遇原则,缔约方全体也可豁免其条约义务。

---

〔83〕 United States – Imports of Certain Automotive Spring Assemblies,专家组报告,《关贸总协定》文件第 L/5333 号,1983 年 5 月 26 日,参见 https://www. wto. org/english/tratop_e/dispu_e/gatt_e/81spring. pdf(2022 年 3 月 1 日访问)。

〔84〕 Agreement Concerning Automotive Products Between the Government of the United States of America and the Government of Canada(1965 年 1 月 16 日签,1966 年 9 月 16 日生效).

〔85〕 《关贸总协定》第 25 条第 1 款规定,缔约方采取联合行动时,一律称为缔约方全体;第 5 款规定,缔约方全体豁免相关缔约方条约义务应以决议的方式为之,"应以所投票数的 2/3 多数通过,而且这一多数应包括全体缔约方的半数以上"。

1965年3月16日至24日，关税及贸易总协定设立工作组[86]审议美加汽车部件协定。该专家组在审议过程中，注意到美加协议与《关贸总协定》的有关规定不相符合，然而，鉴于加拿大已经单方面将其对美国的优惠待遇适用于关贸总协定的其他缔约方，因此当时的主要问题是美国将如何履行其条约义务。美国表示其愿意就相同待遇问题与其他缔约方谈判。美国代表同时强调，虽然美加协定表面上不符合《关贸总协定》的规定，但是它并不违反《关贸总协定》的精神。尽管美国代表千方百计为其政府的行为辩护，专家组还是一致认为，除非美国得到其他缔约方的谅解，并豁免其不履行最惠国待遇义务，否则美加协定的执行将明显违反关贸总协定最惠国待遇原则。专家组同时指出，美加协定不违反关贸总协定精神的提法是错误的。

根据专家组的报告，关贸总协定缔约方全体于1965年12月20日投票通过豁免美国关于汽车部件贸易的最惠国待遇义务。事实上，20世纪60年代初，关税及贸易总协定的缔约方还仅限于为数不多的发达国家，美国具有相当的支配地位，在关税及贸易总协定缔约方全体通过这样一个决议并非预料之外。

1960年，七个非欧洲共同市场国家组建了欧洲自由贸易同盟。各成员方间的进出口贸易受到豁免关税或降低关税待遇。这一优惠安排并不适用于农产品贸易。此事当时在关税及贸易总协定缔约方间产生巨大反响。

同年，关税及贸易总协定成立专家组对与欧洲自由贸易同盟的相关问题进行审议。[87]专家组调查的问题主要有三个：(1)组建欧洲自由贸易同盟的条约是否符合《关贸总协定》第24条第8款关于自由贸易区应对“实质上所有产品”的贸易已经取消或不加限制的规定；(2)欧洲自由贸易同盟关于农产品贸易的安排是否符合关贸总协定的规定；(3)欧洲自由贸易同盟认为其对进口产品加以数量限制符合《关贸总协定》第24条的规定；这种解释是否符

---

〔86〕参见Report of the Working Party on Canada/United States Agreement on Automotive Products，《关贸总协定》文件第L/2409号，1965年3月25日，参见https://docs. wto. org/gattdocs/q/GG/L2799/2409. pdf(2022年3月1日访问)。

〔87〕参见Report of the Working Party on the European Free Trade Association，《关贸总协定》文件第L/1235号，1960年6月4日，参见https://docs. wto. org/gattdocs/q/GG/L1799/1235. pdf(2022年3月1日访问)。

合《关贸总协定》的精神。专家组认为,欧洲自由贸易同盟条约关于自由贸易的规定不适用于农产品贸易的规定,不符合关贸总协定的精神;因为将农产品排除在自由贸易之外就使得自由贸易不能包括"实质上所有的贸易"。它同时认为"实质上所有的贸易"应包括数量和质量两个方面,因此,将一个经济部门完全排除在外的做法是不能接受的。专家组指出,由于欧洲自由贸易同盟对农产品贸易进行全面限制,即使其90%的贸易都是在无限制的情况下进行,也不能认为它符合《关贸总协定》的要求;虽然《关贸总协定》并不排除自由贸易区保留某项例外的情况,但对所有农产品排除适用是不允许的。尽管专家组未能就建立欧洲自由贸易同盟的条约是否符合《关贸总协定》的规定作出最后结论,但他认为鉴于欧洲自由贸易同盟未将其优惠安排适用于农产品贸易违反了《关贸总协定》关于自由贸易区的规定;鉴于此,欧洲自由贸易同盟不能将农产品贸易作为最惠国待遇原则的例外,除非缔约方全体决议豁免其关贸总协定下的条约义务。

关税及贸易总协定还曾就《雅温得协定》成员方的关系进行审议。[88]《雅温得协定》规定非洲18个成员方可分别与欧共体建立自由贸易区。同时,该条约规定,欧共体不得对来自非洲成员方的进口加以任何限制,但后者可依其经济发展或工业化的需要或为了扩大财政收入而对来自前者的进口产品征收关税或施以其他方面的限制。对此类多元性自由贸易安排,《关贸总协定》第24条无具体规定。同时,每个《雅温得协定》缔约方与欧洲共同体建立的自由贸易区必然受到其他17个缔约方分别组建的自由贸易区的影响。那么,此种安排是否违反《关贸总协定》第24条的规定呢?《雅温得协定》签字国的代表认为《关贸总协定》第24条并未要求自由贸易安排不得以相互让与为前提,第24条的唯一标准是"实质上所有的贸易";而《关贸总协定》第4部分的规定亦未对第24条进行任何修改;故不应将第24条解释为限制不同发展阶段国家建立类似于自由贸易区的安排。

1982年6月,美国提请关税及贸易总协定注意欧共体对地中海国家出口

---

〔88〕 Report of the Working Party on EEC/Association of African and Malagasy States and of Non – European Territories,《关贸总协定》文件第 L/2441 号,1965 年 6 月 3 日,参见 https://docs.wto.org/gattdocs/q/GG/L2799/2441.pdf(2022 年 3 月 1 日访问)。

的柑橘产品给予较为优惠待遇的问题，认为相关措施违反了《关贸总协定》第1条关于无条件最惠国待遇的规定。[89]美国指出，欧共体的措施给其出口带来不利影响，建议关税及贸易总协定成立专家组对之进行调查。欧共体辩称其给予来自地中海国家的产品以优惠待遇系基于其与各该国家间的条约义务，是以《关贸总协定》第24条关于建立自由贸易区的规定为基础。欧共体同时指出，尽管《关贸总协定》缔约方对此类条约是否构成自由贸易区可以质询并提出建议，但有史以来从来没有哪个缔约方依该条提出过任何建议。

（四）最惠国条款与第三方

作为条约义务，《关贸总协定》第1条的最惠国待遇应仅适用于其缔约方。那么，《关贸总协定》缔约方在与其他国家和地区的贸易中，这一原则如何适用呢？美国法院判决的一个涉及美国和巴拉圭的案件对此颇具提示性。该案的原告为坦尼德公司（C. Tennant, Sons & Co., of New York），在纽约联邦地区法院（US District Court for the Southern District of New York）对纽约海关税务局提起诉讼，[90]要求法院命令被告改变其在石油进口方面的做法。坦尼德公司是在美国纽约州注册的公司，从事由巴拉圭进口石油的业务。1946年9月12日美国与巴拉圭签订了一项国际贸易协定。[91]该协定第1条规定美国和巴拉圭两国无条件和无限制地在海关关税及其他税收方面相互给予对方以最惠国待遇。该协定同时规定，最惠国待遇应适用于海关程序、费用以及与销售、税务、使用等方面相关的所有法律与规定。该协定的第3条则规定，除非缔约方对来自其他国家的同类产品在进口、销售和使用方面实行了同

---

〔89〕 参见 European Community – Tariff Treatment on Imports of Citrus Products from Certain Countries in the Mediterranean Region，专家组报告，《关贸总协定》文件第 L/5776 号，1985年2月7日，参见 https://www.wto.org/english/tratop_e/dispu_e/gatt_e/82citrus.pdf（2022年3月1日访问）。

〔90〕 C. Tennant, Sons & Co. of New York v. Dill, *F. Supp.*, Vol. 158, 1957, p. 63，参见 https://law.justia.com/cases/federal/district-courts/FSupp/158/63/1371887/（2022年3月15日访问）。

〔91〕 参见 Reciprocal trade, Bevans, Vol. 10, 1946, p. 933，参见 https://books.google.com.hk/books?id=bM_7PJz3dU8C&pg=RA2-PA182&lpg=RA2-PA182&dq=Reciprocal+trade,+10+Bevans+933+(1946)&source=bl&ots=-h40IQkHPA&sig=ACfU3U2nyKoHmPDsoNcJtqQdoZ77UmAASQ&hl=en&sa=X&ved=2ahUKEwjv_fb57NzoAhXkxosBHegkAWQQ6AEwAHoECBsQKQ#v=onepage&q=Reciprocal%20trade%2C%2010%20Bevans%20933%20(1946)&f=false（2022年2月22日访问）。

样的限制,否则不应对来自对方国家的进口加以任何形式的限制或禁止。美国是《关贸总协定》的缔约方。《关贸总协定》第 13 条规定缔约方对进口数量加以限制时,应公开其所允许的进口总额。该条同时规定,相关缔约方在公布进口限制时,已在运输途中的产品不应受到影响。

巴拉圭当时不是《关贸总协定》缔约方,然而原告根据美国和巴拉圭间贸易协定的最惠国待遇条款,认为巴拉圭应享有《关贸总协定》缔约方所享受的同等待遇,故美国对石油进口配额的限制不应适用于原告从巴拉圭进口的并且已经在运输途中的石油。法院认为美国和巴拉圭间的贸易协定只规范进口限制,但并未对进口配额进行规定;此外,鉴于巴拉圭并非《关贸总协定》的缔约方,因此《关贸总协定》第 13 条的规定不适用于从巴拉圭进口的产品。美国联邦地区法院最后判定原告和巴拉圭都不能援引《关贸总协定》的规定,而要求对运输途中的产品给予例外待遇。

前述说明,在世界贸易组织成立前,关税及贸易总协定对最惠国待遇条款的解释没有形成一致性和连续性的原则和标准。这一方面是由于关税及贸易总协定早期的专家组成员主要系由各缔约方常驻日内瓦代表处的官员组成,故专家组的意见直接受到其本国政府政策的影响。另一方面是这些政府官员大多未受过严格的法律训练,故其无法对《关贸总协定》的规定作出法理上的解释。此外,关税及贸易总协定没有一个机构统筹专家组的解释亦为关于《关贸总协定》的解释五花八门的重要原因之一。同时,自 20 世纪 70 年代以来,各国纷纷利用非关税方法对国际贸易加以限制,而当时最惠国待遇并不适用于非关税限制。这种情况加之《关贸总协定》本身对最惠国待遇的各种例外规定以及缔约方全体对这些例外规定的解释,包括豁免缔约方的条约义务,使得最惠国条款的执行事实上受到很大影响。

综合言之,区域性安排对世界贸易自由化的可能贡献不容忽视。同时,也有必要正视其可能给世界贸易带来的负面影响,因为所有的自由贸易区或关税同盟都是为了给予成员方更多的优惠。比如,甲国和乙国同属于一个自由贸易区,自由贸易区的直接作用是取消或减少两国间的关税和其他贸易限制。虽然自由贸易区给甲、乙两国间的贸易和经济往来带来方便,但有可能减少该两国与其他国家的贸易和经济交往,如向其他国家的出口。易言之,如果处理不当,自由贸易区不仅有违普遍最惠国待遇原则而且在一定程度上还可能影响世界贸易的发展和自由化。正因如此,历史上一些国家甚至用建立区域性贸易关系为手段力图促成多边贸易谈判。1985 年年初,美国便宣称如各国不能于 1986 年举行多边贸易谈判,它将与加拿大合组自由贸易区并将与其他国家签订双边贸易协定。前关贸总协定总干事 Arthur Dunkel[92]指出,他为美国和加拿大自由贸易区的设立“感到惊惶”,因为这种趋势的发展可能使整个世界重犯 20 世纪 30 年代所犯的错误。他说,“在 19 世纪 30 年代的大萧条时期,整个世界日益倒退到保护主义、双边协议制度和歧视性优惠”,“排他性双边条约的谈判不符合国际社会的利益,它只能成为其他国家效仿的模式,只能导致贸易关系的政治化”。[93]这是因为,区域性组织的歧视性安排很可能遭到其他国家的报复,从而最终导致全球性贸易摩擦。理论上,历史不会完全重演,但某些历史事件会再次发生。2018 年至 2019 年美国采用了几乎同样的手段意图迫使世贸组织各成员达成符合美国期望的改革。美国先是以胁迫的方式与墨西哥和加拿大达成新的美墨加自由贸易协定,同时挑起与多国的贸易摩擦,希望促成数个双边协议。

三、世贸组织机制下的最惠国待遇

世贸组织完全承袭了关税及贸易总协定的规定和实践。然而,在新的制度下,最惠国待遇原则的适用范围已经远远超出了原关税及贸易总协定。除了与货物贸易相关的关贸总协定和反倾销协定、反补贴协定、海关估价协定与贸易相关的投资措施协定等外,最惠国待遇还是服务贸易和知识产权保护方面的基本原则。

《服务贸易总协定》关于最惠国待遇的规定是以《关贸总协定》为蓝本,其第 2 条第 1 款规定“有关本协定的任何措施,每一成员给予任何成员的服务或

---

〔92〕 Arthur Dunkel 在 1980~1993 年担任前关贸总协定的总干事,相关详情参见 https://www.wto.org/english/thewto_e/dg_e/ad_e.htm(2022 年 3 月 7 日访问)。

〔93〕 该论断出自 The Christian Science Monitor 的作者 David R. Francis 与 Arthur Dunkel 有关新贸易壁垒是否会削弱《关贸总协定》成就的对话(Talk of new trade barriers could erode GATT success),1985 年 1 月 4 日。其中“错误”所指为“以邻为壑的保护主义”(beggar-thy-neighbour protectionism)。对话全文参见 https://www.csmonitor.com/1985/0104/fgatt.html (2022 年 2 月 22 日访问)。

服务提供者的待遇,应立即无条件地以不低于前述待遇的标准给予其他所有成员的同类服务或服务提供者”。任何成员所采取的不符合最惠国待遇原则的措施都必须“列入并符合附录第2条有关免责条款所规定的条件”。[94] 这就是说除非在加入世贸组织时即已得到其他成员认可并列入《服务贸易总协定》关于免除最惠国待遇义务的附录,否则任何成员均不得自行采取违反第2条无条件最惠国待遇义务的措施。同时,即使是列入附录的措施,其继续执行亦必须满足该附录所规定的条件。这里的条件主要包括定期审查保留相关措施的必要情势是否依然存在以及保留的期限不得超过10年。[95] 当然,《服务贸易总协定》亦对最惠国待遇原则的执行规定了例外。这些例外基本与《关贸总协定》的例外相同,包括经济一体化安排、国家安全、收支失衡等。例外规定中最重要者为一般例外,包括公共道德或维护公共秩序、保护人类、动物或植物的生命或健康等。[96] 关于经济一体化例外,《服务贸易总协定》规定最惠国条款不应被解释为“阻碍任何成员与其毗邻国家,仅限于为了方便彼此边境毗邻地区交换当地生产和消费的服务所提供或赋予的利益”等。[97]

知识产权协定第4条则规定“在知识产权保护方面,任何成员对另一成员所给予的优惠、特权及豁免、应立即、无条件地给予其他成员的国民”。但下列优惠、特权及豁免除外:(1)根据国际司法协助条约或关于法律实施的一般国际协定而做出的且不仅限于知识产权保护者;(2)《伯尔尼公约》(1971年)或《罗马公约》允许的不是按国民待遇而是按互惠原则提供者;(3)不在《知识产权协定》规定之内的有关唱片表演者、制作者以及广播者的权利;(4)根据建立世贸组织协定生效前即已生效的保护知识产权的国际条约所提供者,条件是相关国际条约已向知识产权委员会声明,且相关优惠、特权及豁免的提供不会对其他成员的国民构成专横的或不公平的歧视。简言之,涉及知识产权的最惠国待遇也是无条件立即给予,只不过《知识产权协定》规定的例外事项多于货物贸易和服务贸易方面。

---

〔94〕 参见《服务贸易总协定》第2条第2款。

〔95〕 参见《服务贸易总协定》关于第2条豁免的附件。

〔96〕 《服务贸易总协定》第14条和第14条之二。

〔97〕 《服务贸易总协定》第2条第3款。

(一)货物贸易的最惠国待遇

就最惠国待遇而言,世贸组织协定的原则和具体规定均沿袭了原《关贸总协定》的安排。然关于最惠国条款的解释,世贸组织则有一套新的机制。如前所述,原关税及贸易总协定的一大缺陷是对约文的解释不具有权威性,也就谈不上解释的一致性。世贸组织设有上诉机构,系常设机构,这就事实上保证了其解释的一致性。此外,世贸组织争端解决的突出特点是规则导向(rule – oriented)而非原来的政治导向(politics – oriented)。因此,无论是从法律上、理论上还是实践中,世贸组织最惠国待遇原则的执行与原关税及贸易总协定相比均不可同日而语。世贸组织建立之初,成员间涉及最惠国条款的争议较为频繁。鉴于上诉机构的设置保证了解释条约方面的一致性,随着时间的延续,关于最惠国待遇的争议明显减少。

加拿大汽车工业措施案〔98〕系涉及世贸组织最惠国条款的最早的案件之一。1998 年 7 月 3 日,日本根据关于《争端解决谅解》第 4 条、1994 年《关贸总协定》第 23 条、《与贸易有关的投资措施协定》第 8 条、《反补贴协议》第 4 条和第 30 条,以及《服务贸易总协定》第 23 条第 1 款,要求与加拿大就后者实施的汽车工业措施进行磋商,但双方未能达成共识。〔99〕 欧盟也于 1998 年 8 月 17 日与加拿大就汽车措施进行磋商,也未能取得共识。〔100〕 日本和欧盟遂分别于 1998 年 11 月 12 日和 1999 年 1 月 14 日要求世贸组织成立专家组。专家组于 1999 年 2 月 1 日成立,于 2000 年 2 月 11 日向世贸组织成员散发报告。2000 年 3 月 2 日,加拿大就专家组报告的法律问题提出上诉。上诉庭的报告于 2000 年 5 月 31 日完成。

---

〔98〕 Canada – Certain Measures Affecting the Automotive Industry,专家组报告,世贸组织文件第 WT/DS139/R 号和第 WT/DS142/R 号,1999 年 3 月 25 日公布;上诉机构报告,世贸组织文件第 WT/DS139/AB/R 号和第 WT/DS142/AB/R 号,2000 年 2 月 11 日(以下简称加拿大汽车措施案,上诉机构报告)。

〔99〕 参见 Request for Consultations by Japan,Canada – Certain Automotive Industry Measures,世贸组织文件第 G/L/250 号、第 G/SCM/D27/1 号、第 G/TRIMS/D/12 号、第 S/L/58 号及第 WT/DS139/1 号。

〔100〕 参见 Request for Consultations by the European Communities,Canada – Certain Automotive Industry Measures,世贸组织文件第 G/L/254 号、第 G/SCM/D28/1 号、第 G/TRIMS/D/13 号、第 S/L/60 号及第 WT/DS142/1 号。

此日本和欧盟与加拿大的争议与原关税及贸易总协定时期涉及加拿大的汽车零部件案有直接联系,都关乎加拿大和美国的特殊关系。加拿大与美国于1965年1月签订了一个汽车进口协议。根据该协议,加拿大同意向从符合条件的美国生产商进口的汽车和汽车零件免征进口关税。所谓符合条件是指相关生产商在1963~1964年度连续四季度在加拿大生产同类型的汽车或汽车零件,并且在加拿大当地生产的与进口的同类型汽车和汽车零件的比例维持不变,同时在加拿大当地生产的汽车和汽车零件可以满足最低增值比例。但该协议并非强制要求加拿大对其他汽车生产商征收高于对符合条件的生产商征收的进口关税;加拿大有权在征收关税时豁免任何生产商的条件。这就是说加拿大政府可以给予其他汽车生产商以相同的待遇。然而,加拿大根据美加协议于1998年颁布了汽车关税令,规定在每年7月31日结束前的12个月内,满足前述条件的汽车制造商可享受进口免税待遇。针对不符合条件的生产商和进口商进口的汽车和汽车零件,加拿大得征收6.1%的关税。欧盟和日本认为加拿大给予符合某些条件的进口汽车以免税待遇违反了《关贸总协定》第1条第1款的规定。欧盟和日本的指控包括两个方面:(1)加拿大的进口免税措施是基于与进口产品本身没有关系的条件,因而违反了第1条第1款关于立即及无条件地给予来自所有成员的同类产品以相同待遇的规定;(2)加拿大的进口免税待遇只适用于某些汽车制造商,从而构成事实上的歧视(de facto discrimination),因而也违反了《关贸总协定》第1条第1款。[101]

上诉庭指出,第1条第1款并没有使用法律上(de jure)或事实上(de facto)的字眼,即未对两者加以区分。原关税及贸易总协定时期的专家组报告也确认《关贸总协定》第1条第1款既针对事实上又包括法律上的歧视。上诉庭指出,加拿大的关税令将关税税率与汽车制造商或进口商是否在加拿大同时生产汽车或汽车零件以及生产产品的水平相联系;因此,从措施本身和其实际执行不难看出,加拿大给予某些产品利益时,没有做到"立即及无条件地"给予来自其他成员的同类产品以相同的待遇。据此,加拿大的进口汽车关税措施违反了《关贸总协定》第1条第1款。[102]

---

〔101〕 加拿大汽车措施案,上诉机构报告,第25页。

〔102〕 加拿大汽车措施案,上诉机构报告,第26-27页。

欧盟和日本还指控加拿大的进口免税措施违反了《服务贸易总协定》第2条第1款。上诉庭就此首先分析了加拿大的进口免税措施是否符合《服务贸易总协定》下的“影响服务贸易的措施”，然后指出，服务贸易在加拿大汽车进口税案中是指汽车服务贸易，包括汽车的批发贸易。那么，加拿大的进口免税措施是否影响汽车服务贸易呢？上诉庭认为专家组没有分析汽车服务商的汽车批发贸易服务，也没有分析何为“影响”服务贸易，故其不能就《服务贸易总协定》的适用问题作出结论。[103] 上诉机构之所以如此裁决是因为，根据世贸组织争端解决的谅解，上诉机构仅有权就专家组报告中的法律问题作出裁决。易言之，如果争议当事方未在专家组阶段提出相关的法律问题或是尽管争议当事方在专家组阶段提出，但专家组未在报告中涉及，则上诉机构便不得就该法律问题作出解释。

在加拿大汽车进口税争议案中，上诉庭两次都以专家组的分析不够完备而拒绝对相关法律问题作出裁定。其中理据之一是关于加拿大对相关产品的增值比例的要求是否违反《反补贴协议》第3条第1款第2项。另一理据便是关于《服务贸易总协定》的适用问题。上诉机构拒绝就前述法律问题作出裁决是在严守上诉机构仅审理专家组报告法律观点的规定。从另外一方面讲，这也正说明世界贸易组织争端解决机制存在的问题，即在专家组阶段没有提供充分的证据或就某些问题进行充分辩论的情况下，相关问题到了上诉庭便无法得到适当的处理。

欧盟香蕉案[104]也涉及对最惠国条款的解释，可以说是世贸组织历史上

---

〔103〕 加拿大汽车措施案，上诉机构报告，第51－54页。

〔104〕 关于欧盟香蕉进口案的基本情况是：1996年2月5日，厄瓜多尔、危地马拉、洪都拉斯、墨西哥及美国，根据争端解决谅解第4条、1994年《关贸总协定》第23条、《进口许可程序协定》第6条、《服务贸易总协定》第23条、《与贸易有关的投资措施协定》第8条及《农业协定》第19条，要求就《欧盟条例》第404/93号以及《香蕉框架协定》(Framework Agreement on Bananas)有关进口、销售和分销香蕉的制度与欧盟进行磋商。各方于1996年3月14日及15日开始磋商，但未能达成协议。1996年4月11日，厄瓜多尔等要求世贸组织成立专家组，解决相关的争议。专家组于1996年5月8日成立并于1997年5月22日向成员公开其报告。参见European Communities – Regime for the Importation, Sale and Distribution of Bananas，专家组报告，世贸组织文件第WT/DS27/R号，1997年5月22日。1997年6月11日，欧盟就专家组报告提出上诉。上诉机构的报告于1997年9月9日公开。参见European Communities – Regime for the Importation, Sale and Distribution of Bananas，上诉机构报告，世贸组织文件第WT/DS27/AB/R号，1997年9月9日(以下简称欧盟香蕉案上诉机构报告)。

最复杂的案件之一。它不仅涉及货物贸易而且涉及服务贸易,不仅涉及世贸组织本身的协定间的关系而且还涉及世界贸易组织协定与其他国际条约的关系,不仅涉及最惠国待遇原则而且还涉及国民待遇原则。简言之,欧盟香蕉案的核心问题是欧盟进口香蕉的制度,也就是《欧盟条例》第404/93号的执行问题。该条例将香蕉进口分为三类:(1)来自非洲、加勒比海和太平洋地区国家的传统进口;(2)来自非洲、加勒比海和太平洋地区国家的非传统进口;(3)来自其他国家的进口。按照该条例,每一类国家对欧盟的香蕉出口享有不同的待遇。具体言之,其一,在限定的数量内,所有来自传统非洲、加勒比海和太平洋地区国家的进口香蕉均享有免税待遇;其二,在9万吨的限度内,来自非传统的非洲、加勒比海和太平洋地区国家的进口香蕉可享有免税优惠;其三,对所有来自非传统的非洲、加勒比海和太平洋地区进口香蕉给予相当于每吨100欧洲货币单位的进口关税减让;其四,给予一些传统非洲、加勒比海和太平洋地区国高于其1991年前最佳出口量的配额;其五,对非传统非洲、加勒比海和太平洋地区国家实行进口配额制度;其六,维持对其他国家和非传统香蕉出口国实行的进口许可证制度。

进口许可证按经营者的类别、经营活动的分类和香蕉框架出口证书规则等分别发放。根据经营者类别规则(Operator Category Rules),经营者分为三类:甲类经营者是指那些在过去3年从事销售来自非传统非洲、加勒比海和太平洋地区和其他国家的香蕉的经营者;乙类经营者是指在过去3年销售来自欧盟和传统非洲、加勒比海和太平洋地区的香蕉的经营者;丙类经营者是指刚刚开始经营销售来自非传统非洲、加勒比海和太平洋地区国家和其他国家的香蕉的新经营者。根据《欧盟条例》第404/93号第19条,按许可证进口香蕉可享有较低的关税。《欧盟条例》第404/93号同时就进口许可证的发放比例作出规定:相当于来自非传统非洲、加勒比海和太平洋地区国家和其他国家的进口香蕉的总数之66.5%的许可证应分配给甲类经营者,乙类经营者应获相当于总数30%的进口许可证,丙类经营者可获得的进口许可证为3.5%。

经营活动分类规则(Activity Function Rules)适用于甲类和乙类经营者。《欧盟条例》第1442/93号第3条将香蕉经营者按其业务性质分为三类:主要进口商;次要进口商;香蕉促熟商(ripeners for bananas)。每一类经营者按其业务性质的不同获分配一定数量的进口许可证,以便以较低的关税从非传统非洲、加勒比海和太平洋地区国家等进口香蕉。每一类经营者应获进口许可证的比例为：主要进口商 57% ，次要进口商 15% ，香蕉促熟商 28% 。

根据香蕉框架出口证书规则，甲类和丙类经营者从哥伦比亚、哥斯达黎加和尼加拉瓜进口的香蕉必须提交这些国家签发的出口证书。

欧盟关于香蕉进口的另一制度是飓风许可证（Hurricane Licenses）。飓风许可证是在飓风发生后发给经营欧盟和传统的非洲、加勒比海和太平洋地区香蕉出口的商家，以便后者在遇到飓风影响时向欧盟申请补偿。

总的来讲，欧盟香蕉争议案涉及下述几个问题：（1）美国是否有权根据《关贸总协定》提出指控；（2）《农业协定》与《关贸总协定》第 13 条的关系；（3）对《关贸总协定》第 1 条第 1 款、第 3 条第 4 款、第 10 条第 3 款第 1 项及第 13 条的解释；（4）《洛美协定Ⅳ》豁免条款（Lomé Waiver）的适用范围；（5）《进口许可协定》与《关贸总协定》的关系；（6）《服务贸易总协定》的适用范围；（7）《服务贸易总协定》第 2 条是否同时适用于法律上和事实上的歧视；（8）欧盟许可证程序是否违反《服务贸易总协定》第 17 条和第 2 条。

世贸组织争端解决机构首先需要解决的问题是相关成员的“出庭权”，即哪些成员有资格就其他成员的行为或不行为提出指控。之所以出现这一问题是因为美国并非直接向欧盟出口香蕉的国家。[105] 那么美国是否有权根据《关贸总协定》对欧盟提出指控呢？上诉庭指出，《争端解决谅解》第 3 条第 3 款、第 7 款及其他条款都没有明确规定任何成员必须对案件有法律上的利益（legal interests）才可要求世界贸易组织成立专家组。另外，虽然《争端解决谅解》第 4 条第 11 款规定参与磋商的成员必须有重要的贸易利益，并且第 10 条第 2 款规定第三当事方应与争议事项有重大的利害关系，但是这两个条款都没有明确规定世贸组织成员必须满足前述要求方能成为争议当事方。此外，虽然有些国际法庭的判决要求争议当事方需有合法利益才得提出告诉，但这不说明该原则应适用于所有国际诉讼。据此，上诉庭认为以上的条款均不能解决美国是否有权指控欧盟的问题。

---

〔105〕 美国从来都没有直接向欧盟出口任何香蕉。然而，位于美国南部佛罗里达州的一家公司一直从事从拉丁美洲国家进口然后向欧盟出口香蕉的业务。因此，在厄瓜多尔等南美洲国家就欧盟的香蕉进口措施提出挑战后，该美国公司立即为美国政府准备了所有文件并要求后者代为启动世界贸易组织的争端解决程序。所谓的出庭权之争就是在这种情况下出现。

上诉庭根据《关贸总协定》第 23 条第 1 款及《争端解决谅解》第 3 条第 7 款,认为各成员在决定是否对其他成员提出指控方面应享有很大的自由,任何成员均可根据该两个条款自行决定提出指控是否有益。美国是香蕉的生产商,有潜在的出口利益。此外,美国国内的香蕉市场也可能受到欧盟的香蕉进口制度的影响,尤其在香蕉的国际市场供应及价格方面的影响。因此,上诉庭认为美国有权作为争议当事方对欧盟提出指控。[106] 由此不难看出世贸组织争端解决机构在解释相关协议方面的实际作用。上诉机构前述关于间接利益的解释便直接改变了争端解决中磋商环节的要求。其结果是,与争议事项有间接利益的成员不能参加磋商,但可参与诉讼。考虑到磋商通常情况下是启动专家组和上诉机构制度的前提条件,而按照上诉庭的解释,如果当事各方通过磋商解决了分歧,与争议事项有间接利益的成员便无从置喙,那么其利益是否会因而受到影响但又无法求助呢?对这些问题,欧盟香蕉案上诉庭并未做出具体的解释。

欧盟香蕉案的问题之一涉及《农业协定》与《关贸总协定》第 13 条的关系。这是因为农业协定允许成员在市场准入方面给予农产品以“减让”(concession)。这些市场准入方面的减让都列于 1994 年关税及贸易总协定《马拉喀什议定书》附件的成员减让表,并构成《关贸总协定》的一部分。欧盟声称,基于农业协定的前述规定,《关贸总协定》第 13 条不适用于其香蕉进口制度。上诉庭指出,农业协定是具体执行《关贸总协定》第 13 条,故《关贸总协定》系一般规定而《农业协定》系特别规定。根据条约解释原则,特别规定具有优于一般规定的效力;然当特别规定就某些问题没有具体规定时,便应适用一般规定。上诉庭指出,根据《马拉喀什议定书》第 3 段,“减让”是指成员可获得的权利和利益,但不是放弃责任。《农业协定》第 21 条第 1 款规定“1994 年关贸总协定和世界贸易组织附件一所列其他多边贸易协议的规定应在遵守本协议规定的前提下适用”。此规定的意义在于一方面确定农业协定的特别规定地位,另一方面认定了在不违反农业协定特别规定的情况下世贸组织其他多边协定也可适用于农业相关事项。基于此,上诉机构裁定,《农业协定》和《关贸

---

〔106〕 欧盟香蕉案上诉机构报告,第 62 页。

总协定》第13条应同样适用于农产品市场准入的减让。[107] 此裁定可以说既符合条约解释的一般原则,又符合《农业协定》的规定。

在决定了《关贸总协定》第13条的适用问题后,上诉庭便开始分析欧盟提出的两个法律问题,其中之一是欧盟将进口配额分配给一些没有重大利益(就向欧盟出口香蕉而言)的成员是否符合《关贸总协定》第13条第1款。这一问题的核心是欧盟的进口配额制度是否违反非歧视原则。《关贸总协定》第13条第1款要求各成员非歧视地实行数量限制及进口配额。第13条第2款第4项对进口配额有特别规定,但该规定仅适用于对有关产品有重大利益的成员。上诉庭认为,根据该项规定即使是没有重大利益的成员的进口配额也应受到非歧视的待遇。基于此,上诉庭裁定欧盟违反了《关贸总协定》第13条第1款。[108] 欧盟提出的另一问题是根据香蕉框架协定分配的进口配额是否符合《关贸总协定》第13条第1款。根据这个配额分配制度,若一个香蕉框架协定的缔约方没有用尽其获分配的进口配额,剩余的配额将重新分给其他香蕉框架协定的缔约方。这就是说,非香蕉框架协定缔约方的成员没有获得再次分配进口配额的权利。上诉庭认为这种安排明显是歧视性待遇,故违反了《关贸总协定》第13条第1款。[109]

《洛美协定Ⅳ》豁免条款的适用范围也是欧盟香蕉案要解决的问题之一。这一问题的起源是:1994年12月9日,经欧盟和非洲、加勒比海和太平洋地区国家关贸总协定缔约方的要求,关贸总协定缔约方全体基于洛美协定的规定豁免欧盟在1947年《关贸总协定》下的某些义务。这就是《洛美协定Ⅳ》豁免条款。欧盟辩称其已根据洛美协定的有关条款给予非洲、加勒比海和太平洋地区国家的传统香蕉进口免税待遇。然而,《洛美协定Ⅳ》豁免条款特别提到1994年《关贸总协定》第1条第1款,但没有提及第13条。那么,第13条是否也属于《洛美协定Ⅳ》豁免条款的适用范围呢?[110] 易言之,欧盟在给予前述国家优惠时,第13条的非歧视待遇条款是否不适用呢?《洛美协定Ⅳ》要求欧盟对来自非洲、加勒比海和太平洋地区国家的进口香蕉给予不低于以前

---

〔107〕 欧盟香蕉案上诉机构报告,第68-71页。

〔108〕 欧盟香蕉案上诉机构报告,第71-73页。

〔109〕 欧盟香蕉案上诉机构报告,第73页。

〔110〕 欧盟香蕉案上诉机构报告,第73-74页。

的，但优于第三国的待遇。上诉庭认为，《洛美协定Ⅳ》的前述规定说明非洲、加勒比海和太平洋地区国家的进口香蕉应享有高于最惠国待遇的待遇。基于此，上诉庭裁定，欧盟所采取的前述第 1 至 4 项措施是基于《洛美协定Ⅳ》的措施。[111]

至于《洛美协定Ⅳ》豁免条款的适用问题，上诉庭指出，《洛美协定Ⅳ》的豁免条款用语清晰且无歧义。《洛美协定Ⅳ》豁免条款是为实施《洛美协定Ⅳ》的要求而豁免欧盟在《关贸总协定》第 1 条下最惠国待遇的义务。《洛美协定Ⅳ》的豁免没有提到关贸总协定的其他条款或其他协议。此外，尽管《世贸组织协定》没有规定解释豁免的方法，但该协定第 9 条和《关于豁免 1994 年关税与贸易总协定义务的谅解》[112]含有批准和续期豁免的规定，强调豁免属于例外的性质。因此，对豁免条款的解释应审慎进行，即应严格按照豁免条款的文字确定其适用范围。鉴于《洛美协定Ⅳ》豁免条款只规定豁免欧盟在《关贸总协定》第 1 条下的义务，因此该豁免条款不应适用于第 13 条下的义务。[113] 这一解释的意义在于任何世贸组织下的义务豁免都属于例外性质，从而均应谨慎解释。

上诉庭接下来要解决的是欧盟的经营活动分类规则是否违反了《关贸总协定》第 1 条第 1 款。关于此问题，上诉庭指出，根据经营活动分类规则，非传统非洲、加勒比海和太平洋地区出口香蕉的国家与各个地区的传统的香蕉出口国受到不同的待遇，且此种待遇有很大区别，因而构成成员间的歧视。因此，欧盟进口许可证程序的经营活动分类规则违反了《关贸总协定》第 1 条第 1 款。[114] 此外，欧盟规定，来自香蕉框架协定缔约方的香蕉供应商在取得欧盟的进口配额方面享有优惠。这也违反了《关贸总协定》第 1 条第 1 款的规定。[115]

欧盟香蕉案的另一问题是飓风许可是否违反《关贸总协定》第 3 条第 4

---

[111] 欧盟香蕉案上诉机构报告，第 74 – 80 页。

[112] 该谅解第 2 条规定，在《世界贸易组织协定》生效之日仍然有效的任何豁免均应终止，除非已依照相关程序和《世界贸易组织协定》第 9 条，在期满之日或《世界贸易组织协定》生效之日起两年内进行延期，以较早者为准。

[113] 欧盟香蕉案上诉机构报告，第 80 – 82 页。

[114] 欧盟香蕉案上诉机构报告，第 89 页。

[115] 欧盟香蕉案上诉机构报告，第 89 页。

款。欧盟的飓风许可只对欧盟生产者发放，目的在于使相关生产者在遇到飓风时得到赔偿。其作用是鼓励业者销售欧盟的香蕉，而不销售包括非传统非洲、加勒比海和太平洋地区国家在内的香蕉。据此，上诉庭裁定欧盟的飓风许可制度违反了《关贸总协定》第3条第4款。[116] 而《关贸总协定》第1条第1款规定，世贸组织成员的最惠国待遇义务涵盖第3条第4款的事实，尽管《关贸总协定》第3条总体上是规范国民待遇。故上诉机构的前述裁决也印证了最惠国待遇和国民待遇的相互关系。

（二）服务贸易的最惠国待遇

世贸组织下最惠国待遇原则适用于所有贸易，尽管很多协议本身也有最惠国待遇的规定。《服务贸易总协定》即是一例。有时，一个成员的行为和不行为可能涉及货物贸易和服务贸易，故可能同时违反几个协定。欧盟香蕉案便为例证。欧盟香蕉案不仅涉及进口香蕉的问题，而且还关系香蕉在欧盟的销售等与服务贸易相关的事项。易言之，这就需要确定《服务贸易总协定》是否可以同时适用于该案。这在当时无论是对当事方还是国际社会作为一个整体而言，都为一个崭新的问题。《关贸总协定》先前的实践对此也毫无参考作用。解决这一问题的方法首先是分析《服务贸易总协定》的范围是否涵盖欧盟香蕉案所涉及的事项。《服务贸易总协定》第1条第1款规定其仅适用于影响各成员服务贸易的措施。显然，“影响”一词可有很宽泛的含义。同时，第1条第3款第2项又为“服务”下了一个宽泛的定义；第28条第(b)项则规定“服务提供”包括服务的生产、分配、营销、销售和交付。这些与服务贸易相关的、几乎包罗万象的条款当然对欧盟的进口许可证制度和规定具有可适用性。[117] 问题是既然当事方基于《关贸总协定》对欧盟提出了指控，它们还可就《服务贸易总协定》提出指控吗？欧盟香蕉案上诉庭认为，《服务贸易总协定》与《关贸总协定》的适用范围不同——前者适用于后者没有提及的服务贸易。成员方的一些措施可能只受其中的一个协定管辖，有些情况下则可能两者均可适用。然而，即使两个协定都适用，但其所针对的问题依然有区别。

[116] 欧盟香蕉案上诉机构报告，第91页。
[117] 欧盟香蕉案上诉机构报告，第94页。

《关贸总协定》针对的是影响产品的措施，而《服务贸易总协定》所针对的则是影响服务提供的措施。[118] 上诉庭曾指出，与《关贸总协定》一样，《服务贸易总协定》第2条并没有排除适用于事实上歧视的可能性。这是由于若第2条不适用于事实上的歧视，则将很容易制定一些形式上符合《服务贸易总协定》第2条的表面中性的法律，然其实际执行则会具有歧视性。据此，上诉庭裁定，《服务贸易总协定》第2条既适用于法律上的歧视又适用于事实上的歧视，[119] 并裁定欧盟的"经营者类别规则"、"经营活动分类规则"和"飓风许可证"制度，改变了相关成员间的竞争条件，使某些成员处于比较有利的竞争地位，进而违反了《服务贸易总协定》第2条关于最惠国待遇的规定。[120] 这些裁决都成为专家组和上诉机构嗣后审理争议的指导。此后，上诉机构在裁决中不止一次申明，除非有具说服力的理由，否则上诉机构关于解释条约的理由和观点必须为嗣后的专家组所遵循。实践说明，上诉机构在裁决中也无例外地援引其先前裁决中的法律观点和理由。

阿根廷货物和服务贸易措施案[121]也涉及服务贸易。该案的上诉庭就如何构成《服务贸易总协定》中第2条和第17条的"同类服务"和"同类服务提供者"以及如何判断较不优惠的待遇等作出的意见是到目前为止最为详尽者。该案涉及阿根廷规制调整财务、税收、外汇和注册措施的第589/2013号法令——该法令将不同国家分为具"税收透明度的合作国家"和不具"税收透明度的不合作国家"。申诉方巴拿马认为阿根廷前述法令下的一系列措施违反了《服务贸易总协定》和《关贸总协定》。双方就专家组的报告提起上诉，争议问题之一是阿根廷法令项下的合作国家和非合作国家的服务和服务提供者是否属于《服务贸易总协定》第2条第1款和第17条第1款下的"同类服务"和"同类服务提供者"。关于此问题，专家组援引了中国出版物和视听产品

---

[118] 欧盟香蕉案上诉机构报告，第94－95页。

[119] 欧盟香蕉案上诉机构报告，第97－99页。

[120] 欧盟香蕉案上诉机构报告，第101页。

[121] Argentina－Measures Relating to Trade in Goods and Services，上诉机构报告，世贸组织文件第WT/DS453/AB/R号，2016年4月14日（以下简称阿根廷货物和服务贸易措施案上诉机构报告）。

案[122]专家组的结论,即"当来源地是待遇差异的唯一依据时,国内服务提供者与国外服务提供者便可被视为同类服务提供者,条件是国内和外国服务提供者的其他所有实质性方面均相同"[123],然"当区别待遇并非仅限于服务提供者的来源地时,则需对其他因素进行更详细的分析以确定分界线两侧的服务提供者是否'同类'"[124]。阿根廷货物和服务贸易措施专家组还认为中国电子支付服务案[125]专家组报告关于"同类"涉及竞争关系的意见具有借鉴意义。[126] 阿根廷认为专家组关于来自不同地区的服务提供者为同类的裁定错误,从而提出上诉。

阿根廷货物和服务贸易措施案上诉庭指出,在先前的裁决中,上诉机构裁定同类一词系指比较物在很多方面具有共同或相似的特征或质量,故认为在货物贸易和服务贸易中"同类"是指相似的事物。[127] 总体而言,上诉庭采纳了服务和服务提供者的同类性应指向其所具有的相互竞争关系的观点。其立论的基础是《服务贸易总协定》第 2 条和第 17 条所规范的事项是待遇,特别是不应给予外国服务和服务提供者低于其他服务和服务提供者的待遇。待遇平等的核心目的是使相关服务和服务提供者能保持应有的竞争关系。同时,服务和服务提供者是否具有同类性应同时予以考虑,而不是将两者分开处理。"因此,分别确定服务和服务提供者并不需要,因为服务和服务提供者同类性的分析是为了评估竞争关系。"[128]这就是说在确定作为比较的服务和提供者是否具有同类性时,必须首先判断其是否具有竞争关系。然服务贸易的提供有四种方式,不同方式间的服务和服务提供者是否具有竞争关系呢? 阿根廷货物和服务贸易措施案上诉庭意识到此问题的重要性,但以此非为上诉事项

---

[122] China – Publications and Audiovisual Products,专家组报告,世贸组织文件第 WT/DS363/R 号,2009 年 8 月 12 日,第 7.975 段。

[123] China – Publications and Audiovisual Products,专家组报告,世贸组织文件第 WT/DS363/R 号,2009 年 8 月 12 日,第 7.975 段。

[124] China – Publications and Audiovisual Products,专家组报告,世贸组织文件第 WT/DS363/R 号,2009 年 8 月 12 日,第 7.975 段。

[125] China – Certain Measures Affecting Electronic Payment Services,专家组报告,世贸组织文件第 WT/DS413/R 号,2012 年 7 月 16 日。

[126] 阿根廷货物和服务贸易措施案上诉机构报告,第 6.4 段。

[127] 阿根廷货物和服务贸易措施案上诉机构报告,第 6.21 段。

[128] 阿根廷货物和服务贸易措施案上诉机构报告,第 6.29 段。

为由而没有继续分析。

在阿根廷货物和服务贸易措施案，上诉庭还提出了推定同类的概念。上诉庭写道，“我们认为，如果一项措施的差别待遇完全基于服务或服务提供者的来源地。同时，存在除了来源地外，在其他各方面均相同的服务和服务提供者，则可以推定相关服务和服务提供者具有同类性，而不必要求申请人依据既定的标准证明同类性之存在”[129]。推定同类性的作用在于，通常情况下，申请人有义务初步证明有争议的措施违反了世贸组织的某个协定，如《服务贸易总协定》。而能够初步证明的条件之一是相关产品、服务或服务提供者具有同类性。采用推定同类性的方法，申请人便可省却很多时间和精力，负责的专家组和上诉庭亦可缩短审理的时间。因此，阿根廷货物和服务贸易措施案上诉庭的做法不仅对该案而且对嗣后的案件，甚至国际投资仲裁案都会有重要影响。

关于不低于待遇问题，阿根廷货物和服务贸易措施案的上诉庭说其注意到《服务贸易总协定》第 17 条第 2 款和第 3 款对第 1 款的不低于待遇的规定进行了解释；根据第 17 条第 2 款，一个成员的前述义务，可通过给予相关服务和服务提供者形式相同或形式上不同的待遇得以满足；根据第 17 条第 3 款，形式上相同或不同的待遇应被视为低于优惠的待遇，条件是其改变了竞争条件，使得国内服务或服务提供者处于更有利的竞争地位。[130] 那么，第 17 条的前述解释是否适用于第 2 条呢？上诉庭认为，尽管《服务贸易总协定》第 2 条第 1 款没有进一步细化“不低于待遇”的规定，但其实际规范部分与第 17 条相同，两者都具有禁止歧视外国服务和服务提供者的功能。[131] 因此，就“不低于待遇”的规定而言，上诉庭认为将第 17 条的解释适用到第 2 条并无不妥。阿根廷货物和服务贸易措施案的上诉庭还认为《服务贸易总协定》的结构本身亦要求对之作出如上解释。[132]

---

[129] 阿根廷货物和服务贸易措施案上诉机构报告，第 6.38 段。

[130] 阿根廷货物和服务贸易措施案上诉机构报告，第 6.103 段。

[131] 阿根廷货物和服务贸易措施案上诉机构报告，第 6.105 段。

[132] 阿根廷货物和服务贸易措施案上诉机构报告，第 6.112 段。

(三)最惠国待遇与知识产权保护

或因关于知识产权的法律本身就具有非歧视的特点,故尽管与贸易相关的知识产权协定[Agreement on Trade – Related Aspects of Intellectual Property Rights(TRIPs)]也含有最惠国条款,但世贸组织涉及与其相关的最惠国条款争议少之又少。美国 1998 年《综合拨款法》(Omnibus Appropriations Act of 1998)第 211 节[133]案是少数涉及最惠国条款的案例。该案的起因是美国 1998 年《综合拨款法》第 211 节规定,除非原所有者或其善意继承人同意,否则不得依据 1998 年《美国联邦条例法规》(Code of Federal Regulations)第 31 编(title)第 515.527 节(section)授权或批准,与被没收的相关企业或财产有关联的相同或实质上相似的商标、商号或商品名称之交易或付款。该法律主要是针对古巴政府 1959 年的没收财产行为。其所指的原所有人则包括古巴国民和美国国民。欧盟认为,鉴于美国的前述法律下的原所有人包括古巴公民,但其并不适用于世贸组织其他成员的自然人和法人,故其违反了《知识产权协定》第 4 条关于"对于知识产权保护,一成员对任何其他国家国民给予的任何利益、优惠、特权或豁免,应立即无条件地给予所有其他成员的国民"的规定。美国辩称,该法律并不适用于古巴公民在美国注册的商标、商号和商品名称,因这些古巴公民均同意了对其财产的没收。然美国并未提供相应的证据。上诉机构指出,美国的商标制度是成文法和普通法同时适用,即商标、商号和商品名称可通过使用而取得权利并受到保护;鉴于前述美国法律可适用于非古巴公民,除非所有"原所有人"(original owners)和"实质上类似"(substantially similar)的商标、商号和商品名称所有人完全重叠,否则歧视便会存在。鉴于美国未能提供证据证明该完全重叠,上诉机构裁定美国的前述法律违反了《知识产权协定》第 4 条的最惠国条款。[134]

---

〔133〕 United States – Section 211 Omnibus Appropriation Act of 1998,上诉机构报告,世贸组织文件第 WT/DS176/AB/R 号,2002 年 1 月 2 日。

〔134〕 阿根廷货物和服务贸易措施案上诉机构报告,第 317 – 319 段。

四、国际投资机制的最惠国待遇条款

目前,跨境直接投资主要受双边投资协定和自由贸易协定的投资章节规范。这些协定和章节都毫无例外地包含最惠国条款。如涉及贸易的最惠国条款相同,关于投资的最惠国条款也没有对其适用范围等具体规定。长期以来,人们大多认为最惠国条款主要涉及投资东道国对外国投资和外国投资者的实质性待遇,而非涉及争端解决的程序问题。关于最惠国条款的适用问题,国际投资争端解决中心(以下简称国际中心)在 Maffezini[135] 案于世纪之交作出的裁决认定最惠国条款可适用于争端解决事项,一石激起千重浪。其后的投资仲裁庭有的采纳了 Maffezini 案裁决的观点,有的则在裁决中批评 Maffezini 案的仲裁庭并做出不同于 Maffezini 案的裁决。学者专家对 Maffezini 案的意见亦严重分歧,支持者有之,不支持者亦有之。联合国国际法委员会甚至还因此(至少部分原因系因为该案的裁决)成立研究组对与最惠国条款相关的问题进行研究并提出了报告。鉴于投资仲裁庭在最惠国条款适用问题上的严重对立情势,有些其后签订的国际协定则明示规定最惠国条款是否适用于争端解决程序。

为方便讨论,本节主要包含以下四个方面:(1)就 Maffezini 案的裁决进行分析;(2)探讨支持 Maffezini 案的仲裁庭裁决;(3)检视反对 Maffezini 案的仲裁庭观点;(4)展示联合国国际法委员会研究组的相关意见并阐释其影响。

(一)争端解决程序适用

如前所述,关于最惠国条款适用范围的争议发端于 Maffezini 案的裁决。该案的外国投资者系来自阿根廷的 Emilio Agustín Maffezini 先生,而作为被申请人的东道国则为西班牙政府,适用于争端解决的国际条约系阿根廷和西班牙签订的双边投资协定。涉案双方争议的问题之一是申请人 Maffezini 是否有权依最惠国条款绕过阿西双边协定规定的解决争议程序,自行将其与西

---

〔135〕 Emilio Agustín Maffezini v. The Kingdom of Spain, ICSID, ARB/97/7,管辖权决定,2000 年 11 月 13 日。

班牙的争议提交国际中心仲裁。

《阿根廷—西班牙双边投资协定》(以下简称《阿西协定》)第 10 条规定:

1. 在本协议条款范围内缔约一方的投资者与另一缔约方关于投资的争端,如有可能,争端双方应友好地解决。

2. 如果争端不能在任何一方提出争端之日起之 6 个月内解决,则应(shall)提交至缔约方,即投资所在地的适格法院。

3. 有下列情形之一者,争端可以(may)提交国际仲裁:(1)如果在本条第 2 款所述的程序启动之日起满 18 个月后未对申诉的事由作出实质性决定,或者是已作出决定,但双方之间的争端仍然存在,则应争议一方的请求可将争议提交国际仲裁;(2)如争端双方同意将争议提交国际仲裁。

4. 在第 3 款所述情形中,除非双方另有协议,否则当事方间的争议应根据 1965 年 3 月 18 日《解决国家与他国国民间投资争端公约》提交国际仲裁,或根据 UNCITRAL 仲裁规则提交临时仲裁庭。

在任何一方将争端提交仲裁 3 个月后,如果争端方未就上述任一备选程序达成协议,则该争端应根据 1965 年 3 月 18 日《华盛顿公约》提交国际仲裁,条件是缔约双方均为该公约的缔约方,否则,争端应提交上述临时仲裁庭。

在将争端提交国际中心仲裁之前,申请人 Maffezini 并没有将争端提交东道国的法院。基于此,西班牙对仲裁庭的管辖权提出异议。申请人认为,根据《阿西协定》,外国投资者最终可以要求通过国际仲裁解决争端,因此用尽当地救济的要求不应成为国际仲裁的障碍。其认为,在 18 个月内,当地法院可能不会作出判决,甚至即使作出判决,外国投资者也可能不会接受,故关于诉诸东道国法院的规定是一个可以遵循也可以不遵循的程序。关于此问题,仲裁庭认为:“现在必须问的是,未根据第 10 条第 2 款的要求,将案件提交国内法院的争议当事方是否应被视为放弃或丧失将该事项提交国际仲裁的权利。”需要指出的是,第 10 条第 2 款规定,争议“应提交”到投资所在缔约国的主管法院解决,而第 3 款(a)项则说明在下列情况下,应争议当事方的请求,“可以”将争议提交国际仲裁庭:如果国内法院未在 18 个月内就案件作出判决,或者即使作出判决,争议仍然存在。[136] 据此,仲裁庭认为,前述规定的目的是让当地法院有机会在规定的时间内解决外国投资者与东道国政府之间的争议。[137] 尽管申请人辩称,根据该规定,在 18 个月之后外国投资者仍然有权将其争端提交国际仲裁,但这不是该条款的原意。仲裁庭进一步指出,如果申请人完全依赖前述理据,则仲裁庭会得出结论认为,由于申请人未能按照双边投资协定第 10 条第 2 款的要求首先向西班牙法院提交争端,故国际仲裁庭对案件便不具有管辖权。[138] 仲裁庭认为:"尽管在 18 个月期满后,无论国内法院诉讼的结果如何,当事各方都有权寻求国际仲裁,但除非对东道国法院的判决不满意,他们才有可能这样做。此外,如果他们确信国际仲裁庭将作出与东道国法院相同的裁决,他们肯定不会这样做……原告对第 10 条第 2 款的解释将使该规定失去意义,而这并不符合普遍接受的条约解释原则,特别是《维也纳条约法公约》的原则。"[139]

除了依据第 10 条第 2 款本身的规定外,申请人依《阿西协定》第 4 条的最惠国条款,提出第 10 条并不适用。《阿西协定》第 4 条规定:"在受本协定管辖的所有事项中,相关待遇应不低于任何缔约一方给予第三方投资者在其领土内的投资所享有的待遇。"申请人辩称《智利—西班牙双边投资协定》第 10 条第 2 款(关于争端解决的条款)没有规定在将争议提交国际仲裁前需要进行当地救济;基于最惠国条款,其有权利将之与西班牙的争议径行提交国际仲裁,而不必诉诸西班牙法院。这就涉及如何界定《阿西协定》第 4 条最惠国条款的适用范围。仲裁庭首先指出,虽然"受本协定管辖的所有事项"没有明确提及最惠国条款涵盖争议解决,然当今争端解决安排与保护外国投资者密不可分,因为争议解决与如何保护投资者的利益和权利直接相关,"尽管严格地讲前述安排不属于商业和航海条约所致力于实现的贸易和投资政策的实质部

---

〔136〕 Emilio Agustín Maffezini v. The Kingdom of Spain, ICSID, ARB/97/7, 管辖权决定, 2000 年 11 月 13 日, 第 34 段。

〔137〕 Emilio Agustín Maffezini v. The Kingdom of Spain, ICSID, ARB/97/7, 管辖权决定, 2000 年 11 月 13 日, 第 35 段。

〔138〕 Emilio Agustín Maffezini v. The Kingdom of Spain, ICSID, ARB/97/7, 管辖权决定, 2000 年 11 月 13 日, 第 36 段。

〔139〕 Emilio Agustín Maffezini v. The Kingdom of Spain, ICSID, ARB/97/7, 管辖权决定, 2000 年 11 月 13 日, 第 35 – 36 段。

分,但其对如何充分保护其寻求保障的权利至关重要”[140]。仲裁庭还申明“国际仲裁和其他争议解决安排已经取代了过去那些陈旧且经常被滥用的做法”。[141] 仲裁庭的结论是“如果第三方条约包含解决争端的条款,且这些条款比基本条约中的条款更有利于保护投资者的权利和利益,则这些条款可以扩展到最惠国条款的受益人,因为其完全符合(适用最惠国条款的)同类规则”[142]。

Maffezini 案裁决理据是基本条约中的最惠国条款足够宽泛,足以涵盖争端解决等程序性问题。理由之一是,仲裁庭在审查西班牙作为当事方的双边投资协定时,发现只有阿根廷和西班牙双边投资条约的最惠国条款用了受本协定管辖的“所有事项”(all matters subject to this Agreement)这一提法。[143] 仲裁庭认为,从前述措辞可以推断出缔约方打算将最惠国条款的适用范围扩展到争端解决方面。至少可以说,赋予该条款如此广泛的含义是一种大胆的举动。

Maffezini 案作为将最惠国条款适用于争端解决第一案,其仲裁庭显然也考虑到其裁决可能引起的影响,故在扩大适用最惠国条款的同时也提出了一些限制。仲裁庭指出“原则上,本条款的受益人不应凌驾于缔约各方设想的作为接受有关协议的基本条件的公共政策之上,特别是当受益人是私人投资者时,往往会出现这种情况。因此,该条款的适用范围可能比起初看起来要窄”。[144] 尽管如此,Maffezini 案的裁决还是引起了国际投资仲裁界和学界的严重分歧。

如前所述,Maffezini 案后,许多仲裁庭对最惠国条款作出了与 Maffezini 裁决相同的结论,尽管原因不尽相同。如 Hochtief 案的仲裁庭便允许投资者

---

[140] Emilio Agustín Maffezini v. The Kingdom of Spain, ICSID, ARB/97/7,管辖权决定,2000 年 11 月 13 日,第 54 段。

[141] Emilio Agustín Maffezini v. The Kingdom of Spain, ICSID, ARB/97/7,管辖权决定,2000 年 11 月 13 日,第 55 段。

[142] Emilio Agustín Maffezini v. The Kingdom of Spain, ICSID, ARB/97/7,管辖权决定,2000 年 11 月 13 日,第 56 段。

[143] Emilio Agustín Maffezini v. The Kingdom of Spain, ICSID, ARB/97/7,管辖权决定,2000 年 11 月 13 日,第 60 段。

[144] Emilio Agustín Maffezini v. The Kingdom of Spain, ICSID, ARB/97/7,管辖权决定,2000 年 11 月 13 日,第 62 段,仲裁庭设想了一些应限制最惠国条款运作的情况;详情见第 63 段。

通过适用阿根廷和德国双边投资协定作为基本条约的最惠国条款，略过地方法院为期 18 个月的司法程序，将其与东道国政府的争议直接提交国际仲裁。[145] 仲裁庭在其分析中注意到国际法委员会关于最惠国条款的默示限制，该限制出现在国际法委员会最惠国条款草案的评注中。[146] Hochtief 仲裁庭认为，在其所面对的涉案双边投资协定的最惠国条款也许可以被解释为赋予了投资者在仲裁过程享有最惠国待遇的权利，然如果双边投资协定未规定仲裁的权利，最惠国条款便不能创造仲裁权利。[147] 易言之，该仲裁庭认为最惠国条款是规定投资者在双边投资协定下应获得的待遇，但除双边投资条约给予的权利外，投资者并不享有其他权利。[148] 仲裁庭前述意见的核心是投资协定规定，遇有投资者与东道国发生争议的情形，投资者应先诉诸当地法院解决，以 18 个月为限；如法院在此期限内未作出最终判决或未作出令投资者满意的判决，则投资者可以将争议提交国际仲裁。如果投资者可以绕过当地法院解决或用尽当地救济的程序，这便无异于投资者通过最惠国待遇条款获得新的权利。因此，仲裁庭要解决的问题是，最惠国待遇条款是赋予了投资者以新的权利，还是仅就投资者原来就享有的权利规定了待遇标准。[149] Hochtief 仲裁庭的结论是“不能假设阿根廷和德国意图使最惠国待遇条款创造在阿根廷和德国双边投资协定下根本不存在的全新权利。最惠国条款规定的是待遇标准，并根据第三方所享受的待遇而确定。就此而言，可供参考的是第三方享受的待遇标准，而不是其所享受权利的范围。原则上，第三方投资者所享受的非法定优惠，可以构成最惠国待遇义务未获履行的依据。”[150]

那么，《阿根廷—德国双边投资协定》（以下简称《阿德协定》）下的 18 个

[145] Hochtief AG v. The Argentine Republic, ICSID, ARB/07/31，管辖权决定，2011 年 10 月 24 日。

[146] See *United Nations International Law Commission*, Yearbook of the International Law Commission 1978, Vol. 2, part 2, 1979, p. 168 – 169.

[147] Hochtief AG v. The Argentine Republic, ICSID, ARB/07/31，管辖权决定，2011 年 10 月 24 日，第 79 段。

[148] Hochtief AG v. The Argentine Republic, ICSID, ARB/07/31，管辖权决定，2011 年 10 月 24 日，第 79 段。

[149] Hochtief AG v. The Argentine Republic, ICSID, ARB/07/31，管辖权决定，2011 年 10 月 24 日，第 80 段。

[150] Hochtief AG v. The Argentine Republic, ICSID, ARB/07/31，管辖权决定，2011 年 10 月 24 日，第 81 段。

月地方法院诉讼程序是权利还是待遇呢？无论是《阿德协定》还是传统国际法都“没有既定标准来区分‘权利’和‘与行使权利有关的待遇’”。[151] 然Hochtief仲裁庭认为“若干迹象表明，仲裁前18个月的诉讼要求应被视为投资者在行使其与争议解决有关的权利时的待遇，而非一项单独的权利”。[152]此结论的基础是，根据《阿德协定》，在18个月的东道国法院程序届满后，申请人最终有权单方面将争议提交国际仲裁；相较之下，在《阿根廷—智利双边投资协定》项下，投资者可以立即单方面将争端提交国际仲裁，故两个双边投资协定下的投资者享有相同的权利。据此，仲裁庭的多数意见支持了原告的立场。

另一支持Maffezini裁决的是Impregilo案。[153] 涉案的《阿根廷—意大利双边投资协定》第8(3)条也含有争议当事方在将争议提交国际中心裁决前须先经东道国法院审理的规定。该案的仲裁庭认为“有时限的事先由地方法院审理的条款”是强制性的，[154]故必须执行。然而，涉案的双边投资条约第3(1)条规定，“一缔约方在其领土内给予缔约另一方投资者的投资、与此类投资有关的收入和活动以及本协议规定的所有其他事项的优惠待遇，应不低于其给予本国投资者或来自第三方国家的投资者的优惠”[155]。仲裁庭认为，“待遇”一词的范围足以涵盖“解决争议等程序性事项”。[156] 与Maffezini案的仲裁庭一样，Impregilo案的仲裁庭认为，受本协定管辖的“所有事项”的规定足以涵盖争议解决。Impregilo案仲裁庭的前述裁决显然系受到Maffezini裁决的影响。考虑到涉案的两个投资协定最惠国条款的规定如此相似，Impregilo

---

〔151〕 Hochtief AG v. The Argentine Republic, ICSID, ARB/07/31，管辖权决定，2011年10月24日，第83段。

〔152〕 Hochtief AG v. The Argentine Republic, ICSID, ARB/07/31，管辖权决定，2011年10月24日，第83段。

〔153〕 Impregilo S. p. A. v. Argentine Republic, ICSID, ARB/07/17，裁决，2011年6月21日。

〔154〕 Impregilo S. p. A. v. Argentine Republic, ICSID, ARB/07/17，裁决，2011年6月21日，第94段。

〔155〕 Impregilo S. p. A. v. Argentine Republic, ICSID, ARB/07/17，裁决，2011年6月21日，第96段。

〔156〕 Impregilo S. p. A. v. Argentine Republic, ICSID, ARB/07/17，裁决，2011年6月21日，第99段。仲裁中，阿根廷还提出最惠国条款规定的待遇系“在缔约方的领土内”，故不应扩及阿根廷领土外的在华盛顿的仲裁。Impregilo仲裁庭对此的意见是此类问题应由仲裁庭决定，而非阿根廷决定。Impregilo S. p. A. v. Argentine Republic, ICSID, ARB/07/17，裁决，2011年6月21日，第100段。

和 Maffezini 仲裁庭作出相同裁决也就不令人意外。

Impregilo 案中涉案的第三方双边投资协定是《阿根廷—美国双边投资协定》(以下简称《阿美协定》)。该协定在争端解决方面给予外国投资者以选择,即俗称的"岔道口"(fork in the road)规定。具体言之,如投资者和东道国政府不能在 6 个月内通过友好方式解决争议,则投资者可选择通过东道国法院、临时仲裁或国际中心仲裁解决之。仲裁庭需要解决的是,国际仲裁程序是否优于东道国法院程序。Impregilo 仲裁庭认为有选择显然优于没有选择。[157] 这一结论当然并不意外,因为事实上没有投资者会认为东道国法院程序较国际仲裁更有利,尽管人们对国际仲裁诸多批评。事实上,Impregilo 仲裁庭面对的最重要问题是,"受本协定管辖的所有事项"的规定是否排除了最惠国条款适用于争议解决的可能性。仲裁庭指出,"所有其他事项"不应被解释为"所有类似事项"或"所有其他同类事项"[158]。它同时指出,在先前的所有仲裁裁决中,面对诸如阿根廷和意大利投资协定的最惠国条款时,国际投资仲裁庭均无例外地将最惠国条款的适用范围扩展至争议解决事项。[159] 与 Maffezini 案一样,Impregilo 仲裁庭最终裁定"所有其他事项"应优先于"与此类投资有关的收入和活动"的表述(后者可能限制了最惠国条款的适用)。[160]

Impregilo 仲裁庭还强调了保持解释条约规定一致的重要性,指出如果对这些条款的解释取决于仲裁员的个人好恶,那将非常不幸——避免这种不幸结果的最佳方法是,只要案情符合判例法的情况,就应根据判例法作出裁决。[161] 不言而喻,保持国际投资判例法准先例的作用或仲裁庭遵循判例法充其量只是一些人的愿望。现实情况是,国际投资的裁决并不一致,即使是同一仲裁庭的仲裁员也经常有不同的看法。在 Impregilo 案中,持少数意见的仲裁员 Brigitte Stern 教授便严厉批评了先前的投资仲裁庭对最惠国条款的解释。她认为,"除非另有明确的相反规定,否则国家作为接受外国投资者直接诉诸

---

[157] Impregilo S. p. A. v. Argentine Republic, ICSID, ARB/07/17, 裁决, 2011 年 6 月 21 日, 第 101 段。

[158] Impregilo S. p. A. v. Argentine Republic, ICSID, ARB/07/17, 裁决, 2011 年 6 月 21 日, 第 99 段。

[159] Impregilo S. p. A. v. Argentine Republic, ICSID, ARB/07/17, 裁决, 2011 年 6 月 21 日, 第 103 段和第 108 段。

[160] Impregilo S. p. A. v. Argentine Republic, ICSID, ARB/07/17, 裁决, 2011 年 6 月 21 日, 第 99 段。

[161] Impregilo S. p. A. v. Argentine Republic, ICSID, ARB/07/17, 裁决, 2011 年 6 月 21 日, 第 108 段。

国际仲裁的条件不能被最惠国条款所取代;基础协定中规定的诉诸国际中心的有条件权利不能通过最惠国条款而变为无条件的权利"[162]。

需要指出的是,在《阿美协定》之后,阿根廷与其他国家缔结的一些双边投资协定仍含有与《阿意协定》关于争端解决雷同的规定。阿根廷据此争辩其之所以如此是不想通过最惠国条款取代或修订这些争端解决规定。然Impregilo 仲裁庭并未详细分析此问题。相反,它仅表示"在本案中,该论点变得不那么具有说服力,因为《意大利—阿根廷双边投资协定》(1990 年 5 月 22 日签署)先于阿根廷和美国双边投资协定(1991 年 11 月 14 日签署)签署"。[163] 仲裁庭当然有权并应该就当事方提出的问题做出裁决。然当代的仲裁实践是,仲裁庭大多倾向于就当事人提出的观点做出具理据的分析。这也是《华盛顿公约》,即国际中心仲裁规则的要求。就此而言,Impregilo 案的裁决有改进空间。

就是否适用最惠国条款言,有的仲裁庭从争议解决事项是否具独特性的角度予以分析。如 Suez[164]案的仲裁庭便认为,"将争议解决事项与双边投资条约所涵盖的其他事项区分开来并无根据"[165];"争议解决机制不仅是双边投资协定的重要内容,其亦为构筑在相应主权国家同意之上投资保护体制不可分割的一部分"。[166] 据此,Suez 仲裁庭裁定不能适用同类解释原则(*ejusdem generis* principle)将争议解决程序排除在最惠国条款的适用范围之外。[167] 同样,在 Hocktief 案中,仲裁庭认为"管理、利用、使用和享有投资"这一短语的

---

[162] Impregilo S. p. A. v. Argentine Republic, Brigitte Stern, Concurring and Dissenting Opinion, para. 99.

[163] Impregilo S. p. A. v. Argentine Republic, Brigitte Stern, Concurring and Dissenting Opinion, 第 102 段。

[164] Suez, Sociedad General de Aguas de Barcelona S. A. , and Vivendi Universal S. A. v. The Argentine Republic, ICSID, ARB/03/19, 管辖权决定, 2006 年 8 月 3 日。

[165] Suez, Sociedad General de Aguas de Barcelona S. A. , and Vivendi Universal S. A. v. The Argentine Republic, ICSID, ARB/03/19, 管辖权决定, 2006 年 8 月 3 日, 第 59 段。

[166] Suez, Sociedad General de Aguas de Barcelona S. A. , and Vivendi Universal S. A. v. The Argentine Republic, ICSID, ARB/03/19, 管辖权决定, 2006 年 8 月 3 日, 第 59 段。

[167] 阿根廷主张仲裁庭应适用同类解释原则解释该案所涉的《阿根廷—法国双边投资协定》和《阿根廷—西班牙双边投资协定》,进而将争端解决事项排除在最惠国条款范围之外。参见 Suez, Sociedad General de Aguas de Barcelona S. A. , and Vivendi Universal S. A. v. The Argentine Republic, ICSID, ARB/03/19, 管辖权决定, 2006 年 8 月 3 日, 第 59 段。

涵盖范围足够广泛，应包括诉诸仲裁庭解决争议。[168] Hocktief 仲裁庭写道，依据阿根廷和智利双边投资协定的最惠国条款并未授予 Hochtief 任何权利使其可以取得在阿根廷和德国双边投资协定不能达至的地位。最惠国条款的适用只是使其能“通过其单边选择或行动更快、更方便地”达到前述目的。[169] 该仲裁庭还指出，“最惠国条款不允许从各相关条件中选择性地挑选部分规定”[170]。易言之，外国投资者可通过最惠国条款选择适用另一条约下的争端解决机制，但只要做出此选择，便必须选择后者关于争端解决的整个机制，而非其中一部分。就 Hochtief 案而言，虽然投资者选择适用的阿根廷和智利双边投资协定未规定 18 个月当地救济期，但其含有岔路口规定，故岔路口规定也适用于申请人。事实上，仲裁庭的这一解释只具有法理意义，因为在该案中作为申请人的投资者已经选择了国际仲裁，岔路口机制对其已毫无限制。

RosInvestCo 案[171]涉及的最惠国条款关于外国投资和投资者的待遇分列于该案所涉《俄罗斯—英国双边投资协定》第 3 条的两款：第一款关于外国投资的待遇属于一般性的不低于第三方投资的待遇；第二款关于投资者的待遇则具体明确为“投资者管理、维护、使用、享有和处置其投资”。[172] 该案的外国投资者 RosInvestCo 声称东道国俄罗斯政府征收了其投资。仲裁庭认为“征收”必然构成对投资者“使用”和“享有”其投资的干涉，而为了向投资者提供保护，允许其依最惠国条款选择依第三方协定下的争端解决机制解决争议便具有明显而重大的意义。[173] 基于此，RosInvestCo 仲裁庭裁定最惠国条款适用于争议解决程序。

---

[168] Hocktief 案，第 68 段。

[169] Suez, Sociedad General de Aguas de Barcelona S. A., and Vivendi Universal S. A. v. The Argentine Republic, ICSID, ARB/03/19，管辖权决定，2006 年 8 月 3 日，第 85 段。

[170] Suez, Sociedad General de Aguas de Barcelona S. A., and Vivendi Universal S. A. v. The Argentine Republic, ICSID, ARB/03/19，管辖权决定，2006 年 8 月 3 日，第 98 段。

[171] RosInvestCo UK Ltd. v. The Russian Federation, SCC, Arb. V079/2005，管辖权决定，2007 年 10 月，参见 https://www.italaw.com/cases/923（2022 年 3 月 11 日访问）。

[172] RosInvestCo UK Ltd. v. The Russian Federation, SCC, Arb. V079/2005，管辖权决定，2007 年 10 月，参见 https://www.italaw.com/cases/923（2022 年 3 月 11 日），第 23 段；亦参见 *Russian Federation - United Kingdom BIT* (1989), https://investmentpolicy.unctad.org/international-investment-agreements/treaty-files/2235/download（2022 年 3 月 12 日访问）。

[173] RosInvestCo UK Ltd. v. The Russian Federation", ibid., para. 130.

在 Siemens 案[174]中，涉案的《阿根廷—德国双边投资协定》规定投资者在诉诸国际仲裁前应将争议提交东道国法院，然德国投资者没有用尽当地救济便经行申请仲裁，主张依最惠国条款援引《阿根廷和智利相互促进与保护投资协定》[175]的争端解决方式，即直接仲裁。阿根廷和德国双边投资协定的最惠国条款并不含有"所有事项"或类似的字眼。然 Siemens 案仲裁庭认为，《阿根廷—德国双边投资协定》的独特争议解决机制构成外国投资者和投资待遇的一部分，[176]也是一种优势，[177]故"司法行政"不得被排除在最惠国条款的适用范围之外。[178] 被申请方阿根廷指出，其与德国的双边投资协定，包括争端解决规定是经过谈判的，与德国的投资协定模板不同，故不应因最惠国条款而归于无效。就此，Siemens 仲裁庭认为谈判中对模板协定的加加减减属于正常情况，协议一经达成所有的条款便具有相同效力，而不因某个条款的谈判困难与否而异。鉴于"待遇"一词的范围宽泛，仲裁庭说，"除非缔约方有明确的共识，否则其不能限制最惠国条款的适用"。[179] Siemens 仲裁庭甚至认为"最惠国条款的目的就是消除特别谈判条款的效力"。[180] 从裁决不难看出，Siemens 仲裁庭在很大程度上将其裁决的理据放在了缔约方的目的是促进外国投资，故其应依该目的解释其他条款，包括最惠国条款。

事实上，Siemens 案仲裁庭关于条约目的和宗旨的解释原则似乎超越了其他仲裁庭认可的标准。按照其解释，只要符合投资协定的大方向和基本原则，所有条款的具体规定都可以不予考虑，这显然不符合《维也纳条约法公约》第 31 条关于条约应按约文的通常意思解释的原则。正常情况下，条约的目的和宗旨只能作为解释的方向。Siemens 裁决与 Maffezini 案的裁决也不一致。Siemens 仲裁庭甚至认为阿根廷也可以按其与德国的双边投资协定的规定先行将其与投资者的争议提交阿根廷的法院解决。[181]实践中从来没有任何

[174] Siemens AG v. Argentina, ICSID, ARB/02/8, 管辖权决定, 2004 年 8 月 3 日。
[175] Siemens AG v. Argentina, ICSID, ARB/02/8, 管辖权决定, 2004 年 8 月 3 日, 第 32 段。
[176] Siemens AG v. Argentina, ICSID, ARB/02/8, 管辖权决定, 2004 年 8 月 3 日, 第 101 段。
[177] Siemens AG v. Argentina, ICSID, ARB/02/8, 管辖权决定, 2004 年 8 月 3 日, 第 102 段。
[178] Siemens AG v. Argentina, ICSID, ARB/02/8, 管辖权决定, 2004 年 8 月 3 日, 第 102 段。
[179] Siemens AG v. Argentina, ICSID, ARB/02/8, 管辖权决定, 2004 年 8 月 3 日, 第 106 段。
[180] Siemens AG v. Argentina, ICSID, ARB/02/8, 管辖权决定, 2004 年 8 月 3 日, 第 106 段。
[181] Siemens AG v. Argentina, ICSID, ARB/02/8, 管辖权决定, 2004 年 8 月 3 日, 第 107 段。

东道国政府曾经将其与投资者的争议交由本国的法院解决，估计将来也不会有，因为投资协定争端解决机制就是为投资者而不是东道国而设计的。

总之，不难看出，前述诸案都或多或少地遵循了 Maffezini 案的裁决，其中区别是各仲裁庭的分析方法不同。关于最惠国条款的适用范围是否涵盖争端解决机制的问题，即使主张适用，各仲裁庭所依据的法理基础亦不同。故在一定程度上予人以投资仲裁庭各说各话的感觉。此外，如下文所述，亦有许多仲裁庭反对将最惠国条款适用于争端解决程序，由此可知就投资仲裁中关于最惠国条款的解释批评者众。

(二)争端解决程序不适用

自 Maffezini 裁决后，围绕最惠国条款是否适用于争议解决程序的争议便从未停止。此分歧首先是反映在投资仲裁中。具代表性者系 Salini 案。[182]涉案的《意大利—约旦双边投资协定》于 1996 年签订，其第 9 条规定：(1)缔约方与缔约另一方投资者间的争议应尽量友好解决；(2)若投资者和缔约方的一个实体签订了投资协议，则应适用相关协议规定的争端解决程序；(3)若前述争议未能于书面提出之 6 个月内友好解决，则投资者可选择通过东道国的法院或国际中心解决。申请方意大利公司声称约旦政府未支付其修建大坝的欠款，故请求国际中心仲裁。约旦政府指出，其与 Salini 间的争议本质上属商业性质，故应依前述双边投资协定第 9 条第 2 款，根据商事合同规定的程序予以解决。申请人主张，由于约旦和美国以及约旦和英国的双边投资协定均不包含任何限制投资者根据合同条款的规定解决争议的要求，故根据《意大利—约旦双边投资协定》的最惠国条款，其有权将争议提交国际仲裁。

鉴于 Maffezini 仲裁庭的裁决严重依赖 Ambaticlos Ⅱ案的裁决，Salini 仲裁庭首先审查了该裁决，指出 Ambatielos Ⅱ的仲裁委员会实际上确认了适用最惠国条款的同类原则，即最惠国条款之适用仅能及于其同类的主题事项。由于该案的最惠国条款规定了“所有与商业和航海有关的事项”，故仲裁委员会将其适用范围扩大至“司法行政”范围。Salini 仲裁庭认为“司法行政”涉

[182] Salini Costruttori S. p. A. and Italstrade S. p. A. v. The Hashemite Kingdom of Jordan, ICSID, ARB/02/13，管辖权决定，2004 年 11 月 9 日。

及当事方受到何等司法待遇属于实质性待遇,故可以通过最惠国条款引入其他条约的规定;这样做不同于从其他条约引入争议解决程序。[183]

Salini 案仲裁庭认为 Salini 案和 Maffezini 案亦不同,因《意大利—约旦双边投资协定》的最惠国条款没有规定"协议所涵盖的所有权利或所有事项",而申请人也未能提交令人信服的证据以支持将最惠国条款适用于争议解决程序。仲裁庭指出,意大利和约旦的意图是"将投资者与缔约方实体之间的合同纠纷排除在国际中心的管辖之外,以便根据投资协议的程序解决争议"。[184]照此逻辑,如果投资协定的最惠国条款不含有"所有事项"或"所有权利"等词语,则其适用应根据同类原则。作为支持其结论的理据,Salini 仲裁庭写道,有些投资协定如英国签署的部分双边投资协定所载的最惠国条款明确规定了其适用于争议解决程序。[185] 基于前述,Salini 仲裁庭裁定,《意大利—约旦双边投资协定》的最惠国条款不适用于"争议解决条款"。[186]

如前所述,Salini 案本身具有特殊性。原因之一是《意大利—约旦双边投资协定》关于争端解决的程序专门规定外国投资者与东道国实体间商业合同的争议解决程序应得到尊重。这也就事实上将商业争议和投资争议加以区分。基于此特别规定,Salini 仲裁庭的裁决可谓中规中矩;故尽管 Salini 案裁决与 Maffezini 案不同,其也未在国际投资仲裁领域形成波涛,甚至未产生涟漪。

真正对 Maffezini 案构成挑战的是 Plama 案。Plama 案[187] 涉及的《保加利亚—塞浦路斯双边投资协定》[Bulgaria - Cyprus BIT(1987)]第 3 条第 2 款规定,最惠国条款不适用于缔约方给予来自第三方投资者特权,若该特权系凭借该第三方为经济共同体和联合体或关税同盟的成员或自由贸易协定缔约

[183] Salini Costruttori S. p. A. and Italstrade S. p. A. v. The Hashemite Kingdom of Jordan, ICSID, ARB/02/13, 管辖权决定, 2004 年 11 月 9 日, 第 112 段。亦参见 Ambatielos Claim (Greece, United Kingdom of Great Britain and Northern Ireland), ibid.。

[184] Salini Costruttori S. p. A. and Italstrade S. p. A. v. The Hashemite Kingdom of Jordan, 管辖权决定, 第 118 段。

[185] Salini Costruttori S. p. A. and Italstrade S. p. A. v. The Hashemite Kingdom of Jordan, 管辖权决定, 第 116 段。

[186] Salini Costruttori S. p. A. and Italstrade S. p. A. v. The Hashemite Kingdom of Jordan, 管辖权决定, 第 119 段。

[187] Plama Consortium Limited v. Bulgaria, ICSID, ARB/03/24, 管辖权决定, 2005 年 2 月 8 日。

方而授予的。仲裁庭认为,"特权"一词"表明最惠国待遇与实质性保护有关",[188] 因此其不应涵盖争议解决等程序性问题。Plama 仲裁庭觉得不必考虑投资争议仲裁的国际趋势。它认为,重要的是仲裁的先决条件是在双方同意的情况下得以确定,而"这一协议应该是清晰且无歧义者"。[189] 它还强调了善意解释条约的原则,反对"用完全不同的机制取代缔约方具体谈判达成的程序"。[190]

Plama 案裁决之所以受人瞩目恐怕主要是因为其对 Maffezini 案裁决的批评。Plama 仲裁庭说 Maffezini 仲裁庭适用最惠国条款似乎主要是为了协调投资领域的争端解决机制,但认为 Maffezini 仲裁庭的所作所为恰恰对作为国际投资法一部分的争议解决程序的协调起到相反的作用。[191] 它先以具讽刺性的语言表示同意 Maffezini 仲裁庭关于应区分通过最惠国条款而实现的权利和利益的合理延伸和通过具破坏性的条约选择(争端解决机制)而对条约的具体条款所表明的政策目标构成破坏。Plama 仲裁庭明言其对 Maffezini 仲裁庭提出的公共政策限制感到"困惑",并指出"Maffezini 仲裁庭提出的含多个例外的原则应该被含一个例外的原则所取代,即基本条约的最惠国条款不适用于另一条约的争议解决条款,无论是部分或全部,除非基本条约的最惠国条款明确无误地表明缔约方有意将最惠国条款如此适用之"。[192]

显然,Plama 案的仲裁庭认为最惠国条款仅适用于实质性待遇方面。就此而言,其与 Salini 案仲裁庭的立场亦不完全一致。虽然它们都不认同 Maffezini 案的裁决,但 Salini 仲裁庭并没有直接对 Maffezini 仲裁庭进行批判,尽管其明确表示不赞成该裁决。事实上,Plama 仲裁庭在裁决中提出了解释最惠国条款的原则,且该原则经常为嗣后的仲裁庭所援引。正因如此,

---

[188] Plama Consortium Limited v. Bulgaria, ICSID, ARB/03/24, 管辖权决定, 2005 年 2 月 8 日, 第 191 段。

[189] Plama Consortium Limited v. Bulgaria, ICSID, ARB/03/24, 管辖权决定, 2005 年 2 月 8 日, 第 198 段。

[190] Plama Consortium Limited v. Bulgaria, ICSID, ARB/03/24, 管辖权决定, 2005 年 2 月 8 日, 第 209 段。

[191] Plama Consortium Limited v. Bulgaria, ICSID, ARB/03/24, 管辖权决定, 2005 年 2 月 8 日, 第 119 段。

[192] Plama Consortium Limited v. Bulgaria, ICSID, ARB/03/24, 管辖权决定, 2005 年 2 月 8 日, 第 223 段。

Plama 案的裁决一直得到国际投资仲裁界的重视，并为不同意 Maffezini 裁决的仲裁庭所援引。例如，在 Telenor Mobile 案[193]中，仲裁庭便明确指出，在投资协定的“措辞或文件中没有提出相反建议的情况下”，最惠国条款提到了“投资者在投资方面的实质性权利”。[194] Société Générale 案[195]的仲裁庭也采取了相似的立场，指出“每项条约都界定了受其保护的投资、有权获得相关保护的人，且每个投资协定对此定义不同”。[196] 仲裁庭进一步指出，“在此情况下，没有必要诉诸最惠国条款，因为其仅适用于投资方面的待遇，而不是投资本身”。[197]

Tza Yap Shum 案（下文称谢某深案）[198]亦涉及最惠国条款的解释。谢某深案的仲裁庭认为投资协定的最惠国条款的目的是保证缔约方的投资者不受歧视。[199] 易言之，如两个国家签订一项双边投资协定，其中缔约方与其他国家签订协议，给予后者的投资者以更优惠的待遇，则相关待遇应通过最惠国条款适用于另一缔约方的投资者。鉴于最惠国条款的规定有时明确具体有时不够明确具体，故每个条约的最惠国条款均具有其独特性并依之进行解释。《中国—秘鲁关于鼓励和相互保护投资协定》（以下简称《中国—秘鲁投资协定》）[200]第 3 条规定：

1. 缔约任何一方的投资者在缔约另一方领土内的投资和与投资有关的活动应受到公正与公平的待遇和保护。

---

[193] Telenor Mobile Communications A. S. v. Republic of Hungary，ICSID，ARB/04/15，裁决，2006 年 9 月 13 日。

[194] Telenor Mobile Communications A. S. v. Republic of Hungary，ICSID，ARB/04/15，裁决，2006 年 9 月 13 日，第 92 段。

[195] Société Générale v. Dominican Republic，LCIA Case No. UN 7927，联合国贸易法委员会仲裁规则，对管辖权初步异议的裁决，2008 年 9 月 19 日。

[196] Société Générale v. Dominican Republic，LCIA Case No. UN 7927，联合国贸易法委员会仲裁规则，对管辖权初步异议的裁决，2008 年 9 月 19 日，第 41 段。

[197] Société Générale v. Dominican Republic，LCIA Case No. UN 7927，联合国贸易法委员会仲裁规则，对管辖权初步异议的裁决，2008 年 9 月 19 日，第 41 段。

[198] Tza Yap Shum v. The Republic of Peru，ICSID，ARB/07/6，管辖权与权限的决定裁决，2009 年 6 月 19 日。

[199] Tza Yap Shum v. The Republic of Peru，ICSID，ARB/07/6，管辖权与权限的决定裁决，2009 年 6 月 19 日，第 195 段。

[200] 《中国—秘鲁投资协定》文本全文参见 http://treaty.mfa.gov.cn/tykfiles/20180718/1531876720390.pdf（2022 年 3 月 13 日访问）。

2. 本条第 1 款所述的待遇和保护,应不低于给予任何第三方投资者的投资和与投资有关的活动的待遇和保护。

3. 本条第 1 款和第 2 款所述的待遇和保护,不应包括缔约另一方依照关税同盟、自由贸易区、经济联盟、避免双重征税协定和为了方便边境贸易而给予第三国投资者的投资的任何优惠待遇。

谢某深案的仲裁庭认为,其职责之一是解释前述第 3 条第 1 款规定的缔约一方给予缔约另一方的投资者和投资以“公正与公平的待遇和保护”,是否通过第 3 条第(2)款规定的此待遇和保护“应不低于给予任何第三国投资者的投资和与投资有关的活动的待遇和保护”而适用于国际中心的管辖权。[201] 谢某深案的仲裁庭指出,第 3 条第(2)款并未规定其是否适用于争端解决程序,第 3 款明确排除了一些事项。根据条约解释原则,一个条款明确排除了某些事项说明还有一些事项没有被排除。然其认为根据《维也纳条约法公约》第 32 条,《中国—秘鲁投资协定》缔约方的意图是缩小而不是扩大最惠国条款的适用范围。[202] 谢某深案仲裁庭的前述结论一方面依赖专家证人的证词,另一方面的根据是《中国—秘鲁投资协定》的第 8 条,其规定:

1. 缔约一方的投资者与缔约另一方之间就在缔约另一方领土内的投资产生的任何争议应尽量由当事方友好协商解决。

2. 如争议在 6 个月内未能协商解决,当事任何一方有权将争议提交接受投资的缔约一方有管辖权的法院。

3. 如涉及征收补偿款额的争议,在诉诸本条第 1 款的程序后 6 个月内仍未能解决,可应任何一方的要求,将争议提交根据 1965 年 3 月 18 日在华盛顿签署的《华盛顿公约》设立的“解决投资争端国际中心”进行仲裁。缔约一方的投资者和缔约另一方之间有关其他事项的争议,经双方同意,可提交该中心。如有关投资者诉诸了第 8 条第(2)款所规定的程序,本款规定不应适用。

4. 该中心应根据接受投资缔约一方的法律(包括其冲突法规则)、本协定的规定以及普遍承认的缔约双方均接受的国际法原则作出裁决。

此前,仲裁庭裁定,“涉及征收补偿款额的争议”的“涉及”二字的字面意

[201] 谢某深案,管辖权与权限的决定,第 204 - 206 段。

[202] 谢某深案,管辖权与权限的决定,第 210 段。

思是不限于征收补偿款额,而是包括征收是否发生、是否按法定程序进行、是否为了公共目的等。谢某深案仲裁庭认为,第 8 条第 3 款说明缔约双方同意将涉及征收的争议诉诸国际仲裁,而其他事项的仲裁则需双方另行同意。[203] 据此,其认为最惠国条款不适用于争端解决事项。

Tecmed 案[204]涉及的是投资协定生效前的投资是否应受到保护。该案的仲裁庭最后拒绝了申请人主张通过最惠国条款而享有《墨西哥—奥地利投资促进与保护协定》[205]下的权利:根据该协定,奥地利的投资者在墨西哥和奥地利双边投资协定生效前的投资也受到保护。仲裁庭事实上没有具体分析最惠国条款应如何解释,而是指出随着时间的推移,实质性事项,而非程序或管辖权事项,更多地成为缔约方谈判的核心问题,因为此类事项直接关系到投资者的利益,对其更为重要、更有意义。[206] Tecmed 仲裁庭认为,关于外国投资的保护体制及其运作关乎外国投资处于什么样的法律框架之下,外国投资者享有哪些权益以及外国投资者如何进入市场,故这些实质性权益不能因最惠国条款的适用而受到损害。[207] 易言之,Tecmed 仲裁庭主张最惠国条款的执行应严格遵守同类原则。

同类规则是最惠国条款适用的一项公认原则。Hicee 案[208]便是支持此原则的一个投资裁决。该案的投资者系来自荷兰的保险公司,争议的问题之一是该投资者是否属于受保护的投资者。仲裁庭对之作出了否定的裁决。鉴于投资者主张依最惠国条款引入斯洛伐克签订的其他双边投资协定(关于投资者的定义)使之成为合格的投资者,仲裁庭需要裁定如何解释最惠国条款。就此问题,Hicee 仲裁庭的观点与 Plama 仲裁庭相似,指出每个最惠国条款都有其特殊性,均应按其具体规定解释,并且也没有一套公认的最惠国条款的概

---

[203] 谢某深案,管辖权与权限的决定,第 214 – 216 段。

[204] Técnicas Medioambientales Tecmed v. United Mexican States, ICSID, ARB(AF)/00/2,裁决,2003 年 5 月 29 日。

[205] Agreement between the United Mexican States and the Republic of Austria on the Promotion and Protection of Investments 签署于 1998 年 6 月 29 日。文本可参见 https://investmentpolicy.unctad.org/international – investment – agreements/treaty – files/204/download(2022 年 3 月 13 日访问)。

[206] Técnicas Medioambientales Tecmed v. United Mexican States, ibid., para. 69.

[207] Técnicas Medioambientales Tecmed v. United Mexican States, ibid., para. 69.

[208] HICEE B. V. v. The Slovak Republic, PCA, 2009 – 11,《联合国贸易法委员会仲裁规则》,部分裁决,2011 年 5 月 23 日。

念。基于前述,Hicee 仲裁庭裁定通过最惠国条款扩大合资格投资者的范围不符合其本身的意思,故拒绝了投资者的请求。[209] 整体上看,Hicee 仲裁庭的解释也是严格遵守了同类原则,同时将最惠国条款的适用限定在待遇方面,而非涉及管辖权的关于合资格投资者的界定。

(三)最惠国条款与管辖权

如前所述,就国际投资仲裁而言,如何解释最惠国条款涉及的问题包括争端解决机制是否属于待遇事项。而此问题的核心是如何解释争端解决条款中用尽当地救济的规定,即其究竟系程序还是权利。如系前者,则其为待遇,也即可以适用最惠国条款;如系后者,则涉及仲裁庭的管辖权。主张当地救济规定为程序的仲裁庭便认为,即使不遵守该程序,也不会对其管辖权构成障碍。如在 Ethyl 案[210]中,仲裁庭质疑"《北美自由贸易协定》缔约方是否意图"外国投资者在将争议提交国际仲裁前"必须符合"等待 6 个月的要求。[211] Ethyl 仲裁庭认为 6 个月的等待期规则"与穷尽救济的国际法要求相类似,当证明事实上没有任何救济办法可用时,且用尽任何努力都是徒劳时,可以无视该 6 个月的等待期规定"[212]。易言之,只要最终的结果相同,则可以不遵守条约规定的等待期规定。当然,持不同意见的人必然会问,如果对争端解决安排中的用尽当地救济规定可以作如此解释,则缔约方为什么还要在条约中规定用尽当地救济为仲裁的前置程序呢?如此解释是否不符合《维也纳条约法公约》关于解释条约的原则呢?在 Bayindir 案[213]中,巴基斯坦承认"通知要求不能

[209] HICEE B. V. v. The Slovak Republic, PCA, 2009 - 11,《联合国贸易法委员会仲裁规则》,部分裁决,2011 年 5 月 23 日,第 149 段。

[210] Ethyl Corporation v. The Government of Canada,《联合国贸易法委员会仲裁规则》,管辖权决定,1988 年 6 月 24 日。

[211] Ethyl Corporation v. The Government of Canada,《联合国贸易法委员会仲裁规则》,管辖权决定,1988 年 6 月 24 日,第 74 段。

[212] Ethyl Corporation v. The Government of Canada,《联合国贸易法委员会仲裁规则》,管辖权决定,1988 年 6 月 24 日,第 84 段。

[213] Bayindir Insaat Turizm Ticaret Ve Sanayi A. S. v. Islamic Republic of Pakistan, ICSID, ARB/03/29,管辖权决定,2005 年 11 月 14 日。

构成管辖权的先决条件。[214] 在 SGS v. Islamic Republic of Pakistan[215]中，仲裁庭也认为，“协商要求是程序性而不是司法性问题，故其不应被视为构成仲裁庭行使管辖权的先决条件”。[216]

国际投资裁决的多样性也反映在如何解释当地救济规定方面。支持将之视为条件的仲裁庭也并非很少。如 Enron 案[217]的仲裁庭便宣布，为期 6 个月的谈判期本质上属于仲裁管辖权的问题，“不遵守这一要求将导致国际仲裁庭无管辖权”。[218] Burlington 案[219]的仲裁庭认同当地救济规定旨在使东道国政府有机会通过友好方式解决争议。然后它还表示，允许投资者放弃当地救济程序势必剥夺东道国政府的这一机会。据此，投资者未能满足当地救济要求便足以使国际仲裁庭丧失对相关争议的管辖权。[220] 然而，Telefónica 案[221]的仲裁庭则认为，当地救济规定只是“启动国际仲裁的临时障碍”或“导致国际仲裁庭暂时没有管辖权”，即属于不能受理的事项。[222]

Wintershall 案[223]的仲裁庭认为双边投资协定中关于争议解决的规定视为东道国有效要约的一部分，其中“在地方法院提起为期 18 个月诉讼的要求……是国际中心仲裁制度的重要初始步骤”[224]。因此，为了将争议提交国

[214] Bayindir Insaat Turizm Ticaret Ve Sanayi A. S. v. Islamic Republic of Pakistan, ICSID, ARB/03/29, 管辖权决定, 2005 年 11 月 14 日，第 99 段。

[215] SGS Société Générale de Surveillance S. A. v. Islamic Republic of Pakistan, ICSID, ARB/01/13, 管辖权决定, 2003 年 8 月 6 日。

[216] SGS Société Générale de Surveillance S. A. v. Islamic Republic of Pakistan, ICSID, ARB/01/13, 管辖权决定, 2003 年 8 月 6 日，第 184 段。

[217] Enron Corporation and Ponderosa Assets, L. P. v. Argentine Republic, ICSID, ARB/01/3, 管辖权裁决, 2004 年 1 月 14 日。

[218] Enron Corporation and Ponderosa Assets, L. P. v. Argentine Republic, ICSID, ARB/01/3, 管辖权裁决, 2004 年 1 月 14 日，第 88 段。

[219] Burlington Resources Inc. v. Republic of Ecuador, ICSID, ARB/08/5, 管辖权裁决, 2010 年 6 月 2 日。

[220] Burlington Resources Inc. v. Republic of Ecuador, ICSID, ARB/08/5, 管辖权裁决, 2010 年 6 月 2 日，第 315 段。

[221] Telefonica S. A. v. Argentine Republic, ICSID, ARB/03/20, 管辖权决定, 2006 年 5 月 25 日。

[222] Telefonica S. A. v. Argentine Republic, ICSID, ARB/03/20, 管辖权决定, 2006 年 5 月 25 日，第 93 段。

[223] Wintershall Aktiengesellschaft v. Argentine Republic, ICSID, ARB/04/14, 裁决, 2008 年 12 月 8 日。

[224] Wintershall Aktiengesellschaft v. Argentine Republic, ICSID, ARB/04/14, 裁决, 2008 年 12 月 8 日，第 160 段。

际中心仲裁,投资者必须接受有效要约的全部条款,包括首先进行当地救济。逻辑性的结果是 Wintershall 仲裁庭认为诉诸当地法院的诉讼程序属于管辖权问题。[225] 投资者未能符合这一要求,便意味仲裁庭对争议没有管辖权。此裁决则与 Enron 和 Burlington 案的裁决完全一致。

在 Daimler 案[226]中,仲裁庭明确表示"所有基于双边投资协定的争议解决条款……本质上都属于管辖权问题。将其纳入双边条约的不争事实表明其反映的是两个主权国家的协定,而不仅仅是仲裁员行政管理的产物"。[227] 该仲裁庭认为,这种安排是主权国家同意投资者和国家间仲裁的体现,而相关仲裁可能导致投资者从东道国得到赔偿。[228] 基于此,Daimler 仲裁庭认为包括诉诸当地救济安排在内的双边投资协定争议解决机制,是仲裁庭拥有管辖权的先决条件。其理由是,如果特定的争端解决机制包含在由缔约主权国家协商的特定双边投资协定中,则人们不应以某种会改变这些规定的方式来执行或解释之。因此,最惠国条款是否应同时适用于程序性和实质性问题并不重要。它指出:"希望援引最惠国条款进行国际仲裁的申请人在履行国内法院的限制性条款前没有资格诉诸国际仲裁。更具体地说,由于申请人尚未满足让阿根廷同意其进行国际仲裁的必要先决条件,故其最惠国待遇的论点并不适用。因此,除非最惠国条款本身授予国际仲裁庭必要的管辖权,否则仲裁庭无权裁定任何基于最惠国待遇的索赔。"[229]

应该指出的是,尽管 Daimler 案仲裁庭得出的结论与 Plama 仲裁庭相同,但它并不同意后者的理由,特别是后者提到的 Maffezini 案。Plama 仲裁庭曾指出:"Maffezini 案的裁决也许是可以理解的。该案涉及一项奇怪的要求,即在最初的 18 个月内,争议由当地法院审理。本仲裁庭能够体谅该仲裁庭想要

---

[225] Wintershall Aktiengesellschaft v. Argentine Republic, ICSID, ARB/04/14, 裁决, 2008 年 12 月 8 日, 第 172 段。

[226] Daimler Financial Services AG v. Argentine Republic, ICSID, ARB/05/1, 裁决, 2012 年 8 月 22 日。

[227] Daimler Financial Services AG v. Argentine Republic, ICSID, ARB/05/1, 裁决, 2012 年 8 月 22 日, 第 193 段。

[228] Daimler Financial Services AG v. Argentine Republic, ICSID, ARB/05/1, 裁决, 2012 年 8 月 22 日, 第 199 段。

[229] Daimler Financial Services AG v. Argentine Republic, ICSID, ARB/05/1, 裁决, 2012 年 8 月 22 日, 第 200 段。

使这种从实际角度来看毫无意义的条款无效的意图。但是,在不存在特殊情况的情形下,不应将这种特殊情况视为一般原则声明来指导仲裁庭在未来进行的裁决。”[230]

然而,Daimler 仲裁庭并不认同 Plama 仲裁庭的观点,认为如果“无意义”条款的观点被接纳,则仲裁庭便有权豁免“18 个月国内法院诉讼的要求”,然 Plama 仲裁庭并没有解释“从何意义上讲,该要求是‘奇怪’、‘无意义’或‘属例外情况’”[231]。此外,Daimler 仲裁庭指出“要求放弃基于条约的国际法上管辖权的先决条件并不荒谬,但毫无意义。主权国家可以自由决定是否同意他们选择的任何条约规定,无论是实质性承诺还是争议解决的规定或其他规定,只要这些规定并不荒谬,且不违反国际法的强制性规范”[232]。

或可说,在众多投资裁决中,Daimler 仲裁庭关于最惠国条款的态度最明确、最直截了当。其观点从另一方面反映了国际社会对最惠国条款适用范围越来越多的关注。平心而论,即使是将最惠国条款的适用范围扩及争议解决的个案,相关仲裁庭总要依据诸如“受本协定管辖的所有事项”“司法行政”等规定,作为其裁决的理据。不言而喻,最惠国条款旨在确保所有投资者和投资均享有平等和非歧视性的待遇,然过度扩张解释最惠国条款势必使其成为一项超级条约规定,[233]从而将不可避免地被滥用。

(四)国际社会的反馈

投资仲裁实践,特别是 Maffezini 等案的裁决,促使国际社会认真重新考虑最惠国条款问题。一些国家亦采取措施尽量减少最惠国条款的不确定性。例如,美国《自由贸易区协议范本》第三草案文本在其第十七章“投资”中的脚注 13 处写道:“当事各方注意到 Maffezini 案仲裁庭对阿根廷与西班牙协议的最惠国条款作出了非同一般的决定,裁定其涵盖争端解决程序。与之相反,本协议最惠国条款的范围明确限于‘投资的设立、收购、扩张、管理、运行、经营

---

[230] Plama Consortium Limited v. Bulgaria,管辖权裁定,前引书,第 224 段。

[231] Plama Consortium Limited v. Bulgaria,管辖权裁定,前引书,第 224 段。

[232] Plama Consortium Limited v. Bulgaria,管辖权裁定,前引书,第 198 段。

[233] 关于这一问题的讨论,参见 Most – Favoured – Nation Clause – Report of the Working Group,联合国国际法委员会第 59 届会议,联合国文件第 A/CN. 4/L. 719 号,2007 年 7 月 20 日,第 25 段。

和出售或其他处置方面的事项’。缔约双方有共同的理解和目的,即该条款不包括国际争端解决机制。”[234]这就是说,美国不赞同将最惠国条款扩大适用到投资者与东道国争议解决。中国和新西兰于2008年签订的自由贸易协定[235]也含有相似条款,显然也是对Maffezini案裁决作出的反映。

《中国和新西兰自由贸易协定》第139条(最惠国待遇)规定:

1. 各方在准入、扩大、管理、经营、运营、维护、使用、收益或处置方面,应当给予另一方投资者、投资者的投资及与该投资相关的活动,不低于其在同等条件下给予任何第三方投资者的投资及相关活动的待遇。

2. 为进一步明确,本条规定的义务不包含要求给予另一方投资者除本章规定内容以外的争端解决程序。

《中韩日三方投资协定》[236]也明确排除了最惠国条款适用于争端解决的可能性,规定“每一缔约方应给予另一缔约方投资者及其投资的待遇应不低于该缔约方给予第三缔约方或非缔约方投资者及其投资的待遇”。[237] 该协定同时规定,“第1段所提到的给予第三缔约方或任何非缔约方投资者及其投资的待遇,不包括通过一缔约方与第三缔约方投资者或……非缔约方投资者之间的有关投资争端解决条款下的待遇”[238]。考虑到中国、日本和韩国的条约实践,将最惠国条款的适用排除在投资者和东道国争端解决之外令人吃惊,毕竟这三个国家在条约解释方面均予人以较保守的形象。需要指出的是,中日韩均为重要的投资东道国和投资母国。其条约实践应可在一定程度上反映国际社会关于最惠国条款适用范围的立场。

与此同时,一直倡导单边主义的美国,在其与墨西哥和加拿大签订的用以

[234] 参见FTAA – Free Trade of the Americas (Draft Agreement,2003),全文参见http://www.ftaa – alca.org/ftaadraft03/index_e.asp(2022年2月22日访问)。

[235] 《中国和新西兰自由贸易协定》,2008年4月7日签订,2008年10月1日开始生效。参见http://fta.mofcom.gov.cn/newzealand/doc/wenben/wenben_cn.pdf(2022年3月10日访问)。

[236] 该协定英文全名为Agreement among the Government of Japan, The Government of the Republic of Korea and the Government of the People's Republic of China for the promotion, facilitation and Protection of Investment,参见https://investmentpolicy.unctad.org/international – investment – agreements/treaty – files/2633/download(2022年3月10日访问)。

[237] 《中韩日三边投资协定》第4条第(1)款。

[238] 《中韩日三边投资协定》第4条第(3)款。

取代《北美自由贸易》协定的协定之第 14.5 条规定，[239] 最惠国条款仅适用于同类情势（in like circumstances），且同类情势应依相关情势的整体情况确定，包括依合理的公共利益目标区别对待投资者和投资。此规定的目的显然意在限制将最惠国条款适用到争端解决程序，然在却对将来解释最惠国条款颇有助益。

国际社会关于最惠国条款采取的较具代表性的措施是联合国国际法委员会于 2009 年成立的最惠国条款研究组。该研究组于 2015 年提交的报告中提出了一些指导意见。综合言之，研究组认为最惠国条款的适用是一个条约解释问题，只能在每个具体案件中解决，但“原则上最惠国规定能够适用于双边投资条约的争端解决规定，这一点几乎没有疑问”。[240] 基于国际法委员会 1978 年条款草案第 14 条，“如果一国在双边投资条约中同意承认某些类别的人为投资者，则不得援引最惠国规定来改变这些类别。根据双边投资条约设立的仲裁庭肯定无权就不属于投资者的实体的权利作出裁决”。[241] 这就是最惠国条款的同类原则。目前投资仲裁中的争议并不在是否应遵循同类原则，而是争端解决条款的性质。对此，研究组并未提出任何解决办法，只是强调“关于最惠国条款是否适用于争端解决规定的结论应该建立在对涉案条款的解释和分析上，而不是对投资协定或协定所赋予权利的性质的假定之上”。[242] 依习惯国际法解释条约的规则解释涉案条约的约文也是没有任何争议的原则。关键是实践中每个仲裁庭都可能都会作出其认为正确的解释。就此而言，研究组的指导意见除了为当下的国际实践背书外，基本没有其他作用。

国际法委员会研究组还就解释最惠国条款的同期原则进行了评论。同期原则并非《维也纳条约法公约》认可的原则，但包括 Daimler 案在内的仲裁庭都明示采用了该原则，另有一些仲裁庭默示采用了该原则。同期原则的核心是条约解释者是否可以在必要时对约文作出与时俱进的解释。关于此原则，

---

〔239〕 参见《美墨加协定》。

〔240〕 《最惠国条款研究组最后报告》第 162 段。

〔241〕 《最惠国条款研究组最后报告》第 166 段。

〔242〕 《最惠国条款研究组最后报告》第 173 段。

国际法院在South West Africa案[243]中曾提出，“首要的是必须根据缔约方在缔结文书时的意图对该文书进行解释”；[244]国际法院接着写道，法院必须考虑条约签署后“半个世纪发生的变化，法院的解释不能不受嗣后经《联合国宪章》和习惯法发展的法律的影响。此外，一个国际文件必须放在对其解释时适用的整个法律体系的框架内予以解释”。[245] 在Costa Rica v. Nicaragua案[246]中，国际法院也曾指出，根据缔约方缔约时的意图解释条约并不意味着，为了执行条约而对之进行解释时，若一个术语的含义与缔结条约时已不再相同，也不应该对其作出与时俱进的解释。[247] 另在大陆架案[248]中，国际法院也指出，对涉案的于1931年签订的条约下的权利和条约保留的解释不应停留在五十几年前的认知。法院在解释此类规定时必须考虑国际法的相关发展并赋予相关规定以现代的意涵。[249]

世贸组织上诉机构也不止一次提出对条约的解释要与时俱进。例如，在一个涉及《关贸总协定》第20(g)条解释的案件中，上诉机构便指出，关于可用尽的自然资源的规定系于50年前制定，应按照当代国际社会对保护环境的关注进行解释。[250] 上诉机构认为，尽管乌拉圭回合未对《关贸总协定》第20条进行修改，但《世贸组织协定》的前言规定各方“应依照可持续发展的目标，考虑对世界资源的最佳利用，寻求既保护和维护环境，又以与它们各自在不同

---

[243] 参见 Legal Consequences for States of the Continued Presence of South Africain Namibia (South West Africa) notwithstanding Security Council Resolution 276 (1970), Advisory Opinion, *I. C. J. Reports* 1971, p. 16。

[244] 参见 Legal Consequences for States of the Continued Presence of South Africain Namibia (South West Africa) notwithstanding Security Council Resolution 276 (1970), Advisory Opinion, *I. C. J. Reports* 1971, para. 53。

[245] 参见 Legal Consequences for States of the Continued Presence of South Africain Namibia (South West Africa) notwithstanding Security Council Resolution 276 (1970), Advisory Opinion, *I. C. J. Reports* 1971, para. 53。

[246] Dispute regarding Navigational and Related Rights (Costa Rica v. Nicaragua), *I. C. J. Reports* 2009, p. 213.

[247] Dispute regarding Navigational and Related Rights (Costa Rica v. Nicaragua), *I. C. J. Reports* 2009, para. 64.

[248] 参见 Aegean Sea Continental Shelf (Greece v. Turkey), *I. C. J. Reports* 1978, p. 3。

[249] 参见 Aegean Sea Continental Shelf (Greece v. Turkey), *I. C. J. Reports* 1978, para. 80。

[250] 参见 United States – Import prohibition of Certain Shrimp and Shrimp Products，上诉机构报告，世贸组织文件第 WT/DS58/AB/R 号，1998 年 10 月 12 日，第 129 段。

经济发展水平的需要和关注相一致的方式，加强为此采取措施”。[251] 这显示各缔约方完全清楚在国际和国家政策层面保护环境的重要性和合理性，故对第20(g)条应作与时俱进的解释。

关于同期原则，联合国国际法委员会研究组事实上也没有明确的结论。它仅表示，对条约是否可以作与时俱进的解释“取决于多个因素”，包括缔约方的意图、嗣后惯例以及缔约方自己的解释等。[252] 联合国国际法委员会研究组的意见在说明国际社会对如何解释最惠国条款尚未形成较为一致的意见。实践中投资仲裁庭基本还是我行我素。

Le Chèque Déjeuner and C. D Holding Internationale v. Hungary[253]（以下简称LCD案）涉及法国和匈牙利双边投资协定最惠国条款如何适用的问题。该协定第4(1)条规定，缔约方应给予来自另一方投资者的投资及与投资相关的活动最惠国待遇；第9(1)条规定缔约一方与来自另一方的投资者间涉及投资的“任何争议”应通过友好协商解决，不能通过友好协商解决者，应诉诸当地的程序；第9(2)条规定“然而”，涉及国有化和征收等的赔偿数额、条件和利息等争议可通过国际仲裁解决。这是发展中国家在20世纪70年代至80年代签署的典型的争端解决条款。LCD案需要解决的问题之一系是否可通过最惠国条款将涉及公平公正待遇的争议提交国际仲裁解决。被申请人认为基于前述第9条的规定，除了涉及征收赔偿数额等争议，其他投资争议均应通过东道国的国内程序解决。被申请人同时认为关于最惠国条款的解释早有先前的投资裁决作出了权威性的解释，即不得将最惠国条款扩大适用于争端解决。

申请人认为关于最惠国条款的解释不是谁的解释具权威性而是相关条款如何规定，原则上最惠国待遇条款可以适用于争端解决事项。申请人的前述观点是基于联合国国际法委员会研究组关于最惠国条款的报告，即最惠国待遇是“条约解释问题，只能在每个特定的案件中得到回答”，但“至少可以说，对双边投资条约中的最惠国规定进行解释的仲裁庭不需要研究这些规定在原

---

[251] 参见United States – Import prohibition of Certain Shrimp and Shrimp Products，上诉机构报告，世贸组织文件第WT/DS58/AB/R号，1998年10月12日，第129段。

[252] 《最惠国条款研究组最后报告》第178段。

[253] LCD案，ICSID，ARB/13/35，管辖权裁决，2016年3月3日。

则上是否可以适用于争端解决规定”。[254]

LCD 案的仲裁庭首先指出,其职责是依需要尽最大可能适用条约的相关条款,决定当事方需求的救济问题。为达此目的,与许多仲裁庭相同,LCD 案的仲裁庭说明其将依据条约解释的习惯国际法规则《维也纳条约法公约》第 31 条和第 32 条,按约文的“通常意义”解释相关规定,主要包括三方面的内容:(1)包括前言在内的条约条文;(2)与该条约相关的当事方达成的其他协议;(3)一当事方通过且为另一方接受的与该条约相关的文件。[255] 无疑,根据《维也纳条约法公约》第 32 条,仲裁庭还可以参考辅助性资料。就争议双方均援引了其他仲裁庭的裁决言,LCD 案的仲裁庭一方面声明其不受其他先前裁决的拘束,另一方面亦表示若其他仲裁裁决对厘清问题有帮助,则其不排除参考相关裁决。这基本是投资仲裁庭的标准立场。实践中,没有仲裁庭会明示承认其他仲裁裁决的先例作用,因从法律上讲每个裁决仅对当事方有效。然为了增加自己裁决的说服力,无论是为了寻求支持还是为了说明自己处理的争议不同于其他个案,仲裁庭总会援引其他裁决。

LCD 案的仲裁庭认为前述第 9(1)条并非构成对适用最惠国条款的限制,理由是最惠国条款的目的是确保投资者及其投资不受到歧视待遇,故如果条约缔约方有意限制最惠国条款之适用,其理应“明确无误”地在最惠国条款中加以限制;鉴于最惠国条款本身没有此类限制,其他条款的规定不能限制最惠国条款的范围,否则最惠国条款便无法实现确保相关投资者和投资不受到低于其他投资者和投资的待遇之目的。[256] LCD 案的仲裁庭认真分析了最惠国条款研究组报告,特别是关于同期原则,[257] 指出《法国—匈牙利双边投资协定》最惠国条款及其他文件并未显示缔约方意图允许对协定的条款作出与时俱进的解释,且在签约后亦未就此达成其他协议。易言之,LCD 案的仲裁庭认为最惠国条款研究组报告提出涉及同期原则的三个元素有两个未获满足。但就嗣后实践言,LCD 案的仲裁庭考证了匈牙利签订的诸多投资协定,结论

---

[254] 《最惠国条款研究组最后报告》第 163 段。

[255] 参见 LCD 案的裁决,第 145 段和第 146 段。

[256] LCD 案的裁决,第 159 段。

[257] LCD 仲裁庭就此问题完整援引了《最惠国条款研究组最后报告》的第 176 段至第 178 段。参见 LCD 案的裁决,第 165 段。

是自1988年起匈牙利便开始允许将国际仲裁适用于其他事项，到了1992年所有协定均规定国际仲裁条款适用于所有争议，且有史以来匈牙利的投资协定均含有最惠国条款和公平公正待遇条款。LCD案的仲裁庭同时认为，最惠国条款的性质是向前看，即针对将来投资者及其投资应受到的待遇，同时其适用范围和目的应与时俱进。[258] 基于此，仲裁庭裁定投资协定的最惠国条款未对其适用设置限制。根据LCD案的仲裁庭，除非投资协定本身对最惠国待遇设置了限制，否则包括将之适用到争端解决事项中均不可被解释为受到限制。唯一的限制就是作为比较的对比协定所规定的适用范围是否包括基本协定，如对比协定授予的是签证待遇，则不能将之与争端解决比较。这也符合最惠国待遇的“同类事项”的要求。

值得指出的是，LCD案的仲裁庭认为投资人可通过何种手段保护投资，包括是否可以通过国际仲裁解决争议，是其决定投资的前提条件。[259] 这在其他仲裁裁决中甚为少见。基于前述分析，LCD仲裁庭认为最惠国条款关于在缔约方领土内提供待遇的规定也不必然要求待遇系在领土内获得，而是指相关待遇系由缔约方给予。至于国际仲裁是否必然优于国内程序，LCD案认为最惠国条款的真谛是非歧视，故只要不同国家的投资者和投资受到不同待遇即构成歧视，亦即违反了相关条款。[260]

LCD案的裁决系于国际法委员会最惠国条款研究组报告发布后作出，显然受到该报告的影响。除了在裁决中全盘接受研究组关于同期原则的主张外，LCD案的仲裁庭还将研究组报告关于同期原则的指导全部列出，作为其裁决的参照。[261] 尽管LCD引用研究组报告出现错误，但由此还是可以看出，国际法委员会在国际投资法形成和演变中的作用，尽管就最惠国条款的解释言除了总结国际实践外基本无具创意的指导意见发表。

---

〔258〕 LCD案的裁决，第175段。

〔259〕 LCD案的裁决，第190段。

〔260〕 LCD案的裁决，第194段。

〔261〕 LCD案的裁决，第209－210段。事实上，LCD仲裁庭引用的《最惠国条款研究组最后报告》第177段并非来自该报告。

A11Y 案[262]也是研究组报告发表后涉及最惠国条款适用的个案。该案的申请人系在英国注册的公司，故涉案的协定是《捷克—英国双边投资协定》，包括第 3 条最惠国待遇，第 2(3) 条兜底条款以及第 8(1) 条争端解决。《捷克—英国双边投资协定》的最惠国条款与其他条约比较并无特别之处，规定缔约方应确保其法律给予缔约另一方投资者在投资管理、维护和处置等方面以及其投资和投资回报方面的待遇不低于任何第三方的投资者及其投资的待遇。申请人主张通过最惠国待遇条款将其与公平公正待遇相关的争议诉诸国际仲裁。这是因为，《捷克—英国双边投资协定》第 8(1) 条规定"缔约一方的投资者与缔约另一方关于后者在第 2(3) 条，第 4、5 及 6 条下的，与前述投资者的投资相关的义务之争议，如在书面通知发出后之 4 个月无法内通过友好协商解决，争议双方应依其意愿……提交仲裁"。第 2(3) 条则规定"缔约一方的投资者可与缔约另一方签订具体协议，规定除其更有利于投资者，否则该协议不得背离本协定。就缔约另一方的投资者之投资言，每一缔约方应恪守前述具体协议的规定以及本协定的规定"。此规定的第一句系兜底条款，即缔约一方与缔约另一方投资者签订的具体合同或协议的待遇标准不得低于双边投资协定。第二句的规定类似于一些双边投资协定的"保护伞"条款，不同的是其仅适用于一缔约方与来自另一缔约方投资者间的合同义务。

申请人依据《捷克—英国双边投资协定》第 2(3) 条第 2 句的"以及本协定的规定"，认为应适用于投资协定下的其他待遇。申请人论点的核心是基于"以及本协定的规定"，其关于公平公正待遇的争议便可通过仲裁解决，而公平公正待遇系由第 2(2) 条规定，不在第 8(1) 条的范围之内。仲裁庭不支持申请人的论点，认为第 2(3) 条最后几个字仅适用于已与东道国签订了具体协议的投资者。仲裁庭同时指出，申请人的论点会导致不合逻辑的结果，因根据申请人的观点只要指控东道国违反了《捷克—英国双边投资协定》第 2(3) 条便可通过此款而将所有争议均诉诸仲裁，这便会使第 8(1) 条事实上失去效力。[263] 就此，仲裁庭还援引了 Nagel 案[264]仲裁庭的裁决。涉及同一协定条

---

[262] A11Y Ltd. v. Czech Republic, ICSID, UNCT/15/1，管辖权裁决，2017 年 2 月 9 日。

[263] LCD 案的裁决，第 80－87 段。

[264] Mr. William Nagel v. The Czech Republic, SCC Case No. 049/2002，最后裁决，2003 年 9 月 9 日。

款的 Nagel 案的仲裁庭裁定第 8(1)条不适用于其他待遇。[265]

在解决了前述问题后,关于最惠国条款的适用便很简单。A11Y 案仲裁庭首先援引前述国际法委员会研究组的报告,同意“争端解决条款几乎总能经由最惠国条款被纳入投资协定”以及作为程序性事项一部分的争端解决条款“本质上与对外国投资者的实质性保护属于同一类别……是外国投资者和投资的待遇以及经由最惠国条款可获得的好处的一部分”的结论。[266] A11Y 案仲裁庭同时指出,适用最惠国条款与通过该条款使原来不存在的同意仲裁的义务变为存在不同,最惠国条款的作用是保证原来存在的权利之待遇标准。[267] 鉴于《捷克—英国双边投资协定》第 8 条明确限定了哪些争议可提交仲裁解决,A11Y 案仲裁庭指出,这说明缔约方没有同意将其他争议诉诸仲裁,故不可通过最惠国条款使不存在的“同意”成为现实。[268] 仲裁庭的此结论显然是依据缔约方的原意,符合《维也纳条约法公约》关于条约解释的原则。正如该案的仲裁员 Stanimir Alexandrov 博士所指出,仲裁庭应该就投资协定最惠国条款本身进行分析,然后判断其应否适用于第 8 条的争端解决条款。[269] 此外,A11Y 案仲裁庭没有分析不同的投资协定规定以不同方式解决争议,这本身是否构成歧视,而此歧视是否违反了最惠国待遇的根本要求。

与 A11Y 案仲裁庭将争端解决视为待遇问题不同,Casinos Austria 案[270]的仲裁庭认为用尽当地救济等程序为诉诸国际仲裁的前置条件和要求,因此投资者必须先完成了相关程序然后方可将争议提交国际仲裁。[271] Casinos

---

[265] LCD 案的裁决,第 271 段。

[266] A11Y Ltd. v. Czech Republic,管辖权裁决,第 96 段。

[267] 就此,A11Y 案的仲裁庭援引了 Hochtief 案的裁决第 79 – 81 段。参见 A11Y Ltd. v. Czech Republic,管辖权裁决,第 100 段。

[268] 就此,A11Y 案的仲裁庭援引了 Hochtief 案的裁决第 79 – 81 段。参见 A11Y Ltd. v. Czech Republic,管辖权裁决,第 104 段。

[269] 就此,A11Y 案的仲裁庭援引了 Hochtief 案的裁决第 79 – 81 段。参见 A11Y Ltd. v. Czech Republic,管辖权裁决,第 108 段。

[270] Casinos Austria International, GMBH and Casinos Austria Aktiengesellschaft v. Argentine Republic, ICSID, ARB/14/32,管辖权决定, 2018 年 6 月 29 日。

[271] 仲裁庭明确指出,根据涉案的双边投资协定第 8 条,争议双方除了应满足通过友好方式解决争议的条件外,还需要满足诉诸当地行政或司法程序的条件。Casinos Austria International, GMBH and Casinos Austria Aktiengesellschaft v. Argentine Republic, ICSID, ARB/14/32,管辖权决定, 2018 年 6 月 29 日,第 294 段。

Austria 案的申请人也提出通过适用最惠国条款而将争议提交国际仲裁。如果不是仲裁庭认为其已经满足了涉案双边投资协定[272]规定的国际仲裁条件,按照仲裁庭的逻辑,申请人关于最惠国条款的论点显然会被驳回。由此可见,投资仲裁中关于最惠国条款解释的争议还会继续。

五、最惠国原则前瞻

最惠国条款始于国际贸易协议,经过几个世纪的条约实践,其内涵和外延已渐次在国际社会达成共识。前述原关税及贸易总协定和世界贸易组织的实践说明,最惠国待遇作为当代国际贸易制度的一项基本原则的地位已相当确定。但任何法律规定均有例外,国际条约之规定亦然。就世界贸易组织而言,其所面临的问题是实践中许多成员都试图通过《关贸总协定》等协定下的例外规定或是通过对最惠国待遇条款进行单方面的解释,从而达到不给予所有成员以相同待遇的目的。同时,这种歧视待遇是在非常隐秘的情况下发生:法律上,每一成员都受到非歧视待遇;但事实上,其受到了歧视待遇。加拿大汽车案和欧盟香蕉案都在一定程度上反映出这一问题。在此情况下,任何成员及其中相关的企业和个人要想不受到歧视待遇不仅需要清楚其在世贸组织下应享有的权利而且必须了解其他成员的相关法律、法规和措施,特别是其实施,然后才可以判断己方的企业、公司、个人、货物、服务、知识产权所受待遇是否符合条约规定。

世贸组织的实践还说明,在新的争端解决机制下,国际条约的具体规定越来越重要。这便是人们通常所说的世贸组织争端解决规则导向的特点。在此制度下,普通法系解释法律的方法、原则及程序均作用显著。在这样的机制下,争端解决非常重视对条文细腻的解释、对程序规则的追求、对具体条文和相关协议的目的作整体考虑以及对诉讼策略的通盘规划。具体言之,通过欧盟香蕉案等不难看出,当事方应考虑的不应仅是关于一些大的原则的解释,而是相关条款中的某一个概念、术语甚至某一个字的解释,如何为利益(interest)、何为公平(fair)、公正(equitable)、何为中立(neutral)? 再如,在欧盟香蕉

[272] 涉案的双边投资协定为《阿根廷—奥地利双边投资协定》。

案中,《洛美协定Ⅳ》豁免条款提及豁免欧盟在关贸总协定第 1 条第 1 款下的义务,该豁免条款是否同样适用于第 13 条? 这些都需要当事方有良好的法律知识与经验方能对相关语词作出符合法理的解释。在注重程序规则的制度下,当事方必须对程序了然于胸、运用自如,同时又要对诉讼有整体规划。例如,有些问题、有些观点在专家组阶段的提出方式和方法便会直接影响上诉机构的裁定。战争的全面胜利非由一个战役的告捷所决定,一个案件在专家组阶段便必须考虑上诉阶段应采取的策略,包括证据的提交。如在加拿大汽车案中,上诉机构对许多问题都没有作出具体的裁定的原因即与专家组没有就相关问题予以详细考虑或是因缺少应有资料,即证据而无法裁定相关。此案中的现象正是规则导向和普通法系诉讼特质的体现。

最惠国条款在贸易领域的适用未因服务贸易大幅增加而受到影响。正如国际法委员会研究组所指出,国际贸易领域最惠国条款解释和适用方面的一致性、稳定性在相当程度是受益于世贸组织的争端解决机制的,特别是上诉机构的存在。有了上诉机构这样的常设机构,虽然专家组系由不同人士依个案组成,专家组的意见均可以通过上诉程序得以整合。此外,上诉机构成员的任期亦自其组成之日起便考虑了如何确保上诉机构运作的连续性。正是有了上诉机构成员组成的连续性,才保证了其对条约,包括最惠国条款解释的连续性。同时,上诉机构也刻意保持条约解释的一致性和连续性。例如,上诉机构数次指出,除非有合理的理由,否则专家组必须遵循上诉机构在先前裁决里对协议条文解释的理由和观点。此外,虽然上诉的案件均由三人组织上诉庭,但上诉机构的所有成员均可参与讨论上诉案件的法律问题。这也是保证上诉机构对条约解释一致性的有效措施。

当然,这也并不是说最惠国条款在国际贸易之适用的前景一片光明、毫无悬念。其最大的不确定性系因美国的阻挠,世贸组织上诉机构一直无法任命新成员,使得上诉机构停止了运作。世贸组织一直在就其争端解决机制改革进行谈判,最后的结果如何尚未可知,但无论结果如何一定会影响上诉机构的运作,从而有可能间接波及包括最惠国条款在内的世贸组织诸协定条款的解释。另一可能对解释最惠国条款有影响的是美国自特朗普上台后便主张以双边协议调整美国与其他国家的经贸关系,而美国的单边行为已经促使其他国家加速关于自由贸易协定的谈判。此类自外于世贸组织的协议如何与世贸组织机制协调将是国际社会不可回避的问题。此发展将会关乎最惠国条款的实施。

基于世贸组织正在讨论如何改革并将改革争端解决机制的事实,最惠国条款在贸易领域另一不确定因素是服务贸易的快速发展。尽管世贸组织对最惠国条款在货物贸易领域的适用较为成熟,但在服务贸易领域的实践尚少。随着信息通信技术,如人工智能、大数据等的不断发展,服务贸易势必大幅增加,如何将在货物贸易中的"同类产品"解释原则适用到"同类服务"和"同类服务提供者"值得关注。

就最惠国条款在投资领域的适用而言,主要问题是其是否可适用于争端解决以及如何适用。投资者和东道国仲裁已成为国际投资法的重要组成部分。然涉及投资者和东道国争议的裁决,特别是与最惠国条款适用范围相关者,相互矛盾者众。这种情况既不利于国际投资的进行,也不利于国际投资法的形成。许多有识之士均对此表现出非常关注。正如有的学者所指出,"Maffezini 案的裁决第一次允许当事方根据最惠国条款修改国际仲裁庭的管辖权。纵观 Maffezini 案之前数百年来国际法院和仲裁庭的活动,只有法院可就此类机制作出宣布。这包括国际法院在英伊石油公司案[273]的判决以及英国和委内瑞拉混合索赔委员会 Aroa 矿业的决定"。[274] Maffezini 案的裁决之所以引发如此多的争论是因为,诸如最惠国条款中"所有事项"和"所有权利"等表述是否应被解释为扩及投资者与东道国关于解决争议的机制,很多人一直存有疑义。[275] 人们担心,一旦最惠国条款可以被如此解释,其后果很可能是投资者任意选择争端解决机制及所谓的条约选择。这个问题可能更严重,借用仲裁人 Brigitte Stern 在 Impregilo 案中的不同意见,其原因是"其表明,在赞成使用最惠国条款扩大管辖权的趋势下,其立场不但是从第三方条约中将管辖条款作为一个整体引入基本条约,而且只从那些看起来较为有利的管辖

---

[273] Anglo - Iranian Oil Co. case (jurisdiction), *I. C. J. Reports*, 1952, p. 93.

[274] Douglas, Z., *The MFN Clause in Investment Arbitration: Treaty Interpretation Off the Rails*, Journal of International Dispute Settlement, Vol. 2:1, p. 97 - 113(2010).

[275] 例如,在 Berschader 案中,仲裁庭提出疑问,是否"此类不甚清晰的语言可被认为在最惠国条款中具有明确含义";参见 Vladimir Berschader and Michael Berschader v. Russian Federation, SCC Case No. 080/2004,裁决,2006 年 4 月 21 日,第 184 段。

条款中引入这样或那样的方面,正如多数裁决所作的那样。换言之,在执行最惠国条款时,可以采取'挑选和选择'的政策”。[276] 不考虑 Maffezini 决议的后果,问题是仲裁庭解释是否符合国际法规则。正如国际法委员会特别报告员关于最惠国条款所陈述的那样,“受益方只能主张属于该条款主题事项的权利”,[277] 比如,相似环境。在最惠国条款适用范围具有其他条件和限制的情况下,这些条件和限制也必须得到满足。除此之外,正如一些评论者所言,最惠国条款的实施不应从根本上推翻“双边投资条约经过仔细协商后达到的平衡”。[278]

正如国际法委员会研究组所指出,国际投资领域没有一个类似于世贸组织上诉机构的机制,故国际投资仲裁庭对最惠国条款的解释很难统一。解决投资仲裁中相互矛盾的裁决问题的办法可能只有依靠仲裁员严格按照《维也纳条约法公约》解释约文,包括最惠国条款。所有双边投资协定都是缔约方谈判的结果,是一种妥协。从另一角度看,投资协定达成前,缔约双方的立场可能不尽相同。然一旦协议达成,其所反映的必然是缔约双方的共同立场,尽管每个缔约方之前都有属于自己的立场。因此,无论其措辞如何,最惠国条款都反映了缔约双方的协议。仲裁庭都有义务诚实地解释相关规定。这也是同期原则的意义所在。正如国际法委员会研究组所指出的,“在具体案件中是否适合采用演化(演进)解释取决于多个因素,包括缔约方是否打算对所涉作出演化(演进)解释,缔约方的嗣后惯例,以及缔约方自身是怎样解释和适用协定的”[279]。实践中如何正确认定和解释缔约方的真实意图并非易事。例如,如何确定缔约方是否意图允许对最惠国条款作出与时俱进的解释是根据条约的约文本身还是包括谈判时的相关资料?若系后者,则投资者很难提供,仲裁庭从而便无法依之作出裁决。

嗣后实践亦为国际法委员会研究组列为可参考的因素之一。根据《维也

---

[276] Impregilo S. p. A. v. Argentine Republic, Brigitte Stern, 同意及不同意见,第 106 段。

[277] Endre Ustor, *First report on the most-favoured-nation clause*, Yearb Int Law Comm Ⅱ, 1969, p. 170.

[278] Campbell McLachlan, Laurence Shore & Matthew Weiniger, *International Investment Arbitration*, Oxford University Press, 2007, p. 254.

[279] 《最惠国条款研究组最后报告》第 178 段。

纳条约法公约》第31条第2款和第3款,嗣后实践仅限于与所有缔约方订立的条约有关的协定,与一个缔约方订立且为其他各方接受的条约有关的文书,缔约方之间嗣后订立的协定,以及确定缔约方之间一致意见的嗣后惯例。然投资协定多为两个国家间的协议,故缔约方鲜有同期或嗣后的实践或惯例可言。而为了审理案件的需要,投资仲裁庭便可能不严格按照《维也纳条约法公约》从缔约方的缔约实践确定其意图的情况。例如,在Maffezini案中,仲裁庭在裁决中写道"申请人的解释令人信服:当谈判双边协议时,阿根廷主张某种形式的用尽当地救济,而西班牙则支持将直接提交仲裁作为权利的政策;这反映在其与其他国家的多项协议谈判之中。协定设计的国内法院的作用不同于传统的用尽当地救济,其要求先由法院在限定时间内解决争议与国际中心仲裁相结合,显然是缔约双方达成的妥协。阿根廷后来则放弃了先前的政策,像西班牙和智利一样,接受了在经过一段时间谈判后,直接将争端提交仲裁的条约条款"。[280] Maffezini仲裁庭基于阿根廷与其他缔约方的协议推断其与西班牙缔约时的意图,显然不符合《维也纳条约法公约》第31条关于嗣后实践的规定,属于错误解释嗣后实践。根据《维也纳条约法公约》第31条的规定,嗣后实践必须是相同缔约方间的协议和文件等;在该案应为阿根廷和西班牙间的协议。然由于投资仲裁缺乏纠错的上诉机制,国际中心的机制仅限于撤销裁决,故类似于Maffezini仲裁庭的前述错误还会出现。这构成投资仲裁的巨大隐忧。

基于前述,国际社会有必要认真考虑投资仲裁中存在的问题,并采取必要的措施积极应对。首先,投资仲裁必须严格按照《维也纳条约法公约》通过对涉案协定的条文进行解释。在此过程中,仲裁庭的责任是确定缔约方的意思和意图,而不是质疑缔约方的政策考虑,从而推断出缔约方的意思和意图。[281] 其次,投资仲裁必须特别考虑争议当事方是否同意仲裁或基于何条件同意仲裁。就此而言,国际法院对东帝汶案的判决具有启发性。国际法院在该案指

---

〔280〕 Emilio Agustín Maffezini v. The Kingdom of Spain, ICSID, ARB/97/7, 管辖权决定, 2000年1月25日, 第57段。

〔281〕 《最惠国条款研究组最后报告》第190段。

出，其“认为一项规定的普遍性特征和同意管辖权的规则是两件不同的事情”[282]。据此，国际法院拒绝就普遍适用的权利和义务作出判决，因为该权利和义务涉及另一个主权国家，而该主权国家既不是该案的当事方，也没有同意法院的管辖权。为了重新确立投资仲裁的权威，仲裁庭解释相关规定时，应考虑将普遍适用的规范与管辖权规则区分开来。最后，在对投资协定，包括最惠国条款的上下文进行解释时，应考虑如何协调不同原则的适用。例如，具体规定优于一般规定为国际法以及很多国家的国内法规则。如何将作为具体规定的争端解决条款与一般性质的最惠国条款之适用做合理的权衡将对渐次统一最惠国条款的解释有建设性。此外，明示其一即排除其他原则也常在投资仲裁中适用。经常涉及此原则的情况是，投资协定对最惠国条款之适用规定了一些例外，有的仲裁庭便依此判断缔约方的意图是最惠国条款可以适用于其他方面和事项之中。另外一些仲裁庭则并未考虑此原则。投资仲裁庭若能就此等原则之适用加以协调，则势必有利于投资裁决一致性之形成。

此外，国际社会应考虑为解决投资争端而引入上诉制度。欧盟已就此提出构建国际投资仲裁法庭的构想，并将之纳入拟定的跨大西洋贸易与投资伙伴协定（TTIP）草案投资章节。[283] 欧盟与加拿大、越南的经贸协定亦包括相关规定。中国政府亦支持为“一带一路”倡议之实施建立新的具东方特点的争端解决机制。[284] 国际投资仲裁的实践说明，除非有上诉机制对条约解释之统一性和合理性进行把握，否则超乎想象且不合法理逻辑的个案便会持续出现。例如，在 Menzies 案中，申请人依赖《服务贸易总协定》第 2 条的国民待遇

---

[282] East Timor（Portugal v. Australia），判决，*I. C. J. Reports* 1995，1995 年，第 90 页，见判决第 29 段。

[283] 相关信息参见 EU negotiating texts in TTIP，http://trade. ec. europa. eu/doclib/press/index. cfm?id = 1230#institutions（2022 年 3 月 8 日访问）。有关在 TTIP 中设立国际投资仲裁法庭的规则包含在该文本的第三部分投资章的第 3 节。

[284] 关于建立“一带一路”争端解决机制的建议最早由“一带一路”国际研究院提出；该研究院邀集了 30 余个国家和地区的专家合作发起了《“一带一路”争端解决机制》蓝皮书。后该建议获中国政府采纳，并由中国国际贸易促进委员会负责筹建“一带一路”争端解决机构。关于此问题之讨论，参见王贵国：《“一带一路”争端解决制度研究》，载《中国法学》2017 年第 6 期。

条款，主张被申请人同意将争议提交仲裁。该案的仲裁庭驳回了申请人的主张。[285] 此案申请人的主张可谓新颖，但显然缺乏法理理据。如若不是律师对世贸组织争端解决机制一无知，便有故意提出显然会被驳回的论据之嫌。如系后者，则构成律师对当事人的不负责任。此类情形正说明了上诉制度之重要。

总而言之，最惠国条款作为国际法历史上最悠久的原则之一，在国际经济交往和交易中一直发挥重要作用，其在国际贸易领域的作用以及对其解释和适用到目前为止均无争议。在投资领域，最惠国条款主要规定于双边投资协定或自由贸易协定的投资章节中。目前最令人不满意的是投资仲裁庭对最惠国条款的解释相互矛盾者众，投资裁决相互冲突的主要原因系由于缺乏纠正仲裁庭错误的机制。导致仲裁庭裁决不一致的原因很多，包括仲裁员的不同文化、教育、法律和政治背景以及不同经验等。例如，有些仲裁员对涉案东道国的文化、传统、制度等较为了解，有些则毫无经验可谈。投资仲裁庭关于最惠国条款方面的分歧主要集中在最惠国条款是否可以适用于投资争端解决。支持将最惠国条款适用到争端解决者认为，如此可以确保外国投资者的利益，从而保证跨境投资及国际投资制度之有效运作。然而，美好的愿望不等同于美好的结果。《道德经》曰："物或损之而益，或益之而损。"[286] 通过保护外国投资者和外国投资达至促进外国投资之目的之良好愿望值得支持。方法之一是国际社会应对最惠国条款之解释和适用不断检讨、不断改进。当反对将最惠国条款使用到争端解决程序渐成大势时，国际社会，特别是投资仲裁庭也应有足够强大的魄力重新考虑如何调整相关的解释原则。在这方面，孔子的弟子子贡道："君子之过也，如日月之食焉。过也，人皆见之；更也，人皆仰之。"[287]

---

〔285〕 关于该案的简要评论，参见 Facundo Pérez – Aznar, *Case Comment Menzies Middle East and Africa SA and Aviation Handling Services International Ltd. v. Senegal*, ICSID Review, Vol. 34:1, p. 190 – 195(2019)。

〔286〕 《道德经》第 42 章。

〔287〕 《论语解》卷十《子张篇》。

第四章　国民待遇

君子有絜矩之道。

（大学）

国民待遇原为国际贸易的原则，现已成为国际贸易、国际投资、国际金融和知识产权等领域的基本原则。站在中国传统文化的角度，国民待遇的原则可以解释为“有诸己而后求诸人，无诸己而后非诸人”[1]。作为待遇标准，就是“所恶于上，毋以使下；所恶于下，毋以事上；所恶于前，毋以先后；所恶于后，毋以从前；所恶于右，毋以交于左；所恶于左，毋以交于右”[2]。

国民待遇的目的在于提供公平竞争的环境和条件，故与最惠国待遇有相辅相成、互为补充的作用。最早向外国商人和当地商人提供国民待遇的条约可以追溯到12世纪和13世纪的汉萨同盟（Hanseatic League）。[3] 一个国家给予另一个国家以最惠国待遇，后者在进口税、市场准入等方面便享有不低于其他第三国的待遇。然而，假如进口国在国内税收等方面对进口产品或服务给予低于本国产品或服务的待遇，则不符合公平竞争的原则。为了保障进口产品和服务能够在平等的条件下在进口国市场与来自其他国家的产品和服务以及当地的产品和服务公平竞争，在相互给予最惠国待遇的同时，相关国家和地区还必须相互给予国民待遇，即不低于进口国家和地区当地的企业、个人、货物和服务在相同情况下享有的待遇。

就贸易领域言，国民待遇是《关贸总协定》的基本原则。由于《关贸总协

---

〔1〕《大学》第10章。

〔2〕《大学》第11章。

〔3〕 VerLoren van Themaat, *The Changing Structure of International Economic Law*, Martinus Nijhoff, 1981, p. 19；亦见 Adrea K. Bjorklund, *National Treatment*, August Reinisch, Standards of Investment Protection, Oxford University Press, 2008, p. 412。

定》的原则被世贸组织所吸收，国民待遇原则也成为世贸组织的基本原则之一。由于世贸组织项下的规则与实践涵盖货物贸易、服务贸易和知识产权保护等诸方面；因此，世界贸易组织下国民待遇原则的适用范围与《关贸总协定》相比扩大了很多。事实上，即使仅就货物贸易而言，世界贸易组织下的国民待遇原则也与《关贸总协定》有截然的区别。在《关贸总协定》下，国民待遇原则仅适用于《关贸总协定》规范的内容。在新的贸易体系内，除《关贸总协定》外，国民待遇原则还适用于农产品贸易、纺织品贸易、卫生与植物卫生、进口许可证程序、海关估价等诸方面。

在国际投资方面，国民待遇和最惠国待遇经常交互或同时适用。有很多双边投资协定便直接规定，外国投资和外国投资者享有国民待遇和最惠国待遇，以较优惠者为准。就涉及的范围而言，投资领域的国民待遇包括投资前和投资后的待遇，如税收、企业的设立、经营、收购、合并等。

国民待遇系基于条约规定的待遇，故除非有明示同意，否则相关国家便没有义务给予外国产品、服务、服务提供者、投资、投资者或知识产权所有者及其知识产权以国民待遇。实践中，贸易、投资、金融银行和知识产权有时交织在一起。这在一定程度上增加了适用国民待遇的难度。例如，某国的银行在其他国家设立一分支机构是属于服务贸易还是国际投资？又如，政府的有些措施表面是针对国际投资但亦直接影响外国货物的进口。本章将对与国民待遇相关的一些法律问题进行探讨。

一、国民待遇原则的基本元素

国民待遇涉及物、事和人。物主要是指货物、产品等，事则包括服务、知识产权等，人则包括自然人和法人。无论是物或者事还是人，国民待遇的执行首先要确定来自于外国的物、事、人是否有资格享有国民待遇。为此须确认产品、货物的原产地、服务和知识产权的来源地以及自然人和法人的国籍。从另外一个角度讲，国民待遇涉及哪些国家和地区在认为其国民受到歧视待遇时有权与东道国交涉，甚至在友好协商无果后将争议提交国际机构解决。

(一)国民的确定原则

就国民国籍的确定而言,常设国际法院曾提出咨询意见,指出自然人和法人的国籍应由相关国家的国内法规范。[4] 在 Nottebohm 案中,[5]国际法院需要解决的问题之一是 Nottebohm 是列支敦士登还是危地马拉的国民。法院以 11 票对 3 票判决 Nottebohm 不具有列支敦士登的有效国籍,从而后者不得在 Nottebohm 与危地马拉的争议中依国际法向 Nottebohm 提供外交保护。就有效国籍的确定标准而言,国际法院认为主张国籍的个人和国籍国应有实际的关系。[6] 国际法院接着写道,“国籍的前述特性并不与国际上承认的根据国际法每个国家均有权授予国籍的事实相矛盾,原因是迄今为止,人口状况的多样性使得就国籍达成任何一般协议为不可能者,尽管就其性质言此类协议会影响国际关系。人们认为最好的选择是由不同的国家根据其人口状况制定相关的规则。同时,任何国家均不能声称其制定的规则应得到其他国家承认,除非该规则符合关于授予具法律效力国籍之总目标,即国籍国与相关个人有真正的联系”[7]。应当说国际法院确立的标准是确当的,但在具体个案中之适用则不无问题,特别是在涉及法人(如具有法人资格的企业等)或非法人组织(如分支机构等)的案件中更是如此。根据英美等普通法系国家的法律和习惯,法人成立即获得注册登记地的国籍。实践中,尽管一个公司可能具有某个国家的国籍;但是,如果该国的国民在公司中没有重要或实质的利益,该国亦可能不会在国际层面提供协助。这主要是因为,目前在大多数国家注册登记公司根本没有任何限制,每个个人和公司都很容易取得任何国家的国籍。如果仅依注册地原则便提供援助,这些国家的政府则可能为应付国际争讼而疲于奔命。

自然人是国民待遇原则保护的对象之一。但是,如果自然人以公司的名

---

〔4〕 参见 Question concerning the Acquisition of Polish Nationality (Acquisition of Polish Nationality),咨询意见,*Series B No.* 7,国际常设法院,1923 年 9 月 15 日,第 61 段,载 http://www.world-courts.com/pcij/eng/decisions/1923.09.15_polish_nationality.htm(2022 年 3 月 2 日访问)。

〔5〕 Nottebohm case (Preliminary Objection),*I. C. J. Reports* 1953,p. 3.

〔6〕 Nottebohm case (Preliminary Objection),*I. C. J. Reports* 1953,p. 22.

〔7〕 Nottebohm case (Preliminary Objection),*I. C. J. Reports* 1953,p. 23.

义到国外投资，一般情况下，只有受到歧视或不公平待遇的公司之母国可以代之主张权利、讨回公道，而相关公司股东的母国则不能。国际法院审理的Barcelona案之第二阶段［以下简称Barcelona（Ⅱ）案］，便涉及这一问题。1958年比利时政府在国际法院控告西班牙，[8]要求国际法院裁定西班牙政府机构对Barcelona公司所采取的行为违反国际法上的义务，从而应负赔偿责任。Barcelona公司于1911年在加拿大多伦多注册登记并将总部设于多伦多，后在西班牙投资并根据当地的法律注册登记了几家子公司。为了进一步发展在西班牙的电力业务，Barcelona公司又在加拿大设立了几家公司，其中有三家为其独资所有或持有绝大多数股权。比利时政府辩称第一次世界大战之后，Barcelona公司的大部分股权转由比利时人持有。

1958年，Barcelona公司被宣告破产，且包括其子公司在内的资产被变卖。Barcelona公司不服破产令并在西班牙法院起诉，但无结果。1948年3月至1952年4月加拿大政府曾就Barcelona公司破产资产与西班牙政府交涉。[9]后来，比利时政府以其国民为Barcelona公司的大多数股东为由在国际法院起诉。国际法院拒绝了比利时的要求，指出："在涉外公司受到非法待遇的问题上，国际法的一般原则仅授权公司的母国寻求救济。"国际法院在1970年2月5日的判决中指出在三种情况下股东的国籍国可以代为主张权利：（1）公司已不复存在；（2）公司的母国没有能力代为主张权利；（3）公司的母国为被主张权利的国家。国际法院认为，在此案中，尽管Barcelona公司已事实上停止经营，但其尚有能力代股东主张权利；同时，加拿大政府于过去的18年未向Barcelona公司提供外交保护并不证明其已失去提供保护的能力；同时，这也不意味Barcelona公司与其母国已失去真正的联系。[10] 事实上，国际法院并不认为公司与其母国的真正的联系是后者代为主张权利的先决条件。

国际法院关于Barcelona案的判决之主要影响是确定了投资公司母国外交保护权的原则，即除非遇有上述三种例外情形，否则股东的国籍国无权行使

---

〔8〕 Barcelona Traction, Light and Power Company, Limited, Preliminary Objections, *I. C. J. Reports* 1964, p. 6. 该案最初由比利时于1958年在国际法院起诉，后基于双方的意见，国际法院于1961年4月撤销了该案。比利时后于1962年6月再次起诉，国际法院受理了该案。

〔9〕 参见Barcelona Traction, Light and Power Company, Limited, *I. C. J. Reports* 1970, p. 3。

〔10〕 参见Barcelona Traction, Light and Power Company, Limited, *I. C. J. Reports* 1970, para. 98 – 100。

外交保护权。同时,投资公司母国外交保护权之行使并不以实质上的联系为前提。易言之,Barcelona 案确立了与 Nottebohm 案不同的原则:前者适用于公司与其母国的关系,后者适用于自然人与其国籍国的关系。然而,《能源宪章条约》中的规定似乎否决了 Barcelona 案的判决。该条约规定有关国民待遇的条款不适用于由非缔约第三方国民拥有或控制但在缔约方注册的法人企业,条件是该企业与其国籍国没有实质的业务关系,即未在注册地从事实质的商业经营。[11]

(二)国民待遇与其他待遇标准的关系

作为原则,国民待遇与主权国家面向外国人的待遇直接相关。从国际法的角度看,一般认为外国人应受到国际法规定的待遇。Brierly 教授曾写道:"国家没有法律义务允许外国人进入其领土,然而,一旦允许进入,便应给予外国人适当的待遇。"[12]尽管何为适当的待遇则是颇有争议的问题,但主权国家准予或不准予外国人包括外国资本进入其领土则是国际法上公认的权力。即使是老牌的殖民统治者英国亦不否认此一国际法原则。早于 21 世纪初,英国枢密院在一项判决中即指出:"每个国家所享有的最高权力之一便是有权拒绝外国人进入其领土,如果允许外国人进入,亦有权附加任何条件,并有权将已经入境的外国人驱逐出境,即使是友好国家的国民亦无例外。特别是当认为外国人的存在对当地的和平、秩序、有效统治以及社会或物质利益有害时,相关国家更可以驱逐外国人出境。"[13]将上述判词适用于国际经济交易与交往便是主权国家有权批准或拒绝外国货物、服务或资本的进入。《联合国跨国公司行动守则(草案)》[14]也规定主权国家有权规范跨国公司在其境内的投资,即市场准入,以及规范跨国公司的行为,包括对当地经济发展的作用。不言而喻,主权国家亦有权限定外国资本可以进入的经济领域。国际法

---

〔11〕 参见《能源宪章条约》第 17 条第 1 款。该条约同时规定,国民待遇不适用于来自无外交关系的国家。

〔12〕 See J. L. Brierly, *The Law of Nations: An Introduction to the International Law of Peace*, Oxford University Press, 1963, p. 276.

〔13〕 参见 The Attorney General for Dominion of Canada v. Cain, *AC*, 1906 年, 第 542 页。

〔14〕 参见《联合国跨国公司行动守则(草案)》, 第 5-7 条, 载 http://policy.mofcom.gov.cn/pact/pactContent.shtml?id=1918(2022 年 2 月 22 日访问)。

院前法官小田滋(Shigeru Oda)认为:“能够在其他国家从事商业经营是一个很大的特权。被允许通过在当地注册公司的形式从事商业经营、产品制造或其他交易,外国国民受益更巨。此类在当地注册的公司,作为东道国的法律实体受当地的法律和条例的管辖。故此,外国人也许要受到许多限制以换取在当地注册公司并经商的益处。”〔15〕诚然,作为主权权力的自然延伸,禁止外资进入和驱除外国人等并非新的国际法原则。实践中即使是以市场全方位开放、对外资没有任何限制自许的美国亦以法律形式授权总统基于国家安全理由对外资加以限制。〔16〕进入21世纪后,美国时任总统特朗普倾举国之力,打压华为公司的5G项目已经远远超出了任何一届美国政府。特朗普政府初始以国家安全为由,禁止华为参加美国的5G项目,然后不允许美国公司与华为合作,进而到欧盟、英国等地施压,声称若采用华为技术美国便不会与这些国家和地区分享国家情报,务求后者不采用华为技术。

基于主权原则,投资东道国有权规范外资进入的形式、外国投资者应遵守的法律和原则,如关于环境保护、优先采用当地原材料、产品本地化等。同理,主权国家亦可制订法律和政策吸引外资的流入、引导外资的流向等。因此,从国际法的角度看,任何关于市场准入、外资待遇,包括最惠国待遇和国民待遇等原则,都是以国际条约和协议为基础,都须相关的国家明示认可。

双边和多边条约对当事国有约束力自然不在话下。那么国家政府单方面作出的吸引外资的承诺和担保对其是否有拘束力呢?进言之,一个主权国家因某种原因拒绝或未能兑现其鼓励外商投资的承诺是否违反国际法以及国民待遇原则呢?有一种意见认为主权国家单方面作出的鼓励外资,包括给予外

〔15〕参见Elettronica Sicula S. P. A.(ELSI),*I. C. J. Reports* 1989, p. 15; Separate Opinion of Judge Oda,1989年7月20日,第83页,见第90页,载https://www.icj-cij.org/public/files/case-related/76/076-19890720-JUD-01-01-EN.pdf(2022年2月22日访问)。

〔16〕参见James K. Jackson, The Exon-Florio National Security Test for Foreign Investment, CRS Report for Congress, p. 1-27。Exon-Florio修订案系通过美国《1988年综合贸易和竞争力法》(Omnibus Trade and Competitiveness Act of 1988)生效,构成对美国《1950年国防生产法》(Defense Production Act of 1950)第721节修订。根据该法案,所有外国投资均可受到审查,若美国总统认为相关投资会影响美国的国家安全,则在有充分证据的情况下,美国总统可以阻止相关投资,载https://fas.org/sgp/crs/natsec/RS22197.pdf(2022年3月2日访问)。

国投资者以国民待遇的承诺是有法律效力的。在涉及埃及 SPP 仲裁案[17]中,申请人与埃及政府辖下的旅行社签订合同,在埃及金字塔旁边建立一旅游商城。该合同是在时任总统萨达特领导的政府通过了吸引外资的法律并积极鼓励外资进入的情况下签订的。由于计划兴建的旅游商城过于接近历史文物金字塔,该项目很快成为一个政治问题。萨达特总统遇害后,新政府取消了原合同,从而导致仲裁。仲裁的核心问题是埃及政府是否应承担赔偿责任。仲裁庭裁定埃及政府负有赔偿责任,理由是其 1974 年第 43 号有关阿拉伯和外国投资以及自由区法律(以下简称第 43 号法律)第 7 条规定:"外商投资项目不得被国有化或没收。非经司法程序,与外商投资项目相关的财产不得被扣押、冻结、没收或转移。"仲裁庭指出,埃及政府通过的外资法和其他相关法律的基本精神"是向外商提供担保",因此违反此担保便应承担赔偿的责任。此案中仲裁庭的管辖权曾一度成为争论的焦点,因埃及的外资法仅规定对外资的征收等应经司法程序,而并无承诺将此类争端提交国际仲裁的规定。仲裁庭裁定其具有管辖权,理由有两点:(1)埃及的第 43 号法律提到与外国投资的争议可通过仲裁解决;(2)埃及国有公司埃及旅游及酒店总公司与涉案申请人签订的协议中明文规定与该协议相关的争议应提交国际商会仲裁院仲裁,而埃及政府显然是清楚前述规定。[18] 尽管仲裁界对 SPP 案仲裁庭是否具有管辖权意见并非一致,然不可否认的事实是国家政府的单方面承诺亦会引起国际争讼。随着经济全球化程度的提高,嗣后的国际投资仲裁实践多倾向于主张仲裁庭行使管辖权。我们认为,无论是从吸引外资的实际需要还是从法治角度考虑,国家政府严守其承诺应为国际社会的基本要求。

在 Amco 案[19]中,印度尼西亚政府基于外方未按要求引入外资的原因而取消了合资企业合同与主权国家对外商投资管理相关的另一问题是遇有外商未按时出资,东道国撤销其原来的承诺是否违反国际法。实践中虽然此类争

---

〔17〕 SPP(Middle East) Limited v. Egypt,ICC,裁决,1983 年 3 月 11 日,载 https://jusmundi.com/en/document/decision/en-southern-pacific-properties-limited-v-arab-republic-of-egypt-award-friday-11th-march-1983#decision_5532(2022 年 2 月 22 日访问)。

〔18〕 SPP(Middle East) Limited v. Egypt,ICC,裁决,1983 年 3 月 11 日,第 35 段。

〔19〕 Amco Asia Corporation and Others v. Republic of Indonesia, ICSID,ARB/81/1,裁决,1984 年 11 月 20 日。

议很多,但当事双方将争议提交国际仲裁的并不多见。Amco 诉印度尼西亚案涉及一项兴建旅游城的大型合资企业,合作的一方为印度尼西亚当地的公司,另一方为外国公司,外方进入印度尼西亚参加合资的前提条件是必须从国外引进一笔资金。根据印度尼西亚的法律,外方的投资必须经印度尼西亚银行出具验资证明确认外资已进入印度尼西亚。Amco 公司则强调其只是未取得验资证明,而其资金已经投入。该案经解决投资争端国际中心仲裁,印度尼西亚政府败诉。该裁决后因仲裁庭未充分考虑申请人依印度尼西亚法律出资而被撤销。重新组成的仲裁庭再次裁定印度尼西亚政府败诉,理由是印度尼西亚政府在取消外国投资者的特权时未经适当的程序,即未按应有的标准给予外商公平公正的待遇。易言之,如果印度尼西亚政府按照国际上承认的最低标准善待外商(特别是在法律程序上严守公平、公正的原则),即使撤销与外商签订的合同亦无问题。但是,何为国际最低标准历来是一个有争议且尚无定论的问题。著名国际法学家、耶鲁大学 Reisman 教授对印度尼西亚政府的立场表示理解。他说:"看起来印度尼西亚必须拒绝该仲裁,因为如果一个国家推出了吸引外资的计划并依此向外商发放执照,然而国际仲裁机构且裁定外商承诺投资的 16% 不到位是无关紧要的小事,即东道国不应因此而撤销外商的执照,东道国便会发现其法律无法执行。"〔20〕

Amco 案涉及的问题之一是对外国投资者的待遇标准或者更正确地说是国际最低标准是否适用的问题。在此问题上,早年发达国家与发展中国家有严重分歧。发达国家主张投资东道国应给予外国投资者以国际最低标准待遇,即任何国家给予外国人的待遇都不应低于最低标准。〔21〕发展中国家则认为外国投资者最多只能享有与其所在东道国国民相同的待遇。有的发展中国家甚至认为,在个别和特别情况下,东道国有权给予外国投资者以低于国民的待遇。关于国民待遇和最低标准待遇的争论可以追溯到 19 世纪末和 20 世纪初。然而,关于两种待遇标准的论战具有实际意义还是美国对拉丁美洲诸国的干预发生之后。新独立的拉丁美洲国家都拒不承认最低标准的效力(自 19

〔20〕 参见 W. Michael Reisman, *The Breakdown of the Control Mechanism in ICSID Arbitration*, Duke Law Journal, Vol. 1989(4), p. 774 - 775。

〔21〕 关于最低标准作为国际法原则的历史,参见 Edwin Borchard, *The "Minimum Standard" of the Treatment of Aliens*, Michigan Law Review, Vol. 38(4), 1940, p. 445 - 461。

世纪 60 年代开始)。[22] 以卡罗·卡尔沃(Carlo Calvo)为代表的法学家更主张外国人,包括外国投资者,仅有权享有与东道国国民相同的待遇,并且仅可以通过东道国的法院主张此项权利[23]——此便为人们后来所称的卡尔沃主义(Calvo Doctrine)。随着经济全球化的不断深入发展,绝大多数国家都希望通过提供优惠待遇而吸引外资,在进出口、税务等方面给予外国投资者以高于国民的待遇。然这并未解决何为国际最低标准待遇的问题。

国际投资领域的另一发展趋势是当代双边投资协定和自由贸易协定的投资章节均规定外国投资者和投资应享有公平公正待遇。由此产生的问题是公平公正待遇与国际最低标准待遇是否相同。由《美墨加协定》[24]第 14.6 条第 2 段规定的公平公正和完全保护与安全的待遇标准并不要求缔约方提供高于习惯国际法最低待遇标准的待遇。[25] 经合组织的解释和评论也明确指出公平公正待遇事实上就是传统国际法上的最低标准待遇。[26] 一些投资仲裁庭亦裁定公平公正待遇即国际最低标准待遇。[27]

随着可持续发展逐渐成为公认的国际法原则,基于环保原因撤销外商投资合同似乎已得到国际社会的认可。在澳大利亚大堡礁案中,澳大利亚终止

---

〔22〕 See Kate Miles, *The Origins of International Investment Law: Empire, Environment and the Safeguarding of Capital*, Oxford University Press, 2013, p. 49 – 52.

〔23〕 See Todd Weiler, *The Interpretation of International Investment Law: Equality, Discrimination and Minimum Standards of Treatment in Historical Context*, Martinus Nijhoff, 2013, p. 110.

〔24〕 《美墨加协定》的前身系《北美自由贸易协定》。《北美自由贸易协定》各缔约方于 2017 年至 2018 年谈判修订该协定并于 2018 年 10 月 1 日达成协议,将新的协定命名为《美墨加协定》。继美国众议院于 2019 年 12 月 19 日批准了《美墨加协定》后,美国参议院亦于 2020 年 1 月 16 日批准了该协定。美国总统特朗普于 2020 年 1 月 29 日签署了《美墨加协定》,从而使其成为美国的法律,标志着该协定待加拿大完成其国内程序后即可生效。《美墨加协定》全文,载 https://ustr.gov/trade-agreements/free-trade-agreements/united-states-mexico-canada-agreement/agreement-between(2022 年 2 月 22 日访问)。

〔25〕 《北美自由贸易协定》并不包括此规定。其生效后,《北美自由贸易协定》自由贸易委员会通过了一个解释,而该解释现被纳入了《美墨加协定》。关于自由贸易委员会的解释,参见 NAFTA Free Trade Commission, Notes of Interpretation of Certain Chapter 11 Provisions, 2001 年 7 月 31 日, http://www.sice.oas.org/tpd/nafta/Commission/CH11understanding_e.asp(2022 年 3 月 2 日访问)。

〔26〕 参见 Draft OECD Convention on the Protection of Foreign Property (1967), Text with Notes and Comments, p. 9, 载 https://www.oecd.org/daf/inv/internationalinvestmentagreements/39286571.pdf(2022 年 3 月 2 日访问)。

〔27〕 如 Enron 案的仲裁庭就曾指出,当国际最低标准待遇足够全面时,其就是公平公正待遇。参见 Enron v. Argentine, ICSID, ARB/01/3, 裁决, 2007 年 5 月 22 日, 第 258 段。

了与两家美国公司签订的开采大堡礁附近的砂矿的协议。该砂矿的砂含锆石和金红石,在澳大利亚没有此类矿石的市场。一项环境研究报告显示,该砂矿的开采势必对大堡礁的环境产生严重的负面影响。据此,澳大利亚政府拒绝为出口该矿石签发出口许可,从而事实上终止了开采砂矿的合同。然而,两个美国公司已为此投入了大量的资金。美国政府曾尝试通过外交途径解决,然不果。澳大利亚政府甚至不惜将此争议提交国际法院解决。最后,澳大利亚高等法院(实为澳大利亚的最高法院)判政府胜诉。[28]

国家政府基于环境理由撤销外商投资合同之所以得到国际社会的背书一方面是出于主权原则的考虑,另一方面亦因为保护自然资源是每个国家对人类的义务。[29] 像大堡礁这样的具环境保护价值的个案是比较容易解决的。正因如此,澳大利亚政府才不怕将争议提到国际法院。在涉及比较复杂的个案时,此项权力是否会被滥用则值得国际社会关注。

(三)当代国民待遇原则的特点

作为国际经济交易与交往的重要原则,国民待遇亦随着全球化的发展而发展。当代国民待遇的第一个突出特点是从原来的形式要求发展到实质要求。进言之,国民待遇原则具有了协调各国国内法的作用。这可从关于知识产权保护的机制得到证实。根据1883年《保护工业产权巴黎公约》(以下简称《巴黎公约》),一缔约方的国民在其他缔约方就工业产权的保护享有与当地国民同等的待遇。并且,任何缔约方的法律之更改,新法律之通过,同样适用于国民待遇。[30] 鉴于《巴黎公约》属开放型,其生效后不断有国家加入,国民待遇原则,包括"国民"的定义亦不断完善。各缔约方实体法的制订、改进亦进一步加强了国民待遇原则的适用。目前,一般认为《巴黎公约》第2条第1款和第2款关于国民待遇的规定适用于工业产权的取得、维护及执行。鉴

---

〔28〕 参见 Murphyores Inc Pty Ltd. v. Commonwealth, *High Court of Australia*, Vol. 20, Apr. 14, 1976。参见 http://eresources.hcourt.gov.au/showbyHandle/1/11311(2022年3月2日访问)。

〔29〕 与环境保护权相关的国际仲裁亦见 International Bank of Washington v. OPIC, *International Legal Materials*, Vol. 11, 1972, p. 1216。

〔30〕《巴黎公约》第2条第1款规定:"本联盟任何国家的国民,在保护工业产权方面,在本联盟所有其他国家内应享有各该国法律现在授予或今后可能授予国民的各种利益。"

于《巴黎公约》对国民待遇原则之适用采普遍适用的方式,缔约方通过任何新的法律或对原有的法律进行修订均会对外国国民有直接影响。这一原则同样适用于“国民”的定义。

如前所述,国际法上的国民包括自然人和法人,而取得国民资格的条件则由相关国家的法律规定。《巴黎公约》并不要求“成员方国民在请求保护其产权的国家中设有住所或营业所才能享有工业产权的权利”〔31〕。然任何缔约方的国民都可在其他缔约方享有国民待遇。《知识产权协定》引入了《巴黎公约》关于国民的定义(《巴黎公约》第1条至第12条及第19条)从而避免了一些潜在的冲突。同时,纳入《巴黎公约》关于“国民”定义的另一效果是《巴黎公约》第3条规定,当事人在任何缔约国有营业地或与工业权实际相关的商业机构便可满足国民的条件。

《巴黎公约》的国民待遇事实上并非基于实体法上的相互让予,而是仅强调形式上的相互性而非实质上的相互性。如来自保护标准较低的国家之国民到较高的国家注册工业产权,其亦可受到较高的保护。同时其本国政府并无义务向对方国民提供较高的保护。之所以如此,是因为《巴黎公约》并不具有协调或规范国内法的作用。每一缔约方有完全的制定、执行知识产权保护的权力。〔32〕《知识产权协定》的情况则不同。首先,其第1条规定各缔约方应遵守并执行《知识产权协定》的规定,包括国民待遇。这一规定的主要作用是使巴黎公约形式上的相互原则变得具有实质意义。《知识产权协定》第二部分为工业产权的取得和保护,规定了最低标准,包括可注册商标的内容、商标的效力、所有人的权利和商业使用等。第三部分规定了缔约方提供行政、司法保护的义务。它不仅规定行政、司法救济应依公平、公正的原则,〔33〕同时规定法院有权复核行政机关决定的权力。法院并应被授权对侵权行为判决赔偿,以及提供临时性、及时并有效的保全措施。〔34〕缔约方应通过立法使得权利人可以向海关申请停止进口侵权产品。缔约方并应将侵犯知识产权行为定为刑事

---

〔31〕《巴黎公约》第2条第2款。

〔32〕《巴黎公约》第2条第3款规定,“本联盟每一国家法律中关于司法和行政程序管辖权以及指定送达地址或委派代理人的规定,工业产权法律中可能有要求的,均明确地予以保留”。

〔33〕《知识产权协定》第42条。

〔34〕《知识产权协定》第46条。

罪行。[35] 这些规定便是人们通常所说的最低和具体的标准。

世贸组织成员有义务遵守并执行《知识产权协定》的义务。如果将此义务与国民待遇及关于缔约方内国法的标准、行政和司法救济等要求综合考虑，则《知识产权协定》下的国民待遇便具有实质上的相互性，即每个缔约方均必须达到《知识产权协定》的最低标准，同时任何缔约方在指控其他缔约方违反条约义务时便应首先自己守约，否则，提出指控的一方便可能被对方反诉。

当代国民待遇原则的第二个特点是其适用范围的大幅扩大。国民待遇原则适用范围之扩大主要是依赖双边和多边条约。在此方面较突出的多边条约包括美国、欧盟等同东欧国家签订的《能源宪章条约》。[36] 《能源宪章条约》含非歧视、公平公正待遇、国有化赔偿标准、缔约前责任以及关于投资的定义等条款。《能源宪章条约》第1条规定投资是指投资者直接和间接拥有、控制的所有资产，包括以下几方面：(1)有形与无形资产、动产与不动产以及租赁、抵押、质押、留置等权利；(2)公司、企业、公司和企业的股权和其他权利、公司债券和贷款；(3)货币、与投资相关的合同履行的权益；(4)知识产权；(5)投资相关收益；(6)法律、合同规定的权利以及依法取得之与从事能源领域经济活动的特许权与许可相关的权利。同时，被投入资产形态的改变并不影响其作为投资的特性。

投资者则包括任何缔约方的公民和根据相关国家的法律取得永久居民身份之个人，以及根据缔约方法律注册登记的公司和其他组织。如前所述，《能源宪章条约》关于国民的定义事实上有一个但书。除非公司和其注册登记的国家有实质联系，否则其便不能在其他缔约方享有国民待遇。在《能源宪章条约》下，实际投资包括成立新的投资项目、购买业已存在之投资项目的全部或部分以及转换投资领域的活动等。

显然，《能源宪章条约》对投资的定义远远超过了传统的国际投资法。或可说，在《能源宪章条约》下，很难设想哪些与商业、经济、金融活动相关的资产、权益不属于投资。如此宽泛的定义对投资者已经投资的项目之相关权益

---

〔35〕《知识产权协定》第61条。

〔36〕《能源宪章条约》签署于1994年12月，并于1998年4月生效。参见 https://www.energycharter.org/process/energy-charter-treaty-1994/energy-charter-treaty/(2022年3月3日访问)。

之保护十分重要。其另一作用是保护投资者的投资设立前权益。比如,投资东道国通过立法、招商引资会、洽谈会等所做的宣传及承诺是否构成对东道国有拘束力的义务。按照《能源宪章条约》第1条的规定,东道国的法律或是投资者与东道国签订的意向书等都可能构成投资前的权益,条件是相关法律和文件可产生经济效益。进言之,《能源宪章条约》已将其适用范围扩大到外商投资前的行为。而这在20世纪90年代的国际条约和投资安排中是十分罕见的。如前所述,主权国家的法律规定、单方面且无确定对象的承诺是否给予外国投资者以国际法上的权利是颇有争议的问题。《能源宪章条约》的规定事实上是将这一具争议的问题法律化,使其具有国际法上的拘束力。当然,《能源宪章条约》仅对其缔约方有效。一个国际条约的规定尚不能作为国际社会整体接受其为习惯国际法原则证据。然一个不争的事实是,涉及《能源宪章条约》的国际仲裁以及不关乎该条约的投资仲裁的趋势是支持构建较为宽松的投资环境。

外国企业在进入市场方面是否可以得到不低于东道国国民的待遇是一个较新的问题。通常情况下,作为主权权力的一部分,东道国有权拒绝外资的进入或在进入方面给予低于国民的待遇。《能源宪章条约》第10条规定"每一缔约方应遵照本条约的规定,创造稳定、公平、有利且透明的条件,鼓励其他缔约方的投资商在其区域进行投资。这些条件应承诺 ,始终对其他缔约方的投资商所进行的投资项目给予公平且有利的待遇。这些投资项目也应一直享有保护和保障措施,任何缔约方都不能采取任何形式的不合理或歧视性措施来损害投资项目的管理、维护、使用、行使权力和处理。在任何情况下,这些投资项目都不应被给予劣于国际法,包括条约义务中所要求的待遇"。值得指出的是,《能源宪章条约》关于缔约方对外资实际投入前的待遇标准并未使用国民待遇等字眼,而是采用诸如公平公正的待遇以及及时的保护和安全等。《美墨加协定》则直接将公平、公正的待遇、及时的保护和安全与无歧视并列为缔约方给予外资的最低待遇。[37]

《能源宪章条约》还规定,对其他缔约方投资者进行的实际投入(making),所有缔约方均有义务给予不低于本国投资者或来自任何其他缔约方投

〔37〕《美墨加协定》第14.6条。

资者的待遇,以较高者为准。[38] 易言之,每一缔约方均有义务给予外国投资者以国民待遇和最惠国待遇。如果国民待遇和最惠国待遇的标准不同,则应给予外国投资者较高的待遇。这一规定似乎主要是针对一些国家给予外资优于国民待遇之待遇的趋势。

那么,什么是实际投入呢?此问题之所以重要是因为《能源宪章条约》要求缔约方在进行投资方面给予外资不低于国民待遇和最惠国待遇。如前所述,根据《能源宪章条约》的规定,实际投资包括设立投资项目、购买业已存在之投资项目的全部或部分以及转移投资领域。考虑到《能源宪章条约》给投资所下的宽泛的定义,任何一项投资,特别是大型的和能源的项目,从双方开始接触到实际投资可能要经历一个很长的过程,经过许多步骤,如何界定实际投资的时间便会直接影响外国投资者的利益。如果对上述条约义务作出严格的解释,投资只能从项目建立时开始。但从能源投资的性质角度考虑,严格的解释可能有忽略外国投资者在实际投资前所承担的风险之嫌。因此有人主张实际投入应从外国投资者从东道国取得某些权利时始,尽管此种权利需有其他权利支持,[39] 如东道国政府批准勘探权后便会批准开采权和产品分成合同等。虽然前述论点是针对能源投资项目,然其对其他领域亦不乏参考价值。[40]

在《能源宪章条约》的制度下,各缔约方政府可以作出不具拘束力的承诺,宣布在国民待遇例外方面不再增加新的内容或措施;自愿作出具拘束力的承诺,给予外资最惠国待遇,[41] 以及依诚实信用原则审核外商派遣主要负责人的要求。[42] 这些规定不仅适用于资金投入前而且适用于资金投入后的阶段。上述规定较一般的双边投资协议的标准都高,特别是在允许项目主要负

---

〔38〕 参见《能源宪章条约》第10条第2款和第3款。

〔39〕 See Thomas W. Wälde, *International Investment under the* 1994 *Energy Charter Treaty – Legal, Negotiating and Policy Implications for International Investors Within Western and Commonwealth of Independent States/Eastern European Countries*, Journal of World Trade, Vol. 29:5, p. 33 (1995).

〔40〕 See Edna Sussman, *The Energy Charter Treaty's Investor Protection Provisions: Potential to Foster Solutions to Global Warming and Promote Sustainable Development*, ILSA Journal of International & Comparative Law, Vol. 14:2, p. 391 – 404 (2007).

〔41〕 《能源宪章条约》第10条。

〔42〕 《能源宪章条约》第11条。

责人进入方面直接涉及东道国的出入境管理权。

与世贸组织的协议一样,许多双边投资协定亦将国民待遇义务实体化、具体化。方法之一就是要求缔约方的法律和法律制度要有较高的透明度。在此情况下,内国投资者和外国投资者便处于同样的地位。同时,目前在国际投资中,东道国常用优惠措施引导外资的流向和运作方式。例如,国家政府经常将外商投资企业是否利用高新技术、是否承诺将其专利和非专利技术转让给东道国的合作伙伴、是否将大部分产品出口销售、是否在生产过程中逐步将所需的部件、配件本地化等作为给予优惠的条件。针对上述情况及考虑到一些国家的法律要求涉外投资企业的高级管理人员应有一定比例的东道国国民,外资企业应雇佣东道国国民,外资企业应在出口、引进高新技术等规定,一些双边投资协定规定取消前述限制和要求。《能源宪章条约》亦有类似规定。它同时将其本身的例外条件与世贸组织与贸易有关的投资措施协定相联系,即只要缔约方的措施不违反与贸易有关的投资措施协定,便不构成违反《能源宪章条约》的例外规定。〔43〕《能源宪章条约》还要求缔约方确保外国投资者转移资金的自由,包括投资、增加投资,收益依合同的支付,境外员工剩余资金,销售或清算所得等汇出和汇入不延误地兑换成可自由兑换货币,且兑换率以市场价格为准。〔44〕

当代国民待遇原则的第三个特点是国民待遇与法律透明度等要求同时适用。法律透明度可以涉及很多方面。《能源宪章条约》第 20 条规定,东道国应公开、公布法律、法规、行政规章、法院判决、司法解释等。表面上,除通过外交途径外,任何缔约方都无法惩罚违约者。然而,透明度义务亦有实际意义。例如,东道国政府很难根据未公开的法律或政策拒绝外资的进入、拒绝给予外商应享有的待遇,包括人员的进入、税务等。东道国政府也很难根据未公开的法律追究外国投资者的违约或违法行为。不言而喻,适用尚未公布的法律显然违反法治社会透明度的原则,从而可以成为外国投资者辩护的理据。

当代国民待遇原则的第四个特点是投资与贸易问题相互挂钩,不同的国际协议相互挂钩。同时,相关条约和协议对依例外条款采取措施的条件有较

---

〔43〕《能源宪章条约》第 5 条。
〔44〕《能源宪章条约》第 14 条。

为具体的规定。这方面表现较为明显者是投资领域国民待遇例外的前提为传统的贸易例外规定。例如,《能源宪章条约》的国民待遇例外之一便是能源原料和产品的短缺。而这正是传统的贸易领域国民待遇原则的例外。根据《能源宪章条约》的上述规定,缔约方可对取得、销售此类原料和产品进行限制,但应满足三个条件:(1)短缺非由缔约方自身造成;(2)系为了执行最惠国待遇规定;(3)待条件改善后立即取消限制。统而言之,这些条件与《关贸总协定》关于短缺物资例外的规定极为相似。[45]

对原住民以及社会经济条件不利的个人或族群之保护亦为《能源宪章条约》国民待遇原则之例外。但此项例外之援引不得对相关缔约方的经济有重要影响,其实施亦不得在外资和其他族群的投资者间产生歧视。与其他例外相同,该例外不得构成隐蔽的限制或歧视。同时,任何例外均应出于正当的目的并不得影响其他缔约方依条约合理期待应享有的权益。[46]

国家基本安全亦为国民待遇的例外,但国际条约对此并无足够具体的规定,因此其实施在实践中便会经常出现困难。《能源宪章条约》亦规定国家基本安全、公共秩序为合法的例外,但其不附带任何条件。[47] 这种规定一方面反映了主权原则,另一方面亦考虑到国际经济合作的实际需要。当然,缔约方亦不得通过基本安全和公共秩序例外隐蔽性地限制投资活动的进行。如前所述,自美国时任总统特朗普上台后,美国经常以国家安全为借口,限制其他国家企业的投资。最为人知者非美国限制华为参与 5G 建设莫属。毫无疑问,美国的做法是对国家安全例外的明显滥用。

历史上,国际法院曾在 ELSI 案中就公共秩序问题作出判决。[48] 该案涉及美国公司在意大利巴勒莫(Palermo)、西西里岛地区(Sicily)的投资。根据意大利的法律,在意大利南部诸如西西里等工业不发达地区投资的外国公司应享有优惠待遇,包括政府采购方面的特权。然而,由两家美国公司全资所有并依意大利法律成立的 Electronica Sicula Spa (ELSI)声称并未得到法定的优惠,从而导致其经营受到很大影响。为了减少损失,美国投资者计划对 ELSI

---

〔45〕《能源宪章条约》第 24 条第 2 款。

〔46〕《能源宪章条约》第 24 条第 3 款。

〔47〕《能源宪章条约》第 24 条第 3 款。

〔48〕 Case Concerning Electronica Sicula Spa (ELSI).

公司进行清算。根据意大利法律,计划清算的公司如果资不抵债便必须宣布破产。ELSI 公司宣布破产后,巴勒莫市长立即接管了该公司,因其认为该公司的破产必然会使许多工人失业,从而导致许多社会问题。后意大利法院判巴勒莫市长的接管行为无效,并判决拍卖 ELSI 的资产。[49] 鉴于拍卖 ELSI 的所得远远低于预期,故美国投资者请求美国政府代为在国际法院起诉,因依美国与意大利于 1948 年 6 月 2 日签订的《友好通商条约》第 36 条,两国间涉及该条约的争议可提交国际法院解决。美国声称意大利违反了该条约下的义务,包括未向美国投资者提供完全的保护与安全。[50] 国际法院认为,“一个国家的行为是否构成违反公司股东控制和管理其财产的条约权利应依个案且根据条约的目的确定。显然,该权利不是保证正常的控制和管理永远不会受到干扰。每一个法律制度均必须规定在紧急情况及类似情况下可以干预该权利的正常行使”[51]。鉴于 ELSI 公司的失败至少是因为其冗员过重,应增加投资而未投资以及从来没有盈利等,国际法院裁定意大利法院依其本国法律拍卖 ELSI 公司资产并未违反美意的条约。国际法院同时指出,美意《友好通商条约》第 5 条的依国际法的完全保护和安全系指国际法上的最低标准待遇,而该待遇由国民待遇和最惠国待遇补充之。[52] 易言之,鉴于缔约方还承担了国民待遇和最惠国待遇的义务,若任一待遇高于国际最低标准待遇,则相关国家应给予国人以较高标准的待遇。

在 ELSI 案中,国际法院还认为公共机构的某个行为违反内国法并非必然在国际法上不合法。一个国家的法院可因某项行为系武断者从而判定其为非法,然违法的行为并非必然构成武断行为。如果某项行政行为最后被更高的权力机构或是高级的法院撤销,便因此认为其构成国际法上的武断行为是荒谬可笑的。[53] 国际法院判决意大利地方政府依其对紧急情势和公共秩序的判断对 ELSI 公司所采取的行为并未违反美意《友好通商条约》。[54] 公共

---

〔49〕 该破产诉讼先由巴勒莫法院(Tribunale di Palermo)审理,后上诉法院维持了初审判决。

〔50〕 Case Concerning Electronica Sicula Spa (ELSI),第 10 段。

〔51〕 Case Concerning Electronica Sicula Spa (ELSI),第 74 段。

〔52〕 Case Concerning Electronica Sicula Spa (ELSI),第 111 段。

〔53〕 Case Concerning Electronica Sicula Spa (ELSI),第 124 段。

〔54〕 Case Concerning Electronica Sicula Spa (ELSI),第 130 段。

秩序作为国民待遇的例外并无疑问,关键是如何确保其不会被滥用,因保留公共秩序例外有利于东道国刑法、反恐怖法、关于洗黑钱的法律等之有效执行。当然,早期亦有学者认为,即使是为了执行刑法等公法亦无必要歧视外国人;外国人犯法亦应受到与东道国国民相同的待遇。[55]

当代国民待遇原则的第五个特点是援引其他条约的约文。例如,《美墨加协定》关于国民待遇之第 2.3 条第 1 款规定,每一缔约方应依《关贸总协定》第 3 条,包括其解释性说明,给予来自另一方的货物以国民待遇;基于此,《关贸总协定》及其解释性说明为《美墨加协定》之一部分。《美墨加协定》第 19.5 条第 1 款规定每一缔约方应保持符合 1996 年《联合国国际贸易法委员会电子商业示范法》原则的规范电子交易的法律架构。前述规定的效果是世贸组织等关于国民待遇条款的解释会直接影响《美墨加协定》的实施。考虑到《美墨加协定》本身对国民待遇原则规定了例外,世贸组织关于国民待遇条款的解释势必影响如何解释《美墨加协定》的例外规定。就此而言,《美墨加协定》保留了加拿大对文化工业的例外。根据其第 32.6 条第 1 款,文化工业包括出版、制作、销售和发行出版物、摄像和录像带、碟、音乐、广播等。在美加关于期刊的某些措施案中,世贸组织曾裁定加拿大的限制性措施违反国民待遇原则,从而使得美国可以在加拿大出版体育杂志。[56] 如果将世贸组织的前述裁决与《美墨加协定》关于文化工业的例外条款综合考虑便不难发现,即使加拿大在《美墨加协定》下享有文化工业之例外,然一旦世贸组织裁定其法律、政策或行为违反了世贸组织协定下的国民待遇义务,则加拿大在《美墨加协定》下享有的例外便会在事实上失去效力。特别是考虑到世贸组织有较完

---

〔55〕 See John H. Jackson, *National Treatment Obligations and Non – Tariff Barriers*, Michigan Journal of International Law, Vol. 10:1, p. 207 – 224(1989); Don Jr. Wallace and David B. Bailey, *The Inevitability of National Treatment of Foreign Direct Investment with Increasingly Few and Narrow Exceptions*, Cornell International Law Journal, Vol. 31:3, p. 615 – 630(1998).

〔56〕 参见 Canada-Certain Measures Concerning Periodicals,上诉机构报告,世贸组织文件第 WT/DS31/AB/R 号,1997 年 6 月 30 日。

善的争端解决机制,[57]其裁决,包括国民待遇义务的裁决,对其他双边或区域性条约的执行之影响不可谓不大。

二、关贸总协定时期之国民待遇

国民待遇是《关贸总协定》的基本原则之一。国民待遇原则主要适用于进口国的国内税和其他费用的征收以及货物在市场上各流通环节所受到的待遇。

(一)条约规定的法理分析

《关贸总协定》第3条规定:"国内税和其他国内费用,影响产品的国内销售、推销、购买、运输、分配或使用的法令、条例和规定,以及对产品的混合、加工或使用须符合特定数量或比例要求的国内数量限制条例,在对进口产品或国产品实施时,不应用来对国内产品提供保护……一缔约方领土的产品输入另一缔约国领土时,不应对它直接或间接征收高于对相同的国产品所直接或间接征收的国内税或其他国内费用。"实践中,如何判断某个政府所制订的法律或采取的措施是否违反国民待遇原则有相当大的争议。目的论者主张立法目的而非相关法律或措施的效果应为主要考虑的因素。[58] 根据这一观点,如果相关政府可以证明其法律或措施是为了执行国家经济政策或者为了实现《关贸总协定》的总目标,即使该法律或措施对国产品和进口产品有区别待遇,包括事实上导致适用于进口产品的税率高于国产品的税率,其也不一定违反《关贸总协定》第3条的义务。目的论解释的立论基础是《关贸总协定》第3条第1款"对国内产品提供保护"的规定,其认为只要立法的主要目的不是为了对国内产品提供保护,法律或措施的效果等便不构成是否违反国民待遇原

〔57〕 尽管世贸组织上诉机构于2019年年底事实上停止运作,但16个世贸组织成员方于2020年3月27日根据《争端解决谅解》第25条达成了一诸边协定,建立了一个临时上诉机制。这16个成员方分别为:澳大利亚、巴西、加拿大、中国、智利、哥伦比亚、哥斯达黎加、欧盟、危地马拉、中国香港特区、墨西哥、新西兰、挪威、新加坡、瑞士、乌拉圭。该协定文本参见https://trade.ec.europa.eu/doclib/docs/2020/march/tradoc_158685.pdf(2022年3月2日访问)。

〔58〕 See George Kleinfeld, *Taxation of Automobiles GATT National Treatment Obligations—Where to Draw the Line?*, World Competition, Vol. 19:1, p. 79 – 80(1995).

则的重要因素。[59] 然而一个国家的立法目的除了该国自己之外还有谁最有资格确定呢？如果由国际组织或是其他个人来判断，其应该依据什么，按照什么标准决定呢？

就《关贸总协定》第3条的文意言，其并不禁止缔约方就产品的销售、推销、购买、运输、分配、产品的混合、加工或使用征收税务或费用，或是制定相应的标准和规范。但是，任何缔约方均不得通过实施与前述诸项有关的法律、法规和措施而向"国内生产提供保护"。[60] 为了达到前述目的，《关贸总协定》第3条第2款规定，来自一成员领土的产品输入另一成员领土时，后者不应对该产品直接或间接征收高于其向同类的国产品直接或间接征收的国内税或其他国内费用。这一规定同样适用于进口成员在进口时以及进口地点对外国产品征收的税费。[61] 这就是说，如果进口成员以进口税费为名对进口产品实行歧视性待遇，则该税费应被视为国内税从而应给予外国进口产品与同类国内产品相同的待遇。同时，各成员亦不应对进口产品通过任何与第3条第1款的原则有抵触的办法实施国内税或其他国内费用。第3条第2款本身亦规定了例外。如果地方政府关于国内税的规定从技术上看可能不符合《关贸总协定》第3条的文字规定但并不违反其精神，并且如果撤销相关的地方税将给相关地方政府和当局造成严重的财政困难，则相关成员无须采取措施取消相关国内税。[62] 这一规定主要是针对《关贸总协定》第24条第12款要求各成员采取一切可能的"合理措施"保证其领土内的地方政府和当局执行该协定的规定。

简言之，无论是在制度上、法律上，也无论是以直接方式还是间接方式，任何成员都不得给予同类的国产品以优于进口产品的待遇，条件是相关待遇或与之相关的实施方法是为了保护国内生产。例如，《关贸总协定》的国民待遇条款并不影响成员在国内运费方面对进口产品和国内产品实行差别待遇。假

---

〔59〕 See Michael J. Trebilcock and Shiva K. Giri, *The National Treatment Principle in International Trade Law*, in E. Choi and J. Hartigan, ed., Handbook of International Trade, Blackwell Publishing Ltd., 2004, p. 185 – 238.

〔60〕 《关贸总协定》第3条第1款。

〔61〕 《关贸总协定》附件Ⅰ，关于第3条的注释和补充规定。

〔62〕 《关贸总协定》附件Ⅰ，关于第3条的注释和补充规定。

如相关成员通过法律、法规、行政规章或命令实施差别运费,则该差别应"纯系基于运输工具的经济使用而与产品的国别无关"[63]。《关贸总协定》禁止的其他违反国民待遇的事项包括要求产品含有一定比例或数量的国内原料、部件,或是将前述数量或比例在不同的国外供应商之间进行分配。[64] 然而,何为与进口产品同类的国产品呢？根据《关贸总协定》附件Ⅰ,这首先要看两者是否有直接竞争关系;其次要看两者是否为可替代产品。[65] 只有当进口产品和国产品有直接竞争关系或为可替代产品时,该两种产品方为同类产品。这一规定在实践中如何解释会经常引起争议。

(二)国民待遇中的政府干预

《关贸总协定》的基础是市场经济。在市场经济条件下,政府对价格的干预历来被认为是不健康的。基于此,《关贸总协定》第3条第9款明确指出,就产品"规定国内物价最高限额",对出口成员的利益可能产生有害的影响。因此,实施物价最高限额的成员,应考虑出口成员的利益,以便在最大限度内避免对出口成员造成损害。

《关贸总协定》第3条主要是针对成员方之间的流转税和其他费用的征收。从原则上讲,只要这些税负和规定对进口产品和本国产品同样适用,成员的征税和征收其他费用的权力并不受到限制。按照国民待遇原则,成员对国内产品和进口产品以及进口产品间实行不同的待遇应主要基于相关产品的类别不同的事实。从这个角度讲,各成员对在哪些情况下可以对进口产品给予不同于国内产品的待遇实践中尚有许多问题,这主要是因为各成员在对第3条的理解上有分歧。世贸组织成立前《关贸总协定》没有一个统一的争端解决机构对国民待遇条款进行解释,加剧了各成员在对第3条解释上的分歧。20世纪70年代前,《关贸总协定》缔约方关于国民待遇条款的争端主要集中在国内税负方面,主张区别性国内税收并不违反《关贸总协定》规定的缔约方往往以产品不属同类为依据。然而,到底何为同类产品,《关贸总协定》亦没

---

[63] 《关贸总协定》第3条第4款。

[64] 《关贸总协定》第3条第5款及第7款。

[65] 《关贸总协定》附件Ⅰ,关于第3条的注释和补充规定。

有也不可能作出具体规定。

缔约方政府要求或鼓励外国投资者本地化的措施，即要求或鼓励外国投资者使用当地生产的部件、配件等，亦常被视为违反国民待遇原则。例如，20世纪80年代初，加拿大的《外国投资审查法》(Foreign Investment Review Act)〔66〕规定如果相同加拿大产品在市场有竞争力或者加拿大厂家生产同样产品，外国投资者应首先使用加拿大产品。美国曾就此向关税和贸易总协定指控加拿大违反国民待遇原则。关税和贸易总协定专家组一方面认为加拿大外国投资审查法的规定并非强制性要求，另一方面亦认为此种规定不符合国民待遇原则。〔67〕理由是要求首先使用当地产品便会使外国进口产品处于不利的竞争地位。

一个国家或地区的法律救济程序亦可成为违反《关贸总协定》国民待遇原则的依据。在加拿大与美国关于进口某些自动弹簧组装案中，〔68〕加拿大指控美国《1930年关税法》(Tariff Act of 1930)第337节〔69〕的法律救济程序违反国民待遇原则。该案的起因是美国公司诉加拿大公司侵犯专利权。加拿大公司认为美国《1930年关税法》第337节仅允许美国公司可选择在美国国际贸易法委员会(United States International Trade Commission ,USITC)或者法院寻求救济，而外国公司则仅可以通过司法程序寻求救济的规定违反国民待遇原则。专家组认为美国的双轨制程序是为了执行知识产权法，在该案并不构成对外国公司的歧视。但其在报告中并不排除在将来的个案中得出不同的结论。专家组的报告主要是基于《关贸总协定》成员依第20条(D)所享有的为执行专利保护法等采取"必需的措施"的权利。但该报告一出便受到广泛批评。论者认为报告严重脱离了《关贸总协定》的一贯立场，因其给予"措施"

〔66〕《外国投资审查法》于1985年更名为《投资加拿大法》(Investment Canada Act)。

〔67〕Canada – Administration of the Foreign Investment Review Act，专家组报告，关贸总协定文件第L/5504 – 30S/140号，1984年2月7日。载https://www.wto.org/english/tratop_e/dispu_e/gatt_e/82fira.pdf(2022年3月2日访问)。

〔68〕United States – Imports of Certain Automotive Spring Assemblies，专家组报告，关贸总协定文件第L/5333 – 30S/107号，1983年5月26日。载https://www.wto.org/english/tratop_e/dispu_e/gatt_e/81spring.pdf(2022年3月2日访问)。

〔69〕《1930年关税法》又名"Smoot – Hawley Tariff Act"，后经编撰，纳入《美国法典》(U.S. Code)第19章关税(Title 19 Customs Duties)中，其中原第337节为第19章第1337节。载https://legcounsel.house.gov/Comps/Tariff%20Act%20Of%201930.pdf(2022年3月2日访问)。

以狭义的解释，即未将第337节作为一个整体来考虑；但在考虑是否“必须”时则将其放入第337节中进行判断。〔70〕该案的核心问题是当事成员是否可以基于《关贸总协定》第20条(D)的例外规定不履行第3条的国民待遇义务。

(三)国民待遇的合规实践

美国弹簧组装案专家组报告公布6年后，《关贸总协定》再次有机会审查美国《1930年关税法》第337节是否违反国民待遇原则。该案的起因是美国E. I. du Pont de Nemours and Company(以下简称Du Pont公司)依据第337节在美国贸易法委员会申诉进口营销荷兰Akzo N. V.公司(以下简称Akzo公司)生产的一种可用于制造飞机、避弹衣等高强度化纤产品合成纤维侵犯Du Pont公司的专利权。美国国际贸易法委员会裁定Akzo公司违反《1930年关税法》第337条的规定，遂禁止该类产品的进口。Akzo公司向美国联邦巡回上诉法院提起上诉且获维持禁止进口裁定之判决。嗣后，Akzo公司向美国联邦最高法院提起司法审查请求但被驳回。1987年4月22日，欧共体依据《关贸总协定》的程序提出磋商请求。后者认为美国《1930年关税法》第337条违反国民待遇原则。关税和贸易总协定专家组裁定第337条违反《关贸总协定》第3条关于国民待遇的规定，理由是外国专利权人无法得到与美国专利权人相同的待遇。〔71〕专家组的报告引发了很多讨论。支持者认为包括美国在内的任何国家都无权单方面采取措施损害国民待遇原则的执行。持批评意见的人则认为在国际社会尚无充分的法律保护的情况下，人们应允许个别国家采取措施保护知识产权，因为除了第337条的措施外，一个国家很难对发生在国外的侵权行为进行制裁。〔72〕值得指出的是，导致《关贸总协定》审查美国关税法是否违反国民待遇原则的恰恰是美国的进口商，而非欧共体的公司。

---

〔70〕 See Jan Klabbers, *Jurisprudence in International Trade Law – Article XX of GATT*, Journal of World Trade, Vol. 2, p. 63 – 94(1992).

〔71〕 United States – Section 337 of the Tariff Act of 1930，专家组报告，关贸总协定文件第L/6439 – 36S/345号，1989年11月7日。载https://www.wto.org/english/tratop_e/dispu_e/gatt_e/87tar337.pdf(2022年3月3日访问)。

〔72〕 See Mark Modak – Truran, *Section 337 and GATT and the Akzo Controversy: A Pre – and Post – Omnibus Trade and Competitiveness Act Analysis*, Northwestern Journal of International Law and Business, Vol. 9, p. 382(1988 – 1989).

不言而喻,随着乌拉圭回合达成的《知识产权协定》之生效,国际制度对知识产权的保护已相当完善。相信如果美国《1930 年关税法》第 337 条再次成为美国违反国民待遇原则的理据,挑战成功的机会将更高。

政府措施的隐性歧视亦可构成违反国民待遇义务。这方面较为典型的案例是欧共体与美国的汽车税案。〔73〕 该案涉及美国对汽车生产商征收的税务。根据美国公司平均节约燃料行政法规〔74〕的规定,所有汽车生产商必须保证其所生产的汽车之平均耗油量为 27.5 英里/加仑,超出此标准者便会受到罚款的处罚。同时,该法规将本国厂家和外国厂家分开处理。其结果是,当地的厂家既可以生产大型的汽车又可生产小的经济型汽车便很容易满足法定的标准;但由于外国的厂商向美国出口汽车的款式有限(如奔驰厂便只生产大型车),其便无法符合法律的规定。美国强调其措施属于《关贸总协定》第 20 条(G)"为有效保护可能用竭的天然资源"之例外,不违反国民待遇原则。专家组认为,第 20 条的例外规定能否适用取决于相关措施的主要目的是什么;就该案而言,将当地汽车与进口汽车分开处理使该法规之执行更为困难、代价更为昂贵。假如美国国会的立法目的是保护资源,专家组进一步指出,国会便应修改法律,并将之一视同仁地适用于进口汽车和美国产汽车。尽管经修改的法律仍会使当地的汽车生产商受益,但此类法规或措施并不违反国民待遇原则。

从美国汽车税案可以看出,判断某个国家的法律和措施是否违反国民待遇原则不仅要审查立法目的,同时还要研究法律或措施之执行是否会使外国商品及外国商人表面上受到不平等的待遇。按照专家组的报告,如果立法机关的目的属于第 20 条的例外,同时外国商品和商人并非表面上受到歧视待遇,即使相关法律或措施使当地商品和商人受益,该法律和措施亦不违反国民待遇原则。这便是所谓的目的与效果解释原则。

---

〔73〕 United States — Taxes on Automobiles,专家组报告,《关贸总协定》文件第 DS31/R 号,1994 年 10 月 11 日。参见 https://www.wto.org/english/tratop_e/dispu_e/gatt_e/93autos.pdf(2022 年 3 月 3 日访问)。

〔74〕 此行政法规由美国运输部制定。参见 Corporate Average Fuel Economy, https://www.nhtsa.gov/laws-regulations/corporate-average-fuel-economy(2022 年 3 月 3 日访问)。

在 Bercut - Vandervoort & Co. v. United States[75]中,美国政府对进口杜松子酒所征收的税是以每加仑酒作为征税的单位,而不是以每加仑酒所含酒精的剂量为单位。美国海关法院判决此种规定并不违反《关贸总协定》第 3 条第 2 款。[76] 事实上当时美国采取两种不同的方法对酒征税,国产杜松子酒的税是按每加仑酒的酒精含量计算,即以纯酒精的含量多少作为征税的基础,对进口杜松子酒的税则按酒的计量征收,即不是以相关酒的纯酒精含量作为征税的基础。而美国对国产和进口杜松子酒在税负方面的区别待遇的依据是一项法律,该法律规定对酒精含量高的酒应以加仑纯酒精为征税单位,对酒精含量低的酒则应以加仑酒作为征税单位。美国海关法院认为尽管《关贸总协定》规定缔约方在国内税收方面不得对同类的国产品和进口产品加以歧视,但它并不禁止缔约方以法律形式规定对不同类产品征收不同的税务以及对不同类产品实行不同的征税方法,包括计算税负的方法。因此,美国法院判决美国政府的前述做法并不违反《关贸总协定》的义务。

当时的情况是,美国大部分的进口酒均为酒精含量低的酒,国内生产的则为酒精含量高的酒。这样,法律规定的对低度酒的征税标准事实上只适用于进口产品,而法律规定的对高度酒的征税标准仅适用于国产酒。其结果是,法律上表面上中立,对进口产品和本国同类产品征收相同税负,但其实际执行则会导致对进口产品的歧视。而美国法院在审理该案时也未对相关产品的配料、成分、生产程序及用途等加以分析就判定上述两种酒为两类不同的产品。这就是为什么美国法院的判决一公布立即招致许多批评的原因。但批评是批评,国际社会对此也束手无策。而这种情况绝不仅仅发生在美国。

《关贸总协定》生效后的 10 年内,缔约方之间的许多争议都涉及国民待遇条款。1954 年,意大利政府指控希腊政府对进口人造纤维课以 10% ~22% 的奢侈品税,然对类似的国产品则免征奢侈品税。意大利政府认为这种歧视

---

〔75〕 See *Bercut - Vandervoort & Co.*, *Inc. v. United States*, *Federal Supplement*, F. Supp., Vol. 151, 1957, p. 942.

〔76〕 See *Bercut - Vandervoort & Co.*, *Inc. v. United States*, *Federal Supplement*, F. Supp., Vol. 151, 1957, p. 942,该案以 3:2 的多数票判原告败诉。

性待遇构成对《关贸总协定》第 3 条第 2 款的违反。[77]

1955 年英国政府指控意大利政府违反了《关贸总协定》第 3 条的规定。当时意大利政府对本国公司生产的药物与进口药物所征收的流转税实行不同的税率,意大利对本国药品征收 32% 的税务,而对进口药品则征收 40% ~ 60% 的税务。英国政府认为根据《关贸总协定》第 3 条的规定,适用于意大利国产品和进口产品的流转税税率应该相同。鉴于意大利政府对国产品和进口同类产品采行不同的税率,因此意大利违反了《关贸总协定》第 3 条关于国民待遇的规定。[78]

(四)国民待遇之例外

在《关贸总协定》制度下,由于没有一个统一的解释机构,各缔约方对国民待遇条款的执行存有很大差距,特别是对如何界定同类和不同类产品,各国的规定更是相差悬殊。然而,国民待遇条款在实践中的困难还不仅如此,还受到《关贸总协定》本身的例外条款的限制,特别是第 20 条例外规定的限制。

《关贸总协定》第 20 条例外规定的范围相当广泛。根据该条,只要相关缔约方不是不公正地和武断地采取歧视性措施或变相对国际贸易加以限制,它便可以保护公共道德、人畜甚至植物健康与安全等为理由对进口产品施以不同于本国产品的待遇。除此之外,为了保证国内的市场供应,相关缔约方还可以对出口产品及原材料加以限制。这便是《关贸总协定》的“一般例外”。不难看出,这种抽象和具弹性的规定为《关贸总协定》的执行带来巨大困难并为有些缔约方滥用该条款创造了机会。所谓的“一般例外”几乎为各缔约方对进口产品实行歧视待遇开了绿灯。

20 世纪 50 年代末,英国与意大利关于农用机械补贴案在一定程度上反映了《关贸总协定》初期对国民待遇例外条款的立场。1958 年 10 月关税及贸

---

〔77〕 参见 Greek Luxury Tax and Tariff Changes – Memorandum by the Italian Government,工作组报告,《关贸总协定》文件第 L/234 号,1954 年 10 月 5 日,载 https://docs.wto.org/gattdocs/q/GG/L999/234.pdf(2022 年 3 月 3 日访问)。

〔78〕 Italian General Turnover Tax Applied to Imported Pharmaceutical Products – Statement by the Government of the United Kingdom,工作组报告,《关贸总协定》文件第 L/421 号,1955 年 11 月 10 日,载 https://docs.wto.org/gattdocs/q/GG/L999/421.pdf(2022 年 3 月 3 日访问)。

易总协定对英国与意大利间的争议进行审议。[79]该案涉及意大利于1952年7月25日颁布的关于对购买意大利产农用拖拉机贷款的法律。根据该法律，意大利政府设立一专门基金由农林部负责管理，专门为购买意大利产农业机械提供年息为3%的低息贷款，而当时金融市场的商业贷款利率一般为10%。购买农业机械的用户可以得到相当于农业机械售价75%的贷款。然而，这种贷款只能用于购买意大利产的农用机械。如果借款人将相关贷款用于购买进口农用机械，则贷款利息将会提高。显然，意大利政府的这一措施在于鼓励人们购买本国产品。但是此类形式的政府补贴并非《关贸总协定》所禁止的政府补贴，因为《关贸总协定》禁止的是目的在于扩大出口对生产商的补贴，而不是缔约方鼓励购买国产品的补贴。英国政府认为，意大利政府的补贴导致进口产品和国产品受到不同待遇，从而构成对《关贸总协定》第3条国民待遇义务的违反。

英国的理由是，《关贸总协定》第3条第4款规定任何缔约方对从其他缔约方进口的产品应给予不低于其本国同类产品的待遇；然而意大利法律明文规定其农业优惠贷款只适用于购买意大利生产的农用机械，这就事实上使外国进口产品受到不平等待遇，构成对进口产品的歧视。因此，该农业优惠贷款计划违反了《关贸总协定》第3条。

意大利政府则辩称《关贸总协定》的范围仅限于规范贸易关系。因此，第3条第4款的规定也只适用于各国关于买卖、运输以及进口产品的质量、数量等的法律与规定。基于上述理由，意大利政府认为目的在于发展本国经济以及改善就业问题的法律与第3条第4款毫不相干，同时指出如果对第3条的解释不加以上述限制，而盲目地追求进口产品与国产品的平等待遇，各缔约方在制定经济发展政策时便会受到掣肘，而这是与谈判《关贸总协定》时各国的期望不相吻合的。归根结底，意大利认为它根据本国经济发展的需要，给予国产品优于进口产品的待遇并不违反《关贸总协定》的国民待遇原则。

负责审理意大利案的专家组指出，《关贸总协定》第3条第4款的主要作

---

〔79〕 参见 Italian Discrimination Against Imported Agricultural Machinery，工作组报告，《关贸总协定》文件第L/833 – 7S/60号，1958年10月23日，载 https://www.wto.org/english/tratop_e/dispu_e/gatt_e/58agrmch.pdf（2022年3月3日访问）。

用在于规范进口产品进入缔约方国内市场(通过海关)后的待遇;根据该款,来自一个缔约方的产品进入其他缔约方的国内市场后应在各方面受到与国内同类产品相同的待遇。据此,该款不仅适用于直接规范销售及使用产品的法律与规定,而且适用于对销售、购买产品等有影响的法律与规定。简言之,第3条应适用于任何可能改变缔约方国内市场竞争因素的法律与规定。而这一结论的法理基础便是第3条第8款第2项。根据第3条第8款第2项,国民待遇原则不适用于各缔约方对本国生产商的补贴,因此,其他缔约方的出口商不得要求在生产补贴方面享有国民待遇。鉴于第3条第8款第2项仅规定外国厂商和出口商不得在生产补贴方面要求享有本国生产商的待遇,该专家组认为,这就足以证明,除生产补贴外,进口商可在其他方面要求享有国民待遇,包括使用意大利政府所提供的直接影响竞争因素的农业贷款基金的权利。该专家组同时指出,虽然任何缔约方均可依本国经济发展的需要采取措施,但这些措施必须是《关贸总协定》所允许的。既然《关贸总协定》未明文规定缔约方政府可以优惠贷款的形式向本国工业提供保护,意大利政府便应以其他方式(而不是优惠贷款的方式)支持本国农业机械工业的发展。

在专家组的辩论阶段,意大利指出优惠贷款基金的目的在于鼓励本国工业的发展,假如根据国民待遇原则,意大利必须向进口农业机械提供同样的优惠贷款,意大利政府必将面临财政困难,同时通过提供优惠贷款使外国产品受益也不会得到公共舆论的支持。然而,专家组认为,即使优惠贷款计划同时适用于进口和国内产品,意大利政府也不会面临财政困难,因为它并非需要增加基金的金额,公共舆论亦不会反对这种做法,因为受益的仍然是意大利购买者而非外国出口商。值得一提的是,继专家组就意大利案提交报告后,许多国家包括缔约方所施行的经济发展计划往往包括类似于意大利的做法——前述加拿大与美国关于进口某些自动弹簧组装案即如此。[80] 一方面,国际社会似乎已经默认此种措施可以作为《关贸总协定》的例外,从而也不再有人质疑其合

---

〔80〕 United States – Imports of Certain Automotive Spring Assemblies,专家组报告,《关贸总协定》文件第L/5333 – 30S/107号,1983年5月26日,载https://www.wto.org/english/tratop_e/dispu_e/gatt_e/81spring.pdf(202年3月2日访问)。

法性;[81] 另一方面,经济发展计划作为例外的问题直到世贸组织成立后才得以解决。

三、世贸组织下的国民待遇

在世贸组织制度下,国民待遇原则对各成员的货物和服务贸易、知识产权、进出口法律与制度、检验检疫的标准、投资等都有重要影响。

(一)国民待遇在货物贸易的适用

就《关贸总协定》关于国民待遇的条文而言,世贸组织的建立未对其产生任何影响。但在国民待遇条款的执行方面,则发生了巨大的变化。日本烈酒税上诉案就说明了这一点。

日本烈酒税上诉案是涉及《关贸总协定》第 3 条国民待遇原则的典型案例。[82] 事缘日本烈酒税上诉法将烈酒分为 10 个大类,每类酒的应缴税税率不同。争议涉及的包括日本烧酒(shochu)、威士忌(whisky)/白兰地(brandy)、烈酒(spirits)和甜烈酒(liqueuers)。欧盟提出,烈酒[包括伏特加酒(vodka),杜松子酒(gin)和白朗姆酒(white rum)]与两种日本烧酒是同类的产品,但烈酒税法对烈酒征收的税率高于对那两种日本烧酒征收的税率,因而违反了《关贸总协定》第3 条第2 款第1 句。如果专家组认为烈酒和日本烧酒不是同类产品,欧共体便认为烈酒与那两种日本烧酒是直接竞争和可替代产

---

〔81〕 如在加拿大与美国关于进口某些自动弹簧组装案中,加拿大即指出,许多国家均有类似法律,因此不应该认为加拿大外国投资法违反了《关贸总协定》的国民待遇原则。与此同时,加拿大援引了发展国民经济的例外规定以证明其行为的合法性。

〔82〕 1995 年 6 月 21 日,欧盟根据《关贸总协定》第 23 条,要求与日本就日本烈酒上诉税法(Liquor Tax Law)征收的酒精国内税进行磋商。1995 年 7 月 7 日,美国和加拿大要求加入磋商。1995 年 7 月 20 日,这四个国家进行磋商,但并未达成满意的解决方案。1995 年 9 月 14 日,欧盟、美国和加拿大要求争端解决机构成立专家组调查处理相关争议。争端解决机构于 1995 年 9 月 27 日,根据《争端解决谅解》第 6 条,成立专家组。专家组于 1996 年 7 月 11 日将该报告向会员公开。参见 Japan – Taxes on Alcoholic Beverages,专家组报告,世贸组织文件第 WT/DS8/R 号。1996 年 8 月 8 日,日本提出上诉。上诉庭于 1996 年 9 月 25 日向各成员散发其报告,参见 Japan – Taxes on Alcoholic Beverages,上诉机构报告,世贸组织文件第 WT/DS8/AB/R 号(以下简称日本烈酒税上诉案)。

品，而烈酒税法对前者征收较高税率便违反了《关贸总协定》第3条第2款第2句。此外，欧共体还提出白兰地/威士忌和甜烈酒与那两种日本烧酒都是直接竞争和可替代的产品，而烈酒税法对前者征收较高税率也违反了《关贸总协定》第3条第2款第2句。[83]

加拿大提出威士忌与那两种日本烧酒是直接竞争和可替代的产品，而烈酒税法对前者征收较高税率，表示烈酒税法扭曲了威士忌与日本烧酒的价格，因而影响了消费者的选择权，从而扭曲了它们的竞争性。因此，烈酒税法违反了《关贸总协定》第3条第2款第2句。[84]

美国指控日本的烈酒税法对国内生产提供保护，认为白烈酒和红烈酒有类似的特性和用途，因此，它们是《关贸总协定》第3条第2款第1句所指的"同类产品"。鉴于此，美国认为日本烈酒法对白烈酒和红烈酒的差别待遇违反了《关贸总协定》第3条第2款第1句的规定。如果专家组不同意以上观点，美国指出，所有白烈酒都是《关贸总协定》第3条第2款第1句定义的"同类产品"，而所有过滤烈酒都是"直接竞争和可替代的产品"。[85]

上诉庭指出，《关贸总协定》第3条的基本目的是避免国内税收和其他管制措施构成贸易保护措施。协议起草者的原意是对进口产品和本地产品处以同等待遇。即使进口产品和本地产品的税务差别待遇所引起的贸易影响微乎其微也不影响第3条的适用，因为第3条的目的是维护进口产品和本地产品的公平竞争而非针对贸易数额。《关贸总协定》第3条的范围很宽泛，不限于第2条规定的关税减让表，而是在于禁止通过国内税收和国内管制政策以保护国内生产的一般性禁止条款。[86] 上诉庭的前述解释予人以眼睛一亮的感觉，因为在《关贸总协定》下，专家组从未对第3条的适用范围做出如此明确的法律分析。

日本烈酒税上诉案说明，解释《关贸总协定》第3条时，必须根据其一般的含义，以及其起草历史和世贸组织协定的整体目标和宗旨来决定。《关贸总协定》第3条第1款是全文的指导性条款，该条的目的是防止保护国内生产

---

〔83〕 日本烈酒税案，第3.1段。
〔84〕 日本烈酒税案，第3.2段。
〔85〕 日本烈酒税案，第3.3段。
〔86〕 参见日本烈酒税上诉案，第15－16页。

的国内政策措施。第1款有指导第2款至第10款较有针对性条款的作用。因此,第3条第1款是第2款至第10款的组成部分。在解释第2款时,必须先参照第1款。基于效率原则以及第2款第1句和第2句内容上的差异,上诉庭认为第1款对第2款第1句和第2句的指导作用是有所分别的。[87] 根据第3条第2款第1句,如果对进口产品征收的税率高于本地产品,则该税收便违反了第3条。第3条第2款第1句并没有提及第3条第1款。上诉庭认为第3条第2款第1句是第3条第1款的实际应用条款,故不须额外证明该措施是"为了保护国内生产"。因此,在解释第3条第2款第1句时,应首先确定相关进口和本地产品是否"同类产品",其次是对进口产品征收的税务是否高于本地产品。如果对两个问题的答案都是肯定的,则证明该措施违反了第3条第2款第1句。[88] 同时,在考虑第1句"同类产品"的定义时,必须对之进行狭义的解释。根据日本烈酒税案专家组的报告,"同类产品"是"直接竞争和可替代的产品"的一个分类。所有"同类产品"都是"直接竞争和可替代的产品",但"直接竞争和可替代的产品"则未必是"同类产品"。[89]

当确定何为"同类产品"时,必须根据每个个案的特点,考虑其有关因素,有必要时还须行使裁量权。"同类产品"并不代表相关产品的每一方面都完全相同。上诉庭认为,详细的统一关税分类表可用来决定何为同类产品,但是如果所涉及的是多种类的关税分类表,便不能从其分类确定相关产品是否同类产品。无论如何,关税分类表只能作为参考,实践中还应根据每个个案的案情决定之。

专家组的意见是,日本烧酒和伏特加酒含有相同的物质,除过滤方面的区别外,两种产品几乎完全相同。专家组认为,两种产品的酒精浓度不会影响其相似程度,因烈酒一般都是冲淡了才饮用。因此,专家组裁定,日本烧酒和伏特加酒是同类的产品。除伏特加酒与日本烧酒属同类产品外,案涉的其他烈酒的成分与日本烧酒有很大的分别,因而,其他烈酒应属第3条第2款第2句有关直接竞争和可替代的产品之列。[90] 上诉庭同意专家组就"同类产品"作

[87] 日本烈酒税上诉案,第17页。
[88] 日本烈酒税上诉案,第18页。
[89] 日本烈酒税上诉案,第6.22段。
[90] 日本烈酒税上诉案,第6.23段。

出的结论和法律意见。[91]

第3条第2款第1句的另一个问题是对进口产品征收的税务是否“高于”对国内产品的税务。日本对伏特加酒每一酒精单位征收9927日元的税，而日本烧酒每一酒精单位则征收6228日元的税。尽管日本对前述两种酒征税的差别很小但其已符合“高于”的定义。因此，专家组裁定，日本向伏特加酒征收的税务“高于”对日本烧酒征收的税务。[92] 上诉庭同意专家组的结论。[93]

《关贸总协定》附件Ⅰ关于第3条的注释和补充规定是：“凡符合第2款第1句要求的税收，只有在已税产品为一方和未同样征税的直接竞争产品或替代品为另一方之间有竞争的情况下，才被认为与第2句的规定不符。”日本烈酒税上诉案的上诉庭认为，第3条第2款第2句与附件Ⅰ关于第3条的注释和补充规定具有同等的法律地位，因它们是同时起草的。附件Ⅰ关于第3条的注释和补充规定的目的并非取代第3条第2款第2句。因此，必须将两个条款一起阅读才能正确解释第2句的含义。第3条第1款对第3条第2款第2句的指导作用则有所不同。当认定相关措施违反第3条第2款第2句时，必须能够证明第1款所要求的“保护本地生产”的要素已经得到满足。因此，当解释、适用第3条第2款第2句时，必须考虑下述三个方面：(1)进口产品与本地产品是否“直接竞争和可替代的产品”；(2)这两个直接竞争和可替代的进口和本地产品是否并非享有类似的税务待遇；(3)两者在税务上的差别待遇是否为了“保护本地生产”。[94]

那么何为“直接竞争和可替代产品”呢？专家组指出，当决定何为“直接竞争和可替代产品”时，除了产品成分和关税分类外，应着重考虑相关产品的可替代性。在这方面，市场推广技巧和消费者对相关产品的市场取向是关键因素。具体言之，消费者的市场取向应因地区的不同而异，但不应因国内税收而改变。基于下述原因，专家组裁定日本烧酒和涉案的8种酒是“直接竞争和可替代的产品”。首先，1987年专家组在关于日本烈酒税案中曾裁定白烈酒和红烈酒是“直接竞争和可替代产品”。其次，申请方提出的一份报告指

---

〔91〕 日本烈酒税上诉案，第19－22页。

〔92〕 日本烈酒税上诉案，第6.24段。

〔93〕 日本烈酒税上诉案，第23页。

〔94〕 日本烈酒税上诉案，第23－24页。

出，日本烧酒和5种红烈酒（苏格兰威士忌，日本威士忌，日本白兰地，法国白兰地和北美洲威士忌）和3种白烈酒（伏特加酒，杜松子酒和白朗姆酒）有很大的价格弹性。最后，日本1989年的税务改革取消了尊贵威士忌、一级威士忌和二级威士忌之分别、大幅度提高了对二级威士忌的税收。这使得本地出产的威士忌的销量大减，从而增加了日本烧酒和外国威士忌在日本的市场占有率。这足以证明日本烧酒和外国出产的威士忌是直接竞争和可替代的产品。[95] 上诉庭基本上支持专家组的以上论点，但同时指出，专家组只分析涉案的其中8种烈酒而非全部涉案的烈酒，构成法律观点的错误。[96] 但上诉庭同意专家组的下述意见，即第二个因素"并非享有类似税务待遇"的标准与第3条第2款第1句的"高于"不同，税务的差别待遇必须是高于"最低限度"（de minimis），而每个个案应根据相关案情来决定是否存在差别税务待遇。专家组根据每升酒的税务、每酒精单位的税务、从价税和税与价格的比率确定差别待遇。上诉庭支持专家组的意见，裁定日本烧酒与其他外国进口的烈酒的税务并不相同而该差异高于最低限度。[97] 关于第三个因素，即相关措施是否以"保护本地生产"为目的，专家组认为这一条件与"并非享有类似的税务待遇"应同时予以考虑。但上诉庭指出，第3条第2款第2句的三个条件必须分开考虑。当确定相关措施是否为了"保护本地生产"时，并不需要考虑立法机构是否有保护本地生产的动机，而应该从相关措施的实际实施是否有保护本地生产的效果。这要求对相关措施的结构和实施作全面的和客观的分析，同时应客观分析相关税法措施的标准和整体情况。税务差别待遇在某些情况下也可作为保护本地生产的证据。据此，专家组裁定日本的税务差别待遇会达致保护本地生产的目的并非必然的结论。专家组必须对每个个案的所有有关资料进行全面的分析。[98] 最后，上诉庭裁定：日本烧酒和伏特加酒是同类产品，日本对后者征收较高的税务违反了《关贸总协定》第3条第2款第1句；日本烧酒及其他过滤烈酒（伏特加酒除外）是"直接竞争和可替代的产品"，它们受到不同的税务待遇，从而满足了保护本地生产的条件，故违反了

---

[95] 日本烈酒税上诉案，第6.28－6.32段。

[96] 日本烈酒税上诉案，第25页。

[97] 日本烈酒税上诉案，第6.33段和日本烈酒税上诉案，第25－26页。

[98] 日本烈酒税上诉案，第26－30页。

《关贸总协定》第3条第2款第2句。

日本烈酒税上诉案是世贸组织成立之初裁定的最重要的案例之一,对其后的专家组和上诉机构有重要影响。其主要贡献包括上诉机构再次确认《维也纳条约法公约》第31条具有解释条约的习惯国际法地位。[99] 同时,上诉机构报告还首次明确,《关贸总协定》时期通过的专家组报告或是世贸组织争端解决机构通过的专家组或上诉机构报告并不具有《维也纳条约法公约》第31条"嗣后实践"的效力。[100] 这些观点不仅成为世贸组织专家组和上诉机构之后审理案件的法理依据,而且对国际投资仲裁亦有重要影响。特别是《维也纳条约法公约》第31条的习惯国际法地位则为投资仲裁庭无疑问地全盘接受。此外,日本烈酒税上诉案的上诉机构报告还就《关贸总协定》第3条国民待遇条款作出了一锤定音的解释。根据该报告,《关贸总协定》第3条第1款规范的是国民待遇的原则,对其他条款有统领的作用。关于如何判断进口产品和本国产品是否同类产品,日本烈酒案上诉机构报告接受了《关贸总协定》时期专家组的意见,确定了产品的最终用途,消费者的嗜好和习惯,产品的属性、性质和质量等为重要元素。[101] 这一方面为将来判断产品的同类性提供了明确的方向和标准,并且也使得《关贸总协定》的实践与世贸组织之间具有了连续性。

在欧盟石棉及含石棉产品措施案[102]中,上诉庭分析加拿大指控欧盟违反《关贸总协定》第3条第4款时指出,该款的"同类产品"是指产品有相同或类似的特质或特征。上诉庭还指出,第3条第2款和第4款有"同类产品"的规定。但第3条第2款第1句适用于"同类产品";第2句则适用于"直接竞争产品或替代产品"。[103] 第3条第4款则只适用于"同类产品"。这种规定上的差异使对该两款"同类产品"的解释有不同。另外,当解释第3条第4款"同类产品"的意思时,应考虑第3条第1款,第3条第1款禁止成员征收国内

---

〔99〕 日本烈酒税上诉案,第10页。

〔100〕 日本烈酒税上诉案,第14页。

〔101〕 日本烈酒税上诉案,第20页。

〔102〕 参见European Communities – Measures Affecting Asbestos and Asbestos – Containing Product,上诉机构报告,世贸组织文件第WT/DS135/AB/R号(以下简称欧盟石棉上诉案)。

〔103〕 参见《关贸总协定》"注释和补充规定"关于第3条第2款的解释。

税和其他国内费用。这是为了禁止各成员通过此类税费的征收影响国内和进口产品在市场的竞争关系。若进口产品受到的待遇低于国内产品，则进口产品和国内产品间的竞争关系势必受到影响。因此，应根据相关产品间竞争关系的性质及程度决定其是否第 3 条第 4 款的“同类产品”。上诉庭没有提出哪种程度的竞争关系符合第 3 条第 4 款关于“同类产品”的规定，也没有衡量竞争关系程度的标准。但上诉庭指出，并不是说只要相关产品间存在一些竞争关系即为同类产品。无论如何，第 3 条第 4 款同类产品的范围应较第 3 条第 2 款第 1 句的宽泛。[104]

在欧盟石棉案中，上诉机构认为《维也纳条约法公约》第 31 条规定的条约的约文应按照其通常意义解释首先应参考字典的解释，然字典关于“同类”产品的通常意义并不能解决此问题，主要有以下三个原因：(1)字典并未明确产品的哪些特征和质量较为重要，理由是每个产品都具很多特征和质量包括其物理构成、形状、大小、质地、口感、气味、用途等；(2)字典并未说明作为同类产品，相关的两个产品应在多大程度上，在前述诸方面的具有共性；(3)字典并未说明“同类”应从何人的角度考虑，如消费者、发明者和生产者对两个相关产品是否具有“同类”性可能看法不同。[105] 基于前述，上诉庭主张依上下文确定同类产品的意义，指出《关贸总协定》第 3 条第 2 款和第 4 款均含有同类产品的字眼，且该两款均是第 3 条第 1 款的国民待遇基本原则的具体体现，故对其解释应具有统一性，即较狭义的解释。然而，上诉庭继续写道，第 4 款仅有一句话，而第 2 款有两句话，且两句话所针对的是不同的情况，[106] 故对第 4 款的“同类产品”之解释不能完全照搬对第 2 款同类产品的解释。[107] 在此情况下，上诉庭诉诸条约解释应参照其目的和宗旨的原则，力图以此确定第 4 款同类产品的意思。

在欧盟石棉案中，上诉庭需要解决的是温石棉纤维(chrysotile asbestos fibres)与其他纤维，即聚乙烯基和酒精纤维(polyvinyl alcohol fibres)与纤维素和玻璃纤维(cellulose and glass fibres)，是否为同类产品以及含有这些纤维的

---

〔104〕 欧盟石棉上诉案，第 31－38 页。
〔105〕 欧盟石棉上诉案，第 92 段。
〔106〕 《关贸总协定》第 3 条第 2 款第 1 句话针对的是税收，第 2 句话针对的是“直接竞争和可替换”产品。
〔107〕 欧盟石棉上诉案，第 96 段。

水泥是否为同类产品。[108] 上诉庭指出，自1977年起，温石棉纤维已被国际承认为一种致癌物质，而另外两种纤维对健康则没有同样的危害性。因此，两者的性质很不相同。关于产品的最终用途，证据证明两者有少许相同的用途，但没有证据证明这些用途的性质和程度。因此，上诉庭不能决定“产品的最终用途”在决定相关产品是否同类产品方面的重要性。关于消费者的嗜好，加拿大没有提出任何证据。温石棉与其他两类纤维在关税分类中属于不同的类别。综观以上所有证据，上诉庭认为温石棉纤维与其他两类纤维并非《关贸总协定》第3条第4款的“同类产品”。[109] 这一结论主要是依赖消费者的嗜好，即假如消费者知道一种产品可能有致癌的风险，而另一种没有此风险，消费者一定会选择不会致癌的产品。正是在这个意义上，温石棉纤维与其他两类纤维不可能是同类产品，尽管其产品的最终用途相同。

那么含有这些纤维的水泥是否同类产品呢？上诉庭认为，含有温石棉纤维的水泥和含有另外两种纤维的水泥的成分很相似。但两者有一个重大的分别，即前者是致癌物质，而后者不是。虽然两者的用途大致相同，但没有证据证明两者所产生的功效是完全相同的。此外，两者在关税分类也属于同一类。然而，消费者大多会选择不含致癌物质的产品。基于这些因素，上诉庭裁定，加拿大不能证明含温石棉纤维的水泥与含其他纤维的水泥是《关贸总协定》第3条第4款的同类产品，故加拿大败诉。[110]

在日本烈酒税上诉案的裁决中，上诉庭已然确定，一个条款的目的和宗旨可从《关贸总协定》第3条第1款得以确定。在该案中，上诉庭裁定《关贸总协定》第3条国民待遇条款的根本目的是避免进口成员通过国内税收或其他措施保护本国工业。[111] 为达此目的，世贸组织各成员有义务为进口产品和本地产品提供平等的竞争条件，而这种平等竞争条件所针对的是进口产品与本地产品的竞争关系而不是进口数量。[112] 基于日本烈酒案的前述解释，欧盟石

---

[108] 在该案中，上诉庭也采用了下述四个因素作为衡量同类产品的标准：(1) 产品的性能、性质和品质；(2) 产品的最终用途；(3) 消费者的喜好和习惯；(4) 产品的关税分类。参见欧盟石棉上诉案，第38-40页。

[109] 欧盟石棉上诉案，第50-53页。

[110] 欧盟石棉上诉案，第53-55页。

[111] 日本烈酒税上诉案，第15页。

[112] 日本烈酒税上诉案，第16页。

棉上诉案的上诉庭认为对第 3 条第 4 款“同类产品”的解释必须将之放在平等竞争关系下考虑，同时指出并非所有具竞争关系的产品均为同类产品，也不主张将第 4 款的同类产品解释为与第 2 款的“直接竞争和可替代”产品相同。[113] 上诉庭的结论是第 4 款下的同类产品之定义应较第 2 款下的同类产品定义为宽，但“绝对不会宽于”第 2 款下两句话关于同类产品的定义。[114] 显然，欧盟石棉上诉案的上诉庭基于第 3 条第 2 款和第 4 款上下文的不同，对第 4 款同类产品作出了较为宽泛的解释。此解释具一定的首创性，但因为上诉机构的裁决为终局裁决，且其裁决具连续性，该解释从未受到挑战。

加拿大期刊案也涉及对《关贸总协定》第 3 条国民待遇原则的解释。[115] 1996 年 3 月 11 日，美国根据关于《争端解决谅解》第 4 条和《1994 年关贸总协定》第 23 条，要求与加拿大就下述三个问题进行磋商：（1）加拿大关税法第 9958 号（Tariff Code 9958），禁止向加拿大输入某些期刊；（2）加拿大依其货物税法（Excise Tax Act）第 5.1 章向外国出版的分开发行的期刊征收货物税；（3）加拿大向某些本地期刊收取优惠邮费，即提供邮费补贴。美加双方的争议主要来自于加拿大的关税法。加拿大于 1965 年颁布的关税法禁止下列期刊输入加拿大：（1）进口日前四期期刊中之任何一期是法律规定的特刊（special edition）包括分开发行的期刊（split – run）或地区版期刊（regional edition），条件是相关期刊所载的广告主要是针对加拿大市场的，而这些广告的内容与期刊出版地出售的该期刊的广告内容不完全相同。（2）进口日前四期期刊中之任何一期含有 5% 或以上的广告提及位于加拿大的资料来源，或以特别的字眼或文字提及关于在加拿大销售的任何产品或服务等，除非这些资料的主要阅读对象是居住在加拿大的境外人士。[116]

1996 年 4 月 10 日，美加双方开始磋商，但并未达成解决方案。美国遂要求争端解决机构成立专家组调查并处理相关问题。争端解决机构于 1996 年

[113] 欧盟石棉上诉案，第 31 段。

[114] 欧盟石棉上诉案，第 31 段。

[115] 参见 Canada – Certain Measures Concerning Periodicals，专家组报告，世贸组织文件第 WT/DS31/R 号及 Canada – Certain Measures Concerning Periodicals，上诉机构报告，世贸组织文件第 WT/DS31/AB/R 号（以下简称加拿大期刊上诉案）。

[116] 加拿大期刊上诉案，第 5.4 段。

6月19日，根据《争端解决谅解》第6条，成立专家组。专家组于1997年2月21日完成报告，于1997年3月14日向成员公开。1997年4月29日，加拿大就专家组报告中的法律观点提出上诉。上诉庭的报告于1997年6月20日完成并向成员散发。

加拿大期刊案的问题之一是加拿大《货物税法》第5.1章是否违反国民待遇原则。加拿大《货物税法》第5.1章规定对分开发行的期刊征收相当于广告收入80%的货物税。分开发行的期刊是指一份期刊：(1)在加拿大销售；(2)相关期刊的编辑内容(editorial material)至少20%与另一本或数本期刊的某一期或多期的内容完全一样或大致相同；(3)相关期刊刊登的广告与其他版本的期刊并不相同。然而，期刊发行人可根据下述理由申请税务豁免：(1)相关期刊主要是在加拿大境外销售；(2)相关期刊的所有广告内容与同期主要销往加拿大以外地区的版本完全相同，且相关期刊，包括其按地区发行的不同版本，在加拿大境外的销量多于在加拿大境内的销量。此外，如相关期刊在加拿大的销量少于截至1993年3月26日止的12个月内的总销量，且该期刊的内容和方针与1993年时大致相同，则可免征货物税。如销售量增加，则增加的部分须缴交货物税。[117]

加拿大声称《关贸总协定》并不适用于《货物税法》第5.1章，因《货物税法》第5.1章是关于广告服务的措施，应是《服务贸易总协定》的范畴，而非《关贸总协定》的范畴。[118] 加拿大之所以提出这一论点是因为广告并非加拿大在《服务贸易总协定》下具体承诺的范畴，从而即使加拿大违反了国民待遇原则亦不会构成违约。然而专家组认为《服务贸易总协定》与《关贸总协定》并非互相矛盾，故两者可同时适用于《货物税法》第5.1章。[119] 加拿大不同意专家组的意见，并就之提起上诉。上诉庭同意专家组的意见。上诉庭的裁定主要是基于下述两个考虑：首先，《货物税法》第5.1章是对分开发行的期刊征收货物税，而非就广告征税。其次，期刊包括两方面的内容，即编辑内容和广告。虽然编辑内容和广告有服务的特征，但两者合而为一后便成为一种产

---

〔117〕 加拿大期刊上诉案，第2.6-2.8段。

〔118〕 加拿大期刊上诉案，第3.33-3.35段。

〔119〕 加拿大期刊上诉案，第5.19段。

品，即期刊。据此，《关贸总协定》应可适用于《货物税法》第5.1章。[120] 至于《货物税法》第5.1章是否违反《关贸总协定》第3条第2款，专家组指出，这涉及两个问题：(1)进口的"分开发行"的期刊与加拿大当地的非"分开发行"的期刊是否同类产品；(2) 进口的"分开发行"的期刊须缴交的国内税是否高于本地的"非分开发行"的期刊。如果前述两个问题的答案是肯定的，这便表明《货物税法》第5.1章违反了《关贸总协定》第3条第2款的第1句。如果对第一个问题的答案是否定的，则须考虑相关货物税是否违反了《关贸总协定》第3条第2款第2句。[121]

在决定何为"同类产品"方面，专家组采用了日本烈酒税案上诉庭报告的标准，即赋予"同类产品"以狭义的解释，并根据相关案件的特点，考虑诸如相关产品在某一市场的最终使用情况、消费者的品位和习惯、产品的属性、性质和质量等。易言之，在决定何为"同类产品"时应将进口的"分开发行"的期刊和加拿大本地的"非分开发行"期刊加以比较。[122] 上诉庭认为，专家组以虚构的加拿大公司出版的杂志的两个版本作比较，认为两者是"同类产品"的结论缺乏事实根据。首先，专家组没有考虑相关的证据和证物，即当事人提交的杂志样本。其次，专家组所举的例子不符合该案的案情，因该例子是同一本杂志的两个版本，两者都是进口的，这两本杂志根本不可能同时在加拿大市场销售。因此，专家组的结论不正确。上诉庭因而推翻了专家组有关进口的"分开发行"的期刊和加拿大本地的"非分开发行"的期刊为"同类产品"的决定。鉴于此，上诉庭便必须考虑货物税是否违反了《关贸总协定》第3条第2款第2句。[123] 值得指出的是，上诉庭有关重证据的观点亦是世贸组织争端解决机构强调规则导向的重要内容。

与此同时，争议双方起初并未就《关贸总协定》第3条第2款第2句进行上诉，但由于上诉庭认为第3条第2款第1句与第2句有紧密联系，因上诉庭推翻了专家组有关第1句的结论，故必须分析第2句，以决定货物税是否符合

---

[120] 加拿大期刊上诉案，第18－19页。

[121] 加拿大期刊上诉案，第5.21段。

[122] 加拿大期刊上诉案，第5.22段。

[123] 加拿大期刊上诉案，第23－25页。

第3条第2款第2句的国民待遇的要求。[124] 上诉庭采用了日本烈酒案关于《关贸总协定》第3条第2款第2句的解释,认为这一句涵盖三方面:(1)进口产品与本地产品是“直接竞争和可替代的产品”;(2)该直接竞争和可替代的进口产品与本地产品“并非享有类似的税务待遇”;(3)两者在税务上的差别待遇是为了“保护本地产品”。[125]

有关第一方面,即进口产品与本地产品是否直接竞争和可替代产品,上诉庭同意美国的论点,即只向进口期刊征税本身已造成“分开发行”期刊和“非分开发行”期刊在加拿大市场上的竞争。关于两种期刊的可替代性,劳动力量报告的一篇关于加拿大杂志市场的报道指出:“加拿大当地出版的刊物受到外国杂志的激烈竞争,主要是由于大部分杂志都是来自美国,而且是一种很接近的替代品。”加拿大文物处长也曾说过:“加拿大人对美国人的生活比对加拿大人自己的生活更有兴趣,无论是在政治、体育还是其他方面都是如此。因此,面对来自外国,尤其是美国的分开发行期刊,我们必须保护自己。”由此不难看出,若进口分开发行的期刊和本地的非分开发行的期刊是针对加拿大某一特定市场时,它们便是直接竞争和可替代的产品。[126]

关于第二方面,即直接竞争和可替代的进口和本地产品是否享有类似的税务待遇。加拿大《货物税法》第5.1章对分开发行的期刊征收相当于广告收入80%的货物税。本地非分开发行的期刊则不是《货物税法》第5.1章的征税对象。上诉庭认为两者的税务差别高于日本烈酒税上诉案要求的最低限度。这种税务足以影响分开发行期刊在加拿大的出版和销售。[127]

关于第三方面,两者在税务上的差别待遇是否为了保护本地生产,日本烈酒税案的报告指出:“当决定税务上的差别待遇是否为了保护本地生产时,我们必须对相关措施的结构及其对本地和进口产品的适用作全面和客观的分析。”上诉庭认为通过客观地分析加拿大《货物税法》第5.1章的标准、结构,以及其整体运作,可以确定其应用是否为了保护本地生产。虽然相关措施的目的不一定显而易见,其保护意识大可从其设计、架构和结构洞悉。税务差

---

[124] 加拿大期刊上诉案,第26-27页。

[125] 加拿大期刊上诉案,第27页。

[126] 加拿大期刊上诉案,第29-32页。

[127] 加拿大期刊上诉案,第32页。

别的幅度可代表保护措施的存在。除了加拿大《货物税法》第5.1章对进口分开发行的期刊和本地非分开发行的期刊实行差别税务待遇外,还有大量证据证明该措施的设计和结构构成对本地期刊的保护。[128] 因此,《货物税法》第5.1章违反了《关贸总协定》第3条第2款第2句。

就第三方面而言,加拿大期刊案所涉为加拿大邮局的邮费标准。加拿大邮局有三种收费标准:(1)受资助出版物邮费(funded publications rates);(2)加拿大商业出版物邮费(commercial Canadian publication rates);(3)国际出版物邮费(International publication rates)。前两种邮费适用于在加拿大印刷和出版的期刊,而第三种则适用于所有从其他国家寄往加拿大的外国杂志。[129]

美国声称加拿大的邮费政策歧视外国期刊,因而违反了《关贸总协定》第3条第4款。加拿大同意当地出版和进口的期刊是“同类产品”,也不否认加拿大邮局对进口期刊收取较本地期刊高的邮费,但其认为加拿大邮局并非政府机构,因此邮费措施并非加拿大政府所能控制。专家组不同意加拿大的论点,因为,第一,加拿大邮局是根据政府的指示运作;第二,如加拿大政府所承认,如果加拿大政府认为邮局的政策不恰当,它可基于《加拿大邮局公司法》第22条命令其改变政策。[130] 据此,专家组裁定加拿大事实上能控制期刊邮费的标准。此外,专家组还根据日本半导体贸易案[131]中行政指引在何种情况下可构成政府措施的标准,裁定加拿大邮局的措施是加拿大政府的措施。这是因为,首先,加拿大政府对加拿大邮局有实际的控制权,故可合理地假设加拿大有足够的能力使加拿大邮局维持现有的邮费政策;其次,加拿大邮局的行为主要依赖政府的行动。因此,加拿大邮局就期刊收取的邮费就是《关贸总协定》第3条第4款规定的“政府条例或要求”。[132] 鉴于进口的和当地出版

---

[128] 加拿大期刊上诉案,第33页。

[129] 加拿大期刊上诉案,第2.11段。

[130] 《加拿大邮局公司法》于1981年10月16日生效,最近一次修订时间为2017年9月21日,载https://laws-lois.justice.gc.ca/eng/acts/C-10/index.html#docCont(2022年3月5日访问)。

[131] Japan - Trade in Semi-Conductors,专家组报告,《关贸总协定》文件第L/6309 - 35S/116号,1988年5月4日,载https://www.wto.org/english/tratop_e/dispu_e/gatt_e/87semcdr.pdf(2022年3月5日访问)。

[132] 加拿大期刊上诉案,第5.35-5.36段。

的期刊是同类产品，故加拿大邮局对当地出版的期刊收取的邮费低于进口期刊便违反了《关贸总协定》第 3 条第 4 款。同时，专家组还裁定前述措施违反了第 3 条第 1 款。美国和加拿大亦同意专家组的这一结论。[133]

加拿大期刊案的另一问题是加拿大的资助邮费政策是否符合《关贸总协定》第 3 条第 8 款第 2 项。专家组认为加拿大的做法符合第 3 条第 8 款第 2 项并作出了对加拿大有利的裁定。美国就这一决定上诉。就此问题而言，争议双方同意资助邮费涉及“给予补贴”。但美国指出，资助邮费是将资金从一个政府部门（加拿大政府）转移至另一个政府部门（加拿大邮局），而非由政府部门转到私人企业。上诉庭推翻了专家组的结论，认为当解释第 3 条第 8 款第 2 项时，应仔细分析该条款的内容和目的。上诉庭认为第 3 条第 8 款第 2 项所列的补贴只限于由政府库房支出的补贴。因此，上诉庭裁定加拿大的资助邮费措施并不符合第 3 条第 8 款第 2 项的要求，故不可以该项作为抗辩的理由。[134]

从日本烈酒税上诉案和加拿大期刊案等不难看出，国民待遇原则执行中的主要问题是如何解释具体的词语和概念，如“同类产品”“直接竞争产品”“可替代产品”等，以及如何解释不同条款的相互关系，如第 3 条第 1 款和第 2 款，以及例外条款与国民待遇原则的关系等。在这些个案中，世贸组织争端解决机构对相关条文的解释有下述几个特点。首先，虽然世贸组织的协定和实践都表明争端解决机构的裁定对以后的个案不具有先例的作用，但是，无论是专家组还是上诉机构都在其报告中援引了先前的裁定。其次，争端解决机构对相关术语的解释颇具创意。例如，当解释直接竞争产品和可替代产品时，上诉机构便指出这些产品不一定是同类产品。同时，审查相关产品是否直接竞争和可替代产品应依产品的市场推广方式、消费者嗜好、产品的性质、质量和属性等决定。最后，在解释不同条款的关系方面，争端解决机构也有许多创新。在前述案例中，争端解决机构明确指出，在考虑第 3 条各款之间的关系时第 1 款的指导作用不一定相同。例如，在确定某成员的行为是否违反第 2 款第 1 句时，不需要考虑相关行为是否具有第 1 款规定的保护本国生产的目的。

---

〔133〕 加拿大期刊上诉案，第 5.37 – 5.39 段。

〔134〕 加拿大期刊上诉案，第 35 – 39 页。

然而,要确定某项措施违反了第2款第2句则必须证明相关措施的目的是保护本国生产。易言之,任何成员指控其他成员违反第2款第2句必须证明相关行为的目的是保护本国生产。此外,对如何界定政府机构和非政府机构方面,争端解决机构在加拿大期刊案中对加拿大邮局与加拿大政府间关系的分析亦颇值得注意。根据其解释,只要政府可以通过行政或其他方法对相关机构的行为施加影响,从而改变后者的做法,该机构便应被视为政府机构。该机构违反国民待遇义务的行为便应被视为相关成员政府的行为。这些对成员具深刻影响的解释在《关贸总协定》制度下是不可能作出的。

总体来讲,在世贸组织下,国民待遇原则在货物贸易的适用与《关贸总协定》相比在下述几方面都出现了明显的变化。首先,《关贸总协定》的规定在前述方面都比较原则,从而在实际执行中经常出现问题。通过单独协定的方式规范货物贸易绝不等同于简单地重复《关贸总协定》的规则。至少各该相关协议将《关贸总协定》较为原则的规则具体化。而这对实践中落实国民待遇原则是非常有利的。其次,东京回合达成的协定仅对少数《关贸总协定》缔约方有拘束力。那些没有批准的缔约方并不受到反倾销、反补贴和海关估价协定等的约束。在新的制度下,所有世贸组织的成员都必须接受前述所有协定的管辖。再次,纺织品和服装协定等都是新增加的协议。这就更进一步扩大了国民待遇原则的适用范围。考虑到适用领域的扩大以及相关协议条款规定的具体化,国民待遇原则在货物贸易方面的效力以及其对各成员法律的制定和执行的影响都是前所未有的。从这个角度讲,如果说在《关贸总协定》制度下国民待遇原则是"没有牙齿的软法律",则世贸组织项下国民待遇原则已经成为具有锋利牙齿的硬法律和对成员有强制力的国际法律规则。最后,就具体规定的解释而言,世贸组织争端解决机构也改变了《关贸总协定》的严重政治色彩,更侧重严格按照法律条文和目的对相关规定进行解释。[135] 并且,其解释,特别是上诉机构的解释更近似于或更趋向于国家的上诉法院,即倾向于对法律条文进行深层剖析。这些都与《关贸总协定》形成鲜明的对比。

---

〔135〕 实践中,由于专家组的组成以及专家组成员教育和其他背景不同,其对《关贸总协定》等的解释还经常出现前后不一、上下文原则和目的原则适用不当等问题。然而,统一的上诉机构制度显然对纠正专家组的不当解释有十分重要的作用。

（二）国民待遇与服务贸易

在世贸组织协定下，服务贸易的范围非常宽泛。同时，服务贸易与投资本身就有相当大的重叠性。例如，甲成员方的保险公司在乙成员方境内设立一个机构提供保险服务的行为是服务还是投资恐怕连保险公司自己也难以界定。此外，《投资措施协定》第 2 条禁止任何成员实施与《关贸总协定》第 3 条不相符的投资措施。并且，与贸易有关的投资措施还要求各成员将其与《关贸总协定》国民待遇义务不相符合的投资措施附于其后，[136] 以保证相关成员不会增加但会减少此类措施。如果将《服务贸易总协定》和《投资措施协定》放在一起考虑，特别是考虑到该两个协定在适用范围方面的重叠，世贸组织国民待遇原则对各成员投资领域的影响便远远超过之前的《关贸总协定》。

与《关贸总协定》不同，《服务贸易总协定》下的国民待遇并非无条件地一以贯之。如前所述，鉴于服务贸易与投资的重叠关系，每个成员在不同经济部门以及在不同的服务提供方式上是否承诺给予外国服务和服务提供者以国民待遇取决于其在市场准入承诺表下的义务。例如，《服务贸易总协定》下的服务提供有 4 种方式，其中第 3 种为商业存在，即通过在相关外国设立商业机构来提供服务。此方式事实上与投资没有任何差别。正因如此，许多国家在加入世贸组织时，在以商业存在方式提供国民待遇方面作出诸多限制。因此，当审查服务贸易国民待遇义务时，必须以相关成员的具体承诺表为准。

具体承诺表构成相关成员在《服务贸易总协定》下义务的组成部分。同时，《服务贸易总协定》第 17 条规定，各成员应在其承诺表所列的部门中，依照表内所述的条件和资格，向其他成员的服务和服务提供者提供不低于本国同类服务和服务提供者所享有的待遇。而待遇是指相关成员的政府或政府机构采取的措施。《服务贸易总协定》国民待遇原则的特点是重实质、轻形式。因此，只要相关成员不通过法律或行政命令等形式对境外服务提供者实行歧视性待遇，而无论其制订的措施严格与否，都不应被视为违反国民待遇原则。[137] 例如，某成员对银行和金融公司的设立、经营实行严格的限制（包括资

---

〔136〕 这主要是指《关贸总协定》第 3 条第 4 款关于销售、运输等方面的法律、法规和措施。

〔137〕 《服务贸易总协定》第 17 条及第 28 条关于“措施”的定义。

本金总额、资本负债比例、营业人员的学历和经验要求)，只要这种限制或措施普遍适用于境内和境外企业，该成员就不应被视为违反国民待遇条款，而无论相关境外服务提供者在其本国内所享有的待遇如何。虽然世贸组织各成员在承认来自其他成员的服务提供者的资格方面没有太多选择，当境外服务提供者进入其境内后，该成员仍有机会对这些服务提供者实行严格的管理。正因如此，《服务贸易总协定》在国民待遇方面强调实质上的待遇。根据其第 17 条，只要来自其他成员的服务或服务提供者享有不低于当地同类服务或服务提供者的待遇，则无论给予待遇的形式如何，都应被视为满足了国民待遇的要求。反之，即使待遇的形式相同但外商和外国服务事实上享有低于国民待遇的待遇，相关成员也应被认定违反了《服务贸易总协定》第 17 条。[138] 就此而言，前述欧盟香蕉案对理解《服务贸易总协定》下的国民待遇原则之具体适用颇有助益。

在欧盟香蕉案中，争端解决机构需要解决的问题之一是欧盟关于经营者类别和经营活动分类的规定是否违反了《服务贸易总协定》下的国民待遇义务。上诉庭指出，各该规定并非简单的许可证程序问题，它带有强烈的补助欧盟及非洲、加勒比海和太平洋地区国家香蕉经营者的目的，故违反了《服务贸易总协定》国民待遇的规定。之所以如此是因其关系到香蕉在欧盟内的“销售、推销、购买、运输”等，而在这些方面外国服务提供者和外国服务受到低于欧盟当地服务和服务提供者的待遇。事实上，销售、推销、购买、运输等一方面属于《服务贸易总协定》的范畴，另外一方面亦为《关贸总协定》第 3 条第 4 款规范的内容。从欧盟香蕉案可以看出《服务贸易总协定》不仅与投资领域有很大的重叠之处，同时亦与货物贸易有许多重叠之处。而这正是《服务贸易总协定》国民待遇原则的特点所在。

如前所述，国民待遇的标准是由政府的措施规范。因此，实践中哪些政府行为构成“措施”便是一个相当重要的问题。[139]《服务贸易总协定》的谈判历

---

[138] 《服务贸易总协定》，第 2 条第 2 款和第 3 款。

[139] 《服务贸易总协定》将措施定义为“法律、法规、规章、程式、决定、行政”等行为。这类行为只有政府才有权进行。因此，可以认为《服务贸易总协定》所指措施应为中央和地方政府的法律和行政行为。然而，第 28 条还包括“其他形式”的措施。这就容易引起争议。首先，其他形式的行为者是谁？可不可以包括非政府机构？其次，如何确定形式？这些都是尚未解决的问题。

史显示,措施必须由相关成员的政府制订或执行。措施可以任何形式存在。故当考虑任何成员的行为是否违反国民待遇原则时,应主要审查相关行为是否针对境外服务提供者、是否影响公平竞争。可以设想,那些既针对境外服务提供者又影响竞争的措施或行为更易于被认为违反国民待遇原则。

《关贸总协定》的判例和世贸组织的实践均说明各成员所采取的措施之目的不是考虑其违反第2条和第17条义务与否的因素。这对《服务贸易总协定》更无问题,因为其关于国民待遇的义务并不包括《关贸总协定》第3条第1款关于国内税和其他法律、条例等"当对进口产品或本国产品实施时,不应用来对国内生产提供保护"的字眼。

值得指出的是,《服务贸易总协定》下国民待遇和最惠国待遇条款适用的范围和前提不同,而且该两个条款的规定也不尽相同。最惠国待遇条款要求"各成员应立即和无条件地给予所有成员的服务和服务提供者以不低于其给予任何其他成员相同的服务和服务提供者的待遇"。[140] 然而国民待遇条款则规定"一成员给予其他任何成员的服务或服务提供者的待遇,与给予本国相同服务或服务提供者的待遇无论形式上相同或形式上不同,都可满足本条第1款的要求"[141],同时,"形式上相同或形式上不同的待遇如果改变了竞争条件从而使该成员的服务和服务提供者处于较为有利的地位,则这种待遇应被认为是对其他成员的相同服务或服务提供者较低的待遇"[142]。将两个条款放在一起考虑便不难看出,最惠国待遇条款强调的是"不低于……待遇",而国民待遇条款所规定的则是"无论形式上相同或形式上不同",只要相关待遇未改变"竞争条件从而使该成员的服务和服务提供者处于较为有利的地位",该待遇便符合国民待遇的要求。

根据世贸组织实践,《服务贸易总协定》第17条的规定包括法律上和事实上的违约行为,即有些措施和规定从法律上讲是符合国民待遇要求的,但在具体执行过程中对境外服务或服务提供者构成歧视,其仍然是违反第17条的规定的。那么,第2条和第17条在行文上的不同是否说明其关于"不低于待

---

[140] 《服务贸易总协定》第2条第1款。

[141] 《服务贸易总协定》第17条第2款。

[142] 《服务贸易总协定》第17条第3款。

遇”的规定具有不同含义呢？这一问题也是欧盟香蕉案争议的焦点之一。该案的专家组认为《服务贸易总协定》“第17条第1款的‘不低于待遇’标准的意思是通过形式上相同或形式上不同的措施而实现的不低于竞争条件。事实上，第17条第2款和第3款的作用是将前述解释法典化，而非加于成员第1款以外的任何义务。从根本上讲，第17条第1款的不低于待遇标准通过第2款和第3款而得到澄清和加强。根据《维也纳条约法公约》第31条第1款，尽管《服务贸易总协定》第2条没有第2款和第3款的规定，但这并不构成对第2条第1款和第17条第1款‘不低于待遇’的规定作出不同解释的理据”。[143]按照专家组的解释，《服务贸易总协定》最惠国待遇条款和国民待遇条款所要求的不低于待遇标准都是针对市场竞争条件，该两条内容的不同并不代表其要求的标准不同。易言之，无论是第17条还是第2条的不低于待遇标准都包括法律上和事实上的违约。

欧盟将专家组的前述意见作为其上诉的主要事项。上诉庭在一定程度上同意欧盟的意见，认为假如专家组将《服务贸易总协定》最惠国待遇条款和《关贸总协定》最惠国待遇条款加以比较而不是将《服务贸易总协定》下的最惠国待遇和国民待遇条款加以比较，其结论便可能较为可靠。上诉庭指出，《服务贸易总协定》的谈判者选择在第17条加上第2款和第3款说明其希望用不同的方式表达不低于待遇的标准。上诉庭同时注意到，“该两条的意思可能不完全相同，但这并非暗示《服务贸易总协定》起草者的意图是《服务贸易总协定》第2条仅适用于法律上或形式上的待遇标准。假如那是起草者们的原意，第2条为什么没有那样规定呢？第2条的义务是没有任何限制的。该项规定的普通意思并不排除将之适用于事实上的歧视。此外，假如第2条不适用于事实上的歧视，通过制定歧视性措施而规避该条的基本要求是不困难的，事实上，与货物贸易相比，在服务贸易领域达到此目的更为容易”[144]。

上诉庭的结论是，《服务贸易总协定》第2条的“不低于待遇”标准既包括法律上的也包括事实上的待遇。这就是说欧盟香蕉案的专家组和上诉庭是殊途同归。其实，专家组在分析为什么《服务贸易总协定》第2条“不低于待遇”

---

〔143〕 参见欧盟香蕉案专家组报告，第7.301段。

〔144〕 参见欧盟香蕉上诉案，第233－234段。

标准是指市场竞争条件时曾指出,《服务贸易总协定》最惠国待遇和国民待遇条款的起草沿袭了《关贸总协定》的规定、概念和实践;鉴于《关贸总协定》的实践一致将非歧视待遇解释为市场竞争条件,《服务贸易总协定》在最惠国待遇和国民待遇条款采用了《关贸总协定》第3条"不低于待遇"的标准这一操作性行文而不是第1条关于最惠国待遇的规定。上诉庭虽然指出专家组将《服务贸易总协定》第2条和第17条加以比较而不是将之与《关贸总协定》最惠国待遇条款比较不当,但其并未说明为什么专家组不应该比较行文相似的条款,而应该将两个规定不同的条款加以比较。[145] 并且,上诉庭在讨论"不低于待遇"标准的概念时也没有区分在最惠国待遇和国民待遇方面适用的区别。然而,上诉庭指出,对《服务贸易总协定》第17条的解释无关"目的与效果"的解释方法。这是因为,《关贸总协定》第3条适用"目的与效果"的解释方法系因为其第1款涉及立法目的。[146] 无论如何,上诉庭明确裁定法律上和事实上的歧视均可能违反《服务贸易总协定》是延续了《关贸总协定》时期的做法,对世贸组织制度之发展有重要作用。

加拿大汽车工业措施案[147]也涉及《服务贸易总协定》下的国民待遇。在上诉中,加拿大提出进口税减免并不属于服务贸易的内容。基于《服务贸易总协定》第1条的"结构和逻辑",在确定某项措施是否违反《服务贸易总协定》前必需首先确定其是否属于服务贸易。[148] 此结论主要是因为《服务贸易总协定》第2条规定其仅适用于服务贸易。鉴于专家组失于按此步骤对相关案件进行分析,故其犯了解释方法的错误。[149] 避免此错误的方法是首先检视相关个案是否涉及服务,接下来审视相关措施是否对服务构成影响。第一个问题则应该根据《服务贸易总协定》第1条第2款分析。就加拿大汽车工业

---

[145] 《服务贸易总协定》的最惠国待遇条款和国民待遇条款的行文十分相似,但与《关贸总协定》最惠国待遇条款则相去较远。

[146] 参见欧盟香蕉上诉案,第241段。

[147] Canada - Certain Measures Affecting the Automotive Industry,上诉机构报告,世贸组织文件第WT/DS139/AB/R号,2000年5月31日。

[148] Canada - Certain Measures Affecting the Automotive Industry,上诉机构报告,世贸组织文件第WT/DS139/AB/R号,2000年5月31日,第151段。

[149] Canada - Certain Measures Affecting the Automotive Industry,上诉机构报告,世贸组织文件第WT/DS139/AB/R号,2000年5月31日,第152段。

案言，上诉庭认为既然该案涉及汽车的批发，且美国、欧盟和日本的厂家在加拿大从事此项业务，涉案的服务便为汽车批发。[150] 关于第二个问题，上诉庭援引其在欧盟香蕉案的裁决，认为《服务贸易总协定》的起草者们用“影响”的措辞便意味应对其做出宽泛的解释。上诉庭同时认为，某项措施可能同时适用于《关贸总协定》和《服务贸易总协定》，然适用两个协议的侧重点应有不同。[151] 由于上诉庭认为专家组未对加拿大的汽车批发市场，包括有哪些批发公司从事该项业务进行调查分析，故其认为专家组关于加拿大的措施构成对服务贸易影响的结论不能得到支持。基于此，上诉庭也就没有必要再考虑加拿大的措施是否违反了《服务贸易总协定》第 17 条的国民待遇义务。加拿大汽车工业案发生在世贸组织刚刚成立不久，争端解决机构尚无经验。因此，上诉机构在裁决中显得非常小心谨慎。

需要指出的是，在《服务贸易总协定》下的国民待遇原则要求相关成员给予境外服务提供者不低于境内服务提供者的待遇，但其并不禁止任何成员给予境外服务提供者高于境内服务提供者的待遇。因此，《服务贸易总协定》下的国民待遇是指不低于国民的待遇。[152]

同时，国民待遇并不涉及消费者或市场的嗜好和习惯，也不涉及境内服务提供者的传统信誉或与消费者的关系。换言之，如果消费者自己根据需要不选择境外服务提供者的服务，只要相关成员未从中行使任何影响，该成员便不会违反国民待遇原则，无论境外服务提供者的实际经营如何。然而，如果任何成员的政府通过行政或其他方法，如提供低息贷款，[153] 引导市场或消费者的嗜好或习惯，它便可能违反第 17 条和其他条款。根据上述原则，在较为封闭的社会（如欠发达地区等），享有盛誉的境内服务提供者便可能占有竞争的优

---

[150] Canada – Certain Measures Affecting the Automotive Industry，上诉机构报告，世贸组织文件第 WT/DS139/AB/R 号，2000 年 5 月 31 日，第 157 段。

[151] Canada – Certain Measures Affecting the Automotive Industry，上诉机构报告，世贸组织文件第 WT/DS139/AB/R 号，2000 年 5 月 31 日，第 160 段。

[152] 一些发展中国家为了吸引外资，主动给予外商较国内企业优惠的待遇。从而产生了不低于国民待遇的说法。从贸易的角度来看，目前尚无任何国家给予外商高于国内企业的待遇。同时，值得注意的是，《服务贸易总协定》的国民待遇之施行有其特殊性。

[153] 这可能违反《服务贸易总协定》第 15 条关于反补贴的规定。

势,因为当地消费者可能并不了解境外服务提供者。[154] 同时,来自文化差异较大的境外服务提供者亦可能处于不利的地位。[155]

(三)国民待遇与知识产权保护

世贸组织国民待遇原则在知识产权保护方面亦非常重要,且其适用在很大程度上改变了国民待遇原则的传统作用。《知识产权协定》第 3 条规定,“有关知识产权的保护,任何成员向其他成员的国民提供的待遇不得低于它对本国国民所提供的待遇”。[156] 任何成员援引第 3 条第 1 款关于司法和行政程序方面的例外不得违反《知识产权协定》的规定,并且不得对贸易构成变相的限制。[157] 那么,什么是“不得违反知识产权协定的规定”呢?该协定第 1 条第 1 款规定“各成员应确保本协定的规定生效”,意即每个成员都有义务不折不扣地履行《知识产权协定》下的义务。此外,《关贸总协定》等的例外规定都允许成员采取与其不相符合的措施,即例外措施是不符合包括国民待遇原则在内的规则的。然而,知识产权协定要求各成员在援引例外规定时必须符合其他规定。这就增加了其对各成员拘束力的力度。

《知识产权协定》与世贸组织其他协定的最大区别是其规范的主要是私权利,并且向各成员应就知识产权的私权利提供的保护规定了最低标准。这些条款的综合适用之结果是世贸组织所有成员都必须无保留地执行《知识产权协定》,[158] 都必须将《知识产权协定》的最低标准纳入国内法。同时,这些最低标准应既适用于境内的国民又适用于其他成员的国民。从国民待遇的角度考虑,《知识产权协定》的贡献在于将传统的形式上的要求变为实质上的要求。举例说明,按照传统的包括《巴黎公约》等在内的国际条约规定的国民待

[154] 由于发达国家中的知名(大中型)跨国公司早已广为人知,这种情况主要是涉及境外中小企业;基于此,前者受到的影响就较小。

[155] 文化差异的影响是指境外服务提供者可能在开始的时候处于不利的竞争地位。一旦融入当地社会(如通过雇用当地员工,将产品改良成适应当地的品种等),这种不利的地位便可改变。

[156] 《知识产权协定》关于国民待遇的规定之执行受限于《巴黎公约》(1967 年)、《伯尔尼公约》(1971 年)、《罗马公约》(1961 年)以及《关于集成电路的知识产权条约》(1989 年)的例外规定。同时,关于表演者、录音制品制作者和广播组织权利保护未从其他条约引入,其由《知识产权协定》保护之。

[157] 《知识产权协定》第 3 条第 2 款。

[158] 《知识产权协定》第 72 条规定,非经其他成员同意,任何成员不得就该协定作出任何保留。

遇原则，假定甲、乙两国共为一个条约的缔约方并且相互承诺给予对方以国民待遇。再假定甲国专利法规定专利的期限为20年，而乙国的专利法规定专利的期限为17年。甲、乙双方相互承诺给予国民待遇的效果是，乙国的国民到甲国申请专利，如获准，便可获得有效期为20年的专利，否则，甲国便会违反国民待遇原则。然而，甲国的国民到乙国申请专利，如获准，只能获得为期17年的专利。甲国的国民无法因其本国法律允许授予乙国国民为期20年的专利而要求乙国授予其专利的期限为20年。《关贸总协定》的国民待遇义务亦沿袭了传统的形式要求。然而，在世贸组织制度下，特别是在《知识产权协定》下，许多条款都对成员内国法的规定确定了最低标准。这一方面起到统一各成员实体法的作用，另一方面也是最重要的方面，使国民待遇原则具有了实质上的要求。将之与透明度原则一起考虑，世贸组织对成员实体法的要求的影响就更为明显。

实践中，世贸组织涉及知识产权的个案远较货物贸易相关者少。美国1998年《综合拨款法》第211节案是《知识产权协定》下涉及国民待遇义务的第一案。[159] 该案的起因是美国1998年《综合拨款法》第211节规定，除非原所有者或其善意继承人同意，否则不得依据1998年《联邦条例法规》第515.527节授权或批准，与被没收的相关企业或财产有关联的相同或实质上相似的商标、商号或商品名称之交易或付款。该法律主要是针对古巴政府1959年的没收财产行为。其所指的原所有人则包括古巴国民和美国国民。欧盟认为，鉴于美国的前述法律下的原所有人包括古巴公民，但其并不适用于世贸组织其他成员的自然人和法人，故其违反了《知识产权协定》第3条第1款国民待遇的义务。鉴于《知识产权协定》第2条将《巴黎公约》纳入世贸组织的知识产权制度，欧盟也指控美国违反了《巴黎公约》第2条第1款，即"本联盟任何国家的国民，在保护工业产权方面，在本联盟所有其他国家内应享有各该国法律现在授予或今后可能授予国民的各种利益；一切都不应损害本公约特别规定的权利。因此，他们应和国民享有同样的保护，对侵犯他们的权利享有同样的法律上的救济手段，但是他们遵守对国民规定的条件和手续

---

[159] United States - Section 211 Omnibus Appropriation Act of 1998，上诉机构报告，世贸组织文件第WT/DS176/AB/R号（以下简称美国综合拨款法上诉案），2002年1月2日。

为限”。

在专家组阶段,美国指出其《综合拨款法》第 211 节未违反《知识产权协定》第 3.1 条,理由是尽管表面上看该法并未限制美国公民取得善意继承人的资格,但联邦法规(Code of Federal Regulations)规定,除非得到外国资产控制办公室(Office of Foreign Assets Control)的特许,否则美国国民不能成为善意继承者。美国宣称其外国资产控制办公室从未允许美国公民取得前述特许。易言之,美国承认其法律表面上不符合《知识产权协定》关于国民待遇的规定,但由于其外国资产控制办公室不会行使批准的裁量权,故违反国民待遇的行为不会发生。就此,专家组援引了美国烟草[160]的专家组报告和 1916 年反倾销法案[161]的上诉机构报告,认为如果一世贸组织成员的行政机构有裁量权便不应假定该成员会做出违反世贸组织协定的行为。[162] 最后,专家组裁定美国《综合拨款法》第 211 节未违反《知识产权协定》第 3 条和 1967 年《巴黎公约》项下的《斯德哥尔摩法案》。[163]

上诉庭指出,《巴黎公约》第 2 条第 1 款自该公约于 1883 年生效时起,一直成为所有联盟成员的条约义务。[164] 欧盟成员中最晚加入《巴黎公约》的国家也是于 1925 年,而美国系于 1887 年加入。因此,上诉庭认为即使没有《知识产权协定》,该案的当事方也有义务给予对方国民待遇;区别是在现有制度下,《巴黎公约》的国民待遇义务适用于所有世贸组织成员,也就是说,在世贸组织下,无论是按照《巴黎公约》还是《知识产权协定》,各成员均有国民待遇的条约义务。那么,既然《巴黎公约》已经规定了国民待遇,为什么《知识产权协定》还要再次规定呢?上诉庭认为这是因为“国民待遇义务早已是《巴黎公约》和其他知识产权公约的基石,同时也是世贸组织所服务的世界贸易秩序

---

[160] United States – Measures Affecting the Importation, Internal Sale and Use of Tobacco,专家组报告,关贸总协定文件第 DS44/R 号(该报告于 1994 年 10 月 4 日通过)(以下简称美国烟草案)。参见 https://www.wto.org/english/tratop_e/dispu_e/gatt_e/94tobaco.pdf(2020 年 3 月 5 日)。

[161] United States – Anti – Dumping Act of 1916,上诉机构报告,世贸组织文件第 WT/DS136/AB/R 号和第 WT/DS162/AB/R 号(以下简称美国反倾销上诉案)。

[162] 美国综合拨款法上诉案,第 251 段。

[163] United States – Section 211 Omnibus Appropriations Act of 1998,专家组报告,世贸组织文件第 WT/DS176/R 号,2001 年 8 月 6 日,第 9.1 段。

[164] 美国综合拨款法上诉案,第 235 段。

的基石”[165]。基于此,国民待遇系《知识产权协定》协定的基本原则,如同其是《关贸总协定》的基本原则一样。[166] 上诉庭特别指出,国民待遇条款规定的对知识产权的保护包括任何“影响知识产权的效力、取得、范围、维持和实施的事项”以及影响知识产权使用的事项”[167]。

欧盟认为美国的《综合拨款法》给予美国公民以优于其他世贸组织成员方的待遇表现在两种情况,即作为利益的继承人或善意继承人和作为知识产权原所有人;鉴于美国《综合拨款法》的限制性规定事实上仅适用于古巴国民和其他国家的国民,而不适用于美国国民,故违反了国民待遇义务。欧盟论点的基础是,美国公民可通过取得美国行政机关的特许而成为善意继承者或进行相关交易,然其他成员的国民除了获得美国外国资产控制办公室的特许外,还必须通过第211(a)(2)节的程序;该节授权美国法院不承认且不执行外国资产控制办公室发出的特许的行为,并不得使此类行为合法化。易言之,为了成为善意继承人或是进行相关交易,美国国民仅需要通过一个障碍,但非美国国民必须通过两个障碍。

上诉庭指出,从美国《综合拨款法》的规定看,其对美国国民和外国国民的待遇并非一致,但这种法律上的表明差别待遇是否可因法律的实际执行而得以消除呢?上诉庭的意见与前述专家组的相同,但指出专家组应该继续分析欧盟提出的两个障碍的论点是否构成歧视。上诉庭认为外国国民必须面对的法律上的两个障碍并无法因行政机构的裁量权而成为一个,故美国《综合拨款法》的这一规定构成对外国国民的较不优惠待遇。尽管美国政府机构可能不会做出不符合世贸组织协定的事,但美国法院是否会行事对于上诉庭仍存疑问。上诉庭认为,即使接受美国的意见也无法改变《综合拨款法》第211节违反国民待遇的事实。[168] 就上诉庭而言,国民待遇原则要求完全抵销或消除此较不优惠的待遇,且应该在每一个案中抵销或消除,而不是一些个案。[169]

---

[165] 美国综合拨款法上诉案,第241段。

[166] 美国综合拨款法上诉案,第242段。

[167] 关于此具体事项,参见《知识产权协定》第3条的注释。

[168] 美国综合拨款法上诉案,第267段。

[169] 美国综合拨款法上诉案,第286段。

最后，上诉庭支持了欧盟的上诉，裁定美国败诉。[170]

中国知识产权保护和实施措施案[171]的专家组曾指出，《知识产权协定》与之前的国际协定之主要区别之一是除了国民待遇外，后者基本不包含任何关于知识产权实施程序的最低标准。而在世贸组织制度下建立知识产权机制的主要原因就是为了设定一套最低程序及赔偿标准。[172] 专家组所指的就是《知识产权协定》的序言写明各成员期望“需要促进对知识产权的有效和充分保护……就与贸易有关的知识产权的效力、范围和使用，规定适当的标准和原则”的规定。

《知识产权协定》下的国民待遇义务与其他协定下国民待遇条款既有共性也有个性。如前所述，《知识产权协定》本身纳入了如《巴黎公约》等先前已生效的国际条约。这些先前已经有效的国际条约对解释和执行《知识产权协定》有何影响，《知识产权协定》下国民的确定，外国国民受到的待遇是否低于国民待遇任何判断等都具有特殊性。EC-Trademarks and Geographical Indications 案（以下简称欧盟专利和地理标志案）[173]在此类相关方面均具有较高的参考价值。该案系由专家组裁定，无任何争议当事方提出上诉，故专家组对涉案法律问题的分析之精准可见一斑。欧盟专利和地理标志案系由欧盟理事会条例第 2081/92 号（以下简称《欧盟条例》）所引起。《欧盟条例》第 12(1)条规定，在不影响国际协定的情况下，本条例可适用于来自第三方的农产品或食品，条件是该第三方有能力提供第 4 条规定的相同或等同保证，该第三方有符合本条例的检查安排及相同的拒绝权，该第三方已准备好向来自共同体的农产品和食品提供与共同体相当的保护。《欧盟条例》第 12 条第 3 款规定，应其他国家要求，共同体委员会应依条例第 15 条的程序，审查相关国家是否满足了第 1 条的条件。如委员会的审查结论是正面的，则相关第三方便可依条例的程序注册地理标志。欧盟专利和地理标志案争议的法律问题是，

---

〔170〕 美国综合拨款法上诉案，第 294 段。

〔171〕 China - Measures Affecting the Protection and Enforcement of Intellectual Property Rights，专家组报告，世贸组织文件第 WT/DS362/R 号，2009 年 1 月 26 日。

〔172〕 China - Measures Affecting the Protection and Enforcement of Intellectual Property Rights，专家组报告，世贸组织文件第 WT/DS362/R 号，2009 年 1 月 26 日，第 7.241 段。

〔173〕 European Communities - Protection of Trademarks and Geographical Indications for Agricultural Products and Foodstuffs，专家组报告，世贸组织文件第 WT/DS290/R 号，2005 年 3 月 15 日。

如果来自其他世贸组织成员的地理标志申请不符合《欧盟条例》的前述规定,其是否能在欧盟注册。如果关于此问题的答案是否定的,则接下来的问题是《欧盟条例》是否违反了《知识产权协定》和《巴黎公约》的国民待遇义务。

专家组认为,根据《欧盟条例》的整体结构和具体规定可以判断,来自其他世贸组织成员的地理标志申请必须满足其规定的条件,否则便不能注册。[174] 按照世贸组织争端解决的程序,作为指控方的澳大利亚已完成其初步证明《欧盟条例》可能违约的义务。澳大利亚指出,《欧盟条例》要求来自其他世贸组织成员的地理标志申请必须满足互惠和等同保护的条件违反了《知识产权协定》第3.1条和《巴黎公约》第2.1条的国民待遇义务。值得指出的是,澳大利亚在指控欧盟未提供国民待遇时系基于世贸组织就《关贸总协定》第3条第4款的解释,强调审查某项措施是否提供了"非较低待遇"的标准是相关措施有否改变了市场竞争的条件。专家组提出,确定某项措施违反了《知识产权协定》需满足两个条件,一是该措施与保护知识产权相关,二是该措施向其他成员提供的待遇低于本国国民享受的待遇。[175] 鉴于《欧盟条例》本身就是针对地理标志的注册,因此其与知识产权保护的关联性不是争议的问题。

关于第二个条件,即《欧盟条例》给予世贸组织其他成员方的待遇是否低于欧盟国民的待遇,专家组首先将《知识产权协定》与《关贸总协定》相联系,指出前者的前言明确表明各成员认识到有必要基于《关贸总协定》和相关《知识产权协定》和公约,建立一套新的规则和秩序。故此,《知识产权协定》第3条第1款、《关贸总协定》以及先前已经存在的关于知识产权的国际公约都适用于国民而不是产品,都适用于待遇本身,而不是权利的获得。[176] 基于此分

---

〔174〕 European Communities – Protection of Trademarks and Geographical Indications for Agricultural Products and Foodstuffs,专家组报告,世贸组织文件第 WT/DS290/R 号,2005 年 3 月 15 日,第 125 段。

〔175〕 European Communities – Protection of Trademarks and Geographical Indications for Agricultural Products and Foodstuffs,专家组报告,世贸组织文件第 WT/DS290/R 号,2005 年 3 月 15 日,第 175 段。

〔176〕 European Communities – Protection of Trademarks and Geographical Indications for Agricultural Products and Foodstuffs,专家组报告,世贸组织文件第 WT/DS290/R 号,2005 年 3 月 15 日,第 181 段。

析,《关贸总协定》时期的实践便顺理成章地被引入作为参考。专家组指出早在《关贸总协定》时期,在涉及美国《1930 年关税法》第 337 条的争议中,专家组报告便写道,《关贸总协定》第 3 条第 4 款的"不低于待遇"义务指的是以法律和规定给予进口产品有效的平等机会,包括产品的销售、购买、运输、分发和使用。[177] 世贸组织上诉机构在美国外国销售公司案中也有相似论述,"依《关贸总协定》第 3 条第 4 款审查一个措施是否给予进口产品以较不优惠的待遇必须建基于对相关措施的核心内容及其效果的严谨分析。这种审查不能仅凭一方的指控,而是必须慎重分析有争议的措施本身及其在市场的影响。同时,相关审查也不需要依据争议措施在市场的实际效果"。[178] 欧盟专利和地理标志案专家组认为应依《关贸总协定》和世贸组织的前述实践分析涉案的《欧盟条例》。或可说,这是欧盟专利和地理标志案专家组的贡献之一。

事实上,欧盟专利和地理标志案的争议当事方均认同欧盟条例的注册要求本身构成歧视待遇,但欧盟并不认为相关歧视违反了《知识产权协定》下的国民待遇义务。专家组指出,欧盟条例在两个方面改变了知识产权保护的有效平等机会,包括除非得到欧盟单方面承认或是相关第三方与欧盟达成协议,否则欧盟以外地区的地理标志得不到保护。而这说明要想在欧盟得到保护,地理标志所有人必须越过前述"不必要的障碍"。[179] 庭审时,欧盟尚未与任何世贸组织成员签订关于地理标志的协议。显然,《欧盟条例》对保护地理标志规定了条件这一事实改变了第三方申请人的平等条件。

如前所述,欧盟专利和地理标志案的专家组提出《知识产权协定》下的国民待遇针对的是人,是国民,而不是产品。那么,如何确定哪些自然人和法人

---

〔177〕 European Communities - Protection of Trademarks and Geographical Indications for Agricultural Products and Foodstuffs,专家组报告,世贸组织文件第 WT/DS290/R 号,2005 年 3 月 15 日,第 183 段。欧盟专利和地理标志案专家组依赖的《关贸总协定》专家组报告,参见 United States - Section 337 of the Tariff Act of 1930,专家组报告,关贸总协定文件第 L/6439 - 36S/345 号,1989 年 11 月 7 日通过,第 5.11 段。

〔178〕 参见 United States - Tax Treatment for "Foreign Sales Corporations" (Recourse to Article 21.5 of the DSU by the European Communities),上诉机构报告,世贸组织文件第 WT/DS108/AB/RW 号,2002 年 1 月 14 日,第 215 段。

〔179〕 参见欧盟专利和地理标志案,第 189 段。专家组在此提"格外的障碍"是援引上诉庭在美国综合拨款法上诉案的裁决。参见 United States - Section 211 Omnibus Appropriations Act of 1998,上诉机构报告,世贸组织文件第 WT/DS176/AB/R 号,2002 年 1 月 2 日。

为受保护的"国民"呢？就自然人而言，国际公法学者普遍认可的原则是一个人的国籍决定其国民的属性，且哪些人具有国民资格应由国籍国的法律规定。易言之，只有主权国家可以决定哪些人为其国民。此原则在国际投资裁决中亦被普遍接受。专家组承认前述国际法的原则并将之适用于《知识产权协定》。[180] 关于法人国籍的条件，专家组认为也应由相关世贸组织成员确定。[181] 这本身并无问题，但实践中法人的国籍是最难确定者。可能是意识到此问题的复杂性，专家组特别指出，国籍随应由世贸组织成员自行确定，但其是否符合《知识产权协定》的规定亦应由争端解决机构审查确定。[182]

世贸组织国民待遇义务经常涉及的另一问题是表面上中立的法律条文是否会构成事实上的歧视。此问题在解释《关贸总协定》第 3 条第 4 款的过程中，世贸组织争端解决机构早有定论。欧盟专利和地理标志案的专家组就此再次援引《关贸总协定》时期的美国 1930 年关税案的裁决，指出"一方面缔约方可通过法律规定对进口产品给予更为优惠的待遇，另一方面必须承认有时表面上法律上的相同规定在实践中并不一定不对进口产品给予较不优惠的待遇。如系后者，则相关缔约方必需实施不同的法律规定，从而保证'不低于待遇'之给予"。[183] 此原则早已为世贸组织上诉机构所接受并在其裁决中澄清。[184] 基于前述，欧盟专利和地理标志案的专家组认为仅将其他世贸组织成

---

〔180〕 European Communities – Protection of Trademarks and Geographical Indications for Agricultural Products and Foodstuffs，专家组报告，世贸组织文件第 WT/DS290/R 号，2005 年 3 月 15 日，第 7.197 段。

〔181〕 European Communities – Protection of Trademarks and Geographical Indications for Agricultural Products and Foodstuffs，专家组报告，世贸组织文件第 WT/DS290/R 号，2005 年 3 月 15 日，第 7.197 段。

〔182〕 European Communities – Protection of Trademarks and Geographical Indications for Agricultural Products and Foodstuffs，专家组报告，世贸组织文件第 WT/DS290/R 号，2005 年 3 月 15 日，第 7.198 段。

〔183〕 European Communities – Protection of Trademarks and Geographical Indications for Agricultural Products and Foodstuffs，专家组报告，世贸组织文件第 WT/DS290/R 号，2005 年 3 月 15 日，第 7.207 段。专家组在论证时援引了美国关税案《关贸总协定》的裁决。参见 United States – Section 337 of the Tariff Act of 1930，专家组报告，《关贸总协定》文件第 L/6439 – 36S/345 号，1989 年 11 月 7 日通过，第 5.11 段。

〔184〕 参见 Korea – Measures Affecting Imports of Fresh, Chilled and Frozen Beef，上诉机构报告，世贸组织文件第 WT/DS161/AB/R 号和第 WT/DS169/AB/R 号，2000 年 12 月 11 日，第 136 段；Canada – Patent Protection of Pharmaceutical Products，专家组报告，世贸组织文件第 WT/DS114/R 号，2000 年 3 月 17 日，第 7.100 – 7.105 段。

员有意在欧盟获得地理标志保护的国民与欧盟的国民加以比较而判断欧盟条例是否违约并不足够，而是应该审查欧盟条例在实际执行过程中是否失于提供“有效的平等机会”。[185] 专家组还认为不需要确定给予了哪些世贸组织成员方的国民有效的平等机会与否，因为就此而言，在《知识产权协定》的语境下，居民和国民没有分别。[186] 最后，专家组裁定欧盟条例有条件地向其他世贸组织成员方国民提供地理标志注册保护违反了《知识产权协定》第 3 条第 1 款，但并未违反《巴黎公约》第 2 条第 2 款。[187]

从前述不难看出，作为直接规范私人权利的国际文件，《知识产权协定》与其他有关知识产权国际条约的最大不同是世贸组织争端解决机制为其后盾，使其执行力度有了大幅度的提高。如前所述，《知识产权协定》纳入了其他与知识产权相关条约的部分条款，从而使得后者的效力增强。例如，在欧盟专利和地理标志案中，专家组同时对《巴黎公约》国民待遇条款进行了解释，并在解释中参照《关贸总协定》以及世贸组织关于货物贸易国民待遇条款的解释。其结果是使得国民待遇条款在贸易领域和知识产权保护得到相对的统一。又鉴于服务贸易和知识产权与直接投资的重叠性和关联性，世贸组织对国民待遇条款实施的统一性和连续性对投资领域的国民待遇条款之解释有重要影响。

四、国际投资秩序下的国民待遇

国际投资秩序主要由双边投资协定、多边和双边自由贸易协定的投资章节以及世贸组织下的《投资措施协定》等构成。整体言之，投资协定及投资章节均包含具体的待遇标准，故作用较大。其他条约，如《知识产权协定》等亦对投资有重要影响；有的投资协定亦包含知识产权保护、侵权责任与赔偿等内容。随着数字经济和网络技术等的快速发展，与之相关的国民待遇等内容也被纳入了《投资措施协定》。一言以蔽之，国民待遇现已成为国际投资的基本

---

〔185〕 欧盟专利和地理标志案，第 7.210 段。

〔186〕 欧盟专利和地理标志案，第 7.234 段。

〔187〕 欧盟专利和地理标志案，第 7.249 段及第 7.254 段。

原则,当代双边投资协定几乎无不含国民待遇条款者。[188] 然而,直到 20 世纪 90 年代后期,国民待遇在国际投资秩序中的重要性才通过投资仲裁得以呈现。

(一)投资的国民待遇规则

随着全球化程度日益加深且范围越来越广,国际投资领域也发生了变化。首先,来自传统投资东道国的企业亦开始向其他国家投资,对象包括向发展中国家和发达国家。其次,一些原来给予外国投资者及其投资以超国民待遇的投资东道国亦改为仅给予国民待遇,因通常情况下,发达国家并不对外国投资者及其投资给予优于本国国民的待遇。[189] 前述发展使得外国投资者能否得到实质性的国民待遇变得甚为重要。

从 20 世纪后半叶开始,一些双边投资协定规定国民待遇条款适用于外国投资者及其投资进入市场前的活动,而其以前仅适用于外国投资者进入市场后的待遇。例如,2012 年签订的《中日韩三方投资协定》第 3 条规定:"缔约一方在其领土内给予缔约另一方投资者及其投资的待遇,不得低于其在类似情形下就投资行为给予本国投资者及其投资的待遇。"[190]

投资领域的国民待遇一般分为外国投资和外国投资者两类。《德国—纳米比亚关于鼓励与相互保护投资的协定》便属于此类。该协定第 3 条规定:(1)一缔约方在其领土内给予缔约另一方国民或企业拥有或控制的投资的待遇,不得低于其给予本国国民或企业的投资的待遇或给予第三方国民或企业

---

〔188〕 关于国际投资的国民待遇问题,包括法律上的国民待遇与事实上的国民待遇、国民待遇条款与其他协定条款的关系、国民待遇例外等,参见联合国贸发会(UNTCAD),*National Treatment*,载 https://unctad. org/system/files/official - document/psiteiitd11v4. en. pdf(2022 年 2 月 22 日访问)。

〔189〕 关于此问题的讨论,参见 Nicholas DiMascio & Joost Pauwellyn,*Non - discrimination in Trade and Investment Treaties: Worlds Apart or Two Sides of the Same Coin?*,American Journal of International Law,Vol. 102,p. 48 - 89(2008)。

〔190〕 参见 2012 年 5 月 13 日发布的《中国政府、日本政府及韩国政府关于促进、便利和保护投资的协定》;该协定英文全名为 Agreement among the Government of Japan, The Government of the Republic of Korea and the Government of the People's Republic of China for the promotion, facilitation and Protection of Investment。参见 https://investmentpolicy. unctad. org/international - investment - agreements/treaty - files/2633/download(2022 年 3 月 10 日访问)。

的投资的待遇。(2)缔约一方在其领土内就与投资有关的活动给予缔约另一方国民或企业的待遇,不得低于其给予本国国民或企业的待遇或给予第三方国民或企业的待遇。[191] 有时,投资协定也可能在同一条款内规定国民待遇和最惠国待遇的义务。有此安排的投资协定通常会规定外国投资者及其投资应享有的待遇以两者中较高者为准。

目前,世界上尚无类似于世贸组织那样的多边机制规范国际投资。对国际投资秩序有重要影响的多边机制包括经合组织、《能源宪章条约》和《美墨加协定》等。尽管经合组织并非严密的国际组织,鉴于其涵盖所有发达国家以及相当一部分重要的发展中国家,[192] 其政策对国际投资的影响不容小觑。自 20 世纪 60 年代起,经合组织相继通过了数个涉及国际投资的文件,较重要者包括《经合组织国际投资与跨国企业宣言》(Declaration on International Investment and Multinational Enterprises)(以下简称《投资宣言》)[193]、《经合组织关于国民待遇的理事会决议》(Third Revised Decision of the OECD Legal Instruments Council concerning National Treatment)(以下简称《理事会决议》)[194] 和《经合组织资本流动与无形交易自由化通则》(OECD Code of Liberalisation of Capital Movements)(以下简称《资本流动与无形交易自由化通

---

[191] 《德国—纳米比亚关于鼓励与相互保护投资的协定》,协定文本参见 https://investmentpolicy.unctad.org/international-investment-agreements/treaty-files/1377/download(2022 年 3 月 4 日访问)。

[192] 目前经合组织有正式成员 38 个,这些国家涵盖整个美洲大陆、欧洲、亚洲和亚太地区,包括澳大利亚、奥地利、比利时、加拿大、智利、哥伦比亚、哥斯达黎加、捷克、丹麦、爱沙尼亚、芬兰、法国、德国、希腊、匈牙利、冰岛、爱尔兰、以色列、意大利、日本、韩国、拉脱维亚、立陶宛、卢森堡、墨西哥、荷兰、新西兰、挪威、波兰、葡萄牙、斯洛伐克、斯洛维尼亚、西班牙、瑞典、瑞士、土耳其、英国和美国,参见 http://www.oecd.org/about/members-and-partners/(2022 年 2 月 23 日访问)。

[193] 《投资宣言》除了获经合组织所有 38 个成员的支持外,还另有 11 个非成员也接受了该宣言,包括阿根廷、巴西、克罗地亚、埃及、约旦、卡萨科斯坦、摩洛哥、秘鲁、罗马尼亚、突尼斯和乌克兰。参见 https://www.oecd.org/daf/inv/investment-policy/oecddeclarationanddecisions.htm(2022 年 3 月 4 日访问)。《投资宣言》的英文全文参见 https://legalinstruments.oecd.org/en/instruments/OECD-LEGAL-0144(2022 年 3 月 4 日访问)。

[194] 参见 OECD, *Third Revised Decision of the Council on National Treatment*, C(91)147/FINAL. 该决议于 1991 年通过,后经数十次修订,但主要内容未变,参见 https://legalinstruments.oecd.org/public/doc/232/232.en.pdf(2022 年 3 月 4 日访问)。

则》)。[195]

《投资宣言》系较早对国民待遇作出较系统规范的多边投资安排,其基础和目的为“国际合作可以改善外国投资环境,鼓励跨国企业为经济发展、社会进步和环境保护作出积极贡献,最大限度地减少和解决跨国企业的业务可能造成的困难;借助相互关联的法律文书构成的均衡框架,解决与国际投资和跨国企业有关的问题,从而扩大国际合作的裨益”。作为《投资宣言》的执行手段,经合组织还通过了跨国企业准则。该准则要求跨国公司遵守东道国的法律,包括与信息公开、劳资关系、环境、人权、反贿赂、科技、税收等方面的法律。作为回报,《投资宣言》要求各参与方给予由其他国家国民直接或间接控制的企业以国民待遇。《投资宣言》各参与方的国民待遇义务应符合国际法,并依本国法律法规和管理办法执行。此外,维持公共秩序、保护核心安全利益和履行与国际和平和安全有关的承诺为各方履行国民待遇义务的前提条件。[196]《投资宣言》规定各参与方关于国民待遇应“符合国际法”的直接效果便是相关国家的法律需符合国际法。在国际法关于投资的国民待遇不很确定的情况下,此规定有非常重要的意义。此外,《投资宣言》下的国民待遇义务不以相互原则为基础。《投资宣言》要求各成员“应考虑”将国民待遇适用于非加入方,且各国有义务保证其地方政府给予外国投资以国民待遇。《投资宣言》对国民待遇原则适用的限制则包括“外国投资的进入或外国企业创办条件的管理权”。[197] 考虑到《投资宣言》的参与方涵盖所有发达国家和相当一部分发展中国家,其影响力不仅表现在《投资宣言》本身,而且通过各参与方签订的投资协定和自由贸易协定而体现其关于国民待遇的政策。

《投资宣言》系通过理事会决议得以执行。根据理事会决议,各参与方有

---

[195] 经合组织发布的《资本流动与无形交易自由化通则》于 1961 年通过,后经多次修改,参见 https://www.oecd.org/daf/inv/investment-policy/Code-capital-movements-EN.pdf(2022 年 3 月 4 日访问)。

[196] 经合组织发布的《资本流动与无形交易自由化通则》于 1961 年通过,后经多次修改,参见 https://www.oecd.org/daf/inv/investment-policy/Code-capital-movements-EN.pdf(2022 年 3 月 4 日访问)。

[197] 经合组织发布的《资本流动与无形交易自由化通则》于 1961 年通过,后经多次修改,参见 https://www.oecd.org/daf/inv/investment-policy/Code-capital-movements-EN.pdf(2022 年 3 月 4 日访问)。

义务向经合组织报告其所采取的对国民待遇有直接或间接影响的措施。此类通知应于相关措施(包括措施的修订)通过之60天内作出,以便经合组织审查其是否违反相关参与方的承诺。[198] 除此之外,经合组织还设有定期审查的制度。在该制度下,经合组织国际投资与跨国企业委员会负责对各参与方执行国民待遇义务的情况进行审查,至少每3年一次。审查可以是全面性的亦可仅针对某个方面,但目的只有一个,即促使各参与方逐步取消不符合国民待遇原则的措施。各参与方可事先通知经合组织是否保留不符合国民待遇之措施,若保留,则应说明原因。[199] 收到参与方计划保留与国民待遇原则不符的措施后,国际投资与跨国企业委员会便会决定是否对相关参与方进行审查。通知的另一作用是提高参加国法律的透明度。

经合组织亦设有磋商制度。任何参加国如认为其他参加国违反承诺,可向国际投资与跨国企业委员会投诉,后者可向经合组织理事会提出建议。鉴于经合组织没有具强制力的争端解决机制,因此其定期审查、接受投诉等制度主要是向参与方提供一个交换意见的场所。从整体上讲,其亦可起到禁止或限制参与方增加新的国民待遇例外的作用。

《资本流动与无形交易自由化通则》从其1961年通过时便针对投资的资本流通。其仅规定各参与方应无歧视地将市场开放的益处给予所有其他参与方的类似居民,而并没有明确规定国民待遇的义务。其特点是有权享有非歧视待遇的是各参与方的居民而非国民。相对于《投资宣言》《资本流动与无形交易自由化通则》具有较强的拘束力,因除了区域一体化安排等,参与方不得对非歧视义务采取例外措施。同时,《资本流动与无形交易自由化通则》还有关于透明度的要求以及执行审查等制度,这对执行非歧视承诺颇有助力。

作为国际投资最重要的多边机制,《能源宪章条约》[200] 关于国民待遇的规定有其自己的特点。首先,《能源宪章条约》第5条纳入了《关贸总协定》关于国民待遇的原则,规定任何缔约方均不得实施与《关贸总协定》第3条不相符的涉及投资的措施。其次,《能源宪章条约》第10条第1款规定,无论在何

---

[198] 参见经合组织发布的《理事会决议》第1条。

[199] 参见经合组织发布的《理事会决议》第2条。

[200] 关于《能源宪章条约》的条文及声明,参见 https://www.energycharter.org/process/energy-charter-treaty-1994/energy-charter-treaty/(2022年3月6日访问)。

种情况下,缔约方对来自其他缔约方的投资者及其投资均不得低于依国际法(包括国际条约)的待遇。《能源宪章条约》第 10 条第 3 款则规定前述待遇系指一缔约方给予本国投资者或是其他缔约方或第三方的投资者之待遇,以最优惠者为准。易言之,《能源宪章条约》是将国民待遇和最惠国待遇放在同一条款加以规范。有些双边投资协定亦采此方法。最后,《能源宪章条约》下的国民待遇最初仅限于进入市场后的待遇,[201] 但其后各缔约方承诺将国民待遇适用于市场准入前。

《能源宪章条约》第 10 条第 1 款提及的条约规定的待遇显然就包括第 3 款下的国民待遇义务。美国和加拿大在接受此项义务的同时保留其国民待遇的义务限于同类情形(like circumstances)。与很多双边投资协定不同,《能源宪章条约》规定国民待遇适用于投资的投入阶段或投资前的事项。[202] 至于纳入《关贸总协定》第 3 条的作用,其应主要针对与贸易相关的投资措施。如下文所述,实践中投资仲裁庭亦会引用世贸组织关于同类产品的解释并将之适用于投资协定的同类情形之中,但无证据显示此为《能源宪章条约》纳入《关贸总协定》第 3 条的目的。

另一对投资领域国民待遇原则有重要影响的多边协定是《美墨加协定》。作为《北美自由贸易协定》的延续,《美墨加协定》第 14.4 条规定,一缔约方应给予在其领土内的他缔约方投资者及其投资不低于其给予本国投资者及其投资的待遇,范围包括投资的设立、取得、扩张、管理、运作、营运、出售或其他方式的处置。《美墨加协定》关于国民待遇的一个贡献是明确规定"类似情势"的确定系以相关情势的整体作为判断的基础,包括对投资者及其投资的差别待遇是否基于合理的公益目的。[203] 此澄清对仲裁庭解释国民待遇条款有重要作用。此前的实践说明,投资仲裁庭在解释何为"类似情形"方面颇不一致。

就投资的国民待遇秩序而言,其主体仍然是双边投资协定和自由贸易协定的投资章节。尽管这些双边协定由不同国家签订,然其关于国民待遇的规

---

〔201〕《能源宪章条约》第 10 条第 7 款。
〔202〕《能源宪章条约》第 10 条第 2 款。
〔203〕《能源宪章条约》第 10 条第 4 款。

定则大同小异，与前述《美墨加协定》的规定相似。当然，缔约方也会根据自己的需要作一定的调整。例如，《中国和澳大利亚政府自由贸易协定》[204]便对双方的义务作了不同的规定。该协定关于澳大利亚的义务规定，“澳大利亚在其领土内投资的设立、获得、扩大、管理、经营、运营、出售或其他处置方面，应给予中国投资者不低于在同等条件下给予其本国投资者的待遇”，[205]但关于中国的义务则不包括“投资的设立”。[206] 此安排主要是基于双方的需要，包括在其他国际文件中承担的责任。中国与韩国和日本的双边投资协定也可说明此点。中国与韩国的投资协定关于国民待遇的条款适用于投资的“扩张、运营、管理、维持、使用、享有、销售和其他对投资的处理”[207]，而中国和日本的投资协定仅笼统地规定“缔约任何一方在其境内给予缔约另一方国民和公司就投资财产、收益及与投资有关的业务活动的待遇”[208]。如果中国承诺将国民待遇适用于投资的设立，则通过最惠国条款，日本、韩国和其他与中国有类似协定的国家便均可主张相同的权利。同时，中国的投资市场对外资并非全面开放，有些中国企业和国民投资的领域以及在企业的所持股份并非适用于外国投资者，故在承担国际义务时必须考虑本国法律的限制。尽管如此，总体上这些投资协定关于国民待遇的条款仍具有相当高的同质性。

（二）国民待遇的“类似情形”之确定

当代国际投资秩序主要由少数多边条约和近3000个双边投资协定和自由贸易协定组成。在国民待遇条款的行文和适用范围方面，这些协定有较高的同质性。这对其实施的相互参照提供了可能。作为贸易待遇标准的延伸，相较于贸易中的“同类产品”，投资领域的国民待遇条款之适用条件则较难确

---

[204] 参见《中国和澳大利亚政府自由贸易协定》，载 https://investmentpolicy. unctad. org/international - investment - agreements/treaty - files/3454/download（2022 年 3 月 6 日访问）。

[205] 《中国和澳大利亚政府自由贸易协定》第 9 章第 3 条第 1 款。

[206] 《中国和澳大利亚政府自由贸易协定》第 9 章第 3 条第 2 款。

[207] 参见《中国政府和韩国政府关于促进和保护投资的协定》第 3 条第 1 款，载 https://investment-policy. unctad. org/international - investment - agreements/treaty - files/3338/download（2022 年 3 月 6 日访问）。

[208] 参见《中华人民共和国和日本国关于鼓励和相互投资保护投资协定》第 3 条第 2 款，载 https://investmentpolicy. unctad. org/international - investment - agreements/treaty - files/747/download（2022 年 3 月 6 日访问）。

定。如下所述,有的投资协定规定国民待遇应在“类似情形”下给予,有的则没有此限制性规定。另一困难是如何确定相关待遇是否符合“不低于”的标准。与此相关的是东道国政府的主观意愿,即其是否刻意给予外国投资者及其投资以差别待遇,是否为判断其违约与否的条件亦为不可回避的问题。

S. D. Myers 案[209]是最早涉及国民待遇的投资案例之一。该案的申请人是一家美国公司,其业务包括从加拿大向美国出口多氯联苯(PCB)废物,然后在其位于美国俄亥俄州的工厂高温焚烧销毁。当申请人于 1993 年设立子公司,“进入”加拿大市场时,它只有一个强劲的加拿大竞争对手:Chem – Security 公司。[210]当时,美国政府禁止进出口多氯联苯和多氯联苯废物以供处理。加拿大则依 1990 年多氯联苯废物出口法规有效禁止将多氯联苯废物出口到除美国以外的所有国家。最后,经美国环保署特别批准,申请人得以向美国出口多氯联苯废物。[211]事实上,当申请人于 1993 年进入加拿大时,当地并不存在多氯联苯废物的市场。易言之,除非申请人能够成功游说美国和加拿大政府,否则该市场就不可能出现。基于申请人的成功游说,1995 年 10 月 26 日,美国环保署颁发了一项有效期从 1995 年 11 月 15 日至 1997 年 12 月 31 日的特别豁免,使得 S. D. Myers 在符合裁量权的某些条件下,能够将加拿大的多氯联苯及其废物进口到美国进行处理。此后不久,尽管进口禁令本身仍然有效,任何进口多氯联苯及其废物到美国都属违反美国法律的行为。加拿大环境部长也签署了一项法令,禁止从多氯联苯的出口。

在对相关证据和证词进行审查之后,S. D. Myers 案的仲裁庭确信加拿大的临时法令和法令使加拿大国民享受了优于非国民的待遇,认为“法令的实际效果使得 S. D. Myers 无法开展其计划开展的进口及投资业务;与加拿大的竞争对手相比,这是一个明显的劣势”。[212]此外,仲裁庭认为,事实“清楚地

---

〔209〕 S. D. Myers v. Canada,部分裁决,2000 年 11 月 13 日,载 https://www.italaw.com/sites/default/files/case – documents/ita0747.pdf(2022 年 2 月 23 日访问)。

〔210〕 S. D. Myers v. Canada,部分裁决,2000 年 11 月 13 日,载 https://www.italaw.com/sites/default/files/case – documents/ita0747.pdf(2022 年 2 月 23 日访问),第 112 段。

〔211〕 S. D. Myers v. Canada,部分裁决,2000 年 11 月 13 日,载 https://www.italaw.com/sites/default/files/case – documents/ita0747.pdf(2022 年 2 月 23 日访问),第 100 段。

〔212〕 S. D. Myers v. Canada,部分裁决,2000 年 11 月 13 日,载 https://www.italaw.com/sites/default/files/case – documents/ita0747.pdf(2022 年 2 月 23 日访问),第 193 段。

表明临时法令和最终法令主要是为了保护加拿大多氯联苯处理行业免受美国竞争的影响”。[213]

在 S. D. Myers 案中,“类似情形”的确定对裁决有决定性的影响。仲裁庭在对“类似情形”这一概念的分析中指出:“当考虑《北美自由贸易协定》第 1102 条中‘类似情形’的含义时,有必要铭记该措辞的总体法律环境。”[214] 仲裁庭认为,确定外国投资者和国内投资者是否处于“类似情形”须考虑两者间的竞争关系。它同时指出,为了确定是否给予了外国投资者较不优惠的待遇,外国投资者与国内投资者必须处于同一行业,而行业本身“具有广泛的内涵,同时包含‘经济部门’和‘商业部门’”。[215] 最后,S. D. Myers 案的仲裁庭的结论是,从商业角度考虑,“SDMI 和 Myers 加拿大公司与加拿大运营商同处于‘类似情形’,因为其都从事多氯联苯废物处理服务的行业”。[216] 仲裁庭的理据是,SDMI 能够吸引加拿大运营商的潜在客户。[217] 按照 S. D. Myers 案的仲裁庭的观点,只要外国投资者与东道国投资者间有竞争关系,其便可能满足了类似情形的要求,国民待遇条款便应适用。

将外国投资者和东道国投资者间的竞争关系作为确定“类似情形”的基础可以理解,但 S. D. Myers 案仲裁庭应对之进行具体的分析。或可问,确定“类似情形”的竞争关系到底应具有何程度的直接性? 例如,在加拿大进行销毁多氯联苯的外国企业与加拿大国内从事相同行业的企业同属于“类似情形”自无问题。然如果一个企业仅从事多氯联苯废料进出口业务,而另一企业则从事多氯联苯废料的处理业务,那么该两个企业是否有直接竞争关系呢? 在 S. D. Myers 案中,S. D. Myers 加拿大子公司主要为多氯联苯废料的购买者,而不是销毁该废料的服务提供者。当然,S. D. Myers 子公司的最终目的

---

[213] S. D. Myers v. Canada,部分裁决,2000 年 11 月 13 日,载 https://www.italaw.com/sites/default/files/case-documents/ita0747.pdf (2022 年 2 月 23 日访问),第 194 段。

[214] S. D. Myers v. Canada,部分裁决,2000 年 11 月 13 日,载 https://www.italaw.com/sites/default/files/case-documents/ita0747.pdf (2022 年 2 月 23 日访问),第 245 段。

[215] S. D. Myers v. Canada,部分裁决,2000 年 11 月 13 日,载 https://www.italaw.com/sites/default/files/case-documents/ita0747.pdf (2022 年 2 月 23 日访问),第 250 段。

[216] S. D. Myers v. Canada,部分裁决,2000 年 11 月 13 日,载 https://www.italaw.com/sites/default/files/case-documents/ita0747.pdf (2022 年 2 月 23 日访问),第 251 段。

[217] S. D. Myers v. Canada,部分裁决,2000 年 11 月 13 日,载 https://www.italaw.com/sites/default/files/case-documents/ita0747.pdf (2022 年 2 月 23 日访问),第 251 段。

是将多氯联苯废料出口到美国并进行处理。正是 S. D. Myers 及其加拿大子公司的联合经营使得其与加拿大当地的多氯联苯废料处理商具有直接竞争关系。但遗憾的是,仲裁庭并未对涉案的竞争关系作深入的分析,使其裁决只是就确定“类似情形”的条件作出了有意义的尝试。

另一个将竞争关系作为判断外国投资和当地投资是否同处于“类似情形”的案例是 Pope & Talbot 案。[218] 该案的申请人是一家美国公司,其在加拿大成立了一家公司,从事生产和销售软木产品的业务,在加拿大不列颠哥伦比亚省砍伐木材,并在该省南部内陆经营三家软木木材厂。[219] 1996 年 5 月 29 日,加拿大和美国签订了一项双边协定。该协定可追溯到 1996 年 4 月 1 日的《软木木材协定》,该协定旨在限制在加拿大经过初加工的软木木材出口到美国。[220] 申请人认为加拿大实施的《软木木材协定》违反了《北美自由贸易协定》第 11 章关于投资的条款,包括第 1102 条的国民待遇义务,遂提出仲裁请求。[221]

在实质辩论阶段,加拿大指出《北美自由贸易协定》第 1102(2)条英文的“投资者和投资”均用复数表示,从而认为这种表述说明,任何指控东道国违约的投资者有义务证明不只是自己而且还有其他投资者受到相同待遇。[222] 易言之,依加拿大的观点,第 1102(2)条仅适用于外国投资者的集体诉讼。此外,加拿大还认为,当考虑外国投资者所受待遇是否低于国民投资者时,被比较的国民投资者也必须不止一个,而是一批。但加拿大的观点并不为仲裁庭所接受。Pope & Talbot 案的仲裁庭指出,从条约解释的角度考虑,英文的复数表述并不能排除相关条款适用于单数,如关于保护妇女和孩子的法律都用复数表述,但不能因此而推断其不保护作为个体的女士或孩子。仲裁庭还以《北美自由贸易协定》第 1102(4)条关于禁止东道国政府要求外国投资者从

[218] Pope & Talbot v. Government of Canada,第一阶段实质性裁决,2000 年 6 月 26 日,载 https://www.italaw.com/sites/default/files/case-documents/ita0674.pdf(2022 年 3 月 6 日访问);第二阶段实质性裁决,2001 年 4 月 10 日,载 https://www.italaw.com/sites/default/files/case-documents/ita0678.pdf(2022 年 3 月 6 日访问)。

[219] 第一阶段实质性裁决,第 4 段。

[220] 第一阶段实质性裁决,第 6 段。

[221] 第一阶段实质性裁决,第 7 段和第 41-44 段。

[222] Pope & Talbot v. Government of Canada,第二阶段实质性裁决,第 35 段。

事某项活动的条款中的投资者用的是单数为依据，从而证明《北美自由贸易协定》保护单个投资者和投资。

Pope & Talbot 案的仲裁庭认为，第 1102（2）条中“投资者和投资”采用复数形式是为了“允许个人投资者和投资根据他们受到的待遇与东道国投资者和投资所享有的待遇进行比较，从而对违背国民待遇的做法提出索赔”，即第 1102（2）条不要求申请人表明其他外资投资是否以及有多少与东道国的本国投资属于类似情形。[223] 外国投资者只须证明其本身受到的待遇低于国民投资者，而没有义务证明东道国的制度或体制违反了国民待遇的义务。仲裁庭还驳回了加拿大关于《北美自由贸易协定》第 1102（3）条和第 1102（2）条在措辞方面的差异的质疑，指出第 1102（3）条的措辞仅仅是为了明确规定州或省的义务，不仅是向其本国投资者的投资提供最佳待遇，还包括向外国投资者的投资提供的待遇应不低于其给予本国投资的最佳待遇。[224] 仲裁庭的前述分析符合关于条约解释的国际法原则。

事实上，Pope & Talbot 案是加拿大与美国之间长达约 20 年的软木木材贸易争端的延续。[225] 该案的裁决庭认为，美加联合决定对协议覆盖省份的出口实行管制，以此实施软木协议及消除反补贴税的威胁。[226] 因此，美加协议不覆盖与协议覆盖省份的生产者应被视为处于类似情形。[227] 按照仲裁庭的裁定，受美加协定覆盖的省份只有 3 个。关于这些省份的软木生产商和出口商是否与申请人处于类似情形，仲裁庭写道，“正是加拿大软木木材工业的基本经济条件使得该投资公司和不列颠哥伦比亚省其他生产商与其他覆盖省份的生产商和出口商的情况不同”[228]。依照前述分析，可能与申请人处于“类似情形”的便只有不列颠哥伦比亚省的其他软木生产商和出口商。

在 Pope & Talbot 案中，申请人认为，与不列颠哥伦比亚省的生产商相比，其受到较不优惠的待遇。这主要是因为，基于美加协议，加拿大通过了一项伐

---

[223] 第二阶段实质性裁决，第 38 段。
[224] 第二阶段实质性裁决，第 41 段。
[225] 第二阶段实质性裁决，第 86 段。
[226] 第二阶段实质性裁决，第 87 段。
[227] 第二阶段实质性裁决，第 88 段。
[228] 第二阶段实质性裁决，第 93 段。

木费用减免。为公平起见,加拿大将此费用减免配额分到了每一个省,然后由省政府自行决定如何实施费用减免配额。根据不列颠哥伦比亚省的实施方案,伐木费用减免按立方米计算,但内陆地区伐木费减免的比例还不足沿海地区的一半,而申请人的 3 家工厂均设于内陆地区。仲裁庭认为,申请人获得的待遇并不低于不列颠哥伦比亚省的生产商,故加拿大并没有违反《北美自由贸易协定》第 1102 条下对投资者的义务,另申请人所受待遇系不列颠哥伦比亚省政府的行为。[229]

显然,Pope & Talbot 案仲裁庭关于“类似情形”的确定与 S. D. Myers 案仲裁庭适用的标准并不相同。如前所述,S. D. Myers 案的仲裁庭适用的是较为宽泛的同一商业部门(领域)或经济部门(领域)的标准。然按照 Pope & Talbot 案的裁决,处于不同地区而从事相同业务的企业也不一定处于类似情形。从整体考虑,Pope & Talbot 案仲裁庭关注的是,外国投资者和国民投资者不仅从事相同的业务,而且还要处于相同的地区。如同在不列颠哥伦比亚省经营的软木公司因其并非处于同一地区(有的在内陆,有的在沿海),其也可被视为并非处于类似的情形。Pope & Talbot 案的结论显然与仲裁庭的分析方法直接相关。需要指出的是,仲裁庭似乎将申请人因处于内陆地区而可能受到的低于国民的待遇归咎于不列颠哥伦比亚省,故认为加拿大不应承担任何责任。[230] 这显然不符合《北美自由贸易协定》关于国民待遇的规定。根据该协定第 1102 条,地方政府有义务给予外国投资者以不低于当地投资者的待遇。

就投资的“类似情形”而言,仲裁庭的解释当然不限于前述。在 Occidental 案[231]中,仲裁庭不仅将竞争关系视为国民待遇的必要条件,而且还将两个不同行业的企业视为处于类似情形。该案的申请人西方石油公司为一家美国公司,声称被申请人厄瓜多尔违反了其与美国间的双边投资协定规定的关于

---

[229] 第二阶段实质性裁决,第 96 – 104 段和第 194 段。

[230] 第二阶段实质性裁决,第 101 段。

[231] Occidental Petroleum Corporation and Occidental Exploration and Production Company v. Republic of Ecuador, LCIA Case No. UN3467,裁决,2004 年 7 月 1 日,载 https://www.italaw.com/sites/default/files/case-documents/ita0571.pdf(2022 年 3 月 6 日访问)。

提供“不低于其给予厄瓜多尔出口商的待遇”之义务。[232] 申请人辩称，类似情形并不一定要求相关企业属于同一行业或从事同类业务或经营。如就与出口相关的待遇而言，从事石油出口的公司应与其他从事出口的企业进行比较。然而，被申请人认为类似情形只能指同一行业的公司，而就申请人而言是指石油生产商。仲裁庭同意申请人的解释，认为类似情形是一个较宽泛的概念，故不能接受厄瓜多尔的狭义解释，因为国民待遇的目的是保护投资者。而为了实现此目的，有时不能通过对比专门从事某一特定行业的公司来实现。[233]

Occidental 案涉及的是增值税退税待遇。申请人声称厄瓜多尔给予其他出口商，特别是花卉、采矿和海鲜产品的公司以退税待遇，但申请人并未享受相同待遇。事实上，其他石油出口商，包括厄瓜多尔的本国石油出口商都没有享受增值税退税待遇。这就是为什么申请人要将其与出口花卉等商品的企业比较的原因。仲裁庭的裁决主要是依据厄瓜多尔法律赋予一些出口商增值税抵免和退税的优惠，裁定其违反了国民待遇义务。但仲裁庭未解释出于保护外国投资者的目的，应采何标准确定相关外国投资者与当地生产者是否处于类似情形，因援引国民待遇条款的条件是两者处于相似的情形之下。Occidental 案的仲裁庭事实上是将所有从事出口的企业都视为处于类似情形。其理据是，“在这场争议中，国民待遇的目的是避免出口商因为向原产国支付间接税而在国外市场中处于不利的地位”。然而，如何证明石油出口公司和花卉出口公司间存在竞争关系则显然是一个不可完成的任务。如果该两类出口公司不具有竞争关系，则申请人便不会因不享有退税待遇而在外国市场处于不利的地位。将国民待遇的目的说成是保证相关企业在外国市场的竞争条件也是不能成立的。

诚然，Occidental 案中涉案的厄瓜多尔法律适用于所有出口，但并不可以基于此而裁定所有的出口企业都应享有相同的待遇。因为这样解释国民待遇条款并不符合“类似情形”的条件。或可问，假如厄瓜多尔法律规定其仅适用于出口制造商，而不包括生产商，或者直接排除采矿、石油或天然气等公司，Occidental 案是否仍然有权利依国民待遇原则要求相同待遇呢？如果申请人

---

〔232〕 第二阶段实质性裁决，第 36 段。

〔233〕 第二阶段实质性裁决，第 177 段。

依国民待遇条款挑战东道国的法律，其是否应该首先证明与其他相关企业处于类似情形呢？这些问题正是 Occidental 案仲裁庭未在裁决中回答者。[234]

（三）国民待遇与非歧视原则

国民待遇的适用通常亦会涉及其他原则，盖因在仲裁或诉讼中当事方总会从多方面提出对己方有利的理据。如在涉及阿根廷和德国双边投资协定解释的 Siemens 案[235]中，申请人指控阿根廷违反了该协定第 2(3) 条关于禁止“武断或歧视性”措施的规定。申请人认为被申请人阿根廷违反了第 2(3) 条便会违反国民待遇条款。仲裁庭似乎接受了申请人的意见，即可以在国民待遇的范围内审议涉及歧视性措施的指控。[236] 根据仲裁庭的意见，国民待遇条款可以作为非歧视条款的补充。那么判断歧视是否发生时，东道国的意图是否重要呢？Siemens 仲裁庭认为，意图并不具有决定性或必要性的作用，而相关措施对投资的影响则是决定性因素。[237] 这与 S. D. Myers 等案关于分析某项措施是否构成违反了国民待遇原则的标准一致。Siemens 案仲裁庭写道，虽然阿根廷的行动有些方面似乎带有歧视性，但申请人未能提出充分的证据。[238] 鉴于此，仲裁庭基于经济司法的原则，裁定没有必要确定阿根廷是否违反了非歧视性待遇的义务。[239] 就国民待遇条款的解释而言，Siemens 案的裁决并未提出具见解的法律观点。充其量其只是确认了其他仲裁庭关于东道国

---

[234] 对 Occidental 案仲裁庭的裁决，有学者提出批评。如 Bjorklund 认为该案的结论“很不寻常。虽然类似情形的确定应有灵活性，必须依具体的事实而定，但确定类似情形时，比较对象之间缺乏任何竞争关系是行不通的”。参见 Adrea K. Bjorklund, *National Treatment*, August Reinisch, Standards of Investment Protection, p. 40。

[235] Siemens A. G. v. The Argentine Republic, ICSID, ARB/02/8，裁决，2007 年 1 月 17 日。

[236] 申请人认为，确定歧视待遇是否存在的标准是外国投资者受到的待遇是否低于国内投资者或其他国家的投资者的待遇；不违反东道国法律的措施亦可能构成事实上的歧视。申请人还指出，阿根廷对其投资采取的措施不是一般性的措施，因其涉案的合同是唯一项重大合同，也是根据 2000 年《紧急状态法》由阿根廷单方面终止的唯一一个外国投资合同。Siemens A. G. v. The Argentine Republic, ICSID, ARB/02/8，裁决，2007 年 1 月 17 日，第 316 段。

[237] Siemens A. G. v. The Argentine Republic, ICSID, ARB/02/8，裁决，2007 年 1 月 17 日，第 321 段。

[238] Siemens A. G. v. The Argentine Republic, ICSID, ARB/02/8，裁决，2007 年 1 月 17 日，第 321 段。

[239] Siemens A. G. v. The Argentine Republic, ICSID, ARB/02/8，裁决，2007 年 1 月 17 日，第 321 段。

政府的意图并非判断其是否违约的决定性因素的观点,并将之使用到非歧视和国民待遇义务中。

关于经济司法原则,Siemens 案的仲裁庭在考虑到申请人并未提出充分证据的情况下便终止了关于非歧视和国民待遇的辩论,且未在裁决中过多着墨是适当的做法。传统上,人们选择仲裁而不是法院诉讼的重要原因之一是仲裁较为省时省钱。然当今的投资仲裁已成为非常耗时且昂贵的程序。在给予当事方以充分的机会表达己方的立场和意见后,适时终止辩论并作出裁决符合国际社会的期望。如何在这些不同的利益间取得平衡是所有仲裁庭面临的挑战。解决的方法之一便是经济司法原则。就国民待遇条文的解释而言,如果仲裁庭对申请人是否符合类似情形的条件作出了否定的结论,则其不继续审查申请人及其投资所受的待遇是否低于国民投资者和其投资更为适当的做法。

有时,仲裁庭会选择先审理外国投资者的待遇问题,然后再考虑外国投资者和作为比较的国民投资者是否同处于类似情形。这样做的好处是如果仲裁庭确定差别待遇并不存在,则其可以立即审结案件。然而,如果结论是差别待遇存在,则仲裁庭必须进一步考虑外国投资者与国民投资者是否处于类似情形。而最后的结论是两者并非处于类似情形,国民待遇条款便不应适用。Pope & Talbot 案的仲裁庭就采用了后一种方法。在该案件中,仲裁庭首先审议了第 1102 条的法律背景,并赞同将竞争条件作为确定类似情形的条件。仲裁庭同时指出,当评估第 1102 条法律背景的影响时,作为第一步,应将受第 1102(2)条保护的外国投资所受待遇与同一行业或经济部门的国内投资的待遇进行比较。[240] 接下来,其认为应分三步审查被申请人是否违反了国民待遇义务:(1)差别待遇是否存在;(2)东道国对实施差别待遇的政策需要;(3)确定申请人和国内投资者是否处于类似情形。[241] 如前所述,Pope & Talbot 案仲裁庭关于"类似情形"的分析相当薄弱。这也许是其选择将之放在差别待遇后面分析的原因。

---

〔240〕 Pope & Talbot v. Government of Canada,临时裁决——第二阶段,第 78 段。

〔241〕 Pope & Talbot v. Government of Canada,临时裁决——第二阶段,第 79 段。

当然,也有其他仲裁庭采用了同意的分析方法。如在 ADF 案[242]中,仲裁庭认为,《购买美国法》并未违反美国的国民待遇义务。仲裁庭首先将申请人的投资与美国投资者的投资作为类似情形的投资并进行了比较,认为在美国制造的钢材并未因其投资者的国籍不同而受到差别待遇。在该案中,如果加拿大投资者的钢材和美国投资者的钢材均系加拿大制造,则其便获得相同的待遇,即都被排除在斯普林菲尔德立交工程之外。[243] 此依产地的差别待遇是否违反国民待遇义务最终还要看相关投资者是否处于类似情形。这从而也折射出先审查是否存在差别待遇,而不是先确定类似情形的困难所在。

先审查待遇的方法主要是结果导向。在 Pope & Talbot 案和 ADF 案仲裁庭看来,如果涉案的待遇并无差别,则外国投资者与国民投资者是否处于类似情形便无关宏旨。然实践中几乎所有申请人都觉得其受到了较不优惠的待遇才诉诸仲裁。因此,相关的外国投资者和东道国的投资者是否处于类似情形才成为争论的焦点。此外,当代投资协定大多规定类似情形为适用国民待遇条款的前提条件,仲裁庭如果拒不考虑此前提条件,而执意强调涉案待遇的差别性,便可能被认为没有诚实地解释条约规定。即使是以经济司法原则作为理由,恐也难免遭到质疑。

在 GAMI 案中,申请人指控墨西哥未能对其投资给予国民待遇,从而违反了《北美自由贸易协定》。仲裁庭认定 GAMI 所投资的糖厂在征收过程中与当地的糖厂受到相同的待遇,故墨西哥未违反国民待遇义务。[244] GAMI 仲裁庭同时指出,“墨西哥公司不能凭借外国人购买了其一个股份就有权享受国际法的保护”[245]。整体而言,GAMI 案从另一方面说明了经济司法原则的适用。该案的仲裁庭根本就没有提及申请人与墨西哥当地的公司是否处于类似情形。这是因为,这些公司本身都从事食用糖经营,故根本不存在不具有可比性的问题。在考虑申请人所受待遇方面,仲裁庭亦采取了同样的方式,直接

---

[242] ADF Group Inc. v. United States, ICSID, ARB(AF)/00/1,裁决,2003 年 1 月 9 日。

[243] ADF Group Inc. v. United States, ICSID, ARB(AF)/00/1,裁决,2003 年 1 月 9 日,第 156 段。

[244] GAMI v. Mexico,终局裁决,2004 年 11 月 15 日,第 114 段,载 https://www.italaw.com/sites/default/files/case-documents/ita0353_0.pdf(2022 年 3 月 6 日访问)。

[245] GAMI v. Mexico,终局裁决,2004 年 11 月 15 日,第 114 段,载 https://www.italaw.com/sites/default/files/case-documents/ita0353_0.pdf(2022 年 3 月 6 日访问),第 116 段。

点出申请人未受到差别待遇，无违反国民待遇的问题，因此也就没有必要继续讨论墨西哥的措施是否合理。

涉及美国加利福尼亚州的 Methanex 案[246]的仲裁庭也适用了经济司法原则。该案的申请人声称该州禁止使用甲基叔丁基醚（MTBE）违反了国民待遇义务。涉案的基叔丁基醚（MTBE）的唯一竞争对手是乙醇，因其他含氧化合物产品尚不具备商业经营的可能。Methanex 案的仲裁庭驳回了申请人的请求，认为申请人"在有相同的比较对象时，忽视相同的比较对象而选择不太'相同'的比较对象是不正当的。此做法犹如当相同的比较对象不存在时，拒绝寻找并将不太'相同'的比较对象进行比较一样不正当"。[247] 无独有偶，UPS 案的仲裁庭也（多数票）裁定，通过邮寄方式进口货物和通过快递方式进口货物的情形并不相同，故因邮寄方式不同而导致差别待遇不违反国民待遇义务。[248]

Champion 案[249]的申请人为两家美国公司（该案原还有三个申请人，但因其拥有美国/埃及双重国籍身份而被裁定为不属于国际中心管辖范围内者），持有一家在埃及注册的棉花贸易和加工公司的股份。申请人宣称埃及对棉花行业采取的一系列影响其投资的措施，故违反了美国和埃及的双边投资协定。仲裁庭指出，"选择以固定价格从'收集中心'购买棉花与选择依市场价格在自由市场上交易的公司明显不同，而无论各该公司是私有还是国有，也无论其是国内公司还是外国公司。[250] 这种差异意味着申请人的埃及公司在政府赔偿方面不能与其他棉花贸易公司进行比较。[251] 仲裁庭还认为，既然

[246] Methanex v. United States of America，裁决，2005 年 8 月 3 日，载 https://www.italaw.com/sites/default/files/case – documents/ita0529.pdf（2022 年 3 月 6 日访问）。

[247] Methanex v. United States of America，裁决，2005 年 8 月 3 日，载 https://www.italaw.com/sites/default/files/case – documents/ita0529.pdf（2022 年 3 月 6 日访问），第 17 段。

[248] United Parcel Service of America, Inc v. Canada，裁决，2007 年 5 月 24 日，第 99 段，载 https://www.italaw.com/sites/default/files/case – documents/ita0885.pdf（2022 年 3 月 6 日访问）。

[249] Champion Trading Company and Ameritrade International, Inc. v. Arab Republic of Egypt，ICSID，ARB/02/9，裁决，2006 年 10 月 27 日。

[250] Champion Trading Company and Ameritrade International, Inc. v. Arab Republic of Egypt，ICSID，ARB/02/9，裁决，2006 年 10 月 27 日，第 154 段。

[251] Champion Trading Company and Ameritrade International, Inc. v. Arab Republic of Egypt，ICSID，ARB/02/9，裁决，2006 年 10 月 27 日，第 155 段。

这些公司不处于类似情形，也就无须分析其是否因国籍不同而受到区别对待的问题”。[252] 显然，Champion 案的仲裁庭也是采用了经济司法的原则。

一言以蔽之，国民待遇原则的宗旨是给予外国投资者以不低于国内投资者的待遇，条件是两者同处于同样情况或类似情形。即使相关的双边投资协定并不含有“类似情形”等规定，对国民待遇条款的解释还是要考虑外国投资者及其投资与东道国的国民投资者及其投资是否具可比性。可比性之所以重要系因为国民待遇的目的是保证外国投资者及其投资的竞争力。这也是市场经济的要求使然。世贸组织对“类似产品”的解释也是以保持相关产品的竞争关系为主要考虑，并得到了国际社会的普遍支持。S. D. Myers 案仲裁庭和 Pope & Talbot 案仲裁庭不约而同地将外国投资者和东道国的国民投资者间是否具有竞争关系作为确定其是否处于类似情形的主要因素。这种分析符合世贸组织关于“类似产品”的解释。基于前述，我们认为，外国投资者及其投资与东道国投资者及其投资的竞争关系应为确定类似情形是否存在的基本要素。当然，进行此类判断时，相关投资者及其投资是否属于相同经济或商业部门亦为重要因素。假如外国投资者和东道国投资者并不在同一经济部门或商业部门经营，则其相互竞争关系便较难确立，否则亦然。

(四)较不优惠待遇之确定

国民待遇的核心问题是外国投资者及其投资受到的待遇不低于东道国本国投资者及其投资。鉴于“类似情形”是多数投资协定下国民待遇的前提条件，如果仲裁申请人被裁定与东道国的对比企业并非处于类似情形，则基于经济司法原则，仲裁庭便没有必要进一步分析待遇问题。如何确定相关待遇是否低于国民享受者并非简单的技术性判断，而是涉及多方面的考量。问题之一是有些法律表面上看具中立性，但在实际执行中可能仅有部分投资者和投资受到影响。就此而言，世贸组织的实践对国际投资仲裁具启示意义，即无论

[252] Champion Trading Company and Ameritrade International, Inc. v. Arab Republic of Egypt, ICSID, ARB/02/9，裁决，2006 年 10 月 27 日，第 156 段。

是法律上还是事实上的较不优惠待遇均违反国民待遇的义务。[253] 与之相关的是东道国的意图是否为应考虑的因素。多数投资仲裁庭认为东道国措施的效果应为判断其是否违反国民待遇义务的决定性因素,而不是其立法目的和意图。S. D. Myers 案的仲裁庭便曾指出,立法意图重要,但"意图本身并不具有决定性"[254];更重要的是有关措施对外国投资者的实际影响。S. D. Myers 案仲裁庭还从"待遇"一词的含义推断,措施的实际影响而不仅是其立法动机或意图可能违反第 1102 条。[255] Occidental 案仲裁庭亦持相同观点,认为意图非为必不可少,重要的是有关政策导致的结果。[256] 投资仲裁庭之所以强调东道国措施的实际影响而不特别区分法律上和事实上的歧视,系因为相关国际义务要求的待遇的实质而不是形式。这也是投资者所关心者。

实践中,几乎没有投资仲裁庭支持将立法意图作为判断某项措施是否违反国民待遇义务的因素。除前述案例外,Siemens 案仲裁庭就此审查了许多投资仲裁个案。其结论是,"意图不是确定歧视的决定性或必不可少的因素,然相关措施对投资的影响则是确定其是否提供了非歧视性待遇的决定性因素"[257]。同样,Thunderbird 案的仲裁庭也强调,申请人没有必要证明其受到较不优惠的待遇是因国籍造成。[258] 就此而言, Methanex 案的裁决属于少数例外。该案的仲裁庭提出,为了支持其依《北美自由贸易协定》第 1102(3)条提出的指控,申请人需证明加利福尼亚州政府"意图"给予外国投资者以差别待遇,从而使当地投资者受惠;此外,申请人必须证明其与相关的加利福尼亚当地投资者处于类似情形。[259] 然而,Methanex 仲裁庭最后仍然根据相关措施

---

[253] 如在 Feldman 案,仲裁庭便裁定事实上的不同待遇违反了《北美自由贸易协定》第 1102 条下的国民待遇义务。参见 Marvin Roy Feldman Karpa v. United Mexican States, ICSID, ARB(AF)/99/1,裁决,2002 年 12 月 16 日,第 184 段。

[254] S. D. Myers v. Canada,部分裁决,2000 年 11 月 13 日,第 254 段。

[255] S. D. Myers v. Canada,部分裁决,2000 年 11 月 13 日,第 254 段。

[256] Occidental Petroleum Corporation and Occidental Exploration and Production Company v. Republic of Ecuador, LCIA Case No. UN3467,裁决,2004 年 7 月 1 日,第 177 段。

[257] Siemens A. G. v. The Argentine Republic, ICSID, ARB/02/8,裁决,第 320 段。

[258] International Thunderbird Gaming Corp. v. Mexico,裁决,2006 年 1 月 26 日,第 175 – 176 段。尽管如此,仲裁庭要求申请人"证明东道国给予投资者较不优惠的待遇"。同前,第 177 段;载 https://www.italaw.com/sites/default/files/case-documents/ita0431.pdf(2022 年 3 月 6 日访问)。

[259] Methanex v. United States of America,裁决,第四部分,B 章,第 12 段。

的实际影响作出了裁决。

那么,如何确定"较不优惠待遇"的标准呢?在 Pope & Talbot 案,加拿大主张除非有关措施对外国投资者造成了不利影响,否则不得否认其给予外国投资者的实际待遇系国民待遇。[260] 加拿大还援引 S. D. Myers 案的裁决,指出该案仲裁庭的裁定系基于相关禁令对外国投资者造成的影响不成比例,从而违反了国民待遇义务。[261] 然而,Pope & Talbot 案的仲裁庭不同意此看法。在其看来,S. D. Myers 案的仲裁庭一旦确定申请人与相关加拿大公司处于类似情形后,加拿大违反了国民待遇义务的结论便已成定局。[262] 事实上,很难断定 S. D. Myers 案的仲裁庭是否系如此决定,因其在确定了申请人与加拿大的相关公司处于类似情形后,并未详细分析相关问题。[263]

在 Pope & Talbot 案中,被申请认为关于较不优惠待遇之确定,法律上和事实上的待遇应适用不同的标准。依加拿大的观点,就事实上的歧视而言,除非对外国投资者的不利影响不成比例,否则不应判定相关措施违反了国民待遇义务。但仲裁庭并不同意加拿大的观点,指出若接受加拿大的建议,只有当类似情形下的外国投资与其本国竞争对手的差别待遇不成比例地有利于国内投资者时,才能裁决相关措施违反了第 1102 条。[264] Pope & Talbot 案的仲裁庭指出,如果采用加拿大的建议,只有那些最直截了当和最显而易见的违反国民待遇义务的个案,申请人才有希望得到赔偿。[265] 该仲裁庭甚至认为加拿大建议的意义在于说明涉及国民待遇义务的个案可以多么复杂,外国投资者在求偿过程中会多么困难。虽然 Pope & Talbot 案裁决庭驳回加拿大论点的理由不难理解,但作为被申请人的加拿大也的确提出了一个重要问题。从东道国行使治理权的角度来考虑,东道国政府是否有权推出一项措施,对外国投资者和国内投资者给予差别待遇。特别是当相关措施不是针对外国投资者,但会对后者有不利影响时,外国投资者是否有条约上寻求救济的权利。正如有

---

[260] Pope & Talbot v. Government of Canada,临时裁决——第二阶段,第 55 段。

[261] Pope & Talbot v. Government of Canada,临时裁决——第二阶段,第 65 段。

[262] Pope & Talbot v. Government of Canada,临时裁决——第二阶段,第 66 段。

[263] 参见 S. D. Myers v. Canada,部分裁决,2000 年 11 月 13 日,第 252 - 256 段。

[264] Pope & Talbot v. Government of Canada,临时裁决——第二阶段,第 71 段。

[265] Pope & Talbot v. Government of Canada,临时裁决——第二阶段,第 72 段。

的学者所指出，一个国家为了更大群体的共同利益而区别对待外国人和本国国民是否具合理性，不仅取决于差别待遇本身的价值，而且还取决于差别待遇的背景以及许多相关因素。[266] 当然，这并不是说东道国没有国际法上的责任。东道国行使治理权导致外国投资者遭受经济损害便有赔偿责任。然作为国际投资秩序的一部分，东道国的治理权必须得到承认。

在很多投资仲裁案中，国民待遇争议都是与其他投资待遇一起提出的。Feldman 案[267]是首例申请人明确指控墨西哥违反了国民待遇的个案。该案件涉及墨西哥税务机关拒绝向申请人所拥有和控制的墨西哥公司（墨西哥出口企业股份有限公司）退税并拒绝承认墨西哥出口企业股份有限公司对未来出口产品的消费税享有退税权。[268]

申请人辩称在 1998 年至 2000 年，墨西哥出口企业股份有限公司受到了墨西哥政府的歧视对待，因为在前述期间，墨西哥至少批准 3 家处于类似情形的其他由墨西哥国民拥有的烟草经销公司退税。申请人同时指出，与申请人的公司相同，前述墨西哥国民拥有的公司也未能满足墨西哥政府关于退税的先决条件。[269] 关于这些墨西哥公司与申请人所拥有的公司处于类似情形方面，仲裁庭很容易形成肯定的裁决，认为无论这些公司是否因违反法律而获得退税还是未本着诚信信用原则提交退税申请，均不影响其对类似情形的判断。

至于申请人的公司是否受到较不优惠的待遇，Feldman 案仲裁庭的多数意见认为，并不是在任何情况下都有“证据明确证明违反国民待遇的行为系因投资者的国籍而导致”，故事实能够“表明在类似情形下，外国投资者较国内投资者受到了较不优惠的待遇即足矣”。[270] 遗憾的是，仲裁庭未就此进行详细的分析，而是得出结论，“我们认为申请人已初步证明其所持有的公司受到与几家墨西哥国民烟草经销商不同且较不优惠的待遇，而被申请人未能提供可信的证据来反驳这一推定”[271]。仲裁庭予人的印象是，如果墨西哥的国

---

[266] See M. S. McDougal et al., *Human Rights and World Public Order: The Basic Policies of an International Law of Human Dignity*, Yale University Press, 1980, p. 761 – 765.

[267] 参见 Marvin Roy Feldman Karpa v. United Mexican States，裁决。

[268] 参见 Marvin Roy Feldman Karpa v. United Mexican States，裁决，第 1 段。

[269] 参见 Marvin Roy Feldman Karpa v. United Mexican States，裁决，第 23 段和第 155 段。

[270] 参见 Marvin Roy Feldman Karpa v. United Mexican States，裁决，第 181 段。

[271] 参见 Marvin Roy Feldman Karpa v. United Mexican States，裁决，第 177 段。

内投资者通过非诚信的方式获得其本来无权享有的利益，则外国投资者亦可以同样无诚信的方式获得相同的利益。若果仲裁庭是按此标准解释并适用国民待遇的较不优惠待遇的条文，则是天大的不幸，因为国际条约所保护的应该是合法的行为。无论如何，Feldman 仲裁庭系依何证据作出裁决并不清楚。其实该仲裁庭自己也承认"记录中有关歧视证据的范围确实有限"，因这些证据只包括 3 份文件，即一份个人证词、一份备忘录和一份税务登记声明。Feldman 案的裁决与 GAMI 案的裁决形成鲜明对比。在 GAMI 案，仲裁庭认为不能仅凭差别待遇而裁定支持申请人就国民待遇提出的指控。正如该仲裁庭所指出，就征用美国人投资的糖厂而言，很难想象墨西哥公司仅凭外国人购买了其一个股份这一唯一事实就有权享有国际法的非歧视保护。[272]

Feldman 案中持不同意见的仲裁员 Jorge Covarrubias Bravo 强烈反对多数仲裁员的观点，指出申请人未能证明其获得较不优惠待遇，理由是在某些情况下申请人的公司得到了退税，而在另外一些情况下其退税请求遭拒绝，而其他墨西哥经销商也曾遭遇同样的待遇。[273] 甚至认为，多数仲裁员所依赖的用以证明申请人指控的初步证据"不仅有限，而且无效"，因为这些证据完全不能证明任何歧视的存在。[274] 该不同意见仲裁员还基于证据提出了一系列论点，反驳多数仲裁员的意见。如很多不能取得一致意见的裁决一样，Feldman 案的裁决自其作出起便受到诸多批评，原因在于其未提出令人信服的理由支持其结论。

总之，外国投资者及其投资是否受到较不优惠的待遇只能依个案的具体情况确定。在此过程中，首先需要考察的是外国投资者及其投资与东道国投资者及其投资的待遇是否有差别。如两者的待遇完全没有差别，则便不会产生较不优惠待遇的问题。只有当差别待遇存在时，方需要考虑该差别是否较不优惠。东道国政府的意图不应构成考虑较不优惠待遇是否存在的因素。鉴于待遇本身属实践性问题，法律上和实践中的差别待遇的国际法后果应无区

---

〔272〕 GAMI v. Mexico，终局裁决，第 115 段。

〔273〕 Marvin Roy Feldman Karpa v. United Mexican States, Dissenting Opinion of Jorge Covarrubias Bravo，2002 年 12 月 3 日，第 6 节。

〔274〕 Marvin Roy Feldman Karpa v. United Mexican States, Dissenting Opinion of Jorge Covarrubias Bravo，2002 年 12 月 3 日，第 6 节。

别。这亦符合世贸组织关于国民待遇和其他义务解释的习惯。此外,国际投资法保护的是外国投资者及其投资的合法权益。如果东道国的投资者及其投资以不合法的手段取得高于外国投资者及其投资的待遇,基于法治精神,相关外国投资者应依投资协定的其他规定,而不是国民待遇条款,请求赔偿。

五、挑战与前瞻

国民待遇作为国际经济交易与交往的基本原则具有悠久的历史。20 世纪 40 年代《关贸总协定》的签订将其纳入该多边贸易秩序。世贸组织的建立在很大程度上继承了《关贸总协定》的制度,包括国民待遇原则。鉴于世贸组织秩序本身的特点,国民待遇原则的适用范围等亦发生了重要变化。《关贸总协定》的适用范围限于货物;适用国民待遇条款的前提是进口货物和当地货物具可比性。古人云:“天下皆知美之为美,斯恶已。皆知善之为善,斯不善已。”[275]美和恶,善和不善是两组不同的概念,但每一组概念必为同一类事物,从而具有可比性。将此先人的智慧用到当今的国际贸易秩序,便可发现其具有很多相通之处。《关贸总协定》下的国民待遇之先决条件是“同类产品”或者系“直接竞争或可替代”的产品。实践中,审查进口产品和当地产品是否属于同类,可首先依当事成员的海关进出口产品分类表进行分析。如果进口货物和当地作为比较的货物在进出口分类表中属于同一类,则其具有可比性。海关进出口产品分类表的每一大类又分成数个分类,每一分类又分成数个小类。因此,进口货物和当地货物越是在最小的分类中相遇,其越具有可比性,即属于“同类产品”的可能性越高。不言而喻,此比较是为了确定进口成员的国民待遇义务。

现实总是较条约起草者和法律制定者设想的或可能想到的情况更为复杂。为了使条约和法律规定能够适用于不同的情况,起草者和制定者往往采用统而化之的方式在条约和法律里使用涵盖面宽或较为含糊的概念。这就要求条约和法律的执行者要不断解释相关规定,使之具有意义。货物贸易的国民待遇义务的前提是进口产品和作为比较的当地属“同类产品”或“直接竞

---

[275] 《道德经》第 2 章。

争”及“可替代”的产品。如前所述，何为“同类产品”、何为具“直接竞争”关系及“可替代”的产品之解释已经具有相当的不确定性。世贸组织的设计者们又将货物贸易国民待遇的前提条件搬到了服务贸易，规定“同类服务”和“同类服务提供者”应享有国民待遇。然服务贸易的情况无法与货物贸易类比。首先，《服务贸易总协定》下的国民待遇义务并非统一和无差别的适用。一个成员的国民待遇义务取决于其具体承诺。其次，服务贸易几乎涵盖了除货物制造以外的所有行业，包括货物进出口、批发、分销、仓储等。从事范围如此宽泛的企业提供的服务可以说是五花八门，涉案服务与当地服务的可比性、涉案境外服务提供者和境内服务提供者的可比性，即其是否属于“同类服务”或“同类服务提供者”，均甚难确定。无论是对世贸组织争端解决机构本身还是世贸组织成员，这都是不小的挑战。

作为世贸组织协定一部分的《知识产权协定》也对国民待遇原则的解释和实施提出新的挑战。《知识产权协定》规范的是私人权利。在世贸组织成立前已有数个关乎知识产权保护的国际条约存在。但因其缺乏最低标准规定且无争端解决机制，就国民待遇而言，这些前此生效的国际条约的实际效果不彰。《知识产权协定》的签订可谓对知识产权的国际保护贡献良多。关于《知识产权协定》下国民待遇原则的解释，其亦有其独特性。与货物贸易和服务贸易不同，《知识产权协定》国民待遇义务不要求以“同类”为条件，其所保护的对象是因“权利”而受益的是人。故此，如何界定国民在《知识产权协定》下便非常重要。与此相关的当然还有如何确定外国国民受到的待遇是否低于国民的标准。

在世贸组织下，各成员的权利和义务较以前更为具体、明确。这不仅是相关协议的条文更加具体、明确，更重要的是争端解决机构对诸协定的解释已经制度化、系统化、细腻化。专家组和上诉机构的裁定越来越统一。随着国民待遇原则从形式要求逐步向实质要求过渡，透明度原则的力度呈现越来越重要的态势。以前，由于《关贸总协定》未对缔约方的行为和不行为规定具体的标准，且由于《关贸总协定》下的争端解决机制受到法律外的因素影响过重，故哪些行为和不行为违反了国民待遇或透明度原则并非可以清晰界定。现在的情况则发生了根本性的变化。国民待遇与最惠国待遇、透明度和非歧视等原则一起形成了交互适用的态势，从而直接影响世贸组织成员的法律制度、法律乃至法律价值观等。这种情况又反过来加强了世贸组织诸协定的有效执行。鉴于任何成员的行为和不行为都可能违反一个以上的协议，到底应依哪一个协议提出指控便非常重要，因为这关系到如何证明被指控的成员违约以及如何证明指控方的利益受到损害等。诗云“鸢飞戾天，鱼跃于渊”[276]，讲的是做事应关注细节、详察秋毫。在世贸组织下主张国民待遇必须详察整个多边贸易秩序的诸协议，因选择按哪一个协议提出指控可能直接影响诉讼的成败。

与贸易不同，国际投资涉及东道国国内法和经济制度的各个方面。作为国际投资法主要原则之一的国民待遇对东道国内国法的制定与执行、司法制度的设立、司法原则和标准、司法与行政机关的关系等都有直接影响。随着新兴市场渐次给予外国投资者和国内投资者同样的待遇，涉及国民待遇的争端也渐次增加。投资仲裁裁决之多样性，甚至相互矛盾性，早已为国际社会所诟病。考虑到投资仲裁庭的组成以及双边投资安排为投资国际义务的主要提供者的事实，投资裁决的前述特点可能会在今后很长的一段时间内存在。这就要求仲裁庭在进行裁决时需要小心谨慎，努力做到有理有据、合理合法。除了确保裁决的合理性和合法性外，仲裁庭还应力避投资者滥用国际仲裁程序。正如 GAMI 案的仲裁庭所指出申请人不应主张一个当地公司因有外国人持有其一个股份便可改变身份，从而就有权享受国际法上的权利。

如何平衡外国投资者的利益和东道国政府的治理权是一个复杂的问题。一方面，国际投资法的目的就是保护外国投资者及其免受东道国政府违约行为的干扰；另一方面，国际社会有观点认为当前的投资仲裁庭重视保护投资者的利益超过了保护东道国政府的治理权。甚至有人认为投资仲裁庭已就此进行了调整。如 DiMascio 和 Pauwelyn 曾指出，“无论如何，显而易见的是在最近的裁决中，《北美自由贸易协定》下的仲裁庭似乎减少了早期那种对保护投资者利益的热情。尽管可能属于猜测，但这一转变至少在一定程度上是对《北美自由贸易协定》的缔约方和公众的强烈批评的回应”。[277] 如果因为国际社会的舆论压力而有意识地改变国际投资法保护的力度，则投资仲裁庭势

---

〔276〕《诗经·大雅·旱麓》。

〔277〕See Nicholas DiMascio & Joost Pauwelyn, *Nondiscrimination in Trade and Investment Treaties: Worlds Apart or Two Sides of the Same Coin?*, The American Journal of International Law, Vol. 102:1, p. 79(2008).

必受到更多批评、承担更大的压力。投资仲裁的价值在于其能够对东道国的违约行为作出判断，裁定赔偿，从而也可对其他国家的潜在违约行为起到威慑作用。欲达此目的，仲裁庭必需当裁则裁，特别是对哪些法律上和事实上的歧视和武断行为以及滥权行为[278]更要有足够的勇气作出合理裁决。为了赢得国际社会的支持和理解，投资仲裁庭需要在裁决中说明其所依赖的证据和法理依据，并详细说明其是如何将国际条约规范和习惯国际法原则适用到所处理案件的事实之中的。在当今信息和通信技术高度发达的时代，投资仲裁员必须以中国传统文化的"慎独"标准要求自己，"莫见乎隐，莫见乎微"。[279]

统而言之，国际社会通过国民待遇原则涉入了许多传统上属于主权国家管辖的内部事务。这亦与国际社会的发展趋势一致。当今国际组织和国际条约的特征之一是对传统主权权力，包括立法权、征税权等，增加了限制，效果便是国际社会诸成员法律制度和法律的趋同化。如果说经济全球化是世界的主要潮流，各国法律的趋同化以及主权原则的相对淡化便是国家社会的大势。但这并不是说主权将不再重要，也不是说主权权力不再重要。我们认为，在世界的大潮、大势中，一方面，国际法的适用范围和力度会拓宽和加强；另一方面，国家主权及与之相关的国家治理方式和内容会依然依其本国的文化、传统而各具特色。正如中国文化所描绘的，"万物并育而不相害，道并行而不相悖。小德川流，大德敦化"[280]。国民待遇原则的概念、范围及实际执行必受全球化大潮的影响，也必会在此大潮中与时俱进。

---

[278] Mann 教授认为，确定国际投资中的哪些不平等行为可能构成国际法上的违法行为并非易事，但对明显的歧视和滥权行为也没有人会愿意为之进行辩护。See F. A. Mann, *Studies in International Law*, Oxford University Press, 1972, p. 476.

[279] 《中庸》第 1 章。

[280] 《中庸》第 30 章。

第五章 国际贸易秩序

《诗》云:“邦畿千里,唯民所止。”

国际贸易秩序的核心是世贸组织。世贸组织的建立标志着一个包括“更为有效而又可信”的争端解决机制在内的“更有力、更明了”的国际贸易秩序的形成。[1] 在这个制度下,关税全面降低40%,货物贸易和服务贸易的市场开放幅度更阔、范围更广,贸易秩序更具可预见性和稳定性。《马拉喀什宣言》将世贸组织的建立称为世界范围内经济全面合作的“新纪元”。[2]

一、从《关贸总协定》到世贸组织

世贸组织的前身是第二次世界大战后达成的《关贸总协定》。第二次世界大战结束之时,国际社会致力于建立一个国际贸易组织(International Trade Organization),并为之进行谈判而达成了一个国际贸易组织宪章。当时人们普遍认为,一旦具有影响力的美国国会批准了该宪章,其他缔约方便会跟随。然而,美国共和党在1946年的中期选举取得国会议席的多数,控制了国会,拒绝批准由民主党籍总统领导谈判签订的国际贸易组织宪章。[3] 其结果是国际贸易组织未能得以建立,《关贸总协定》亦仅以临时议定书的形式生效。

---

〔1〕 参见 Marrakesh Declaration of 15 April 1994,第1条,载 https://www.wto.org/english/docs_e/legal_e/marrakesh_decl_e.htm(2022年1月2日访问)。

〔2〕 关于世贸组织法的研究,See Chios Carmody, *Theory and Theoretical Approaches to WTO Law*, Manchester Journal of International Economic Law, Vol. 13:2, p. 152 – 185(2016)。

〔3〕 美国于1946年举行国会众议院代表选举,共和党获胜,成为参众两院的多数党,美国总统则为民主党的杜鲁门。此情况导致美国政府签署的关于成立国际贸易组织的哈瓦那宪章无法在国会通过。关于美国在国际贸易组织谈判方面的历史,包括国际和美国国内政治、经济等元素,See Ivan D. Trofimov, *The Failure of the International Trade Organization (ITO): A Policy Entrepreneurship Perspective*, Journal of Politics and Law, Vol. 5:1, p. 56 – 68(2012)。

(一)《关贸总协定》的发展历程

《关贸总协定》自生效至过渡到世贸组织的近半个世纪发生过几次阶段性的演变，包括肯尼迪回合和东京回合。《关贸总协定》生效不久，各缔约方于 1947 年至 1956 年先后举行了四轮谈判，就减免进口关税达成协议。[4] 1960 年 9 月至 1962 年 3 月，在《关贸总协定》主持下又举行了第五个回合，即狄龙回合谈判。当时，国际经济形势已发生了显著变化，各主要世界贸易强国的地位已与战后不同。经过 10 余年的经济建设，西欧各国的经济大幅度增长。另外，20 世纪 50 年代末欧洲共同体（以下简称欧共体）和欧洲贸易自由联盟先后成立；欧洲国家的收支平衡问题业已得到解决，因此它们不得不取消对进口的配额限制；各主要工业国家的货币成为可自由兑换货币。上述经济关系的种种变化严重冲击了具有支配地位的美国。尽管美国仍然是大多数国家的出口国，但是它的主要作用已从提供普通商品转变为提供技术和知识含量较高的产品。狄龙回合的谈判主要是在美国和欧共体成员间进行；最后达成对进口工业品的减税协议。但双方未能在农产品贸易方面达成协议。

20 世纪 60 年代初，双边关税谈判比较盛行，低关税国家处于不利地位。由于各国的关税已经相对较低，在与其他国家谈判进一步降低关税时，往往无法以降低本国关税作为讨价还价的资本。另外，由于人们往往认为降低关税会给本国工业带来不利影响，结果往往采用非关税壁垒措施，阻碍其他国家商品的进入。非关税壁垒成为国际贸易继续增长的主要障碍。此外，从原受殖民统治地区新独立出来的国家作为原料产地及市场的作用逐渐增加，成为美国和西欧等国不可缺少的合作对象。整个国际经济关系变得更为相互依赖，因而促成了肯尼迪回合多边贸易谈判。肯尼迪回合的结果是各缔约方分别对进口关税降低 50%，增加了《关贸总协定》第四部分，承认对不发达国家利益给予特殊考虑的必要性。

进入 20 世纪 70 年代后，日益发展的贸易保护主义政策对《关贸总协定》制度形成严重威胁，国际社会关于重新审议《关贸总协定》的呼声越来越高。

---

〔4〕 关于《关贸总协定》主持下的多边贸易谈判，参见王贵国：《世界贸易组织法》，法律出版社 2003 年版，第 1 章。

1973 年 9 月,于东京召开大会,举行新的一轮多边贸易谈判,即东京回合。1979 年 12 月 17 日参加东京回合谈判的主要工业国就补贴、反倾销、进口许可证、产品标准、肉食、奶类、政府采购、关税估价以及民航等达成协议。除政府采购及海关估价两个协议外,其他协议均于 1980 年 1 月 1 日生效。政府采购和海关估价协议于 1981 年 1 月 1 日生效。

东京回合在降低进口关税方面所取得的成绩是显著的。降低关税的范围涵盖来自发展中国家和发达国家的工业与非工业产品。据统计,东京回合谈判使发达国家的关税降低了将近 50%,其中欧共体、加拿大、日本平均降税 40%。〔5〕

1985 年 5 月 4 日,在德国波恩举行的七国首脑经济会议上,美国提出于 1986 年举行新的全球性贸易谈判的建议。然而,由于各国就新的一轮国际贸易谈判是否包括农产品贸易问题发生争议,终无法就举行全球性贸易谈判达成协议。发展中国家要求理事会在举行新的谈判前,恢复严格执行《关贸总协定》的规则。阿根廷、孟加拉、巴西、缅甸等 23 个缔约方在向理事会提交的一个声明中,要求对纺织品和服装的贸易实行"有意义的和实质性的自由化"。〔6〕

乌拉圭回合就是在这样的历史条件下开始的。乌拉圭回合的特点是谈判之初各方就希望有一个"一揽子承诺"(single undertaking)。谈判的结果是达成了《世贸组织协定》及作为其附件的《1994 年关贸总协定》〔7〕、《服务贸易总协定》、《知识产权协定》、《争端解决谅解》等,从而形成了以这些协定为主体的多边贸易秩序。

世贸组织是具有法人资格的国际组织。〔8〕 为了保证世贸组织可以实际行使其作为国际法人的权力和权利,各成员有义务采取必要的法律措施,赋予世贸组织以法律能力。同时,每个成员均有义务赋予世贸组织为履行其职能

---

〔5〕 参见王贵国:《世界贸易组织法》,法律出版社 2003 年版,第 1 章。

〔6〕 参见王贵国:《世界贸易组织法》,法律出版社 2003 年版,第 1 章。

〔7〕《1994 年关贸总协定》包括于 1947 年生效的《关贸总协定》的全部内容。实践中,除非特别提及,否则习惯上《关贸总协定》是指 1947 年通过的《关贸总协定》文本。本部分提及的《关贸总协定》亦指 1947 年的《关贸总协定》。

〔8〕《世贸组织协定》第 8 条。

所必要的优惠和豁免权。

(二)世贸组织的目的和职能

乌拉圭回合建立的世贸组织[9]主要是为了协调各成员在世贸组织之下的相互贸易关系,确保相关协定、附件和其他法律文件的执行。在这个总目标下,世贸组织有下述几项具体的职能:[10](1)就多边协定的执行、管理、运作及其目标之实现向各成员提供便利;对各诸边贸易协定的执行、管理和运作提供共同的制度架构;以及为将来进行的多边贸易谈判结果提供共同的制度架构。(2)为多边贸易关系谈判和其他多边贸易谈判提供平台。(3)根据《争端解决谅解》负责解决成员间的争议。(4)协调各成员的贸易政策。(5)促进国际合作。

促进国际合作是世贸组织的职能之一。早在世贸组织成立之前,《关贸总协定》便和国际货币基金组织等建立了合作关系。此类合作关系之建立主要是基于解决贸易壁垒或实现贸易自由化必须有货币政策、汇率政策等方面的国际监管和协调相配合。以《关贸总协定》的实践为基础,《世贸组织协定》第3条规定,"为实现全球经济决策的更大一致性,世贸组织应酌情与国际货币基金组织和国际复兴开发银行及其附属机构进行合作"。基于此,世贸组织于1996年分别与国际货币基金组织和世界银行签署了协议,[11]加强了世贸组织与后者的合作关系。这些协议的内容有的涉及世贸组织成员义务的履行,如世贸组织决定某个成员是否有权援引国际收支平衡例外条款时会充分考虑国际货币基金组织的意见。在阿根廷纺织品案,上诉机构指出,我们注意到《关贸总协定》的一些条文(如第12、14、15、18条)允许世贸组织成员在涉

---

[9] 关于世贸组织的历史、架构和运作,参见王贵国:《世界贸易组织法》,法律出版社2003年版,第1章;Bernard M. Hoekman, Petros C. Mavroidis, *The World Trade Organization: Law Economics and Politics*, Routledge, 2007; Gregory Shaffer, *How the World Trade Organization Shapes Regulatory Governance*, Regulation & Governance, Vol. 9, p. 1 – 15(2015)。

[10] 《世贸组织协定》第3条。

[11] 关于世贸组织和国际货币基金组织间的协议,See Agreement between the IMF and the WTO (1996),全文参见 https://www.imf.org/external/pubs/ft/history/2012/pdf/3b.pdf(2021年10月2日访问)。

及外汇及外汇储备事项的一些具体情况下被豁免某些义务。[12] 世贸组织与其他国际组织合作的广泛性和重要性由此可见一斑。

(三)世贸组织的成员

世贸组织的成员可以是主权国家也可以是主权国家内具有外贸权的独立关税区。[13] 成员分为两类,即原始成员和加入成员。原始成员的首要条件是在1995年1月1日《世贸组织协定》生效之日前已经是《1947年关贸总协定》缔约方。欧盟作为主权联合体,以欧共体的名义成为世贸组织的原始成员,之所以采用欧共体而非欧盟系因为世贸组织是一个多边贸易秩序,欧共体则代表了欧盟经贸方面的整合。具有《1947年关贸总协定》缔约方资格的国家和地区可于1996年前决定是否接受世贸组织的义务。如果在前述限期之前,此类国家和地区接受世贸组织的"一揽子承诺",包括成为《世贸组织协定》的缔约方、接受《1994年关贸总协定》附表上列出的关税减让和其他承诺并接受《服务贸易总协定》附表上列出的市场准入承诺,[14] 便可成为世贸组织的原始成员。[15] 原始成员与加入成员的主要区别是前者不需经过加入谈判,而只需表示并实际接受世贸组织的"一揽子承诺"义务便可成为世贸组织的成员。至于成为成员以后,两者在权利与义务方面则并无差别。[16]

最不发达国家只需要根据其自身的能力作出承诺和减让便可成为世贸组

〔12〕 Argentina – Measures Affecting Imports of Footwear, Textiles, Apparel and Other Items,上诉机构报告,世贸组织文件第 WT/DS56/AB/R 号, 1998年3月27日(以下简称"阿根廷鞋类和纺织品案,上诉机构报告"),第73段。

〔13〕 世贸组织的成员资格决定了各成员为承担义务和享受权利的主体,尽管世贸组织规定的贸易待遇、标准等最终都会及于企业和个人。随着全球化的不断深入,一些非政府团体对国际贸易的作用开始显现,如一些贸易协会等制定的标准可能更为具体、在操作层面影响更大。网络公司等新技术企业则自行制定经营标准和规范。这些问题都是世贸组织成立时所未能预见者,如何解决已成为国际社会需面对的挑战。关于检疫检验和技术标准等方面私人机构的作用及世贸组织机制的无奈,参见 Michael M. Du, *The Regulation of Private Standards in the World Trade Organization*, Food and Drug Law Journal, Vol. 73:3, p. 432 – 464(2018)。

〔14〕 1994年春,乌拉圭回合的谈判代表团召开承诺确认会议,按一致通过原则批准了附于《关贸总协定》和《服务贸易总协定》之后的关税减让和市场准入标准。在新的制度下,任何成员都必须作出相应的关税减让和市场准入的承诺。

〔15〕 《世贸组织协定》第11条。

〔16〕 参见1994年4月15日在马拉喀什贸易谈判委员会会议上通过的《关于接受和加入建立世界贸易组织协定的决议》前言。

织的原始成员。[17] 这也是世贸组织承诺给予发展中国家和最不发达国家区别待遇的具体表现。欧共体一直是乌拉圭回合的谈判方，后其成员方主张每一个成员方都应该成为世贸组织的成员。为了既满足欧共体各成员方的要求又不使欧共体作为一个整体的投票权无形中增加。《世贸组织协定》第 9 条规定，“当欧洲共同体投票时，其票数与欧共体参加世贸组织的成员票数相等”。那么，欧共体是否有完全的权利代表其成员在世贸组织投票呢？自欧共体关税同盟成立的第一天起，欧洲委员会便一直根据《罗马条约》第 113 条代表整个共同体参与《关贸总协定》的事务。所有的关税减让都是以共同体的名义而不是单独的成员方的名义作出。《关贸总协定》也一直承认欧共体的此项权利，即使在美国诉欧共体的油菜籽案中法国代表和共同体代表的意见发生冲突时亦然。[18] 然而，为了消除人们的疑虑，1994 年 4 月 6 日，欧共体委员会请求欧洲法院就欧共体是否有能力代表各成员方参加世贸组织的工作提供咨询意见。[19]

通过加入成为世贸组织成员的方式和过程则不同。世贸组织基本上照搬并扩大了《关贸总协定》接受新缔约方的程序，首先希望加入的国家或地区应提出正式申请。然后由世贸组织总理事会成立工作小组，评价申请方提出的关于其外贸制度和外贸法律的详细报告。工作组会就申请方的外贸制度和法

---

〔17〕 此处的最不发达国家系指经联合国宣布为最不发达国家者。

〔18〕 当时《关贸总协定》缔约方全体正在讨论就美国指控欧洲共同体对油菜籽生产和出口的补贴问题成立专家组时，法国代表拿起话筒表示反对。但欧洲共同体的代表马上向大会表明，根据罗马条约共同体成员已将贸易政策问题的处理权转让到共同体，由后者统一行使。在这种情况下，即使《罗马条约》的缔约方亦不得作出与共同体不一致的行动，因为这关系到其他缔约方的安全与利益。据此，欧洲共同体的代表要求《关贸总协定》不需要考虑法国的意见。值得指出的是，如果法国的意见得到考虑，《关贸总协定》缔约方全体便不可能根据一致同意原则成立相关专家组，调查美国的指控。

〔19〕 1994 年 11 月 15 日，欧洲法院提出咨询意见，认为就与货物贸易相关的多边协定而言，欧共体有完全的能力代表其成员方，但涉及服务贸易和知识产权保护相关的协定则需要欧共体和其成员方共同行使权力。参见 *Opinion* 1/94 *of the Court of Justice*，*OPINION* 1/94 *OF* 15. 11. 1994，载 https://eur - lex. europa. eu/resource. html? uri = cellar: 3568c114 - 591b - 4373 - bb72 - 53523ffd70ce. 0002. 03/DOC_1&format = pdf（2021 年 10 月 2 日访问）。正如有的欧共体法专家所指出，如果按照欧洲法院细腻划分权力的咨询意见行事，欧共体作为一个整体在世贸组织制度下运作势必困难重重，在涉及交叉报复条款的执行时更是如此。See Pieter J. Kuijper，*The Conclusion and Implementation of the Uruguay Round Results by the European Community*，Eur. J. Int'l L.，Vol. 6，p. 222（1995）. Jacques H. J. Bourgeois，*The EC in the WTO and Advisory Opinion 1/94*：*An Echternach Procession*，Common Market Law Review，Vol. 32，p. 763 – 787（1995）.

律等提出问题供申请方回答并解释。工作组认为申请方的外贸制度、外贸法律、与服务贸易相关的制度和法律、知识产权保护等都符合世贸组织的要求，便会向总理事会提出报告，建议接受申请方为新成员。鉴于工作组和申请方之间的谈判涉及范围非常宽泛的议题，加之国际政治作祟，有时谈判耗时费力。中国加入世贸组织的过程历时十几年便是例证。在与工作组谈判的同时，申请方还必须与提出个别谈判的成员进行双边谈判。根据最惠国待遇原则，所有经双边谈判达成的结果，包括关税减让、市场准入等承诺都必须多边化，即适用于所有成员。当所有双边和与世贸组织工作组的谈判完成后，工作组便会向总理事会提交一份报告供后者通过。关于新成员加入的决定，部长级会议应根据世贸组织成员 2/3 多数通过的条件批准。[20] 鉴于世贸组织的决定系依一致通过原则，关于加入世贸组织的双边谈判非常重要，因为只有当所有成员都同意的情况下，关于加入世贸组织的申请方可被批准。实践中，任何有直接利害关系的成员均会提出进行双边谈判。

(四)世贸组织的架构

世贸组织的最高决策机构是由全体成员参加的部长级会议。部长级会议每两年召开一次，以履行世贸组织的职能，采取必要的措施实现世贸组织的目的。具体来讲，部长级会议有权对所有多边贸易协议的任何事项作出决定，亦有权应成员的请求，根据相关协议，对成员的特殊需要作出决定。

部长级会议下设一个包括所有成员代表参加的总理事会。与部长级会议的定期会议不同，总理事会应在适当时候召开会议，履行《世贸组织协定》赋予的各项职能，包括制定自己的程序规则和审批各委员会的程序规则。在部长级会议休会期间，总理事会可执行部长级会议的各项职能。总理事会是部长级会议的常设机构，除处理前述事项外，还负有解决成员间的争端[21]和审查成员贸易政策之责。[22] 就争端解决而言，总理事会作为争端解决机构行事。而在贸易政策审查方面，总理事会则作为贸易政策审议机构行事。总理

---

〔20〕 参见《世贸组织协定》第 12 条。诸边贸易协定的加入则需根据相关协定的程序进行。

〔21〕 在争端解决方面，争端解决机构有权设立自己的主席和制定必要的程序规则，以便履行相关职责。

〔22〕 贸易政策审查机构亦有自己的主席和履行其职责所必需的程序和规则。

事会一身三职的安排恰恰反映了世贸组织一致通过原则的充分适用。

总理事会下设货物贸易理事会、服务贸易理事会和知识产权理事会。该三个理事会的作用是分别负责监督《关贸总协定》、《服务贸易总协定》和《知识产权协定》的执行。各该理事会的成员应当从所有成员代表中产生，依需要召开会议，接受总理事会的领导。每个理事会还根据总理事会批准制定相关的程序规则。

第三层的机构包括贸易与发展委员会，收支平衡限制委员会，预算、财务和管理委员会、市场准入委员会、补贴与反补贴措施委员会等。这些委员会都是具体的执行机构。例如，贸易与发展委员会的职能就是定期审查涉及最不发达国家成员优惠的特别决议之执行情况，并向总理事会报告，以便后者采取适当行动。各该委员会的委员均由成员推荐产生。

与其他国际组织一样，世贸组织亦设有一个由总干事领导的秘书处。总干事由部长级会议任命。秘书处的其他职员由总干事任命。总干事和秘书处的职员为国际公务员，在各成员领土内享有相应的特权和豁免。[23] 世贸组织的职员履行职责时，相关成员有义务保证世贸组织的职员享有必要的特权和豁免权，以便其独立执行世贸组织的职责。[24]

如前所述，与总理事会和争端解决机构平行的另一机构是贸易政策审议机构。贸易政策审议机构的目的是执行贸易政策审议机制，包括对制定的法律、法规和政策等进行集体评估，从而了解该成员贸易政策的具体内容、实施情况以及对世贸组织的多边贸易体系的影响。审议的范围包括制定相关政策的经济背景、相关成员的发展需要、预期达到的目标及执行政策的外部环境。

在贸易政策审议机制下，原则上每个成员都要接受定期的评审。至于每一个成员应该接受评审的频率则依其在世界贸易中的比重以及对多边贸易体系的影响而定。按照乌拉圭回合达成的协议，对美国、欧共体、日本和加拿大应每 2 年进行一次评审，其他 16 个较发达的成员每 4 年评审一次，发展中国家成员每 6 年评审一次，最不发达成员的评审则可依情况在多于 6 年的时间内进行一次。此外，任何成员的贸易政策和实施发生变更，且相关变更可能给

---

〔23〕《世贸组织协定》第 6 条。

〔24〕《世贸组织协定》第 8 条。

其贸易伙伴造成重大影响时,受影响的成员可请求贸易政策审议机构与变更政策的成员协商,以便对后者进行例外评审。例外评审的前提条件是政策变更及政策变更对其他成员有重大影响。那么,在什么情况下,一个成员的政策变更才会对其他成员造成重大影响呢?这首先要求相关成员有具规模的对外贸易,否则其政策变更便不会有重大影响。这就是为什么一些小国改变贸易制度也没有成员要求进行例外审议,甚至没有成员提出抗议的原因。[25] 此外,各成员还应经常向贸易政策审议机构提出报告,说明其自己或其他成员的贸易政策和实施情况。

二、货物贸易秩序

就货物贸易而言,乌拉圭回合完全承袭并发展了《关贸总协定》制度。[26] 在新的制度下,《关贸总协定》除对关税问题作出详细规定外,还对非关税壁垒作了原则性规定,并在此基础上通过数个单项协议对倾销、补贴、与贸易相关的投资措施、纺织品、农产品等加以规范。因此,世贸组织下的货物贸易制度是由《关贸总协定》和前述诸单项协定组成。

(一)关税减让

《关贸总协定》的作用之一是协调成员间的关税税率和政策,故对各成员的关税有许多具体的规定。世贸组织各成员在《关贸总协定》下的关税义务主要以关税表的形式体现。各成员的关税表构成《关贸总协定》不可分割的一部分,并以《关贸总协定》第 2 条为基础,任何成员可以征收的关税均不得超过其通过谈判达成的约束关税,但可以征收低于约束关税的税率,否则将违反《关贸总协定》。[27] 这就是说任何成员给予来自其他成员的商品和商人的待遇必须符合其所作出的承诺。衡量一个成员是否遵守了《关贸总协定》前

〔25〕 例如,蒙古国加入世界贸易组织后重新对进出口进行限制,但其做法并未遭到其他成员的抗议或批评。

〔26〕 关于《关贸总协定》的历史及在世贸组织框架下的运作以及作为附件的各协议之解释,See Petros C. Mavroidis, *The Regulation of International Trade*, MIT Press, Vol. 1 – 2(2016)。

〔27〕 《关贸总协定》第 2 条第 1 款第 1 项。

述规定的主要标准是相关成员是否严格按照关税减让表征税。只要一成员领土的产品在另一成员减让表内列名，当这种产品输入这一减让表所适用的领土时，便应依照减让表的规定、条件或限制，对它免征超过减让表所列的普通关税。对这种产品，也应免征超过于《关贸总协定》签订之日对输入或有关输入商品所征收的其他税费。[28] 前述规定的作用是将关税和其他税费都予以约束限制。按照《〈关贸总协定〉关于对第2条第1款第4项解释的谅解》，[29]其他税费的约束日期应为1994年4月15日，即其他税费须以该日适用的水平列入关税减让表。并且，"对此后每一减让的重新谈判，或一项新的减让谈判，所涉及关税项目的适用日期，须成为关税减让表中订入新减让的日期"。[30] 列入关税减让表的其他税费的水平，不得高于表内首次列入关税减让表所达到的水平。为了保证世贸组织成员不随意增加其他税费从而减弱关税减让的效果，任何成员都可以相关项目实施约束时，不存在此类其他税费为由或者以相关其他税费的水平与先前的约束水平不一致为由，对之提出异议。此项规定事实上是世贸组织关于透明度原则的具体体现。为达此目的，关税减让表必须说明相关其他税费的"性质和水平"。

如何判断某个成员依其他成员的关税减让表应享有的利益是否受到减损或丧失可能涉及很多方面，包括进口产品的分类。进口方改变进口产品的关税分类便可使关税减让表事实上失效。同时，随着科学技术的进步，产品分类似乎总赶不上产品的创新，这就使得因此而引起的争议不可避免。欧共体电脑器材案[31]便属于这一类。在该案上诉庭不同意专家组以合理期望作为解释减让表的依据，指出，不能单从出口方的期望来决定其他成员是否违反了《关贸总协定》，因《关贸总协定》第2条第5款指的是当事双方，而非只是出口方。

---

[28] 《关贸总协定》第2条第1款(b)。

[29] 该谅解于1994年《关贸总协定》达成时签订，为《关贸总协定》的一部分。

[30] 参见《〈关贸总协定〉关于对第2条第1款第2项解释的谅解》第4条。

[31] *European Communities – Customs Classification of Certain Computer Equipment*，专家组报告，世贸组织文件第WT/DS138/R号（以下简称欧共体计算机器材案，专家组报告）以及*European Communities – Customs Classification of Certain Computer Equipment*，上诉机构报告，世贸组织文件第WT/DS138/AB/R号（以下简称欧共体电脑器材案，上诉机构报告）。

（二）数量限制

关税约束的作用是减少贸易壁垒。《关贸总协定》第 11 条规定，各成员除依例外规定对进口加以数量限制外，不应采取任何非关税壁垒的形式阻碍国际贸易的正常进行。与其他国际条约一样，《关贸总协定》关于禁止对进口数量加以限制的规定亦有许多例外。最瞩目者当属收支失衡例外。[32] 收支失衡例外可分为两类：[33] 为防止或改善外汇储备的严重下降以及在外汇储备很低的情况下，为合理地提高外汇储备而限制进口。

依国际收支失衡例外对进口数量进行限制的成员当采取此类措施时必须遵循世贸组织关于透明度的要求。为此，数量限制措施只能用来控制进口总水平，而不能超出缓和国际收支状态所需要的程度；限制必须以一种透明的方式实施。根据这一要求，实行限制的成员有义务提供进行限制的标准和理由。

《关贸总协定》还就成员援引方际收支失衡例外制定了磋商程序。这一程序系由《关贸总协定》第 12 条第 4 款和《关于〈1994 年关贸总协定〉国际收支条款的谅解》组成。自世贸组织成立以来，此类磋商便在国际收支限制委员会进行。按照《关贸总协定》第 12 条第 4 款的规定，任何施加新的限制或提高原有限制水平的成员均应事先或事后与其他成员磋商，内容包括其所遇到的"国际收支困难的性质，可能采取的其他补救方法以及这些限制对其他成员的经济可能造成的影响"等。

世贸组织的主要原则之一是非歧视。根据这一原则，任何成员因国际收支例外对进口加以限制都必须满足非歧视原则的要求。实施限制的成员不得针对任何特定的成员，如禁止或限制进口来自某些成员的产品、禁止或限制向某些成员出口产品。[34] 为了保证进口数量限制不产生歧视性待遇，《关贸总协定》规定，实施限制的成员应首先选择相关产品的有代表性时期并估计影响产品贸易的相关特殊因素。同时，与供应相关产品有重大利害关系的成员或世贸组织总理事会得请求与实施限制的成员进行磋商。后者在接到磋商的

---

〔32〕 参见《关贸总协定》第 12 条。
〔33〕 参见《关贸总协定》第 12 条第 2 款。
〔34〕 《关贸总协定》第 13 条第 1 款。

请求后应迅速进行磋商，以断定有无必要调整限制进口的比例或时间范围、重新估计有关的特殊因素或取消单方面制定的配额分配等。[35]

非歧视原则为依国际收支例外实施的进口数量限制之前提，但此规定亦有例外。世贸组织成员的国际收支失衡与否主要由国际货币基金组织确定。这也是第二次世界大战后建立的国际经济秩序的分工使然。鉴于此，为了执行《国际货币基金组织协定条款》第8条或第14条的规定，世贸组织成员在实施进口数量限制时可以背离非歧视原则，条件是背离后的效果与执行《国际货币基金组织协定条款》第8条或第14条的效果一致。同时，如果任何成员实施的进口数量限制与根据《国际货币基金协定条款》第17条实施的外汇限制有相同的效果，则其无须遵循非歧视原则。[36]

（三）区域性安排

早于关贸总协定时期，区域性安排便以关税同盟和自由贸易区的形式存在。世贸组织成立后，区域性安排有增无减，这主要是经济全球化使然。这些区域性安排大多以自由贸易区的形式设立，目的多为便利相关成员间的贸易，但地理位置（如相关经济体是否相邻）已不再是考虑因素。[37] 故此，《关贸总协定》的规定不得被解释成阻止或限制成员在其领土之间建立关税同盟或自由贸易区或为此目的而签订临时协定。但无论是关税同盟还是自由贸易区，其建立都不得导致对其他成员与这些领土之间进行的贸易增加壁垒。关税同盟和自由贸易区的成员有义务"在最大可能程度上避免对其他成员的贸易造成不利的影响"。[38] 易言之，后者所受到的关税和其他贸易限制应与相关关税同盟或自由贸易区建立前的水平大体相当。[39] 这就涉及如何确定建立关税同盟或自由贸易区前的税费问题。根据《〈关贸总协定〉关于解释第24条的谅解》，关税及费用应根据所征收的加权平均税率及关税加以总体评价。

---

[35] 《关贸总协定》第4款。

[36] 《关贸总协定》第14条。

[37] 关于区域性安排的历史、成立的动机以及《关贸总协定》的机制等讨论，参见 Sungjoon Cho, *Breaking the Barrier Between Regionalism and Multilateralism: A New Perspective on Trade Regionalism*, Harvard International Law Journal, Vol. 42:2, p. 419 – 466 (2001)。

[38] 《〈关贸总协定〉关于解释第24条的谅解》前言。

[39] 《关贸总协定》第24条第5款。

"此评价应根据由关税同盟提供的前一有代表性时期的进口统计数据，按关税号价值和数量以及世贸组织的原产国分类进行。世贸组织秘书处应根据乌拉圭回合多边贸易谈判关税减让所用方法，计算加权平均税率和所征关税。为此目的，所予考虑的税率应是已适用的税率"[40]。

根据《关贸总协定》的规定，[41]关税同盟应为以一个单独的关税领土代替两个或两个以上的关税领土，且组成关税同盟领土之间实质上所有的贸易已基本取消关税和其他贸易限制。此外，关税同盟的每个成员对同盟以外领土的贸易，已实施实质上同样的关税或其他贸易规章。自由贸易区则为由两个或两个以上的关税领土组成一个集团。在集团内部，各成员间的贸易已实质上取消了关税或其他贸易限制。

关税同盟和自由贸易区都是为了在成员间实行优惠的贸易条件。如果不将之作为例外情况处理，根据非歧视和最惠国待遇原则，适用于关税同盟和自由贸易区成员之间的贸易优惠条件便必须普遍适用于所有世贸组织成员。作为例外，经世贸组织 2/3 多数认可，关税同盟或自由贸易区可在其成员间实施与《关贸总协定》规定相抵触的贸易条件和待遇。实践中，这一安排亦并非无问题。在美国和欧共体关于柑橘的争议案中，欧共体和地中海国家签订了一项协议，根据《关贸总协定》第 24 条的规定，给予地中海国家出口的柑橘以优惠待遇。该案的主要问题是欧共体和地中海国家的协议是否符合《关贸总协定》关于关税同盟或自由贸易区的规定。鉴于这是一个非常棘手且敏感的政治问题，专家组并未就此作出裁决。但专家组认定由于欧共体和地中海国家的关税优惠协议，美国柑橘产品进入欧共体市场的条件变差。专家组认为，《关贸总协定》第 1 条和第 24 条的义务之间应保持一定的平衡，欧共体和地中海国家间的协议打破了这一平衡，因其使非协议缔约方的产品进入欧共体市场的待遇受到低于协议缔约方的待遇。因此，美国有权根据其所受影响的程度采取措施抵销这种影响。[42] 然而，专家组的报告并未获通过。

如果建立关税同盟或自由贸易区的结果会导致关税税率的增加，则相关

---

〔40〕《〈关贸总协定〉关于解释第 24 条的谅解》第 2 条。

〔41〕《关贸总协定》第 24 条第 8 款。

〔42〕《关贸总协定》文件第 L/5776 号，1984 年。

成员应根据《关贸总协定》第28条的程序修订关税减让表。同时,当提供补偿性调整时,应适当考虑同盟的其他成员在减低相应的关税方面已提供的补偿。[43] 该程序应在相关关税同盟或自由贸易区组建或相关协议签署时开始。[44] 同时,关税同盟和自由贸易区的成员应与其他成员依诚信原则谈判,以达成双方满意的补偿办法。"在这类谈判中,应适当考虑关税同盟组建后,其内部成员在同一税号下产品的减税。如果这类减税未足以提供必要的补偿调整,关税同盟将提供补偿,即对其他税号下的产品减税。在修改和撤回约束关税中,拥有谈判权的成员应考虑这类补偿。如果这一补偿调整仍不能接受,则应继续谈判。倘若尽管作出了这类努力,根据《〈关贸总协定〉第28条解释的谅解》修改过的第28条,谈判自开始并在一合理阶段内未就补偿调整达成一致意见,关税同盟则可修改或撤销减让;按照第28条,受影响的成员也可撤回实质上相同的减让。"[45]

作为《关贸总协定》规则的例外,货物贸易理事会应对组建关税同盟和自由贸易区进行审议。任何世贸组织成员决定加入或组建关税同盟或自由贸易区,如签订临时协议,都必须向货物贸易理事会报告。货物贸易理事会在接到报告后应成立工作组,以便根据《关贸总协定》和《〈关贸总协定〉关于解释第24条的谅解》对之进行审议。工作组应就审查结论向货物贸易理事会提交一份报告,供后者向各成员就修改和撤销约束关税谈判提出建议时参考。[46] 通常情况下,为了组建关税同盟或自由贸易区,相关成员都会先签订一项临时协议。工作组可在其报告中,就拟完成组建关税同盟或自由贸易区的时间框架和措施提出建议。[47]

关税同盟或自由贸易区建立后,其成员应定期向货物贸易理事会报告有关协议的执行情况。相关协议出现重大变化或新情况时,关税同盟或自由贸易区成员亦必须及时向货物贸易理事会报告。[48]

---

〔43〕《关贸总协定》第24条第6款。

〔44〕《〈关贸总协定〉关于解释第24条的谅解》第3条。

〔45〕《〈关贸总协定〉关于解释第24条的谅解》第5条。

〔46〕《〈关贸总协定〉关于解释第24条的谅解》第7条。

〔47〕《〈关贸总协定〉关于解释第24条的谅解》第8条。

〔48〕《〈关贸总协定〉关于解释第24条的谅解》第11条。

(四)关税减让之修改和撤销

关税减让是《关贸总协定》下的主要义务之一。随着国际贸易的发展以及由于关税同盟和自由贸易区的组建,对各成员原来承诺的关税减让作出修改或撤销必不可免。《关贸总协定》一方面规定了定期修改关税减让表,另一方面亦规定了在特殊情况下相关成员修改关税减让表的谈判程序。不言而喻,定期的多边谈判涉及诸成员且谈判程序可依具体情况确定。就个别的修改或撤销关税减让(如某成员加入一关税同盟)而言,享有最初谈判权的当事双方为必然的参加方。此外,货物贸易理事会认为在所涉产品的供应上有主要利害关系的成员亦有权参与谈判。[49] 当前次谈判时不具备相关产品主要利害关系地位的成员,如在修改关税减让谈判中其所涉及产品的总出口占有最高份额,则应被视为享有主要供应者利益。[50] 另一类成员是货物贸易理事会认为在关税减让中有实质利害关系的成员。[51] 任何关税减让的修改和撤销都应首先在上述诸成员间协商。协商的原则是互惠互利。

协商成果与否并不是修改和撤销关税减让的前提。《关贸总协定》的基本原则之一是相互原则,任何成员单方面采取措施都可能导致其他成员以相同的措施来报复。根据《关贸总协定》第 28 条第 3 款规定,如果相关各方未能在货物贸易理事会规定的时间内达成协议,或者拟修改或撤销关税减让的成员已经修改或撤销了原来的关税减让,则前述有主要利害关系的成员和有实质利害关系的成员可减少或撤销大体上相当于其所实际遭受的损失的关税减让。采取此类报复措施的时间是在申请修改或撤销关税减让成员采取行动后的 6 个月内和该成员通知货物贸易理事会 30 日后。假如有主要利害关系的成员和申请修改或撤销关税减让的成员单独达成协议,然而有实质利害关系的成员并不满意该协议,则有实质利害关系的成员亦可于修改或撤销关税

---

〔49〕《关贸总协定》第 28 条第 1 款。在确定主要供应者利益和实质供应者利益以及计算补偿等方面,须特别考虑受影响产品在出口成员的生产能力、投资和估计的出口增长,以及进口成员对该产品的需求。参见《〈关贸总协定〉关于解释第 28 条的谅解》第 4 条。

〔50〕《〈关贸总协定〉关于解释第 28 条的谅解》第 1 条。

〔51〕任何认为应享有主要供应者利益或实质利益的成员,应提交书面要求并佐以证据,通知计划修改或撤回某一关税减让的成员和世界贸易组织秘书处,参见《〈关贸总协定〉关于解释第 28 条的谅解》第 5 条。

减让实际发生后的6个月内和货物贸易理事会接到通知书生效后30日采取报复措施。

在相关各方都无法就修改或撤销关税减让达成协议的情况下,提出申请的成员有两种选择。除了前述单方面实施关税减让的修改或撤销外,提出申请的成员还可以要求货物贸易理事会处理。货物贸易理事会的主要作用是对相关情况进行调查,并提出解决方案。在货物贸易理事会的协调下各方达成的协议与当事各方自己谈判达成的协议的效力相同,其执行亦须遵循前述的程序。假如在货物贸易理事会的协调下仍无法达成协议,除非其认为提出申请的成员所提供的补偿不合理,否则申请成员有权单方面修改或撤销关税减让。[52]

(五)一般例外和基本安全例外规则

以《关贸总协定》为核心的货物贸易制度对各成员的征税权和进出口法律制度等有所限制。如果每个成员对前述义务都必须要毫无修订地加以执行,各成员的管辖权势必受到很大限制,从而货物贸易制度甚至世贸组织是否能够建立、存在会成为问题。正因如此,《关贸总协定》自签订之初便对各成员遵守义务规定了许多例外。这些例外有的是基于公共政策,有的是基于基本安全的需要。公共政策例外亦被称为"一般例外"载于《关贸总协定》第20条。

实践中,前述例外制度常被成员扩大性地予以解释,希望借此规避违约责任。在一定程度上,例外规定经常面临被滥用的威胁。鉴于列于《关贸总协定》第20条的例外大多概念宽泛,几乎在所有明显违约的争议案中,违约一方都是声称其行为符合《关贸总协定》的例外条款。世贸组织争端解决机构的实践亦有对例外规定作出创造性解释的趋势。这无疑诱使各成员更多地援引、更有"创意"地利用例外规定,以达到规避日益严格的世贸组织制度的目的。

根据世贸组织争端解决机构对《关贸总协定》第20条的解释,任何成员依第20条的例外条款合法化不符合《世贸组织协定》的措施首先要证明相关

---

〔52〕《关贸总协定》第28条第4款。

措施能够满足第20条(a)至(j)款的任一具体规定,在此基础上还必须满足第20条引言的下述规定:"本协定的规定不得被解释为禁止缔约方采取或加强下述措施,但对情况相同的各缔约方,实施的措施不得构成武断的或不合理的差别待遇,或构成对国际贸易的变相限制"。

在美国汽油案中,[53]上诉庭认为,在考虑美国的措施是否可以通过援引《关贸总协定》第20条(g)款时应满足两个条件:该款规定"与保护可用尽的自然资源有关的措施,如此类措施与限制国内生产或消费一同实施"。上诉庭应首先决定该措施是否主要针对保护可用竭的自然资源,因为决定汽油基准的方法是为了监管炼油厂的有害污染物的排放量,没有这个基准便不能有效地防止空气污染恶化。[54] 关于第二个条件,上诉庭认为这一条件是指,相关措施对进口汽油实施限制的同时,应同样对本地汽油实施限制,尽管对国内产品和进口产品的限制方式不一定完全相同。[55] 在该案,进口的汽油应依从法定基准,而本地汽油则可自定基准,因此,对改善空气质量实施的限制同时适用于本地和进口汽油,因而符合第二个条件的要求。[56] 上诉庭接着分析了美国实施的措施是否符合《关贸总协定》第20条引言的要求。上诉庭指出,第20条引言的目的是防止成员滥用第20条的例外规定;任何成员根据该款实施的措施都不得产生下述结果:(1)武断的差别待遇;(2)不合理的差别待遇;(3)对国际贸易的变相限制。[57]上诉庭指出,美国没有寻找合理的方法,包括与委内瑞拉和巴西政府合作,减少因外国炼油厂自行制定汽油基准而引起的问题。此外,美国考虑到向本地实施法定汽油基准会增加他们的负担,但没有考虑外国汽油出口商的负担。因此,上诉庭认为这构成了差别待遇,且这是可预见的,而不是不可避免地或无意间造成差别待遇。最后上诉庭裁定,美国关于确定汽油基准的方法构成不合理的差别待遇和对国际贸易的变相限制。

---

[53] *United States – Standards for Reformulated and Conventional Gasoline*,专家组报告,世贸组织文件第WT/DS2/R号(以下简称美国汽油案,专家组报告);*United States – Standards for Reformulated and Conventional Gasoline*,上诉机构报告,世贸组织文件第WT/DS2/AB/R号(以下简称美国汽油案,上诉机构报告)。

[54] 美国汽油案,上诉机构报告,第19页。

[55] 美国汽油案,上诉机构报告,第20页。

[56] 美国汽油案,上诉机构报告,第21页。

[57] 美国汽油案,上诉机构报告,第23页。

因此，美国不能援引第 20 条(g)款的例外规定。[58]

安全例外主要是指与国家安全直接相关的事项，如涉及国防和军事用途的保护措施以及为了履行联合国宪章义务的行为。[59] 基本安全例外规定主要是为了保证任何成员不因成为《关贸总协定》的缔约方而必须采取某些可能对其基本安全有负面影响的行为或不行为。近年来，以美国为代表的西方发达国家每当发现自己在某些科技领域的优势不再，便会以国家安全为借口，打压外国企业的正常运营。例如，美国前总统特朗普发现在 5G 的竞赛中中国处于领先地位，美国则排在韩国之后，位居第三。这就成为美国以国家安全为名，严防中兴和华为等公司在美国发展的根本原因。[60] 此后，美国食髓知味，以同样理由限制抖音、微信、中芯国际等众多中国企业在美国市场的正常业务。2021 年 10 月 26 日则直接撤销了中国电信子公司“中国电信美洲”在美国的营业执照。[61] 这再次说明，国家安全例外现在已经被严重滥用，亟须国际社会采取措施加以纠正。

综合言之，世贸组织下的货物贸易制度基本上沿袭了《关贸总协定》的制度。同时，《关贸总协定》实践中形成的原则、惯例和决议等亦对解释、执行世贸组织的货物贸易制度有直接的指导作用。在新的制度下，由于乌拉圭回合采用的是“一揽子”原则，农产品、海关估价等相关的单项协议亦构成货物贸易制度的组成部分。货物贸易制度适用范围的扩大，加之世贸组织争端解决机制的强制性，使得一些国家开始滥用国家安全例外条款。滥用权利的国家都有一个特点，就是只允许自己滥用权利，但不允许其他国家采取反制措施。

---

〔58〕 美国汽油案，上诉机构报告，第 29 – 30 页。巴西和委内瑞拉还指美国关于汽油的规定构成了《技术性贸易壁垒协定》下的歧视性和没有必要的贸易限制，从而违反了该协定第 2 条第 1 款和第 2 款的规定。但专家组在裁定美国的汽油措施违反了《关贸总协定》第 3 条第 4 款且未能满足第 20 条的例外要求后，便不再讨论该措施是否违反了《技术性贸易壁垒协定》。上诉机构亦支持了专家组的意见。

〔59〕《关贸总协定》第 21 条。

〔60〕 有论者认为，中美贸易摩擦源于关于 5G 的竞争。参见 ww. sohu. com/a/240044412_335191（2018 年 9 月 14 日访问）。

〔61〕 参见美国联邦通讯委员会，*FCC Revokes China Telecom America's Telecom Services Authority*，https://www. fcc. gov/document/fcc – revokes – china – telecom – americas – telecom – services – authority（2021 年 10 月 29 日访问）。

中国古人云:“施诸己而不愿,亦勿施于人。”[62]货物贸易秩序之维护尚有赖于世贸组织所有成员的努力。

三、服务贸易秩序

乌拉圭回合的重要成果之一是服务贸易制度的建立。[63]《服务贸易总协定》的达成对国际经济秩序的发展、经济交往的进行等有重要和深远的影响。《服务贸易总协定》是世界经济一体化的结果,是《关贸总协定》的延续,反映了谈判各方经济上既相互依赖又互有矛盾以及法律上、文化上的相互渗透。

世贸组织下的服务贸易主要由《服务贸易总协定》及其范围广泛的附件规范。[64]《服务贸易总协定》采用了《关贸总协定》的基本原则、基本政策和主要法律概念。作为世贸组织协定的一部分,《服务贸易总协定》亦不直接适用于法人或者个人。任何成员境内的机构或个人可能为受益者,但没有权利就其他成员的违约行为直接向世贸组织申诉。

《关贸总协定》的最惠国待遇原则、国民待遇原则以及关于发展中国家的特殊待遇原则等亦列入《服务贸易总协定》。[65]就服务贸易而言,最惠国待遇的主要作用在于市场准入,而影响较大的则是国民待遇。《服务贸易总协定》采用了《关贸总协定》的最惠国待遇原则。[66]根据这一原则,各成员无论是通过多边谈判、双边谈判达成优惠安排,或单方面宣布优惠措施,此类优惠条件应无条件地适用于其他成员。[67]所谓单方面宣布的措施是指与《服务贸易总协定》不相符合者,包括相关成员目前存在的制度和规定以及将来通过的措

---

〔62〕《中庸》第 13 章。

〔63〕关于服务贸易秩序的讨论,See Pierre Sauvé, Robert Stern *GATS* 2000: *New Directions in Services Trade Liberalization*, Brookings, 2000; Pierre Sauve, *Assessing the General Agreement on Trade in Services*, Journal of World Trade, Vol. 29:4, p. 125 – 145(1995)。

〔64〕这些附件涵盖金融服务、电信服务、海运服务、空运服务、自然人流动等方面。这些附件有的对相关领域作出了具体规定,有的则仅规定了世界贸易组织将就某些议题进行谈判。

〔65〕《服务贸易总协定》第 2 条、第 4 条及第 17 条。

〔66〕关于《服务贸易总协定》最惠国待遇原则的制定背景、范围和内容等,参见王贵国:《世界贸易组织法》,法律出版社 2003 年版,第 4 章,及 Petros C. Mavroidis, *The Regulation of International Trade*, MIT Press, Vol. 3,(2016)。

〔67〕《服务贸易总协定》第 2 条。

施。国民待遇的义务则依每个成员的具体承诺而定，为有条件和有差别的义务。然而，许多情况下，服务的提供都涉及境外提供者与境内提供者的直接竞争，除非各方享有同等的待遇，否则境外提供者就会处于劣势。

《服务贸易总协定》并未具体规定何为服务贸易，但将适用于《服务贸易总协定》的服务提供方式确定为四种形式：[68]

(1)从一成员境内向任何其他成员境内提供服务；

(2)在一成员境内向任何其他成员的消费者提供服务；

(3)一成员的服务提供者在任何其他成员境内通过商业存在(presence)提供服务；

(4)一成员的服务提供者在任何其他成员境内通过自然人提供服务。

虽然《服务贸易总协定》并未对服务贸易具体定义，但一般认为，服务应包括销售(批发和零售)、旅游、银行、保险、运输、电讯、建筑和工程咨询等。服务的提供则可通过实物、资金和人员的移动以及信息的传递完成。同时，在有些情况下，服务贸易与货物贸易直接相关，如货物的销售。因此，世贸组织成员的行为和不行为可同时违反数个国际协议，包括《关贸总协定》和《服务贸易总协定》。[69] 此外，《服务贸易总协定》有意识地避免使用“商业机构”(establishment)而选择“商业存在”(presence)是为了不予人以《服务贸易总协定》赋予各成员可以在其他成员境内随意建立服务机构的印象。然而，关于“存在”的定义又恰恰说明“存在”就是机构。尽管如此，采用“存在”说明各成员认为此类机构属于临时性的，且与直接投资不同。[70]

(一)承诺及例外

《服务贸易总协定》的承诺表包含各成员的具体义务。[71] 根据《服务贸易

---

〔68〕《服务贸易总协定》第1条。

〔69〕在欧洲共同体的香蕉案中，香蕉的进口条件涉及《关贸总协定》，而香蕉的销售则涉及《服务贸易总协定》。

〔70〕关于《服务贸易总协定》与直接投资的关系，See Ansgar M. Wimmer, *The Impact of the General Agreement on Trade in Services on the OECD Multilateral Agreement on Investment*, World Competition, Vol. 19:4, p. 109 – 120(1996).

〔71〕承诺表亦构成《服务贸易总协定》的一部分。但每个成员承诺的项目并非相同。总的来讲，发达国家承诺表中关于市场开放的项目较多，发展中国家则相对较少。

总协定》，除非相关成员在承诺表中作出了明确的义务承担，否则该成员便有权对服务贸易进行限制。在如何表述成员的义务方面，谈判中各方意见不尽相同。美国等认为应仅列出各成员不承诺的部门。这种做法的好处是，美国等发达国家对服务贸易的限制较少，从而列于表上的可能仅为为数不多的几项限制，这亦有利于鼓励成员逐步减少限制。发展中国家则希望采用正面表述承担义务的方式，即将承诺全部列出。这样安排的好处是义务较为确定，有利于资料不健全的发展中国家。最后的折中是积极和消极表述的结合，即已经开放的服务贸易部门、分部门或各类交易列入承诺表，各成员采取的与自由贸易原则或《服务贸易总协定》不符的措施亦列入承诺表。[72] 这种安排的目的是，一方面保证当事成员不会任意增加对服务贸易的限制，另一方面是促使各成员逐步开放市场。

从《服务贸易总协定》实施的情况看，正面列出各成员的承诺有利于确定各方的条约义务，故有利于《服务贸易总协定》的执行。这同时亦可减少各方因理解上的差异而引起的争端。鉴于美国等发达国家对争端解决机构有相当大的影响，减少提交到争端解决机构案件的数量可事实上加强发展中国家参与建立世界贸易秩序的作用。[73]

每个承诺表均需包括实施承诺的时间表以及承诺的生效日期。[74] 就国民待遇和市场准入而言，除非相关成员已经在相关服务部门或分部门作出了承诺，否则其便有权对之加以限制，即给予境外服务提供者以不同的待遇。正因为如此，《服务贸易总协定》第 20 条规定，除实施承诺的时间表和生效日期外，每个成员的具体承诺都必须列明其关于市场准入的规定、限制和条件，国民待遇的条件和资格以及附加承诺的义务。[75] 实践中如何解释世贸组织成

---

〔72〕 有的学者认为这种安排是《服务贸易总协定》的先天不足。See Pierre Sauve, *Assessing the General Agreement on Trade in Services*, p. 137 – 139.

〔73〕 有论者认为，承诺表仅列明不承诺的义务，有利监督各成员关于透明度等义务的履行情况。See Bernard M. Hoekman, *Tentative First Steps: An Assessment of the Uruguay Round Agreement on Services*, World Bank Policy Research Working Paper, 1995, p. 11 – 24. 全文参见 https://documents1.worldbank.org/curated/en/160421468739499350/pdf/multi-page.pdf（2021 年 10 月 2 日访问）。

〔74〕 《服务贸易总协定》第 20 条。

〔75〕 附加承诺是指各成员就世贸组织关于市场准入和国民待遇具体承诺表范围以外的事项作出的承诺。

员的具体承诺并非简单的问题。美国赌博案[76]在此方面颇具代表性。该案的申诉方为安提瓜和巴布达(以下简称安提瓜),被申诉方为美国,诉讼事由系安提瓜认为美国未按其服务贸易具体承诺开放在线赌博服务。[77] 双方争论的焦点之一是安提瓜认为美国就开放线上赌博市场作出了全面且无保留的承诺,美国则认为其完全没有就之作出承诺。这就涉及如何解释美国在《服务贸易总协定》下的具体承诺,具体地讲就是如何解释美国服务贸易承诺表第 10 项娱乐、文化和体育运动服务。美国在第 10. D 项[其他娱乐服务(体育运动除外)]下的承诺是对第一和第二种服务提供方式没有任何限制,即包括开放线上服务的市场。故此,赌博是否属于体育运动便成为此案的关键;安提瓜认为赌博属于娱乐活动,美国则认为赌博是体育运动。[78]

上诉机构推翻了专家组关于服务业分类清单(Services Sectoral Classification List,以下简称 W/120)和 1993 年《承诺指引》(1993 Scheduling Guidelines)系世贸组织成员间协议或《服务贸易总协定》上下文的裁断,[79]认为这两个文件是《维也纳条约法公约》第 32 条所指的"补充资料",并依此推导出乌拉圭回合谈判方在作出服务贸易具体承诺时,不仅需考虑 W/120 和 1993 年《承诺指引》两个文件,而且还要考虑联合国中央产品分类表(Central Product Classification),[80]原因是联合国中央产品分类表对服务部门的分类较为宽泛,而 W/120 下服务部门的划分则较为具体。鉴于联合国中央产品分类表第 964 项下的娱乐服务包括赌博,而其亦为美国服务贸易具体承诺表第 10. D 项的对应部分,故上诉机构裁定美国的服务贸易具体承诺包括赌博。[81]

根据《服务贸易总协定》的规定,承诺一经生效便应保持其效力至少 3 年,然后才可考虑对之修改或撤销。但对承诺的修改或撤销必须于 3 个月前

---

[76] *United States — Measures Affecting the Cross - Border Supply of Gambling and Betting Services*,专家组报告,世贸组织文件第 WT/DS285/R 号,2004 年 11 月 10 日(以下简称美国赌博案,专家组报告);*United States — Measures Affecting the Cross - Border Supply of Gambling and Betting Services*,上诉机构报告,世贸组织文件第 WT/DS285/AB/R 号,2005 年 4 月 7 日(以下简称美国赌博案,上诉机构报告)。

[77] 参见美国赌博案,专家组报告,第 3.124 段。

[78] 美国赌博案,上诉机构报告,第 162 段。

[79] 美国赌博案,上诉机构报告,第 178 段。

[80] 美国赌博案,上诉机构报告,第 203 - 208 段。

[81] 美国赌博案,上诉机构报告,第 210 段和第 213 段。

通知服务贸易理事会。[82]通知的目的主要是建立一个交换信息的渠道，从而使受影响的成员有机会要求与修改或撤销承诺的成员磋商。而磋商的目的是使受影响的成员有机会得到补偿。[83] 假如当事各方无法通过谈判达成协议，则各方应将争议提交仲裁解决。拒不执行仲裁裁决者可能受到其他成员的报复。[84] 《服务贸易总协定》的实践说明，“受影响成员”的意义可能很宽。因此，任何对已作出承诺的修改几乎都是非常困难的，甚至是不可能的，除非相关修改是进一步开放市场。与服务贸易相关的争端解决经常涉及多于一个成员及多于一个协定，如欧共体香蕉案就涉及欧共体的进口制度是否违反《关贸总协定》《服务贸易总协定》；非洲和拉丁美洲的几十个国家均以“受影响成员”的身份参与争端解决。[85]

《服务贸易总协定》适用于所有与国际服务贸易相关的事项，且所有国际条约和法律相同，《服务贸易总协定》的适用亦有许多例外。《服务贸易总协定》下的例外规定与《关贸总协定》基本一致，因此其解释亦受到《关贸总协定》实践的影响。当然这并不是说《服务贸易总协定》便没有其特殊性。例如，美国赌博案便涉及《服务贸易总协定》第 14 条 a 款“公共道德”和“公共秩序”的解释。该案的专家组认为“公共道德”是指相关社会共同认可并维护的“对与错”的标准，而“公共秩序”，依《服务贸易总协定》注释 5，则关乎相关社会的根本利益。[86] 上诉机构支持了这一观点，但认为专家组关于第 14 条 a 款的必要性分析错误，因其将重点放在了美国和安提瓜应进行磋商而不是替代措施是否存在方面。[87] 上诉机构还指出，在分析可替代措施时应遵循客观

---

〔82〕《服务贸易总协定》第 21 条第 1 款。

〔83〕《服务贸易总协定》第 21 条第 2 款规定，“有关成员应尽力维持互利的承诺总体水平，使其不低于谈判前具体承诺表中对贸易提供的有利条件”。

〔84〕报复在国际贸易中属于常见的手段。然而，由国际协议直接赋予相关成员此种权利则不多见。这一规定亦是为了增加《服务贸易总协定》争端解决机制的强制性。

〔85〕See *European Communities – Regime for the Importation, Sale and Distribution of Bananas*，专家组报告，世贸组织文件第 WT/DS27/R 号（以下简称欧共体香蕉案，专家组报告）；*European Communities – Regime for the Importation, Sale and Distribution of Bananas*，上诉机构报告，世贸组织文件第 WT/DS27/R 号（以下简称欧共体香蕉案，上诉机构报告）。

〔86〕美国赌博案，专家组报告，第 6.486 段。

〔87〕美国赌博案，上诉机构报告，第 317 段。

的标准，[88]主要考虑涉案措施对贸易的限制，[89]被投诉成员是否就争议的措施作出了承诺则并非分析“必要性”的元素。[90] 美国赌博案的专家组裁定美国未能证明其在涉案联邦法律的执行方面具有一贯性，上诉机构支持了专家组的部分裁定，[91]认为美国联邦法律的其中一个在执行中构成对外国服务提供者的歧视，从而违反了《服务贸易总协定》第 14 条的引言。[92] 由此不难看出，专家组和上诉机构在解释《服务贸易总协定》第 14 条时都沿袭了对《关贸总协定》第 20 条的解释原则和方法。这自然是因专家组和上诉机构有义务按国际法关于条约解释的习惯规则解释《世贸组织协定》直接相关，同时也有利于形成世贸组织争端解决适用原则和规则的一致性和一贯性。

世贸组织的实践说明，在国际贸易秩序，包括服务贸易秩序，不断完善、范围不断扩大的情况下，如何有效利用条约例外从而达到保护自己利益的目的已经是每个世贸组织成员都必须面对的问题。当审查这些例外规定的内涵和外延时，人们不仅必须清楚制定相关规则的背景，同时必须了解争端解决机构解释各该规则方面适用的原则和分析方法。

（二）基本义务和权利

服务贸易的特点是非实体性，而影响服务贸易成败的主要因素包括服务提供者能否进入市场以及进入市场后受到的待遇。正因如此，在货物贸易领域行之有效的并且经过国际社会数十年的努力大幅度削减的关税基本不能适用于服务贸易，更不要说在《关贸总协定》的机制下取得的非关税壁垒关税化的成果。[93] 与货物贸易不同，服务贸易交易有时涉及相当长的时间、数个环节、多个法域。同时由于服务贸易有时涉及相当敏感的领域如银行、金融、保险等，进口国不仅需要对进入其国境的服务及服务提供者进行监管，同时需保证从境外提供服务的实体在当地受到有效监管。在此情况下，成员的法律、法

---

〔88〕 美国赌博案，上诉机构报告，第 363－364 段。

〔89〕 美国赌博案，上诉机构报告，第 323 段。

〔90〕 美国赌博案，上诉机构报告，第 317 段。

〔91〕 美国赌博案，上诉机构报告，第 367 段。

〔92〕 美国赌博案，上诉机构报告，第 372 段。

〔93〕 非关税壁垒关税化是指将以非关税形式对货物贸易进行限制的措施以关税的形式表现出来，目的是使非关税壁垒对贸易的限制数字化、为谈判关税减让提供较为准确的数据。

规和规章以及行业规则和纪律对服务贸易有直接影响，从而也构成服务贸易的主要壁垒形式。这些法律、法规、规章、规则、纪律和措施有的对境外服务和服务提供者实行歧视性待遇，有的表面上没有歧视但事实上构成歧视。成员的具体承诺主要是就这些可能对境外服务和服务提供者进入市场的限制承担开放市场并给予公平待遇的义务，承诺提供“不低于其承诺表中所同意和明确的规定、限制和条件”。〔94〕

具体来讲，在已经承诺开放市场的领域和部门内，除了承诺表中列明的对境外服务和服务提供者进入市场的限制和条件外，相关成员不得通过数量限制的方式或规定限制境外服务或服务提供者的参与。这些措施或规定包括以下几点：〔95〕

（1）无论以数量配额、垄断、专营服务提供商的形式，还是以经济需求测试要求的形式，限制服务提供商的数量；

（2）以数量配额或经济需求测试要求的形式限制服务交易或资产总值；

（3）以配额或经济需求测试要求的形式，限制服务业务总数或以指定数量单位表示的服务产出总量；

（4）以数量配额或经济需求测试要求的形式，限制特定服务部门或服务提供商可雇用的、提供具体服务所必须且直接有关的自然人总数；

（5）限制或要求服务提供商通过特定类型法律实体或合营企业提供服务的措施；

（6）以限制外国股权最高百分比或限制单个或总体外国投资总额的方式限制外国资本的参与。

前述限制性措施大多是通过配额、垄断、专营服务提供者或经济需求测定等方式实施，因此常被视为对服务贸易的主要障碍或壁垒形式。

条约规定固然重要，如何解释条约规定同样重要。在美国赌博案，世贸组织专家组和上诉机构分别解释了《服务贸易总协定》第 16 条关于市场准入的规定，包括美国全面禁止线上赌博是否违反了第 16 条第 2(a) 款。上诉机构认为第 16 条第 2(a) 款的四种形式的限制情况各异，如数量配额包括“零”配

---

〔94〕《服务贸易总协定》第 16 条第 1 款。

〔95〕参见《服务贸易总协定》第 16 条第 2 款。

额,因为“零”也是数字符号,[96] 垄断和专营服务应主要看其实际上是否构成排他性经营,而不是其形式,[97] 但经济需求测试则没有确定的形式。[98] 基于此,上诉机构认为,第16条第2(a)款的关注点应该是数量限制而不是限制的形式,[99] 指出,第16条第2(a)款的引言说明任何成员只要就某个服务部门作出了市场准入的承诺,除非在其减让表中另有列明,否则其便不得维持或采取限制性措施。[100] 上诉机构同时指出,第16条第2(a)款的“形式”二字确实有一定的不确定性,但参照《服务贸易总协定》的目的和宗旨,该款的“形式”是一个宽泛的概念,而并非指任何特定的形式。[101]

美国赌博案也涉及对第16条第2(c)款“以配额或经济需求测试要求的形式,限制服务业务总数或以指定数量单位表示的服务产出总量”的解释。美国认为专家组解释该款时依赖了该款的法语和西班牙语文本中的一个逗号,裁定该款规定了三种形式的限制,而在英文文本仅规定了两种形式的限制。[102] 上诉机构认为,三个文本都可以被解释为包含三种(配额、产出总量、经济测试)或两种限制(配额和经济测试),但关键不是相关逗号是否存在。[103] 上诉机构指出,第16条第2(c)款的前半部分规定的是限制形式,后半部分则用于修饰前半部分,重点是对服务业是否构成了限制,而不是相关限制是数量上的还是质量上的。[104]

关于《服务贸易总协定》第16条的解释,美国赌博案的上诉机构较为强调其目的和宗旨。这体现在对如何解释限制的形式以及标点符号的使用等。此种解释维持了世贸组织争端解决机构依《维也纳条约法公约》第31条和第32条解释条约约文的一贯做法,在条约具体规定不明确或确定的情况下参照其目的和宗旨。基于此,尽管关于《服务贸易总协定》的个案尚为数不多,但

[96] 美国赌博案,上诉机构报告,第227段。
[97] 美国赌博案,上诉机构报告,第230段。
[98] 美国赌博案,上诉机构报告,第231段。
[99] 美国赌博案,上诉机构报告,第232段。
[100] 美国赌博案,上诉机构报告,第233段。
[101] 美国赌博案,上诉机构报告,第236段。
[102] 美国赌博案,上诉机构报告,第242段。
[103] 美国赌博案,上诉机构报告,第245段。
[104] 美国赌博案,上诉机构报告,第250段。

各成员仍可通过参考美国赌博案等的裁决,较为确定地理解、判断市场准入等条文的意涵。

需要指出的是,《服务贸易总协定》所禁止的市场准入限制并非限于服务贸易而且涉及投资领域。外商最高持股比例、投资数量等是发展中国家管理外资的手段。从这方面讲,《服务贸易总协定》对国际投资规范当有深远的影响。具体来讲,每个成员关于市场准入的承诺,包括境外服务提供者和服务是否享有国民待遇,应以承诺表列明的义务为准。

市场准入不可避免地涉及最惠国待遇和国民待遇问题。最惠国待遇主要是针对境外服务提供者进入市场的条件,而国民待遇则是进入市场以后的待遇问题。美国等发达国家在谈判之初反对将最惠国待遇的普遍无歧视原则适用于所有成员,认为这样规定对美国等对服务贸易限制较少的国家不公平。发展中国家则认为发达国家有义务协助其发展;事实上,即使美国等地市场限制较少,发展中国家的企业亦较少有机会进入,因为这些企业并无能力与当地的大企业竞争。最后,《服务贸易总协定》对最惠国待遇规定了一些例外。[105]第一,此类例外必须列于承诺表。第二,各成员与毗邻国家的边贸安排不受最惠国待遇的限制。第三,为了经济一体化的目标而作出的安排不受最惠国待遇的规限。但此类安排应符合下述条件:[106](1)涉及多个服务部门,以避免垄断或专营;(2)不影响国民待遇安排;(3)有利于取消或限制新的歧视性措施;(4)不应增加服务贸易壁垒;(5)相关法人享有充分的权利;(6)通知理事会。

通知的目的是使理事会有机会设立工作组审议相关措施和安排是否违反了《服务贸易总协定》规定的条件。第四,政府采购,即以政府运作为目的的

---

〔105〕 关于服务贸易秩序的谈判及其对发展中国家的影响、立场等,See Will Martin, L. Alan Winters, *The Uruguay Round and the Developing Economies*,世界银行文件,1995 年 10 月 31 日内部使用,2010 年 7 月 1 日公开发布。

〔106〕 See Will Martin, L. Alan Winters, *The Uruguay Round and the Developing Economies*,世界银行文件,1995 年 10 月 31 日内部使用,2010 年 7 月 1 日公开发布,第 5 条。

服务之提供，不受最惠国待遇条款的影响。[107] 第五，为了实现劳动力一体化而采取的与最惠国待遇不相符合的措施不受限制，但应通知理事会。[108] 当然，只要采取不符合最惠国待遇的成员有通知的义务，其他成员就有机会要求磋商，理事会亦有机会审查。

必须指出，各成员关于市场准入的义务是以其提交的承诺表和“第 2 条豁免附件”中的豁免为前提。相关成员给予境外服务提供者的待遇不能低于承诺表中的标准。同时，根据“第 2 条豁免附件”的豁免不受最惠国待遇原则的影响。[109] 或可说，灵活处理最惠国待遇问题是《服务贸易总协定》得以达成的重要原因，否则，许多发展中国家就会认为《服务贸易总协定》的规定过于苛刻而拒绝接受。

服务贸易市场准入的条件包括对服务提供者资格的认可。除非境外提供者的资格，包括教育背景、经验等，得到相关成员的承认，否则该服务提供者便无法提供服务。在这方面，《服务贸易总协定》要求各成员在承认境外服务提供者的资格方面应遵守无歧视原则。同时，任何成员不得使资格的承认成为一项隐蔽的限制。[110]

当然，实践中如何承认服务提供者的资格是一个非常复杂的问题，因为所谓的资格可以包括许多方面。除相关的教育和经验外，许可证、营业执照、证书等都属于资格范畴。例如，银行和金融公司的业务在很大程度上涉及公众的利益，因此，每个国家和地区均对银行和金融公司的成立、运作、经营进行监管。然而，由于不同的原因，每个国家和地区监管银行和金融公司的标准并非完全相同。根据《服务贸易总协定》最惠国待遇条款，各成员有义务给予其他成员同等的待遇，即无论相关的银行和金融公司来自何方，其均应受到相同的

---

〔107〕 关于《服务贸易总协定》政府采购例外与国民待遇、最惠国待遇的关系以及政府采购例外的可执行性，See Evenett, Simon J. , Bernard Hoekman, *Government Procurement of Services: Assessing the Case for Multilateral Disciplines*, in Pierre Sauvé, Robert Stern, *Services* 2000: *New Directions in Services Trade Liberalization*, Brookings, 2000。

〔108〕 《服务贸易总协定》第 5 条之二。

〔109〕 “第 2 条豁免附件”之豁免就是前述各成员在承诺表中宣布需予保留的与《服务贸易总协定》不符的限制性措施。此类措施以相关成员成为《服务贸易总协定》签字方时即已生效者为限。任何新的限制措施是否可以得到豁免应依《世贸组织协定》第 9 条第 3 款处理。见“第 2 条豁免附件”第 2 条。

〔110〕 “第 2 条豁免附件”第 7 条。

待遇。在此情况下,来自监管较宽松地区的银行和金融公司便会给准许其进入市场的成员带来较大的风险。该成员是否有权不承认相关银行和金融公司的资格并不许其进入市场呢?根据最惠国待遇原则,答案便应该是否定的。对律师、会计师、工程师、工程咨询人员等资格的承认就更为困难。[111] 除了技术性的要求外,此类资格的认可还可能涉及文化和语言等问题。事实上,在同一成员的境内,不同机构发放的证书亦可能代表不同的质量水平。[112] 这在一定程度上亦可成为相关成员阻止或限制其他成员服务提供者进入市场的手段,即服务贸易的障碍。

关于资格,可通过双边或多边协议或成员自行认可。同时,各成员应于世贸组织成立后的 12 个月内通知理事会其所采取的与资格承认相关的措施。[113] 各成员并应与非政府间组织合作,以便达成广为适用的国际标准。《服务贸易总协定》之所以提及非政府间组织是因为目前许多非政府间组织的工作均涉及服务贸易提供者的管理。这方面较为突出的是银行、空运和海运公司等。[114] 鉴于发达国家可利用其先进的技术和雄厚的财力,支持从而可以控制非政府间机构的活动。

市场准入的义务是否得以履行,除了相关成员的具体承诺外,主要取决于其是否履行了国民待遇和最惠国待遇原则。在服务贸易中,市场准入、最惠国待遇和国民待遇原则具有相互补充、互为配合的作用。例如,关于劳务的规定、税务制度、土地的使用权、所有权等的规定,公平竞争的政策,反垄断措施,合同的强制履行等都可能构成境外服务提供者进入市场的障碍。然而,只要相关成员给予境外服务提供者国民待遇,这些事实上存在的障碍便不违反其

---

[111] 《服务贸易总协定》的执行受到各成员文化的直接影响。律师界、会计师界的情况尤为突出。See Christopher Arup, *The Mediation of Trade in Legal Services—The General Agreement on Trade in Services Interface*, World Competition, Vol. 19:4, p. 80 – 108(1996).

[112] 这种区别并不在《服务贸易总协定》的规范之内。因为,只要相关成员自己承认各该证书,就说明各该证书已达到该成员认可的最低标准,其他成员便有义务依无歧视原则考虑承认。当然,如果其他成员的要求较高,承认便会较为困难。

[113] 《服务贸易总协定》第 7 条。

[114] 关于银行的监管水准,巴塞尔协议(Basel Accords)和发达国家中央银行间达成的其他协议都有较为详细的规定。航空器等的管理亦如此。

关于市场准入的承诺。[115]在有些情况下,相关成员违反了国民待遇原则亦会违反市场准入的承诺。例如,某成员在承诺表中承诺对境外服务提供者在其境内设立机构无限制。然而,它同时规定境外服务提供者提供的服务占当地服务总量的比例。这便会构成对国民待遇和市场准入的同时违反。

(三)同类服务和同类服务提供者

在《服务贸易总协定》下,最惠国待遇、国民待遇以及市场准入原则的适用都是基于服务贸易的分类。整体而言,相同服务和相同服务提供者应受到同等待遇。相同服务和相同服务提供者的界定亦与服务的提供方式直接相关。然而,《服务贸易总协定》并未具体规定何为同类服务以及何为同类服务提供者。在欧共体香蕉案中,关于欧共体的香蕉经营者和境外经营者是否为同类服务提供者,专家组认为联合国产品中央分类系统所规范的批发服务和其他次级服务交易的性质和特点表明,无论香蕉经营者是从事经营欧共体当地香蕉还是进口香蕉,也无论是经营从哪里进口的香蕉,其作为批发商或其他经营者所提供的服务与境外香蕉经营者所提供的服务都是同类服务。"事实上,如果将每一单个服务活动加以比较,其区别主要是香蕉的原产地不同,其他方面基本上完全相同。据此,我们认为,就提供香蕉经营服务的实体而言,既然其所提供的服务是同类服务,各该实体便为同类服务提供者。"[116]专家组并未对服务的性质作出解释和分析,而是仅指出既然各经营者所从事的都是香蕉业务,即每个实体的服务都与香蕉有关,该服务便是同类的。按照专家组的解释,只有当各相关实体经营香蕉的方法不同时,相关服务才有可能不是"同类"服务。按照这一解释,同类服务更像是相同服务,这显然与《关贸总协定》下的同类产品的解释不同。

按照欧共体香蕉案专家组的逻辑,所有从事香蕉经营服务的实体和个人,无论其规模大小、历史长短、业绩优劣,都是"同类"服务提供者。或可说,不对《服务贸易总协定》作出如此解释便会事实上限制未进入市场的服务提供

---

〔115〕 关于此问题的讨论,参见 Pierre Sauvé, *Robert Stern GATS 2000*: *New Directions in Services Trade Liberalization*; Petros C. Mavroidis, *The Regulation of International Trade*, Vol. 3。

〔116〕 欧共体香蕉案,专家组报告,第 7.322 段。

者进入市场的机会,会有悖于世贸组织开放市场、自由贸易的基本目标。然而将那些完全没有业务经验、未经市场检验的经营者都视为同类服务提供者是否为各方谈判《服务贸易总协定》时的原意、是否会扩大相关成员具体承诺的范畴呢?这些问题只能在实践中依个案的具体情况而定。

与服务贸易相关的另一问题是服务原产地的确定。当代国际服务贸易的特点是许多服务都是由不同公司,特别是不同国家的公司分工合作而提供。服务贸易的这一特点使得《服务贸易总协定》的执行变得复杂,因为许多条款的适用都与服务提供者的国籍相关。《服务贸易总协定》之所以没有关于确定服务"原产地"的具体规定之主要原因包括两个方面。一是政治方面的。《服务贸易总协定》下的优惠待遇都具有相互性;服务贸易市场的开放不可避免地要涉及资本市场和劳务市场的开放。这就使得服务贸易问题带有强烈的政治色彩。因为任何与资本和劳务相关的事项都会直接影响相关成员的国内和对外政策。二是技术方面的。在货物贸易中,货物的原产地是以相关货物在不同国家的加工、制造比重或是货物性质的改变为主要依据。目前,绝大多数国家和地区都有一套比较完善且详细的货物分类办法,对货物的进出口都有详细的记录。这些记录可直接显示相关货物在进入一个国家时的状况以及从该国(经过加工)出口时的情形。如果两者发生了实质性的变化,则相关货物的原产地便会发生变化。然而服务贸易没有办法直接适用这一规则。首先,服务贸易不是海关可以有效查验的"货物"。其次,假如将服务作为货物看待,服务大多是在实际提供时才发生实质性变化,即成为服务产品。这可从一项复杂的建筑工程设计服务加以分析。任何此类工程都可能涉及数个分工程,而每一个分工程都可能由不同的设计公司完成,最后由负责总设计的公司统筹。在这种情况下,每一项分设计是应被视为"成品"还是"半成品"服务产品呢?事实上,现实生活中的情况可能要比前述复杂得多。这就注定了无法在服务贸易中套用货物贸易的原产地规则。[117]

---

〔117〕 关于服务原产地确定的困难,See Bernard M. Hoekman, *Rules of Origin for Goods and Services—Conceptual Issues and Economic Considerations*, Journal of World Trade, Vol. 27:4, p. 81 - 99 (1993)。

四、知识产权保护

乌拉圭回合达成的《知识产权协定》首次将知识产权保护纳入了多边贸易的机制，也使知识产权的国际保护制度发生了重要变化。有论者甚至认为在国际贸易中强调对知识产权的保护不仅有利于竞争的公平性，甚至可以避免潜在的战争和武装冲突。[118] 如《知识产权协定》序言所指出，将知识产权保护纳入世贸组织的范畴是为了“在世贸组织和世界知识产权组织，以及其他有关的国际组织之间建立一种相互支持的关系”，以便减少国际贸易中的不公平和障碍、使知识产权得到充分有效的保护以及确保知识产权的措施及程序的实施对合理贸易不造成任何障碍。[119] 同时，“知识产权的保护和实施应该为推动技术革新和技术传播与转让作出贡献”，而且应使技术的发明者和使用者都受益并达至权利与义务的平衡。[120] 进言之，世贸组织制度一方面要保护知识产权所有人关于知识产权的权利，另一方面亦要防止其对该权力的滥用。

（一）制度与原则

《知识产权协定》的主要目的是协调国际社会关于知识产权保护的制度以及各国关于知识产权保护的法律。为达此目的，《知识产权协定》建立了一套“新的规则和纪律”。[121] 在这样一套新的规则和纪律下，各国执行《知识产权协定》应遵循约定的“标准和原则”并在实施这些标准和原则中采取各国共

---

〔118〕 Joanna Schmidt - Szalewski 在比较、分析了巴黎公约和与贸易有关的知识产权协定对商标保护的作用后得出此结论。See Joanna Schmidt - Szalewski, *The International Protection of Trademarks After the TRIPS Agreement*, Duke Journal of Comparative & International Law, Vol. 9, p. 189 - 212 (1998). 全文参见 https://scholarship. law. duke. edu/djcil/vol9/iss1/7。

〔119〕 参见《知识产权协定》序言。

〔120〕 《知识产权协定》第 7 条。

〔121〕 关于《知识产权协定》的讨论，See Joanna Schmidt - Szalewski, *The International Protection of Trademarks After the TRIPS Agreement*; Adrian Otten, Hannu Wager, Hannu, *Compliance with TRIPS: The Emerging World View*, Vanderbilt Journal of Transnational Law, Vol. 29, p. 391 - 413 (1996)。

同认可的“有效的和适当的方法”。[122] 这就是说任何成员在立法和执法过程中的行为和不行为违反了《知识产权协定》的“规则和纪律”、“标准和原则”或者“方法”都可能导致启动世贸组织争端解决机制。这些规则、标准和方法则构成一个多边的知识产权保护机制，任何涉及世贸组织知识产权保护的争议亦在这一架构内解决。《知识产权协定》还将国际冒牌货贸易问题纳入这一多边知识产权制度。

与世贸组织其他协议不同，《知识产权协定》是以保护私有权利为己任。它开宗明义承认知识产权是私有权利，并且对各成员保护知识产权规定了最低标准。《知识产权协定》第 1 条第 1 款规定，“各成员应使本协定的各项规定生效。成员可以，但不应有义务在其法律中实施比本协定要求更广泛的保护，只要这种保护不违反本协定的规定”。至于如何使《知识产权协定》的规定生效，也就是如何执行该协定，各成员则可自行确定方法。以多边条约的形式强制规范保护标准在国际社会尚属首次。考虑到《知识产权协定》的不可保留性，[123] 这一规定不仅结束了国际社会关于最低标准待遇的长期争论，同时亦使得国民待遇的原则变得具有实质意义和要求。

《知识产权协定》对各成员的法律和法律制度有重要及深远影响。该协定除了对最惠国待遇、国民待遇等作出规定外，还就版权及相关权利、商标、地理标志、工业设计、专利、集成电路的外观设计、反竞争行为的控制、知识产权的实施、民事和行政救济程序和措施等作出详细的规定。鉴于《知识产权协定》不允许任何成员对之作出保留，这些规定的效力和影响就更为可观。《知识产权协定》的另一特点是纳入了《巴黎公约》《伯尔尼公约》《罗马条约》《有关集成电路知识产权条约》等关于知识产权保护的主要国际条约的相关规定。

在谈判《知识产权协定》之初，发展中国家对将知识产权保护问题纳入贸易的范畴深有疑惧并表示反对。为了说服发展中国家接受美国等发达国家的

---

〔122〕 参见《知识产权协定》序言。

〔123〕 《知识产权协定》第 72 条规定，未经其他成员同意，不可对本协定任何规定提出保留。

建议,《知识产权协定》规定了过渡安排。〔124〕尽管发展中国家和最不发达国家享有较长的缓冲期,实践中《知识产权协定》的义务对发展中国家来说还是有些无法负担。而这亦为修订知识产权保护制度带来困难。〔125〕

综合考虑《知识产权协定》第6部分和第7部分的规定便不难看出,该协定并没有完全豁免发展中国家在《知识产权协定》对其生效后的5年内履行义务。这可从第70条第8款和第9款看出端倪。第70条第8款要求发展中国家成员提供一种办法供就医药品和农用化学产品的发明申请专利。这就是说,尽管发展中国家成员可以延迟执行《知识产权协定》,但必须于该协定生效时允许人们就医药品和农用化学产品发明申请专利,即承认相关发明的优先权。不仅如此,如果前述发明已经在其他成员取得专利及专利产品的销售权,则发展中国家成员必须授予相关产品专有销售权,期限为5年,〔126〕也就是说,无论发展中国家成员是否授予相关发明以专利,只要其他成员授予了专利和销售许可,发展中国家成员便必须授予专有销售权。事实上这使关于发展中国家成员的过渡性安排大打折扣。一些涉及发展中国家成员的争议也由此产生。

除了监督机制、发展中国家待遇等方面外,《知识产权协定》还就知识产权保护规定了一系列的原则。作为世贸组织基石的最惠国待遇和国民待遇当然是《知识产权协定》的基本原则。但是,最惠国待遇和国民待遇原则不适用于"在世界知识产权组织主持下达成的有关知识产权的获得与保持的多边协定的程序"。〔127〕

---

〔124〕根据《知识产权协定》第65条第2款,发展中国家的缓冲期为5年。在5年的缓冲期内,发展中国家可以不履行除国民待遇、最惠国待遇以外的所有其他义务。前述规定也适用于从中央计划经济向市场、自由经济转化过程中的成员,以及正在进行知识产权体制结构改革并在制定和实施知识产权法律和规章过程中遇到特殊困难的成员,参见《知识产权协定》第65条第3款。最不发达国家成员于《知识产权协定》生效后之10年内则不必履行知识产权保护的义务。在此期间,最不发达国家成员需履行国民待遇和最惠国待遇的义务,参见《知识产权协定》第66条。

〔125〕例如,在第八届日内瓦全球仲裁论坛(2000年12月6日至7日)上,来自拉丁美洲等发展中国家的学者便指出,《知识产权协定》赋予发展中国家的主要是义务是发展中国家无法在短期内履行的义务。这些学者同时指出,《知识产权协定》关于发达国家帮助发展中国家的条款过于原则性,从而使得发达国家在这方面的义务形同虚设。

〔126〕根据《知识产权协定》第70条第9款,如果相关专利申请被拒绝或获批准,且拒绝或批准专利申请的时间少于5年,则销售专有权的期限应与拒绝或批准专利申请的期限一致。

〔127〕《知识产权协定》第5条。

《知识产权协定》的另一原则是在不违反协定义务的前提下，各成员“可采取必要措施保护公共健康和营养、促进对其社会经济和技术发展至关重要部门的公共利益”，并于必要时“采取适当措施防止知识产权所有人滥用知识产权或不正当地限制贸易或影响国际技术转让的做法”。[128] 实践中，《知识产权协定》第 8 条常被作为援引例外条款的依据。这是因为，争端解决机构在解决纠纷时常根据相关协议的目的确定具体条文的意思。在具体条文不够清晰的情况下更是如此。鉴于此，有的成员经常将“公共健康和营养”、促进“社会经济和技术发展”等作为例外规定致力于达到的目的而加以援引，以证明相关例外是符合《知识产权协定》的。

作为世贸组织制度的一部分，《知识产权协定》的有效执行亦赖于争端解决机制的威慑力和保障。在《知识产权协定》制度下，可能导致启动争端解决机制的事项亦包括《关贸总协定》第 23 条的六种原因。[129] 鉴于非违约之诉和情势之诉在《关贸总协定》的历史中实践有限，发展中国家对之戒心颇重，《知识产权协定》规定该两项规定在协定生效后的 5 年内不予适用。[130] 从世贸组织建立以来的实践来看，《知识产权协定》下的争议还是集中在违约之诉。[131]

(二)权利之取得

《知识产权协定》就版权、商标、专利、地理标志等权利的取得和保护规定了一系列的实质性最低待遇标准。[132] 此外，在程序方面，《知识产权协定》规定各成员关于知识产权的取得和维护的程序应符合该协定的规定。例如，采注册或审批程序授予知识产权的成员“应确保相关程序允许在合理的期限内

---

〔128〕《知识产权协定》第 8 条。

〔129〕《知识产权协定》第 64 条第 1 款。

〔130〕《知识产权协定》第 64 条第 2 款。

〔131〕关于知识产权的争议解决，See Frederick M. Abbott, *WTO Dispute Settlement and the Agreement on Trade Related Aspects of Intellectual Property Rights*, in Ernst - Ulrich Petersmann, *International Trade Law and the GATT - WIPO Dispute Settlement System*, *Kluwer Law International*, 1996。

〔132〕最低标准指的是每个世贸组织成员的法律提供的待遇不应低于条约标准。《知识产权协定》还规定了国民待遇义务，故任何成员的内国法标准高于条约标准，便必须向来自其他成员的知识产权所有人提供内国法标准。易言之，《知识产权协定》规定的不仅有最低标准还有最高标准待遇。关于此问题的讨论，See Jane C. Ginsburg, *Minimum and Maximum Protection Under International Copyright Treaties*, Columbia Journal of Law & the Arts, Vol. 44, p. 1 - 19(2020)。

获得相关权利,以避免无端缩短保护期”。[133] 这一规定应受关于程序公平和公正原则的拘束。就知识产权的取得而言,程序上不必要的烦琐、政府收取的费用过高、不合理的时限等都是不公平、不公正的例子。据此,如果任何成员的注册和审批程序可能导致无限期地拖延当事人取得知识产权,如商标权或专利权,其他成员便可以相关程序规定的期限不“合理”导致不公平和不公正而诉诸争端解决机制。此外,所有关于知识产权的行政撤回、抗辩和撤销等程序亦应符合公平、公正原则。关于前述诸项的裁决应以书面形式作出并应陈明理由。[134] 上述规定为各成员通过内国法授予知识产权权利的原则和一般标准。

《知识产权协定》对国际知识产权保护制度的贡献之一在于将传统的概念扩大适用于新的环境。在版权方面,它明确规定依《伯尔尼公约》的“版权的保护应该延伸到表达方式,而不是思想、程序、操作方法或数学上的概念等”。[135] 此规定对计算机程序及数据汇编的保护尤为重要。《知识产权协定》规定,所有计算机程序,无论是原始资料还是实物代码,都应作为文学作品来保护。这就直接将《伯尔尼公约》的规定适用于计算机程序从而避免再为此制定特别规范的必要性。将已为国际社会所接受的原则扩大适用远较制定新的规则经济不易引起争议。关于数据汇编或其他资料的保护,主要应视其内容的选编或汇制是否构成了智力创造,至于其是否可以直接为计算机所使用或以其他形式存在则并不重要,包括摄影作品、实用的美术作品、计算机程序、数据汇编在内的版权和相关权利的保护期限,均为作者的有生之年另加50年。若“作品创作后在50年内没有出版,则从作品创作的那年底算起,保护50年”。[136] 《知识产权协定》还将表演者、唱片制作者和广播机构的权利列为版权相关权利,禁止其他机构和个人非经许可录制、翻录、复制等。表演者和唱片制作者权利的保护期为50年;广播机构的保护期为20年。[137] 上述

---

〔133〕《知识产权协定》第62条第2款。

〔134〕参见《知识产权协定》第62条第4款和第41条第3款。

〔135〕关于《知识产权协定》下版权制度的讨论,See Pamela Samuelson, *Implications of the Agreement on Trade Related Aspects of Intellectual Property Rights for Cultural Dimensions of National Copyright Laws*, Journal of Cultural Economics volume, Vol. 23, p. 95 – 107(1999)。

〔136〕《知识产权协定》第12条。

〔137〕《知识产权协定》第14条。

规定对各成员有强制拘束力。尽管各成员可以对版权所有者的独占权进行限制,但这些限制必须限于特殊的情况,且不得影响作品的正常利用或不合理地损害权利人的合法权益。

在《知识产权协定》下,商标包括任何标志或标志的组合,条件是该标志能将某一企业的商品或服务区别于其他企业的商品或服务。“具体地说,这些标志包括人名、字母、数字、图形、颜色的组合以及这些标志的组合,所有这些都可作为注册商标。如果标志没有固有地区别有关商品或服务的特征,则各成员可根据经过使用而获得的区别性予以注册。各成员亦可把标志是否能为视觉所感觉到作为注册的一个条件”。[138] 可以说这是迄今为止多边条约对商标作出的最宽泛的定义。考虑到《知识产权协定》对各成员的拘束力,此条对各国的内国法有重要影响。

《知识产权协定》还规定,商品或服务的性质不应“成为申请商标注册之障碍”,每个成员都“应在商标注册前或在注册后立即公告,[139] 并应赋予其他成员合理的时间申请撤销注册”或提出异议。经注册的商标必须付诸使用,以维持其权利。如果一项商标自申请之日起 3 年内不予使用,则该申请应予撤销,[140] 除非商标所有人提出正当理由,证明对该商标的使用存在障碍。[141] 通常情况下,使用商标包括将相关商标标示于生产的产品或进口带有注册商标的商品。《知识产权协定》未具体规定哪些行为构成商标的使用,但从其制定的背景和目的来看,对商标的使用应作广义的解释。

地理标志,即产品的原产地标记,这历来是国际贸易中的重要问题。[142] 将产品的地理标志作为知识产权保护则是《知识产权协定》首创,主要是在法国的推动下完成。正因如此,《知识产权协定》对酒类产品的地理标志有专门的规定。地理标志是“表明某一种商品来源某一成员方,该商品的特定质量、声誉或其他特性则基本归属于这一原产地”。每一成员都应为受利方提供法

[138] 《知识产权协定》第 15 条。

[139] 首次注册和每次续展注册的期限为 7 年,可无限展期。如果一个成员的法律规定商标权的期限超过 7 年,则应以较长者为准。参见《知识产权协定》第 18 条。

[140] 《知识产权协定》第 15 条。

[141] 《知识产权协定》第 19 条。

[142] 这一问题早在《关贸总协定》谈判时已受到国际社会的关注,《1947 年关贸总协定》第 9 条便是专门针对商品的原产地问题而作出的规定。

律保护,以阻止任何人以任何方式误导公众或进行不公平竞争。产品地理标志的规定对葡萄酒和烈酒尤为重要。各成员除承诺对葡萄酒和烈酒的地理标志提供适当的法律保护外,还同意就加强此类保护与其他成员进行谈判并接受依《知识产权协定》成立的知识产权理事会的监督。[143] 易言之,任何成员认为其他成员的法律没有为地理标志提供充分的保护便可要求与之进行磋商。

工业设计的保护期限最少为 10 年,各成员可以国内立法延长该期限,但不得缩短之。有资格获得保护的工业设计应具有原始性和独立创造性。换言之,如果一项工业设计与已知的设计或设计组合没有本质上的区别,便不能被视为新的或原始的独立创造,从而不能受到保护。《知识产权协定》还特别规定各成员"应保证对纺织品设计提供保护,不得无理损害寻求和获得该保护的机会,特别是有关费用、检查或发表方面"。[144] 工业设计保护主要是授予其所有者阻止他人非经许可为商业目的"生产、销售或进口拥有设计权的标的物。该标的物可以是受保护的工业设计的复制,或是复制的货物"。[145]

关于专利保护,《知识产权协定》规定获得专利的发明创造必须具有新颖性,涉及创造性的步骤和具有工业上的可实施性。[146] 这一原则应适用于"所有技术领域的任何发明",而无论是产品还是方法。同时,对发明授予专利"不应因发明地点、技术领域、产品是进口的还是当地生产的而有歧视待遇"。[147] 任何成员仅可以基于"维护公共秩序或道德,包括保护人类、动物或植物的生命或健康或避免因严重损害环境而拒绝授予相关发明以专利权。此外,各成员可不授予下述诸项专利权:对人或动物的医学治疗的方法、任何植物、动物(微生物除外)以及植物或动物的生产过程,但植物产品除外。[148]

《知识产权协定》规定的专利权的期限为 20 年。在此期间,专利权所有人享有独占权,包括制止第三方未经授权而"制造、使用、提供销售,或为这些

---

〔143〕 根据《知识产权协定》第 24 条,任何影响履行对葡萄酒和烈酒地理标志的保护义务的事项可以提交知识产权理事会。

〔144〕 《知识产权协定》第 25 条。

〔145〕 《知识产权协定》第 26 条。

〔146〕 《知识产权协定》第 27 条第 1 款。

〔147〕 《知识产权协定》第 27 条第 1 款。

〔148〕 《知识产权协定》第 27 条第 3 款。

目的而进口被授予专利的商品”。如果“专利的标的物是一项工序，专利获得者有权制止第三者未经授权而使用该工序，或使用、提供销售或为这些目的而进口，至少是以此工序直接获得产品”。[149] 同时，专利权可以转让或继承。未经适当授权而使用专利便构成侵权。经证明侵权的当事人负有停止侵权行为和赔偿损失的责任。如当代通行的专利法一样，《知识产权协定》也承认专利的强制许可，但任何关于授予强制许可使用的决定均应接受司法审查或经上一级有关当局的独立复查，[150] 与强制许可相关的补偿金应经上一级当局的司法审查或其他独立的机构复查，[151] 专利权的撤销或收回亦必须接受司法审查。

集成电路外观设计的保护应按照有关集成电路之《知识产权协定》中第2条至第7条（不包括第6条第3款）以及第12条和第16条第3款进行，保护期为10年。非经所有人适当授权的进口、销售或为商业目的分售受保护的集成电路外观设计，或含有受保护的外观设计的集成电路，或含有继续非法复制这种集成电路外观设计的产品都构成侵权。[152]

（三）例外规定

与《关贸总协定》和《服务贸易总协定》一样，《知识产权协定》最重要的例外也是安全例外。[153] 除此之外，作为《知识产权协定》原则之一的第8条亦甚为重要。该条允许成员根据保护公共健康和营养、促进技术发展等需要，采取必要的措施，防止知识产权的权利人滥用权利，条件是相关措施符合《知识产权协定》的规定，包括例外规定。因此，当援引例外规定时，将限制措施与第8条的原则相联系可取得较有说服力的效果。《知识产权协定》主要是通

---

〔149〕《知识产权协定》第28条。

〔150〕有论者基于南非与美国关于强制许可的争议，认为《知识产权协定》关于强制许可的规定并不明确，主张世界贸易组织争端解决机构在审理争议时应明确第31条的具体含义。See Sara M. Ford, *Compulsory Licensing Provisions Under the TRIPs Agreement: Balancing Pills and Patents*, American University International Law Review, Vol. 15, p. 942 – 974 (2000).

〔151〕《知识产权协定》第31条。

〔152〕《知识产权协定》第36条。

〔153〕《知识产权协定》安全例外的规定与《关贸总协定》和《服务贸易总协定》安全例外的规定完全相同，是后者的翻版。详见《知识产权协定》第73条。

过第13、17、30条和第31条允许成员对版权、商标、专利等的专有权加以限制，但每一项限制亦需满足一些特定的条件。

专利制度的特点之一是对专利所有人提供全面的排他性的保护，同时亦规定在特定情况下国家政府可以强行将专利权进行转让，即强制许可。此类转让都是在有前提和条件的情况下进行。基于国际社会的实践，《知识产权协定》也允许各成员在内国法中规定或保留强制许可制度，从而使得强制许可成为《知识产权协定》下专利保护制度的重要例外。

在强制许可方面，《知识产权协定》所针对的主要是可能导致阻碍市场竞争的情形，如专利所有人假所持专利限制竞争或作出违反竞争的行为，或者是不授予强制许可便会影响技术的进步。这就是说强制许可主要应作为纠正反竞争行为的手段而不是成员可以随意采取的措施。与此相关的问题是何为反竞争行为。《知识产权协定》仅规定“一些限制竞争的有关知识产权的许可做法或条件可能对贸易产生不利影响，且会妨碍技术的转让和传播”，〔154〕故任何成员“可根据国内的有关法律和规定采取适当措施来防止或控制”限制竞争的做法，〔155〕条件是相关措施符合《知识产权协定》的规定。然而，除了提及独占回授条件、阻止对许可效力提出异议的条件和强制性“一揽子”许可外，〔156〕《知识产权协定》对何为反竞争行为并无具体规定。这就为《知识产权协定》之执行增加了许多变数，使国际社会在此方面的实践变得更为重要。

(四)保护制度

《知识产权协定》建立的制度主要包括权利的授予和保护两个方面。保护的制度主要是针对各成员对侵犯知识产权行为应采取的措施。在这方面，《知识产权协定》既有对执法程序的要求又有实体法方面的标准。如前所述，《知识产权协定》开宗明义要求各成员确保协定规定在国内立法中生效。第41条则对此作出了具体的规定。根据该条，各成员应采取的措施包括制定及时有效的救济程序以“阻止侵权，或有效遏制进一步侵权”。这些程序的执行

---

〔154〕《知识产权协定》第40条第1款。

〔155〕《知识产权协定》第40条第2款。

〔156〕《知识产权协定》第40条第2款。

应依公平合理的原则,且“不应是毫无必要的烦琐、费时,也不应受不合理的时限及无保证的延迟的约束”。对案件的是非曲直的裁决应根据各方有机会了解的证据,“最好应用书面形式,并陈述明确的理由”及“应在合理的时间内告知争议各方”。同时,当事人应有机会“要求司法机关对行政终决进行审议”以及就初审司法裁决提起上诉。这些看似原则性的规定直接关系到《知识产权协定》的实际执行,即相关成员的知识产权保护制度是否充分的问题。

知识产权的救济包括行政和司法两种。《知识产权协定》也基本反映了国际社会的这一基本实践,它一方面就各成员应提供的保护和保护标准作出具体规范,另一方面还就各成员应如何执行与《知识产权协定》不相冲突的法律规定了程序和标准。《知识产权协定》第 41 条的基本原则对这些程序和标准的执行具有统领的作用。就司法救济而言,《知识产权协定》主要集中在各成员应赋予司法机关,即法院的权力以及法院在办案过程中应遵循的原则。从这个角度讲不可以说《知识产权协定》对各成员的立法权和执法权的影响不大。

根据《知识产权协定》,各成员的司法机关应有下述权力:(1)司法机关应有权命令当事方停止侵权,特别是应有权在清关后立即阻止那些涉及侵权的进口商品进入商业渠道。[157] 司法机关的这一权力与海关的截停权相辅相成。而对此项权力的唯一限制是相关进口商品是在当事人知道或应该知道该商品涉及侵权之前获得或定购。[158] (2) 司法机关应有权在不给予任何补偿的情况下,下令将被发现侵权的货物清除出商业渠道或下令将其销毁,除非销毁违反宪法。司法机关还应有权在不给予任何补偿的情况下,下令将用以生产侵权产品的材料和工具清除出商业渠道,以便将进一步发生侵权的风险减少到最低限度。[159] (3)司法机关应有权责令侵权人告知权利人有关参与生产和分销侵权产品或服务的第三方的身份及渠道。[160] 需要指出的是,司法机关采取的处置方式应与权利人所受的损害程度相符并应考虑第三方的利益。这一规

〔157〕《知识产权协定》第 44 条第 1 款。

〔158〕此项例外规定与《1980 年联合国国际货物销售合同公约》第 42 条第 1 款一致,都是为了免除当事方的无过错责任。

〔159〕《知识产权协定》第 46 条。

〔160〕《知识产权协定》第 47 条。

定所反映的正是权利与义务的平衡。

对侵犯知识产权行为的救济方法除了勒令侵权人停止侵权行为外，就是责令侵权人赔偿权利人的损失。就侵权人的责任而言，《知识产权协定》主要是针对明知故犯者。它规定各缔约方应授权司法机关，以便其有权“令侵权人向权利持有人支付足以补偿其因侵权所受损失的损害赔偿金”。[161] 除此之外，权利人还可要求侵权人支付相关的费用，包括适当的律师费。实践中，权利人因侵权而遭受的损失甚难计算。《知识产权协定》要求足以补偿损失的赔偿金主要是希望能对侵权行为有遏制作用。具体操作中，法院还是有相当大的自由酌量权。同时，为了保证权利与义务的平衡，特别是为了防止权利人滥用权利，《知识产权协定》规定司法机关可以要求权利人提供保证金，如发生滥用权利的情况，司法机关得责令权利人赔偿被告的损失。[162] 这一规定同样适用于临时措施。如临时措施被撤销或由于申请人的行为或不行为而失效，或者在临时措施实施后发现申请人的指控不实，司法机关应有权责令申请人依被告的损失向之作出适当的赔偿。

《知识产权协定》对各成员内国法的作用之另一表现形式是对与知识产权有关的民事程序原则和证据的规范。第 42 条要求世贸组织成员制定关于知识产权保护的民事司法程序。在此程序下，被告应有权及时获得内容充实并包括控告基础的书面通知，当事方应有指定独立辩护人的权利以及充分陈述案情和举证的权利。同时，关于知识产权案件的程序不应过于烦琐并能够辨别和保护秘密资讯。在美国拨款法案中，上诉庭就《知识产权协定》第 42 条的义务指出，该条没有具体规定何为“民事司法程序”；这说明，只要符合该协定所列有关程序的最低标准，各成员便有自行决定适用“民事司法程序”的权利。上诉庭同时指出，第 42 条下的“权利持有人”并不限于商标所有人。若权利持有人是指商标所有人，《知识产权协定》应明确加以规定，但第 42 条并没有如此规定。反之，“权利持有人”应理解为任何有法定地位拥有这些权利的人。此外，若将诉诸法院的权利限于授予商标持有人而非被告则有违公平和公正的原则。上诉庭最后裁定，第 42 条要求各成员向权利持有人授予的

---

[161] 《知识产权协定》第 45 条第 1 款。

[162] 《知识产权协定》第 48 条。

权利属于程序性质。[163]

在证据方面,如果一方当事人向法庭提供了充足的证据,证明其申诉的确凿证据在对方手中,法庭应有权在确保秘密资讯不泄露的情况下,要求对方出示相关证据。遇有当事一方拒绝与法院合作或拒绝提供必要的资料,则法院可依掌握的资料作出判决。[164]《知识产权协定》并没有就取证和确定证据的效力等加以规定。然而,如果诉讼涉及专利且标的物是获得某种产品的流程,则相关成员的司法机关有权令被告举证,以便获得相同产品的流程与授予专利的流程之不同之处。因此,各成员应规定,至少在下列一种情况下,若无相反证据时,任何未经专利所有人许可而生产的相同的产品,应被视为通过被授予专利的流程生产的:"(一)如果用专利流程生产的产品是新颖的;(二)如果用该专利流程生产的该相同产品,存在实质性相似,而专利所有人又不能通过合理的努力来确定事实上所使用的流程。"在这种情况下,举证责任应由被指控的侵权人承担。并且,"当引用相反证据时,应考虑被告有保护其生产和商业秘密的合法权益"。[165]

除民事和行政程序外,《知识产权协定》还要求各成员追究侵权人的刑事责任。为了履行这一义务,每个成员的刑法或知识产权法必须包括刑事程序和处罚条款,对"具有商业规模的故意假冒商标或盗版"的行为进行惩罚。而惩罚的手段则包括"足以起威慑作用的监禁和/或货币罚金"以及剥夺、没收和销毁侵权货物、侵权材料和工具等。[166] 总之,只要侵权行为具有商业规模,相关成员便应适用刑事处罚规定。至于具体个案中应处以何种惩罚则应依相关案情而定。

在知识产权的保护方面,发达国家和发展中国家之间历来存有分歧。发达国家较多地强调对知识产权的保护,发展中国家则主张发达国家和跨国公司应负有向发展中国家转让技术的责任,至少在转让技术时不应附加不合理的条件。针对国际社会不同国家和地区的关注,《知识产权协定》规定了发达

---

〔163〕 *United States – Section* 211 *Omnibus Appropriations Act of* 1998,上诉机构报告,世贸组织文件第WT/DS176/AB/R 号世贸组织文件,第 59 – 63 页。

〔164〕《知识产权协定》第 43 条。

〔165〕《知识产权协定》第 34 条。

〔166〕《知识产权协定》第 61 条。

国家向发展中国家和最不发达国家的成员提供技术和进行金融合作的义务。此类合作应包括对有关知识产权保护和实施及阻止滥用的国内立法起草的协助，还应包括对有关这些问题的国内机关和机构的设立或加强提供援助以及对政府官员的培训等。[167]

随着全球化的发展，专利、商标、版权等知识产权几乎融入了当代货物和服务的诸方面，故对知识产权的保护是否有效、充分直接关系贸易自由化的推进。对知识产权保护固然重要，但严格的保护制度必然影响贸易自由化的进程，也直接关乎国际人权。众所周知，健康权是人权的基本内容，健康权又需要公共卫生系统的支持，包括药物的可获得性、可承受性等。药物的研发需要巨大的投入，如果研发出来的药物的知识产权得不到有效保护，便没有人愿意投资进行研发，然而如果研发的药物（包括原材料）的价格过高或关税过高，人们可能无法获得药物或无法承受药物负担。基于此考虑，世贸组织成员在多哈回合通过了《关于与贸易有关的知识产权协定与公共卫生的多哈宣言》[168]（以下简称《多哈知识产权宣言》），该宣言一方面承认知识产权保护对研发新药的重要性，另一方面也关注与之相关的药品价格问题。[169] 公共卫生涉及的是国家主权问题。多哈回合各参与方同意《知识产权协定》不禁止也不应该禁止世贸组织成员采取公共卫生措施，并同意为此目的在解释世贸组织义务时体现前述权利。[170] 这便是通常所说的"灵活解释"原则，包括(1)当按照习惯国际法条约解释原则解释《知识产权协定》的具体条款时应考虑其目的、宗旨和原则。(2)每个成员均有权实行强制许可，条件由该成员自行确定。(3)每个成员均有权自行确定哪些元素构成国家紧急情况（national emergency）或其他极紧迫情况（extreme urgency）；艾滋病、结核病、疟疾等被视为构成国家紧急情况的公共卫生事件。(4)每个成员均可自行决定知识产权的权利用尽机制。[171] 为了执行《多哈知识产权宣言》，世贸组织总理事会通

---

〔167〕《知识产权协定》第 69 条。

〔168〕*Declaration on the TRIPS Agreement and Public Health*，2001 年世贸组织部长级会议于 2001 年 11 月 14 日通过，参见世贸组织文件第 WT/MIN(01)/DEC/2 号。

〔169〕参见世贸组织文件第 WT/MIN(01)/DEC/2 号，第 3 段。

〔170〕参见世贸组织文件第 WT/MIN(01)/DEC/2 号，第 4 段。

〔171〕参见世贸组织文件第 WT/MIN(01)/DEC/2 号，第 5 段。

过了《执行关于〈与贸易有关的知识产权协定〉与公共卫生的〈多哈宣言〉第6段的决议》,[172]豁免各成员依《知识产权协定》第31(f)条的义务,可向最不发达国家成员等合资格的成员市场出口药品而强制许可相关专利。[173] 该总理事会决议还就合资格成员、被强制许可的专利所有人应得的报酬、产品标识、法律保障等作出了具体规定。[174]

五、争端解决机制

世贸组织争端解决机制是在总结了《关贸总协定》实践的基础上发展而成。世贸组织成立前的《关贸总协定》亦有争端解决机制,但其不具有强制性,因此常为世人诟病。建立一个什么样的争端解决机制是乌拉圭回合谈判的主要议题之一。原则上每个谈判方都希望新的机制既有效率、公正无私,又具有强制性。总体上讲,世贸组织争端解决制度在一定程度上避免了《关贸总协定》制度下缔约方可以决定是选择适用总协定的机制还是东京回合协议的机制,是选择适用《关贸总协定》的规定还是其他协议的规则等弊端,加大了依相关协议的规定解决争议的力度。

(一)基本原则与管辖权

世贸组织争端解决制度以《争端解决谅解》为基础。《争端解决谅解》适用于列于《世贸组织协定》附件一的所有争端,诸边贸易协定等另有规定者除外。[175] 此类争端将通过一个中央机构,即争端解决机构,统一处理。争端解决机构由世贸组织的每个成员派代表组成,有权自行指定主席及制定解决争

[172] *Implementation of paragraph* 6 *of the Doha Declaration on the TRIPS Agreement and Public Health*,于2003年8月30日在总理事会会议上通过,参见世贸组织文件第WT/L/540 and Corr.1号。

[173] 参见世贸组织文件第WT/L/540 and Corr.1号,第2段。

[174] 关于这些事项的规定,参见前述总理事会决议第3~5段。

[175] 基于《争端解决谅解》,在争议解决中,世贸组织争端解决机构的管辖权应限于作为《世贸组织协定》附件的协定,然实践中争端解决机构亦不可避免地要考虑习惯国际法原则和相关成员参加的其他条约的规定。关于世贸组织与国际公法的关系,特别是争端解决方面如何处理《世贸组织协定》与其他国际条约的关系,See Joost Pauwelyn, *The Role of Public International Law in the WTO: How Far Can We Go?*, The American Journal of International Law, Vol. 95:3, p. 535–578(2001)。

端的程序与规则。争端解决机构独立于世贸组织的其他理事会和委员会,但应就争端解决的进展情况向相关的理事会和委员会通报。[176]

争端解决机构应根据《争端解决谅解》和其他相关协定的规定,就涉及世贸组织成员之间的权利与义务的争议,通过磋商和其他程序予以解决。如果《争端解决谅解》的"规定和程序与附录二列出的专门的或增补的规则和程序之间出现分歧,则应以附录二中的专门的或增补的规则和程序为准"。[177] 同时争端解决机构应根据需要召开会议,以便在《争端解决谅解》规定的时间框架内完成任务。[178] 当作决定时,争端解决机构应沿袭《关贸总协定》的协商一致方式。[179] 实践中,此协商一致是以全体成员一致反对为运作方式。易言之,除非全体成员均反对专家组或上诉机构的报告,否则相关报告应通过。这就是人们通常说的反向一致或一致不同意原则。此规定仅适用于列于附件一的协定。就列于附件二的诸边贸易协定而言,《争端解决谅解》之适用"应以每个协定的缔约方作出的,就每个相关协定适用本谅解的条件之决定为前提"。[180]

争端解决机构在处理成员间的争议时应严格遵守《争端解决谅解》第3条规定的基本原则,依"1947年关贸总协定第22条和第23条解决争端的原则和方法",以及其他经进一步阐述与修改的各项规则和程序[181]解决争端。《世贸组织协定》第16条第1款规定,"除本协定和其他诸边贸易协定另有规定外,世贸组织应接受《1947年关贸总协定》缔约方以及在关贸总协定框架下所设立的工作组所作的决定、程序和惯例的指导"。从这个角度讲,《关贸总协定》在解决争端过程中形成的习惯做法、标准等对世贸组织争端解决机构有普通法制度下判例和先例的作用。争端解决机构除了参照《关贸总协定》的习惯做法外,更重要的是保证"各成员的权利和义务"得以执行,方法是按照国际公法解释条约的习惯规则,澄清有关协定中现有条文的规定。无论如

---

〔176〕《争端解决谅解》第2条第2款。
〔177〕参见《争端解决谅解》第1条第2款。
〔178〕《争端解决谅解》第2条第3款。
〔179〕《争端解决谅解》第16条第4款。
〔180〕《争端解决谅解》附件二。
〔181〕《争端解决谅解》第3条第1款。

何,争端解决机构的任何建议和裁决都"不得增加或减少相关协定赋予成员的权利和义务"。实践中专家组和上诉机构均将《维也纳条约法公约》第 31 条和第 32 条作为解释条约的习惯国际法原则。

如何确保各成员的法律、政策和做法不违反这一规定并非简单的问题。在这方面,美国 1974 年贸易法第 301 条至第 310 条案[182]颇有启发性。在该案中,欧共体认为 1974 年《美国贸易法》第 304 条第 1 款授权贸易代表决定外国政府的行为是否符合国际协定的规则等规定,事实上包括了贸易代表有权决定世贸组织成员的行为是否符合相关协定的规定、是否损害了美国的利益等。鉴于美国代表的这一权力之行使不是以世贸组织争端解决机构的决定为前提,故其违反了《争端解决谅解》第 23 条第 2 款第 1 项。欧共体指出,1974 年《美国贸易法》第 306 条授权贸易代表决定争端解决机构的建议是否得到执行,而不是依《争端解决谅解》第 21 条第 5 款解决美国与其他成员间的分歧,从而违反了《争端解决谅解》第 23 条第 2 款第 1 项。美国认为第 304 条并未要求贸易代表必须确定美国的利益受到损害;该条仅要求贸易代表必须判决美国利益"是否"受到损害。专家组认为第 23 条第 2 款关于禁止性行为的规定并不限于限制性行为。第 23 条的前述特点使其可能在两种情况下被违反,即成员的具体行动和普遍适用的措施包括法律和条例,条件是这些法律或条例规定应遵行某些程序和规则,但没有要求必须遵行争端解决机构的程序和规则。[183]

专家组认为,第 23 条的整体规划就是不允许成员采取单方面措施。[184]在该条的制度下,关于某一措施是否符合《世贸组织协定》应由争端解决机构决定,而非由世贸组织成员为之;任何关于执行争端解决机构裁决和建议的合理时间应通过第 21 条的程序决定;任何关于中止减让或其他义务的实施亦必

---

[182] *United States – Sections* 301 – 310 *of the Trade Act of* 1974,专家组报告,世贸组织文件第 WT/DS152/R 号(以下简称美国贸易法第 301 条案,专家组报告)。

[183] 美国贸易法第 301 条案,专家组报告,第 313 页。事实上,专家组的这一论断也参考了《关贸总协定》的先前实践。例如,《关贸总协定》于 1987 年 6 月 17 日通过的 *United States – Taxes on Petroleum and Certain Imported Substances* 专家组报告曾裁定,美国的歧视性征税违反了《关贸总协定》,尽管当时该税收规定尚未执行。

[184] 美国贸易法第 301 条案,专家组报告,第 311 页。

须事先依照争端解决机构的程序得到授权。[185]

那么,第304条是否违反了第23条呢? 专家组指出,欧共体和美国所争议的并非美国根据第304条作出的决定是否符合《世贸组织协定》,而是第304条是否可以作为普遍适用的法律而违反了第23条。[186] 专家组认为对这一问题的答案不必是非黑即白,因为不能设想聪明的世贸组织设计者的意图是如此。因此,当考虑什么样的法律可能违反第23条时,必须先根据解释条约的原则,弄清其含义。

专家组认为如果将第23条第1款和第2款放在一起考虑,其结果便是各成员相互承诺不做一些特定的行为,而这种承诺是以条约的形式完成。当某个成员的法律允许其承诺不做的行为时,这是否意味相关承诺和保证已荡然无存了呢? 专家组说,让我们再回过头来看《美国贸易法》第304条。美国辩称该条的任意性规定使其免除了违反《世贸组织协定》的责任。但我们认为,这恰恰可以推导出该法律违反了《世贸组织协定》。专家组的理由是,该法律授予贸易代表的自由裁量权明显排除了美国可能遵守《世贸组织协定》的可能性。在每一个案中,在争端解决机构尚未作出决定前,相关当事方都会处于美国贸易代表强制性决定的恐吓之下,而不使任何成员面临此种危险正是第23条致力于达到的目标。据此专家组裁定《美国贸易法》第304条违反了《争端解决谅解》第23条。[187]

然而,美国特立独行的风格并不会因世贸组织的一纸裁决而改变。2016年美国前总统特朗普当选后,立即挑起对中国的贸易摩擦。美国根据其1962年《贸易扩展法》(Trade Expansion Act)第232节,于2018年3月23日起对进口自中国的钢铁和铝征收25%的关税,涉及金额约30亿美元。[188] 2018年

---

〔185〕 美国贸易法第301条案,专家组报告,第311－312页。

〔186〕 专家组应决定该条是否通过前述第二种违约方式违反了第23条。

〔187〕 美国贸易法第301条案,专家组报告,第312－318页。专家组所称的危险包括成员政府和市场两个方面。就成员政府而言,面对某个成员的法律保留了单方面采取措施的权利,特别是遇有保留权利的成员经济力量强大的情形,其他成员与之谈判时便会因潜在的威胁而作出让步。市场面临的危险是指商家考虑到某个特定市场的风险较高,如可能有突然的关税增加等情形,便会选择到其他市场去投资或进行贸易。参见美国贸易法第301条案,专家组报告,第325页。

〔188〕 关于美国总统在《贸易扩展法》下的权力以及美国贸易代表关于此轮提高关税的建议,参见https://www.investopedia.com/terms/s/section－232－trade－expansion－act.asp(2018年9月14日访问)。

4 月 3 日，美国宣布基于《1974 年美国贸易法》对进口自中国的工业机械、航空航天和信息通信等产品加征 25% 的关税，涉及产品的价值约 500 亿美元。[189] 2018 年 7 月 10 日，美国前总统特朗普宣布对价值 2000 亿美元的中国商品加征 10% 关税，8 月 2 日又说考虑到人民币贬值等因素，将前述关税提高到 25%。[190] 面对美国政府的咄咄逼人，中国政府于 8 月 3 日宣布将对来自美国价值为 600 亿美元的商品征收 25%、20%、10%、5% 不等的关税。对此，白宫首席经济顾问库德洛煽风点火，揶揄中国以 600 亿美元来因应美国的 2000 亿美元是软弱的表现，颇有唯恐天下不乱之势。库德洛甚至语带威胁地警告中国勿低估特朗普进一步反击的决心。至此，事情已经非常清楚，美国挑起贸易摩擦是早有预谋，根本不涉及两国对世贸组织规则等的认知不同，也根本不想通过世贸组织解决分歧，更不希望通过谈判解决问题。这可从美国贸易代表办公室关于 301 调查报告中得到证实。库德洛直言，500 亿美元关税是针对"中国以政策强制要求美国企业向中国本土企业转移科技和知识财产。这些政策帮助中国推进高科技产业，巩固了'中国制造 2025'等计划的落实"。该调查报告发布数小时后，特朗普便在推特上公开表示，"我们并非挑起与中国的贸易摩擦"。[191]

特朗普之所以如此讲，是因为按照其逻辑，唯一对美国"再次伟大"可能构成妨碍的国家只有中国。这是因为，首先，中国已经是世界第二大经济体，而其他任何国家的经济体量都无法与美国匹敌；其次，中国经济的快速发展以及规划通过"中国制造 2025"成为世界强国使美国有相当的压迫感和紧迫感；最后，"一带一路"倡议的实施势将改变国际地缘政治的格局。基于此，美国要想再次伟大，无论从经济、政治、军事还是对国际社会的操控力方面都保持美国的绝对优势等方面考虑，中国实现强国之梦势必影响美国前总统特朗普的"再次伟大"策略。

---

[189] 参见 https://ustr.gov/about-us/policy-offices/press-office/press-releases/2018/april/under-section-301-action-ustr（2018 年 9 月 14 日访问）。

[190] 参见 https://www.politico.com/story/2018/08/01/trump-tariffs-china-1715000（2018 年 9 月 14 日访问）。

[191] 关于中国、欧盟和美国间贸易摩擦与各方经济结构的关系等讨论，See Selcan Serdaroglu Polatay, *Who Likes Cooperation? A Long-Term Analysis of the Trade War between the US, the EU and China*, Uluslararasi Iliskiler/International Relations, Vol. 17:67, p. 41-60 (2020)。

美国政府挑起的贸易摩擦严重损害了世贸组织的威信，开了一个非常坏的先例。[192] 作为强大的经济、军事和政治国家可以完全不按世贸组织的规则行事，其他世贸组织成员当然也可以效仿。美国的做法也严重破坏了条约必须信守（pacta sunt servanda）这一国际法基本原则。[193] 同时，鉴于美国和中国分别是世界第一和第二大经济体，由美国挑起的这场贸易摩擦对国际社会生活的多方面均产生了负面影响。[194] 遗憾的是，拜登担任美国总统后也没有积极调整特朗普的政策，一直没有撤销单方面对中国增收的关税。[195]

世贸组织争端解决制度的特点之一是反向一致原则，即一致不通过原则。《争端解决谅解》第 16 条第 4 款规定，在收到专家组报告后 60 日内若当事方未就报告提出上诉或者争端解决机构未"一致决议不采纳相关报告"，争端解决机构应通过该报告。《争端解决谅解》第 17 条第 14 款亦规定："争端解决机构应在上诉机构报告向各成员发布的 30 日内通过该报告，并由争端各方无条件地接受，除非争端解决机构一致决议不通过该报告。"为了使成员在执行相关协议和争端解决过程中对其权利和义务有比较确定的了解和理解，《争端解决谅解》授权各成员就世贸组织相关协议和其他诸边协议所涉及的事项，寻求对相关条款以决议的方式作出权威性解释。[196] 而根据《世贸组织协定》第 9 条第 2 款，此类权威性解释应按无异议一致通过原则或大多数通过原

---

〔192〕 关于中美贸易摩擦的法律问题讨论，See Julia Ya Qin, *WTO Reform: Multilateral Control over Unilateral Retaliation – Lessons from the US – China Trade War*, Trade, Law and Development, Vol. 12:2, p. 456 – 513 (2020)。

〔193〕 条约必须信守原则是公认的国际法基本原则，存在于几乎所有国家。其内涵包括诚实信用原则。基于此，一个国家政府或其领导人的单方面宣布也被视为具有国际法上的效力。关于此问题的讨论，See Malcolm P. Sharp, *Pacta Sunt Servanda*, Columbia Law Review, Vol. 41:5, p. 783 – 798 (1941)。

〔194〕 如中美贸易摩擦对文化产品的跨境贸易产生了严重影响。关于此问题的讨论，See Catherine Braun, *The Art of Economic War: Cultural Property Import Tariffs as Foreign Policy*, Notre Dame Journal of International & Comparative Law, Vol. 11:2, p. 294 – 318 (2021)。

〔195〕 美国贸易代表戴琪于 2021 年 10 月 4 日发表的 *Remarks As Prepared for Delivery of Ambassador Katherine Tai Outlining the Biden – Harris Administration's New Approach to the U. S. – China Trade Relationship* 讲话阐述了美国对中国的贸易立场，但丝毫没有诉诸世贸组织这一多边机制解决贸易纷争的迹象。载 https://ustr.gov/about-us/policy-offices/press-office/press-releases/2021/october/remarks-prepared-delivery-ambassador-katherine-tai-outlining-biden-harris-administrations-new（2021 年 10 月 10 日访问）。

〔196〕 《争端解决谅解》第 3 条第 9 款。

则形成。鉴于世贸组织对各相关协议有绝对的解释权，按前述规定作出的解释对专家组和上诉机构都应具有拘束力，这也可以说是对争端解决机构反向一致原则的补充。然而，实践中部长级会议和总理事会根本不可能有机会就可能影响专家组和上诉机构正在处理的争议的结果之协议条款进行解释。

世贸组织成员运用争端解决程序本身不应被解释为或被视为一种引起争端的行动。[197] 任何成员诉诸争端解决程序，除按《争端解决谅解》的规则和程序确定外，不应假定违反协定的情形已经发生、投诉成员的利益已经丧失或已遭受损害，或相关情势已经阻碍所涉协定目标的实现。专家组、上诉机构和仲裁庭应按照第 21 条的程序，为有关成员履行建议确定合理的期限。通常情况下，专家组和上诉机构如认为被投诉成员的措施不符合《世贸组织协定》，便会在报告中建议争端解决机构要求该成员使相关措施符合《世贸组织协定》，但不一定具体建议履行的期限。

世贸组织成员执行争端解决机构建议的期限有不同的计算方法；世贸组织鼓励涉案成员主动执行。在争端解决机构通过专家组或上诉机构报告的会议召开之 30 天内，相关成员应通知争端解决机构是否可以立即执行后者的建议和裁决，“如立即遵守建议和裁决不可行，相关成员应有一个合理的执行期限”。[198] 合理期限的确定有下述几种方法：由被裁定败诉的成员自行提出执行的期限，但须获争端解决机构批准。[199] 如未获批准，则争议各方可通过谈判形成一个合理期限，条件是该协议须于相关建议和裁决被通过之日起的 45 日内达成。[200] 如各方无法就执行的合理期限达成协议，则各方应通过仲裁确定合理期限，仲裁裁决须于相关建议和裁决被通过之日起的 90 日内作出。[201] 在可能的情况下，原负责的专家组应担任仲裁员。实践中，执行争端解决机构建议和裁决的期限依使相关措施符合《世贸组织协定》所需的时间确定；如相关建议和裁决涉及法律的修订，则合理期限便会相对较长，而仅涉及行政措施

[197] 《争端解决谅解》第 3 条第 10 款。

[198] 《争端解决谅解》第 21 条第 3 款。

[199] 《争端解决谅解》第 21 条第 3(a)款。

[200] 《争端解决谅解》第 21 条第 3(b)款。

[201] 《争端解决谅解》第 21 条第 3(c)款。

修订的建议和裁决的合理期限则会较短。[202] 在美国赌博案，仲裁庭同意美国关于其联邦立法制度复杂，修改法律需要时间的意见，[203] 但并未支持美国提出的 15 个月作为合理期限的请求。[204]

世贸组织确定了败诉成员执行争端解决机构的建议和裁决的期限并非意味问题的解决。败诉成员可以就其理解采取相应的措施，但胜诉方并不一定认可该措施可实际执行争端解决机构的建议和裁决。遇此情况，争议当事方可再次诉诸争端解决程序，请求就败诉成员所采取的措施是否符合适用协议的规定，成立专家组。[205] 通常情况下，争端解决机构会请原专家组处理此类争议。实践中这也会涉及相当复杂的辩论，且相当耗时。[206]

（二）补救措施

遇有成员未能在合理的期限内履行前述建议或裁决，争端解决机构应按照第 22 条的程序，确定中止减让或其他义务的水平，并授权相关成员中止被投诉成员的减让和其他义务。[207] 此规定与第 23 条第 1 款的规定放在一起考虑便不难发现，其意义在于限制成员根据传统国际法可以单方面采取措施的权利。[208] 作为补偿，每个成员都有权要求争端解决机构就争议问题成立专家组。

世贸组织争端解决机制的目的“在于确保对争端有积极的解决办法”。[209] 基于此，相关成员和争端解决机构应考虑优先采用“各当事方都愿接受并与

---

〔202〕 参见 *United States — Measures Affecting the Cross - Border Supply of Gambling and Betting Services, Arbitration under Article 21.3(c) of the Understanding on Rules and Procedures Governing the Settlement of Disputes*，仲裁裁决，世贸组织文件第 WT/DS285/13 号，2005 年 8 月 19 日（以下简称美国赌博案，仲裁裁决），第 35 段。

〔203〕 美国赌博案，仲裁裁决，第 46 段。

〔204〕 美国赌博案，仲裁裁决，第 64 段。根据《争端解决谅解》第 21 条，15 个月为执行争端解决机构建议与裁决的最长时限。

〔205〕 《争端解决谅解》第 21 条第 5 款。

〔206〕 关于此方面的实践，参见 *United States — Measures Affecting the Cross - Border Supply of Gambling and Betting Services, Recourse to Article 21.5 of the DSU by Antigua and Barbuda*，专家组报告，世贸组织文件第 WT/DS285/RW 号，2007 年 3 月 30 日。

〔207〕 《争端解决谅解》第 23 条第 2 款。

〔208〕 《联合国宪章》第 33 条和《维也纳条约法公约》都赋予缔约方在其他缔约方违约的情况下单方面采取措施的权利。

〔209〕 《争端解决谅解》第 3 条第 7 款。

各有关协定相一致的解决办法。若无法达成为双方接受的解决办法,争端解决机制的首要目标,通常是确保撤除那些与有关协定不一致的有关措施。只有当立刻撤除这些措施不现实时,才可诉诸补偿性条款,而且其应作为撤除与有关协定不一致的措施前的一项临时措施"。[210] 而中止有关协定项下的减让或其他义务则为解决争端的最后手段且应经争端解决机构授权。[211] 这一规定是世贸组织争端解决机制的基本原则之一,反映在争端解决的各个阶段和方面。特别是赔偿和中止减让以及其他义务更是万不得已才可采用的措施。《争端解决谅解》第 22 条第 1 款规定,无论是赔偿还是中止减让和其他义务都不能替代全面履行专家组或上诉机构的建议及使相关措施符合协定规定。据此,如果在由争端解决机构确定的或仲裁裁决确定的期限届满时相关成员尚未使违约措施符合相关协定的规定,且双方经谈判仍无法达成协议的情况下,受影响的成员得请求授权中止减让和其他义务。

中止减让和其他义务的范围应与违约措施的幅度相当,不应为当事方带来不必要的严重经济后果。同时,作为原则,受影响的缔约方在中止减让和其他义务时"应首先设法中止那些业已由专家组或上诉机构认定有违背、导致利益丧失或损害的相同领域的减让或其他各项义务"。[212] 易言之,中止减让和其他义务应尽量限制在违约措施的领域。例如,如果相关措施涉及的是纺织品,则中止减让和其他义务亦应在纺织品领域实施。只有在同一领域实施中止减让不切实际或无效的情况下,相关成员才可依交叉原则首先看在所涉及的同一协定下能否实施中止减让;如果在同一协定下无法有效实施,则可寻求中止其他协定下的减让和义务。美国赌博案的胜诉方安提瓜最后便被授权停止保护美国的部分知识产权作为中止减让的方法。[213]

(三)专家组与上诉机构

世贸组织争端解决机制的特点之一是鼓励成员通过协商解决争端。根据

[210] 《争端解决谅解》第 3 条第 7 款。

[211] 《争端解决谅解》第 3 条第 7 款。

[212] 《争端解决谅解》第 22 条第 3 款。

[213] See *United States — Measures Affecting the Cross - Border Supply of Gambling and Betting Services*, *Recourse to Arbitration by the United States under Article 22.6 of the DSU*, 仲裁决定,世贸组织文件第 WT/DS285/ARB 号,2007 年 12 月 21 日(以下简称美国赌博案,仲裁决定)。

解决争端谅解,磋商应于争议发生后的30日内举行。[214]被请求方于收到磋商的请求后作出积极回应。如果被请求方于收到请求后的10日内未作答复,或者双方未于请求提出后的30日内举行磋商,请求磋商的成员可直接要求成立专家组。[215]这一措施是为了提高争端解决机制的效率,也属于强制性制度的一部分。

斡旋、调解和调停无效,便可请求争端解决机构成立专家组解决争议。虽然斡旋、调解和调停并不是成立专家组的前提条件,但《争端解决谅解》第6条第2款规定,成员提出书面请求时"应阐明是否已经进行磋商"。要求成立专家组是世贸组织成员的权利。根据《争端解决谅解》第6条第1款,应任何成员请求,"专家组应最迟在此项请求首次作为一项议题列入争端解决机构议程的会议之后的争端解决机构会议上设立",除非与会各方一致决定不成立专家组。鉴于要求成立专家组的成员也参加会议并必定投同意票,因此专家组的成立也属准自动性质。[216] 这也是反向一致原则的具体运用。《争端解决谅解》规定,如一个以上成员就同一事项请求成立专家组,则可设单一专家组审理相关争议。[217] 但同一成员是否可以就同一事项两次要求成立专家组,《争端解决谅解》则无规定。世贸组织争端解决机制的另一特点是受影响的第三方可以主张权利。[218] 这一原则适用于争端解决机制的全过程,包括专家组和上诉机构。第三方的权利包括知情权和参与权。

就专家组的组成而言,争端解决机构的制度与国际商事争端解决中的仲裁制度相似。专家组成员是从争端解决机构秘书处保存的一份花名册所列的人员中挑选。该花名册的人员包括1984年11月30日确立的非政府的专家组人员的花名册,[219]以及其他的花名册和根据任何有关协议而确立的表示特征的一览表。同时,世贸组织各成员还可以定期向争端解决机构推荐政府和非政府人员,以供后者考虑批准将之列入前述花名册。遇有争端发生需要成

---

〔214〕《争端解决谅解》第4条第3款。

〔215〕《争端解决谅解》第4条第3款。

〔216〕实践中,被诉方总会以时间仓促等原因阻止专家组在第一次会议上成立,而规定必须在接下来的会议上成立的目的就是防止因当事成员的阻挠而无法成立专家组。

〔217〕《争端解决谅解》第9条第1款。

〔218〕《争端解决谅解》第10条。

〔219〕参见《关贸总协定》文件第BISD 31S/9号。

立专家组时，秘书处将会从前述花名册中挑选适合的人员，并通知各当事方关于专家组的任命。除非有极特别的理由，否则“各当事方不应反对该任命”。[220] 当然，这并不是说秘书处挑选专家组成员毫无原则可循。首先，“专家组成员的选定应确保其成员的独立性，并拥有多种不同的背景和丰富的经验”。[221] 在这一大原则下，争议当事方和参与争端解决程序的第三方的公民一般不应参加相关专家组。不言而喻，这一规定的目的就是保证程序上的公平，即至少从表面上看专家组的成员在相关案件中无利益冲突。其次，通常情况下，专家组由三名成员组成。[222]

专家组的成员以个人身份参与审理争议的工作，不应受任何政府、机构或个人的影响。为了确保专家组成员的独立性和公正性，世贸组织于 1996 年 12 月 11 日通过的关于争端解决的规则和程序谅解的行为规则（以下简称谅解行为规则）要求专家组成员在审议争议时应“只考虑争端解决过程中提出的、履行本人义务所必须考虑的问题，而不得将这一责任转移给任何其他人”。[223] 为此，每个专家组的成员都必须“披露个人应当知道的、可能影响或可能造成他人合理怀疑会影响该个人之独立性和公平性的任何利益、关系或事项”。披露的义务是持续性的个人化的义务。在接受任命前，专家组的成员都必须签署承诺披露义务的承诺书。[224]

与专家组收集资料相关的问题之一是如果非争议当事方主动向专家组提交了与案件相关的意见和资料，专家组是否可以接受，接受以后是否可以使用，即在处理案件时是否可以考虑。美国虾和虾产品出口限制案便涉及这一问题。[225] 该案调查期间，专家组收到保护海洋中心（Center for Marine Conservation）、国际环境法中心（Center for International Environmental Law）及世

---

〔220〕《关贸总协定》第 8 条第 6 款。

〔221〕《关贸总协定》第 8 条第 2 款。

〔222〕根据《争端解决谅解》，在专家组成员任命的 10 日内，当事成员亦可同意专家组应由 5 人组成。

〔223〕世贸组织文件第 WT/DSB/RC/1(96 - 5267)号。

〔224〕承诺书由世贸组织争端解决机构置备，内容包括：“我已经阅读了争端解决机构及其行为规则，我理解我在参加争端解决机制时的持续义务，在争端解决机构通过某一争端的报告，或通知其和解前，我现在和将来都应当披露可能影响我独立或公正，或可能造成他人合理怀疑争端解决机制之独立性和公正性的任何信息。”见于 1996 年 12 月 11 日通过的谅解书行为规则附件三。

〔225〕*United States – Import Prohibition of Certain Shrimp and Shrimp Products*，上诉机构报告，世贸组织文件第 WT/DS138/AB/R 号（以下简称美国虾和虾产品进口限制案，上诉机构报告）。

界自然基金(World Wide Fund for Nature)三个非政府组织主动提交的案情摘要。印度、马来西亚、巴基斯坦和泰国要求专家组不要考虑这些文件。但其要求未获接纳。在上诉阶段,这一问题再次成为各当事方争议的焦点之一。上诉庭指出,世贸组织的争端解决机制只适用于其成员,只有涉案的当事方才有法定的权利提出论据,专家组必须接受他们提出的论据,并予以充分考虑。然而根据《争端解决谅解》第 13 条,专家组有寻找资料的权利。同时根据阿根廷鞋类和纺织品案的上诉机构报告,[226] 专家组有全面寻找资料的权利,包括资料的选择和评估,接受或拒绝该资料或采取其他适当的方法处置相关资料。易言之,专家组享有很大和广泛的权利以控制争端解决程序。因此,第 13 条所指的寻找不应只从其字面解释,专家组有权寻找资料并不代表禁止专家组接受非经要求的资料。专家组可使用酌情权,考虑是否接纳或拒绝收到的资料和意见,无论该资料是否专家组要求者。上诉庭非但认为接受非经要求提交的非官方资料并没有违反《争端解决谅解》第 13 条的规定,同时认为美国亦可将这些资料作为论据提出。[227]

世贸组织争端解决制度的一个重要方面是上诉制度。与磋商和专家组制度不同,上诉制度是世贸组织的创新,目的是强化争端解决机制,使之更具有准司法机构的特点。有论者认为这一发展对争端解决的效率及权威性至关重要。[228] 上诉机构系由 7 名专家组成,负责审理当事成员就专家组的报告提起之上诉。上诉机构的委员应由具有公认的权威,并在法律、国际贸易和各有关协定主题内容方面具有专业知识的人组成,任期四年,得连选连任。[229]

上诉机构的委员以个人身份接受任命,在任职期间,"不得接受与其承担的义务和责任不符的任何雇用或从事任何这样的专业活动"。[230] 上诉机构的

---

[226] 阿根廷鞋类和纺织品案,上诉机构报告,第 75 - 81 段。

[227] 参见美国虾和虾产品进口限制上诉案,第 36 - 39 页。

[228] See Thomas J. Dillon Jr. , *The World Trade Organization: A New Legal Order for World Trade?*, Michigan Journal of International Law, Vol. 16, p. 375 - 376(1995).

[229] 《争端解决谅解》第 17 条。

[230] 参见争端解决机构上诉机构于 1997 年 2 月 28 日通过的上诉案件审理工作程序(以下简称上诉案件审理工作程序)第 2 条第 2 款。前述上诉案件审理工作程序最初于 1996 年 2 月 15 日通过。1997 年 2 月 28 日通过的上诉案件审理工作程序系对原版本的修订。

委员亦“不得接受或谋求国际组织、政府组织或非政府组织或私人的指示”。[231] 但其在“任何时候”都应随时听从上诉机构的指令。在承担保密义务、披露义务等方面，上诉机构委员同专家组的成员相同。值得指出的是，不仅负责审理的上诉庭委员不得单独与任何当事方或第三方讨论相关上诉案件所涉及的问题，而且未参加上诉庭的其他委员亦不得与任何当事方或第三当事方进行前述讨论。[232] 未参加上诉庭的委员之所以须承担不单独与当事方或第三方讨论案件的义务，是因为其有机会在上诉庭提交报告前发表意见。任何当事方单独同未参加上诉庭的委员讨论案情便可能影响这些委员的立场和观点，进而影响上诉庭的报告。

上诉机构设主席一人，由委员们选举产生，任期一年。为了保证各委员可轮流担任主席，主席一职不得连选连任。主席主要负责上诉机构的内部运作以及其他委员交付的工作。[233]

上诉机构仅负责处理争议当事方提起的关于法律问题的上诉。[234] 对此问题，上诉庭在美国外国销售公司案有明确的说明。[235] 在该案中，美国上诉时提出，其对外国销售公司的征税措施符合注解59“避免双重征税”的规定，因而不是第3条第1款的补贴。上诉庭指出，根据《争端解决谅解》第17条第6款，“上诉庭的责任仅限于专家组报告中涉及的法律问题及由该专家组所作的法律解释”，因美国没在专家组阶段提出前述论点，上诉庭便没有权力审议这一论点。[236]

何为法律问题或者法律问题和事实问题如何区别是非常棘手的问题。在日本烈酒税上诉案中，专家组只分析涉案的八种烈酒而非全部烈酒。上诉庭认为专家组的做法构成法律观点的错误；[237] 然而因为专家组报告未具体分析

---

[231] 上诉案件审理工作程序第2条第3款。

[232] 上诉案件审理工作程序第19条第2－3款。

[233] 参见上诉案件审理工作程序第5条。

[234] 《争端解决谅解》第17条第4款。

[235] *United States – Tax Treatment for “Foreign Sales Corporation”*，上诉机构报告，世贸组织文件第WT/DS108/AB/R号（以下简称美国外国销售公司案，上诉机构报告）。

[236] 美国外国销售公司案，上诉机构报告，第35－36页。

[237] *Japan – Taxes on Alcoholic Beverages*，上诉机构报告，世贸组织文件第WT/DS8/AB/R号（以下简称日本烈酒税案，上诉机构报告），第25页。

其他涉案烈酒是否违反《关贸总协定》,故上诉机构未对之作出判断。由此不难看出,在世贸组织的机制下,争议当事方如何构建己方的呈词、如何在专家组阶段就为上诉阶段做准备以及评论专家组的报告尤为重要。现在世贸组织争端解决机构的程序基本以普通法习惯为主导。这对即使习惯普通法诉讼的成员也是很大的挑战,对不熟悉普通法诉讼习惯的当事方则会构成相当大的困难。例如,某个对己方有利的法律问题由于未在专家组阶段提出便可能无法在上诉讼阶段提出,从而使应该胜诉的案件败诉。

除了上诉方以外,任何其他争议当事方均可在上诉通知提交后的 15 日内加入上诉,或就专家组报告涉及的法律问题和其认为专家组对法律解释的错误提出上诉。[238] 这便是人们通常所说的多方上诉制度的具体运作。第三当事方无权就专家组的报告提起上诉,但可以向上诉机构提出书面意见,并有权获得上诉机构听取其意见的机会。每一宗上诉案的审理期限通常为 60 日,但在任何情况下均不得超过 90 日。[239] 上诉案应由三名委员组成的上诉庭审理。组成上诉庭的三名委员应当由七名委员轮流担任。当考虑上诉庭的组成时“同时要考虑随机挑选、不可预见和所有委员无论其国籍都有机会参加的原则”。[240]

上诉的案件由指定处理该案的上诉庭全权处理,原则是尽一切努力一致通过。如果无法依一致通过原则作出决定,则应依多数票决定之。[241] 尽管从理论上讲,上诉庭对其审理的上诉案有完全决定权,但事实上上诉庭的决定不可避免地受其他委员的影响。这便是所谓的团队(Collegiality)原则。根据团队原则,每个上诉机构的委员都应收到所有上诉案件的所有文件。并且,负责的上诉庭在将最终报告分发给世贸组织成员之前应与其他委员交换意见。这样做的目的是“确保作出决定的一致性和连贯性,以利用委员们个人和集体的专长”。[242] 故此,上诉机构的委员不仅应在将每一个报告提交成员之前进

---

〔238〕 上诉案件审理工作程序第 23 条第 1 款。
〔239〕 《争端解决谅解》第 17 条第 5 款。
〔240〕 上诉案件审理工作程序第 6 条第 2 款。
〔241〕 上诉案件审理工作程序第 3 条。
〔242〕 上诉案件审理工作程序第 4 条第 1 款。

行讨论,而且应当经常就上诉机构的“政策、实践和程序问题”进行讨论。[243]

世贸组织争端解决机制对发展中国家有专门规定,包括在提起申诉和磋商阶段应“特别注意发展中国家成员的特殊问题和利益”;[244] 在争议解决中,发展中国家成员可以要求专家组有来自发展中国家的成员。[245] 专家组亦有义务考虑发展中国家成员的需要与利益,包括在报告中明确说明其是以何种形式考虑发展中国家成员的利益等。[246] 实践中如何执行前述规定并非易事。首先,对发展中国家成员的特殊考虑是形式要求还是实质要求,《争端解决谅解》并无明确规定。其次,并非所有专家组成员真正了解和理解发展中国家成员的需求。在专家组和上诉机构报告的执行阶段此问题则更为显著。[247]

世贸组织争端解决机构实践的一个特点是审理争议时经常援引专家组和上诉机构先前作出的报告。那么,此类报告或裁定到底对以后的争议处理有何效力呢?世贸组织没有所谓的“遵循先例”原则。无论是专家组的报告还是上诉机构的裁定,经争端解决机构通过后,都仅对争议当事方的相关个案有拘束力。但实践中,专家组和上诉机构审理争议时经常援引以前的报告,这便予人以先前的专家组和上诉机构报告对以后的案件有“嗣后惯例”的作用。关于这一问题,日本烈酒案的上诉庭有非常明确的论述。该案的上诉庭认为《关贸总协定》缔约方通过专家组报告代表各方同意该报告的法律意见。一般认为,经通过的报告的结论和建议只对争端当事方有约束力,而其后的专家组没有责任依循过往的争端解决专家组的意见作出裁定。报告经通过并不代表该报告是对《关贸总协定》条款最终的和确定的解释。因此,上诉庭不同意下述观点,即经通过的专家组报告是《维也纳公约》第 31 条的“嗣后惯例”。此外,上诉庭也不同意经通过的报告是《1994 年关贸总协定》附件一第 1 条第 2 款第 4 项所指的“1947 年《关贸总协定》缔约方全体作出的其他决定”。然上诉庭同意专家组关于没通过的报告在关贸总协定和世贸组织内没有法律地

[243] 上诉案件审理工作程序第 4 条第 1 款。

[244] 《争端解决谅解》第 4 条第 10 款。

[245] 《争端解决谅解》第 8 条第 10 款。

[246] 《争端解决谅解》第 12 条第 10 款至第 11 款。

[247] 关于此问题的讨论,See Yetty Komalasari Dewi ,*The WTO Dispute Settlement System Issues on Implementation*,Indonesian Journal of International Law,Vol. 5:2,p. 224 – 250(2008)。

位的意见，同时指出，如专家组认为某一没经通过的报告是有关的，也可参考该报告的意见。[248] 毫无疑问，这一论点也同样适用于上诉机构作出的报告。在世贸组织的实践中，无论是专家组还是上诉机构都在报告中无例外地援引上诉机构先前报告的法律观点。上诉机构在美国对来自墨西哥的不锈钢反倾销案中指出，基于《争端解决谅解》第3条第2款，专家组和上诉机构有责任确保世贸组织争端解决制度的可靠性和可预见性，这暗示除非有令人信服的理由，否则审理机构应在嗣后的个案中对相同的法律问题作出相同的解释。[249] 争议当事方则更是不遗余力地在其所提交的文件和庭审过程中广泛援引专家组和上诉机构的先前报告。这从而形成了一套对争端解决机构具有说服价值的世贸组织判例法。[250]

(四)仲裁机制

除了解决当事方的争议外，世贸组织成员也可就履行争端解决机构建议或裁决的期限诉诸仲裁。就此而言，仲裁是在争议当事方未能在《争端解决谅解》规定的时间内达成执行专家组或上诉机构报告期限的协议且相关成员也未建议执行期限的情况下，由独立仲裁员裁决。[251] 仲裁员的职责是“执行专家组或上诉机构建议的合理期限”。具体来讲，仲裁裁决确定的执行期限一般“不超过自专家组或上诉机构报告通过之日起15个月”。[252] 实践中，仲裁庭掌握的标准是，如果执行建议涉及修改法律，则修改法律要求的时间和程

---

[248] 日本烈酒税上诉案，上诉机构报告，第12－14页。

[249] *United States – Final Anti – Dumping Measures on Stainless Steel from Mexico*，上诉机构报告，世贸组织文件第WT/DS344/AB/R号，2008年4月30日，第160段。

[250] 关于相关问题的讨论，See Richard H. Steinberg, *Judicial Lawmaking at the WTO: Discursive, Constitutional, and Political Constraints*, The American Journal of International Law, Vol. 98:2, p. 247 – 275 (2004). James Cameron, Kevin R. Gray, *Principles of International Law in the WTO Dispute Settlement Body*, The International and Comparative Law Quarterly, Vol. 50:2, p. 248 – 298 (2001). 作者认为世贸组织争端解决机构已成为世界上最大的争端解决实体。尽管世贸组织并无先例或判例法的设计，且争端解决机构也无制定法律的权力，但实践中争端解决机构的决定已不断增加到判例法之中，并对条约解释产生影响。同上，第297页。

[251] 《争端解决谅解》第21条第3款。如果争议当事方自行建议执行的期限，则该期限须经争端解决机构认可。如争议当事方未提出执行建议或虽提出建议但未获争端解决机构认可，则相关当事方可于专家组或上诉机构报告通过后的45日内达成执行报告的协议，否则，执行的期限应通过仲裁确定之。

[252] 《争端解决谅解》第21条第3款第3项。

序是仲裁员必须考虑的因素。通常情况下,修改法律所需的时间应多过改变行政措施需要的时间。[253]

诉诸仲裁的另一事项是确定成员中止减让和其他义务的范围是否与其所遭受的利益丧失和减损的范围和幅度相当,以及“拟议的中止减让和其他义务是否正当”。[254] 世贸组织成立以来,已有数个涉及《争端解决谅解》第22条第6款的仲裁案。每一个仲裁申请都是败诉方认为胜诉方关于请求授权中止减让或其他义务的幅度不当。在巴西飞机出口融资计划案中,针对加拿大根据《补贴与反补贴协定》第4条第10款要求对巴西实施每年7亿加元的反措施,巴西请求仲裁庭裁定加拿大的反措施是否适当。[255] 在欧共体进口、销售和分销香蕉制度案,厄瓜多尔要求中止在《知识产权协定》、《服务贸易总协定》和《关贸总协定》下的减让共4.5亿美元。欧共体认为厄瓜多尔夸大了其受损害的程度,要求仲裁庭裁决厄瓜多尔中止减让的幅度。[256] 欧共体肉和肉产品(荷尔蒙)措施案的胜诉方加拿大请求授权对来自欧共体的产品加征关税,每年不超过7500万加元。欧共体就此要求仲裁庭裁定加拿大应中止减让的幅度。[257] 美国外国销售公司税务待遇案对解释《补贴与反补贴协定》第4条第10款的“适当反措施”有重要影响。该案的胜诉方欧共体请求授权对美国实施与美国补贴总量相同的反措施。美国主张欧共体的反措施不应超过其

---

[253] *Canada – Term of Patent Protection*,专家组报告,世贸组织文件第WT/DS170/10号,2001年2月28日。

[254] 《争端解决谅解》第22条第7款。

[255] *The Decision of the Arbitrators on Brazil – Export Financing Programme for Aircraft – Recourse to Arbitration by Brazil under Article* 22.6 *of the Dispute Settlement Understanding* (*DSU*) *and Article* 4.11 *of the Agreement on Subsidies and Countervailing Measures* (*SCM*),仲裁裁决,世贸组织文件第WT/DS46/ARB号,2000年8月28日。

[256] *The Decision of the Arbitrators on European Communities – Regime for the Importation*, *Sale and Distribution of Bananas – Recourse to Arbitration by the European Communities under Article* 22.6 *of the DSU*,仲裁裁决,世贸组织文件第WT/DS27/ARB/ECU号,2000年3月24日(以下简称美国外国销售公司案,仲裁裁决)。

[257] *The Decision of the Arbitrators on European Communities – Measures Concerning Meat and Meat Products*(*Hormones*) *– Recourse to arbitration by the European Communities under Article* 22.6 *of the DSU*,仲裁裁决,世贸组织文件第WT/DS48/ARB号,1999年7月12日。

所占全球贸易的比例,并要求仲裁解决欧共体的反措施幅度。[258] 在美国与外国销售公司仲裁案中,仲裁庭裁定,鉴于没有其他成员提出就美国违反《补贴与反补贴协定》的行为中止对美国的减让,欧共体有权对美国的所有补贴采取反措施,而不是按欧共体占美国贸易总额的比例为之。[259]

仲裁庭作出的裁决对当事方有终局裁决的拘束力。此类仲裁如能请到原负责处理此案的专家组成员作为仲裁员,则应由专家组成员仲裁,否则,世贸组织总干事应任命仲裁员裁决。争端当事方也可协议指定仲裁员。在这种情况下,当事方亦应通知争端解决机构是否同意视相关仲裁为《争端解决谅解》第21条第3款规定的仲裁。在加拿大专利保护期限案,美国和加拿大曾达成此类协议。[260] 无论如何,仲裁应于60日内完成。为了减少败诉方利用仲裁程序拖延执行的时间,上诉机构通常会将执行的期限放宽,从而使当事方即使诉诸仲裁亦无法延长执行的期限。不言而喻,严格划分专家组、上诉机构和仲裁庭职责的规定过于机械。

到目前为止,依《争端解决谅解》进行仲裁的争议主要涉及两大类,即与第21条第5款相关的执行争端解决机构建议的期限和第22条第6款关于中止减让的规定。关于执行争端解决机构建议期限的仲裁相对而言比较简单,主要涉及被诉方按内国程序和内国法如何执行的问题。如有的成员声称在建议的时间内无法完成修改法律的程序等。关于中止减让的仲裁则大多涉及其他协定以及胜诉成员实际遭受的损害等。

仲裁程序也是乌拉圭回合的创新。根据《争端解决谅解》,诉诸仲裁是世贸组织成员的权利,仲裁可以作为争端解决机构的替代手段。在此情况下,其

---

〔258〕 *The decision of the Arbitrator on United States – Tax Treatment for "Foreign Sales Corporations" Recourse to Arbitration by the United States under Article* 22. 6 *of the DSU and Article* 4. 11 *of the SCM Agreement*,仲裁裁决,世贸组织文件第 WT/DS108/ARB 号,2002 年 8 月 30 日。

〔259〕 在该案中,美国提供的补贴每年达40余亿美元,而欧共体占美国贸易的比例为25%。如果按比例采取反措施,欧共体征收反补贴税的幅度不应超过11亿美元。参见美国外国销售公司案,仲裁裁决。关于相关问题的讨论,参见王贵国:《世界贸易组织法》,法律出版社2003年版,第9章"补贴与反补贴"第7部分。

〔260〕 See *Award of the Arbitrator on Canada – Term of Patent Protection*, *arbitration under Article* 21. 3(*c*) *of the Understanding on Rules and Procedures Governing the Settlement of Disputes*,仲裁裁决,世贸组织文件第 WT/DS170/10 号,2001 年 2 月 28 日。

所解决的应是那些当事各方已明确界定的争端。[261] 诉诸仲裁程序解决争议最重要的是须经各方同意。同时,参加仲裁的各方应同意遵守仲裁裁决。[262]

2016 年 5 月,美国阻挠韩国国籍上诉机构成员张胜和连任,此后持续反对其他上诉机构新成员的选任和连任。[263] 由于美国阻挠,上诉机构于 2020 年 11 月底停止运作。意识到美国阻挠上诉机构成员任命的严重后果,2020 年 4 月 30 日,中国、欧盟(含所有成员方)等 19 个世贸组织成员达成了一个《依〈争端解决谅解〉第 25 条的多边临时上诉仲裁安排》(Multi – Party Interim Appeal Arbitration Arrangement Pursuant to Article 25 of the DSU)(以下简称《临时上诉仲裁安排》)。[264] 《临时上诉仲裁安排》规定适用原上诉机构的程序和实体规则,[265] 凸显了其临时性。然仲裁员的构成则为 10 人,而不是原上诉机构的 7 位委员。[266]

六、多边贸易秩序的挑战与兴革

以世贸组织为核心的多边贸易秩序系于 20 世纪末建立,科学技术的快速发展使得地球村的概念从虚拟变为实体,国际地缘政治和地缘经济亦随之发生了变化。在此情况下,尽管人们对此多边贸易秩序并非完全满意,但也并非如有些人所忧虑的国际社会应准备如何进入后世贸组织时代。甚至是杞人忧天的一群讨论后世贸组织的学者也不得不承认世贸组织所面对的是改革的挑战,是如何使世贸组织与时俱进,而不是真的认为世贸组织要退出历史舞

---

[261] 《争端解决谅解》第 25 条第 1 款。

[262] 《争端解决谅解》第 25 条第 3 款。在裁决作出后,相关各方应将裁决通知负责的理事会或委员会。

[263] See Rachel Brewster, *The Trump Administration and the Future of the WTO*, Yale Journal of International Law (online), Vol. 44, p. 6(2018). Gregory Shaffer, *A Tragedy in the Making? The Decline of Law and the Return of Power in International Trade Relations*, Yale Journal of International Law (online), Vol. 44, p. 37(2018).

[264] 关于此安排的全文,参见 https://trade. ec. europa. eu/doclib/docs/2020/april/tradoc_158731. pdf (2021 年 10 月 11 日访问)。

[265] 《临时上诉仲裁安排》第 3 段。

[266] 仲裁安排适用的程序载于《临时上诉仲裁安排》附件一,仲裁员的遴选程序载于附件二。

台。[267] 当然这并不是说世贸组织制度不需要进行革新，恰恰相反，在全球化的新形势下，对世贸组织的改革已势在必行。易言之，世贸组织面对的不是应否进行改革，而是应如何兴革的问题。[268]

争端解决机制是世贸组织的灵魂，没有一个公平、有效的争端解决制度，世贸组织就无法正常运作。世贸组织争端解决机制在维护世贸组织这一多边贸易秩序方面起到了积极重要的作用，专家组和上诉机构在实践中形成的以规则为导向的争端解决方式得到国际社会的广泛认可。当然这并不是说世贸组织争端解决机制不需要改进，如任何机构一样，世贸组织争端解决机制在很多方面均需要总结经验教训，与时俱进。一个明显需要改进的方面便是如何避免一些国家滥用世贸组织程序。众所周知，世贸组织作决定的程序是一致通过原则，包括上诉机构成员的任命。由于美国阻挠上诉机构成员的选任和连任，世贸组织上诉机构于 2020 年 11 月 30 日停止运作。[269] 这显然不符合国际社会的整体利益，世贸组织成员已就此采取措施，并通过了《临时上诉仲裁安排》。正如各成员在成立临时上诉文件中所表示，各方希望上诉机构可以尽快恢复运作。[270] 如何改革世贸组织争端解决机制，避免类似事件重复发生，是各成员必须面对的挑战。

如何扩大发展中国家成员参与专家组和上诉机构的工作亦为国际社会必须面对的挑战。如有的学者所指出，到目前为止，参与争议解决的专家组成员主要来自欧美等地的发达国家，来自发展中国家的专家参与程度很低。[271] 这显然不利于世贸组织争端解决机制的平衡发展，只有当包括发展中国家成员在内的所有成员均可实质参与该制度时，方能发挥最大效能。

与争端解决机制相关的另一问题是上诉机构的组成越来越多地为政府官

---

[267] 学者关于后世贸组织的讨论，参见 Meredith Kolsky Lewis et al. , *A Post – WTO International Legal Order Utopian, Dystopian and Other Scenarios*, Springer, 2020。

[268] 限于本章目的和篇幅，关于世贸组织的兴革，本章仅就争端解决和发展中国家待遇等方面的问题概要讨论。

[269] 2020 年 11 月 30 日，上诉机构的最后一个成员赵宏任期届满，上诉机构便再无任何委员。参见 https://www.wto.org/english/tratop_e/dispu_e/appellate_body_e.htm（2021 年 10 月 11 日访问）。

[270] 参见《临时上诉仲裁安排》前言。

[271] Petros C. Mavroidis, *Arbitrating Trade Disputes (Who's the Boss?)*, American Review of International Arbitration, Vol. 23, p. 481 – 492 (2012).

员或与政府有密切关系者。此现象可能与上诉机构的遴选机制直接相关,因上诉机构成员的候选人必须得到世贸组织成员的推荐,否则根本不可能参选,当然更不可能当选。世贸组织成员推荐人选时总会首先考虑其最了解的同事、前同事或对其政策较支持者。如此组成的上诉机构必然有较强的政治性,从而使得成员的专业性成为次要考虑。长此以往,国际政治势必涉入甚至主导上诉机构的运作,不利于该多边贸易秩序的健康发展。

此外,《争端解决谅解》在多处提及发展中国家成员,然实践中如何使这些规则得以实施尚有相当距离。例如,《争端解决谅解》第 12 条第 11 款规定,"如一个或多个争端方为发展中国家成员,则专家组报告应明确说明以何种形式考虑对发展中国家成员在争端解决程序中提出的适用协议中有关发展中国家成员的差别和更优惠待遇规定"。然如何说明则只可能由专家组依个案的情况而定。在美国赌博案,关于安提瓜是否有举证责任初步证明美国违约的问题,美国认为证明被指控方初步违约(prima facie)是指控方的基本责任。[272] 专家组援引了上诉机构在美国毛衬衣和上衣案的下述论断:"我们确实觉得任何司法解决系统都会难以运作,如果在该制度下仅一个主张便可能被视为证据。正因如此,包括国际法院在内的多个国际法庭总是接受并适用谁主张(无论是申请方还是被申请方)谁举证的原则并不奇怪。同时,这也在大陆法系、普通法系以及事实上绝大多数司法制度承认为证据原则。"[273] 基于此,美国赌博案的专家组认为安提瓜有责任证明美国的措施违反了《服务贸易总协定》,包括美国不得援引第 14 条的例外规定。[274] 举证责任显然属于程序的内容,但美国赌博案的专家组并没有在报告中提及发展中国家成员的特殊待遇问题,上诉机构则完全支持了专家组关于前述举证责任的裁定。[275]

在美国赌博案,安提瓜还提出,美国在争议解决的后期才提出援引一般例外规则作为抗辩理由使得专家组没有充分时间考虑,最后导致作出对美国有利的裁决。上诉机构报告尽管承认美国可以早些时候援引例外规定作为抗辩理由,但并不认为专家组接受美国的抗辩有何问题,原因是安提瓜早就知道美

---

〔272〕 美国赌博案,专家组报告,第 3.122 段。
〔273〕 美国赌博案,专家组报告,第 6.12 段。
〔274〕 美国赌博案,专家组报告,第 6.14 段。
〔275〕 美国赌博案,上诉机构报告,第 282 段。

国会提出此抗辩，且在美国提出抗辩时也未提出反对意见。[276] 这再次显示实践中专家组或是上诉机构并未如《争端解决谅解》规定的那样对发展中国家成员有特别考虑，至少是考虑得并不充分。

《争端解决谅解》还就争端解决机构建议和裁决的执行对发展中国家成员作出规定，[277] 要求仲裁庭、专家组等应特别考虑发展中国家成员的利益。在涉及美国执行争端解决机构建议和裁决的合理期限的仲裁中，安提瓜提出发展中国家特殊待遇问题，指出跨境赌博对其经济至关重要。然负责的仲裁庭认为安提瓜并未按《争端解决谅解》第 21 条第 2 款的规定完成举证责任，因安提瓜并未提出具体的数据支持其主张，最后裁定安提瓜不得依该条主张发展中国家成员的特殊待遇。[278]

在美国赌博案授权中止减让的仲裁阶段，安提瓜再次提出发展中国家成员特殊待遇问题，但安提瓜并无具体数据说明其与美国的双边服务贸易状况，包括没有具体的涉及与美国相关的线上赌博收入。负责该案的仲裁庭认为，作为发展中国家，安提瓜未能提交前述数据为可接受者。[279] 这也是世贸组织争端解决个案中发展中国家地位受到较充分重视的一例。美国赌博案再次证明，一旦进入举证阶段，由于发展中国家成员的数据往往不完备，从而为实际享受专门给予发展中国家的特殊待遇带来困难。

在当今高度全球化的世界，任何跨国交易均可能既涉及货物又包含服务甚至还有知识产权，且一个产品、服务的生产可能在不同国家进行，加之知识产权所有人还可能处于另外的国家。以公共卫生为例，与公共卫生相关的重要产品之一是疫苗，生产疫苗所需的原料、设备、包装、接种器械等只有极少的国家可以独立提供。这就必然需要从其他国家进口相关原料、设备等，即发生

---

[276] 美国赌博案，上诉机构报告，第 276 段。

[277] 《争端解决谅解》第 21 条规定，“对于需进行争端解决的措施，应特别注意影响发展中国家成员利益的事项”（第 2 款）；“如有关事项是由发展中国家成员提出的，则争端解决机构应考虑可能采取何种符合情况的进一步行动”（第 7 款）；“如案件是由发展中国家成员提出的，则考虑可能采取何种适当行动时，争端解决机构不但要考虑被起诉措施所涉及的贸易范围，还要考虑其对有关发展中国家成员经济的影响”（第 8 款）。

[278] 美国赌博案，仲裁裁决，第 62 段。

[279] 参见美国赌博案，仲裁决定，第 4.100 段和第 4.113 段。

国际贸易。关税、其他税费以及非关税壁垒均直接影响此类交易,[280]尽管理论上讲新冠肺炎疫情等对整个世界具有一荣俱荣、一损俱损的影响,系人类作为一个整体需共同面对的挑战。数字经济、网络空间、人工智能等方面的跨境交易亦涉及类似议题。面对诸多新挑战,世界贸易应如何对其多边秩序做出与时俱进的兴革是不容忽视的问题。在世贸组织即将召开第12届部长级会议之际,国际商会(International Chamber of Commerce)和意大利B20代表全球工商界参与了有世贸组织总干事参加的公共论坛(public forum),并指出,世贸组织的最重要任务是使其争端解决机制完全恢复运作,同时应加强世贸组织监督贸易系统的功能,以便在当下的新冠肺炎疫情和将来的危机中发挥核心作用。[281] 奥孔乔-伊韦阿总干事指出,"没有一个强大的世贸组织,我们便无法实现我们的目的,即更可持续和更包容的长期发展",而工商界是世贸组织的利益相关方,因为世贸组织通过监督关税和非关税壁垒可为工商界的运作提供稳定性和可预见性。[282] 然如何发挥世贸组织多边贸易秩序的核心作用说易行难。

这些关乎人类未来的重要议题不可能在短期内解决,有些议题,如气候变化与贸易,涉及的领域甚至超越了世贸组织的范畴,故需要从全球治理的整体考虑。[283] 汤之《盘铭》曰:"苟日新,日日新,又日新。"[284]世贸组织随经济全球化的发展而兴革乃大势所趋,且其兴革的方向,甚至具体措施均需符合人类发展的"大势"。先贤的"道法自然""道者自道"论述早为此指明了路径。

---

[280] 在各国都倾尽全力抗击新冠肺炎疫情之际,世贸组织呼吁各成员降低生产疫苗的原材料、包装和设备等的进口关税。世贸组织统计,与疫苗产品相关的最惠国待遇关税很不统一,在27个最大的疫苗生产经济体中,最低进口税率为1.5%,而最高的则为11.9%。See WTO *COVID-19 Vaccine Production and Tariffs on Vaccine Inputs*,https://www.wto.org/english/tratop_e/covid19_e/vaccine_production_report_e.pdf (2021年10月12日访问)。

[281] 国际商会秘书长John Denton在其提交的报告中列出了工商界认为应优先解决的五个问题,包括世贸组织改革、贸易与健康、贸易与环境的可持续性、贸易与数字经济以及贸易与包容性。参见*Business groups highlight need for WTO reform*, *MC12 outcomes*,载https://www.wto.org/english/news_e/news21_e/bus_30sep21_e.htm(2021年10月1日访问)。

[282] 参见*Business groups highlight need for WTO reform*, *MC12 outcomes*,载https://www.wto.org/english/news_e/news21_e/bus_30sep21_e.htm(2021年10月1日访问)。

[283] 关于相关问题的讨论,参见本书第11章。

[284] 《大学》第3章。

第六章　国际投资秩序

敦厚以崇礼。
（中庸）

投资或曰直接投资，与贸易等跨国交易不同。首先，投资不是一次性地用货币购买服务或货物的交易，而是投资者的一项较长期投入。此投入包括初始的资金、设备、知识产权、经营管理、技术秘密等的投入，以及后续的继续投入和经营。基于投资具长期性的特点，投资者在决定投资前必须对东道国的营商环境有较好的了解。易言之，东道国的投资环境之好坏可直接影响投资者的决策。其次，投资者进入东道国后不可避免地要与当地的企业有业务往来，包括水电使用、土地开发、厂房修订、工人雇用等。最后，投资者必然会与东道国政府发生直接联系，相关事项如进出口报关、税务征收、许可证发放、人员入境签证、知识产权保护、环境保护、碳排放标准等。当然，这些仅为外国投资者必须考虑的几个方面，实践中投资者需要考虑的远远超过前述。基于此，关于投资的国际秩序必然涉及投资者的投资进入东道国前和进入时的待遇以及投资投入后的待遇。在高度全球化的今天，吸引外资进入已成为所有国家的重要国策。为了有效吸引国际投资，许多国家通过签订双边和多边协议承诺向外国投资者提供优厚待遇，有时投资东道国政府甚至直接与投资者签订特许协议等。与其他经济交易一样，国际直接投资也必然会发生争议，包括外国投资者与东道国其他企业间的争议以及外国投资者与东道国政府间的争议。解决这些争议的方式和方法或曰平台，特别是解决外国投资者与东道国政府（地方和中央政府）间争议的平台成为考量投资环境的重要元素。前述种种均为国际投资秩序的内容。

一、国际投资法律秩序

国际投资经历了不同阶段。[1] 总体而言,20 世纪 50 年代末以前,国际投资主要在发达国家间进行;20 世纪 50 年代末至 70 年代初,美、英两国在世界的海外投资仍居主导地位;20 世纪 70 年代初至 90 年代中,日本和西欧诸国的经济有了长足发展,与美国形成三足鼎立之势,共为国际投资的主要输出国。1995 年世贸组织的成立以及一些区域性组织的建立加速了外国直接投资的进行。据统计,从 1996 年至 2000 年,国际投资快速增长,到 2000 年达到 1.41 万亿美元,相当于 1980 年的 20 倍。[2] 21 世纪初,发达国家为国际投资的主要东道国。2012 年,发展中国家接受的国际投资首次超过发达国家。[3] 然而,接下来的几年国际直接投资的增长并非很快,到了 2019 年,全球外国直接投资流量仅增加了 3%,为 1.54 万亿美元。[4] 需要指出的是,此期间国际直接投资减缓主要冲击的是发展中国家。联合国贸发会议统计,2019 年"流入发达经济体的外国直接投资上升了 5%,达到 8000 亿美元","流向发展中经济体的外国直接投资"则下降了 2%,达到 6850 亿美元,略高于自 2010 年以来外国直接投资流向发展中经济体的平均水平。[5] 贸发会议对此的解释是世界经济经历了 20 年的快速增长后进入了停滞期,导致"贸易增长放缓,全球价值链贸易下降"。[6]

2019 年年底暴发的新冠肺炎疫情对世界经济产生了巨大的影响,导致外

---

〔1〕 关于此问题的讨论,参见王贵国:《国际投资法》(第 2 版),法律出版社 2008 年版,第 1-4 页。

〔2〕 Laza Kekic and Karl P. Sauvant, *World Investment Prospects to* 2010: *Boom or Backlash*?, The Economist Intelligence Unit Ltd., 2006, p. 22.

〔3〕 参见联合国贸易与发展会议(以下简称贸发会议), *World Investment Report* 2013, *Global Value Chains: Investment and Trade for Development* (以下简称世界投资报告 2013),联合国,2013 年,第 ix 页,注释 11,全文参见 http://www.unctad.org/en/PublicationsLibrary/wir2013_en.pdf (2021 年 11 月 30 日访问)。

〔4〕 贸发会议:《世界投资报告 2020》,联合国 2020 年,第 4 页。

〔5〕 2010 年至 2019 年,外国直接投资流向发展中经济体平均水平为 6750 亿美元。参见贸发会议:《世界投资报告 2020》,第 8 页。

〔6〕 贸发会议:《世界投资报告 2020》,第 13 页。

国直接投资降低了35%，整体流量从前一年的1.5万亿美元降至1万亿美元，[7]几乎回到了2005年的水平，受影响最大的是工业和基础设施领域，也是发展中国家亟须吸引外资较多的领域。由于中国在很短的时间内便有效控制了疫情，成为外国直接投资流入实际增长最大的经济体，增幅达6%，实际吸引外资1490亿美元。[8] 一些机构统计，2020年流入中国的外国直接投资超过了美国，从而使中国成为全球最大的投资东道国。[9] 联合国贸发会议统计，2021年全球范围的外国直接投资达1.65万亿美元，超过了新冠肺炎疫情暴发前的水平。[10]

流入发展中国家的外国直接投资不断增加的同时，一些发展中国家也开始向其他国家投资。例如，1990年，仅有6个发展中国家和经济转型期的国家对外进行了投资；但到了2011年，有超过49个发展中国家对外进行了投资，金额达100亿美元。[11] 新冠肺炎疫情也使得发展中国家的对外投资减缓，2020年下降了7%，实际海外投资总值降至3870亿美元。[12]

前述说明，当代世界的国际投资企业主要还是集中在发达国家。为了扩大盈利，这些企业需要将一些制造业迁入生产成本较低，特别是劳动力和土地成本较低的发展中国家。但不可否认的是，作为成熟的市场经济体，发达国家仍为最主要的外国投资东道国。随着计算机、信息、网络、数字等方面技术的快速发展和普及，经济全球化成为世界的大势，使国际投资无论在广度、深度还是模式方面都有了长足的进展，从而也需要与之相适应的国际法律规范对之给予支持和保护。

---

〔7〕 贸发会议：《世界投资报告2021》，联合国2021年，第1页。

〔8〕 贸发会议：《世界投资报告2021》，联合国2021年，第11页。

〔9〕 See *China takes new foreign investment top spot from US*，载 https://www.bbc.com/news/business-55791634（2021年11月29日访问）。据该报道，2020年流入中国的外资总量为1630亿美元，同期进入美国的外国直接投资为1340亿美元。此统计关于流入中国的外国直接投资高于联合国贸发会议的数据。

〔10〕 参见贸发会议，*Global Investment Trend Monitor*, *No.* 40，载 https://unctad.org/webflyer/global-investment-trend-monitor-no-40（2022年1月23日访问）。

〔11〕 参见贸发会议：《世界投资报告2013》，联合国2013年，附件图表1.2。

〔12〕 贸发会议：《世界投资报告2021》，联合国2021年，第3页。

(一)投资秩序框架

外国直接投资无疑已成为世界经济的重要组成部分,几乎对所有国家都是不可或缺的。然而,目前尚无一个专责统筹跨国投资的国际组织,从而使得多边条约和双边条约构成关于国际投资的规则网络,对之加以鼓励与规范。作为与跨国投资相适应的规范,这些主要由双边和多边条约构成的规则亦随国际投资态势的变化而演进。传统上,发展中国家出于对主权的维护,主张对进入其境内的外国投资进行审查,甚至要求外国投资者承诺将之与东道国政府的争议提交后者的法院解决。随着全球化的发展,各国均意识到外国投资对本国经济发展的重要性,从而将重点从对外资进入的审查改为鼓励外资进入,同时在主权原则上作出必要的让步。例如,传统上对国际直接投资颇有戒心的《安第斯条约》(Andean Pact)签字方于1991年撤销了对境外投资实行严格限制的第24号决议。世界银行亦于1992年通过了《外国直接投资待遇指引》(Guidelines on the Treatment of Foreign Direct Investment)。[13] 虽然该指引并非具有法律拘束力的国际文件,但其在国际社会有相当重要的影响。《外国直接投资待遇指引》的特点是一改联合国等国际组织过去强调外国投资者和跨国公司的责任的做法,而是规范投资东道国应给予外国投资者的待遇,包括国有化的赔偿标准等。实践表明,《外国直接投资待遇指引》渐次被接受为国际投资规范,被纳入嗣后的双边投资协定。[14]

《外国直接投资待遇指引》承认国家国有化其境内财产,包括外国人的财产,但主张国有化或征收,包括与国有化和征收有相似效果的措施,应依照法律程序,诚实地为了公共的利益,且不应带有基于国籍的歧视,并应给予原财产所有者"充分、有效和即时"的赔偿。[15] 这事实上是为国有化附加了四个前提条件。遇有任何国家在国有化时未完全满足这些前提条件,被国有化财产

---

〔13〕 See The World Bank Group, *Report to the Development Committee and Guidelines on the Treatment of Foreign Direct Investment*, https://documents1.worldbank.org/curated/en/955221468766167766/pdf/multi-page.pdf (2021年11月30日访问)。

〔14〕 联合国就跨国公司行为守则的谈判于1992年停止后,世界银行《外国直接投资待遇指引》的地位和作用更显重要。关于世界银行《外国直接投资待遇指引》的背景和意义,参见 Ibrahim F. I. Shihata, *Legal Treatment of Foreign Investment: The World Bank Guidelines*, Brill, 1993。

〔15〕 参见《外国直接投资待遇指引》第4部分。

的原所有人便可指控相关国家违反国际法规范。同时,有的前提条件,如公共利益,是很难有客观的标准。关于国有化的赔偿标准,《外国直接投资待遇指引》完全认可了发达国家一直坚持,而发展中国家一直反对的三项原则。不仅如此,该指引还具体规定了计算、评估国有化资产的方法和标准。

在国际投资方面影响深远的还有1994年签订的《能源宪章条约》。[16] 该条约的谈判肇始于苏联的瓦解,西欧发达国家希望与新独立的东欧和亚洲国家就能源的开发和贸易作出安排。[17] 最初的谈判是在欧盟和东欧国家间进行。美国唯恐欧盟独霸东欧诸国的广大能源资源的开发从而控制能源市场,主动加入谈判。后加拿大、澳大利亚、日本等亦相继加入谈判。[18] 《能源宪章条约》对与能源相关的国际投资、贸易等均有相当重要的规定。例如,签字方承诺提高本国法律的透明度并承担义务,在谈判能源投资方面给予外商非歧视性待遇和最惠国待遇。外国资本进入投资东道国以后则应享有最惠国和国民待遇,受到公平和公正的对待。同时,投资东道国征收外商的资产应给予充分的赔偿。[19] 事实上,《能源宪章条约》最值得注意的是其关于争端解决的强制性规定。根据该条约第26条,任何个人投资者都可以将其与投资东道国关于投资的争端提交国际仲裁裁决,无须投资东道国的同意。易言之,《能源宪章条约》的所有签字方均不得对强制性国际仲裁条款作出保留。此种规定在国际条约和经济交易的实践中都是史无前例的。

世贸组织与国际投资直接相关的协议是《与贸易有关的投资措施协定》(以下简称《投资措施协定》)。该协定的目的包括"促进世界贸易的扩大和逐步自由化,便利跨国投资,以便提高所有贸易伙伴,特别是发展中国家成员的经济增长,同时保证自由竞争"。在执行《投资措施协定》的过程中,各国应考

---

〔16〕 至2022年1月1日止,《能源宪章条约》有53个缔约方,主要是欧洲国家,另有一些国家和国际组织具观察员资格。关于《能源宪章条约》的历史、争端解决机制、已处理的个案、缔约方等,参见 https://www.energychartertreaty.org/(2021年12月31日访问)。

〔17〕 这事实上是第二次世界大战后美国和欧洲发达国家致力于建立的以哈瓦那宪章为核心的制度之继续,其契机是苏联的解体和各加盟共和国的独立。

〔18〕 关于《能源宪章条约》的历史及其影响,参见 Thomas W. Walde, *European Energy Charter Conference: Final Act, Energy Charter Treaty, Decisions and Energy Charter Protocol on Energy Efficiency and Related Environmental Aspects*, International Legal Materials, Vol. 34, Issue 2, March 1995, p. 360 – 454。

〔19〕 所谓充分、有效和即时的赔偿代表了西方发达国家长期坚持的国有化赔偿标准。

虑“发展中国家成员，特别是最不发达国家成员特殊的贸易、发展和财政需要”。[20] 基于此，《投资措施协定》主要在于调节各缔约方的投资法律和政策，以确保各国投资措施之实施不会对贸易产生扭曲和限制作用。例如，任何投资措施都不应违反《关贸总协定》关于国民待遇、数量限制等规定。[21] 为此，《投资措施协定》还列出了一个例示清单，说明哪些措施为世贸组织所禁止。

世贸组织对国际投资有直接影响的还有《服务贸易总协定》。《服务贸易总协定》几乎涵盖除产品生产环节外的所有方面。事实上，服务之提供与投资有时根本无法区分。银行、保险公司、金融机构、运输机构等之设立和经营便既属于服务贸易的范畴又具有投资的性质。[22] 考虑到世贸组织下国民待遇、透明度要求等规定，加之争端解决机制的强制性，《服务贸易总协定》对国际直接投资的影响不可以说不巨大。[23]

另一与国际直接投资相关的国际组织是世界知识产权组织。现代国际投资的特点之一是技术含量较高，从而也要求较有效的保护。世界知识产权组织的诸协定和世贸组织关于知识产权的规定构成国际层面的保护网。这些国际规范不仅在国际层面发挥作用，而且还直接影响各国内国法的制定与执行。

除了多边条约和规范外，各国达成的双边投资促进和保护协定、避免双重税收和逃税协定等亦为国际直接投资法律规范的重要组成部分。据统计，截至 2020 年年底，实际有效的国际投资协定总数达 3360 项，其中双边投资协定 2943 项，含投资规定的其他双边和区域性的协定 417 项。[24] 这些投资协定的共同点是都包括投资者与东道国仲裁、公平公正待遇、充分保护与安全、国民待遇等条款，反映了国际投资制度的发展趋势。这也说明，随着经济全球化的快速发展，各国不仅在双边投资协定方面的步伐加快，而且在其所签订的双边和区域性贸易和其他协定中均包含投资章节。例如，作为最大的发展中国家

〔20〕《与贸易有关的投资措施协定》前言。

〔21〕《与贸易有关的投资措施协定》第 2 条。

〔22〕 投资和服务有很大的重叠性。然各国在世贸组织下的义务和双边投资协定和其他协议的投资章节中的义务则不尽相同；各自的争端解决方法亦有本质上的差异。

〔23〕 世贸组织关于产品质量、卫生标准、检疫标准、环境措施、知识产权保护等的规定与国际直接投资亦密切相关。

〔24〕 贸发会议：《世界投资报告 2021》，联合国 2021 年，第 17 页。

外国直接投资东道国，至2021年12月，中国与其他国家签订的双边投资协定达104个，[25]自由贸易协定达19个。[26] 此外，中国还与日本和韩国签订了一个三方投资协定，[27]另就先前签订并已生效的双边投资协定与各缔约方谈判予以修订，以期与时俱进，21世纪初中国便分别修订了与德国（2003）、芬兰（2004）、葡萄牙（2005）、捷克（2005）、西班牙（2005）、俄罗斯（2006）、韩国（2007）等的双边投资协定。中国与新西兰、韩国、巴基斯坦、智利、新加坡等国签订的双边自由贸易协定，[28]以及中国和东盟诸国签订的《区域全面经济伙伴关系协定》（RCEP）[29]等都包括详细的投资规定。或可说，当代国际投资法，即规范外国投资者与投资东道国政府间关系的原则和规则，除习惯国际法外，主要由前述多边、区域性和双边协议构成。

（二）合格投资与合格投资人之条约规定

有投资就有风险，包括商业和非商业风险。国际投资的跨国性进一步增加了投资者的风险；文化的差异、营商环境之不同，投资东道国政治、军事、经济情况的变化，以及自然灾害和传染疾病之发生均可能导致投资非商业风险的发生及增加。为了鼓励外国投资者，国际社会很早就创立了投资保护机制。这些制度有的是外国投资者母国出于鼓励本国实体到海外投资而单方面制定，有的是投资母国和东道国签订双边协定而达成，有的则是多边协议的结果。无论是单方、双边还是多边制度，投资保护或担保所针对的都是非商业风险。

---

〔25〕 参见中国商务部网，http://tfs.mofcom.gov.cn/article/Nocategory/201111/20111107819474.shtml（2021年12月4日访问）。

〔26〕 参见《我国已与26个国家和地区签署19个自贸协定》，载中国自由贸易区服务网，http://fta.mofcom.gov.cn/article/rcep/rcepgfgd/202108/45628_1.html（2021年12月4日访问）。

〔27〕 中日韩投资协定于2012年5月13日签订，于2014年5月17日生效，包含投资定义、适用范围、最惠国待遇、国民待遇、征收、转移、代位、税收、一般例外、争议解决等条款。中日韩投资协定的英文文本参见https://www.mofa.go.jp/announce/announce/2012/5/pdfs/0513_01_01.pdf（2021年12月4日访问）。

〔28〕 关于这些双边自由贸易协定的中文文本参见http://www.customs.gov.cn/customs/ztzl86/302310/302319/zg-hgzymyxd/index.html（2021年12月6日访问）。

〔29〕 关于《区域全面经济伙伴关系协定》的文本及谈判历史等，参见http://fta.mofcom.gov.cn/rcep/rcep_new.shtml（2021年12月6日访问）。

作为世界上早期最大和最活跃的投资母国，美国在保护海外投资方面一直处于领导地位。美国与其他国家签订的友好通商与航海条约有悠久的历史，而这些条约的目的之一便是规范海外投资保护。[30] 最初，签订友好通商和航海条约的目的在于沟通缔约方之间的贸易和海运联系。随着在海外投资的不断增加，此类条约逐渐以保护美国在海外的私人投资为主要目的。鉴于友好通商和航海条约的固有局限性，美国贸易代表（US Trade Representative）于 1982 年 1 月 11 日公布了一份双边投资条约模板，以后并多次对之进行修改。[31] 美国与其他国家签订的双边投资协定均以其投资条约模板为蓝本。鉴于美国本身的经济、政治和军事等方面的影响力，美国的投资条约模板已为很多国家所接受并效仿。

为了向投资者提供保护，首先要确定哪些投资者是合格的投资者、哪些投资是合格的投资、合格投资和合格投资者应享受的待遇类别及标准等。其次是任何合作几乎都不可避免地会产生分歧，密切合作者产生分歧的概率会更高，不能确定的是产生分歧的具体时间。因此，由投资条约规定争端解决的机制，特别是投资者与东道国间争议的解决机制不仅必要，而且能够在一定程度上或一定时间内避免或延迟争议的发生。这些内容均已成为当代国际投资条约和其他条约的投资章节必然包括的条款。

何为“投资”与“投资者”是双边投资协定中的关键条款，因其内涵和外延的界定，不仅决定了投资东道国对外国投资者应给予保护的程度和范围，而且还关系到东道国对外来投资的管辖权。通常情况下，双边投资协定根据外国投资者进入东道国前和进入后规定不同的待遇：投资完成前的待遇主要是市场准入，而投资完成后所针对的是如何保护。然而，投资协定基本上不详细规

---

〔30〕 关于美国友好通商条约的早期讨论，See Herman Walker Jr. , *Modern Treaties of Friendship, Commerce and Navigation*, Minnesota Law Review, Vol. 2, p. 805 – 824 (1958)，载 https://scholarship.law.umn.edu/mlr/1491（2021 年 12 月 4 日访问）；近期的讨论参见 John F. Coyle, *The Treaty of Friendship, Commerce, and Navigation in the Modern Era*, Columbia Journal of Transnational Law, Vol. 51, p. 302 – 359 (2013)，载 file:///C:/Users/Guiguo/Downloads/SSRN – id2150260.pdf（2021 年 12 月 4 日访问）。

〔31〕 美国最新的双边投资条约模板（2012 U. S. Model Bilateral Investment Treaty）于 2012 年发布，英文全文参见 https://ustr.gov/sites/default/files/BIT%20text%20for%20ACIEP%20Meeting.pdf（2021 年 12 月 4 日访问）。

定合格投资和合格投资者。以《2003年中德协定》为例，该协定规定，“投资”系指缔约一方投资者在缔约另一方境内直接或间接投入的各种财产，包括但不限于：

（1）动产、不动产及抵押、质押等其他财产权利；

（2）公司的股份、债券、股票或其他形式的参股；

（3）金钱请求权或其他具有经济价值的行为请求权；

（4）知识产权，特别是著作权、专利和工业设计、商标、商名、工艺流程、商业秘密、专有技术和商誉；

（5）法律或法律允许依合同授予的商业特许权，包括勘探、耕作、提炼或开发自然资源的特许权。[32]

《2003年中德协定》采用了“包括，但不限于”的开放式定义。为了限制协定的适用范围，该协定的议定书规定投资系指为了与企业建立持续的经济关系，尤其是那些能够对企业的管理产生有效影响的投资。而间接投资系指缔约一方的投资者通过其完全或部分拥有的、住所在缔约另一方境内的公司所作的投资。这样，在中国境内的德资公司用其所获收益的再投资也被纳入了该协定的适用范围。

在界定投资者方面，中国签订的双边投资协定对投资者有两种定义方式：一种是对两国的投资者分别作出不同的界定；另一种是对投资者作出一个共同定义。中国近年来新签订的双边投资协定，除中德、中葡等少数双边投资协定外，都采用了共同定义的方式。就自然人投资者而言，为了避免国籍冲突，《2003年中德协定》专门规定，自然人的国籍根据其内国法确定，并且中国和德国的法律都不承认双重国籍。关于非自然人投资者，根据《2003年中德协定》，中国非自然人投资者国籍之确认采取的是“成立地+住所地”的复合标准，而德国非自然人投资者仅需在德国有住所。但住所地标准本身并不确定，既可以是管理中心所在地，亦可以是经营中心所在地。这样规定可能会引发问题：假如一个公司在中国成立，其管理中心（主要办事机构）位于中国，而经营中心在德国，且在中国有投资。根据中国国内法该公司为中国公司，然而根据《2003年中德协定》该公司则同时满足了中国投资者和德国投资者的条件。

---

〔32〕《2003年中德协定》第1条第1款。

《2005 年中芬协定》在这方面的规定则较为完善，对实体的国籍采取了统一的注册地与住所地的复合标准。[33] 此外，中国签订的双边投资协定有的还规定了"控制"标准，令双边投资协定的保护范围进一步扩大。《1985 年中科协定》第 1 条第 4 款规定，如果缔约一方的自然人或法人在第三方领土内设立的某法人中拥有利益，该法人在缔约另一方投资时，应被视为缔约一方的法人。《1992 年中国阿根廷协定》和《2000 年中国文莱协定》亦有类似的规定。

关于投资者和投资的界定，中国、日本、韩国、澳大利亚、新西兰和东盟十国于 2020 年达成并于 2022 年 1 月 1 日生效的《区域全面经济伙伴关系协定》[34] 第 1 条规定，投资包括"一个投资者直接或间接拥有或控制的，具有投资特征的各种资产，此类特征包括承诺资本或其他资源的投入、收益或利润的期待或风险的承担"，形式则可包括："1. 法人中的股份、股票和其他形式的参股，包括由此派生的权利；2. 法人的债券、无担保债券、贷款及其他债务工具以及由此派生的权利；3. 合同项下的权利，包括交钥匙、建设、管理、生产或收入分享合同；4. 东道国法律和法规所认可的知识产权和商誉；5. 与业务相关且具有财务价值的金钱请求权或任何合同行为的给付请求权；6. 根据东道国法律法规或依合同授予的权利，如特许经营权、许可证、授权和许可，包括勘探和开采自然资源的权利；7. 动产、不动产及其他财产权利，如租赁、抵押、留置或质押。"此外，"用于投资的投资回报"，即再投资亦应被视为投资，而无论"投资或再投资资产发生任何形式上的变化"均不影响其"作为投资的性质"。[35]

《区域全面经济伙伴关系协定》同时明确规定，"'投资'不包括司法、行政行为或仲裁程序中的命令或裁决"。[36] 排除仲裁裁决很可能是因为考虑到一些投资仲裁庭曾裁定仲裁裁决是投资者权益具体化的方式。如此排除，投资仲裁庭便不可以继续作出类似裁决，从而有助于提高国际投资秩序的可预测

---

〔33〕《2005 年中芬协定》第 1 条第 2 款规定："二、'投资者'系指：（一）根据缔约任何一方的法律，是缔约任何一方国民的自然人；（二）任何法律实体，包括根据缔约任何一方的法律和法规设立或组建且住所在该缔约一方境内的公司、商行、协会、合伙及其他组织，无论其是否营利和是否承担有限责任。"

〔34〕《区域全面经济伙伴关系协定》的全文参见 http://fta.mofcom.gov.cn/rcep/rcep_new.shtml（2021 年 12 月 7 日访问）。

〔35〕参见《区域全面经济伙伴关系协定》第 1 条第 3 款。

〔36〕参见《区域全面经济伙伴关系协定》第 1 条第 3 款。

性。此规定实践中如何与"具有财务价值的金钱请求权"协调值得关注。

关于投资者,《区域全面经济伙伴关系协定》规定,"缔约一方投资者指试图、正在或已经在另一缔约方领土内进行投资的另一缔约方的自然人或法人"。[37] 法人则是指根据一缔约方的法律组建或组织的"任何实体",而无论其"是否以营利为目的,无论属于私营或政府所有,包括任何公司,信托、合伙、合资企业,个人独资企业,社团或类似组织,以及法人的分支机构"。[38]

或可说,《区域全面经济伙伴关系协定》关于投资和投资者的定义在相当程度上代表了当前国际投资秩序的趋势。首先,依该协定建立的自由贸易区是迄今为止全球最大的自贸区。其次,《区域全面经济伙伴关系协定》的 15 个成员方包括作为发达国家的日本、韩国、澳大利亚和新西兰以及作为发展中国家的中国和东盟十国。最后,《区域全面经济伙伴关系协定》15 个缔约方的总人口、国民生产总值和出口总额等所占全球总量的比例均超过 30%。具如此广泛代表性的自由贸易区协定关于投资和投资者的规定显然反映了投资秩序的发展趋势。然而,这并不能保证实践中不会出现任何问题。

(三)合格投资与合格投资者之解释

实践中如何界定合格投资和合格投资者要复杂得多。当代投资绝大多数系以公司或是其他实体的形式进行。随着全球化不断向纵深发展,以及受益于科技手段的不断创新,任何人不必离开住所便可在极短的时间内在海外注册成立公司或其他实体,资金的跨国流动亦相对无阻。若一个人在海外成立此类公司并向其注入资金,然后再通过该公司向其所在的国家投资,这是否能满足投资协定关于合格投资者及合格投资的规定可能受到挑战。实践中,很多双边投资协定和投资章节都选择将投资者与东道国的争议提交依《关于解决各国和其他国家的国民之间的投资争端的公约》(以下简称《华盛顿公约》)[39] 设立的解决投资争端国际中心(以下简称国际中心)解决,然《华盛顿公约》并未规定何为合格的投资者。大多国际中心的仲裁庭主张依双倍标准

---

〔37〕 参见《区域全面经济伙伴关系协定》第 1 条第 5 款。

〔38〕《区域全面经济伙伴关系协定》第 1 条第 6 款。

〔39〕《华盛顿公约》于 1966 年 10 月 14 日生效,现有 155 个缔约方,参见 https://icsid. worldbank. org/resources/rules - and - regulations/convention/overview(2021 年 12 月 6 日访问)。

分析投资者及其投资是否合格。易言之,只有当相关投资者既满足了涉案投资协定又能满足《华盛顿公约》关于投资者和投资的要求〔40〕时方能被认定为合格投资者和合格投资,否则仲裁庭便没有管辖权。

Tokios Tokeles 诉乌克兰案〔41〕是关于合格投资者的著名案例。该案涉及乌克兰和立陶宛签订的双边投资保护协定。该案的案情是,一位乌克兰人到立陶宛设立公司,然后又回到乌克兰进行投资,8 年以后发生了争议。问题是该企业是否具有立陶宛的国籍。如果依注册地考虑,毫无疑问该公司是立陶宛的公司;但如果再进一步分析,即揭开"公司面纱"的话,就会发现这家公司 99% 的股份事实上是由乌克兰人持有。那么这样一个公司的国籍到底是什么? 国际中心仲裁庭裁决的结果是,这家企业是立陶宛的企业,理由是,当解决这些问题时,首先要看公司的注册地;〔42〕其次要考虑相关投资者的目的,即其到乌克兰投资是否为了援引立陶宛和乌克兰之间的双边投资保护协定。如果答案是肯定的,则此类投资便可能涉及滥用权利的情形。仲裁庭认定投资者无滥用权利的情形,因其并非为了利用双边投资协定,即为了将乌克兰带上国际仲裁庭的目的而投资。基于此,仲裁庭认为 Tokios Tokeles 是诚实的投资者,故认定该企业的注册地立陶宛为其国籍国,其为合格的立陶宛投资者,从而也是《华盛顿公约》下的"另一缔约方之国民"。〔43〕

事实是,Tokios Tokeles 公司 2/3 的管理权亦由乌克兰的国民控制,如果将此类公司视为外国公司,则《华盛顿公约》将被适用于本国投资者和本国政府间的争议。〔44〕 对此问题,作为首席仲裁员的韦尔(Prosper Weil)教授认为不可接受,故提出不同意见,指出仲裁庭的多数意见是不顾《华盛顿公约》的目的和宗旨,因"其所提供的救济并非适用东道国国民通过一个外国实体投

〔40〕 这主要是指《华盛顿公约》第 25 条的规定。

〔41〕 Tokios Tokeles v. Ukraine, ICSID, ARB/02/18, 管辖权决定, 2004 年 4 月 29 日。

〔42〕 该案仲裁庭认为"ICSID 仲裁庭无例外地将公司的注册地而非控制作为确定法人国籍的准则"。See Tokios Tokeles v. Ukraine, 管辖权决定, 第 42 段。

〔43〕 See Tokios Tokeles v. Ukraine, 管辖权决定, 第 71 段。

〔44〕 被申请人乌克兰依据的是《华盛顿公约》第 25 条第 2 款第 2 项"具有作为争端一方缔约国国籍的任何法人,而该法人因受外国控制,双方同意为了本公约的目的,应看作是另一缔约国国民"。其实,前述条款的作用是扩大仲裁庭的管辖权,但乌克兰将其用来证明《华盛顿公约》不应适用于非外国法人,而判断一个企业是否外国法人应考虑其实际控制权。

入的资本,而无论此投资是在[双边投资协定]签订前或之后完成”。[45]然而,此裁决得到许多学者的支持,认为其有助于鼓励跨国投资。问题是,如果仅强调条约的目的——促进投资,而不顾其他规定,便可能违反缔约者的原意。

谢某深(Tza Yap Shum)诉秘鲁案[46]也是著名的投资案。该案的申请人投资者谢某深在福建出生,后取得中国香港特区永久居民身份,通过在维京群岛注册了一家公司,到秘鲁投资,因涉及税款抵押争议,遂依《中国与秘鲁双边投资保护协定》(以下简称《中秘投资协定》)向国际中心提起仲裁。双方争论的问题之一是仲裁庭的管辖权。谢某深作为拥有中国香港特区永久居民身份的福建人,作为该企业的股东,是否属于《华盛顿公约》下的他国国民呢?这不能仅仅依据《华盛顿公约》或者根据中国的法律来判断,因为中国参加的条约并不一定适用于中国香港特区。事实上,中国香港特区本身就可以单独签订双边投资协定。[47]而在该案中,秘鲁政府就此对谢某深到底是不是合格的投资者提出疑问。基于谢某深为中国公民的身份而裁定其为合格投资者引发的问题是,中国香港特区永久居民可以作为中国投资者,但在中国香港特区注册的法人不可以。这会使合格投资者的界定变得混淆不清,为相关条款的执行带来不必要的麻烦。

《中秘投资协定》第 8 条第 3 款规定:“如涉及征收补偿款额的争议,在诉诸本条第一款的程序后六个月内仍未能解决,可应任何一方的要求,将争议提交根据 1965 年 3 月 18 日在华盛顿签署的《关于解决国家和他国国民之间投资争端公约》设立的‘解决投资争端国际中心’进行仲裁。缔约一方的投资者和缔约另一方之间有关其他事项的争议,经双方同意,可提交该中心。如有关投资者诉诸了本条第二款所规定的程序,本款规定不应适用。”秘鲁政府认为,根据此条规定,只有“涉及征收补偿款额的争议”方可交与国际中心仲裁;

---

〔45〕 Tokios Tokeles v. Ukraine, ICSID, ARB/02/18, Prosper Weil 教授之不同意见(dissenting Opinion),第 19 段。

〔46〕 Tza Yap Shum v. Republic of Peru, ICSID, ARB/07/6(以下简称谢某深案),管辖权决定,2009 年 6 月 19 日。

〔47〕 例如,中国香港特别行政区已与丹麦、德国、澳大利亚、日本、荷兰、芬兰、东盟、墨西哥等 22 个国家和地区签订了双边投资协定。参见 https://www.tid.gov.hk/tc_chi/ita/ippa/index.html (2021 年 12 月 6 日访问)。

鉴于本案申请人提出的是与税务抵押相关的争议，故仲裁庭对之无管辖权。[48]谢某深案的仲裁庭认为，前述第 8 条第 3 款的规定反映的是“共产主义当局（意指社会主义国家——作者注）对私人投资某种程度的不信任和信念上的不契合，同时也可能关乎共产主义当局对国际仲裁庭所作决定的关注，因为它们不熟悉那些事项，又无法控制仲裁庭的决定”。[49]显然，仲裁庭的前述讲法本身就有歧视性，在此情况下，仲裁庭的论点便容易受到质疑。该仲裁庭一方面承认第 8 条第 3 款的规定具有限制性，是为了不使之被扩大解释；另一方面又说第 8 条第 3 款的适用范围也可被解释为涵盖与征收相关的其他重要事项（因为不包括其他事项便无法确定征收赔偿数额），但认为应采纳后者。[50]毫无疑问，这样的结论是相当武断的。

合格投资者的确定还涉及外国投资者是小股东的情况。作为投资的方式，很多外国投资者都是在东道国设立公司，这些由外国投资者控制的公司在双边投资协定中被认定为外国投资者。然而，当一个在东道国设立的公司系由当地人控制，外国投资者只占有少数股权时，情况较为复杂，如外国投资者很难以该公司的名义将东道国政府带上国际仲裁庭。CMS 燃气输送公司案[51]便属于此类。该案的仲裁庭裁定作为小股东的 CMS 公司有权依《阿根廷和美国双边投资协定》（以下简称《阿美双边投资协定》）将其与东道国阿根廷的争议提交国际仲裁，写道“当代国际法并不禁止股东以独立于其公司的身份求偿，即使相关股东为小股东或非控股股东亦如此。尽管如阿根廷所辩称的，此类情况属依条约的特别规定，然事实是此类依条约的特别规定已如此普遍以至于其可以被视为一般规定，在外国投资领域肯定是如此，在其他领域也在朝此方向发展”。[52] 就外国投资者以股东的身份出庭而言，CMS 案的临时委员会亦认同仲裁庭的意见，认为《华盛顿公约》第 25 条便属于仲裁庭说的

---

〔48〕 谢某深案，管辖权决定，第 134 段。

〔49〕 谢某深案，管辖权决定，第 145 段。

〔50〕 谢某深案，管辖权决定，第 150 段。

〔51〕 CMS Gas Transmission Company v. The Argentine Republic，ICSID，ARB/01/8，管辖权决定，2003 年 6 月 17 日（以下简称 CMS 案，管辖权决定）。

〔52〕 CMS 案，管辖权决定，第 48 段。

“特别规定”。[53] 该临时委员会同时指出,“必须补充一点,即本地注册的公司是否可就其在合同、许可证或其他文书下的权利,尤其是《华盛顿公约》第25(2)(b)条的权利受到侵犯而提出索赔,并不影响外国股东为保护自己的合法利益,依双边投资协定提起诉讼的权利。此权利在很多国际中心的裁决中得到承认”。[54] 就外国股东作为投资者而言,CMS 案仲裁庭和临时委员会的前述论断反映了当代国际投资法的现状。

除了合格投资者外,何为合格投资亦同样重要。《华盛顿公约》未具体规定何为合格的投资。这就为判断一个经济活动是否构成合格投资增添了很多变数。就此而言,Salini v. Morocco 案[55]是最早的涉及合格投资的仲裁案之一。鉴于该案的影响很大,嗣后的仲裁庭几乎都援引 Salini 案的裁决,将之称为Salini 标准。在该案中,作为申请人的 Salini 系意大利公司,竞标取得在摩洛哥修建高速公路的合同。摩洛哥的缔约方系在当地注册但代表政府发包基建工程的公司。因工程延迟完工,摩洛哥公司没有向 Salini 公司支付全部应付款项。Salini 公司遂依意大利与摩洛哥的双边投资协定,向国际中心提起仲裁。仲裁庭需要解决的问题之一是修建高速公路合同是否构成投资。这一问题的结论直接关系仲裁庭是否对涉案争议具有管辖权。参考了《华盛顿公约》的谈判历史以及 Schreurer 教授的意见,[56] 仲裁庭裁定合格投资应包含下列因素:(1)投资者有投入;(2)项目要运行一段期间;(3)涉及一定的风险;(4)投资对东道国经济发展有贡献。[57] 仲裁庭指出,将“投资对东道国经济发展之贡献作为认定合格投资的条件系基于《华盛顿公约》的前言。[58] 此后,尽管许多投资仲裁庭在分析某一项目是否构成合格投资时都以 Salini 案的裁

---

〔53〕 CMS Gas Transmission Company v. The Argentine Republic, ICSID, ARB/01/8, Decision of the Ad Hoc Committee on the Application of Annulment of the Argentine Republic, 2007 年 9 月 25 日(以下简称 CMS 案,临时委员会决定),第 69 段。

〔54〕 CMS 案,临时委员会决定,第 74 段。

〔55〕 Salini Costruttori S. P. A. and Italstrade S. P. A. v. Kingdom of Morocco, ICSID, ARB/00/4, Decision on Jurisdiction, 2001 年 7 月 23 日(以下简称 Salini 案)。

〔56〕 See Christoph Schreurer, *Commentary on the ICISD Convention*, ICSID Review – Foreign Investment Law Journal, Vol. 11:2, p. 318 – 492(1996)。全文参见 https://doi.org/10.1093/icsidreview/11.2.318(2021 年 12 月 6 日访问)。

〔57〕 Salini 案,第 52 段。

〔58〕 Salini 案,第 52 段。

决为基础,但亦常作出修改。

Phoenix 案的仲裁庭采纳了 Salini 案的前三个因素,同时提出了另外三个因素,即(1)相关投资系为了在东道国开展经济活动,(2)投资系依据东道国的法律进行,(3)涉案的投资系真实的投资。[59] 仲裁庭之所以提出前述三个因素完全是因为该案的案情使然。Phoenix 案的申请人原为捷克公民,后逃到以色列并于 2002 年取得以色列公民身份。[60] 此后,他在以色列成立了一家公司,并以之为中介购买了其原来拥有的在捷克注册的两家公司。此前,捷克政府对该两家公司采取了不利措施,导致其停止营业相当一段时间。交易完成后的两个月,申请人便向国际中心提起仲裁申请。基于此,仲裁庭认为:"有充分的证据显示,Phoenix(申请人)没有进行任何经济活动,甚至根本就没有计划进行任何经济活动。没有经营计划,没有再融资规划,没有经济目标,也没有尝试对交易进行评估。"[61] Phoenix 案的仲裁庭认为,申请人进行所谓投资的目的就是可以从双边投资保护协定受益,即可以将捷克政府带上国际仲裁庭。而这也成为 Phoenix 案与 Tokios Tokeles 案的最大不同之处。[62] 事实上,Phoenix 案的仲裁庭并未否定 Tokios Tokeles 案的裁决,而是采用了普通法的事实有别,结论故应不同的分析方法。

另一有相当影响力的关于投资是否为合格投资的案件是 Fraport 案。[63] 该案涉及德国与菲律宾的双边投资协定。根据德菲投资协定,投资"为每一缔约方各自的法律和法规所认可",且"符合一方宪法、法律或法规的投资者"。[64] 被申请人菲律宾有一反规避法(Anti - Dummy Law),限制外国股东和管理层在公共企业中担任管理职务。申请人 Fraport 通过秘密股东协议的方式,规避了这一法律规定。仲裁庭庭审中发现了该秘密协议,认为投资可分为事实上和法律上的两种,事实上的投资不一定构成法律上的投资,只有法律

[59] Phoenix Action, Ltd. v. The Czech Republic,裁决,ICSID,ARB/06/5, 2009 年 4 月 15 日(以下简称 Phoenix 案),第 114 段。

[60] 根据以色列法律,任何犹太人在以色列定居便可取得该国的公民身份。

[61] Phoenix 案,第 140 段。

[62] Phoenix 案,第 94 段。

[63] See Fraport AG Frankfurt Airport Services Worldwide v. Philippines, 管辖权决定,ICSID, ARB/03/25, 2007 年 8 月 16 日(以下简称 Fraport 案,管辖权决定)。

[64] 《德国与菲律宾双边投资协定》第 1 条第 1 款。

上的投资才有资格得到双边投资协定的保护。最后，Fraport 仲裁庭裁定申请人签订秘密股东协议规避东道国法律之结果是“使其不得主张‘根据法律’作出了投资，也不得主张被申请人菲律宾的高官后来免除了这一法律要求，并使其投资有效的主张，因为被申请人官员可能并不知晓其违法行为”。[65] 仲裁庭认为涉案的事实显示申请人的商业行为根本就不是“法律上的投资”，因此不能受德菲双边投资协定的保护。显然，Fraport 案的仲裁庭强调的是诚实信用原则，是将《维也纳条约法公约》第 26 条规定的“凡有效之条约对其各当事国有拘束力，必须由各国善意履行”作了延伸适用。易言之，基于诚实信用原则，双边投资条约的缔约方仅有义务保护合法的投资，而没有义务保护以欺诈手段进行的投资。[66] Inceysa Vallisoletana S. L. v. El Salvador 案[67] 的仲裁庭也认为萨尔瓦多在其与西班牙的双边投资协定中对国际中心管辖权的同意，并不能有效延伸至因弄虚作假而不符合东道国法律的投资。

在确定了哪些投资和投资者有资格享受投资协定的保护后，接下来是合格投资和合格投资者应享有哪些权利、待遇及待遇的标准。以中国的实践为例。中国近年签订的双边投资协定大多给予外国直接投资以国民待遇、最惠国待遇、公平公正待遇、完全保护与安全、非歧视、国有化或征收的赔偿等。[68] 就公平公正待遇而言，《2003 年中德协定》《2005 年中芬协定》《2005 年中西协定》《2005 年中葡协定》等多使用“缔约一方的投资者在缔约另一方境内的投资应始终享受公平与公正的待遇”；而《2006 年中俄协定》则规定“缔约一方应保证在其领土内给予缔约另一方投资者的投资和与该投资相关的活动公平和平等的待遇”。[69] 中国以前在订立待遇标准时非常强调经济主权，拒绝接受西方发达国家主张的“国际最低标准”待遇的观点，坚持认为此标准应依国

---

〔65〕 Fraport 案，管辖权决定，第 401 段。

〔66〕 诚实信用原则是公认的国际法的一般法律原则。《维也纳条约法公约》第 26 条只是将这一法律原则具体化，反映的是习惯国际法。一些其他投资仲裁庭也强调了诚实信用原则的重要性。

〔67〕 Inceysa Vallisoletana S. L. v. Republic of El Salvador，管辖权决定，ICSID，ARB/03/26，2006 年 8 月 2 日。

〔68〕 事实上，这些待遇有的是按相对的标准，如国民待遇和最惠国待遇；有的则需按绝对的标准，如公平公正、非歧视等。两种待遇制度的不同在于：相对待遇标准的重点是确保一缔约方在非歧视的基础上对待另一缔约方国民和企业的投资，而绝对待遇标准则在于确保一缔约方向另一缔约方投资者及其投资提供的待遇应符合公认的国际标准和遵守国际法的要求。

〔69〕《中国政府和俄罗斯联邦政府关于相互促进和保护投资协定》第 3 条第 1 款。

内法加以解释和适用,如《1984 年中芬协定》第 3 条规定,给予投资者公平与公正待遇的前提应是“依照其法律和法规”;《2005 年中芬协定》等新一代协定已经删除了这些规定。

公平与公正待遇原则现已为各国认同是“典型的习惯国际法标准”,然无论是理论上还是实践中目前国际上尚未就其含义达成一致意见。[70] 甚至争议事项完全相同,并且涉案的两个双边投资协定的规定亦几乎完全一致的情况下,两个仲裁庭亦可能得出截然相反的结论,一个认为投资东道国没有违反公平公正待遇规则,另一个则认为东道国的行为或不行为构成对公平公正待遇规则的违反。[71] 正是因为国际社会尚无公认的公平公正待遇标准,投资东道国是否履行了相关义务便经常成为导致国际仲裁的诱因。

双边投资协定的晚近发展是将国民待遇和最惠国待遇引入投资准入和“开业前”(pre - establishment)阶段。此前的双边投资协定一般并不特别规定对开业前的外国投资予以保护。不仅如此,通常情况下东道国还对外资的进入进行严格的审查,以及限制外资进入某些行业。新近的双边投资保护协定大多不再强调东道国对外资的市场准入和进入条件的审查,同时规定外国投资者可在市场准入阶段享有国民待遇。此发展是各国争相吸引外资的结果,反映了国际投资对各国经济有重要贡献。争端解决的方式方法也是双边投资协定的重要内容。通常情况下,投资争端包括缔约双方之间的争议以及

---

〔70〕 See Christoph Schreuer, *Fair and Equitable Treatment in Arbitral Practice*, Journal of World Investment & Trade, Vol. 6:3, p. 357 - 386 (2005)。全文参见 https://www. univie. ac. at/intlaw/pdf/77. pdf (2021 年 12 月 7 日访问);关于公平公正待遇的讨论,亦参见经济合作与发展组织, *Fair and Equitable Treatment Standard in International Investment Law*, 2004 年, https://www. oecd. org/daf/inv/investment - policy/WP - 2004_3. pdf (2021 年 12 月 7 日访问)。

〔71〕 在 CME Czech Republic B. V. (The Netherlands) v. Czech Republic 案中,仲裁庭裁定,若东道国的措施使投资无利可图便违反了公平公正待遇规则,除非政府的行为明显是为了公共利益。见 CME Czech Republic B. V. (The Netherlands) v. Czech Republic,最后裁决,2003 年 3 月 14 日;裁决见 https://www. italaw. com/sites/default/files/case - documents/ita0180. pdf (2021 年 12 月 7 日访问)。然而,在 CME 案的裁决作出前,CME 的控股股东 Ronald S. Lauder 便以投资者股东的身份提起了以捷克政府为被申请人的国际仲裁,See Ronald S. Lauder v. Czech Republic,最后裁决,2001 年 9 月 3 日;裁决全文参见 https://www. italaw. com/sites/default/files/case - documents/ita0451. pdf (2021 年 12 月 7 日访问)。Lauder 案的仲裁庭裁定,公平公正待遇系国际最低待遇标准,东道国政府为了实施内国法而引起之争议并不违反公平公正待遇原则。需要指出的是,这两个案子所涉是同一事实,案涉的双边投资协定均为捷克和美国的投资协定,两个案子都涉及公平公正待遇条款;关于此条款的解释,两个仲裁庭的裁决则完全不同。

东道国和外国投资者之间的争议。通过国际仲裁解决投资者与东道国之间的争议是当前的主要趋势,此类争议涉及的范围亦越来越宽泛,国际仲裁庭的管辖范围也出现扩张之势。[72]

在双边投资协定中全面接受国际中心管辖自然增加了相关国家的投资者在国际仲裁庭挑战东道国的风险。另一相关问题是那些并未全面接受国际中心管辖的双边投资协定下的外国投资者是否可以根据最惠国待遇条款,要求享有同样的"诉权"? 实践中,有的国家为了避免此问题,选择在条约中明确规定最惠国待遇条款是否适用于争端解决,如《1994 年英国阿尔巴尼亚双边投资保护与促进协定》明确规定"为了避免疑义,兹认定第(1)段和第(2)段规定的待遇(国民待遇和最惠国待遇)应适用于本协定第 1 至 11 条(其中第 8 条规定了投资者与东道国争端解决)"。[73] 中日韩投资协定亦排除了将最惠国待遇规定适用于争端解决的可能性。此外,《区域全面经济伙伴关系协定》第 10 章第 4 条第 1 款和第 2 款规定了缔约方给予来自其他缔约方的投资和投资者以最惠国待遇的义务。该条第 3 款则规定"为进一步明确,第一款和第二款所指的待遇不包含其他现存或未来国际协定项下的任何国际争端解决程序或机制"。易言之,最惠国待遇不适用于争端解决事项。这些都反映了中国和其他国家对近年投资仲裁庭扩大管辖权,将最惠国待遇适用于争端解决事项的立场。[74]

除前述外,近年签订的投资协定,特别是投资章节还包括禁止东道国要求外国投资者满足业绩要求,如产品和部件的本地化、出口数量等。投资收益的转移、国有化和征收的赔偿、非缔约方投资者是否享有优惠待遇、投资便利化等条款亦为当代投资协定和章节必备者。其中征收,特别是因法律法规的实施而导致的与征收具同样效果的措施,大多涉及东道国的管辖权,从而也涉及如何平衡东道国管辖权之行使和保护投资者利益的问题。与之相关的赔偿原则、标准的确定等均在实践中构成挑战。

---

〔72〕 关于国际投资仲裁中国家的作用,See Anthea Roberts, *Power and Persuasion in Investment Treaty Interpretation: The Dual Role of States*, The American Journal of International Law, Vol. 104:2, p. 179 - 225(2010)。

〔73〕 UK - Albania BIT 1994; 第 3 条第 3 款。

〔74〕 关于此问题的讨论,参见本书最惠国待遇一章。

二、投资待遇的解释及挑战

投资者到海外投资的竞争者包括来自其他国家的投资者以及东道国当地的投资者。为了保证外国投资者有一个公平的竞争环境,最惠国待遇和国民待遇早已成为投资协定的必备条款。此外,投资者进入任何海外市场都必不可避免地要与东道国政府打交道;这从而涉及东道国政府如何行政的问题。鉴于各国的文化、传统、法律和政治制度、法律原则和规定、行政和司法机构的组成以及履行职责的标准和方法、经济发展水平、经济制度、市场的成熟度等各异,如何保证东道国政府给予外国投资者和投资的待遇符合一定的标准早已成为国际社会关注的事项。如前所述,各国将解决投资者疑虑及鼓励外国投资视为投资保护机制的重要内容,方法是将公平公正待遇、充分保护与安全、非歧视、最低国际标准等纳入投资协定和章节。这些待遇有的在投资协定和章节的不同条款中分别予以规定,有的则放在同一条款予以规定。如《区域全面经济伙伴关系协定》便将几种待遇放在同一条款,规定“每一缔约方应当依照习惯国际法外国人最低待遇标准给予涵盖投资公平公正待遇以及充分保护和安全”。[75]《区域全面经济伙伴关系协定》还对公平公正待遇等与其他国际待遇标准的关系予以明确,规定“公平公正待遇和充分保护和安全的概念不要求给予涵盖投资在习惯国际法关于外国人最低待遇标准之外或超出该标准的待遇,也不创造额外的实质性权利”。[76] 如此处理投资待遇反映了缔约方希望有较大的确定性,从而也就减少了投资仲裁庭在条约解释方面的裁量权。然实践中,如何解释或适用前述投资待遇条款仍面临很多挑战。对公平公正待遇条款的解释为最具挑战者。

---

〔75〕《区域全面经济伙伴关系协定》第10章第5条第1款。该条第2款并对何为公平公正待遇等进一步作出规定,“(一)公平公正待遇要求每一缔约方不得在任何司法程序或行政程序中拒绝司法;(二)充分保护和安全要求每一缔约方采取合理的必要措施确保涵盖投资的有形保护与安全”。

〔76〕《区域全面经济伙伴关系协定》第5条第2款第3项。

(一)公平公正待遇的国际法渊源

公平公正现已成为投资协定和章节的必备条款,然其早于第二次世界大战结束时便渐次进入了国际条约和文件。为建立国际贸易组织而制定的《哈瓦那宪章》[77]《联合国跨国公司行为守则(草案)》[78]《经合组织多边投资协定(草案)》[79]《美墨加协定》,[80] 1992 年世界银行《外国直接投资待遇指引》[81]《世贸组织协定》[82]等多边国际条约和文件都包含公平公正待遇或相似条款。实践中,公平公正待遇包括哪些内容,要求什么样的标准,都不是没有争议的问题。公平公正待遇与最低国际待遇标准的共性和区别是什么也没有定论。人们认为 Neer 案[83]为涉及公平公正待遇的第一案。该案的案情是:1924 年 11 月 16 日,受雇于墨西哥境内一家矿厂的美国公民 Paul Neer 在回家的路上被杀害。他的遗孀和女儿据此索赔 10 万美元,理由是墨西哥有关机构在追查起诉凶手过程中的表现不尽责,且无合理理由。

---

〔77〕《哈瓦那宪章》第 11 条第 2 款规定,行将建立的国际贸易组织之成员应保证来自其他成员的企业和资本等享有公正与公平的待遇。

〔78〕《联合国跨国公司行为守则(草案)》第 48 条一方面强调境外投资者应遵守东道国的法律和规定,另一方面则规定东道国应给予外国投资者以公平公正和非歧视待遇。虽然《联合国跨国公司行为守则草案》现已无疾而终,但其内容,特别是那些为各方所接受的条款(包括公平公正待遇)在相当程度上反映了国际社会的取态。

〔79〕《经合组织多边投资协定(草案)》更多地代表的是发达国家的立场。该草案前言提出公平待遇等对投资东道国改善投资环境大有裨益,在一般待遇条款部分则明确提出公平公正待遇的概念。

〔80〕《美墨加协定》(Agreement between the United States of America, the United Mexican States, and Canada)于 2018 年 11 月 30 日签订,以取代《北美自由贸易区协定》。《美墨加协定》第 14.6 条规定,一缔约方应依习惯国际法给予来自另一缔约方的投资以公平公正以及充分保护和安全待遇。此规定与《北美自由贸易区协定》第 1105 条的规定没有任何区别。关于《美墨加协定》的文本,参见 https://ustr. gov/trade – agreements/free – trade – agreements/united – states – mexico – canada – agreement/agreement – between(2021 年 12 月 15 日访问)。

〔81〕理论上讲 1992 年世界银行《外国直接投资待遇指引》并不具有拘束力,然事实说明它对其后各国的立法有重要影响。该指南第 3 条第 2 款要求投资东道国给予来自境外的国民之投资以公平公正待遇。

〔82〕《世贸组织协定》及其附件虽然没有完全采用公平公正待遇的提法,但几乎无例外地将公平、客观、合理、透明度等视为基本原则。实践中世贸组织尚无因任何成员违反公平原则而违约的先例。这是因为,世贸组织裁定成员违约与否时,着重涉案的措施是否违反世贸组织的规范。但这并不影响公平公正作为多边贸易体制的基本原则。

〔83〕L. F. H. Neer and Pauline E. Neer (United States.) v. United Mexican States, Reports of International Arbitral Awards (RIAA), Vol. 4, p. 60 – 66(1926).

仲裁庭注意到凶杀案调查受阻的原因是唯一目击证人无法提供足够的信息，认为虽然墨西哥政府的高层机构可能有理由介入此案，更积极有效的程序亦可被采用，然不尽责或是不够尽责的调查与国际违法行为之间有相当的距离。[84] 仲裁庭同时指出，如何界定国际违法行为和国家政府在主权范围内未能令人满意地行使权力难以用一个设定的通式解决；至于拒绝“正义”是具有执法或立法行为的广义性，还是仅狭义地限定在司法机关的行为则并不重要。[85] 无论如何，政府的某些行为是否适当，应根据国际标准衡量，包括给予外国人的待遇是否武断、不正当、公然不讲道义、暴力、恶意或故意漠视责任；如果相关行为如此偏离国际标准以至于任何理性、公正的人都能毫无困难地予以认定，则做出该行为的政府便违反了国际责任，至于此类行为是源于对合理的法律之不当执行，还是源于法律本身则并不重要。由此可见，Neer 案中的仲裁庭对公平公正待遇提出了相当高的标准。

最后，仲裁庭认为证据并不显示墨西哥主管机构在追惩凶手过程中不尽责或是不够尽职，故墨西哥有关机构不应承担责任。[86] 显然，仲裁庭认为构成违反公平公正待遇的行为仅限于那些非常明显的不公平、不公正或是严重不负责任的政府行为。也许正是因为此类行为超出了现代文明所允许的范畴，因此近年的国际投资仲裁庭大多将之视为国际最低待遇标准。

规定外国投资和外国投资者应享有公平公正待遇已经成为双边投资协定和区域性安排的趋势。此前，鉴于公平公正待遇条款缺乏具体标准，2001 年北美自由贸易区自由贸易委员会对《北美自由贸易区协定》第 1105 条第 1 款

---

〔84〕 L. F. H. Neer and Pauline E. Neer (United States.) v. United Mexican States, Reports of International Arbitral Awards (RIAA), para. 3.

〔85〕 L. F. H. Neer and Pauline E. Neer (United States.) v. United Mexican States, Reports of International Arbitral Awards (RIAA), para. 4.

〔86〕 L. F. H. Neer and Pauline E. Neer (United States.) v. United Mexican States, Reports of International Arbitral Awards (RIAA), para. 4. 仲裁庭的一位仲裁员不同意仲裁庭的裁决，指出对哪些事务属于主权范围的事项在国际法上已有明确的共识；同样明确的是，国内法的制定和执法措施都必须符合国际法的要求，任何法律或是执法措施不能满足国际法的要求，即构成国际违法行为。因此国家政府严格按照国内法的规定行事并不必然履行了其应尽的国际法责任。参见 Neer 案的裁决，第 64 页。

进行了解释;[87]各缔约方于嗣后签订的《美墨加协定》将前述解释纳入了投资章节,内容与《区域全面经济伙伴关系协定》的相关条款雷同。[88] 尽管有前述发展,投资仲裁庭仍有较大的裁量权,尽管几乎所有仲裁庭都试图依《维也纳条约法公约》和相关的投资协定对公平公正待遇等条款加以解释。[89] 这也就不可避免地要涉及解释条约的基本原则和方法,包括条约的上下文、文字的基本意思、条约的前言和其他条款的关系等。

公平公正待遇条款不仅涉及程序规则,也关乎实体法。如东道国违反了与外国投资者之间的合同并不必然违反双边投资协定;然而,每当违约行为发生或外国投资者认为其受到不当的待遇(包括程序和实体待遇)时,便会以其本国与东道国签订的投资协定为依据,将东道国带上国际仲裁庭,往往会指控东道国政府违反了公平公正待遇条款。公平公正待遇是一个看不见的标准,当对其进行解释时,仲裁庭总是将之与投资东道国的法律制度或规定、投资者的期待、非歧视原则等结合适用。任何东道国的法律或法律之执行导致对外国投资者不利的情况,即使是相关不利待遇并不涉及歧视,外国投资者也可援引公平公正原则,而保护伞条款的作用则在于使公平公正待遇延伸到东道国的契约义务。

(二)公平公正待遇与投资者的合理期待

在涉及公平公正待遇的投资仲裁案中,经常遇到的一个问题是如何确定

---

〔87〕 鉴于早期 NAFTA 仲裁庭在 Metalclad 案、S. D. Myers 案和 Pope & Talbot 案中对公平公正待遇的扩大解释,对国家主权构成了一定挑战,2001 年北美自由贸易区自由贸易委员会对《北美自由贸易协定》第 1105 条第 1 款作出解释:"依照国际法的最低待遇标准:(1)第 1105 条第 1 款规定,缔约他方投资者所享有的最低待遇标准,就是习惯国际法所提供的对外国人的最低待遇标准。(2)"公平公正待遇"及"充分保护与安全"不要求给予习惯国际法关于外国人最低待遇标准之外的待遇。(3)认定违反 NAFTA 的其他条款或其他独立国际协定的规定,并不违反 NAFTA 第 1105 条第 1 款的规定。"此后美国和加拿大的双边投资协定范本都根据上述解释对有关最低待遇标准的规定进行了修订。

〔88〕 参见《美墨加协定》第 14.6 条第 2 款。

〔89〕 这种分析方法与世贸组织争端解决机构的做法雷同,显然也是受到前者实践的影响,因为有些负责审裁投资争端解决案的仲裁员和代表律师也曾担任世贸组织争端解决的专家组或上诉机构的成员。

外国投资者的合理期待。[90] 鉴于国际投资已成为世界经济的重要方面,各国争相推出吸引外资的政策和措施。那么,哪些政策、承诺具有法律效力,系东道国必须遵守者便成为判断东道国是否应承担违约责任的标准。这就关乎外国投资者进入东道国时有何期待。关于此问题,CMS 案[91]和 LG & E 案[92]具有一定的代表性。众所周知,进入 21 世纪后,国际社会的许多投资争端都与阿根廷有关,这主要源于阿根廷在经济危机中采取的措施。阿根廷于 1989 年开始推行经济复苏计划,包括对政府所有的产业和公共设施进行私有化,并分别于 1989 年 8 月通过了《国家改革法》、1991 年 3 月通过了《货币兑换法》等,使阿根廷货币与美元挂钩。

1992 年 5 月,阿根廷通过《燃气法》确立了燃气产业私有化和管理天然气运输和销售的法律框架,并根据该法设立了新的管理机构 ENARGAS,负责对该产业进行监管及定价。2001 年年末,阿根廷的经济情势恶化,遂于 2002 年 1 月 6 日通过《紧急状态法》,宣布国家面临重大突发事件。阿根廷的前述措施导致一系列涉及外国投资者待遇的国际投资争议。CMS 案和 LG & E 案为具代表性的两个个案。首先,CMS 案和 LG & E 案的申请人都是美国公司,且都在阿根廷投资,因此两案适用的双边投资协定都是《阿根廷—美国双边投资协定》(以下简称《阿美双边投资协定》)。其次,在 CMS 和 LG & E 决定向阿根廷投资前,阿根廷政府均作出了一些具体承诺,包括以美元计算煤气收费,然后以 1:1 的兑换率兑换成比索。再次,该两案的争议均涉及阿根廷在经济危机时期采取的措施。最后,CMS 和 LG & E 都不是其阿根廷公司的控股股东,故都是作为股东投资者提起仲裁。

CMS 燃气输送公司系依美国密歇根州法律成立的法人,作为外国投资者,向阿根廷燃气输送公司(Transportadora de Gas del Norte)进行投资,并取

[90] 关于此问题的讨论,See Srinath Reddy Kethireddy, *Still the Law of Nations: Legitimate Expectations and the Sovereigntist Turn in International Investment Law*, Yale Journal of International Law, Vol. 44, p. 315 – 353(2019)。

[91] *CMS Gas Transmission Company v. The Argentine Republic*, 裁决, ICSID, ARB/01/8, 2005 年 5 月 12 日(以下简称 CMS 案,裁决)。

[92] LG & E Energy Corp., LG & E Capital Corp. and LG & E Investment Inc. vi The Argentine Republic, ICSID Case No. ARB/02/1, Decision on Liability, 2006 年 10 月 3 日(以下简称 LG & E 案,责任决定)。

得该公司25%的股份,而阿根廷燃气输送公司则是由原具有垄断地位的国有企业分拆而成。1992年12月,阿根廷燃气输送公司取得向阿根廷北部和中西部输送燃气的许可。CMS的投资于1995年完成。

LG & E案的申请人包括依美国肯塔基州法律成立的LG & E能源公司和LG & E资本公司以及依美国特拉华州成立的LG & E国际公司,该三个公司(合称为申请人)持有阿根廷当地的三家天然气分销公司的非控股股权。用LG & E案仲裁庭的话说就是,申请人依阿根廷政府关于私有化能源行业的法律保障及其先前在阿根廷投资的愉快经历,进行了涉案的投资,即购买了三家燃气销售特许公司的股份。[93] LG & E案的争议案情与CMS案完全相同,也涉及公平公正待遇条款的解释。

根据阿根廷燃气输送公司的营业许可,燃气的价格应以美元计算,并应依美国生产商价格指数(US - PPI)每6个月调整一次。经济危机的爆发导致阿根廷燃气输送公司分别于2000年1月和7月有条件地推迟了根据美国生产商价格指数调整燃气价格。2002年阿根廷取消了公用设施许可证持有人根据US - PPI享受调整价格的权利,并停止根据美元计算价格。[94]

申请人CMS认为阿根廷的措施令其收入减少,偿债能力减弱,遂于2001年将争议提交国际中心仲裁。CMS案的争议点之一是阿根廷政府在申请人投资时的保证是否使投资者产生合理期待。申请方指出,根据公开招标标书、燃气法令、1992年信息备忘录(The Information Memorandum issued in 1992)和许可证(License)第9.2条,其有权要求以美元计算价格。[95] 阿根廷则持不同意见,认为《燃气法》仅保证被许可方有权要求公平合理的价格。而燃气法令以及阿根廷燃气输送公司的经营许可尽管规定了根据美元计算价格及其与比索的兑换,但这些规定必须要符合《货币兑换法》;政府从未保证一旦放弃固定汇率,将仍以美元计算有关价格。申请方不可能仅凭招标书和备忘录就决定投资,这两个文件还必须符合阿根廷国内法以及转移阿根廷燃气输送公司股份的有关安排中之特定条款。而且,顾问公司所提供的有关信息都附

〔93〕 LG & E案,责任决定,第52段。

〔94〕 自2002年3月起,比索兑美元的比率为3~3.85比索兑换1美元,比索贬值超过60%。

〔95〕 CMS案,裁决,第128段。

有声明,规定政府并不可做任何保证,也不会因有关信息而承担责任。投资者应该根据当时的法律作出投资决策。[96] 此问题的核心是阿根廷在前述文件作出的承诺是否违反公平公正待遇的规定。

CMS 案的仲裁庭不同意阿根廷将美元计价和《兑换法》加以联系,认为以美元计价的目的是在结算时如果平价已经改变,应根据当时的汇率计算,从而确保投资者有公平合理的收益。[97] 正是由于以美元计价才令私有化进行得如此顺利,很难想象那么多公司、政府官员及其律师都错误地理解了阿根廷的保证。[98]

申请方还指出,根据 US - PPI 调整价格决定其是否投资的重要因素。《燃气法》以及其他有关私有化的文件也对此作出规定。[99] 阿根廷提出该机制必须符合《兑换法》和汇率平价。尽管该机制在 1992 年私有化时是合理的,但是随着阿根廷的经济衰退和通货紧缩,国内物价大幅下降,到了 20 世纪 90 年代末,该机制就失去了意义。美国当时通货膨胀严重,超过了以往的水平,因此调整价格不仅不再能反映阿根廷燃气输送公司的成本,反而会造成衰退时期的价格上升。这就是阿根廷曾于 2000 年 7 月主动推迟调整的原因。此外,冻结价格是对被许可人影响最小的方式,因为适用其他的调整机制会令价格降得更低。[100] 仲裁庭裁定,申请方根据有关法律、许可证和私有化过程中的情况依法享有根据 US - PPI 调整价格的权利。[101]

仲裁过程中,申请人援引了许可证中的两个稳定性条款。根据许可证第 9.8 条,有关价格体制不会被冻结或因将来的规定或价格控制而改变,如果将来的价格控制要求被许可方把价格调整到较低水平,则被许可方有权要求许可方提供同等金额的补偿。[102] 许可证第 18.2 条规定,如果没有被许可方的书面同意,约束本许可证的法律不可改变。申请方提出,当其于 2000 年 1 月和 7 月同意推迟和重构调整机制时(并非主动地),阿根廷政府就承担了重新建

---

〔96〕 CMS 案,裁决,第 131 - 132 段。
〔97〕 CMS 案,裁决,第 136 段。
〔98〕 CMS 案,裁决,第 137 段。
〔99〕 CMS 案,裁决,第 139 段。
〔100〕 CMS 案,裁决,第 140 - 143 段。
〔101〕 CMS 案,裁决,第 144 段。
〔102〕 CMS 案,裁决,第 145 段。

立价格调整机制的额外义务。[103] 阿根廷未能履行许可证和2000年推迟安排中的义务。ENARGAS还不顾禁令，通过了一些决定使得情况恶化。[104]

阿根廷认为许可证中稳定条款的受益方为阿根廷燃气输送公司，而非申请人；政府权力不应被冻结，否则就等同于法律和宪法概念中的放弃公共服务。[105] 对于后一个问题，仲裁庭认为阿根廷政府的论点有一定道理，尽管从技术上讲对禁令进行限制性解释或许是对的，但显然该禁令旨在令所有的价格调整失效。[106] 就申请人而言，重要的是从稳定条款受益的权利，另鉴于许可证和双边投资协定同时适用，申请人可以援引稳定条款。[107] 易言之，尽管申请人不是稳定条款的直接受益方，但因其可从稳定条款受益，因而其可依《阿美双边投资协定》主张权利。这就是说，外国投资者CMS在投资时依赖了阿根廷的承诺，从而应该对后者有合理期待。

CMS案的仲裁庭还认为《阿美双边投资协定》和大部分双边投资协定一样并未明确规定公平公正待遇的标准。但《阿美双边投资协定》的前言规定了公平公正待遇是为了“维护稳定的投资体制，最大限度地利用经济资源”。因此，稳定的司法和营商环境是公平公正待遇的重要方面。阿根廷的有关措施实际上完全改变了投资者作出投资决策时所依据的法律和商业环境。CMS案的仲裁庭认为，众多多边和双边条约的公平公正待遇条款、投资裁决和学者论述均表明公平公正待遇与制度的稳定性和可预见性密不可分。[108] 例如，关于东道国法律框架稳定性的意义，有的仲裁庭认为“外国投资者希望东道国在与外国投资者的关系中应以一以贯之的方式行事，避免模棱两可，但应完全透明，以便外国投资者可事先了解适用于其投资的所有规则和法规以及政府政策、行政指令与政务的目标，从而外国投资者能够依之规划投资并遵

---

〔103〕 CMS案，裁决，第146段。

〔104〕 CMS案，裁决，第147段。

〔105〕 CMS案，裁决，第148段。之前，仲裁庭已就管辖权问题作出裁决，认定申请方的少数股东身份并不影响其向国际中心申请仲裁。

〔106〕 CMS案，裁决，第150段。

〔107〕 CMS案，裁决，第151段。如下文所述，包括投资东道国在内的合同当事方违反合同义务并不必然导致违反东道国与境外投资者母国签订的双边投资协定。对投资协定的违反首先涉及投资东道国的政府行为，特别是那些涉及投资法律、政策或是其他措施的行为，如相关措施是否构成歧视、不公平待遇等。

〔108〕 CMS案，裁决，第276段。

守相关规定”。[109] 问题不在于是否应冻结东道国的法律框架,因为法律总要根据变化的情势而改变,然法律的改变不可不考虑东道国政府作出的与法律改变方向相反的特定承诺,因这已成为国际投资法关于公平公正待遇条款解释的共识。[110] 仲裁庭不同意阿根廷提出的违反公平公正待遇条款应以违约者的故意和恶意为前提的观点,最后裁定阿根廷违反了《阿美双边投资协定》下的公平公正待遇标准。[111]

CMS 案的申请人还提出,阿根廷采取的措施违反了法治原则,包括武断地对待投资者,从而违反了《阿美双边投资协定》第 2(2)(b)条规定。申请人认为,由于阿根廷改变燃气业的法律框架,相关措施导致不同投资者享受差别待遇,从而构成歧视,如电话、供水,尤其是燃气生产商等公用服务业可继续根据美元定价。[112] 阿根廷认为其措施是合理的,并且也有助于经济目标的实现,根据过往的国际投资仲裁裁决,需要存在令本国国民(而非其他国民)更加受惠的意图才构成歧视。此外,禁止歧视仅要求对处于同等地位的团体或个人给予相同的待遇。阿根廷认为本案中不存在国际法禁止的依国籍产生的歧视待遇。[113]

仲裁庭不同意申请方的论点,因为申请人在本案中投资项目的经营管理并未受到损害,尽管阿根廷的措施的确给投资的使用、扩张和处置带来了一些负面影响。就歧视来说,仲裁庭同意阿根廷的意见,认为很难确定燃气输送销售行业与其他行业之间是否属于类似的实体,而燃气生产业也不同于燃气输送和销售业。因此,仲裁庭认为不应认定阿根廷的措施构成专断和歧视。[114] 此分析类似世贸组织上诉机构和专家组关于同类产品的界定。

从 CMS 案仲裁庭的讨论可以看出,其认为东道国法律框架的稳定性和可预见性以及非歧视等均为投资者合理期待的内容。特别是阿根廷对投资者

---

[109] See Tecnicas Medioambientales Tecmed S. A. v. The United Mexican States, 裁决, ICSID, ARB (AF)/00/2, 2003 年 5 月 29 日, 第 154 段。Tecmed 案的仲裁庭也认为违反公平公正待遇规定不以违约国家的恶意或故意为前提。同上, 第 153 段。

[110] CMS 案, 裁决, 第 277 段。

[111] CMS 案, 裁决, 第 281 段。

[112] CMS 案, 裁决, 第 286 – 287 段。

[113] CMS 案, 裁决, 第 288 – 289 段。

[114] CMS 案, 裁决, 第 290 – 295 段。

的保证和承诺，包括许可证和法律的规定，给予了外国投资者以合理期待。如果能够证明外国投资者有合理理由相信阿根廷会履行其承诺，同时能够证明阿根廷没有履行其保证，后者便应承担违约责任。关于此点，CMS 案的裁决主要列出了争议双方的意见，但并未就之进行深入具体的讨论。LG & E 案的仲裁庭则采取了不同的做法。

LG & E 案的仲裁庭承认，外国投资者依投资东道国的承诺投入了资金，便有权利期待东道国政府会履行承诺。就此，其采纳了 Waste Management 案仲裁庭的意见，“公平公正待遇与违反原告基于合理信赖东道国陈述的待遇是相关的”，[115] 提出“或可说，投资者的公平期待有以下几个特点：其系基于东道国于外国投资者投资时提出的条件；其不能由单方提出；其必须事实上存在并可通过法律强制执行；如东道国违约，其有赔偿投资者的责任，除非因紧急情况而免除该责任；投资者的公平预期不包括商业风险或正常的行业模式等风险”。[116] 除了东道国的具体承诺和保证外，LG & E 案的仲裁庭认为根据国际法，外国投资者的合理期待还包括东道国行为的一贯性和透明性，以及法律框架的稳定性和可预测性等。[117]

当分析外国投资者的合理期待时，投资者应遵守的交易原则亦为考虑的元素，如交易方是否涉及欺诈或错误陈述事实，交易的达成是否涉及贿赂或不当影响以及滥用权力等。在 Azinian 案[118]中，外国投资者声称拥有 40 年处理城市垃圾的经验，并承诺一旦投资项目获得批准，其将会创造很多就业机会；然而这些外国投资者中只有一个人具有处理城市垃圾的经验。更为不可接受的是，涉案的外国投资者根本没有足够的资金，当其依赖的资金提供者拒绝提供资金后，投资项目便无法继续。[119] 墨西哥政府以外国投资者没有披露

---

〔115〕 Waste Management, Inc. v. The United Mexican States，裁决，ICSID，ARB(AF)/00/3，2004 年 4 月 30 日，第 98 段。对投资东道国的预期包括后者行为的透明度，如根据双边投资协定发起、完成和成功运作的所有法律和规范都必须为所有可能受影响者所知晓。

〔116〕 LG & E 案，责任决定，第 130 段。

〔117〕 LG & E 案，责任决定，第 131 段。

〔118〕 Robert Azinian, Kenneth Davitian, and Ellen Baca v. The United Mexican States，裁决，ICSID，ARB（AF)/97/2，1999 年 11 月 1 日。

〔119〕 LG & E 案，责任决定，第 108 段。仲裁庭认为申请人不能以其对项目的描述过于夸大其词，故东道国不应相信其借口，以推卸责任。

真实资料为由，撤销了城市垃圾处理的特许。该案的仲裁庭认为外国投资者做了不实陈述，等于是欺骗了墨西哥政府，从而裁定墨西哥撤销特许并不违反公平公正原则。[120]

Genin 案[121]涉及向东道国银行的投资。作为申请人的外国投资者没有完整披露其是境外母公司的主要股东及可控制母公司的事实。被申请人据此撤销了外国投资者的银行执照。外国投资者认为爱沙尼亚的做法违反了双边投资协定关于公平公正待遇的要求。该案的仲裁庭指出，虽然作为银行监管部门的爱沙尼亚银行的行为有许多可议之处（低于人们惯常期待的标准），然这些行为属于中央银行裁量权的范畴，不构成双边投资协定所规定的武断的和具歧视性的行为。[122] Genin 案的仲裁庭特别指出，当考虑争议双方的责任时，必须注意引起争议的背景环境，即"爱沙尼亚是一个新独立的国家，因此必须在短时间内掌握现代金融、商业和银行的运作状况以及国家机构监管这些活动的模式，而这些监管模式可能是爱沙尼亚银行以前根本不晓得的。明知前述情况，外国投资者选择了投资于爱沙尼亚的金融机构"。[123] 易言之，外国投资者选择了爱沙尼亚作为东道国便必须承担与之相关的商业风险。需要指出的是，Genin 案的仲裁庭的前述结论的前提是外国投资者晓得东道国的投资环境，但其选择了在当地投资，故必须承担与之相关的商业风险。此外，在 Genin 案中，东道国政府的行为并未违反当地的法律，这是认定外国投资者是否受到公平公正待遇，包括投资者合理期待的重要元素。

统而言之，投资者的合理期待作为构成公平公正待遇的元素已在国际投资仲裁实践和学者著述中得到承认。东道国维持法律框架的稳定性和可预见性、透明度等为合理期待的主要内容，但这并不影响东道国与时俱进地制定和修改法律。如果东道国对投资者有特别承诺，则相关承诺作为特别规则应具有优先于一般规则的地位。此外，投资者合理期待的基础是诚实信用原则。

---

〔120〕 LG & E 案，责任决定，第 128 段。

〔121〕 Genin, Eastern Credit Limited, Inc. and AS Baltoil v. Estonia，裁决，ICSID，ARB//99/2，2001 年 6 月 25 日。

〔122〕 LG & E 案，责任决定，第 363 – 365 段。仲裁庭认为申请人未完全披露与投资相关的信息是导致爱沙尼亚银行撤销其营业执照的主要原因。

〔123〕 LG & E 案，责任决定，第 348 段。

假如投资者在交易中不遵守诚实信用原则(如做出不诚实陈述或是涉及其他欺诈行为及贿赂等),则其便可能失去主张包括合理期待在内的公平公正待遇的资格。在没有紧急情况、例外规定等情形下,东道国不符合投资者合理期待的行为或不行为可能会构成违反公平公正待遇的义务,从而须承担赔偿责任。

(三)公平公正与国际最低标准待遇

CMS 案和 LG & E 案均涉及《阿美双边投资协定》第2(2)条的下述规定:无论任何时候,投资皆应享有公平公正的待遇、充分保护与安全以及不低于国际法要求的待遇。CMS 案的申请人据此主张,阿根廷于 2000 ~ 2002 年实施的措施以及《紧急状态法》违反了公平公正待遇的规定,因其未能给予申请人的投资充分安全的保护,尤其是其严重改变了投资环境的稳定性和可预测性,而这正是申请人决定投资的重要因素。阿根廷则认为公平公正待遇的标准十分模糊,无法明确其确切含义,因此该条款只是要求东道国法律符合国际最低标准的一般原则;据此,只有当东道国故意或恶意不履行义务时,才能被认定为违反了公平公正待遇的规定。阿根廷同时主张,其措施并未违反国际法,因任何条约都不能冻结一国的立法权,而《紧急状态法》只不过是阿根廷在行使立法权;许可证下的稳定条款并不代表法律会一成不变,阿根廷的措施,尤其是"比索化"措施是为了避免对社会经济造成更严重的危害,且有大量先例支持其贬值比索的合法性。[124] 那么,应以何标准确定阿根廷是否违反了公平公正待遇的义务呢?

公平公正待遇的标准例来与习惯国际法的最低待遇标准相关。关于此问题,CMS 案的仲裁庭简单提及了《北美自由贸易区协定》第 1105 条以及北美自由贸易区自由贸易委员会对第 1105 条作出的具拘束力的解释;前者规定缔约一方应依国际法给予他方投资者以公平公正待遇及充分保护与安全;后者则将"依国际法"的"待遇"解释为习惯国际法的最低标准待遇,而公平公正待遇并非高于最低标准待遇。简言之,依北美自由贸易区自由贸易委员会的解释,公平公正待遇就是习惯国际法最低待遇标准。CMS 案仲裁庭的结论是,

---

〔124〕 CMS 案,裁决,第 270 – 272 段。

将公平公正待遇视为“要求更高的条约标准还是等同于国际最低标准在有些争议中”需要决定，但此问题“与本案无关。事实上，公平公正待遇的条约标准及其要求均建基于庄严的法律和合同承诺的商业环境的稳定性和可预测性与国际法的最低标准以及该标准在习惯国际法中的发展并无不同”。[125]

LG & E 案的申请方认为阿根廷的行为和不行为未能满足公平公正待遇的标准，[126]包括：(1)阿根廷未履行在吸引外资时所作的保证；(2)阿根廷单单给予天然气销售行业低于所有其他行业的待遇；(3)阿根廷公开了对外国投资者的无正当理由的指控、强迫天然气销售公司放弃在许可证下的权利以及重新谈判许可证的权利；(4)阿根廷要求被许可人严格遵守许可证的条款、但却同时冻结了天然气销售关税；(5)阿根廷剥夺了被许可人寻求司法或仲裁救济的权利。阿根廷不同意对“公平与公正待遇”标准的界定，认为该标准应按公平的、客观的、而不是个人的、任意的标准来界定。阿根廷指出，公平与公正待遇标准系对投资者的最低待遇标准，构成实质正义的最低范式，对于该标准的违反只在“有证据表明投资者被以从国际视角看是一种不公平或专断的方式对待”的情况下发生。

LG & E 案的仲裁庭认为，双边投资协定的作用在于通过建立一系各国际承认的标准向外国投资者提供保护。由于这些标准是一般性的且他们的解释随着时间变化和个案的不同而异，因此很难给其下一个清晰的、明确的和静态的定义。[127] 基于《阿美双边投资协定》的序言，LG & E 案的仲裁庭裁定东道国法律和商业环境的稳定性是公平公正待遇的一个必要因素，认为此解释已构成国际法上正在形成中的关于公平公正待遇的标准之一。[128] 基于下述理由，LG & E 案的仲裁庭裁定阿根廷违反了《阿美双边投资协定》关于公平公正待遇的规定：[129]

(1)阿根廷承诺为外国投资提供了良好的法律体系以解决风险问题。LG

---

〔125〕 CMS 案，裁决，第 284 段。

〔126〕 LG & E 案，责任决定，第 105 段。

〔127〕 LG & E 案，责任决定，第 123 段。

〔128〕 LG & E 案，责任决定，第 125 段。与其他案件的仲裁庭相同，LG & E 案的仲裁庭也认为恶意或其他相似因素并非认定违反公平公正待遇的必要条件。

〔129〕 LG & E 案，责任决定，第 133－139 段。

&E 信赖了《燃气法》及其执行规则中的一些关键保证。鉴于阿根廷对外国投资者的承诺,其负有履行此特别保证之义务。若阿根廷单方面撤销此保证,便会违反公平公正待遇之稳定性和可预见性。

(2)阿根廷因废除《燃气法》及其执行规则中的保证,给燃气销售行业造成了负面影响,但对其他经济部门却无影响,故是不公平和不公正的。

(3)这些不公平和不公正的待遇还涉及服务合同的重新谈判,因为被许可人是被迫走上谈判桌、放弃对政府的追溯权、或承担废除合同的风险。简言之,即使《燃气法》规定了公共服务合同的重新谈判,但实际上并不存在真正的谈判,而仅仅是阿根廷强迫被许可人接受政府条件的一个程序而已。

此外,LG & E 案的仲裁庭也认为违约者的故意和恶意不是违反公平公正待遇义务的前提条件。这不仅与 CMS 案的裁决一致而且反映了国际仲裁界对此问题的共识。

(四)公平公正待遇与紧急情况例外

作为辩护的手段,几乎在所有投资仲裁的被申请方东道国都会以投资协定的例外规定,如紧急情况等,作为免除义务的依据。在 CMS 燃气输送公司案中,阿根廷也提出,即使其措施违反了条约义务,根据《国家对国际不法行为的责任的条款草案》(以下简称《国家责任条款》)第 25 条,[130] 阿根廷遭受的紧急情况亦可使原来违约的行为合法化。CMS 案的仲裁庭认为,《国家责任条款》第 25 条反映了习惯国际法在紧急情况上的立场,依据该条可以排除违反国际义务行为的不法性,但在援引该例外规定时必须小心谨慎。CMS 案的仲裁庭指出,《国家责任条款》第 25 条开宗明义便规定,除非满足了严格的条件,否则“一国不得援引紧急情况”,这表明对该条的解释应为限制性的,否则将有悖于法律的稳定性和可预见性。[131] 仲裁庭同时指出,危机并不当然可

---

〔130〕 《国家对国际不法行为的责任的条款草案》第 25 条规定:(1)一国不得援引危急情况作为理由解除不遵守该国某项国际义务的行为的不法性,除非:(a) 该行为是该国保护基本利益,对抗某项严重迫切危险的唯一办法;而且(b) 该行为并不严重损害作为所负义务对象的一国或数国或整个国际社会的基本利益。(2)一国不得在以下情况下援引危急情况作为解除其行为不法性的理由:(a) 有关国际义务排除援引危急情况的可能性;或(b) 该国促成了该危急情况。

〔131〕 CMS 案,裁决,第 317 – 318 段。

以作为排除国际行为不法性的理由,[132]并且该案不涉及重大或紧迫的危险,[133]而阿根廷所采取的措施也不是避免危险的唯一途径。[134]此外,CMS 案的仲裁庭还认为阿根廷政府的政策及失误导致了危机的爆发,因此该案不能满足习惯国际法中关于可以排除国际不法行为责任紧急情况的前提条件。[135]

CMS 案的仲裁庭的另一论点是,即使根据《国家责任条款》第 25 条投资东道国可因紧急情况而不遵守国际义务,但这并不能免除相关国家的赔偿责任,因为《国家责任条款》第 27 条规定,“根据本章援引解除行为不法性的情况不妨碍:(a) 在并且只在解除行为不法性的情况不再存在时遵守该项义务;(b) 对该行为所造成的任何物质损失的赔偿问题”。国际法对损失的补偿包括恢复原状、赔偿和偿还三种方式。CMS 燃气输送公司案并不适用偿还的方式,而要恢复原状便必须由争议双方重新达成协议,这似乎也是不可能的。基于此,CMS 案的仲裁庭裁决阿根廷负有赔偿的责任。然而,如所有的双边投资协定一样,《阿美双边投资协定》关于赔偿的规定仅适用于国有化和征收。鉴于阿根廷涉及的是持续违约,CMS 案的仲裁庭认为应该根据公平市场价值计算赔偿,并采用现金流折现(Discounted Cash Flow)的计算方法,[136]需要考虑的因素包括合同期限、计价年份、燃气需求和收入、利率、资产折现率、价格调整、经营维护费和股份价值等,裁定阿根廷应赔偿申请方 1.332 亿美元;申请方可将持有的阿根廷燃气输送公司的股份以 31,480 万美元作价转让给阿根廷。

与 CMS 案相同,阿根廷在 LG & E 案也以《阿美双边投资协定》第 11 条作为合法化其在经济危机期间所采取的措施的法律基础。因此,在裁定阿根廷的措施违反了公平公正待遇规定后,仲裁庭需分析阿根廷是否可依第 11 条合法化其措施。就此而言,LG & E 案的仲裁庭需首先考虑阿根廷经济危机的情势是否符合第 11 条的条件。其次,相关措施是否必要者。仲裁庭认为其应先适用条约规定,即《阿美双边投资协定》第 11 条,然后适用一般国际法。最

---

[132] CMS 案,裁决,第 320-321 段。
[133] CMS 案,裁决,第 322 段。
[134] CMS 案,裁决,第 323-324 段。
[135] CMS 案,裁决,第 336-339 段。
[136] CMS 案,裁决,第 409-417 段。

后适用阿根廷的内国法。[137] 至于《阿美双边投资协定》第 11 条是否属于自我判断条款,LG & E 案的仲裁庭认为讨论此问题没有实质意义,因为阿根廷的决定应依诚实信用原则由仲裁庭审查。[138] 然而,LG & E 案的仲裁庭否定了第 11 条仅适用于近似于军事行动和战争的情况的论断,[139] 认为 2001 年 12 月的情况要求阿根廷采取立即、果断的措施,以恢复社会秩序和阻止经济衰退;说如此严重的经济危机不构成基本安全利益便是视而不见经济对人民生活及政府领导力影响的事实,因为国家经济基础遭受冲击的严重性并不亚于任何军事入侵。[140] 此结论显然与 CMS 案仲裁庭的论断不同。

CMS 案的申请人主张《阿美双边投资协定》第 11 条不能作为阿根廷的抗辩理由,因为阿根廷所采取的措施并非唯一可行者。针对申请人的前述主张,LG & E 案的仲裁庭指出,第 11 条规定的是在某些情况下相关国家必须采取措施,以维持公共秩序和保护基本安全利益;相关国家可能有不同的供选择的措施,但阿根廷选择了暂停美元与比索兑换的安排,而这是合法的选择。[141] 易言之,缔约方可依《阿美双边投资协定》第 11 条在遭遇紧急情况,如经济危机时,采取必要措施,但该条并不限制或要求缔约方采取何种措施。按照此解释,只要情势已发展到足以危害国家基本安全利益的程度,相关国家便可以采取行动;至于采取何行动,则应由遭遇危机的国家自行决定。此解释得到学界的支持,因为仲裁员毕竟是在危机过后才审议东道国政府在面对危机时的行为,且其可能没有相应的管理政府的经验及并不熟悉当地的情况,故其判断可能是“事后诸葛亮”。

关于《阿美双边投资协定》第 11 条的解释已如前述,那么依习惯国际法“危机情况”应该如何解释呢?就此,LG & E 案的仲裁庭援引了《国家责任条款》起草者之一的 Roberto Ago 的意见,即危机情况的存在需具有某些特征,包括相关国家的生存、政治或经济生态,维持基本服务的可能性以及维护社会和平或部分领土安全受到严重威胁。用 LG & E 案仲裁庭的话说便是涉及的

---

[137] LG & E 案,责任决定,第 206 条。
[138] LG & E 案,责任决定,第 214 段。
[139] LG & E 案,责任决定,第 238 段。
[140] LG & E 案,责任决定,第 238 段。
[141] LG & E 案,责任决定,第 239 段。

利益对相关国家是“必不可少或特别重要者”;[142] 而援引《国家责任条款》第25条要求满足三个条件:(1)当事国家的生存,而不是其利益,受到威胁,从而需采取措施;(2)威胁并非由当事国家所促成;(3)威胁是严重且迫在眉睫者,故系无法避免者。[143] 据《国家责任条款》报告人James Crawford和联合国国际法委员会委员S. P. Jagota,援引第25条的国家知道其行为违反国际法,故相关情势必须不是其自己造成,且相关情势无法依符合国际法的方式避免。基于前述,LG & E案的仲裁庭指出,第25条下的利益必须符合“基本”的条件,即对采取保护措施的国家来说是必不可少的;除了那些涉及国家存亡的利益外,还包括经济、金融或国家免受内部或外部形势严重危害的利益。[144] LG & E案的仲裁庭认为《阿美双边投资协定》第11条将危急情况作为排除国家行为不法性的例外,使相关国家的违法行为免于责任;鉴于此例外仅适用于紧急情况,故一旦局势改善,国家便应立即停止违反国际法的行为。[145] 基于前述,LG & E案的仲裁庭裁定阿根廷不需为其于2001年12月1日至2003年4月26日的紧急措施承担赔偿责任。[146]

LG & E案仲裁庭与CMS案仲裁庭在判断阿根廷在经济危机中采取的措施是否符合《阿美双边投资协定》第11条以及《国家责任条款》第25条的习惯国际法方面的差异引起国际社会的广泛关注。CMS案的裁决作出后,阿根廷向国际中心申请撤销该裁决,其中涉及仲裁庭关于公平公正待遇条款的解释,包括对《国际责任条款》第25条的解释和《阿美双边投资协定》第11条的解释。一如在仲裁阶段,在撤销裁决阶段阿根廷依然主张其采取的措施符合《阿美双边投资协定》第11条的规定,且该条属自我判断(self judging)条款,意即是否有必要采取措施完全应由相关国家自行决定。CMS则认为对该条的解释应参照《国际责任条款》第25条。如前所述,仲裁庭采纳了申请人CMS的意见,认为如果条约的目的是授予缔约方以自行决定“特别措施合法

---

[142] LG & E案,责任决定,第246段。

[143] LG & E案,责任决定,第247段。

[144] LG & E案,责任决定,第251段。

[145] LG & E案,责任决定,第261段。

[146] LG & E案,责任决定,第266段。

性”的权利，其必然明确规定，[147]进而认为其有权实质性审查阿根廷措施的必要性和紧迫性是否满足了习惯国际法和条约规定的条件，并基于此判断相关措施是否为可作为例外的违约行为。[148] 然而，CMS 案的仲裁庭并未具体分析阿根廷的措施是否满足了双边投资协定的规定。就此，CMS 案的临时委员会对仲裁庭的裁决提出批评，认为后者应该就阿根廷的措施是否为《阿美双边投资协定》第 11 条下的“必要”措施进行分析。[149] 《阿美双边投资协定》第 11 条规定：“本条约不限制任何一方为了维持公共秩序以及为了履行维持或恢复国际和平或安全的义务或是为了保护其本国的基本安全利益而采取必要的措施。”

CMS 案临时委员会认为，《阿美双边投资协定》第 11 条和《国际责任条款》第 25 条有实质性的不同：前者系为维护公共秩序或为保护缔约方的基本安全利益而采取的必要措施（对必要措施没有限定）；后者则规定紧急情况需满足四个条件，如其要求所采取的行动“并不严重损害作为所负义务对象的一国或数国或整个国际社会的基本利益”，而第 11 条并不包括此条件。该临时委员会从而认为第 11 条的要求与被编纂为第 25 条的习惯国际法不同，且争议当事方在庭审过程也承认了此点。基于此，CMS 案的临时委员会认为仲裁庭明显在这一点上犯了法律错误。[150] 临时委员会认为，鉴于《阿美双边投资协定》第 11 条和《国际责任条款》第 25 条的运作和内容不同，仲裁庭有必要分析两者的关系，然后决定两个条款是否均适用于本案，但是仲裁庭在没有做这样分析的情况下便假定该两个条款均适用于 CMS 案，从而犯了另外一个法律错误。[151] 临时委员会显然认为 CMS 案的仲裁庭应首先适用《阿美双边投资协定》第 11 条的规定，然后再适用习惯国际法。

CMS 案临时委员会还认为，如果紧急情况是指不需要证明，甚至也不需要表面证据证明涉案措施违反了双边投资协定，用国际法委员会的话说，其便

---

[147] CMS 案，裁决，第 370 段。

[148] CMS 案，裁决，第 374 段。

[149] CMS 案，临时委员会决定，第 125 段。

[150] CMS 案，临时委员会决定，第 130 段。

[151] CMS 案，临时委员会决定，第 131 - 132 段。

是国际法的主要规则。[152] 临时委员会指出,如果适用《阿美双边投资协定》第11条不需要证明涉案措施是否违反了该协定的其他条款,第11条便为主要规则。按此推论,如果仲裁庭接受当事人关于《阿美双边投资协定》第11条的解释,其便不应认为涉案措施违反了《国际责任条款》第25条,原因是仲裁庭认为该两个条款适用于相同的领域。在此情况下,仲裁庭应将第11条作为特别法优先适用,而不是与第25条同时适用。临时委员会关于主要规则(Primary Rule)和次要规则(Secondary Rule)划分的意义在于,如果"紧急情况"是主要规则,其便是权利,也就是与其他规则并行不悖的规则;然而,如果"紧急情况"依习惯国际法为次要规则,其适用便可能导致责任,因此仲裁庭便有义务首先考虑依"紧急情况"采取的措施是否违反了《阿美双边投资协定》的其他规定以及其第11条是否允许相关违约行为。在此情况下,只有当仲裁庭的结论是阿根廷的措施不符合条约规定时,其方有必要考虑根据习惯国际法是否可以全部或部分免除阿根廷的责任。只有在此情况下,方有必要考虑《国际责任条款》第27条关于赔偿的规定。[153]

(五)征收

国有化和征收及其赔偿历来是双边投资协定和章节的重要内容。随着各国对投资的重视和依赖,公开的、大规模的国有化已非国际投资的风险,取而代之的是间接征收或隐形征收。CMS案和LG & E案也涉及此问题,主要是因为阿根廷于2000年通过的推迟US-PPI调整和冻结价格的措施,而《紧急状态法》则法律化了这些措施。基于此,CMS案的申请人认为阿根廷违反了《阿美双边投资协定》关于保护外国外资的义务。仲裁庭认为其不必判断阿根廷的贬值措施是否正确,但需要审定该措施是否对申请人享有的合法权利构成负面影响。就此而言,申请人认为阿根廷的措施具有永久性,因其在行之多年后仍然有效,国会通过的其他法律且有加强这些措施的倾向,如2004年的《公用设施国家管理法》便将这些措施转化为长期价格体制。[154] 阿根廷主

---

[152] CMS案,临时委员会决定,第133段。

[153] 就此,临时委员会认为仲裁庭的分析意见即使是作为裁决的评论(*obiter dicta*)也是不适当的。CMS案,临时委员会决定,第146-147段。

[154] CMS案,裁决,第104段。

张,相关措施系源于紧急情况,属于临时性,政府并会为之进行再谈判。阿根廷还指出,政府曾尝试与阿根廷燃气输送公司谈判,并提出建议。[155] 但申请人认为阿根廷提出的建议并不足以实现公平合理的价格,亦未能弥补其遭受的损失。[156] 仲裁庭认为阿根廷的措施已经沿用了5年以上,尽管在危机当中可能会有拖延,但若超过了合理的期限,仍可以认定其为永久性的。[157] 这一点之所以重要是因为阿根廷的措施明显影响了申请人的利益,如果相关措施系永久性者,则阿根廷便应被视为永久性地剥夺了申请人的财产,从而构成国际投资法上的征收。

CMS案的争议方并未否认阿根廷的承诺以及其无法履行承诺的事实,双方的争议点之一是阿根廷的违约是否构成《阿美双边投资协定》第4.1条的征收。申请人认为根据该条,征收或国有化可以是直接的,也可以是间接的,后者是指通过与征收和国有化相同效果的措施而实现。[158] 相同效果的措施则包括一系列措施最终达致的征收结果。就此,被申请人提出阿根廷燃气输送公司一直正常运作并对其财产全面使用,故不构成征收。[159] 考虑到双方均未提出直接征收为争议的问题,仲裁庭需要解决的问题是何为间接征收。CMS案仲裁庭援引了数个投资仲裁案的先前裁决,认为间接征收可能不涉及公开的征用财产,但可使财产所有人不能享用相关财产;此种对使用权的剥夺可以是财产的全部也可以是主要部分,而不论此使用权的剥夺是否会给实行征收措施的国家带来利益。基于此标准,仲裁庭认为阿根廷的措施不构成征收。[160]

在LG & E案,仲裁庭也分析了征收的法律问题,指出一般情况下,双边投资协定均不详细规定何为征收,而是仅用"征收"二字表示,或者再加上"其他具有相同效果的措施",认为国家可以通过行使主权、为了公共利益而征收私有财产,条件是依国际法要求的程序进行及予以赔偿。[161] 该仲裁庭也认为

---

〔155〕 CMS案,裁决,第105段。

〔156〕 CMS案,裁决,第106段。

〔157〕 CMS案,裁决,第107段。

〔158〕 CMS案,裁决,第254段。

〔159〕 CMS案,裁决,第258段。

〔160〕 CMS案,裁决,第261-263段。

〔161〕 LG & E案,责任决定,第185-186段。

“其他与征收相同的措施”或是“达到征收效果的措施”都是指隐性征收(creeping expropriation)或事实征收。[162] 就此而言,LG & E 案仲裁庭的意见与 CMS 案仲裁庭的相同,都认为间接征收、隐性征收或事实征收的共同点是相关措施不涉及公开的征收,但都涉及财产所有者不再掌控其财产、不能继续享用财产,或曰“中立性”(neutralized)了财产所有者;不同的国际条约可能采取不同的名称,但不影响相关措施为间接征收的事实。或可说,这就是目前国际社会关于间接征收或隐性征收的共识。LG & E 案仲裁庭认为,在分析间接征收是否发生时,应特别注意投资者与相关财产的法律关系以及投资者是否仍然享有所有权和使用权的可能性是至关重要的;同时应考虑涉案措施是否构成征用时,应分析其原因和影响;这之所以重要是因为不应将东道国制定政策的权力与征收的权力混为一谈。两者的区别在于,国家在制定政策或行使管治权时可能会影响一些人的财产权或其他权利,但这与“对财产事实上的实质性征收”不同。[163] 显然,LG & E 案的仲裁庭较倾向于给予东道国的治理权以必要的考虑。

LG & E 案的仲裁庭认为,国家有权针对社会或一般福利问题制定政策,除非相关政策与其致力于实现的目标明显不成比例,否则便不应承担赔偿的责任。[164] 仲裁庭的结论是虽然阿根廷在经济危机中采取了较为严厉的措施,但申请人的投资未受影响,因其仍然持有相关财产、继续控制和享有相关财产;阿根廷措施对申请人股权的影响也不具有永久性。基于前述,LG & E 案的仲裁庭认为阿根廷的措施未构成间接征收。[165]

纵观 CMS 案和 LG & E 案关于间接征收的意见,因为该两个仲裁庭均试图通过援引其他仲裁庭的裁决及理由正当化自己的论述,故在间接征收的表象及特征认定方面没有较大的分别。援引其他仲裁庭的先前裁决已成为当今投资仲裁的趋势,使得投资判例法之存在成为事实。在此情况下,仲裁庭不援引其他仲裁庭的裁决反倒会成为例外。总体言之,人们一般认为间接征收,作为征收,就必然涉及剥夺财产所有人拥有或使用财产的权利,且此剥夺应具有

---

〔162〕 LG & E 案,责任决定,第 188 段。

〔163〕 LG & E 案,责任决定,第 194 段。

〔164〕 LG & E 案,责任决定,第 195 段。

〔165〕 LG & E 案,责任决定,第 198 - 200 段。

一定的永久性，意即即使一个人的财产权包括使用权被剥夺不具有永久性，但只要达到了一定的期限便应构成征收。具体多长时间为合理的期限则应依个案的情况，如涉案财产的性质等而定。间接征收的另一特点是其涉及的可能是财产的全部也可能是其中的一部分。如何界定财产之一部分实践中是非常困难的事情。如CMS案和LG & E案的涉案财产均为投资者的股权，股权的持有没有改变，且股权者可继续行使所有权，但股票的价格因阿根廷政府的措施而大幅降低（损失了财产的部分价值）。这是否构成间接征收呢？CMS案和LG & E案的仲裁庭均认为阿根廷的措施未构成间接征收，应主要是考虑到投资者的股权利益没有实质性的改变。LG & E案仲裁庭关于平衡东道国的治理权和征收的论断则非常重要，投资判例法较少触及。正如LG & E案的仲裁庭所说，为了管理国家，东道国可能经常需要推出新的政策，而任何新政策的推出都可能使一些人受益，而使另外一些人的利益受到损害或受益较少。如果仅依相关政策导致的损害而判断征收是否发生便会过于武断。正是基于此，将东道国政府推出某项政策的目的及其效果综合分析便非常有必要；如某项政策的目的是应对气候变化，其便应属于国家治理的范围，政策导致一些人的利益受到损害便属于附加效果，故不应视之为征收。按此标准分析便可既保护外国投资者的利益又尊重东道国的治理权。

（六）充分保护与安全、非武断与非歧视待遇

除了公平公正待遇，几乎所有双边投资协定和章节均要求东道国向外国投资者和投资提供充分保护、保证其安全并承诺非武断和非歧视待遇。歧视与否是相对的概念和标准，主要系针对最惠国待遇和国民待遇。武断性则不然，其主要是针对东道国的行为是否符合公认的法治社会的标准，故属于绝对的待遇标准。关于何为武断性的行为或决定，国际法院曾在ELSI案[166]的判决中指出，武断性的行为"不仅是违反法治的，而且是反对法治的。此观点本法院在庇护案中已明确表示，即'武断行为'是指'替代法治的行为'，是故意无视正当法律程序的行为，是令人震惊的行为，或至少在法理上是令人诧异的

〔166〕 *Case Concerning Elettronica Sicula S. P. A.*（*ELSI*）（*United States of America v. Italy*），国际法院判决，1989年7月20日。

行为”。[167] 国际法院在该案同时指出,“简单地讲”,充分保护与安全的待遇就是符合国际最低标准的待遇。[168] 当然,ELSI 案涉及的美国与意大利友好通商条约关于“充分保护与安全”的规定前面有“依国际法要求”的文字。然“充分保护与安全”系国际法最低标准待遇的观点现已得到国际投资仲裁庭的广泛接受。

(七)保护伞条款

实践中,有的双边投资协定包括“保护伞条款”(umbrella clause),要求缔约国履行其承担的义务。此类义务一般是指东道国政府与外国投资者的合同义务,尽管当代投资实践中鲜有国家政府与外国投资者直接签订合同的情况,而是以可代表政府的独立实体的形式签订合同;基于国际法的归责原则,这些实体的行为可能会被视为东道国政府的行为。有时,有的合同本身规定了争议解决的方式。在此情况下,如何适用双边投资协定亦成为争议的内容。

在 CMS 案中,申请方认为阿根廷的措施违反了《阿美双边投资协定》关于缔约双方“应遵守与投资有关的所有义务”,即所谓的“保护伞条款”的规定。[169] 仲裁庭指出,并非所有违反投资合同规定的行为都构成违反双边投资条约,只有违反了条约的特定义务或者违反了条约保护的合同时,才能适用保护伞条款。条约不保护合同的商业方面,然而如果政府或公共部门严重影响了投资者的权利,就可以援引条约的相关条款;在近期有关合同之诉和条约之诉的案件中,仲裁庭都对源于合同的商业纠纷和源于条约的争端及其各自的诉因进行了区分。CMS 案的仲裁庭认为,CMS 与阿根廷的争议不属于商业纠纷,因其涉及政府的决策及其影响;涉案的许可证包括两个稳定性条款,一是有关价格体制不会被冻结或因将来的规定或价格控制而改变,如果将来的价格控制要求被许可方把价格调整到较低水平,被许可方有权要求许可方提供同等金额的补偿;二是如果没有被许可方的书面同意,规范许可证的法律不

---

〔167〕 *Case Concerning Elettronica Sicula S. P. A.* (*ELSI*) (*United States of America v. Italy*), 国际法院判决,1989 年 7 月 20 日,第 128 段。

〔168〕 *Case Concerning Elettronica Sicula S. P. A.* (*ELSI*) (*United States of America v. Italy*), 国际法院判决,1989 年 7 月 20 日,第 111 段。

〔169〕 CMS 案,裁决,第 296 - 297 段。

可改变。仲裁庭认为阿根廷违反了保护伞条款的规定,构成违反了《阿美双边投资协定》第2.2(c)条下的义务。[170]

LG & E案的仲裁庭指出,作为一般规则,"保护伞条款"存在于许多双边条约之中,目的在于规定东道国履行对外国投资者的承诺,包括合同约定,故属于额外保护条款。[171] 这就是说,违反了合同义务就会导致东道国承担责任。LG & E案的仲裁庭认为其应考虑的问题是阿根廷的《燃气法》及其实施条例是否构成"义务"及不履行该义务是否违反《阿美双边投资协定》,接着写道"为确定保护伞条款之适用与否,仲裁庭应根据《燃气法》及其条例的规定,确定阿根廷是否对LG & E及其投资承担了国际义务。就此而言,需要记住的是《燃气法》及其条例确定并规范了确保申请人投资价值的收费计划,即申请人投资之目的是通过脆弱的利润与成本的管理平衡,增加其在被许可人的份额","这些规定不是一般法律义务,而是对LG & E在阿根廷投资的非常具体的承诺,因此其废止违反了保护伞条款"。[172] 最后,仲裁庭裁定阿根廷违反了"保护伞条款"。[173]

从CMS案和LG & E案的裁决可以看出,该两个仲裁庭都强调阿根廷的承诺是具体的义务,包括承诺的事项具体以及系对具体的投资做出。自第一个涉及"保护伞条款"的SGS诉巴基斯坦案[174]开始,人们普遍关心的一个问题便是如何避免将合同义务提升到条约义务。SGS诉巴基斯坦案的仲裁庭自始便明确表示,"保护伞条款"不能将对合同义务的违反自动提升到对国际条约的违反,[175]故依"保护伞条款"提出的将合同义务上升到条约义务的情况

---

[170] CMS案,裁决,第301-303段。

[171] LG & E案,责任决定,第170段。

[172] LG & E案,责任决定,第174条。

[173] LG & E案,责任决定,第175段。

[174] *SGS Société Générale de Surveillance S. A. v. Pakistan*,管辖权决定,ICSID,ARB/01/13,2003年8月6日(以下简称SGS诉巴基斯坦案)。

[175] *SGS Société Générale de Surveillance S. A. v. Pakistan*,管辖权决定,ICSID,ARB/01/13,2003年8月6日(以下简称SGS诉巴基斯坦案),第166段。

应为特别情形。[176] 然而，到了 SGS 诉菲律宾案[177]情况发生了变化，该案的仲裁庭明确表示其并不完全同意 SGS 诉巴基斯坦案的裁决，认为“无论东道国为了吸引外资而做出的抵押担保、保证还是安慰函是否具有约束力，或者其是否构成真正的义务或仅仅是广告，将根据适用的法律，通常是东道国的法律来确定。然而，如果东道国依法就具体的投资项目做出承诺，其为具有约束力的义务或承诺；这完全符合双边投资协定的目的和宗旨”。[178] SGS 诉菲律宾案的仲裁庭同时指出，“保护伞条款”涵盖的义务不限于合同义务，故适用该条款的前提条件是“东道国承担了法律义务，且是对具体投资项目承担了义务，而不是一般性的法律义务”。[179] 与其他投资协定条款的解释相同，投资仲裁庭对“保护伞条款”的解释并未形成统一的意见。

投资仲裁庭在解释条约方面不统一、甚至相互冲突的原因可能有许多方面，包括国际投资领域没有如世贸组织上诉机构那样可对条约解释加以统合的机构。所有的投资仲裁庭都不互相隶属，且由不同的人组成，因此在解释条约方面出现差异便在所难免。当然，不同的仲裁庭在案情相似、条约条款相似甚至相同的情况下做出不同的裁决便不尽如人意。CMS 案和 LG&E 案以及 SGS 诉巴基斯坦案和 SGS 诉菲律宾案均出现了这样的情况，引起国际社会的关注，也为改革投资争端解决机制提供了理据。

总之，投资待遇是国际投资秩序最重要的方面之一。关于投资待遇问题之讨论绝非一本书可以穷尽，更遑论一个章节。统而言之，关于投资待遇的条款大多相互关联，违反了一个条款可能就同时违反了另一个甚至几个条款。故此，实践中，作为申请人的投资者总是就所有相关的待遇条款举证，其结果是所有涉及公平公正待遇的争议都会涉及征收、歧视待遇、充分保护等。

---

〔176〕 关于美国的投资银行和商业银行在法律上之异同，See Cynthia Crawford Lichtenstein, Lessons for 21st – Century Central Bankers: Differences between Investment and Depositary Banking，载 Mario Giovanoli and Diego Devos (ed.), *International Monetary and Financial Law: The Global Crisis*, Oxford University Press, 2010 年，第 10 章，第 172 段。

〔177〕 *SGS Société Générale de Surveillance S. A. v. Philippines*，管辖权决定，ICSID, ARB/02/6, 2004 年 1 月 29 日（以下简称 SGS 诉菲律宾案）。

〔178〕 *SGS Société Générale de Surveillance S. A. v. Philippines*，管辖权决定，ICSID, ARB/02/6, 2004 年 1 月 29 日（以下简称 SGS 诉菲律宾案），第 117 段。

〔179〕 *SGS Société Générale de Surveillance S. A. v. Philippines*，管辖权决定，ICSID, ARB/02/6, 2004 年 1 月 29 日（以下简称 SGS 诉菲律宾案），第 121 段。

三、多边保护机制

外国直接投资对东道国经济发展有重要贡献已成国际社会的共识。基于此，关于国际投资的法律秩序必须有助于东道国，特别是发展中国家东道国，吸引外资，同时关注东道国监管外资进入和经营的主权权力，以期在保护外资和主权权力行使间取得适当的平衡。这便涉及如何避免外国投资者可能承担的非商业风险，以及出现风险且外国投资者遭受损失后如何赔偿的问题。前述东道国单方面提供的保护以及双边投资协定、区域性安排的投资章节均是针对投资的非商业风险。鉴于这些条约和安排的内在局限性，早于上个世纪中叶国际社会便开始研究构建多边投资保护机制的可能性，其结果是《多边投资担保机构公约》(Convention Establishing the Multilateral Investment Guarantee Agency)(以下简称《首尔公约》)的达成。《首尔公约》于 1985 年在世界银行年会上通过，并于 1988 年 4 月 12 日成立。[180]

(一) 多边投资担保机构

建立多边投资担保机构的设想最初由世界银行于 1948 年提出，[181] 然其被提上议程是 1981 年，A. W. Clausen 就任世界银行总裁后。其于国际货币基金组织和世界银行举办的联合年会上所作的报告中呼吁各国改善投资环境，倡议建立多边投资担保机构(以下简称“机构”)。[182]

“机构”设立的目的是鼓励在机构成员方间的国际投资，特别是向发展中国家成员方的生产性投资，“以补充国际复兴开发银行、国际金融公司和其他国际开发金融机构的活动”。[183] 为了实现前述目标，“机构”的业务包括：(1)当一成员方从其他成员方获得投资时，对投资的非商业性风险予以担保，

---

[180] 至 2021 年 12 月，共 182 个国家成为《首尔公约》的成员方，其中发达国家 25 个，发展中国家 157 个。详见 https://www.miga.org/member-countries(2021 年 12 月 8 日访问)。

[181] 参见世界银行内部资料《多边投资担保问答》1986 年 3 月 21 日，第 2 页。

[182] 关于“机构”的设立背景、目的及早期运作，See Ibrahim F. I. Shihata, *The Multilateral Investment Guarantee Agency*, The International Lawyer, Vol. 20:2, p. 485 - 497(1986)。

[183] 参见《首尔公约》第 61(B)条、第 2 条、第 12(C)条、第 39 条、第 22 条、第 11 条、第 11(c)条、第 57 条。

包括共保和分保;(2)开展合适的辅助性活动,以促进向发展中国家成员方和发展中国家成员方间的投资流动;(3)为推进前述目标之实现,使用必要和适宜的附带权力。[184]

综合言之,"机构"的业务包括投资担保和与投资相关的咨询。其担保业务仅限于非商业性的投资风险。"机构"有义务按照担保合同向被担保人提供赔偿,同时亦有权取得投资人的代位权,向投资东道国索赔。

《首尔公约》第 14 条规定,"机构"只对在发展中国家成员方领土内所作的投资予以担保。该公约第 12 条(A)进一步规定,"机构"担保的投资包括项目或公司的股权投资以及非股权投资,如向股权持有人发放或担保中长期贷款。该条(B)同时规定,机构董事会经特别多数票同意,可将"机构"担保投资的范围扩大到其他形式的中长期投资。

有权取得"机构"担保的投资项目限于新开始的投资,即投保人提出申请注册之后才开始执行的投资项目。此类投资包括使现有投资项目更新、扩大或发展所进行的投资,以及为了协助投资东道国进行经济调整的投资,如购买投资东道国国有资产的股份等。为了避免对东道国经济发展具有意义的项目被排除在有资格接受担保的投资范围之外,"机构"的政策是,允许投资人在投资的最后决定尚未形成时即向"机构"申请临时注册。在此类注册完成后进行的投资则有资格取得"机构"的担保。[185]

《首尔公约》第 13 条规定,符合下述条件的自然人和法人均有资格取得"机构"的担保:(1)该自然人不是投资东道国的国民;(2)相关法人不具有投资东道国的法人资格或在东道国设有主要营业地点;(3)经营是以商业营利为目的。

不言而喻,"机构"的服务包括向法人投资者提供担保。因此,哪些公司或企业没有资格取得"机构"的投资担保甚为重要。为此,业务规则[186]规定,

---

〔184〕 参见《首尔公约》第 61(B)条、第 2 条、第 12(C)条、第 39 条、第 22 条、第 11 条、第 11(c)条、第 57 条。

〔185〕 参见《多边投资担保机构:担保资格标准》,世界银行法律部职员文件,1987 年 1 月 30 日,第 3 条。

〔186〕 与其他保险公司相同,机构亦有其业务规则(Operational Policies),详见 https://www.miga.org/sites/default/files/archive/Documents/Operational - Policies. pdf (2021 年 12 月 31 日访问)。

根据相关国家的法律,不具有法人资格的合伙组织应被视为具有未经注册的企业以及公司的分部的地位。[187] 这些经济实体的所有权人可以单独向“机构”申请投资担保。具有法人资格的合伙组织或其他经济组织则可直接向“机构”申请担保。与传统的西方国家提供的海外投资担保原则相一致,投资人可以仅就其投资之一部分请求“机构”提供担保。

申请担保的自然人或法人不应具有投资东道国的国籍。但是各该申请人必须具有除投资东道国外的其他《首尔公约》成员方的国籍或在各该成员方设有主要营业地。《首尔公约》的这一规定避免了关于如何确定跨国公司国籍这一棘手问题,扩大了“机构”的担保范围。根据《首尔公约》的规定,假如投资东道国和投资人共同向“机构”申请,经“机构”董事会特别多数票通过,即使投资人具有投资东道国的国籍,其亦可取得“机构”的担保,条件是其投入的资金必须是从境外调入东道国国内。

法人的所有权亦为国际投资担保和保险的重要问题。根据《业务规则》第1.17条和1.18条的规定,企业投资人的所有权应依实际受益人的情况确定,而非依注册的所有权人而定。据此,如果一家公司的股权由股票经纪人或银行所持有,但以股票经纪人或银行的客户为受益人,股票经纪人和银行的客户便应被视为所有权人。同时,一个公司股份的注册所有权人应被视为实际的受益人和所有权人;如果一个公司的股份由多人拥有,其所有权人便应被视为不具有投资东道国国籍的自然人或法人。这些规定都有利于“机构”灵活提供担保。

法人投资人可以由私人或成员方所拥有。[188] 此规定不仅使由成员方政府拥有的企业和公司可从“机构”取得担保,而且还使得在第三国设立的投资中介或其集合体取得投资担保成为可能。在进行海外投资时,为了分散或减少投资风险,海外投资人通常会首先在投资东道国以外的第三国设立一个公司。不难看出,《首尔公约》的上述规定有利于投资者采取多种方式进行国际投资。

---

〔187〕 参见《业务规则》第1.14条、第1.18条、第3.02条、第5.22条。

〔188〕 《业务规则》第1.14条、第1.18条、第3.02条、第5.22条。

(二)“机构”担保的投资

“机构”的宗旨之一,是促进向发展中国家的投资,包括发达国家向发展中国家的投资和发展中国家之间的投资。而实现这一目标的方式则是由发展中国家和发达国家共同建立多边投资担保制度,盖因当时绝大多数发达国家均设有国家机构负责向本国企业提供海外投资风险担保,但除印度等极少数国家外,其他发展中国家均未设立相应的机构。故此,设立“机构”的作用之一是使发展中国家和发达国家在海外的投资者处于平等的地位,从而促进投资合作。为实现上述目标,《首尔公约》规定,在决定承保项目时,“机构”董事会应适当考虑成员方的资本股份,并应对来自发展中国家的投资采取较宽松的政策。[189] 同时,“机构”应特别关注发展中国家成员间增加投资融通的重要性。

作为原则,“机构”承保投资风险需事先征得投资东道国的同意。东道国可以根据需要和本国情况将有资格取得担保的投资项目类别扩大与缩小,或对风险的种类加以限制。与各国的海外投资风险担保机构将刺激本国经济、增加出口等作为提供担保的目的不同,“机构”提供担保的目的是促进东道国的经济发展。《首尔公约》第12条规定,在决定是否提供担保时,“机构”应确定相关项目从经济上考虑是否合理,以及是否对投资东道国的经济发展有利,相关投资与东道国宣布的发展目标和重点是否相一致以及其是否符合东道国的法律和法令。外国投资在东道国是否可以得到公正、平等的待遇和法律保护则为决定是否担保的重要因素之一。事实上,上述两项标准具有相辅相成的作用。前者表明“机构”承保的项目应以项目是否对东道国的经济发展可作出贡献为标准,后者则在于保证将担保项目的风险度降到最低。通常情况下,符合投资东道国发展目标和法律规定的投资项目的非商业性风险较小。

关于一个投资项目是否具有经济上的合理性应主要取决于相关企业所使用的技术是否符合要求,是否可行,以及相关项目是否有足够的资金来源,即其是否能够产生足够的盈利以支付生产支出和股东的股息等。一个投资是否

---

〔189〕 参见《首尔公约》第61(B)条、第2条、第12(C)条、第39条、第22条、第11条、第11(c)条、第57条。

可能对东道国的经济发展起到促进作用，则主要取决于其是否能够提高东道国的出口能力和国内生产水平。一般来讲，下述元素均可构成衡量上述两项的标准：就业率、技能和知识的转让、原材料供应、出口能力、经济发展的多样化、社会福利、财政收入以及外汇收入等。在考虑一个项目是否对投资东道国的经济发展具有促进作用时，应采用替代计算标准，即考虑是否可通过其他方法或采取其他措施实现同样的目的，然后再将两种措施或两个项目加以比较，以确定哪一个项目或措施更为经济。[190]

(三)风险担保

"机构"承保的风险主要是非商业风险或政治风险，[191]包括：(1)货币汇兑；(2)征收和类似的措施；(3)违约；(4)战争和内乱。[192] 虽然与货币汇兑、征收、战争和内乱相关的投资风险目前几乎毫无例外地被纳入各国海外投资保险机构的承保范围，但是关于货币风险的界定，东道国违约风险以及投资者因自身责任而遭受的非商业性风险是否有资格取得担保，是颇有争议的问题。针对这些问题，"机构"明确规定，投资人无法自由将其投资所得、投资企业破产的清算收入以及其他收益兑换成可自由使用的货币，或者根据东道国的法律，无法将收益汇出东道国的情势均应作为货币汇兑风险。导致货币汇兑风险的行为可以是东道国的主动行为，如以法律、法令或行政命令等手段禁止货币的兑换和转移，亦可以是消极地限制货币兑换或汇出的进行，如负责此类业务的政府机构长期拖延协助投资人兑换或汇出货币。[193]

此外，"机构"对于投资人在将东道国货币兑换成其他货币时可能受到的汇率歧视亦予以担保。这种担保主要是针对东道国政府为了限制或抑制投资

---

〔190〕 关于"机构"担保的投资及政策，See Ravid Soopramanien, *Mind the GAP: Tailoring the Form and Substance of Political Risk Insurance in Order to Bridge the "Enforcement Gap" in Investment Arbitration*, The International Lawyer, Vol. 50:3, p. 585 – 612(2017)。

〔191〕 关于"机构"承保的政治风险之讨论，See Leigh P. Hollywood, *MIGA: Long Term Political Risk Insurance for Investments in Developing Countries*, The Geneva Papers on Risk and Insurance, Vol. 17:63, p. 257 – 266(1992)。

〔192〕 参见《首尔公约》第61(B)条、第2条、第12(C)条、第39条、第22条、第11条、第11(c)条、第57条。

〔193〕 《业务规则》第1.24条规定，如果投资东道国相关机构在收到投资人兑换货币或汇出货币的申请之90日内不作出决定或采取行动，这一事实便构成东道国政府的消极限制货币汇兑行为。

人将投资所得汇出国外而采取的多种汇率制度，即对投资人的汇出货币实行歧视性或非优惠的汇率。但是，如果投资东道国实行的是多种汇率制度并且对每一类货币的汇出所应适用的汇率有明确的规定，只要东道国未违反上述规定，投资人便无权从“机构”取得担保赔偿。

关于征收和类似的措施可能导致的投资风险，“机构”的担保具有下述特点：“机构”所提供的担保仅包括正式的征收或类征收措施，同时亦包括隐蔽性或蚕食性的征收。隐蔽性和蚕食性的征收是指尽管投资东道国所采取的措施并不构成对投资人资产的征收，但是如果将东道国作出的一系列行为可能对投资人所产生的最终结果综合考虑，相关行为具有与征收无异的效果，则每一个单项行为便应被视为征收。通常情况下，隐蔽性征收包括所得税的增加、关税的增加、职工最低工资标准以及职工技术训练等强制性规定。在确定隐蔽性征收发生以前，投资人必须证明东道国政府的行为事实上使相关企业的收入出现严重亏损或经营成为不可能。[194] “机构”的上述规定是国际投资担保业务的一个进步。它一方面保证了海外投资人的利益，另一方面亦具体确定了在哪些情况下，海外投资者的投资风险和损失将不能得到担保和赔偿。同时，如果投资东道国为了管理境内的经济活动而采取一些普遍适用的措施，此不应被视为征收或类征收措施。[195] 此规定与 LG & E 案仲裁庭的意见一致。

“机构”提供的违约担保是国际投资保险业务的一个创新，针对的是东道国违约行为导致的风险。东道国违约行为可包括东道国作为主权者的违约行为和一般商业伙伴的违约行为，如东道国政府或政府机构与外国投资者签订的自然资源开发合同，关于税收、专利权、基础设施的提供、原材料供应等方面的合同。东道国违约担保主要是针对程序方面，包括投资人是否可以将争端提交具有管辖权的独立于东道国行政部门的法院或仲裁庭裁决；此类判决和裁决是否可以在一个合理的时间内作出；如果相关判决或裁决有利于投资者，该判决或裁决是否可以在合理的时间内得以执行。[196]

---

[194] 参见《多边投资担保机构：担保资格标准》第 9 页。

[195] 参见《首尔公约》第 61(B)条、第 2 条、第 12(C)条、第 39 条、第 22 条、第 11 条、第 11(c)条、第 57 条。

[196] 《业务规则》第 1.44(Ⅲ)条规定，如果一项有利于投资者的裁决作出后的 90 天之内未得到执行，该投资人的合法利益便应被视为受到损害。

关于战争和内乱风险担保,《业务规则》第1.50条规定,战争和内乱风险的发生并不以相关事件是否以东道国为一方或者是否发生在东道国领土内为前提。这种规定可以说是对传统国际投资保险制度的突破,有利于国际投资的进行。按此规定,如果一个武装冲突发生在东道国的邻国,但是武装冲突的发生地点与投资项目颇为接近以致影响到项目的正常营运或对之造成直接破坏,这便已满足担保的条件,从而投资人有权从"机构"取得赔偿。此外,假如一投资严重依赖于国际航运或陆地运输(如在内陆国家投资),遇有相关交通或交通枢纽受到武装冲突或内乱的严重干扰,从而使得项目的运作发生困难或无法进行,投资人可要求"机构"就其遭受的损失进行赔偿。

需要指出的是,如果投资人对其所遭受的非商业性风险和损失负有责任,则"机构"对此类损失不负赔偿责任。〔197〕这一规定体现了多年来发展中国家的努力,有利于稳定国际投资的情势,特别是有利于促使外国投资者严格按照东道国的法律行事。"机构"下投资风险的评估是依投资项目的具体情况而定,而不是以东道国的经济和政治情势为基准。〔198〕故即使一个设在经济发展较为缓慢或投资环境较差的东道国的项目亦有资格取得担保。这显然有利于债务负担沉重的发展中国家和正在进行经济调整的发展中国家吸引外资。为了实现根据具体项目评估风险承保投资的目的,《首尔公约》第3(B)(Ⅱ)条,敦促"机构"与投资东道国政府磋商,以便就投资项目的发展和经营制定方案和措施。这些规定都反映了"机构"致力于协助发展中国家吸引外资的政策方向。

(四)投资咨询

"机构"不仅向在发展中国家的投资提供担保,同时亦作为国际投资的中介人和促进者负责东道国和投资母国以及投资者之间的信息交流。鉴于"机构"的地位特殊,特别是其与世界银行的关系密切,它可以熟知投资母国的情况和东道国的投资政策、管理机构和投资环境等,并且熟知各该政府机构和私人投资者的需要和要求。因此,对于如何改善东道国的投资环境,如何使外国

〔197〕 参见《首尔公约》第61(B)条、第2条、第12(C)条、第39条、第22条、第11条、第11(c)条、第57条。

〔198〕 参见《业务规则》第1.14条、第1.18条、第3.02条、第5.22条。

投资者以及投资母国能够与东道国有效配合,“机构”具有得天独厚的条件。正因为如此,《首尔公约》第 23 条规定,“机构”应进行研究,采取行动,促进投资流动并就发展中国家成员方的投资机会发布信息,以改善投资环境,吸引外资流向这些国家。应成员方要求,“机构”可提供技术建议和援助以改善成员方的投资条件。上述主要包括四个方面:投资调研、投资信息服务、技术援助和投资政策与建议。

“机构”可通过投资调研向投资者提供投资机会信息,以评估成员方家的投资环境,甚至投资项目的可行性,并根据调研结果决定是否提供担保。除非“机构”掌握足够的和可靠的信息,否则它便很难作出正确的担保决定。实践说明,“机构”的调研能力和效果均相当可观。它在调研过程中建立的关于投资的数据可成为各成员方制订投资政策和法律的依据,以及私人投资者投资的依据。“机构”的政策咨询可以通过鼓励成员方签订投资保护协定,与成员方讨论投资政策和法律改革,以及以理事会会议等方式进行。政策咨询有助于东道国了解本国投资环境的不足以及改进的措施等。此外,“机构”还可以通过向投资东道国提供技术援助,建议具体和较为详细的方案和措施。

(五)与世界银行等国际组织的关系

“机构”具有独立的法人资格、独立的资产,但其应与世界银行、国际金融公司和国际中心保持密切联系,相互协调。“机构”亦可使用和利用这些机构的设施和人员。[199] 同时,“机构”应与世界银行、国际金融公司和国际中心在保密的情况下,相互交流情报,以促进国际投资。

“机构”与国际中心的关系不仅体现在两个机构相互补充的职能,同时亦表现在争端解决方面。根据《首尔公约》,“机构”有权取得私人投资者的代位权。假如“机构”与东道国就代位权人的权益发生争端,双方应首先通过谈判协商解决争议。如果谈判无法达成协议,双方亦可将争端提交调解或仲裁解决。调解和仲裁应分别适用于国际中心的调解规则和仲裁规则。[200] 不言而喻,“机构”的代位权包括外国投资者与东道国的争端解决安排。易言之,假

---

〔199〕 参见《业务规则》第 1.14 条、第 1.18 条、第 3.02 条、第 5.22 条。

〔200〕 关于争端解决,参见《首尔公约》第 9 章和附件二。

如根据适用的双边投资协定外国投资者可将其与东道国间的争议提交国际仲裁，则“机构”亦享有相应的权利。[201]

原则上，“机构”鼓励以较为灵活的、非司法诉讼形式的解决争端方式。如果任何成员方不能接受国际中心的调解或仲裁规则，相关成员方可与“机构”签订其他解决争端安排。但是此种安排需经“机构”董事会特别多数票表决通过。[202] 并且此类解决争端特别安排须于“机构”决定向设在相关成员方的投资提供担保前作出。

近年，“机构”与世界银行的合作进一步加强。鉴于国际社会对气候变化和可持续发展等越来越重视，世界银行贷款也渐次向绿色项目转移，“机构”的风险担保政策也随世界银行资助项目的变化开始强调绿色基因。[203]

统而言之，《首尔公约》签订后很快便得到许多国家的批准并得以生效，说明其符合国际社会的需要，反映了各国改善投资环境的愿望。实践说明，“机构”的成立对促进国际投资的全方位发展，特别是在促进国际资本从发达国家向发展中国家流动方面，颇有帮助。[204]

四、投资争端解决

国际投资争端或曰投资者与东道国争端的解决可通过多种方式，较为普遍的是国际仲裁，包括临时仲裁和机构仲裁。仲裁的特点之一是允许当事方选择仲裁员和仲裁规则；此选择有时系在投资协定签订时由缔约方代行。目前，对国际投资争端解决最具影响的是《华盛顿公约》，依其成立的国际中心

---

〔201〕 关于涉及“机构”的争端解决，See Ibrahim F. I. Shihata, *The Settlement of Disputes regarding Foreign Investments: The Role of the World Bank, with Particular Reference to ICSID and MIGA*, Arab Law Quarterly, Vol. 1:3, p. 265 – 279(1996).

〔202〕 参见《首尔公约》第 61(B)条、第 2 条、第 12(C)条、第 39 条、第 22 条、第 11 条、第 11(c)条、第 57 条。

〔203〕 关于“机构”担保政策的变化，See Thierry Deau, Julien Touati, *Financing Sustainable Infrastructure*, in Rabah Arezki, Patrick Bolton, Karim El Aynaoui, Maurice Obstfeld, Coping with the Climate Crisis: Mitigation Policies and Global Coordination, 美国哥伦比亚大学出版社, 2018. See Susan Park, *World Bank Group Interactions with Environmentalists: Changing International Organisation Identities*, Manchester University Press, 2010.

〔204〕 关于“机构”的运作等，详见 https://www.miga.org/(2021 年 12 月 11 日访问)。

处理了大多数投资仲裁。故《华盛顿公约》[205]（包括依该公约制定的仲裁程序规则[206]和附加便利仲裁规则）也成为最为重要的投资仲裁规则。此外，国际常设仲裁院也处理很多投资争议，其适用的是《联合国国际贸易法委员会仲裁规则》；还有一些地区性仲裁机构，如中国香港国际仲裁中心，以及很多临时仲裁庭也适用《联合国国际贸易法委员会仲裁规则》。[207]

国际中心系依《华盛顿公约》成立，目的在于解决公约缔约方（作为投资东道国）与其他缔约方的国民（作为投资者）间的争议。《华盛顿公约》在其序言规定，国际中心的设立系因国际经济合作之必要以及为了发挥国际私人投资对发展国际经济的作用；方法则是提供投资争端解决便利。国际中心具有完全的国际法法人资格，有能力缔结条约、契约、取得和处理动产和不动产、起诉和应诉。[208] 与其他国际组织相同，国际中心在各缔约国享有豁免和特权，其财产免除一切法律诉讼。国际中心的工作人员则享有国际公务员应享有的特权和豁免。[209]

国际中心设有行政理事会，由公约签字国指派代表和副代表参加，负责中心政策性问题的决策。国际中心还设有一秘书处，作为其代表机构负责行政理事会决议和政策的具体执行。国际中心设有调解员和仲裁员小组各一个，每一缔约国均有权向国际中心指派仲裁员和调解员各 4 人，可以是本国国民，亦可以是其他国家的国民，条件是相关人员“具有高尚的道德品质，并且在法

---

[205] 《华盛顿公约》含国际中心的建立和具体运作规则，包括仲裁庭的管辖权、调解和仲裁程序等。

[206] 国际中心《仲裁程序规则》[Rules of Procedure for Arbitration Proceedings (Arbitration Rules)]（以下简称仲裁程序规则。附加便利仲裁规则的制订是为了方便投资者国籍国或东道国一方为《华盛顿公约》缔约方而另一方不是，但投资争议当事方协议将争议提交国际中心解决的情形。依经 2018 年开始修订的新规则，附加便利仲裁规则可适用于任何投资者与东道国争议，不再受一方为《华盛顿公约》缔约方的限制。关于新规则的讨论，See Ana Ubilava, Luke Nottag, *ICSID's New Mediation Rules: A Small but Positive Step Forward*，详见 https://icsid. worldbank. org/sites/default/files/amendments/public - input/Ubilava_Notage_10. 17. 2018. pdf（2021 年 12 月 28 日访问）。

[207] 除了双边投资协定下的投资争议外，这些机构还处理《能源宪章条约》、《美墨加协定》以及《首尔公约》下的争议。关于《能源宪章条约》下的投资仲裁，See Alejandro Carballo Leyda, *Preventing and Managing Investor - State Conflicts and Disputes in Preventing and Managing Investor - State Conflicts and Disputes in the Energy Sector*, University of St. Thomas Law Journal, Vol. 17:2, p. 466 - 479(2021)。

[208] 参见《华盛顿公约》第 18 条。

[209] 参见《华盛顿公约》第 19 条至第 24 条。

律、商务、工业和金融方面有公认的能力,他们可以被信赖作出独立的判断。对仲裁员小组的人员而言,在法律方面的能力尤其重要”。[210] 除了缔约国指派的仲裁和调解小组成员外,行政理事会主席(世界银行行长)有权向每个小组指派10名成员。[211]

国际中心解决争议的方法可以是调解和仲裁相结合,即先努力通过调解解决,调解不成再进行仲裁。有资格将争议提交国际中心的实体包括公约缔约国和缔约国国民。争端一经提交中心解决,当事各方必须依照中心的程序,调解和仲裁条款或协议的规定行事并认真考虑中心调解人的建议和意见,努力遵守并执行仲裁裁决。

(一)调解

调解是《华盛顿公约》下解决投资争议的方法之一。希望通过调解解决争议的缔约国或缔约国国民可书面请求国际中心的秘书长启动调解程序。调解由调解委员会主持进行,调解委员会可以由独任调解员组成亦可以由“任何非偶数的调解员组成”。[212] “如双方对调解员的人数和任命的方法不能达成协议,则委员会应由三名调解员组成,由每一方各任命调解员一名,第三名由双方协议任命,并担任委员会主席”。如争议各方在条约规定的时间内无法组成调解委员会,则应任何一方请求,行政理事会主席在“尽可能同双方磋商后,可任命尚未任命的一名或数名调解员”。[213] 此规定主要是为了避免出现无法组成调解委员会的僵局。行政理事会主席指定的调解员可以是调解员小组名单内的人士,亦可以是其他人士。由此不难看出,主席在投资争端解决方面的作用。

根据《华盛顿公约》,调解应依照该公约的相关规定以及国际中心有效的调解规则进行,除非当事方另有协议。[214] 任何涉及调解程序的问题,如公约

---

[210] 参见《华盛顿公约》第14条第1款。

[211] 参见《华盛顿公约》第13条第2款。

[212] 《华盛顿公约》第29条第2款。

[213] 《华盛顿公约》第30条。

[214] 《华盛顿公约》缔约方就在公约下的调解制订了一套《调解规则》(Conciliation Rules)。

没有规定且争议各方也没有协议的情况下，调解委员会有权决定之。[215] 调解委员会的作用是澄清争议的事实，努力促使各方“就共同可接受的调解达成协议”，为此，调解委员会得随时向争议各方“建议解决的条件”。[216] 如各方达成协议，调解委员会应起草一份报告，指出争议的问题及达成的协议。

除应与调解委员会真诚合作外，争议各方的义务主要是不得在任何其他争端解决程序中援引另一方在调解程序中的意见、声明、承认或解决争议的建议，也不得援引调解委员会的报告或建议。[217] 此规定见诸许多调解规则，目的就是使争议当事方能在调解程序中坦诚讨论，提出争议的要点及可能的解决方案。实践中国际中心处理的投资争端主要是通过仲裁解决，《华盛顿公约》关于调解的规定一直没有得到有效利用。随着《联合国关于调解所产生的国际和解协议公约》[218]（以下简称《新加坡公约》）的生效，人们期待国际中心的调解程序会发挥重要作用。

《华盛顿公约》生效半个世纪后，随着国际社会越来越倾向于以调解作为解决争议，包括投资者与东道国争议的解决方式，国际中心于 2018 年开始修订其调解规则并于 2021 年完成。[219] 新调解规则的通过体现了国际中心能与时俱进，紧跟国际趋势，同时亦可缓解人们对其不重视调解的批评。[220]

（二）仲裁庭的组成

按照《华盛顿公约》的规定，仲裁庭的成立视争端当事方有无协议而异。

---

[215] 《华盛顿公约》第 33 条。

[216] 《华盛顿公约》第 34 条第 1 款。

[217] 《华盛顿公约》第 35 条。

[218] 关于《联合国关于调解所产生的国际和解协议公约》的背景、缔约方、生效等，详见 https://uncitral.un.org/zh/texts/mediation/conventions/international_settlement_agreements/status（2021 年 12 月 12 日访问）。

[219] 关于国际中心新调解规则的制定背景、特点等，See Frauke Nitschke, *The Proposed ICSID Mediation Rules*, University of St. Thomas Law Journal, Vol. 17:2, p. 422 – 440 (2021); See ICSID, *Overview of Investment Treaty Clauses on Mediation*, https://icsid.worldbank.org/sites/default/files/publications/Overview_Mediation_in_Treaties.pdf（2021 年 12 月 28 日访问）。

[220] 一直以来，国际中心关于投资者与东道国投资争议的调解成效不彰，受到业界的批评。关于此问题的讨论，See Andrea Kupfer Schneider, Nancy A. Welsh, *Bargaining in the Shadow of Investor – state Mediation: How the Threat of Mediation Will Improve Parties' Conflict Management*, University of St. Thomas Law Journal, Vol. 17:2, p. 373 – 401 (2021)。

但无论如何，任何一方在收到另一方提请仲裁之申请后应积极合作，以便尽快成立仲裁庭。如果争议当事方已就仲裁员的人数及任命方式达成协议，但申请人未在仲裁申请中载明协议的内容，则其有义务从速将双方达成的协议通知秘书长。统而言之，国际中心提供的服务包括文件送达、仲裁员指定、仲裁裁决的备案等。作为原则，任何仲裁庭均不应使具有当事一方国籍的仲裁员占多数。这一规定的目的是保证仲裁庭的客观性和公正性。与此相关的另一规则是，"在任何解决争议的先前程序中担任过调解员或仲裁员之人员均不得被任命为仲裁庭成员"。[221] 这一规则反映了国际上关于同一人不在同一案件中担任仲裁员和调解员的趋势。

若争议当事双方未能就仲裁庭的组成方式达成协议，则申请方在申请仲裁登记后的 10 日内，应向他方当事人建议任命独任仲裁员或特定奇数仲裁员以及其任命的方式。他方当事者在收到申请方建议后的 20 日内，应接受此种建议或提出有关仲裁员人数和其任命方式的其他建议。申请方在收到上述答复后的 20 日内，应通知他方当事人其是否接受此建议。

根据前述安排，仲裁庭应于仲裁申请登记后的 50 日内组成。如在申请仲裁登记后的 60 日内，双方尚未就仲裁庭的组成达成协议，任何一方均有权通知秘书长依《华盛顿公约》第 37 条第 2 款第 2 项组成仲裁庭，即仲裁庭由 3 名仲裁员组成，每一方各指定一名仲裁员，第 3 名仲裁员，即首席仲裁员，由双方协议任命。当事方一经选择按照《华盛顿公约》的程序组建仲裁庭，秘书长必须尊重当事方的选择并应及时通知他方当事人。

根据《华盛顿公约》第 4 条，如果在秘书长送达准予登记通知书后的 90 日内尚未组成仲裁庭，除非当事方另有协议，否则任何一方当事者均可通过秘书长请求行政理事会主席任命尚未任命之仲裁员，包括指定首席仲裁员。行政理事会主席应参照《华盛顿公约》第 38 条和第 40 条第 1 款，在尽量与争议当事双方协商后，于收到申请后的 30 日内任命仲裁员。在此情况下，行政理事会主席任命的仲裁员不得具有争端任何一方的国籍，但亦不限于国际中心

---

[221] 《仲裁程序规则》第 1 条。这与一些仲裁机构的仲裁规则不同。例如，《中国国际贸易仲裁委员会仲裁规则》便不包括类似内容；故依《中国国际贸易仲裁委员会仲裁规则》指定的仲裁员亦可以调解员的身份行事。

仲裁员名册内的人士。实践中,行政理事会主席常将指定仲裁员的职责交由秘书长行使。

仲裁庭组成后,遇有仲裁员丧失资格、丧失行为能力或辞职,仲裁庭便需重新组建。仲裁员丧失行为能力是事实问题,而辞职则是仲裁员主动为之。任何当事方认为某仲裁员丧失应有的资格应在仲裁终结前向秘书长提交建议并说明理由。根据《华盛顿公约》第 14 条,仲裁员应具有高度的道德感,在法律、商务、工业或金融方面有公认的资格,并且可以被信赖作出独立的判断。因此,提出仲裁员丧失资格是一个相当严重的问题;秘书长在收到此提议后必须立即送达仲裁庭所有成员。被挑战的仲裁员亦有权就相关指控作出说明。

处理仲裁员丧失资格有两种方法。一是在被投诉的仲裁员不参加的情况下,由其他两位仲裁员审议并投票表决。如赞成票与反对票相等,则仲裁庭应通过秘书长提请行政理事会主席作出最后决定。二是若被投诉的仲裁员超过一位,即涉及多数仲裁员,则该建议是否成立应直接由行政理事会主席决定之。需要指出的是,除非被挑战的仲裁员超过一人,否则仲裁庭应继续审理案件。这也是为了提高仲裁的效率。仲裁员丧失资格、死亡、丧失行为能力或辞职等产生的空缺应通过任命仲裁员的程序填补。

(三)仲裁庭适用的原则与程序

原则上,仲裁庭组成后应于 60 日内或双方同意的其他时间开庭,[222] 日期由首席仲裁员商经其他仲裁员和秘书长后确定。庭审应在国际中心所在地或争议当事方协议确定的其他地点进行。与商事仲裁相同,只有仲裁庭成员可以参加仲裁庭的合议,且哪些信息(包括裁决)可以公开需得到争议当事方的同意。[223] 早年亦有东道国对申请人向外界披露案情而要求仲裁庭予以禁止。

---

〔222〕 实践中这已成为奢侈的要求,因为种种原因,包括仲裁员的时间安排以及律师的准备时间等均会拖延开庭的时间。事实上时间性已成为当代仲裁的一大诟病。

〔223〕 根据《华盛顿公约》第 48 条第 5 款,即使是仲裁裁决本身,除非得到争议双方的同意,否则国际中心亦不得公布。《仲裁程序规则》第 48 条第 4 款亦有类似规定。关于国际中心在此方面的政策,详见 https://icsid. worldbank. org/services/arbitration/convention/process/confidentiality - transparency(2021 年 12 月 12 日访问)。

如在 Amco Asia Corp. 案,[224]申请人在中国香港特区报纸披露其资产是如何被申请方印度尼西亚国有化的。印度尼西亚认为申请人的行为违反了仲裁的保密原则,遂请求仲裁庭禁止申请人的披露行为。仲裁庭指出,“关于仲裁程序保密的精神,事实是公约和规则都不禁止当事方披露其争议案”,[225]同时认为相关的报纸文章“并未削弱好的和公平的实用规则;基于这些规则,为了各自的利益,争议双方均应自我克制,不采取使事态严重及使争议解决困难的行为”。[226] 最后,仲裁庭并未支持印度尼西亚政府的主张。

随着国际社会越来越注重对政府和政府官员的问责,投资仲裁的争议不再是应如何保密,而是应如何公开。为此,联合国通过了《联合国投资人与国家间基于条约仲裁透明度公约》(United Nations Convention on Transparency in Treaty – based Investor – State Arbitration)[227] [以下简称《毛里求斯透明度公约》(Mauritius Convention on Transparency)]和《联合国国际贸易法委员会投资人与国家间基于条约仲裁透明度规则》[228](以下简称《透明度规则》)。《毛里求斯透明度公约》[229]和《透明度规则》具相互补充的作用,后者就投资者与东道国仲裁作出了具体规定,前者的目的是使缔约方通过签署《毛里求斯透明度公约》而“一揽子”适用于其双边投资协定。[230] 事实上,《华盛顿公约》并不禁止争议当事方公开与仲裁相关的信息;是否公开信息主要取决于当事方的协议。实践中,有的当事方允许国际中心公开所有资料和信息,有的甚至不允许公开裁决。

关于证据和庭审等方面,国际中心的仲裁庭有较大的裁量权,包括确定适

---

[224] 如 *Amco Asia Corp. and others and the Republic of Indonesia*,临时措施决定,ICSID,ARB/81/1,1983 年 12 月 9 日。

[225] Amco Asia 案,临时措施决定,第 4 段。

[226] Amco Asia 案,临时措施决定,第 5 段。

[227] 《毛里求斯透明度公约》,经联合国大会第 69/116 号决议于 2014 年 12 月 10 日通过,2017 年 10 月 18 日生效。公约全文参见 https://uncitral. un. org/zh/texts/arbitration/conventions/transparency(2021 年 12 月 12 日访问)。

[228] 《透明度规则》于 2014 年 4 月 1 日生效,全文参见 https://uncitral. un. org/sites/uncitral. un. org/files/media – documents/uncitral/zh/rules – on – transparency – c. pdf(2021 年 12 月 12 日访问)。

[229] 《毛里求斯透明度公约》开放签字不足三年便获足够缔约方批准并生效。参见 https://uncitral. un. org/en/texts/arbitration/conventions/transparency/status(2021 年 12 月 12 日访问)。

[230] 关于此问题的详细讨论,见本书第 11 章。

用于争议解决的法律。《华盛顿公约》第 42 条第 1 款规定,“仲裁庭应依照双方可能同意的法律规则对争端作出裁决。如无此种协议,仲裁庭应适用作为争端一方的缔约国的法律(包括其冲突法规则)以及可能适用的国际法规则”。实践中,除非适用的双边投资协定有具体的规定,否则争议当事方很难在争议发生后就适用法律达成协议。如在 LG & E 案,仲裁庭就适用法律指出,鉴于争议双方未就适用法律达成一致,又鉴于阿根廷是《阿美双边投资协定》的缔约方,而 LG & E 系根据该协定申请仲裁,因此可以假定双方均同意依《阿美双边投资协定》和一般国际法解决双方的争议;然而,“仅凭前述并不足以证明争议双方就适用法律达成了协议,故争议应依《华盛顿公约》第 42(1) 条第二部分解决”。[231] LG & E 案的仲裁庭认为不应将《华盛顿公约》第 42(1) 条第二部分理解为意在限制国际法的适用,相反,其应被理解为允许仲裁庭“在国际法的范围内适用有效的规则”,而有效的规则应包括“习惯国际法规则以及关于条约解释的习惯国际法规则”,[232] 即《维也纳条约法公约》第 31 条和第 32 条。

《华盛顿公约》第 42 条第 1 款之所以经常引起争议还涉及如何解释其规定中的“以及”(and)二字。易言之,在双方无协议的情况下,仲裁庭到底是应该优先适用东道国的法律还是国际法? LG & E 案的仲裁庭认为“以及”的意思就是“和”,因此应依具体情况适用双边投资协定、国际法和东道国的法律。[233] 就此,LG & E 案的仲裁庭完全接受了亚洲农产品(Asian Agricultural Products)案仲裁庭的意见,即双边投资条约“不是一个仅规定直接适用的实体规则的自成体系及封闭的法律机制,而应被视为一个更宽泛的司法语境;在此语境下,其他补充规则,包括国际法和国内法规则,通过默示的合并或直接的参考得以整合”。[234] 毫无疑问,如何整合还是仲裁庭的裁量权。实践中,除了必须由内国法决定的事项外,如投资者的国籍、许可证的条件和效力、公司

[231] LG & E 案,责任决定,第 85 段。

[232] LG & E 案,责任决定,第 88 段。仲裁庭还以《华盛顿公约》的法文版本佐证其解释正确。

[233] LG & E 案,责任决定,第 96 段。

[234] LG & E 案,责任决定,第 97 段。See *Asian Agricultural Products Ltd.* (*AAPL*) *v. Democratic Socialist Republic of Sri Lanka*,最后裁决,ICSID,ARB/87/3,1990 年 6 月 27 日,第 21 段。依亚洲农产品案仲裁庭, Van Rokkelen (Haiti/USA)案于 1888 年的裁决即裁定对条约的解释必须参考国际法和国际判例,因为国家是通过国际语言对话。LG & E 案,责任决定,第 39 段。

注册登记是否完备等，其他事项依然根据国际法处理。此做法也符合《华盛顿公约》的规定及商事仲裁的习惯，也可以避免因仲裁员法律背景不同及对证据规则的认识不同而产生不同意见。[235] 除争议当事方自行提交文件，传召事实证人和专家证人外，仲裁庭也可自行调查。

作为仲裁程序的一部分，争议当事方庭审辩论结束后，仲裁庭必须宣布仲裁程序终止。仲裁庭宣布仲裁终止时间的目的是提醒争议当事方，除非尚有未尽事宜需要陈述，否则陈述意见的时间已经结束。如此即可避免在裁决作出后，败诉一方以未有充分机会陈述意见为理由而拒绝执行裁决的情况。

（四）管辖权

管辖权是所有仲裁的核心问题，无论是商业仲裁还是投资仲裁，因为如果仲裁庭对争议事项没有管辖权，仲裁程序便必须停止。就国际中心的仲裁庭而言，其管辖权首先来自涉案的投资协定或投资章节，其次是《华盛顿公约》。《华盛顿公约》第 25 条规定，“中心的管辖适用于缔约国（或缔约国向中心指定的该国的任何组成部分或机构）和另一缔约国国民之间直接因投资而产生并经双方书面同意提交给中心的任何法律争端”。这就涉及何为“投资”，何为“法律争端”以及何为“直接因投资而产生”的问题。

《华盛顿公约》本身并未明确规定“投资”的定义，故投资仲裁庭给予其以多种解释。总的趋势是投资仲裁庭倾向于对之做出较宽泛的解释。前述涉及合格投资者和合格投资的个案仅为列举。就解释何为“投资”而言，Saipem 案[236]具有独特性。

Saipem 案的申请人 Saipem 公司系在意大利注册，主要从事石油和天然气管道铺设业务。Saipem 公司于 1990 年 2 月 14 日和孟加拉一家名为孟加拉石油（Petrobangla）的国有企业签订合同，在孟加拉铺设石油和天然气管道，管

---

[235] 就此，《华盛顿公约》第 44 条规定“任何仲裁程序应依照本节规定，以及除双方另有协议外，依照双方同意提交仲裁之日有效的仲裁规则进行。如发生任何本节或仲裁规则或双方同意的任何规则未作规定的程序问题，则该问题应由仲裁庭决定”。

[236] Saipem 案的仲裁庭先就管辖权问题做出决定，然后就实体事项做出了终局裁决。See *Saipem S. p. A. v. The People's Republic of Bangladesh*，管辖权决定，ICSID，ARB/05/07，2007 年 3 月 21 日（以下简称 Saipem 案，管辖权决定）；*Saipem S. p. A. v. The People's Republic of Bangladesh*，裁决，ICSID，ARB/05/07，2009 年 6 月 30 日（以下简称 Saipem 案，裁决）。

道长度为409公里,合同造价约3400万美元。该项目由世界银行及其属下的国际开发协会提供贷款。

合同规定铺设管道的项目应于1991年4月30日完成。后由于铺设管道过程中遭当地居民反对以及其他原因,双方同意将完工时间推迟一年(鉴于该项目为世界银行资助的项目,延迟完工亦得到世银的认可)。为了确保申请人按照双方的协议完成项目并使之运行,双方协议,孟加拉石油每次付款时可扣留不超过应付款的10%,但总额不应超过合同款的5%。

根据双方协议,孟加拉石油应在Saipem公司完成项目并交付使用后之30天内向后者支付相等于前述预扣款的50%,在工程运行合格证签发后支付余下的预扣款。Saipem公司亦可在合格证签发前向孟加拉石油提交等额的由银行发出的付款保证(Warranty Bond),在此情况下,孟加拉石油则必须支付全部预付款。由于孟加拉石油没有按合同规定向Saipem公司支付预扣款,且双方无法就Saipem公司在工程延迟过程中的额外开支达成协议,1993年6月7日,Saipem公司便根据双方的合同,向国际商会仲裁院提起仲裁。仲裁庭组成后,根据建筑合同的规定在孟加拉首都达卡开庭,适用孟加拉法律。孟加拉石油遂向孟加拉法院提起诉讼,声称该争议不能以仲裁解决之,故应终止仲裁,依据是孟加拉国际仲裁法。

1997年11月24日,孟加拉最高法院发布禁止令,责令Saipem停止在国际商会仲裁院的仲裁。2000年4月5日,达卡初级法院否决了国际商会仲裁院的裁决权,理由是:“考虑到双方律师呈递的文件和呈辞,我认为仲裁庭拒绝就证据的效力作出决定、从纪录中剔除一些文件以及没有引导当事方提交与保险相关的资料等是不适当的。此外,仲裁庭明显没有考虑相关的法律,这从而构成渎职行为。基于前述情形,我认为在此案中可能存在审判不公。”[237]

2001年4月30日,该仲裁庭决定继续仲裁,理由是“挑战及撤换仲裁员是国际商会仲裁院的专属权利,而不应由孟加拉法院置喙,故孟加拉法院撤销国际商会的仲裁权违反了国际仲裁的一般原则”。[238] 2003年5月9日,国际商会仲裁庭裁定孟加拉石油败诉,判其偿付Saipem公司600余万美元及11

---

〔237〕 Saipem案,管辖权决定,第29段。

〔238〕 Saipem案,管辖权决定,第31段。

万多欧元。

国际商会仲裁庭作出裁决后,孟加拉石油遂向当地法院起诉,要求撤销国际商会的裁决。Saipem 公司则提出反对意见。2004 年 4 月 21 日,孟加拉最高法院高等法庭驳回了孟加拉石油的申请,指出根据孟加拉的法律国际商会的裁决系自始无效,鉴于根本不存在有效的裁决,因此也就没有撤销的问题。该法庭特别指出,争议双方的合同应受有效的孟加拉法律管辖。[239]

2004 年 10 月 5 日,Saipem 公司依孟加拉和意大利之间于 1990 年 3 月 20 日签订并于 1994 年 9 月 20 日生效的双边投资保护协定向国际中心提起仲裁。仲裁庭首先需要解决的是 Saipem 公司和孟加拉政府之间的争议是否为《华盛顿公约》第 25 条下的投资。其次是相关争议是否直接源自投资。如果对前述两个问题的答案都是肯定的,则仲裁庭对之具有管辖权。接下来的问题是,孟加拉是否有违约行为,及违约行为是否导致外国投资者 Saipem 公司遭受损失。

关于 Saipem 公司与孟加拉石油签订的铺设管道合同是否符合《华盛顿公约》对投资的要求,Saipem 公司负责铺设管道,孟加拉石油则要预先付款,因此,孟加拉政府认为这不能满足 Salini 案确定的投资标准。理由包括两个,一是该项目的实际施工时间不足一年,二是 Saipem 在该交易中未承担风险。

仲裁庭认为孟加拉以实际施工时间作为判断该项目是否满足了“一定期间”的要求缺乏先例支持,施工期以外的时间所受到的干扰事实上较施工期的风险更高。[240] Saipem 案的仲裁庭还将该案与 Soabi 诉塞内加尔案[241]加以区别。Soabi 案主要涉及建造一栋大厦,承建方也是随工程的进度获得建筑费。该案仲裁庭认为相关合同不是《华盛顿公约》第 25 条所指的投资,故因之产生的争议亦非投资争议。Saipem 案仲裁庭的理由是孟加拉的法律没有规定外国投资者必须要自己出资,《华盛顿公约》的谈判历史亦表明投资之确定与资金的来源无关。[242]

---

[239] Saipem 案,管辖权决定,第 36 段。

[240] Saipem 案,管辖权决定,第 102 段。

[241] *Société Ouest Africaine des Bétons Industriels (SOABI) v. Senegal*,裁决,ICSID,ARB82/1,1988 年 2 月 25 日,第 219 段。

[242] Saipem 案,管辖权决定,第 106 段。

孟加拉主张,Saipem 公司提供的是铺设管道服务,而项目的资金系孟加拉自己借贷,且要事先向 Saipem 公司支付工程款,从而 Saipem 公司在此项目中并不承担任何风险。对此问题,仲裁庭认为,工程的施工受到干扰而暂停,双方并因此而需要谈判延期合同以及预扣款安排等均为投资者的风险。[243] 仲裁庭的这种讲法其实颇为牵强。如果 Saipem 公司系自己贷款从事项目,当然资金的来源不是问题,因为最后承担偿付贷款责任的不是投资东道国。而当东道国不仅提供资金而且还同意预付款的情况下,投资者承担的风险相对较小。对此,Saipem 案的仲裁庭特别申明在考虑一个项目是否为《华盛顿公约》第 25 条下的投资时,应考虑该项目的所有方面,包括合同、施工、预扣款、银行保证以及国际商会仲裁院仲裁等。[244] 如果说其他方面应列为考虑因素的话,仲裁安排无论如何也不应成为确定相关项目系投资与否的因素,因为选择仲裁或是在某机构进行仲裁,以及选择其他争端解决方式都与相关交易是否投资无关。[245]

孟加拉还指出,其与意大利的双边投资保护协定第 1 条第 1 款关于投资所用的是英文"property",不同于与其他国家双边协定所用的"asset"。据此,孟加拉认为孟意双边协定关于投资的定义应按孟加拉内国法解释,因孟加拉法律对"property"有专门规定。对此,仲裁庭认为,该案牵涉对《华盛顿公约》和双边投资保护协定的解释,对此国际社会早有定论,即只能依国际法为之。[246] 仲裁庭还提出,不能只考虑孟加拉的法律,还要综合考虑其他相关裁决。[247]

Saipem 公司还以孟意投资协定关于投资的定义包括"涉及一定金钱的债权"(credit)的事实,强调其基于商事仲裁裁决的权利满足了债权的要求。孟加拉则认为双边投资协定下的"一定金钱的债权"指的是银行的信贷。仲裁庭同意,孟加拉也许是对的,但笔锋一转,写道:"信贷的意思一般情况下还包

[243] Saipem 案,管辖权决定,第 109 段。

[244] Saipem 案,管辖权决定,第 110 段。

[245] 这是因为,在许多国际贸易和其他交易中,当事方均选择以仲裁方式解决争议。此类交易当然不可能因为选择了仲裁方式而成为投资。

[246] Saipem 案,管辖权决定,第 78 段。

[247] Saipem 案,管辖权决定,第 82 段。

括责成一方支付赔偿的裁决—胜诉方无疑基于裁决享有一定金钱的债权。”[248] 仲裁庭前述观点的最大问题是,许多双边投资协定均有类似规定,如果仲裁裁决因涉及赔偿而成为投资,则关于贸易争议之裁决亦可成为投资。这显然不是《华盛顿公约》的本意。

事实上,即使 Saipem 公司的行为构成投资,还需要证明其与孟加拉政府的争议系“直接源于”该投资。庭审期间,孟加拉辩称孟加拉石油和 Saipem 公司间签订的铺设油气管道合同不属于“投资”的范畴;就算其属于“投资”,也与孟加拉政府无关,因为相关争端是因孟加拉石油欠付 Saipem 公司款项而起,因此不属于国际中心的管辖范围。[249] 仲裁庭则依据世界银行执行理事会关于《华盛顿公约》的报告对法律争议的界定——申请人所主张的权利事实上存在以及因被申请人违反了条约规定而遭受损失,裁定 Saipem 公司与孟加拉政府之间的争议系法律性质的争议,[250] 指申请人的权利并非经国际商会仲裁庭裁决所赋予,而是源自建筑合同,但经该裁决具体化。[251] 此结论显然有值得商榷之处。因为尽管 Saipem 公司的建筑合同可能构成投资,双方的争议也属于法律争议,但该争议并不能满足“直接源自投资”的标准。如果此类间接性争议可以接受,其他间接争议亦不应构成问题,最后国际中心的管辖权便会扩大,从而超出《华盛顿公约》设定的范围。

除《华盛顿公约》外,仲裁庭的管辖范围还受到孟加拉和意大利双边投资协定的限制。该协定第 9 条规定:

(1)一缔约方与另一缔约方国民间关于征收、国有化、征用或相似措施的赔偿之争议,包括与赔偿金额相关的争议,双方应尽最大努力通过友好方式解决;

(2)如争议双方无法在书面提出争议之六个月内通过友好方式解决,则投资者可自行将争议提交:

(a)该缔约方具有管辖权的法院;

(b)依联合国国际贸易法委员会仲裁规则成立的临时仲裁庭;

---

[248] Saipem 案,管辖权决定,第 126 段。

[249] Saipem 案,管辖权决定,第 76 段。

[250] Saipem 案,管辖权决定,第 95 段。

[251] Saipem 案,管辖权决定,第 127 段。

(c)依1965年3月18日生效的华盛顿公约,即《解决国家和他国国民间投资争端公约》设立的国际中心。

从字面上讲,孟意双边投资协定将国际中心的管辖权限于国有化、征收及类似措施的赔偿问题,包括赔偿数额。这与苏联和一些东欧国家以及中国的早期实践相一致。国际中心的仲裁庭对类似条款亦曾做出过解释,多数裁决均主张管辖权。有的没有主张管辖权也是基于投资者没有提出事实证明征收的指控依表面证据成立。[252] 在 Saipem 案,仲裁庭援引了 Impregilo 案的标准,即如果申请人的指控得以成立,双方的争议便应适用相关的双边投资协定。[253] 易言之,假如申请人辩称的争议属于双边协定的管辖范围,则仲裁庭便应行使管辖权。至于被申请人是否违约,则应在实体审查阶段裁决。此方法必然涉及在管辖权阶段和实体阶段是否适用相同的标准问题。国际投资仲裁说明,仲裁庭一般倾向于在管辖权阶段适用不太严苛的标准,而在审查被申请人是否违约时则适用较严格的标准。[254] 基于此,仲裁庭最后裁定其对 Saipem 案具有管辖权。

或可说,Saipem 案对"投资"的解释之最大争议之处是仲裁裁决是否可以因属于"一定金钱的债权"的范畴便应被视为投资;盖因当代投资协定和章节几乎无不将此列为投资的内容。事实上即使有的投资条约未将"金钱债权"列为投资,基于最惠国待遇条款,其仍会被解释为包括此规定。这就是为什么近年包括中国等在投资协定中明确排除法院判决、仲裁裁决等为合格投资的原因。

投资仲裁庭的管辖权亦有例外。根据《华盛顿公约》规定,任何缔约国均

---

〔252〕 如斯德哥尔摩商事仲裁院的仲裁庭在 *Vladimir Berschader and Moïse Berschader v. The Russian Federation*,裁决,2006年4月21日,见 http://ita. law. uvic. ca (2022年2月24日访问);以及 *Ros Invest Co UK Ltd. v. The Russian Federation*,裁决,2007年10月,见 http://ita. law. uvic. ca (2022年2月24日访问)。

〔253〕 Saipem 案,管辖权决定,第84段。关于 Impregilo 案,See *Impregilo S. p. A. v. Islamic Republic of Pakistan*,管辖权决定,ICSID,ARB/03/3,2005年4月22日。关于管辖权表面证据是否成立的标准问题,见 *UPS v. Canada*,管辖权决定,2002年11月22日,第33–37段;*Siemens v. Argentina*,管辖权决定,2004年8月3日,第180段;*Plama v. Bulgaria* 案,管辖权决定,2005年2月8日,第118–120段和第132段; *Bayindir v. Pakistan*,管辖权决定,2005年11月14日,第185–200段。

〔254〕 Saipem 案,管辖权决定,第85–86段。

可在加入时做出保留,不将某些争端或某些类型的争端交由国际中心解决。[255] 如圭亚那和牙买加曾对涉及矿产或其他自然资源的争议做出保留。沙特阿拉伯亦曾就与石油或主权行为的争议做出保留。

基于胜任能力原则(competence competence principle),[256] 国际中心仲裁庭的管辖权由仲裁庭自行确定。[257] 争议当事方就管辖权提出异议,仲裁庭有义务考虑并可决定是单独审理管辖权问题还是与实体争议一并审理。管辖权本身涉及仲裁庭是否有权力审理涉案的争议。与之相关的是,一个争议可能属于仲裁庭管辖,但因某些条件尚未满足,故属于不可受理(inadmissible)的案件。遇有此情况,仲裁庭亦不可行使管辖权。

(五)临时措施

临时措施包括保全措施和其他措施。《华盛顿公约》第 47 条规定,“仲裁庭如果认为情况需要,得建议采取任何临时措施,以维护任何一方的权利”。实践中仲裁庭几乎不会主动建议采取临时措施,而是应一方当事人的请求,决定是否采取临时措施。前述 Amco Asia 案的被申请人印度尼西亚便是依《华盛顿公约》和《仲裁规则》请求仲裁庭禁止申请人披露案情。除限制性措施外,仲裁庭亦可受理关于保全措施的请求。然仲裁庭不同于国家法院,其可以做出保全措施的决定,但没有足够的能力保证相关决定被执行,东道国政府作为应采取保全措施的一方时更是如此。当然,这并不影响投资者请求仲裁庭责成东道国采取保全措施。Occidental 案便为相关的个案。

在 Occidental 案[258] 中,争议双方就石油勘探开采特许协议的履行发生争议。申请方请求仲裁庭命令被申请人厄瓜多尔或厄瓜多尔石油公司采取保

---

[255] 《华盛顿公约》第 25 条第 4 款规定,“任何缔约国可以在批准、接受或核准本公约时,或在此后任何时候,把它将考虑或不考虑提交给中心管辖的一类或几类争端通知中心。秘书长应立即将此项通知转送给所有缔约国。此项通知不构成第一款所要求的同意”。

[256] 关于此问题的讨论,See Neil Modi ,*The Rule of Competence – Competence*,Willamette Journal of International Law and Dispute Resolution,Vol. 26:1 – 2,p. 75 – 98(2019)。

[257] 就此,《华盛顿公约》第 41 条第 1 款规定,“仲裁庭应是其本身权限的决定人”。

[258] *Occidental Petroleum Corporation and Occidental Exploration and Production Company v. Republic of Ecuador*,临时措施决定,ICSID,ARB/06/11,2007 年 8 月 17 日(以下简称 Occidental 案,临时措施决定)。

全措施,即在其与第三方就争议地区达成合作安排的60日前通知仲裁庭和申请方,以保护申请方要求被申请方实际履行的权利。仲裁庭指出,临时措施仅能在为了保护某项权利的必要和紧急情况下批准,以避免相关权利永久性丧失。[259] 易言之,临时措施的批准应有两个条件,其一,权利的存在,其二,必要和紧急情况的存在。仲裁庭认为,申请人的临时措施申请涉及保全其独家开采的权利和"第三方转让通知",以及不使争议恶化。仲裁庭指出临时措施不是为了保护一方免受不确定的行为可能带来的潜在的或者假想的损害,而是为了避免一方遭受迫近的损害。而厄瓜多尔政府也多次声明目前并未有就争议地区与其他第三方达成协议的意向。仲裁庭认为即使被申请方意图与第三方达成合同,也不一定会对请求方的权利造成不可弥补的损害。请求方的合法权益受到损害可以通过金钱进行补偿。[260] 仲裁庭同时认为申请方亦未能证明采取临时措施的必要性和紧迫性。对申请方提出要求厄瓜多尔或厄瓜多尔石油公司同其就特定的运输内容达成协议,以保护其"避免争端扩大"之权利的请求,仲裁庭认为这是为了避免增加现有争端的损害赔偿,而非避免争端扩大。本案中的损害可以通过金钱赔偿救济,因此不存在采取临时措施的必要性和紧迫性。因此,仲裁庭驳回了申请方的保全措施申请。[261] 由此可见,临时措施系在非常情况下的一种预防性措施。

当事一方请求仲裁庭批准临时措施并不影响其向其他司法机构等申请相同或类似措施,除非其已承诺不采取这些行动。

(六)裁决的撤销

撤销裁决是国际中心特有的程序。撤销裁决系由国际中心组成的临时委员会(*ad hoc* Committee)负责。与仲裁庭和调解委员会的组成方式不同,临时委员会成员系由行政理事会主席任命。临时委员会由3人组成,其成员不得为作出裁决的仲裁庭的成员,不得具有与任何争端当事方相同的国籍,亦不得为当事一方国家向国际中心推荐的并被列入中心仲裁员名单的仲裁员或曾

---

[259] Occidental 案,临时措施决定,第59段。

[260] Occidental 案,临时措施决定,第75-86段。

[261] Occidental 案,临时措施决定,第101段。

在同一争端中担任调停人的人士。[262]

争议当事方申请撤销裁决可基于以下理由：(1)仲裁庭成立有缺陷，(2)仲裁庭明显越权，(3)仲裁员受贿，(4)仲裁庭严重违反基本程序规则，(5)裁决未说明理由。在 Alimentos 案[263]中，申请方以仲裁庭存在明显越权、严重违反基本程序和没有说明裁决理由为依据，请求临时委员会撤销仲裁裁决。临时委员会首先对《华盛顿公约》第52(1)(b)条进行了解释，认为所谓"明显越权"不仅是指仲裁庭对其不享有管辖权的争议行使管辖权，还包括就本有管辖权的争议拒绝行使管辖权。[264] 临时委员会接着指出，《华盛顿公约》第52条的原意是不应轻易撤销裁决，因此在解释该规则时应着重考虑"明显"(manifest)二字。易言之，只有当仲裁庭的行为和不行为满足了"明显性"标准时，方可认为其违反了第52(1)(b)条。[265] 临时委员会之所以强调"明显"二字为确定仲裁庭是否"越权"的标准是因为其不是上诉机构，故只能从裁决的表面看其"越权"是否显而易见。此解释符合《维也纳条约法公约》关于条约解释的习惯国际法规则，同时也与其他条约解释者的解释一致。Alimentos 案的临时委员会指出，仲裁庭在对协定进行解释时，没有指明其所适用的条约解释规则，也未考虑《维也纳条约法公约》关于条约解释的所有方面，如上下文、缔约方的原意、条约目的等；但是，没有理由认为仲裁庭全然不顾公认的条约解释规则，因此，仲裁庭并未明显越权。[266] 就申请方提出仲裁庭严重违反基本程序的指控，临时委员会认为仲裁庭有权自行决定仲裁程序，包括组织庭审等，故不允许申请方在第一阶段提交案情纪要并无不妥；申请方可以

---

〔262〕《华盛顿公约》第52条第3款。

〔263〕*Industria Nacional de Alimentos v. Republic of Peru*，撤销决定，ICSID，ARB/03/4，2007年9月5日。

〔264〕*Industria Nacional de Alimentos v. Republic of Peru*，撤销决定，ICSID，ARB/03/4，2007年9月5日，第99段。

〔265〕*Industria Nacional de Alimentos v. Republic of Peru*，撤销决定，ICSID，ARB/03/4，2007年9月5日，第101段。

〔266〕*Industria Nacional de Alimentos v. Republic of Peru*，撤销决定，ICSID，ARB/03/4，2007年9月5日，第116段。临时委员会认为，条约解释不是精确的科学，经常出现的情况是每个规定都可能有超过一种甚至几种解释；临时委员会的职责不是以自己的解释替代仲裁庭的解释。

通过很多途径自由提出异议。[267] 仲裁庭也可以通过很多方式对有关异议进行审查和裁决,包括根据《仲裁规则》第41(4)条裁决。[268] 最后,临时委员会裁定,申请人关于仲裁庭严重违反基本程序的指控不成立。

在Fraport案的撤销程序[269]中,申请人指控仲裁庭未允许其就新的证据提出反驳理由,从而严重违反了基本程序。该案的临时委员会认为给予当事方陈述案情、提出意见的机会"无疑为公认的基本程序规则,如裁决违反此规则,便可被撤销"。[270] Fraport案的临时委员会指出,仲裁庭在收到菲律宾于庭审后提交的菲律宾检察官的决议后认为检察官并不晓得申请人有一份违反菲律宾法律的秘密股东协议的事实,从而不顾检察官做出的关于申请人无罪的决议,继续按其原来查明的事实进行裁决。[271] 该临时委员会认为仲裁庭的前述行为构成了《华盛顿公约》下的"严重违反基本程序",[272] 理由是仲裁庭没有给予当事双方就检察官的决议这一新证据陈述意见的机会。[273] 临时委员会同时指出,尽管仲裁庭告知争议双方如果需要,其会请各当事方提供进一步意见,但仲裁庭并未如此行事,故在此情况下不能认为申请人放弃了陈述意见的权利。[274]

前述个案说明,《华盛顿公约》要求的程序正义对投资仲裁庭的运作有重要影响。在许多被撤销的个案中的仲裁员都是很有经验的学者或法官,但也会犯程序不当的错误,有时甚至是低级错误。这恰恰印证了将程序正义列为撤销依据的必要性。

如前所述,裁决未说明理由亦为撤销的依据。《华盛顿公约》要求国际中

[267] *Industria Nacional de Alimentos v. Republic of Peru*,撤销决定,ICSID,ARB/03/4, 2007年9月5日,第122段。

[268] *Industria Nacional de Alimentos v. Republic of Peru*,撤销决定,ICSID,ARB/03/4, 2007年9月5日,第122段。临时委员会的决定系依多数意见做出,作为少数的一位委员提出了不同意见,对多数委员的意见诸多批评。详见附于临时委员会决定后的不同意见。

[269] *Fraport v. Philippines*,撤销决定,ICSID,ARB/03/25,2010年12月23日。

[270] *Fraport v. Philippines*,撤销决定,ICSID,ARB/03/25,2010年12月23日,第197段。

[271] *Fraport v. Philippines*,撤销决定,ICSID,ARB/03/25,2010年12月23日,第217段及第228-229段。

[272] *Fraport v. Philippines*,撤销决定,ICSID,ARB/03/25,2010年12月23日,第218段。

[273] *Fraport v. Philippines*,撤销决定,ICSID,ARB/03/25,2010年12月23日,第230段。

[274] *Fraport v. Philippines*,撤销决定,ICSID,ARB/03/25,2010年12月23日,第234段。

心的仲裁庭在裁决中说明理由，但没有规定裁决的理由应该有多充分。实践中，只要裁决可以表明仲裁庭的决定系基于某些事实及法律，一般情况下均不会被撤销。MINE 案[275]的临时委员会认为之所以如此规定，是为了不使撤销机制成为上诉制度，指出，“理由的充分性不是第(1)(e)款下的适当审查标准，因为如此做便会几乎不可避免地需要临时委员会对仲裁庭裁决的实质内容进行审查，而这不符合《华盛顿公约》第 53 条关于排除上诉性补救措施的规定”。[276] 易言之，如果允许临时委员会对裁决做实质性审查，当其“发现了明显的不当适用法律时，便可能会试图撤销相关裁决”，[277] 但这并不是《华盛顿公约》规定的撤销裁决的依据。

然而，如果裁决的理由相互矛盾，原则上可成为撤销的依据。这是因为“相互矛盾的理由可相互抵消，从而裁决便等于没说明理由”，而这不符合“仲裁员需说明理由的义务”。[278] 当然，这也并不意味裁决应说明理由的规定毫无标准，或仲裁庭可以任何无关紧要的或没有实质内容的理由便可满足《华盛顿公约》的要求。根据一些仲裁庭的意见，裁决应“具有某种实质内容，能使读者了解仲裁庭是如何根据事实和法律做出的决定”。[279] 实践中如何把握裁决说明理由的尺度是相当困难的问题，标准过低便达不到《华盛顿公约》第 52 条致力于保证裁决质量的目标，过高则可能使撤销程序变成上诉机制，而这也是《华盛顿公约》力避者。临时委员会的决定有时很像上诉机构的判决便与尺度把握不当有关。

实践中，仲裁庭明显越权、严重违反基本程序规则及未说明理由为撤销仲裁申请常依赖者，尽管申请撤销的当事方一般会尽可能多地列举理由。有时一个撤销仲裁的理由成立也可以导致满足另一撤销理由，这就是毒树之果的

---

[275] *Maritime International Nominees Establishment* (*MINE*) *v. Guinea*，撤销决定，ICSDI，ARB/84/4，1989 年 12 月 14 日。

[276] *Maritime International Nominees Establishment* (*MINE*) *v. Guinea*，撤销决定，ICSDI，ARB/84/4，1989 年 12 月 14 日，第 5.08 段。

[277] *Maritime International Nominees Establishment* (*MINE*) *v. Guinea*，撤销决定，ICSDI，ARB/84/4，1989 年 12 月 14 日，第 5.08 段。

[278] *Kliickner v. Republic of Cameroon*，撤销决定，ICSID，ARB/81/2，1985 年 5 月 3 日，第 116 段。

[279] *Kliickner v. Republic of Cameroon*，撤销决定，ICSID，ARB/81/2，1985 年 5 月 3 日，第 120 段。

逻辑。例如，在 Eiser 案，[280] 仲裁庭的一位仲裁员与该案的赔偿金专家有长期合作关系并在数个案件中被相同的当事方指定为律师和专家证人，但其没有披露此事实。仲裁案的被申请方西班牙在裁决作出后发现了此问题并申请撤销裁决。临时委员会认为仲裁员依《仲裁规则》的披露义务包括实质性和持续性两方面，[281] 裁定因为该仲裁员违反了披露义务而使仲裁庭未能适当成立。[282] 鉴于仲裁员的独立性和中立性属于基本程序的内容，仲裁员未披露应披露的信息构成违反了基本程序规则。[283] 由此可见撤销裁决的诸理由本身具有内在的关联性，对一个规则的违反可能导致违反另一规则。

由前述可见，临时委员会的撤销决定有的更像是上诉机构的判决，故受到诸多批评。然而这些批评似乎都没有减低争议当事方诉诸该程序。请求撤销裁决的效果之一是当事方可以此为依据要求中止执行涉案的裁决。这从而可能为在仲裁阶段败诉的一方赢得时间，推迟执行裁决。裁决一经撤销，当事方可就被撤销的裁决所涉及的争议再次提请国际中心仲裁。如 Eiser 案便于裁决被撤销后再次申请依国际中心的程序仲裁。[284] 这一规定适用于裁决被全部撤销也适用于裁决被部分撤销的情况。正因如此，很多国际中心仲裁案的败诉方均申请撤销裁决。

（七）裁决的承认与执行

争端解决的目的不外乎两个：(1)分歧解决后当事方继续合作；(2)分歧解决后当事方已无法继续合作，遭受损失的一方得到赔偿。国际投资涉及来自不同国家或地区的自然人和法人，投资者的资产亦通常在不同的国家。除非争议当事方可通过协商或是调解等达成协议，否则通过法院和仲裁的方式

---

[280] *Eiser Infrastructure Limited and Energia Solar Luxembourg S. A R. L. v. Kingdom of Spain*，撤销决定，ICSID，ARB/13/36，撤销决定，2020 年 6 月 11 日。

[281] *Eiser Infrastructure Limited and Energia Solar Luxembourg S. A R. L. v. Kingdom of Spain*，撤销决定，ICSID，ARB/13/36，撤销决定，2020 年 6 月 11 日，第 222 段。

[282] *Eiser Infrastructure Limited and Energia Solar Luxembourg S. A R. L. v. Kingdom of Spain*，撤销决定，ICSID，ARB/13/36，撤销决定，2020 年 6 月 11 日，第 228 – 229 段。

[283] *Eiser Infrastructure Limited and Energia Solar Luxembourg S. A R. L. v. Kingdom of Spain*，撤销决定，ICSID，ARB/13/36，撤销决定，2020 年 6 月 11 日，第 239 段及第 241 – 242 段。

[284] 关于 Eiser 案的仲裁再申请，载 https://icsid.worldbank.org/cases/case – database/case – detail?CaseNo = ARB/13/36（2021 年 12 月 20 日访问）。

解决争议，法院的判决或是仲裁庭的裁决，包括当事人达成和解协议但拒绝执行，亦可能需要到异国执行。执行地国家是否承认其他国家作出的判决和裁决直接关系到争端解决的成败。

《华盛顿公约》有自己的执行裁决的机制。公约缔约国有义务“承认依照本公约作出的裁决具有约束力，并在其领土内履行该裁决所加的财政义务，正如该裁决是该国法院的最后判决一样”。[285] 此类裁决的执行受执行地国家关于执行法院判决的“现行法律管辖”。[286] 或可说，《华盛顿公约》的此项规定等于是多变化了国际中心的裁决之执行。当然，执行一项以主权国家为败诉方的裁决还涉及主权豁免等问题。

国际投资争议并非全部在国际中心仲裁，其他仲裁机构及临时仲裁庭作出的裁决则需依其他机制执行。此类裁决的承认与执行可依双边条约亦可依1958年《承认与执行外国仲裁裁决公约》（以下简称《纽约公约》）为之，[287] 和解协议的跨国执行则可依《新加坡公约》执行。[288]

《纽约公约》规定的拒绝执行裁决的理由，从仲裁协议、仲裁程序通知书、指定仲裁员的有效性以及仲裁庭的管辖权，到争议当事方未能陈述案情等程序问题。[289] 此外，裁决涉及的事项非为执行地国法律允许仲裁的事项、裁决违反执行地国的公共政策亦为拒绝执行的理由。[290] 国际中心的《仲裁条例》采用了《纽约公约》有关拒绝执行公约仲裁裁决的条文。[291] 实践中，许多裁决执行案的被告均以“未能陈述案情”或违反执行地的“公共政策”为依据。这可能有多方面的原因。首先，这些条文有较大的弹性，判案的法官有较大的裁量权。其次，这些条款都涉及相关国家的法律制度、历史、文化传统等。这就使得在一个法律制度下系司空见惯的事项，在另一法律制度下则可能被视为

---

〔285〕《华盛顿公约》第54条第1款。

〔286〕《华盛顿公约》第54条第3款。

〔287〕截至2021年12月，共有169个国家加入了《纽约公约》，详见 https://uncitral.un.org/zh/texts/arbitration/conventions/foreign_arbitral_awards/status2（2021年12月13日访问）。

〔288〕《新加坡公约》于2018年签订，至2021年12月，共8个国家批准了该公约，详见 https://uncitral.un.org/zh/texts/mediation/conventions/international_settlement_agreements/status（2021年12月13日访问）。

〔289〕《纽约公约》第5条第1款。

〔290〕《纽约公约》第5条第2款。

〔291〕《仲裁条例》第44条。

不公平。这恰恰说明了承认与执行仲裁裁决及和解协议机制的重要性。[292]《新加坡公约》生效的时日尚短,其效果尚有待时间检验。

总之,争端解决是投资秩序的核心,甚至有人将投资者与东道国仲裁视为国际宪法法院。[293] 自20世纪90年代起,投资者常通过投资者与东道国争端解决机制,维护自身的利益;一些风险基金等机构亦开始向没有能力自资诉诸仲裁的投资者提供资助,协议在后者胜诉后分得一定的利益,从而使第三方资助投资仲裁是否具合理性成为讨论的议题。有人甚至认为第三方资助仲裁是使投资个案增加的原因之一。

五、国际投资秩序前瞻

展望国际投资秩序的可能发展离不开对世界经济、政治形势的评估,特别是全球化是否依然是国际大趋势的判断。笔者认为,全球化依然是当今世界的大势,是大势所趋。就投资领域而言,尽管有新冠肺炎疫情和美国前总统特朗普政府反对全球化政策的影响,各国通过签署协定扩大投资合作的步伐并未停止。[294] 此外,从全球供应链的角度看,当今世界的供应链已变得越来越长,以至于供应链的任何环节出现一个小问题,马上就会影响到整条供应链上的其他国家,甚至所有国家。前期的芯片危机及近期的洛杉矶集装箱码头不能及时卸货都是例证;后者不仅影响美国市场的物价,而且直接影响到出口国集装箱的供求,出现了一箱难求、无法发货的现象,进而使整个供应链受到影响。再如,气候问题正在影响世界格局的变化;欧洲天气变冷,但天然气供应不足,故不得不从澳大利亚进口,使澳大利亚的天然气首次进入欧洲。这些都是世界供应链延长的证据,说明全球化的进程还在继续,在某些领域甚至还在

---

〔292〕 关于《纽约公约》下裁决的承认与执行之讨论,See Guiguo Wang, *One Country Two Arbitration Systems: Recognition and Enforcement of Arbitral Awards in Hong Kong and China* (in English), Journal of International Arbitration, Vol. 14, No. 1, (1997) 5–42。

〔293〕 此观点最初由欧洲的学者提出,受到其他学者的质疑,See Valentina Vadi, *Inter–Civilizational Approaches to Investor–State Dispute Settlement*, The University of Pennsylvania Journal of International Law, Vol. 42:3, p. 737–797(2021)。

〔294〕 据联合国贸发会议统计,"2020年新签署了21项国际投资协定,包括6项双边投资条约和15项含投资规定的条约"。见贸发会议,《世界投资报告2021》,第26页。

加快。

(一)科技进步促进国际投资

全球化的发展受益于科学技术的进步。现代科技的快速发展,[295]包括通信和信息技术、运输技术、互联网、人工智能、3D 打印等,使整个世界紧密相连,成为名副其实的地球村。然而,面对全球化的大势,美国等出于地缘政治和一国私利的考虑,对高科技产品贸易与研发合作进行限制,美其名曰是为了保护"国家安全"。此在高科技领域的反全球化行为不仅会影响高科技产品的跨国流动,而且会影响企业的发展,如一些企业的跨国并购便因此而无法继续。以上说明,当全球化本身需要高科技作为支撑的时候,一些以国家安全为借口限制科技的发展,将会拖慢全球化的进程,进而影响到国际投资的走势。

全球化进程拖慢的直接效果是导致现有的多边秩序无法有效运作,需要建立或改进的多边制度无法建立或改进。面对此情况,国际社会便会诉诸其他合作形式以满足需要。可供选择的合作形式包括区域性安排、双边协定等。当区域安排和双边协定不断发展,从而完全可以满足国际社会的需要时,如大多区域安排和双边协议都包含相同或相似条款时,就是国际社会采取措施,制订、完善多边秩序之时。此即谓"物壮则老,是谓不道,不道早已"。[296] 在此情况下制订的规则大多不仅符合世界发展的即时需要,往往还有一定的前瞻性。[297] 此亦适用于国际投资秩序的发展。

(二)条约解释效果外溢

国际投资秩序的基础是投资条约和习惯国际法。展望未来,随着投资条约解释对投资的影响越来越大,各国在签署投资协定时必然会尽量纳入例外

---

[295] 联合国贸发会议将当代的科技发展称为"新工业革命",认为其将对"全球价值链的长度、地理分布和治理工作产生不同的影响"。见贸发会议,《世界投资报告 2020》,第 45 页。报告全文参见 https://unctad.org/webflyer/world-investment-report-2020(2021 年 12 月 24 日访问)。

[296] 《道德经》第 30 章。

[297] 联合国国际法委员会曾指出,"条约某项规定的含义也可受后续发展的影响,特别是当习惯法和一般法律原则中已经出现后续发展的情形时"更是如此。见联合国国际法委员会,"第五十八届会议工作报告",第 251(22)段。全文参见 https://legal.un.org/ilc/reports/2006/chinese/chp12.pdf (2021 年 12 月 27 日访问)。

条款,特别是国家基本安全利益。这已在一些双边和多边条约实践中出现。[298] 这也是因为一些国家滥用国家安全例外使然,属于自救的行为。基于国家安全利益和公共秩序的理由不执行国民待遇、公平公正待遇等义务已为公认的例外。然公共秩序和国家基本安全例外大都有一个但书,即其制定和实施不得构成隐蔽性的歧视,且其对投资构成的限制应与其声称保护的经济利益具有必要的联系,且符合比例原则。[299] 如何解释此例外条款备受关注,盖因国际投资判例法已然成形,[300] 且这些裁决相互矛盾、相互冲突者众,后来的仲裁庭和当事方往往都是各取所需,从而导致更多的互不协调的裁决。[301] 尽管如此,这些裁决对各国的立法权、行政权以及司法权正在起着越来越大的影响。这是因为,一方面投资者与东道国仲裁已成吸引外资的重要手段;另一方面投资和贸易,特别是投资与服务贸易,渐呈相互渗透的态势。目前,投资者与东道国仲裁的裁决已达1000多件,投资判例法之存在是不争的事实。判例法通过对东道国法律制度、法律文化、法律价值以及法治水平的评价与裁决对东道国吸引外资,进而对国际投资秩序的发展均可产生重要影响。[302] 这可在 Saipem 案得到证实。

Saipem 案的申请人指控孟加拉违反了该意大利和孟加拉双边投资协定关于征收的规定。仲裁庭认为,意大利和孟加拉双边投资协定第 5 条第 2 款

---

〔298〕 如《能源宪章条约》便允许缔约方采取其认为必要的为保护其基本安全利益的措施,包括涉及向军事设施提供能源材料和产品的措施和战争、军事冲突及其他国际关系紧急状态的措施。此外为了维护公共秩序、执行国家的核非扩散等义务,缔约国亦可采取其认为必要的措施。《能源宪章条约》第 24 条第 3 款第(b)、(c)项。

〔299〕 随着当代经济和国防对技术、网络和数据的依赖性越来越高,技术安全、网络安全、数字经济等作为国家基本安全的内容已不成问题,值得关注。

〔300〕 关于国际判例法与一般国际法的关系之讨论,See Campbell McLachlan, *Investment Treaties and General International Law*, The International and Comparative Law Quarterly, Vol. 57:2, p. 361 – 401 (2008)。

〔301〕 国际法委员会亦认为,国际法解释的"一致性和可预见性与法律保障相关,因此具有积极价值"。见《国际法委员会研究组报告》,前引书,第 491 段。国际法委员会同时指出,《维也纳条约法公约》"采用同样的规则来处理双边和多边条约是不恰当的。出现的问题不同,处理问题的手段也应该不同。例如,在解释双边条约中,缔约方的意向相对容易确定,而多边条约是作为"一揽子"交易或协议出现的,几乎不存在单一的、明确定义的缔约方意向"。同上,第 493 段。

〔302〕 据联合国贸发会议统计,"2019 年启动的 55 起众所周知的投资者与国家争端解决案件中,大多是根据 20 世纪 90 年代或更早签署的国际投资协定提起的。投资者与国家争端解决仲裁庭至少作出了 71 项实质性裁决。在要求国家承担赔偿责任的裁决中,裁定的金额从几百万美元到 80 亿美元不等"。见联合国贸发会议,《世界投资报告 2020》,前引书,第 12 页。

关于确保不征收外国投资者投资的承诺是以征收确已发生且该征收并非以公共目的或国家利益以及征收不符合法律程序等为前提，作为《1958 年纽约公约》缔约方的孟加拉国法院有义务依该公约第 2 条第 1 款承认仲裁协议的效力；[303] 鉴于孟加拉的法院禁止当事方诉诸仲裁，并拒绝承认国际商会仲裁庭的仲裁，从而违反了《1958 年纽约公约》。[304] 值得指出的是，Saipem 案的仲裁庭认为，孟加拉法院不执行《纽约公约》的行为构成了滥权行为。鉴于法院属于国家政府的一部分，该仲裁庭因此裁定孟加拉违反了《纽约公约》的规定，[305] 其违约行为则构成孟加拉和意大利投资协定第 5 条第 2 款与征收和国有化具"类似效果"的措施，属于间接征收。[306]

由前述不难看出，Saipem 案的裁决使得投资者和东道国争端解决制度在该案成为执行国际商事争议仲裁裁决的平台。如果 Saipem 案裁决得到支持，则任何无法在其他法院执行的外国裁决便可通过双边投资协定，即投资者和东道国争议仲裁制度得到承认并执行。此做法显然不符合双边投资协定的目的，也不符合《华盛顿公约》的目的。从这个意义上讲，Saipem 案的裁决至少有助长滥用仲裁程序之嫌。[307]

Saipem 案的核心是商事仲裁裁决是否投资的问题。在依赖《华盛顿公约》第 25 条之余，Saipem 公司还认为，债权属于孟意双边投资协定下的投资。仲裁庭也支持了 Saipem 公司的意见。这在一定程度上避开了一案不再审的原则，理由是国际商会仲裁庭的裁决是将 Saipem 公司依合同的权利具体化，从而构成投资的一部分。

Saipem 案的裁决涉及主权国家法院的判决，也就涉及法院管辖权之行使。仲裁庭指孟加拉的法院没有在判决中充分说明不承认国际商会仲裁院裁

---

[303] Saipem 案，裁决，第 166 段。

[304] Saipem 案，裁决，第 170 段。

[305] Saipem 案，裁决，第 159 – 161 段。

[306] Saipem 案，裁决，第 129 段。仲裁庭还指出，其之所以如此裁定系因为孟加拉石油在海外没有任何资产，因此 Saipem 公司无法依《1958 年纽约公约》在其他国家执行国际商会仲裁庭的裁决。同上，第 130 段。

[307] 很多学者都对 Saipem 案的裁决表示质疑，See Mavluda Sattorova, *Denial of Justice Disguised? Investment Arbitration and the Protection of Foreign Investor from Judicial Misconduct*, The International and Comparative Law Quarterly, Vol. 61:1, p. 223 – 246 (2012)。

决的理由，也没有证据。若 Saipem 案的裁决得到其他仲裁庭承认并效仿，则以后各国法院在做出判决时必须考虑其是否在将来的投资者和东道国仲裁裁决中可获支持。为了吸引外资，东道国的法院，特别是弱小国家的法院，为了不使自己的裁决被国际仲裁庭否决，便可能调整审判和撰写判决的方式和方法。从这个角度讲，Saipem 案的裁决势必对各国司法机关的执法行为、执法文化、执法环境带来重要影响。

通常情况下，投资仲裁主要针对的是东道国行政机关的行为，故在一定程度上其已成为对东道国的行为和不行为的准国际司法审查程序。[308] 然投资仲裁庭对东道国法院的行为进行审查这还是第一次，当然也不是最后一次。与任何其他制度相同，国际投资秩序的核心也是争端解决机制的实际运作，而作为投资秩序核心的投资仲裁的实践便反映了投资协定和章节以及习惯国际法与东道国的法律法规以及行政和司法机构的相互作用。特别是在各国都视外国直接投资为发展经济的重要元素的情况下，国际投资秩序在全球化环境下的国际社会尤为重要。

(三)气候变化、数字经济渐次被纳入投资规范

随着人们对气候变化以及新冠肺炎疫情对人类的活动和生活造成影响越来越明显，国际社会对这些领域的关注也越来越多。联合国贸发会议于 2015 年通过了一个可持续发展投资政策框架，针对制订投资政策的原则、国家投资政策指南、国际投资协定框架的选项以及推动可持续发展等提出建议。可以预期将来签订的投资协定和自由贸易协定的投资章节会包含可持续发展和公共卫生方面的内容，以鼓励外商在这些领域投资合作。此外，与网络空间、数字经济、人工智能等相关的领域亦将渐次被纳入投资协定和章节。这些发展要求国际投资协定与时俱进，进一步改革。联合国贸发会议就此提出建议，包括联合解释协定条款、修订协定条款等。当然，提出建议较为容易，如何使各国接受建议则非简单的事情，在很大程度上取决于全球化的走势。

[308] 关于国际投资仲裁对东道国的影响，See August Reinisch，Johannes Tropper，*Introductory Note*，in Giuliana Ziccardi Capaldo，The Global Community Yearbook of International Law and Jurisprudence 2020，Oxford vniversity Press，2021，p. 882 –908。

一言以蔽之，在全球化的作用下，国际投资秩序正日趋完善，以前由外交保护跨国投资的时代已一去不复返。正如国际法院在 Diallo 案所指出，“依当代国际法，保护公司及其股东的权利以及相关纠纷的解决基本上是由保护外国投资的双边或多边协定规范”，[309] 这些协定包括众多双边投资协定和《华盛顿公约》。经过几十年的实践，[310] 国际投资秩序，包括投资争端机制，都面临如何革新、改进的问题。[311] 联合国国际贸易法委员会已就此多次讨论并提出改革建议，包括推动调解、完善撤销仲裁员的条件以及设立投资上诉机构等。[312] 或可说，这些都只是使投资秩序与时俱进的开始。先哲云：“执大象，天下往。往而不害，安平太。”[313] 这也许应该成为改革、现代化国际投资秩序的基本原则。在改革和现代化投资秩序的过程中，最为重要的是关注并实际顾及全人类，特别是发展中国家的利益。正所谓“天下事，人情所不便者变可复，人情所群便者变则不可复”。[314] 这当是国际投资秩序能否有效运作，造福人类的根本。

---

[309] 国际法院，*Case Concerning Ahmadou Sadio Diallo* (*Republic of Guinea v. Democratic Republic of the Congo*)，判决，2007 年 5 月 24 日，全文参见 https://www.icj-cij.org/public/files/case-related/103/103-20070524-JUD-01-00-EN.pdf (2021 年 12 月 27 日访问)。

[310] 关于投资者与东道国争端解决的变迁，See Meg Kinnear, *Current Developments in Investor-State Dispute Settlement: An Overview of Substantive and Procedural Change in the Past Fifty Years*, University of St. Thomas Law Journal, Vol. 17:2, p. 209-218 (2021)。

[311] 有论者提出应整合现有的投资争端解决机制，See Susan D. Franck, *The Past, Present, and Future of Investment Treaty Conflict Management and Dispute Systems Design*, University of St. Thomas Law Journal, Vol. 17:2, p. 345-353 (2021)。

[312] 见联合国国际贸易法委员会，《第三工作组(投资人与国家间争端解决制度改革)第四十届会议(2021 年 2 月 8 日至 12 日，维也纳)工作报告》，全文参见 https://undocs.org/zh/A/CN.9/1050 (2021 年 12 月 28 日访问)。

[313] 《道德经》第 35 章。

[314] 魏源：《默觚下·治篇五》，参见 https://kknews.cc/zh-hk/culture/ekrvbbz.html (2021 年 12 月 26 日访问)。

第七章　国际金融秩序

言前定则不跲，事前定则不困，行前定则不疚，道前定则不穷。

（中庸）

除了以货易货的交易外，任何贸易、投资或是其他交易均需要货币作为媒介。最简单的贸易是交易当事一方提供货物或服务，另外一方则支付货款或是服务费。即使有足够的资金，承担付费责任的一方通常也不会拿着现金去交易，除非交易涉及的金额很小，如到菜市场买蔬菜或水果；在数字经济发达的地区，买蔬菜和水果也不再用现金交易。或可说，当代贸易和投资等的当事方一般会通过银行、金融公司及其他从事金融业务的机构进行交易，包括从后者借贷需要的资金，交易资金的转移，存储交易所得等。如果贸易和投资等在处于不同国家的个人或实体间进行，则交易还会涉及币种的选择，从而产生汇率问题。此属于微观方面的金融事项，涉及银行和金融公司的运作、权利和责任。不言而喻，交易一方的权利是另一方的义务。相对于银行和金融公司的权利和责任便是作为与之交易的个人和实体的义务和权利。

从宏观的角度而言，关于货币，首先是谁有权发行货币及依何基础发行货币，然后便是持有货币的人应如何使用货币。其次在跨境贸易和投资中还会涉及不同的币种（除非交易双方使用的是同一种货币），因此就会引起交易使用的货币如何兑换以及兑换率或汇率的确定问题，也就是一种货币与他种货币的相对价值。汇率直接影响货物的价值，也影响关税的作用。如一个国家出于经济或政治原因提高对来自另一国家的产品的关税，若后者以降低本国货币的汇率应对，其结果便会抵销关税增加的效果。又如，两个或多个国家达成协议，相互给予来自对方的商品降低关税 20% 的待遇；如果其中一个缔约方将本国货币与其他缔约方货币的比值，即汇率，降低 20%，其向其他缔约方做出的降低关税的承诺便会被抵销。由此可见贸易与货币、汇率，也就是金融的关系。故此，鉴于国际贸易有助于各国的经济发展和人民生活水平的提高已成人们的共识,国际社会在推动贸易自由化的同时,便必须考虑如何规范货币和汇率。

贸易自由化可以给人类带来的益处,包括充分发挥每个经济体的比较优势、丰富社会的产品和服务等,是不争的事实。从整个世界的角度观之,一个国家的优势便是另一国家的劣势,故所有国家的比较优势和劣势是完全吻合的;国际社会作为整体的贸易也是完全平衡的,没有顺差也没有逆差。然而就某一个国家而言,若其在某一发展阶段的劣势大于优势,跨国贸易就会出现不平衡,即进口大于出口,就会出现贸易逆差。有贸易逆差的国家需要额外的外汇来源方能可继续进口(不维持进口可能直接影响其经济发展或社会需求),如何解决这些国家的外汇需求便需要国际秩序调整。

国际投资业已成为当今世界每个经济体发展的重要动力,对有些国家而言甚至是经济和社会能否发展的根本。国际投资有直接和间接之分。直接投资一般是指境外投资者将资金直接投入东道国,在当地兴建工厂或其他项目,包括购买设备、知识产权、支付劳务费等。间接投资包括境外投资者购买东道国当地公司的股权、债券等资产。投资需要借助于银行和金融公司完成资金的跨国移动,如资金进入东道国和投资利润汇出东道国等。间接投资的本质是外国投资者取得东道国企业的资产所有权。如果东道国不加控制,理论上外国投资者可以完全控制东道国的企业。这就是为什么几乎没有国家会完全开放间接投资市场或资本市场的原因。

传统上,人们将与贸易相关的资金流动称为经常性收支或经常项目,将与投资相关的资金流动称为资本项目。在全球化的环境下,经常项目和资本项目下的资金跨国流动已成常态,如何使之有序流动早已成为国际社会关注的问题。设想,如果一个国家发行货币不必基于任何经济指标,如黄金储量,理论上其可以无限制地发行货币;当相关货币可以在其他国家得到承认的情况下,货币发行国的国民便可持相关货币到其他国家投资,购买后者当地企业的股票和债券等,从而不费吹灰之力便控制了其他国家的经济。当然,一个国家发行的货币要得到其他国家的承认有很多条件,目前具此条件者仅有美元。人们常说美元霸权就是基于此。

前述说明,国际经济的健康有序发展离不开健全的金融体系。历史上所有经济危机几乎都是因为金融体系出了问题;美国的 2008 年金融危机以及

1997 年的亚洲金融风暴皆为例证。金融秩序涵盖极宽泛的内容,且随科技的发展而不断更新。本章选择以基于布雷顿森林体系的国际货币和银行秩序为主线,探讨与跨国经济相关的货币、银行、汇率等法律秩序的特点、运作与发展,内容涵盖国际货币基金组织、世界银行、中央银行、商业银行、国际清算银行、金融稳定理事会、虚拟货币等相关的法律问题。

一、当代国际金融秩序之渊源

当代国际金融秩序的渊源可以追溯到源自英国的金本位制。金本位制的先驱是金银复本位制(Bimetallism)。复本位制可溯及 16 ~ 17 世纪或更早的年代。在复本位制下,各国通过立法程序允许金币和银币的铸造,金币与银币保持固定的比值。例如,19 世纪,法国金银的比值为 1∶15.5,即一重量单位的黄金等于 15.5 倍重量单位的白银。当时金银的比价并非由市场因素决定,而是由国家的法律加以规定。这种由政府定价的方法显然具有不可避免的缺点。因为除官价外,每个国家均存在一个黄金市场。如黄金市场的价格高于官价,黄金持有者便不会向货币铸造商出售黄金,而是将黄金在市场出售,换取白银,然后再将白银兑换成银币,用银币兑换金币。其结果是使黄金持有者受益。同样,如黄金的定价偏高,而白银的价格偏低,用上述方法在市场出售白银便可使白银持有者受益。这种政府定价与市场价格的不平衡亦受到国际金融交易的影响。当时,有的国家以其货币的黄金含量结算国际贸易,有的国家则以白银结算国际贸易。这种交易还受到运输费用的影响,因为白银相对于黄金的价值较低,从而单位运费便相对较高。19 世纪 70 年代,德意志帝国建立。当时德国预计可从法国得到巨额战争赔款,便立即对白银的自由兑换和提取加以限制,使白银失去了作为货币的作用,使得黄金成为唯一的通货。美国亦于 1873 年宣布白银不再作为通货使用。其他一些西方国家随后亦先后放弃了复本位制。此发展使得金本位制得以建立。[1]

---

〔1〕 关于金本位制的历史,See Richard N. Cooper et al., *The Gold Standard: Historical Facts and Future Prospects*, Brookings Papers on Economic Activity, Vol. 1, p. 1 – 56(1982);J. Laurence Laughlin, *The Gold – Exchange Standard*, The Quarterly Journal of Economics, Vol. 41:4, p. 644 – 663(1927)。

各国放弃复本位制改采金本位制的结果促成了黄金的国际流通，使得国际金本位制成为可能。在此过程中，英国率先于1819年和1844年通过银行法，规范黄金的流出、流入及中央银行的业务。美国直到1914年才成立中央银行，即联邦储备体系，然美国财政部早就兼具中央银行的一些职能，包括管理黄金的流入与流出。与黄金作为国际货币在各国间流通的同时，当时经济和政治力量仍然强大的英国发行的英镑成为许多国家的外汇储备。当然，这与伦敦为公认的国际金融和贸易中心的地位亦直接相关。英镑的特殊国际地位使英格兰银行有能力通过汇率调整国际收支平衡，即金本位神话。[2]

（一）金本位神话

世界各国的商人不断在英国银行存款，用英镑进行交易的结果使支票首先在伦敦出现。19世纪80年代，支票在英格兰岛得到普遍使用，导致合股银行迅速发展，互相倾轧，使许多小银行倒闭或与大银行合并。银行的一些职能由英国的承兑公司（Acceptance House）负责。承兑公司的业务类似于信用证贸易。商人与承兑公司作出付款安排，在购买货物时不必直接向生产商或出口商付款，而是授权后者直接向承兑公司开一票据。承兑公司认为该票据符合其与客户的合约条件，便予接受，从而保证票据到期时，卖方可得到价款。这种做法使得外国出口商或生产商可凭借承兑公司的信誉发货。由于承兑公司的信誉较高，因此人们可将表示信贷的票据贴现出售，购买者包括贴现公司（Discount House）。这种承兑和贴现的过程使得承兑公司得到一笔佣金，国外出口商得到所需要的价金，进口商取得货款。贴现公司成为事实上的货款支付者，其所得为票据贴现部分，即贴现率（Discount Rate）与票据面额的乘积。

19世纪末期，伦敦的金融机构已相当专业化，无论是银行、承兑公司或贴现公司均想方设法从金钱本身赚钱。正如Walter Bagehot所说，“在英格兰的绝大多数聪明人将心思用在别人是否会还债的问题上，而不是其他”；票据经纪人或银行家则是“债务偿付的计量器，以评估各相关方的偿款能力为谋生

---

〔2〕 参见William Adams Brown，Jr.，*Gold as a Monetary Standard*，1914－1919，The Journal of Economic History，Vol. 9，p. 39－49（1949）。

的技能……信誉极佳的商人可随时得到所需要的资金，因为资金就在那些晓得商人信誉并靠了解商人信誉谋生的人手中”。[3]

商业银行在前述金融交易过程中的主要作用是向贴现公司提供贷款。当金融市场缺乏资金时，英格兰银行便会以中央银行的身份发放高息贷款。这使得商业银行不得不另辟蹊径取得所需要的资金。自然的选择就是向贴现公司施加压力，要求后者偿还贷款，同时将自己所持有的票据转卖给英格兰银行，以便取得贷款，即再贴现。这种再贴现率被称为银行贴现率（Bank Rate）。英格兰银行则负有中央银行的职能，使得其贴现率能够直接影响商业银行或金融机构的长短期信贷利息。流通货币的短缺或黄金的大量外流乃至英国外贸的暂时逆差均依赖英格兰银行采取措施缓解。最简便的方法就是提高银行贴现率。黄金大量流入时，则降低贴现率。

改变贴现率的目的在于调节黄金的内流或外流。较高的贴现率必然引起金融市场其他交易利率的提高，其结果是伦敦成为投资者放款的理想地，而不是筹款者希望寻求的金融市场。在伦敦金融市场的大量集资活动必然导致英镑坚挺和黄金的内流。同理，英格兰银行亦可通过降低贴现率促使黄金外流。英国之所以能够通过调整贴现率保持贸易的平衡，主要是其有强大的资本。第一次世界大战前，英国是世界上最大的债务和债权国。其债务主要是外国企业与私人的存款或持有的证券。英国债权国的地位则是依赖向国外提供长期贷款或贴现票据。外国公司不断在伦敦存款或购买证券，英国亦不断向国外放款。最后，即使外国公司停止在英国存款，后者亦因其贷款到期而得到外汇，保持黄金的流动。就是在此情况下，金本位神话成为可能。

根据金本位神话，金本位对国际收支平衡的调整是在自动和无外力作用的情况下进行。第一次世界大战末期，英国政府设立的负责战后金融政策的货币与外汇委员会曾对金本位神话加以全面的解释：“当外汇汇率有利时，黄金自由流入这个国家，并增加货币的储量和促进贸易的发展。当对外贸易出现逆差或外汇汇率不利时，出口黄金变得有利可图。黄金出口商向英格兰银行签发支票（从其在该银行账户提款）以购买黄金。……其结果是英格兰银行对存款者的负债和准备金同时按同一幅度下调，最后使负债与准备金的比

---

〔3〕 Walter Bagehot, *Economic Studies*, London, England: Longmans, Green, 1880, p. 45 – 46.

率下降。如上述情形不断循环以致负债与准备金的比率降低到危险的程度，英格兰银行便会提高贴现率。贴现率提高的直接效果是使原来本应外流的资金滞流。它并可吸收外资，从而使黄金不再外流，甚至使黄金内流。”[4]

金本位制自动调节收支平衡以及国内经济的观念，后来遭到一些学者的质疑。Triffin 就认为，在许多重要方面，英国的调整机器之使用恰恰与金本位神话相反。他指出，提高伦敦银行贴现率，调整国际收支平衡对英国国内经济并无任何影响，其主要作用在英国领土以外，特别是在初级产品生产国。[5]其结论是银行贴现率的提高吸引大量国外资本和黄金，结果并没有造成英国国内通货的紧缩。遭受通货紧缩之害的是那些黄金和资本外流的国家。英国银行贴现率的降低，可促进黄金和资本外流，借以减少资本膨胀对英国国民经济的影响。因此，国际资本的流动，事实上阻挠或推迟了通过改变贴现率所致力于实现的基本价格的调整。[6]

(二)黄金方法

历史亦说明，金本位制并非完全自动调整，银行仍有许多自由决策权。[7]无论维持黄金平价是英国金融政策的主要目标和保持准备金的比率是实现上述目标的一种手段的说法是否成立，英格兰银行的运作并非依据机械的、硬性的规则。在许多情形下，它总是决定应采取何种行动或在多大程度上采取何种行动，以及是通过调整贴现率还是通过其他手段达到预期的目的。黄金方法(gold devices)便是可供选择的手段之一。

黄金方法类似于现代外汇市场的干预方法，但较之于外汇干预更为复杂。对当时金融市场具操纵能力的英格兰银行对之具有发明权。在利用银行贴现

---

〔4〕 Committee on Currency and Foreign Exchanges After the War, *First Interim Report*: *The Heyday of the Gold Standard*, 1820 – 1930（以下简称 Cunliffe 报告），全文参见 https://www.gold.org/sites/default/files/documents/1918aug15.pdf（2022 年 1 月 4 日访问）.

〔5〕 Robert Triffin, *Function of State Central Banks and International Economics*, in Metzler, Triffin and Haberler, International Monetary Policies, the Federal Reserve System, 1947, p. 59.

〔6〕 Robert Triffin, *Function of State Central Banks and International Economics*, in Metzler, Triffin and Haberler, International Monetary Policies, the Federal Reserve System, 1947, p. 60.

〔7〕 有论者认为金本位的实质是单位货币的购买力，无论在空间还是时间上均提供了统一的价值。See R. G. Hawtrey, *The Gold Standard*, The Economic Journal, Vol. 29:116, p. 428 – 442(1919).

率调整金融市场的同时,英格兰银行亦通过直接干预黄金的买卖操纵市场的利率。这样既可实现对市场的控制又不至于因提高贴现率而对国内经济产生副作用。黄金方法主要是通过改变金价(gold point)来调整外汇汇率。当英镑疲软时,英格兰银行可降低黄金的出口价格,即降低黄金输出点,以提高英镑的汇率。降低黄金输出点的效果与提高贴现率相同。当英镑坚挺时,降低黄金输出点亦可改变英镑的强势。

黄金方法的核心是银行主导黄金的买卖。根据英国当时的法律,黄金的实际交易价格不应低于英镑的票面值。黄金在任何时候均不可贬值,但可以高于英镑票面值的价格出售。就英格兰银行而言,在出售黄金时它总可以高于英镑票面值的价格出售。为抑制黄金的流出,英格兰银行便会提高黄金的价格,或拒绝出售黄金。此原则同样适用于外汇的买卖,即英格兰银行可以高于英镑票面值的价格买卖外汇。外汇(金币)出口商一般总是希望从中央银行直接购买可直接在第三国使用的货币,即该第三国铸造的货币。提高外汇的价格可抑制黄金的外流。作为黄金的主要买卖者,英格兰银行通过控制黄金和外汇的价格,支配英国的黄金市场,从而控制黄金的流动。

此外,为了吸收黄金,银行可允许进口商提取佣金或在黄金尚未运抵口岸前即支付价款,使进口商事实上得到一笔无息贷款。为减少黄金出口,银行可将外币在市场出售,将价格降到法律允许的最低点。这样,由于运输费用的增加,外币在国外市场的实际价值便会下降。当然,英国并非实行黄金方法的唯一国家。为抵销出口黄金的利润,法国银行亦经常对黄金进口采取奖励政策。〔8〕 德国、瑞士、奥匈帝国和美国等中央银行或财政部均给予黄金进口商以某些优厚的条件,以促进黄金的内流。

在金本位制度下,外汇依然起到重要作用,是国际储备的重要组成部分。在19世纪80年代金本位制形成时,许多国家的外汇储备即已相当可观。〔9〕 几乎在整个金本位制时期,外汇在比利时、瑞典、芬兰和印度的地位均胜于黄

---

〔8〕 Harry D. White, *The French International Accounts*, 1880 - 1913, Harvard University Press, 2013.

〔9〕 Arthur Bloomfield, *Short - Term Capital Movements under the Pre - 1914 Gold Standard*, Princeton Studies in International Finance No. 11, 1963, p. 9.

金。[10] 除英国、法国和美国外,其他主要贸易国均持有外汇。[11] 英镑是当时的主要通货,法郎和德国马克亦为重要货币,为欧洲大陆的一些国家所持有,在一些国家,法郎和德国马克的地位甚至超过英镑。[12] 外汇储备的大幅度扩张主要是金本位制的结果,金本位制保证了外汇汇率和国际金融市场的长期稳定。其结果是公司、个人乃至政府均愿在国外进行短期投资,即购买外国政府的债券或银行期票。各国大量和广泛储存外汇的结果使得英国的黄金储量远远低于其对外国的短期负债,成为金融市场的潜在危机。

(三)国际金融秩序的过渡

第一次世界大战前的国际金本位制事实上只是各主权国家依国内法的自然结合,因当时国际社会并无任何协议对之加以规范。这些内国法主要通过规范国内银行和金融机构的活动致力于实现国际收支平衡。战争的爆发使得此脆弱的国际金融秩序遭到根本性的破坏;因战争而导致的货币贬值使得各国规范金融活动的国内法成为对付其他国家的工具。第一次世界大战后,人们所熟悉的金本位制度已不再是传统意义上的由黄金支持纸币,无论国民或外国人均可以纸币兑换黄金或以黄金兑换纸币的制度。黄金兑换已不再自由。有些国家甚至规定除工业用黄金外,持有黄金为非法。然而,即使在这种情况下,假如一个国家允许其他外国中央银行按其本国货币的票面价值兑换黄金,其仍被认为系实行金本位制的国家。

虽然人们一直幻想回到第一次世界大战前的金本位制,但由于经济建设的需要、国际贸易的发展,世界黄金储量供不应求,故即使是对恢复金本位制抱最大希望的人,也不得不承认金本位制大势已去。这种观点在英国表现得极为强烈。第一次世界大战前,英国用少量的黄金储备,即可应付当时的国内外货币周转。然而,战争迫使英国货币发行量增加一倍,恢复到战前金本位制

---

〔10〕 Arthur Bloomfield, *Short – Term Capital Movements under the Pre* – 1914 *Gold Standard*, Princeton Studies in International Finance No. 11, 1963, p. 17 – 18.

〔11〕 Peter Harrison Lindert, *Key – Currencies and Gold* 1900 – 1913, Princeton Studies in International Finance No. 24, 1969, p. 10 – 11.

〔12〕 Kanneth W. Dam, *The Rules of the Game: Reform and Evolution of the International Monetary System*, University of Chicago Press, 1982, p. 32.

已非力所能及。[13] 货币与外汇委员会的报告亦不得不明确建议，金币不再作为货币流通，而以纸币取而代之。货币与外汇委员会的提议表示英国政府正式肯定以财政部发行的流通券取代金币。在这种制度下，提取黄金的权利仅限于流通券持有者。[14] 金币已不复发行，而流通券所能兑换的已不是金币而是金块。这便是人们所称的金块制。货币与外汇委员会同时建议英国各银行应将其所存有的黄金转移到英格兰银行，以便后者掌握英国的全部黄金，供必要时在外汇市场使用。这种建议事实上是一种折中的金本位制，它完全不同于第一次世界大战前的金本位制。除英国外，其他国家亦于20世纪20年代中期停止金币的发行。[15] 美国不仅禁止金币的流通，同时亦不允许私人存有黄金。

第一次世界大战后，各国曾努力通过多边协议达成谅解，以实现国际金融制度的稳定发展。1920年，国联在比利时首都布鲁塞尔召开国际金融会议建议成立经济金融委员会。[16] 该会议促使各国于1922年召开热那亚会议，从而使得英国政府有可能将货币与外汇委员会报告的精神直接在国际社会得到反映。热那亚会议的一项报告建议各国实行金块制并呼吁召开国际会议，建立黄金兑换标准，[17] 但这在当时是不现实的。

进入20世纪30年代后，各国对制定国际制度协调金融活动的兴趣渐浓。1933年，伦敦世界经济会议召开。[18] 该会议由国联发起，美国作为非成员参加了会议。在会议进行过程中，罗斯福政府贬值美元的决定导致该国际会议

---

〔13〕 见 Cunliffe 报告，第13段。

〔14〕 关于英国当时对金本位的立场，See T. E. Gregory, *Britain and the Gold Standard*, Foreign Affairs, Vol. 11:2, p. 268 - 278 (1933)。

〔15〕 有论者认为金本位制是导致20世纪30年代经济大萧条的原因之一。See Barry Eichengreen and Peter Temin, *The Gold Standard and the Great Depression*, Contemporary European History, Vol. 9:2, p. 183 - 207 (2000).

〔16〕 关于布鲁塞尔会议，See H. A. Siepmann, *The International Financial Conference at Brussels*, The Economic Journal, Vol. 30:120, p. 436 - 459 (1920)。

〔17〕 关于热那亚会议，See Alfred L. P. Dennis, *The Genoa Conference*, The North American Review, Vol. 215:796, p. 289 - 299 (1922) and Wilson Harris, *The Genoa Conference*, Journal of the British Institute of International Affairs, Vol. 1:1, p. 150 - 158 (1922)。

〔18〕 关于伦敦会议的讨论，See Rodney J. Morrison, *The London Monetary and Economic Conference of 1933: A Public Goods Analysis*, The American Journal of Economics and Sociology, Vol. 52:3, p. 307 - 321 (1993)。

流产。多边国际合作的破产使得世界划分为几个不同的金融贸易集团。事实上,甚至在伦敦世界经济会议之前,英镑区即已形成。英镑区各国签订贸易协定,相互给予贸易优惠。伦敦会议的流产直接导致黄金集团的形成。20 世纪 30 年代形成的另一个金融集团是以德国为中心的外汇管制和双边贸易清算安排。

战后建立国际金融合作机制的失败促使各国转为以中央银行作为合作的主体。这是因为:(1)国际金融合作有其必要性;(2)中央银行间的合作较具业务性,可不强调法律和形式等。国际清算银行的建立便是各国努力的结果。虽然国际清算银行建立的目的主要是执行关于德国战后赔款问题的杨格计划(Young Plan),〔19〕但这一多边中央银行国际组织的建立,对当时以及嗣后的国际金融制度之形成具有重要作用。〔20〕

(三)布雷顿森林体系的创立

自第二次世界大战形势比较明朗的时候起,美国和英国等便开始考虑战后的金融秩序。当时有能力与美国和英国对等谈判的国家除苏联外,没有第二个。然苏联对建立国际金融和贸易体系并不感兴趣,故关于建立战后金融秩序的谈判主要是在美英两国之间进行。战争使美国成为世界上最强大的国家,英国则成为守成的大国。可以预见的是,战后美国将成为最大的债权国,英国则会成为债务国;战争使英国的经济衰退、投资收入减少。战前,英国的对外投资收入一直为其主要的资本收入,用于抵销贸易逆差和资本投资的外流。战争使英国的许多工业转入军事生产,战时运输的困难亦削减了其出口;英国甚至还必须进口军用品和食品。这就是为什么凯恩斯说英国"为了赢得战争,不计后果、一心一意地打仗",〔21〕其结果是不得不出售外汇以取得坚挺通货,从而使得本国的国际资产减少。英国当时的食品进口主要来自英镑集

---

〔19〕 See *the New Plan for Reparations Settlements*, Bulletin of International News, Vol. 5:25, p. 3 – 11 (1929).

〔20〕 关于国际清算银行的法律地位, See Manley O. Hudson, *Immunities of the Bank for International Settlements*, The American Journal of International Law, Vol. 32:1, p. 128 – 134(1938)。

〔21〕 See Kenneth W. Dam, *The Rules of the Game: Reform and Evolution in the International Monetary System*, p. 74.

团国家。英镑集团国家将英镑作为国际储备,从而英国可以用英镑支付国际债务。各国英镑存量的增加,使得英国面临战后必须支付巨额利息。同时,各国持有的英镑亦事实上成为英国的短期债务。此情势使得英国的谈判地位大大下降。

战后国际金融秩序的谈判主要在英国和美国间进行,双方的谈判代表分别是凯恩斯(John Maynard Keynes)和怀特(Harry Dexter White)。据说,怀特于1942年访问伦敦时便公开声明,除了凯恩斯外他不会与英国的其他人谈判。[22] 怀特作为美国的主要谈判代表和布雷顿森林体系的设计人之崛起有其历史原因。传统上,此类谈判应由美国国务院领导进行。然时任美国总统罗斯福与国务卿Hull的意见相左;后者属于保守派,不支持罗斯福的经济改革方案——新政(New Deal)。在此情况下,罗斯福便改为依赖财政部长小摩根索(Morgenthau Jr)推行新政。怀特当时在财政部供职,除对美国经济金融理论及政策有深入了解外,亦颇具远见。"早在珍珠港事件之前,其即开始考虑战后金融政策问题。1941年年底……他便起草了后来以他的名字命名的方案草案",[23] 即怀特方案(White Plan)。与之相对应的是凯恩斯方案(Keynes Plan)。

怀特方案受到其本人强调货币稳定立场的影响,也反映了当时美国财政部的态度。两次世界大战期间,各国的货币大幅波动、投机性强、银行倒闭等被视为肇因于国际货币制度的不合理。尽管美国政府当时主张取消外汇管制,但美国财政部一众负责官员都支持罗斯福的新政,认为政府在经济活动中应起到重要作用,政府所推行的金融政策是解决国内就业和经济问题的关键。

怀特方案的主要内容包括成员方共同投资,组建汇兑稳定基金,为成员方提供便利,以维持各国货币汇率的稳定,缓和各国对外收支不平衡,促进国际贸易的发展及资本的流通。怀特方案预计,稳定基金的总投资额应为50亿美元,应以各国所持有的黄金以及可自由兑换外汇的数量、国际贸易的规模、国民所得等为标准,决定各国的配额。配额的30%~50%应以黄金交纳,其余

---

〔22〕 See Kenneth W. Dam, *The Rules of the Game: Reform and Evolution in the International Monetary System*, p. 75-76.

〔23〕 Richard Gardner, *Sterling-Dollar Diplomacy*, Columbia University Press, 1980, p. 73.

部分以成员方本国的货币交纳。任何国家因国际收支失衡需要外汇时,可用本国货币和黄金向稳定基金购买,黄金与本国货币的比例应与该国配额的黄金比例相同。与稳定基金直接发生关系的应是各国的中央银行、财政部以及成员方的国家银行。怀特方案建议,除基金作为外汇交易市场存在外,各成员方的原有汇兑市场应继续存在。换言之,基金的作用仅是国际金融市场的一部分,只有经成员方政府请求,基金方提供援助。

显然,怀特方案是基于美国战后作为贸易盈余和债权国的地位,对各成员方在基金提款保留监督权。根据怀特方案,任何成员方在基金的本国货币低于其配额的15%时,基金得调查原因,并向相关成员方建议解决方法。如基金持有某个成员方的货币总量超过其配额,则相关成员应对超出部分支付手续费;此安排是为了使接受援助的国家会努力改善外汇情势。为使基金有效运作,怀特方案建议创立国际通货,名为尤尼塔斯(Unitas),每一单位尤尼塔斯含有约相当于10美元的黄金。

作为著名经济学家,凯恩斯认为战后金融秩序的建立不应对各国国内政策构成限制,故任何与金本位制相关的秩序均不应在考虑之列。凯恩斯认为,外汇管制不仅无害,而且相当理想,故对资本账户的外汇管制应成为战后金融秩序的永久特点。凯恩斯的这种理论不仅与美国政府的传统观念相悖,即使是推行新政的罗斯福也不能表示赞同。几乎与怀特方案同时,凯恩斯完成了其关于战后金融秩序的方案。凯恩斯方案建议成立国际结算联盟(International Clearing Union)。〔24〕

凯恩斯方案以英国政治经济利益为基础,受到凯恩斯本人经济金融理论的影响,采用了英国银行透支制度的原则。凯恩斯将该制度称为"银行的根本原则",提出透支的信用与借贷、财产与负债的"必要平衡"理论。凯恩斯相信,假如没有信用转移出结算系统,而是在该系统内移转,该联盟永远不会发生任何危机。基于此,凯恩斯方案允许成员方在联盟进行大量透支,以偿付国际债务,成员方的透支限度依其战前占世界贸易的份额而定。根据凯恩斯的

---

〔24〕 凯恩斯方案发表时,英国政府组织了多次会议对之讨论并修改,亦将之交予美国作为非正式意见交换。凯恩斯方案全文见 J. Keith Horsfield, *The International Monetary Fund* 1945 - 1965, Twenty Years of International Cooperation,国际货币基金组织,1969 年,第 3 卷(该卷系与 Margaret G. de Vries 合著),第 37 -96 页。

初步设想,联盟国家透支总额可达 260 亿美元。[25] 在这个制度下,成员方应创立一国际通货,名为班克(Bancor),其价值与黄金保持联系,但并非永久不变。成员方间的货币汇率以班克表示。班克不由国际结算联盟发行,仅作为记账单位。成员方向联盟交纳黄金,换得班克的记账存款余额或贷差,但会员无权以班克贷差要求支取黄金。在这个制度下,成员方间的借贷关系仅表现在联盟账面上或仅以记账方式结算。联盟接受一个成员方的存款或贷差时,必然有另一成员方需要透支,即借差与之对应。因此,联盟本身的账目,即借贷双方会保持相平。各成员方的透支能力不得超过其配额。遇有任何成员方的透支超过配额的 50%,则联盟理事会得要求该成员方采取措施,如贬值货币、限制资本输出或提供黄金等,以缩小透支与配额的比例。

结算联盟的透支制度,事实上是给予国际收支逆差的国家贷款,其作用在于给予债权国两种选择:

(1)自愿限制出口,使出口不超过在没有结算联盟情形下可能被迫减少的幅度;

(2)允许出口的增加,但应以班克作为记账单位,将余额存入结算联盟。[26]

作为潜在债务国,英国政府竭力推崇结算联盟制度。凯恩斯方案明确指出"除非认为取消导致非自愿减少出口的因素有害,否则将班克作为出口盈余的记账单位,不应为债权国增加任何负担,相反它可能减少负担"。[27]

凯恩斯方案的基础是第二次世界大战前世界经济的关键问题是流动资金(Liquidity)不足;因此,其认为战后经济复兴的先决条件是增加流动资金。创造班克的建议就是上述思想的具体体现。班克在国际金融贸易中的作用是以国家政府或中央银行对外汇的全部控制为基础。它假定各国所持有的外汇均集中在相关国家的中央银行,而私人持有的外汇必须或必然通过其本国银行汇出或汇入。在这种情况下,各成员方政府便可在结算联盟以转账的形式,

---

〔25〕 凯恩斯方案并未具体提出透支的限度,而是提出计算成员方透支额的方法及标准。该数字系由 D. H. Robertson 教授在分析凯恩斯方案中得出,See D. H. Robertson, *The Post – War Monetary Plans*, Economic Journal, Vol. 53, p. 161(1943)。

〔26〕 参见凯恩斯方案,第 3 节,第 8 至 9 段。

〔27〕 参见凯恩斯方案,第 3 节,第 8 至 9 段。

以班克为记账单位,买卖各自的货币。在这个制度下,结算联盟的总账户为零,因为贸易逆差国家的透支便构成贸易顺差国家的存款。该同盟并不接受任何国家的外汇,它仅以班克为单位转账;贸易逆差国的中央银行,可不经审批,而直接取得外汇。这与当时英国国内商业银行实行的透支制度基本相同。

凯恩斯在解释其方案时,将结算联盟制度归结为"自动性",即结算联盟的营运靠自动调节。用他的话讲就是规则与自由的关系,而"最困难的问题可能是如何确定哪些行为由规则规范,哪些可自由处之"。[28] 国际结算联盟是国际机构, 因此自由处之行为具有两重意思,即各成员方所享有的自由决定权和国际机构所享有的权力。凯恩斯指出:"假如规则占上风,该制度的成员方之义务是明确的。在这种情形下,中央管理机构(作者注:即结算联盟)的责任降低到最低程度。成员方的义务要求各成员方放弃大多数原有的和自然存在的自由决定权。无论是我们自己还是美国,均不愿无条件承担义务。假如自由决定权占上风,各成员方政府本身和中央管理机构的最后决定权到底有多大? 如果各成员方享有太多的自由,便可能导致无纪律和不适当的开放。从另一方面讲,如果中央管理机构的权力过大,它必然不得不承担过重的责任,即可能掌握和行使没有力量行使的权力。如果规则处于优势,从理论上讲,该制度就会变得过于封闭。但是如果自由决定权取得优势,实践中,该制度可能运作较好。"[29] 易言之,凯恩斯将成员方行使提款权的自动性与结算联盟的自由处置权相联系,使得国际机构的职员(一般公务员和执行理事)的作用变得非常重要。

布雷顿森林体系的谈判主要是围绕凯恩斯方案和怀特方案,在英美两国间进行。[30] 其他国家虽然对战后金融秩序也十分关心,但它们没有能力起到英美两国的作用。除怀特方案和凯恩斯方案外,加拿大和法国也分别提出两个不同的方案。加拿大方案与怀特方案相似,被称为怀特第二。法国方案则

---

〔28〕 See J. Keith Horsfield, *The International Monetary Fund* 1945 – 1965, *Twenty Years of International Cooperation*, Vol. 3, p. 6.

〔29〕 See J. Keith Horsfield, *The International Monetary Fund* 1945 – 1965, *Twenty Years of International Cooperation*, Vol. 3, p. 6.

〔30〕 关于建立基金组织不同方案的选择等, See James M. Boughton, *Why White, Not Keynes? Investing the Postwar International Monetary System*, IMF Working Paper (WP/02/52), 2002。

粗糙简略，不能作为谈判的基础。

英美两国的谈判在相当艰难且微妙的情况下进行。谈判的主要对手是凯恩斯和怀特。凯恩斯是著名经济学家，怀特则是后起之秀。然怀特所代表的美国处于强大的债主地位，凯恩斯所代表的英国则是日趋下坡的战后债务国。同时，凯恩斯和怀特两人的个性和特点亦不同。凯恩斯和怀特"均很自大、敏感和与自负没有区别的自信。除此之外，他们没有任何其他相同之处。怀特出身于中产阶级家庭，官运亨通；凯恩斯出身于贵族家庭，从小受到好的教育。前者不着重行为举止，后者则是行为举止为做人唯一标准社会的产物。一个痛恨世袭带给人的优越；另一个则承袭和保持了英国上流社会具有的轻松与自信"。[31] 在谈判中，"他们与在大学的讨论会试图给学生留下深刻影响的、既自负又嫉妒的经济学教授没有区别。他们一起坐在长桌子的一头，其他英美谈判代表分坐在两边。虽然有时其他代表亦插嘴发表意见，但凯恩斯和怀特是掌握讨论、控制主题和讨论方式的主持人。[32] 谈判就是在如此艰苦和紧张的气氛下进行。双方不仅在政治立场方面存有分歧，而且在对经济理论和政策的理解和解释方面亦有不同看法。凯恩斯有时必须耐心地讲解，以便将怀特从经济学的困扰中解救出来。这时，怀特一方面感觉到自己在学术上的劣势，另一方面亦立即意识到他所代表的是一个强大的国家，他会向凯恩斯直言不讳地声明这一点。他们可能为一个问题而大发脾气，会将文件扔在地上，其中一个会大步冲出会议室，其他参与谈判的人则必须留下来，平息这场争论。第二天，同样的事情还会发生。最后双方便达成可提交各自政府批准的临时协议，最后协议和让步就是在这种情况下缓慢地且不知不觉中达成"。[33]

虽然布雷顿森林会议有 44 个国家参加，但协议主要反映了英美两国的意见。"一些很重要的条款系由美国代表团在布雷顿森林会议的最后一次会议上单独起草"。[34] 英国首席谈判代表凯恩斯在原始国际货币基金组织协定（以下简称《基金组织协定》）上签字后，才发现一项他事先根本就不知道的重

〔31〕 See Richard Gardner, *Sterling – Dollar Diplomacy*, p. 110.

〔32〕 Richard Gardner, *Sterling – Dollar Diplomacy*, p. 111 – 112.

〔33〕 Richard Gardner, *Sterling – Dollar Diplomacy*, p. 12.

〔34〕 See Kenneth W. Dam, *The Rules of the Game: Reform and Evolution in the International Monetary System*, p. 85.

大修改。故尽管《基金组织协定》被认为是在无异议一致通过的原则下达成，但有些条款则是主要国家，特别是英美两国协商的结果。凯恩斯自己都不晓得的修订就是一例：原始《基金组织协定》第 4 条第 1 款规定，成员方可宣布其货币与黄金的比值或与 1944 年 1 月 1 日美元汇价的比值。该条的最初草案并未明确提及美元，仅规定黄金或其他可与黄金自由兑换的货币，虽然人们均清楚可与黄金自由兑换的货币当时只有美元；凯恩斯对此极为反感，他认为世界上根本不存在此类货币。将美元明确与黄金相提并论，无论是实际上还是形式上均对美国有利。因此，当英国代表团成员，丹尼斯・罗伯逊（Roberson）未经凯恩斯许可，即建议将"可与黄金兑换货币"改为美元时，怀特立即抓住机会，修改了该条，而凯恩斯一直到签字后才发现第 4 条已被修改。对战后世界经济和金融发展有深远影响的布雷顿森林体系就是在这种情况下建立的。

二、国际货币基金组织

作为布雷顿森林体系的组成部分，《基金组织协定》于 1944 年 7 月 22 日达成，1945 年 12 月 27 日正式生效。自《基金组织协定》生效以来，国际经济和政治形势均发生了巨大变化，但基金组织的宗旨并未改变。根据《基金组织协定》第 1 条，基金组织的目的包括："（1）通过设置一常设机构就国际货币问题进行磋商与协作，从而促进国际货币领域的合作。（2）促进国际贸易的扩大和平衡发展，从而有助于提高和保持高水平的就业和实际收入以及各成员方生产性资源的开发，并以此作为经济政策的首要目标。（3）促进汇率的稳定，保持成员方之间有秩序的汇兑安排，避免竞争性通货贬值。（4）协助在成员方之间建立经常性交易的多边支付体系，取消阻碍国际贸易发展的外汇限制。（5）在具有充分保障的前提下，向成员方提供暂时性普通资金，以增强其信心，使其能有机会在无须采取有损本国和国际繁荣的措施的情况下，纠正国际收支失调。（6）根据上述宗旨，缩短成员方国际收支失衡的时间，减轻失衡的程度。"简言之，基金组织的宗旨就是通过向遇有收支失衡问题的成员方提供临时性资金，以便后者有机会和时间纠正收支失衡的情势。

为实现上述目标，基金组织首先要在必要时向成员方提供资金。其次是监督成员方使用资金的情况。最后是使受援国的国际收支情况改善,从而实现国际收支平衡。为此,基金组织制定了相应的原则与规则,亦在实践中形成了一些惯例。

(一)普通提款权

基金组织的宗旨之一是向成员方提供临时资金,以协助解决国际收支失衡问题。成员方从基金组织获得资金被称为提款,即在成员方遇有国际收支平衡困难时,以本国货币向基金组织购买其他一个或几个国家的货币或特别提款权。[35] 这种以本国货币为交换,从基金组织普通资金账户下取得外汇的权利被称为提款权(Drawing Right)。它之所以被认为是提款权,而不是借贷,是因为提款的成员方负有购回本国货币的义务。当然,提款也具有借款的性质,而提款国家所交付的货币可被认为是贷款抵押品。提款与贷款的重要区别在于借贷交易中,借方应以同样货币偿还债务。然而,在基金组织的制度下,提款的国家是否能用同样的货币偿付"提款"或以何种货币购回本国货币,取决于基金组织的要求。基金组织有权要求购回货币的国家以基金组织所需要的任何货币偿付。同时,假如其他国家从基金组织提取了负有购回本国货币义务的国家的货币,后者购回本国货币的义务便相对减少。

在普通资金账户下提款的国家,有权取得可自由使用的货币。目前可自由使用的货币(freely usable currency)包括美元、欧元、英镑、日元四种货币,[36]但基金组织有权随时增加或减少此类货币的币种。在下述情况下,成员方有权提取非可自由使用货币:为从某个成员方购回本国货币,提款国有权直接从基金组织取得该国的货币。[37] 除上述情况外,提取何种货币由基金组织自行决定。实践中,基金组织经常公布可供各国提取货币的种类。一般来讲,国际收支顺差较多和国际准备地位较强的国家的货币受到优先考虑。此外,如果某个成员方在基金组织存放的本国货币超过其配额的75%,该国的货币亦为被优先提取的币种。基金组织亦可允许成员方提取特别提款权。遇

---

〔35〕 参见《基金组织协定》第5条第3款。

〔36〕 See IMF, *Glossary*, https://www.imf.org/en/About/Glossary(2022年1月6日访问).

〔37〕 参见《基金组织协定》第5条第3款。

有某种货币的储量严重减少的情形，基金组织可在普通资金账户下将之与其他国家的货币交换，或通过特别提款权的转移、出卖黄金等维持该种货币的存量。除此之外，基金组织亦有权从成员方举借贷款以弥补普通资金账户下资金的不足。

由于提款致使本国货币在基金组织增多的国家，应依本国货币增长的幅度交纳利息。这种利息并非基于提款数量的多少，而是取决于提款总额超出提款国配额中本国货币的比例之总额，因为提款国有权在任何时候从基金组织购回本国货币。提款权主要是应付紧急情况。提款国在“收支平衡和准备地位改善后”有义务从基金组织购回应交纳利息部分的本国货币。同时，购回本国货币数量的多少，应随收支平衡和准备地位改善而定。成员方不应等到收支平衡问题完全解决才购回本国货币。[38] 购回义务事实上具有一定的弹性。《基金组织协定》所使用的文字亦非法律语言；它仅要求提款国在“一般情形下”应履行购回的义务。这便意味着在特殊情况下，提款国可延迟购回本国的货币。同时，改善收支平衡条件包括收支平衡和国际准备地位，两者相互补充、互相作用。在某些情况下，国际收支的快速平衡可能推迟国际准备地位的改善，故该条的执行应依实际情况而定。[39] 假如基金组织认为，提款国的国际收支和准备地位业已改善，而该国尚未购回其本国货币，基金组织便会与该国磋商，建议其购回本国货币。在这种情况下，提款国便有义务购回。[40]

基金组织成员方的提款权分为准备部分和信用部分。准备部分是指成员方所交纳的相当于其配额 25% 的特别提款权，[41] 同时包括其他国家从基金组织提取的该国货币。例如，甲国所交纳的配额为 1 亿特别提款权，75% 以本

---

〔38〕《基金组织协定》第 5 条第 7 款。

〔39〕基金组织执行委员会曾通过提款指导方针，参见 IMF, Annual Report 1979，第 138 页，全文见 https://www.imf.org/external/pubs/ft/ar/archive/pdf/ar1979.pdf（2022 年 1 月 25 日访问）。

〔40〕《基金组织协定》第 5 条第 7 款。

〔41〕成员方在基金组织普通资金账户下的货币储备之价值依特别提款权确定。这种定值方法的目的在于保证特别提款权或其他货币被提取后，基金组织免受损失。在普通资金账户下的所有交易，均依这一原则进行。假如某提款方提取一种或几种外汇，基金组织便会将该种货币与特别提款权换算，将换算的结果以特别提款权记入相关账户。各种货币与特别提款权的比值依金融市场的行情随行就市。

国货币交纳，25%以特别提款权交纳。在该国未提款前，准备部分是其配额的25%，即2500万特别提款权。然而，假如乙国从基金组织提取相当于2000万特别提款权的甲国货币，甲国的准备部分即由2500万增加到4500万特别提款权。换言之，由于乙国提取甲国的货币，甲国的准备部分增大。根据基金组织的规定，准备部分的确切含义是指成员方配额减去基金组织持有的相关成员方本国货币的余额。

基金组织成员方的提款权不仅限于准备部分。每个成员方的最高提款额可达其配额的200%。准备部分以外的提款为信用部分提款。信用部分共分4级，即第1至4信用部分。新成员方加入基金组织应以25%的国际准备或黄金以及75%的本国货币缴足配额；其准备部分和信用部分的提款权如表1。

表1　准备部分和信用部分的提款权

不同部分	提款比例	基金组织持有的该国货币
准备部分	配额的25%	配额的100%
第1信用部分	配额的50%	配额的125%
第2信用部分	配额的75%	配额的150%
第3信用部分	配额的100%	配额的175%
第4信用部分	配额的125%	配额的200%

成员方在普通资金账户下可自由提取准备部分的资金，即只要成员方向基金组织表示有提款的必要，基金组织便没有权力审议该国是否需要提款。信用部分的提款则应由基金组织审议与批准。信用部分越高，提款的条件越苛刻。值得提出的是，根据经第二次修改的《基金组织协定》，成员方在普通资金账户下提款后，便不得再购回准备部分的本国货币。这就是说，任何国家在准备部分提款，便无法恢复其准备部分的原有地位，除非其他国家购买其货币。[42]

---

〔42〕《基金组织协定》第5条第8款(b)规定，只有在基金组织持有某一成员方的货币总额超过其配额时，该成员方才有义务交纳利息。1982年4月23日，基金组织执行理事会通过第5702－(78/39) G/S号决议，对第5条的规定做出了灵活安排。详见https://www.imf.org/en/Publications/Selected－Decisions/description? decision＝5702－(78/39)%20G/S(2022年1月6日访问)。

基金组织成员方在信用部分提款，必须满足一定的条件，包括提款是否符合《基金组织协定》的规定，以及申请提款的用途是否符合基金组织的政策。信用部分的提款与准备部分的提款相同，申请方应依第5条第3款，表明其需要外汇，解决国际收支平衡困难或改善国际准备地位或扩充准备。易言之，申请方必须表明需要，以便基金组织审查。同时，申请方在基金组织普通资金账户下的本国货币存量必须不超过其配额的200%。〔43〕上述条件均可谈判，但基金组织无权免除任何一项。然而，基金组织有权依第5条第4款允许无资格继续提款的成员方在普通资金账户下提款。在给予特许的同时，基金组织必须审查提款国是否需要所申请提取的款项以及该款项的使用是否符合基金组织的政策与规定等。

提款用途应与《基金组织协定》的规定相符，但并非明确的和一成不变的提款先决条件。《基金组织协定》并未具体规定成员方在普通资金账户下的提款应用于何种项目或用途。事实上，基金组织在批准提款时，也不明确规定款项的用途。因此，成员方的提款可用于与收支平衡相关的所有开支，亦可用于补充业已减少的准备。例如，根据政府和私人经常国际交易付款的需要，成员方可以申请提款。至于何为经常交易的支付，《基金组织协定》第30条（D）的有关规定亦相当宽泛。除根据经常国际交易付款的需要外，成员方还可为维持外汇市场的情势、保持本国货币的汇率或维持本国货币的浮动汇率等，在普通资金账户下提款。在信用部分的提款，则不能用于资助较大的或可能导致资金不断外流的项目。这就是说，较小的项目和不易导致资金不断外流的项目可由普通资金账户下信用部分的提款资助。为满足在普通资金账户下的提款条件，成员方可以将其外汇收入用于资助大型项目或可能导致资金不断外流的项目，然后从基金组织提款，支付与经常交易相关的债务。〔44〕

总体言之，基金组织得制定关于特别收支问题的政策，以协助成员方依协定的规定，解决收支平衡问题，并保证基金组织普通资金仅用于临时性项目。基金组织理事会有权制定任何政策，执行理事会亦可根据理事会的授权制定

---

〔43〕 参见《基金组织协定》第5条第3款（B）（1）和（3）。

〔44〕 Richard Edwards, Jr, *International Monetary Collaboration*, Dobbs Ferry: Transnational Publishers, Inc., 1985, p. 242.

政策。同时理事会和执行理事会亦可随时修改其政策。基金组织所制定的政策应有利于基金组织总目标的执行,并通过提供资金,增强相关成员方解决困难的信心,使成员方有机会和能力调整收支平衡,而不必诉诸对国民经济或世界经济有害的措施。基金组织政策的另一个目标是降低成员方国际收支失衡的程度并缩短实现平衡的时间。[45]

随着国际贸易的不断扩张,普通资金账户下的提款远远不能满足成员方的需要。基金组织从而因势利导,创立了备用与扩大安排便利。备用与扩大安排是普通资金账户下,为便利成员方提款而设置。如前所述,高信用部分的提款需要满足一定的条件,成员方在发生金融危机时,是否可立即取得贷款成为关键问题。假设成员方无法满足提款条件,其金融情势可能向更坏的方面发展。备用安排就是为了解决成员方在遇有严重收支失衡而无法提款的问题。在备用安排下,成员方在尚未发生金融困难时即可与基金组织磋商,以便取得谅解,由基金组织做出保证,承诺允许该成员方在遇有困难时提款。但备用安排并不是基金组织与成员方的协议。它仅是基金组织理事会单方面作出的决议(决议已形成固定格式),向提出申请的成员方保证,后者可以依决议的内容从基金组织普通资金购买其所需的外汇或特别提款权。这种决议一般规定备用安排的期限与提款数额。作为基金组织决议的附件,申请提款国应提交一份意向书,介绍相关项目。虽然这些文件从法律上讲不构成具有拘束力的协议,但基金组织的决定可使成员方在不违反基金组织政策的情况下,在高信用部分提款。同时,提款国须依绩效标准(Performance Criteria)执行意向书所包含的项目。

绩效标准由基金组织确定。成员方如不能满足绩效标准,它便可能违反基金组织的规定。绩效标准范围可涵盖信用及贸易政策、政府财政来源、国际收支限制、中短期外债以及外汇准备的维持等政策与执行情况。其他有利于基金组织和成员方评估政策执行成效的因素亦可列为绩效标准的内容。然而,绩效标准并不规定成员方所应采取的详细的和具体的措施或必须实现的

[45] 参见《基金组织协定》第1条。

目标。[46] 倘若任何成员方违反基金组织确定的绩效标准,其继续提款的申请便可能遭到拒绝。例如,基金组织成员方对国际收支加以限制或加严限制,实行多种汇率制度,签订与《基金组织协定》相悖的双边结算协议,或对进口加以限制等,均可能导致基金组织拒绝批准依保证安排的提款申请,因基金组织认为这些行为并非成员方应执行的政策。[47]

扩大安排与备用安排没有实质上的区别。两种安排的主要区别是,备用安排的期限一般为 1 年,扩大安排的期限则一般为 3 年,但这也并非绝对的。一些备用安排的期限有时可长达 3 年。备用安排与扩大安排的另一区别是购回义务的期限。备用安排下的提款必须于提款后的 5 年内还清,扩大安排下的还款期则可长达 10 年。如果基金组织所提供的款项来自借贷,备用安排与扩大安排款项的使用期均为 7 年。

基金组织的资源主要用于解决成员方的国际收支困难。基金组织还根据成员方的需要设立不同的账户和便利。例如,1972 年 2 月,基金组织执行理事会决定设立辅助金融便利(Supplementary Financing Facility),目的在于能够使基金组织与其他国家订立贷款协定,在保证和扩大安排下向成员方提供巨额和长期资金。基金组织亦曾于 1974 年设立石油便利(Oil Facility),以便从石油输出方借款,然后转借给受石油市场影响最巨的国家。在此情况下,成员方提款数额的多少,取决于基金组织可能借到的资金,利息亦取决于基金组织借款的利息。出口波动金融补贴(Compensatory Financing of Export Fluctuations)便利则是在普通资金账户下设立的、目的在于补贴成员方出口亏损的安排。[48] 出口亏损是指成员方实际出口所得低于预期收入,因此导致外汇收入的减少。该便利用于资助由于出口减少导致收支失衡的国家,特别是初级

---

〔46〕 See Joseph Gold, *Legal and Institutional Aspects of the International Monetary System: Selected Essays*, IMF, Vol. 2, p. 789(1984).

〔47〕 关于基金组织备用安排,See Joseph Gold, *The Character of the Fund's Standby Arrangement and Why It Matters*, IMF Pamphlet Series, No. 35, IMF, 1980。

〔48〕 出口波动金融补贴便利于 1963 年设立。关于其历史、运作等, See *Compensatory Financing of Export Fluctuations: IMF Decision and Report*, Published online by Cambridge University Press: 04 April 2017, https://www.cambridge.org/core/journals/international-legal-materials/article/abs/compensatory-financing-of-export-fluctuations-imf-decision-and-report/C435256463FDBF7D23B0717EF5D758F5(2022 年 1 月 7 日访问)。

产品出口国。基金组织可依情况对这些便利不断调整。[49]

(二)特别提款权

布雷顿森林体系的基础是各国的货币通过美元与黄金挂钩。这一制度的优点是其稳定性,缺点是当黄金的存量不能满足国际贸易所需的流动性时,便会影响国际贸易。20 世纪 60 年代的世界便受此问题困扰,因当时基金组织没有能力满足成员方的提款需要。当时许多国家已不愿继续增加国际准备,特别是在没有可靠的兑换保证的情形下更是如此。然而,美国的长期贸易逆差使其他国家的美元国际准备不断增加,从而因与日俱增的美元而深感不安。时任基金组织总裁即指出,“以国家货币为形式的国际准备之产生是由于相关货币发行国的贸易逆差;这使得该制度(作者注:基金组织)具明显的不稳定因素,因为各货币准备中心所持有的含有黄金的英镑和美元的债权急剧增加,这从而引起人们忧虑,因为这些国家不可能允许此类债权不断增长,各国一定会要求清偿债务,而任何此类举动均会对国际社会构成严重威胁”。[50]当时许多国家的国际准备均为美元和英镑,如这些国家将所存的美元和英镑兑换成黄金,作为货币准备的黄金储量必然大幅度减少。与此同时,许多新冶炼的黄金大都流入私人手中或用于工业生产,只有极小部分可供政府作货币准备。[51] 在此情况下,美国等贸易逆差国力图调整国内经济政策,以减少贸易逆差。此政策势必使这些国家的货币增值,国际准备的地位加强及货币供应量的减少,从而无助于国际准备的增长需求。1958 年,各国的国际准备总额相当于国际贸易的 57%,到了 1967 年则仅相当于 36%。[52]

面对前述问题,许多专家提出改革方案。一是废除布雷顿森林体系的货

---

〔49〕 基金组织执行理事会一直依需要对出口波动金融补贴便利进行修订,如其曾于 1979 年 8 月 2 日通过第 6224(79/135)号决议,对先前的修订再次修订。见 IMF, *Annual Report* 1980, p. 136。详见 https://www.imf.org/external/pubs/ft/ar/archive/pdf/ar1980.pdf (2022 年 1 月 7 日访问)。

〔50〕 1968 年 6 月 12 日,基金组织总裁 Pierre - Paul Schweitzer 在纽约 Financial Writer's Association 的讲演。See IMF, *International Financial News Survey*, Vol. 20, p. 201(1968).

〔51〕 1985 年世界的黄金总产量为 1.478 吨。1985 年美国通过法律重新允许以黄金铸造金币。参见《中国日报》(英文版),1986 年 2 月 13 日,第 2 版。

〔52〕 Joseph Gold, *Special Drawing Rights*, *Character and Use*. IMF Pamphlet Series No. 13, IMF, 1970, p. 7.

币含金量及固定汇率制度,改采浮动汇率。这样可使原用于此项的准备转入流动资金。这一方案的问题是浮动汇率本身具有不稳定性、可能造成国际金融制度的混乱。二是提高金价。[53] 提高金价可增加货币准备的数量,可起到缓解流动资金不足的困难,但各国的黄金储量和产量差异很大,金价之提高可能使少数国家受益。三是扩大基金组织成员方的配额。成员方提款权的扩大对国际流动资金有利,且扩大配额可通过谈判达成以避免严重不平衡现象出现。但基金组织对成员方提款有一定的限制,特别是高信用部分提款的限制更为严格。这使得扩大配额的方案变得不太理想。最后,各国认为解决国际流动资金不足之最佳方案是创造补充性国际准备。这事实上与凯恩斯关于创立班克的建议雷同。新的国际准备的特点是不以黄金为后盾或根本不与黄金挂钩,其价值由各国谈判确定。

关于创立补充性国际准备的谈判由十国集团发起,并成立一专家小组对相关问题进行研究并提出建议。1965 年该专家小组提交了一份详细报告,首次建议集合准备单位(Collective Reserve Unit)。该专家小组的报告后来成为关于特别提款权谈判的基础。关于特别提款权的谈判分别在十国集团副代表间和基金组织执行理事会进行。[54] 实质性的谈判主要是在十国集团内进行。1967 年夏,经过 5 年的谈判,基金组织执行理事会与十国集团达成协议并起草了以特别提款权为基础的便利大纲(Outline of a Facility Based on Special Drawing Rights)。"特别提款权"一词的选用事实上使该货币单位具有国际准备的特点,但其名称亦类似于普通资金账户下的提款权。Vries 曾就此写道:"选择这一词语(作者注:特别提款权)是有意识的。其采用是为了调和不同的立场。许多用语的选择不仅含蓄而且在某种程度上模糊不清。这是为了使各国可能达成协议。用首席法律顾问的话说,这'使得代表不同意见的各方均可认为其意见占了上风'"。[55]

---

[53] 依《基金组织协定》第 4 条第 7 款,基金组织有权提高金价。

[54] 关于 1964 年至 1967 年的谈判,See Margaret Garritsen de Vries, *The International Monetary Fund* 1966 - 1971: *The System Under Stress*, IMF, Vol. 1, 1976。

[55] See Margaret Garritsen de Vries, *The International Monetary Fund* 1966 - 1971: *The System Under Stress*, IMF, Vol. 1, 1976, p. 154. 基金组织前首席法律顾问 Joseph Gold 是起草特别提款权大纲的主要负责人。

特别提款权的创立主要是为基金组织成员方提供必要的国际准备之补充；同时，任何成员方准备的增加（接受特别提款权）均不会导致其他国家国际准备的减少。基于上述目的，特别提款权具有下述特征：[56]（1）可兑换自由使用的货币；（2）兑换率由基金组织特别多数票批准确定；（3）发行数量由基金组织理事会决定。基金组织就特别提款权的创立设立了特别提款权部。

基金组织成员方均有权，但无义务参加特别提款权部。希望参加特别提款权部的成员方必须向基金组织提交接受特别提款权部义务的文件，并通过国内法律程序确保有能力履行相关义务。[57] 非基金组织成员方无权参加特别提款权部。除成员方外，基金组织亦有权批准非基金组织成员方、国际机构或其他官方机构持有特别提款权（有别于参加特别提款权部）。目前，一些区域性开发银行、国际清算银行、瑞士国家银行等已成为特别提款权的合法持有者。各机构持有和使用特别提款权的条件与原则依基金组织的批准决议而定。通常情况下，特别提款权持有者可在国际交易或金融业务中自由取得或使用特别提款权。其所享有的权利和义务与特别提款权部的参加国类似。

创造特别提款权是为了应付国际流动资产不能满足国际经济贸易发展需要的问题。各参加方可以本国货币兑换特别提款权，从而扩大国际准备的总量，使各国有能力支付其他国家或个人的债务。《基金组织协定》第 15 条第 1 款规定，为满足现有资产补充之需要，基金组织有权向参加特别提款权部的成员方分配特别提款权，亦有权取消特别提款权。基金组织分配或取消特别提款权必须参考世界经济发展的需要，并应避免导致经济停滞、通货紧缩或通货膨胀。特别提款权的分配是以普通资金账户下的配额为基础，参加方的配额越大，持有特别提款权的数量越大。

特别提款权的业务与交易基本可分为三类：（1）从基金组织指定的其他特别提款权部参加方承兑可自由使用货币；（2）各参加方协议以本国货币或其他通货与特别提款权兑换；（3）向普通资金部转移资金，如参加方在普通资金账户下购回本国通货或向基金组织交纳费用等。

---

〔56〕 关于特别提款权的使用及其特征，See Gold, *Special Drawing Rights*, *Character and Use*, IMF Pamphlet Series No. 13, IMF, 1970, p. 7。

〔57〕《基金组织协定》第 17 条第 1 款。

在第一类交易中,基金组织特别提款权部事实上成为各参加国以特别提款权兑换可自由使用货币。任何希望将特别提款权兑换成可自由使用货币的参加国,必须首先向基金组织提交书面报告,请求基金组织安排兑换。[58] 参加国在报告中需要说明兑换的用途。依《基金组织协定》第 19 条 3(a)款的规定,参加方的国际收支平衡问题或准备地位的需要为申请的基础和前提,而兑换的目的则必须是改变相关参加国国际准备的结构。[59] 基金组织有义务在收到申请后,指定特别提款权部另外一个参加方接受申请方的特别提款权并向后者提供可自由使用货币。实践中,基金组织亦很少拒绝批准兑换申请,或制止进行中的兑换。[60]

根据《基金组织协定》第 15 条第 2 款,基金组织有权在任何时候改变特别提款权价值的计算方法与原则。1969 年特别提款权刚创立时,每单位特别提款权的价值为 0.888671 克纯金。[61] 虽然特别提款权篮的创立事实上使特别提款权脱离了与黄金的关系,但从法律上讲,每单位特别提款权仍应含有 0.888671 克的纯金。特别提款权价值的这种表示形式一直持续到 1978 年 6 月 30 日。1978 年 7 月 1 日生效的经第二次修订的《基金组织协定》使特别提款权从法律上不再与黄金挂钩。经修改的《基金组织协定》规定,任何确定特别提款权价值的法则应依基金组织 85% 的加权票通过,任何关于确定特别提款权价值的原则或执行的重大改变,须经 85% 加权票的赞成。[62] 经修改的协定不仅使特别提款权脱离了黄金并且改变了其货币组合。目前,特别提款权包含的货币及其所占比例如下:美元(41.73%)、欧元(30.93%)、人民币

---

〔58〕 特别提款权部参加国要求将其所持有的特别提款权兑换成所需要的货币的权利,是依《基金组织协定》第 19 条第 2 款的规定。

〔59〕 《基金组织协定》第 3(a)款。

〔60〕 实践中,在特别提款权兑换完成后,基金组织即审查申请方的国际收支平衡和国际准备的实际情况,如发现后者的金融情势不能证明其有需要兑换特别提款权,基金组织便会向该国说明其意见。1971 年,以色列和土耳其分别以特别提款权兑换可自由使用货币,然而基金组织审查认为该两个成员方的国际收支和国际准备并无此需要。基金组织向以色列和土耳其通报了其审查结果。基金组织执行理事会最后批准该两个成员方将所取得的货币兑换成特别提款权。在后来发生的类似事件中,基金组织通常将成员方纳入指定兑换成员的名单,待其他成员方申请兑换时,首先该国可以自由使用货币兑换特别提款权。See Margaret Garritsen de Vries, *The International Monetary Fund* 1966 – 1971: *The System Under Stress*, Vol. 1, p. 243.

〔61〕 参见经第一次修改的《基金组织协定》第 21 条第 2 款。

〔62〕 参见《基金组织协定》第 15 条第 2 款。

(10.92%)、日元(8.33%)和英镑(8.09%)。[63] 理论上,基金组织应每5年评估并调整特别提款权的价值。最近的调整期于2021年3月到期,因疫情原因,基金组织将之延长到2022年7月31日。[64]

经过半个多世纪的演变,特别提款权已成为国际金融体系的一部分。基金组织的190个成员方均参加了特别提款权部,约15个区域性、政府间和国家机构被授权持有特别提款权从事与特别提款权相关的交易。许多国际金融结算和信贷交易亦以特别提款权为记账单位。特别提款权已变得越来越像"货币"。[65]

(三)外汇秩序

采用何种外汇和汇率制度传统上属于国家主权的范畴。主权国家加入基金组织便享有从基金组织提款的权利。世界上所有权利都伴随着义务;基金组织成员方享有提款的权利的代价或曰义务之一是其外汇和汇率制度须受基金组织的约束。基金组织关于外汇的秩序基本体现在《基金组织协定》第8条和第14条。第8条主要是为了执行《基金组织协定》关于建立多边国际支付制度,以适应成员方间经常交易的进行和取消有碍国际贸易的外汇限制的规定。第8条第2(a)款就此规定,除第7条第3(b)款(关于短缺货币)和第14条第2款(过渡性安排)另有规定外,"未经基金组织同意,各成员方不得对国际经常性交易的支付和资金转移实行限制"。根据该规定,各成员方应允许本国居民向非居民或外国人购买商品、服务或与后者从事其他经常性交易,并赋予本国居民以取得用于支付这些交易所需的外国货币。该款事实上构成成员方对本国居民的一项义务,即它不得限制本国居民取得所需要的外汇。虽然成员方有义务允许本国居民进行国际交易,但其亦可以拒绝交易方以其所发行的货币支付价款(但提供银行服务除外)和要求以第三国的货币支付,

---

〔63〕 详见基金组织官网:https://www.imf.org/en/About/Factsheets/Sheets/2016/08/01/14/51/Special-Drawing-Right-SDR(2022年1月7日访问)。

〔64〕 详见基金组织官网:https://www.imf.org/en/About/Factsheets/Sheets/2016/08/01/14/51/Special-Drawing-Right-SDR(2022年1月7日访问)。

〔65〕 关于特别提款权的创立、使用,特别是布雷顿森林体系崩溃后的地位等,See Peter B. Clark, Jacques J. Polak, *International Liquidity and the Role of the SDR in the International Monetary System*, IMF Staff Papers, Vol. 51:1, p. 49-71(2004)。

条件是使用第三国货币付款不会增加付款人的负担。然而，如果债权人要求以债务人所在国的货币支付，相关成员方则必须满足债权人的要求。[66]

基金组织成员方亦不得故意拖延或阻止本国居民取得用于国际支付的其他成员方的货币。但成员方有权规定某个政府机构或银行负责外汇的兑换，且此规定并不构成对第 8 条第 2(a)款的违反，条件是当地居民可以迅速取得所需的货币。此外，任何成员方对外汇兑换征收手续费或税务，应向基金组织报告。[67]

第 8 条第 2(a)款主要是规范付款人(债务人)所在国的义务，收款人(债权人)所在国则不负有任何义务。债权人所在国可以要求债权人向国家政府机构提交在国际交易中的外汇所得。一些采用该制度的国家允许债权人保留一定比例的外汇。成员方亦可明文规定本国居民在国际交易中仅接受某几种货币。这种做法并不违反建立多边国际支付制度的原则，因为其他成员方有义务根据债权人的要求，允许本国居民提供所需的货币。[68]

根据第 8 条第 2(a)款，任何成员方均不得限制非居民将近期内取得的贸易盈余(该成员方发行的货币)移转到其他人手中，条件是贸易盈余系来自经常贸易而非资本交易。基金组织的实践说明，成员方有权对资本交易或与资本交易相关的支付或移转加以限制。[69] 任何货币发行国(基金组织成员方)均不应限制非居民将该国发行的货币向其他成员方政府或个人出售或移转，与资本交易相关的货币移转除外。非居民在取得一个国家的货币后，可用该货币在第三国进行经常交易，而这种与交易相关的货币移转便构成成员方间的多边支付制度的一部分。[70]

《基金组织协定》关于外汇支付的限制是指由国家政府实施的对经常性

---

〔66〕 Richard Edwards, Jr, *International Monetary Collaboration*, p. 391.

〔67〕 参见基金组织执行理事会第 5712 (78/41) 号决议，载 IMF, *Annual Report* 1978，第 126 页，详见 https://www.imf.org/external/pubs/ft/ar/archive/pdf/ar1978.pdf (2022 年 1 月 7 日访问)。

〔68〕 Joseph Gold, *Use, Conversion and Exchange of Currency Under the Second Amendment of the Fund's Articles*, IMF Pamphlet Series No. 23, IMF, 1978, p. 6.

〔69〕 James G. Evans, Jr., *Current and Capital Transactions: How the Fund Defines Them*, IMF eLibrary, 1968 年 9 月，详见 https://www.elibrary.imf.org/view/journals/022/0005/003/article-A006-en.xml (2022 年 1 月 7 日访问)。

〔70〕 Joseph Gold, *The Fund's Concepts of Convertibility*, IMF Pamphlet Series No. 14, IMF, 1971, p. 7.

交易的支付和货币移转的限制。“确定某种措施是否构成第8条第2款下,对经常性交易的支付与移转的限制之指导原则是,相关措施是否涉及政府对外汇之提供和使用的直接限制”。[71] 假如某项措施构成对经常性交易的限制便会违反《基金组织协定》第8条第2款。衡量某项政策或措施是否构成第8条第2款下的限制的标准是政策或措施本身,而不是实行相关政策或采取相关措施的动机或目的。例如,任何对进出口贸易的限制—进口数量限制,对进口产品法定要求由当地保险公司提供保险服务等,均可能直接影响经常性交易的支付;但因此类措施并非直接规范国际支付,其便不受第8条第2款的规范。甚至成员方政府规定完全禁止某类商品的进口亦不构成对第8条第2款的违反。[72]

确定某项政策或措施是否构成第8条第2款的限制的另一因素是所涉及的交易是属于经常性还是资本性。成员方对经常性交易的限制必须得到基金组织的批准。“成员方可以采取必要的管制,以调节国际资本流动,但这种管制,…… 不得限制经常性交易的支付或者不适当地阻滞清偿债务的资金转移”。[73] 关于如何区别经常性交易和资本性交易,《基金组织协定》进一步规定:经常性交易的支付系指不以移转资本为目的的支付。

一些国家加入基金组织时选择承担《基金组织协定》第14条第2款——过渡性安排下的义务。[74] 根据《基金组织协定》第14条第1款,任何成员方在加入基金组织时,均有权选择接受第8条或依第14条第2款的过渡性安排的义务。选择第14条第2款过渡性安排的成员方可保留其在加入基金组织时既已存在的对国际支付的限制。接受第14条过渡性安排义务的成员方所实行的对经常性国际交易支付的限制不需得到基金组织的批准,但此权利仅

---

〔71〕 参见国际货币基金组织执行理事会决议第1034(60/27)号(1960年6月1日通过), See J. Keith Horsfield, *The International Monetary Fund* 1945 - 1965, *Twenty Years of International Cooperation*, IMF, Vol. 3, p. 260(1969)。

〔72〕 Joseph Gold, *The Fund Agreement in the Courts*, IMF, Vol. 2, p. 190 - 197(1982).

〔73〕 参见《基金组织协定》第6条第3款。

〔74〕 《基金组织协定》第二次修订案生效前,经第一次修改的第14条第2款并未使用过渡性安排的字眼。它规定成员方在战后过渡阶段可对经常性国际贸易支付采限制性措施。经第二次修订的《基金组织协定》改采过渡性安排的提法,其实质意义在于成员方是否有权对国际支付加以限制取决于其本国的情势。

限于相关成员方在加入基金组织时既已存在的限制或对原有限制的修订。任何接受第 14 条过渡性安排的成员方,意欲对经常性国际交易支付加以新的限制,必须依第 8 条的程序请求基金组织批准。如何区别新增加的限制与对原有限制的修订是一个非常困难的问题,基金组织在实践中尚未形成具体的标准。[75] 一般地讲,相关限制性措施的新颖性、实际效果、限制的作用等均为考虑的因素。[76] 然而无论如何,成员方采取的措施应是有利于不断减少对国际收支的限制。正因如此,有人认为到底是第 14 条过渡性安排还是第 8 条下的限制更易于获得批准是值得探讨的问题。[77]

《基金组织协定》刚刚生效时,许多欧洲国家依第 14 条对国际收支进行限制。20 世纪 50 年代末和 60 年代初,欧洲主要工业发达国家和日本、加拿大等国先后接受第 8 条的义务,但仍在不同程度上保持了原有的限制性措施。[78] 目前接受第 14 条过渡性安排义务的主要是发展中成员方。这些国家的共同特点是经济脆弱、外汇不足、出口能力低下。这些国家对国际支付的限制主要是为了促进出口和外汇的有计划使用,所采取的措施包括出口补贴、进口限制、国内价格控制、支付限制和多重汇率等。[79]

接受《基金组织协定》第 8 条和第 14 条义务的主要不同在于,在对国际贸易经常性支付加以限制时,接受第 8 条义务的国家须事先得到基金组织的批准。实践中,许多国家在接受第 8 条义务时,仍可保留对经常性交易的限制;对于旅游外汇使用的限制便是明证。许多接受第 8 条义务的成员方仍对本国居民可携带出境的外汇数额加以限制,或者限制居民将外汇用于旅游以外的事项,如资本投资。例如,1964 年 4 月,日本宣布接受第 8 条义务时,便仍然对旅行用外汇加以限制;1966 年 4 月至 1970 年 1 月,英国亦限制居民可

---

〔75〕 Joseph Gold, *Use, Conversion and Exchange of Currency Under the Second Amendment of the Fund's Articles*, p. 9.

〔76〕 Joseph Gold, *Use, Conversion and Exchange of Currency Under the Second Amendment of the Fund's Articles*, p. 9.

〔77〕 Richard Edwards, Jr, *International Monetary Collaboration*, p. 242.

〔78〕 中国于 20 世纪 80 年代初恢复在基金组织的地位时选择了第 14 条的过渡性安排,后随着经济的发展改为接受第 8 条的义务。

〔79〕 许多接受第 14 条第 2 款义务的成员方认为对外汇的限制有利于促进国民经济的发展及避免严重依赖外国资金。然由基金组织等做的调查认为,对外汇的限制措施,包括多重汇率制度,严重妨碍了相关国家的经济发展。

用于旅行的外汇。英、日两国的限制均曾得到基金组织的批准。[80]

外汇系由一个国家发行但由另一国家的政府、企业或个人持有的货币。基于外汇的跨国性特点，每一国家的外汇规则都必然涉及其他国家。在基金组织的外汇秩序下，每个成员方都有义务承认其他成员方的外汇条例，即赋予其效力，方法则是不承认违反其他成员方外汇条例的合同。就此，《基金组织协定》第 8 条第 2(b) 款规定："涉及任何成员方货币的汇兑契约，如与该国按本协定所施行的外汇管理规定相抵触，在任何成员方境内均属无效。"成员方外汇条例的效力取决于各国对外汇条例的解释，如外汇管制条例应包括哪些内容，如何确定成员方外汇管理条例是否符合《基金组织协定》；由谁确定；以及何为涉及某一成员方的货币等。实践中，外汇管制条例主要是指那些直接规范国际支付或交易的法律法规。[81] 鉴于第 8 条第 2(a) 款和第 14 条第 2 款的外汇限制主要是指经常性国际交易的支付与货币移转，因此第 8 条第 2(b) 款的外汇条例亦应仅限于与经常性国际交易支付与货币移转直接相关的外汇条例。同时，外汇条例由其内容而不是目的所决定。如果一项法令仅规范商业交易而非国际支付或货币的移转，其便不应被视为外汇条例。正如基金组织前首席法律顾问所指出，无论条例的执行机构是哪一个，确定一个法规是否属于第 8 条第 2(b) 款下的外汇条例不取决于其所涉及的交易本身，而应视其是否禁止与该交易相关的支付，只有后者才属于外汇条例；[82] 即使一项法规的目的并非维持相关国家的国际收支地位，如果其直接规范国际交易的支付或货币的移转，它就应被视为外汇条例。[83] 亦有人主张，至少那些仅向外国政府施加压力而不在于保证国际收支地位的法规，不应被视为第 8 条下的外汇条例。[84] 关于何为外汇条例以及相关条例是否符合《基金组织协定》的规定，许多成员方的法院曾作出判决。此种判决不仅对当事方有拘束力，亦对如

---

〔80〕 英国最初规定，英国居民每人每年用于国际旅行的外汇不得超过 250 英镑，1969 年 11 月 1 日再次将此限额降低到 50 英镑。

〔81〕 Joseph Gold, *The Fund Agreement in the Courts*, Vol. 2, p. 116 – 120, 194 – 210.

〔82〕 Joseph Gold, *The Fund Agreement in the Courts*, p. 195.

〔83〕 Joseph Gold, *The Fund Agreement in the Courts*, p. 294 – 299.

〔84〕 F. A. Mann, *Legal Aspects of Money*, Oxford University Press, 1982, p. 371; Elias Krispis, *Money in Private International Law*, Recueil des cours—Hague Academy of International Law, The Hague Academy of International Law, Vol. 120, p. 277 – 286 (1967).

何解释《基金组织协定》有重要影响。[85]

(四)后布雷顿森林体系的挑战与崩溃

布雷顿森林体系致力于实现的目标之一是汇率的稳定。为达此目的,布雷顿森林体系下汇率制度是以美元和黄金为基础,其他成员的货币与美元挂钩。在该制度下,美国承诺以每盎司黄金兑换35美元的价格与其他成员方的金融机构在国际市场进行黄金交易。此制度的基础是美国在第二次世界大战后形成的经济强国地位,美元在国际交易中广为使用,美国的外汇限制也较其他发达国家少。在布雷顿森林体系下,每个基金组织成员方均承担义务,保证在其领土内的外汇交易以其宣布的本国货币的平价为准,浮动不可超过正负1%。除非得到基金组织的认可,否则任何成员方的货币汇率均不得改变。成员方改变货币汇率,应以国际收支严重失衡为理由。虽然《基金组织协定》并未明确规定何为国际收支严重失衡,但基于国际收支严重失衡而改变汇率的情况不应经常发生;同时,假如相关成员方可以其他方式改善国际收支地位,便不应首先通过改变汇率为之。基金组织的普通提款权制度就是为了协助成员方渡过国际收支的临时困难。就此而言,布雷顿森林体系的提款权和汇率稳定机制具相辅相成的作用。

圣人云"揣而棁之,不可长保"。[86] 布雷顿森林体系下的汇率制度是以美国的强势经济和政治地位以及其他国家,特别是欧洲传统强国的经济政治情势不变为基础。此具较强拘束力的制度之好处是可以给国际社会提供一个稳定的金融环境,缺点是只要国际情势发生变化,其便很难维持。[87] 布雷顿森林体系达成不久,随着欧洲诸国战后经济复苏的需求提高,各国均希望将本国的商品销往国外,但偏高的汇率显然不符合其政策目标。1950年,基金组织在其年度报告中指出,"战后的当务之急是使经济遭到战争破坏的国家恢复

---

〔85〕 根据《基金组织协定》的解释原则和基金组织的实践,成员方的外汇条例是否符合《基金组织协定》的规定应由基金组织最后裁决。该裁决对基金组织和成员方具有拘束力。

〔86〕《道德经》第9章。

〔87〕 西方一些学者早就认为基金组织的制度有其内在的问题,很难长久维持。See Klaus Knorr, *The Bretton Woods Institutions in Transition*, International Organization, Vol. 2:1, p. 19 – 38 (1984). Knorr认为基金组织的美元与黄金挂钩以及其他国家的货币与美元挂钩为最大的问题。

生产和生产效率。当今最紧迫的任务则是建立更好的贸易与支付的关系。现在必须将通过增加生产和降低家庭需求而获得资源。用于增加出口以赚取支付进口的费用。这必须在效率和经济的基础上,通过提供有价格竞争力的出口商品来完成”。[88] 基金组织之所以提出增加出口,主要是因为当时除了美国外,其他国家都有贸易逆差。1948 年欧洲国家对美国等西半球国家的贸易有严重逆差,为了消除此逆差,欧洲国家必须将其对美国等西半球国家的出口增加 2.8 倍。[89] 除了贬值货币,这根本是一项无法完成的任务。为本国利益计,法国于 1948 年在未经基金组织批准的情况下改变了法郎的汇率。事后基金组织也只得承认此事实,尽管其表示并不赞成。[90] 面对世界性的贸易逆差,1949 年至 1951 年间,相对于世界进口总量 65% 的国家贬值其货币达 30%。[91] 这些贬值有的是通过与基金组织谈判达成,如欧洲国家的货币贬值,有的则未经基金组织批准即改变了本国货币的汇率。

1961 年 2 月 15 日,比利时、法国、联邦德国、爱尔兰、意大利、卢森堡、瑞典、荷兰和英国宣布接受《基金组织协定》第 8 条的义务,取消与经常性国际交易支付相关的外汇限制。日本和其他一些国家亦于 20 世纪 60 年代初接受第 8 条的义务。各国取消外汇限制的直接效果是其货币成为较广泛使用的货币,在有些交易中取代了美元。这从而使得布雷顿森林体系不仅受美元的影响,亦受到上述货币的影响。20 世纪 60 年代,许多在国际交易中广为使用的货币先后贬值或重新定值。1961 年,联邦德国和荷兰先后增值其货币。英国于 1967 年贬值英镑。1969 年,法国和联邦德国分别重新确定法郎和马克的汇率。其他一些国家亦于同一时期调整汇率。各国货币纷纷贬值和重新定值,说明当时国际社会和各国内部的政治经济形势发生了较快、较大的变化。1967 年英镑的贬值是人们早已预料的结果。早于 1964 年,英国即面临严重

---

[88] IMF, *Annual Report* 1949, p. 2. 全文见 https://www.imf.org/external/pubs/ft/ar/archive/pdf/ar1949.pdf (2022 年 1 月 10 日访问)。

[89] IMF, *Annual Report* 1949, p. 11.

[90] 基金组织在其 1949 年年报中对法国表示将维持汇率的稳定表示赞赏。See IMF, *Annual Report* 1949, p. 23.

[91] See J. J. Polak, *Contribution of the September* 1949 *Devaluations to the Solution of Europe's Dollar Problem*, IMF eLibrary, https://www.elibrary.imf.org/view/journals/024/1951/002/article-A001-en.xml (2022 年 1 月 10 日访问).

的国际收支失衡问题。为改善国际收支地位,英国举借大量外债,并改变国内政策。然而,上述努力无法消弭业已形成的危机。1967年秋,英国终于无力继续支付国际交易。虽然十国集团的其他成员力图通过增加贷款,扭转英国收支平衡的颓势,但英国仍不得不于1967年11月18日宣布,将英镑贬值14.3%。英镑当时已经成为被广泛使用的货币,其贬值使英镑持有者的利益受损,也直接威胁到布雷顿森林体系的稳定性。〔92〕

进入20世纪70年代,布雷顿森林体系进一步受到严重挑战。1971年4月,欧洲共同体部长级会议讨论欧洲共同体成员方采取一致行动提高黄金的官价,即贬值各国的货币。〔93〕欧洲共同体的这一行动使美元受到很大的影响。同年5月,各国大量购买德国马克和荷兰盾;但联邦德国和荷兰未对金融市场(该两种货币币值上升)进行干预。易言之,联邦德国、荷兰两国任其货币币值完全由市场的供求关系确定,尽管这种做法违反当时的《基金组织协定》。〔94〕德、荷两国货币开始浮动后,欧洲共同体理事会(Council of the European Community)于1971年5月9日决议,联邦德国、荷兰和比利时不应提高货币比值,但美国必须贬值美元。同年5月17日,基金组织总裁和美国财政部长举行会议,基金组织总裁正式敦促美元贬值。基金组织的建议未被美国采纳。1971年8月15日,美国总统尼克松发表电视演说,正式宣布,"美国暂时停止以美元兑换黄金或其他准备资产"。〔95〕与此同时,美国开始征收进口附加税。美国从而完全放弃了依《基金组织协定》所承担的义务。它不仅不再维持黄金与美元、美元与其他货币的稳定汇率,而且开始对国际支付加以限制。

---

〔92〕关于英镑贬值及其影响,See J. Keith Horsfield, *The International Monetary Fund* 1945 - 1965, *Twenty Years of International Cooperation*, IMF, Vol. 1, Ch. 21 - 24。

〔93〕1971年3月22日,欧洲国家的外交部长达成协议,建立欧洲共同体货币安排,于同年6月15日起,其货币将在正负不大于0.6%的范围内浮动。关于1969~1973年间美国和欧洲诸国的金融关系及各国间的博弈,See William Glenn Gray, *Floating the System: Germany, the United States, and the Breakdown of Bretton Woods*, 1969 - 1973, Diplomatic History, Vol. 31:2, p. 295 - 323(2007)。

〔94〕参见基金组织原始协定及经第一次修改的协定第4条。

〔95〕关于美国宣布放弃布雷顿森林协议义务前后的国际和美国国内经济政治情势,See *Nixon and the End of the Bretton Woods System*, 1971 - 1973, Office of the Historian, https://history.state.gov/milestones/1969 - 1976/nixon - shock(2022年1月11日访问)。

美国宣布放弃维持黄金和美元的比值之义务后,其他国家纷纷宣布不再继续履行货币平价的义务。这不仅使得美元及其他广为使用的货币开始浮动,亦导致同一市场、同一货币的不同汇率。国际金融市场的混乱迫使十国集团于1971年12月在美国华盛顿史密斯研究所(Smithsonian Institution)集会,研究制定共同纲领。会议的结果是:将美元贬值7.89%;意大利和瑞典同意实行货币平价制度,但将其货币贬值1%;英镑和法郎的汇率维持不变;比利时、联邦德国、日本和荷兰同意建立货币平价制度,增值各自的货币;加元则继续浮动。[96] 1973年1月至3月,意大利和美国分别宣布里昂和美元贬值。[97] 1973年5月16日,欧洲共同体和十国集团发表联合声明,宣布其中央银行将不再为维持本国货币与美元的稳定比值而买卖外汇。这意味着正式宣布布雷顿森林体系崩溃。其结果是英镑、加元和日元分别与美元浮动,欧洲共同体国家推行蛇形浮动汇率,即共同体成员方间的货币汇率(通过干预市场)维持相对稳定,共同与美元浮动;其他国家则有的采钉住汇率,钉住一种货币或几种货币。

回顾战后的国际经济政治态势,布雷顿森林体系崩溃有其必然性,是自然的结果。如前所述,布雷顿森林体系的核心是各国实行钉住美元的汇率制度。美国成为各国事实上的中央储备国,美元是n个货币中的第n-1个货币。[98] 在此制度下,其他国家必须依国际收支情况,通过买卖美元干预外汇市场,以保持其本国货币与美元的汇率。美国则不必调整国际收支赤字,其只需要干预黄金市场,将黄金与美元的价格维持在每盎司35美元的水平。但这种汇率机制很快遭到了欧洲人的反对。"德国人认为美国通过贸易逆差向贸易盈余国家输出通货膨胀;法国人不满美国的金融霸权……他们均想放弃黄金与美元挂钩的体系,希望回到古典的金本位制"。[99] 欧洲人的这种反应并不奇怪,因为按布雷顿森林体系最初的设想,当美国出现贸易逆差时,其应该将大量黄

---

〔96〕 Margaret Garritsen de Vries, *The International Monetary Fund* 1966 - 1971: *The System Under Stress*, International Monetary Fund, Vol. 1, IMF, p. 553 - 556 (1976).

〔97〕 *IMF Press Release*, 第928号, 1972年6月30日。

〔98〕 See Robert A. Mundell, Alexander Swobod, *Monetary Problems of the International Economy*, University of Chicago Press, 1969, p. 21 - 38.

〔99〕 See Michael D. Bordo, *The Operation and Demise of the Bretton Woods System*, 1958 - 1971, in Naomi Lamoreaux, Ian Shapiro, *Bretton Woods Agreements*, Yale University Press, 2019, p. 224.

金投放到市场，从而减轻美元的市场压力。然美国的黄金存量根本无法满足市场的需求；据统计，1959 年流入外国市场的美元的价值已经与美国的货币黄金储量持平，到了 1964 年，外国金融机构持有的美元总值已经超过了美国的货币黄金储量。[100] 此情况势必引起人们对美元的信心下降，进而不再相信布雷顿森林体系的汇率制度。前述国际政治和经济原因是促使布雷顿森林体系崩溃的主要原因。

（五）后布雷顿森林体系的外汇制度

布雷顿森林体系崩溃，国际社会必须解决的首要问题是检讨并修改国际金融制度，以适应新的国际经济政治情势。1972 年 7 月，基金组织理事会决议设立国际货币制度改革及相关问题委员会（Committee on Reform of the International Monetary System and Related Issues），[101] 负责研究并起草对《基金组织协定》的修改。该委员会于 1974 年 6 月通过一项改革大纲，为国际货币制度改革的正式谈判提出了建议，[102] 主要是针对《基金组织协定》第 4 条。谈判主要集中在美国和法国提出的两个方案。法国政府主张建立稳定平价的外汇制度，以一共同货币单位为基础。该共同货币单位可以是类似于特别提款权的国际准备资产，其价值、使用及发行由基金组织成员方协议决定；黄金仍作为国际准备资产存在，但其价值应由市场决定；成员方买卖黄金不必再沿用官价。法国政府认为稳定汇率的制度不仅有助于国际贸易的发展而且对维持各国国内和国际经济秩序有益而无害。

美国认为，基金组织成员方应有不可否认的下述权利：不必得到特别授权而使本国货币自由浮动。自 1973 年美元开始浮动后，美国政府便拒绝承担任何义务维持美元与其他货币、美元与黄金或其他准备资产的固定汇率。美国希望达成一项国际协议，使成员方有权自行决定外汇制度，包括美元的汇率应

---

[100] See Michael D. Bordo, *The Operation and Demise of the Bretton Woods System*, 1958 – 1971, in Naomi Lamoreaux, Ian Shapiro, *Bretton Woods Agreements*, Yale University Press, 2019, p. 224.

[101] 参见 1972 年 7 月 26 日基金组织理事会通过的第 27 – 10 号决议，全文见 Margaret Garritsen de Vries, *International Monetary Fund* 1972 – 1978: *Cooperation on Trial*, IMF, Vol. 3, p. 151 (1985)。

[102] 这个委员会被称为二十人委员会。其起草的改革大纲成为《基金组织协定》第二修订案的基础。该修订案于 1978 年 4 月 1 日正式生效。

由市场而不是基金组织成员方决定。国家政府的作用仅在于维持市场的情势，而不是汇率本身。

当时浮动汇率已为很多国家所接受。这些国家认为浮动汇率在石油价格提高、世界经济形势变化时具有灵活性，对重新实行稳定汇率制度持怀疑态度。1975 年 6 月，美、法双方的态度趋于接近，但由于对《基金组织协定》修正案的措辞发生误解，最终导致关于第 4 条的谈判破裂。1975 年 6 月法国财政部长参加在巴黎举行的基金组织过渡委员会晚餐会时，说他认为法、美双方已就新的第 4 条达成了共识，即第 4 条所建立的是"稳定汇率的制度"。然而，第二天发表的文件写道，第 4 条所建立的是"汇率的稳定制度"。〔103〕 美、法谈判的破裂使得许多国家担心，由于该两国关于汇率制度的分歧可能使得修订《基金组织协定》的方案无法通过。

1975 年秋，关于修订《基金组织协定》的谈判重新开始后，法国、联邦德国、意大利、日本、英国和美国的政府首脑集会，讨论汇率制度问题。1975 年 11 月 17 日，美、法同时宣布双方已就《基金组织协定》第 4 条的修订达成协议。一般认为，此修订满足了美、法双方的需要：美国在要求给予基金组织成员方采取浮动汇率方面取得胜利；法国则在恢复外汇平价制度程序上较为满意。

经修订的《基金组织协定》第 4 条（外汇安排义务）和附录 C（平价制度）的规定共同构成基金组织的外汇汇率制度。这些规定的目的在于提供一个架构，便利各国商品、服务和资本的交换，保持经济的健康发展，以及为实现金融和经济稳定发展提供必要的根本条件。〔104〕 第 4 条允许各成员方自由选择本国的外汇安排与制度，无须基金组织批准。基金组织的作用限于监督和磋商。虽然基金组织有权对个别成员方的行为或国际货币制度的发展等提出建议，但相关成员方没有义务遵循基金组织的建议。基金组织关于修改国际货币制度的建议，如制定适用于所有成员方的一般外汇安排，需经基金组织 85% 特别多数加权投票的赞成。这种规定一方面是为了满足法国关于恢复外汇平价

〔103〕 Margaret Garritsen de Vries, *Jamaica or Non－reform of the International Monetary System*, Foreign Affairs, Vol. 54, p. 585 (1976).

〔104〕 参见《基金组织协定》第 4 条第 1 款。

制度的建议，另一方面亦为了保证美国在此类决定方面的否决权，因美国投票权远高于基金组织总投票权的15%。

《基金组织协定》第4条和附录C反映了美、法两国对外汇安排的立场与所强调的重点。基金组织原经济顾问Polak在谈到美、法谈判双方的立场时曾写道"他们取得一致意见，认为外汇汇率的稳定不应主要通过市场干预或外汇限制，而应通过经济制度的稳定而实现。新的第4条第1款反映了这一点。在几次会议上我均听到各方对第1款所涉问题的态度，其中最重要的是社会和政治条件——如果社会和政治稳定，相关国家便可能实现经济的稳定。稳定的经济是稳定的金融和货币的基础。这将最后导致实现该款的最终目标——外汇汇率的稳定"。[105] 为实现第4条的目标，成员方承诺与基金组织和其他成员方合作以保证实现有秩序的外汇安排，以及促进外汇汇率稳定制度之实现。[106] 该规定是基于原始协定第4条的义务。基金组织成员方依第4条第1款的合作，主要是通过下述方法推行：

(1)基金组织应致力于引导成员方经济和金融政策有利于实现有秩序的经济发展及价格的全面稳定；

(2)通过创造有秩序的和基本的经济金融条件和创造不会导致汇率经常变更的货币制度，努力促进外汇制度的稳定；

(3)力避目的在于阻止国际收支调整或取得不公平竞争优势的对外汇汇率和国际金融制度的操纵；

(4)执行与第1款原则相符合的外汇政策。[107]

虽然关于合作的义务之规定已较为明确，并可为基金组织与成员方的磋商及基金组织的建议提供法律基础，但总体来看，各项规定的具体含义均赖于基金组织的解释与执行。例如，创造经济金融条件和引导经济金融政策的发展和价格的稳定等均涉及相当复杂的国际和国内经济、政治元素。审查某个成员方是否履行了义务，只能依该国的具体情况而定。第三项关于操纵汇率的规定则较为具体。"操纵"(Manipulate)一词的含义是"用不正当的手段支

---

[105] Jacques Polak, *IMF After Jamaica*, Finance and Development, Vol. 13:2, p. 8(1976).

[106] 参见《基金组织协定》第4条第1款。

[107] 参见《基金组织协定》第4条第1款。

配、控制”，即操纵者以本身的能力或技能影响或掌握。因此，成员方操纵外汇汇率的行为是好、是坏取决于相关国家的动机、目的和效果。在谈判第 4 条时，许多国家的政府官员和学者均预期各国政府仍会干预和管理外汇市场，尽管浮动汇率将是国际金融制度的新特点；各国的财政部门和中央银行势将继续在国际金融市场起重要作用（影响汇率），汇率仍将对成员方经济有重要影响。此外，各国金融机构关于票据市场、贷款利息、税收及政府开支等方面的政策和所采取的措施均会直接影响汇率。假如上述各项政府行为均被视为违约，国际金融制度的正常进行便可能受到干扰。

实践中，在确定某个成员方的行为是否构成操纵汇率时，基金组织往往采用目的性标准，即以相关行为的目的确定行为本身是否合法。1974 年 6 月，基金组织执行理事会通过关于管理浮动汇率的方针的决议，[108] 界定了构成影响外汇汇率行为的定义。该决议的目的在于调节国际收支以外事项的措施不应被认为是影响外汇汇率的行为。经第二次修订的《基金组织协定》以及基金组织通过的关于国际监督的决议并未明确规定操纵的范围或构成操纵汇率的行为。然而，从执行理事会关于基金组织监督外汇汇率政策方针的决议所列举的应由基金组织与相关成员方讨论的事项看，成员方的行为是否违反基金组织的原则主要取决于相关行为是否与外汇汇率、外汇情势直接相关，以及是否针对国际收支的调整。[109] 总之，目的在于阻止国际收支调整的行为违反基金组织的原则。这种情形包括故意贬值本国货币和提高外币兑换率。这种做法同时亦可能违反第 4 条第 1 款的其他规定，因为它可能导致相关成员方取得非公平竞争的地位。另外，如果长期享有贸易盈余的国家拒绝增值本国货币，便有可能构成阻止其他国家国际收支调整的有效进行。

鉴于第 4 条第 1 款和第 2 款在很大程度上属于原则性和政策性的规定，《基金组织协定》第 4 条第 3 款明确规定，基金组织有权制定具体原则，指导

---

〔108〕 见 1974 年 6 月 13 日基金组织执行理事会通过的第 4232 (74/67) 号决议。决议全文见 Margaret Garritsen de Vries, *International Monetary Fund* 1972 - 1978: *Cooperation on Trial*，前引书，第 3 卷，第 487 - 489 页。该决议于基金组织协定第二修订案生效后失去效力。

〔109〕 见 1977 年 4 月 29 日基金组织执行理事会通过的第 5392(7/63)号决议。决议全文见 Margaret Garritsen de Vries, *International Monetary Fund* 1972 - 1978: *Cooperation on Trial*, Vol. 3, p. 491 - 494。

成员方在汇率制度方面的行为和政策；上述原则可由简单多数加权投票通过。但基金组织通过的原则不应与第 4 条第 1 款及第 2 款的规定相冲突。

除了《基金组织协定》第 4 条外，其他条款亦有涉及汇率的规定。如根据《基金组织协定》第 8 条第 3 款，成员方不得实行多种汇率制度，"任何成员方都不可采取或允许 …… 采取歧视性货币安排或多重货币做法"，除非相关安排得到基金组织的批准。该款的主要目的在于取消多重汇率制度；通常情况下，多重汇率和歧视性汇率安排通过给予某些进口产品以较优惠的汇率，实现与税收、补贴同样的效果，从而可以鼓励一些产品的进口以及减少一些产品的进口。多重汇率制度的另一用途是政府机构可通过外汇买卖的剪刀差增加外汇收入。西方发达国家认为此做法不符合市场经济的习惯，将最终导致经济政策的混乱和经济发展的不稳定，不利于多边国际货币制度的建立，应予禁止。但一些发展中国家则持不同立场。

货币的歧视性安排有多种形式；双边贸易协定一直被视为歧视性汇率安排的重要问题。除非事先得到基金组织的批准，否则接受第 8 条义务的国家所制定的任何带歧视性的货币安排，包括签订双边贸易协定，均可能违反第 8 条第 3 款的规定。

（六）监督与磋商

成员方与基金组织在汇率方面的合作义务主要反映在前述《基金组织协定》第 4 条，特别是第 4 条第 1 款。基金组织前首席法律顾问 Gold 将第 4 条称为"软法律"（Soft Law）。这是因为，在平价制度下，货币的浮动较易于确定，故一个成员方的行为和不行为是否违反了《基金组织协定》亦较易确定。在自选外汇制度下，到底哪些行为应被认为属于违反《基金组织协定》的事项，哪些不是则较难确定。[110] 然而也不能就此认为《基金组织协定》为软法律，因为根据《基金组织协定》，基金组织有权监督成员方切实履行依第 4 条第 1 款的义务，以保证基金组织的有效运作。[111] 为实现上述目标，基金组织

---

〔110〕 Joseph Gold, *Legal and Institutional Aspects of the International Monetary System: Selected Essays*, IMF, 1984.

〔111〕 参见《基金组织协定》第 4 条第 3 款。

应可就成员方的国内、国际金融政策与之磋商,而无论该政策是直接还是间接与汇率相关。磋商是基金组织确保各成员方有效合作和实现国际货币汇率制度及其稳定性的有效方法。依《基金组织协定》第 4 条第 2(b)款,基金组织对成员方汇率政策有监督的权力。该款规定,基金组织应对成员方汇率政策实行严格的监督,并应制定具体规范以指导成员方就相关政策采取的行动。各成员方应向基金组织提供必要的资料,以便基金组织行使监督的权力。应基金组织要求,各成员方应与基金组织就汇率问题进行磋商。[112]

磋商主要是由基金组织执行理事会做出结论,督促成员方不要实行违反《基金组织协定》或基金组织决议的政策。汇率政策及汇率一直成为基金组织关注的问题,也是监督与磋商的中心问题。假如任何成员方的货币与其他成员方货币的汇率可能成为问题,基金组织便会要求与该国磋商。基金组织前总裁 Larosiere 曾指出,"虽然这些磋商受到限制,但其可能很有效,尽管基金组织的制裁手段有限。成员方与基金组织就汇率问题产生分歧,可能给成员方带来的不利影响是不能低估的"。[113] Larosiere 同时指出,成员方故意操纵汇率,以取得不公平的竞争优势,并非目前国际货币制度的特点。[114] 然基金组织前首席法律顾问 Gold 并不认为基金组织的制裁手段有限,原因之一是磋商的作用不是为了制裁,因为基金组织从来就没有对任何成员方进行过制裁;[115] 成员方在磋商过程中的合作态度以及对《基金组织协定》的遵守都是以自愿为基础。假如任何成员方不自愿采取行动,基金组织亦可通过决议,规范成员方的行为,而这种决议具有法律强制力,是成员方所必须遵守者。[116] 此外,成员方履行《基金组织协定》的义务与磋商的效果在很大程度上取决于磋商本身的程序及内容。在磋商过程中,成员方与基金组织得以就广泛的问题充分交换意见,因此,在执行过程中,双方便有较好的相互理解。这对成员方信诚履行《基金组织协定》十分有利。

---

〔112〕 参见《基金组织协定》第 4 条第 3(b)款。

〔113〕 Jacques de Larosiere, *IMF Survey*, Vol. 10, p. 104(1981).

〔114〕 Jacques de Larosiere, *IMF Survey*, Vol. 10, p. 104(1981).

〔115〕 See Joseph Gold, *Legal and Institutional Aspects of the International Monetary System: Selected Essays*, p. 148 – 181, 555.

〔116〕 See Joseph Gold, *Legal and Institutional Aspects of the International Monetary System: Selected Essays*, p. 155.

自《基金组织协定》第二次修订以来，磋商的范围在不断扩大。基金组织与成员方的磋商不仅包括依第4条第3款的磋商，同时亦包括依第8条和第14条的磋商。在磋商过程中，基金组织不仅考虑汇率政策和汇率本身的问题，亦十分关心其他相关的经济政策。基金组织已明确规定了在分析、审查成员方汇率政策时，应该考虑哪些因素。如基金组织决议规定"基金组织评价成员方外汇政策应基于相关成员方的国际收支平衡与国际准备的状况和外债关系的发展。基金组织的评价应以对全面分析相关成员方的整体经济情势和经济政策战略为基础，同时应承认基金组织成员方的对内和对外政策均可能有助于收支平衡的即时调整。基金组织的评价应同时考虑相关成员方的政策，包括汇率政策，在多大程度上有利于实现金融稳定、促进持续的和健康的经济增长及合理的就业水准所必需的根本条件之有序发展"。[117]

随着国际金融一体化程度的不断提高，自2007年起，基金组织便将成员方利率和经济情势与国际金融市场的稳定加以联系，在磋商过程中关注成员方的国内政策对国际的影响。如基金组织在其2012年的决议中便明确提出，除了第4条第1款规定的义务外，"成员方国内政策可能对其他成员和全球经济和金融稳定产生重大影响"，故基金组织"鼓励成员方实施汇率和国内经济和金融政策时，应使这些政策本身或与其他成员方的政策相结合，以利于国际货币体系的有效运行"。[118] 在磋商中引入国际金融稳定元素会导致国内经济和金融稳定与国际金融稳定孰重孰轻，也就是在基金组织的秩序下，为了维持国际金融情势稳定，成员方主权权力的行使应在多大程度上受到限制的问题。[119] 当然，这不仅仅是一个法律问题，而是说明全球金融的运作和制度已在很大程度上成为一体。

除定期磋商外，基金组织亦经常与成员方进行非定期的或特殊的磋商。任何时候，只要基金组织认为某个成员方的汇率或外汇政策可能不符合基金

---

〔117〕 参见基金组织执行理事会第5392号决议，第3段。

〔118〕 See IMF, Decision on Bilateral and Multilateral Surveillance, Decision No. 15203 - (12/72), 2012年7月18日，全文见 https://www.imf.org/en/Publications/Selected - Decisions/description? decision = 15203 - (12/72)(2022年1月19日访问)。

〔119〕 关于国家主权与国际金融法的关系，See Federico Lupo - Pasini, *Financial Stability in International Law*, Melbourne Journal of International Law, Vol. 18:1, p. 45 - 70(2017)。

组织的原则或规则，其便有权要求该成员方与基金组织磋商。依第 8 条采取自由兑换外汇制度的国家，在计划对外汇加以管制或限制时，必须与基金组织进行磋商。基金组织成员方要求依基金组织保证或扩大安排提款或申请使用基金组织其他资源时，基金组织亦会与申请方磋商。事实上，除非上述提款是依准备部分进行，否则基金组织有权对基金组织资金的使用，包括资金的用途及使用方法等进行分析。此外，在批准提款申请时，基金组织也可规定一些先决条件，而磋商的义务就可能是其中的一项。在批准特别安排下的提款时，基金组织可将之作为批准提款申请的先决条件。有论者指出，"基金组织的贷款并非免费提供，为了获得持续发放贷款，政府须遵守每季度的具体政策条件审查。经济萎缩时期的此类严格且有争议的安排是臭名昭著的。在东亚金融危机期间，急需的流动性是以国家主权为代价；基金组织要求以紧缩的货币和财政政策换取持续发放信贷。基金组织总裁双臂交叉，高高在上地看着印度尼西亚总统签署借款协议的图像已成为发展中国家领导人几十年来一直抱怨的象征，即附加条件"。[120]

总体言之，基金组织磋商的范围可相当宽泛，涉及申请方国内经济金融情势和政策的许多方面。正因如此，基金组织的运作也颇受诟病。特别是其在亚洲金融风暴中的表现更是受到世人的抨击，有批评者认为亚洲金融风暴本身就是基金组织鼓动泰国等开放资本市场而造成的，然出现问题后又处理不当，[121] 布雷顿森林体系下的基金组织已经无法胜任新环境下的任务。[122]

有人认为基金组织的援助之所以效果不彰在很大程度上系因为其援助的附加条件不适当或过于严厉。[123] 然而，由于没有获得资金的其他渠道，基金组织成员方在遇到经济困难时还是不得不请基金组织援助，土耳其[124] 和希

[120] See Axel Dreher, Jan - Egbert Sturm, James Raymond Vreeland, *Politics and IMF Conditionality*, The Journal of Conflict Resolution, Vol. 59:1, p. 120 - 148(2015).

[121] 有论者甚至认为基金组织采取的措施不仅没有解决相关国家的问题，反倒加重了后者复苏经济的难度。See Barry Eichengreen, *The Asian Financial Crisis: the IMF and Its Critics*, Great Decisions 1999, 1999, p. 19 - 30.

[122] See S. Stanley Katz, *The Asian Crisis, the IMF and the Critics*, Eastern Economic Journal, Vol. 25:4, p. 421 - 439(1999).

[123] See Axel Dreher, Jan - Egbert Sturm, James Raymond Vreeland, *Politics and IMF Conditionality*.

[124] 关于土耳其经济危机及其与基金组织的合作，See Ayşe Y. Evrensel, *IMF Programs and Financial Liberalization in Turkey*, Emerging Markets Finance & Trade, Vol. 40:4, p. 5 - 19(2004)。

腊[125]的个案为近期的例证。另有论者批评基金组织未能发挥其在国际金融架构中的应有作用,以及贷款模式不当和不应向债务负担过重的国家提供贷款等。这些学者认为,“随着时间的推移,贷款模式不断变化的性质使基金组织的目标变得相互冲突。在处理可能不可持续的债务个案和转向更大和更长期的贷款方案时,基金组织事实上更多地参与了主权违约(通常是长期的)贷款。这种倾向于拖欠贷款的一个重要的意想不到的后果是,一个寻求基金组织贷款的国家可能无意中向世界其他地区发出了其无力偿债(而不仅仅是缺乏流动性)的信号”。[126] 尽管论者的侧重点不同,但一个不争的事实是基金组织的表现,特别是在解决金融危机的能力和方法方面,确实存在问题。更深层的原因应该是其如何针对发展中国家的实际情况,在尊重当地制度、文化、传统的基础上,与发展中国家的政府官员和专家合作,提出符合当地需要的解决方案,而不是自以为是地提出一些水土不服的“治疗方法”。

三、世界银行团

世界银行的全称是国际复兴与开发银行(The International Bank for Reconstruction and Development),是基金组织的姐妹组织,也是于 1944 年布雷顿森林会议上建立的。[127] 世界银行团系世界银行、国际开发协会和国际金融公司的统称。或可说,专责解决投资者与东道国争议的国际中心和专责提供投资保险的多边担保机构亦属于世界银行的机构。然鉴于这两个组织的性质并非金融机构,故人们称世界银行团时一般并不包括这两个机构。

(一)世界银行

世界银行于 1945 年 12 月 27 日成立,1946 年 6 月 25 日开始营业。世界

---

[125] 关于在希腊经济危机中基金组织和欧盟的救援行动及评论,See Anna Visvizi, *The Crisis in Greece and the EU – IMF Rescue Package: Determinants and Pitfalls*, Acta Oeconomica, Vol. 62:1, p. 15 – 39(2012)。

[126] See Carmen M. Reinhart, Christoph Trebesch, *The International Monetary Fund: 70 Years of Reinvention*, The Journal of Economic Perspectives, Vol. 30:1, p. 3 – 27(2016).

[127] 关于创立国际复兴与开发银行的讨论与方案,See Robert E. Asher and Edward S. Mason, *The World Bank Since Bretton Woods*, The Brookings Institution, 1973, p. 11 – 35。

银行成立的主要目的在于便利国际贷款的进行,以促进遭战争破坏的国家和地区的重建,落后地区的开发,以及长期国际收支失衡的解决。[128] 作为国际信贷机构,世界银行提供的贷款可用来解决长期国际收支失衡问题或用于经济的复兴与开发。为实现上述目标,《世界银行协定》第1条规定其宗旨是:(1)"对用于生产目的的投资提供便利,以协助成员方的复兴与开发,包括恢复受到战争摧毁或破坏的经济,使战时生产过渡到平时生产,以及鼓励较不发达国家的生产与资金的开发";(2)"通过保证或参加私人贷款和其他私人投资的方法,促进私人的对外投资";(3)"鼓励成员方从事生产资源的国际开发,以促进国际贸易的长期均衡发展,维持国际收支的平衡,协助提高生产能力,提高成员方的生活水平和改善劳动条件"。意识到不可避免的资金匮乏问题,《世界银行协定》规定,银行应鼓励私人国际投资,并向借款成员方提供贷款保证。世界银行亦可通过参加其他机构和私人投资促进国际私人投资的进行。实践中,世界银行总是鼓励成员方首先在国际市场向私人机构借贷,只有成员方无法在合理的条件下,在国际市场取得贷款时,世界银行才作为最后的资金提供者向成员方提供贷款。[129]

作为布雷顿森林体系的一部分,世界银行与基金组织有不可分割的关系。世界银行成员方以基金组织成员资格为前提,除非相关国家首先加入基金组织,否则便无权加入世界银行。这是因为世界银行的成员资格主要是使相关国家可以取得低成本贷款,而基金组织的成员资格则会赋予基金组织对成员方外汇和汇率制度等的监督权。如果一个国家仅加入世界银行而不加入基金组织,其权利和义务便不平衡。实践中,绝大多数国家均同时加入该两个组织。

世界银行是具有法人资格的国际组织,在成员方享有法律地位、特权和豁免。《世界银行协定》规定,成员方应采取必要措施,使银行的法律地位、特权

〔128〕 关于世界银行的作用和文化等,See Catherine Weaver, *The World's Bank and the Bank's World*, Global Governance, Vol. 13:4, p. 493 – 512(2007)。

〔129〕 See Lester Nurick, *International Bank for Reconstruction and Development and IDA*, in Walter Sterling Surrey and Don Wallace, Jr. , *A Lawyer's Guide to International Business Transactions*, International Law Institute, 1979, p. 54 – 55.

和豁免得以保障。[130] 基于此，各成员方应该承认银行的法人资格，从法律上赋予世界银行以签订合同、取得和出售财产、起诉和被诉的资格，但成员方不得自己或委派代表对银行起诉。另外，成员方不得对银行的财产进行征收或以其他方式使银行失去对财产的所有权。[131] 根据《世界银行协定》，银行的理事、执行理事、候补执行理事以及银行其他官员和职员在成员方履行公务时，享有法律上的豁免权。成员方并应为世界银行职员履行职责提供便利。[132]

世界银行的资金包括成员方认缴的股金，营业收入和在资本市场的借款。[133] 世界银行的资本结构反映了布雷顿森林会议上各国力图使该银行成为世界金融中间人的设想，即银行的作用主要在于从国际金融市场取得资金，然后向成员方发放，或为成员方从其他渠道获得的贷款提供担保。在此情况下，世界银行用自有资金向成员方提供的贷款仅是其业务的一小部分。通常情况下，在与成员方达成贷款协议前，世界银行便与其他国际组织、私人或政府机构达成协议，将债权的全部或部分转让给后者；此操作亦可在世界银行与成员方就贷款达成协议后为之。世界银行亦可在国际金融市场向私人借款，包括向成员方政府金融机构借款，以满足本身业务的需要。此外，世界银行还在国际金融市场公开出售或直接向国家政府或中央银行出售债券。

世界银行的贷款主要用于支持发展中国家的投资期限较长的生产性项目，以促进各该国的经济发展。根据《世界银行协定》，银行提供或担保的贷款，应用于成员方的经济复兴与发展的项目。[134] 该项规定主要在于保证银行的贷款及担保用于生产项目。[135] 实践中，世界银行亦给予该条以宽泛的解释。世界银行提供的项目贷款便包括范围广泛的经济发展内容。这些贷款不仅可用于资助成套的经济发展项目，亦可资助相互联系不大的、各分项目的组合。例如，兴建水坝的贷款可能用于兴建水利发电厂及高压运输线路。世界银行的项目贷款亦可用于某一个经济部门，如教育、农业、交通或其中的一个

---

〔130〕 参见《世界银行协定》第 7 条第 10 款。

〔131〕 参见《世界银行协定》第 7 条第 3 款和第 4 款。

〔132〕 参见《世界银行协定》第 7 条第 10 款。

〔133〕 关于世界银行的股金构成和缴纳方式等，See Aron Broches, *World Bank*, in Robert S. Rendell, International Financial Law, Euromoney, 1980, p. 253。

〔134〕 《世界银行协定》第 3 条第 4 款。

〔135〕 See Lester Nurick, *International Bank for Reconstruction and Development and IDA*, p. 66.

分支,如高速公路的兴建等。或可说,世界银行的贷款几乎涵盖各个领域,亦可针对一些突发事件。例如,面对新冠肺炎疫情的肆虐,世界银行于 2020 年 4 月 2 日设立了 COVID - 19 快速通道便利(COVID - 19 Fast - Track Facility),亦称 COVID - 19 战略准备和响应计划(COVID - 19 Strategic Preparedness and Response Program,SPRP),以专项资金、快速拨款的形式支持发展中国家抗击疫情。[136]

世界银行的贷款对象是成员方,通常由成员方的国际开发银行或其他机构借贷,然后由这些机构转贷给当地借款者。[137] 世界银行也可以直接向私人企业提供贷款,条件是由相关成员的政府担保。世界银行向私人企业的贷款主要是通过当地的金融机构进行,即由世界银行向成员方的金融公司放款,然后由后者转借给私人企业。提供此类贷款的条件和要求与世界银行直接向成员方提供的贷款相同,主要包括确保贷款被有效和合理地使用。[138] 随着私人投资对各国经济发展的地位日益提高,世界银行亦渐次将对支持私人投资作为优先项目之一。如为了改善借款国的投资环境,世界银行于 21 世纪初便开始在基础设施领域拓展项目,以帮助当地创造就业机会,提高生产力。同时,世界银行还将融资扩展到私营部门,特别是小、中型企业和小额信贷机构。[139]

成员方政府或由成员方政府担保的公共企业或私人实体可以直接向世界银行申请贷款。世界银行所提供的贷款通常涵盖项目所需要的全部或部分外汇。特殊情况下,银行亦可提供以借款国本国货币为币种的贷款。世界银行

---

〔136〕 2021 年 6 月 30 日,世界银行宣布,其用于新冠肺炎抗疫的资金将会达到 200 亿美元。此外,世界银行正在全球范围内重新部署其资助项目的资源,包括通过重组和使用相关项目的应急资金,以应对包括流行病在内的灾害。详见世界银行,*World Bank Group's Operational Response to COVID - 19 (coronavirus) - Projects List*, https://www.worldbank.org/en/about/what-we-do/brief/world-bank-group-operational-response-covid-19-coronavirus-projects-list(2022 年 1 月 13 日访问)。

〔137〕 世界银行向成员方提供贷款亦需签订贷款协议。此类协议不同于普通的银行与客户的贷款合同。关于世界银行贷款协议的法律问题,See John W. Head, *Evolution of the Governing Law for Loan Agreements of the World Bank and Other Multilateral Development Banks*, The American Journal of International Law, Vol. 90:2, p. 214 - 234(1996)。

〔138〕 为了保证成员方有效使用贷款,世界银行就此制定并实施了一套奖惩制度,使能有效利用世界银行贷款的国家将较易再次取得贷款。See Franco Peirone, *The World Bank Sanction System*, European Procurement & Public Private Partnership Law Review, Vol. 13:1, p. 18 - 29(2018).

〔139〕 See Robert B. Zoellick, *Why We Still Need the World Bank: Looking Beyond Aid*, Foreign Affairs, Vol. 91:2, p. 71(2012).

所提供的一般是中、长期贷款。贷款到期后，再给予一个宽限期。贷款的期限以及宽限期的确定依所资助的项目和借款国收支平衡的前景，以及借款国的负债等确定。通常情况下，世界银行的贷款期限可达 10～20 年，利息以银行取得资金的成本为基础，另加少许管理费。

成立世界银行的设想主要是为了资助遭受战争破坏的国家。然自世界银行成立时起，其提供贷款的对象主要是发展中国家，涉及的项目则包括基础设施（如发电厂、高速公路等）、城乡建设、农业、林业、教育和地方工业的发展等。所资助的项目对借款国家的就业、国民收入分配、人民健康、营养、环境、法治、反腐败、妇女参政、少数群体的权利等的作用受到世界银行的重视。故世界银行在提供贷款时，不仅考虑所资助项目的经济效益，而且重视其社会和国家治理等方面的影响。[140]

向发展中国家成员方提供技术援助亦为世界银行的业务之一。这是由于一方面在确定和谈判项目时，发展中国家需要世界银行的指导与协助，另一方面在制定经济政策时，发展中国家亦逐步倾向于接受世界银行的建议或直接要求世界银行提供技术服务。在对经济形势的分析、政策的制定、辅助性经济发展项目的确定、投资项目的准备与指定及经济发展优先项目的确定等问题上，发展中国家成员方经常谋求世界银行的协助。世界银行所提供的技术援助大多是与世界银行贷款相关的项目。遇有世界银行无能力自行解决的技术性问题或项目，世界银行便会向申请方建议可能取得技术援助的其他专业机构。世界银行并会就成员方聘请专家的问题提供咨询。必要时，世界银行亦可提供专门用于技术援助的贷款。

（二）国际开发协会

国际开发协会（International Development Association）（以下简称开发协

---

〔140〕 世界银行前行长 Robert B. Zoellick 便曾指出，不仅世界不断变化，世界银行也在不断变化。例如，针对粮食危机，“世界银行迅速行动，与联合国机构合作启动了全球粮食危机应对计划并创建了一个快速支持农民的融资机制”，“使 47 个国家的 4000 万弱势群体受益”。See Robert B. Zoellick, *Why We Still Need the World Bank: Looking Beyond Aid*, p. 70.

会)于1960年成立,[141]成员以世界银行成员方资格为先决条件。开发协会的成立是基于世界银行成员方的下述认识:世界经济的健康发展和国际贸易的平衡发展,有利于维护世界和平与繁荣;不发达地区的经济发展,将使国际社会受益。开发协会的主要任务是通过提供较不苛刻的、低利息的贷款以及无息贷款帮助不发达国家发展经济。[142] 为此,开发协会必须有足够的资金,而这些资金应主要来自成员的捐款。[143] 故开发协会的成员方从一开始便分为两类:第一类是捐赠国(contributor countries),第二类是借款国(borrowing countries)也是捐赠国。总体上,捐赠国主要是发达国家,借款国主要是发展中国家。[144] 在谈判《开发协会协定》之初,成员方即意识到各国的捐款不能满足开发协会的需要。因此,《开发协会协定》第3条规定,必要时,开发协会有权增加成员方的认股额。开发协会应定期检讨资金状况,以决定是否需要增加资本。检讨应每5年进行一次,必要时可随时办理。《开发协会协定》同时规定,成员方可提供补充资本。补充资本是指成员方以本国货币额外缴纳的资金。该种额外资金亦可以其他货币缴纳。例如,法国可用英镑向基金组织缴纳额外资金,但需得到货币发行国的同意。[145] 开发协会亦可通过贷款担保等取得资金。开发协会提供贷款所使用的货币亦须得到货币发行国的同意。

设立开发协会的目的主要是为发展中国家,特别是最不发达国家,提供金

---

[141] 国际开发协会于1960年9月24日向成员方开放签字。关于开发协会成立的背景,See Robert E. Asher, Edward S. Mason, *The World Bank Since Bretton Woods*, The Brookings Institution, 1973, p. 381 – 389。

[142] 《开发协会协定》(International Development Association Articles of Agreement),载https://ise-prodnr-eu-west-1-data-integration.s3-eu-west-1.amazonaws.com/legacy/IDA+Articles+of+Agreement+(English)_07518973-2358-488b-929e-03545f71a272.pdf(2022年1月12日访问)。

[143] 自成立时起,开发协会每3年为一期进行筹款,现在是第20期筹款。根据开发协会的信息,其最新一期的筹款或资金补充于2021年12月完成,为2022~2025年周期共筹得资金930亿美元,为历史上金额最大者。详见https://ida.worldbank.org/en/replenishments(2022年1月15日访问)。

[144] 关于捐赠国与借款国的具体情况,见https://ida.worldbank.org/en/about/contributor-countries(2022年1月15日访问)。

[145] 《开发协会协定》第3条第2款。

融援助。[146] 虽然开发协会的资金除了成员方的股本外,全部是捐赠,但其向成员方提供的援助是以贷款的形式进行。这主要是为了保证开发协会的金融援助得以有效地利用,起到补充世界银行贷款的作用。《开发协会协定》第5条第2款规定,开发协会在提供经济援助时,有权自行决定其认为必要的形式和条件。[147] 虽然《开发协会协定》并未规定借款国偿还贷款的期限与条件等,但其规定借款国可以本国货币偿还贷款。这就是说开发协会的贷款事实上有捐赠的性质,盖因当今世界的国家货币无一不是由本国政府自行印制。经过40多年的实践,开发协会在贷款方面已形成惯例,大多为无息贷款,期限为20年、35年和40年不等,另加10年宽限期,开发协会仅收取相当于贷款总额0.75%的手续费。开发协会成员方曾讨论是否应改变上述做法,改为规定提供贷款的条件。但各国一直未能就此达成协议,其中部分原因是开发协会向经济发展较好的低收入国家提供贷款时,总是与世界银行联合贷出。[148] 这样各国的实际受益水平便已不同,因此也就没有必要对这类贷款附加不同条件。在确定贷款对象方面,开发协会一方面沿袭世界银行的做法,另一方面亦确定了自己放款的标准。总的来讲,开发协会对贷款项目的考察标准与世界银行的相同。关于接受开发协会贷款的资格,开发协会以下述标准为原则:

(1)借款国的人均收入水平;

(2)借款国的国际信誉;

(3)借款国的经济形势,包括是否可有效利用相关资金以及是否已经选定适当的项目;

(4)借款国的人口总数等。[149]

当然,在实际执行过程中,开发协会尚需依具体情况灵活掌握。比如,借

---

[146] 有论者认为建立开发协会是不得已而为之,因为当时最贫穷的20～30个发展中国家不仅无法偿还其从世界银行的借款,而且无法继续从金融市场取得贷款。除非有一个新的资金来源,否则这些发展中国家便不可能继续留在世界银行,这对银行和发达国家而言无疑是不可承受的损失。See Ronald T. Libby, *International Development Association: A Legal Fiction Designed to Secure an LDC Constituency*, International Organization, Vol. 29:4, p. 1065 – 1072(1975).

[147] 《开发协会协定》第5条第3款。

[148] 有论者认为,如果没有世界银行的合作和资助,开发协会根本无法运作。See Ronald T. Libby, *International Development Association: A Legal Fiction Designed to Secure an LDC Constituency*, p. 1072.

[149] See World Bank, *IDA in Retrospect*, Oxford University Press, 1982, p. 22.

款国的经济情况可能相对较差，然而其经济管理水平可能较高。因此，该国便可能被认为有能力通过其他渠道取得贷款。一些国家虽然人均国民收入水平较高，但其收入可能主要依赖于出口，因此该国的国际信誉便可能较低，因为一般认为向依靠外汇收入维持国民生活水平的国家提供贷款会涉及较大的风险。

为有效利用资金，开发协会还建立了“毕业”制度，即当一个国家的经济发展达到一定水平后便失去继续从开发协会取得贷款的资格。实践中，有的国家在某个时间段因经济发展较好而失去了在开发协会取得贷款的资格，但后来因经济条件变差又恢复了该资格。[150]

（三）国际金融公司

国际金融公司（International Financial Corporation，IFC）（以下简称国金公司），作为世界银行的附属机构，于 1956 年成立，[151] 目的在于向发展中国家的金融公司，特别是最不发达国家和地区的金融公司提供援助，以放款和投资的方式扶助私有生产企业的发展，故其业务亦有投资的性质。世界银行的贷款主要是向成员方政府或由政府担保的企业提供。为了创造投资机会，发挥自由创业的精神，鼓励私人资金投向成员方的新企业或现有企业的扩大、现代化及多元化，国金公司的宗旨包括：

（i）在成员方私营企业无法按照合理条款获得充足的民间资金的情况下，与私人投资者一起为私营企业的建立、改进和扩大提供无须成员方政府还款担保的融资，从而促进成员方的发展；

（ii）综合利用投资机会、国内外资本以及经验丰富的管理人员；

（iii）积极推动并创造有利条件使国内外私人资本流动，向成员方的私营企业提供资金。[152]

---

〔150〕 详见 https://ida.worldbank.org/en/about/borrowing-countries（2022 年 1 月 15 日访问）。

〔151〕 《国际金融公司协定》，载 https://www.ifc.org/wps/wcm/connect/326b5c55-e30a-439e-8af2-0b3f5ba1f80a/2020-IFC-AoA-Chinese.pdf?MOD=AJPERES&CVID=n7H267c（2022 年 1 月 12 日访问）。

〔152〕 《国际金融公司协定》第 1 条，载 https://www.ifc.org/wps/wcm/connect/326b5c55-e30a-439e-8af2-0b3f5ba1f80a/2020-IFC-AoA-Chinese.pdf?MOD=AJPERES&CVID=n7H267c（2022 年 1 月 12 日访问）。

基于前述，国金公司的投入应用于成员方私人企业的生产性项目，然何为私人企业以及何为生产性项目，《国金公司协定》并未具体规定。

1955 年 4 月 11 日，世界银行执行理事会通过了一个关于解释《国金公司协定》的备忘录，指出协定第 1 条的“生产性”是指国金公司资助的私人企业应能对成员方经济发展有所贡献。换言之，除非受援公司可以对本国经济发展起到作用，否则便无资格取得国金公司的援助。国金公司成立之初，私人企业被解释为没有政府的干预和由私人所有的企业。对私有企业的这种解释实践中亦发生了变化。国金公司在确定企业的所有制时，主要审查政府所有权在相关企业所占的比例、相关企业管理机构的性质及实际控制权等。国金公司刚成立时，其要求成员方政府在其所资助的企业中的所有权不应超过 25%，后渐次改为不超过 49%。目前，国金公司可向成员方的所有企业提供资助，而无论国家所有权占比例多少。即使是完全由政府所有的企业，只要国金公司的资助可以协助私人企业取得资金，国金公司亦会提供贷款等。[153] 国金公司这一政策变化主要是基于成员方经济政治制度的多样化和企业结构多样性的事实。国金公司贷款的特殊性在于其市场和经济效益并重的原则，即通过在市场集资便利成员方私人企业投资的进行。国金公司所提供的贷款不仅应该符合市场经济规律，亦应对成员方的经济发展有所贡献。

国金公司的资金主要来自成员方的认股、借款和贷款国的还款等。国金公司向成员方提供贷款或进行投资时，以国际金融市场的情势为准，在作出决定时像其他私人投资者一样，主要考虑投资或贷款项目的前景及借款人的还款能力；相关项目对成员方经济发展的影响仅为考虑的因素之一。通常情况下，国金公司提供的援助形式是投资和贷款并重，然应力避成为任何公司的最大股权持有者。一般情况下，国金公司总是将持股量控制在 25% 以下。同时，无论其持有私人公司的股权有多少，国金公司均不参与相关企业的管理。

国金公司的援助项目亦根据国际经济的形势和突发事件而调整。如面对新冠肺炎疫情对人类健康与生命的威胁，国金公司便加大了与公共卫生相关项目的投入。又如，随着国际社会对气候变化、可持续发展、环境等议题的重

〔153〕 See Dinesh Bahl, *The World Bank and International Finance Corporation*, World Bank, p. 56 (1983).

视,国金公司近年在此方面的投入亦显著增加。[154] 目前,国金公司已成为"全球最大的专注于新兴市场和发展中国家经济体的私人部门发展的机构",[155] 涉及100多个国家。据统计,国金公司在2021年共承诺了315亿美元的投资,其中233亿美元为长期融资,82亿美元为短期融资。[156]

国金公司亦曾协助成员方组建金融机构,负责促进某一经济领域的投资。国金公司的贷款与投资原则是力避与其他金融机构,特别是私人金融机构竞争。国金公司提供的资助大多用于项目的初建阶段。在决定资助项目前,国金公司一般要求申请者提供相关资料,由其职员对之加以分析,然后确定是否提供资助。[157]

(四)对全球性挑战的应对

世界不断变化是常态,全球化的进程将世界变化的频率和幅度不断推向新的制高点,对世界银行、开发协会和国金公司构成挑战。世界银行团必须与时俱进方能实现其目标。面对全球化的挑战,世界银行采取了一系列的措施。如前所述,世界银行通过资助政策、推出新项目、与其他机构开展合作等,在帮助发展中国家发展经济、改善民生、改进和完善社会治理等方面的作用明显,人们一般多持正面的看法。[158] 当然也有论者认为世界银行主要是为西方国家的利益服务,批评其从成立的时候起几乎就没有发展中国家的实质性参与,从而一直受到经济精英机构不成比例的影响或操纵,成为全球资本的代理人;

---

[154] 详细情况见国金公司,2021 Annual Report,https://www.ifc.org/wps/wcm/connect/5360200e-056f-4f99-9957-5f756c50a9ae/IFC_AR21.pdf?MOD=AJPERES&CVID=nVpUHdA(2022年1月16日访问)。

[155] 详细情况见国金公司,2021 Annual Report,https://www.ifc.org/wps/wcm/connect/5360200e-056f-4f99-9957-5f756c50a9ae/IFC_AR21.pdf?MOD=AJPERES&CVID=nVpUHdA(2022年1月16日访问),第1页。

[156] 详细情况见国金公司,2021 Annual Report,https://www.ifc.org/wps/wcm/connect/5360200e-056f-4f99-9957-5f756c50a9ae/IFC_AR21.pdf?MOD=AJPERES&CVID=nVpUHdA(2022年1月16日访问)。

[157] 关于国金公司对投资建议的评估标准、程序等,见 https://www.ifc.org/wps/wcm/connect/corp_ext_content/ifc_external_corporate_site/solutions/investment-proposals(2022年1月16日访问)。

[158] See Martin Ravallion, *The World Bank: Why It Is Still Needed and Why It Still Disappoints*, The Journal of Economic Perspectives, Vol. 30:1, p. 77-94(2016).

其在发展中国家主要是与当地的政治和经济精英打交道，很少关注一般民众的需求。[159] 甚至有人认为世界银行向贫穷国家提供贷款和援助事实上使得本就治理不善的政府变得更糟。[160] 作为对国际社会批评的回应，为了提高银行贷款在借款方的实际作用，1993 年，世界银行成立了一个独立的监察小组（Inspection Panel），负责调查对世界银行资助项目产生的不利影响之投诉。截至 2021 年 6 月，该监察小组共收到 152 个调查请求，其中 46 个已完成调查并提出了建议。[161]

世界银行还与其他区域性开发银行合作，一方面解决资金短缺的问题，另一方面提高了与借款方的合作。在向发展中国家提供贷款方面，世界银行已将合作扩大到包括亚洲基础设施投资银行等新成立的机构。[162] 此外，为了更有效评估和加强国家破产和债权人权利制度，世界银行、联合国国际贸易法委员会与基金组织协商，制定了《破产和债权人权利标准》（Creditor Rights and Insolvency Standards）。[163] 该标准是以世界银行"有效破产和债权人制度原则"为基础，结合联合国贸易法委员会的破产法立法指南，代表了国际社会的最佳实践，已推荐各国根据本国情况优先实施。"有效破产和债权人制度原则"则旨在设计一套能代表国际最佳实践的制度，强调事件的背景，提出政策选择及综合解决方案。这些原则是评估工具，用于帮助各国评估、改进其商法体系的核心内容，以便改善投资环境、促进商业和经济增长，因为人们相信高效、可靠、透明的债权和破产制度对于重新配置生产性资源、增加投资者信心和企业规划至关重要。[164]

---

〔159〕 See David O. Friedrichs and Jessica Friedrichs, *The World Bank and Crimes of Globalization: A Case Study*, Social Justice, Vol. 29:1 - 2, p. 13 - 36(2002).

〔160〕 See Angus Deaton, *The Great Escape: Health, Wealth, and the Origins of Inequality*, PrincetonUniversity Press(2013).

〔161〕 See World Bank, 2020 - 2021 *Inspection Panel Annual Report*, 附件一, in https://www.inspectionpanel.org/sites/www.inspectionpanel.org/files/publications/annual - report - 2020 - 2021.pdf。

〔162〕 See Vikram Raghavan, *The World Bank and Regional Development Banks*, Proceedings of the Annual Meeting (American Society of International Law), Vol. 110, p. 273 - 277(2016).

〔163〕 《破产和债权人权利标准》英文全文见 https://thedocs.worldbank.org/en/doc/538701606927038819 - 0130022020/original/ICRStandardJan2011withC1617.pdf（2022 年 1 月 14 日访问）。

〔164〕 关于世界银行"有效破产和债权人制度原则"的讨论，See Hassane Cissé, *Alternatives to "Hard" Law in International Financial Regulation: The Experience of the World Bank*, Proceedings of the Annual Meeting (American Society of International Law), Vol. 106, p. 320 - 323(2012)。

世界银行还针对国际社会关注的新议题不断修订贷款政策。如鉴于可持续发展议题渐次得到世人的重视,20 世纪 90 年代中期,世界银行在贷款评估中加入了碳元素,并为此与其他机构建立了伙伴关系,以期帮助缓解全球气候问题。世界银行并为此建立了一个原型碳基金(Prototype Carbon Fund),对推动《京都议定书》的实施有重要影响。[165] 2001 年,世界银行将推动可持续发展作为其战略,融入银行的贷款,并为此作出了题为"关于可持续的承诺:世界银行的环境战略"的报告。[166] 世界银行并通过全球伙伴关系推进其环保理念,以解决全球性的环境问题;[167] 目前世界银行建立的伙伴关系已达 100 余个,涵盖生物多样性、水、森林、荒漠化等领域。[168] 世界银行除了通过自己的贷款推动可持续发展的理念外,还联合国际金融公司等共同进行环境融资。值得指出的是,通过此类融资,世界银行团还将国际规则融入接受援助及借款国。

针对东道国投资环境对吸引外国投资的作用,世界银行于 2002 年启动了"营商环境"项目,通过收集不同经济体的营商环境规范,比较中小型企业在不同国家面临的法律挑战,从而形成《营商环境报告》。《营商环境报告》于 2003 年首次发布,内容包含 133 个经济体的 5 组指标,目前已涵盖 189 个经济体的 11 组指标。《营商环境报告》一经推出便成为世人衡量一个国家投资环境的参考,包括俄罗斯、印度在内的很多国家政要都视在《营商环境报告》中的排名为政府执政的重要指标。然而,曾参与《营商环境报告》评估的专家认为该项目收集数据的方式并不能完全正确反映相关经济体的营商环境,因其

---

〔165〕 原型碳基金旨在促进世界银行的可持续发展目标,展示公私合作伙伴关系的可能性,并向各利益相关方提供"边做边学"的机会,从而有助于减缓气候变化的不利影响。关于原型碳基金的历史、宗旨和运作,详见 http://web. worldbank. org/archive/website00521/WEB/OTHER/PARTN-12. HTM(2022 年 1 月 14 日访问)。

〔166〕 关于世界银行可持续发展的战略,详见 World Bank, *Making Sustainable Commitments*: *An Environment Strategy for the World Bank*,相关内容见 https://openknowledge. worldbank. org/handle/10986/13985(2022 年 1 月 14 日访问)。

〔167〕 See World Bank, *Putting Our Commitments to Work*: *An Environment Strategy Implementation Progress Report*, 2003 年, https://policycommons. net/artifacts/1442443/putting-our-commitments-to-work/2072972/(2022 年 1 月 14 日访问)。

〔168〕 关于此问题的讨论, See Susan Park, *The World Bank Group*: *Championing Sustainable Development Norms*?, Global Governance, Vol. 13:2, p. 535-556(2007)。

调查可能助长了政府“放松管制”,另有一些提供信息的国家并不同意由《营商环境报告》排名。[169] 无论如何,世界银行的《营商环境报告》已成为其旗舰项目。

世界银行的另一举措是自 20 世纪 80 年代起,其便开始与非政府组织合作,目的是希望凭借非政府组织等对借款国国情、专业知识、技能等的认识,提高世界银行资助的项目的可行性评估质量。随着时间的推移,世界银行的许多工作人员与世界各地的非政府组织建立了关系,并将后者视为银行决策的参与者。有论者认为此做法有利于改善借款国的治理能力。[170] 然而需要指出的是,如果非政府组织等的参与得到借款国的理解与支持当然没有问题,否则便可能引起争议。此外,任何非政府组织都有其特定的目的,故其意见必然有其局限性,甚至偏见。如何避免受到这些不正当的因素影响是世界银行善用非政府组织专长的必要条件。

总之,世界银行现在已是一个非常多元化的机构,由来自不同国家的员工组成,这些人的文化、历史、传统、教育等背景各异。这就逐渐形成一个所谓的“世界银行决策文化”;在此文化氛围下的决策和决定从程序到实体内容都具有其独特性。“即使是努力寻求替代观点的人也认为,在世界银行普遍存在一种看法,即事实上存在一种独特的超越任何人的‘世界银行’意识形态在指导银行的发展理论与实践。在过去的四分之一世纪里,这种意识形态的特征是非政治化、技术官僚化及经济化”。[171] 然而,即使在世界银行有一个超越任何国家和民族的文化,也不可以据此便认为世界银行的决策不受外部因素的影响。一个不争的事实是世界银行一直受美国等发达国家的控制,美国等甚至将银行的贷款与地缘政治挂钩,从而使得经济项目政治化。此外,近年世界银行的运作还受到非政府组织等的影响,如其关于可持续发展的政策便受到

---

〔169〕 See Timothy Besley, *Law, Regulation, and the Business Climate: The Nature and Influence of the World Bank Doing Business Project*, The Journal of Economic Perspectives, Vol. 29:3, p. 99 – 120 (2015).

〔170〕 关于世界银行与非政府组织的关系及对借款国的影响, See Deborah A. Bräutigam, Monique Segarra, *Difficult Partnerships: The World Bank, States, and NGOs*, Latin American Politics and Society, Vol. 49:4, p. 149 – 181(2007)。

〔171〕 Catherine Weaver, *The World's Bank and the Bank's World*, p. 504.

非政府组织的重要影响。[172] 可持续发展和气候变化是全球议题，理应受到国际社会的重视。然目前有影响力的非政府组织都得到美欧等国家的支持，或可说正是因为得到了这些发达国家的支持其才得以在世界有较大的影响力。这些非政府组织的政治理念、信仰、意识形态等与这些国家亦相通、相似，在一些具体议题上甚至一致，这就使得其中立性和客观性受到质疑。世界银行如何客观评价、采纳非政府组织的意见，同时渐次重视、考虑并采纳发展中国家非政府组织的意见，将是其无法回避的挑战。

四、银行与跨国合作

银行有广义和狭义之分。广义说将重点放在银行的借贷业务方面，主张所有从事货币借贷活动的实体均应被视为银行。狭义说则将重点放在从事货币借贷交易的实体所具有的创造和消灭货币的职能。根据此学说，除商业银行外，其他金融机构均不应被视为银行。

（一）中央银行与商业银行

无论关于银行的学说有多少，每个国家均设有中央银行，尽管其名称各异。作为国家银行，中央银行的职能包括负责领导并监督本国的金融机构。基于此，中央银行为其本国金融制度的中心，主要与其他银行和金融机构打交道，且运作不以营利为目的，故亦被称为“银行之银行”。[173] 由于中央银行大多负责本国货币的发行，故有发钞银行之称。中央银行还是其本国政府的银行，政府发生临时性或周期性超支时，亦需依赖中央银行提供资金。

世界上具有现代特点的最古老的中央银行是英国的英格兰银行（Bank of England）。英格兰银行成立于1694年，目的是替英国政府筹募经费。作为交

---

〔172〕 关于此问题的讨论，See Daniel L. Nielson，Michael J. Tierney，*Delegation to International Organizations：Agency Theory and World Bank Environmental Reform*，International Organization，Vol. 57：2，p. 241－276（2003）。

〔173〕 关于当代中央银行面对的问题及解决方法之讨论，See Peter J. Boettke et al.，*Money and the Rule of Law：Generality and Predictability in Monetary Institutions*，Cambridge University Press，（2021）。

换的条件，英国政府允许英格兰银行发行纸币。[174] 1833 年，英国通过一项法律，规定英格兰银行的纸币为全国唯一的法偿货币。1844 年通过的英国银行法进一步扩大了英格兰银行发行货币的权力。英格兰银行从而率先开始了现代中央银行的业务，并逐步发展了中央银行业务的原理与操作技术。[175]

中央银行属于专业银行的一种。除中央银行外，世界银行、区域性开发银行及国家发展银行等均属于专业银行。最著名的国际性专业银行为世界银行；区域性开发银行则包括亚洲基础设施投资银行、亚洲开发银行和非洲开发银行等。另一类专业银行是投资银行或商人银行（Merchant Bank）。统而言之，投资银行大多为专营发行与包销证券、中长期大额存放款、外汇买卖及投资咨询等业务的金融机构，故其业务亦与证券公司等有重叠。投资银行与商业银行的主要区别是前者不接受活期存款，但可接受定期存款。[176]

关于商业银行的性质，无论是银行界还是法律界均曾对之进行过广泛的讨论，因人们经常将商业银行和银行混用。商业银行之所以出现主要是基于这些银行所从事的业务包括活期存款和与商业交易相关的资金融通安排，如商业放款等。无论商业银行一词的选择是否合理，只有那些从事全面银行业务的金融机构才被视为商业银行。商业银行的概念之采用，主要是为了说明商业银行与投资银行等专业银行的区别。实践中，各国亦经常就银行和金融公司等的业务范围进行调整，故不可将商业银行与其他银行的异同视为永久不变。[177]

最古老的银行向客户提供贷款的资金主要是银行的自有资金。后来，国家法定的银行资本率的产生和发展，使得银行可以合法利用客户的存款向他

---

[174] 关于英格兰银行的历史及运作，See Sir John Clapham, *The Bank of England: A History*, The Cambridge University Press（1944）。

[175] 关于英格兰银行创立的现代银行的运作模式，See Nurhan Davutyan, William R. Parke, *The Operations of the Bank of England, 1890 – 1908: A Dynamic Probit Approach*, Journal of Money, Credit and Banking, Vol. 27:4, p. 1099 – 1112（1995）。

[176] 关于美国的投资银行和商业银行在法律上之异同，See Cynthia Crawford Lichtenstein, *Lessons for 21st – Century Central Bankers: Differences between Investment and Depositary Banking*, in Mario Giovanoli, Diego Devos（ed.）, *International Monetary and Financial Law: The Global Crisis*, Oxford University Press, 2010。

[177] 关于英国商业银行的理论与实践，See Maurice Megrah, F. R. Ryder, *Paget's Law of Banking*, London: Butterworths, 1982。

人提供贷款。19 世纪初,欧洲国家大多将银行存款储备率定为 40% 左右,而北美则定在 70% 。然随着银行业的不断发展,跨国银行仅需将自己持有的现金控制在相当于其总资产的 3.5% 至 4% 便可满足法定的存款储备率。[178] 在现代银行制度下,银行的正常运作是基于这样一个前提:活期存款者和定期存款者均有权在同一时间里从同一银行提款;但通常情况下存款者不会同时行使此项权利,因此银行不会被迫为偿付债务(客户的存款)而出售资产。

银行的放款被视为银行资产之一部分,然此种资产的价值具有很大的不确定性。首先,一项放款的价值与借款人的经济现状直接相关。因此,放款的市场价值较难确定。即使可以确定,由此产生的费用亦可能高得惊人。其次,一项放款对原始放款人的价值可能超过对第三者的价值。据此,假如一家银行遇有临时流动性危机,即缺少现金支付存款客户的提款,其便很难立即将债权在市场公开出售以取得现金;即使是经营状况好的银行亦很难将债权在市场依账面价值出售。

面临突然提取巨额存款的情况,银行一般都会变得相当脆弱。但这恰恰使得突然性的和巨额的提款在一些情况下成为必要;如当银行遇有现金流困难时,存款的个人或企业为了减少损失便会纷纷提款。在现实社会,有时即使银行的财政状况良好,但因存款者的信心突然减弱亦会挤兑现金,从而使其受到严重冲击,甚至倒闭,亦可能使得一个国家的金融体系崩溃。在通信和信息技术高度现代化的今天,公众对银行的信心尤为重要。有时一项毫无根据的谣传便可能驱使成千上万的存款人挤提存款,从而使相关银行面临更大的经济危机。银行之所以容易受到存款客户挤提的威胁是因为人们很难对银行的经营情况,特别是与风险极其重要的债权的质量和期限等进行准确分析。

银行是每个国家的经济动脉,银行的经营成功与否不仅关系到其本国的经济发展,亦直接牵涉存款人,即公众的利益。一家银行的倒闭可能牵扯到数万个家庭的利益,同时亦可能成为一个国家经济恶化的导火线。为保证银行有效从事业务,又不至于承担太大的风险以及为保护存款人的利益,每个国家均对本国银行以及在其领土上从事银行业务的外国银行进行监督和管理,同

---

〔178〕 See George Vojta, *Bank Capital Adequacy*, First National City Bank, p. 8 (1973).

时亦制定法律对银行的活动及其与借款人、存款人等的关系加以规范。[179]

为了既保证银行有效经营又保护消费者的利益，各国均对银行实行一套较严格的管理与保护制度，相关措施可分为防范性和保护性两类。防范性措施主要是为银行的活动确立标准并加以必要的管理，保护性措施则在于向银行提供必要的保证和担保，以维持银行业务的有序进行。总体言之，防范性措施的目的包括要求银行向存款人提供必要的市场信息和银行本身的经营情况，限制银行承担过度的市场风险以及对银行的投资风险规定上限。为实现前述目标，各国的法律通常在下述几个方面对银行的活动加以规范：限制投机性竞争，保持充足的资本率，具有必要的流动性，限于一定范围的业务，限制向单一借款人的放款数额，对银行定期检查及存款准备金制度等。[180]

保护性措施则包括要求银行购买存款保险，以保障存款人的利益；同时国家承担义务，在银行出现短期资金不足或危机时，由政府提供必要的资金，以避免或减少相关事件对社会的冲击。银行购买存款保险的受益方为存款人，一般会对每一个账户可得到的赔偿设定限额，目前以 10 万元当地货币作为限额的较为普遍。国家承诺在银行出现危机时提供帮助主要是指中央银行作为最后贷款人的制度。最后贷款人意指当出现危机的银行无法从其他渠道取得资助时由中央银行提供贷款。

由于银行的经营须依照金融市场的情势和经济规律，在信息灵通和比较健全的市场，未发生金融危机或经济危机的银行应有足够的能力，从金融市场取得所需要的资金，而不需要中央银行的帮助。故在健全的金融市场，除了临时性短期贴现外，中央银行根本没有必要向银行体系或营业较好但遇有潜在危机的银行提供贷款。或可说，最后放款人制度一方面是对现有金融市场的反映，另一方面亦是为了稳定金融市场。一家较大的银行倒闭很可能会导致其所在的金融市场出现混乱，其连锁反应势必影响整个地区的经济，甚至世界

---

[179] 关于中央银行与商业银行的关系，See Sir John Clapham, *The Bank of England: A History*，前引书；L. Randall Wray, *Commercial Banks, the Central Bank, and Endogenous Money*, Journal of Post Keynesian Economics, Vol. 14:3, p. 297 – 310(1992)。

[180] 在国家层面，对商业银行的监管主要由中央银行进行，方法包括存款准备金、利率、季报和年报等。随着社会对法治水平的期待越来越高，近年有学者提出中央银行的运作应更符合法治的要求。See Peter J. Boettke, Alexander William Salter, Daniel J. Smith, *Money and the Rule of Law: Generality and Predictability in Monetary Institutions*, Cambridge University Press(2021).

其他地方的经济。事实上,即使一家银行遇有潜在的金融危机乃至濒临倒闭,假如它能够及时得到中央银行的帮助,亦可渡过难关而不至于倒闭。从这个意义上讲,最后放款人制度也许不符合纯粹的市场经济原理,但其存在对稳定当地的经济和金融情势、给金融市场以信心则非常必要。

(二)中央银行间的合作与监管

金融从来都具有跨国性,一个国家的金融市场出现问题必然会波及其他国家。基于金融市场的此特性,国际社会早于20世纪30年代就开始推动以中央银行为代表的跨国合作。国际清算银行(Bank for International Settlements)便是此努力的结果。1930年1月20日,比利时、法国、德国、意大利、日本、英国和瑞士在荷兰海牙签订关于建立国际清算银行的协定。[181] 会址设在瑞士巴塞尔的国际清算银行是以私人股份公司的形式建立,最初的资本为15亿金法郎,其中85%的股份由成员方中央银行持有,其余15%的股份由个人所有。[182] 国际清算银行的私人股权者没有投票权,所有的投票权均掌握在中央银行手中。成立国际清算银行是当时国际社会的大事、新事;有论者曾指出,建立国际清算银行的文件表明该银行将拥有广泛的权力,使其可在国际金融领域发挥巨大的甚至是主导性的影响,[183] 因新创建的银行在管理架构等方面均具有新颖性。[184]

成立国际清算银行的目的是处理第一次世界大战后德国的赔款。然而,20世纪30年代的世界大萧条使得德国的战后赔款无法继续(1931年夏德国

〔181〕 股值现已改为用特别提款权计算,且已无私人持有股份。See Constituent Charter of the Bank for International Settlements,英文全文见 https://www.bis.org/about/charter-en.pdf(2022年1月19日访问)。

〔182〕 See Statutes of the Bank for International Settlements, §3;英文全文见 https://www.bis.org/about/statutes-en.pdf(2022年1月20日访问)。

〔183〕 Manley O. Hudson, *The Bank for International Settlements*, The American Journal of International Law, Vol. 24:3, p. 561-566(1930).

〔184〕 西方学者经常用博弈论的功能主义逻辑说明国家基于战略考虑需要国际机制。根据这些理论,国际组织能为国际关系注入确定性,从而为国家间的合作带来具普遍性的长期利益。他们基于这些理论分析为何作为债务国的德国及作为债权人的其他国家会同意创建一个新的国际金融机构——国际清算银行,认为各国的动力源于当时德国的承诺没有可信度以及金融市场正在崩溃;国际组织可以改善(虽不能解决)执法和信息问题。See Beth A. Simmons, *Why Innovate? Founding the Bank for International Settlements*, World Politics, Vol. 45:3, p. 361-405(1993).

的金融危机导致赔款暂停,后便完全取消)。[185] 此后,国际清算银行将重点放在中央银行间的合作,包括储备管理、外汇交易、国际支付、黄金存款和掉期便利等,同时提供场所,以便中央银行定期举行会议、交换意见。有论者认为,设立国际清算银行是基于世界发展的趋势而不是当时的实际情况,因为基于任何现实情况建立的制度都可能很快过时。然而,用纯粹且简单的国际方法创建国际清算银行亦有很多实际的困难,因为该银行将从事国际业务,有权利和义务,此外还兼具银行的职能,包括作为成员方政府的银行,按普通的商业和金融习惯操作的方面等。[186] 基于此前述考虑,国际清算银行必须具有"国际法律基础"或曰国际组织的特性,同时亦可作为普通银行经营,然其经营不应受任何国家法律的管辖,特别是其盈利不应缴纳税赋。其结果是"在国家具有排他性地位的国际法领域加入了一个既不是国家、也不是个人、也不是国家或国家联合体的,但可承担义务并享有权利的国际创造物,在没有更好的名称前,可称为'国际法人团体'"。[187] 当时人们认为这也符合历史发展的规律,因为"每个法律体系发展到一定阶段都会因人类事务的日益复杂化而不得不增加自然世界为其提供的人数、创造出非人类的人"。[188]

国际清算银行采私人公司的组织架构,最高权力机关是股东大会,理事会负责银行的管理。董事会则负责银行的重大决策以及监督管理机构的工作。[189]

2001 年 1 月 8 日,国际清算银行股东特别大会决议将银行的股权持有者限于成员中央银行,并以每股 16,000 瑞士法郎的价格强制收购私人持有的股份。私人股权持有者不同意相关收购,双方遂依国际清算银行条例(Statute)

---

[185] 关于国际清算银行在德国战后赔款方面的职能,See Jackson E. Reynolds, *The Bank for International Settlements as the Focal Point of the Settlement*, Proceedings of the Academy of Political Science, Vol. 14:2, p. 17 - 24(1931)。

[186] John Fischer Williams, *The Legal Character of the Bank for International Settlements*, The American Journal of International Law, Vol. 24:4, p. 665 - 673(1930).

[187] John Fischer Williams, *The Legal Character of the Bank for International Settlements*, The American Journal of International Law, Vol. 24:4, p. 666(1930).

[188] John Fischer Williams, *The Legal Character of the Bank for International Settlements*, The American Journal of International Law Vol. 24:4, p. 666(1930).

[189] 关于国际清算银行早年的运作,See Eleanor Lansing Dulles, *The Bank for International Settlements in Recent Years*, The American Economic Review, Vol. 28:2, p. 290 - 304(1938)。

第54条提请海牙常设仲裁院裁决。海牙常设仲裁院于2002年8月28日裁定国际清算银行有权购回私人持有的股权,2003年9月22日最后裁定国际清算银行应向私人持有者支付收购价每股25,052.90瑞士法郎。[190] 此后,持有国际清算银行股权的中央银行和货币监管机构达63个。[191] 国际清算银行由成员方中央银行所有,各国的中央银行亦为其主要客户。

作为各中央银行国际结算的信托人和代理人,国际清算银行负责接受成员中央银行的活期和定期存款及协助中央银行进行国际结算。[192] 并且它可向各中央银行提供贷款,从事买卖黄金、外汇、可转让证券以及其他银行业务。虽然国际清算银行通过上述业务获取利润,但营利并非其主要目的。各中央银行在国际清算银行的存款一般为活期或短期(不超过12个月)存款。除成员方中央银行外,国际清算银行亦接受非成员中央银行、商业银行和其他国际机构的存款。另外,国际清算银行亦经常作为成员中央银行的代理进行外汇买卖;但它不得接受任何以政府名义存入的款项或向任何国家政府提供贷款。实践中,国际清算银行曾多次向成员中央银行提供短期贷款,以帮助后者所属国家解决收支失衡问题。此类贷款为临时性资助,期限一般不超过6个月,通常情况下是向需要外汇的国家提供援助,以便该国与基金组织达成提款协议或保证安排。

国际清算银行对业务的管理与普通商业银行相似,存款保密,提款自由。成员中央银行将相当于其所属国家国际准备的10%存入国际清算银行。国际清算银行亦可以代表成员中央银行进行外汇买卖,干预外汇市场或以国际清算银行自己的名义从事外汇买卖。[193]

根据国际清算银行条例,除非得到相关中央银行的认可,否则其不得自行与任何国家政府、政府部门、商业银行、私人企业或其他企业直接接触。[194] 例如,除非得到相关中央银行的同意,国际清算银行不得接受该中央银行所属国家政府的存款。然而,国际清算银行可通过签订协议与其他国家政府或政府

---

[190] See https://www.bis.org/about/shareswd.htm? m=1_6_7(2022年1月26日访问).

[191] 详见https://www.bis.org/about/member_cb.htm(2022年1月19日访问)。

[192] See Statutes of the Bank for International Settlements, § 3.

[193] 关于国际清算银行的业务范围,See Statutes of the Bank for International Settlements, § 21。

[194] 关于国际清算银行的业务范围,See Statutes of the Bank for International Settlements, § 19。

间组织进行业务联系。

1981 年,国际清算银行与基金组织达成协议,双方同意在后者需要外汇时,由国际清算银行提供贷款。此外,在协调各国金融政策方面,国际清算银行亦起到作用。每年一次的股东大会和每年 10 次的理事会会议均为各国的中央银行主管官员提供了见面的机会,以便就国际经济金融情势、银行间合作等进行磋商。

综合言之,国际清算银行兼有国际组织、中央银行和商业银行的性质。瑞士作为东道国提供的一切便利亦依双方的协议:瑞士不得单独取消或修改国际清算银行章程或规定;国际清算银行在瑞士享有其他国际组织所享有的特权与豁免权,[195]有权与其他国际组织或实体,如商业银行、私人企业及中央银行等签订协议。依性质之不同,各该协议有的受国际法管辖,有的受相关商业银行、私人企业所在国的国内法管辖。

国际清算银行还设有数个委员会,负责不同金融与银行问题的研究及规则的制定。巴塞尔银行监管委员会(Basle Committee on Banking Supervision)(以下简称巴塞尔委员会)、支付与结算委员会(Committee on Payment and Settlement Systems)、欧盟货币常设委员会(Eurocurrency Standing Committee)等为最著名者。国际清算银行为这些委员会提供秘书服务及办公场所。基于前述,国际清算银行现已成为较重要的国际金融机构,业务亦相当广泛。[196]鉴于国际清算银行的股东主要是发达国家的中央银行,发达国家在其政策研究与制定等方面均处于主导地位。

(三)金融监管的国际合作

中央银行是每个国家金融制度的核心,对其他银行负有监管之责。早期

---

〔195〕 关于国际清算银行在成员方豁免权的讨论,See Manley O. Hudson, *Immunities of the Bank for International Settlements*, The American Journal of International Law, Vol. 32:1, p. 128 – 134(1938)。

〔196〕 有瑞士学者认为国际清算银行的股权构成像一家公司,但其从成立的第一天起便不符合瑞士的公司法;国际清算银行条例还规定银行与成员的争议应提交常设国际仲裁院解决,而不是瑞士法院。这些特点加之其业务性质和范畴使得国际清算银行成为一个地地道道的涉及中央银行合作的区域性组织。See Mario Giovanoli, *The Role of the Bank for International Settlements in International Monetary Cooperation and Its Tasks Relating to the European Currency Unit*, The International Lawyer, Vol. 23:4, p. 841 – 864(1989).

的银行监管主要是以国家为单位各自进行。正如一位英国银行家曾于1875年所说“社会将大量的存款和资金交付我们托管。因此可以作为抵押的银行财产应限定在存款所在地,而不是扩散到世界各地”。[197] 1921年,另一位英国银行家也说无意将银行的业务扩展到海外。[198] 然而,自第二次世界大战以来,各国在经济上相互依赖的关系急剧发展,银行业务在国际层面广泛展开,经济全球化更将此态势推向高潮。随着科学技术的发展、国际贸易和投资的扩展以及资本的广泛流动使得跨国银行业务成为必要。几次石油危机的爆发也凸显了跨国银行业务的必要,因为每次危机都造成一些国家的收支顺差,另一些国家的收支逆差。这些国家需要通过银行调剂资金,完成国际层面的收支平衡。1982年爆发的债务危机、20世纪90年代的亚洲金融危机以及2008年美国次贷问题引发的全球性金融危机都证明,在全球化的今天,各国在金融领域的相互依赖关系较以往任何时候都更为密切,在国际层面就银行监管进行协调与合作甚为必要。[199]

银行国际业务的开展和银行监管国际合作是一个问题的两个方面。一家银行之所以在海外开展业务具有多方面的原因。为了维持竞争优势,银行必须保持与客户的关系。因此有一种说法是企业到哪里,银行就会到哪里。随着企业不断向海外扩张,银行便需在海外开设分行或设立子公司,以便从当地市场接受存款,然后再向客户放贷及提供其他服务。

银行到海外开设分行或子公司也会有规避管辖的考虑,如各国均要求银行将所接受存款的一部分作为存款准备金存入当地的中央银行。存款准备金无息,相当于当地政府对银行的一种附加税。然在很多国家,外汇存款不受此限制。为了利用此制度的特点,一些规模较大的银行便会在海外设立分行,接受外汇存款,从而达到避税的效果。再有,在海外设有分行或子公司的银行可以通过其分行或子公司提供以本国货币为币种的贷款;此种贷款大多亦受到较少的限制。政府关于存款利息上限的规定亦可能促使银行在海外接受存款。如美国1933年银行法规定,联邦储备体系(Federal Reserve System)有权

[197] See A. S. J. Baster, *The Imperial Banks*, P. S. King & Son, p. 220(1929).

[198] See George Edwards, *International Trade Finance*, Pitman & Sons, p. 174(1925).

[199] 关于中央银行间的国际合作之讨论, See Claudio Borio, Gianni Toniolo, Piet Clement, *Past and Future of Central Bank Cooperation*, Cambridge University Press, (2008)。

设定美国银行存款利息的上限。每当美国银行的存款利率低下,美国存款者便会将资金转移到海外,存入当地的银行。为了避免资金流向其他银行,美国银行纷纷在海外,特别是伦敦设立分行,以吸纳由于美国银行存款利率低下而可能流失的资金。[200] 当然,具体选择哪一地区开设海外分行或设立子公司,一方面取决于当地的金融专业人才是否充沛、通信和其他基础设施是否完备,另一方面亦取决于当地政府对银行的监管严格与否,因为银行在海外设立分行或子公司的目的也包括规避其所在国家银行法律的限制。

银行国际业务的发展使得对银行监管的国际合作变得不仅必要而且迫切,因为没有对银行监管的有效合作,银行间的合作便很难顺利进行。例如,关于银行向单一借款人放款上限的规定,以及银行资本充足率和流动性方面的规定均为保证银行安全有效经营的必要措施;然而各国对这些事项并无划一的规定。除非各国加强监管合作,否则银行的国际经营便可能出现问题。又如,中央银行作为最后放款者已得到国际社会的认可,然向遇有困难的当地银行提供放款的责任是否同样适用于外国银行在当地设立的子公司或分行便需统一意见。

此外,1972 年 8 月 15 日,美国宣布不再履行其在基金组织下承担的美元兑换黄金的义务,导致其后很长一段时间内国际金融市场大幅波动,为各国对商业银行和金融机构的监管带来非常大的困难。当时各国的金融市场已经出现了问题,包括欧洲美元市场的出现、各国对资本流动的管制放松、新的离岸金融中心兴起、银行国际化的速度加快以及与之相关的治理体系和标准不统一等。德国 Herstatt 银行的倒闭[201]不可以说与此无关。

---

[200] 关于美国银行的海外发展,See Andrew F. Brimmer, Frederick R. Dahl, *Growth of American International Banking: Implications for Public Policy*, The Journal of Finance, Vol. 30:2, p. 341 – 363 (1975)。

[201] 关于 Herstatt 银行倒闭前国际金融市场的情势以及对该德国银行倒闭原因的分析,See Catherine R. Schenk, *Summer in the City: Banking Failures of* 1974 *and the Development of International Banking Supervision*, The English Historical Review, Vol. 129:540, p. 1129 – 1156(2014)。

1974 年德国 Herstatt 银行倒闭使得银行监管国际合作之必要性被提上日程。[202] 由于在外汇交易和其他放款方面损失达 4.5 亿美元，拥有 8 亿美元资产的 Herstatt 银行于 1974 年 6 月 26 日被联邦德国政府宣布倒闭。Herstatt 银行倒闭的方式直接打乱了作为国际金融市场核心的结算制度，因为该银行的倒闭使即期外汇交易无法结算。通常情况下，在即期外汇交易中，买家和卖家相互承诺于两天内完成交易。就 Herstatt 银行而言，如果与其交易的银行于 1974 年 6 月 24 日将德国马克卖给了 Herstatt 银行，后者应于 6 月 26 日向卖出马克的银行支付美元。然而，联邦德国于 1974 年 6 月 26 日凌晨 4 时宣布 Herstatt 银行倒闭。作为惯例，为了减少市场的波动，政府一般都是在外汇市场收市后宣布此类事项。德国政府亦是在其外汇市场停止营业后宣布 Herstatt 倒闭，但当时纽约的外汇市场仍在进行交易，从而对纽约的外汇市场构成震动。与此同时，德国联邦银行属下的结算所在科隆已经将卖给 Herstatt 银行的马克转入其名下，但其已失去将美元转出的能力，因其已被宣布倒闭。Herstatt 银行倒闭后，其债务的清算结果是：当地的德国银行债权者得到相当于其债权 45% 的赔偿；外国银行债权者得到的赔偿是 55%；其他债权者的赔偿额为 65%；债权总额在 8000 美元以下的债权者得到全额赔偿。由于 Herstatt 银行的实际资产超过原估算的数额，各债权者得到的实际赔偿比例略高于前述标准。

Herstatt 银行倒闭案具有几个显著的特点。首先，该银行倒闭直接导致全球外汇市场的混乱。许多意大利和日本银行也受到波及，一些较小的日本银行当时根本无法在国际金融市场取得银行间拆息贷款。日本东京银行不得不以自己的名义在国际金融市场取得贷款，然后再转贷给日本银行。这说明，在现代国际金融市场，任何地方的银行发生危机，受到影响的并非一定是经营不善的银行，而首先是较小的银行。其次，国家在处理倒闭银行的财产方面，采取了根据债权人属性不同给予区别待遇。Herstatt 银行的倒闭使各国意识到，

---

[202] 关于 Herstatt 银行倒闭的过程及其对国际银行合作的影响，See Joan Edelman Spero, *The Failure of the Franklin National Bank: Challenge to the International Banking System*, Columbia University Press, 1980 年；Emmanuel Mourlon - Druol, *Trust is Good, Control is Better: The 1974 Herstatt Bank Crisis and its Implications for International Regulatory Reform*, in https://www.tandfonline.com/doi/full/10.1080/00076791.2014.950956（2022 年 1 月 17 日访问）。

除非各国银行监管机构加强合作，否则银行的国际业务便很难顺利进行。为实现这一目标，在国际清算银行的协助下，十国集团成员方和瑞士中央银行成立了巴塞尔委员会。[203]

巴塞尔委员会并不具有凌驾于各国中央银行之上的地位，其通过的文件对各国亦不具有法律拘束力。然而，作为由当时世界的主要经济强国成立的委员会，其作用并非仅仅在于向各国提供交流信息的场所，事实上还具有协调各国中央银行的监管规范和实践的作用。当时各国意识到，只有通过国际合作，各国的银行才能受到有效的监管。[204] 正是基于此共识，巴塞尔委员会的首要任务是制定一套中央银行监管指导原则，即巴塞尔协议（Basel Accord）。[205] 关于银行监管国际合作方面，巴塞尔协议的原则是：

（1）对外国银行的监管职责应由银行的母国和东道国共同负责；

（2）任何外国银行或其所属机构均不得规避监管；

（3）东道国主管机构应主要负责外国银行的流动性；

（4）外国银行所设分行的业务状况应主要由其总行所在地的国家负责，外国银行在其他国家设立的子公司之经营状况则应由东道国的主管部门负责监管；

（5）银行母国和东道国主管机构应相互交换信息，以促进相互间的合作。

为了执行前述原则，巴塞尔协议还为银行经营制定了一系列标准，[206] 包括资本充足率、流动性、资产的风险评估标准等。巴塞尔协议的银行标准非常

---

〔203〕 巴塞尔委员会于1974年年底成立，于1975年2月召开第一次会议。见 https://www.bis.org/bcbs/history.htm（2022年1月27日访问）。关于巴塞尔委员会的历史和运作，See Alexis Drach, *Supervisors against Regulation? The Basel Committee and Country Risk before the International Debt Crisis* (1976 - 1982), Financial History Review, Vol. 27:2, p. 210 - 233 (2020)；另见 https://www.bis.org/bcbs/history.htm（2022年1月17日访问）。

〔204〕 参见 Peter Cooke, *Development of Cooperation among Bank Supervision Departments*, Bank of England Quarterly Bulletin, p. 239 (1981)。

〔205〕 巴塞尔协议于1975年12月由各国的中央银行批准，现生效的是巴塞尔协议Ⅲ。有论者认为巴塞尔协议主要对大国有利，小国只是搭顺风车。See Michele Fratianni, John C. Pattison, *Basel Ⅲ in Reality*, Journal of Economic Integration, Vol. 30:1, p. 1 - 28 (2015).

〔206〕 有论者认为跨国私营部门在推动国际监管机制的建立，如巴塞尔协议的签订方面有具体贡献。See Kevin L. Young, *Transnational regulatory capture? An empirical examination of the transnational lobbying of the Basel Committee on Banking Supervision*, Review of International Political Economy, Vol. 19:4, p. 663 - 688 (2012).

详细具体,从而使得其成为非常晦涩难懂的文件。其结果是每个国家的监管机构必须根据自己的理解予以执行,从而导致了执行的不统一问题。[207] 然而必须指出的是,虽然巴塞尔协议理论上对各国不具有拘束力,但实践中主要国家的中央银行无不将之视为银行监管的标准并予以遵守。这也从而使得巴塞尔协议和巴塞尔委员会在银行监管方面产生了重要影响,对国际金融市场的稳定起到积极作用。

(四)国际监管合作渐次全球化

20 世纪末以前,每当国际金融市场出现重大事件都主要由发达国家出面主导解决。Herstatt 银行倒闭引发国际金融市场动荡,从而发达国家主导成立了巴塞尔委员会。1991 年 7 月 5 日,有 200 亿美元资产的国际信用与商业银行(Bank of Credit and Commerce International)倒闭,成为国际银行史上最大的银行倒闭事件之一,立即引发了国际金融市场的剧烈波动。巴塞尔委员会于一年后发布了更为严格的国际银行监管指南,针对国际金融体系的薄弱环节,制定了新的国际金融标准(International Financial Standards)。[208] 国际金融标准是一套适用于全球范围的最低标准,主要目的是防止或至少减轻系统性金融风险。这些标准是 1975 年巴塞尔委员会制定的国际标准的延续,依然以建议的形式向各国推荐采用。由于这些标准体现了广泛接受的原则、实践,大多数国家均通过立法采纳了这些标准。然而,尚未待巴塞尔委员会新制定的金融标准发挥作用,新的、更大的金融危机就爆发了。

20 世纪 90 年代,发达国家开始推动新自由主义经济政策,主要目的是使发展中国家开放金融市场,特别是资本市场。正如一些学者所指出,新自由主义经济政策在金融市场的表现形式是推动改变政府的监管形式和模式以及政府对资本市场的限制,使用的方法是主张金融监管的非政治化,即主张由政府

---

〔207〕 关于此问题的讨论,See Michele Fratianni, John C. Pattison, *Basel* Ⅲ *in Reality*, Journal of Economic Integration, Vol. 30:1, p. 8 – 13(2015)。

〔208〕 经修改的巴塞尔协议为巴塞尔协议Ⅱ。关于巴塞尔协议Ⅱ的效力之讨论, See Duncan E. Alford, *Basle Committee minimum standards: international regulatory response to the failure of BCCI*, 1992 年, https://scholarcommons. sc. edu/cgi/viewcontent. cgi? article = 2368&context = law_facpub(2022 年 1 月 17 日访问)。

财政官员（财政部和中央银行）和金融机构的技术人员独立行使监管职能，实际上是促使东道国放松对金融市场的监管，以便于国际资本的跨国流动。熟悉银行和金融市场运作的发达国家的投资者和金融公司则通过复杂的方式进行野蛮的金融交易，从而为金融危机的爆发创造了条件。[209] 国际资本疯狂进入泰国、马来西亚、印度尼西亚等东南亚国家，使得当地社会出现了虚假的短暂繁荣，接着就爆发了1997年的亚洲金融风暴。面对这场强大的金融风暴，国际社会显得束手无策。这标志着由发达国家主导的巴塞尔委员会为核心的国际金融架构已无法满足国际社会的需要。

中国先哲云，“反者，道之动；弱者，道之用”，[210] 意思是任何事情的发生、发展、终结都有其自然规律。旧的机制不再有效便必然孕育新机制的诞生，尽管新的机制的诞生有一个从无到有、从弱到强的过程。由发达国家主导的金融秩序被历史证明无法有效恢复国际金融秩序之时，金融稳定论坛（Financial Stability Forum）便应运而生。金融稳定论坛系由包括中国、印度、巴西等发展中国家在内的20国集团于1999年成立，目的在于协调不同机构的金融标准制定，避免可能导致国际层面系统性金融风险的监管漏洞。金融稳定论坛的建立使得构建国际金融架构（International Financial Architecture）被提上议程。尽管对何为国际金融架构20国集团没有明确定义，但人们一般认为其应由不同标准制定机构共同参与，内容包含一套适用于全球范围的，以防止或减轻国际金融危机影响的，并鼓励由各国司法机构执行的准则。广义上来讲，国际金融架构还包括旨在解决国际金融危机的措施、程序及参与的实体。然而，金融稳定论坛及国际金融架构并未立即得到发达国家的认可。直到2008年在美国发生的次贷危机引发了全球性的金融危机，国际社会才意识到，在高度全球化的今天，发展中国家的作用不容小觑。这使得20国集团必须重新承担起制定全球金融监管规则和标准的责任。20国集团首先将金融稳定论坛易名为

---

[209] Aaron Major, *Neoliberalism and the New International Financial Architecture*, Review of International Political Economy, Vol. 19:4, p. 536 – 561 (2012).

[210] 《道德经》第40章。

金融稳定理事会(Financial Stability Board),[211] 并加强了其与基金组织的合作,共同制定并发布了一套包括 12 项关键标准的国际金融标准;基金组织则通过关于遵守标准和守则的报告(reports on the observance of standards and the codes)以及金融领域评估计划(financial secretor assessment programs)(与世界银行共同实施)监督其在成员方的实施。市场和政府的激励措施、同行压力、同行评估以及将不合作的国家或地区列入"黑名单"[212] 等则进一步推动了国际金融标准的实施。

在 2008 年华盛顿峰会和 2009 年伦敦峰会上,20 国集团决定加强和补充既存的国际金融标准,以堵塞金融市场监管的漏洞。这些措施主要为预防性,目的在于改善跨境危机管理机制、建立早期预警系统,以使国际金融体系能更好地抵御金融危机。尽管这些措施是建立在此前国际社会的实践上,但其在相当程度上实现了从布雷顿森林体系向全球一体化金融市场监管机制的转变。

2011 年 10 月,金融稳定理事会通过了"金融机构有效处置机制的关键属性"(Key Attributes of Effective Resolution Regimes for Financial Institutions)(以下简称关键属性),[213] 作为"新的国际标准"。该关键属性得到同年 11 月召开的 20 国集团首脑会议确认。此后,金融稳定理事会将关键属性作为各国改革金融制度的标准,目的在于使银行体系更具弹性和可解决性,并为社会带来效益。

经各国多年努力,金融稳定理事会在争取更多金融机构适用关键属性的标准以及提高经营的透明度和一致性等方面取得了重大进展。正如金融稳定

---

[211] 金融稳定理事会与巴塞尔委员会的情况相似,在法律上不具有法人资格,其行政人员和办公场所均由国际清算银行提供。自金融稳定理事会成立后,巴塞尔委员会便成为其成员,尽管其仍保留了原来的体系。

[212] "黑名单"的作用是由具有国际认可性的组织作为评估者就某些国家或地区的投资和金融风险发布信息。基于此信息,银行和投资者便可能减少甚至停止向不遵守国际标准和规则的国家或地区提供资金。"黑名单"涉及的内容可以很广泛,包括当地法治是否健全、腐败程度如何等。关于此问题的讨论,See Judith G. Kelley, Beth A. Simmons, *The Power of Global Performance Indicators*, Cambridge University Press, 2020 年。

[213] Key Attributes of Effective Resolution Regimes for Financial Institutions, in https://www.fsb.org/wp-content/uploads/r_111104cc.pdf (2022 年 1 月 18 日访问)。

理事会《2021 年处置报告》(2021 Resolution Report)的标题所示,[214] 其认为金融体系改革卓有成效,但仍有改进空间。基于《2021 处置报告》,几乎所有全球系统重要银行(global systemically important banks 或者 G－SIB)的母国和主要东道国都制定了符合金融稳定理事会关键属性的银行处置机制,然而在其他地区关键属性的落实并不理想。[215] 此情况有其内在原因。首先,金融稳定理事会推行的关键属性标准属于建议或曰"软法"的性质。这必然不似条约规定般具有拘束力,其执行在很大程度上取决于相关国家的自愿性。然关键属性的"软法"性质使其在执行时具有灵活性,故能很快得到各国政府和金融机构的支持,从而扩大了其适用范围。正如一些学者所指出,此标准的实施"存在政治压力凌驾于法治的风险,对较小的参与者不利,并可能(与这些国家的金融规则)有相互冲突的地方。从长远计,值得考虑建立一个更加融合的法律架构,包括制定标准的明确程序和规则以及在执行过程中遇有冲突的适当补救措施等"。[216] 另有学者认为基于"软法"的金融监管框架无法确保其得到遵守,因其没有考虑为维护全球稳定,主权国家需付出的代价;故为了保持国际金融市场的稳定,国际社会需要一个具有拘束力的合规监管架构,以确保国家监管机构不背离国际标准。[217] 无论如何,从目前的情况看,以金融稳定理事会为核心的新的国际金融治理框架涵盖了世界上的主要发达和发展中经济体,其决策、建议可较全面反映国际社会的需要。

五、国际金融秩序的挑战与前瞻

国际金融秩序是世界经济的命脉。为了世界经济发展,国际金融不仅需

---

〔214〕 See Financial Stability Board,2021 *Resolution Report*: "*Glass half－full or still half－empty*",英文全文见 https://www.fsb.org/wp－content/uploads/P071221.pdf (2022 年 1 月 18 日访问)。

〔215〕 这主要是指国家政府依然支持经营不善的银行。Financial Stability Board,2021 *Resolution Report*: "*Glass half－full or still half－empty*",英文全文见 https://www.fsb.org/wp－content/uploads/P071221.pdf (2022 年 1 月 18 日访问),第 1 页。

〔216〕 Mario Giovanoli and Diego Devos (ed.),*International Monetary and Financial Law*: *The Global Crisis*,Oxford University Press,2010 年,第 37 页。

〔217〕 See Federico Lupo－Pasini,*The Logic of Financial Nationalism*:*The Challenges of Cooperation and the Role of International Law*,Cambridge University Press,p. 198－226(2017).

要有效率,而且需要稳定。有史以来,金融界就由世界上最聪明的一批人把持。这些聪明人的特点是善于创造金融产品、金融手段,同时也善于将科技进步的成果适用到金融交易。这就会给世界带来风险,给世界经济带来风险,但人们都希望国际金融秩序稳定,并为之不断努力。从布雷顿森林体系到金融稳定理事会的建立无不以国际金融秩序的稳定为目标。然金融业人士的任何创新,包括对任何新技术的利用,均可能为金融秩序带来新局面,也可能带来更大的风险。就此而言,很少有比互联网和虚拟货币技术更兼具革命性和破坏性的技术。与此同时,国际社会将法治化视为最有效的治理手段。这亦将对科技发展带给国际金融秩序的可能挑战构成制约,从而使科技创新和法律秩序形成相互促进、互为更新、依赖并存的态势。

(一)法治化势在必行

法治是实现社会治理的有效手段。实现国际法治化已成为国际社会的共识。国际社会的法治化离不开国际组织的法治化。国际组织的决策和决定是否具有透明度、是否能有效防范和打击腐败等是考察其法治化程度的重要内容。自 20 世纪末开始,“世界银行将腐败视为潜在的制度功能障碍症,因此采取积极主动的综合方法帮助客户加强治理和公共部门管理,改善经济政策和法律/司法系统,并制定和实施具体的反腐败措施。世界银行已将加强借款人能力作为优先事项,通过增加贷款,加强国家一级的咨询服务,并将‘廉政善治’作为综合开发框架的核心支柱之一纳入其中”。[218] 世界银行还将借款国是否能有效反腐作为其贷款和资助的重要标准,并曾以停止贷款作为促使借款国建立反腐机制的手段。但此做法也遭到包括成员方在内的多方面的批评,批评者认为世界银行应协助借款国建立反腐败的制度和机构,而不是以停止贷款作为惩罚的手段。[219]

除了通过贷款在借款国推动反腐败外,世界银行也就内部可能存在的腐败问题采取了措施。2001 年,世界银行创建了机构诚信部(Department of In-

---

〔218〕 参见世界银行,*Helping Countries Combat Corruption: Progress at the World Bank Since* 1997,世界银行,2000 年,第 4 页。

〔219〕 关于此问题的讨论,See Heather Marquette,*The World Bank's Fight against Corruption*,The Brown Journal of World Affairs,Vol. 13:2,p. 27 – 39(2007)。

stitutional Integrity)，作为世界银行内部的督察机构，专责调查世界银行资助的所有项目及银行内部人员涉及的欺诈和腐败等不当行为。它可不受限制地查阅银行记录、文件和财产，直接对世界银行行长负责。[220] 然腐败的形式多种多样，世界银行团针对内部的反腐败措施之效果尚有待评估。例如，世界银行团资助的项目都需要有人提供货物及服务；实践中提供货物和服务的多为美欧等发达国家，特别是美国的企业和个人。甚至是世界银行资助的一些发展中国家的立法和修改法律的技术援助项目，能够中标的机构也往往是美国的研究所和大学等。此已成为常态，其中是否涉及腐败或歧视值得探讨。

世界银行还与基金组织共同制定了“金融部门评估计划”(Financial Sector Assessment Program)(以下简称评估计划)，主要是针对发展中国家和新兴市场国家的金融部门进行全面而深入的分析。其评估主要包括两个方面：财务稳定性评估(由基金组织负责)，以及国家金融发展评估(世界银行的责任)。评估计划汇集了来自全球各地 50 多个官方机构、中央银行和监管机构的专家。评估计划的目的是通过评估帮助相关国家降低金融风险的可能性和严重性，方法是使参与国认识到其金融系统的脆弱性并制定适当的对策。[221]

(二)虚拟货币的挑战及应对

虚拟货币有不同的称谓：有人将之称为“稳定币”(stablecoins)，[222] 亦有人称为“加密货币”(cryptocurrency)。[223] 稳定币的出现迟于加密货币，特点

---

[220] 关于此机构的运作及影响，See Philipp Dann, *Accountability in Development Aid Law: The World Bank, UNDP and Emerging Structures of Transnational Oversight*, Archiv des Völkerrechts, p. 381 – 404(2006)。

[221] 关于金融部门评估计划的目的、运作等，见 https://www.imf.org/en/About/Factsheets/Sheets/2016/08/01/16/14/Financial – Sector – Assessment – Program(2022 年 1 月 14 日访问)。

[222] 金融稳定理事会采用的是“稳定币”的名称。金融稳定理事会认为，如果“稳定币”与法定货币或一篮子货币挂钩，就有可能成为一种广泛使用的价值储存手段。其同时认为稳定币的使用会随时间的推移而发展，而最初被设计为支付手段的稳定币也可越来越多地被用作价值存储的媒介。见金融稳定理事会，*Regulation, Supervision and Oversight of “Global Stablecoin” Arrangements: Final Report and High – Level Recommendations*, p. 7(2020)。

[223] 美国司法部将“加密币”称为“加密货币”指其是具有关键特征的虚拟货币，并认为绝大多数加密货币都有去中心化的特点，因其没有中央管理员来发行并维护支付账户。此外，加密货币依赖复杂的算法和区块链技术，实现点对点的支付和接受。见美国司法部，*Report of the Attorney General's Cyber Digital Task Force*, 2020 年 10 月，第 3 页。

是与一种法定货币或一个资产篮挂钩，作为确定其价值的基础，[224]故具有相对的稳定性。无论虚拟货币被冠以何名称，其代表的都是一种加密资产，其价值系依他资产的价值确定，故这些作为价值确定基础的资产的价值发生变化，便会影响虚拟货币的市场价值。也有虚拟货币采用算法或其他方式来确定价值者，如通过市场的需求变化自动调整供应量以保持其价值的稳定。

据说，目前市场上有2000多种虚拟货币，[225]用户可在全球范围内用之换取商品、服务和其他有价值的物品。与其他新事物的出现相同，虚拟货币亦得到一些人的支持和另外一些人的反对。支持者认为虚拟货币在不借助金融中介（如银行）的情况下使交易完成，故可最大限度地降低交易成本并可减少腐败和欺诈。[226] 此外，支持者还认为虚拟货币可被用来避免法定货币的贬值。持反对意见的人则认为虚拟货币会给国家带来重大公共安全和国家安全问题，并会降低国家对金融活动的监管能力，从而使国家的货币和金融政策无法达到预期的效果。

尽管人们对虚拟货币给社会带来的“利”和“害”有不同的理解，但其涉及很多风险确是不争的事实。正如金融稳定理事会所指出，从国际金融秩序角度考虑，虚拟货币对全球支付安排的贡献不容忽视，但其可能给金融监管和执法带来一系列挑战，从而对实体经济构成重大风险。具体言之，虚拟货币可为下述领域带来风险：(i)金融稳定；(ii)消费者和投资者保护；(iii)数据隐私权保护；(iv)金融诚信；(v)反逃税漏税；(vi)公平竞争和反垄断政策的执行；(vii)市场诚信；(viii)社会治理；(ix)网络安全及运行；(x)金融市场基础设施的安全、效率和完整性等。[227] 然而，虚拟货币给各国带来的风险并不相同，

---

[224] 例如，2019年1月，沃尔玛（Walmart）拟推出的数字货币便是以与美元挂钩为卖点。See Nicola Bilotta，Fabrizio Botti，*Libra and the Others：The Future of Digital Money*，Istituto Affari Internazionali (IAI)，p. 11(2018).

[225] See Nicola Bilotta，Fabrizio Botti，*Libra and the Others：The Future of Digital Money*，Istituto Affari Internazionali (IAI)，p. 5(2018).

[226] 例如，在国际投资领域的汇款市场，2018年的总额约为6890亿美元；根据一些机构的分析，投资者向国外每汇款200美元的平均费用为14美元（包括汇出方和收款方支付的费用），此外还有汇率损失约7%。See Nicola Bilotta，Fabrizio Botti，*Libra and the Others：The Future of Digital Money*，p. 7(2018).

[227] 见金融稳定理事会，*Regulation，Supervision and Oversight of "Global Stablecoin" Arrangements：Final Report and High－Level Recommendations*，p. 7(2020)。

总体而言对发展中国家的影响会较为严重。如有的论者所指出,私人公司发行的虚拟货币有"可能影响当地政府的货币权。在经济不稳定的时候,各国均倾向于对资本进行管制或对外汇加以限制,以避免本国货币过度贬值。这是中央银行手中的重要货币工具。然而,如果数字货币增加到系统性的水平,其便会对中央银行的货币工具构成破坏。如果私人公司发行的数字货币获得了储值功能,其便将成为国家和公民之间的由私人发行的货币,从而削弱国家法律的效力"。[228]

虚拟货币的出现和进入市场有其必然性,说明社会有此需要。虚拟货币的出现和使用无疑给国家政府对金融行业的监管以及国际金融秩序构成挑战。就此金融稳定理事会建议各国应利用"必要的权力和工具以及充足的资源,全面规范、监督、管理一个全球虚拟货币安排,包括其职能和活动,并有效执行相关的法律法规"。[229] 此外,根据金融稳定理事会的建议,各国还应将国际金融标准与要求适用到虚拟货币,在国家和国际层面相互合作、有效交流信息等。[230] 除了对虚拟货币进行监管甚至禁止外,[231]各国也针对市场的需要由各自的中央银行发行数字货币。据统计,有80%的中央银行在研究中央银行数字货币(CBDC)问题,其中一半已经从概念研究进展到试验和运行阶段。[232] 基于此情势,加拿大、日本、瑞典、瑞士、英国、美国与欧盟的中央银行及国际清算银行共同提出,中央银行有责任保持其管辖范围内货币和金融的稳定,促进广泛、安全、有效的支付。为达此目的,适用的核心工具是向银行、

[228] See Nicola Bilotta, Fabrizio Botti, *Libra and the Others: The Future of Digital Money*, Istituto Affari Internazionali (IAI), p. 17(2018).

[229] See Nicola Bilotta, Fabrizio Botti, *Libra and the Others: The Future of Digital Money*, Istituto Affari Internazionali (IAI), p. 29 - 30(2020).

[230] 金融稳定理事会共提出了10项建议,供各国参考。详见金融稳定理事会, *Regulation, Supervision and Oversight of "Global Stablecoin" Arrangements: Final Report and High - Level Recommendations*, p. 29 - 36(2020)。

[231] 例如,中国人民银行于2021年9月15日发出《关于进一步防范和处置虚拟货币交易炒作风险的通知》(银发〔2021〕237号),明确虚拟货币不具有法定货币的地位,禁止金融机构开展和参与虚拟货币相关业务,清理取缔境内虚拟货币交易和代币发行融资平台。通知全文见 http://www.gov.cn/zhengce/zhengceku/2021 - 10/08/content_5641404.htm(2022年1月21日访问)。

[232] 国际清算银行, *Central Bank Digital Currencies: Foundational Principles and Core Features*, p. 2(2020)。

企业和公众提供最安全的货币形式——中央银行货币。[233] 易言之,这些国家认为发行中央银行数字货币是中央银行在新形势下应采取的政策。为此,这些银行提出了发行数字货币的三项基本原则,包括不构成伤害、共存以及创新和高效原则,其中"共存"就是指数字货币与现时有效的货币及其制度共存。[234]

鉴于中央银行数字货币的发行与流通已渐成趋势,2022 年年初,美国联邦储备体系发布了"货币与支付:数字转型时代的美元"的咨询文件(Money and Payments: The U. S. Dollar in the Age of Digital Transformation)[235](以下简称《数字转型时代的美元》)。《数字转型时代的美元》认为新技术的开发和应用可简化中央银行数字货币的跨境支付程序和分发渠道,并为跨境合作和互操作创造机会;而所有这些改进都需要大量的国际合作,包括中央银行数字货币的通用标准、基础设施、中介类型、法律框架、防止非法交易的措施和成本等。[236] 《数字转型时代的美元》不讳言,正如一些人所说,如果各国发行的中央银行数字货币较现有的美元形式更具吸引力,美元在全球的使用就可能减少,故为了保持美元的国际地位,美国可能必须发行中央银行数字货币。[237]

前述不难看出,由中央银行发行法偿数字货币势将成为趋势。这就要求与之相关的国家和国际规范做相应的修订,即将现有的规则适用到数字货币,而不是制定一套全新的机制。然而,中央银行发行数字货币必然会涉及新的法律问题;在现有制度下,私人持有的货币可以存放在商业银行并获取利息;商业银行为了盈利必然要将其接受的存款转贷给社会上有需要者。私人持有的是以数字代码表示的货币如何在商业银行存放,后者如何转贷等都涉及技

---

〔233〕 国际清算银行,*Central Bank Digital Currencies: Foundational Principles and Core Features*, p. 2 (2020)。

〔234〕 国际清算银行,*Central Bank Digital Currencies: Foundational Principles and Core Features*, p. 10 (2020)。

〔235〕 See Board of Governors of the Federal Reserve System, *Money and Payments: The U. S. Dollar in the Age of Digital Transformation*, https://www. federalreserve. gov/publications/files/money - and - payments - 20220120. pdf(2022 年 1 月 28 日访问)。

〔236〕 国际清算银行,*Central Bank Digital Currencies: Foundational Principles and Core Features*, p. 15 (2020)。

〔237〕 国际清算银行,*Central Bank Digital Currencies: Foundational Principles and Core Features*, p. 15 (2020)。

术和法律问题。此外，接受了数字货币存款的商业银行如何履行保密义务也是需要探讨的问题。[238] 数字货币本身的性质和特点要求国际社会更密切合作。当包括主要国家在内的大多数中央银行都发行数字货币时，私人和企业的虚拟货币便会渐次回归到商品的地位。然此过程中可能会有反复和痛苦的经历。

(三)互联网 3.0 的挑战及应对

与国际金融秩序相关的另一发展是网络空间。很多公司依互联网建立了在线支付系统，并依之开展了具传统银行和金融公司的活动，包括存款、贷款和销售金融产品等。然这些企业和活动在很多国家并不受到政府机构的监管。这些支付平台具有影子银行的特性，[239] 在很大程度上履行的是银行的功能。网络支付平台的特点是其客户大多为不熟悉金融业务的个人，从而出现信息不对称的问题。特别是在缺乏有效监督的情况下，这些平台事实上是可享受银行的传统权利，但不需承担责任。各国现在的做法大多是依既存的法律和制度治理网络平台，或者要求其遵守相关法律或者不允许其染指金融业务。整体考虑，此做法基本有效，在一定程度上遏制了网络公司在金融领域肆意发展的态势。

然而，科学技术是不断发展进步的。科学家们已经在谈论互联网 3.0 (Web 3.0)时代，也就是互联网发展的下一个阶段。[240] 在互联网 3.0 时代，个人将重新控制互联网包括其数据、匿名性等，虚拟货币或加密货币将是交换媒介，而虚拟货币的核心是其具有隐私性、由个人控制、由区块链技术作为支

---

[238] See Oonagh McDonald, *Cryptocurrencies: Money, Trust and Regulation*, Agenda Publishing(2021).

[239] 有论者指出，国家监管制度要求银行和金融公司必须使其债权人有最低限度的知情权，并通过监管制度减轻金融领域的系统性风险和道德风险；另外，金融市场有专门收集并分析信息的专业人士，其可向市场提供信息。影子银行则因不受政府监管而不必披露信息，也不必向市场披露信息供专业人士分析，从而处于两不管的状态。See Kathryn Judge, *Information Gaps and Shadow Banking*, Virginia Law Review, Vol. 103:1, p. 411 – 480(2017). 关于影子银行的讨论，See Guillaume Plantin, *Shadow Banking and Bank Capital Regulation*, The Review of Financial Studies, Vol. 28:1, p. 146 – 175(2015)。

[240] 关于此问题的讨论，See Joe Tekli, *Semantic to Intelligent Web Era Building Blocks, Applications, and Current Trends*, in:///C:/Users/Guiguo/Downloads/SemantictoIntelligentWebEra. pdf (2022年1月21访问)。

撑并与实体世界联系。这也就是人们通常说的去中心化、匿名化和语义更智能化的网络概念。语义更智能化的网络能通过算法,使用户对数据更具有主导权并使网络更加个性化及易于使用,并且用户的信息将不再需要通过网络公司或移动电话提供商传输。在互联网 3.0 阶段,数据本身的性质也发生了变化,信息将以分散、动态、无处不在且不受外人控制的形态存在于整个世界。这也势必进一步冲击现有的国际金融秩序。国际社会将如何应对值得关注。

我们认为,正如先哲所云,“万物负阴而抱阳,冲气以为和”,〔241〕科技发展(包括互联网和虚拟货币等技术的发展)同与之相关的法律规定和制度是一组相互矛盾又互为依赖的事物。科技本身会给世界带来正面和负面的影响,也就是其“阴”和“阳”的两个方面。科技的阴阳两个方面需要调整方可以继续存在、不断进步,从而达到“和气”的境界。此过程需要法律规范的作用。鉴于科技和法律规范是处于两端的一对矛盾,两者的相互作用便会生成一个新的形态,最好的形态便是两者的完全吻合,使科技有效服务于人类。当科技水平出现变化或发展,如互联网技术和虚拟货币技术获新的进步或应用改变时,与之相关的法律规范甚至制度必然不再完全适用,从而便应修订这些法律规范和制度,逐步使之达到新的吻合。这会是一个持续不断、反复经历的过程。我们认为互联网和虚拟货币等科技领域的进步一定不断对国际金融秩序构成挑战,人类也会不断调整相关的法律机制。此过程不应也不会是废弃现存秩序并建立新秩序,而是应该在原有秩序的基础上不断改进、渐次完善。一言以蔽之,我们不应恐惧而应拥抱新的科技发展,并通过调整法律秩序使之为人类服务。

纵观人类的历史,金融秩序稳定与否直接关乎国际经济的稳定与发展,进而左右世界和平。以美国、英国等发达国家主导的布雷顿森林体系就是为了维持国际金融秩序的稳定,美国拒绝履行美元与黄金挂钩的义务导致布雷顿森林体系崩溃。随之而来的国际金融市场的动荡,特别是几次国际金融危机的爆发终于迫使发达国家与发展中国家合作,共同成立了以 20 国集团为主体的金融稳定理事会。然而,科学技术的进步,特别是互联网、区块链等技术的发展使得虚拟货币、中央银行数字货币等应运而生,新的金融工具和交易方式

〔241〕《道德经》第 42 章。

亦层出不穷，对世界提出了新的挑战。圣人云："图难于其易，为大于其细。"[242]面对新技术对国际金融秩序提出的挑战，国际社会宜尽快研究新科技，特别是虚拟货币、互联网3.0等对国际金融秩序的可能影响，协调各国的政策和措施，在现有秩序的基础上构建能够适应新态势的秩序。

---

〔242〕《道德经》第63章。

第八章　网络空间之国际法律秩序

修之于身，其德乃真。修之于家，其德乃余。修之于乡，其德乃长。
修之于邦，其德乃丰。修之于天下，其德乃普。
（道德经）

当今世界的大势依然是全球化，而科学技术的进步，特别是互联网、大数据和电信技术的快速发展，极大地推动了全球化的进程，使得网络空间（cyberspace）成为继陆、海、空、天之后的人类第五大空间。[1] 信息与通信技术（Information and Communication Technology）的广泛应用使得数据的价值得到较充分显现[2]——自20世纪70年代起，数据的跨境流动已渐次形成一种新的经济模式。[3] 互联网技术的广泛应用使得大数据的高效、快速传输成为可能，且这一趋势还在继续呈指数级增长。以网络比特（byte）1/0字节分组传输为媒介的国际经济数字化所带来的直接效果是协助建立了新的世界范围的供应链或分销网络，从而使得很多传统交易的成本大幅降低，使得中小企业实现规模经济成为可能并可与传统跨国公司直接竞争。物联网（Internet of Things）、大数据（Big Data）、云计算（Cloud Computing）的应用使得一些名不见经传的小企业可以一夜之间成为赫赫有名的大公司，使得一个想法，一个概

[1] 网络空间被称为"基于广义信息与广义网络，跨越虚拟空间与实体空间的人类社会活动与控制"的领域。"广义信息包括物理、数据、认知、社会和综合决策等；广义网络包括国际互联网、国家基础信息网、重要信息系统网、战场信息网、卫星天基网、工业控制网、社会交际网等。"详见云晓春：《保障国家网络空间安全》，载国家互联网应急中心，http://free.eol.cn/edu_net/edudown/20metting/2502yunxiaochun.pdf（2022年2月24日访问）。本文述及的网络空间仅限于与互联网、信息技术、数据、物联网等相关的领域。网络空间治理则是指与网络空间运作，特别是跨境网络活动相关的原则、规则和标准的集合。

[2] 实践中，"数字"、"数据"和"信息"等术语经常交互使用。

[3] 欧洲理事会（Council of Europe）是首个通过相关决议的国际组织。其分别于1973年与1974年通过两个有关成员方合作保护私领域与公共领域数据库中个人信息的决议。

念，只要运用得当，便可产生意想不到的经济效益。当代独角兽公司的出现和发展便是例证。信息与通信技术的运用可以为人类社会和经济发展带来巨大利益；反之，其不适当的利用或使用也必然会产生巨大的负面影响——其一便是广为人知的网络安全。如何有效发挥信息与通信技术的潜能，同时又避免其对人类生活的危害已成为国际社会面临且亟须解决的问题。网络安全等问题的出现可归因于以下三方面：第一，以国家为主体的国际社会尚无相关规范。第二，在某些领域或方面有规范，但由于相关规范并非专门针对网络空间而制定，故存在解释与适用上的分歧；有时即使在一些已有共识的领域，当事方亦没有遵守相关规范。第三，信息与通信技术领域发展的特点是自下而上，下大上小，即使技术群体间、甚或国家间存在一些规范，然由于相关规范不够具体或不完全适用，便给了意图不轨者以可乘之机。目前，国际社会的共识是包括《联合国宪章》在内的国际法可适用于网络空间及其运作。根据《国际法院规约》第 38 条，普遍意义上的国际法包括条约法、习惯法以及一般法律原则，然而哪些条约法或习惯法的具体原则和规则可以或应该适用于网络空间国际社会尚无定论。许多以互联网为基础的前沿技术如物联网和大数据等已广泛应用到国际经济活动，并极大地推动了数字贸易等交往与交易。世贸组织已有关于电子商务和电信的规范，在一定程度上涉入了网络空间治理的范畴。二十国集团首脑发布的《数字经济大阪宣言》（Osaka Declaration on Digital Economy）呼吁在世贸组织框架内谈判网络空间秩序的构建。然而，国际社会至今尚未达成关于网络空间秩序的任何实质性协议，甚至尚未就相关框架达成共识，更不用说具体的原则和规则了。然而，没有秩序、缺乏具体原则和规则的网络空间不可能行稳致远，故如何在国际形成有效的原则和规范标准成为人类社会的当务之急。就此而言，当今国际社会的主要参与者仍然是主权国家，任何国际规则的制定，特别是网络空间治理的规则，必须考虑国家的意志与态度，也就是主权原则。与此同时，网络空间的特点使得私人企业和非政府组织一直在网络空间的技术标准和运作规则的制定方面起到关键作用。有人据此提出网络空间的主权由国家和网络公司共享的主张。[4] 本章将就前述问题逐一分析其成因及可能发展，最后建议以世贸组织为主体，辅以双边和区域性安排，以联合国宪章和现有国际法原则和规则为主要规范，结合以互联网为基础的物联网、大数据、云计算等技术及运作特点，构建网络空间的多边国际秩序。

一、网络空间对国际秩序的挑战

网络空间离不开数据；数据是实现数字经济运作的基本单位，被称为“二十一世纪的石油”[5]或“数字经济的货币”。[6] 数据及其采集、处理、分析、使用、存储和流动方面的创新推动了国际贸易和投资以及其他经济领域的发展，使得以电子商务为主要组成部分的数字经济成为一个独立的经济领域。鉴于数字经济的历史尚短，[7]人们对如何界定数字经济尚无一致意见。美国系依交易当事方的关系以及交易的性质划分数字经济的类别。[8] 经合组织则较为关注下述三个方面：[9]（1）交易的性质，即货物或服务系以数字形式交易——以电子商务为此类交易之典型，因为其相关货物、服务或信息均通过数

[4] See Andrea Leiter, *Cyber Sovereignty: A Snapshot from a Field in Motion*, Harvard International Law Journal Frontiers, https://harvardilj. org/wp – content/uploads/sites/15/Leiter – PDF – format. pdf.

[5] Shannon Tellis, *Data Is the 21st Century's Oil, Says Siemens CEO Joe Kaeser*, The Economic Times, https://economictimes. indiatimes. com/magazines/panache/data – is – the – 21st – centurys – oil – says – siemens – ceo – joe – kaeser/articleshow/64298125. cms.

[6] See William D. Eggers, Rob Hamill & Abed Ali, *Data as the New Currency: Government's Role in Facilitating the Exchange*, https://www2. deloitte. com/us/en/insights/deloitte – review/issue – 13/data – as – the – new – currency. html.

[7] 与传统经济的以物理形态体现的，如现金、支票、提货单等信息流不同，数字经济的信息流为存储于计算机中的二进制代码。See Don Tapscott, *The Digital Economy* 16 (20 th Anniversary ed. 2015).

[8] See Jessica R. Nicholson and Ryan Noonan, *Digital Economy and Cross – Border Trade: The Value of Digitally – Deliverable Services*, U. S. Department of Commerce, 2014, p. 1. 全文见 https://www. commerce. gov/sites/default/files/migrated/reports/digitaleconomyandcross – bordertrade. pdf（2022 年 2 月 24 日访问）。

[9] Organization for Economic Co – operation and Development, *Measuring Digital Trade: Towards a Conceptual Framework*, STD/CSSP/WPTGS3, p. 5 – 8. 全文见 https://unctad. org/meetings/en/Contribution/dtl_eWeek2017c04 – oecd_en. pdf。

字交付;(2)交易产品的性质,即交易标的是商品、服务还是信息;(3)交易方。传统上,跨境交易主要在企业间进行,部分在企业和政府间进行。数字经济使得个人可以直接参与跨境交易,因这些交易规模甚小,在非数字经济时代是不可能做到的。〔10〕 世贸组织则将电子商务定义为“通过电子手段生产、分销、营销、销售或交付产品和服务”的过程。〔11〕 除了数据的流动外,电子商务与所有其他传统的商品和服务贸易交易方式相似。由于跨境数据流动为电子商务的核心,故数据具有内在的贸易维度。一个典型的例子就是“应用程序经济”(App Economy)。〔12〕 在现有环境下,国际汇款、交通、旅游、购买机票、娱乐、饮食、教育等都可以通过应用程序完成。例如,如一方主体以电子商务方式(通过网络购物平台)购买产品或服务,其需要在线支付货款或服务费以完成订单。则此付款交易的数据流动可涉及四个方面:提供在线交易的金融机构、购买者及其使用媒介,电子商务平台以及产品卖方或服务提供方。此跨境交易的数据流动是在理论上无边界的网络上进行的,从而改变了传统的交易方式。在此过程中,数据是否可以跨境流动直接关系到交易能否完成。由于前述交易中涉及的主体可能位于不同的国家,受不同国家的法律管辖,故任一国家与数据相关的规定均可能使数据完全或部分无法跨境流动,由此使得交易无法完成或者成本提高。

据麦肯锡全球研究所(McKinsey Global Institute)2016 年的统计,当时全球约 50% 的服务贸易以数字形式交易,而电子商务约占跨境货物贸易的 12%,从工资单到数据分析的许多服务均依赖跨境数据流。〔13〕 因此,在当今

〔10〕 最典型的此类交易是跨境网购。在跨境网购交易中,作为消费者的个人可以直接从境外的机构或个人处购买产品和服务。有时,处于境外的专门或非专门从事此类交易的中介企业或个人亦参与其中。

〔11〕 The General Council of the WTO, *Work Programme on Electronic Commerce*, WT/L/274, 30 September 1998, para. 1. 3.

〔12〕 “应用程序经济”系通过数据的流动得以实现;与此同时,随着“云”技术的普及与发展,数据流动可通过基于云的分布式数据处理完成,使得处于不同地区的消费者、应用提供商、产品销售者或服务提供者可以通过网际网络资源自动计算、按需供给的方式完成交易。

〔13〕 See James Manyika et al., *Digital Globalization: The New Era of Global Flows*, McKinsey Global Institute, 2016, p. 23. 全文见 https://www.mckinsey.com/~/media/McKinsey/Business%20Functions/McKinsey%20Digital/Our%20Insights/Digital%20globalization%20The%20new%20era%20of%20global%20flows/MGI-Digital-globalization-Full-report.ashx(2022 年 2 月 24 日访问)。

环境下,数据和信息可以是一种商品、服务或两者兼而有之。一方面,实物和数字商品是相似的。实物产品是可以存储的,人们在购买前可以看到相关商品的某些特征和特性,产品的消费则需在生产之后方可发生。这些特征也适用于数字商品,如电影、音乐等。另一方面,两者的最大区别是,数字商品的交易可以在几秒钟内完成,而实物产品的交易则耗时较长。此外,传统服务贸易的当事方必需处于同一物理空间,但数字服务贸易的提供者和消费者则不必处于同一物理空间。前述以数字为形式的电子商务——电子交易货物和服务——均以互联网为载体。互联网的快速发展对全球治理构成挑战,也使得网络空间治理成为国际社会必须面对的问题。[14]

(一)互联网的发展历程

互联网技术可以追溯到第二次世界大战后,有些方面可追溯到 20 世纪 30 年代。[15] 互联网的快速发展则起始于第二次世界大战后的冷战时期,当时西方国家认为需要发展一种在遭受核武器攻击后仍能生存的通信系统。1972 年,一个连接 15 个网站的初级网络基本完成并运行。同年秋季,该系统在美国华盛顿特区进行了公开演示。这个开始仅为军用的互联网到了 20 世纪 80 年代初渐次开放给民用,而到了 1995 年则发展成可供商业用途的媒介。[16] 互联网出现前,一些交易因信息传递手段不发达,潜在的货物或服务当事方不知道彼此的需求而无法完成交易。此外,信息的不对称也使得有的交易无法达成:当一方当事人掌握的信息远高于或被认为远高于另一方时,后者出于谨慎便可能无法达成协议,从而无法完成交易。这说明信息成本高昂

---

〔14〕 有学者将网络空间治理分为 4 个阶段,即 1970 ~ 1998 年(起步和域名战),1998 ~ 2005 年(网络治理成为外交议题),2006 ~ 2013 年(国际社会实施突尼斯议程)以及 2013 年至现在(由斯诺登引发的对网络治理的反思及改革)。参见唐岚,*International Governance of/in Cyberspace*, in Eneken Tikk, Mika Kerttunen, *Routledge Handbook of International Cybersecurity*, Routledge Press, 2020, p. 141。

〔15〕 有论者认为最早提出互联网概念的是 Vannevar Bush;其论文于 1939 年完成,但直到 1945 年第二次世界大战结束后才发表。See John Naughton, *A Brief History of the Future: The Origins of the Internet*, Weidenfeld Press, 1999, p. 214.

〔16〕 关于互联网的历史,See John Naughton, *The Evolution of the Internet: From Military Experiment to General Purpose Technology*, Journal of Cyber Policy, 2016, and John Naughton, *A Brief History of the Future: The Origins of the Internet*, Weidenfeld Press。

和信息的不对称、非透明等均可导致交易失败，使当事方因对事实判断错误或过于谨慎而失去市场机会。[17]

互联网的兴起使得新的全球生产链之建立成为可能，人们可以借助互联网的作用，不受距离限制，自由协调产品的生产和销售。就国际贸易而言，尽管信息和通信技术极大地促进了数字贸易，但很多交易依然依赖纸介文件。其中原因众多，包括信息安全或交易安全以及跨境数据流的协调等。国际贸易的交易方处于不同国家，受交易方文化、传统、法律等方面的影响，贸易数字化可谓前路茫茫。区块链技术的开发利用有助于解决这些问题，因为区块链是分布式的数字交易网络记录，由分散在各地的参与者分别记录交易，并将交易在高度安全、可验证且通过加密技术的地方永久储存。区块链交易的特点是所有单项交易都以点对点的方式分享、验证和核实，无须一个权威机构或受信任的中介机构掌控信息。区块链同时带有时间戳，所有参与者都可以随时访问和检查，但没有任何一方可以控制或轻易修改相关记录。因此，《经济学家》在 2015 年的一篇社论中称其为"信任机器"。[18]

区块链可分为公有链、私有链和联盟链。另一分类是基于区块链的应用，分为无许可区块链和许可区块链。如其名所示，无许可区块链为公众可访问的平台，而许可区块链则要求访问者经批准方可访问。[19] 2016 年 8 月，美国银行、汇丰银行和新加坡信息发展管理局（Information Development Authority of Singapore，IDA）宣布建立了一个基于区块链的信用证交易平台；其应用程序与传统的信用证交易相同。在该平台上，出口商、进口商及其各自的银行可分别签订数字合同，而这些数字合同的组合便能够完成信用证交易。汇丰银行于 2018 年 5 月完成了据说是"世界上第一个商业上可行的贸易融资交易"

---

〔17〕 参见世界银行：《2016 年世界发展报告：数字红利》，第 9 页，全文见 http://documents1.worldbank.org/curated/en/950951467993193548/pdf/102724 - WDR - WDR2016Overview - CHINESE - WebResBox - 394840B - OUO - 9.pdf（2022 年 2 月 24 日访问）。

〔18〕 See *The Promise of the Blockchain*: *The Trust Machine*, The Economist, https://www.economist.com/leaders/2015/10/31/the - trust - machine.

〔19〕 关于区块链技术与贸易的关系，See Emmanuelle Ganne, *Can Blockchain Revolutionize International Trade*?, World Trade Organization, 2018, p. 3 - 16。

区块链。[20] 其后，中国人民银行、中国香港特区金融管理局等亦推出了基于区块链的金融交易平台。[21] 国际商会（International Chamber of Commerce，ICC）和国际标准组织（International Organization for Standardization）等亦就区块链的应用制定了相应的标准。[22] 不难看出，区块链技术的开发和应用已渐次广泛，相信有助于解决互联网运作的一些内在问题，有助于数字贸易的发展。

作为网络空间主体的互联网与人类社会的方方面面形成了不可分割的关系，对人类社会的发展亦有重要作用。鉴于此，如何治理包括互联网在内的网络空间早已成为世界性问题。此问题说简单亦简单，说复杂亦复杂。说治理网络空间简单是指从治理的宗旨角度而言，网络空间应造福于人类，对此几乎没有人提出异议。说其复杂是指在具体的治理措施和方法上各国存有严重分歧，且网络空间本身涉及多利益攸关方的特点亦强化了治理的复杂性。关于网络空间治理，联合国教科文组织将互联网治理定义为"政府、私营部门、技术社区（technical community）在各自负责的领域和所扮演的角色中共同遵守的原则、规范、规则、决策程序和活动的发展和应用。这些原则、规范、规则、决策程序及活动决定了互联网的发展和使用"。[23] 联合国教科文组织认为，互联网治理对促进人类可持续发展和建设包容性的知识社会及促进世界范围的信息和思想自由流通具有潜力。[24] 联合国提出的这些原则、规则和程序等对互联网的使用和发展有直接作用。然而，并非所有国家都能在平等的基础上享有网络空间发展的实惠。例如，网络空间的发展使得国际社会数字化成为趋势，而要跟得上此趋势便需建设相关的基础设施。设施的建设涉及资金及融资方法，宽带的速度和互联网用户的数量，新技术的吸收难度等。拥有良好

〔20〕 关于区块链技术与贸易的关系，See Emmanuelle Ganne, *Can Blockchain Revolutionize International Trade?*, World Trade Organization, 2018, p. 23。

〔21〕 关于区块链技术与贸易的关系，See Emmanuelle Ganne, *Can Blockchain Revolutionize International Trade?*, World Trade Organization, 2018, p. 25。

〔22〕 关于区块链技术与贸易的关系，See Emmanuelle Ganne, *Can Blockchain Revolutionize International Trade?*, World Trade Organization, 2018, p. 27。

〔23〕 联合国经社理事会（UNESCO），*Internet Governance*, https://en. unesco. org/themes/internet - governance（2022 年 2 月 24 日访问）。

〔24〕 联合国经社理事会（UNESCO），*Internet Governance*, https://en. unesco. org/themes/internet - governance（2022 年 2 月 24 日访问）。

数字基础设施的国家可以出口数据和进行数字贸易，而数据交易会涉及下游经济的输入和上游经济的输出，以及传统的比较优势概念。从目前的情况看，具有规模经济和比较优势的数据密集型产业及从事数据转移业务的企业主要集中在美国、英国和欧盟，中国作为后来者也加入了此数据大国的行列。数字经济之所以能在这些国家快速发展，其先进的信息和通信基础设施起到重要作用。[25] 美欧诸国一方面有良好的信息和通信技术基础设施，另一方面又在数字交易方面施行歧视政策。例如，美国不仅自己以国家安全为借口无理限制华为和中兴等企业在美国经营，禁止美国企业为华为提供晶片等产品，[26] 而且还通过政治和其他手段要求其盟国不采用这些企业的产品和服务。美国等的行为已经严重破坏了网络空间国际秩序的形成，甚至对网络空间的有效运行构成了严重威胁，盖因这些做法背离了网络空间本身的特点。

另一个例子即是“平台”(platform)。平台(或“聚合器”)通过向用户提供大量信息，以其自有的信誉，使一些货物和服务提供者与消费者完成交易。用户加入平台后，网络供应商会对之进行管理，结果是降低了客户获取信息的成本。网络平台还使用类似国家的机制来管理其域名(domain name)，包括制定奖惩和争端解决机制。内容发布平台甚至有详细的规则“让受过训练的人适用并不断更新和修改这些规则从而使其具有更大的外部影响力”。[27]

(二)网络空间的特点

作为网络空间主体的互联网的特点是其具有开放性。这亦得到国际组织

---

〔25〕 据统计，21世纪20年代中期，世界数字贸易总额的大部由美国和欧盟贡献。See Erik Van der Marel, *Disentangling the Flows of Data: Inside or Outside the Multinational Company*, European Centre for International Political Economy (ECIPE), Occasional Paper, p. 13 (2015). 全文见 https://ecipe.org/wp-content/uploads/2015/07/ECIPE-Data-Flows-final.pdf(2022年2月24日访问)。

〔26〕 美国宣称华为设备存在“后门”(backdoor)。2019年4月30日，沃达丰(Vodafone)向彭博社(Bloomberg)透露，其曾于2012年发现华为设备存在这一安全风险，但随后华为已修复这一漏洞。See Daniele Lepido, *Vodafone Found Hidden Backdoors in Huawei Equipment*, Bloomberg, https://www.bloomberg.com/news/articles/2019-04-30/vodafone-found-hidden-backdoors-in-huawei-equipment.

〔27〕 See Kate Klonick, *The New Governors: The People, Rules, and Processes Governing Online Speech*, Harvard Law Review, Vol. 131, p. 1598 (2018).

和非政府组织的认可。例如,八国集团(G8)于 2011 年通过的“多维尔宣言”(Deauville Declaration)便宣布“互联网的开放性、透明性和自由性是其发展和成功的关键”,[28]认为此原则及不歧视和公平竞争原则,“必将成为互联网发展的重要力量”。[29] 2014 年,经合组织通过了“制定互联网政策的原则”(OECD Principles for Internet Policy Making),希望经合组织成员方及其他国家在制定政策时采用。根据该原则,互联网经济实质上是以信息的全球自由流动为基础,故各国需促进互联网的开放,包括跨境服务交付等。[30] 经合组织于 2016 年的坎昆宣言重申了这一原则。

一些网络公司和非政府组织亦提出了类似建议,其中具代表性者为全球网络(NETmundial)等。全球网络通过了全球网络倡议,提出互联网治理的基本原则包括互联网的使用应符合公共利益,多利益攸关方信息流通自由以及互联网用户在网上访问、共享、创建和发布信息应尊重合作者和创作者的权利等。此外,保护人权、民主、多利益相关方参与、公开透明、提倡共识、负责性、非排他性、平等、合作及有意义的参与等亦为全球网络倡议的内容。[31] 总之,全球网络倡议主张通过开放、创造与合作的平台,引入更多无须许可的创新活动,以构建并推广分散式的互联网治理促成机制和解决方案。这是到目前为止关于网络空间治理较为具体的涵盖技术标准[32]和运作规范的原则性文件。经合组织还提出互联网开放应包括经济开放和社会开放两个方面。社会开放是指社会的自由参与机会。经济开放则是指用户可以通过使用互联网来

---

[28] 八国集团,*Renewed Commitment for Freedom and Democracy*, 2011 年 5 月 27 日,见 https://www.mofa.go.jp/policy/economy/summit/2011/declaration.html (2022 年 2 月 24 日访问),第 9 条。

[29] 八国集团,*Renewed Commitment for Freedom and Democracy*, 2011 年 5 月 27 日,见 https://www.mofa.go.jp/policy/economy/summit/2011/declaration.html (2022 年 2 月 24 日访问),第 9 条。

[30] 详见经合组织,OECD Principles for Internet Policy Making, 2014 年。全文见 https://www.oecd.org/internet/ieconomy/oecd - principles - for - internet - policy - making.pdf(2022 年 2 月 24 日访问)。

[31] 2014 年 4 月,政府部门、科技和网络公司以及学术界的代表在巴西圣保罗召开全球网络会议(NETmundial Meeting),讨论网络空间治理的问题,与会代表在会上通过了全球网络声明(NETmundial Multistakeholder Statement)。后该会议成为一个非政府组织,即全球网络(NETmundial)。关于 NETmundial 倡议的背景和全文,见 https://netmundial.org/terms - reference(2022 年 2 月 24 日访问)。

[32] 全球网络所参照的技术标准主要源自万维网联盟(W3C)。

增强其经济能力的机会，即将互联网用于生产用途。经济的开放程度取决于互联网在特定市场的竞争程度以及互联网服务的可用性和价格等因素。[33]

前述互联网的开放性等特点成为网络空间治理原则的基础。虽然互联网的开放性、公开性、透明性、安全性、保密性等术语经常出现在网络空间和互联网治理的文献中，但不同利益方赋予相关概念的含义则不尽相同。这一方面是因为国际上现尚未形成一套公认的、综合性的和具体的多边法律安排。另一方面是因为互联网是一个“多层框架”的系统，通过互联网进行数据传输需要不同机构和利益相关方协调，也就是需要不同层面的参与方在一定程度上达成技术协议。互联网的开放性原则就是在此环境下孕育而生，其实质是要求“数据在网络上的全球自由流动”不会受到不必要的干扰或限制。互联网的开放度越高，连接到互联网的设备便可更容易、更高效地交换数据。互联网开放性原则致力于达到的目的是充分发挥互联网的潜质，在全球网络内实现高效和非歧视的数据交换。用互联网技术人员的话讲就是端到端原理，通过互联网一端推出的信息应该在没有修改的情况下传到另一端。无疑，前述网络空间原则仅是理论上的，因现实中不可能有绝对的自由。美国政府曾极力推动网络空间的开放性。然而自特朗普担任总统后，美国政府的行为完全背离了其前任致力于推动的网络开放性、自由化和非歧视的原则，从而对网络空间秩序的构建造成了严重影响。面对美国咄咄逼人的做法，其他国家必然做出反应。此情势为网络空间秩序的前景增加了诸多不确定因素。

（三）网络空间的治理挑战

关于网络空间治理，人们最初专注于互联网的基础设施方面，如域名系统和网址等。在互联网渐次进入各国的政治、经济和社会各方面的今天，网络空间的国际治理范围和内容均极速扩张，涵盖了市场准入、安全与信任、网络中立性、数字使用与分析、物联网、区块链技术、人权、隐私权、公共卫生和公共安全等几乎人类生活的全地域和全领域。世界银行在《2016 年世界发展报告：数字红利》中指出，“与之前历次技术革新相比，互联网及相关技术普及发展

〔33〕 关于互联网开放与经济、社会等领域的关系，See OECD, *Economic and Social Benefits of Internet Openness*, OECD Digital Economy Papers No. 257, 2016。

中国家的速度要快很多。蒸汽轮船发明160年后,印度尼西亚才享受到其便利;电力发明60年后,肯尼亚才通上电;而计算机出现15年后,就应用到了越南。手机和互联网只花了几年时间就出现在发展中国家。发展中国家拥有手机的家庭比有电或具备良好卫生条件的家庭还多。互联网在全球的广泛应用导致了信息生产消费的爆炸式增长”。[34] 然而,这并不是说互联网已在所有国家普及。据统计,至21世纪20年代,“六个人中,只有一人有高速宽带连接,全球约有40亿人不能访问互联网,近20亿人没有手机,近5亿人生活的地区没有移动信号”。[35] 由于网络空间的固有特点,关于网络空间治理的方式方法及参与者自始便与传统的国际秩序不同。

统言之,网络空间治理自始便受到国际组织的高度关注,联合国大会、联合国经社理事会、世界知识产权组织、国际电联、联合国教科文组织、联合国贸发会议、经合组织等一直成为讨论构建网络空间治理原则和规则的重要平台,并达成了一系列有意义的共识。[36] 一些非政府间的国际组织和网络技术公司,如信息社会世界峰会(World Summit on Information Society)、互联网治理论坛(IGF)、互联网名称与数字地址分配公司(Internet Corporation for Assigned Names and Numbers,ICANN)等也积极参与网络空间秩序的构建。

网络空间的特点对如何构建治理机制提出了一系列的挑战。例如,网络公司将其用户的数据大规模商业化是数字经济和数字贸易的基础,但此做法涉及个人隐私保护,网络安全威胁,数字基础设施建设和容量不平衡发展等方面。如何平衡这些有时相互矛盾的关系是构建网络空间秩序无法回避的问题。在没有统一的多边治理机制的情况下,各国采取了不同的方法来解决这些问题。不容否认的是,任何一种解决方式都涉及对网络空间的限制,对数据流的阻碍。这进而对以数字为形式的电子商务——电子交易货物和服务——形成负面影响。然而,没有限制的网络空间亦非国际社会可以接受者。因此,

---

〔34〕 参见世界银行:《2016年世界发展报告:数字红利》,第5页,全文见 http://documents1.worldbank.org/curated/en/950951467993193548/pdf/102724 - WDR - WDR2016Overview - CHINESE - WebResBox - 394840B - OUO - 9.pdf(2022年2月24日访问)。

〔35〕 这些地区主要是发展中国家。同上,第4页。

〔36〕 早在1999年年底,世界知识产权组织便通过了统一域名争议解决政策指南,依托其仲裁与调解中心提供涉及互联网域名的争议解决服务。详见 https://www.wipo.int/amc/en/domains/gtld/(2020年10月9日访问)。

如何平衡快速发展的网络技术和制约电子商务的国家法律和政策之间的关系已成为多边贸易体系需要解决的紧迫问题。虽然大多数国家意识到互联网和电子商务的巨大发展潜力,但对于是否应就之做出承诺,甚至对现有的世贸组织规则是否适用于互联网和电子商务持怀疑态度。[37]

数字技术的多元化发展,包括云计算,互联网和物联网,人工智能以及量子计算等给国家和监管机构带来新的挑战。这是因为,经济的发展离不开科技的进步,国家为了发展经济必须推动科技创新。在世界高度全球化的今天,合作是经济发展和科技创新的不二选择,甚至有时为了遏制其他国家发展也必须进行国际合作。一直强调美国优先的特朗普政府为了打压华为也不得不以各种手段、软硬兼施,务必使其五眼联盟等盟国采取相同的措施便是例证。在美国的威逼利诱下,英国、澳大利亚等宣布不在5G领域与华为合作。一方面,这说明在全球化的当今世界,强大如美国的超级大国在国际事务中亦离不开其他国家的合作。另一方面,这也说明互联网的特点要求其发展必须有政府、私有企业和其他机构的合作。互联网的发展不仅与社会民生、人权、隐私权、公共卫生等直接相关,而且还对每个社会的治理乃至其安全有决定性的影响。

网络空间技术的进步已使得人们有无限度扩张虚拟空间的可能,如任何人均可将存储于手机或电脑的数据即时传输到"云"服务器远隔重洋的存储器上,并可在不同的地理空间通过不同的设备访问回溯,即"云"储存。基于云储存数据本身具有跨国性的特点,有学者提出"数据例外"的概念,即云存储数据的性质决定了其不受国际法关于属地管辖权之规范。尽管云储存技术确实是奇迹,但其是否足以支持云储存数据应被视为数据例外尚有很多争议。这主要是因为任何数据均具有物理和无形两个特征,而这两个特征便为相关国家主张管辖权提供了法理基础。[38] 无论数据是以何方式储存,包括云储

〔37〕 例如,世贸组织于2013年12月在巴厘岛召开的第九届部长级会议上通过了《贸易便利化协定》(TFA)。该协定于2017年2月生效。《贸易便利化协定》致力于促进货物的快速清关,提高透明度,促进世贸组织成员海关和其他相关部门间的合作,包括通过电子方式交换数据和文件,提高交易的合规性等。《贸易便利化协定》本身的前述目标决定了其在网络空间治理方面的局限性。关于《贸易便利化协定》的背景、原则等,详见 https://www.wto.org/english/tratop_e/tradfa_e/tradfa_agreement_e.htm(2022年2月24日访问)。

〔38〕 See Andrew Keane Woods, *Against Data Exceptionalism*, Stan. L. Rev., Vol. 68, 2016, p. 729, 734.

存,其必然要通过设备和人来完成,必然有人对之享有所有权,就好像知识产权和债权等均为无形资产,但其并非无人具处置权的资产。国家通过对无形资产所有权人的管辖权便可实现对无形资产的管辖。据此,只要数据的所有权人或实际处置人处于某个国家的辖区之内,该国便应可行使管辖权。〔39〕当然,在对云储存数据行使管辖权时,相关国家需考虑数据存储的地理位置、数据控制者的住所地、犯罪地、受害者的居住地以及犯罪嫌疑人的国籍等。这只能证明云储存数据的特点决定了其必受不同国家的管辖,而非不受任何国家的管辖。

面对国际社会无法就网络空间治理达成协议的现实,为了避免网络空间对社会、经济和国家安全的不利影响,很多国家制定了涉及互联网、物联网和大数据的法律。〔40〕这些法律包括促进互联网技术和经营的创新及规范数据流动的规则。数据本地化则为各国治理网络空间的方式之一。数据本地化是要求数据的储存本地化并对数据的跨境流动加以规管。数据储存本地化要求数据的物理存储应限于特定地点的数据中心。这些要求可以是法律上的,也可以是政策上的,还可以是事实上的。数据本地化要求可出于很多目的,如保护公民的隐私权、经济利益、技术主权、国家安全等。然无论其宗旨为何,数据本地化可在网络数据的生成和移动的任一阶段实施。〔41〕不可否认的是,网络空间技术越是发达,网络对各国的影响越大,而为了内部治理和国际合作,主权国家必然加大对网络的规管。在缺乏协调下的多国对网络空间的分治势必

---

〔39〕如在美国诉加拿大新斯科舍银行(Bank of Nova Scotia)案中,美国联邦上诉法院判决加拿大银行不得以涉案的数据在外国保存且依该外国法律不得提交为理由,拒绝提交相关数据。详见"United States v. Bank of N. S.", *F. 2d*, Vol. 740, 1984, p. 817, 826 – 828。

〔40〕北大西洋公约组织互联网防卫合作卓越中心(NATO CCDCOE),"Trends in International Law for Cyberspace",第 5 页,参见 https://ccdcoe.org/library/publications/trends – in – international – law – for – cyberspace/(2022 年 2 月 24 日访问)。

〔41〕网络数据的生成和使用基本包括下述几个阶段:首先,数据在物理设备的生成,如电子邮件或计算机处理的数据。任何基于互联网的平台或生态系统创建并存储在服务器上的数据,通过信息和通信技术("信通技术")基础设施连接到互联网的设备。其次,数据通过互联网在线流动(以"数据包"的单位表示)。互联网服务提供商(Internet Service Provider, ISP)通过有线或无线信通技术向互联网用户/消费者提供服务。数据从一个服务提供商的网络转移到另一个服务提供商的网络,从而完成数据的移动。再次,数据被存储在位于"数据中心"的服务器上(即使在云计算中,数据始终存储在位于某处的服务器上)。最后,数据从数据中心通过互联网服务提供商传输到使用者或最终用户的设备上。

不具有可兼容性，从而严重阻碍网络空间的运作和发展，此情势则为各国合作创造了机会、奠定了基础。

二、网络空间治理的国际努力

网络空间技术导致全球数字化，使得数据与关联的个人可以不处于同一国家，使得数据同时处于多个国家成为常态。全球数字化的结果是个人隐私被非法侵入的可能性无限扩大，数据安全成为每个国家、实体、企业、非政府组织和个人都必须面对的实际和法律问题。国家对本国国民有保护之责，有责任保证网络使用者的权益不受到违法侵犯。此即人们通常讲的网络安全。网络安全涉及多方面、多层次，包括国家安全以及实体、企业和个人的信息和数据安全等。无论是出于对国家安全的考虑还是对处于其管辖范围内的实体和个人所负的保护之责，国家均有责任和义务对网络空间及其运作行使管辖权。鉴于网络空间无国界的性质，任何国家对互联网及其运作、数据储存和移动等行使管辖权必然涉及其他国家的管辖权，因相关数据可能同时处于不同国家的辖区之内。这一方面说明在全面网络化的世界，国家管辖权的重叠势难避免（如云储存等形式的数据跨国储存导致很多行政和执法行为具有了跨国性）。另一方面这也证明了当今世界国家间相互依赖的程度较以前更为紧密，数据和互联网的利用使得经济全球化更具不可逆的特点。

（一）网络空间对主权的挑战

数据全球化使得数据主权、技术主权、网络主权和网络安全成为每个国家均必须面对的挑战，因其无时不在、无事不在、无空间不在。事实上，互联网和数据已成为国家治理不可或缺者。国家政府的许多立法、行政和司法决策、决定和行为，包括对金融与银行业务的监管、国际贸易数据的统计、环境保护的监测、投资环境的维护、反恐、禁毒等，均需大数据作为基础和证据。大数据有时可以作为直接证据，有时可作为物理证据的补充，有时甚至为主要证据。随着人们越来越多地在线上活动，有些证据只能通过互联网获得。或可说，没有互联网的支持，国家治理的效力和效率一定会大打折扣。互联网和大数据的特点要求国家在制定法律和政策时还必须考虑域外的反应和效果，包括其他国家实施的原则、规则和标准等，甚至一个技术手段的实施都可能引起主权方面的争议。例如，在新冠肺炎的抗疫过程中，中国、韩国、新加坡、意大利等国家均利用数字追踪（Digital Tracking）技术，协助控制病毒的传播，效果显著。鉴于此，苹果和谷歌公司宣布合作开发一款应用软件，一旦手机用户在过去一段时间曾接触过新冠肺炎确诊者，手机就会跳出警讯。此举立意良善，对于疫后重启经济当颇有帮助。然而其却引发关于主权和隐私权的忧虑。德国企业呼吁欧洲开发商携手开发“欧式”追踪技术，不要将主权或曰网络主权割让给硅谷。[42]

网络主权和网络安全是一个问题的两个方面，尽管网络安全涉及的领域超出了传统主权的范围。尽管很难准确定义，但是一般认为，网络安全是指与信息相关的电子处理、存储和传送的安全性，即相关信息是否可完整可靠地传送和存储，且不会受到非经授权的第三方侵入。在全面网络化的社会，每个人的电脑都可能被第三方侵入，电邮和其他网络信息都可能被盗用，从而构成网络安全。一个机构（医院、商店、公司、银行、律师行）存储的与服务提供、产品生产、病人病例、客户信息相关的资料均属于个人隐私或商业机密。这些机构的电脑一旦被侵入便会涉及个人隐私或商业机密的泄露，属另类网络安全。故此，互联网协会（Internet Society）曾指出“作为一种提法，网络安全非常不精确，因网络安全涉及不同安全问题，包括技术挑战以及从技术到立法的解决方案等”。[43] 无论如何，数据全球化以及各国对网络和数据的依赖程度不断增加使得网络安全成为每个国家都非常关心的问题，因为即使是分属盟国的

---

〔42〕 德国科技保险商 Julian Teicke 倡议开发名为“一起健康”（Healthy Together）的计划。Teicke 认为，“让苹果及谷歌拥有储存所有手机用户的接触史及医疗讯息的服务器不是最好的方案。我们需要独立机构处理，并多多少少允许政府管控”。See Douglas Busvine, *German Tech Startups Plead for European Approach to Corona Tracing App*，路透社，https://www.reuters.com/article/us-health-coronavirus-tech-germany/german-tech-startups-plead-for-european-approach-to-corona-tracing-app-idUSKCN21W20F（2022 年 2 月 24 日访问）。

〔43〕 参见互联网协会，“Some Perspectives on Cybersecurity”（2012）。See Worku Gedefa Urgessa, *Multilateral Cybersecurity Governance: Divergent Conceptualizations and its Origin*, Computer Law & Security Review 36 (2020) 105368, p. 2.

国家也无法完全相信对方不会对本国的安全构成威胁。[44]

网络安全涉及如何保护互联网以及通过网络提供的所有应用程序和网站的安全,禁止和防止意外的或未经授权的访问、更改或破坏通过网络传输的数据。对互联网安全的威胁主要在技术层面。保障互联网安全的措施和侵入互联网的手段是矛与盾及魔与道的关系。有了互联网安全的保障措施,必然出现侵入的技术手段,正所谓道高一尺魔高一丈。正因为如此,世界上不可能有百分之百安全的网络系统,任何安全都是相对的和暂时的。法律则在于规范哪些侵入行为是被禁止的以及第三方合法进入的方式和条件等,同时又鼓励,至少不阻碍技术的进步。易言之,网络安全涉及技术和法律两个层面,两者相符相依,但法律总会滞后于技术的发展。

从法律上讲,网络安全又会在国家层面、社会层面、网络公司层面及消费者层面有不同体现。国家层面的网络安全主要是指国家安全是否会因网络的非法侵入而受到威胁。社会层面的网络安全一方面是指网络的可靠性,另一方面亦涉及网络内容是否会对社会道德和习俗构成威胁。网络公司层面的安全问题是不同网络之间、网站之间、浏览器之间以及通用技术标准和路由和寻址系统的安全性。网络公司层面的安全性涉及技术也关乎知识产权和其他财产权。作为消费者的实体、企业和个人都是网络的使用者,且在使用过程中不断将信息传输到互联网。消费者自然希望国家政府和网络公司能保证其传输的信息不被非经授权的人窃取,也不希望其信息被用于非经授权的用途。任何个人信息的单独存在也许没有经济价值,但经网络公司等聚合到一起便形成较大的数据,从而就产生经济价值。进而言之,保护个人信息安全不仅是隐私权问题也涉及财产权。由此可见,网络安全涉及的面非常广,关于网络空间治理的著作使用的术语亦不尽相同,然网络安全、数字安全、信息安全等所指的都是网络安全问题。归根结底,解决网络安全问题还得依靠各国的合作。这就必然涉及国际法下国家管辖权的界定和行使。

---

〔44〕 如"棱镜门"的主角斯诺登便曾爆出美国监听德国总理电话的丑闻。相关新闻见《斯诺登拟为德国被监听事件作证:德美关系或恶化》,载腾讯新闻网,https://news.qq.com/a/20131102/002878.htm。

(二)国际法上的国家管辖权

依传统和公认的国际法,主权国家的管辖权包括两个方面。一是指主权国家在其领土上的权力,包括制定法律和采取其他措施;二是指主权国家的行政机关和司法机构等在其本国领土内执行法律和政策的权力。国际常设法院在著名的荷花案〔45〕中的判决一直被视为关于国家管辖权的权威性宣布。该案涉及土耳其法院对在公海上与土耳其籍船相撞的法国船员行使管辖权。国际常设法院指出,“当代国际法对国家施加的首要的也是最重要的限制是,除非有相反的允许性规则存在,否则任何国家均不得以任何形式在另一国家的领土上行使权力。或可说,管辖权必然具地域性,除非依国际习惯或公约的许可性规则为之,否则国家不能在其领土外行使管辖权”。〔46〕 国际常设法院接着写道,“然并不能因此认为,在没有国际法上允许性规则的情况下,国际法禁止国家在本国领土内对发生在国外的行为之案件行使管辖权。前述观点只有在下述情况是可行的,即国际法普遍禁止国家将其法律的适用范围和法院的管辖范围扩大到其领土以外的人员、财产和行为,作为一般例外,国际法允许国家在某些特定情况下如此行事。但按照目前的情况,国际法肯定不是如此规定”。〔47〕 国际常设法院同时指出,尽管国际法“没有普遍禁止国家将其法律的适用范围和法院的管辖范围扩大到其领土以外的人员、财产和行为,除了在某些情况下受禁止性规则的限制外,国家在此方面具有很大的自由裁量权。在其他情况下,国家亦可以自由采用其认为是最合适的原则”。〔48〕荷花案判决的要旨是每个国家的管辖权均不得超过其边界范围;同时,任何国家可基于公认的国际法原则,将其法律适用于在其领土外发生的行为。这从而成为后来一些国家以“效果地”为基础主张管辖权的法理依据。正因如此,荷花案判决

---

〔45〕 国际常设法院,“SS Lotus (France v. Turkey)”,判决,1927 年 9 月 7 日。详见 http://www.worldcourts.com/pcij/eng/decisions/1927.09.07_lotus.htm(2022 年 2 月 24 日访问)。

〔46〕 国际常设法院,“SS Lotus (France v. Turkey)”,判决,1927 年 9 月 7 日。详见 http://www.worldcourts.com/pcij/eng/decisions/1927.09.07_lotus.htm(2022 年 2 月 24 日访问),Para. 45。

〔47〕 国际常设法院,“SS Lotus (France v. Turkey)”,判决,1927 年 9 月 7 日。详见 http://www.worldcourts.com/pcij/eng/decisions/1927.09.07_lotus.htm(2022 年 2 月 24 日访问),Para. 46。

〔48〕 国际常设法院,“SS Lotus (France v. Turkey)”,判决,1927 年 9 月 7 日。详见 http://www.worldcourts.com/pcij/eng/decisions/1927.09.07_lotus.htm(2022 年 2 月 24 日访问)Para. 46。

自发布以来,便时常受到批评。但是,国际社会也普遍接受了国家管辖权受国际法限制的事实。

国际法对国家行使主权包括管辖权的限制早有定论。然而主权国家的管辖权到底在哪些方面应受到限制,国际社会有不同认识。在巴塞罗那电车、照明和电力公司案,菲茨莫里斯(Fitzmaurice)法官在其个别意见中指出,“在当前条件下,国际法的确没有关于国家在此类问题上的管辖权的硬性规定(当然还有其他方面,如航运、反托拉斯等),从而给予国家广泛的酌情权。然而,国际法确实(一)假定存在此限制,尽管在具体的个案中,应由法庭申明涉案的限制为何;(二)在涉外管辖权方面,每个国家都有义务保持克制和节制,以避免对更恰当和更适合的国家的管辖权构成不当侵犯”。〔49〕 实践中,只要有需要,国家总是寻找理由、发挥想象力和创造力,以达到扩大管辖权的目的。那么,现有的关于国家管辖权的国际法原则是否适用于网络空间呢?主权国家的属人和属地管辖权为国际法上没有争议的权力,然而依效果地原则行使管辖权则争议颇多。依该原则,如果一个国家受到境外行为的影响,便可对相关的人或事行使管辖权。就此而言,美国率先于反托拉斯法中实施依效果地的管辖权。〔50〕 尽管依效果地原则一直受到批评,但仍旧有人主张基于互联网性质的特点,国家管辖权可以依效果地原则行使。〔51〕 这种观点认为,在“在全球化的经济中,每件事情都会对其他事情发生作用”。〔52〕 鉴于互联网本身具有跨境运行的特点,故任何通过网络的活动均可能在行为者所在的国家之外产生效果(网络诈骗便是一例)。目前的情况是在跨境网络诈骗案中,普遍接受的原则是受影响的国家可依属人原则对本国公民在境外的行为行使管辖权。由此可见,关于国际法上国家在互联网方面的管辖权之范围和原则仍有

---

〔49〕 国际法院,“Case concerning Barcelona Traction, Light and Power Co. Ltd. (Belgium v. Spain)”,1970 年 2 月 5 日,Separate Opinion of Judge Sir Gerald Fitzmaurice, 第 70 段,见 https://www.icj-cij.org/files/case-related/48/048-19631202-JUD-01-06-EN.pdf(2022 年 2 月 24 日访问)。

〔50〕 参见王贵国:《国际投资法》(第 2 版),法律出版社 2008 年版,第 284-285 页。

〔51〕 See Christopher Kuner, *Data Protection Law and International Jurisdiction on the Internet* (*Part* 1), International Journal of Law and Information Technology, Vol. 18:2, p. 190(2010).

〔52〕 昆尔(Kuner)认为,效果地原则的适用也会引发其他问题,如随着管辖权范围的扩大,管辖权和适用法律的合理性与承认和执行外国判决的合理性之间的差距便会扩大。同上。

许多问题需要进一步探讨并加以解决。

(三)国际社会构建网络空间治理框架的努力

主权国家对网络空间的管辖权与安全直接相关。此问题早已引起国际社会的关注。联合国大会于 1999 年通过决议,提出“信息技术和手段的传播和利用事关整个国际社会的利益”,呼吁国际社会进行“广泛的国际合作”,同时指出“信息技术和手段可能会被用于不符合维护国际稳定与安全的宗旨,对各国的安全产生不利影响”。[53] 联合国就信息和电信安全成立的政府专家组(以下简称联合国政府专家组)在促进网络空间规范的报告中建议制定“关于负责任国家行为的自愿性和非约束性规范”,从而“降低国际和平、安全与稳定所面临的风险”。[54] 联合国政府专家组报告进一步建议了 11 项规范,供各国审议。[55] 这些规范包括各国应遵循联合国维持世界和平与安全的宗旨,合作采取措施以加强通信技术使用的稳定性与安全性,不允许他人利用本国领土蓄意破坏互联网基础设施,保护个人隐私在内的人权等。[56] 考虑到发展中国家的特殊性,联合国政府专家组报告建议,虽然前述措施“对于促进一个开放、安全、稳定、无障碍、和平的通信技术环境可能是至关重要的,然而,特别是对发展中国家而言,在他们获得适足能力之前,也许不能立即付诸实施”。[57] 虽然联合国政府专家组报告建议的规范是在非强制性的法律层面上运作,[58] 且这些规范均相当简略,但是迄今为止仍未获国际社会主要国家的认可。由于各国无法就反制措施(countermeasures)、自卫和国际人道法的适用等达成

---

〔53〕 参见联合国大会决议:《从国际安全的角度来看信息和电信领域的发展》,联合国大会文件第 A/RES/53/70 号,1999 年 1 月 4 日。

〔54〕 参见联合国:《关于从国际安全的角度看信息和电信领域的发展政府专家组的报告》,联合国大会文件第 A/70/74 号,2015 年 7 月 22 日,第 10 段。

〔55〕 参见联合国:《关于从国际安全的角度看信息和电信领域的发展政府专家组的报告》,联合国大会文件第 A/70/74 号,2015 年 7 月 22 日,第 13 段。

〔56〕 参见联合国:《关于从国际安全的角度看信息和电信领域的发展政府专家组的报告》,联合国大会文件第 A/70/74 号,2015 年 7 月 22 日,第 13 段。

〔57〕 参见联合国:《关于从国际安全的角度看信息和电信领域的发展政府专家组的报告》,联合国大会文件第 A/70/74 号,2015 年 7 月 22 日,第 13 段。

〔58〕 参见联合国:《关于从国际安全的角度看信息和电信领域的发展政府专家组的报告》,联合国大会文件第 A/70/74 号,2015 年 7 月 22 日,第 10 段。

共识,联合国政府专家组未能于2017年形成最终报告。当然,这并不是说各国在国际法适用于网络空间的问题上有分歧,而是在个别原则和条款的具体适用上有不同意见。正如国际法院在尼加拉瓜案指出:“如果一个国家采取的行为表面上与公认的规则不符,但通过诉诸该规则的例外或其他理由为自己的行为辩护。无论该国家的行为是否事实上合理,其态度的重要性在于确认而不是削弱了相关规则。”[59]就2016~2017年的联合国政府专家组未达成最终报告言,提出反对意见的国家并非反对国际法对网络空间具有适用性,而是对国际法规则如何适用于网络空间有不同意见。

2021年5月28日联合国政府专家组一致通过了最终报告。[60] 最终报告延续了先前报告提出的原则和建议,重申制定“关于负责任国家行为的自愿性和非约束性规范”的重要性,建议各国应合作制定并实施一套可以促进信息和电信稳定和安全使用的措施,以防止公认的信息和电信危害行为对世界和平与安全构成威胁。[61] 国际合作亦为政府专家组最终报告强调的内容,包括信息交换和合作采取措施。[62]政府专家组最终报告还提出了一些新的建议,包括各国应确保在使用信息和电信时推动、保护人权。[63] 在主权方面,由于各国对主权系属国际法原则还是规则有分歧,政府专家组最终报告一方面建议应尊重主权,另一方面强调各国基于国际法的义务。[64] 鉴于政府专家组最终报告的参与者包含了联合国五个常任理事国的代表,特别是考虑到中国、俄罗斯、美国和欧洲诸国均为电信和网络大国,该最终报告代表了国际社会关于网络空间国际法发展的共识。

金砖国家(BRICS)于2017年在中国厦门市召开的会议上亦发表声明,支持将国际法适用于网络空间,宣布“我们支持联合国在制定各方普遍接受的

---

〔59〕 See “Military and Paramilitary Activities in and against Nicaragua (Nicaragua v. United States of America) (Merits)”, Merits, *I. C. J. Reports* 1986, p. 14, 88.

〔60〕 See “Report of the Group of Governmental Experts on Advancing responsible State behaviour in cyberspace in the context of international security”(以下简称政府专家组最终报告),报告全文见https://front.un-arm.org/wp-content/uploads/2021/06/final-report-2019-2021-gge-1-advance-copy.pdf (2021年10月31日访问)。

〔61〕 政府专家组最终报告,规范13(a)。

〔62〕 政府专家组最终报告,规范13(d)。

〔63〕 政府专家组最终报告,规范13(e)。

〔64〕 政府专家组最终报告,规范13(f)及(h)。

网络空间负责任国家行为规范方面发挥中心作用，以确保建设和平、安全、开放、合作、稳定、有序、可获得、公平的信息通信技术环境。我们强调《联合国宪章》确立的国际法原则至关重要，特别是国家主权、政治独立、领土完整和国家主权平等、不干涉别国内政、尊重人权和基本自由。我们强调应加强国际合作，打击滥用信息通信技术的恐怖主义和犯罪活动，重申德班宣言、福塔莱萨宣言、乌法宣言和果阿宣言为此提出的建议。正如乌法宣言提及，应在联合国主导下制定国际法律文书以打击使用信息通信技术的犯罪行为。我们满意地注意到金砖国家关于信息通信技术使用安全性专家工作组取得的进展。我们决定根据《金砖国家确保信息通信技术安全使用务实合作路线图》或者任何其他达成共识的机制推进合作，注意到俄罗斯关于金砖国家达成确保信息通信技术安全使用的政府间合作协议的倡议”。〔65〕 此宣言系近期国际社会关于依国际法推进网络安全和网络空间治理的最明确表态，也是此方面最重要的国际文件之一。考虑到金砖国家在网络空间技术方面的实力以及互联网使用方面的广度和深度，此宣言将对网络空间秩序的构建，特别是如何将国际法原则和规则具体适用到网络空间及其运作将有深远影响。

除了国际社会的努力外，一些部门性和区域组织和安排亦就网络空间的运营和活动提出建议。这些国际文件包括 1992 年《国际电信联盟宪章》（Constitution of the International Telecommunication Union），2001 年《布达佩斯网络犯罪公约》，上海合作组织于 2009 年通过的《信息安全协定》，〔66〕 2014 年《非洲联盟网络安全公约》〔67〕 等。这些国际文件主要是针对网络活动的某些方面提出建议及适用的标准。在全球性具拘束力的协议达成前，这些国际文件能起到填补空白的作用。必须指出，这些国际文件均具有国际条约的地

---

〔65〕 参见《金砖国家领导人厦门宣言》，2017 年 9 月 4 日，第 56 段。该宣言全文见 https://www.fmprc.gov.cn/web/wjb_673085/zzjg_673183/gjjjs_674249/gjzzyhygk_674253/jzgj_674283/zywj_674295/t1489831.shtml（2022 年 2 月 24 日访问）。

〔66〕 参见《上海合作组织成员方保障国际信息安全政府间合作协定》（Agreement between the Governments of the Member States of the Shanghai Cooperation Organization on Cooperation in the Field of International Information Security）（2009），协定全文见 https://cis-legislation.com/document.fwx?rgn=28340（2022 年 2 月 24 日访问）。

〔67〕 See African Union Convention on Cyber Security and Personal Data Protection, adopted by the Twenty-third Ordinary Session of the Assembly, held in Malabo, Equatorial Guinea, 27th June 2014.

位,属于国际条约法的范畴,其规定对各缔约方具有拘束力,验证了国际社会关于网络空间受国际法管辖的共识。

基于网络空间与贸易关系密切的事实,2016 年,美国、日本和欧盟等发达国家和地区推动在世贸组织框架内就数字贸易相关议题举行正式谈判,但并不顺利。非洲国家集团和最不发达国家集团坚称,在多哈回合谈判取得进展前,不会就新议题进行谈判。发展中国家拒绝任何关于电子商务的提案是因为其认为,这些提案会排除其在国家和区域层面发展数字经济的可能性。与此同时,一个电子商务之友集团支持以发展为导向的电子商务议程。〔68〕由于在世贸组织内的谈判无法达成共识,相关建议后被纳入了由美国主导的跨太平洋伙伴关系协定(Trans – Pacific Partnership Agreement,TPP)。美国贸易代表称该协定是"有史以来最雄心勃勃,最有远见的互联网贸易协定"。〔69〕当然原因只有一个,就是该协定满足了美国的要求。然而特朗普担任总统后,美国便退出了跨太平洋伙伴关系协定。日本从而取代美国的领导地位,将该协定易名为全面与进步跨太平洋伙伴关系协定(Comprehensive and Progressive Agreement for Trans – Pacific Partnership,CPTPP)。〔70〕全面与进步跨太平洋伙伴关系协定较一些双边自由贸易协定关于网络空间的规定更为进取,对形成全球性的网络空间规范有积极意义。

在退出跨太平洋伙伴关系协定后,美国积极推动北美地区关于数字贸易的合作。其结果是作为《北美自由贸易协定》修订版的《美墨加协定》(USMCA)增加了一章"电子贸易",内容包括禁止对数字产品征税,保护数据流动、隐私和知识产权,推动网络安全合作等。〔71〕

另一个值得关注的专门针对数字经济合作的国际协定是新加坡、新西兰

---

〔68〕电子商务之友集团的成员包括阿根廷、智利、中国、哥伦比亚、哥斯达黎加、哈萨克斯坦、肯尼亚、墨西哥、摩尔多瓦、黑山、尼日利亚、巴基斯坦、斯里兰卡和乌拉圭。详见 https://www.wto.org/english/thewto_e/minist_e/mc11_e/briefing_notes_e/bfecom_e.htm(2022 年 2 月 24 日访问)。

〔69〕参见美国贸易代表(USTR),"Trans – Pacific Partnership",https://ustr.gov/sites/default/files/TPP – Ensuring – a – Free – and – Open – Internet – Fact – Sheet.pdf(2022 年 2 月 24 日访问)。

〔70〕《全面与进步跨太平洋伙伴关系协定》由日本、加拿大、澳大利亚、智利、新西兰、新加坡、文莱、马来西亚、越南、墨西哥和秘鲁于 2018 年 3 月在智利签署,于 2018 年 12 月 30 日生效。

〔71〕《美墨加协定》,全文见 https://ustr.gov/trade – agreements/free – trade – agreements/united – states – mexico – canada – agreement/agreement – between(2021 年 10 月 31 日访问)。

和智利三国签订的《数字经济伙伴协定》(Digital Economy Partnership Agreement)。[72] 《数字经济伙伴协定》包括 14 章,内容涉及数字产品待遇、数字问题、技术创新与经济、数字认证、企业和消费者信任、中小企合作、透明度、争端解决等,系迄今为止关于数字经济合作最全面的国际文件。中国已决定申请加入该协定,[73] 对推动其成为具世界影响的多边协定颇有助益。

此外,很多双边和区域性自由贸易协定亦包含数字贸易、电子商务等涉及网络空间治理的内容。据世贸组织统计,在 20 世纪 10 年代,区域性安排包括电子商务和数字贸易者显著增加,如 2014 年至 2016 年生效的区域性贸易协定中有 60% 以上含有电子商务的规定。[74] 自从在其与新加坡于 2003 年签订的自由贸易协定中纳入了互联网贸易的内容后,美国新签订的自由贸易协定均有数字贸易的内容。美国和韩国自由贸易协定(以下简称美韩自贸协定)[75] 是美国签订并已生效的自贸协定中关于数字贸易规定标准最高者。该协定规定缔约方应保证获取和使用互联网的自由,以确保消费者的选择和市场竞争的义务。美韩自贸协定还明确承认跨境信息流动的重要性,规定缔约方不应对跨界数据流动设置障碍。[76] 美韩自贸协定的金融服务章节则规定缔约方承诺允许金融机构在处理正常业务时所需的数据跨境流动。[77]

---

〔72〕《数字经济伙伴协定》于 2020 年 6 月 12 日签署,2021 年 1 月 7 日生效。该协定的英文文本见 https://www.mti.gov.sg/-/media/MTI/Microsites/DEAs/Digital-Economy-Partnership-Agreement/Text-of-the-DEPA.pdf (2021 年 10 月 31 日访问)。

〔73〕见"China to apply to join Digital Economy Partnership Agreement: Xi", https://www.msn.com/en-xl/news/other/china-to-apply-to-join-digital-economy-partnership-agreement-xi/ar-AAQ84Pf(2021 年 10 月 31 日访问)。

〔74〕见世界贸易组织,"区域贸易协定关于电商的规定"(Provisions on Electronic Commerce in Regional Trade Agreements)工作文件(working paper)第 ERSD-2017-11 号,2017 年 7 月,第 6 页;文件全文见 https://www.wto.org/english/res_e/reser_e/ersd201711_e.pdf(2022 年 2 月 24 日访问)。

〔75〕美韩自贸协定最初于 2007 年 6 月 30 日签订,2012 年 3 月 15 日生效。特朗普就任总统后即推动修订美韩自贸协定,后两国于 2018 年 9 月 24 日签订经修订的自贸协定。经修订的美韩自贸协定于 2019 年 1 月 1 日生效。该协定第 15 章的电子商务部分就数字贸易做出了规范。参见 https://ustr.gov/sites/default/files/uploads/agreements/fta/korus/asset_upload_file816_12714.pdf (2022 年 2 月 24 日访问)。

〔76〕详见美韩自贸协定,第 15 章。

〔77〕详见美韩自贸协定,第 13 章。

(四)网络空间国际治理的待决问题

国际社会在就规范网络空间秩序构建方面取得的进展已如前述。这些几近碎片化的成果尚不足以促成全球性协议的达成,亦与发展中的网络空间之实际需要相差甚远。网络空间已将触角深入了国际社会和国家社会的每个细胞,国家对网络空间的管辖亦时刻受到挑战。互联网的跨国性、新颖性和不断更新性以及全球数字化与主权国家内国法本身的地域性、滞后性和稳定性间本身就存在无法有效协调的矛盾。在缺乏有效的国际法对之规范的情况下,在每个国家境内运作的网络均可能受到来自其他国家的机构、网络黑客及互联网控制者恶意攻击的威胁。面对此情况,各国唯有真诚合作方可解决网络安全等问题。

有论者认为,主权国家无意就网络空间,包括网络安全制定具拘束力的多边条约,也不积极参与网络习惯国际规则的形成,即使认同国际社会提出的某些网络规范,但实践中也没有意愿遵守。[78] 这种观点的核心是基于 20 世纪 90 年代关于网络主权的辩论。该辩论的背景是,现有的网络世界,除了国家政府及其人民还有跨国公司参与;参与网络活动的企业在全球范围内制定了关于隐私权、出版权和表达权的规范;故网络主权不仅存在于主权国家而且存在于网络企业。[79] 这三者间的互动关系是前所未有的,即使是 20 世纪 90 年代互联网刚出现时也是无法想象的。基于此,部分主权权力势必从国家转到网络公司;尽管传统上国际法是由国家制定,但随着时间的推移,一些国际规范系以"自下而上"的形式形成,而在此过程中网络公司会起到重要作用,因其制定全球性规范的能力远远超过历史上任何国际组织。[80] 有论者认为,除非国际社会和主权国家对网络空间规范的"私人制订"趋势进行阻挡,否则网络公司"已经将自己视为生产法律的机器"。[81] 互联网的前述发展加之网络

---

〔78〕 关于此问题的讨论,See Kubo Mačák ,*From Cyber Norms to Cyber Rules*: *Re – engaging States as Law – makers*,Leiden Journal of International Law,Vol. 30:4,p. 877 – 899(2017)。

〔79〕 See Andrea Leiter,*Cyber Sovereignty*: *A Snapshot from a Field in Motion*,Harvard International Law Journal, 2020 年 4 月 3 日,全文见 https://harvardilj. org/2020/04/cyber – sovereignty – a – snapshot – from – a – field – in – motion/。

〔80〕 See Ido Kilovaty,*Privatized Cybersecurity Law*,UC Irvine Law Review,p. 40(2020).

〔81〕 See Ido Kilovaty,*Privatized Cybersecurity Law*,UC Irvine Law Review,p. 41(2020).

空间日益成为国家治理的内容,当无法在国际层面达成协议的情况下,各国通过内国法对之加以规范已成趋势。这也使得网络空间治理是否应遵从主权国家的属地管辖权的争论[82]变得没有实际意义。

国际社会无法就网络空间治理达成协议说明兹事体大,国家不愿贸然同意,也无法短时间内达成共识,毕竟互联网的历史尚短。同时,网络公司等私人实体间达成协议,协调数字经济和网络空间的治理在一定程度上弥补了前述需求。[83] 鉴于网络空间治理的重要性,不同利益相关方都对之表现出极大兴趣,并提出不同建议。目前各国、国际组织、区域性组织、私人机构等主要是推动不具拘束力的国际规范,以期维护网络空间的安全性和稳定性。由于各利益相关方所关注的领域及所从事的业务性质和范围不同,其提出的建议之目的和内容亦有很大差别。事实上即使各方都力图达成关于网络空间的规范,但各方就应达到的最终目的及使用的手段亦不尽相同。[84] 许多国际组织亦为此制定了战略和规范。联合国国际电信联盟依各成员在网络安全方面,包括法律、技术、组织、能力建设和国际合作等方面所采取的措施,制定了"全球网络安全指数"(Global Cybersecurity Index)。这也在一定程度上反映了各国在网络空间治理理念和措施,包括网络安全应对上的立场。[85] 这也证明国际社会正在对网络空间治理采取具体措施。

三、网络空间治理的个体努力

自互联网开始使用时始,各国对互联网的监管便一直在强化,相继采取了

---

[82] 有论者认为网络公司是违抗还是"越来越屈从于传统的管辖权规则"系关于互联网管辖权辩论的焦点。See Jennifer Daskal, *Borders and Bits*, Vand. L. Rev., Vol. 71, p. 179 – 181 (2018). 互联网的发展支持了属地管辖权的观点。不赞同国家对互联网有属地管辖权者主张并曾预言在新的国际治理体系下,国家主权之一部分当会让渡到网络公司。此外,前述网络空间治理辩论未能触及的问题是网络公司和第三方提供商的作用。目前,数据主要由网络公司管理,这些公司在网络争议解决中,包括解释和适用相关规则方面,起着越来越重要的作用。

[83] See Jennifer Daskal, *Borders and Bits*, Vand. L. Rev., Vol. 71, p. 185 (2018).

[84] 北大西洋公约组织互联网防卫合作卓越中心(NATO CCDCOE),"Trends in International Law for Cyberspace",见 https://ccdcoe.org/library/publications/trends-in-international-law-for-cyberspace/(2022 年 2 月 24 日访问),第 2 页。

[85] 关于联合国国际电信联盟的"2017 年全球网络安全指数",详见 https://www.sohu.com/a/155468107_257305(2022 年 2 月 24 日访问)。

越来越多的方法对网络空间,包括跨境数据的生成和移动进行监管和规范。

(一)国家层面的努力

在涉及微软搜查令的个案中,美国地方法院曾根据美国《存储通信法》(Stored Communications Act)判决微软公司有义务披露其储存的电子邮件内容,包括其储存在爱尔兰全资子公司数据库的电子邮件。[86] 微软以披露存储在爱尔兰数据库的数据属法律的域外适用为依据提出反对,但负责审理该案的地方法院认为,鉴于微软公司可遥控存储于爱尔兰的数据,故要求微软提交此类数据不涉及法律的域外适用。后美国国会通过了《澄清合法海外使用数据法》(Clarifying Lawful Overseas Use of Data Act,CLOUD Act),修订了美国《存储通信法》,增加了下述规定:服务提供商“应就保存、备份或披露通过电线或电子通信的内容,以及由其保管或控制的涉及其客户的记录或其他信息应遵守本章的义务,而无论此类通信、记录或其他信息是否位于美国境内”。[87] 这样美国对互联网的域外管辖便以法律的形式得以确定并获司法机构确认。像微软这样的网络公司均在多个国家运作,当所有相关国家都对网络空间加以规范时,便不可避免地出现法律冲突问题。

环球银行金融电信协会(Society for Worldwide Interbank Financial Telecommunications,SWIFT)案也涉及国家管辖权的冲突。SWIFT 是在比利时注册、由多个金融机构持股的公司,主要业务是为金融机构提供安全、标准化和可信赖的信息通道,以便业者可交换信息、完成交易,如汇款等。为了确保信息储存的安全,SWIFT 有两个数据库,一个在欧洲,另一个在美国,两个数据库所储存的数据完全相同。如一个数据库发生意外,另一个数据库的数据可自动复制到发生意外的数据库。从法律上讲,位于美国的数据库的 SWIFT 实体是比利时母公司的分支机构。不言而喻,在比利时的 SWIFT 须遵守比利时

---

[86] See "Re Warrant to Search a Certain Email Account Controlled and Maintained by Microsoft Corp.", *F Supp 3d*, Vol. 15, p. 466.

[87] 此案最后上诉到美国联邦最高法院。在美国联邦最高法院作出判决前,美国《澄清合法海外使用数据法》生效,故美国联邦最高法院便终止了该案的审理。See "United States, Petitioner v. Microsoft Corporation", U. S., Vol. 584, 2018. See https://www.supremecourt.gov/opinions/17pdf/17-2_1824.pdf (2022 年 2 月 25 日访问)。

的法律,包括欧盟数据保护条例。然而负责管理位于美国数据库的实体必须遵守美国的法律。在 2001 年 9 月 11 日的恐怖袭击之后,为了获取与恐怖分子相关的信息,美国财政部外国资产控制办公室(OFAC)根据美国国家紧急经济权力法和联合国参与法,向 SWIFT 公司发出传票,要求访问后者位于美国的数据库。在说服美国财政部接受一些限制的情况下,SWIFT 公司同意了美国财政部访问数据库的请求。2006 年夏,《欧盟数据保护条例》第 29 条工作组就 SWIFT 公司向美国执法机构转移数据进行了讨论,认为 SWIFT 公司遵守比利时法律的义务也适用于其位于美国的数据库,因为两地数据库的数据会自动同步更新。2006 年下半年,该工作组通过了一个意见,指出如果 SWIFT 公司在美国的数据库违反了欧盟数据保护条例,便应对其进行制裁。这一意见的实际效果是将欧盟的管辖权延伸到了美国。[88] 然而关于此问题的最终结果是比利时隐私委员会宣布比利时数据保护法不适用于美国领土。这当然也是国际实力对比使然。

在统一的国际网络空间秩序形成前,国家层面的监管便显得尤为重要。国家监管互联网的手段则相当多样化,有的国家就之制定了专门的法律,有的则以现有的法律规范网络活动和交易,如将适用于一般货物和服务的法律适用到电子商务、数字贸易、数据移动等。当然,这并不是说如此便解决了网络空间治理的相关问题。网络空间和网络产品本身的性质使得直接适用其他法律规范有很多不当之处。首先,与传统商品交易不同,大多网络产品的交易方并非处于同一国家或地方。其次,网络产品的归类、标准等亦对国际贸易中的传统概念如关税、非关税壁垒、进出口许可证、市场准入、政府采购、安全标准、测试和认证等构成新的挑战。有论者认为,鉴于网络空间的无国界状态以及规模经济的特点,在将来举行服务贸易谈判时,可考虑在世贸组织成员的具体承诺部分用负面清单代替正面承诺,并将网络安全、其他类型的国家安全、预

---

〔88〕 "Opinion 10/2006 on the processing of personal data by the Society for Worldwide Interbank Financial Telecommunication (SWIFT)", WP128 (22 January 2006), https://www.dataprotection.ro/servlet/ViewDocument?id=234(2022 年 2 月 25 日访问)。

防网络犯罪等作为水平承诺或具体承诺的例外。[89] 然此事说易行难,因任何多边机制均需考虑:(1)网络产品的性质及分类;(2)各国关于网络空间的法律规范,如要求数据本地化等;(3)确定哪些网络行为合法以及哪些行为不合法等。[90] 前述每一问题均涉及国际规范和内国法的协调。在缺乏统一国际协调的情况下,各国关于网络空间的立法已越来越活跃,此发展必会增加国际协调的难度。

(二)非国家机构的努力

国际社会在网络空间治理方面迟无共识促使非政府组织,如全球网络空间稳定委员会(Global Commission on the Stability of Cyberspace)等站到了规则制定的前沿。全球网络空间稳定委员会系由法国、荷兰、新加坡、微软公司等组建,得到瑞士、日本、爱沙尼亚等国的支持。[91] 其26位委员均为相关国家的前政府官员以及各国工业、技术和互联网领域的翘楚。自成立以来,全球网络空间稳定委员会提出了数项涉及互联网的规范建议,包括呼吁保护互联网的公共核心、新加坡规范(Singapore Norm Package)和国际法解释等。[92] 作为对其先前研究的总结,全球网络空间稳定委员会于2019年发表了《推进网络空间稳定性》(Advancing Cyberstability)的报告,[93] 提出"建立一个网络稳定框架、四项原则、八条行为规范以及促进网络空间稳定的六点建议",代表了该委员会过去三年的工作成果。尽管这些规范尚未得到国际社会的普遍

---

〔89〕 See Nivedita Sen, *Understanding the Role of the WTO in International Data Flows: Taking the Liberalization or the Regulatory Autonomy Path?*, Journal of International Economic Law, Vol. 21, p. 323 –348(2018). 该作者也意识到此建议的可行性很低,盖因相关建议较有利于数据生产国家进行跨境数字贸易,需对现有制度做出较大改变并会影响其他成员的监管权,故势必引起后者的反对。同上,第347页。

〔90〕 此类建议是将国际贸易规则适用到网络空间及其活动和交易。这从另一方面说明国际法适用于网络空间治理已得到重视,人们开始从不同角度探讨之。

〔91〕 关于全球网络空间稳定性委员会的情况,详见 https://cyberstability.org/about/(2022年2月25日访问)。

〔92〕 全球网络空间稳定性委员会的意见常以科研咨询小组简报和备忘录等形式公布。详见 Briefings from the Research Advisory Group, Global Commission on the Stability of Cyberspace, https://cyberstability.org/wp-content/uploads/2017/12/GCSC-Briefings-from-the-Research-Advisory-Group_New-Delhi-2017.pdf(2022年2月25日访问)。

〔93〕 《推进网络空间稳定性》报告,详见 https://cyberstability.org/report/(2022年2月25日访问)。

认可,但是考虑到全球网络空间稳定委员会与各国政府的密切关系以及在业界的影响,其对网络空间规范的走向之影响不容小觑。

私人公司在网络空间规则制订方面的努力亦不遑多让。2018 年,微软公司起草了《网络安全技术协议》(Cybersecurity Tech Accord),邀请业界参与,承诺“保护我们的用户和消费者并赋予其权力”。[94] 该协议获全球 60 多家网络公司加入。[95] 网络安全技术协议之所以得到众多高科技企业的支持系因为人们认为网络空间已成为人类社会不可或缺的公共产品。人类社会日常生活中的通信、商业活动、娱乐活动、基础设施、教育、防疫抗疫、社会安全等均需依赖互联网。网络安全技术协议倡议网络运作应坚持四个原则:首先,参与的网络公司承诺通过提供具有内置安全性和隐私性的产品和服务,以保护用户免受网络攻击。其次,就网络攻击而言,参与的网络公司承诺不向任何政府或其他组织提供帮助。再次,参与的网络公司承诺向用户提供使用网络工具的培训,支持政府和其他组织在促进全球网络安全方面的努力。最后,参与的网络公司承诺建立正式和非正式的合作伙伴关系,以增强网络的安全性,包括共享涉及网络威胁的信息,修补漏洞,并鼓励全球共享信息以保护平民并帮助其从网络攻击中恢复数据。[96] 同年,西门子公司起草了《信任宪章》(Charter of Trust),[97] 得到北美、欧洲和日本等国家和地区的公司的支持并签署。作为原则之一,《信任宪章》建议比照世界贸易组织,推动建立一个具全球影响力的多边规则和标准合作平台,将网络安全纳入自由贸易协定。[98] 由此可以看出,网络空间治理与国际贸易有着天然的关系。

由私人公司和非政府实体通过的规则对政府并无拘束力,但在高度信息化的世界,非政府机构和私人公司的行为可能在国际层面发挥重要作用,从而直接影响相关领域国际法的发展,与国家的行为成为互补的关系。正所谓

---

[94] See *The Cybersecurity Tech Accord* (2018), https://cybertechaccord.org.

[95] 该协议推出不久便获 60 余家高科技公司签署。See Rob Wright, *Cybersecurity Tech Accord Expands With New Members, Partners*, https://searchsecurity.techtarget.com/news/252449304/Cybersecurity-Tech-Accord-expands-with-new-members-partners(2022 年 2 月 25 日访问)。

[96] See *The Cybersecurity Tech Accord* (2018), https://cybertechaccord.org.

[97] See *Charter of Trust: For a Secure Digital World* (2018), https://www.charteroftrust.com/.

[98] 参见《信任宪章》原则 9。

“有无相生，难易相成，长短相形，高下相倾，音声相和，前后相随”。[99] 由私人公司等提出的与网络空间、数字贸易等相关的规则的溢出效应显而易见，原因之一是这些私人实体提出的网络规范有时主要是针对国家政府的行为。微软公司于2015年提出的《从构建到实施：推动网络安全规范的进步》(From Articulation to Implementation：Enabling Progress on Cybersecurity Norms)(以下简称《网络规范》)[100]便含有主权国家应遵守的行为规范。根据《网络规范》，主权国家的军队和情报机构在进行攻击性网络行为时应保持克制，以便减少对信息和通信业的不确定因素。而在公共机构和私人公司等采取防卫措施方面，《网络规范》主张通过增强防卫和应对入侵事件的能力实现网络安全风险管理，手段包括各相关方的合作等。微软的《网络规范》还主张网络公司的责任是支持网络防卫，力避网络攻击。[101] 或可说，微软在推动制定网络规范方面是最有影响力的非政府参与者之一。除了前述举措外，微软公司还于2018年9月28日推出了《即时数字和平》(Digital Peace Now)[102]运动，鼓励各国的领导人为实现数字和平而努力。微软公司在形成网络空间规范方面的作为并非止于前述。它还建议起草一个“日内瓦数字公约”[103]以及建立一个关于网络运营的国际机制。微软公司之所以建议通过一个“日内瓦数字公约”是因为1949年的日内瓦公约是关于战争法的条约，主要是针对战时如何保护平民和非战斗人员。“日内瓦数字公约”则在于如何“在国家支持的网络攻击中保护平民”。[104] 网络运营的国际机制则旨在建立一个政府间或非政府间组织，以促进网络的安全运营。整体言之，微软提出的关于网络空间治理的规范多属建议性质，希望各国将其转化为具体的承诺。例如，《网络规范》建议“各

---

[99] 《道德经》第2章。

[100] See Microsoft, *From Articulation to Implementation：Enabling Progress on Cybersecurity Norms*, https://query. prod. cms. rt. microsoft. com/cms/api/am/binary/REVmc8.

[101] 微软公司关于构建网络安全规范的构想于2015年提出，于2016年修订并完善。文中言及的规范内容，载于2016年的报告。

[102] See Microsoft, *Digital Peace Now* (2018), https://digitalpeace. microsoft. com.

[103] See Brad Smith, *The Need for a Digital Geneva Convention*, https://blogs. microsoft. com/on – the – issues/2017/02/14/need – digital – geneva – convention/.

[104] 关于“日内瓦数字公约”的建议，亦见*A Digital Rights Approach to the Tech Accord and the Digital Geneva Convention*, https://www. accessnow. org/cms/assets/uploads/2018/08/DGC – tech – accord – human – rights. pdf。

国应具有明确的基于原则的处理产品和服务漏洞的政策,该政策反映了向供应商报告而不是储存、购买、出售或利用它们的强大授权”。[105]

许多学术机构和专家亦就国际法在网络空间和网络运营中的适用问题提出建议。《网络战国际法塔林手册》(Tallinn Manual on the International Law Applicable to Cyber Warfare)(以下简称《塔林手册》)为此方面最具影响力者。《塔林手册》系由 19 位国际专家起草,得到了北约组织合作网络防御卓越中心的支持,于 2013 年首次出版。如其名所示,2013 年版的《塔林手册》主要针对国际法如何适用于网络战争,属于国际战争法的范畴。然而国际社会更为关注的是国际法如何适用于网络的和平使用。基于此,《塔林手册》的相关方于 2017 年出版了《网络行动国际法塔林手册》(Tallinn Manual on the International Law Applicable to Cyber Operations),亦称《塔林手册》2.0 版。[106]鉴于《塔林手册》与北约组织的关系,其作者从该手册初次出版时起便一直澄清手册仅代表作者的观点,而不是北约组织的观点。考虑到《塔林手册》项目本身和作者与北约组织的关系,《塔林手册》到底在多大程度上反映了作者的个人立场和观点,在多大程度上反映了北约组织的立场和观点,恐怕不是一个声明就可以消除世人先入为主的看法。

除了塔林项目和《塔林手册》作者与北约的关系外,《塔林手册》的规则采用了较具拘束力的习惯法规范,要求各国将其视为具有约束力的规则,而无须认可或修改。易言之,两个版本的《塔林手册》都旨在解释如何将现有的法律规则适用于网络空间及其行为,而不是阐述法律规范的适用范围。尽管如此,《塔林手册》提出的详尽且新颖的立场模糊了规范解释与规范制定间的界限。例如,《塔林手册》第 99 条规定在武装冲突中禁止对平民物体进行网络攻击。其同时定义了何为“网络攻击”和“平民物体”这两个关键术语。由此可见,尽管这些规范的适用也许有模糊的空间,但其内容已足够清晰,可足以确立哪些是权利和义务。这是《塔林手册》与其他私人机构和网络公司建议的最大不同之处。

---

〔105〕 参见微软公司:《从构建到实施:推动网络安全规范的进步》,前引书,第 7 页。

〔106〕 See Michael N. Schmitt (ed.), *Tallinn Manual* 2.0 *on the International Law Applicable to Cyber Operations*, Cambridge University Press, 2017.

就《塔林手册》2.0 版的规则言,其包括一些普遍接受的国际法原则,如主权,主权豁免,国家的属地和属人管辖权,国家对国际不法行为的责任等;其同时也创制了一些新的规则,如国家有遵守审慎原则的义务(规则 7)、有基于条约与普遍管辖的执法合作义务(规则 13)等。这些与传统国际法原则和规则有关的规定在一定程度上与前述联合国专家组的建议和联合国大会的决议相一致。就此而言,《塔林手册》具有补充和细化习惯国际法规则的作用。《塔林手册》提出的新规则亦对网络空间和网络运营治理有积极作用。例如,《塔林手册》规则 11(域外执法管辖权)规定:"一国只能基于下列情形对人,物体和网络活动行使域外执行管辖权:(a)国际法赋予的特定权力;或者(b)外国政府对在其境内行使管辖权的有效同意。"[107] 此规则事实上包含并反映了主权平等和不干涉内政的习惯国际法原则。即使是有争议的规则 7(遵守审慎原则),其积极作用也不容忽视。该规则"要求一国采取在相关情形下可行的一切措施,以终止影响他国权利并对他国产生严重不利后果的网络行动"。[108] 毋庸置疑,当代国际法中国家是否有这种尽职调查的原则值得怀疑。但是,《塔林手册》提出此问题本身对国际社会来说已经很重要,因为人们至少可以就此进行讨论。

微软的数字公约和网络规范以及《塔林手册》等倡议的共同之处是其均由私人机构提出,不可能对国家政府有拘束力。微软公司显然意识到其建议在这方面的局限性,因此指出,其只是鼓励各国在网络领域先制定政治性的规范,然后将之提升到具法律约束力的规则。第 1 版的《塔林手册》在导言中指出其是"无约束力的文件"。从国际法的角度讲,这些非主权国家机构提出的规则不具有国际法上的拘束力是事实。然而,正如联合国国际法委员会在其关于确定习惯国际法的报告中所指出"习惯国际法是源自被接受为法律的惯例的不成文法",[109] 除主权国家和国际组织外,"其他行为体的行为不是有助于习惯国际法规则形成或表述的实践",但对于评估构成国际习惯法的实践

---

〔107〕《网络行动国际法——塔林手册 2.0 版》,见注释 106。

〔108〕《网络行动国际法——塔林手册 2.0 版》,见注释 106。

〔109〕详见联合国"国际法委员会的报告"(该报告的第五部分为"习惯国际法的识别"),联合国大会,第七十三届会议,正式记录,联合国文件补编第 10 号(A/73/10),2018 年,第 127 页。

时可能相关。[110] 这并不意味这些非国家和非国际组织的实体之行为与国际法规则的形成完全无关，相反，由非国家实体推动的举措可能造成国际实践处于“朝着建立更加严格的具约束力体系的重要实验性和快速修改性的中间阶段”。[111] 此外，这些非国家实体在形成国际规范方面与国家相比更加多元和包容，故这些实体的行为在评估国家实践时可能是相关的。

由私人机构制定行业运营规范，适用于相关行业的活动历来有之。私人公司制定的网络空间规范因互联网本身性质而产生溢出效应，包括对主权国家的行为和不行为会产生一定影响亦属必然。然而，除非主权国家参与并认可，否则由私人机构、网络公司等参与制定的网络空间规范定然作用有限。这可从多方面得到验证，如网络公司倡导的原则之一是中立。根据该中立原则，网络公司应平等对待所有国家。然在现实世界中，网络公司的中立性无异于缘木求鱼。从好的方面考虑，私人公司制定的规则可以起到抑制权力滥用的作用，如为了保护客户的利益，网络公司可以利用其平台、网络工具和其他资源限制对平民数据的侵入。“棱镜门”主角斯诺登披露的信息以及一些报章和网络的报道均显示，国家政府，特别是强国政府，通过互联网公司侵入非政府机构、个人或是外国政府的网络并监听或窃取数据屡见不鲜，有的达到了令人发指的地步。正如艾兴森(Eichensehr)所指出，这些网络公司“在不同国家政府竞相提出要求的情况下，可以中立的姿态出现。但面对美国政府要求优惠待遇的情况，其是美国公司”[112]。因此，网络公司的所谓中立原则充其量仅是道义上的美好愿望，而不是现实中可得以遵行的原则。

不难看出，国际社会在网络空间治理方面的挑战不限于缺乏多边条约，各国甚至尚未就网络空间的使用达成共识，如哪些行为应该得到鼓励和支持，哪些行为应该受到限制和禁止等。这种态势的形成有多种原因，包括地缘政治和意识形态方面的差异，以及网络空间的历史尚短等。在全球性条约无法于可预见的未来达成的情况下，各国的实践将成为推动网络空间治理的主要动力。当然，国家实践演变为具有约束力的习惯规范是一个长期的过程，需要多

---

〔110〕 参见国际法委员会关于习惯国际法识别的报告，结论4，第134页。

〔111〕 See Hugh Thirlway, *The Sources of International Law*, Oxford University Press, 2014, p. 164.

〔112〕 Kristen Eichensehr, *Digital Switzerlands*, U. PA. L. Rev., Vol. 167, p. 698 (2019).

数国家的参与以及不断的实践。与其他领域的情况相同,任何国家都不会轻易表示哪些实践应该被视为具有拘束力的习惯。甚至没有国家愿意明确阐明其认为构成影响网络安全的元素,因为如此做很可能给对手或潜在对手提供行使自卫权的借口并对己方将来的行为构成限制。[113] 然主权国家在国际法律规则的形成、解释和适用中的中心地位从未改变。[114] 主权国家在网络空间治理方面的地位依然不可替代。古人云"虽有其位,苟无其德,不敢作礼乐焉;虽有其德,苟无其位,亦不敢作礼乐焉"。[115] 其意亦如此。

四、国际法原则和规则的适用

在高度全球化的当今世界,互联网、大数据等已成为人们生活不可或缺的一部分,如何维持网络的运作,包括数据和信息的流动是国际社会必须面对的议题。这是因为人们都希望互联网的运作畅顺,不易崩溃,每个人都可以拥有获得更多信息的机会,每个人都可以创建并共享更多的信息。为达此目标,各相关方必须共同遵守一套全球性的秩序,包括规范国家应如何管理,甚至限制信息流的方式、方法和时间(无论其是为了保护国家安全、个人隐私或知识产权,还是为了其他目的),从而使各国的行为具有一定的透明度、确定性、可预测性和问责性。如前所述,国际社会尚未在制定网络空间治理规则方面达成实质性共识。与此同时,网络空间的发展未因各国无法达成协议而滞碍,从而导致国际社会因无普遍认可的规范和网络空间运作间的矛盾更为突出。例如,包括网络技术最发达的美国等经常指责其他国家进行网络攻击或盗窃技术、侵犯个人隐私数据,甚至指责其他国家通过网络干预其总统大选,从而构成对其国家安全的威胁。其他国家则指责美国是利用网络干预别国内政的最

---

〔113〕 关于网络空间习惯法形成的相关问题,See Michael N. Schmitt, Liis Vihul, *The Nature of International Law Cyber Norms*,《网络行动国际法——塔林手册 2.0 版》, 2014 年,第 26-28 页。

〔114〕 See Rosalyn Higgins, *Problems and Process: International Law and How We Use It*, Clarendon Press, 1995, p. 39.

〔115〕 参见《中庸》第 28 章。

主要国家。[116] 无论这些相互指责能否成立,一个不争的事实是网络确实已经成为具有相当攻击力的现代武器,可以致使国家政府、机构、企业的运作瘫痪,甚至毁灭一个国家的核设施。从这个意义上讲,如其他新技术出现并被用于军事目的一样,如何规管此新式武器的使用便是新的挑战。然而,新规范、新法律的制定必然滞后于新技术、新武器的发明和制造,故人们需要考虑如何将现有规则适用于新情势、新技术。

(一)国际法适用于网络空间

任何新事物的产生、新技术的发明创造均可能在法律适用方面有不同意见。就网络空间治理而言,国际社会的共识是应该遵循《联合国宪章》和国际法。有论者认为,“经过一段时间,持不同意见的各方通常会意识到,适用国际法的一般原则便没有不可克服的困难”。[117] 联合国从国际安全的角度来看信息和电信领域发展的联合国政府专家组的报告指出,“国际法,特别是《联合国宪章》适用于各国使用信通技术,对维持和平与稳定及促进创造开放、安全、和平和无障碍信通技术环境至关重要”。[118] 适用《联合国宪章》之所以重要是因为其根本宗旨是维护世界和平与安全。与其他技术相同,网络空间技术或信通技术本身具有中立性,但同时也可被用于为善或为恶。然与其他技术不同的是,信通技术具有全球连通性、技术脆弱性和使用匿名性的特点。联合国政府专家组认为,信通技术的前述特点使其“恶意使用很容易隐藏,要追查到某一特定的犯罪人可能有困难,于是,实施者即可采取日益高超的利用手

[116] 例如,根据“棱镜门”披露的信息,“美国国家安全局长期透过应用程序挖掘情报,推特、脸书、YouTube、Skype、谷歌地图甚至手机游戏‘愤怒的小鸟’(Angry Birds)都被迫选择了合作。美情报部门还利用手机应用程序商店窃密,美国家安全局和‘五眼联盟’情报部门合作‘怒角计划’(Irritant Horn),也就是利用谷歌的应用程序商店 Play Store,向手机中植入间谍软件或破解程序漏洞,以此窃取大量信息。另外还有美英合作的‘强健计划’(Muscular),频繁侵入谷歌和雅虎的云服务器,收集了上亿条私人信息”。见《中国时报》(电子版),2020 年 9 月 2 日,https://www.chinatimes.com/realtimenews/20200901005574-260409?chdtv(2022 年 2 月 25 日访问)。

[117] See Yoram Dinstein, *Computer Network Attacks and Self-Defense*, At Michael N. Schmitt and Brian T. O'Donnell (ed.), *Computer Network Attack and International Law*, Naval War College, 2000, p. 114.

[118] 参见联合国政府专家组:《联合国从国际安全的角度来看信息和电信领域发展政府专家组的报告》,2013 年,联合国文件第 A/68/98 号,第 19 段。联合国从国际安全的角度来看信息和电信领域发展政府专家组系依联合国大会第 66/24 号决议第 4 段设立。

段，而且往往逍遥法外”。[119] 此情势势必对世界和平与安全构成威胁，故通过适用《联合国宪章》加以解决乃顺理成章之事。

恶意使用信通技术可以对世界和平与安全构成的威胁包括对国家、国际组织、非政府组织、企业和个人在内的整个世界各个方面的威胁。这些威胁可以是由国家为之，也可以是由非国家行为者为之，还可以是由这些实体的代理人匿名为之。且这些威胁随着“移动通信设备、网络服务、社交网络和云计算服务使用量”[120] 等的急剧增加而变得更为严峻。故此，联合国政府专家组建议，各国必须履行关于“国际不法行为的国际义务，而且不得使用代理人实施此类行为”。[121] 同时，联合国政府专家组建议，“各国应鼓励私营部门和民间社会在加强信通技术使用安全方面发挥适当作用，包括信通技术产品和服务供应链的安全”。[122] 在网络高度发达的今天，很多网络资源都控制在企业手中，除非国际法等与网络相关的规则同时适用于主权国家和企业及个人，否则其效果势必受到影响。

将《联合国宪章》和国际法适用于网络空间应包括要求国家并通过国家要求企业及个人不得通过网络对他国主权进行威胁和损害，同时还应包括保护人们的隐私权以及自卫权的行使。联合国政府专家组曾呼吁各国在规范网络空间方面，应“尊重《世界人权宣言》和其他国际文书所载的人权和基本自由”。[123] 为了维护本身的主权权力，受到网络攻击的国家亦可依《联合国宪章》行使自卫权。[124] 这亦符合当代国际关系中不使用武力和武力威胁的原则。《联合国宪章》第 51 条将自卫权视为自然法或曰习惯国际法的权利，规

---

[119] 参见联合国政府专家组：《联合国从国际安全的角度来看信息和电信领域发展政府专家组的报告》，2013 年，联合国文件第 A/68/98 号，第 5 段。

[120] 参见联合国政府专家组：《联合国从国际安全的角度来看信息和电信领域发展政府专家组的报告》，2013 年，联合国文件第 A/68/98 号，第 9 段。

[121] 参见联合国政府专家组：《联合国从国际安全的角度来看信息和电信领域发展政府专家组的报告》，2013 年，联合国文件第 A/68/98 号，第 23 段。

[122] 参见联合国政府专家组：《联合国从国际安全的角度来看信息和电信领域发展政府专家组的报告》，2013 年，联合国文件第 A/68/98 号，第 24 段。

[123] 参见联合国政府专家组：《联合国从国际安全的角度来看信息和电信领域发展政府专家组的报告》，2013 年，联合国文件第 A/68/98 号，第 21 段。

[124] 《联合国宪章》第 2 条第 4 项规定：“各成员方在其国际关系上不得使用威胁或武力，或以与联合国宗旨不符之任何其他方法，侵害任何成员方或国家之领土完整或政治独立。”

定《联合国宪章》不得被认为禁止任何国家“行使单独或集体自卫之自然权利”。与自卫权行使相关的问题是如何确定网络攻击构成了《联合国宪章》下的“使用武力”,从而赋予被攻击的国家以自卫的权利。

意识到达成一个各国共同认可并遵守的网络空间协议就算不是不可能的任务,至少也是非常艰难的任务,联合国政府专家组一直强调内国法的重要性,建议各国“酌情协调法律办法”,“以最佳方式进行合作”,从而在负责任行为准则和原则上达成共识。[125] 如前所述,通过国家层面的法律规范网络空间涉及管辖权冲突。与之相关的问题是有些国家的法院不适用外国的公法。[126] 根据这些国家的法律和实践,如果将规范网络空间的法律视为公法的范畴,则这些国家的法院或数据管理机构便仅能适用本国法律,而非外国的相关法律。或可说,法律的公法和私法划分如程序法和实体法划分一样,对研究和教学者有一定意义,因实践中执法者不可能按学界对法律的划分来履行职责。有论者认为,“数据保护法通常具有公法性质,因其包含政府机构及其职责和决定有关的规定。然相关法律也会含有民法性质的规定,如违反数据保护的责任。因此,数据保护法应属于不同的法律领域”。[127] 此辩论的实际意义不大。国际社会应搁置这些无谓的争议,而着重探讨国际法的哪些具体原则和规则可以适用到网络空间治理。

国际法院前法官劳特派特(Lauterpacht)亦曾云,“在国际争端中,当事方的权利不应依有争议的谜一样的法律是私法还是公法来确定”。[128] 尽管劳特派特的前述观点并非针对网络空间治理,但对如何处理公法和私法分类显然具有重要意义。考虑到网络空间的性质,包括数据涉及的内容、存储和移动等,联合国政府专家组于 2015 年的报告再次重申,“各国遵守国际法,特别是《联合国宪章》规定的义务,是它们使用信通技术以及促进一个开放、安全、稳定、无障碍、和平的信通技术环境的重要行动框架。履行这方面的义务是关于

---

〔125〕 参见《联合国政府工作组 2013 年报告》,第 22 段和第 25 段。

〔126〕 See Cedric Ryngaert, *Jurisdiction in International Law*, Oxford University Press, 2008, p. 15.

〔127〕 See Jon Bing, *Data Protection*, *Jurisdiction and the Choice of Law*, 1999 年,全文见 http://classic.austlii.edu.au/au/journals/PrivLawPRpr/1999/65.html(2022 年 2 月 25 日访问)。

〔128〕 ICJ, Case Concerning the Application of the Convention of 1902 Governing the Guardianship of Infants (Boll Case) (Netherlands v. Sweden) (Merits), Judgement, 28 November 1958.

国际法适用于国家使用信通技术的审查工作的核心”。[129] 传统上虽然国际法仅适用于国家间的关系，但作为国际法律秩序的基本框架，国际法早已涉入了私人事务及私人关系。例如，双边投资条约大多授权外国投资者（企业和个人）可就其与东道国政府间的争议提交国际仲裁。又如，1958 年《纽约公约》和 2019 年签订的《新加坡调解公约》都是以企业和个人为受益者，后者可依之请求外国法院承认并执行相关裁决和调解协议。因此，将互联网和数据保护纳入国际法的适用范围并无不妥。这亦可从主权国家的实践得到印证：包括欧盟和美国等在内的一些国家和地区声称其关于网络空间的法律与国际法的规定相一致，说明这些国家承认国际法在网络空间治理方面的效力。

就网络空间治理而言，联合国大会于 1998 年 1 月 4 日通过第 53/70 号决议，首次将信息和电信领域的发展纳入国际安全，即网络安全的范畴。[130] 此外，联合国政府专家组先后于 2010 年、2013 年和 2015 年提交共识报告，并获联合国大会接受。2013 年的联合国政府专家组报告具有里程碑意义，明确了国际法，特别是《联合国宪章》对网络空间的适用。2015 年的联合国政府专家组报告再次重申了此观点。尽管联合国政府专家组未能就 2017 年报告达成共识，[131] 然从联合国大会嗣后通过的两个决议中[132]，还是可以看出国际社会在此方面的共识。该两个决议一个系由美国、加拿大、澳大利亚、日本等发达国家为主的国家提出，[133] 另一个系由中国、俄罗斯和中亚及非洲等发展中国

---

〔129〕 参见联合国：《关于从国际安全的角度看信息和电信领域的发展政府专家组的报告》，联合大会第七十届会议，第 A/70/170 号，2015 年 7 月 22 日（以下简称《联合国政府专家组报告》），第 25 条。

〔130〕 联合国大会分别于 1999 年 1 月 4 日和 12 月 23 日通过了“从国际安全的角度来看信息和电信领域的发展”的第 53/70 号和第 54/49 号决议。此后，联合国大会又通过了一系列同一议题的决议。

〔131〕 联合国政府专家组未能于 2017 年的会议达成共识报告，系因其无法就国际法的反措施、自卫和国际人道主义法等达成协议。

〔132〕 关于该两个决议的讨论，See Alex Grigsby, *The United Nations Doubles Its Workload on Cyber Norms, and Not Everyone Is Pleased*, Council on Foreign Relations, 2018 年 11 月 15 日。

〔133〕 参见联合国大会决议，“从国际安全角度促进网络空间国家负责任行为”，联合国文件第 A/C. 1/73/L. 37 号，2018 年 10 月 18 日通过（以下简称欧盟、美国等提出的决议）。各参与国并就之成立了一个新的、不对其他国家开放的政府工作组。

家提出。[134] 从表面上看,这两个决议的提出说明国际社会尚未就网络空间治理达成共识,然而仔细分析其内容便不难发现,该两个决议在很多原则问题上事实上有较大交集。例如,促进和平使用信通技术并防止因使用信通技术而产生冲突"符合各国的利益",在使用信通技术时"尊重人权与基本自由",确定私营部门、学术界和民间社会组织适当参与的机制,"维持一个开放、可互操作、可靠、安全的信息和通信技术环境","国际法,尤其是《联合国宪章》"对维护和促进"一个开放、安全、稳定、无障碍、和平的信息和通信技术环境"的适用性和不可或缺性,关于国家的"自愿、不具约束力的负责任行为规范、规则或原则"可减少国际和平、安全和稳定所面临的风险等均同时出现在该两个决议中。这些内容大部分都是来自联合国政府工作组的几份报告。考虑到参与提出这两个决议案国家的涵盖面宽,且包括所有主要国家,其应可反映国际社会在网络空间治理的原则和政策上的共识。

当然,这两个决议也有各自不同的关注重点。欧盟、美国等提出的决议重在强调政府工作组报告的重要性。除了前述者外,欧盟、美国等提出的决议还主张各国应"自愿建立信任措施",以"促进各国间的信任和保证",从而"通过提高可预见性和减少误解降低冲突风险",使"各国对其他国家使用信息和通信技术的关切作出重要贡献",并使之"成为加强国际安全的重要步骤"。[135]

中国、俄罗斯等国提出的决议除了对联合国政府专家组报告的原则予以支持外,强调了联合国政府专家组报告关于主权原则及和平解决争端等的论述。这应与这些国家所处的地位和面对的威胁有关。例如,中国、俄罗斯等国提出的决议在阐述国际法和《联合国宪章》重要性的同时,指出"主权平等;以不危及国际和平与安全和正义的方式,通过和平手段解决国际争端;在国际关系中不对任何国家的领土完整或政治独立进行武力威胁或使用武力,或采用不符合联合国宗旨的任何其他方式;尊重人权和基本自由;不干涉他国内政"为当代国际法的重要原则。[136] 中国、俄罗斯等国提出的决议还强调主权国家

---

〔134〕 参见联合国大会决议,"从国际安全角度看信息和电信领域的发展",联合国文件第 A/C. 1/73/L. 27/Rev. 1 号,2018 年 10 月 29 日通过(以下简称中国、俄罗斯等国提出的决议)。各参与国就之成立了一个开放型的政府工作组。

〔135〕 详见欧盟、美国等提出的决议。

〔136〕 详见中国、俄罗斯等国提出的决议。

对网络空间的管辖权，申明“各国有权利和义务在其宪法特权范围内打击传播虚假或歪曲的新闻，这些新闻可被解释为干涉其他国家的内政，或有害于促进国家和民族之间的和平、合作和友好关系”，以及“一国有义务避免任何旨在干预或干涉他国内政的诽谤运动、诋毁或敌对宣传”。[137] 就此而言，该决议列出了由联合国政府专家组提出的13项适用于网络空间的原则，包括国家责任，“各国必须就按照国际法归咎于它们的国际不法行为履行国际义务”。同时对如何确定国家责任接受了政府专家组的意见，“表明一项信通技术活动是从一国领土或信通技术基础设施物体发起或以其他方式产生的，这本身可能不足以将该活动归于该国。对国家提出的组织和实施不法行为的指控应得到证实。一旦发生信通技术事件，各国应考虑所有相关信息，包括所发生事件的更大背景，信通技术环境中归责方面的困难，以及后果的性质和范围”。[138] 反恐亦为中国、俄罗斯等国提出的决议的重要原则，明确“各国应考虑如何最好地合作交流信息，相互协助，起诉使用信通技术的恐怖主义和犯罪行为，并采取其他合作措施应对此类威胁。各国可能需要考虑是否需要在这方面制定新的措施”。[139] 此外，鼓励与民间和私营部门的合作亦为中俄等国提出的决议的特点。[140]

2019年联合国大会再次通过了两项决议——《从国际安全角度促进网络空间国家负责任行为》[141] 和《从国际安全角度看信息和电信领域的发展》。[142] 这两个决议基本上是重申了联合国政府专家组报告和其他决议的原则，再次呼吁各国就网络空间安全问题继续向联合国秘书长提供意见。前述联合国大会决议（特别是中俄等国提出的决议）将国家对国际不法行为的责任纳入网络空间治理的范畴具有重要意义。这一原则自联合国国际法委员会

---

〔137〕 详见中国、俄罗斯等国提出的决议。

〔138〕 详见中国、俄罗斯等国提出的决议。

〔139〕 详见中国、俄罗斯等国提出的决议。

〔140〕 例如，该决议要求各国“鼓励私营部门和民间社会发挥适当作用，改善信通技术的安全和使用，包括信通技术产品和服务的供应链安全”并“与私营部门和民间社会组织合作，执行信息空间负责任行为规则，了解规则的潜在作用”。同上。

〔141〕 参见联合国大会决议：《从国际安全角度促进网络空间国家负责任行为》，2019年12月12日通过，联合国文件第A/RES/74/28号。

〔142〕 参见联合国大会决议：《从国际安全角度看信息和电信领域的发展》，2019年12月12日通过，联合国文件第A/RES/74/29号。

将之纳入国家责任条款后，经国际法院、世贸组织专家组和上诉机构以及众多国际投资仲裁庭在实践中援引、解释，已经成为公认的习惯国际法。该联合国大会的决议一方面确定了国际法上国家责任原则和规则在网络活动上的适用性，另一方面也间接承认了习惯国际法作为一个整体，可以适用于网络空间。

除了联合国的努力外，上海合作组织成员方亦提出了自己的信息安全国际行为守则。该行为守则于2011年在联合国大会通过。2015年，联合国大会通过了经修订的信息安全国际行为守则。信息安全国际行为守则系不具法律约束力的规范性文件，然其在解释现行国际法上的作用不可低估。

（二）网络空间与国际条约规则

前述联合国采取的行动，包括联合国政府专家组的报告仅是就网络空间治理适用国际法达成了原则性的共识。至于哪些国际法原则和规则适用于网络空间及其运作，包括互联网、数据、隐私权、管辖权等尚需进一步探讨。人们一般认为《国际法院规约》第38条的规定涵盖了国际法的渊源，包括条约、国际习惯和一般法律原则。条约作为国际法的渊源对缔约方具有法律效力自不待言。然一个条约能否作为一般法律规则对非缔约方有拘束力则需依具体情况而定。通常情况下，主张条约适用于非缔约方的依据是相关条约的规则系宣示了国际习惯。这从另一方面证明除非条约系宣示或肯定了一个习惯，否则其仅对缔约方有效。尽管目前尚无全球性的规范网络空间的多边条约或秩序，但各国签订的许多双边自由贸易协定和区域性安排均包含网络治理的内容。[143] 这些协议主要是网络空间的运作的具体规范。例如，《全面与进步跨太平洋伙伴关系协定》专设电子商务一章（第14章），内容包括关税待遇、对数字产品的非歧视待遇、电子交易内国法框架、电子签名及确认、线上消费者保护、个人信息保护、互联网进入及使用原则、跨境信息流动、互联网收费分成、计算机设施本地化、网络安全合作等。[144] 根据《全面与进步跨太平洋伙伴

〔143〕 据统计，有超过100个双边自由贸易协定和区域性贸易安排包括网络空间治理和数据贸易的内容。See Kathleen Clausse, *Economic Cybersecurity Law: A Short Primer*, 前引书，第524页。

〔144〕 关于此方面的详细规定，详见《全面与进步跨太平洋伙伴关系协定》第14章，https://www.mfat.govt.nz/assets/Trans-Pacific-Partnership/Text/14.-Electronic-Commerce-Chapter.pdf（2022年2月25日访问）。

关系协定》的设计,电子商务规则需与其他章节联合适用,如以电子手段提供的服务虽属电子商务的内容但受跨境服务贸易和金融服务章节的规范,而电子商务章节下的非歧视、信息跨境移动等亦受投资章节等的规范。[145] 众多双边自由贸易协定和区域性安排已构成一套涵盖主要国家的国际规范,成为网络空间条约法不可分割的一部分。当众多的双边协定和区域性协定都含有相同或相似的条款时,尽管这些条款仍然仅对缔约方有拘束力,但其在一定程度上也可显示国际社会在此方面渐次形成了惯例。

(三)网络空间与习惯国际法

除了国际条约外,《国际法院规约》第 38 条第 1 款第 2 项将国际习惯[146]列为国际法院审理案件应依据者,主权国家通过实践形成的习惯被视为习惯国际法。[147] 互联网的特点是在过去二十几年间爆发式发展,网络公司等自下而上地订立行为规范。故此,与网络空间相关的问题还有个人和网络公司(包括从事涉及网络活动的所有实体和个体)的实践应否作为审视网络空间习惯法的因素。这对于国际法如何适用于网络空间至关重要。有论者主张考虑到网络空间的特殊性,除国家外,还应将其他参与者的实践纳入考虑之中,[148] 理由包括:(1)在网络空间相关的规则制定中,国家和传统国际组织的作用正在减弱,取而代之的是互联网公司。(2)国际组织初始拒绝领导建立互联网的监管制度,一些社区驱动的超国家实体得以建立。这些运行在联合国系统之外的机构包括万维网联盟(World Wide Web Consortium,W3C),[149] 国

---

[145] 关于此方面的详细规定,详见《全面与进步跨太平洋伙伴关系协定》第 14 章,https://www.mfat.govt.nz/assets/Trans-Pacific-Partnership/Text/14.-Electronic-Commerce-Chapter.pdf(2022 年 2 月 25 日访问)。

[146] 联合国国际法委员会指出,"习惯国际法是源自被接受为法律的惯例的不成文法。习惯国际法仍然是国际公法的重要渊源。习惯国际法是《国际法院规约》第 38 条第 1 款所列的国际法渊源之一"。详见国际法委员会关于习惯国际法识别的报告。

[147] 关于习惯国际法的形成、性质等讨论,详见本书第 1 章。

[148] Paul P. Polanski, *Cyberspace: A new Branch of International Customary Law?* 前引书,第 4 页。

[149] 万维网联盟的宗旨是联合各相关方建立网络活动标准。关于其运作、原则等见 https://www.w3.org/Consortium/(2022 年 2 月 25 日访问)。

际互联网工程任务组(Internet Engineering Task Force,IETF)[150]和互联网名称与数字地址分配机构[151]等。(3)基层倡议,如开源运动(Open Source Movement)和创意公地(Creative Commons)等建立了全球性的开发商和艺术家社区。除了前述知名的西方国家的机构外,作为后起之秀的阿里巴巴、腾讯等在金融服务、电子商务、物联网等的规则制定方面已居于领导地位。这些网络机构和公司形成了一个强大的网络社区,有的涉及互联网及相关技术的运作和发展方面的监督,但并不实际控制数据的传输方式,有的从事金融服务软件的开发和营运,有的从事软件开发及艺术品创作和分销,还有的从事社交软件的开发和应用等。这些活动基本可分为管理监督层面和运作层面两种,得到国家政府的许可并予以法律保护。前者包括机构和公司的注册登记和运作(如金融服务),后者则包括知识产权保护等。无论从哪个角度讲,这些机构和企业的行为均与国家的行为截然不同。由于得到国家政府的批准、认可和保护,这些机构和企业的行为(实践)可在一定程度上起到佐证相关国家立场的证据作用。

非国家机构和网络公司在网络空间的运作方面非常重要,然而其实践尚不足以构成习惯国际法形成的要素。这是因为国家实践形成的惯例和法律确信是构成国际习惯的两个必要条件。非国家机构(包括个人)在实践中形成的"惯例"当有助于习惯的确认。国际法委员会认为,国际组织的行为构成识别习惯国际法存在的证据不是问题。然而,其认为国家和国际组织以外的实体的行为,如非政府组织(NGOs)、个人及跨国公司的行为,"不能创立也不能表达习惯国际法"。"这些实体的行为无助于形成或表述习惯国际法规则,也不能作为证明习惯国际法规则存在及内容的直接(主要)证据。"[152]依国际法委员会的观点,这些行为的作用仅在于"规定或记录国家和国际组织的实践及其被接受为法律(法律确信)的情况,从而在识别习惯国际法的工作中发挥

[150] 国际互联网工程任务组系民间国际团体,参加者包括互联网架构和运作的设计者、运营者、投资人和研究人员。详见 https://www.ietf.org/(2022 年 2 月 25 日访问)。

[151] 互联网名称与数字地址分配机构系于 1998 年 10 月在美国成立的非营利机构,主要负责对互联网唯一标识符系统及运营进行协调。其业务范围涵盖互联网协议(IP)地址的空间分配、协议标识符的指派、通用顶级域名(gTLD)、国家和地区顶级域名(ccTLD)系统以及根服务器系统的管理。详见 https://www.icann.org/(2022 年 2 月 25 日访问)。

[152] 参见国际法委员会关于习惯国际法识别的报告,第 136 页。

间接作用”。[153] 显然,国际法委员会并未排除非国家机构和实体的实践作为国际习惯间接证据的可能性。

私人机构和个人在网络空间的开发与运作方面的影响力和实际作用已非常强大,必然影响人们对国际法发展及适用的传统观念。网络公司和其他实体(包括个人)的实践在短期内不会被承认为具有构建习惯国际法的直接作用。随着网络空间技术的不断进步(没有迹象显示其会停止进步),与之相适应的行为规范必然出现。在国际层面各国迟迟无法达成协议的情况下,网络公司、其他实体和个人出于共同的利益,必然为网络空间的顺利运行制定适当的规范。当这些民间规范达到不可逆的程度和阶段时,各国势必先将之纳入内国法,进而在双边和区域性安排中体现。此情况过去已经发生。此“自下而上”的规范形成也许正是网络空间治理的最佳模式。在此过程中,这些私人性质的网络行为和实践便会超出联合国国际法委员会所说的记录国家和国际组织实践的作用。当然,这并不是说网络公司、其他实体和个人在实践中形成的惯例或制定的规范就会自动成为国际习惯,主权国家和国际社会的认可[154]仍为最重要者。

(四)网络空间与一般法律原则

依《国际法院规约》第 38 条,“一般法律原则”亦为国际法的渊源之一。一般法律原则主要是指存在于主权国家的法律原则。在国际社会没有多边条约且对国际习惯缺乏共识的情况下,各国关于网络空间治理的法律原则可在一定程度上填补国际法的空白。特别是当内国法规范反映了《联合国宪章》以及其他国际法基本原则的情况时,其对解释和适用国际法原则具有参考价值。在考察哪些国际法的原则和规则适用于网络空间治理时,存在于各国法律体系的一般法律原则应被纳入其中。

---

〔153〕 参见国际法委员会关于习惯国际法识别的报告,第 136 页。

〔154〕 关于习惯国际法的识别的结论草案案文,结论 15 规定,“如果一国在一项习惯国际法规则的形成过程中对其表示反对,只要该国坚持其反对立场,则该规则不可施用于该国”。联合国国际法委员会指出此规定是为了保证习惯国际法规则“对国际社会的全体成员具有平等效力”,且不允许任何成员出于自身利益任意行使单方面的权利。参见国际法委员会关于习惯国际法识别的报告,第 156 页。

无论如何，大多国际法原则和规则之形成（无论是以条约还是习惯形式）均远早于计算机和互联网的发明与使用。从前述讨论不难看出，国际社会的共识是《联合国宪章》和国际法规则，包括联合国国际法委员会编纂的国家国际不法行为习惯国际法规则等适用于网络空间。这些规则非仅适用于其生效时的国家行为，而且还适用于主权国家的嗣后活动。基于此，国际法规则适用于网络空间和活动的观点已得到国际社会的广泛支持。[155] 这只是解决了国际法是否适用于网络空间和网络活动的问题。考虑到网络空间技术快速更替的独特性、网络无处不在的互连性、私营部门和公共部门间缺乏区隔的特点以及与传统的主权国家管辖地域空间的不兼容性等，如何将国际法的具体规则适用于这一领域仍存在诸多困难和问题。例如，根据《联合国宪章》、联合国政府专家组报告和联合国大会的前述决议，主权原则是当今国际法的基本原则。然而如何在网络空间治理的规范中具体体现主权原则，如何界定主权国家的作用[156] 以及如何促进并规范国家间的合作等均系尚待解决的问题。美国极力推行美国至上的单边主义，渐次将本属经济、技术和社会的问题政治化，使得国际合作成为奢侈品，各国不可能在短期内就网络空间治理及其法律适用达成协议。在此情况下，网络公司乃至个人等在网络空间的作用，包括其制定的规范、实践中形成的惯例等可能弥补国际层面合作的不足，为将来国际规则的制定和国际习惯的形成奠定基础。

五、数字贸易与网络空间治理

数字和数据自古即在经济交易和交往中起到重要作用。自古以来，任何交易的当事方均需了解哪些实体、个人系可被信任者，哪里的产品质量较好，哪些企业的产品性价比较高等。互联网的广泛应用改变了数字和数据在贸易中的作用，使得数字贸易、在线购物或曰电子商务，成为当今世界之常态。目

---

〔155〕 See François Delerue, *Cyber Operations and International Law*, Cambridge University Press, 2020, p. 47.

〔156〕 关于主权在网络空间治理中的作用，See Gary P. Corn and Robert Taylor, *Concluding Observations on Sovereignty in Syberspace*, Symposium on Sovereignty, Cyberspace, and Tallinn Manual 2.0，载 *American Journal of International Law* (Unbound), Vol. Ⅲ, 2017。

前,人们通过互联网购买的商品可以小到一杯咖啡、一包茶叶,大到汽车、房屋等。电子商务的快速发展使得数字经济成为各国经济的重要组成部分,也使得数字化的贸易成为世界贸易的重要形式。经合组织将数字贸易定义为基于数据移动的贸易,数据是生成贸易的方式,是一种可以交易的资产,是服务贸易和构成全球供应链的手段。[157] 世贸组织的研究显示,区域贸易协定经常将借助于电脑、网络、数字、电子、信息和通信、互联网、电信等进行的交易视为电子商务,[158]而与电子商务相关的条约规定便自然成为电子商务条款。电子商务与数字技术直接相关,故其亦被称为数字贸易。

传统上,人们购买商品,都必须到实体店选购;这些商品都是以物理状态存在。然在当今商品数字化的时代,人们可以通过互联网选购商品并完成交易。在这些交易中,互联网的作用在于以数字化的形式展示商品、传输交易信息和协助支付价款等,而货物的交付方式没有变化。故此类数字贸易不会引起货物类别的改变,可通过现有的国际贸易规则加以规范。在另外一些情形下,数字贸易会涉及货物形态的改变,如通过互联网购买音乐、电影、戏剧、书刊、计算机软件等。此类数字贸易可完全以虚拟的形态进行,卖家可向买家发送一串数字,买家可通过登录卖家指定的网址,自行输入相关数字并下载商品,从而完成交易。从国际贸易法的角度言,此类交易到底是属于货物贸易还是服务贸易便很难区分。然而,如何界定、区分交易的性质和类别直接关系到国际义务的确定,因国际法对货物贸易和服务贸易规定了不同的义务。

此外,新的商业模式和新崛起的物联网创造了大量新的自动和互动电子产品。智能化产品与手机早已联系在一起,智能化产品现在已从手机延伸到电脑、汽车、家居等越来越多的领域,包括汽车导航系统、自动驾驶汽车以及家居智能装置和机器人助理等。具有智能功能的手机、电脑、汽车等的物理形态是产品,属于货物,但其又不是传统意义上的货物,盖因其智能功能需要互联

---

〔157〕 经合组织关于数字贸易的政策,See Javier López González, Marie - Agnes Jouanjean, *Digital Trade: Developing a Framework for Analysis*, OECD Trade Policy Papers, No. 205, OECD, 2017。全文见 https://doi.org/10.1787/524c8c83 - en(2022 年 2 月 25 日访问)。

〔158〕 参见世界贸易组织:《区域贸易协定关于电商的规定》(Provisions on Electronic Commerce in Regional Trade Agreements)工作文件(Working Paper)第 ERSD - 2017 - 11 号,2017 年 7 月,第 5 页;文件全文见 https://www.wto.org/english/res_e/reser_e/ersd201711_e.pdf(2022 年 2 月 25 日访问)。

网和数据流的支持方可发挥效用。互联网和数据流的支持使得货物成为智能产品，有了更高的价值。简言之，前述产品具有传统意义上货物的功能，同时又具有服务（智能功能）的特征。世贸组织协定、区域自由贸易协定、双边自由贸易协定等均分别规范货物贸易和服务贸易。当一个物体既是货物又含有服务功能时，如何适用当今有效的国际条约和协议便会成为挑战。首先是现有的国际条约和协议是否适用于这类货物和服务的结合体。其次是如果适用，如何将现有的国际规则适用到具体的货物与服务结合体的交易，即如何在具体交易中解释国际规定。

（一）世贸组织的尝试

作为最权威的多边贸易机制，世贸组织成立时互联网的利用尚未普及，故其没有专门、明确针对数字贸易的规定。然而，世贸组织下的货物贸易、服务贸易和知识产权保护等都与互联网、数据和数据流相关。如何将世贸组织的规则适用于网络空间乃该组织一直以来持续努力的方向。1996 年，在新加坡召开的世贸组织第一届部长会议上，世贸组织通过了《信息技术协定》（ITA），获 29 个成员接受，现已有 81 个成员加入。[159] 信息技术协定是《世贸组织协定》生效后第一个重要的关税减免文件，涵盖约 97% 的信息技术产品，主要是就计算机、通信设备、半导体、半导体生产和检测设备、软件、科学器具及相关部件。[160] 根据该协定，各参与成员须就列于协定的产品减免关税。2012 年 5 月，世贸组织意识到原《信息技术协定》的规定已无法满足新技术的需求，决定谈判扩大《信息技术协定》的适用范围。经过 17 轮谈判，在肯尼亚首都内罗毕召开的部长会议上，50 余个世贸组织成员于 2015 年 7 月 24 日签署了《信息技术协定》的扩大协定，同意将《信息技术协定》扩大适用到新的 201 种产品，使之涵盖新一代的半导体、半导体生产设备、镜片、卫星定位设备

---

〔159〕《信息技术协定》（Information Technology Agreement）系作为世贸组织信息技术产品贸易部长宣言（Ministerial Declaration on Trade in Information Technology Products）的附件通过。该宣言的全文见 https://www.wto.org/english/docs_e/legal_e/itadec_e.htm（2022 年 2 月 25 日访问）。

〔160〕《信息技术协定》（Information Technology Agreement）系作为世贸组织信息技术产品贸易部长宣言（Ministerial Declaration on Trade in Information Technology Products）的附件通过。该宣言的全文见 https://www.wto.org/english/docs_e/legal_e/itadec_e.htm（2022 年 2 月 25 日访问）。

以及医疗设备等。[161]《信息技术协定》的主要作用是修改了相关成员在世贸组织下的关税承诺,而非自成体系的协定。基于此,世贸组织的最惠国待遇原则适用于信息技术协定,所有世贸组织成员均可享有该协定下的关税减免,而无论其是否加入了该协定。当然,未加入该协定的成员在信息技术产品贸易中所占的比重非常小,几乎可以忽略不计。

1999年7月,服务贸易理事会通过了一项电子商务工作计划(Work Programme on Electronic Commerce),[162]明确电子商务,包括电子服务的交付措施等,都属于《服务贸易总协定》的适用范围,指出各成员可自行在国家和地区层面规管此类服务,但需以对相关贸易不构成不必要的壁垒为前提。同时,服务贸易理事会还决定,电子商务计划适用于将来因技术进步而导致的服务交付。此前,世贸组织曾于1998年通过了一个电子商务计划,[163]要求服务贸易理事会、货物贸易理事会和知识产权理事会就相关问题予以研究并提交建议。这些努力在一定程度上使得世贸组织更接近时代的步伐。然而,自电子商务工作计划启动以来,全球贸易的格局发生了重要变化,故其并未达到预期的目标。

1999年,欧盟建议将可通过电子或互联网传输的商品视为服务,使之受《服务贸易总协定》的规范,[164]然美国等成员则认为此类商品应被视为货物,应受《关贸总协定》的规范。[165] 此争议的意义在于,如果将此类货物和服务混合的商品视为货物,其便应受《关贸总协定》管辖,作为《关贸总协定》附件的

---

[161] 《信息技术协定》(Information Technology Agreement)系作为世贸组织信息技术产品贸易部长宣言(Ministerial Declaration on Trade in Information Technology Products)的附件通过。该宣言的全文见 https://www.wto.org/english/docs_e/legal_e/itadec_e.htm(2022年2月25日访问)。

[162] 参见世贸组织总理事会,*Work Programme on Electronic Commerce*,世贸组织文件第S/L/74号,1999年7月27日通过。See Nivedita Sen, *Understanding the Role of the WTO in International Data Flows: Taking the Liberalization or the Regulatory Autonomy Path?*, Journal of International Economic Law, Vol. 21, 2018, p. 323 – 348.

[163] 参见世贸组织,*Work Programme on Electronic Commerce*,世贸组织文件第WT/L/274号,1998年9月30日,文件全文见 https://docs.wto.org/dol2fe/Pages/SS/directdoc.aspx? filename = q:/WT/L/274.pdf&Open = True(2022年2月25日访问)。

[164] 世贸组织,*Communication from the European Communities and their Member States on the WTO Work Programme on Electronic Commerce*,世贸组织文件第WT/GC/W/306号,1999年8月9日。

[165] See Catherine L. Mann and Sarah Cleeland Knight, *Electronic Commerce in the WTO*, in Jeffrey Schott, *The WTO After Seattle*, Institute for International Economics, 2000, p. 259.

技术性贸易壁垒协定势必适用。此外,互联网快速发展的结果使得互联网安全性受到极大关注,一些国家也开始就互联网及其运作加以规范。如果前述商品被视为货物,则相关国家对互联网的规范是否符合世贸组织的规则便须依技术性贸易壁垒协定来判断,否则便应受《服务贸易总协定》规范。一方面《服务贸易总协定》并无类似于技术贸易壁垒协定的规定。另一方面,世贸组织成员在《服务贸易总协定》下的市场准入和国民待遇义务系依相关成员的具体承诺确定。易言之,除非某个成员在《服务贸易总协定》下承诺不对互联网的运作加以限制,否则其涉及互联网运作的国内法律和规定便不可能违反世贸组织的规定。正是基于此考虑,作为互联网大国的美国才主张将电子贸易纳入货物的范畴。

2016 年,美国、日本和欧盟联合推动在世贸组织的架构内进行数字贸易谈判。此提议遭到非洲国家和最不发达国家的强烈反对。这些国家认为,除非多哈回合谈判取得进展,否则世贸组织不应就数字贸易进行谈判。[166] 2017 年 12 月,在布宜诺斯艾利斯举行的第十一届世贸组织部长会议上,美国、欧盟和其他国家以及巴西分别提交了三份关于数字贸易的非正式文件(non - paper),即非正式建议的讨论文件。[167] 与大多数发展中国家的立场不同,巴西提交的非正式文件并未将数据本地化作为世贸组织成员的权利。之所以如此可能是因为数据本地化在巴西属于有争议的问题。2014 年,巴西一国会议员主张将数据本地化纳入互联网民权框架(Civil Rights Framework for the Internet),但该提议被否决。[168]

美国和欧盟等提交的非正式文件列举了不同领域对数字贸易的限制,认为世贸组织应在相关领域进行讨论,以便放宽限制。美国明确反对数据本地

---

〔166〕 参见卢旺达,*National Data Revolution Policy*,2017 年 4 月以及非洲联盟委员会(African Union Commission),Agenda 2063:The Africa We Want,2015 年 9 月,全文见 file:///C:/Users/Guiguo/Downloads/Agenda%202063_Framework%20Document_comp. pdf(2022 年 2 月 25 日访问)。

〔167〕 See Work Programme on Electronic Commerce,巴西非正式文件,世贸组织文件第 JOB/GC/98 号,2016 年 7 月 20 日散发,文件全文见 file:///C:/Users/Guiguo/Downloads/98%20(1). pdf(2022 年 2 月 25 日访问)。

〔168〕 See Marilia Maciel,*E - Commerce in the WTO: The Next Arena of Internet Policy Discussions?*,Diplomacy Blog,2016 年 9 月 20 日,全文见 www. diplomacy. edu/blog/e - commerce - wto - next - arena - internet - policy - discussions(2022 年 2 月 25 日访问)。

化措施,认为“依赖云计算和通过互联网交付产品和服务的公司和数字企业没有必要在其寻求服务的国家/地区构建物理基础设施和昂贵的数据中心。此本地化要求可能会给提供商和消费者增加不必要的成本和负担。贸易规则可以帮助促进网络访问和有效的数据处理”。〔169〕美国当时还主张按市场规律鼓励数字企业发展,提出“创新者不必为他们寻求服务的每个市场设计不同的产品;这就是为什么我们有一个全球标准流程,而行业领先和最佳技术取胜是这个流程的标准。贸易规则可以帮助确保各国不能任意要求将不具竞争力的国家标准强加于创新产品”。〔170〕此主张与美国后来以行政手段排除华为公司参与美国的5G建设形成强烈对比。这也说明,数字贸易与各国的政治有密切关系,以及世贸组织成员无法达成协议的根本原因并非经济和技术考量。

欧盟领衔的非正式文件首先承认数字技术正在改变全球经济,而这种改变“为包容性经济增长提供了机会,包括将农村与城市经济加以联系,为内陆国家提供新的贸易渠道,促进妇女和微型企业参与到主流经济之中,向微小中型企业全球消费者搭建基础,以及促进以前被认为在技术上不可行的跨境服务贸易”。〔171〕欧盟等的非正式文件也将数据本地化视为对数字贸易的限制,主张各国应放弃数据本地化要求、开放市场。〔172〕不言而喻,欧盟等的主张也是代表发达国家的立场。

尽管前述成员提交的系非正式文件(建议),但仍遭到其他成员,特别是发展中国家成员的强烈反对。2017年12月6日,卢旺达代表非洲集团散发了一份声明,谴责前述美国、欧盟等的非正式文件,认为其试图制定强制性规

---

〔169〕参见Work Programme on Electronic Commerce,美国非正式文件,世贸组织文件第JOB/GC/94号,2016年7月4日散发,第2.5段。文件全文见file:///C:/Users/Guiguo/Downloads/94%20(1).pdf(2022年2月25日访问)。

〔170〕参见Work Programme on Electronic Commerce,美国非正式文件,世贸组织文件第JOB/GC/94号,2016年7月4日散发,第2.13段。文件全文见file:///C:/Users/Guiguo/Downloads/94%20(1).pdf(2022年2月25日访问)。

〔171〕参见Work Programme on Electronic Commerce,加拿大、智利、哥伦比亚、科特迪瓦、欧盟、韩国、墨西哥、圭亚那和新加坡提案,世贸组织文件第JOB/GC/97/Rev.1号,2016年7月22日散发,第1.1段。文件全文见file:///C:/Users/Guiguo/Downloads/97R1.pdf(2022年2月25日访问)。

〔172〕同上,第4.2段。

则,禁止各国的数据本地化要求等。[173] 鉴于世贸组织的所有决定都是基于协商一致原则,在发展中国家强烈反对的情况下,世贸组织在数字贸易方面一直未能达成有实质意义的协议。[174] 迄今为止,世贸组织在数字贸易上取得的唯一具体成果是各成员于1998年同意不对电子产品征收关税的共识。[175] 该共识嗣后一直由世贸组织部长会议延长。此做法更多的是象征意义,因为实践中世贸组织成员很难对数字贸易征收关税。[176]

数字贸易乃当今世界之大势所趋,然现有的多边贸易机制未能依信通技术的快速发展,迅速制定相应的规范,推动数字贸易之进行。与此同时,数字和互联网技术的快速发展和利用对各国的经济、社会、传统和文化等产生了重要影响。其结果是各国不得不依双边和区域自由贸易协定解燃眉之急。近年签订的自由贸易协定不乏涉及数字贸易的内容便是例证。这些双边和区域贸易协定有的将数字贸易条款与世贸组织的规则挂钩,有的则单独对之进行规范。[177] 《全面与进步跨太平洋伙伴关系协定》是较全面规范数字贸易与政策、对缔约方有约束力的区域贸易协定,其关于信息跨境流动和数据本地化、个人数据保护(包括垃圾邮件)、在线消费者保护和网络安全方面的国际合作等规定对推动全球性的数字贸易国际秩序的建立有积极作用。[178]

---

〔173〕 参见 Work Programme on E – Commerce,非洲集团声明,世贸组织文件第 WT/MIN(17)/21 号,2017 年 12 月 6 日散发。

〔174〕 受 2019 年年底暴发的新冠肺炎影响,世贸组织在数字贸易方面的工作无明显进展。在于 2020 年 7 月 13 日举行的网络研讨会上,世贸组织重申了关于电子商务工作计划的 2019 年 12 月 10 日决定(WT / L / 1079),包括各成员同意继续该工作计划以及在第十二届部长会议前不对电子传输产品征收关税的做法。参见 https://www. wto. org/english/tratop_e/ecom_e/ecom_webinar_13jul2020_e. htm(2022 年 2 月 25 日访问)。

〔175〕 世贸组织,"Declaration on Electronic Commerce",世贸组织文件第 WT/MIN(98)/DEC/2 号,1998 年 5 月 20 日通过。

〔176〕 Sacha Wunsch – Vincent, *WTO E – Commerce and Information Technologies: From the Uruguay Round through the Doha Development Agenda: A Report for the UN IDT Task Force*, Markle Foundation,2005, p. 47 – 51, 319 – 320. 全文见 www. iie. com/publications/papers/wunsch1104. pdf (2022 年 2 月 25 日访问)。

〔177〕 关于双边和区域性自由贸易协定下数字贸易条款的分析,详见 Mira Burri & Rodrigo Polanco, *Digital Trade Provisions in Preferential Trade Agreements: Introducing a New Dataset*, Journal of International Economic Law, Vol. 23, p. 187 – 220(2020)。

〔178〕 关于此问题的讨论,See Neha Mishra, *The Role of the Trans – Pacific Partnership Agreement in the Internet Ecosystem: Uneasy Liaison or Synergistic Alliance?*, Journal of International Economic Law, Vol. 20, p. 31 – 60(2017)。

《区域全面经济伙伴关系协定》[179]亦包含较详细的电子商务章节。除了金融服务、电信服务及知识产权的相关规定涉及数字贸易外,《区域全面经济伙伴关系协定》还为电子商务设置专章(第12章),可见各缔约方对电子商务之重视。根据《区域全面经济伙伴关系协定》,电子商务条款的目的包括:"(一)促进缔约方之间的电子商务,以及全球范围内电子商务的更广泛使用;(二)致力于为电子商务的使用创造一个信任和有信心的环境;以及(三)加强缔约方在电子商务发展方面的合作。"[180]为实现前述目标,各缔约方承诺相互合作,包括分享信息、经验和最佳实践,推动无纸化贸易、电子签名,保护线上和线下消费者利益,实现透明度要求等。《区域全面经济伙伴关系协定》同时规定,各缔约方在保证其基本安全利益的前提下,不实施数据本地化和计算设施本地化的要求。[181] 此规定的意义在于其一方面强调各缔约方依数字贸易、数据跨境传输的特点,不对之进行限制,包括不强制要求服务提供商使用处于其领土内的计算设施的义务,另一方面亦对各缔约方的主权权力给予充分的考虑。例如,基于"公共政策目标"或是"基本安全利益"的需要,一缔约方可对数据的跨境传输、计算设施的使用等进行规定和限制,条件是相关措施不"构成任意或不合理的歧视或变相的贸易限制"。[182] 此规定显然是照搬了世贸组织的例外条款,在执行上可参考世贸组织对相关条款的解释,有利于区域性安排与多边贸易机制的衔接。就此而言,区域全面经济伙伴关系协定与世贸组织具有较高的互补性,有利于推动区域及全球自由贸易,包括数字贸易的发展。

《区域全面经济伙伴关系协定》和《全面与进步跨太平洋伙伴关系协定》等的达成在一定程度上回应了国际社会的需要,也符合国际贸易秩序多边制度与区域和双边机制同时存在,互为补充的状况。实践中,以世贸组织为核心的多边制度也努力通过适用现有条约规定,解决数字贸易引发的问题。

---

〔179〕《区域全面经济伙伴关系协定》于2020年11月15日由中国、日本、韩国、澳大利亚、新西兰和东盟十国签署。协议文本见 http://fta. mofcom. gov. cn/rcep/rcep_new. shtml(2022年2月25日访问)。

〔180〕《区域全面经济伙伴关系协定》第12章第2条第2款。

〔181〕《区域全面经济伙伴关系协定》第12章第14条和第15条。

〔182〕《区域全面经济伙伴关系协定》第12章第14条和第15条。

(二)条款解释与技术中立

尽管世贸组织无法就数字贸易达成新的协议,但其现有的许多协议事实上都可以适用于数字贸易。除了信息技术协定外,与贸易有关的知识产权协定理论上限于规范涉及贸易的知识产权问题,事实上涵盖知识产权的所有方面,包括专利和商标权等的授予、侵权行为的处理及赔偿等。无论从哪个方面考虑,知识产权协定都可适用于信息技术,如计算机程序等。《服务贸易总协定》下的金融服务、电信和电子商务等都与跨境信息流相关。这些规定均早于互联网和互联网技术的出现。然而,这些协议的性质决定了其可随技术的发展而持续适用。不言而喻,在将这些规则适用于新的贸易模式,如数字贸易时,需对其适用的范围、理据及方法加以澄清。

在《服务贸易总协定》下,世贸组织成员有义务向其他成员的服务和服务提供商提供"立即和无条件"的最惠国待遇。除非经明确豁免,否则最惠国待遇规定适用于所有服务。[183] 世贸组织成员在《服务贸易总协定》下的市场准入和国民待遇义务则限于以肯定性承诺和负面清单的方式列于每个成员的服务承诺分类表中。与《关贸总协定》不同,《服务贸易总协定》下的义务系通过四种方式提供。[184] 传统上世贸组织成员较为关注第一种服务提供方式,因为这种方式对来自其他国家的服务进行管制或限制较为容易。关于第二种服务提供方式(在一成员领土内向任何其他成员的服务消费者提供服务),只有当数字贸易成为国际贸易的重要组成部分时才受到世贸组织成员的关注。此前,通过第二种方式提供的服务限于个人到国外的消费。然而,互联网的利用使得数字贸易成为人们消费的重要方式。在此情况下,人们可以通过互联网购买国外的服务,然对此类服务进行监管则甚为困难。因此,一些国家开始对互联网运作和数据流加以限制,包括要求数据本地化。具体到哪些限制符合

---

〔183〕 详见《服务贸易总协定》第2条第1款。该协定第2条第2款规定,"一成员可维持与第1款不一致的措施,只要该措施已列入关于第2条豁免的附件,并符合该附件中的条件"。故此,如果不符合最惠国待遇的措施列入了豁免附件,相关成员便没有义务履行最惠国待遇义务。

〔184〕 这四种提供服务的方式包括:"(a)自一成员领土向任何其他成员领土提供服务;(b)在一成员领土内向任何其他成员的服务消费者提供服务;(c)一成员的服务提供商通过在任何其他成员领土内的商业存在提供服务;(d)一成员的服务提供商通过在任何其他成员领土内的自然人存在提供服务。"参见《服务贸易总协定》第1条第2款。

《世贸组织协定》下的义务则取决于相关成员是否在服务贸易承诺表中做出了承诺。

在前述交易中，数据流动期间以及数据产品的交易期间，买方和卖方均不需实际跨越国界。因此，这种交易可以构成《服务贸易总协定》下的第一种服务提供模式，即“自一成员领土向任何其他成员领土提供服务”。[185] 世贸组织上诉机构提出的“独立交付媒介”（medium of delivery independent）原则[186]也肯定了此结论。在另一种情况下，消费者可通过国际旅行在外国购买产品，但通过网络完成支付，或曰消费者通过数据流服务完成消费。在此情况下，服务并不发生在消费者设备的服务器上，而是在卖方设备的服务器上。此类交易可能涉及线上银行、云计算或其他应用程序，包括消费者本国以外的电子商务网站，而数据可能托管在卖方服务器所在的国家或是其他国家，当消费者访问数据时，便可通过数据流进行国外消费。此情况与《服务贸易总协定》下第二种服务提供模式——“在一成员领土内向任何其他成员的服务消费者提供服务”颇为一致。[187] 易言之，依托网络进行的数字贸易或交易有时很难确定其类别。然无论是作为货物还是服务，其类别之确定都至关重要。

数字产品适用的规则取决于其是货物贸易还是服务贸易，甚至属于服务的数字贸易也还要看其具体的分类别。故数字产品的分类不仅仅是概念和语义上的意义。就此而言，《服务贸易总协定》沿袭了《关贸总协定》关于同类产品的做法，将服务和服务提供者是否属于同一类别作为提供相同待遇的前提条件。这也会引发新的问题。例如，一本内容相同的纸介书和电子书，根据其最终用途、消费者嗜好、习惯和竞争关系等，可能属于同类产品。然而，事实是前者是货物，后者被归类为服务。世贸组织成员在《关贸总协定》和《服务贸易总协定》下的义务不同，给予货物和服务的待遇义务也不同。货物可以实物的形式交付，服务则不可以实物交付，然有时两者又有密切联系。例如，一

[185] 《服务贸易总协定》第 1 条。

[186] 参见“China—Measures Affecting Trading Rights and Distribution Services for Certain Publications and Audiovisual Entertainment Products”，上诉机构报告，世贸组织文件第 WT/DS363/AB/R 号（以下简称中国出版和视听案），2009 年 12 月 21 日，第 196 段。

[187] 参见“China—Measures Affecting Trading Rights and Distribution Services for Certain Publications and Audiovisual Entertainment Products”，上诉机构报告，世贸组织文件第 WT/DS363/AB/R 号（以下简称中国出版和视听案），2009 年 12 月 21 日，第 196 段。

个数字产品以纸质交付,则其应受《关贸总协定》规范,条件是相关产品是物理形态的,且其交付方式为跨境的;[188] 然而,当同一产品以电子方式交付时,便应受《服务贸易总协定》管辖。由此引发的问题是,是否可依技术的发展而对世贸组织成员的具体承诺予以与时俱进的解释,也就是人们通常说的技术中立原则。

实践中,世贸组织上诉机构和专家组从未明确适用"技术中立"原则,甚至在案件审理中都没有使用过该术语,然其对《服务贸易总协定》的解释本身又支持了该观点。中国出版和视听案等便反映了世贸组织专家组和上诉机构在此问题上的立场。[189] 之所以出现此情况有多种原因。首先,1994 年乌拉圭回合结束时,数字贸易和电子商务模式尚未出现,互联网的使用尚不普遍,在谈判《关贸总协定》和《服务贸易总协定》承诺时,电子商务和数字贸易等并未成为谈判的要点。其次,基于互联网和数字贸易的急遽发展,世贸组织服务贸易理事会在于 1999 年向总理事会提交的关于电子商务的报告[190] 中明确指出,技术中立原则适用于服务贸易总协定下的具体承诺。基于该报告,各成员关于市场准入的承诺包括所有以技术手段(包括电子手段)提供的服务。该报告将三类交易列为服务贸易的承诺,包括:(1)互联网;(2)以电子方式提供的服务;(3)以互联网为分销服务的媒介,以非电子形式交付货物和服务。[191] 世贸组织的前述发展势必对负责争端解决的专家组和上诉机构产生影响,使其在实践中接受了技术中立的原则。

网络空间,包括互联网的运作、数字贸易、数据跨境流动限制等是否适用

---

[188] 见"China—Measures Affecting Trading Rights and Distribution Services for Certain Publications and Audiovisual Entertainment Products",上诉机构报告,世贸组织文件第 WT/DS363/AB/R 号(以下简称中国出版和视听案),2009 年 12 月 21 日,第 196 段。

[189] 同上,第 377 ~ 378 段;另见"United States – Measures Affecting the Cross – Border Supply of Gambling and Betting Services",上诉机构报告,世贸组织文件第 WT/DS285/AB/R 号,2005 年 4 月 7 日(以下简称美国赌博案)。

[190] 参见世贸组织服务贸易理事会向总理事会提交的电子商务工作进展报告(Work Programme on Electronic Commerce – Progress Report to the General Council),世贸组织文件第 S/L/74 号,1999 年 7 月 27 日,第 4 段。文件全文见 https://docs. wto. org/dol2fe/Pages/SS/directdoc. aspx? filename = Q:/S/L/74. pdf&Open = True(2022 年 2 月 25 日访问)。

[191] 服务贸易理事会的前述报告建议,鉴于很多服务与电子商务紧密相关,然很少有成员就之做出了具体承诺,故应对此问题进行研究。同注 190,第 5 段。

及如何适用世贸组织协定,特别是《服务贸易总协定》,在很大程度上取决于服务的分类。《服务贸易总协定》下的分类系基于服务的提供,意即在确定相关服务的类别时应将服务提供商和消费者作为一个整体考虑。此外,决定服务分类的因素应是其最终用途而不是传递手段。在墨西哥电信措施案中,[192] 专家组认为涉案的服务属于综合性质,即相关服务不能由单一服务提供者提供,而是需由多个服务提供者分别或同时提供,而不论相关服务提供者是同一个人或实体还是多个实体和个人,也不论相关服务提供者处于何处。

世贸组织的实践还说明,《服务贸易总协定》下的服务提供者并不会因为其将服务分包给另一家公司提供或通过其他公司的资产提供而减损其作为唯一服务提供者的地位。[193] 墨西哥电信措施案的专家组指出,服务贸易谈判中被各谈判方广为依赖的"服务贸易的初始承诺表:解释性说明"[194] 中已提出,电信服务是跨境提供服务的例子,"因为服务提供者并不在接受服务成员的领土之内"。[195] 前述墨西哥电信措施案专家组的意见(因其经世贸组织通过而成为具法律效力的报告)对数字贸易、互联网运作和数据移动等活动具有重要意义。在数据流和数据密集型产品交易中,数据流构成服务提供的手段和模式,买方和卖方在物理意义上均可以不跨越国界便完成交易。在此类交易中,数据(包括货款的支付)的跨境移动可以通过交易当事方自己的设施完成,也可以通过第三方的媒介完成。此类交易可以是货物也可以是服务。如

---

〔192〕 墨西哥电信服务措施案的专家组指出,《服务贸易总协定》下的"服务"属综合(comprehensively)性质,涉及服务及其提供的方方面面,目的在于支持成员间服务贸易的渐次自由化;据此,基础电信服务(客户信息的传输)必须包括传输的方式,而传输方式便涉及与其他业者的连接,从而完成服务的提供。见"Mexico – Measures Affecting Telecommunications Services",专家组报告,世贸组织文件第 WT/DS204/R 号,2004 年 4 月 2 日,第 7.41 段。

〔193〕 同注 192,第 7.42 段。

〔194〕 见"Scheduling of Initial Commitments in Trade in Services: Explanatory Note",世贸组织文件第 MTN. GNS/W/164 号,1993 年 9 月 3 日。该解释性说明于 2001 年修订,但没有对跨境提供者存在的声明进行修订。经修订后的解释性说明作为服务贸易总协定具体承诺指南由服务贸易理事会通过。

〔195〕 墨西哥电信措施案的专家组认为没有必要确定该解释性说明是否构成《维也纳条约法公约》第 31 条第 2 款下的"上下文",也没有必要考虑其是否可以作为《服务贸易总协定》下的嗣后协议。该专家组认为,世贸组织的解释性说明的来源、内容及使用使其成为《维也纳条约法公约》第 32 条所指的关于《服务贸易总协定》制定的"情势"(circumstance),故可通过该解释性说明来确定服务贸易总协定第 1 条第 2(a)款的普通含义。见"Mexico – Measures Affecting Telecommunications Services",专家组报告,世贸组织文件第 WT/DS204/R 号,2004 年 4 月 2 日,第 7.44 段。

果是服务贸易,其可能属于第一种也可能属于第二种服务提供模式。相关成员的义务则应依其具体承诺而定,可能依服务提供模式的不同而异。

关于服务贸易的具体承诺,上诉机构在美国赌博案指出,世贸组织成员关于服务贸易承诺的每一项服务均限定于某一服务类别,且类别或部门之间是相互排斥的。[196] 假如一项服务可以同时被归入两个不同的类别或分类别,相关成员必须选择将之归入其中一个类别或分类别,条件是相关选择与世贸组织服务分类表(W/120)[197]和联合国中央产品类表无明显冲突。但这并非没有问题,因为每个世贸组织成员在不同服务分类别关于市场准入和国民待遇的承诺可能不同,对一个分类别的限制不一定出现在另一分类别。[198] 因此,对服务类别的这种排他性解释对数字贸易和网络交易可能构成困难,原因是一项涉及高科技的交易可能被归入一个以上服务类别。[199] 视听与增值电信便属于此类,两者间存在视频功能上的重叠。用于云计算的电信服务和数据库服务也有重叠。此情况的发生,一方面是因为《服务贸易总协定》达成时,数字贸易的重要性尚未成为谈判者考虑的重点,另一方面是因为世贸组织成员在做出具体承诺时,有时会有意识地不对一些敏感领域做出承诺,以规避世贸组织的监管。欧盟等的立场是大多数数字服务属于视听服务而非数据处理或数据库服务,目的就是将数据服务划分到视听服务,从而缩小其在服务贸易总协定下的承诺范围。[200]

---

[196] 见美国赌博案,上诉机构报告,世贸组织文件第 WT/DS285/AB/R 号,2005 年 4 月 7 日,第 180 段。

[197] 世贸组织服务分类表系于乌拉圭回合谈判时,由原关贸总协定秘书处编制,内容包括所有服务类别和分类别的清单,目的是协助乌拉圭回合的谈判,确保各成员的跨境服务承诺具可比性和一致性。服务分类表将服务划分为 11 个类别,每个类别又分为数个分类别(总数达 160 余个)。分类表的左边为类别和分类别的名称,右边为对应的联合国中央产品分类表(CPC)的编号。联合国中央产品分类表的每一个编号下都较为详细地列出了相关服务的内容。实践中,世贸组织的服务分类表需与联合国中央产品分类表对照使用。联合国中央产品分类表自首次发布后已几经修改,最新的版本为 2015 年版。

[198] 参见美国赌博案,上诉机构报告,世贸组织文件第 WT/DS285/AB/R 号,2005 年 4 月 7 日,第 219 段。

[199] See Andrew D. Mitchell & Neha Mishra, *Data at the Docks: Modernising International Trade Law for the Digital Economy*, Vanderbilt Journal of Entertainment and Technology Law, Vol. 20, p. 1091 (2018).

[200] See Mira Burri, *The Governance of Data and Data Flows in Trade Agreements: The Pitfalls of Legal Adaptation*, UC Davis Law Review, Vol. 51, p. 85 (2017).

前述种种说明,世贸组织的许多规定均可适用于数字贸易和网络空间。然而如何适用则会涉及对条约的解释原则之确定以及对各成员所做承诺的具体分析。各成员在服务贸易总协定下的义务尤为如此。

(三)数字贸易与例外规定

在世贸组织的机制下,一个成员的义务取决于其承诺。同时,一个表面不符合协定规定的措施也不一定就构成违约,因相关成员可以援引例外条款,证明其措施的正当性。例如,在《服务贸易总协定》下,市场准入和国民待遇的规定与网络空间直接相关。如果一个成员就互联网运作和数据储存等做出了市场准入和国民待遇的承诺,但其本国法律在数据本地化或本地存储、防火墙等方面有具体要求或限制,则此类规定表面上可能与其服务贸易承诺不符。然而,如果这些法律/措施是为了保护国家安全、隐私、公共道德、公共秩序、人类健康等,《服务贸易总协定》的一般例外和安全例外[201]规定便可能排除了具体承诺的适用。公共道德、公共秩序、隐私等均与文化、传统、经济发展水平等直接相关,实施相关措施的必要性一般不会受到质疑。世贸组织专家组和上诉机构考虑的问题一般主要集中在有无可供选择的替代措施以及相关措施是否构成任意和不合理的歧视或对贸易的变相限制。到目前为止,世贸组织尚未就与互联网和数据限制直接相关的措施作出裁决,此方面的判例法发展趋势尚难确定。

国家安全例外以前很少被援引,因该条款并未具体界定“根本安全利益”应涵盖哪些内容及应遵循何标准,也未规定如何判断相关措施是否为保护根本利益所必需者。2019 年,在俄罗斯和乌克兰案中,世贸组织第一次就国家安全条款作出裁决。该案的被申诉方俄罗斯援引《关贸总协定》第 21 条的国家安全规定,辩称该例外条款不具可审判性(nonjusticiable),因其自己可决定是否出现了国家安全问题以及所采取的措施是否为维护国家安全所需要者。专家组否定了俄罗斯的意见,认为任何援引该例外条款的成员均应受到客观

〔201〕 根据《服务贸易总协定》第 14 条之二,该协定的规则不得被解释为“要求任何成员提供其认为如披露则会违背其根本安全利益的任何信息或阻止任何成员采取其认为对保护其根本安全利益所必需的任何行动”。

的审视。专家组指出，相关措施是否符合国家安全例外条款的要求，是否具有必要性以及必要性与该措施的关联性均应受到审查。[202] 至于何为国际关系中的紧急情况，该专家组认为政治和经济分歧本身并不构成国际关系的紧急情况。[203] 此外，专家组还引入了国际法的诚实信用原则，强调国家安全例外条款不能被作为规避世贸组织义务的手段。[204] 世贸组织专家组的这一裁决与国家责任条款草案和国际法院的判决颇为一致，反映了国际社会在此问题上的共识。

国际法委员会通过的国家对国际不法行为的责任条款草案[205]第 25 条规定，"一国不得援引危急情况作为理由解除不遵守该国某项国际义务的行为的不法性，除非：(a)该行为是该国保护基本利益，对抗某项严重迫切危险的唯一办法；而且(b)该行为并不严重损害作为所负义务对象的一国或数国的基本利益或整个国际社会的基本利益"。在其对第 25 条的解释中，国际法委员会指出，"危急情况"应仅限于特殊情况，且为了保护国家基本利益而采取的措施应为"唯一办法"。同时，"援引危急情况的国家的基本利益与它的一种义务之间存在着无法调和的冲突"。故援引该条款"必须受到严格限制"，以确保该条款"不受到可能的滥用"。[206] 在匈牙利诉斯洛伐克的加布奇科沃－大毛罗斯项目案[207]中，国际法院指出"危急情况只有在某些严格限定的条件下才可以援引，必须以累积的方式满足这些条件；至于这些条件已否得到满足，不能只由所涉国家作出判断"，同时"受到质疑的行为必须是保护基

[202] "Russia — Measures Concerning Traffic in Transit"，专家组报告，世贸组织文件第 DS512 号，2019 年 4 月 5 日，第 7.77、7.82、7.101 段。

[203] "Russia — Measures Concerning Traffic in Transit"，专家组报告，世贸组织文件第 DS512 号，2019 年 4 月 5 日，第 7.75 段。

[204] "Russia — Measures Concerning Traffic in Transit"，专家组报告，世贸组织文件第 DS512 号，2019 年 4 月 5 日，第 7.113 段。

[205] 参见联合国国际法委员会第五十三届会议工作报告(2001 年 4 月 23 日至 6 月 1 日和 7 月 2 日至 8 月 10 日)，联合国文件第 A/56/10 号。

[206] 参见联合国国际法委员会第五十三届会议工作报告(2001 年 4 月 23 日至 6 月 1 日和 7 月 2 日至 8 月 10 日)，联合国文件第 A/56/10 号，第 92 页。

[207] 见"Case Concerning the Gabčíkovo－Nagymaros Project (Hungary/Slovakia)"，判决，*I. C. J. Reports* 1997，第 7 页。

本利益的唯一办法”。[208] 国际法院还认为这些条件反映了习惯国际法的现状。[209] 鉴于《关贸总协定》第20条的国家安全例外规定与《服务贸易总协定》第14条国家例外的内容完全一致,前述解释应可适用于《服务贸易总协定》下的国家安全例外规定,即数字贸易的相关方面。

专责研究网络空间治理的联合国政府专家组报告和相关的联大决议都认为包括数字贸易在内的网络空间治理应适用国际法,包括联合国宪章。国际法院[210]和国际投资仲裁庭[211]实践中均认为,《国家责任条款》第25条反映了当今的习惯国际法。[212] 故此,对《世贸组织协定》下“根本安全利益”的解释应参照国际责任条款草案第25条及其注释。依安全例外对互联网和数字贸易进行限制的成员需要在开放数字贸易及维护国家安全的政策目标间达成平衡,仅在必要情况下,采取可能违反世贸组织义务但系唯一可行的措施。考虑到互联网运作和数字贸易的特点,任何构成对之限制的措施都可能关乎世贸组织下的义务。例如,从国际贸易的角度言,数据本地化措施可能构成非关税贸易壁垒之一种。这包括在互联网服务提供商交换数据阶段施加限制;阻止外国网络服务提供商提供服务;对数据中心的数据储存进行规范;要求数据在本地的设施存储和处理;在数据的使用阶段,通过技术手段禁止一些境外数据的导入或要求网络公司提供源代码等。从理论上讲,这些措施均可能引发其是否构成贸易壁垒的争议,但并不必然违反相关国家承担的国际义务。在现有的贸易制度下,包括多边和双边机制,确定一个法律、政策或措施是否违

---

〔208〕 “Case Concerning the Gabčíkovo – Nagymaros Project (Hungary/Slovakia)”,判决,*I. C. J. Reports* 1997,第51－52段。

〔209〕 “Case Concerning the Gabčíkovo – Nagymaros Project (Hungary/Slovakia)”,判决,*I. C. J. Reports* 1997,第51－52段。

〔210〕 国际法院在GabCikovo – Nagymaros Project (Hungary/Slovakia)案明确指出国家对国际不法行为的责任以及排除国家责任的必要性原则为习惯国际法,并多次援引国际法委员会的国家责任条款及其解释作为判案的依据。见GabCikovo – Nagymaros Project (Hungary/Slovakia)的判决。

〔211〕 例如,下述国际投资仲裁庭均明确承认《国家责任条款》为习惯国际法。见“Enron v. Argentina”,裁决,ICSID, ARB/01/3, 2007年,第303段,以及“CMS Gas Transmission Co. v. Argentina”, 裁决,ICSID, ARB/01/8, 2005年,第315段。

〔212〕 在CMS案的撤销裁决中,临时委员会一方面撤销了仲裁庭关于国家责任部分的裁决,另一方面亦确认国际法委员会《国家责任条款》第25条系将习惯国际法法典化。见“CMS Gas Transmission Co. v. Argentina”,撤销申请临时委员会的决定,ICSID,ARB/01/8,2007年9月25日,第130段。

反了条约义务除了审视其是否不符合相关国家所承担的义务外，还需考量其是否有正当理由实施相关限制，或是否可依据国际贸易秩序的例外规定合法化相关限制。当然还有一种情况是现行的贸易秩序并不涵盖与网络运行、数据和数据流有关的活动。例如，涉及数据本地化的法律表面上可能仅在一个成员的辖区内实施，但其毫无疑问会影响数据如何通过网络移动以及跨境数据流的效率。如果数据本地化是为了保护国家的根本安全利益，则相关成员需证明，除此之外没有更有效的方法对国家安全予以保护。

世贸组织成员亦可依一般例外对数字贸易实施限制。理由包括旨在保护公共道德或维护公共秩序，为保护人类、动物和植物的生命和健康等。[213] 世贸组织的实践说明，任何援引一般例外条款的成员必须首先证明相关措施的必要性或关联性。必要性系指没有一种既不违反世贸组织义务又能达到目的的措施实际存在或实际可行。在满足了这些条件后，一般例外条款的援引还需满足该条引言的条件，即对贸易的限制措施不构成“任意或不合理歧视的手段”或对贸易的“变相限制”。此外，依《服务贸易总协定》第 14(c)条，任何世贸组织成员“为使与本协议的规定不相抵触的法律或法规得到遵守”，得采取“必需的措施”。这些法律包括涉及“保护与个人信息处理和传播有关的个人隐私及保护个人记录和账户的机密性”以及“安全”的法律法规。根据前述规定，与数据和互联网相关的法律显然属于第 14(c)条者。为了执行或实施前述法律，任何世贸组织成员对互联网的运作和数据的储存、转移等加以限制，可援引此例外。当然，此例外的援引不仅要满足必要性、关联性等的要求，同时要满足《服务贸易总协定》第 14 条前言不构成“任意或不合理歧视”或对贸易的“变相限制”的条件。

世贸组织的前述规定可通过《欧盟数据保护条例》加以论证。《欧盟数据保护条例》的宗旨之一是保护个人数据，并可以此为基础证明《欧盟数据保护条例》符合《服务贸易总协定》第 14(c)条的规定。然而，依《服务贸易总协定》，世贸组织成员有义务向其他成员提供无条件的最惠国待遇。《欧盟数据保护条例》规定，在向第三国转移私人数据时需考虑目的地国家是否对相关

---

[213] 详见《关贸总协定》第 20 条和《服务贸易总协定》第 14 条。该两个条款的内容大同小异，《服务贸易总协定》第 14 条系在《关贸总协定》第 20 条的基础上形成。

数据提供足够的保护。此规定本身构成转移数据的条件,使得最惠国待遇成为有条件者,从而不符合《服务贸易总协定》无条件最惠国待遇的规定。如果《欧盟数据保护条例》的这一规定构成对竞争条件的改变,则其便可能违反《服务贸易总协定》下最惠国待遇的义务。这只是说从表面看《欧盟数据保护条例》可能不符合世贸组织的规则,至于《欧盟数据保护条例》实际上是否不符合世贸组织下最惠国待遇的义务,还要分析其是否可以满足援引世贸组织例外规定的条件。假定《欧盟数据保护条例》与《服务贸易总协定》的最惠国待遇义务相冲突,欧盟可以援引一般例外条款作为辩护理由。[214] 为了援引《服务贸易总协定》的一般例外,欧盟必须证明其数据保护条例下的措施的必要性或关联性以及并不违反一般例外条款引言部分的原则。[215] 至于是否存在对贸易构成较少限制且与世贸组织义务相一致的替代措施,则应由申诉方提出,欧盟并可对之反驳。如申诉方不能提出替代措施,则《欧盟数据保护条例》下的措施便是"必要的"。[216]

不难看出,《世贸组织协定》等国际条约以及习惯国际法的例外规定给予相关国家以不履行国际义务的理由,从而减弱了国际贸易规则对电子贸易的适用。然例外是每个制度赖以存在的基础之一,没有例外的机制或法律事实上很难有效实施。此外,法律上的例外之援引必须满足一定的条件,从而也构成避免例外规定被滥用的措施。正是有了条约和习惯国际法上的例外,国际贸易规则才可以适用于包括电子贸易的网络空间。

(四)国际数字贸易秩序的前景

整体而言,世贸组织机制在规范电子贸易方面可以满足基本需要。最大的问题是新技术带来的货物与服务分类困难以及服务贸易本身的分类问题。就前者言,3D 打印是较典型的例证。3D 打印涉及网络传输信息的增材制造

---

〔214〕 关于《欧盟数据保护条例》与《服务贸易总协定》的关系,详见 Kristina Irion, Svetlana Yakovleva and Marija Bartl, *Trade and Privacy: Complicated Bedfellows? How to Achieve Data Protection – Proof Free Trade Agreements*, Independent Study, Vol. 10, p. 28 – 30(2016)。

〔215〕 参见美国赌博案,上诉机构报告,世贸组织文件第 WT/DS285/AB/R 号,2005 年 4 月 7 日,第 292 段。

〔216〕 参见美国赌博案,上诉机构报告,世贸组织文件第 WT/DS285/AB/R 号,2005 年 4 月 7 日,第 308 段。

技术,购买者只需购买电子设计图纸,然后依照图纸通过添加原材料形成商品。相关电子设计图纸则通过互联网传输,原材料的添加有时亦需通过数字技术操作。简言之,3D 打印至少涉及数据(电子设计图纸)从卖方向买方转移以及买方依图纸制造产品。那么,该数据(电子设计图纸)是货物还是服务呢? 美国联邦上诉法院曾审理过一桩此类案件。该案涉及一家美国公司将其客户的牙齿矫正电子设计图纸通过互联网传送到巴基斯坦,由后者依图纸制造牙齿矫正器并寄送到美国。美国联邦法院认为,货物应该是指物理形态的物品;鉴于牙齿矫正电子图纸不具有物理形态,故不应被视为货物。[217] 此类问题当然不可能由一个国家法院的判决得以解决,通过该案可以看到数字贸易给现有内国法和国际贸易秩序带来的挑战都是巨大的,如何划分相关交易的类别直接关乎关税、市场准入、国民待遇、知识产权保护等诸方面。

数字贸易也对服务贸易本身的分类构成挑战。具体地讲,世贸组织服务分类表下的“商务服务”“通信服务”“金融服务”均与数字贸易相关,而“教育服务”“旅游服务”“分销服务”等在一定程度上也与数字贸易相关。“商务服务”项下的“计算机和相关服务”,尤其是其下的“数据基础”和“数据处理”服务,与数字贸易和互联网关系更为密切。“通信”服务涵盖“电信服务”和“视听服务”,与数据贸易最为相关。此外,“专业服务”囊括几种通过互联网提供的跨境服务。易言之,数字贸易可能属于不同的类别,故在确定其类别时可能无法适用服务承诺互斥性原则。例如,“软件”并不构成一个单独的类别,因为其内涵和外延在《服务贸易总协定》达成时尚不确定,尽管当时一些国家已经对数据的跨境流动进行了限制。故如何界定“软件”的类别便构成挑战。同时,《服务贸易总协定》并不适用于为履行政府职能而提供的服务,[218] 如何区分与政府职能相关的服务和不相关的服务亦非易事。在世贸组织成员未就数字贸易达成协议的情况下,即使依技术中立原则亦很难解决这些问题。此外,世贸组织服务分类表本身亦不乏矛盾之处。如“数据处理”分类别分别出

---

[217] See Clear Correct Operating, LLC v. International Trade Commission, F. 3d, Vol. 810, 2015, p. 1283.

[218] 根据《服务贸易总协定》第 1 条第 3(b)款的规定,“在行使政府职权时提供的服务”不受总协定的规范。依据该款的行文,服务应包括任何机构、实体和个人提供的服务,故政府机构行使职权时接受的服务亦应不受《服务贸易总协定》的规范。

现在“计算机和相关服务”(computer and related services)(服务分类表第1. B. c. 项下)和“电信服务”(telecommunication services)(服务分类表第2. C. n项下)。[219] 这些都已经或将成为在数字贸易中适用世贸组织规则的障碍。

世贸组织服务分类表并不包括可适用于新技术或新服务的情况。这为如何将人们习以为常的服务纳入《服务贸易总协定》增加了困难。一些通过互联网提供的语音和视频服务,包括微信、钉钉、Skype 和 FaceTime 等,已经成为现代交流的重要形式,但这些增值服务很难归到服务分类表的任何分类别之内。关于此问题,联合国中央产品分类表有一个原则,即当新服务出现而无具体的分类别供其纳入时,应将之归入最相似的类别。[220] 例如,新的联合国中央产品分类表的商业和生产服务(business and production services)便包括“电信、广播和信息提供服务”、“互联网电信服务”、“在线内容”、“托管和信息技术基础设施设备提供”以及“广播、节目和节目分发服务”。然而,此原则很难在世贸组织内付诸实施,原因是接受了此原则便意味相关成员的承诺范围扩大。鉴于世贸组织服务贸易的所有具体承诺都是艰苦谈判的结果,一个成员的承诺对其他成员而言就是权利,在谈判中都要有对价。非经谈判而依技术创新增加承诺等于在没有对价的情况下自行增加承诺,任何世贸组织成员都不会愿意为之。该原则的适用也会给服务贸易的具体承诺带来不确定性,从而与各成员沿袭的承诺需具体、明确、确定的原则不符。因此,联合国中央产品分类表的分类原则可能代表了一个良好愿望和方向,但很难在世贸组织或其他贸易机制下采纳。

电子贸易快速发展与国际贸易秩序间的矛盾已如前述。近年美国等推行的单边主义和贸易保护主义给世界贸易秩序带来巨大损害,加之新冠肺炎的肆虐,使得近期在世贸组织的多边框架内达成任何有意义的协议成为不可能。这导致各国不得不在数字经济领域加快立法,同时通过双边协议和区域性安排应对信通技术和互联网等的挑战。中国和东盟等签订的区域全面经济伙伴

---

[219] See WTO,“WTO Services Sectoral Classification List—Note by the Secretariat”,1991,MTN. GNS/W/120 号。

[220] 参见联合国经济和社会事务部统计司(Statistics Division, Department of Economic and Social Affairs),“General Rules for the Interpretation of the Harmonized System – Central Product Classification”(CPC),详见 https://unstats. un. org/unsd/publication/SeriesM/SeriesM_77ver1_1E. pdf。

关系协定为近期的例证。这些努力对补充以世贸组织为主体的多边贸易机制颇有助益,然而并不能实现或取代在世贸组织机制内达成协议的可预见效果。需要指出的是,无论是贸易保护主义还是新冠肺炎疫情均无法阻挡经济全球化的大势。"优优大哉！礼仪三百,威仪三千,待其人而后行。"[221]任何不符合历史发展规律的作为都仅是历史发展的插曲,不会长久。闹剧过后,世界终将回归正常,达成适合全球化发展的、涵盖数字贸易的新机制只是时间问题。

六、构建网络空间国际秩序展望

任何社会的法律都负有保护、鼓励符合社会发展需要的行为或曰合法行为,同时禁止、惩罚违法行为。国际法的作用则包括为国家和其他行为者的行为确立标准。一个行为从国际社会的层面看是合法还是不合法取决于国际条约、协定和习惯国际法的具体规定。这也涉及如何将现有的规范适用于此前不存在的领域,如网络空间。就此而言,尽管网络公司、科研机构、非政府机构等就网络空间治理推出的民间版规范、标准和建议对构建多边秩序有积极作用,但主权国家的认可仍然是使这些规范提升到具有国际法效力的必要条件。

(一)网络空间已成人类生活不可或缺者

网络空间的发展改变了人们的生活方式以及国家政府、国际组织、企业和其他机构的治理方式,同时也伴随着风险和危险。在网络化和信息化时代,任何国家的政策和法律,从调研阶段的数据采集、整理到评估社会的承受能力及取态,再到政策的发布和执行,无不需要网络空间的支持。所有国家的政府亦无不借助于互联网和大数据评估其法律和政策的成效,包括有效执行、效果不彰及无法执行的原因及影响。或可说,互联网和大数据是一把"双刃剑",它们可以协助政府有效治理社会,同时又对政府的治理方针、模式、方式、效果予以监督,从而构成挑战。政府可以通过互联网和大数据证明自己的业绩,但他人亦可借助于网络空间发现政府的哪些政策未得到落实,甚至领导人说了多少次谎话都因互联网和大数据的使用而无法逃脱公众的视野。有时政府官员

---

[221] 《中庸》第27章。

的一个笑容,戴着的一块手表都可以成为其被调查受处分并获刑的导火索,原因是借助互联网和大数据人们可以很快追根溯源,搜寻出这个人曾经在不同场合戴过多少块不同的高价表,进而问其买表的资金来源。[222] 在非网络化和信息化时代,人们只能到政府举报官员贪腐,这不仅费时费力,还可能受到报复。现在只要有人将一个信息、一个线索放上网,便会有无数的人加入搜索,从而给政府以压力,不得不有所作为。网络空间的有效利用从而可以帮助解决腐败和庸政、惰政、怠政问题,促进法治社会的建立。然而,在信息公开与隐私保护之间如何达致平衡,防止出现公权力过分侵入私人领域的情形乃需解决的问题之一。

在网络空间于社会治理中的影响力不断壮大的今天,其也成为一些国家干预其他国家的手段和工具。这些干预有的是意识形态方面的,如将本国的社会价值、制度、习惯、道德标准、宗教信仰等通过互联网传输到其他国家;有的是法律方面的,包括将本国的法律制度、原则和规则以及执法机制和措施等输入到其他国家;有的则是物理意义上的干预和破坏。目前,国家的政府办公系统和公共设施,如发电设施、输电输水设备、垃圾处理设施等均依靠互联网和大数据操作。一旦其他国家、实体或个人通过网络对这些系统和设施进行恶意攻击,这些系统和设施便很可能瘫痪、停止运作甚至爆炸。这也是为什么网络安全和技术安全已被公认为主权内容的原因。或可说,在网络化和信息化的时代,一方面世界变得很小,另一方面国家安全也易于受到即时威胁。基于此情势,很多国家早已将网络安全视为国家安全的重要内容,并采取必要措施。国际社会对此亦有共识,认为在互联网和信息时代,更应努力协调各国的行为。联合国大会、联合国政府专家组、国际电信联盟等均认为《联合国宪章》和国际法适用于网络空间治理。然而,当代国际法的基本原则和规则的形成均远早于互联网和大数据的发明和使用。能否通过技术中立原则使现有的国际法规范适用到网络空间治理成为重要议题。所谓技术中立原则即是原有的法律原则和规则应适用于随新技术的发明、创造、发展、利用所导致的新

---

〔222〕 此亦可能涉及技术伦理和网络侵权的问题:如 Deepfake 技术,可通过采集自然人的图像、视频等资料,通过深度学习(deep learning)的技术,将已有的图片或影像叠加至目标图片或影像之上。J. M. Porup, *How and Why Deepfake Videos Work — and What is at Risk*, CSO , https://www.csoonline.com/article/3293002/deepfake - videos - how - and - why - they - work.html.

的社会形态和事物，如网络空间、互联网的运作、数据的储存、流动等。世贸组织等曾就技术中立原则进行讨论；世贸组织专家组和上诉机构亦在个案中事实上采用了此原则。在国际社会对此问题形成初步共识的情况下，如何确定哪些国际法原则和规则适用于网络空间治理。

（二）网络空间要求国际法与时俱进

当代国际法系基于威斯特伐利亚和约及其制度。[223] 由此形成的国际法原则包括主权平等、不干涉内政、条约必须信守与和平解决争端等。[224] 威斯特伐利亚制度的基础是各国经济上的相互依赖关系，初时主要反映了西方国家的文化、传统、习惯、价值、法律和宗教特点，然经过几百年的演进，已融汇了东西方文化的主要特点，成为国际社会共同认可的国际行为准则。以威斯特伐利亚为基础的当代国际法的最主要原则仍然是主权原则，因为只有承认主权国家的平等，各国才可以有效合作和交往；只有承认主权国家的平等，国际和平才可以实现。因此，与网络空间相关的国际法基本原则也必然是主权原则以及国际合作的原则。前者强调主权国家在网络空间方面，包括互联网运作、数据储存和移动、网络平台的运作模式和标准等的管理权。后者则是基于经济全球化的大环境，反映了国家在经济层面，包括网络空间的广泛合作的必要性和现实性。必要性是指在全球化的大环境下，各国相互依赖关系在多领域、多层面均快速加强，任何国家均无法独立于其他国家而发展，故合作是使每个国家受益的唯一途径。现实性则是指只有承认世界的实际情况并采取符合世界大势的措施才能有效管理网络空间，使之为人类的福祉服务。

面对互联网的快速发展及其对国民经济、安全、社会等的影响，很多国家对互联网的运作通过内国法规范。在过去数年间，澳大利亚、加拿大、中国、欧盟、印度、印度尼西亚、韩国、尼日利亚、俄罗斯、土耳其、美国等均实施了要求

---

〔223〕 关于威斯特伐利亚制度的讨论，参见王贵国：《后新冠国际秩序与中国角色》，载《中国法律评论》2020 年第 4 期。

〔224〕 作为最权威的国际法文件，《联合国宪章》反映了这些国际法的基本原则，其第 33 条规定，“任何争端之当事国，于争端之继续存在足以危及国际和平与安全之维持时，应尽先以谈判、调查、调停、和解、公断、司法解决、区域机关或区域办法之利用，或各该国自行选择之其他和平方法，求得解决”。

数字本地化的法律法规，尽管这些法律和措施的性质和范围不尽相同，但是综合言之，西方国家的措施大多与个人信息相关或是限定在某些经济领域。中国和俄罗斯关于数据本地化的要求则较为侧重国家安全保护和社会免受影响方面。此发展在很大程度上与相关国家的网络公司多寡以及是否在网络空间占有主导地位相关。作为网络科技巨头最多的国家，美国此前一直主张数据应跨境自由流动，其数据本地化要求主要集中在与国防和联邦税务相关的领域。[225] 然而，随着华为公司作为网络设备提供商、腾讯作为互联网公司以及抖音作为社交平台等的影响力渐次延伸到美国，且能与美国的网络巨头并驾齐驱甚至可能超越后者，美国政府便以国家安全为借口强行将这些企业驱离美国市场。美国政府排斥腾讯和抖音甚至没有以国家安全为借口，而是粗暴禁止。由此可见，对互联网和数据跨境流动监管的原则、政策和方法已远远超出了相关国家的文化、传统、价值和安全等的判断从而与国际地缘政治直接挂钩。

(三) 网络空间泛政治化为巨大威胁

网络空间治理的泛政治化，特别是泛国际地缘政治化势必增加国际合作的难度。作为自保的手段，加之人们对隐私权、网络安全和数据保护等的关注，各国必然会强化数据本地化等措施。各国在网络管辖方面的分歧也会使越来越多的国家倾向于主动对互联网及其运作进行更为积极的监管和干预，方法之一便是提高外国网络公司进入本国市场的门槛。结果必然导致网络公司运作成本增加(因其必须在不同国家/地区使用单独的数据中心)，进而阻碍网络公司处理和分析数据的能力。此情势必然会对互联网、数字贸易、大数据等的发展构成阻碍，对建立网络空间国际治理机制产生负面影响。

国际地缘政治、单边主义和保护主义泛滥必然会使已经相当脆弱的国家互信演变成国家间的互不信任。如前所述，国际社会的共识是国际法适用于网络空间。作为国际法渊源之一的国际习惯法也必然可以适用于网络空间。

---

〔225〕 See Nigel Cory, *Cross Border Data Flows: Where are the Barriers and What do They Cost?*, Information Technology and Innovation Foundation. 全文见 https://itif.org/publications/2017/05/01/cross – border – data – flows – where – are – barriers – and – what – do – they – cost。

国际习惯法有一个渐次形成的过程,需要国际社会成员的认可。国家间的互不信任,必然减缓国际习惯法的形成。纵观国际法的发展历程,很多国际条约、协定和国际习惯都来自主权国家以及私人企业,特别是跨国公司的实践。在一个泛政治化的国际社会,主权国家将很难达成共识,将企业层面、国家层面、区域层面、甚至国际层面的实践纳入国际法之中。其直接效果是拖慢网络空间治理规则的形成,进而影响互联网及其关联活动的有序发展。有论者主张将网络公司和其他非政府机构制定的规则或实践渐次提升到国际规则层面。在缺乏互信的世界,各国很难就任何事项达成协议,更遑论将政治敏感度极高的网络公司制定的规则和实践纳入国际法。从经济全球化的角度讲此趋势并非理想,但目前情况下可供国家政府和企业选择的内容都非常有限。有论者曾提议将网络空间治理,包括数据本地化、数字贸易、数据移动等事项放在世贸组织内解决。尽管世贸组织可发挥的空间也十分有限,但在目前情况下其不失为一个较可行的选择。

(四)世贸组织可作为合作平台

世贸组织事实上已经不可避免地涉及互联网、数字贸易、数据跨境移动等领域的经济活动。这是全球化和经济信息化和数据化使然。网络空间的性质决定了其必与国际政治、国家安全、国家治理、经济发展等密切相关,需要跨国规则协调和规范,这可从互联网公司和相关机构纷纷制定规则得到印证。实践说明,互联网技术和运作本身的性质要求较统一的国际标准和规则。缺少此类互为协调、互为融合、相互补充和相对统一的跨境规则,网络空间就无法有效运作,国际社会的经济和社会发展便会受到影响。在因政治原因无法就网络空间治理达成专门协议的情况下,各国必需另辟蹊径,通过现有的国际秩序、国际法原则和规则解决此问题。2019 年,二十国集团首脑发布了数字经济大阪宣言,宣布"数据已日益成为经济增长的重要源泉,其有效利用有助于为所有国家的社会福祉作出贡献"。[226] 如何有效利用互联网和数据使其为人类的福祉服务是国际社会必须直面的问题。《数字经济大阪宣言》宣布各当

---

〔226〕 详见 G20 领导人大阪峰会《数字经济大阪宣言》(中译本),2019 年 6 月 28 日,https://www.sohu./a/323811253_354877(2022 年 2 月 25 日访问)。

事国“将在世贸组织就电子商务与贸易有关问题推动制定国际规则”，目标是“致力于在尽可能多的世贸组织成员的参与下达成高水平协议”。[227]《数字经济大阪宣言》系于二十国集团高峰会议上通过，代表了世界所有主要国家和国际组织的意见，[228]至少在一定程度上反映了国际社会在此方面的共识。

二十国集团高峰会议的共识说明，网络空间，包括互联网和大数据等的发展，顺应了全球化的趋势和国际经济的需要，特别是受益于国际贸易的快速发展。或可说，网络空间治理与国际贸易秩序、世贸组织有着天然的联系。将网络空间治理纳入多边贸易秩序势可促进互联网的进一步发展，使之造福于人类。这在总体目标上与世贸组织的宗旨十分吻合。在治理原则等方面，世贸组织和网络空间秩序亦具有共通性和互补性。国际社会的共识是网络空间的基本原则，包括自由、开放、公平公正等，也正是国际贸易秩序赖以存在发展的基本原则。据此，通过多边贸易机制实现网络空间治理的协调应当是当今国际环境下最务实、可行的做法，盖因发展经济系各国的首要任务，且世贸组织为绝大多数国家认可的权威多边机制。尽管世贸组织尚未处理过直接涉及网络空间和数据贸易争议的个案，但其争端解决机构在厘清与互联网和贸易的相关问题，分析现有贸易规则如何适用于互联网及相关服务方面毫无疑问是最佳选择。

除了前述世贸组织的基本原则外，贸易与网络空间及其发展有着不可或分的关系。首先，互联网改变了传统的贸易模式和概念，特别是改变了服务贸易的模式。乌拉圭回合谈判之时，服务贸易的概念还相当模糊，一些基本的服务均是通过自然人近距离提供。现在服务领域的所有参与者包括律师、会计师、金融公司、银行、保险公司、信息和通信公司等均通过互联网、大数据、云计算等提供在线服务。其次，互联网使得一些传统的货物贸易通过服务贸易完

[227] 详见G20领导人大阪峰会《数字经济大阪宣言》（中译本），2019年6月28日，https://www.sohu./a/323811253_354877（2022年2月25日访问）。

[228] 《数字经济大阪宣言》系在大阪二十国集团国家高峰会议上发表。该高峰会议除了二十国集团国家的首脑外，还有来自亚洲、非洲、拉丁美洲一些国家的首脑以及联合国、世贸组织、世界银行、国际货币基金组织、亚洲开发银行、国际劳工组织、经合组织、世界卫生组织和金融稳定委员会的领导人参会。详见https://www.japan.go.jp/g20japan/（2022年2月25日访问）。

成(如3D打印制造)。再次,互联网使得跨境售后服务乃至部分产品的制造在不需要相关人员出境或入境的情况下即可完成;人们将之称为制造业的服务化。最后,互联网的广泛应用、数据的跨境流动、云储存等使得原来不具备从事国际交易能力的中小企业和个人可以直接参与到跨国经济的大循环之中。

(五)世贸组织的优势

世贸组织目前尚无专门针对互联网、数字贸易、数据跨境移动、物联网等的协定。然而,《服务贸易总协定》在很多情况下可适用于数字贸易,包括数据本地化措施。这可从很多方面得到印证,包括:(1)数字贸易关乎服务,如跨境服务的电子支付;(2)很多涉及数字贸易和数据的服务均为世贸组织成员具体承诺的内容。在此情况下,《服务贸易总协定》下的市场准入、最惠国待遇、国民待遇、透明度原则、非歧视原则等均可适用。世贸组织的实践也支持此观点。例如,世贸组织没有专门针对物联网的规则,然在欧盟香蕉Ⅲ案中,上诉机构指出,一个措施可以既属于《关贸总协定》的范畴又关乎《服务贸易总协定》。有两种情况均可能涉及两个总协定共管的情势:一是有关措施是针对特定的货物,但该货物涉及服务的提供;二是相关措施主要针对的是服务但该服务又与货物相关。[229] 世贸组织上诉机构的前述裁定是以条约解释与时俱进的原则和技术中立原则解释《服务贸易总协定》,从而将之适用于互联网和数字贸易。

通过条约解释将互联网和数字贸易纳入服务贸易总协定的直接效果是使世贸组织成员的服务贸易义务涵盖数字贸易,除非相关成员在具体承诺中排除了相关服务,否则便不得对之实施限制性措施。在墨西哥电信案中,墨西哥政府要求跨境电信服务通过持照服务提供者的设施提供。在《服务贸易总协定》下,墨西哥就境内电信服务提供做出了保留,要求服务提供商通过商业存在的模式提供路由服务。墨西哥指出,其关于要求电信服务提供商通过《服

[229] 参见"European Communities - Regime for the Importation, Sale and Distribution of Bananas",上诉机构报告,世贸组织文件第WT/DS27/AB/R号,1997年9月25日,第221段。

务贸易总协定》下的模式提供跨境服务的承诺是零配额。[230] 该案的专家组认为，墨西哥的服务承诺表含有路由服务提供者需获得特定法律地位的要求，从而限制了《服务贸易总协定》第 16 条第 2 款的适用。专家组最后裁定，墨西哥通过其服务承诺表所设的限制，禁止了任何超出其能力的跨境服务市场准入。[231] 作为直接涉及服务贸易的少数世贸组织个案，墨西哥电信案的裁决对评估《服务贸易总协定》对网络空间的适用及如何适用有相当大的参考价值。

韩国牛肉案并非直接涉及服务贸易的案件，然对如何解释《世贸组织协定》下的待遇标准有重要意义。该案的上诉机构指出，外国公司相较于国内公司是否获得了“较不优惠的待遇”（less favourable treatment）需要考虑相关措施“是否改变了市场竞争的条件”，从而对进口产品构成损害。[232] 上诉机构认为，如果有对贸易影响较小的替代措施合理存在，则相关成员应采用影响较小的措施；可供替代的且对贸易影响较小的措施存在与否的举证责任在申诉方。[233] 中国出版与视像产品案的专家组亦指出，确定一项措施是否违反了《服务贸易总协定》第 17 条的规定，外国服务或服务提供者是否受到了“较不优惠待遇”需通过对涉案措施及其对市场的影响进行仔细分析后确定。[234] 该专家组援引了世贸组织上诉机构在美国外国销售公司税案的下述裁决：“审查一项措施是否涉及 1994 年关贸总协定第 3 条第 4 款下对进口产品给予‘较不优惠待遇’必须是基于对该措施本身及其效果的分析。该审查不能基于简单的断言，而是必须基于仔细分析有争议的措施及其对市场的影响而作出判断。同时，相关审查不必基于有争议的措施在市场的实际影响。”[235] 易言之，审查一项措施是否导致外国服务和服务提供者受到较不优惠的待遇，应分析相关措施是否可能改变市场的竞争条件，而非其是否实际改变了竞争条件。

---

[230] 参见墨西哥电信措施案，专家组报告，第 4.124 段。

[231] 参见墨西哥电信措施案，专家组报告，第 7.294 段。

[232] 参见“Korea – Measures Affecting Imports of Fresh, Chilled and Frozen Beef”，上诉机构报告，世贸组织文件第 WT/DS161/AB/R 号，2000 年 12 月 11 日，第 137 段。

[233] 参见“Korea – Measures Affecting Imports of Fresh, Chilled and Frozen Beef”，上诉机构报告，世贸组织文件第 WT/DS161/AB/R 号，2000 年 12 月 11 日，第 163 段和第 166 段。

[234] 参见中国出版和视听案，专家组报告，“China—Measures Affecting Trading Rights and Distribution Services for Certain Publications and Audiovisual Entertainment Products”，第 7.1131 段。

[235] 参见“United States – Tax Treatment for ‘Foreign Sales Corporations’ (Article 21.5)”, Report of the Appellate Body, WT/DS108/AB/RW, 14 January 2002, para. 215。

最惠国待遇、国民待遇为世贸组织的基本原则，虽然文字上有些许不同但基本精神完全一致，适用于所有货物贸易和服务贸易。基于此，上诉机构和专家组关于《关贸总协定》的解释毫无疑问可以适用于《服务贸易总协定》，包括“较不优惠待遇”的条文。

《服务贸易总协定》第 17 条理论上可以适用于数字贸易的所有方面，包括互联网及其活动、数据的跨境流动、网络支付等。至于一个成员的具体承诺是否包括数字贸易领域则可依技术中立原则予以解释。如果结论是相关成员做出了承诺，接下来的问题便是不符合承诺的措施是否可通过援引安全例外或一般例外的规定而不予执行。[236] 需要指出的是，第 17 条的脚注 10 对该条的适用之解释为“根据本条承担的具体承诺不得解释为要求任何成员对由于有关服务或服务提供者的外国特性而产生的任何固有的竞争劣势做出补偿”。基于此规定，世贸组织成员关于数据本地化等的要求导致网络公司的成本增加（如因缺少基础设施或不熟悉当地社会、文化环境和网络环境等）并不必然构成违反《服务贸易总协定》下市场准入和国民待遇的义务。不言而喻，前述主要是从理论和原则方面分析。如何将包括第 17 条在内的服务贸易义务适用于网络空间尚需在操作层面做出安排。

从《服务贸易总协定》的操作层面而言，世贸组织可考虑优先解决服务分类问题。服务分类现已无法适应互联网等新技术的快速增长，世贸组织应对之进行检讨，为将来的修订做好准备。世贸组织上诉机构采取的技术中立原则符合科学技术发展的需要，对执行《服务贸易总协定》有一定的帮助。然而各成员较倾向于以肯定性清单确定具体承诺的范畴，故服务贸易总协定适用于互联网运作和数字贸易问题的最终解决还赖于各成员具体承诺的确定。此可通过重新谈判具体承诺完成，亦可通过修订服务分类表实现，而后者是较为经济有效的选择。作为中长期目标，世贸组织应考虑在下述几个方面做好与数字贸易和互联网相关的改革准备：

（1）在数字贸易的规范方面提高透明度要求，一方面协助各成员对数字

---

[236] 关于《服务贸易总协定》第 14 条一般例外的适用，上诉机构在韩国牛肉案中指出，审视一个措施是否符合第 14 条的必要性要求时需对一系列相关因素进行审视，其中之一便是相关措施对其所致力于实现的目标的作用（贡献）有多大，另一因素是其对贸易的限制程度如何。详见韩国牛肉案，上诉机构报告，前引书，第 163 段。

贸易进行有效管理，另一方面在国际层面有效协调各成员的法律、政策和做法；

(2)建立世贸组织数据库，负责存储各成员关于数字贸易的法律法规；

(3)建立多边的数据分析系统，评估各国法律、政策等对互联网运作和跨境数据移动的影响；

(4)制定范式法律条文，供各成员在制定内国法时参考；

(5)启动世贸组织内部的检讨机制，适时修订服务分类表，使之能够适应信息世界的需要。

(六)多边和区域性安排并进

网络空间秩序的构建，包括将世贸组织的规则适用到网络空间，都不可避免地涉及主权国家的一些根本性利益，使得达成全球性多边机制困难重重。与此国际社会氛围共存的是人类对网络空间的依赖日益提高，在此情况下，各国的可能选择便是通过双边和区域性协议一方面确认现有国际法原则和规则的适用，另一方面制定新的规则规范网络空间的运作。事实上，当今世界国际贸易秩序的格局已经是多边与区域和双边协定共存的态势。主张在世贸组织框架下构建网络空间秩序并不应影响各国就互联网运作、数字贸易、数字经济、数据跨境移动、物联网等达成双边和区域性安排。这些双边和区域性安排事实上可以促进构建一个由多边机构(世贸组织)与双边和区域性机制共存相容的秩序。现有的双边贸易协定和区域性安排在制度上缺乏协调，在执行上没有常设的争端解决机构。此情况不利于各协定解释的一致性，长此下去势必对快速发展的互联网运作和数字贸易构成阻碍。

世贸组织的争端解决机构，经过二十几年的运作，已在国际社会建立了权威地位。通过将互联网和网络空间治理纳入多边贸易秩序，可解决各国在执行协议方面的争议和分歧。例如，与互联网和数字贸易等相关的很多分歧都涉及国家安全。世贸组织争端解决机构对于如何解释安全例外和一般例外条款早已形成了标准。世贸组织在实践中秉持用以《维也纳条约法公约》第 31 条和第 32 条为核心的习惯国际法的条约解释规则解释其协定，并在解释过程中引入了包括诚实信用、条约必须信守等在内的习惯国际法原则。在此情况下，将世贸组织作为规范网络空间的多边机制，可以有效弥补双边和区域性安排的前述不足。一言以蔽之，现存的众多双边协定和区域性安排均包含数字贸易等空网络空间治理的内容，但缺少有效的协调机制，多边网络空间秩序应可填补此空白。

此外，《联合国宪章》和国际法适用于网络空间已成国际社会的共识。世贸组织协定本身就是国际条约法的一部分。在以世贸组织为主体的秩序内，各国可就互联网及其运作、数字贸易、数据本地化、数据跨境移动等通过谈判达成共识，并渐次使之成为国际法规范；这些国际规则通过世贸组织的执行机制则可再次进入内国法，从而使得各国的相关法律在规范上趋于一致，在适用标准上具有统一性，在执行上具有效力。

网络空间治理秩序的构建应具有一定的超前性。传统上，法律和规则永远都是滞后的，故难以与社会的发展及科技进步的步伐相一致，涉及网络空间等新科技的国际规则更是如此。《欧盟数据保护条例》第 4(1. c)条规定，欧盟法律适用于设备(equipment)处于欧盟境内但数据控制者不处于欧盟的情势，目的在于防止数据控制者逃避法律责任。[237] 那么设备涵盖哪些内容呢？在该条例通过的 1995 年，互联网尚未流行，第 4 条的设备一般被认为是指包括计算机在内的设备，然此解释不能适用于网络环境。《欧盟数据保护条例》第 29 条工作组认为，尽管人们对第 4 条的适用范围有争议，但有些情况显然适用该条。例如，小型文本档案(cookies)就属于此情况。这些小型文本档案一般是从位于欧盟以外的服务器发送到欧洲用户的设备，如电脑硬盘。在接收、存储信息并将其发送回位于其他国家服务器的过程中，相关欧盟国家便可适用第 4 条的规定。[238] 其后，前述解释亦被适用于编程语言(如 JavaScript、Python 等)的广告和类似技术。该工作组还认为位于欧盟内部的个人电脑被非欧盟数据控制者“使用”也满足了“设备”的要求，从而欧盟法律适用于相关

---

〔237〕 See Cecile de Terwangne & Sophie Louveaux, *Data Protection and Online Networks*, Computer Law and Security Report, Vol. 13, p. 238 – 239(2019). 作者认为《欧盟数据保护条例》第 4(1)(c)条旨在针对以下情况：由于人为的操纵，数据无法受到该条例的保护，以及其他涉及跨境数据移动的情况。

〔238〕 See Article 29 Data Protection Working Party, *Privacy on the Internet: An Integrated EU Approach to Online Data Protection*, 5063/00/EN/FINAL, WP 37, 21 November 2000, p. 28. 全文见 https://ec.europa.eu/justice/article-29/documentation/opinion-recommendation/files/2000/wp37_en.pdf(2022 年 2 月 25 日访问)。

控制者。基于前述,《欧盟数据保护条例》第 4 条便可适用于电信网络或数据控制者可在欧盟以外地区远程操控的任何有形设备。欧盟前述实践的意义在于,在新的法律规范未形成的情况下,可通过对原有法律做与时俱进的解释解决法律规定滞后的方法。此原则也在世贸组织争端解决和投资仲裁中采用。在无法达成一个具有广泛包容性的、可为大多数国家接受的合作框架的当下,国际社会应鼓励国际组织、主权国家主动对国际法原则和规则做符合网络空间发展的解释,使网络空间的运作和发展有法可依。

与网络空间治理相关的国际规则之制定,包括对现有国际法规则的解释亦需充分考虑网络发展的趋势。如何保护个人信息和社会数据便为此类议题之一。通常情况下,网络公司会将其收集的个人信息作为数据转售给需要者。人们将之称为数据的货币化。当这些数据散处于个人或社会时并无太大价值,但当网络公司将其嵌入商品和服务之中时,便产生了价值并可以交易。个人数据之所以需要保护是因为与公司相关的数据,如商标、商业秘密等可通过公司法和知识产权法保护,但目前尚无关于个人数据保护的多边机制。此方面做得较好的是欧盟。欧盟要求所有与其合作的国家对数据提供相同的保护,并就数据保护法规提供了模板,供其他国家在立法中参考。实践中,欧盟在执行数据保护规则方面亦显示出极大的决心。2020 年 7 月 16 日,欧洲法院裁定欧盟和美国数据传输协议,即隐私盾协议(Privacy Shield Framework)无效,因其认为该协议未能保障欧盟成员方国民免受美国的监控。[239] 欧洲法院判决的效果是,美国企业不能继续依该协议将欧盟国民的数据资料传到美国。隐私盾协议系欧盟和美国于 2016 年达成,以取代 2015 年被裁定无效的安全港(Safe Harbour)协议。隐私盾协议的目的是确保欧洲人的个人信息被传送到美国作商业用途时,应给予隐私保护。据统计,目前有超过 5000 家美国企业签署了隐私盾协议,包括社交媒体、银行、律师行、企业等。[240] 欧洲法

〔239〕 关于此判决的讨论,见 *Eversheds Sutherland International*, https://www. eversheds - sutherland. com/global/en/what/articles/index. page? ArticleID = en/global/ireland/schrems - ii - judgement - 170720(2022 年 2 月 25 日访问)。

〔240〕 关于此判决的讨论,见 *Eversheds Sutherland International*, https://www. eversheds - sutherland. com/global/en/what/articles/index. page? ArticleID = en/global/ireland/schrems - ii - judgement - 170720(2022 年 2 月 25 日访问)。

院认为,隐私盾协议对美国取得数据的限制未能达到欧盟的标准,如欧盟成员方的国民可能受到美国政府的监控,但无救济渠道对之提出挑战。欧盟法院同时裁决企业可继续使用《标准合同条款》协议传送数据;标准合同条款协议需由相关企业逐一签署,签署的企业需确保数据传送至美国后的处理符合《欧盟数据保护条例》的规定。欧盟和美国都是当今世界数字技术和网络空间治理方面的重要参与者,其各自制定的内国法亦为影响最巨者之一。欧美间的法律分歧也折射出国际社会在网络空间治理方面的挑战。

挑战和困难不应成为阻碍社会进步及人类享受科技红利权利的理由。克服困难和挑战则为国际社会必须采取的立场。古人云"为之于未有,治之于未乱"。[241] 网络空间技术还在快速发展,不容国际社会在网络空间秩序的构建上继续蹉跎岁月,起而行之,此其时也。

"维天之命,於穆不已。"[242] 全球化依然是当今世界的大势。在全球化的推动下,以互联网和大数据为核心的网络空间的快速发展引发了一系各国际和内国法律问题。由于互联网和大数据等的历史尚短但影响巨大,国际社会尚无法就与之相关的法律规范或曰治理达成共识。这些问题包括国家对网络空间的管辖权的外延和内涵,国家间关于网络空间的合作协调与规范等。国际社会无法立即就网络空间治理达成协议与网络空间已成为人类生活一部分系国际社会的主要矛盾之一。网络公司和其他机构相继推出自己的规范和准则,在一定程度上改善了网络空间治理规则滞后的现象,尽管这些私人企业和非政府机构的规范和准则本身具有相当大的局限性且缺乏统一性。从长远考虑,网络空间治理必须以国家为主体,以国际条约为载体,以国际法原则和规则为准则。这亦符合国际社会关于网络空间治理依国际法为之的共识,可收到事半功倍的效果。考虑到互联网、大数据、物联网等均与国际贸易直接相关,且世贸组织在实践中已将服务贸易的相关规则适用到这些领域,将构建网络空间秩序纳入世贸组织的架构具有现实上的合理性和逻辑上的可行性。在各国没有就网络空间秩序达成协议前,可通过世贸组织将联合国宪章、国际法的原则和规则以及世贸组织的规则等适用于网络空间的相关活动,使各国的

[241] 《道德经》第 64 章。

[242] 《诗经·周颂·维天之命》。

行为和不行为受现有国际规则的规范，而不是自行其是。与此同时，各国应以世贸组织为平台进行谈判，努力达成一个或多个关于网络空间治理的专门协议。此类协议可以囿于多边贸易秩序之内，也可以自成体系，总体目标是长期有序发展、造福人类。

第九章　国际公共卫生秩序

嘉乐君子，宪宪令德。宜民宜人，受禄于天。

（诗经）

国际公共卫生秩序以维护和提高人类的健康为己任。此目标之实现赖于国际贸易、服务和投资及知识产权保护等方面综合治理的水平和效力。国际经贸交易与交往之顺利有序进行可促进公共卫生水平的提高。在世界高度全球化的今天，人类的生活日益变得丰富多彩，人们交往和生活方式不断改变。正所谓"天地之道，可一言而尽也；其为物不贰，则其生物不测"。[1] 人类的发展也给自己带来新的挑战，如气候暖化、流行病、网络安全等。这些问题大多已难由单一国家独自解决，有时甚至是倾整个国际社会之力亦无法立即圆满解决。全球化要求人们必须针对世界万物之不测，包括公共卫生议题，建立合作的平台。

公共卫生早已成为国际社会必须面对的重要议题，因其全球性公共产品的性质及对人类生存、生活和享受之重要性，国际合作为达至理想状态之不可或缺者。对此，世界卫生组织（以下简称世卫组织）的组织法开宗明义便写道："各民族之健康为获致和平与安全之基本，须赖个人间与国家间之通力合作。任何国家促进及保护健康之成就，全人类实利赖之。各国间对于促进卫生与控制疾病，进展程度参差，实为共同之危祸。而以控制传染病程度不一为害尤甚。"[2]易言之，健康是人类和平与安全之本，而要达至人类健康的水平则需国际社会的通力合作。这一方面是经济和社会发展使然，另一方面亦确认了让"每个人享受到最高水平的身体健康及心理健康的权利是一项普世人

---

〔1〕 参见《中庸》第26章。

〔2〕 《世界卫生组织组织法》（以下简称《世卫组织组织法》），载《世界卫生组织基本文件》，2020年第49版，序言。

权，就如同疾病问题是由全人类共同分担一样”。〔3〕遏制和医治疾病，特别是阻止传染病的跨境传播需要各国多方面、全方位的合作。进行国际合作需要有一套相关的国际机制，且需要参加该机制的国家和其他实体在制度上、行动上相互协调，在文化和习惯方面做出必要的调整。

当代国际公共卫生涉及非常广泛的内容，受多种因素影响。作为国际公共卫生秩序的主导者和主要参与者的世卫组织需要其他机构乃至个人的协助方能完成国际社会赋予其的使命。因此，世卫组织与其他国际组织、实体、非政府组织和个人的合作成为国际公共卫生秩序有效运作的必要条件。在此环境下，国际公共卫生的治理机制状似一个相当复杂的网络，其参与者除了国家外，还有政府间组织、非政府组织、跨国企业、私有企业、社会团体以及个人等。尽管这些参与者的组织形式各异，目标定位不同，所扮演的角色及其所致力于实现的价值、所遵循的规范和程序等亦可能相去甚远，但每个参与的机构和个人均为此治理秩序不可或缺的一部分。在此秩序中，主权国家依然扮演最重要的角色，但主权的行使受到制度性和非制度性的限制。

基于前述，本章将就公共卫生秩序的主要方面进行探讨，包括全球化环境下公共卫生安全观之演变，以世卫组织为主体的公共卫生秩序的建立、发展及特点，国际公共卫生秩序对主权权力行使之影响及对人权的保护，世卫组织与其他国际组织等的合作，以及当代国际公共卫生秩序的发展趋势等。

一、全球化重塑公共卫生观念

全球化的结果之一是拆除了原有的以国家为个体的樊篱，成为人们日常生活不可或缺的一部分。对所有人而言，全球化似乎很熟悉，好像就在自己的身边，但似乎又很遥远，有些摸不到，抓不着的感觉。全球化改变了人们的生活和习惯，迫使每个人适应它，并通过全球化解决面临的问题。全球化是以科学技术的发展，特别是信息、通信和运输技术的高速发展为基础的。全球化的

〔3〕参见世界卫生组织、世界知识产权组织和世界贸易组织：《促进医药技术和创新的应用：公共卫生、知识产权和贸易之间的融合》（以下简称《促进医药技术和创新的应用报告》），2013 年，卢森堡，前言。

结果之一是促进了跨国经济交易与交往之进行。此以货物、服务、知识产权等为标志的国际交易之增加伴随着人和动物的跨境移动。无论是货物、动物还是人的移动都可能导致疾病的传播。历史上几次全球性的传染病暴发无不与国际经济交易与交往相关。交通运输技术和工具的快速发展使得人类赖以生存的地球变成了一个村庄。在 24 小时内,人们可以从其所在地到达地球的任何角落,从而人类在空间、时间和认知方面的关联已经达到了前所未有的程度。〔4〕

(一)全球化与疾病传播

全球化导致资金、技术、商品、服务、信息、污染、疾病等可以自由在世界流动,传统的国家间的地理边界在相当程度上失去了原有的作用。统而言之,全球化存在于知识、思想、法律、信仰、价值观、文化、思维方式等人们赖以交流和交往的全过程,包括人们对自己以及周围世界的思考和感觉。在此过程中,大众传媒、教育机构、各类专家、科学家、咨询公司、文化机构、非政府组织、企业和实体、基金会、网络运营商和网络、各种联盟、公私伙伴合作组织等都有机会参与或影响国际事务的决策,尽管国家仍为国际事务的主要决策者和行为者。全球化丰富了人们的生活,给人们带来很多方便,但同时也使传染病的传播速度急剧加快,从而对人们的生活构成负面影响。

全球化使得国际社会各成员的相互依赖程度变得更高。国家间的货物、服务、知识产权,包括药品、医疗设备、专利、商标等依附于同一供应链。人们习惯性地认为其所需的原材料、半成品或成品、服务等都会依约依时提供,从而渐次放弃了传统的储备物资的习惯。以使用口罩的医疗机构为例。医生、医院和诊所平时储备的医用口罩、手套等消耗品可能仅够使用很短的时间,因人们已经习惯于这样一种生活和工作方式:任何时候只要提出要求,便可以立即得到所需的产品和服务。此外,在信息和通信技术高度现代化的今天,人们的采购范围已不限于其所在的临近地区,而是可以在网上下订单,在全球范围内采购。这就涉及跨国运输网络;人们总是假定陆路、水路和空中运输的网络

---

〔4〕 See Adam Kamradt - Scott, *Managing Global Health Security: The World Health Organization and Disease Outbreak Control*, Palgrave Macmillan, 2015, p. 2.

一定会准时有效运行。然而，事情并非总是依人们的习惯、按人们的需要而发生发展。人们所熟悉的供应链的任何一个环节出现延误，最后的消费者便可能无产品可用，从而便可能影响服务的提供。对于供应链上的可能错误，理论上每个人都理解，但鲜有人为之预做准备。正所谓“人皆曰‘予知’，驱而纳诸罟擭陷阱之中，而莫之知辟也”。[5] 在新冠肺炎疫情中，许多地方便因为缺少医疗物资而导致失去救治病人的机会。这是因为，新冠肺炎的突然暴发导致对医疗物资的需求急剧增加，正常的供应链无法满足市场的需要，但消费者又没有储备。或可说，这是全球化的负面影响，系由人们的习惯性依赖而促成。

在全球化的环境下，人们不仅高度相互依赖，而且快速在世界范围流动。加之信息和通信技术手段的现代化，任何地方发生了哪怕是一个不大的卫生事件，其他地方几乎及时知晓，使得整个世界产生恐慌。或可说，经济全球化已经导致病毒的全球化，使公共卫生成为真正的国际公共产品。如何应对全球化环境下的公共卫生危机成为国际社会不可回避的问题。2003 年暴发的非典型肺炎和 2020 年暴发的新冠肺炎均为例证。

(二) 国际公共卫生秩序的滞后性

2003 年暴发的非典型肺炎首次揭示了在全球化的环境下，公共卫生已成为全球性的公共产品。在全球化的环境下，所有国家的公共卫生制度、状况及运作都与其他国家的卫生体系结为一体，任何一个国家发生哪怕是一件不大的公共卫生事件都可能波及其他国家。因此，无论一个国家的公共卫生系统多么完善、多么有效，如果其他国家的公共卫生制度不健全、运作不良，前者也会受到后者的影响。简单地讲，无论人们主观意愿如何，人类在国家间的移动、货物的流动都是无法避免的。新冠肺炎大流行暴发后，包括美国、欧洲诸国在内的许多国家都采取了封国或近乎封国的措施，但这些措施仅及于人，货物的流动非但不受影响，用于防疫抗疫的产品还会被优先放行，享受优惠待遇。

全球化要求各国在防疫抗疫方面加倍合作而不是各自为战，因为即便一个国家控制住了疫情也无法阻挡病毒从其他国家输入。例如，新冠肺炎于

---

〔5〕 参见《中庸》第 7 章。

2020 年年初在武汉暴发,很快便传播到中国的其他地区。当新冠肺炎在中国已经得到基本控制时,其他国家暴发了新冠肺炎又反过来倒灌入中国,使中国受到输入病例的威胁。

随着全球化的纵深发展,公共卫生事件对国际社会经济等方面的影响亦越来越大。例如,世卫组织于 2020 年 3 月 11 日正式宣布新冠肺炎为全球大流行传染病。[6] 当天道琼斯工业指数收盘时便重挫了 1464 点,之后几天亦不断下跌,从而重创全球经济,令投资人恐慌。据在世卫组织宣布新冠肺炎成为全球大流行之前联合国贸发会议发表的报告,全球直接投资因新冠肺炎的暴发下降了 5% 至 15%。[7] 连几十年来从来未向外求援的伊朗也不得不向国际货币基金会紧急申请 50 亿美元贷款抗疫。[8]

在严峻的公共卫生事件面前,国际社会的反应往往严重迟钝并滞后。新冠肺炎暴发后,中国政府于 2020 年 1 月初报告了世卫组织,并于 2020 年 1 月 23 日封闭了武汉市。然西方发达国家并未立即采取积极措施防止疫情扩大。直到 2020 年 3 月 3 日,美国财政部长和联邦储备银行行长才召集七国集团的财政部长和中央银行行长开会,讨论新冠肺炎对经济的影响,重申"承诺使用所有适当的政策工具来实现经济的强劲、可持续增长并防范下行风险"。除了加强扩大卫生服务的力度外,七国集团财政部长和央行行长还准备采取行动,包括在适当的时候采取财政措施,以帮助应对病毒和支持经济。七国集团中央银行将继续履行其职责,"从而在保持金融体系弹性的同时,支持价格稳

---

〔6〕 见"世卫组织总干事 2020 年 3 月 11 日在 2019 冠状病毒病(COVID - 19)疫情媒体通报会上的讲话", https://www. who. int/zh/dg/speeches/detail/who - director - general - s - opening - remarks - at - the - media - briefing - on - covid - 19 - - - 11 - march - 2020(2022 年 2 月 23 日访问)。

〔7〕 联合国贸发会议,"Coronavirus could shrink global FDI by 5% to 15%",2020 年 3 月 8 日,见 https://unctad. org/en/pages/newsdetails. aspx? OriginalVersionID = 2299&utm_source = CIO + - + General + public&utm_campaign = 3d29f17385 - EMAIL_CAMPAIGN_2019_05_17_11_42_COPY_01&utm_medium = email&utm_term = 0_3d334fa428 - 3d29f17385 - 70302053(2022 年 2 月 23 日访问)。

〔8〕 "Iran asks IMF for $5 billion emergency funding to fight coronavirus",Reuters,2020 年 3 月 12 日,见 https://www. reuters. com/article/us - health - coronavirus - iran - imf/iran - says - it - has - asked - imf - for - 5 - billion - emergency - funding - to - fight - coronavirus - idUSKBN20Z17B(2022 年 2 月 23 日访问)。

定和经济增长”。[9] 这些承诺可以说是老生常谈，了无新意，在任何情况下都适用。作为最发达的七国集团也未能议决采取什么具体手段遏制疫情的发展及为世界经济可能遭受的影响提出建议、措施。七国集体财政部长和中央银行行长会议召开不足两个星期后，新冠肺炎便在欧洲和北美大面积暴发，造成数万人死亡和几百万人染病。这从另一方面说明全球化环境下的公共卫生不仅是公共产品，而且是人类的安全问题。

（三）西方国家视公共卫生为国家安全问题

西方国家一直将健康和公共卫生视为国家安全问题。早于1947年，美国国务院就从国家安全的角度考虑国际卫生秩序。[10] 美国国防部自20世纪60年代起即开始在海外设立传染病实验室，先后在多个国家建立了全球新兴传染病监测和响应系统（Global Emerging Infectious Surveillance and Response System）移动实验室“应对流行病，地方病和突发疾病的暴发”。[11] 这些实验室由国防部而不是美国国际原子能开发机构（USAID）或疾病控制中心（CDC）负责，表明美国早已将对传染病的遏制和治理视为重要的甚至是关键性的国家安全问题。“世卫组织全球疫情警报和反应网络（Global Outbreak and Alert Response Network）下的战略卫生行动中心由美国全额资助。这进一步说明美国对遏制传染病暴发的迫切需要。”除了前述单方面的行动外，美国还通过下述方式实现对国际公共卫生领域的影响力：（1）推动与国际公共卫生相关的理论的发展，制定具有开拓性、突破性的治理标准，并将之作为治理模式向其他国家和国际机构推介；（2）基于前述公共卫生理论和治理标准，积极参与国际组织和国际会议，从而可发挥重要作用；（3）在政府和私营部门

---

〔9〕 参见 https://home. treasury. gov/news/press - releases/sm927（2022年2月23日访问）。

〔10〕 See David P. Fidler, *From International Sanitary Conventions to Global Health Security: The New International Health Regulations*, Chinese Journal of International Law, Vol. 4, Issue 2, November 2005, p. 325 - 392, at 374.

〔11〕 Sara E. Davies, *Securitizing Infectious Disease*, International Affairs, Vol. 84, Issue 2, March 2008, p. 295 - 313, at 299.

设立研究机构,[12]对国际公共卫生领域的议题进行早期研究。[13] 因此,说当今的国际公共卫生秩序有明显的美国印记有其内在原因。[14]

加拿大在公共卫生预警系统的建立方面也不遑多让。早在20世纪90年代末,其便建立了名为全球公共卫生信息网(Global Public Health Information Network)的检测系统。[15] 该系统系基于信息通信技术(Information and Communication Technologies)的多语种安全预警机制,通过利用大数据(Big Data)连续搜索全球媒体,识别有关疾病暴发和可能引起的国际公共卫生及其他事件的信息。该检测系统现已被纳入世卫组织全球疫情警报和反应网络。2001年9月11日恐怖袭击发生后不足两个月,加拿大即举办了全球卫生安全会议并成立了全球卫生安全倡议(Global Health Security Initiative)。该倡议的宗旨是促进各参加国间的信息交流并协调各国的政策和做法,以应对全球公共卫生领域的新威胁和新风险。[16] 2002年,也就是世卫组织全球疫情警报和反应网络建立的同一年,加拿大、日本、美国和欧盟以及世卫组织的代表在伦敦举行会议,同意"加强协调反应以改善卫生安全"。[17] 发达国家的这些做法既有地缘政治的考虑,也有经济上的实际需要。加拿大估计,在2003年暴发的非典型肺炎(SARS)病人入院治疗的两个星期内,其遭受的经济损失就高

---

〔12〕 洛克菲勒基金会项下的国际健康理事会(Rockefeller Foundation's International Health Board)为此中一个重要的私人慈善机构。其成立于1927年,其在医药规则制订、公私合作抗击传染病等方面扮演了重要的角色,并嗣后在全球80多个国家设立与健康相关的项目。See Anne - Emanuelle Birn & Elizabeth Fee, *The Rockefeller Foundation and the International Health Agenda*, The Art of Medicine, Vol. 381:9878, p. 1618 - 1619 (2013). 详见 https://www.thelancet.com/journals/lancet/article/PIIS0140 - 6736(13)61013 - 2/fulltext(2022年2月23日访问)。

〔13〕 关于此问题的论述,详见 Kiarash Aramesh, *An Ethical Framework for Global Governance for Health Research*, Springer, 2019, p. 28。

〔14〕 有论者认为第二次世界大战后成立的世界卫生组织有很重的美国卫生安全观的色彩,因《世卫组织组织法》和《国际公共卫生条例》的最主要目的是"最大程度地遏制疾病在国际上的传播"。See David P. Fidler, *From International Sanitary Conventions to Global Health Security: The New International Health Regulations*, Chinese Journal of International Law, Vol. 4 - 2, 2005, p. 325 - 392, at 347.

〔15〕 参见全球公共卫生信息网, https://gphin.canada.ca/cepr/articles.jsp? language = en_CA(2022年2月23日访问)。

〔16〕 全球卫生安全倡议自2001年起每年至少召开一次会议,参会的国家代表多为其本国的卫生部长,成员包括加拿大、法国、德国、意大利、日本、墨西哥、英国、美国和欧盟。世卫组织作为观察员出席会议。详见 http://ghsi.ca/(2022年2月23日访问)。

〔17〕 Sara E. Davies, *Securitizing Infectious Disease*, International Affairs, p. 301.

达300万美元。[18]

(四)疾病重塑世界地缘政治格局

欧洲在历史上曾多次遭受传染病的肆虐,包括对人类最具破坏性的黑死病(Black Death),故对公共卫生与国家安全的关系有深刻认识。鉴于历史的教训以及地缘政治和文化传统等原因,欧盟主张通过国际合作实现公共卫生安全。19世纪中叶召开的世界卫生会议(International Sanitary Conference)等均是为了此目的。欧洲国家提出的加强各缔约国间的合作以形成"可及时发现并应对流行病的方式,并通过收集必要的最低程度的数据来采取措施,控制传染病"[19]便为此政策的具体表述。欧洲国家的前述做法旨在构建一个公共卫生安全系统,预防并检测成员方的传染病以及对生化试剂的应对能力。欧盟的成立对此起到促进作用。欧盟于2005年创建了一个类似于美国疾病预防控制中心的机构——欧洲疾病预防和控制中心(European Centre for Disease Prevention and Control),[20]总部设于瑞士,负责监测整个欧洲的传染病情况。

随着全球化的不断深入,公共卫生对各国安全的影响越来越明显,从而渐次成为外交议题。在世界最高级的外交会议上,公共卫生亦经常与安全、贸易、发展和人道救济等议题一样得到关注。联合国(UN)、二十国集体(G20)、七国集团(G7)、伊斯兰会议组织(Member states of the Organization of Islamic Cooperation)等的议程中均不乏公共卫生的议题。在新冠肺炎肆虐整个世界之际,二十国集团首脑举行了专门的视像高峰会议,讨论合作抗疫策略。联合国更曾通过决议,指出"全球性卫生问题的发生频率、严重程度和政治重要性促使国家、国际组织和非政府行动者增强意识,并采取比历史上任何时代更多的行动处理卫生问题"。[21] 联合国主张,为了应对全球卫生的挑战,包括卫生

---

〔18〕 Sara E. Davies, *Securitizing Infectious Disease*, International Affairs, p. 301.

〔19〕 Sara E. Davies, *Securitizing Infectious Disease*, International Affairs, p. 302.

〔20〕 关于欧洲疾病预防和控制中心的情况,见 https://europa.eu/european - union/about - eu/agencies/ecdc_en(2022年2月23日访问)。

〔21〕 见联合国大会第六十四届会议:《全球卫生与外交政策:战略机会和挑战,联合国秘书长的说明》,联合国文件第A/64/365号,2009年9月23日,第2段。

与非卫生部门之间相互依赖的程度与日俱增,各国应将"卫生从一个专业化、技术性的领域转变为对各国政府、社会极端重要的一个政治和经济领域"。[22]联合国认为虽然卫生一直是"外交工作以及国家间尤其在处理传染病、贸易、援助实效等方面"工作的一个主题,但在当前环境下,"实现安全、创造经济财富、支持低收入国家的发展和保障人权"已共同成为全球卫生和外交政策的核心功能。[23]

面对全球化导致疾病暴发的频率加快、扩散的强度和广度增强的情况,联合国建议国际社会采取下述三个步骤:(1)按照《国际卫生条例》(2005 年)的规定,分享病毒和其他材料以及疾病暴发的日期;(2)建立协调的长期筹资机制,支持比较穷困的国家,使其能对抗全球卫生威胁;(3)确保世卫组织和联合国伙伴机构及时得到所需的各种资源,以履行其承担的义务。[24] 联合国还通过了《全民健康覆盖问题高级别会议政治宣言》,承诺加大力度,"争取到 2030 年实现全民健康覆盖,使人人在生命各阶段保持健康并增进福祉"。[25]联合国的宣言代表了国际社会的意愿,然而距离其能够付诸实施通常有非常遥远的距离。该宣言的通过至少说明公共卫生已成为世界安全不可分割的一部分,已成为国际社会必须面对及解决的问题。"天道无亲,常与善人。"[26]各国只有充分认识到公共卫生对人类发展之重要,充分认识到国际社会通力合作对解决公共卫生问题之重要性,公共卫生事件对各国的潜在安全威胁才可能解决。

二、渐进的国际卫生秩序

公共卫生是"通过社会的有组织努力,预防疾病,延长寿命和促进健康的

[22] 见联合国大会第六十四届会议:《全球卫生与外交政策:战略机会和挑战,联合国秘书长的说明》,联合国文件第 A/64/365 号,2009 年 9 月 23 日,第 3 段。

[23] 见联合国大会第六十四届会议:《全球卫生与外交政策:战略机会和挑战,联合国秘书长的说明》,联合国文件第 A/64/365 号,2009 年 9 月 23 日,第 4 段。

[24] 见联合国大会第六十四届会议:《全球卫生与外交政策:战略机会和挑战,联合国秘书长的说明》,联合国文件第 A/64/365 号,2009 年 9 月 23 日,第 18 段。

[25] 参见联合国第七十届大会决议:《全民健康覆盖问题高级别会议政治宣言》,联合国文件第 A/res/74/2 号,2019 年 10 月 10 日,第 24 段。

[26] 《道德经》第 79 章。

艺术和科学”。[27] 历史说明,任何国际制度之建立均与当时世界所处的环境、所面对的问题以及之前发生的大事件相关。以世卫组织为核心的国际卫生秩序之建立亦然。

(一)早期构建公共卫生秩序的努力

19 世纪中叶前,面对传染病的挑战,各国主要是依靠自身的力量解决,因当时国际社会根本没有关于卫生和防疫抗疫方面的合作机制。1851 年召开的国际卫生会议被公认为标志着国际社会通过合作解决人类疾病,特别是传染病等卫生问题的开端。[28] 第一次国际卫生会议之前,霍乱(cholera)成为威胁欧洲的瘟疫,造成“上千万人死亡,社会经济结构也为之丕变”。[29] 1851 年的巴黎卫生会议就是针对此问题,希望制定一个国际卫生公约,控制传染病在国家间传播。虽然巴黎会议并未达到预期的目的,但该国际卫生会议一直持续举行。到了 1892 年,在第 7 届国际卫生会议上,一项控制霍乱的国际卫生公约终获得通过。该公约规定了针对霍乱防治的隔离方法与措施。[30] 另一早期涉及公共卫生合作的国际协议是 1897 年生效的关于处理鼠疫预防性方法的国际公约。该公约导致泛美卫生局(Pan – American Sanitary Bureau)于 1902 年在美国华盛顿成立,范围辐射北美和南美地区。泛美卫生局后更名为美洲卫生组织(Pan – American Health Organization)。[31] 国际社会关于公共卫生的另一件大事是于 1908 年在巴黎成立的国际公共卫生局(Office Interna-

---

〔27〕 世界卫生组织欧洲区域办事处,“Public Health Services”,援引 Sir Donald Acheson 对公共卫生的定义。详见 http://www.euro.who.int/en/health – topics/Health – systems/public – health – services/public – health – services(2022 年 2 月 23 日访问)。

〔28〕 于 1851 年 7 月 23 日召开的国际卫生会议有 12 个欧洲国家参加,每个国家的参会代表有两位,包括一位外交官和一位医生。See Norman Howard – Jones, *The Scientific Background of the International Sanitary Conferences* (1851 – 1938) 12 (1975), https://apps.who.int/iris/bitstream/handle/10665/62873/14549_eng.pdf? sequence = 1.

〔29〕 参见顾祐瑞:《图解卫生行政与法规》,台北,五南图书出版股份有限公司 2016 年版,第 1 页。

〔30〕 参见顾祐瑞:《图解卫生行政与法规》,台北,五南图书出版股份有限公司 2016 年版,第 1 页。

〔31〕 美洲卫生组织总部设在美国华盛顿,分别在美洲 27 个国家设有办事处,另设有 3 个区域中心。美洲卫生组织一方面是独立的国际组织,另一方面亦为世界卫生组织的区域办事处。详见 https://www.paho.org/hq/index.php? option = com_content&view = article&id = 91&Itemid = 220&lang = en(2022 年 2 月 23 日访问)。

tional d'Hygiene Publique)。[32] 泛美卫生局和国际公共卫生局的成立在世界卫生史上具有里程碑的作用。作为常设的国际卫生机构,其有力地促进了各国在公共卫生方面的信息交流,也为公共卫生秩序的嗣后发展奠定了基础。就此而言,国际公共卫生局的作用尤甚。[33] 统而言之,在 1851 - 1914 年,各国先后举办了 18 次国际卫生会议,另成立了 12 个与卫生有关的国际机构。[34]

国际贸易和投资以及与之相伴随的人员流动必然导致疾病的跨国流行,加强国际卫生合作成为国际社会的必然选项。基于此前的经验,国际联盟下属的"国际联盟卫生组织"(League of nationals Health Organization)于 1920 年成立,主要负责流行病的资料收集、预防和控制。虽然国际联盟卫生组织因资源匮乏和国际社会的政治支持不足等原因未能充分发挥作用,但其在公共卫生数据收集和研究方面的贡献不容小觑。[35] 或可说,如果没有国际联盟卫生组织的尝试和经验教训,联合国下的世卫组织也可能会走许多弯路。

(二)战后的国际卫生秩序构建

第二次世界大战结束不久,联合国经社理事会便决定召开国际卫生会议。该会议于 1946 年 7 月在纽约举行,有 64 个国家的代表参加并签署了《世卫组织组织法》。1948 年 4 月 7 日,《世卫组织组织法》获 26 个成员方批准并生效。同年 6 月 24 日,各成员方在日内瓦召开第一届世界卫生大会,宣布世卫

---

〔32〕 国际公共卫生局于 1908 年 11 月 10 日成立。该组织的章程等见 S. B. Grubbs, *International Office of Public Hygiene, Its Inauguration at Paris, France*, Public Health Reports (1896 - 1970), Vol. 24 - 2, 1909, p. 23 - 28.

〔33〕 1946 年 7 月 22 日,国际公共卫生局的成员方签订了一议定书,解散了该组织。其职能从那时起由世卫组织行使,其遵循的原则和规则成为《世卫组织组织法》和《国际卫生条例》的组成部分。这些原则包括不干涉内政、信息分享以及由一个国际委员会负责日常管理等。详见《国际公共卫生局组织规则》第 2 条和第 4 条。

〔34〕 See Norman Howard - Jones, *The Scientific Background of the International Sanitary Conferences (1851 - 1938)*, World Health Organization, 1975, p. 12 - 92. https://apps.who.int/iris/bitstream/handle/10665/62873/14549_eng.pdf;jsessionid=06543E88E75A11465460A246747E31C1?sequence=1(2022 年 2 月 23 日访问).

〔35〕 Richard Dodgson, Kelley Lee and Nick Drager, *Global Health Governance: A Conceptual Review*, Discussion Paper, Centre on Global Change & Health, London School of Hygiene 及世卫组织健康与发展部, 2002 年 2 月,第 10 页。

组织正式成立，总部设在瑞士的日内瓦。[36]

作为联合国的专门机构，世卫组织的宗旨是“各民族企达卫生之最高可能水准”[37]，其成员方均为主权国家。基于世卫组织业务本身性质的需要，其合作对象从成立的第一天起便不限于主权国家，如一些非主权实体和国际组织等作为观察员列席卫生大会和参加其他委员会会议。任何申请加入世卫组织的国家需经世界卫生大会（以下简称卫生大会）过半数票通过方可成为成员方。[38] 作为联合国的专门机构，“联合国大会授权世界卫生组织，就除本组织与联合国或其他专门机构方面相互关系的问题以外的世界卫生组织职权范围内所发生的法律问题，向国际法庭征求咨询意见”[39]。这是联合国对其专门机构的惯常授权，同时亦说明世卫组织具有一定的国际法主体资格，符合国际法的发展趋势和需要。

世卫组织设有卫生大会，执行委员会和秘书处。[40] 卫生大会为世卫组织的最高权力机构；执行委员会为常设机构，负责执行卫生大会通过的决议和政策等，并在大会休会期间代行卫生大会的职责。与联合国大会不同，卫生大会可以做出对成员方有拘束力的规章，并可依 2/3 多数表决采纳任何国际协定或公约。[41] 卫生大会通过的规章限于下述 5 类。

“（一）预防疾病于国际蔓延之环境卫生与检疫之必需条件及其他方法；

（二）关于疾病，死因，及公共卫生工作之名称；

（三）检验方法之国际通用标准；

（四）出售于各国市场之生物，药物及其他类似制品之安全，纯净，及功效之标准；

（五）出售于各国市场之生物，药物及其他类似制品之广告与标签。”[42]

整体而言，这些事项均为技术性和专业性者。卫生大会以规章的形式通

---

〔36〕 关于世界卫生组织的历史、发展、任务等，详见 https://www.who.int/（2022 年 2 月 23 日访问）。

〔37〕 《世卫组织组织法》第 1 条。

〔38〕 《世卫组织组织法》第 6 条。

〔39〕 《联合国与世界卫生组织的协定》，载《世界卫生组织基本文件》，2020 年第 49 版，第 45 页，第 10 条第 2 款。

〔40〕 《世卫组织组织法》第 9 条。

〔41〕 《世卫组织组织法》第 19、21 条。

〔42〕 《世卫组织组织法》第 21 条。

过有利于相关标准的全球统一，可为各国间的合作奠定基础。在世卫组织的制度下，此类规章一经通过便产生效力。任何成员方不欲受其规范需向联合国秘书长报备。除此类较技术性的规章外，对成员方主权影响较大的国际文件经卫生大会通过后，成员方另行加入方可生效。例如，《国际卫生条例》于2005年得以修订，其对成员方的拘束力便取决于相关成员方是否接受。[43]在介绍经修订的《国际卫生条例》(2005年)时，世卫组织专门提及该修订系依《世卫组织组织法》关于“预防疾病于国际蔓延”的规定。

世卫组织成立之初针对的是雅司病、结核、疟疾和天花等疾病。当时这些疾病是人类健康的最大威胁，对之进行控制成为当时世界亟须解决的问题。雅司病的患者多为生活在贫困地区的儿童；因为医护人员和药品均无法接触到受疾病影响的人群，故人们称为“道路尽头之病”。世卫组织用了10年的时间，查验了约3亿人，治愈了5000余万人。到了20世纪60年代，雅司病基本消除。[44] 此外，20世纪中期疟疾每年造成约100万人死亡，其中大部分是非洲儿童。世卫组织遂于20世纪50年代中期推出了消灭疟疾的全球计划。然而因为种种原因，包括疾病的高耐药性、药物的低杀菌性、规范不充分、资源不足够等，该计划最终未能成功。这说明，国际合作在有效控制和预防疾病的过程中起着不可替代的作用。

世卫组织实现其宗旨需要各国合作。合作则需要各相关方对一些问题达成共识，需要各方做出承诺，需要有对执行承诺的监督机制等。鉴于世卫组织所针对的是公共卫生事项，其必须与疾病打交道。除了已有的疾病，还有不断出现的新疾病。这就要求人们要使用简单易明的语言沟通，首先就是在疾病名称上实现统一，否则便无法有效合作。参考了国际贸易的做法，世卫组织在第一次成员方大会上首先通过了《命名条例》(The Nomenclature Regulations)，其也是世卫组织的第一个条例。《命名条例》第2条授权世卫组织就疾病进行分类并命名。世卫组织各成员方有义务沿袭并使用世卫组织通过的

---

〔43〕 详见《国际卫生条例》第59条。

〔44〕 世卫组织于20世纪60年代宣布雅司病患者减少了95%。然而，到了21世纪初，雅司病死灰复燃，迫使世卫组织于2007年重启计划，对之进行监控。详见世卫组织：《关于消灭雅司病的10个事实》，https://www.who.int/features/factfiles/yaws/zh/(2022年2月23日访问)。

疾病国际分类表（International Classification of Diseases）。[45] 这为各国的合作奠定了基础。

就疾病的名称达成一致固然重要，然各国合作预警、遏制及消灭疾病等都需要一套规则，规范世卫组织本身的运作、世卫组织与各成员方的合作以及成员方间的合作等。在 1951 年召开的第 4 届世界卫生大会上，《国际公共卫生条例》（International Sanitary Regulations）得以通过，成为世卫组织通过的第二个条例。《国际公共卫生条例》的历史甚至可以追溯到世卫组织成立前于 19 世纪举行的一系列欧洲卫生会议。它涵盖霍乱、鼠疫、流行病、虱源性斑疹伤寒、回归热、天花和黄热病等 6 种疾病。1969 年，第 22 届卫生大会对《国际公共卫生条例》进行了修订并将其易名为《国际卫生条例》（International Health Regulations），使之仅适用于黄热病、鼠疫和霍乱。于 1973 年和 1981 年召开的卫生大会再次对国际卫生条例进行细微修订。此外，第 33 届卫生大会（1980 年）还宣布天花病已在全球范围根除。[46]

（三）国际公共卫生秩序之修订

至 20 世纪晚期，世卫组织越发认为有必要对国际卫生条例进行修订，主要是因为国际卫生条例本身显现出局限性，不能适应新的国际环境。首先，《国际卫生条例》原来仅适用于霍乱、黄热病和鼠疫。随着科学技术的进步和全球化的发展，许多传染性强的疾病在一个地区暴发很快就会传到其他国家或地区，甚至是远隔重洋的国家或地区。1997 年，禽流感在中国香港特区暴发，受到国际社会的关注。禽流感不仅对经济影响巨大——中国香港特区当时宰杀了数百万只鸡，在贸易方面受到很多损失（如有些国家对中国香港特区的出口进行限制），而且更重要的是当时禽流感导致受感染人群的 60% 死亡。由于禽流感并不人传人，故较快得到遏制。然国际社会仍然非常关注禽流感问题。世卫组织亦希望采取措施，杜绝禽流感。继之而来的于 2003 年暴

---

〔45〕 现行有效的疾病国际分类表为 2018 年 6 月 18 日生效的第 11 版。详见 https://www.who.int/classifications/icd/en/（2022 年 2 月 23 日访问）。

〔46〕 Fadela Chaib, WHO Commemorates the 40th Anniversary of Smallpox Eradication (2019), https://www.who.int/news-room/detail/13-12-2019-who-commemorates-the-40th-anniversary-of-smallpox-eradication（2022 年 2 月 23 日访问）。

发的非典型肺炎进一步印证了在全球化的环境下,传染病可以很快在世界范围传播。本来面对这些新型传染病,世卫组织已颇有捉襟见肘之感。然而,非典型肺炎病毒在2003年夏天突然消失,使得国际社会正在进行的非典疫苗研制工作不得不停止。尽管如此,国际社会还是意识到对公共卫生秩序的改革不容迟缓。

控制传染病的有效方法之一是通报,包括在疫区通报和向非疫区通报。在原《国际卫生条例》下,世卫组织只能被动地接收成员方的报告。如果相关会员不报告,则世卫组织便无从得知疫情的发生,从而控制疫情扩散的最佳时间便可能错过。原《国际卫生条例》不仅未规定世卫组织和受影响的国家应如何合作以遏制疾病的传播,而且由于报告在本国境内暴发的疫情往往对相关成员方的经济和社会产生严重负面影响,故多数成员方都选择拖延披露和报告疫情。处于被动接收报告的世卫组织则无有效手段,亦无法采取措施,鼓励成员方早期示警。为了减少疾病暴发对本国经济和社会的影响,成员方基本都是到了最后一刻才勉强提交报告。之所以如此,原国际卫生秩序亦有不可推卸的责任。在当时的制度下,一个传染病暴发后,主要是疾病暴发地国家采取措施抑制疾病的传播。疾病暴发地国家的重要贸易伙伴、毗邻国则大多会采取措施,防止疫情扩散到其本国。这种单向和单方面的义务不利于传染病的遏制。作为多边合作机制核心的世卫组织可能采取的用以降低疾病传播的措施则非常有限。2003年暴发的非典型肺炎向世卫组织提供了一个机会,使之可以推动多边公共卫生秩序的改革。

作为多边公共卫生秩序改革的措施之一,世卫组织建立了全球疫情警报和反应网络(Global Outbreak Alert and Response Network)。建立该网络的意向可追溯到2000年4月在日内瓦召开的有全球流行病监测和应对技术机构、组织和网络的代表参加的伙伴会议。与会人员认为需要建立一个全球网络,以应对新的传染病和疾病对世界的威胁。世卫组织则为该网络的建设提供了资源、设立了指导委员会和秘书处。[47] 2001年,世卫组织卫生大会明确表示支持"世卫组织与流行病预警和应对领域中所有潜在技术伙伴之间的合作,

〔47〕 关于全球疫情警报和反应网络的历史等,参见https://www.who.int/csr/outbreaknetwork/zh/(2022年2月23日访问)。

包括公共部门、政府间组织、非政府组织和私营部门”。[48]“所有潜在技术伙伴”不仅包括非政府组织和私营部门而且还包括个人。正是基于此决议,世卫组织将其联系对象从成员方政府延伸到了个人。因此,全球疫情警报和反应网络的建立系顺应了病毒全球化的需要,其运作为公共卫生的全球治理奠定了基础。

2003 年暴发的非典肺炎还催生了一系列的国际合作,包括全球卫生安全倡议和欧盟委员会下的卫生安全委员会、双边和多边协议等。前述事件和诸因素最终在国际社会达成共识,即只有通过改进世卫组织这个多边秩序,才能促进各国的有效合作,从而能够应对全球化环境下疾病传播的风险。此共识的结果是对《国际卫生条例》的修订,经修订的《国际卫生条例》(2005 年)于当年的卫生大会通过。

(四)新秩序的特点

经修订的《国际卫生条例》(2005 年)扩大了其适用范围,使之包括“对人类构成或可能构成严重危害的任何病症或医疗状况,无论其病因或来源如何”,而不再限于某些特定的疾病种类。此外,在新的《国际卫生条例》下,世卫组织总干事可宣布某些卫生事件为“国际关注的突发公共卫生事件”(Public Health Emergency of International Concern, PHEIC)。

在《国际卫生条例》的修订过程中,世卫组织完善了全球传染病警报和反应平台,而全球疫情警报和反应网络则为其核心内容。通过全球疫情警报和反应网络,世卫组织可获得的信息远远超过了成员方政府。根据修订前的《国际卫生条例》,世卫组织只可以通过成员方政府掌握信息。修改后的《国际卫生条例》改变了信息的获取渠道。除了成员方外,世卫组织可以通过任何渠道获得信息。[49] 该项规定本身就是为了鼓励非政府信息来源向世卫组织通报传染病暴发等,并以此改变成员方政府延迟通报的做法。

继修订国际卫生条例后,世卫组织于 2011 年 5 月 24 日的第 64 届卫生大

---

〔48〕 David P. Fidler, *From International Sanitary Conventions to Global Health Security: The New International Health Regulations*,前引书,第 347 页。

〔49〕 在新的《国际卫生条例》下,世卫组织可以考虑来自任何个人和机构的关于传染病的报告。参见《国际卫生条例》第 9 条第 1 款。

会上通过了《大流行性流感防范框架》(Pandemic Influenza Preparedness Framework)。该框架由全球150多个公共卫生实验室构成,是“为了增强国家间的平等和互助精神,为应对下一次大流行做好准备”。[50] 世卫组织认为,预防流感的最佳方法是接种疫苗,但许多国家并不具备开发疫苗的能力,故必须依靠其他国家生产的产品。在《大流行性流感防范框架》下,世卫组织将可获得大约10%的全球疫苗产量,以便向有需要的发展中国家提供。

《大流行性流感防范框架》的运作应遵循“公正、透明、公平和有效”的共享系统原则。在向有需要的国家提供帮助方面,应优先考虑发展中国家的利益,诸如“抗病毒药物和抗H5N1病毒及其他可能引起大流行的流感病毒疫苗等”。[51] 为此,世卫组织还改善和加强了其全球流感监测和应对系统(GISRS)。除了大流行风险评估和应对,提供候选疫苗病毒、诊断试剂和测试包,建设实验室等外,《大流行性流感防范框架》的一个重要内容是促进技术转让,责成世卫组织总干事与成员方和流感疫苗生产商密切合作,推动向发展中国家转让技术、建设新生产设施等。为达此目标,“成员方应当要求流感疫苗、诊断试剂和药品生产商作出具体努力,将这些技术酌情转让给其他国家,特别是发展中国家”。[52] 技术转让的一大问题是接受技术的国家是否有能力利用相关技术。针对这一问题,《大流行性流感防范框架》要求技术转让应符合接受国的能力,要能“使发展中国家有能力研究和生产流感疫苗、诊断试剂和药品”。[53] 这种针对发展中国家疾病预防和控制能力的技术转让规定在全球化的环境下尤为重要。发展中国家不仅需要预防疾病和遏制疾病的药物、疫苗等,更需要的是要有能力救助自己。这就需要援助者不仅要授人以鱼而且还要授人以渔。

授人以渔离不开掌握技术的私人企业的合作。《大流行性流感防范框架》将接受生物材料与技术转让加以联系,要求接受生物材料的疫苗生产商“根据相互商定的条件向发展中国家任何流感疫苗生产商颁发非专属性、免

---

〔50〕 关于《大流行性流感防范框架》的目的等,详见 https://www.who.int/features/qa/pandemic-influenza-preparedness/zh/(2022年2月23日访问)。

〔51〕 《大流行性流感防范框架》第6.0.3条。

〔52〕 《大流行性流感防范框架》第6.13.2条。

〔53〕 《大流行性流感防范框架》第6.13.3条。

使用费许可证，以便使用其知识产权和其他受保护物质、产品、技术、专门知识、流感疫苗，特别是准备在商定发展中国家使用的大流行前流感疫苗和大流行性流感疫苗研制和生产过程中所使用的信息和知识”。[54] 有了生物材料作为诱饵和条件，《大流行性流感防范框架》的前述规定具有相当的可操作性。就此而言，在向发展中国家转让技术方面，世卫组织走在了国际社会的前面。为了保证《大流行性流感防范框架》的可持续发展，世卫组织被授权向使用流感疫苗、诊断试剂的制药商收取“伙伴关系捐款”[55] 以及与实验室等实体签署材料转让协议。[56]

（五）全球化呼唤进一步改革

《大流行性流感防范框架》的制定有利于国际公共卫生的合作。然从其名称可见，该防范框架主要是针对流行性感冒。当时美欧等国受流行性感冒的影响颇重，很多人因此而死亡。故有论者认为世卫组织主要是服务于西方发达国家。此外，在数据共享方面，《大流行性流感防范框架》也存在定义不明确等问题。例如，如何确定哪些数据应该共享，由谁负责数据的收集和保管，相关费用由谁承担，由此产生的知识产权归谁所有，如何平衡学者出版的压力和诱因与数据公开之间的矛盾，与传播和保护数据相关的技术障碍，数据的可靠性和适应性，当地的法律和文化因素，民族感情等，《大流行性流感防范框架》都没有具体规定。信息共享还涉及病毒所有权的问题。病毒所有权早已被提到主权的高度。在治理禽流感的过程中，印度尼西亚提出了病毒的主权问题。为了遏制病毒的传播，研制疫苗为不可或缺者。研制疫苗必须有病毒基因排序等资料。印度尼西亚指出，根据国际法，包括《生物多样性公约》，其对病毒享有主权权力；《生物多样性公约》承认国家对在其领土上发现的生物具有主权。印度尼西亚提出，除非能够确保其有公平机会获得疫苗，否则其拒绝共享禽流感病毒标本。因担心印度尼西亚拒绝共享病毒相关资料会妨碍对禽流感的预防和控制，世卫组织从 2007 年 5 月开始与印度尼西亚进行

---

〔54〕《大流行性流感防范框架》第 6.13.4 条。

〔55〕 关于此方面的规定，详见《大流行性流感防范框架》第 6.14.1 至 6.14.9 条。

〔56〕《大流行性流感防范框架》的两个附件为此类协议提供了样本。

谈判,最终达成一个框架协议,允许印度尼西亚享有疫苗和其他益处的机会。或可说,《大流行性流感防范框架》的建立在一定程度上回应了印度尼西亚提出的,也是绝大多数发展中国家关心的问题。但是因尚有很多其他问题没有解决,《大流行性流感防范框架》的实际效果并不尽如人意。

无论《大流行性流感防范框架》的效果如何,其达成是国际社会多年努力的结果。早于2005年,国际合作与发展组织便在巴黎召开了有超过100个国家代表和其他机构代表参加的高级别援助效力会议,通过了《援助有效性巴黎宣言》(Paris Declaration on Aid Effectiveness)。其后,该会议于2008年通过了《阿克拉行动议程》(Accra Agenda for Action)。[57] 该两个文件呼吁各国制定更明确的目标和衡量成功的指标,协调不同国家和机构间的合作。同时,各国同意定期、定性和定量地评估执行援助有效性承诺之进展。[58] 这些国际文件和共识对《大流行性流感防范框架》的通过有奠基的作用。

随着运输技术的快速进步,病毒的传播速度和能力都有了惊人的发展。与此同时,国际社会对健康和卫生的期待则愈益增强。这就形成了人们的期待与国际卫生秩序效率和效果间的落差。2011年11月4日,世卫组织执行委员会宣布,在刚结束的为期3天的特别会议上,与会方就广泛的改革建议达成协议,"以增强世卫组织的地位,改善健康状况,更加协调一致地开展全球卫生工作,并作为更有效和透明的组织发挥领导作用"。[59] 具体言之,世卫组织的改革建议包括:(1)制定标准,确定世卫组织在全球公共卫生领域的工作重点;(2)与包括基金会、民间社团、合作伙伴和私营部门在内的越来越多的公共卫生机构及人士合作;(3)建立一项供世卫组织在突发公共卫生事件中开展工作的应急基金;(4)澄清世卫组织三个层级(国家办事处、区域办事处和总部)之间的作用和责任,并建立紧密的联系;(5)制定独立的评估方法。[60] 世卫组织执行委员会的此项改革建议与前述卫生大会通过的《大流行

---

〔57〕 这两个文件的全文(英文),见 http://www.oecd.org/dac/effectiveness/parisdeclarationandaccraagendaforaction.htm(2022年2月23日访问)。

〔58〕 《援助有效性巴黎宣言》第10条。

〔59〕 参见《世卫组织执行委员会支持改革建议》,https://www.who.int/mediacentre/news/notes/2011/eb_20111104/zh/(2022年2月23日访问)。

〔60〕 参见《世卫组织执行委员会支持改革建议》,https://www.who.int/mediacentre/news/notes/2011/eb_20111104/zh/(2022年2月23日访问)。

性流感防范框架》具有互补性，在一定程度上可起到实施《大流行性流感防范框架》的作用。

世界的发展往往不以人们的意志为转移。世卫组织关于公共卫生秩序的改革似乎无法跟上卫生事件的突发。世卫组织的改革措施尚未完全付诸实施便暴发了新冠肺炎。新冠肺炎在预警机制、通报制度和标准、提供援助的机制等方面都对世卫组织构成严重挑战。“人道敏政，地道敏树。”[61] 面对挑战，人类只有不断完善国际公共卫生秩序，提高其效率，才可以享有最高水平和质量的健康。据此，待新冠肺炎的疫情过后，国际社会势必再次检讨公共卫生秩序并进行新一轮的改革。

三、国际公共卫生秩序与国家主权

全球化要求与之相适应的国际秩序，即治理规则。任何秩序的建立和运作均要求相关方有共同的目标、共同的价值并遵守共同的原则和规则。遵守原则和规则就意味着承担义务和责任，也就意味放弃原有的自由，因为一方的义务和责任就是他方的权利。当代全球治理的特点之一是对主权的限制或曰对主权行使的限制。每个参与全球治理的国家均需放弃一定的权利并承担一定的义务。多边公共卫生秩序之建立亦难逃此定律。鉴于公共卫生关乎人类的健康和生存，且所有大灾大难均非任何国家可独力解决者，国际社会在制定规则、交换资讯、协调行动等方面早有共识，每个参与的国家均需为此放弃一定的权利。《世卫组织组织法》和《国际卫生条例》规定了国际卫生合作的基本原则和行为准则，为各成员方承担义务和享受权利的依据。

（一）对国家主权的限制

根据《世卫组织组织法》第 21 条的规定，作为最高权力机构的卫生大会可以根据预防疾病在国际蔓延或卫生和检疫之需要，通过适当的“条件及其他方法”。此外，关于“疾病，死因，及公共卫生工作”的名称亦应由卫生大会负责订立。如前所述，世卫组织成立后通过的第一个规则就是关于疾病名称

[61] 《中庸》第 20 章。

的分类。与公共卫生直接相关的还有对疾病，特别是传染病的检验方法必须有国际通用的标准。例如，关于新冠肺炎病例的确诊是按检验呈阳性确定，还是以检验呈阳性且有临床病症如咳嗽等方可确定感染，各国在做法上便有不同。成员方采用非统一的检验标准便无法准确传递信息，不利于抗击疫情。

制定疾病的检验标准系卫生大会的管辖事项。此外，卫生大会还负责制定"出售于各国市场之生物，药物及其他类似制品之安全，纯净，及功效"的标准。[62] 为实现这些目标，世卫组织必须具备信息收集的职能。这些条款之实施还涉及如何形成预防、遏制和消除疾病的措施。故可说，依《世卫组织组织法》第 21 条的授权，世卫组织可统领全球的公共卫生秩序，包括疾病预防和消除等多种活动。

历史说明，每当有传染病跨境传播，相关国家总是首先设法阻止疫区的人员入境，包括暂停海陆空的运输线等。如此，国际贸易势必受到影响，而跨境经贸交易和交往的中断必然恶化相关国家的经济。如何平衡传染病的防控和国际经贸秩序的运行便为公共卫生领域的重要议题。世卫组织的作用之一就在于针对公共卫生风险，提供预防、遏制和控制疾病国际传播的手段和方法。与此同时，世卫组织应考虑如何将防控传染病的措施可能对国际交通和贸易造成的影响降到最低。非典型肺炎引发的对《国际卫生条例》的修改在相当程度上考虑了前述问题。经修订的《国际卫生条例》共 66 条，分为 10 个部分，含 9 个附件。与先前的《国际卫生条例》相比，经修订的《国际卫生条例》在下述方面有实质性的变化：(1)扩大了适用范围；(2)规定各成员方应建立最低限度的核心预警和反应能力；(3)授权世卫组织获取和使用非政府来源的信息；(4)授权世卫组织可以将某些卫生事件定性为"国际关注的突发公共卫生事件"，并予以宣布；(5)就相关成员方应如何处理突发公共卫生事件提出建议；(6)纳入了人权概念。[63]

限制主权权力之行使为当代国际条约的特点。为了减少缔约国的疑虑，几乎所有条约均会重申国家主权的重要性。作为国际卫生秩序重要组成部分

〔62〕 参见《世卫组织组织法》第 21 条。

〔63〕 关于修订《国际卫生条例》的说明，详见世界卫生组织：《国际卫生条例》(2005 年)，第 3 版，前言。

的《国际卫生条例》亦然。《国际卫生条例》开宗明义便申明"根据联合国宪章和国际法的原则,国家具有根据其卫生政策立法和实施法规的主权权力"。[64]然而,各成员方有义务在立法和实施法规时遵循国际卫生秩序的目的。值得注意的是,成员方在《国际卫生条例》下的义务是正面的和积极的"遵循"而不是如有的国际协定般采取消极性的规定(如不违反)。其意义在于,成员方不是被动地或消极地等待其他国家或世卫组织指出其法律法规有哪些不相符之处,而是应主动采取措施履行《国际卫生条例》下的义务。此规定关乎各成员方的立法权,也是主权的重要组成部分。其对各国主权的限制不可谓不大。

(二)报告卫生事件的责任

《国际卫生条例》对各国主权的限制还表现在对信息提供的要求。公共卫生的方方面面,包括疾病的预警与遏制、检验标准和方法等,均涉及资料的收集。为了有效协调各国在公共卫生方面的政策和法律,国际卫生条例要求各成员方"发展、加强和保持其发现、评估、通报和报告"[65]卫生事件的能力。然而发展、加强这些能力必须有资金和技术的支持,并非所有国家均可于规定的时间内完成。基于此,《国际卫生条例》规定世卫组织可向有需要的成员方提供帮助。实践中,此种帮助限于技术性而非经济方面,因为世卫组织本身的运作资金就非常有限。发展和保持预警和控制疾病的能力之目的是向世卫组织即时通报公共卫生事件。例如,各成员方应于 24 小时内,以最有效的通信方式向世卫组织通报在其本国领土内发生的"有可能构成国际关注的突发公共卫生事件的所有事件,以及为应对这些事件所采取的任何卫生措施"。[66]这就是说突发卫生事件的所在国应首先判断相关事件是否"可能构成"国际关注的突发公共卫生事件。

报告可能构成国际关注的突发公共卫生事件说易行难。首先,一个卫生事件发展到何种程度便应被视为可能构成国际关注的突发公共卫生事件,世卫组织并无具体、详细的标准。其次,突发公共卫生事件往往涉及从未出现过

---

[64] 参见《国际卫生条例》第 3 条第 4 款。
[65] 《国际卫生条例》第 5 条第 1 款。
[66] 参见《国际卫生条例》第 6 条第 1 款。

的病毒。面对生疏的病毒，由于文化传统、治理理念和行政程序等原因，每个国家的处理方法和决定可能不同。国家政府有责任保障本国公民的健康，但又不应该在不必要的情况下引起社会恐慌。发现了一个陌生的病例是否应立即认定其为可能构成国际关注的突发公共卫生事件，并立即向世卫组织报告是一个判断问题。因为，除非成员方政府认为相关病毒可能构成国际关注的突发公共卫生事件，否则其便没有义务报告。在作此判断时，相关政府必须考虑比例原则，即在保障公民健康和避免社会恐慌间取得平衡。基于国际法的诚实信用原则，只要相关国家没有试图隐瞒发生的卫生事件，即使延迟报告也系判断问题，故不需为之承担责任。“诚者物之终始，不诚无物”〔67〕说的也是此道理。同时，评判一个成员方是否依诚实信用原则履行了条约义务须按客观标准衡量，也就是一个理性的政府在当时情况下会做何决定，而不是事后诸葛亮式的判断。无论如何，此通报义务说明当代国际公共卫生秩序对主权权力的限制已达到相当高的程度，直接关乎成员方政府的运作。

成员方一旦就卫生事件开始报告，便应持续报告。成员方在首次通报后应就下述事项持续通报：“病例定义、实验室检测结果、风险的来源和类型、病例数和死亡数、影响疾病传播的情况及所采取的卫生措施”〔68〕等。通报的义务并不限于一个成员方领土内发生的并源于其国内的卫生事件。即便卫生事件发生在其他国家，任何成员方或个人如认为其有可能导致国际关注的突发公共卫生事件，亦可以向世卫组织报告。〔69〕除了报告的义务外，有疫情发生的成员方还可就其所遇到的困难及需要，请求世卫组织支持。

除成员方的报告外，世卫组织亦可考虑其他来源的信息。如果信息不是来自成员方政府，则世卫组织有义务先行评估有关信息，然后通报涉及的成员方。通报的目的是核实信息的真实性和正确性。就此而言，被要求核实的成员方必须于24小时内做出初步答复。〔70〕通报也好，核实也好，其最终都是为了实现对疾病的及时预警和控制，同时尽量减少对国际交通、国际贸易等的不

---

〔67〕《中庸》第25章。

〔68〕《国际卫生条例》第6条第2款。

〔69〕此类报告的内容和时间与在缔约国当地发生的卫生事件相同。参见《国际卫生条例》第7条。

〔70〕《国际卫生条例》第10条第2款。

必要干扰，以及为有关的成员方寻求所需要的帮助和支持。[71] 据此，世卫组织不应该不合理地拒绝向涉及的成员方提供信息的来源。此安排的效果是促使提供卫生事件信息的个人或机构应首先确认信息的可靠性，而不是望风捕影听到未经核实的信息就通知世卫组织。有了信息来源，世卫组织和相关成员方也就更容易评估信息的可信度。

（三）合作的义务

根据《国际卫生条例》，在收到通报的信息后，世卫组织有义务与相关成员方合作。合作的内容包括“评估疾病国际传播的可能性、对国际交通的可能干扰和控制措施是否适当”等。易言之，世卫组织可通过合作进入到发生疫情的成员方的卫生决策和决定层面。无疑，此类决策和决定均属于主权国家的内部事务。世卫组织的介入自然对主权国家构成压力，然对于经验不足够的中小国家而言更多的应该是帮助。实践中，世卫组织对成员方履行通报义务一般采较灵活的处理方式。例如，当中东呼吸综合征（MERS）发生时，沙特阿拉伯并未立即向世卫组织报告。世卫组织也从来没有指控沙特阿拉伯忽视其依《国际卫生条例》的报告义务，而是通过突发事件委员会会议的方式使沙特政府提供更多的信息。之所以如此，主要是因为《国际卫生条例》本身就是软法的性质，同时世卫组织也没有一个专门解决争议的机构。在此情况下，与其争论当事成员方的报告是否及时还不如抓紧时间抗击疫情。在没有选择的情况下，世卫组织采取的工作模式具有务实性。

世卫组织向成员方通报公共卫生事件有不同的级别。根据《国际卫生条例》，如果世卫组织总干事认为相关事件构成“国际关注的突发公共卫生事件”，则其应昭告世界。在决定某事件是否构成国际关注的突发公共卫生事件时，应考虑下述因素：（1）成员方提供的信息；（2）法定需参考的决策文件；（3）突发事件委员会的建议；（4）科学原则以及现有的科学依据和其他有关信息；（5）对人类健康危险度、疾病国际传播风险和对国际交通干扰危险度的评

〔71〕《国际卫生条例》第 10 条第 3 款。

估。[72] 中东呼吸综合征暴发后，世卫组织于2013年7月9日召开突发事件委员会，审查"秘书处提供的当前疫情数据以及出现或者曾出现中东呼吸综合征冠状病毒病例的若干成员方官员向委员会提供的信息"。[73] 2015年6月17日，中东呼吸综合征冠状病毒突发事件委员会召开第9次会议，确定该病毒"没有持续的社区传播证据"，故不构成国际关注的突发公共卫生事件。[74] 由此可以看出，在向世卫组织报告一个卫生事件，如发生的病例，是否可能构成国际关注的突发公共卫生事件时，需有可靠的证据及正确的判断。否则，贸然报告，只会劳民伤财。

什么情况下世卫组织应宣布一个卫生事件为国际关注的突发公共卫生事件在实践中不乏争议，或者说是从来都不会没有争议。在西非埃博拉(Ebola)疫情中，世卫组织的决定亦屡受质疑。2019年4月和6月，世卫组织埃博拉突发事件委员会先后就埃博拉的发展做出决定并得到世卫组织总干事的认可。其基本结论是：(1)埃博拉疫情并未满足国际关注的突发公共卫生事件的条件；(2)宣布其为国际关注的突发公共卫生事件业并无附加益处；(3)国际关注的突发公共卫生事件会触发对贸易和旅行的不必要的损害措施。然而，对于该突发事件委员会的结论，特别是其关于宣布埃博拉为国际关注的突发公共卫生事件对任何一方都不会有益的说法受到质疑。批评者认为该突发事件委员会如此解释《国际卫生条例》错误，因《国际卫生条例》并无关于益处考虑的规定。[75]

也有人认为当时宣布埃博拉疫情为国际关注的突发公共卫生事件对于防疫抗疫并无附加益处。人们之所以对是否应宣布埃博拉为国际关注的突发公共卫生事件有不同看法是因为如何应对埃博拉病毒涉及很多因素，包括在现

---

〔72〕《国际卫生条例》第12条第4款第2项规定，总干事应参考的文件列于《国际卫生条例》条例附件二。

〔73〕参见《中东呼吸综合征冠状病毒，世卫组织总干事陈冯富珍博士的声明》，https://www.who.int/ihr/procedures/statements_20130709/zh/。

〔74〕关于该会议声明，详见 https://www.who.int/mediacentre/news/statements/2015/ihr-ec-mers/zh/(2022年2月23日访问)。

〔75〕See David P. Fidler, *To Declare or Not to Declare: The Controversy over Declaring a Public Health Emergency of International Concern for the Ebola Outbreak in the Democratic Republic of Congo*, Asian Journal of WTO & International Health Law and Policy, Vol. 14, p. 298(2019).

有的机制下,国际支持不可能马上到位,以及刚果共和国当时正发生武装冲突。如果世卫组织宣布埃博拉病毒为国际关注的突发公共卫生事件,便可能会加剧刚果内部的冲突,而刚果政府便可能无法提出应对方案。批评者则认为这些因素恰恰说明由世卫组织将埃博拉病毒定性为国际关注的突发公共卫生事件的好处,特别是考虑到刚果是低收入国家,世卫组织的宣布可能给其带来额外的援助。然埃博拉突发事件委员会并不认为应将宣布国际关注的突发公共卫生事件与国际援助挂钩。[76] 亦有论者指出,"如果说宣布埃博拉为国际关注的突发公共卫生事件可以引起国际关注,其已经发生。如果是为了启动协调,协调已经开始。如果是为了导致国际反响和资金支持,国际已有反响且资金支持也已经开始提供"。[77] 埃博拉突发事件委员会的 Preben Aavitsland 博士说,"我们非常清楚宣布埃博拉为国际关注的突发公共卫生事件可能带来副作用,包括无根据地对旅行和贸易的限制"等,而这些可能"严重阻碍抗疫工作并严重影响当地经济,从而增加社区的抗拒"。[78] 尽管 Aavitsland 博士强调他的意见只代表自己,但人们显然选择相信其关于贸易和旅行潜在限制的考虑代表了委员会的意见。

其实,世卫组织在决定是否宣布某个疾病或病毒的暴发为国际关注的突发公共卫生事件时考虑政治和经济因素并非不遵守专业精神和原则。在当今世界,任何一个国家、实体乃至个人的行为和不行为均可能产生国际后果,甚至是严重的后果。像世卫组织这样的多边机构之一言一行必受国际社会的密切关注。可谓"十目所视,十手所指,其严乎?"[79] 世卫组织的所为和所不为都

---

〔76〕 关于此问题的讨论,详见 David P. Fidler, *To Declare or Not to Declare: The Controversy over Declaring a Public Health Emergency of International Concern for the Ebola Outbreak in the Democratic Republic of Congo*, Asian Journal of WTO & International Health Law and Policy, p. 301 – 303 (2019)。

〔77〕 日内瓦国际发展研究生院全球卫生中心主任 Ilona Kickbusch 的评论,见 Helen Branswell, *Could an Emergency Declaration over Ebola Make a Bad Situation Worse?*, STATNEWS, 2019 年 5 月 14 日。参见 https://www.statnews.com/2019/05/14/could-an-emergency-declaration-over-ebola-make-a-bad-situation-worse/(2022 年 2 月 23 日访问)。

〔78〕 See David P. Fidler, *To Declare or Not to Declare: The Controversy over Declaring a Public Health Emergency of International Concern for the Ebola Outbreak in the Democratic Republic of Congo*, Asian Journal of WTO & International Health Law and Policy, p. 304 (2019).

〔79〕 《大学》第 10 章。

必然引起国际社会的反响，都一定会对成员方行使主权构成直接影响。因此，是否宣布某一病毒的暴发为国际关注的突发公共卫生事件早已成为国际政治和经济问题，不可草率为之。

在 2014 ~2016 年西非埃博拉疫情危机期间，许多国家拒绝给予来自利比里亚、几内亚和塞拉利昂的人签证。许多国际航空公司停止了飞往这些国家的航班。[80] 新冠肺炎疫情暴发也说明一旦国际社会认为一个地区发生了国际关注的突发公共卫生事件，当地的人员外出，国际旅行者的进入，货物的进出口等都会变得更加困难。新冠肺炎疫情被确定为国际关注的突发公共卫生事件后立即导致一些国家撤侨及限制中国公民入境等。此外，在国际社会和国家社会的问责意识都不断高涨的今天，一个政府在公共卫生事件上处理稍有不慎便可能引发政治危机。正因为公共卫生事件重要，世卫组织宣布其为国际关注的突发公共卫生事件与否一定要考虑对相关成员方及国际社会的影响。

公共卫生突发事件可有多种，何时宣布某事件为国际关注的突发公共卫生事件并非简单的技术性问题。正如世卫组织总干事在宣布新冠肺炎为全球大流行时所说，不会随意或轻率地使用“全球大流行”（pandemic）这个词语，因如果这个词语“被误用，会造成不应有的恐慌，或令人误以为抗疫已于事无补，只能听天由命，因而导致不必要的痛苦和死亡”。[81] 由前述不难看出，宣布某个卫生事件为国际关注的突发公共卫生事件或大流行需考虑多个因素。在做相关决定时应考虑哪些因素，以及在衡量每一个因素时应按何标准等，国际卫生治理秩序并非总会有确定的答案。此情况便需要世卫组织有承担地将一些法律概念，如大流行，具创意地适用到新的卫生事件，如新冠肺炎。事实说明，世卫组织宣布新冠肺炎为全球大流行后，几乎所有国家均面临社会管制的挑战。易言之，在全球化的今天，世卫组织的任何决定和宣布可能对所有国家的主权行使构成影响。这是世卫组织的权威性使然，是其他国际组织所不

---

〔80〕 See Helen Branswell, *Could an Emergency Declaration over Ebola Make a Bad Situation Worse?*.

〔81〕 参见世界卫生组织:《世卫组织总干事 2020 年 3 月 11 日在 2019 冠状病毒病(COVID – 19)疫情媒体通报会上的讲话》, https://www.who.int/zh/dg/speeches/detail/who – director – general – s – opening – remarks – at – the – media – briefing – on – covid – 19 – – – 11 – march – 2020(2022 年 2 月 23 日访问)。

具备者。

(四)透明度原则之适用

《国际卫生条例》要求成员方"以透明和无歧视的方式"[82]履行其义务，这是公共卫生治理的性质使然。透明度也是法治社会的核心价值，是良好治理体系不可或缺者。透明度要求公民的参与以及政府官员的问责制度。如果缺乏准确和及时的信息，公民便无法参与社会治理，也就无法监督政府官员对其所为和所不为承担责任。实践说明，此两者对于公共卫生治理至关重要。很多时候，社会错失控制疫情的时机都是由于信息不公开以及政府运作不透明和延误所致。信息公开和政府行政透明在抗疫过程同样重要，因其可给予社会信心，从而使社会保持稳定。总而言之，一个政府施政透明与否的标准包括公开：(1)政府制定政策和做出决定所依赖的事实和证据；(2)政策致力于实现的目标；(3)做出某些决定的理由；(4)决定政策和做出决定的程序，以便利益相关者提出意见和建议等。不言而喻，公共卫生治理的透明度可有多种方式，包括讨论会、网络咨询等。不变的是，没有透明度，公众便不能知晓政府官员到底讲了什么话，做出了什么承诺，从而也就无法监督政府官员，世卫组织也就无法协调成员方的防疫抗疫措施。先贤对此亦早有论断，"上焉者，虽善无证，无征不信，不信民弗从"。[83] 在高度信息化的时代，每个国家和每个官员的行为和不行为都会被放到国际社会检验。公共卫生直接关系普罗大众的健康与安全的特性使得国际公共卫生秩序的每一个环节，包括国家政府处置疫情的时间、方式方法都被置于世人的监督之下。这也成为促使成员方与世卫组织合作的强大动力和压力。在法治成为国际社会和国家社会行为范式的今天，国家依法治标准，包括透明度原则，治理公共卫生已成共识。世卫组织在此方面对成员方行政权之作用不容小觑。

(五)世卫组织的权威

有论者认为，在现有的国际公共卫生秩序下，卫生治理的部分责任，也就

---

〔82〕《国际卫生条例》第42条。

〔83〕参见《中庸》第29章。

是主权国家的责任，从成员方转到世卫组织；这种转化犹如公司的证券化，即世卫组织犹如公司的总经理般在前台经营，而成员方则如股东般在后面掌控。[84] 其直接效果是世卫组织必须直面国际社会的自然人，毕竟传染病的直接受害者是个人。据此，世卫组织的责任便必须包括保护个人免受传染病的侵害。这对于世卫组织而言是挑战亦是机会，因其有世界顶尖级的专家可以发现并且提供遏制疾病的能力。在非典型肺炎、禽流感等病毒的防控中，世卫组织发挥了很好的作用。相对于公共卫生制度不够发达的国家，世卫组织的专家经常早于受疫情影响国家的专家意识到疾病暴发的可能性。发生在加蓬、刚果和乌干达的伊波拉病毒，出现在马达加斯加和阿富汗的不明流感以及在肯尼亚和索马里的裂谷热等均如此。由于其在这些全球性和地区性传染病的防控和治疗过程中发挥了无可替代的作用，世卫组织得以在国际社会确立了其在公共卫生治理方面的权威性。世卫组织的权威性之来源不是成员方授予其权力，而是其专业性。鉴于此，每当疫情发生，成员方多会依条约义务通报并接受世卫组织的监督。此情况不仅发生在小国也发生在大国。例如，新冠肺炎于中国武汉暴发后，中国政府便立即向世卫组织报告，并邀请世卫组织的专家到实地考察，与国际社会分享病毒全基因组序列。或可说，世卫组织通过其专业知识、技术和经验在公共卫生治理领域建立了权威地位，从而使得国际软法变得具有事实上的拘束力。

世卫组织在公共卫生治理中的权威性对成员方亦有益处。传染病的暴发可能会损害政府在公民中的威信，进而可能会危及政府的合法性。这是因为，一旦流行性疾病暴发或肆虐，人们就会期待政府提供援助与保护，然而政府的行为总会被认为迟缓和效果不彰。在新冠肺炎的抗疫过程中，美国等不止一次将防疫不力的责任推卸给世卫组织。[85] 这说明有了国际组织承担部分责任，国家政府，特别是那些管理不善的政府便可减轻责任。不可否认的是，当一个主权国家将自己未能有效防控疫情说成是因世卫组织通报不及时、建议

---

〔84〕 See Sara E. Davies, *Securitizing Infectious Disease*, International Affairs, p. 312.

〔85〕 例如，当美国疫情日益严重的情况下，特朗普便直接将责任推到世卫组织，说后者预警太迟。参见"Trump Slammed the W. H. O. Over Coronavirus. He's Not Alone"，《纽约时报》，2020 年 4 月 8 日，载 https://www.nytimes.com/2020/04/08/world/asia/trump-who-coronavirus-china.html（2022 年 2 月 23 日访问）。

不正确等时,其事实上是在承认和加强世卫组织的权威性及其对成员方主权干预的合法性。

世卫组织的作为和不作为都关乎成员方的主权。当然,主权的概念、内涵和外延也在随经济全球化的发展而改变。例如,以前很少有人会将病毒列为主权的范畴。然现在没有人否认对病毒的控制权和所有权属于主权的一部分,盖因病毒本身具有经济价值、可产生知识产权。病毒主权在中东呼吸综合征的救治过程中成为争议问题。中东呼吸综合征病毒于 2012 年首次在沙特阿拉伯被发现,截至 2019 年 11 月底,在全球 2494 个病例中有 858 例死亡,死亡率达到 34.4% 。尽管中东呼吸综合征未被证明有人传人的风险,但在确诊的病例中死亡率很高,对人类构成重要挑战。首次发现中东呼吸综合征的是在沙特阿拉伯吉达(Jeddah)市一家医院工作的埃及人 Ali Mohamed Zaki 博士。他在诊治肺炎病人时发现了不明病原体,遂将之送到荷兰的 Erasmus 医学中心(Erasmus Medical Center)对其基因组进行测序。后 Erasmus 医学中心成功测序并将该病毒命名为 HCoV – EMC。此后,Zaki 博士于 9 月 15 日在由国际传染病学会(International Society of Infectious Diseases)主办的 ProMED – mail 上发表了其发现。Zaki 博士还与 Erasmus 医学中心的合作伙伴一起通过专利合作条约就其发现的中东呼吸综合征病毒申请专利。[86] 此举引起沙特阿拉伯政府的警觉,因为在 2003 年的非典暴发后,美国、加拿大和中国香港特区的一些科学家纷纷申请涉及非典病毒的专利。这也成为后来印度尼西亚主张病毒主权的诱因。在解决此争议的会议上,沙特阿拉伯卫生部副部长批评,在未经沙特阿拉伯政府许可的情况下,不明病毒被送到了 Erasmus 医学中心,后者并对之主张所有权。时任世卫组织总干事的陈冯富珍博士在该会议上指出:“一些科学家之间达成交易因为其想获取知识产权,因为其想成为世界上第一个在科学期刊上发表论文的人。这些是我们需要解决的问题……不能让

〔86〕 参见 Georgetown University Medical Center, “MERS – CoV Data Sharing Case Study Report”,2018 年 11 月,第 10 页。该报告全文见 https://www.glopid – r.org/wp – content/uploads/2019/07/Georgetown_MERS – Case – Study – Report – 1.pdf(2022 年 2 月 23 日访问)。

知识产权阻碍公共卫生行动。"[87]世卫组织总干事介入了此类谈判,说明相关争议非常重要。沙特阿拉伯提出的主权问题是争议的焦点。尽管 Erasmus 医学中心否认其想占有中东呼吸综合征病毒,但由非政府机构披露的病毒材料转让协议证明 Erasmus 医学中心当时确有此动机。[88] 最后,在世卫组织的积极参与下,与中东呼吸综合征病毒相关的知识产权争议和平落幕。然这并不能说明类似的问题将来不会发生。因为,一方面,主权依然是全球卫生治理的重要因素,在某些方面主权权力的内涵甚至有扩大之势;另一方面,这也说明国际公共卫生秩序必须与时俱进,不断改进。正所谓,"天行健,君子以自强不息",[89]世卫组织亦应如是。

四、国际公共卫生秩序与人权

诗云:"邦畿千里,唯民所止。"世界上人是最可贵的。对于人而言,健康是最重要的,因为没有健康其他都没有意义。国际公共卫生秩序以使世界上所有的人都能"享受最高而能获致之健康标准"为终极目标,反映了以人为本的思想。根据《世卫组织组织法》的宗旨,人类享受最高健康标准的权利"不因种族,宗教,政治信仰,经济或社会情境各异,而分轩轾"。[90] 此健康权被写入了《世界卫生组织法》,从而成为规范人类健康权的最重要国际法律义务。鉴于《世卫组织组织法》的缔约方几乎涵盖了所有国家,其规定具有宣布享有最高健康标准为习惯国际法健康权的作用。除《世卫组织组织法》和《国际卫

---

〔87〕 详见 Third World Network, "The Material Transfer Agreement underlying the controversy over patent rights and the Middle Eastern Respiratory Syndrome (MERS) virus",2013 年 5 月 28 日,https://twn.my/title2/biotk/2013/biotk130502.htm(2022 年 2 月 23 日访问)。

〔88〕 关于 Erasmus 医学中心与美国北卡罗来纳大学签订的转让协议,见 Material Transfer Agreement (Erasmus MC – The University of North Carolina at Chapel Hill),https://twn.my/title2/intellectual_property/info.service/2013/ipr.info.130512/22227717951a47369b9515.pdf(2022 年 2 月 23 日访问)。

〔89〕 参见《易传·象传》。

〔90〕 参见《世界卫生组织法》,前言。

生条例》外,1948 年世界人权宣言[91]和 1966 年《经济、社会及文化权利国际公约》[92]均对人类的健康权有具体规定。一些区域性和双边自由贸易协定也就健康权予以规范。[93] 这些多边、区域性和双边协定共同构成国际健康权的主体。

(一)人权与健康权

人权毫无疑问包括健康权。如果一个人连健康都没有保障,在面对疾病的侵袭时连基本的防护措施都得不到,其他物质和非物资的权利恐均难享受,故也就没有意义。“道大,天大,地大,人亦大”[94]是中华传统文化的精髓,说的是人类与天和地同样重要。基于健康系基本人权的理念,《国际卫生条例》强调“充分尊重人的尊严、人权及基本自由”。[95] 或可说,《国际卫生条例》本身就是一部高规格的国际人权法典。世卫组织下的人权则既涉及本国国民又包括外国国民,有些情况下则主要针对外国国民。根据《国际卫生条例》第 23 条,任何成员方均有权检查进入其领土的旅行者的健康情况、旅行路线等。这体现了国家主权。然该条同时规定,“未经旅行者本人或其父母或监护人的事先知情同意”,不得对之进行“医学检查、疫苗接种、预防或卫生措施”。[96] 如果旅行者接种疫苗或接受预防措施,其应该被告知相关风险。[97] 易言之,旅行者是否接受包括疫苗在内的预防措施应该是完全自愿的。即使其愿意接受,相关成员方也有义务告知旅行者接受疫苗或其他防护措施的相关风险。这对于身处海外的旅行者尤为重要。通常情况下,遇有传染病等卫生事件发

[91] 《世界人权宣言》第 3 条规定,“人人有权享有生命、自由和人身安全”;第 25 条第 1 款规定,“人人有权享受为维持他本人和家属的健康和福利所需的生活水准”。前述均为涉及公共卫生的规定。

[92] 《经济、社会及文化权利国际公约》有诸多涉及人类健康的条款,如第 7 条关于“安全和卫生的工作条件”及第 12 条关于“人人有权享有能达到的最高的体质和心理健康的标准”等均与世卫组织的宗旨一致。

[93] 据统计,目前已有 135 个国家将健康权纳入本国宪法。参见《促进医药技术和创新的应用报告》,前引书见〔3〕,第 41 页。

[94] 《道德经》第 25 章。

[95] 参见《国际卫生条例》第 3 条第 1 款。

[96] 《国际卫生条例》第 23 条第 3 款。

[97] 《国际卫生条例》第 23 条第 4 款。

生，身在海外的旅行者都会有无助感，大多会不加反抗地接受所在地政府的预防措施。在实施预防措施前被告知可能的风险，旅行者便可自行决定是否接受预防措施。此外，成员方在对旅行者实行医学检查、医学操作、疫苗接种或其他预防措施时，还“必须根据既定的国家或国际安全准则和标准”。[98] 虽然何为既定的国际安全准则和标准，《国际卫生条例》并未具体规定，然而从该条规定的行文看，实施国际标准的目的是“尽量减少”[99] 检验的风险。据此，负责检验的成员方有责任尽量采用国际上认可的准则和标准，否则如果受检验的人因检验而承担了风险，则相关成员方便需承担责任。

(二)人权与人的尊严

需要指出的是，任何成员方均“不得将创伤性医学检查、疫苗接种或其他预防措施作为旅行者进入”其领土的条件。[100] 对于国际旅行者而言，这些规定非常重要，因为任何人进入其他国家时都不可能不按照当地的要求行事，包括健康检查等。有了前述规定，成员方便有义务按一定的标准对外国旅行者实施卫生措施，且除非得到当事人的同意，否则便不可以实施相关措施。此规定对国际人权法及其实践的贡献均不容小觑。根据国际义务和国内法，即使一成员方可以对旅行者采取强制卫生措施，其也有义务确保相关措施符合“创伤性和侵扰性最小、但可达到公共卫生目的”的条件。[101] 卫生措施不超过最小创伤性或侵扰性为成员方的重要义务。

《国际卫生条例》还将尊重旅行者的尊严、人权和基本自由具体化，要求成员方在实施卫生措施时应尽量减少旅行者的任何不适或痛苦，故应“以礼待人”，“考虑旅行者的性别、社会文化、种族或宗教等方面的关注”，以及“向接受检疫、隔离、医学检查或其他公共卫生措施的旅行者提供或安排足够的食品和饮水、适宜的住处和衣服，保护其行李和其他财物，给予适宜的医疗，如可

---

〔98〕《国际卫生条例》第23条第5款。

〔99〕《国际卫生条例》第23条第5款。

〔100〕《国际卫生条例》第31条第1款。

〔101〕参见《国际卫生条例》第31条第2款。卫生措施不超过最小创伤性或侵扰性为缔约国的重要义务。即使是在特殊情况下，缔约国亦必须按此行事。

能，以其理解的语言提供必要的交流方式和其他适当的帮助”。[102] 依照任何文明的传统和习惯，受到有尊严的待遇对每个人都非常重要。《国际卫生条例》的前述规定可谓与《经济、社会及文化权利国际公约》具有互为补充的作用；后者将尊严视为人权的重要内容。实践中，对人的尊严或尊重可表现在多方面，且尊严的内涵和表达方式因文化和传统之不同而异。然而无论依哪个文明，除了对人的态度外，尊严另一很重要的方面就是经济待遇。如果旅行者在接受卫生措施时需负担相关费用，当相关费用是一般人无能力接受的状况时，当事人便可能因付不起费用或是被迫付费而感觉受到冒犯。根据《国际卫生条例》第 40 条第 1 款的规定，对于需进行医学检查、疫苗接种、隔离或检疫等的旅行者，成员方不得收取费用。即使是有权收取费用的项目，各成员方必须标明价目，保证所收费用不超过成本，且所有旅行者受到同等待遇。[103] 这些规定除了可以减少旅行者的烦恼外，至少还从法律上保证了所有人受到非歧视待遇的权利。而无论是从法治的角度还是人权的立场来说，受到平等待遇都是很重要的。“有国有家者，不患寡而患不均”[104] 亦为此意。当然，这也是最惠国待遇义务在公共卫生秩序的具体体现。

（三）人权与隐私权

在信息通信技术高度发达的今天，个人隐私极易受到侵犯。如何保护个人隐私早已成为国际人权法的内容。然而，获取个人的健康和旅行历史等信息对有效预防和控制传染疾病亦非常重要。为了有效遏制疾病的流行，在保护个人信息和卫生治理间取得平衡便甚为重要。就此，《国际卫生条例》一方面承认主权国家收集或收到“涉及身份明确或可查明身份的个人的健康信息”之权利，另一方面亦要求相关成员方“应根据国家法律要求保密并匿名处理”[105] 相关信息。易言之，世卫组织成员方有义务就此订立法律，且相关法律必须有此规定，否则便无法“根据国家法律”履行保密的义务。

取得或获得信息的目的是使用。就使用个人信息言，成员方应确保相关

---

〔102〕 参见《国际卫生条例》第 32 条。
〔103〕 参见《国际卫生条例》第 40 条第 3 款。
〔104〕 《论语》第 16 章季氏篇。
〔105〕 《国际卫生条例》第 45 条第 1 款。

资料：

“（一）得到公平、合法处理，并且不以与该目的不一致的方式予以进一步处理；

“（二）与该目的相比充分、相关且不过量；

“（三）准确且在必要时保持最新，必须采取一切合理措施确保删除或纠正不准确或不完整的资料；以及

“（四）保留期限不超过必需的时间。”〔106〕

任何个人亦有权要求相关成员方提供或修改涉及其个人的信息。此规定主要是针对成员方收取的资料不准确、有遗漏的情况。由此还折射出相关个人有权知晓一个成员方掌握了哪些信息、如何使用这些信息以及保留信息的时间等。只有如此方能确保成员方履行前述义务。

由国际条约如此详细地列出保存和使用个人信息的标准并不多见。有了这些国际最低标准，世卫组织成员方便有义务据之为所获取的信息提供保护，而其内国法是否包含此类规定则并不能成为不履行国际义务的借口。实践中，履行《国际卫生条例》义务的最佳方法是将保护个人信息的标准纳入内国法。当所有成员方都将国际卫生条例的最低标准纳入内国法时，这些标准便会成为全球范围的最低标准。这就是说，《国际卫生条例》在推动人权全球化和法治化方面有重要意义。

（四）药品获得权

人类健康权之实现离不开药品获得权。药品获得权一方面具有人权的性质，另一方面亦涉及知识产权。当代很多药品的专利权均在发达国家的企业和个人手中。由于使用专利的费用高昂，低收入的发展中国家只能望药兴叹，可望而不可即。然而此非世卫组织可独力解决的，需要国际社会的共同努力、通力合作。经过多次谈判，世贸组织下的多哈回合于2001年11月14日通过了《与贸易有关的知识产权协定与公共卫生宣言》〔107〕（the Doha Declaration

---

〔106〕《国际卫生条例》第45条第2款。

〔107〕参见“Declaration on the TRIPs agreement and public health”，宣言的英文全文见https://www.wto.org/english/thewto_e/minist_e/min01_e/mindecl_trips_e.htm（2022年2月23日访问）。

on TRIPs and Public Health,以下简称《多哈公共卫生宣言》),强调知识产权协定“不会也不应该阻止各成员采取措施保护公众健康。在重申对《与贸易有关的知识产权协定》(以下简称《知识产权协定》)承诺的同时,我们申明该协定的解释和执行可以并应当支持世贸组织成员关于保护公众健康,特别是促进所有人获得药品的权利”。[108] 根据《多哈公共卫生宣言》,在执行《知识产权协定》时考虑保护公众健康因素并不违反《知识产权协定》的宗旨。这些灵活性包括,“在按照国际公法习惯法解释规则适用知识产权协定时,应根据其目的和宗旨,尤其是其目的和原则,来解释每一项规定”。[109] 基于此灵活性解释原则,世贸组织成员有权确定授予强制许可的条件并有权授予强制许可。此外,世贸组织成员有权确定哪些情势构成国家紧急情况或其他极端紧急情况。《多哈公共卫生宣言》宣布,“艾滋病毒/艾滋病,结核病,疟疾和其他流行病等涉及公共卫生的危机为国家紧急情况或其他紧急情况”。[110] 《多哈公共卫生宣言》还宣布,在遵守最惠国待遇和国民待遇义务的条件下,世贸组织成员可自主决定《知识产权协定》下的权利用尽制度。[111] 虽然《多哈公共卫生宣言》系由世贸组织通过,考虑到世贸组织和世卫组织成员的广泛性和高度重叠性,此宣言反映了国际社会对个人公共卫生权利,包括药品获得权的重视,业已成为国际公共卫生秩序人类健康权之一部分。《多哈公共卫生宣言》并非具有条约效力的国际文件,[112] 然其通过的意义相当重大。除了宣示人人有权享有卫生和健康权利外,《多哈公共卫生宣言》还印证了公共卫生治理需要国际社会诸方面的合作,且各方可以有效合作。需要指出的是,在《多哈公

[108] “Declaration on the TRIPs agreement and public health”,宣言的英文全文见 https://www.wto.org/english/thewto_e/minist_e/min01_e/mindecl_trips_e.htm(2022 年 2 月 23 日访问),第 4 段。

[109] “Declaration on the TRIPs agreement and public health”,宣言的英文全文见 https://www.wto.org/english/thewto_e/minist_e/min01_e/mindecl_trips_e.htm(2022 年 2 月 23 日访问),第 5 段。

[110] “Declaration on the TRIPs agreement and public health”,宣言的英文全文见 https://www.wto.org/english/thewto_e/minist_e/min01_e/mindecl_trips_e.htm(2022 年 2 月 23 日访问)。

[111] “Declaration on the TRIPs agreement and public health”,宣言的英文全文见 https://www.wto.org/english/thewto_e/minist_e/min01_e/mindecl_trips_e.htm(2022 年 2 月 23 日访问)。

[112] 关于多哈公共卫生宣言是否具有国际法上的拘束力,国际社会有不同意见。就此问题的讨论,见世卫组织,“Implications of the Doha Declaration on the Trips Agreement and Public Health”, Health Economics and Drugs Series No. 012,2002 年,https://apps.who.int/medicinedocs/en/d/Js2301e/14.html(2022 年 2 月 23 日访问)。

共卫生宣言》通过4年后，世贸组织正式通过了《与贸易有关的知识产权协定的议定书》(Protocol Amending the TRIPS Agreement，以下简称《知识产权协定议定书》)。该议定书旨在实施多哈公共卫生宣言，包括灵活性解释原则。这也为知识产权协定灵活性原则提供了法理依据。

五、公共卫生治理呼唤多边合作

公共卫生涉及社会的方方面面，其治理亦需全方位合作。世卫组织的职责之一是协调各国的疾病防控合作。就此而言，《世卫组织组织法》第28条第9款规定，执行委员会得在其“职掌及财力范围内，采取紧急措施，以应付必须立即采取行动之事态”。遇有特殊情况，执行委员会得授权秘书长“采取必要步骤，以消灭流行疫症，参加救济灾民之卫生组织”。此授权不可谓不大、涉及范围不可谓不广。

（一）公共卫生秩序呼唤合作

近年来，传染病数次暴发引起国际问题，公共卫生渐次成为国际政治的主要内容及各国外交政策的一部分。参与公共卫生国际治理的机构和组织也逐步增加并制度化。世卫组织自成立以来与包括联合国在内的多个政府间国际组织签订了合作协议。根据世卫组织与联合国间的协定，世卫组织有义务“尽快将联合国向其提出的所有正式建议提交卫生大会、执行委员会”或其他机构处理。〔113〕此外，世卫组织应邀请联合国的代表“出席世界卫生大会及其委员会、执行委员会的会议”以及世卫组织“召开的一般的、区域性的或其他专题会议”。〔114〕联合国的代表不仅参加会议，而且要发言，但无投票权。作为对等的安排，世卫组织的代表亦应被邀请参加联合国经济和社会理事会及其

〔113〕参见《联合国与世界卫生组织的协定》(于1948年7月10日在第一届世界卫生大会上通过)，第4条，载https://apps.who.int/iris/bitstream/handle/10665/151605/9789245650485_chi.pdf?sequence=6&isAllowed=y(2022年2月23日访问)。

〔114〕参见《联合国与世界卫生组织的协定》(于1948年7月10日在第一届世界卫生大会上通过)，第4条，载https://apps.who.int/iris/bitstream/handle/10665/151605/9789245650485_chi.pdf?sequence=6&isAllowed=y(2022年2月23日访问)，第2条第1款。

委员会的会议，并“就这些机构议程项目中有关卫生问题发言”。[115] 联合国与世卫组织的协定还规定该两个机构应“全面而及时地交换”非保密的情报和文件。[116] 与联合国的前述合作安排开创了世卫组织与其他机构合作的先河。此后，世卫组织与联合国儿童基金会、世界银行、联合国粮食和农业组织、联合国人权机构、国际劳工组织、世界贸易组织、世界知识产权组织等均签订了合作协议，就卫生和健康议题相互合作。当代很多人类传染病均与动物相关，这使人类不得不将公共卫生和健康问题与动物的健康一起研究、一起治理，从而促成世卫组织与世界动物卫生组织（World Organization for Animal Health）[117] 的合作。

此外，一些区域性组织，包括欧盟、美墨加自由贸易区、东南亚国家联盟、七国集团、二十国集团等均不断加强与公共卫生相关议题的讨论。例如，当新冠肺炎疫情在世界蔓延之际，二十国集团的财政部长及中央银行行长举行视频会议，表示将加强包括对新冠肺炎在内的全球风险监管，并为之采取进一步的行动。[118] 2020 年 3 月 26 日，二十国集团首脑亦举行了历史上第一次视频高峰会议，达成领袖声明，提出合作抗疫策略。[119] 这些均说明，在大流行的

---

〔115〕 参见《联合国与世界卫生组织的协定》（于 1948 年 7 月 10 日在第一届世界卫生大会上通过），第 4 条，载 https://apps. who. int/iris/bitstream/handle/10665/151605/9789245650485_chi. pdf? sequence = 6&isAllowed = y（2022 年 2 月 23 日访问），第 2 条第 2 款。

〔116〕 参见《联合国与世界卫生组织的协定》（于 1948 年 7 月 10 日在第一届世界卫生大会上通过），第 4 条，载 https://apps. who. int/iris/bitstream/handle/10665/151605/9789245650485_chi. pdf? sequence = 6&isAllowed = y（2022 年 2 月 23 日访问），第 5 条第 1 款。

〔117〕 世界动物卫生组织的前身系国际动物流行病办公室。1920 年，运往巴西的印度肩峰牛（Zebu）在过境比利时安特卫普港口时发生瘟疫，从而引起牛瘟在比利时爆发。这引起国际社会对动物疾病跨国传播的重视。为了应对动物疾病对人类健康的威胁，43 个国家的动物卫生代表在巴黎举行国际会议。经过艰苦的谈判，28 个国家于 1924 年签署协议，成立国际动物流行病办公室。该办公室于 2003 年 5 月改称世界动物卫生组织，但保留了其原来的英文第一个字母的缩写 OIE。世界动物卫生组织的宗旨是改善全球动物健康。至 2018 年，其有成员 182 个，成员主要为主权国家；成员资格类似于世界贸易组织。世界动物卫生组织的最高权力机构是世界代表大会，由所有会员政府指派的代表组成，执行机构为理事会。世界动物卫生组织总部设在巴黎，日常工作由总干事负责。

〔118〕 该二十国集团财政部长和中央银行行长会议于 2020 年 2 月 22 至 23 日在沙特阿拉伯利雅得召开。会议公报见 https://g20. org/en/g20/Documents/Communique% CC% 81% 20Final% 2022 – 23% 20February% 202020. pdf（2022 年 2 月 23 日访问）。

〔119〕 详见《二十国集团领导人应对新冠肺炎特别峰会声明》，http://www. xinhuanet. com/2020 – 03/27/c_1125773916. htm（2022 年 2 月 23 日访问）。

“瘟疫”面前,合作是国际社会的唯一选择。

世界银行是较早涉入公共卫生领域的国际组织之一。1968 年,罗伯特·麦克纳马拉(Robert McNamara)就任总裁后,世界银行开始涉足全球公共卫生领域的事务。McNamara 认为,世界银行不仅仅是金融机构,而应包括发展问题,而发展并不仅限于经济领域,因经济发展需要其他方面的配合,包括良好的健康环境和公共卫生治理。[120] 管理理念的改变直接导致世界银行贷款方向的转变。1970 年,世界银行向牙买加提供了一笔计划生育贷款,1976 年,世界银行向巴西提供了用于改善营养的贷款,1981 年的一笔贷款则直接用于支持突尼斯的基本卫生服务建设。1974 年,世界银行与世卫组织、联合国开发计划署和联合国粮农组织一起,与私营实体和非政府组织合作,成功发起了盘尾丝虫病控制计划,旨在消除 11 个西非国家的河盲症。该计划属于国际组织与私人机构合作的早期尝试。

20 世纪 70 年代末,世界银行还设立了一个专门负责人口、健康和营养的部门,即今天的健康、营养和人口计划[121]的先驱。人口和健康今天已成为世界银行支持的重要领域。自 20 世纪 80 年代起,世界银行通过贷款项目等渐次成为全球最大的支持公共卫生项目的金融机构。世界银行所资助的公共卫生项目均以贷款方式为之,有的是直接资助公共卫生体系的建立、提供社会卫生保健,有的则是伴随其他贷款项目进行。就此而言,世界银行与世卫组织支持的项目有很多相通之处,可起到互为补充的作用。[122]

1987 年,世界银行发表了《资助卫生保健:改革的议程》(Financing Health Care: An Agenda for Reform),将参与公共卫生改革作为其政策的一部分。一些发展中国家的卫生系统改革均系基于世界银行推动的结构改革方案(Structural Adjustment Programme)。世界银行鼓励发展中国家通过使用者付费,卫生部门私有化,引入私人保险计划和卫生保健管理的权力下放等方式改

---

[120] 关于此问题的讨论,见 Lawrence O. Gostin, *Global Health Law*, Harvard University Press, 2014, p. 134。

[121] 关于此计划的详细情况,参见世界银行,“Health, Nutrition and Population”, http://datatopics.worldbank.org/health/(2022 年 2 月 23 日访问)。

[122] 参见世界银行,“Health, Nutrition and Population”, http://datatopics.worldbank.org/health/(2022 年 2 月 23 日访问)。

革公共卫生系统。[123] 1993 年,世界银行将其年度报告命名为“投资于公共卫生”(Investing in Health)。该报告被视为“国际公共卫生领域的分水岭”,因其使世界银行顺理成章地成为了全球公共卫生领域的引领者之一。在近年的世界疫情中,如新冠肺炎的大流行,世界银行都提供巨额贷款,协助国家政府和私人机构抗疫。[124] 越来越多的其他机构现在也对全球公共卫生治理表现出强烈的兴趣。这些机构包括从事生物医学和制药的跨国公司、国际保险公司、慈善机构和非政府组织等。

有人担心世界银行等参与公共卫生治理会对世卫组织“指导和协调国际公共卫生工作”的领导权威构成挑战。[125] 事实说明,此担心没有必要。首先,世卫组织在公共卫生秩序中的权威性并非可因任何机构通过提供资金而取代。其次,国际社会在公共卫生领域的投入一直无法满足其急遽增加的需要。即使有世界银行等机构的支持,用于公共卫生的国际资本仍然明显不足。新冠肺炎的暴发再次印证了国际对公共卫生投入之严重不足。最后,世界银行等投入到公共卫生领域资金的效率亦非令人满意。尽管世界银行为公共卫生提供的援助一直在增加,但受资助地区的公共卫生状况并未明显改善。世界银行内部的一项评估亦承认,没有“证据表明世界银行对公共卫生的支持使穷人真正受益”[126]。世界银行向非洲提供的援助项目中只有 24% 被评为满意,其中包括世界银行引以为傲的与防治艾滋病相关的项目。世界银行援助的效果不彰有多方面的原因,包括捐赠者的条件苛刻和世界银行本身的专业知识不够等。有论者认为世界银行试图通过提供经济援助来主导全球公共卫生领域的做法事实上是为国际社会提供了重要的教训,因其较注重经济层面

---

[123] See Eduardo Missoni, Guglielmo Pacileo & Fabrizio Tediosi, *Global Health Governance and Policy: An Introduction*, Routledge, 2019, p. 94.

[124] 世卫组织宣布新冠肺炎为大流行后,世界银行立即宣布其将与国际金融公司一起提供 140 亿美元快速通道融资,以协助政府和私营部门抗疫。世界银行,“World Bank Group Increases COVID – 19 Response to $14 Billion To Help Sustain Economies, Protect Jobs”,详见 https://www.worldbank.org/en/news/press – release/2020/03/17/world – bank – group – increases – covid – 19 – response – to – 14 – billion – to – help – sustain – economies – protect – jobs(2022 年 2 月 23 日访问)。

[125] Eduardo Missoni, Guglielmo Pacileo and Fabrizio Tediosi,前引书,第 95 页。

[126] Lawrence O. Gostin, Global Health Law, p. 138.

而非人类的健康权,故结果只能是事倍功半。[127]

(二)国际组织的三方合作

公共卫生与贸易和知识产权保护息息相关,故世卫组织与世贸组织和世界知识产权组织早就达成合作协议。该三个国际组织的合作于2001年《多哈公共卫生宣言》发布后上了个新台阶。非典肺炎于2003年暴发,世卫组织加速推动公共卫生方面的国际合作。当年,世卫组织总干事与联合国贸发会议、世界知识产权组织、世贸组织的总干事举行了一系列的高级别会议,讨论公共卫生的战略问题。同年,世卫组织启动了公共卫生、创新和知识产权全球战略和行动计划的谈判。[128] 世贸组织和世界知识产权组织参与了该谈判。

2009年举行的第62届世界卫生大会通过了"公共卫生、创新和知识产权:全球战略和行动计划",要求世卫组织与联合国贸发会议、世界知识产权组织和世贸组织等政府间国际组织协调知识产权和贸易领域方面的策略与活动,以便向成员方提供技术和政策支持,帮助其分享信息及提高防疫抗疫的能力。[129] 作为执行此决议的具体行动,世卫组织、世界知识产权组织与世贸组织于2010年召开了首届三方合作会议。[130] 此后,该三个国际组织以公共卫生、创新和知识产权以及贸易等为专题每年召开研讨会。这些会议的主题包

---

[127] 持批评意见的论者认为世界银行试图通过其与世界各国财政部等的关系发挥影响力,然此权力的膨胀可以是好事也可以是坏事。同上,第143页。

[128] 世卫组织2006年第59届卫生大会第WHA59.24号决议议决设立一政府间工作组,邀请非政府组织和国际组织的代表参加,讨论公共卫生、创新和知识产权全球战略和行动计划。该政府间工作组的任务是实施卫生大会于2003年设立的知识产权、创新和公共卫生委员会的建议。2008年11月20日,世卫组织执行委员会通过了该全球战略和行动计划,提出应针对发展中国家的需要,开展与疾病防治相关的研究与开发,包括将"研究和开发需要作为重点、促进研究和开发、建设和提高创新能力、转让技术、促进可持久的供资机制以及建立监测和报告系统"等。关于世卫组织执行委员会公共卫生、创新和知识产权:全球战略和行动计划,详见https://apps.who.int/gb/archive/pdf_files/EB124/B124_16-ch.pdf(2022年2月23日访问)。

[129] 参见世界卫生组织,第62届世界卫生大会临时议程项目12.11,A62/16,2009年3月26日。该计划被视为世卫组织"在启动公共卫生、创新和知识产权的实际行动方面"的重要成果;其同时被认为是里程碑式的项目,"因为它再次确认并拓展了世界卫生组织涉及公共卫生和知识产权的权限。它还表明,在对话的基础上找到共同立场是可行的"。参见《促进医药技术和创新的应用报告》,第45页。

[130] 该三方合作会议于2010年7月16日在瑞士日内瓦召开。其后,每年召开一次。详见https://www.wipo.int/meetings/en/details.jsp?meeting_id=20523(2022年2月23日访问)。

括药品取得:定价和采购实践,[131]专利信息和运营自由研讨会,[132]医疗创新的商业模式,[133]中等收入国家的医疗技术创新与获取,[134]公共卫生,知识产权和知识产权协定,[135]抗菌素耐药性:如何促进抗生素的创新、获取和适当使用[136]以及创新技术如何促进与健康相关的可持续发展目标。[137]

另该三个国际组织的秘书处承诺,"共同策划和开展公共活动,以确保数据、经验和其他信息得到交流,并且确保可利用的资源发挥最大效用"。[138] 由这三个国际组织秘书处联合编写的《促进医药技术和创新的应用报告》[139]为此合作的具体成果之一。该报告就公共卫生与知识产权保护、科学技术创新、贸易等问题进行了探讨。此合作一方面有助于国际社会对公共卫生议题的认识、理解和重视,另一方面亦可促使各方更有效地履行职责,以达到资源的高效利用。整体言之,这三个国际组织的合作更多的是政策方向上的相互配合,具体做法是各自采取措施,以此实现三个国际组织间既积极协调又保持各自独立性的目的。

前述合作之形成与各国际组织的性质和职能相关。公共卫生离不开医

---

〔131〕 该会议的名称为"Access to Medicines: Pricing and Procurement Practices",2010年7月16日在日内瓦召开,见 https://www. wto. org/english/tratop_e/trips_e/techsymp_july10_e/trip_16july10_summary_e. pdf(2022年2月23日访问)。

〔132〕 该会议的名称为"Workshop on Patent Searches and Freedom to Operate",2011年2月17日在日内瓦召开,见 https://www. wipo. int/meetings/en/details. jsp? meeting_id = 22342。

〔133〕 该会议的名称为"New Business Models for Medical Innovation",2013年7月5日在日内瓦召开,见 https://www. who. int/dg/speeches/detail/new – business – models – for – medical – innovation (2022年2月23日访问)。

〔134〕 该会议的名称为"Innovation and Access to Medical Technologies in Middle – IncomeCountries",2014年11月5日在日内瓦召开,见 https://www. who. int/medicines/news/trilat_symp_phi/en/ (2022年2月23日访问)。

〔135〕 该会议的名称为"Public Health, Intellectual Property, and TRIPS at 20: Innovation and Access to Medicines; Learning from the Past, Illuminating the Future",2015年10月28日在日内瓦召开,见 https://www. wipo. int/publications/en/details. jsp? id = 4198(2022年2月23日访问)。

〔136〕 该会议的名称为"Symposium on Antimicrobial Resistance: How to Foster Innovation, Access and Appropriate Use of Antibiotics?",2016年10月25日在日内瓦召开,见 https://www. wipo. int/meetings/en/2016/wipo_wto_who_technical_symposium. html(2022年2月23日访问)。

〔137〕 该会议的名称为"How Innovative Technologies Can Promote Health Related SDGs",2018年2月26日在日内瓦召开,见 https://nlipw. com/wto – who – wipo – symposium – to – examine – how – innovative – technologies – can – promote – health – related – sdgs/(2022年2月23日访问)。

〔138〕 详见《促进医药技术和创新的应用报告》,第25页。

〔139〕 详见《促进医药技术和创新的应用报告》。

药、医疗设备和医疗技术。而这些医药、设备和技术的跨境提供离不开国际贸易。国际贸易同时使不同国家厂家的竞争优势得以发挥，对于使用者而言便是低价进口及产品质量的提高。在医药的研发费用为天文数字的今天，国外市场为医药研发和生产企业提供了销售的保障。同时，医药的研发和生产必需知识产权保护方面的配合，否则为研发而投入的时间和费用便可能毫无意义。正因如此，世贸组织和世界知识产权组织的合作自世贸组织成立之初便已开始。双方为此达成了协议，[140]规定世界知识产权组织应为《知识产权协定》的执行提供法律和技术援助。例如，世贸组织成员应如何依照《知识产权协定》下的义务制定内国法，很多成员都曾咨询世界知识产权组织的意见。世贸组织和世界知识产权组织间的合作为后来包括世卫组织在内的三方合作奠定了基础。该三个国际组织间的合作既有三个机构的联合行动，也有两个机构的相互合作，还有单个机构的行为。其共同点是都与公共卫生的全球治理密切相关且有助益。

国际公共卫生与国际贸易历来相互关联。早于 1947 年生效的《关贸总协定》便涉及公共卫生事项。《关贸总协定》一般例外条款第 20 条(b)款规定，任何缔约方基于对保护人类生命和健康的必要性，均可对进口产品进行限制。此规定后成为《世贸组织协定》下 1994 年《关贸总协定》的一部分。众所周知，世贸组织的宗旨是贸易自由化。将保护人类生命和健康作为不履行贸易自由化义务的条件，说明公共卫生的地位高于国际贸易。当人们必须在自由贸易和公共卫生需要间做选择时，世贸组织已给出了答案。虽然公共卫生需要系以例外条款的形式包含在多边贸易秩序之内，但其意义及对推动国际公共卫生的作用不可低估。从制度角度言，世贸组织涵盖货物、服务、金融、投资等诸方面。除《关贸总协定》外，《服务贸易总协定》的一般例外条款亦有相同规定。《知识产权协定》第 8 条第 1 款亦规定，“在制定或修改其法律和法规时，各成员可采用对保护公共健康和营养，促进对其社会经济和技术发展至关重要部门的公共利益所必需的措施”，条件是相关措施与《知识产权协定》

---

[140] 详见 Agreement between the World Intellectual Property Organization and the World Trade Organization，1995 年 12 月 22 日。英文协议全文见 https://www.wipo.int/treaties/en/text.jsp?file_id=305582(2022 年 2 月 23 日访问)。

不相冲突。依该协定第27条第2款和第3款，为了“维护公共秩序或道德，包括保护人类、动物或植物的生命或健康”，各成员可拒绝授予相关发明以专利权或阻止专利的申请。这就是说，世贸组织成员可基于第8条灵活处理涉及至关重要部门公共利益的措施。由此可见，国际贸易秩序与国际公共卫生秩序事实上是相互依存、互为补充的关系。《实施卫生与植物检疫措施协定》《技术性贸易壁垒协定》等亦有相似规定。

《实施卫生与植物检疫措施协定》旨在防止任何成员使用非关税壁垒，如采取卫生或植物检疫措施等。《实施卫生与植物检疫措施协定》第2条第1款规定，“各成员有权采取为保护人类、动物或植物的生命或健康所必需的卫生与植物卫生措施”。在此情况下，各成员有权决定其认为适当的健康保护措施，但前提是其所采取的措施并不构成不必要的、任意的、不合理的或伪装的国际贸易限制。《实施卫生与植物检疫措施协定》还鼓励各成员在制定检疫检验措施时，参考国际标准、准则和建议。如果所采取的措施未参照国际标准，则相关成员有义务提出确实存在健康风险的科学证据。同时，现有的科学知识可能并非足以客观、全面地评估某些贸易对人类、动物或植物健康构成的风险。在此情况下，《实施卫生与植物检疫措施协定》允许各成员根据获取的信息对有关产品或程序采取临时措施，但该会员有义务寻求任何其他信息并在合理的时间内审查已采取的措施。临时措施可作为紧急反应，对来自暴发疫情地的产品和服务加以限制。《实施卫生与植物检疫措施协定》明确认可由联合国粮食和农业组织，世卫组织，世界动物卫生组织以及《国际植物保护公约》[141]下运营的组织制定的参考标准。简言之，任何检疫检验措施均与公共卫生相关。在世贸组织下，各成员按国际标准制订检疫检验措施的义务有助于推动此类措施的趋同性。

《技术性贸易壁垒协定》第2条第2款要求各成员将保护人类及保护动植物的生命、健康和安全作为制订技术法规的合法目标。《技术性贸易壁垒协定》的目的是防止任何成员通过制订不必要的技术性法规，从而对贸易构

〔141〕《国际植物保护公约》于1952年生效，旨在通过防止有害生物的传入和扩散来保护栽培植物和野生植物，现有183个缔约方。联合国粮食与农业组织总干事为《国际植物保护公约》加入书的保存者。详见 http://www.fao.org/unfao/govbodies/gsb-subject-matter/statutory-bodies-details/zh/c/764/? no_cache=1（2022年2月23日访问）。

成不必要的壁垒。基于此,任何技术规范均不能超出实现其合法目标所必需的限制。各成员在识别此类技术标准并进行合规性验证程序中,应参考国际标准。尽管任何成员均可自行制定标准,但应其他成员要求,其必须能够证明自己的选择系合理者。

如前所述,《实施卫生与植物检疫措施协定》和《技术性贸易壁垒协定》都是为了避免世贸组织成员以检疫检验或技术标准为名,行贸易限制之实。然就是这样的贸易协定也将保护人类健康与安全作为限制贸易的合法条件。就此而言,该两个协定的规定与《关贸总协定》第 20 条的例外条款有相辅相成的作用。其对于平衡公共卫生(人类健康和安全)与自由贸易有重要影响,对于由《世卫组织组织法》和《国际卫生条例》等为主体构建的国际公共卫生秩序之实施有重要意义。

(三)国际组织间合作的溢出效应

国际贸易协定构成国际公共卫生秩序的一部分还使得后者的相关内容可通过世贸组织争端解决机制而具有强制力。世贸组织有自己的争端解决机制,包括专家组和上诉机构。[142] 上诉机构报告和专家组报告(未上诉者)均会在争端解决机构获得通过,责成败诉的成员遵守。此具有强制执行力的制度对缺乏执行手段的世卫组织来说无疑是很大的助力。首先,世卫组织的许多原则和理念都在《世贸组织协定》中具体反映。鉴于世卫组织没有具有强制力的争端解决机制,任何成员方认为其他成员方违反了协议亦很难申诉。然如果有争议的事项既属于世卫组织管辖的范畴又系世贸组织规范的事项,则受影响的成员可依世贸组织的争端解决程序申诉。实践中,世贸组织争端解决机构处理的案件不乏涉及公共卫生者。在众多案件中,申诉方均不质疑被申诉成员保护本国公民健康的权利,而是主张后者为了实现保护人民健康所

---

〔142〕 由于美国的阻挠,世贸组织近年一直无法委任上诉机构成员,导致上诉机构无法运作。关于该问题的讨论,见王贵国:《全球治理与规则导向"一带一路"的原则和方向》,载《经贸法律评论》2019 年第 5 期。鉴于世贸组织上诉机构于 2019 年年底停止运作,中国、欧盟等 17 个国家和地区依世贸组织《关于争端解决的谅解》第 25 条达成临时上诉仲裁安排,以保证在上诉机构恢复运作前代行上诉之责。详见"Multi – party Interim Appeal Arbitration Arrangement Pursuant to Article 25 of the DSU",英文文本载 https://trade. ec. europa. eu/doclib/docs/2020/march/tradoc_158685. pdf(2022 年 2 月 23 日访问)。

采取的措施超出了需要的范围,从而构成违约。[143] 这与世贸组织一直坚持的各成员有权保护人类健康的立场一致。按照世贸组织前述诸协定以及争端解决机构的裁决,世贸组织成员有权依科学的标准,致力于实现本国公共卫生的目标。为了达此目标,如有必要,相关成员可援引《关贸总协定》《服务贸易总协定》等的例外规定和原则,对贸易和专利授予等加以限制。[144]

除前述合作模式外,世卫组织与世贸组织还互派观察员,参与对方的活动。为了支持发展中国家建立公共卫生系统,以形成应对突发事件和获得药物的能力,世贸组织通过了多哈公共卫生宣言。在该宣言通过两年后,世贸组织又通过了《关于执行〈关于与贸易有关的知识产权协议和公共卫生的多哈宣言〉》第6段的执行情况理事会决定(Decision on the Implementation of Paragraph 6 of the Doha Declaration on the TRIPS Agreement and Public Health,以下简称《知识产权理事会决定》)[145] 2005 年通过的《知识产权协定议定书》是世贸组织成立以来通过的第一个修订案。根据《世贸组织协定》第 10 条第 3 款,该议定书应在三分之二的世贸组织成员接受后生效,并纳入《知识产权协定》。[146] 然至 2020 年 3 月底,英国、法国、德国、瑞典等在医药生产和专利方

---

[143] 例如,下述诸案均涉及进口成员以人类健康和安全为理由限制相关产品的进口。并且,除欧共体生物技术产品案没有上诉外,这些个案均上诉到上诉机构:"European Communities – Measures Concerning Meat and Meat Products (Hormones)",上诉机构报告,世贸组织文件第 WT/DS26/AB/R 号,1998 年 1 月 16 日;"European Communities – Measures Affecting Asbestos and Asbestos – Containing Products",上诉机构报告,世贸组织文件第 WT/DS135/AB/R 号,2001 年 3 月 12 日;"European Communities – Measures Affecting the Approval and Marketing of Biotech Products",专家组报告,世贸组织文件第 WT/DS291/R 号,2006 年 9 月 29 日;"Brazil – Measures Affecting Imports of Retreaded Tyres",上诉机构报告,世贸组织文件第 WT/DS332/AB/R 号,2007 年 12 月 3 日;"United States – Continued Suspension of Obligations in the EC – Hormones Dispute",上诉机构报告,世贸组织文件第 WT/DS320/AB/R 号,2008 年 10 月 16 日;及"Canada – Continued Suspension of Obligations in the EC – Hormones Dispute",上诉机构报告,世贸组织文件第 WT/DS321/AB/R 号,2008 年 10 月 16 日。

[144] 关于世贸组织成员援引专利保护例外条款的权利,见 Canada – Patent Protection of Pharmaceutical Products, DS114,专家组报告,2000 年 3 月 17 日。

[145] 与贸易有关的知识产权协定和公共卫生多哈宣言第 6 段的执行情况理事会决定,世贸组织文件第 WT/L/540 and Corr. 1 号,总理事会于 2003 年 9 月 1 日通过,载 https://www. wto. org/english/tratop_e/trips_e/implem_para6_e. htm(2022 年 2 月 23 日访问)。

[146] 该议定书于 2017 年 1 月 23 日生效。对接受修正案的成员而言,该议定书取代了 2003 年豁免。详见 https://www. wto. org/english/tratop_e/trips_e/amendment_e. htm(2022 年 2 月 23 日访问)。

面领先的发达国家尚未接受该议定书。鉴于此，世贸组织已将成员接受议定书的时限延长到2021年12月31日。由此可见世贸组织在向发展中国家提供公共卫生援助方面仍有很长的路要走。尽管很多国家分别是世卫组织和世贸组织的成员，但各国对贸易问题的重视程度仍然远远超过公共卫生，毕竟贸易会直接促进经济发展，而经济发展的好坏可直接影响政府在国民心中的地位，进而可以影响政府的存废。

《知识产权理事会决定》和《知识产权协定议定书》具有相同的目的，均旨在落实《多哈公共卫生宣言》第6段关于"尽快解决世贸组织成员所面对的在制药行业因缺乏能力或能力不足而无法有效利用知识产权协定下强制许可的困难之问题"。[147] 两者的区别是，《知识产权理事会决定》对世贸组织成员不具有法律效力，而《知识产权协定议定书》属于《知识产权协定》的一部分，一经成员接受便具有法律效力，任何成员违反了相关规定便可能承担被诉甚至被制裁的风险。将公共卫生领域的知识产权问题用修正案的方式提出彰显了世贸组织和国际社会对此问题的重视。然而不能否认的是，议定书的通过仅是万里长征的第一步，其执行尚有待于国际社会的通力合作，包括首先说服医药研发大国接受该议定书。

关于知识产权制度的改革之所以困难重重与其性质和涉及的利益直接相关。《知识产权协定》是世贸组织唯一一个以保护私人权利为宗旨的国际协定，为此规定了一系列最低标准，以维护知识产权所有者的权利。然世贸组织以推动贸易自由化为目标，这就需要其在保护私人利益和自由贸易之间保持一定的平衡，即避免对知识产权这一专有权利的保护对国际贸易构成不必要和不合理的影响。此外，知识产权权利所有人大多为发达国家的国民，包括自然人和法人，故对发展中国家而言《知识产权协定》更多的是义务而非权利。为了说服发展中国家支持《知识产权协定》，在乌拉圭回合谈判时人们的共识是需要对《知识产权协定》的解释采较灵活的方式。然而最后签署的知识产权协定除了关于最不发达国家的条款有特别规定外，人们一直谈论的灵活性并未被纳入该协定。[148] 灵活性主要是指世贸组织成员在履行《知识产权协

〔147〕 参见《知识产权理事会决定》和《知识产权协定议定书》的前言。

〔148〕 参见《促进医药技术和创新的应用报告》，第71页。

定》义务方面可选择不同的方式。鉴于《知识产权协定》本身并无关于灵活性的具体规定，实践中便难免会发生争议。例如，2000 年，正当大多数发展中国家依规定开始履行《知识产权协定》下的实质义务时，医药行业协会和其所属的 39 家制药公司向南非北豪登省高等法院（North Gauteng High Court）提起诉讼，指控南非关于艾滋病（HIV/AIDS）药品平行进口的法律不符合《知识产权协定》下的义务。此案一经披露立即遭到一些非政府组织和艾滋病活动家的激烈批评。[149] 批评者指出，南非的法律系依据世界知识产权组织示范法而订立。最后，该案的原告在压力下撤回了起诉。

多哈公共卫生宣言重申《知识产权协定》的灵活性，是延伸了乌拉圭回合的讨论，说明国际社会认识到知识产权对保障公众健康的重要性。《知识产权协定议定书》在执行义务的灵活性方面主要是针对发展中国家的，特别是最不发达国家。根据《知识产权协定》第 31 条的规定，任何成员均有权对其领土内的专利实施强制许可，但需满足两个条件，包括强制许可下生产的产品只能在行使此权利的成员方内市场销售，以及根据授权的经济价值向权利所有人支付适当的报酬。[150] 此规定对于没有药品生产能力或生产能力不足的发展中国家成员而言缺乏实质意义，因这些国家只能靠进口满足国内市场的需求。《知识产权协定议定书》允许任何成员为"合格进口成员"（eligible importing Members）的市场生产并出口药品。[151] "合格进口成员"分为两类。一类是最不发达国家[152]成员；另一类则是接受《知识产权协定议定书》及其附件下义务的成员，条件是这些成员需事先向知识产权协定理事会报告其意向

---

[149] 参见《促进医药技术和创新的应用报告》，第 97 页，注释 96。

[150] 参见《知识产权协定》第 31 条 f 和 h 款。

[151] 参见《知识产权协定议定书》第 1 条。

[152] 最不发达国家系由联合国确定的最需要援助的国家，名单每 3 年审查更新一次。确定最不发达国家的标准包括相关国家的人均毛收入（按 2018 年的审查标准，人均 1230 美元以下者为最不发达国家），人力资产指数（包括营养不良人口的比例，5 岁或以下儿童的死亡率，中学入学率和成人识字率）及经济脆弱性指数（包括人口规模，商品出口集中度，农业，林业和渔业的份额，高海拔沿海地区的人口比例，货物和服务出口的不稳定性，自然灾害的受害者和农业生产的不稳定性等）。详见 UN – OHRLLS，"Criteria for Identification and Graduation of LDCs"，http://unohrlls.org/about – ldcs/criteria – for – ldcs/（2022 年 2 月 23 日访问）。

和计划,主要是说明进口药品系用于公共卫生的紧急或极端紧急情况。[153] 供进口的药品则包括为解决公共卫生问题的专利药品和药品制造工艺。[154] 这就是说在《知识产权协定议定书》的制度下,依专利强制许可生产的药品之出口有两个前提条件,一个是进口国为合格进口成员,另一个是涉及的药品限于解决公共卫生的紧急需要。

《知识产权协定议定书》下的专利强制许可授予方可以是进口成员,也可以是非进口成员。议定书的目的是允许非进口成员授予强制许可并为"合格进口国"生产药品。并且,依《知识产权协定议定书》授予强制许可及生产药品不需向专利所有人支付足额补偿,从而合格进口成员便不必支付专利费用。[155] 这是知识产权协定议定书的核心,即贫穷的成员不必为强制许可的专利支付费用,条件是其没有能力生产专利药品。合格进口成员是否具有充分的生产能力从而成为一个问题。实践中,一个国家是否决定授予强制许可需考虑很多因素,包括专利所有人的态度以及专利所有人国家的立场等。在广为人知的泰国授权案中,泰国政府主张依《知识产权协定议定书》放弃第 31(f)条下的义务,授权政府制药组织在 2006 年 11 月生产通用型的依法韦仑[efavirenz(Stocrin ©)]至 2011 年,并从印度进口相同产品直到国内厂家具备了生产能力为止。该专利所有人默克(Merck)公司承认泰国的强制许可符合《知识产权协定》的规定,但声称泰国政府没有充分磋商,以便给予其机会考虑是否降低药品的价格。美国政府也质疑泰国的强制许可,要求泰国政府撤销该强制许可并与 Merck 公司谈判。鉴于泰国政府没有让步并对另外两个专利也授予了强制许可,专利所有人已停止向泰国市场出口专利药品进行反击。[156] 由此不难看出,尽管各国均承认公共卫生为国际公共产品,同意在

---

[153] 如进口成员并非最不发达国家,则其还需向知识产权理事会说明计划进口药品的名称、数量等。见《知识产权协定议定书》附件第 1 条。

[154] 如进口成员并非最不发达国家,则其还需向知识产权理事会说明计划进口药品的名称、数量等。见《知识产权协定议定书》附件第 1 条。

[155] 《知识产权协定议定书》第 2 条。

[156] 关于《知识产权协定议定书》的实施及其困难,详见 Vanessa Bradford Kerry1, Kelley Lee, *TRIPS, the Doha Declaration and Paragraph 6 Decision: What are the Remaining Steps for Protecting Access to Medicines?*, *Globalization and Health* 2007, http://www. globalizationandhealth. com/content(2022 年 2 月 23 日访问)。泰国强制许可见该文章第 4 页。

公共卫生紧急事件方面，国际社会应予以特殊考虑。然知识产权包含重要的经济利益，有时还涉及国家安全的因素。这使执行《知识产权协定议定书》变得相当困难，尽管人们都明白过度保护知识产权势必使人类对药物和医疗技术、医疗器械的需求受到影响。如何平衡贸易与知识产权保护间的关系一直是国际社会未能解决的问题，从而构成对整个国际公共卫生秩序有效运作的挑战。这亦说明国际合作对公共卫生治理非常重要。“仁者先难而后获。”[157]关于国际公共卫生治理的合作已获初步成果，在全球化的环境下各国只有通过强化合作方能使国际公共卫生秩序不断改进。

六、国际公共卫生秩序的兴革之路

古人云：“苟日新，日日新，又日新。”[158]故所有秩序、制度、机制、组织、机构均需与时俱进，不断兴革。国际公共卫生秩序亦然。作为国际公共卫生秩序的核心和联合国的特别机构，世卫组织与其他联合国专门机构有共性，亦有独特性。众所周知，联合国系由主权国家组成，故其专门机构的成员资格亦以主权国家为前提。在运营经费方面，世卫组织更像联合国，即其资金完全依赖成员方的捐赠。这与同为联合国特别机构的世界银行有很大不同，因后者的资金主要来自金融交易。运营经费方面对成员方的依赖性必然在一定程度上受到成员方外交和内政政策的影响。

（一）当代国际公共卫生秩序的挑战

作为国际公共卫生秩序的最权威机构，世卫组织的最重要特点是其具有专业性。《世卫组织组织法》第 11 条规定，各成员方的“代表应由公共卫生界上具有相当专门技术人员中选择之，尤以能代表该成员方政府之卫生署者为佳”。实践中，参加卫生大会的成员方代表均为各国的卫生部长或其他重要卫生官员。世卫组织的秘书长也历来都是由公共卫生的专家担任。加之世卫组织的各类委员会也是由医疗卫生专家出任，可以说世卫组织内聚集了世界

[157] 《论语·雍也》第 22 章。
[158] 《大学》第 3 章。

上众多的顶尖级专家。

世卫组织统领国际公共卫生秩序在很大程度上是依赖其强大的专家队伍以及信息和网络技术的快速发展。在高度信息化的时代,世卫组织将专家队伍和信息的掌握和使用有效结合起来,从而成为对成员方行使影响力的重要工具。例如,如果某地发生了传染性疾病,在相关成员方没有即时报告的情况下,任何个人都可以并有能力直接向世卫组织通报。在接到通报后,经核实后,世卫组织即可通过全球疫情警报和反应网络发出警报。鉴于世卫组织有一个国际顶尖级公共卫生专家队伍,其所发布的信息自然被认为具有权威性。

世卫组织发布的任何信息均可立即在全世界传播,这无形中会使当事成员方承受巨大的国际压力。在世界高度全球化的今天,一旦掌握全球疫情警报和反应网络的世卫组织向国际社会发布某种疾病的暴发,对当事方可能构成毁灭性的打击。最直接和即时的包括对贸易、旅游和服务等领域的影响。而这种影响很可能会波及其他领域并延续很长时间;谁愿意与疫区,特别是不通报疫情的成员方进行经济交易和其他往来呢?然而,如果传染病暴发的成员方选择与世卫组织合作,则世卫组织很可能有机会科学地分析疫情并建议国际社会应采取的措施,包括是否应该对当事成员方的旅游设限等。

理论上,无论是出于私利、共同利益还是公众形象的考虑,主动遵从通报的义务并与世卫组织合作都是较好的选择。相关成员方是否愿意遵守世卫组织的规则并与之合作也会影响负有监督之责的世卫组织的态度,而世卫组织的态度则可通过信息手段左右该成员方在国际社会的地位和形象。或可说,掌握和发布信息的权利已成为世卫组织管理世界公共卫生和推动公共卫生法治化的有效手段。任何国家无视世卫组织的宣布,依然我行我素,便会遭到本国社会的批评,继而受到国际社会的指责。在此情况下,一个没有权力但有权威的世卫组织在公共卫生领域对世界有巨大的影响力。可谓“唯命不于常”,“道善则得之,不善则失之”。[159]

有论者认为世卫组织之所以有如此高的权威性是因为西方国家一直力图建立一个国际疾病监测网,从而将传染病拒之于其国门之外,以此达到保护本国利益的目的。具体的方法就是将世卫组织置于全球公共卫生治理的权威地

---

〔159〕 参见《大学》第10章。

位，使其以中立的身份监督各成员方履行义务并负责协调各国间的合作。否则，改由西方国家自己出面要求各国就公共卫生监测等合作，便很可能会被认为是以卫生监测之名行“帝国扩张”之实。[160] 无论世卫组织建立之初的目的为何，不争的事实是现在的国际社会需要一个这样的多边机制规范卫生秩序。世卫组织通过建立全球疫情警报和反应网络以及修改《国际卫生条例》建立了一套相对完整的全球卫生治理机制。世卫组织的权威性则通过此机制逐步形成，甚至其议事规则和程序等都可直接影响成员方。此发展系顺应了全球化的趋势和需要。

尽管以世卫组织为核心的国际公共卫生秩序的发展顺应了全球化的大势，然自 21 世纪 20 年代起，民族主义在世界范围兴起，世界强国美国处处强调美国优先，不顾国际社会的反对而先后退出多个国际条约及利用世贸组织的程序规则阻止世贸组织争端解决机构的运作。[161] 新冠肺炎成为全球大流行并导致上万人死亡后，各国纷纷“闭关锁国”，有人开始质疑经济全球化是否已经走到了尽头并以各国各自为政取而代之。我们认为，全球化是各国长期相互依赖关系发展的结果，所谓全球化只是说此相互依赖关系发展到了一个较高级的阶段。因此，世界根本无法回到全球化之前的状态，就算倒退也只能通过逐渐减少各国的相互依赖关系而实现。全球化是以市场为基础、全球经济运行的结果，非一个国家或是一群国家可以改变的。对其发生变化的只能是经济运行规律。[162]

（二）全球化与传统意识

我们认为，全球化会有高潮和低谷，然其总体趋势和发展方向并未改变。在各国经济高度相互依赖的今天，世界的生产和销售等已经形成一个高度融合的供应链。在这个全球性的供应链上，不同国家的工厂通过陆地和海洋连接到一起，使得任何地方生产成品的工厂都能够从世界其他地方采购零部件

---

[160] Sara E. Davies, *Securitizing Infectious Disease*, International Affairs, p. 309.

[161] 关于此问题，详见王贵国：《全球治理与规则导向“一带一路”的原则和方向》，载《经贸法律评论》2019 年第 5 期。

[162] 关于全球化的条件、特征及发展趋势等的讨论，详见王贵国：《经济全球化与全球法治化》，载《中国法学》2008 年第 1 期。

和原材料。然而新冠肺炎的暴发打乱了这一全球供应链,因为一些企业为了应对病毒不得不停产,从而无法继续供应零部件和原材料。[163] 受此影响的企业为了经营必须寻找替代供应商,然就在它们还未与潜在供应商谈好条件前,这些国家也成了疫区。正如牛津大学的伊恩·戈尔丁(Ian Goldin)教授所说,“不管墙有多高,都不可能抵御流行病、气候变化或人类未来面临的任何其他重大威胁,所以我认为它会产生适得其反的效果”。[164] 新冠肺炎成为全球大流行并不会改变经济全球化的大趋势。恰恰相反,“遏制不尊重边界的新冠肺炎这件事本身就需要国际协调,而全球化的基础设施为协调提供了便利。但是,随着医用口罩成为人们迫切需要的物品,从日本到爱尔兰的学校停课,航空公司取消航班,贸易展被取消,股市暴跌让数万亿美元的财富化为乌有,新冠肺炎引发的恐慌看来很有可能改变全球化的轮廓”。[165]

在全球化的大势之下,各国相互依赖的内容和领域可能发生变化,但相互依赖的性质不会改变。例如,在全球大流行前,世界口罩产能约50%在中国。由于疫情导致口罩的需求激增,原有的口罩企业在扩能生产,一些新的企业开始生产口罩。口罩等医疗产品集中在中国等少数国家的事实在新冠肺炎抗疫过程中被视为国家安全的潜在风险。首先,中国的政治制度及意识形态与西方国家不同,从而导致信任缺失,而这些在平时并非明显的信任缺失在抗疫过程中则暴露出来。其次,口罩等原来并未被视为战略物资。在传染病可迅速成为全球性瘟疫的今天,医疗产品显然已成为每个国家不可忽视的战略物资。出于前述考虑,医疗产品产地过于集中的情势在疫情过后势必得到调整。此调整将会有市场的作用力,即医疗产品的产地将从成本高的市场转到低成本的市场,也会受到政治力的作用,即一些国家会以国家安全为理由,迫使一些

---

[163] 例如,全球最大的汽车制造商大众汽车(Volkswagen)于2020年3月17日宣布关闭在西班牙、葡萄牙、斯洛伐克和意大利的工厂,而德国的工厂将于3天后的3月20日关闭。参见David Meyer and Katherine Dunn, “Europe’s Auto Factories are Closing. Experts Fear a Lost Decade is Coming”, Fortune, 2020年3月17日,见https://fortune.com/2020/03/17/coronavirus-impact-shutdown-european-auto-sector-volkswagen/(2022年2月23日访问)。

[164] Peter S. Goodman,“新冠肺炎疫情敲响全球化丧钟?”,载《纽约时报中文网》2020年3月6日,https://cn.nytimes.com/business/20200306/coronavirus-globalism/(2022年2月23日访问)。

[165] Peter S. Goodman,“新冠肺炎疫情敲响全球化丧钟?”,载《纽约时报中文网》2020年3月6日,https://cn.nytimes.com/business/20200306/coronavirus-globalism/(2022年2月23日访问)。

产品的生产商留在本国或是盟国。除了医疗产品外,其他产品供应链也会出现调整。这些发展对作为当代国际公共卫生秩序核心的世卫组织必然构成新的挑战;此前,虽然西方国家早就将公共卫生视为安全问题,但在全球化环境下世卫组织的作用显然变得更为重要。一方面,由于文化和习惯以及对疫情的发展估计严重不足等原因,各国总是倾向于不及早采取防疫措施。另一方面,一旦疫情在其本国暴发,出于政治的原因便会批评是世卫组织的决定来得太迟、行动过于迟缓。巴西卫生部长路易斯·恩里克·曼德塔(Luiz Henrique Mandetta)便说世卫组织的决定太慢,影响了其本国的抗疫举措,认为若世卫组织更早宣布大流行,全球的病例或会少很多。[166]

事实上,当新冠肺炎在欧美等地传播之初,这些国家显然未对之予以应有的重视。美国政府认为新冠肺炎的疫情并不严重,至少不像世卫组织或一些国家说的那样严重。美国前总统特朗普甚至说凭其直觉世卫组织公布的新冠肺炎的死亡率过高。[167] 然当美国疫情失控后,特朗普便一改先前对新冠肺炎满不在乎的态度,指责世卫组织通报疫情迟缓。[168] 英国政府当时亦不重视新冠肺炎的严重性。其首席科学顾问帕特里克·瓦兰斯(Patrick Vallance)甚至提出"群体免疫"(herd immunity)的策略,认为应先让英国60%的人口感染并痊愈,然后产生免疫力,以达到消除病毒的效果。面对这些大国、强国的傲慢,世卫组织能做的非常有限。世卫组织发言人哈里斯(Harris)博士曾公开指责英国政府,说"我们对这种病毒的科学知识还不够了解,对于我们来说,这种病毒存在的时间还不够长,故无法从免疫学角度了解其反应。每种病毒在人类体内的功能各不相同,并会激发不同的免疫学特征。我们可以讨论理论,但目前我们确实面临着必须采取行动的局面"。[169] 世卫组织的表态虽然对美英

---

〔166〕 中国香港特区《明报》,2020年3月13日。

〔167〕 See David Jackson, *Coronavirus death rate is* 3.4%, *World Health Organization says*, *Trump says "hunch" tells him that's wrong*, USA Today, https://www.usatoday.com/story/news/politics/2020/03/05/coronavirus-trump-disputes-world-health-organization-death-rate/4961519002/.

〔168〕 见"Trump Slammed the W. H. O. Over Coronavirus. He's Not Alone",《纽约时报》,前引书。

〔169〕 CambridgeLive-Daily, "Coronavirus: World Health Organisation questions UK approach to COVID-19 outbreak",见 https://www.cambridge-news.co.uk/news/uk-world-news/coronavirus-who-government-uk-strategy-17924466(2020年3月15日访问);亦见中国香港特区《明报》国际版,"需全國六成人感染痊癒 英提群體免疫捱轟"。

等国构成一定的压力，但并未令这些国家立即采取紧急及严厉措施，[170]从而使新冠病毒很快在意大利、伊朗、美国、西班牙、德国、法国、英国等迅速蔓延，成为第二次世界大战以来对国际社会最严重的挑战。

(三)兴革的必要

从新冠肺炎的全球性防疫抗疫情况看，现有的国际公共卫生秩序在针对全球大流行这样的传染病方面尚有很多需要改善之处。首先需要解决的是成员方与世卫组织的合作。如前所述，美欧等国先是不重视世卫组织的提醒和建议。然世卫组织宣布新冠肺炎为全球大流行[171]后，美国立即禁止欧洲人入境。美国的限制旅游措施遭到欧洲国家的批评，因美国在作决定时根本没有咨询受影响的国家。事实上，早在新冠肺炎暴发不久，美国和一些欧洲国家就宣布了禁止中国居民和曾于14天前到过中国的人士入境的命令。随着疫情在欧洲和美国快速蔓延，中国、日本、印度、韩国、新加坡等也先后宣布禁止非国民入境。根据《国际卫生条例》，成员方采取"对国际交通造成明显干扰的额外卫生措施时，应该向世卫组织提供采取此类措施的公共卫生依据和有关科学信息。世卫组织应与其他缔约国分享这种信息并应分享关于所执行卫生措施的信息。就本条而言，明显干扰一般是指拒绝国际旅行者、行李、货物、集装箱、交通工具、物品等入境或出境或延误入境或出境24小时以上"[172]。面对肆虐人类生命和健康的世纪传染病，各成员方采取禁止外国人入境的命令可以理解。然而没有证据显示任何国家曾向世卫组织提交报告。不仅如此，在宣布了新冠肺炎为全球大流行后，[173]世卫组织似乎被消声，世人所关心的是美国总统讲了什么、欧盟和英国的政府首脑做了什么。然而，新冠肺炎被

---

〔170〕 有论者认为这与世卫组织的职能仅属咨询性质有关。见 Adam Kamradt - Scott，前引书，第52页。

〔171〕 世卫组织总干事于2020年3月11日宣布新冠肺炎为全球大流行。当天21时特朗普发表了电视讲话，详见 Kevin Liptak and Maegan Vazquez，"Trump says he's suspending travel from Europe to US，though citizens and others are exempt"，美国有线新闻网(CNN)，2020年3月12日，https://edition.cnn.com/2020/03/11/politics/donald - trump - coronavirus - statement/index.html (2022年2月23日访问)。

〔172〕 《国际卫生条例》第43条第3款。

〔173〕 这与世卫组织在新冠肺炎暴发之初的作用形成对比。新冠肺炎暴发后，世卫组织一直就疫情发表意见，提出建议，并派专家到中国考察与中国的专家交换意见等。

确定为全球大流行之时正是国际社会需要协调行动共同抗疫之际。世卫组织在这个时候未能发挥主导作用说明公共卫生的全球治理出了问题。

在宣布新冠肺炎已经发展成为“全球大流行”的发布会上，世卫组织秘书长说，“我们对令人震惊的疫情传播程度和严重程度深感担忧，也对令人震惊的无所作为程度深感担忧”。[174] 世卫组织之所以对病毒的传播深感担忧是因为当时已有114个国家的11.8万人成为确诊病例。[175] 尽管由病毒引发大流行在世卫组织的历史上属于首次，但当时相当多的国家并未高度重视病毒的蔓延。世卫组织“已明白无误地拉响了警报”，但还是有国家“无所作为”，故世卫组织才会“震惊”且“深感担忧”。从世卫组织秘书长的讲话不难看出，其深知兹事体大，但却无能为力。其所能做的不过是疾呼，“所有国家仍然可以改变这一疫情的走向。如果各国发现、检测、治疗、隔离、追踪，并动员本国人民参与应对措施，那些有少数病例的国家就可以防止这些病例成为聚集性病例，而那些有聚集性病例的国家就可以防止其发展成为社区传播。即便是那些有社区传播或大范围聚集性病例的国家也能扭转这种病毒的发展趋势”。[176] 后来发展成疫情中心的一些国家显然并未充分重视世卫组织秘书长的疾呼，也没有立即采取世卫组织的建议。由此可见，世卫组织的权威性在面对大灾大难时，特别是面对西方国家时，还有很大的改善空间。

世卫组织在全球大流行面前的无力感有很多原因。首先，世卫组织成立于第二次世界大战结束之时。各国当时对主权权力非常重视，然任何医疗卫生的规范都关乎人的生命与健康，都会涉及一个国家的内部事务，即内政。刚刚经历过战争摧残的国家视不干涉内政为保持主权完整的重要内容。其次，西方大国的目的是通过世卫组织监督其他国家的卫生状况，将可能的传染病阻挡在其国门之外。这些因素的结果便是赋予世卫组织以咨询性的职能，而不是赋予其具有强制力的管辖权。最后，世卫组织没有争端解决机制，从而使

---

[174] 世卫组织总干事2020年3月11日在2019冠状病毒病(COVID－19)疫情媒体通报会上的讲话，见 https://www.who.int/zh/dg/speeches/detail/who－director－general－s－opening－remarks－at－the－media－briefing－on－covid－19－－－11－march－2020(2022年2月23日访问)。

[175] 同注释174。

[176] 同注释174。

执行条约义务基本成为成员方的自愿行为。或可说，当时的国际社会也没有赋予国际法以强制力的条件。故世卫组织为“无牙老虎”[177]是事实，是历史条件使然，而并非世卫组织之过。[178] 诚然，经修订的《国际卫生条例》加大了对国家主权的限制。然对成员方主权的限制并不必然成比例地转化为世卫组织处理国际卫生事件的影响力和效率。之所以如此，有论者认为是因为国际法的效力取决于主权国家的同意，而国家通常会通过签订国际条约等承担义务，但并没有意愿实际履行相关义务。[179]

与其他国际组织相同，世卫组织在早期受西方国家的影响较大。随着国际社会相互依赖关系在广度和深度上不断增加，国际力量的对比发生了重要变化。“在新的多极政治环境下，由巴西、中国、印度和南非等国家领导的南方集体正在形成不同于传统权力结构的力量，以前所未有的努力来解决对其自身安全构成影响的全球健康问题。对于这些迅速崛起的国家而言，全球卫生正义和经济发展是其政治发展的自然动力。”[180]这些发展显然使世卫组织更具代表性，但这并不可能立即改善现有的国际公共卫生秩序，因为任何制度之改变均涉及文化、价值、传统等因素。如何使“南方集团”诸国的文化、价值、传统和制度融入世卫组织的架构和运作将是其能否应对将来挑战的重要元素。例如，每个公共卫生事件必然涉及人和个人资料，也就是个人隐私，进而是人权。目前，国际公共卫生秩序并无关于防疫抗疫过程中应如何采集和使用个人资料的规定。然而资料的收集和使用直接关系到防疫和抗疫效果。以人口、发展水平和政治经济制度均相似的韩国和意大利为例。新冠肺炎暴发不久，意大利很快就成为欧洲的重灾区。尽管原因有多种，但意大利政府无法在疫情爆发的初期对患者进行追踪直接相关。而这又涉及包括意大利在内

---

[177] Lawrence O. Gostin, Global Health Law, p. 112.

[178] 早在20世纪80年代，已有欧洲学者指出，由于国际公共卫生秩序形成于大规模去殖民时期以前，故其仍有强烈的西方色彩，其许多规范仍属“软法”。关于此问题的讨论，见 Gregory C. Shaffer & Mark A. Pollack, *Hard vs. Soft Law: Alternatives, Complements and Antagonists in International Governance*, Minnesota Law Review, Vol. 94, p. 707 – 799 (2010); Arnold N. Pronto, *Understanding the Hard/Soft Distinction in International Law*, Vanderbilt Law Review, Vol. 48, p. 941 – 956 (2021).

[179] David P. Fidler, “Globalization, International Law, and Emerging Infectious Diseases”, 前引书, 第80页。

[180] Lawrence O. Gostin, Global Health Law, p. 61.

的西方国家对个人隐私权的理解与规范。与意大利不同,韩国政府在疫情之初便依当地的法律取得确诊患者相关的数据,包括相关人士所在位置、信用卡数据、确诊前后的旅行记录等非常私密的个人信息。抗疫的结果是韩国的做法很有效,而意大利未能阻遏疫情的发展。[181] 再如,中国政府采取强力措施,包括家居和戴口罩等,以较快的速度控制住了新冠肺炎疫情。这与亚洲社会和西方社会在文化上的差异有关。由于中国曾经历非典型肺炎,韩国则经历过中东呼吸综合征。这些国家和地区都认为佩戴口罩是有效的防疫措施,但欧美社会则认为只有生病的人才需要戴口罩。因为历史上从来都是欧美国家在疫情发生后通过世卫组织向亚洲国家和地区提供抗疫建议,此次面对新冠肺炎,美国和一些欧洲国家明显并未重视亚洲经验。这种文化和传统上的偏见显然是导致新冠肺炎在西方国家大面积暴发的原因之一。因此,改进世卫组织运作的方法之一是应注重东西方文化的交融,呼吁成员方抱持"以能问于不能,以多问于寡"[182] 的心态,无偏见地互鉴,方可提高国际公共卫生秩序的作用。

(四)加强世卫组织的领导地位

任何组织的执行力都与其本身的结构相关。世卫组织从总干事以下的职员的绝大多数为具有卫生知识与经验的专家。专家的集成使世卫组织的专业性得到广泛认可。然世界上所有事情的优点必随着缺点。在全球性的瘟疫面前,防疫抗疫不仅需要专业知识与经验,而且需要政治家的魄力、远见及调和鼎鼐的能力。只有如此方可运筹帷幄,依情势提出适当的合作模式和方法。新冠肺炎疫情过后,国际社会必然会检讨世卫组织的结构、决策程序与原则等。例如,2009 年世卫组织制定的大流行性流感防范框架仅适用于流感。非典以及 2020 年年初爆发的新冠肺炎都是由冠状病毒所引起,故从法律上讲,防范框架并不涵盖非流感的新冠肺炎等病毒。这也是为什么在是否应将新冠

[181] 关于韩国抗击新冠肺炎的经验,见 Max Fisher 和 Choe Sang – Hun,"韩国为何能有效控制疫情,它的模式能被复制吗?",纽约时报(中文版),2020 年 3 月 24 日。电子版见 https://cn.nytimes.com/asia – pacific/20200324/coronavirus – south – korea – flatten – curve/zh – hant/(2022 年 2 月 23 日访问)。

[182] 《论语·泰伯》第 5 章。

肺炎定性为大流行的问题上国际社会有不同意见的原因所在。就国际公共卫生治理而言,新冠肺炎的暴发说明大流行性流感防范框架存有一个重大的缺口。此次将新冠肺炎的暴发定性为“全球大流行”可谓世卫组织具有创意的一次尝试,但并未解决前述法律问题。我们认为,世卫组织应与成员方合作,立即着手研究对大流行性流感防范框架的改革,使其能够涵盖将来发生的重大疫情。

历史说明,大灾过后,国际秩序必会做出调整。新冠肺炎在全球的暴发和失控充分说明,现有的国际体系并不足以应对全球化环境下公共卫生领域的突发事件,改进国际公共卫生秩序当在疫后提上议程。新冠肺炎防疫抗疫过程暴露的一些潜在风险当成为各国调整外交、产业和安全政策的优先考虑。一些以产业互补为载体的同盟或准同盟合作关系将随之建立。较为可能的结果是,出于国家安全的考虑,美欧诸国会有目的地将一些医疗用品的原材料、半成品和成品的产地从集中在中国的现状变为分散到其他国家。此外,疫情暴露的公共卫生问题,包括一些国家政府内部不协调、政策不统一以及公共卫生体系在预防、处理和控制疾病方面的能力等均为各国必须面对的议题。[183]

(五)弥合医药疫苗鸿沟

在高度全球化的今天,除非各国采取相似的严格措施,否则即使少数国家有效控制了疫情,也不能阻止疫情在世界肆虐,甚至无法遏制疫情再次从境外传入本国。这要求各国通过协调其外交政策,改善全球公共卫生系统。正如世卫组织的一个文件所指出,这需要成员方对其政府的结构和制度进行调整,

---

〔183〕 媒体对发达国家处理疫情的报道较多。事实上,发展中国家面对的问题更大更多。2000 年 6 月,为了评估实现减少贫困目标方面的成绩及展望共同愿景,联合国、经合组织、货币基金组织和世界银行联合发布了题为《人人享有的更好世界》的报告,提出所有持份者均应努力实现“追求有利于穷人的更快和可持续发展战略”,并指出可能妨碍此战略成功的因素包括治理薄弱、不良政策、侵犯人权、冲突、自然灾难和其他外部冲击。艾滋病毒/艾滋病的传播,获得教育和卫生保健的不平等现象等亦限制了发展中国家的发展。参见联合国、国际货币基金组织、世界银行和经济合作与发展组织,“A Better World for All”,2000 年版,第 2 页。

以使跨部门的决策更加有效。[184] 根据世卫组织的建议,此结构调整的目的就是要使公共卫生成为每个国家外交和贸易政策的一部分,从而在国际层面形成较有效的合作模式。[185] 易言之,世卫组织认为国际社会对公共卫生问题的重视程度尚不足够,尚需加强,需将之提到国家外交政策的层面。新冠肺炎无法短时间内在世界范围受到控制说明世卫组织判断之正确。

与其他公共卫生事件相同,新冠肺炎之所以对整个国际社会构成严重威胁是因为缺少有效的治疗手段和特效药。面对新冠肺炎疫情的肆虐,很多机构纷纷研发疫苗,因为有了疫苗就有了遏制病毒的方法,就可以保障国家安全。除此之外,疫苗的研发机构和个人还可以拥有专利,从而除经济利益外,还可以决定哪些人可以获得疫苗。据报道,美国政府曾试图利诱正在研发新冠肺炎疫苗的德国企业 CureVac 转到美国,条件是美国获得独家专利。此事立即引起德国和欧盟的极大关注,立即宣布提供 8000 万欧元供该公司做研究之用。[186] 由此可见,公共卫生治理的知识产权环节至关重要。为了解决发展中国家望药兴叹的问题,《多哈公共卫生宣言》及依其达成的《知识产权协定议定书》允许最不发达国家和其他合资格的国家授予强制专利许可。为了平衡私有企业的商业利益和公共卫生的社会利益,药品专利池组织于 2010 年成立。[187] 简言之,专利池机制就是允许有意愿的企业将其专利交给专利池组织,由后者代为在中低收入国家寻找专利使用权的购买者。其特点是参与的企业必须完全披露专利的信息,专利使用权的购买者在通过专利池组织获得信息并签订技术转让协议时必须承诺放弃对数据的独占权。依照此方式获得的专利使用权者可生产药品的仿制品,价格相对低廉,专利所有人则得到高出

---

[184] 关于此问题的讨论,见世卫组织, *Global Health and Foreign Policy*: *Strategic Opportunities and Challenges Background Paper for the Secretary – General's Report on Global Health and Foreign Policy*, 2009 年 5 月 11 日,第 55 段。

[185] 关于此问题的讨论,见世卫组织, *Global Health and Foreign Policy*: *Strategic Opportunities and Challenges Background Paper for the Secretary – General's Report on Global Health and Foreign Policy*, 2009 年 5 月 11 日,第 55 段。

[186] "EU Offers Support to German Vaccine Company Coveted by Trump", EURACTIV, 见 https://www. euractiv. com/section/global – europe/news/eu – offers – support – to – german – vaccine – company – coveted – by – trump/(2022 年 3 月 2 日访问)。

[187] 世卫组织为成立此组成的推动者之一。关于药品专利池的相关信息,见 https://www. who. int/publications/10 – year – review/medicines/zh/index6. html(2022 年 2 月 23 日访问)。

强制许可的利益。这被认为是专利所有人在履行社会责任。联合国将其纳入了千年发展目标。[188] 专利池制度尚未得到国际社会的广泛认可,原因是专利不仅涉及商业利益,而且有时被视为关乎国家安全。此问题之解决取决于各国是否会从新冠肺炎疫情中汲取教训,为了本国和世界的利益采取果断措施。

此方面的最新进展是于 2022 年 6 月举行的世贸组织第十二届部长级会议通过了"关于《与贸易相关的知识产权协定》部长级决定",修订了《与贸易相关的知识产权协定》第 28 条关于专利权的规定,授权发展中成员"在应对新冠肺炎大流行所需的范围内,可未经权利人同意而生产和供应新冠肺炎疫苗"。为此,该部长决定还修订了《与贸易相关的知识产权协定》第 31 条关于强制许可的条件。[189] 或可说,这是迄今为止,国际社会针对疫苗鸿沟采取的最有力措施,也说明在高度全球化的今天,各国只有合作方能解决人类面对的疫情挑战,方能落实人类的健康权。

药品和医疗设备的浪费直接导致医疗资源不足,是国际公共卫生秩序的一大问题。据世卫组织、世界知识产权组织和世贸组织秘书处的联合报告,各国的中央和地方政府现已成为医药品的最大采购者,然无论是采购方式还是结果都不甚令人满意,甚至被视为医药采购"不力的重灾区",是导致药品"缺货、浪费、质量差、价格上涨"的根源。[190] 有研究发现,"在非洲、欧洲和西太平洋区域,政府为医药支出的费用比真实所需平均高出 34% 到 44%"。[191] 政府采购的程序缺乏竞争性和透明度、官僚体系的痼疾等均与之相关。现有的多边政府采购秩序建基于世贸组织的《政府采购协定》,药品一般列于普通商品。解决政府采购药品问题的方法包括由世贸组织和世卫组织联手,鼓励各国在加入《政府采购协定》时将药品在商品中单列,同时规定政府采购药品的程序应具竞争性、透明度和可持续性。此事涉及世卫组织的运作,各国解决问题及合作的意愿将起决定作用。

---

[188] 根据联合国千年发展目标,"国际社会应进一步鼓励制药行业使用自愿许可协议,以及加入专利池"。参见《促进医药技术和创新的应用报告》,前引书,第 43 页。

[189] 见 Ministerial Decision on the TRIPS Agreement, WT/MIN(22)/W/15/Rev. 2, 17 June 2022,关于此决定的文本,见 https://docs. wto. org/dol2fe/Pages/SS/directdoc. aspx? filename = q:/WT/MIN22/W15R2. pdf&Open = True(2022 年 7 月 19 日访问)。

[190] 参见《促进医药技术和创新的应用报告》,第 82 页。

[191] 参见《促进医药技术和创新的应用报告》,第 82 页。

此外,有效控制大流行不可或缺的是通报机制的实际运作;通报不限于疫情首发地应如何履行义务,也涉及疫情变化的通报,如病毒变异。由于人类本身的私利主导,收到其他国家或地区关于疫情(包括毒株变异)通报的直接反应往往是拒绝与之联络,而不是伸出援手。2021 年 11 月 24 日南非向世卫组织报告发现了新冠毒株变异,[192] 即后来世卫组织命名为奥密克戎(Omicron)的新冠肺炎。在南非报告新变异毒株 Omicron 数小时后,英国便宣布对非洲南部多国实施旅游禁令,之后欧洲大陆诸国、美国、加拿大等均宣布暂停允许来自南非等八个国家的游客入境。南非政府及科学界批评此做法过于严苛且不科学,南非透明且迅速披露变异病毒却遭到惩罚。南非卫生部长乔·帕哈拉(Joe Phaahla)在记者会上便公开批评一些国家的反应不合理,认为强调禁止入境的做法错误,且违反了世卫组织的规范和建议。[193] 如何确保成员方不因履行义务而受到惩罚应列入世卫组织改革的内容,因为只有当所有成员都自动切实履行义务时,国际公共卫生秩序方可有效运作。就此而言,世卫组织面临的挑战不可谓不大。

(六)善用传统知识和东方智慧

对国际公共卫生秩序的改革亦需包括传统知识和遗传资源等方面的内容。每个国家、每个民族几乎都有自己独特的医治疾病的方法。这些传统文化大多经过数代甚至数十代人的不懈努力而形成。其可以有多种表现形式,包括植物培植、医疗方法等。[194] 一些专利权利人因利用了土方土药,包括从

---

[192] 世卫组织,"Classification of Omicron (B. 1. 1. 529): SARS – CoV – 2 Variant of Concern",全文见 https://www. who. int/news/item/26 – 11 – 2021 – classification – of – omicron – (b. 1. 1. 529) – sars – cov – 2 – variant – of – concern(2021 年 11 月 28 日访问)。

[193] 见 Antony Sguazzin,"South Africa Punished for 'Wrong Reasons' Over Covid Variant",全文见 https://www. bloomberg. com/news/articles/2021 – 11 – 26/south – africa – health – minister – says – travel – bans – unjustified(2021 年 11 月 28 日访问)。南非当时单日新增个案有约 3000 宗,远低于部分欧洲国家的 5 万宗。因此 Phaahla 认为欧洲等国对南非实施严苛措施,属恐慌反应和不科学,最终将令其他国家不敢公布新的研究发现。

[194] 经当地人多代培植的植物已非原始状态的生物,故具有了传统文化的内涵。例如,巴西的橡胶树便是巴西数代人培植的结果。英国人为了在其他地方生产橡胶,便到巴西收集橡胶树种子。See John Tustin, "Traditional Knowledge and Intellectual Property in Brazilian Biodiversity Law", *Tex. Intell. Prop. L. J.*, Vol. 14, 2006, p. 131.

土生的植物中提取物质,而完成了发明并获得专利权。在此情况下,通过经验创造了传统知识和遗传资源的当地人是否应享有一定的利益便成为问题。一个典型的个案是源自西非莓(Oubli)的"布拉奇因(Brazzein)"甜品剂。用西非莓做成的甜品剂的甜度比蔗糖甜500倍至2000倍,被用作糖的替代品或天然、低热量的甜味剂。此甜品剂有多种用途,据估计在全球有不低于30亿美元的市场。美国威斯康星大学的一位研究员发现加蓬等西非人和动物食用这种莓,从而"在实验室中分离和复制了这种蛋白",并为此获得了3项美国专利,但其并不承认该专利的研发系来自西非莓,也不与西非莓产地的加蓬等分享任何利益。然该专利的授予导致布拉奇因的价格大幅下跌,使许多过去收割此种果实的加蓬妇女失去了收入来源。[195] 这显然是剥削了和剥夺了原住民的知识产权和财产权。此做法也是典型的滥用传统知识。

有论者认为,对传统知识的滥用已延续了几个世纪,[196] 早已引起国际社会的关注。《生物多样性公约》及《〈生物多样性公约〉关于获取遗传资源和公正和公平分享其利用所产生惠益的名古屋议定书》(Nagoya Protocol on Access to Genetic Resources and the Fair and Equitable Sharing of Benefits Arising from Their Utilization to the Convention on Biological Diversity,以下简称《名古屋议定书》)[197] 对治理此问题有一定帮助。《生物多样性公约》规定,"各国具有按照其环境政策开发其资源的主权权力"。[198] 此处所指的资源包括传统文化和遗传资源。依该两个国际文件,各缔约国得通过立法"尊重、保存和维持土著和地方社区体现传统生活方式而与生物多样性的保护和持久使用相关的知识、创新和做法并促进其广泛应用"。[199] 同时,相关知识、创新和做法的所

---

[195] 此案例引自世界知识产权组织:《遗传资源和传统知识专利公开要求关键问题》,2017年版,第10页。

[196] See Ameera Haider, "Reconciling Patent Law and Traditional Knowledge: Strategies for Countries with Traditional Knowledge to Successfully Protect Their Knowledge From Abuse", *Case W. Res. J. Int'l L.*, Vol. 48, 2016, p. 347, at 350.

[197] 《名古屋议定书》于2010年10月29日在日本名古屋召开的第十届生物多样性公约缔约方大会通过,于2014年10月12日生效。

[198] 《生物多样性公约》于1992年6月5日在联合国环境和发展大会上通过并开放给各国签字、批准和加入,于1993年12月29日生效。见第3条。

[199] 《生物多样性公约》于1992年6月5日在联合国环境和发展大会上通过并开放给各国签字、批准和加入,于1993年12月29日生效。见第8(j)条。

有人应有权分享由此产生的利益。作为执行《生物多样性公约》的具体措施，《名古屋议定书》要求缔约方通过制定法律等保护传统知识并鼓励各国就此合作。名古屋议定书要求各缔约方考虑“制定全球性多边惠益分享机制的必要性及相关的模式”，以便“由利用遗传资源和与遗传资源相关的传统知识所产生的惠益的公正和公平的分享”。[200] 这是迄今为止涉及传统知识和遗传资源保护的最明确的国际法规则。世界知识产权组织和世贸组织也曾探讨“专利制度中公开信息的设想”“以确保从传统知识和遗传资源中产生的发明专利是符合事先知情同意和利益公平分享原则的”。[201] 不争的事实是，无论是否有国际条约和法律对之加以规范，传统知识和遗传资源都一直应用于实践并将继续为之。例如，在医治新冠肺炎方面，中国医务界多采用中西医、中西药结合的方法。此治疗方案亦在国外实施，从而引发相关药品和治疗方法的知识产权保护问题。中国的中西医结合方式等体现的是集文化、医疗方法和药物等于一身的经验。如何保护中医治疗方法、中药的知识产权不仅是中华民族的民族尊严和利益所在，也是国际公共卫生秩序如何发展的大事。我们认为，在疫后检讨并改善国际公共卫生秩序的过程中，包括中药及中医治疗方法在内的传统文化和遗产资源应纳入改革的范畴。

就世界范围内遏制和医治疾病而言，药物的跨境运输和医学知识、经验的国际传授均必不可少。与此相关的专利、商标、版权、治疗方法等的知识产权保护均为公共卫生治理的范畴。此外，药物进出口的关税、药物生产商的所得税、医务人员跨境提供服务的资格和条件、资格证书的承认、药品境外销售的批准等均为人类健康权能够得以高水平实现的基本条件。这些内容均为国际公共卫生秩序有效运作的条件，但显然非其所能涵盖者。为了提高国际公共卫生秩序的效力，国际社会有必要对之进行改革。历史说明，任何多边秩序的改革均会遭到既得利益者的反对和拖延。作为无奈之下的选择，人们往往会

---

[200] 《名古屋议定书》第10条。

[201] 参见《促进医药技术和创新的应用报告》，前引书，第93页。一些国家的法律亦包含保护传统文化和遗传资源的规定。例如，中国有中医背景的专利审查员；泰国则制订了泰国保护和促进传统泰医药知识的法律，保护泰国传统药物的“配方”和“传统泰药文本”；秘鲁法律引入了对从生物资源派生的原住民集体知识提供保护的制度等。参见《促进医药技术和创新的应用报告》，前引书，第94页。

针对相同问题先达成双边协议和区域性安排。近年来,双边自由贸易协定发展迅猛,已成与多边秩序并驾齐驱之势,原因系如前述。现在的双边协议已完全不受地理区域的限制。在取消关税等贸易措施的同时,这些协议大多要求各缔约方在贸易监管政策上相互协调。随着新技术的开发和利用,新的贸易形式一方面成为贸易自由化的特点,另一方面亦要求相关国家在高层次进行合作。[202] 这便会产生溢出效应,包括对法治观念和原则以及治理理念、方式和方法等的影响。自由贸易协定的这些发展已经触及公共卫生领域。[203] 故在新签订的自由贸易协定及对原有协定的修订中增加传统文化和遗传资源保护、禁捕禁食野生动物,确定传统文化和遗传资源的国际标准等将成为趋势。基于此,国际公共卫生秩序将形成以世卫组织统领多边机制,双边和区域安排共襄的态势。虽无法达到"老者安之,朋友信之,少者怀之"[204]的境界,但可改善国际公共卫生秩序的运作。

综上所述,国际公共卫生秩序发端于19世纪中期,以西方国家对病毒跨境联防共抗的理念为基础。这与中华传统文化注重预防的主张颇为相似。《道德经》云"治人事天,莫若啬。夫唯啬,是谓早服。早服谓之重积德。重积德,则无不克"。[205] 以世卫组织为主体的国际公共卫生秩序之建立和发展均与国际贸易、服务和投资的发生和增长直接相关。这些交易和交往的知识产权元素亦随其成长而增加。信息、通信和运输技术的快速进步则推动了国际经贸关系的大幅度和高频率进行。此情势对国际公共卫生秩序构成严重挑战。为应对流行性感冒、埃博拉、中东呼吸综合征、非典型肺炎等疾病对人类的威胁,世卫组织先后几次修订《国际卫生条例》。于2005年修订的《国际卫生条例》加大了成员方的义务,包括要求成员方就卫生事件报告及检验旅行者的待遇标准等。2020年年初暴发的新冠肺炎再一次检验国际公共卫生秩

---

〔202〕 世界贸易组织,"World Trade Report 2011",第109页;该报告英文全文见 https://www.wto.org/english/res_e/booksp_e/anrep_e/world_trade_report11_e.pdf(2022年2月23日访问)。

〔203〕 如于2006年4月12日签订的《美国和秘鲁自由贸易协定》附件三的一个文件《生物多样性和传统知识谅解》(Understanding Regarding Biodiversity and Traditional Knowledge)就是针对传统文化等进行规范。参见 https://ustr.gov/trade-agreements/free-trade-agreements/peru-tpa/final-text (2022年2月23日访问)。

〔204〕 《论语·公冶长》第26章。

〔205〕 参见《道德经》第59章。

序的可靠性。事实说明，当今的公共卫生治理机制尚不能有效应对诸如新冠肺炎全球大流行这样的瘟疫。这就要求国际社会重新检讨现行的公共卫生秩序。此检讨应包括检视现有制度关于预警、合作方面可改进之处，以及如何提高对传统知识和遗传资源的保护，包括在新冠肺炎医治中发挥重要作用的中药和中医治疗方法的保护。考虑到达成多边共识需多种条件的配合，对多边国际公共卫生秩序的改革不会一蹴而就。各国很可能选择以双边自由贸易协定和区域性贸易安排的方法，先行在盟国和理念相近的国家间达成协议。

第十章 国际发展法

物有本末，事有终始。知所先后，则近道矣。

（大学）

在高度全球化的当今世界，跨境供应链成为国际社会经济发展的主要和重要部分。无论是大国、小国，还是强国、弱国的经济和社会发展、传染病大流行的控制和消除贫困等都离不开其他国家的合作与支持。国际交往与交易，包括货物、服务、知识产权、资金、数据和人员等的跨境移动成为各国合作的主要内容，经济发展为所有国家的政策目标，尽管每个国家所面对的发展问题不同。与之相关的是，在发展经济的过程中，各国有何权利以及应承担何义务。规范当今国际社会的法律秩序系以《联合国宪章》为核心的国际法。《联合国宪章》开宗明义便承诺“促成大自由中之社会进步及较善之民生”，〔1〕并为达此目的，“运用国际机构，以促成全球人民经济及社会之进展”。〔2〕社会进步和改善民生均与经济相关。《联合国宪章》规定，其宗旨之一是“促成国际合作，以解决国际属于经济、社会、文化及人类福利性质之国际问题”，以“增进并激励对于全体人类之人权及基本自由之尊重”。〔3〕然相对发达的经济水平是实现人权和基本自由的物质前提，意识到此点，《联合国宪章》规定“联合国应促进 …… 较高之生活程度，全民就业，及经济与社会发展”。〔4〕《联合国宪章》的前述规定构成后来国际社会关于发展权的法律基础之一，从而亦构

〔1〕 参见《联合国宪章》序言，“我联合国人们同兹决心……”

〔2〕 《联合国宪章》序言，“我联合国人们同兹决心……”

〔3〕 《联合国宪章》第1条。

〔4〕 《联合国宪章》第55条。

成发展法法理基础之一部分。[5]

发展法与发展权、环境、可持续发展、人权等密切相关。[6] 国际社会的共识是发展涉及世界经济的方方面面,故需将经济发展与社会和环境通盘考虑。建基于社会和环境的发展权的目标是,人类社会的所为和所不为不仅利于今天的发展,而且能够造福于千秋万代。这需要人类社会的共同努力,需要从环境、贸易、投资等多个领域入手,改进现有的适用于人类发展的习惯、原则和规则,并依需要创立新的原则和规则。令人欣慰的是,很多关乎发展的原则已得到国际社会的广泛认可和支持,包括风险预防原则、透明度原则、一体化和相互关联原则、共同但有区别的责任原则等。这些原则有的被纳入了国际条约,有的在国际法院和世贸组织争端解决机构等的司法实践中得到确认。本章将就诸相关问题进行讨论。

一、发展权——从目标到权利

发展权已成为国际法上的一项重要权利。关于发展权的国际文件可追溯到 1944 年的国际劳工组织大会通过的《费城宣言》。[7]《费城宣言》确认"全人类不分种族、信仰或性别都有权在自由和尊严、经济保障和机会均等的条件下谋求其物质福利和精神发展"。[8] 作为联合国的特别机构,国际劳工组织通过的《费城宣言》将人类谋求物资福利和精神发展视为权利,也为将发展权写入《联合国宪章》奠定了基础。《联合国宪章》是当代国际法的基石,作为国

〔5〕 Rumu Sarkar, *International Development Law: Rule of Law, Human Rights & Global Finance* (第2版),2009 年,第 124 – 125 页;Nico J. Schrijver, *Agenda for Development International Development Law*, The Max Planck Encyclopedia of Public International Law (Thematic Series),第 3 卷,2011 年版,第 23 页。

〔6〕 关于国际发展权,学界历来有很多争议,发达国家的学者大多关注发展权的人权方面,发展中国家的学者则较侧重发展权的经济领域,包括可持续发展。关于此问题的讨论,见 Rumu Sarkar, *International Development Law: Rule of Law, Human Rights & Global Finance*, Springer, 2020 年(第 2 版),第 2 ~ 3 章;Bonny Ibhaw, *The Right to Development: The Politics and Polemics of Power and Resistance*, Human Rights Quarterly, Vol. 33, 2011(1), p. 76 – 104.

〔7〕 See ILO Declaration of Philadelphia, 1944 年 5 月 10 日,英文全文见 https://www.ilo.org/legacy/english/inwork/cb – policy – guide/declarationofPhiladelphia1944.pdf(2022 年 2 月 25 日访问)。

〔8〕 ILO Declaration of Philadelphia,第 2 条第 1 款。

际条约，其缔约方涵盖了几乎所有国家。基于此，《联合国宪章》关于发展权的规定（不夸张地说）适用于整个国际社会，故在一定程度上具有了习惯国际法的效力。鉴于《联合国宪章》的缔约方为主权国家，发展权也成为主权权力的一部分。

（一）发展权的提出

联合国成立不久，亚非拉等地的受殖民统治的国家纷纷独立。由于这些新独立的国家长期遭受殖民之苦，经济发展水平低下，《联合国宪章》规定的发展权对其仅限于法律和理论层面。为了实现经济独立，这些新独立的国家主张建立新的经济秩序。作为此主张先驱的《联合国发展十年：国际合作方案（一）》〔9〕于1961年以联合国大会决议的形式通过，指出各国及其人民应加紧努力，启动并持续支持用以实现发达国家和发展中国家"自力增长及其社会进步之措施"。〔10〕该决议同时呼吁各成员方和专门机构执行稳定初级产品市场并使之盈利的政策，以使最不发达国家及其依赖初级产品出口的国家能从出口中赚取外汇，支持经济发展；确保发展中国家在外国资本开发其自然资源的项目中取得"公平的"份额；制定发达国家和发展中国家"都能接受的"条件，以促进私人向发展中国家投资，推动后者的经济发展。〔11〕联合国通过的《世界人权宣言》、〔12〕《给予殖民地国家和人民独立宣言》、国际人权公约〔13〕等亦均将发展权纳入国家主权的范畴。

1970年，联合国大会通过了《关于各国依联合国宪章建立友好关系及合作之国际法原则之宣言》〔14〕（以下简称《合作宣言》），指出"联合国宪章在促

〔9〕参见《联合国发展十年：国际合作方案（一）》，联合国大会决议第1710（16），中文全文见https://undocs.org/zh/A/RES/1710%20（XVI）（2022年2月25日访问）。

〔10〕《联合国发展十年：国际合作方案（一）》第1段。

〔11〕《联合国发展十年：国际合作方案（一）》第2段。

〔12〕《世界人权宣言》第22条宣布，"作为社会成员，每个人均有权享受他的个人尊严和人格的自由发展所必需的经济、社会和文化方面各种权利的实现"。

〔13〕如《经济、社会及文化权利国际公约》第1条规定，"所有人民都有自决权。他们凭这种权利自由决定他们的政治地位，并自由谋求他们的经济、社会和文化的发展"。

〔14〕《关于各国依联合国宪章建立友好关系及合作之国际法原则之宣言》于联合国大会1883次全体会议1970年10月24日第2625（XXV）号决议通过，全文见https://www.un.org/zh/documents/treaty/files/A-RES-2625（XXV）.shtml（2022年2月25日访问）。

进国际法治上至为重要"，并且"忠实遵守关于各国间友好关系与合作之国际法原则，并一秉诚意，履行各国依宪章所担负之义务，对于国际和平及安全之维持及联合国其他宗旨之实现至关重要"。[15] 关于发展权，《合作宣言》宣布"各民族一律有权自由决定其政治地位，不受外界之干涉，并追求其经济、社会及文化之发展，且每一国均有义务遵照宪章规定尊重此种权利"。[16]《合作宣言》将经济发展与政治制度抉择作为民族平等权的一部分，从而使之作为主权权力内容的事实得到进一步确认。值得指出的是，如其标题所示，《合作宣言》的宗旨是宣示各国依《联合国宪章》有合作的义务，而进行此国际合作需遵守主权平等，包括经济主权和发展权的平等。《合作宣言》宣示的原则包括此前的联合国人权公约以及嗣后的《发展权利宣言》所载的内容，故具有承上启下的作用。

（二）发展权的确立

《各国经济权利和义务宪章》[17]则进一步确立了发展权为所有主权国家的固有权利，并将"开展国际合作以促进发展"[18]列为各国必须遵行的基本原则。该宪章还将发展中国家的"特殊需要"列为各国进行国际合作应考虑的因素。[19] 在强调国家对其境内的财富和自然资源享有"完整的、永久的主权"的同时，《各国经济权利和义务宪章》宣布"各国首屈一指的责任是促进本国人民在经济、社会以及文化方面的发展"。[20] 易言之，经济发展不仅是各国的主权权力，而且是最重要的责任。为了发展经济而进行国际合作也就顺理成章地成为了各国"共同的目标和共有的责任"。[21] 针对发展中国家的特殊需

〔15〕 参见《合作宣言》序言。

〔16〕 参见《合作宣言》，"各民族享有平等权利与自决权之原则"。

〔17〕 《各国经济权利和义务宪章》经1974年12月12日联合国大会第3281（XXIX）号决议通过，获120个国家赞成，包括所有发展中国家，6个国家反对，包括比利时、丹麦、德意志联邦共和国、卢森堡、英国和美国，以及10个国家弃权，包括奥地利、加拿大、法国、爱尔兰、以色列、意大利、日本、荷兰、挪威和西班牙。《各国经济权利和义务宪章》，全文见 https://www.un.org/ga/search/view_doc.asp? symbol = A/RES/3281（XXIX）（2022年2月25日访问）。

〔18〕 《各国经济权利和义务宪章》，第1章国际经济关系的基本准则。

〔19〕 《各国经济权利和义务宪章》序言。

〔20〕 《各国经济权利和义务宪章》第2章第2条和第7条。

〔21〕 《各国经济权利和义务宪章》第17条。

要,《各国经济权利和义务宪章》要求给予发展中国家以“普遍优惠的、不要求互惠的和不加以歧视的待遇”。[22] 这就为后来的以发展中国家为受益方的普惠制之实行以及“共同但有区别的责任”原则(common but differentiated responsibilities)之形成奠定了基础。此外,《各国经济权利和义务宪章》关于“一切国家在处理彼此间的相互经济关系时,都有义务照顾到其他国家的利益”[23] 的表述与环境领域可持续发展的预防原则颇为契合。

发展法的另一里程碑式的事件是《发展权利宣言》[24] 的通过。虽然包括《世界人权宣言》《经济、社会及文化权利国际公约》《公民权利和政治权利国际公约》均承认所有人都有权利“自由谋求他们的经济、社会和文化的发展”,但关于发展是目标还是权利,国际社会此前有很多争议。发达国家认为发展“是一种以国民生产总值增长率为衡量尺度的经济进程”,[25] 而非权利。这可从《各国经济权利和义务宪章》的通过得到证实。该宪章得到 120 个国家认可,然而美国和欧洲诸发达国家不是反对便是弃权。《发展权利宣言》则获得联合国大会一致通过,标志着国际社会从承认发展为目标到承认发展为权利的转变。《发展权利宣言》宣布发展权利是“不可剥夺的人权”及“不可剥夺的完全主权”,[26] 同时,发展权不仅是一项集体权利,还是一项个人权利,目的是使每一个人受益。[27] 《发展权利宣言》“承认人是发展进程的主体,因此,发展政策应使人成为发展的主要参与者和受益者”。《发展权利宣言》在第 2 条重申了人应为发展权利的积极参与者和受益者,进一步说明了个人权利在发展权中的地位。尽管发展权关乎每个人的福祉,但关于“发展权”的内涵学界

---

〔22〕 参见《各国经济权利和义务宪章》第 19 条。

〔23〕 参见《各国经济权利和义务宪章》第 25 条。

〔24〕 《发展权利宣言》于联合国大会 1986 年 12 月 4 日第 41/128 号决议通过,全文见 https://www.un.org/zh/documents/treaty/files/A－RES－41－128.shtml(2022 年 2 月 25 日访问)。

〔25〕 参见联合国人权高级专员办事处:《关于发展权的常见问题》,联合国出版社 2016 年版,序言第 2 段。该书认为,“20 世纪下半叶经济增长产生的福利并没有在所有民族、人民和个人之间得到公平分配,而这种不公平正在日渐成为辩论、批评和社会动乱的议题”。同上。

〔26〕 参见《发展权利宣言》,第 1 条。

〔27〕 《发展权利宣言》的序言承认发展的“目的是在全体人民和所有个人积极、自由和有意义地参与发展及其带来的利益的公平分配的基础上,不断改善全体人民和所有个人的福利”。

有不同意见。[28]

(三)发展权为条约义务

任何权利都伴随着义务。基于《联合国宪章》《发展权利宣言》等的个人和集体发展权国际文件的起草、通过、批准(有的不需批准)等均由国家为之。这些文件将发展权列为主权的内容,故国家对发展权的落实和实现承担不可推卸的责任和义务。[29] 此责任对内应包括采取措施发展本国经济,减少贫困,实现公平公正的经济利益分配;对外则为通过双边、区域性和多边安排等进行经济合作。[30] 由此可推知,发展权所关注的内容之一是发展中国家的经济、社会、文化和政治等方面的发展。从法理上讲,《发展权利宣言》将发展权从应然人权过渡到法定人权。尽管前述国际文件并非全都是国际条约,[31]但这些国际文件至少在法理上的说服力不容置疑。首先,尽管有些关于发展权的国际文件并非条约,但其内容主要是细化、具体化了一些条约条款,如《联合国宪章》和两个人权公约的内容,另还有一些文件宣示和充实了习惯国际法的内容,如主权原则。这些国际文件为有区别地对待发展中国家(如普遍优惠制)奠定了法理基础。其次,《发展权利宣言》等宣布的原则在嗣后的一些国际条约中得到确认——《气候变化公约》《巴黎协定》等便含有发展权的内容及具有实施发展权的作用。最后,适用于国际社会的法律——国际法——与适用于国家社会的内国法在制定程序、效力、适用范围等方面有截然

---

〔28〕 See Henry J. Richardson Ⅲ, *The Limits of Human Rights Limits*, American Journal of International Law, Vol. 115, p. 160(2021); Hurst Hannum, *Rescuing Human Rights: A Radically Moderate Approach*, 2019, p. 61 – 67. 早年有学者甚至认为关于发展权的研究会使改变对人类尊严、自由等亟待解决议题的研究方向。参见 Yash Ghai, *Whose Human Right to Development?*, Human Rights Unit Occasional Paper, 第 5 – 6 号(Commonwealth Secretariat, 1989 年 11 月)。

〔29〕 如《发展权利宣言》第 3 条第 1 款规定,"各国对创造有利于实现发展权利的国家和国际条件负有主要责任"。

〔30〕 如依《发展权利宣言》第 3 条第 3 款的规定,"各国有义务在确保发展和消除发展的障碍方面相互合作。各国在实现其权利和履行其义务时应着眼于促进基于主权平等、相互依赖、各国互利与合作的新的国际经济秩序,并激励遵守和实现人权"。

〔31〕 1993 年通过的《维也纳宣言和行动纲领》等均重申了《发展权利宣言》关于"发展权利是一项普遍的、不可分割的权利,也是基本人权的一个组成部分"的论述。《维也纳宣言和行动纲领》第一部分第 11 条还宣布,"发展权应得到履行,俾以平等地满足今后世代的发展和环境需要"。《维也纳宣言和行动纲领》全文,见 https://www.un.org/zh/documents/treaty/files/A – CONF – 157 – 23.shtml(2022 年 2 月 25 日访问)。

的分别，故不应该也没有必要将分析国家社会法律的标准适用于国际法。[32]此外，国际社会中目前已有 50 余个国家将发展权载入了宪法。[33]

权利的实现需要载体。发展权从应然权利过渡到法定权利是巨大的进步，其实施，即将其从法定权利转化到实然权利，仍需要具体的措施。《发展权利宣言》通过不久，国际社会便开始了一个新的历程，首先是承认发展不仅涉及当代人的利益，而且事关当代人子孙后代的利益。要想实现人类的发展，便必须使发展具有可持续性。此外，人类的历史说明，发展与环境息息相关。人类发展权的行使也必然以环境为基础，故以环境为中心的可持续发展成为国际社会关注的问题。[34]

二、发展权的环境元素

在高度全球化的环境下，国家市场和国际市场变得密不可分，国际贸易和投资对每个国家的经济发展都至关重要。国际和国家市场需求的增加势必导致生产规模的扩大以及对自然资源利用的加剧，使经济发展与环境保护的矛盾显现。来自国际和国家市场的激烈竞争迫使个体生产者提高生产水平、通过规模经济获取收益，而多个研究显示，经济增长与能源消耗呈正比；[35]能源的消耗则意味温室气体排放的增加、意味气候变化。如何在发展经济，即行使发展权的同时保护环境，成为人类社会必须面对的问题，处理不当很可能使短

---

〔32〕 就此而言，有学者认为获全体通过的联合国大会决议反映了国际社会受其约束的意愿，应视之为具有习惯国际法的效力。See Jeremy Pearce ，*Customary international Law not Merely Fiction or Myth*, Australian International Law Journal，2003，p. 125，at 134. 作者在该文援引了 Bin Cheng 的观点，作为权威依据。

〔33〕 截至 2021 年 8 月 28 日，该数据来自“Constitute”，https://www.constituteproject.org/（2022 年 2 月 25 日访问）。

〔34〕 参见“Framework Principles on Human Rights and the Environment”，https://www.ohchr.org/Documents/Issues/Environment/SREnvironment/FrameworkPrinciplesUserFriendlyVersion.pdf （2022 年 2 月 25 日访问）。

〔35〕 See Giray Gozgor, Chi Keung Marco Lau & Zhou Lu, *Energy Consumption and Economic Growth: New Evidence from the OECD Countries*, Energy，Vol. 153，p. 27 – 34（2018）；Nadia S. Ouedraogo, *Energy Consumption and Economic Growth: Evidence from the Economic Community of West African States （ECOWAS）*，Energy Economics，Vol. 36，p. 637 – 647（2013）；Ugur Soytas & Ramazan Sari，*Energy Consumption, Economic Growth, and Carbon Emissions: Challenges Faced by an EU Candidate Member*，Ecological Economics，Vol. 68，p. 1667 – 1675（2009）.

期的经济发展导致环境的长期破坏。此外，无论在世界历史的哪个阶段，各国均处于不同的发展阶段，有不同的需求和发展重点。如发展中国家的经济发展需依赖自然资源的开发，相对宽松的环境政策和法律会吸引更多外国投资。发达国家大多实施较严格的环境法律；这会增加企业的生产成本，从而使污染密集型产业从发达国家向发展中国家转移，形成一个经济发展和环境恶化的国际循环。此非世人所乐见，但亦非单一国家可改变，故需人类社会的共同努力。如何平衡经济发展与环境、社会发展等方面，使经济发展具可持续性成为当今国际社会的主要议题。[36]

(一)可持续发展概念进入国际社会

早于1971年12月20日，联合国大会通过了2849号发展及环境的决议，"强调虽然国际社会可能议定一般原则，维护环境的准则及最低标准通常应在国家阶层拟定，而且在任何情形之下必须反映每一国家普遍存在的情况和价值制度，尽可能避免适用对先进国家虽属妥善但对发展中国家可能不适当及社会代价过高的标准"，"强调每一国家有权在充分享受国家主权的情形之下，按照其本身的特殊情况，拟定其关于人类环境的国家政策，包括评估计划的标准在内"。[37] 或可说，这是"共同但有区别的责任"原则的雏形，得到联合国大会的认可，为后来的发展奠定了基础。该决议同时强调，各国在行使前述权利及执行相关政策时，"应妥善积极避免对其他国家引起有害影响"。[38]

---

〔36〕 国际法院前法官 Weeramantry 认为，可持续发展是一个向前看的法律观念，关乎人类将来的幸福。他认为改善每个人的经济和社会条件是所有法律制度的基本原则，而发展的目标应包括提高人们的技能、增加财富、提高利用资源的能力、享有必要的基础设施以及改善生活条件、医疗条件和整体生活。他指出，现实的情况是有些发展是建基于对将来世代的剥削、建基于对贫穷和弱小民族的剥削，因此我们需要法律来维护、促进发展。See C. G. Weeramantry, *Universalizing International Law*, Martinus Nijhoff Publishers, 2004, p. 431.

〔37〕 参见联合国，联合国大会决议第2849号"发展及环境"的前言。该决议全文见 https://undocs.org/zh/A/RES/2849(XXVI)(2022年2月25日访问)。

〔38〕 参见联合国，联合国大会决议第2849号"发展及环境"的前言。该决议全文见 https://undocs.org/zh/A/RES/2849(XXVI)(2022年2月25日访问)。

这在一定程度上反映了国际法上的风险预防原则。[39]

继第2849号决议后，联合国大会于1972年通过了《联合国人类环境会议宣言》（以下简称《人类环境宣言》）[40]，该宣言宣布“人是环境的产物，也是环境的塑造者，环境予人以身体上的需要，也予人以智慧、道德、社会和精神滋长的机会”，[41]同时指出，“由于科学和技术的突飞猛进”，人类“已经具有用无数的方法，以空前的规模来改变环境的能力”。[42] 这是国际社会第一次如此全面地论述人类与环境的关系以及人类保护自然环境的责任。基于这些认识，《人类环境宣言》就环境治理提出26项原则，包括“人人都有在过着尊严和幸福生活的优良环境里享受自由、平等和舒适生活条件的基本权利，同时也有为今代和后世保护和改善环境的神圣责任”。[43]《人类环境宣言》将今人享有的权利与责任挂钩，并明确将保护和改善环境作为对子孙后代的责任对后续几十年的发展产生了重要影响。《人类环境宣言》原则还要求对“大自然的养护，包括野生物在内，必须在经济发展设计中给予重要的地位”。[44]

《人类环境宣言》承认发展中国家的特殊地位，包括对初级产品和原料价格稳定的依赖，提出在发展经济的同时必须顾及“环境因素以及生态程序”。[45]《人类环境宣言》关于发展中国家发展权的内容受到国际社会的广泛重视。其要求“一切国家的环境政策，都应增进发展中国家现在和将来的发展潜能，而不应对它有不利的影响，也不妨碍全体人类获致更优良的生活条件”。[46] 或可说，前述原则构成了“共同但有区别的责任”原则的基础。依该

---

〔39〕 在联合国大会第2849号决议通过之前，联合国秘书长于1971年6月在瑞士堪培拉（Founex）召开了一个环境与发展专家会议，开启了经济发展与环境保护以及人权的关系之研究。该会议的成果见“Development and Environment (report and working papers of a panel of experts convened by the Secretary - General of the United Nations Conference on the Human Environment - Founex Switzerland, June 4 - 12, 1971)”, Mouton, 1972年。

〔40〕 《联合国人类环境会议宣言》载于1972年6月5至16日在斯德哥尔摩举行的联合国人类环境会议报告书，亦被称为《斯德哥尔摩宣言》。该报告书中文全文见 http://undocs.org/zh/A/CONF.48/14/Rev.1（2022年2月25日访问）。

〔41〕 参见《联合国人类环境会议宣言》序言1。

〔42〕 参见《联合国人类环境会议宣言》。

〔43〕 参见《联合国人类环境会议宣言》原则1。

〔44〕 参见《联合国人类环境会议宣言》原则4。

〔45〕 参见《联合国人类环境会议宣言》原则10。

〔46〕 参见《联合国人类环境会议宣言》原则11。

原则，各国一方面应尊重"各国具有按照其环境政策开发其资源的主权权力，同时亦负有责任，确保在他管辖或控制范围内的活动，不致对其他国家的环境或其本国管辖范围以外地区的环境引起损害"。[47] 为达致前述目标，《人类环境宣言》的原则之一是要求各国互相合作，进一步发展关于环境污染责任与赔偿的国际法。[48]

《人类环境宣言》发表时，许多发展中国家刚刚独立，亟须发展经济，经济主权为这些国家的主要议题。以宣言原则的形式宣告每个国家都有经济主权，但在发展经济的过程中有责任保护环境和生态，以便取得发展与环境保护的平衡，实难能可贵。《人类环境宣言》关于各国合作的责任、发展与环境责任和赔偿相关的国际法等一方面与联合国大会第 2849 号决议相互呼应，另一方面为后续的发展奠定了基础，故有承上启下的作用。[49]

1987 年，联合国大会第 42/187 号决议通过世界环境与发展委员会的《布伦特兰报告》(Brundtland Report)[50] 认为，贫困是导致环境退化的最重要原因之一。国际贸易不仅可以促进经济增长，而且有助于对抗"贫困的污染"。[51]《布伦特兰报告》指出，发展中国家的经济增长将使其拥有更多的财政和技术资源，以对抗环境问题。发达国家采用的严格环境标准在减少污染的创新和替代资源研究上发挥了激励作用，其采用的环保技术可通过外国直接投资转移到发展中国家，可使后者用于保护环境。根据《布伦特兰报告》，可持续发

---

〔47〕 参见《联合国人类环境会议宣言》原则 21。

〔48〕 参见《联合国人类环境会议宣言》原则 22。

〔49〕 除《人类环境宣言》外，联合国人类环境会议报告书还包括一系列涉及环境保护的建议。

〔50〕 See *Report of the World Commission on Environment and Development: Our Common Future*；该报告作为联合国第 A/42/427 号文件的附件提交联合国大会，并于 1987 年 8 月 4 日通过，见 http://www.un-documents.net/wced-ocf.htm(2022 年 2 月 25 日访问)。布伦特兰为主席的委员会是由联合国在 1983 年召开的世界环境与发展委员会(World Commission on Environment and Development, WCED)成立，目的系解决"关于人类环境和自然资源加速恶化而造成经济和社会发展的后果"问题，基础是国际社会意识到环境是全球性的问题，建立可持续发展政策是所有国家的共同利益。布伦特兰报告的题目是"我们共同的未来"(Our Common Future)，内容包括共同关注(Common Concerns)，共同挑战(Common Challenges)和共同努力(Common Endeavours)三大部分，每一部分再细分为数个议题。统而言之，布伦特兰报告的宗旨是永续发展是人类发展的模式，人类有义务在满足今天需求的同时不损及子孙后代的需求，即代际公平。

〔51〕 参见"Pollution of Poverty"，*Glossary of Environment Statistics*，*Series F*，第 67 号，纽约联合国，1997 年，第 58 页，见 http://unstats.un.org/unsd/publication/SeriesF/SeriesF_67E.pdf(2022 年 2 月 25 日访问)。

展是指“满足当前需求的发展，同时不损害后代满足其需求的能力”，使当下的发展与自然资源保护间建立了明确的联系。作为附件，《布伦特兰报告》将基本人权、代际公平、保护与可持续使用资源、环境标准与监管、事先环境评估、事先通知和适当程序、可持续发展与援助、合理及平等使用、严格责任、非歧视、国际合作、和平解决争议等作为各国就环境与发展方面开展活动与合作的法律原则。[52]《布伦特兰报告》是目前为止关于环境与发展关系的权威报告，成为嗣后建立相关国际秩序的参考文件，特别是其关于通过国际合作解决环境与发展问题的观点受到国际社会的广泛重视，在涉及跨国贸易和投资的国际条约和文件中体现。[53]

（二）可持续发展的条约义务

《人类环境宣言》通过 20 年后，联合国于 1992 年通过了《关于环境与发展的里约宣言》（以下简称《里约宣言》）。[54]《里约宣言》含 27 项原则，系建基于《人类环境宣言》的基础之上。这些原则包括由于“不同的对全球环境恶化的因素，各国负有共同但有区别的责任”，[55]“各国应减少和消除无法持续的生产和消费模式”，[56]“各国应进行合作，通过交流科技知识和加强发展、适应、传播和转让技术，包括新技术和创新技术”，[57]各国应根据各自的能力“广泛应用预防办法，保护环境”，[58]原则上污染者“应承担污染费用，并适当考虑

[52] 见世界环境与发展委员会环境法专家组通过的“我们共同的未来：附件一关于环境保护与可持续发展的建议法律原则概述”（Our Common Future, Annexe 1: Summary of Proposed Legal Principles for Environmental Protection and Sustainable Development），全文见 http://www. un - documents. net/ocf - a1. htm（2022 年 2 月 25 日访问）。

[53] 如《里约宣言》原则 12 便主张建立一个有利的和开放的国际经济体系，要求“各国应进行合作，以促进有利的和开放的国际经济体系，将有助所有国家的经济增长和可持续发展，以便更好地处理环境退化问题：单方面的行动，以处理环境挑战的管辖范围之外的进口国，应当避免：环保措施处理跨界或全球性环境问题应尽可能的基础上达成国际共识”。

[54] 见 Report of the United Nations Conference on Environment and Development, Rio de Janeiro, 3 - 14 June 1992，附件一，联合国文件第 A/CONF. 151/26 Vol. Ⅰ号，里约宣言的英文全文见 https://www. un. org/en/development/desa/population/migration/generalassembly/docs/globalcompact/A_CONF. 151_26_Vol. I_Declaration. pdf（2022 年 2 月 25 日访问）。

[55]《里约宣言》原则 7。

[56]《里约宣言》原则 8。

[57]《里约宣言》原则 9。

[58]《里约宣言》原则 15。

到公众利益和不扭曲国际贸易和投资”,[59]以及各国应“事先和及时通知”[60]自然灾害和其他紧急情况的责任等。《里约宣言》还将发展权与国家主权共同作为其原则,同时提出“未来实现可持续发展,环境保护应成为发展过程中的一个组成部分”。[61] 这使可持续发展成为公认的国际法原则。《里约宣言》提出的各国在可持续发展方面负有“共同但有区别的责任”以及风险预防原则等对环境领域国际法的发展有重要贡献和影响。污染者承担污染费用的原则是对国际法的另一发展,对各国国内立法和执法亦有直接作用。除了前述原则外,《里约宣言》也再次强调了国家主权等习惯国际法原则。

1992 年 6 月,在联合国环境与发展大会(亦称里约地球峰会)上,来自 154 个国家的代表签署了《联合国气候变化框架公约》[62](以下简称《气候变化公约》)。气候是没有国界的,气候的变化势必影响所有国家。《气候变化公约》承认气候是共享资源,其稳定性会受到工业和其他二氧化碳和温室气体排放的影响,从而为各国共同应对气候变化的挑战制定了总体框架。[63] 基于此,公约的目的是将大气中的温室气体保持在一定水平,“以使生态系统能够自然地适应气候变化、确保粮食生产免受威胁并使经济发展能够可持续地进行”。[64] 不可否认的是,二氧化碳和温室气体排放与经济发展直接相关,当今世界的气体排放主要是发达国家工业发展的结果。因此,处于迟发展阶段的发展中国家是否应该为了维护全球气候安全而放弃发展或应如何平衡发展与减排水平一直成为有争议的问题。《气候变化公约》承认发展中国家在发展经济的过程中势必会增加能源消耗,但同时希望新技术的利用能“提高能源效率”及“控制温室气体排放”。[65] 正是基于此考虑,《气候变化公约》将

---

〔59〕《里约宣言》原则 16。

〔60〕《里约宣言》原则 18 和 19。

〔61〕《里约宣言》原则 3 和 4。

〔62〕《联合国气候变化框架公约》于 1994 年 3 月 21 日生效,至 2020 年 11 月底,已获 197 个国家批准,全文见 https://unfccc.int/sites/default/files/convchin.pdf(2022 年 2 月 25 日访问)。

〔63〕《气候变化公约》是继《京都议定书》后通过的又一气候秩序方面的公约,《巴黎协定》则是为了执行《气候变化协定》而制定的。关于此三个国际文件所建立的气候秩序的特点及前景,见 David Held, Charles Roger, *Three Models of Global Climate Governance: From Kyoto to Paris and Beyond*, Global Policy, Vol. 9:4, p. 527 – 537(2018)。

〔64〕参见《气候变化公约》第 2 条。

〔65〕《气候变化公约》序言。

“共同但有区别的责任和各自的能力”列为其原则之一,“为人类当代和后代的利益保护气候系统”。[66] 共同但有区别的责任原则既是对国际社会现实的承认,也为其他领域国际法规则的解释提供了参考。或可问,“各自的能力”之规定是否会减损“共同但有区别的责任”原则之效力。[67] 事实上,“各自的能力”的规定界定了共同但有区别的责任原则的标准。如果没有该规定,哪些国家应承担有区别的责任,“区别”为何,由谁来确定等会产生歧义。有了“各自的能力”之规定,一个国家在主张承担有区别的责任时,必须考虑自身的能力,意即责任必须与能力相符。相关国家决定承担的责任(减排量)是否符合其能力水平则可由第三方评价。在此原则下,发展中国家作为一个整体应承担低于发达国家的责任,但每一个发展中国家应承担何责任,则需依其能力而定,从而经济发展水平不相似的发展中国家亦承担有区别的责任。就此而言,《气候变化公约》细化了“共同但有区别的责任”原则,使之更具有可操作性。

《气候变化公约》要求所有缔约方遵守《联合国宪章》和国际法原则。主权国家有权“按自己的环境和发展政策开发自己的资源”,但同时“也有责任确保在其管辖或控制范围内的活动不对其他国家的环境或国家管辖范围以外地区的环境造成损害”。[68] 此规定体现的是国家主权与国际法风险预防原则(precautionary principle)的平衡,对国际气候治理以及构建国际可持续发展秩序都非常重要。[69] 与此相关的是《气候变化公约》将促进可持续发展列为原则以及各缔约方的权利。[70] 这也是落实“共同但有区别的责任”原则的具体方法,因为可持续发展并不否定各国发展经济的必要性,而是要求每个国家根据各自的具体情况采取必要且可行的措施。

---

〔66〕《气候变化公约》第3条。

〔67〕关于此问题的讨论,See David Held & Charles Roger, *Three Models of Global Climate Governance: From Kyoto to Paris and Beyond*, Global Policy, Vol. 9, p. 527 – 537(2018)。

〔68〕参见《气候变化公约》序言。

〔69〕《气候变化公约》第3.3条也反映了预防原则。该款规定,“各缔约方应当采取预防措施,预测、防止或尽量减少引起气候变化的原因,并缓解其不利影响。当存在造成严重或不可逆转的损害的威胁时,不应当以科学上没有完全的确定性为理由推迟采取这类措施,同时考虑到应付气候变化的政策和措施应当讲求成本效益,确保以尽可能最低的费用获得全球效益”。

〔70〕参见《气候变化公约》第3.4条。

温室效应是工业化的产物,而工业化必然涉及货物贸易、服务贸易、知识产权、投资和金融等。实现温室气体减排也必然与跨境贸易等相关。为了避免任何国家以减排为名行限制贸易之实,《气候变化公约》将贸易自由化列为其原则之一,规定“为对付气候变化而采取的措施,包括单方面措施,不应当成为国际贸易上的任意或无理的歧视手段或者隐蔽的限制”。[71] 此规定显然与《关贸总协定》第20条的例外条款的第一段完全一致。将气候变化治理与贸易秩序有机联系的实际需要已如前述,可持续发展、共同但有区别的责任等原则也已在世贸组织争端解决机制中得到重视,这些使多边气候和贸易秩序具有相互补充的作用。

在《气候变化公约》下,各缔约方承诺“制定国家政策和采取相应的措施,通过限制其人为的温室气体排放以及保护和增强其温室气体库和汇,减缓气候变化”。[72] 各国还承诺收集并分享有关温室气体排放,国家政策及最佳做法的信息,并合作为适应气候变化的影响做准备。

作为实施《气候变化公约》的《巴黎协定》[73]开宗明义便重申应遵循以不同国家的国情为基础,包括“共同但有区别的责任和各自能力的原则”,[74]承认并强调“气候变化行动、应对和影响与平等获得可持续发展和消除贫困有着内在的关系”。[75] 此外,《巴黎协定》承认“气候变化是人类共同关注的问题,缔约方在采取行动处理气候变化时,应当尊重、促进和考虑它们各自对人权、健康权 …… 发展权”等的义务。将发展权作为条约义务进行规范,标志着国际社会已经承认“发展权”为实然权利。基于此权利,发展中国家在制定发展策略和实施具体措施时便具有充分和具体的国际法依据。当然,如何协调各国的发展权和共同但有区别的责任尚有待于在实践中完善。

《巴黎协定》的特点之一是自下而上的承诺机制,即每个缔约方应提交其

---

〔71〕《气候变化公约》第3.5条。

〔72〕《气候变化公约》第4.2(a)条。

〔73〕《巴黎协定》于2015年12月12日在巴黎召开的《气候变化公约》缔约方会议第二十一届会议上通过,获197个国家支持。《巴黎协定》于2016年11月4日生效,至2021年3月,有195个签署方,191个缔约方。《巴黎协定》全文见 https://www.un.org/zh/documents/treaty/files/FCCC-CP-2015-L.9-Rev.1.shtml(2022年2月25日访问)。

〔74〕参见《巴黎协定》第2条。

〔75〕《巴黎协定》序言。

本国的“国家自主贡献”，并每五年通报一次。[76] 鉴于此承诺系由每一个缔约方自行做出，而《巴黎协定》本身又无监管或履约保证机制，公约要求每个缔约方提供必要的信息，并且“在核算相当于它们国家自主贡献中的人为排放量和清除量时，缔约方应促进环境完整性、透明、精确、完整、可比和一致性”。[77] 为了促进条约义务的有效执行，《巴黎协定》还专门“设立一个关于行动和支助的强化透明度框架”[78] 及专家委员会制度。[79]

《气候变化公约》的签署并生效无疑是各国在可持续发展方面做出的重大和庄严承诺，也顺应了全球化的大势。美国在特朗普担任总统时退出《巴黎协定》，而拜登当选总统后又重新加入便说明了此点。[80] 此外，《联合国生物多样性公约》和《联合国防治荒漠化和干旱公约》亦构成可持续发展国际秩序的组成部分。尽管这些国际文件的用语因条约而异，但其对可持续发展的重大承诺是事实。一些国家还以单方面声明等方式宣布支持可持续发展原则。鉴于可持续发展作为国际法原则的时日尚短，其内容，如哪些事项属于禁止的范畴，哪些属于许可的范畴以及哪些属于例外等需在实践中不断完善和充实。例如，作为执行《巴黎协定》的措施，欧盟于 2021 年 7 月提出了碳边境调节机制（Carbon Border Adjustment Mechanism），美国国会也在讨论通过类似措施。此类措施有利于人类应对气候变化挑战的努力，但同时也涉及很多国际法律问题。这些问题有的属于国际公法的范畴，有的属于国际贸易法和投资法等的范畴，故需要在不同机制下调整。[81]

---

〔76〕《巴黎协定》第 4 条。

〔77〕《巴黎协定》第 4.13 条。

〔78〕《巴黎协定》第 13.1 条。

〔79〕《巴黎协定》第 15 条。涉及条约执行缔约国间的争议，《巴黎协定》规定应参照适用《气候变化公约》第 14 条的机制，包括协商、调解等。

〔80〕关于美国重新加入《巴黎协定》的相关问题，见 Daniel Bodansky，“Climate Change：Reversing the Past and Advancing the Future”，剑桥大学出版社线上发布，2021 年 1 月 22 日，详见 https://www. cambridge. org/core/journals/american - journal - of - international - law/article/climate - change - reversing - the - past - and - advancing - the - future/8DD2659CEC735EF812BBEB9A8640E05B（2022 年 2 月 25 日访问）。

〔81〕关于碳边境调节机制相关国际法问题的讨论，见 Michael A. Mehling et al.，*Designing Border Carbon Adjustments for Enhanced Climate Action*，American Journal of International Law，Vol. 113：4，p. 433 – 481（2019）。

(三)可持续发展为国际社会的发展目标

《里约宣言》发布10年后的2002年,联合国召开了有各国元首和政府首脑参加的"约翰内斯堡可持续发展问题世界首脑会议"。[82] 该会议呼吁各国在经济增长和公平,包含自然资源和环境以及社会发展三个领域协调合作,建议各国以《21世纪议程》为基础,采取具体措施,以实现可持续发展的目标。[83] 2012年在巴西里约热内卢召开的联合国可持续发展会议[84]亦承认消除贫困是可持续发展必不可少的条件。可持续发展问题世界首脑会议还通过了《约翰内斯堡可持续发展宣言》和《约翰内斯堡执行计划》。基于《约翰内斯堡可持续发展宣言》,各国承诺采取具体措施,在地方、国家、区域和全球层面推进和加强可持续发展的三个支柱,即经济发展、社会发展和环境保护间的相互依赖和相辅相成关系。《约翰内斯堡执行计划》则旨在加快实现《约翰内斯堡可持续发展宣言》的目标。

在2015年9月25日至27日的联合国大会上,来自150多个国家的元首和领导人通过了题为《改变我们的世界:2030年可持续发展议程》[85](以下简称《可持续发展议程》)。《可持续发展议程》以千年发展目标为基础,开宗明义便指明其目的在于"为人类、地球与繁荣制订行动计划"。为达此目的,可持续发展议程确定了17个目标,每一个目标又细分为数个具体目标(共169个具体目标),呼吁国际社会对这些关乎人类和地球至关重要的领域采取行动。[86] 根据《可持续发展议程》,为实现繁荣,人类应"与自然和谐相处",

---

[82] 关于约翰内斯堡可持续发展问题世界首脑会议,详见 https://www.un.org/chinese/events/wssd/(2022年2月25日访问)。

[83] 《21世纪议程》于1992年召开的里约地球问题首脑会议上通过,载有2500条建议,内容涉及社会和经济等诸方面,如消除贫困、保护和增进人类健康、保护大气层、养护生物多样性、保护陆地和海洋资源等。《21世纪议程》全文见 https://www.un.org/chinese/events/wssd/agenda21.htm(2022年2月25日访问)。

[84] 关于联合国可持续发展会议,详见 https://www.un.org/zh/sustainablefuture/stories_hunger.shtml(2022年2月25日访问)。

[85] 联合国:《改变我们的世界:2030年可持续发展议程》,联合国大会2015年9月25日第70/1号决议通过,全文见 https://www.un.org/zh/documents/treaty/files/A-RES-70-1.shtml(2022年2月25日访问)。

[86] 参见《可持续发展议程》的前言。

"同时实现经济、社会和科技进步"。[87] 这从另一方面说明一体化与协调发展已成为公认的可持续发展原则。

《可持续发展议程》的最突出目标是消除任何形式的贫困、[88]确保全人类的健康、[89]应对气候变化[90]以及促进法治。[91] 可以说,可持续发展议程的17个目标相互关联,互为表里。例如,由于经济发展落后与不均,发展中国家的人民饱受贫困之苦。面对2019年新冠肺炎大流行,由于缺少医疗物资和公共卫生设施,发展中国家不仅没有能力救治病患,甚至连检测的能力都不充足。印度是疫苗生产大国,但却无法生产疫苗满足国内的需求,原因是缺乏原材料和专利权。正因如此,可持续发展议程提出"支持研发主要影响发展中国家的传染和非传染性疾病的疫苗和药品",以便向这些国家"提供负担得起的基本药品和疫苗",从而达到"保护公众健康,尤其是让所有人获得药品"的目标。[92] 再如,消除贫困和提高人类的健康水平必需发展经济,而经济发展又受到气候变化的影响,故而可持续发展议程要求各国采取紧急行动应对气候变化及其影响,并要求发达国家履行《气候变化公约》下的承诺,包括向绿色气候基金注资。[93] 前述说明,可持续发展议程主张的是以消除贫困和全面提升人类健康为基础的发展蓝图,代表的是半个世纪以来国际社会为之努力的成果。

三、可持续发展原则在国际法中的地位

可持续发展的概念最初集中在环境领域,后人们渐次认识到,环境之所以出现问题是人们在发展经济的过程中有意、无意地对其进行了破坏。因此,解决环境问题必须与各国的经济发展通盘考虑,而经济发展亦与社会、人文等方面息息相关。基于此,可持续发展成为国际社会的整体问题,要求人类以法律

[87] 参见《可持续发展议程》的前言。
[88] 参见《可持续发展议程》目标1。
[89] 参见《可持续发展议程》目标3。
[90] 参见《可持续发展议程》目标13。
[91] 参见《可持续发展议程》目标16。
[92] 参见《可持续发展议程》目标3.b。
[93] 参见《可持续发展议程》目标13.a。

的形式规范各国的行为，使其在国际法上的地位受到关注。国际法院前法官 Weeramantry 曾说，“可持续发展是一个新概念，但也是一个快速发展的概念，且已成为国际法的一部分。可持续发展作为原则已在很多方面被纳入了国际法，包括条约和国际实践”。[94]

（一）国际司法实践的认可

关于可持续发展在国际法中的地位，国际法院在加布奇科沃－大毛罗斯（Gabčikovo－Nagymaros）案中指出，“长期以来，人类为了发展经济和其他原因，经常干预自然。过去人们经常如此行事而不考虑对环境的影响。由于对如此不加思考和不受控制的干预的新的科学认知以及不断提高的其对人类的风险之感悟，为了当代及子孙后代计，在过去二十年间，新规则和新标准出现在一系列文件之中。国家计划新项目或是继续原来已经开始的项目时，都必须考虑这些新规则和新标准。可持续发展的概念则恰当地表达了协调经济发展和环境保护的必要性”。[95] 也是在此案，国际法院前副院长 H. E. C. G. 威拉曼特里（Weeramantry）法官的单独意见认为，“环境保护是当代人权法学说的极重要部分，是众多人权，如健康权、生命权等的前提条件”。[96] Weeramantry 法官在回顾了国际社会关于可持续发展原则的实践后指出，“因此，可持续发展的概念不仅是发展中国家所接受的一项原则，而且是一项在全世界范围内接受的原则”。[97] Weeramantry 法官同时指出，“1987 年，《布伦特兰报告》（Brundtland Report）使可持续发展的概念成为国际关注的最前沿问题。1992 年，里约会议使其成为《里约宣言》的核心内容，在与发展中国家发展有关的所有问题中，它一直是人们关注的焦点。因此，可持续发展原则不仅由于

---

〔94〕 见 C. G. Weeramantry, *Universalizing International Law*, Martinus Nijhoff Publishers, 2014, p. 433.

〔95〕 见国际法院，*Case Converning the Gabčíkovo－Nagymaros Project (Hungary/Slovakia)*，判决，1997 年 9 月 25 日，第 78 页。判决全文见 https://www.icj－cij.org/public/files/case－related/92/092－19970925－JUD－01－00－EN.pdf（2022 年 2 月 25 日访问）。

〔96〕 见 *Case Concerning the Gabčíkovo－Nagymaros Project (Hungary/Slovakia)*，国际法院副院长 Weeramantry 法官的单独意见，国际法院报告（1997 年），第 91 页。全文见 https://www.icj－cij.org/public/files/case－related/92/092－19970925－JUD－01－03－EN.pdf（2022 年 2 月 25 日访问）。

〔97〕 同注释 96，第 94 页。

其不可避免的逻辑必要性,而且由于其被国际社会广泛和普遍接受而成为现代国际法的一部分”,[98]认为,“可持续发展原则在涉及环境的争端解决中有重要作用,因为其内容来自获良好发展的国际法领域,包括人权、国家责任、环境法、经济和工业法、衡平法、领土主权、权利滥用、与邻为善等。可持续发展原则还被明确纳入具有拘束力和长远影响力的国际协议,从而就这些协议言是有拘束力的”。[99] 其他一些学者也将可持续发展视为国际法的普遍原则,认为“毫无疑问,可持续发展的概念已进入习惯国际法的主体”。[100]

依常设仲裁法院规则成立的2005年伊朗莱茵(Iron Rhine)铁路(比利时诉荷兰)案的仲裁庭也认为,可持续发展是国际法的一项新原则,但这并不影响其地位。该仲裁庭指出,“在环境法领域,关于什么构成‘规则’及‘原则’,什么是‘软法’以及哪些环境条约法或原则为习惯国际法的发展做出了贡献,存在很多争议。本仲裁庭并不想参与这些争论,但注意到人们普遍认为‘环境’包括空气、水、土地、动植物、自然生态系统和场所、人类健康与安全以及气候。这些新出现的原则,不论其地位如何,都涉及保护、管理、预防和可持续发展的概念以及对子孙后代的保护”。[101]

国际社会在可持续发展方面的努力及所取得的成果对国际法的发展做出了重要贡献。有论者认为,“国际法正在发生巨变,尽管许多人仍然不接受此演变;人们希望国际法通过跨国法律程序和治理制度的发展从国家个体主义转到国家集体社区的时代。过去国际法的大多数规则都是基于维护国家的期望和利益。未来的国际法可能专注于维护作为地球共同利益相关方的国家共同体的集体权利”。[102] 此国际法变化的基础是在当今高度全球化的世界,人们一方面在社会和经济等诸方面的相互依赖程度日益提高,另一方面则必需

---

〔98〕 同注释96,第94-95页。

〔99〕 同注释96,第95页。

〔100〕 Philippe Sands, *Principles of International Environmental Law* (2nd Ed.), Cambridge University Press, 2003, p. 252-266.

〔101〕 见“Award in the Arbitration regarding the Iron Rhine (Ijzeren Rijn) Railway between the Kingdom of Belgium and the Kingdom of the Netherlands”, 2005年5月24日,第58段。该裁决全文见https://legal.un.org/riaa/cases/vol_XXVII/35-125.pdf(2022年2月25日访问)。

〔102〕 See Christopher Gregory Weeramantry, *Universalising International Law*, Leiden: Martinus Nijhoff, 2004, p. 4.

对其共享的环境和自然资源等承担共同责任。

(二)非政府组织推动

正是基于前述认识,不仅由主权国家组成的联合国一直不遗余力地推动可持续发展的国际立法,而且非政府组织亦积极参与“可持续发展”的造法过程。2002 年,国际法协会(International Law Association)[103]便通过了《关于可持续发展的国际法原则宣言》(Declaration of Principles of International Law Related to Sustainable Development),即《2002 年新德里宣言》,[104]受到国际社会的广泛关注。该宣言将“一体化和相互关联原则”(the principle of integration and interrelationship)列为可持续发展原则,强调人权、社会、经济和环境的发展应相互融合,认为其是“实现可持续发展目标不可或缺者”,鼓励各级治理和社会部门予以实施。[105] 国际法协会的其他六项原则,如国家确保可持续利用自然资源的责任、公平原则和消除贫困原则以及就人类健康、自然资源和生态系统采取预防措施等,则是针对经济、环境和社会等方面的具体问题,建议采取平衡措施。因此,可以说《2002 年新德里宣言》在一定程度上体现了国际社会关于可持续发展的新近共识。[106] 有论者认为《2002 年新德里宣言》包含的原则“刚刚开始改变国际决定的做成、刚刚开始影响包括正义在内的救济及其他措施;受影响的当事方可以依据这些措施寻求清理水和空气,以及对其财产和资产损失的赔偿”等。[107]

关于可持续发展的内容为何,前述文件没有具体界定,然依 2002 年签订

---

[103] 国际法协会于 1873 年在布鲁塞尔成立,历来对国际法的发展有重要影响。关于国际法协会,见 https://www.ila-hq.org(2022 年 2 月 25 日访问)。

[104] 见“ILA New Delhi Declaration of Principles of International Law Relating to Sustainable Development”,2002 年 4 月 6 日。

[105] 参见《新德里宣言》第 7.2 段。

[106] See Henning Grosse Ruse-Khan, *A Real Partnership for Development? Sustainable Development as Treaty Objective in European Economic Partnership Agreements and Beyond*, Journal of International Economic Law, Vol. 13, p. 139(2010).

[107] See Marie-Claire Cordonier Segger, Alexandra Harrington & Francesse Joy Cordon, *Judicial Deliberations and Progress on Sustainable Development*, in Marie-Claire Cordonier Segger and C. G. Weeramantry, eds., Sustainable Development Principles in the Decisions of International Courts and Tribunals 1992-2012, Routledge, 2017, p. 811.

的《保护和可持续发展东北太平洋海洋和沿海环境合作公约》第 3(1)(a)条的规定,可持续发展“是指人类生活质量逐步变化的过程。通过经济增长和社会公平以及生产方式和消费方式的演变,以及相关地区的生态平衡和生命支持系统,使人类成为发展的中心和主要对象。这一过程意味着尊重区域、国家和地方的种族和文化多样性,充分的公众参与,与自然的和谐及和平共处,不会损害但会确保子孙后代的生活质量”。[108] 这是到目前为止对可持续发展最具体的条约规定。

实现可持续发展的目标需要所有人的努力。正是基于此认识,于 2019 年在马德里举行的《气候变化公约》缔约方第 25 届会议成立了气候雄心联盟(Climate Ambition Alliance)。联盟的国家和非国家成员均表明将于 2050 年实现二氧化碳零排放,以实现《巴黎协定》的气候目标。[109] 有了企业的参与,承担减排的责任,就可以具体落实国家的义务。正如成立该联盟的新闻稿所指出,国家不能独自承担这项任务,只有当非国家成员积极参与时,方能实现《巴黎协定》的目标。[110] 同时,可持续发展应包括建立在诚实信用基础上的可持续正义,如各国不仅应对当代的人类承担责任,而且应考虑人类的将来需求、尊重将来的人类的利益,并且对将来的人类承担责任和义务。

(三)国家司法实践支持

可持续发展,包括碳减排、碳交易等都离不开国家的实际执行。[111] 目前,已有国家开始将《巴黎协定》、联合国可持续发展目标等作为司法判决的基础。荷兰地方法院在壳牌公司案的判决就此开创了先河。荷兰皇家壳牌

---

[108] 《保护和可持续发展东北太平洋海洋和沿海环境合作公约》(The 2002 Convention for Cooperation in the Protection and Sustainable Development of the Marine and Coastal Environment of the Northeast Pacific),系以英文和西班牙文于 2002 年 2 月 18 日在危地马拉的安提瓜城通过。英文全文见 http://www2. ecolex. org/server2neu. php/libcat/docs/TRE/Full/En/TRE - 001350. txt (2022 年 2 月 25 日访问)。

[109] 碳排放涉及很多国际法上的问题,包括与国际贸易相关的问题。详见 James Munro, *Emissions Trading Schemes under International Economic Law*,牛津大学出版社 2018 年版。

[110] 参见《保护和可持续发展东北太平洋海洋和沿海环境合作公约》第 2.4.8 段。

[111] 近年涉及环境的个案有增加的趋势,有的是政府告私人公司,有的是私人公司告政府机构。关于环境法律与个案的通报,见 https://climate - laws. org/litigation_cases(2022 年 2 月 25 日访问)。

(Royal Dutch Shell PLC)石油公司案(以下简称壳牌公司案判决)的原告为环境保护协会(Vereniging Milieudefensie)、一个荷兰环保组织及其代表的17,379名瓦登(Wadden)地区居民以及六个其他环保组织,[112]故其是一起集体诉讼的环保案。原告认为被告壳牌公司每年排放到大气中的二氧化碳构成对其及相关人士的非法行为,故被告必须降低其排放量,并应按《巴黎协定》第2条第1款规定的目标以及联合国采用的气候科学标准降低排放量。[113]在涉及气候变化的民事案件中,这是第一起原告要求法院按照国际条约的规定判决被告应遵守的行为的案件。原告依据的法律是荷兰民法典第6编第162节的不成文谨慎标准(unwritten standard of care),主张被告有义务通过公司政策为避免危险的气候变化做出贡献。原告认为,对"不成文谨慎标准"的解释,应考虑被告的行为"对人权,特别是生命权和尊重私人和家庭生活权"的影响,并应参照被告认可的"软法"(soft law),包括联合国工商企业与人权指导原则(以下简称联合国指导原则)、联合国全球契约组织的原则和经济合作与发展组织的跨国公司行为准则等。[114] 荷兰地方法院于2021年5月26日作出判决,判定壳牌石油公司需为二氧化碳排放导致的气候变化及其给人类造成的后果承担责任,责成该公司须于2030年前削减较2019年水平45%的二氧化碳排放量。[115]

与其他民事案件不同,负责审理壳牌公司案的荷兰地方法院首先在判决中大篇幅地论证气候变化及其影响,指出"自工业革命开始以来,人类一直在大规模使用主要是通过燃烧化石燃料(煤、石油和天然气)产生的能源,释放出化学元素碳和氧的化合物,即二氧化碳。一些被排放到大气中的二氧化碳持续了数百年甚至更长的时间,其中一些被森林和海洋的生态系统吸收。由

---

[112] 这六个环保组织分别是荷兰绿色和平组织(Stichting Greenpeace Nederland),化石妇女运动促进基金会(Stichting Ter Bevordering Fossielvru – Beweging),全国保护瓦登海协会(Landelijke Vereiging Tot Behoud Van De Waddenzee),两端基金(Stichting Both Ends),青年环境活跃组织(Jongeren Milieu Actief)和行动援助基金会(Stichting Actionaid)。

[113] 壳牌公司案判决原文系荷兰文,英文译文见 https://uitspraken.rechtspraak.nl/inziendocument?id=ECLI:NL:RBDHA:2021:5339(2022年2月25日访问),第3.1段。

[114] 壳牌公司案判决原文系荷兰文,英文译文见 https://uitspraken.rechtspraak.nl/inziendocument?id=ECLI:NL:RBDHA:2021:5339(2022年2月25日访问),第3.2段。

[115] 壳牌公司案判决原文系荷兰文,英文译文见 https://uitspraken.rechtspraak.nl/inziendocument?id=ECLI:NL:RBDHA:2021:5339(2022年2月25日访问),第5.3段。

于森林砍伐和海水变暖，森林和海洋的吸收选项在逐渐变小”。[116] 与其他工业化国家相比，荷兰的人均二氧化碳排放较高，[117]故此“荷兰居民出现了与气候变化相关的健康问题，包括热应激、传染病增加、空气质量恶化、紫外线暴露增加以及与水相关和食源性疾病的增加。未来几十年，荷兰还将面临许多与水有关的气候影响，如沿海和河流泛滥、水资源过剩、水资源短缺、水质恶化、盐碱化、水位升高和干旱 …… 这些变化和不确定性将对农业和生物多样性产生影响，也会影响能源和制造业”[118]。该荷兰法院回顾了与气候变化相关的国际公约、协定、政策等，以及荷兰为减缓气候变化的影响所采取的措施，包括通过气候法律以及企业、社会团体和政府机构间签订的气候协议，规定荷兰政府和各利益相关方应协力实现于 2030 年将荷兰的碳排放与 1990 年比较减少 49% 的目标。[119]

壳牌公司案涉及的问题之一是如何解释荷兰民法典的不成文谨慎标准。负责该案的法院认为，对于不成文谨慎标准的解释应基于：“相关的事实和情势，关于危险的气候变化及其治理的最佳现存科学论断，对人权加以保护，使之免受危险的气候变化之影响的广泛国际共识以及企业必须尊重人权”的原则等。[120] 因此，该法院在判决中多次援引国际条约，包括《气候变化公约》、《巴黎协定》和《2030 可持续发展目标》等。关于《巴黎协定》，该法院特别提到缔约方大会鼓励“非缔约方利害关系方，包括民间社会、私营部门”等共同努力处理和应对气候变化，同时要求这些非缔约方利害关系方“加大努力和支持行动，以减少排放和（或）建设复原力，降低对气候变化不利影响的脆弱

[116] 壳牌公司案判决原文系荷兰文，英文译文见 https://uitspraken. rechtspraak. nl/inziendocument?id = ECLI:NL:RBDHA:2021:5339（2022 年 2 月 25 日访问），第 2.3.1 段。

[117] 壳牌公司案判决原文系荷兰文，英文译文见 https://uitspraken. rechtspraak. nl/inziendocument?id = ECLI:NL:RBDHA:2021:5339（2022 年 2 月 25 日访问），第 2.3.7 段。

[118] 壳牌公司案判决原文系荷兰文，英文译文见 https://uitspraken. rechtspraak. nl/inziendocument?id = ECLI:NL:RBDHA:2021:5339（2022 年 2 月 25 日访问），第 2.3.9 段。

[119] 壳牌公司案判决原文系荷兰文，英文译文见 https://uitspraken. rechtspraak. nl/inziendocument?id = ECLI:NL:RBDHA:2021:5339（2022 年 2 月 25 日访问），第 2.4.14 和 2.4.15 段。

[120] 壳牌公司案判决原文系荷兰文，英文译文见 https://uitspraken. rechtspraak. nl/inziendocument?id = ECLI:NL:RBDHA:2021:5339（2022 年 2 月 25 日访问），第 4.1.3 段。

性”。[121] 该法院同时认为，在解释不成文谨慎标准时，法院应遵循联合国指导原则，因这些原则构成了具有权威性的和国际认可的“软法”，规定了国家和企业在人权方面的责任，代表了当今世界的真知灼见。该法院认为这些原则并未创设任何新的权利或具有法律约束力的义务，但其符合其他被广泛接受的软法文件的内容，如联合国全球契约组织[122]的原则和经济合作与发展组织关于企业责任的指南等。它同时指出，自 2011 年以来，欧盟委员会一直期望欧洲企业履行其在全球契约组织下尊重人权的责任。因此，联合国契约组织的原则也适合作为不成文谨慎标准的解释指南，而被告是否在联合国契约组织下承担了义务并不重要。[123] 按照国际条约和其他不具有拘束力的文件解释国家法律并不多见。或可说，壳牌公司案法院就此创立了先例。

壳牌公司案法院的理据是，《巴黎协定》的目标代表了气候科学领域现有的最佳发现，得到国际社会的广泛支持和接受。尽管《巴黎协定》的目标不具有约束力，但其代表了防止危险气候变化的共同利益。[124] 该法院特别指出，根据联合国可持续发展议程，“气候变化是全球性的，要开展最广泛的国际合作来加速解决全球温室气体减排和适应问题以应对气候变化的不利影响”；“《公约》之下对所有缔约方适用的议定书、另一份法律文书或有某种法律约束力的议定结果，应平衡减缓、适应、资金、技术开发与转让、能力建设以及行动和支持的透明度等问题”。[125] 基于前述，该法院认为，联合国可持续发展目

[121] 壳牌公司案判决原文系荷兰文，英文译文见 https://uitspraken. rechtspraak. nl/inziendocument?id = ECLI:NL:RBDHA:2021:5339(2022 年 2 月 25 日访问)，第 2.4.7 段。荷兰法院在此援引的是《气候变化公约》缔约方大会第 1/CP. 21 号决定的第 133 段和第 134 段。

[122] 联合国全球契约组织于 2000 年 7 月 26 日在联合国总部成立，宗旨为“在全球范围内动员可持续发展的企业和利益相关方，创造一个我们想要的世界”，成员包括企业和非企业机构。联合国全球契约组织致力于推动企业经营遵守国际社会公认的价值和原则，并为此通过了下述 10 项原则：(1)企业应该尊重和维护国际公认的各项人权；(2)企业决不参与任何漠视与践踏人权的行为；(3)企业应该维护结社自由，承认劳资集体谈判的权利；(4)企业应该消除各种形式的强迫性劳动；(5)企业应该支持消灭童工制；(6)企业应该杜绝任何在用工与职业方面的歧视行为；(7)企业应对环境挑战未雨绸缪；(8)企业应该主动增加对环保所承担的责任；(9)企业应该鼓励开发和推广环境友好型技术；(10)企业应反对各种形式的贪污，包括敲诈勒索和行贿受贿。关于联合国全球契约组织的详情，见 http://cn. unglobalcompact. org/index. html(2022 年 2 月 25 日访问)。

[123] 参见壳牌公司案判决，第 4.4.11 段。

[124] 参见壳牌公司案判决，第 4.4.27 段。

[125] 参见《可持续发展议程》第 31 段和第 32 段的全部内容。

标、《巴黎协定》的气候目标以及为实施《气候变化公约》而制定的其他国际文件相互关联，并从而推导出联合国可持续发展目标7（确保人人获得负担得起的、可靠和可持续的现代能源）的目的并非减损《巴黎协定》或干扰其目标的实现。前述论点系基于对联合国可持续发展目标13（采取紧急行动应对气候变化及其影响）和《巴黎协定》第8条第1款的分析，[126]认为联合国可持续性目标不能成为被告不履行削减碳排放义务的理由。[127]

被告壳牌公司表示其已积极减少碳排放，并投资数十亿美元发展低碳能源，包括电动汽车充电、氢能源、可再生能源和生物燃料等，认为保证碳排放符合《巴黎协定》的要求是政府的责任，要求私人公司承担责任缺乏理据。负责该案的法院认为，国家政府的义务与企业的减排义务是分开的，企业有义务确保其能源供应与应对全球气候变暖所需的二氧化碳减排量保持一致。[128] 同时指出，其他人的责任以及实现《巴黎协定》目标的不确定性均不得成为企业不履行义务的借口，因为到2050年实现零排放是国际社会的共识。[129] 易言之，为实现2050年的零排放目标，每个企业都应该履行各自应承担的责任，而无论其他人，包括政府的责任如何。法院认为被告的业务性质导致其二氧化碳排放构成非常严重的威胁，对荷兰居民，特别是瓦登地区的居民造成损害的风险很高，并具有影响当代和未来几代人权利的危险。该法院同时认为，危险的气候变化的一个特征是，世界上任何地方和以任何方式造成的任何二氧化碳和其他温室气体的排放都会恶化气候变化。然而，任何温室气体排放的减少都是为应对危险的气候变化做出了积极贡献。在评判私有企业的减排责任方面，荷兰法院采用了比例原则，认为作为在全球范围运营的壳牌集团有义务制定政策，减少排放，虽然这可能对被告的商业利益有不利影响，但如此做对人类共同利益的贡献超过了可能由此导致的对其商业利益的减损。[130]

长期以来，很多人对国际法的拘束力颇有微词，认为其不具有国家层面法

---

〔126〕《巴黎协定》第8条第1款规定"缔约方认识到避免、尽量减轻和处理与气候变化（包括极端气候事件和缓发事件）不利影响相关的损失和损害的重要性，以及可持续发展对于减少损失和损害风险的作用"。

〔127〕参见壳牌公司案判决，第4.4.42段。

〔128〕参见壳牌公司案判决，第4.4.43段。

〔129〕参见壳牌公司案判决，第4.4.52段。

〔130〕参见壳牌公司案判决，第4.4.54段。

律的效力。理论上,国际条约对作为缔约方的国家有效,然对拒不遵守条约的国家,除了世贸组织等国际组织外,一般的国际条约亦甚少强制执行机制和手段。[131] 企业和个人一般不直接承担国际法的责任,更多的是通过其本国签订的条约享受某些权利,如将其与投资东道国的争议提交国际仲裁等。壳牌公司案的情况则不同。首先,负责该案的法院在解释国内法时,广泛参考援引了《巴黎协定》、联合国指导原则和可持续发展目标等文件。正如该法院所说,这些文件很多属于“软法”的性质。但鉴于这些文件反映了国际社会的共识,故法院认为其可以作为解释荷兰法律的参考资料。其次,尽管该法院认为其所援引的国际文件大多属于“软法”,但仍然在裁定被告依这些文件应承担减排二氧化碳的责任。最后,该法院基于比例原则认定被告因减排而导致的经济损失不足以抗拒人类整体利益的可能获益。无论如何,荷兰法院的前述判决对提高国际社会对气候变化与可持续发展关系的认识将有帮助。壳牌公司被判需承担减排的责任,其他能源公司以及对环境有影响的企业当会未雨绸缪,制定减排措施,以避免在经营中,特别是在欧洲等环境意识高的国家的经营中遭遇相似挑战。

需指出的是,荷兰法院关于联合国可持续发展目标7(确保人人获得负担得起的、可靠和可持续的现代能源)的解释也并非无可商榷之处。依据《气候变化公约》《巴黎协定》以及其他国际文件,各国在气候变化等领域承担的是“共同但有区别的责任”。基于此,发展中国家的减排责任与发达国家不同,有时为了发展经济甚至可能需要增加二氧化碳排放量。发展中国家发展经济需要跨国公司的投资,包括能源方面的投资。如何平衡各方面的利益,该荷兰法院并未触及。

从前述不难看出,各国在推动经济和环境领域可持续发展的同时,亦需考虑国际法本身的可持续性,以及如何使之具有可持续性并与时俱进。有论者

---

〔131〕 有论者认为,只要国际法主要规范国与国之间的合作,其与国家规范的冲突就很少且不重要。然而,随着治理和规范时代的发展,国际法与国家规范在共同治理的领域便会变得紧张。此紧张关系主要集中在个别国家执行国际法方面,然其会随授权国际机构负责国际规范的制定、解释、监督和执行的增加而趋于严重。See Nico Krisch, *Pluralism*, in Jean d' Aspremont and Sahib Singh, eds., Concepts for International Law: Contributions to Disciplinary Thought, Edward Elgar Publishing Limited, 2019, p. 692.

认为,国际法的可持续性要求各国依国际法,包括国际环境、经济和人权法及其自身利益所导致的结果,构建、改进国际秩序。[132] 就此而言,现有的国际法为各国合作提供了一个框架,一个有国家和其他利益相关方共同参与的框架。各国应首先在此框架内负责地、可持续地使用自然资源、尊重地球、考虑人类现在和将来的需要。此外,各国政府在制定和执行经济和社会发展决策方面,应依照确定的程序,包括透明度原则,并要考虑所有利益相关方的权利。同时,这些国家决策应符合相关的国际法律秩序,包括可持续利用、共享资源的双边、区域性及全球性法律文件等。[133] 只有如此,可持续发展原则方能得以执行、造福人类。

四、可持续发展与预防原则

可持续发展的一个原则是预防原则(precautionary principle)。《里约宣言》原则 15 规定,"各国根据自己的能力应广泛应用预防办法,保护环境。凡有严重威胁或不可逆转的损害,不得使用缺乏充分的科学确定性为理由推迟防止环境退化的措施"。

(一)渐次成为条约义务

预防原则源于涉及环境的国际实践和条约,包括国际海洋污染、生物多样性、气候变化等,最初作为预防概念(concept)和预防方法(approach)出现在学者的论述和国际裁决中。其主旨是,鉴于环境不断恶化及风险不断提高,即使没有科学的确定性证据或完整的科学证据,各国亦应采取保护性、预防性或治疗性措施,以降低环境风险。所谓缺乏科学的确定证据或曰科学不确定性一般是指在急剧变化的环境下,有些环境风险虽然很高但无法立即通过科学

[132] 参见国际法院前法官 James Crawford 在 *Sustainable Development Principles in the Decisions of International Courts and Tribunals* 1992 - 2012 一书的"序",见 Marie - Claire Cordonier Segger 及 C. G. Weeramantry,前引书。

[133] 关于发展,有论者主张其主要是指人们选择范围的扩大,集体和个人生活质量的改善以及行使充分的自由和权利的过程。见 Marie - Claire Cordonier Segger,"Commitments to Sustainable Development through International Law and Policy",载 Marie - Claire Cordonier Segger 及 C. G. Weeramantry,前引书,第 29 页。

方法确定，因有些风险的后果具有代际性质，需要几代人的时间方可确认。就此，《生物多样性公约》序言写道，“注意到生物多样性遭受严重减少或损失的威胁时，不应以缺乏充分的科学定论为理由，而推迟采取旨在避免或尽量减轻此种威胁的措施”。[134] 或可说，《生物多样性公约》是明确支持预防原则的最重要多边公约之一。

《生物安全议定书》在预防原则方面则更为具体。该议定书第 1 条明确规定，其旨在“依循《关于环境与发展的里约宣言》原则 15 所订立的预先防范办法，协助确保在安全转移、处理和使用凭借现代生物技术获得的、可能对生物多样性的保护和可持续使用产生不利影响的改性活生物体领域内采取充分的保护措施，同时顾及对人类健康所构成的风险并特别侧重越境转移问题”。该议定书第 10.6 条进一步规定，“在顾及对人类健康构成的风险的情况下，即使由于在改性活生物体对进口缔约方的生物多样性的保护和可持续使用所产生的潜在不利影响的程度方面未掌握充分的相关科学资料和知识，因而缺乏科学定论，亦不应妨碍该缔约方酌情就以上第 3 款所指的改性活生物体的进口问题作出决定，以避免或尽最大限度减少此类潜在的不利影响”。遗憾的是，实践中人们经常以这些国际条约仅适用于环境保护为由，拒绝将预防原则适用到其他领域。国际海洋法庭关于南蓝鳍金枪鱼案的判决便是例证。

南蓝鳍金枪鱼案的申请方提出，各国的行为应符合预防原则，但负责审理该案的国际海洋法庭并未就此发表意见。支持国际海洋法庭多数意见的两位法官在其单独意见中提及预防原则。特里夫斯(Treves)法官表示理解“法庭不愿就预防原则是否为具拘束力的习惯国际法原则表达立场，同时注意到最近面对此问题的其他法院和法庭也避免就之作答”。[135] 莱恩(Laing)法官则说，“根据现有的材料和论据，无法确定习惯国际法是否承认预防概念为原

---

[134] 参见《生物多样性公约》序言，第 9 段。

[135] 参见国际海洋法法庭(International Tribunal for the Law of the Sea), *Southern Bluefin Tuna Cases* (*New Zealand v. Japan*; *Australia v. Japan*) (*Requests for Provisional Measures*), 1999, Treves 法官的单独意见，第 9 段。该案的判决，包括法官单独意见，详见 http://www.worldcourts.com/itlos/eng/decisions/1999.08.27_New_Zealand_v_Japan.pdf(2022 年 2 月 25 日访问)。

则”,[136]认为“条约和正式文书使用不同的语言”来描述与之相关的义务;且该“概念有不同的表述(如作为原则、方法、概念、措施、行动),但没有权威的司法决定明确支持”其为国际法原则的观点;同时,国家司法实践也不确定或正在演变。[137] 南蓝鳍金枪鱼案的国际法官甚至在承认对预防概念的可接受性之质疑逐渐减少的同时,仍然提出如何界定该概念仍具挑战,如其所涉的潜在范围、操作标准的清晰度、环境规范的资金成本、为避免风险而采取的临时补救措施可能导致的公共健康风险、关于该概念的不同主张及主张的不清晰性、义务的不确定性,以及其价值观念的不精确性和主观性等。[138] 然而,即使是对预防原则持不接受立场的法律学者亦承认,预防概念已在实践中被广泛接受,即使其在特定情况下的结果仍有待解释。[139]

(二)国际司法实践

在纸浆厂(Pulp Mills)案中,国际法院认为科孚海峡案提出的预防原则为习惯国际法原则,依据该原则所有国家均应尽其所掌握的一切手段,避免对另一国的环境造成重大损害。[140] 在评估科学证据和举证责任方面,国际法院考虑的最重要原则之一是预防原则。阿根廷和乌拉圭就预防原则提出了不同论点,前者认为,预防原则意味着举证责任的倒置,或者举证责任平等地适用于双方。国际法院的观点是,预防性方法“虽然可能与《1975 年规约》条款的解释和适用有关,但并不意味着它是对举证责任的倒置”。[141] 国际法院的这一主张系因为其认为谁主张谁举证已成为公认的国际法原则。[142] 因此,除非涉案的《1975 年规约》明确将举证责任倒置或使之由缔约双方平均负担,否则便

---

〔136〕 同注释 135,Laing 法官的单独意见,第 16 段。

〔137〕 同注释 135,Laing 法官的单独意见,第 16 段。

〔138〕 同注释 135,第 15 段。

〔139〕 同注释 135,第 15 段。

〔140〕 国际法院,*Pulp Mills on the River Uruguay* (*Argentina v. Uruguay*),判决,*I. C. J. Reports* 2010, 2010 年,第 14 页,第 101 段。

〔141〕 国际法院,*Pulp Mills on the River Uruguay* (*Argentina v. Uruguay*),判决,*I. C. J. Reports* 2010, 2010 年,第 14 页,第 164 段。

〔142〕 国际法院,*Pulp Mills on the River Uruguay* (*Argentina v. Uruguay*),判决,*I. C. J. Reports* 2010, 2010 年,第 14 页,第 162 段。

须由主张违反环境义务的当事方承担。[143] 然而,国际法院并没有解释其认为科学评估中应如何反映预防原则,以及评估对案件结果的影响。

(三)世贸组织的实践

世贸组织涵盖货物贸易、服务贸易、卫生检疫等诸方面。虽然预防原则未作为基本原则写进《世贸组织协定》,但包括其附件在内的《世贸组织协定》的一些条文反映了预防原则,并在实践中得到确认。欧共体荷尔蒙(EC – Hormones)案[144]便涉及预防原则的适用。该案的争议问题之一是对《卫生与植物卫生协定》(以下简称《卫生协定》)第3.3条和第5.7条以及序言第6段的解释。欧共体认为预防原则已成为习惯国际法或一般国际法的内容,故其可依该原则而不执行与之相冲突的《卫生协定》的规定。[145] 上诉机构认为预防原则是否已成为习惯国际法的原则是有争议的问题,指出:(1)《卫生协定》未明确规定预防原则可作为违反该协定的抗辩理由。(2)《卫生协定》第5.7条以及第3条和该协定的序言第6段均反映了预防原则,尽管第5.7条并未穷尽预防原则的内容;各成员有权规定其认为适当的、高于国际标准的卫生保护水平。(3)专家组在确定是否存在"足够的科学证据"以允许涉案成员保留相关标准时,"可以并且应该意识到,负责任、具代表性的政府在面对不可逆转的风险(如导致人的死亡和对人类健康造成损害)时,通常会采取审慎和预防措施"。(4)除非有明确的上下文指引,否则专家组不能因预防原则便可不依

---

[143] 国际法院,*Pulp Mills on the River Uruguay* (*Argentina v. Uruguay*),判决,*I. C. J. Reports* 2010,2010年,第14页,第164段。

[144] 1996年1月26日,美国要求根据《卫生协定》第11条,《技术协定》第14条和《农业协定》第19条就欧盟关于禁止在畜牧业中使用含有激素的某些物质的禁令与欧盟进行磋商。1997年2月2日,澳大利亚、新西兰和加拿大作为第三方加入。由于各方无法达成协议,美国要求成立专家组。参见"EC—Measures Concerning Meat and Meat Products (Hormones) (EC – Hormones)",专家组报告,世贸组织文件第WT/DS26/R号,1997年8月18日(以下简称欧共体荷尔蒙案,专家组报告)。1997年9月24日,欧共体就专家组报告中的某些法律问题提起上诉。参见"EC—Measures concerning Meat and Meat Products (Hormones)",上诉机构报告,世贸组织文件第WT/DS26/AB/R号,1998年1月16日。

[145] 同注释144,第121段。作为被上诉方的美国和加拿大意见不一致,美国否认预防原则已成为习惯国际法的内容,加拿大一方面否认预防原则为习惯国际法的内容,另一方面认为该原则是正在发展的法律原则并有可能成为一般法律原则的一部分。

适用的条约解释原则解释《卫生协定》。[146]

欧共体荷尔蒙案涉及的是对人类生命和健康构成威胁的食源性风险;《卫生协定》第5.1条要求“各成员应保证其卫生与植物卫生措施的制定以对人类、动物或植物的生命或健康所进行的、适合有关情况的风险评估为基础,同时考虑有关国际组织制定的风险评估技术”。上诉机构同意专家组的意见,认为对《卫生协定》第5.1条的解释应参照第2.2条,因为后者具有统领前者的作用。《卫生协定》第2.2条规定,所有卫生措施只能在“必需的限度内实施,并根据科学原理”,且即使是在卫生措施实施后发现没有“充分的科学证据”亦不可继续维持。欧共体荷尔蒙案的专家组认为,风险评估不同于风险管理;风险评估只能依据数据和事实,而风险管理是基于社会价值的政策判断。上诉机构支持专家组的前述判断,[147]指出风险评估不仅要考虑封闭的实验室确定的风险,而且还要考虑现实世界中实际存在的对人类健康有负面影响的潜在风险。[148] 欧共体荷尔蒙案的上诉机构并不支持专家组关于法律法规的序言提及其所依据的科学数据和论证便可满足《卫生协定》第5条要求的论点,[149]认为只要相关成员能够证明涉案的法律法规系“基于”科学判断即可满足第5.1条的要求,[150]从而推翻了专家组关于涉案欧共体指令不符合《卫生协定》风险评估规定的意见。[151]

欧共体荷尔蒙案上诉机构报告明确宣布《卫生协定》第5.7条反映了预防原则,[152]这就以间接的方式承认了预防原则的国际法地位。该上诉机构同时指出,世贸组织成员在考虑科学证据时不一定要接受多数人的意见。[153] 易言之,世贸组织成员的义务是需要考虑现存的科学证据,但可自行决定采用哪些科学证据,因为负责任的政府自当更清楚应采取什么样的措施。

〔146〕 同注释144,第124段。
〔147〕 同注释144,第176段。
〔148〕 同注释144,第181段。
〔149〕 同注释144,第191段。
〔150〕 同注释144,第193段。
〔151〕 同注释144,第253段。
〔152〕 同注释144,第253段。
〔153〕 同注释144,第194段。

继欧共体荷尔蒙案的欧共体生物技术案[154]的争议问题之一也是预防原则是否已成为习惯国际法的原则。欧共体声称,专家组在解释《世贸组织协定》时必须与其他可能与之相关的国际法规则相一致。专家组认为,根据《维也纳条约法公约》第 31 条第 1 款的规定,条约的约文必须按其通常的意思解释,而约文的通常意思一般通过查阅字典依照上下文确定,然而,“除字典外,其他相关国际法规则在一些个案中也具有协助确立、确认条约约文在特定情境下含义的作用”。[155] 因此,“在解释世贸组织协定条款时,如果其认为其他国际法规可提供参考,则可考虑这些规则”。[156]该专家组同时指出,根据《维也纳条约法公约》第 31 条第 3 款第 3 项的规定,参考其他国际法规则的条件是相关规则对所有涉案的世贸组织成员具有拘束力。[157] 据此,如果涉案的世贸组织成员并非同一条约的缔约方,则该条约不构成《维也纳条约法公约》第 31 条第 3 款第 3 项所指的“适用于当事国间关系之任何有关国际法规则”,故不应被援引。在该案中,欧共体认为 1992 年《生物多样性公约》和 2000 年《卡塔赫纳生物安全议定书》(以下简称《生物安全议定书》)为应予考虑的国际法规则,理由是欧共体、阿根廷和加拿大均签署并批准了《生物多样性公约》,故公约对这些国家具有约束力;虽然美国尚未批准,但已签署了该公约。关于《生物安全议定书》,欧共体指出,该议定书对欧共体具有约束力,且阿根廷和加拿大亦分别签署了该议定书。此外,欧共体认为,根据《维也纳条约法公约》第 18 条的规定,已签署条约的国家有义务不“采取任何足以妨碍条约目的及宗旨之行动”,且该条反映的是习惯国际法的规则。[158]

《生物安全议定书》的前言写道,各缔约方“认识到贸易协定与环境协定应相辅相成,以期实现可持续发展”,强调各缔约方不因批准或加入该议定书而改变其“根据任何现行国际协定所享有的权利和所承担的义务”。与此同时,《生物安全议定书》亦不“附属于其他国际协定”。欧共体认为,《生物安全

---

[154] “EC – Measures Affecting the Approval and Marketing of Biotech Products”, 专家组报告,世贸组织文件第 WT/DS291/R、WT/DS292/R 及 WT/DS293/R 号,2006 年 9 月 29 日(以下简称欧共体生物技术案)。

[155] 同注释 154,第 7.92 段。

[156] 同注释 154,第 7.93 段。

[157] 同注释 154,第 7.70 段。

[158] 同注释 154,第 7.53 段。

议定书》是《世贸组织协定》,包括《卫生协定》、《技术性贸易壁垒协定》(以下简称《技术协定》)和《关贸总协定》之间没有必然的不一致,反而这两个文件具有相互补充的作用,如《生物安全议定书》有关预防措施和风险评估的规定有助于解释《世贸组织协定》的相关规定。[159] 专家组认为《生物安全议定书》是《维也纳条约法公约》下的“国际法规则”,[160] 但指出,如果相关规则不适用于本争端的一个当事方,则其便不符合第 31 条第 3 款第 3 项的要求。[161] 欧共体提出,联合国于 1982 年通过的《世界自然宪章》首先承认了预防原则,其后该原则被纳入了多个国际公约,包括《里约宣言》(原则 15),《气候变化公约》以及《生物多样性公约》;特别是在转基因产品方面,根据《生物安全议定书》,在科学结论不确定的情况下,预防原则在确定世贸组织成员限制或禁止进口是否合法中起到关键作用。[162] 简言之,欧共体认为,预防原则已成为习惯国际法或一般国际法的原则。针对此论点,专家组援引了上诉机构在欧共体荷尔蒙[163]案的下述裁定:[164]

“预防原则在国际法中的地位仍然是学者、律师、立法者和法官间辩论的主题。有人认为预防性原则已构成一般习惯国际环境法原则,然其是否已被世贸组织成员广泛接受为一般或习惯国际法原则则不甚清晰。我们认为上诉机构在此上诉案中就如此重要但又如此抽象的问题表态既无必要亦不谨慎。我们注意到,专家组并未就预防原则在国际法中的地位作出任何明确的查明,认为至少在除环境法的其他领域外,预防原则尚需权威性的确认。”

专家组认为,关于预防原则是否构成公认的一般或习惯国际法原则的法律辩论仍在进行中,且国际法院或仲裁庭尚未就之做出权威的决定。[165] 专家组同时承认预防原则已被明示或默示地被纳入许多国际公约和宣言,但这些公约和宣言大多涉及环境领域。此外,专家组认为预防原则的确切定义和内

---

〔159〕 同注释 154,第 7.55 段。

〔160〕 同注释 154,第 7.67 段。

〔161〕 同注释 154,第 7.74 段。

〔162〕 同注释 154,第 7.78 段。

〔163〕 “EC Measures Concerning Meat and Meat Products (Hormones)”,上诉机构报告,1998 年 1 月 16 日,世贸组织文件第 WT/DS26/AB/R 及 WT/DS48/AB/R 号。

〔164〕 同注释 163,第 123 段。

〔165〕 参见欧共体生物技术案,前引书,第 7.88 段。

容不清。[166] 值得注意的是，专家组认为如果不通过参考其他因素（如其他条约规定），便可确定《世贸组织协定》相关条款的意思，则不需借助国际法的其他规则。[167]

前述国际法院和世贸组织的实践说明，作为国际法的原则，预防原则主要在环境领域得到承认并适用。这也说明在预防原则是否为习惯国际法原则的问题上国际社会尚未达成一致意见。同时，当代国际社会的特点之一是不同机构作出的判决和裁决，特别是国际法院的判决和世贸组织专家组和上诉机构的裁决经常为其他机构所援引。国际法院、世贸组织上诉机构和专家组关于预防原则在国际法中的地位、科学证据在风险评估中的作用、采用科学证据的标准等应对可持续发展原则的发展和适用有重要影响。

五、可持续发展原则与必要性标准

发展法及可持续发展与国际贸易有密切关系，盖因经济发展和环境在很多方面与国际贸易相关，进而世贸组织直接相关。[168]《世贸组织协定》在序言中将之列为目标之一，然该协定的正文以及作为其附件的其他协定均没有具体规定可持续发展在贸易秩序中的地位。这也从而使得世贸组织经常受到批评。

（一）可持续发展原则与多边贸易机制例外

1994 年 4 月 15 日，在摩洛哥马拉喀什召开的关贸总协定部长级会议通过了《关于贸易与环境的决定》。作为世贸组织机制下关于贸易与环境问题的第一份专门文件，该决定指出"在坚持和保护一个开放、非歧视和公平的多边贸易体系及努力保护环境和促进可持续发展之间不应该也不必存在任何政

〔166〕 同注释 165。

〔167〕 同注释 165。

〔168〕 关于发展法与国际贸易秩序的关系，See Yong - Shik Lee, Gary N. Horlick, Won - Mog Choi 及 Tomer Broude, *Law and Development Perspective on International Trade Law*, Cambridge University Press, 2011.

策矛盾”。[169] 该决定还确定了贸易与环境委员会(CTE)的建立,责成其负责世贸组织内有关贸易与环境的事项。[170] 1994年12月15日,在乌拉圭回合谈判的最后时刻,贸易谈判委员会通过了《关于服务贸易和环境的决定》,要求贸易与环境委员会研究环境保护与服务贸易的关系,并就是否需要对《服务贸易总协定》第14条进行任何修改提出建议。

尽管世贸组织体系并无具体的关于如何协调国际贸易与可持续发展关系的规定,但此两者的关系是无法回避,也是不应该回避的。事实上,早在世贸组织成立前的关贸总协定时期便已有涉及可持续发展的争议,如美国—加拿大金枪鱼(*US - Canadian Tuna*)案,[171] 加拿大—鲑鱼和鲱鱼(*Canada - Salmonand Herring*)案,[172] 泰国—香烟(*Thailand - Cigarettes*)案,[173] 美国—金枪鱼—海豚I(*US - Tuna - Dolphin I*)案,[174] 美国—金枪鱼(欧共体)[*US - Tuna (EEC)*]案[175] 和美国—汽车(*US - Automobiles*)案[176] 等。这些案件的共同点是所有被申诉方均援引《关贸总协定》第20条作为抗辩理由,但均被专家组驳回。在所有这些案件中,美国的金枪鱼—海豚Ⅰ(*Tuna - Dolphin* Ⅰ)案引发

[169] 《关于贸易与环境的决定》,1994年3月29日,关贸总协定文件第GATT Doc. MTN. TNC/W/141号,序言,http://www.iisd.org/trade/wto/ctedoc.htm(2022年2月25日访问)。

[170] 同上,第1段。《关于贸易与环境的决定》还列出了贸易与环境委员会的七个工作事项,包括多边贸易体系与涉及环境的贸易措施的关系,以及环境政策和多边贸易体系的关系等。

[171] “United States—Prohibition of Imports of Tuna and Tuna Products from Canada”,专家组报告,关贸总协定文件第BISD 29S/21号,1982年2月22日通过;见http://www.wto.org/english/tratop_e/dispu_e/80tuna.pdf(2022年2月25日访问)。

[172] “Canada—Measures Affecting Exports of Unprocessed Herring and Salmon”,专家组报告,关贸总协定文件第BISD 39S/98号,1988年3月22日通过;见http://www.wto.org/english/tratop_e/dispu_e/87hersal.pdf(2022年2月25日访问)。

[173] “Thailand—Restrictions on Importation of and Internal Taxes on Cigarettes”,专家组报告,关贸总协定文件第BISD 37A/200号,1990年11月7日通过;见http://www.wto.org/english/tratop_e/dispu_e/90cigart.pdf(2022年2月25日访问)。

[174] “US—Restrictions on Imports of Tuna”,专家组报告于1991年9月3日散发,但未通过。关于此案的介绍,见https://www.wto.org/english/tratop_e/envir_e/edis04_e.htm(2022年2月25日访问)。

[175] “United States—Restrictions on Imports of Tuna”,专家组报告于1994年6月16日散发,但未通过,见http://worldtradelaw.net/reports/gattpanels/tunadolphinII.pdf(2022年2月25日访问)。

[176] “United States—Taxes on Automobiles (hereinafter US - Automobiles)”,专家组报告于1994年10月11日散发,但未通过,见http://www.law.georgetown.edu/iiel/cases/US - Automobiles.pdf。

的讨论最为广泛。[177] 该案的主因是美国的《海洋哺乳动物保护法》规定捕捉金枪鱼不应伤害海豚,美国政府认为墨西哥捕捉金枪鱼的方式不符合前述规定,故限制来自墨西哥的金枪鱼进口。墨西哥认为美国的措施违反了《关贸总协定》。负责审理该案的专家组认为美国未能证明其已用尽替代方法,如通过谈判国际合作协议达到相同目的,因而裁定美国的进口限制不合法。专家组指出,美国试图通过援引《关贸总协定》第 20(b)和(g)条证明其进口限制措施的合规性,但此类措施应仅适用于相关国家领土范围内的资源保护。关贸总协定时期的专家组报告需按一致通过原则通过。鉴于美国反对专家组的报告,故该专家组报告未获通过。尽管如此,美国金枪鱼案引起国际社会的极大反响,有论者认为《关贸总协定》首先关注的是自由贸易而非人类所关切的事项。[178] 也有论者批评专家组解释《关贸总协定》的方法僵化,因其遵循的唯一价值是自由贸易,而未能适当平衡国内政策与国际贸易的得与失。[179]

世贸组织成立后,随着国际社会环境意识的提高,国际贸易的绿色元素被提上日程。[180] 2007 年 10 月 24 日,世贸组织前总干事拉米(Pascal Lamy)在耶鲁大学的一次演讲中宣称,"世贸组织不仅能够提供贸易正义,而且还能提供环境正义"。这在一定程度上反映了世贸组织在环境和可持续发展问题上态度的转变。但不可否认的是,世贸组织的最高决策机构是部长级会议,虽然秘书处,特别是秘书长可影响世贸组织的决策,其影响更多的是在具体事项的决定以及为部长级会议等提供调研服务。

在世贸组织的框架下,争端解决机构在解释条约条款方面有举足轻重的作用,因世贸组织通过上诉机构和专家组报告采用的是反向一致原则,即只要并非全体成员一致反对,相关报告便可获通过。这就使上诉机构报告和专家组报告(不上诉者)处于准自动通过的地位。正因如此,世贸组织争端解决机

---

〔177〕 参见 Richard J. McLaughlin,"Free trade, GATT, and Ocean Governance",见 https://www.sciencedirect.com/science/article/abs/pii/0964569194900752(2022 年 2 月 25 日访问)。

〔178〕 例子参见 Philip M. Nichols,"Corruption in the World Trade Organization: Discerning the Limits of the World Trade Organization's Authority",28 *N. Y. U. J. Int'l L. & Pol'y* 711(1998)。

〔179〕 See Julie H. Paltrowitz,"A 'Greening' of the World Trade Organization? A Case Comment on the Asbestos Report",26 *Brook. J. Int'l L.* 1789(2001).

〔180〕 "greening the GATT"这一表述经由 David C. Estyin 的书得到推广,*Greening the GATT: Trade, Environment, and the Future*,Institute for International Economics, 1994 年。

构如何解释涉及可持续发展的条款成为检验世贸组织是否支持发展权的重要方面。在美国—汽油(*US - Gasoline*)案[181],美国—虾和虾产品(*US - Shrimp*)案[182]以及巴西—再生轮胎(*Brazil - Retreaded Tyres*)案[183]中,所有被诉方均被裁定未能满足《关贸总协定》第 20 条序言的要求,不得依该例外规定合法化其限制进口的措施。鉴于涉案措施均适用第 20(b)或(g)条的例外规定,各该案成为评析世贸组织如何平衡自由贸易和可持续发展的直接证据。

美国汽油案的专家组认为,清洁空气是可耗尽的自然资源且"资源可再生的事实不能成为反驳的理由"。[184] 上诉机构在该案中指出,《关贸总协定》第 20(g)条"与保护可用尽的自然资源有关的措施,如此类措施与限制国内生产或消费一同实施"的规定,要求依公平原则对待国内生产或消费和可用尽的自然资源间的关系。然而,它未进一步解释应如何适用此要求,而只是提及两个极端情况:"当然,如果涉案的待遇完全相同,即真实的(而不仅仅是正式上的)平等待遇,便很难证明其[与第 20(g)条]不一致。同时,如果进口成员对国内生产的同类产品没有任何限制,即所有限制仅针对进口产品,则相关措施便不能被认定为主要或基本上是出于保护自然资源的目的。其只能是赤裸裸的歧视,目的在于保护当地生产的商品。"[185] 美国汽油案的上诉机构还指出,"不应将《关贸总协定》与国际公法简单地加以区隔"。[186]

或可说,美国汽油案的作用之一是确定了国际公法与世贸组织法的关系,即承认国际公法是世贸组织法的渊源。在接下来的美国虾和虾产品案[187]

---

[181] "United States—Standards for Reformulated and Conventional Gasoline",上诉机构报告,世贸组织文件第 WT/DS2/AB/R 和 WT/DS4/AB/R 号,1996 年 5 月 20 日通过(以下简称美国汽油案)。

[182] "United States—Import Prohibition of Certain Shrimp and Shrimp Products",上诉机构报告,世贸组织文件第 WT/DS58/AB/R 号,1998 年 11 月 6 日通过(以下简称美国虾产品案)。

[183] "Brazil—Measures Affecting Imports of Retreaded Tyres",上诉机构报告,世贸组织文件第 WT/DS332/AB/R 号,2007 年 12 月 3 日(以下简称巴西再生轮胎案)。

[184] "United States—Standards for Reformulated and Conventional Gasoline",专家组报告,世贸组织文件第 WT/DS2/R 和 WT/DS4/R 号,1996 年 1 月 29 日散发,第 6.37 段。

[185] "United States—Standards for Reformulated and Conventional Gasoline",上诉机构报告,世贸组织文件第 WT/DS2/AB/R 号,1996 年 4 月 29 日,第 20 - 21 页。

[186] "United States—Standards for Reformulated and Conventional Gasoline",上诉机构报告,世贸组织文件第 WT/DS2/AB/R 号,1996 年 4 月 29 日,第 17 页。

[187] 见"US - Import Prohibition of Certain Shrimp and Shrimp Products",上诉机构报告,世贸组织文件第 WT/DS58/AB/R 号,1998 年 10 月 12 日,第 129 段。

中，上诉机构指出，《世贸组织协定》的前言宣布，“本协定各参加方，认识到处理它们在贸易和经济领域的关系时，应以提高生活水平、保证充分就业、保证实际收入和有效需求的大幅稳定增长以及扩大货物和服务的生产和贸易为目的，同时应依照可持续发展的目标，考虑对世界资源的最佳利用，寻求既保护和维护环境，又以与它们各自在不同经济发展水平的需要和关注相一致的方式，加强为此采取的措施”。上诉机构还指出，可持续发展的概念已成为普遍接受的“经济、社会发展与环境保护”相互融合的整体。[188] 基于前述，上诉机构认为，出于多边贸易秩序连续性的重要性，《世贸组织协定》的前言是以1947 年《关贸总协定》的前言为蓝本，然谈判者意识到 1947 年《关贸总协定》的宗旨已不完全适应 20 世纪 90 年代的世界贸易秩序，从而增加了下述文字：“同时应依照可持续发展的目标，考虑对世界资源的最佳利用，寻求既保护和维护环境，又以与它们各自在不同经济发展水平的需要和关注相一致的方式，加强为此采取的措施。”[189] 此修改可证明世贸组织的谈判者认为对世界资源的最佳利用应符合可持续发展的目标。[190] 上诉机构同时指出，在起草《世贸组织协定》前言时，各谈判方还设立了一个永久性的贸易与环境委员会，并在设立该委员会的决议中明确各谈判方认为“在维持和保护一个开放、非歧视和公平的多边贸易制定与保护环境以及推动可持续发展间不应该也没必要存在任何政策冲突”。[191] 在讨论贸易与环境的关系时，上诉机构还指出，关于设立贸易与环境委员会的决议还提及《里约环境与发展宣言》的原则三和原则四。[192] 《里约环境与发展宣言》原则三宣布“必须履行发展的权利，以便公正

---

〔188〕 同上，上诉机构就此特别援引了 G. Handl，“Sustainable Development：General Rules versus Specific Obligations”一文。该文载于 W. Lang 主编 *Sustainable Development and International Law*，1995 年，第 35 页。

〔189〕 见“US – Standards for Reformulated and Conventional Gasoline”，上诉机构报告，世贸组织文件第 WT/DS2/AB/R 号，第 152 段。

〔190〕 见“US – Standards for Reformulated and Conventional Gasoline”，上诉机构报告，世贸组织文件第 WT/DS2/AB/R 号，第 153 段。

〔191〕 见“US – Standards for Reformulated and Conventional Gasoline”，上诉机构报告，世贸组织文件第 WT/DS2/AB/R 号，第 154 段。

〔192〕 见“US – Standards for Reformulated and Conventional Gasoline”，上诉机构报告，世贸组织文件第 WT/DS2/AB/R 号，第 154 段。上诉机构在其报告的注释 147 具体列出了里约环境与发展宣言原则三和四的内容。

合理地满足当代和世世代代的发展与环境需要”；原则四则宣布“为了实现可持续发展，环境保护应成为发展进程中的一个组成部分，不能同发展进程孤立看待”。[193] 这些原则后来被演绎为经济、社会和可持续发展一体化的概念。

在前述欧共体生物技术案中，专家组也参考了上诉机构在美国虾和虾产品案中对“可用尽的自然资源”的解释。专家组认为，上诉机构在美国虾和虾产品案中裁定“可用尽的自然资源”的性质赋予其具有演进性，并以此为依据，认定“可用尽的自然资源”包括有生命的和没有生命的资源。[194] 值得指出的是，欧共体生物技术案的专家组在征得各争议当事方的同意后，就如何解释《卫生协定》附件 A 的条文，请国际组织提供了一些帮助，包括提供参考资料、术语表、正式文件、标准和指南等。[195] 在世贸组织争端解决的实践中，非政府组织主动向专家组和上诉机构提供意见已见惯不怪，但是由专家组主动寻求其他国际组织的协助尚不多见。欧共体生物技术案专家组的做法再次彰显世贸组织专家组和上诉机构就条约解释寻求其他国际组织甚至非政府组织和个人意见方面具有很大的自主权。只要其认为需要或有利于澄清世贸组织诸协定条文的文意，上诉机构和专家组便可以向其他组织寻求意见，包括援引其他国际文件和其他组织的决定等。将此实践运用到《世贸组织协定》关于可持续发展条文的解释，其他国际组织和机构关于气候变化、公共卫生相关条约的解释等势必会对《世贸组织协定》的执行产生更多、更直接的作用。

（二）多边机制例外与必要性测试

前述说明，在世贸组织下主张与可持续发展相关的权利主要是依《关贸总协定》和《服务贸易总协定》的一般例外条款，而援引这些条款的条件包括满足其下的具体例外及序言规定的条件。鉴于大多涉及可持续发展的个案均

[193] 关于《里约环境与发展宣言》，见 https://www.un.org/en/development/desa/population/migration/generalassembly/docs/globalcompact/A_CONF.151_26_Vol.I_Declaration.pdf（2022 年 2 月 25 日访问）。

[194] 见“US – Import Prohibition of Certain Shrimp and Shrimp Products”，上诉机构报告，前引书，第 130 段。

[195] 参见欧共体生物技术案，前引书，第 7.96 段。这些国际组织包括联合国粮食及农业组织、联合国政府间气候变化专门委员会秘书处、世卫组织、世界动物卫生组织、生物多样性公约秘书处和联合国环境署等。该专家组在报告中确定，其依需要参考了这些国际组织提供的资料。

与可用尽的自然资源相关,援引此例外的争议方必须能够通过“必要性”测试。例如,中国原材料(China - Measures Related to the Exportation of Various Raw Materials)案[196]涉及中国对一些原材料实施出口限制,受影响的原材料包括多种形态的铝土矿、焦炭、萤石、镁、锰、碳化硅、金属硅、黄磷和锌。这些原材料可用于生产日常用品和技术产品,中国为主要生产国。该案的背景是中国经济的快速增长,导致资源大量消耗和环境破坏,受到广泛批评。在中国原材料案的庭审中,中国政府的代表说前述措施的目的在于发展经济的同时,保护好环境。负责该案的专家组认为,如果中国政府的观点(为长远利益而限制出口)可以作为合法化与世贸组织规定不一致的措施,其结果必然是《关贸总协定》第20(b)条的规定可适用于原材料的出口限制。[197] 中国还指出,有些原材料的初级生产过程会产生对人类有害的污染,故其措施是基于对人类生命和健康的考虑。专家组认为,为了保护人类健康和生命,应对初级生产进行更严格的控制而不是限制出口。[198] 专家组还认为,中国并未充分解释为什么其无法采取设置生产上限或征税等符合世贸组织规定的措施,达到相同的目的。[199] 该专家组同时指出,资源丰富的成员有权比其他成员更多地利用其资源来确保经济发展,但其必须满足《关贸总协定》第20(g)条“公平”的要求。[200] 至于如何判断有争议的措施是否为了达到预设的目的,中国原材料案的专家组指出,“一个成员必须做的不仅仅是制定一系列针对环境保护和污染产品的措施。它必须能够说明这些措施将如何实现预期的目标”,[201] 以及是否存在可替代的措施。关于后者,该专家组指出,其“未被告知这些生效措施的具体操作标准,也没有任何具体的程序要求和实施过程”,“专家组已获得一些文件,但这些文件只是确立目标而非具体标准,且未提供任何证据证明

---

〔196〕 “China - Measures Related to the Exportation of Various Raw Materials”,专家组报告,世贸组织文件第 WT/DS394/R,WT/DS395/R 和 WT/DS398/R 号,2011 年 7 月 5 日(以下简称中国原材料案)。

〔197〕 同注释 196,第 7.554 段。

〔198〕 同注释 196,第 7.589 段。

〔199〕 同注释 196,第 7.589 段。

〔200〕 同注释 196,第 7.404 段。

〔201〕 同注释 196,第 7.511 段。

相关政策得到落实以达到目标”。[202]

中国原材料案的裁决说明,不仅国际社会对可持续发展与自由贸易的关系日益关注,而且在实践中要求试图通过援引世贸组织例外规定证明己方的措施具合法性的成员要具体、明确地说明其所实施的措施如何实现预期的目标。这显然已经超出了“必要性”测试的要求。此外,从中国政府的答辩可以看出东西方文化在此方面的差异。传统上,中华文化的特点是较强调法律和政策的原则性规定,而非具体的执行方式和方法以及具体论证相关措施是否可行,以及如何可以达至预期的目标。从长远计,为了在世贸组织等争端解决制度下提出具有说服力的论点,中国等东方国家以及非普通法国家可能必须认真研究基于普通法的国际争端解决的论证方式、方法以及需提供的证据等。世贸组织等国际争端解决机构的决定对各国在可持续发展方面的立法、法律规范、法定标准、法律条文与立法目的的逻辑关系等将会产生深远影响。[203]

(三)技术标准的必要性测试

“必要性测试”(necessity test)亦适用于《卫生协定》和《技术协定》。与《关贸总协定》第 20 条的例外规定不同,该两个协定下的必要性测试属主动义务,举证责任从而由被申诉方转至申诉方。相较于《关贸总协定》第 20 条,《卫生协定》和《技术协定》含有更详细的测试要素。例如,依《技术协定》第 2.2 条的规定,“各成员应保证技术法规的制定、采用或实施在目的或效果上均不对国际贸易造成不必要的障碍”。就此而言,任何技术法规“对贸易的限制不得超过为实现合法目标所必需的限度”,合法目标则包括“保护人类健康或安全、保护动物或植物的生命或健康及保护环境”。[204] 欧共体沙丁鱼(*EC – Sardines*)案[205]涉及《技术协定》的解释。案涉的争议源自欧盟理事会

---

[202] 同注释 196,第 7.583 段。

[203] See Gregory Shaffer, *How the World Trade Organization Shapes Regulatory Governance*, Regulation & Governance, Vol. 9, p. 1 – 15(2014).

[204] 参见《技术协定》第 2 条第 2 款。

[205] “European Communities – Trade Description of Sardines”,上诉机构报告,WT/DS231/AB/R,2002 年 9 月 26 日(以下简称欧共体沙丁鱼案上诉机构报告)。

条例21365/89关于鱼类营销必须使用特定名称的规定。此条例于1989年6月21日通过，自1990年1月1日起实施；其第2条规定，“只有符合下列要求的产品才能作为罐装沙丁鱼销售：(i)必须包含海关编码1604/13/10和符合产品描述ex 1604/20/50；(ii)必须完全由皮尔卡得斯沙丁鱼制备；(iii)必须在密封容器内用任何适当的覆盖介质预先包装；(iv)必须以适当方式进行消毒”。从秘鲁出口的罐装沙丁鱼是用远东拟沙丁鱼制备。秘鲁认为欧共体条例不符合《技术协定》和《关贸总协定》的要求，因其未采用联合国粮食及农业组织和世卫组织通过的“沙丁鱼和沙丁类鱼制品罐头标准(Codex Stan 94 - 1981)”。[206]

秘鲁主张，《技术协定》第2条第4款规定“如需制定技术法规，而有关国际标准已经存在或即将拟就，则各成员应使用这些国际标准或其中的相关部分作为其技术法规的基础，除非这些国际标准或其中的相关部分对达到其追求的合法目标无效或不适当”。鉴于“沙丁鱼和沙丁类鱼制品罐头标准”早已存在，但欧盟没有采用相关标准，故秘鲁认为欧盟的条例不符合前述规定。负责该案的上诉庭支持专家组的裁定，指出《技术协定》下的技术法规须符合三项标准，包括必须适用于可识别的产品；必须规定产品的一个或多个特征；强制要求产品的特性。[207] 该上诉庭指出，《技术协定》的数个条款均承认国际标准在推动各国标准的融合及国际贸易中的作用。[208] 上诉庭还特别提到《技术协定》序言第3段“认识到国际标准和合格评定体系可以通过提高生产效率和便利国际贸易的进行而在这方面作出重要贡献”和第8段“认识到国际标准化在发达国家向发展中国家转让技术方面可以作出的贡献”，认为排除适用第2条第4款规定的国际标准不符合《技术协定》的目的和目标。[209]

欧共体沙丁鱼案的上诉庭认为，根据《技术协定》第2条第4款的后半部分的规定，如果“国际标准或其中的相关部分对达到其追求的合法目标无效

---

[206] 关于沙丁鱼和沙丁类鱼制品罐头标准，见 http://www. fao. org/fao - who - codexalimentarius/sh - proxy/en/? lnk = 1&url = https%253A%252F%252Fworkspace. fao. org%252Fsites%252Fcodex%252FStandards%252FCXS%2B94 - 1981%252FCXS_094e. pdf(2022年2月25日访问)。

[207] 参见欧共体沙丁鱼案上诉机构报告，第176段。

[208] 参见欧共体沙丁鱼案上诉机构报告，第214段。

[209] 参见欧共体沙丁鱼案上诉机构报告，第215段。

或不适当”,则相关成员可以不适用国际标准。[210] 这就涉及关于“合法目的”、“无效”和“不适当”的解释。关于此点,上诉庭同意专家组的意见,认为“合法目的”是指相关技术法规是为了实现第2条第2款列出的诸项目的。基于此,如果相关成员认为国际标准无法有效及适当地达到技术法规预期实现的目标,则该成员可以选择不适用国际标准。[211] 那么,如何判断一个国际标准是否无效及不适当呢?上诉庭认为,“无效”是指相关国家标准是否有能力实现技术法规致力于达到的目的,而“不适当”则是指尽管相关国家标准可能有能力实现技术法规的目的,但并不适合采用;故两者既有区别,又具有关联性。[212] 最后上诉庭支持专家组的裁定,认为适用“沙丁鱼和沙丁类鱼制品罐头标准”既非“无效”又非“不适当”。

需要指出的是,欧共体沙丁鱼案的上诉庭明确指出《技术协定》第2.4条与《卫生协定》第3.1条和第3.3条在概念上有许多相似之处,两个协定排除的适用范围亦相同,故认为上诉机构在欧共体荷尔蒙案的裁定对解释《技术协定》第2.4条有参考价值,特别在举证责任方面更是如此。[213] 此外,《技术协定》和《卫生协定》均包含技术援助条款,特别是向世贸组织发展中国家成员提供技术援助。[214] 与此同时,该两个协定均缺乏相关的具有操作性的规定和程序,从而使得这些承诺停留在纸面上,大多数发展中国家根本没有财力和人力积极参与国际标准的制定。由于没有发展中国家的充分参与,其特殊需要便很难在国际标准和要求中得到反映。这已构成多边贸易体制的问题之一。

(四)卫生措施的必要性测试

当今世界的健康意识远高于以前,不仅关心人类的生命和健康而且关注动物和植物的生命和健康,将之视为可持续发展的重要内容。世贸组织的

---

〔210〕 参见欧共体沙丁鱼案上诉机构报告,第259段。
〔211〕 参见欧共体沙丁鱼案上诉机构报告,第274段。
〔212〕 参见欧共体沙丁鱼案上诉机构报告,第289段。
〔213〕 参见欧共体沙丁鱼案上诉机构报告,第275段。
〔214〕 参见《技术协定》第11条;《卫生协定》第9条。

《卫生协定》要求各成员“在必要的范围内”科学性地实施卫生措施,[215] 且相关措施不得构成不合理或任意的歧视,包括世贸组织成员间和国内外企业间的歧视,[216] 同时贸易限制程度不得“比实现适当的卫生和植物检疫保护更高”。此规定主要是针对相关卫生措施对贸易的影响,这是因为《卫生协定》系属世界贸易下的条约。与《世贸组织协定》相同,《卫生协定》势必对可持续发展,包括国际发展法有直接作用。

《卫生协定》第2.2条则要求各成员保证“任何卫生与植物卫生措施仅在为保护人类、动物或植物的生命或健康所必需的限度内实施”。“必需的限度”是指相关措施的必要性。决定某项措施及其保护水平是否符合“必需的限度”的要求首先取决于是否有可达到相同目的,但对贸易限制较小的替代措施。如果有技术上具可操作性并可达致保护目的,同时对贸易的限制较少的替代措施,有关成员必须选择后者。[217] 关于此点,《卫生协定》第5.6条有一个脚注,规定“除非存在如下情况,否则一措施对贸易的限制不超过所要求的程度:存在从技术和经济可行性考虑可合理获得的另一措施,可实现适当的卫生与植物卫生保护水平,且对贸易的限制大大减少”。经济可行性和可合理获得主要是针对替代措施是否会给涉案成员带来过大的经济负担。技术的可行性则主要是指,有些实验室的技术并不能立即转化为市场上可应用的技术,故其便不具有可行性及可合理获得性。某个措施能否作为替代措施取决于其是否具有经济上和技术上的可行性和可合理获得性。这些元素为确定有争议的措施是否满足了必要性要求的条件。在欧共体荷尔蒙案,专家组认为,根据《卫生协定》第5.4条的行文,“特别是‘应该’(should)(而不是‘必须’)和‘目标’(objective)这两个词,我们认为《卫生协定》的这一规定并非强制性义务”。然该专家组亦表示,在解释《卫生协定》的其他条款时,须考虑减少对贸易负面影响的目标。[218] 易言之,如果一个卫生措施对贸易的负面影响巨大,其便不符合世贸组织关于减少贸易负面影响的目标,故在评估该措施的必

---

[215] 参见《卫生协定》第2.2条。

[216] 《卫生协定》第2.3条。

[217] 同注释216。若相关科学依据不足但有必要采取某项措施,作为例外,相关成员可根据现有的信息实施临时措施。

[218] 参见欧共体荷尔蒙案,专家组报告,第8.166段。

要性时便可能趋于严格把握。

澳大利亚金枪鱼案涉及必要性测试问题。该案的上诉机构认为,《卫生协定》下的必要性具有三个要素,“我们同意专家组的意见,即第5.6条,特别是该条的脚注,明确规定了违反第5.6条的三个检验标准。根据第5.6条,该测试从下述三方面审视相关措施:(1)在考虑到技术和经济可行性的情况下,是否合理可用;(2)是否能达到相关成员对卫生或植物检疫的适度保护;(3)对贸易的限制是否明显低于具争议的措施。若要得出争议措施与第5.6条不一致的结论,上述三个要素需同时满足。若任意一项不获满足,则争议措施应被视为与第5.6条一致。因此,若无替代措施,考虑到技术和经济可行性,《卫生协定》第5.6条要求的‘从技术和经济可行性考虑可合理获得的另一措施’,或替代措施不足以达到相关成员的适当的卫生或植物检疫保护水平,或如果措施带来的贸易限制并不明显,则争议措施符合第5.6条”。[219] 日本农产品二(Japan-Agricultural Products Ⅱ)案的上诉机构也采用了前述三要素的测试方法。[220]

关于必要性测试标准,韩国牛肉(*Korea – Beef*)案的上诉机构则主张下述三方面的平衡:(1)争议措施对预期目标的贡献;(2)共同利益或价值得到保护的重要性;(3)该措施对贸易自由化的影响。[221]

(五)评析

前述世贸组织专家组和上诉机构在实践中对“必要性”规定的解释主要集中在方法、范围和相关元素等方面,对多边贸易秩序的稳定性和可预测性有一定帮助。然而世贸组织争端解决的原则是依据国际公法关于条约解释的习惯规则澄清条约规定,这就使得其无法在条约约文的制定背景、政策以及致力于实现的目标等方面有太大的自由空间。此解释方法在可持续发展方面的具体反映就是除非条约有明确规定,否则专家组和上诉机构便很难行使裁量权。

---

[219] *Australia—Measures Affecting Importation of Salmon*, Report of the Appellate Body, WT/DS18/AB/R, 1998, para. 194.

[220] *Japan—Measures Affecting Agricultural Products*, Report of the Appellate Body, WT/DS76/AB/R, 1999, para. 123.

[221] 前引注释87,第164页。

当然,这并不是说世贸组织争端解决机制便没有可改进之处。例如,针对如何平衡自由贸易和作为例外的限制性措施(如为了实现可持续发展的目标),世贸组织争端解决机构应在实践中做出更清晰的表述。此外,在确定替代措施的可用性时,争端解决机构是否应该将有关成员的国内情况纳入考虑之中,以及如何纳入及如何考虑,亦为可探讨的事项。就此而言,发展中国家成员的财政、技术和人力资源,以及政治、法律和政府制度方面的独特性均可能制约替代措施作为选项或是即使作为选项也没有实际能力执行。在韩国牛肉案中,专家组认为,韩国有义务证明建议的替代措施"无法合理适用或在经济或技术上有不合理负担等诸因素,包括替代措施的国内成本过高"等。该案的上诉机构维持了专家组的裁定。[222] 有论者认为专家组和上诉机构应该明确如何判断韩国的国内情况,以及在多大程度上考虑其国内情况。[223] 再如,欧盟石棉(EC - Asbestos)案的专家组认为替代措施是否合理存在不是理论问题,应"根据有关成员的经济和行政情况来评估",同时应考虑"国家必须为其政策落地提供方法"。[224] 这些均说明,世贸组织有必要具体化国内因素,即具体说明哪些内容可以成为专家组和上诉机构考虑的因素。

与可持续发展相关的另一问题是国际标准的采用。为了将世贸组织成员的措施有效纳入多边机制,从而最大限度地减少其对国际贸易的限制,世贸组织鼓励其成员采用国际标准,如《卫生协定》要求卫生和植物检疫措施应"符合技术标准,指南或建议",同时允许各成员基于国际标准、指导和建议制定合适的措施,并视基于国际标准、指导和建议制定的措施符合世贸组织的要

---

〔222〕 参见韩国牛肉案,上诉机构报告,第655段。

〔223〕 See Gisele Kapterian, *A Critique of the WTO Jurisprudence on Necessity*, ICLQ, Issue 59, 2010, p. 89 - 127.

〔224〕 *European Communities—Measures Affecting Asbestos and Asbestos - Containing Products*, Report of the Parel, 2000, WT/DS125/R, para. 8. 207.

求。[225] 此规定的目的在于鼓励世贸组织成员按照国际标准制定国内卫生措施。[226] 然而,目前世界上关乎人类和动植物生命与健康的国际标准大多系由发达国家主导。此外,一些发达国家制定的适用于进口货物的卫生标准高于国际标准,从而成为卫生壁垒,导致对进口的限制,包括对来自发展中国家产品的限制。这显然与世贸组织的宗旨不符。正如有论者所指出,“由于欧盟黄曲霉毒素标准相较于《食品法典》标准更高,非洲国家的农产品出口预计损失6.7亿美元;根据非洲、加勒比和太平洋国家集团的秘书处估计,遵守《卫生协定》的运营成本占非洲、加勒比和太平洋国家集团出口产品价值的2%至10%;由于欧盟、日本和美国的此种壁垒,中国的出口仅在2002年便会损失90亿美元”。[227] 不难看出,如何平衡世贸组织成员保护国民生命、健康和安全的责任与世贸组织自由贸易的目标涉及很多政策方面的考虑。由于各国所处的经济发展水平不同,其施政的重点亦有不同,采用的卫生和技术标准亦会不同。在此情况下,作为协调各国政策的方法之一是在可能的情况下选择适用国际标准。然而,如何在国际标准的制定、实施方面使发展中国家能够实质性参与,使其特殊需要得到充分考虑,直接关乎世贸组织诸协定的执行。这也是发展权的要求。

六、可持续发展的一体化和相互关联原则

(一)一体化和相互关联原则的国际法地位

一体化和相互关联原则(principle of integration and interrelationship)系于

---

〔225〕 参见《卫生协定》第3.2、3.3条。第5.8条规定,“如一成员有理由认为另一成员采用或维持的特定卫生与植物卫生措施正在限制或可能限制其产品出口,且该措施不是根据有关国际标准、指南或建议制定的,或不存在此类标准、指南或建议,则可请求说明此类卫生与植物卫生措施的理由,维持该措施的成员应提供此种说明”。

〔226〕 具体而言,《卫生协定》第3.4条要求世贸组织成员在其力所能及的范围内充分参与有关国际组织及其附属机构,特别是食品法典委员会、国际兽疫组织以及在《国际植物保护公约》范围内运作的有关国际和区域组织,以促进在这些组织中制定和定期审议有关卫生与植物卫生措施所有方面的标准、指南和建议。

〔227〕 Mehdi Shafaeddin,“SPS Measures Causing High Costs and Losses to Developing Countries”,Geneva,2007,See http://www2.unine.ch/webdav/site/irene/shared/documents/TEXTES/sha_spsmeasure.pdf.

《德里宣言》中提出,已成为国际发展法的原则之一。[228] 其基础是一个社会的发展涉及社会、经济、金融、环境、科学技术、人权、医药、公共卫生、知识产权等很多方面。在全球化的世界,一个社会的发展还必然与外部世界相关。因此,如何协调一个国家和社会的发展政策之制定及执行或发展权之行使与其承担的国际义务,便成为国际法上的问题。在当今高度信息化和数字化的世界,经济发展离不开科学技术的发展。如何协调知识产权保护与发展的关系成为国际社会面临的重要问题。例如,以《气候变化公约》为核心的减少碳排放的全球机制规定应向发展中国家转让"绿色"技术,但如何一方面促进技术的研究、开发和实施,另一方面又能实现技术的转让和传播便成为重要议题。[229] 再如,粮食安全也涉及知识产权保护,包括专利权、植物品种等。只有当创新技术受到充分保护时,农业技术的创新才可以实现高速发展,也才可以为发展中国家提供新技术,甚至为之量身定制粮食解决方案。然而,如果对知识产权过度保护,技术的广泛使用便无法实现,因为基于现有的技术,有些优良粮食种子不能重复利用,从而对粮食生产构成潜在障碍,也会波及受知识产权保护的种子、植物基因甚至一般作物的分布。数字版权亦会影响知识的获取[230] 及对个人隐私的保护。[231] 在某些情况下,知识产权许可协议也可能会被认为

---

[228] See André Nollkaemper, *Three Conceptions of the Integration Principle in International Environmental Law*, in Andrea Lenschow, ed., Environmental Policy Integration: Greening Sectoral Policies in Europe, Routledge, 2002, p. 22 - 32; Owen McIntyre, *The Principle of Environmental Integration in Sustainable Development Law: Sobering Lessons from EU Law*, in Laura Westra, Prue Taylor & Agnès Michelot, eds., *Confronting Ecological and Economic Collapse: Ecological Integrity for Law*, Policy and Human Rights, Routledge, 2013, p. 104 - 119.

[229] 关于绿色技术转让的讨论,见 http://ictsd.net/programmes/energy/technology/(2022 年 2 月 25 日访问)。

[230] See S. Dussollier, Y. Poullet and M. Buydens, *Copyright and Access to Information in the Digital Environment*, UNESCO Study, 2000 年 7 月 17 日,详见 http://www.crid.be/pdf/public/5147.pdf(2022 年 2 月 25 日访问)。H. Grosse Ruse - Khan, *Access to Knowledge under the International Copyright Regime, the WIPO Development Agenda and the European Communities' new External Trade and IP Policy*, in E. Derclaye, ed., *Research Handbook on the Future of EU Copyright*, Edward Elgar, 2009, p. 575 - 613.

[231] See O. Vincents, *When Rights Clash Online: The Tracking of P2P Copyright Infringements vs the EC Personal Data Directive*, Int'l J. L. Info. Tech, Vol. 17, p. 270 - 296(2007).

违反竞争原则或阻碍技术转让。[232]

如何协调、平衡社会和经济发展与知识产权保护关系到国家社会和国际社会的可持续发展，早已成为人们关注的问题。如国际法院在加布奇科沃—大毛罗斯(Gabčíkovo – Nagymaros)案[233]的判决、常设仲裁院(PCA)关于莱茵铁路(Iron Rhine)案[234]的裁决，以及世贸组织专家组和上诉机构在美国虾和虾产品案[235]的报告等均肯定了平衡经济、社会和环境的必要性。在美国虾和虾产品中，世贸组织上诉机构强调，可持续发展目标"必须在解释《世贸组织协定》中增加色彩、质感和着色"。[236] 上诉机构同时指出，可持续发展的概念"已被普遍接受为经济、社会发展与环境保护的一体化"原则。[237] 至于应如何在条约解释中体现该原则，上诉机构认为，条约的目的和宗旨应得到相应的重视，"如果约文本身的含义模棱两可或不确定，或者有必要确认约文本身的确切含义，应通过条约的目的和宗旨加以确认"。或可说，实践中可持续发展的一体化和协调原则已被视为国际法的一个原则。

(二)一体化和相互关联原则与知识产权

一体化和相互关联原则涉及社会的方方面面以及不同社会和经济发展目标的协调，包括国际义务和国家发展政策和措施的协调。社会和经济发展目

---

[232] 甚至有世贸组织成员认为《知识产权协定》与《生物多样性公约》等的规定相抵触，尽管多数世贸组织成员持相反的观点。见 TRIPS Council Secretariate，"The relationship between the TRIPS Agreement and the Convention on Biological Diversity：Summary of Issues Raised and Points Made"，2006 年 2 月 8 日，世贸组织文件第 IP/C/W/368/Rev. 1 号，第 4 页，详见 https://www.wto. org/english/tratop_e/trips_e/ipcw368_e. pdf(2022 年 2 月 25 日访问)。

[233] 见 *Gabčíkovo – Nagymaros Project* (*Hungary/Slovakia*)，国际法院判决。

[234] 见 "Arbitration Regarding the Iron Rhine ('Iron Rhine') Railway (Belgium/Netherlands)"，常设仲裁院裁决，2005 年 5 月 24 日，详见 http://www. pca – cpa. org/showpage. asp? pag_id = 1155 (2022 年 2 月 25 日访问)。

[235] 见"US – Import Prohibition of Certain Shrimp and Shrimp Products"，上诉机构报告，世贸组织文件第 WT/DS58/AB/R 号，1998 年 10 月 12 日，以及"US – Shrimp Recourse to Article 21. 5 by Malaysia"，专家组报告，世贸组织文件第 WT/DS58/RW 号，2000 年 6 月 15 日，第 129 段。

[236] "US – Import Prohibition of Certain Shrimp and Shrimp Products"，上诉机构报告，世贸组织文件第 WT/DS58/AB/R 号，1998 年 10 月 12 日，以及"US – Shrimp Recourse to Article 21. 5 by Malaysia"，专家组报告，世贸组织文件第 WT/DS58/RW 号，2000 年 6 月 15 日，第 153 段。

[237] 见"US – Import Prohibition of Certain Shrimp and Shrimp Products"，上诉机构报告，世贸组织文件第 WT/DS58/AB/R 号，1998 年 10 月 12 日，以及"US – Shrimp Recourse to Article 21. 5 by Malaysia"，专家组报告，世贸组织文件第 WT/DS58/RW 号，2000 年 6 月 15 日，第 129 段。

标必然会涉及私有权利,故如何在一体化和相互关联原则下协调社会和经济目标与私有权利也是国际社会关注的问题。在数字经济和网络经济主导的世界,知识产权在货物、服务、金融和投资中均占有越来越高的比重。实践中如何协调一体化和相互关联原则与知识产权保护成为重要的国际和国家法律问题。这是因为,几乎所有跨国交易都含有知识产权,且知识产权是私人权利,而一体化和相互关联原则适用的是公共领域。与此相关的最重要国际条约是世贸组织的《知识产权协定》。《知识产权协定》规范了对知识产权的国际保护,包括对专利权、商标权、版权等的保护。与此同时,世贸组织的目的在于推动贸易的自由化;对知识产权的保护则必然会在一定程度上限制贸易的自由化。在世贸组织的多边机制下,每个成员都有履行《知识产权协定》的义务,同时又有推动本辖区内的经济、社会、文化和环境发展的责任和权利。如何平衡知识产权所有人的权利和世贸组织成员的发展利益便涉及国际法规范的解释,包括可持续发展原则及一体化和相互关联原则的适用。

世贸组织《知识产权协定》第 7 条(目标)规定知识产权保护和实施应"有助于社会和经济福利及权利与义务的平衡",第 8 条(原则)规定世贸组织成员在制定和修改法规时"可采用对保护公共健康和营养,促进对其社会经济和技术发展至关重要部门的公共利益所必需的措施"。根据《维也纳条约法公约》第 31 条关于条约解释的原则,《知识产权协定》的前述规定已经将世贸组织成员平衡社会和经济议题的需要纳入了以世贸组织为核心的多边贸易秩序。这两条包含了平衡知识产权保护的目标和公共利益的原则,是可持续发展一体化原则的具体表述。《多哈知识产权宣言》〔238〕则强调了前述原则对于解释《知识产权协定》的重要性。

加拿大药品专利保护案〔239〕是早期世贸组织关于知识产权争议的个案。该案涉及《加拿大专利法》关于药品专利和市场准入的两个例外。作为指控方的欧盟认为,《加拿大专利法》的前述规定违反了加拿大在《知识产权协定》下的义务,特别是第 27.1、28.1 条和第 33 条下的义务。加拿大认为其专利法

〔238〕 "Declaration on the TRIPS Agreement and Public Health",2001 年世贸组织部长级会议于 2001 年 11 月 14 日通过,详见 WT/MIN(01)/DEC/2。

〔239〕 见"Canada – Patent Protection of Pharmaceutical products",专家组报告,世贸组织文件第 WT/DS114/R 号,2000 年 3 月 17 日。

的规定属于《知识产权协定》第 30 条下的例外,故可以不受其他条款的约束。加拿大认为,《知识产权协定》的目标之一是在知识产权保护与世贸组织成员政府的其他重要社会经济政策之间取得平衡。第 8 条则阐述了有关的社会经济政策,特别是健康和营养政策。关于专利权,加拿大认为,前述目的要求对《知识产权协定》第 30 条的三个条件进行宽松的解释,以便各国政府具有调整专利权的必要灵活性,以保持与其他重要国家政策的平衡。[240] 欧共体对在重要国家政策与知识产权制度间实现平衡的既定目标没有异议,但指出,第 7 条和第 8 条是旨在说明《知识产权协定》的最终文本已经实现前述平衡。欧共体认为,如果将第 30 条视为授权各成员"重新谈判"《知识产权协定》下的总体平衡,这必将涉及对社会经济政策的重复计算。欧共体特别指出,第 8.1 条的最后一句话要求世贸组织成员关于保护重要社会经济政策的措施必须与《知识产权协定》的义务保持一致。欧共体还指出《知识产权协定》的序言和第 1.1 条都表明其基本目的是规定保护和执行知识产权的最低要求。[241]

专家组认为,第 30 条本身就意味着人们认识到第 28 条所包含的专利权的定义需要进行某些调整。此外,第 30 条所附的三个限制性条件有力地证明,《知识产权协定》的谈判者不想使第 30 条成为相当于重新谈判基本平衡的情势。显然,第 30 条的确切授权范围取决于其限制性条件的特定含义。在这一点上,必须格外小心地审视这些条件。与此同时,必须牢记第 7 条和第 8.1 条的目标及其局限性,以及其他关于《知识产权协定》目的和宗旨的条款。[242] 专家组关于第 7 条和第 8 条的解释并未依照《维也纳条约法公约》第 31 条的规定,将条约的目的和宗旨条款作为解释其他条款的指导性规定。将第 7 条仅视为宣示了缔约方关于平衡知识产权保护与其他重要社会和经济政策的声明显然不符合条约解释的习惯国际法规则。专家组报告通过约一年后,世贸组织通过的《多哈知识产权宣言》也确认了这一点。当然,在考虑第 7 条的目的之同时,条约解释者亦必需斟酌第 30 条的限制性条件,以便在两者间取得平衡,但无论如何不能通过第 30 条压缩第 7 条的适用范围。

---

[240] 同注释 239,第 7.24 条。

[241] 同注释 239,第 7.25 条。

[242] 同注释 239,第 7.26 条。

欧共体还认为,《知识产权协定》第27.1条的反歧视规则不仅适用于根据第28条授予的专利权,而且还适用于第30条和第31条下的例外规定。[243]加拿大就此提出两项抗辩:首先,如果第27.1条的非歧视规则适用于第30条的例外,则后者的适用范围便会小到微不足道,从而任何成员想通过该条解决特定社会问题也将更加困难。专家组认为,第27条并不禁止基于第30条的"善意例外"。[244] 关于第7条和第8条的作用,专家组指出,"在一定程度上,禁止歧视确实限制了依第7条和第8.1条的重要国家政策可针对某些产品的能力,但这很可能是故意的限制而不是目的的挫败"。[245] 其次,加拿大辩称,其专利法下的例外并不歧视药品。就此,专家组主要解释了第27.1条下的"歧视"一词,但没有借此机会将之与第7条和第8条的目的条款一同解释。专家组一方面接受了加拿大的论点,即《知识产权协定》的知识产权保护应与其他相互竞争的利益间取得平衡,从而保证专利权主张不会妨碍其他重要社会目标的实现,另一方面亦显然认为非歧视要求限制了第7条的作用。这不能说不是一个遗憾。

加拿大专利保护期限案的上诉机构则做出了不同的解释,说:"本上诉的结论完全不排除将来涉及世贸组织成员推动政策目标的措施案件中适用《知识产权协定》第7条或第8条条文的情况。这些条文需待适当的时候予以解释"。[246] 此意见系在上诉机构报告的结论前面提出,从行文看属于法律意见的表述,说明第7条和第8条与世贸组织成员的公共利益措施相关。由此可以推断,《知识产权协定》第7条和第8条在平衡世贸组织成员方内政策目标措施和条约义务方面具有一定影响。这也可以被认为是上诉机构承认一体化和相互关联原则在世贸组织的多边秩序中有一席之地。

美国哈瓦那俱乐部案[247]也涉及对《知识产权协定》目的性条款的解释。该案的争议起源于美国的综合拨款法。根据该法律,任何人因被古巴没收资

---

〔243〕 同注释239,第7.86段。

〔244〕 同注释239,第7.92段。

〔245〕 同注释239。

〔246〕 See "Canada – Term of Patent Protection", Report of the Appellate Body, WT/DS170/AB/R, 18 September 2000, para. 101.

〔247〕 See "US – Section 211 Omnibus Appropriations Act of 1998", Report of the Panel, WT/DS176, 6 August 2001.

产或停止经营而失去商标权,相关商标不得在美国注册或续展。尽管世贸组织成员的经济、社会和环境政策平衡并非该案的争议重点,但专家组仍然提出,《知识产权协定》第 7 条的作用在于说明该协定的目的和宗旨,应被理解为要求各成员真诚执行《知识产权协定》。专家组认为,第 7 条的目标之一是“保护和执行知识产权应对达致权利和义务的平衡做出贡献。我们认为,这是诚实信用原则的一种表达形式”。[248] 用专家组的话说,任何条约权利都伴随着义务,诚实信用原则要求所有义务人诚实地履行义务,同时禁止权利人滥用权利,因为任何权利滥用都是对其他权利人权利的违反。鉴于美国哈瓦那俱乐部案并不涉及一体化和相互关联原则的适用,故专家组并未进一步解释应如何通过《知识产权协定》第 7 条实现知识产权保护和经济发展的平衡。

在欧共体地理标志案中,美国和澳大利亚投诉欧共体的法规未在地理标志方面提供国民待遇。专家组一致认为欧共体的法规违反了国民待遇义务,因其未给予外国权利人和产品与欧共体权利人和产品相同的地理标志保护。专家组指出,《知识产权协定》没有一个如《关贸总协定》第 20 条般的例外条款,故其只能依赖第 8.1 条来解释欧共体是否有违反国民待遇的理由。专家组认为,第 8.1 条体现了公共利益原则,“反映了这样一个事实,即协议通常不正面授予权利,用以剥夺或使用某些事物,而是负面规定禁止某些行为。知识产权保护的这一基本特征从本质上赋予了成员追求合法公共政策目标的自由,因为实现这些公共政策目标的许多措施不在知识产权的范围之内,并且不需要《知识产权协定》规定例外”。[249] 从前述不难看出,专家组事实上是依据第 8.1 条来解释《知识产权协定》缺乏一般例外条款的事实。其关于正面权利和负面权利的论述揭示了知识产权保护与执行其他公共政策目标(如健康和环境)之间的平衡关系,有一定的法理价值,但其未将第 8.1 条作为指导解释的条款。《知识产权协定》第 8 条的标题是“原则”,第 8.1 条允许世贸组织成员“采用对保护公共健康和营养,促进对其社会经济和技术发展至关重要部门的公共利益所必需的措施”。此规定与《知识产权协定》序言的“知识产

---

[248] 同注释 247,第 8.57 段。

[249] See“EC – Protection for Trademarks and Geographical Indications for Agricultural Products and Foodstuffs”, Report of the Panel, WT/DS290/RW, 15 March 2005, para. 7.246.

权保护制度的基本公共政策目标，包括发展目标和技术目标”的规定一致。根据《维也纳条约法公约》第31、32条关于条约解释的习惯国际法规则，作为“原则”的《知识产权协定》第8条理应具有统领其他条文解释的作用，特别是在《知识产权协定》的序言也包含相同规定的情况下更应如此。欧共体地理标志案的专家组未依《维也纳条约法公约》分析《知识产权协定》第8条的地位和作用事实上是未尽到条约解释者的责任。

在中国知识产权案[250]中，专家组对“商业规模”一词进行了详细的解释。专家组强调，《维也纳条约法公约》第31、32条已被视为习惯国际法或一般国际法的内容，适用于《世贸组织协定》的解释。[251] 专家组指出，《知识产权协定》第61条的含义并非基于中国的国内实践，[252]接着写道，“专家组现将根据该协定的目的与宗旨，根据该条款使用的约文，来确定该义务的范围和内容”。[253] 然而，专家组报告大篇幅分析的是何为“商业”以及何为“规模”，[254]并得出结论，“‘商业规模’是典型或常规商业活动的规模或程度；‘商业规模的伪造或盗版’是指在特定市场上针对特定产品的典型或通常商业活动的规模或范围内进行的伪造或盗版”。[255] 通过此方式确定“商业”等词语的意涵并无不妥，但令人遗憾的是专家组并未如其说的那样按照《维也纳条约法公约》第31条解释《知识产权协定》第61条，其仅非常简短地提及《知识产权协定》的序言[256]，在解释第61条时则根本没有具体说明应如何根据《知识产权协定》的目的和宗旨解释该条。与欧共体地理标志案比较，中国知识产权案专家组报告的唯一进步是提及了习惯国际法关于条约解释的原则。

统而言之，世贸组织关于《知识产权协定》的解释不尽如人意，主要表现在没有按照习惯国际法规则解释相关条文。之所以如此可能有多种原因，包括世贸组织成员担心争端解决机构成为超国家法院，从而干预各成员的治理，

---

[250] See “China - Measures Affecting the Protection and Enforcement of Intellectual Property Rights”, Report of the Panel, WT/DS362/R, 26 January 2009.

[251] 同注释250，第7.500段。

[252] 同注释250，第7.514段。

[253] 同注释250，第7.515段。

[254] 同注释250，第7.533-7.739段。

[255] 同注释250，第7.577段。

[256] 同注释250，第7.530-7.531段。

以及任何侧重条约目的和宗旨的解释都可能导致解释机构裁量权的行使。更直接的原因应该是争端各方往往侧重实体条文的解释,而没有将第 7 条和第 8 条作为解释《知识产权协定》的指导原则。许多争议涉及的似乎都是技术性的法律问题,争议当事方便可能忽略了平衡不同社会目标的关注点。如在中国知识产权案中,知识产权侵权活动达到什么门槛便应承担刑事责任涉及社会和经济目标、社会价值等诸方面,如何平衡这些不同目标和价值理应依据第 7 条和第 8 条进行分析。世贸组织专家组和上诉机构在此方面的努力显然不足,不利于包括《知识产权协定》第 8 条在内的发展法的实施。

意识到知识产权保护与其他社会议题的关系以及专家组和上诉机构在解释《知识产权协定》方面的局限,世贸组织通过了《多哈知识产权宣言》,对解释《知识产权协定》的目标和宗旨有重要作用。基于《多哈知识产权宣言》,世贸组织上诉机构和专家组有义务以可持续发展的目标为指导,解释包括知识产权在内的世贸组织下的义务。

(三)发展权的健康权

随全球化的深化,人类受到传染病大流行影响的频率和程度亦不断增加,从而使得健康和公共卫生意识快速提高。如何平衡知识产权保护、社会经济发展和公共卫生、药物获取、人类健康权的关系,以及如何将一体化和相互关联原则适用到公共卫生领域成为重要议题,也引发颇多争议。[257] 例如,吸烟,包括二手烟对人类健康有害已有科学证据证明;然烟草业历来是政府税收的一大来源,而政府税收又直接与社会和经济发展相关。如何平衡经济发展、人类健康对所有国家都非常棘手。此外,烟草生产商的利益不仅涉及私人财产,而且关乎跨国贸易与投资。近年的烟草简单包装法律引发的争议便是例证。烟草简单包装是指一些国家为了保护国民的健康,通过法律规定烟草制造商

---

[257] 关于此问题的讨论见 H. Hestermeyer, *Human Rights and the WTO – The Case of Patents and Access to Medicines*, Oxford University Press, 2007; F. Abbott, *The Doha Declaration on the TRIPS Agreement and Public Health: Lighting a Dark Corner at the WTO*, Journal of International Economic Law, Volume 5, 2002, p. 469; D. Matthews, *WTO Decision on Implementation of Paragraph 6 of the Doha Declaration on the TRIPS Agreement and Public Health: A Solution to the Access to Essential Medicines Problem?*, Journal of International Economic Law, Volume 7, 2004, p. 73.

应使用简装包装，即无颜色及图案的包装。这自然引起烟草公司的反对，认为此规定剥夺或至少影响了其知识产权的行使。澳大利亚烟草案[258]系此类争议中最具代表性者。

澳大利亚烟草案肇始于澳大利亚议会于2011年通过并于2012年生效的烟草简单包装法。[259] 根据该法，在澳大利亚销售的烟草产品不得使用任何标识、品牌形象或带欺骗性的文字，且须以单一的尺寸、颜色和格式包装并销售。澳大利亚烟草案的申请方洪都拉斯、多米尼加、古巴和印度尼西亚认为澳大利亚的前述法律违反了《技术协定》第2.2条和《知识产权协定》第16.1条，后者规定"注册商标的所有权人享有专有权，以阻止所有第三方未经该所有权人同意在贸易过程中对与已注册商标的货物或服务的相同或类似货物或服务使用相同或类似标记，如此类使用会导致混淆的可能性"。该案的专家组认为，《知识产权协定》第16.1条的目的在于针对未经授权的相似或相同的标志在相似或相同的产品上使用，条件是使用将导致混淆的可能性。专家组指出，"标志的相似性"指的是两个标志之间的比较，"混淆可能性"的标准则是多方面的，同时还取决于相关商品和服务是否具有相同或相似性以及具体使用的性质。[260] 根据专家组报告，世贸组织成员在第16.1条下的义务是，根据该条第一句话的标准，向注册商标所有人提供专有权，以防止商标被侵权。基于此，专家组认为《知识产权协定》第16.1条第一句并不要求世贸组织成员必须维持注册商标的独特性或限制其采取可能对商标独特性产生负面影响的措施。[261] 就此而言，澳大利亚烟草案的专家组完全同意欧共体商标和地理标

---

[258] "Australia – Certain Measures Concerning Trademarks, Geographical Indications and Other Plain Packaging Requirements Applicable to Tobacco Products and Packaging", Report of the panel, WT/DS435/R, WT/DS441/R, WT/DS458/R and WT/DS467/R, 28 June 2018（以下简称澳大利亚烟草简单包装，专家组报告）；"Australia – Certain Measures Concerning Trademarks, Geographical Indications and Other Plain Packaging Requirements Applicable to Tobacco Products and Packaging", Report of the Appellate Body, WT/DS435/R, WT/DS441/R, WT/DS458/R and WT/DS467/R, 9 June 2020（以下简称澳大利亚烟草简单包装，上诉机构报告）。

[259] See T. Voon & A. Mitchell, *Implications of WTO Law for Plain Packaging of Tobacco Products*, in Andrew Mitchell, Tania Voon and Jonathan Liberman, eds., Public Health and Plain Packaging of Cigarettes: Legal Issues, Edward Elgar, 2012; University of Melbourne Legal Studies Research Paper No. 554, http://ssrn.com/abstract=1874593.

[260] 参见澳大利亚烟草简单包装，专家组报告，第7.1991段。

[261] 参见澳大利亚烟草简单包装，专家组报告，第7.2005段。

志案专家组的下述裁定:依《知识产权协定》授予的是"防止某些行为的消极权利",而不是"开发或使用的积极权利";基于此,为了实现某些公共政策的许多措施均不属于知识产权的范围,故相关措施的制定和执行不需要依《知识产权协定》的例外规定为之。[262]

关于商标权为非积极权利,不影响《知识产权协定》第 16 条下的防止侵权(消极权利)的措施问题,上诉机构指出,注册商标所有者的专有权可针对未经授权的第三方行使,但不能针对为商标提供保护的世贸组织成员行使。《知识产权协定》第 1.1 条要求各成员通过国内法确保注册商标的所有人可行使权利,防止未经授权的第三方对其商标侵权。因此,为了确定某世贸组织成员的行为与第 16.1 条不符,投诉的成员必须证明根据被投诉成员的国内法,注册商标的所有者不能行使该权利,以防止未经授权的第三方对其商标进行侵权。[263]

依世贸组织的实践,世贸成员授予的商标权仅限于其在"贸易过程中"行使。专家组和上诉机构对商标权的前述界定说明此权利不能对抗世贸组织成员的发展权,包括作为其内容的公共健康治理,如对批发、销售烟草的特别要求。这也必然涉及世贸组织成员在《知识产权协定》下的另一项义务,即关于烟草包装的要求是否符合《知识产权协定》第 20 条的下述规定:"在贸易过程中使用商标不得受特殊要求的无理妨碍,例如要求与另一商标一起使用,以特殊形式使用或要求以损害其将一企业的货物或服务区别于另一企业的货物或服务能力的方式使用。"

专家组认为关于第 20 条的解释需参照《知识产权协定》第 7 条(目标)和第 8 条(原则)的规定,因这两个条款为解释第 20 条提供了指南,说明《知识产权协定》的起草者们意图保留世贸组织成员追求合法社会利益的能力,同时承认各成员为实现这一目标而采取的措施可能会影响知识产权权利的行使,故要求此类措施应符合《知识产权协定》的规定。专家组同时指出,尽管第 8.1 条的目标不包括所有构成特殊要求合理性的基础,但公共卫生毫无疑

---

[262] 参见澳大利亚烟草简单包装,专家组报告,第 7.2015 段。专家组援引了"EC - Protection of Trademarks and Geographical Indications for Agricultural Products and Foodstuffs",Report of the Panel,WT/DS174/R,20 April 2005,para. 7.246.

[263] 参见澳大利亚烟草简单包装,上诉机构报告,第 6.587 段。

问属于此类。[264] 专家组还援引了《多哈知识产权宣言》第5(a)段关于对《知识产权协定》的每个条款的解释均应考虑后者的目的和原则的规定,[265] 认为《多哈知识产权宣言》构成《维也纳条约法公约》第31条第3款(a)项的嗣后协议。该专家组称,嗣后协议所反映的不是对特定条款的解释,而是解释《知识产权协定》的方法。[266] 易言之,根据澳大利亚烟草案专家组的意见,说明《知识产权协定》目的和原则的第7条和第8条不仅可以作为解释包括第20条在内的其他条款的参照内容(条约之目的及宗旨),而且还属于条约上下文的内容。

根据《知识产权协定》第8条的规定,世贸组织成员为社会经济发展等可采取"必需的"(necessary)措施,即相关措施应为"必需"者,但依第20条,商标使用"不得受特殊要求的不合理(unjustifiable)妨碍"。因此,在解释第20条的"不合理"妨碍时应如何参照第8条的"必需的措施"便成为条约解释者必需关注的问题。专家组认为,第20条的"不合理"不应被解释为"不必要";此外,也不应假定《知识产权协定》第20条的"不合理"与《关贸总协定》第20条的"不合理"具有完全相同的含义;[267]《知识产权协定》第20条的"不合理"并不要求世贸组织成员在对商标权的使用加以限制时,须说明施加限制的理由与限制本身有某种合理联系。[268] 根据第17条的例外规定,任何对商标使用的限制均必须考虑商标所有者的合法利益以及相关商标在市场上受到多大程度的限制。[269] 易言之,世贸组织成员在援引《知识产权协定》第20条时,只要有合理的理由,便可对贸易过程中的商标权施加限制。[270] 上诉机构同意专家组的前述意见,确认《知识产权协定》第20条并不禁止世贸组织成员对贸易过程中的商标使用加以限制的权利,但禁止在贸易过程中"不合理"地妨碍

---

[264] 参见澳大利亚烟草简单包装,专家组报告,第7.2406段。

[265] 《多哈知识产权宣言》第5(a)段规定,"在适用国际公法关于条约解释的习惯规则时,《知识产权协定》的每一条款均应根据该协定的目的和宗旨,特别是其目标和原则予以解释"。该宣言全文见 https://www.who.int/medicines/areas/policy/tripshealth.pdf? ua=1(2022年2月25日访问)。

[266] 参见澳大利亚烟草简单包装,专家组报告,第7.2411段。

[267] 参见澳大利亚烟草简单包装,专家组报告,第7.2420段。

[268] 参见澳大利亚烟草简单包装,专家组报告,第7.2422段。

[269] 参见澳大利亚烟草简单包装,专家组报告,第7.2427段。

[270] 参见澳大利亚烟草简单包装,专家组报告,第7.2598段。

商标使用的要求,意即在某些情况下,对商标权使用的限制可能是“合理的”。[271]上诉机构同时指出,第20条的“不合理”一词说明世贸组织成员援引该条时享有一定的自主权,该条使用“正当性”而非“必要性”说明对商标权的限制和相关措施致力于达到的目标间存在的关联性较低,故在确定对商标权使用限制的正当性或不是“不合理”时,不应适用解释《关贸总协定》第20条或《技术协定》第2.2条的“必要性”标准。[272] 专家组和上诉机构的前述意见完全改变了其先前对《知识产权协定》的立场,明显将知识产权保护与一体化和相互关联原则挂钩,承认世贸组织成员在行使发展权时可对知识产权,这一私人财产权的行使加以限制。这不可谓不是巨大的进步。

专家组和上诉机构关于《知识产权协定》商标权性质的认定同样适用于其他知识产权,如工业设计、专利权等,因为这些权利的作用都是防止未经授权的第三方使用。此外,作为世贸组织成员嗣后协议的《多哈知识产权宣言》第5(a)段要求对《知识产权协定》所有条款的解释均应参照第7条和第8条的规定。这就以条约法的形式确定了社会经济发展等国家政策目标与知识产权保护的关系。基于此关系,世贸组织成员可以对专利、商标和工业设计等权利的行使加以某些限制,条件是相关措施并不违反《知识产权协定》的规定。或可说,澳大利亚烟草案的裁决是到目前为止,世贸组织关于一体化和相互关联原则的最清晰论述,具有重要且深远的影响。

(四)健康权与投资

包括世贸组织在内的很多跨国争议的实际受影响方均为个人和企业。澳大利亚烟草案受影响较大者系香烟品牌公司莫里斯(Philip Morris)。事实上,早于澳大利亚烟草案在世贸组织立案前,Philip Morris公司便先后依双边投资协定将澳大利亚和乌拉圭分别告上了国际仲裁庭。负责审理Philip Morris和澳大利亚案的仲裁庭裁定以没有管辖权为理由拒绝受理相关争议,涉及乌拉圭的仲裁庭则作出了管辖权和实体裁决。这两个仲裁案的共同点是均涉及主权国家是否可以基于公共健康的原因对商标权持有人的权利进行限制。如

[271] 参见澳大利亚烟草简单包装,上诉机构报告,第6.641段。

[272] 参见澳大利亚烟草简单包装,上诉机构报告,第6.647段。

前所述，公共健康亦属于可持续发展的范畴，故相关争议涉及国际发展法。

在 Philip Morris 诉乌拉圭的仲裁案[273]中，仲裁庭认为，根据乌拉圭法律或乌拉圭参加的国际公约，商标持有人不享有绝对的、不受限制的使用权，其只有排他性的权利，即将第三方排除在市场之外的权利，从而只有商标持有人可以在商业活动中使用该商标。[274] 此结论与世贸组织争端解决机构关于商标权的认定几乎完全一致。

乌拉圭《烟草控制法》第 2 条规定该法的目的在于"保护该国居民不受吸食烟草和二手烟对健康、社会、环境和经济的破坏性后果的侵害"。乌拉圭强调其烟草控制法系根据《烟草控制框架公约》而制定。仲裁庭认为，乌拉圭采取的措施是基于其积极参与世界卫生组织《烟草控制框架公约》的谈判以及通过起草咨询委员会执行指南而获得的大量证据。[275] 正如世界卫生组织所指出，该指南系以证据为基础，工作组所依赖的是现实可获得的科学证据。仲裁庭认为，在此情况下，乌拉圭没有必要进行其他研究或收集进一步的证据以支持受到挑战的措施，即其烟草控制法。《烟草控制框架公约》及其执行指南为此提供了充分的证据；世界卫生组织曾指出，"在制定政策时依赖此基于证据的资源对所有缔约方执行该公约都重要，对低收入缔约方则至关重要"。[276]

在 Morris 案中，世界卫生组织等曾向仲裁庭提交了专家意见，包括关于《烟草控制框架公约》及其执行指南的制定等背景资料。然而，作为申请人母国的瑞士并非《烟草控制框架公约》的缔约方，故其不受该公约约束。仲裁庭认为，这并不影响被申请方援引该公约，以证明其不履行双边投资协定义务的正当性，因为援引《烟草控制框架公约》的目的是确定被申请人的措施是否合理。[277] 仲裁庭的观点是《烟草控制框架公约》及其执行指南是作为证据由被申请人援引，从而不要求申请人母国必须是缔约方。

Morris 案的仲裁庭同时指出，政府有采取公共卫生措施的责任，且投资仲

---

〔273〕 "Philip Morris Brands Sari, Philip Morris Products S. A. and Abal Hermanos S. A. and Oriental Republic of Uruguary"，裁决，ICSID，ARB/10/7，2016 年 7 月 8 日（以下简称 Morris 案裁决）。

〔274〕 同注释 273，第 271 段。

〔275〕 同注释 273，第 394 段。

〔276〕 同注释 273，第 396 段。

〔277〕 同注释 273，第 401 段。

裁庭应高度尊重政府对诸如保护公众健康等事务上国家需求的判断。此尊重是基于“主权权力的自由行使并非非理性且也不是出于恶意”。[278] 就此而言，主权国家行使权力是否非理性主要应考虑其决定是否属于武断和任意的。根据国际法院在 ELSI 案中确定的标准，任意系指“故意忽视正当法律程序，从法理角度看系具震撼性或至少令人惊讶的行为”。[279] 因此，“任意”并非指相关措施或决定违背了法治社会的某个规则或是违反了法治原则。[280] Morris 案的仲裁庭还指出，最近的投资裁决的共同点是，投资协定中作为公平公正待遇内容的合理期待和法律稳定性要求并不影响主权国家的立法权以及使其法律制度与时俱进的权利。[281] 这就从另一方面解释并确定了主权国家的发展权及其行使的必要性。尽管世贸组织专家组和上诉机构并未提及 Morris 投资案的裁决，在当今高度信息化的时代，澳大利亚烟草案的当事方以及负责审理该案的专家组和上诉机构不可能不晓得 Morris 仲裁案的裁决及其理据。因此，烟草简单包装的投资仲裁和贸易报告在某些方面有惊人的相似之处并非偶然。

总之，经过数十年的努力，从国际法院在加布奇科沃 - 大毛罗斯 Gabčíkovo - Nagymaros 案的判决、常设仲裁院（PCA）关于莱茵铁路（Iron Rhine）案的裁决、世贸组织专家组和上诉机构在美国虾和虾产品案的报告，到澳大利亚烟草案的专家组和上诉机构报告及 Morris 投资仲裁案的裁决，可以看出国际社会对发展权的一体化和相互关联原则的认识在不断深化和提高。如何平衡一体化和相互关联原则与其他国际法原则和规则亦有显著进展，涉及烟草简单包装的贸易和投资案是为例证。鉴于一体化和相互关联原则涉及社会和经济等诸方面，其内涵和外延的确定尚需时日。

---

〔278〕 同注释 273，第 399 段。

〔279〕 “Case Concerning Electronica Sicula S. p. A. （ELSI）（United State of America v. Italy）”，国际法院判决，1989 年 7 月 20 日，第 128 段；判决全文见 https://www. icj - cij. org/public/files/case - related/76/076 - 19890720 - JUD - 01 - 00 - EN. pdf（2022 年 2 月 25 日访问）。

〔280〕 “Case Concerning Electronica Sicula S. p. A. （ELSI）（United State of America v. Italy）”，国际法院判决，1989 年 7 月 20 日，第 128 段；判决全文见 https://www. icj - cij. org/public/files/case - related/76/076 - 19890720 - JUD - 01 - 00 - EN. pdf（2022 年 2 月 25 日访问）。

〔281〕 参见 Morris 案裁决，第 422 段。

七、可持续发展的共同但有区别的责任原则

共同但有区别的责任是指因相关国家的能力不同，其便应承担不同的责任，尽管各国的目标相同。这与中华传统文化的“射不主皮，为力不同科。古之道也”[282]有异曲同工之妙。自共同但有区别的责任原则被写入1992年《气候变化公约》后，该原则便常见于与环境相关的国际文件，并时而出现在世贸组织专家组和上诉机构的报告中。共同但有区别的责任原则的基础是承认解决一些全球性的问题系人类的共同责任，同时也承认各国对导致此类问题的产生以及解决问题的责任亦不尽相同。此原则最初的提出与环境保护相关，故其经常被视为环境法范畴的原则。然而，这并不是说实践中如何适用该原则已没有问题或障碍。

理论上大多数国家都支持共同但有区别的责任这一原则。关键是各国如何解释、理解并遵守之。如美国政府批准了包括共同但有区别的责任原则的《气候变化公约》，然美国参议院提出发展中国家应“有意义地参与”，则表明美国并无意愿采取积极行动，实际执行该原则。正是在此背景下，特朗普政府才敢冒天下之大不韪退出《巴黎协定》。“共同”责任的界定较为简单，如何界定“有区别的责任”则较为困难。首先，气候和环境问题并非始于近年，发达国家早年在发展经济的过程中给人类造成的环境污染应承担何责任？其次，是应该按照每个国家的排放总量还是人均排放量确定有区别的责任亦为有争议的问题。[283] 有论者认为，按每个国家的排放总量确定责任体现了主权平等的原则，[284]然不同国家的人口总数可有天壤之别，这显然不是一句主权平等

---

[282] 《论语》第3.16章。

[283] See T. B. Adams, *Is there a Legal Future for Sustainable Development in Global Warming? Justice, Economics and Protecting the Environment*, Geo. Int'l Envtl. L. Rev., Vol. 16, p. 77 (2003); Christopher D. Stone, *Common but Differentiated Responsibilities in International Law*, American Journal of International Law, Vol. 98, p. 276 – 301 (2004); Beatriz Martinez Romera & Harro van Asselt, *The International Regulation of Aviation Emissions: Putting Differential Treatment into Practice*, Journal of Environmental Law, Vol. 27, p. 259 – 283 (2015).

[284] See N. E. Bafundo, *Compliance with the Ozone Treaty: Weak States and the Principle of Common but Differentiated Responsibility*, Am. U. Int'l L. Rev., Vol. 21, p. 461 (2006).

就可以解决的问题。再次,发展中国家作为一个整体应承担少于发达国家的责任没有问题,然现实情况是有的发展中国家经济发展较快,有的则较慢。是否应依相关国家的经济发展水平不断调整其应承担的责任亦成为议题。又次,环境问题的产生与人类社会的生产和消费方式直接相关,属于结构性问题。为了彻底解决环境问题,人类必须改变生产和消费模式,这势必对发展中国家构成严重的挑战。解决的方法之一是向发展中国家提供援助,使其具有并可提高能力,以平衡经济发展与环境保护。这也正是可持续发展的核心问题。共同但有区别的责任原则旨在减少发展中国家的责任,仅要求其根据自身的能力,在经济和社会发展过程中将对人类的责任纳入其中,但如何纳入则并非容易解决的问题。最后,提高发展中国家应对气候变化、可持续发展的能力需要技术支持。目前国际社会向发展中国家提供的援助显然并不理想。由于担心会承担责任,发达国家并不愿意承认人类面对的环境问题与其过往的发展模式直接相关。发展中国家一般认为,发达国家向发展中国家转让技术,用以改善环境及进行环境投资并非施舍,而是其应尽的责任。凡此种种均说明关于共同但有区别的责任原则的实际执行尚有很多挑战。

(一)共同但有区别的责任与非歧视贸易原则

以世贸组织为主体的多边贸易机制的核心是非歧视原则,而非歧视本身便与共同但有区别的责任原则有内在冲突。当然,世贸组织亦有针对发展中国家特殊待遇的安排,就此而言亦与共同但有区别的责任原则一致。尽管如此,世贸组织实践中对共同但有区别的责任原则似乎并不主动。例如,在美国虾和虾产品案中,负责审理诉诸第 21.5 条的专家组在整个裁决的分析中都没提共同但有区别的责任原则,却在结论部分督促马来西亚和美国“充分合作以尽快达成一项协议,使海龟的保护和养护令所有利益相关方满意,并考虑各国在养护和保护环境方面负有共同但有区别的责任的原则”。[285] 这就使该裁定因缺少论证而不具有说服力。在上诉阶段,上诉机构在报告中只提及专家组的前述裁定,完全没有具体分析共同但有区别的责任原则,尽管其承认世贸

[285] See “US – Import Prohibition of Certain Shrimp and Shrimp Products, Recourse to Article 21.5 by Malaysia”, Report of the Panel, WT/DS58/RW, 15 June 2001, para. 7.2.

组织本身以及很多国际文件和宣言均承认在环境问题上国际合作的必要性，并就此援引了《里约宣言》原则十二关于“处理跨国界的或全球性的环境措施，应该尽可能建立在国际一致同意的基础上”的条文，还说“尽最大可能，诉诸多边方式是可取的”。[286] 遗憾的是，该上诉机构也未就如何诉诸多边方式以及不同成员是否应承担不同责任等进行讨论。唯一值得欣慰的是上诉机构并未否定专家组的意见，这可被视为此问题在世贸组织框架内有讨论的空间，但事实并非如此简单。

在另一起涉及发展中国家的争议，即印度对农产品、纺织品和工业产品进口数量限制案[287]中，印度根据《关贸总协定》第18条的国际收支例外对进口产品进行限制。该案的专家组认为印度的外汇储备并非不充足，因此不必采取措施保护国际收支平衡或防止或阻止国际收支严重下降的威胁。[288] 专家组首先指出其职责是按照《争端解决谅解》第3.2条澄清涉案条约约文的意思，而相关约文除《世贸组织协定》第16.1条外还包括关贸总协定时期全体缔约方通过的《决议、程序和习惯做法》，[289]最后裁定印度不需要因外汇储备状况而改变其发展政策。在该案中，印度主张第18条B节是《关贸总协定》关于特殊和有差别待遇原则的最重要表述，该条包含的意思是发展中国家成员在经济发展过程中会遇到外汇失衡的困难，故应将国内经济政策与外汇储备挂钩。[290] 专家组认为，《关贸总协定》第18条允许发展中国家成员为了执行经济发展政策，基于外汇收支原因，对进口加以临时限制；这些规定承认发展中国家的特殊需要，但发展中国家成员对进口的限制应具临时性，即当条件改善时便取消。[291] 这是世贸组织争端解决机构最接近承认共同但有区别的责任原则的论述之一。同时，《世贸组织协定》承认需要确保发展中国家在国际贸易中应享有与其发展相适应的份额。专家组认为该条款强调的也是发展

---

[286] 见“US – Import Prohibition of Certain Shrimp and Shrimp Products, Recourse to Article 21.5 by Malaysia”, Report of the Appellate Body, WT/DS58/AB/RW, 23 October 2001, para. 124.

[287] 见“India – Quantitative Restrictions on Imports of Agricultural, Textile and Industrial Products”, Report of the Panel, WT/DS90/R, 22 September 1999.

[288] 同注释287，第5.184段。

[289] 同注释287，第5.25段。

[290] 同注释287，第5.152段。

[291] 同注释287，第5.155–5.156段。

中国家的能力，从而将成员的能力视为是否可以援引《世贸组织协定》例外条款的依据。[292] 这也在一定程度上反映了共同但有区别的责任原则的内容。

韩国商船补贴案[293]的专家组报告也提到《世贸组织协定》序言关于“需要作出积极努力，以保证发展中国家，特别是其中的最不发达国家，在国际贸易增长中获得与其经济发展需要相当的份额”的内容。[294] 该案涉及韩国向造船业提供的补贴是否违反了其在世贸组织下的义务。该案的专家组还提及《补贴与反补贴协定》第27条“补贴可在发展中国家成员的经济发展计划中发挥重要作用”的规定，强调该条和《世贸组织协定》序言的相关规定为发展中国家提供了实质性的特殊和差别待遇。[295] 总体言之，韩国商船补贴案的专家组报告较印度对农产品、纺织品和工业产品进口数量限制案的专家组报告又前进一步，事实上承认了共同但有区别的责任原则适用于贸易领域，尽管其所用字眼并非完全相同。

世贸组织在争端解决方面，包括条约解释的一贯性和一致性一直为人称道，然专家组的裁决也并非全然一致。例如，涉及对非蔗糖甜味剂及含非蔗糖甜味剂软饮料税收的墨西哥软饮料税案[296]的裁决便在发展中国家成员待遇方面与韩国商船补贴案和印度对农产品、纺织品和工业产品进口数量限制案的专家组报告不同，至少表面上看是如此。在墨西哥软饮料税案中，墨西哥将“共同但有区别的责任”原则作为抗辩的理由之一，称专家组应考虑“世贸组织协定关于给予发展中国家更优惠待遇的原则和规定”。[297] 专家组认为，墨西哥没有提出，依据《世贸组织协定》的哪个原则或规定，发展中国家应享有特殊和差别待遇，包括依相关条款墨西哥可以给予来自另一成员的直接竞争

---

[292] 同注释287，第7.2段。

[293] See“Korea - Measures Affecting Trade in Commercial Vessels”, Report of the Panel, WT/DS273/R, 7 March 2005.

[294] 专家组在该段的注释部分提到《世贸组织协定》的前言和《补贴与反补贴协定》第27条。

[295] 专家组在该段的注释部分提到《世贸组织协定》的前言和《补贴与反补贴协定》第27条。

[296] 见“Mexico - Tax Measures on Soft Drinks and Other Beverages”, Report of the Panel, WT/DS308/R, 7 October 2005.

[297] 见“Mexico - Tax Measures on Soft Drinks and Other Beverages”, Report of the Panel, WT/DS308/R, 7 October 2005, 第4.148段。

性或可替代的产品较不优惠的或歧视性的待遇，从而有利于国内生产。[298] 专家组同时指出，其非常重视对发展中国家的特殊待遇并在庭审程序时间表和墨西哥提交答辩状等方面，考虑了墨西哥作为发展中国家的地位。[299] 最后，专家组裁定墨西哥的税收措施违反了《关贸总协定》的国民待遇规定。

欧共体生物技术产品的批准和营销案[300]的裁决与墨西哥软饮料税案的结论颇为一致。阿根廷是欧共体生物技术产品的批准和营销案的其中一个投诉方。该案涉及欧共体进口生物技术产品的审批程序。阿根廷认为欧共体规则未提及发展中国家的特殊需要，即没有考虑“共同但有区别的责任”原则。专家组指出，欧共体的规则未提及并不表明其未曾考虑发展中国家的需求，也不意味欧共体在实施该法规时不考虑这些需求。[301] 未提及并不意味没有考虑的说法似乎与欧共体荷尔蒙案上诉机构确定的关联性标准，即相关成员只需要证明涉案的法律法规系“基于”科学判断的裁定不同。欧共体荷尔蒙案的上诉机构并未说不需证明，而是不必一定以特定的方式（如在法律的序言部分说明）证明其考虑了相关问题。尽管欧共体荷尔蒙案和欧共体生物技术产品的批准和营销案涉及不同的协定，但对这些协定的解释原则是相同的，故在欧共体荷尔蒙案采用的标准理应适用于欧共体生物技术产品的批准和营销案。

从墨西哥软饮料税和欧共体生物技术产品批准和营销等案可以看出，世贸组织争端解决机构在审理案件时，主要还是依赖具体的条约约文。这也并不难理解，因为世贸组织争端解决机构的职责是依习惯国际法的原则澄清成员的权利和义务。鉴于共同但有区别的责任原则并未被纳入《世贸组织协定》，故专家组或上诉机构便无法直接援引该原则。同时不容否认的是，涉案成员在诉讼中如何处理相关议题亦会直接影响案件的结果。如韩国在商船补

---

[298] 见“Mexico – Tax Measures on Soft Drinks and Other Beverages”，Report of the Panel，WT/DS308/R，7 October 2005，第 4.148 段。

[299] 见“Mexico – Tax Measures on Soft Drinks and Other Beverages”，Report of the Panel，WT/DS308/R，7 October 2005，第 8.234 段。

[300] 见 EC – Measures Affecting the Approval and Marketing of Biotech Products，Report of the Panel，WT/DS291/R，29 September 2006.

[301] 见 EC – Measures Affecting the Approval and Marketing of Biotech Products，Report of the Panel，WT/DS291/R，29 September 2006，第 7.1623 段。

贴案便通过诉讼使得共同但有区别的责任原则得以讨论;条约解释机构不断讨论、分析的结果有助于明晰相关规则、原则的内涵。这对于共同但有区别的责任原则尤为重要。

(二)共同但有区别的责任原则与普惠制

世贸组织多边贸易秩序的核心是无歧视原则。然无歧视原则适用的直接效果是不能考虑发展中国家的特殊情况,因为根据无歧视原则给予发展中国家的优惠待遇应同样适用于其他国家。意识到此问题,阿根廷经济学家劳尔·普雷维什(Prebisch)早在其于1964年向联合国贸易和发展会议提交的秘书长报告[302]中便建议设立"普遍优惠制"(以下简称普惠制)。在该制度下,发达国家对来自发展中国家的商品可给予免税待遇,条件是后者系那些没有能力参与国际市场竞争的发展中国家,且任何国家享受普惠制的期限不得超过10年。[303] 最初,美国等发达国家反对普惠制,认为这会损害国际贸易的最惠国待遇原则,且发展中国家会以此为借口拒绝向发达国家提供最惠国待遇。后澳大利亚于1966年率先推出普惠制政策。欧盟和英国等亦先后给予其受殖民统治国家普惠制待遇。

1971年6月25日,《关贸总协定》缔约方全体通过了对《关贸总协定》第1条最惠国待遇的10年豁免条款,"允许发达缔约方在必要范围内……对来自发展中缔约方的产品给予优惠关税待遇……且不适用于其他缔约方的同类产品",以"促进发展中国家经济的发展"。[304] 基于1979年11月28日通过的《关于发展中国家差别和更优惠待遇、互惠和更充分参与的决定》,即授权条

---

[302] 见 Raúl Prebisch,"Towards a New Trade Policy for Development",in *Proceedings of the United Nations Conference on Trade and Development*,Geneva,23 March - 16 June 1964,Volume 2,UN Doc. No. E/CONF. 46/141,1964.

[303] 见 Raúl Prebisch,"Towards a New Trade Policy for Development",in *Proceedings of the United Nations Conference on Trade and Development*,Geneva,23 March - 16 June 1964,Volume 2,UN Doc. No. E/CONF. 46/141,1964,第35页。该建议还包括对最不发达国家的特殊待遇。

[304] 参见"Waiver, Generalized System of Preferences",该决定于1971年6月25日做出,关贸总协定文件第 BISD 18S/2 号,见 http://www. worldtradelaw. net/misc/gsp. pdf(2022年2月25日访问)。

款(Enabling Clause),前述豁免自该年起永久生效。[305] 此后,欧共体于 1971 年 7 月 1 日开始实施普惠制,适用于除古巴和斐济外的所有发展中国家。欧盟的普惠制对进口产品的数量加以限制,超出配额的进口产品不享受普惠制待遇。欧盟还将 58 种加工产品列为敏感产品,受进口配额限制,非敏感产品的进口则不受此限。其后,其他国家亦先后对发展中国家的出口产品实施了普惠制待遇。[306]

《关贸总协定》下普惠制有很大的局限性。由于其系单方面授予,普惠制便不具有权利的意涵,同时亦有很大的不确定性。考虑到此问题,在乌拉圭回合上,各谈判方通过了《关于有利于最不发达国家措施的决定》,要求世贸组织成员"迅速执行有利于最不发达国家的所有特殊和差别措施","进一步改进普惠制和其他计划以扩大适用范围至最不发达国家具有特殊出口利益的产品"。[307] 世贸组织成员依此通过了新的普惠制。例如,欧盟的新普惠制于 2001 年 3 月 5 日生效,[308] 除了大米、糖和新鲜香蕉外,最不发达国家出口到欧盟的所有产品均享受零关税待遇,数量不受限制。2005 年,欧盟实施了新的普惠制(GSP +)以促进减贫和促进中低收入的 弱小国家的可持续发展和治理。有资格享受该待遇的国家"必须批准并有效执行关于人权、核心劳工标

---

[305] 参见关贸总协定文件第 GATT Doc. L/4903 号,http://www.wto.org/gatt_docs/English/SULPDF/90970166.pdf(2022 年 2 月 25 日访问)。

[306] 1971 年 8 月 1 日,日本实施普惠制,适用于出口自包括埃及、以色列和土耳其等 77 国集团成员在内的 96 个发展中国家的产品。其后,挪威(1971 年 10 月 1 日),丹麦、芬兰和瑞典(1972 年 1 月 1 日)分别实施了普惠制,对来自发展中国家的进口产品实行免税待遇。加拿大、澳大利亚、新加坡和瑞士则给予发展中国家的产品以降低关税待遇。美国在 20 世纪 70 年代早期并未实施普惠制,但经过 3 年的谈判,美国国会通过了普惠制,作为美国《1974 年贸易法》的一部分。美国普惠制不适用于澳大利亚、奥地利、加拿大、捷克斯洛伐克、欧盟、匈牙利、冰岛、日本、摩洛哥、新西兰、挪威、波兰、南非、瑞典、瑞士和苏联。除这些国家外,美国的普惠制原则上适用于所有发展中国家,但有许多例外。例如,在没有给予及时、充分和有效的赔偿或者拒绝真诚地进行谈判或通过国际仲裁解决争端的情况下将美国国民的财产国有化的国家,没有资格享受普惠制待遇。那些拒绝与美国合作打击贩毒,拒绝承认或执行有利于美国公民的仲裁裁决或协助或支持国际恐怖主义的国家亦被排除在普惠制的适用范围之外。

[307] 参见《关于有利于最不发达国家措施的决定》,1993 年 12 月 15 日,第 2.2 段,见 http://www.wto.org/English/docs_e/legal_e/dlldc.pdf(2022 年 2 月 25 日访问)。

[308] "EC Regulation 416/2001",*Official Journal L60*, 2001 年 3 月 1 日(以下简称《欧共体条例》)。根据该条例,欧共体的普惠制不适用于武器贸易。

准、可持续发展和善政等领域的 27 项具体国际公约”。[309]

欧盟并不是唯一将普惠制与人权等挂钩的国家。美国于 2011 年执行的三个与普惠制相关的法律，包括“加勒比海盆地振兴法”（CBI）、“安第斯贸易优惠法”和“非洲增长和机遇法”（AGOA），均要求受惠国履行国际义务，包括知识产权保护、国际公认的工人权利、消除童工和消除腐败等，并将之作为享受优惠待遇的先决条件。

不难看出，即使在世贸组织秩序下，普惠制也基本是发达国家单方面授予，但发展中国家享受普惠制具有了权利的性质。欧共体关税优惠（EC－Tariff Preferences）案[310]在此方面具有一定的启示性。该案源于《欧洲理事会条例》第 2501/2001 号（以下简称《欧共体条例》）。《欧共体条例》的药物安排附件 1 规定 12 个国家可享受更优惠的关税待遇。作为投诉方的印度认为，《欧共体条例》违反了《关贸总协定》第 1 条第 1 款的最惠国待遇规定，[311]同时认为欧共体不能援引授权条款作为辩护理由，因其认为《欧共体条例》与授权条款第 2（a）、3（a）、3（c）段的规定不一致。欧共体则认为授权条款在任何情况下都不是辩护的依据，而是“一种排除《关贸总协定》第 1 条第 1 款适用的独立制度”。[312] 欧共体主张其药物安排应置于授权条款的框架之下而非《关贸总协定》第 1 条第 1 款的制度之内，且根据《关贸总协定》第 20（b）条，相关措施系为了“保护欧洲共同体人类生命或健康所必需者”。[313]

欧共体关税优惠案涉及两方面的问题，即《关贸总协定》第 1 条第 1 款与授权条款的关系，以及授权条款的性质。[314] 关于授权条款的性质之争的意义在于：若授权条款是《关贸总协定》第 1 条第 1 款的例外，那么偏离最惠国待

---

[309] 参见“Generalised System of Preferences”，见于欧盟委员会网：http://ec. europa. eu/trade/wider－agenda/development/generalised－system－of－preferences/（2022 年 2 月 25 日访问）。

[310] “EC—Conditions for the Granting of Tariff Preferences to Developing Countries”，Report of the Panel，WT/DS246/R，2003 年 12 月 1 日（以下简称欧共体关税优惠案，专家组报告）；该案的上诉机构报告于 2004 年 4 月 7 做出，世贸组织文件第 WT/DS246/AB/R 号（以下简称欧共体关税优惠案，上诉机构报告）。

[311] 在成立专家组的请求中，印度声称欧盟条例违反了《关贸总协定》第 1 条第 1 款。后印度仅针对药物安排投诉，且保留对其他两项特殊安排（劳工权利保护和环境保护）进行投诉的权利。

[312] 参见欧共体关税优惠案专家组报告，第 4.42 段。

[313] 参见欧共体关税优惠案专家组报告，第 4.91 段。

[314] 参见欧共体关税优惠案专家组报告，第 7.23 段。

遇且扩大(提升)优惠待遇适用范围的国家便有义务证明相关措施的正当性。如果授权条款系一单独的机制,意即其不受《关贸总协定》第 1 条第 1 款管辖,则认为本身利益和权利受到损害的成员便有义务证明相关措施违反了授权条款。举证责任的转变直接关系到授权条款的性质。此前,《关贸总协定》缔约方和世贸组织成员并未就此提出异议。欧共体关税优惠案专家组的意见并不统一,这再次说明国际社会对授权条款的性质尚达形成共识。[315]

欧共体关税优惠案专家组报告的多数意见支持了印度的主张。关于授权条款的性质及其与《关贸总协定》第 1 条第 1 款的关系,专家组认为:“(一)授权条款是《关贸总协定》第 1 条第 1 款的例外;(二)授权条款并未排除第 1 条第 1 款的适用,而是两者同时适用,且授权条款在两者不一致的情况下更优先;(三)印度负有证明药物安排与《关贸总协定》第 1 条第 1 款不一致的责任,和(四)欧共体负有证明其药物安排符合授权条款的责任。”[316]

欧共体关税优惠案专家组的多数意见裁定印度已证明欧共体的药物安排与《关贸总协定》第 1 条第 1 款不一致,且欧共体未能依授权条款第 2(a)段或《关贸总协定》第 20(b)条合法化其措施,从而裁定欧共体的措施损害了印度的利益。[317]

在上诉阶段,欧共体请求撤销专家组的前述结论,强调授权条款是建立普惠制的单独决定,目的在于“提供一套全面的规则以更好规范普惠制的实质内容,从而排除《关贸总协定》第 1 条第 1 款的适用”。[318] 欧共体认为授权条款不同于《关贸总协定》第 1 条第 1 款的最惠国待遇义务,而是意在取代后者,[319] 指出,若授权条款第 2(a)段是《关贸总协定》第 1 条第 1 款的例外,则其理应被纳入《关贸总协定》第 1 条或在该条之后予以规定。鉴于实际情况并非如此,故欧共体认为,授权条款是一项单独的安排,是《关贸总协定》第四

---

[315] 根据 2006 年的一项报告,不足 5% 的世贸组织专家组报告和 2% 的上诉机构报告包括不同意见。See Meredith Kolsky Lewis, *The Lack of Dissent in WTO Dispute Settlement*, Journal of International Economic Law, Vol. 9:4, p. 895 - 931(2006).

[316] 欧共体关税优惠案,专家组报告,第 7.53 段。

[317] 欧共体关税优惠案,专家组报告,第 8.1 段。

[318] 参见欧共体关税优惠案,上诉机构报告,第 12 段。

[319] 参见欧共体关税优惠案,上诉机构报告,第 12 段。

部分的补充。[320] 按照欧共体的逻辑,若授权条款是最惠国待遇的例外,则《关贸总协定》第四部分的全部内容也将是例外。此外,欧共体认为,授权条款是为了实现成员间的平等,故若将授权条款作为例外,其便会构成对发达国家成员的歧视。基于前述,欧共体认为"专家组的分析损害了特殊和差别待遇的原则,并动摇了其合法性"。[321] 欧共体进一步指出,特殊和差别待遇对于实现《世贸组织协定》的基本目标至关重要,如其序言所述:世贸组织应"确保发展中国家,特别是最不发达国家,在国际贸易增长中获得与经济发展需要相当的份额"。[322] 因此,"授权条款的目标和宗旨明显不同于《关贸总协定》第 20(a)和(b)条中的例外"。[323]

上诉机构首先需要解决的问题是授权条款的性质。就此,上诉机构指出,例外的适用并不违反世贸组织的目标,虽然援引《关贸总协定》第 20 条下的一般例外需要正当理由,但例外的实施亦符合世贸组织的目标。[324] 因此,"将授权条款作为例外不会减损其在鼓励给予世贸组织发展中国家成员以特殊和差别待遇的关键作用"。[325]

在确定了授权条款的性质后,上诉机构便需处理授权条款与《关贸总协定》第 1 条第 1 款的关系。上诉机构强调,《关贸总协定》第 1 条第 1 款的最惠国待遇原则是世贸组织的基石。然而,"当授权条款与第 1 条第 1 款的最惠国待遇义务存在冲突时,由于授权条款的规定更为具体,故其应优先于第 1 条第 1 款"适用,故专家组在审理案件时必须首先审视涉案措施是否符合《关贸总协定》第 1 条第 1 款的规定,如有不符合的情况,则应审视相关措施是否符合授权条款的规定。[326]

上诉机构进而认为,欧共体有责任"提供证据证明其药物安排符合授权条款"。[327] 由于授权条款在"促进贸易和刺激经济增长和发展中发挥着至关

[320] 参见欧共体关税优惠案,上诉机构报告,第 13 段。
[321] 参见欧共体关税优惠案,上诉机构报告,第 14 段。
[322] 参见《世贸组织协定》,序言第 2 项。
[323] 参见欧共体关税优惠案,上诉机构报告,第 15 段。
[324] 参见欧共体关税优惠案,上诉机构报告,第 94 段。
[325] 参见欧共体关税优惠案,上诉机构报告,第 98 段。
[326] 参见欧共体关税优惠案,上诉机构报告,第 101 段。
[327] 参见欧共体关税优惠案,上诉机构报告,第 105 段。

重要的作用”,故其“不是如《关贸总协定》第 20 条或上诉机构过往案件中认定的其他例外规定的那类典型的例外或辩解”。[328] 上诉机构指出,“授权条款在世贸组织体系中的特殊地位对争端解决具有特殊意义”,[329] 如“申诉方必需根据授权条款明确被诉方做出回应、辩护的范围”。[330] 按照世贸组织争端解决的习惯,任何成员认为其权利受到减损都应说明被诉方的哪些措施违反了世贸组织下的哪些义务,基于此指控,被诉方便可进行答辩。据此,鉴于上诉机构认定授权条款为《关贸总协定》第 1 条第 1 款的例外,依之享受权利的发展中国家成员如果认为其利益减损,便有首先举证的责任。上诉机构就此明确指出,“申诉方的责任不应被过分夸大。申诉方仅需指出其认为涉案措施与授权条款的哪些规定不一致即可,而无须就此具体证明”。[331] 易言之,申诉方的责任限于说明涉案措施违反了授权条款的哪些“标准”和“条款”等。最后,上诉机构支持了专家组报告“第 7.53 段关于授权条款是《关贸总协定》第 1 条第 1 款例外”的裁定。[332]

欧共体关税优惠案的上诉机构还就普惠制下优惠待遇的提供与受惠国发展的关系进行分析,认为优惠的提供应针对拟受惠发展中国家的需求,以便后者可改善发展、财政或贸易等方面的情势。[333] 同时,在向有特殊需要的发展中国家提供优惠待遇时,发达国家必须履行授权条款规定的其他义务,包括普遍和非互惠的要求。[334] 就普惠制而言,处于相同或相似经济发展阶段的发展中国家应被视为具有相同的需求,而不应区别对待这些发展中国家。就此而言,欧共体关税优惠案对发展中国家成员在世贸组织的地位以及共同但有区别的责任在贸易领域的实施中均有重要影响。

总之,就共同但有区别的责任原则而言,几乎所有世贸组织的协议,包括《关贸总协定》、《卫生协定》、《知识产权协定》、《服务贸易总协定》、《技术协定》和《争端解决谅解》等都有专门针对发展中国家成员的特别规定。理论上

---

[328] 参见欧共体关税优惠案,上诉机构报告,第 106 段。
[329] 参见欧共体关税优惠案,上诉机构报告,第 110 段。
[330] 参见欧共体关税优惠案,上诉机构报告,第 114 段。
[331] 参见欧共体关税优惠案,上诉机构报告,第 115 段。
[332] 参见欧共体关税优惠案,上诉机构报告,第 99 段。
[333] 参见欧共体关税优惠案,上诉机构报告,第 164 段。
[334] 参见欧共体关税优惠案,上诉机构报告,第 169 段。

如何根据发展中国家成员的需要给予特别待遇亦非问题。然而,实践中,特别是在争议解决中,世贸组织争端解决机构一般较侧重环境和人类健康问题,对共同但有区别的责任原则等相关规则的解释则相对保守。如欧共体石棉案的专家组并未评论作为投诉人之一的巴西提出的法国未考虑发展中国家特殊需要的论点,而是径自裁定法国的措施并非与《关贸总协定》不符。在前述其他几个争议案中,争端解决机构更多地强调贸易秩序的规则,而不是发展中国家的特殊利益。这自然与以《世贸组织协定》为核心的多边贸易秩序的特点相关;在此秩序下,每个成员的市场开放承诺都是经过艰苦谈判达成,反映了各方权利和义务的平衡。如果争端解决机构擅自依"共同但有区别的责任"原则对此类权利和义务进行解释,便可能打破各成员通过谈判达致的平衡。基于此,世贸组织争端解决机构在适用"共同但有区别的责任"原则方面便显得相当谨慎。然而,发展法已成为国际法的重要组成部分,共同但有区别的责任原则已被写入涉及环境、气候 变化等的国际条约,成为具有拘束力的条约义务。在此情况下,国际法院、世贸组织专家组和上诉机构以及国际投资仲裁庭均应给予共同但有区别的责任原则以充分的重视。

八、发展法之前瞻

发展及如何发展关乎人类的未来。国际法上发展的概念从提出到成为权利经历了半个多世纪的时间。发展权的确立充实了国际法的内容,使之不仅可以与时俱进而且具有一定的前瞻性。如关于气候变化的一系各国际条约和文件,涉及可持续发展的诸多联合国大会决议、宣言和其他国际文件等所关注的不仅仅是当代人的幸福、健康和尊严,更多的是考虑将来人类的福祉。这是国际发展法的特点所在。正因为如此,人们总希望国际社会能够快些达成适合人类将来需要的条约和协议,但似乎现实总是落后于人们的期待。此情况事实上亦并不难理解,正如沙赫特(Schachter)教授曾指出,"条约尚未能完全满足新法律的需要。首先,条约的谈判过程往往缓慢而烦琐。这不难理解。此外,国家数目的增加,利益的多样性,其所面临问题的新颖性,主管官员的缺乏等是使条约的起草、谈判和批准工作拖延并复杂化的因素。即使是那些已表示支持和签署条约的国家,在获得批准和加入条约方面的困难也是令人沮丧的。甚至当一个多边条约获得了使之生效的必要缔约方数目后,还有许多国家没有加入该条约,尽管后者并没有重大的实质性的反对意见,并在起草会议上投票并使该条约获得通过"。[335] 在世界处于百年变局的时代,有的大国强国只关心如何保持其超级地位,从而不择手段地打压潜在竞争者,使国际秩序受到严重破坏。在此情况下,各国就人类的未来达成具体协议的机会明显降低。然"飘风不终朝,骤雨不终日",[336] 任何违背历史发展的行为都不会长久。

展望未来,发展法在国际法中的地位,特别是进步中的国际法的地位不可轻忽。如前所述,当代世界的大势是经济全球化。在如此的世界,每一个国家的经济、社会发展都离不开其他国家的合作,包括人员、货物、服务、资金、技术、经验、数据等方面的跨境流动。正因如此,每个国家都积极争取外国资本和技术的进入,个别发达国家甚至公开号召并"利诱"本国企业回归。为了达到前述目的,每个国家在决定本国经济发展的政策和法律时必须考虑其可能对外国资本和技术进入的影响。外国投资者选择投资东道国的能力,使其对潜在东道国政策和法律的制定和执行具有相当大的影响力。[337]

在全球化的进程中,国际组织对各国决策的影响渐次增大。例如,世界银行、国际货币基金组织等在提供贷款和经济援助等方面已形成一套模式。接受贷款或经济援助的国家必需首先满足这些国际组织提出的条件,包括国家的经济发展政策和模式、经济结构改革等,否则便无法取得贷款或经济援助。此情况在金融危机和经济危机中尤甚。这就是为什么在20世纪末的亚洲金融风暴中,韩国媒体将韩国接受国际货币基金组织资金的日子定为国耻日的原因。尽管如此,面对经济困难和经济发展的需要,发展中国家别无选择,只

---

[335] See Oscar Schachter, *New Custom: Power, Opinio Juris and Contrary Practice*, in Jerzy Makarczyk, ed., Theory of International Law at the Threshold of the 21st Century, Essays in Honour of Krzysztof Skubiszsweski, Kluwer Law International, 1996, p. 536.

[336] 《道德经》第23章。

[337] 国际法对内国法律和事务的影响并非起始于当下,早于20世纪50年代,耶鲁大学法学院McDougal教授就提出国际法在很多方面对内国法律和政策构成影响。See Myres S. McDougal, *The Impact of International Law upon National Law: A Policy-Oriented Perspective*, South Dakota Law Review, Vol. 4, p. 25-92(1959).

能接受这些条件,即使发达国家在经济遇到困难时也不得不向国际组织求助。[338]

国际组织除提供经济和金融援助外,还从条约义务的角度涉入各国的经济发展、政策和法律法规的制定和执行等。[339] 世贸组织在此方面的表现最为显著。《世贸组织协定》规定各成员有义务确保其本国法律符合世贸组织下的义务,从而对各国制定和执行国内政策和法律构成外部要求。除了世贸组织外,很多国家还参与了区域性和双边自由贸易协定及投资协定等。这些国际条约都在不同程度上,从不同方面对缔约方的立法、行政和司法等构成直接或间接影响。

在前述大背景下,人类在经济和社会发展上面临的最大问题和挑战是包括气候变化在内的可持续发展。为有效迎接此挑战、解决此问题,人类唯有合作。此合作包括各国在政策和法律上的协调,顾及所有当事方的利益,照顾将来人类的利益等。此合作的成功需要与时俱进的国际法律规范,包括注重国际发展法,推动国际发展法。国际法院前法官 Weeramantry 曾指出,"为什么我们要主张这些权利是国际法的一部分呢?因为国际法的所有内容最初都是从期望开始,国际法的所有原则都是通过期望形成,就是这些期望渐次成为'硬法'"。[340] 值得庆幸的是全球化仍为当今世界的大势,从而为国际合作提供了必要条件,且此大势不会因为一个或几个国家的行为和不行为而改变,而无论这些国家多么强大。此国际合作应致力于使包括发展中国家在内的所有国家的经济和社会得以发展。只有如此,世界的繁荣才会持久。《论语》云:"自贡曰:'如有博施于民而能济众,何如?可谓仁乎?'子曰:'何事于仁,必也圣乎!尧、舜其犹病诸!夫仁者,己欲立而立人,己欲达而达人'。"[341] 中华文化关于人类发展的认知和理想由此可见。

---

[338] 如面对希腊的经济危机,欧盟深感力不从心,无法提供其恢复经济所需资金。在此情况下,国际货币基金组织成为希腊可以依靠的主要援助者。

[339] 关于世贸组织、世界银行等在国际发展法演进过程的作用,见 Rumu Sarkar, *International Development Law: Rule of Law, Human Rights & Global Finance*, Springer, 第 3 章及第 5 ~ 6 章。

[340] See C. G. Weeramantry, *Universalizing International Law*, Martinus Nijhoff Publishers, 2004, p. 432.

[341] 《论语》第 6 ~ 28 章。

第十一章　国际经济法走势前瞻

孔德之容，惟道是从。道之为物，惟恍惟惚。

（道德经）

天下万事万物的发生发展均有其规律，即“道”。如何按照事物本身的发展规律使相关事物发生并发展就是“尊德”。此即为“道生之、德蓄之”[1]的要义所在。国际法的发生发展亦有其规律，在全球化的今天世界出现了百年未有之大变局，亦属人类社会发展之必然，为顺应此人类社会的发展之“道”，国际法在此大变局下必然发生变化。国际经济法是国际法的一部分，主要适用于跨境经济关系、交往与交易。国际经济法的原则大多源于国际法，但其又具有一定的独特性，在具体规则方面更是如此。然在适用这些原则和规则，包括对这些原则和规则进行解释时，国际社会的实践是援引国际法的原则、国际法院的判决等。或可说，国际经济法属于以《威斯特伐利亚和约》[2]为标志的现代国际法的一部分。自《威斯特伐利亚和约》签订以来的近400年间，国际法无论从形式到内容都随世界经济、技术等方面的进步而演进，尽管此演进大多滞后于人类社会的进步。进入21世纪后，世界情势发生重要变化，从而形成百年未有之大变局。首先，通信及信息技术快速发展并普及，使数字经济成为新的经济模式，使人工智能的广泛应用成为可能，使跨境交易模式改变、

---

〔1〕《道德经》第51章。

〔2〕《威斯特伐利亚和约》（Peace of Westphalia）系指神圣罗马帝国皇帝腓迪南三世、德国、西班牙、法国、瑞典、荷兰等欧洲国家为了结束30年战争（1618～1648年）而签订的《奥斯纳布吕克条约》（Treaty of Osnabrück，1648年签订）和《明斯特和约》（Treaty of Münster，1648年签订）。作为结束法国和西班牙战争的《比利牛斯和约》（Treaty of the Pyrenees，1659年签订）也被视为《威斯特伐利亚》合约的一部分。国际法学者通常称《威斯特伐利亚和约》为“威斯特伐利亚”体系，视之为现代国际法的开端，对国际法的嗣后发展有重要影响。概括言之，威斯特伐利亚体系承认国家平等，承认主权原则，主张睦邻友好。这些原则，包括主权原则、和平解决争端等，均被写入《联合国宪章》，成为当代国际法的基本原则。

成本降低,也使地缘政治和地缘经济格局发生了巨大变化;网络技术和信息技术的发展使得网络空间安全成为各国关注的重要问题。其次,科技推动经济快速发展,导致资源短缺和环境受到严重影响,气候变化及其引发的水灾、风灾、火灾等成为人类的巨大挑战。国际社会已为此采取了初步措施,然除非各国鼎力合作,达成有效的和更为具体的机制,否则人类有可能倒在这些挑战面前。再次,新冠病毒在全球肆虐及其快速变异改变了人们的生活习惯和工作方式,疫苗成为主导世界经济和社会发展的重要元素,从而直接关乎世界地缘政治和经济的态势和走势。最后,与前述不无关系的是,原来由单极超强国家主导世界的情势渐次被由数强并存的态势取代。[3] 在此大背景下,中国和美国在经济、制度方面的竞争性,特别是政治制度方面的非同质性,代表了东西方文化、传统、价值等方面的差异,成为百年大变局的核心变数。面对人类的问题是,百年大变局下的国际经济法将如何发展?本章将就与之相关的问题进行探讨。

一、经济全球化与国际规范

"万物莫不尊道而贵德。"[4] 百年大变局系在经济全球化的背景下发生,分析百年变局对国际经济法的影响首先需研究经济全球化是否符合人类发展之"道",是否依然为当今世界的大势。

(一)经济全球化

全球化的主要表现形式是各国经济上的高度相互依赖。各国经济上相互依赖古而有之,只不过程度、广度不同而已。人们通常将第二次世界大战后的

---

〔3〕 有学者认为苏联解体后的20年间世界权力架构属一极型,其后世界出现了三个变化。一是多极权力代替了一极独大;二是权力分散,不同国家在不同领域有较大的权力;三是权力不平衡,许多国家可在一些具体问题上较其他国家有较大的优势。See William W. Burke - White, *Power Shifts in International Law: Structural Realignment and Substantive Pluralism*, Harvard International Law Journal, Vol. 56:1, p. 1 - 79(2015).

〔4〕《道德经》第51章。

国际经济关系定位为高度依赖关系,[5]原因不外乎较完整的国际秩序系在当时得以建立。此秩序系以联合国为核心,包括国际货币基金组织、世界银行、关贸总协定、联合国贸发会议等。随之而来的是货物、服务、资金之高频率、大幅度跨境交易。然 20 世纪 90 年代,世界基本上处于割裂的态势:一方是以美国、欧洲诸国、日本等为主体的实行市场经济的发达国家,另一方是以苏联为首的实行计划经济的东欧集团,处于两者之间的是中国等实行改革开放政策的从计划经济向市场经济转化的国家以及其他发展中国家。[6] 计划经济和市场经济的最大区别在于政府对市场的干预程度和能力不同。当然,市场经济和计划经济的这种区别是相对的;即使是典型市场经济的国家,政府对市场也不是毫无干预的。[7] 市场经济和计划经济的另一差异是法律的作用。计划经济主要依赖政府的计划,调解生产与市场需求的关系,社会经济个体和经济活动的纽带是计划。市场经济的情况则不同,市场的所有活动,包括企业与企业,政府与企业之间的经济交易与交往都是由法律规范的,以法律作为纽带。没有详细、具体的规范经济活动的法律,市场经济就不能运行。

运作模式之不同造就了计划经济和市场经济无法紧密合作的必然结果。这可从第二次世界大战后近半个世纪国际社会的现实得到确认。在那段 50 余年的时间里,整体上各国经济上相互依赖是主流,然此种依赖更多地表现在东西方阵营内部的相互依赖,两阵营之间的依赖程度则并不高,如苏联甚至选择不参加国际货币基金组织、世界银行和关贸总协定等。

20 世纪 90 年代初,东欧集团解体,一些苏联加盟共和国亦先后独立,俄罗斯则继承了苏联的国际地位。这些新独立的国家先后实行了市场经济制度,尽管在具体运作上与传统市场经济不尽相同。与此同时,中国也宣布实行

[5] 第二次世界大战后,各主要国家的对外贸易额占其国民生产总值的比例越来越高,从而使国际贸易对每个国家经济的影响也越来越大。See John H. Jackson, *The World Trading System: Law and Policy of International Economic Relations*, Cambridge University Press, 1997, p. 6 – 8.

[6] 当然这是一个非常粗略的划分,只是就世界上主要国家的经济制度而言的。中南美洲、非洲等地各国实行的经济制度不在此一一分析。

[7] 见"United States – Final Countervailing Duty Determination with Respect to Certain Softwood Lumber from Canada", Report of the Appellate Body, WT/DS257/AB/R, 19 January 2004 (以下简称美国软木上诉案), para. 87.

市场经济。[8] 市场经济为各主要国家所采用,也为经济全球化的实现奠定了基础。人类在运输动力、方式方面的革命,计算机技术、信息技术、互联网等的普及,快速改变了人们的生活方式,极大地促进了国际贸易、国际投资、国际金融等的全方位、高频率、大幅度发展,进而使这些领域的经济活动快速数字化,使得整个世界更紧密地结合在一起,成为实际意义上的地球村,村内的国家政府、政府间国际组织、非政府组织、跨国公司、实体乃至个人处于相互关联、一荣俱荣的态势。[9] 如传统上,联合国的制裁一般被认为仅对相关国家政府有影响;有研究认为,联合国的制裁不仅对被制裁的国家及其行为有作用,而且对"其他国家、公司、银行和市民有直接影响。例如,武器禁运可能使某个地区的武器交易消失,但同时会影响当地的经济及就业"等。[10]

经济全球化的主要标志是各国的相互依赖关系空前紧密并呈立体态势[11],任何国家都离不开其他国家而独立发展,任何国家在发展经济和解决本国问题时,都不可避免地要借助企业和个人的力量。[12] 此情况并非因相关

---

〔8〕 中国于邓小平1992年到南方考察并发表谈话后正式确立了逐步实行市场经济的政策,并从那时起大量引进了市场手段和机制。自2001年加入世贸组织后,中国则一直致力于说服其他国家承认其市场经济地位。

〔9〕 关于国际组织和个人在国际法上的地位和权利,国际法院前法官Higgins教授曾指出,国际社会的发展已使得原来将国家视为国际法的主体,将个人视为客体的两分法理论变得没有说服力。她主张应从参与跨国决策的角度审视国际组织和个人在国际法上的地位和权利。See Rosalyn Higgins, *Problems and Process: International Law and How We Use It*, Oxford University Press, 1995, Chapter 3 "Participants in the International Legal System".

〔10〕 See Luiza Barbosa and Roberto Kuster, *The Coordination Between International and Regional Organizations (Third Party Actors) as an Effective Recourse for the International Conflict Resolution Through Mediation*, Willamette Journal of International Law and Dispute Resolution, Volume 26, No. 1/2, 2019, p. 143. 之所以如此是因为当今世界已经高度全球化,国际社会任何方面的行为和不行为都会直接影响其他方面。

〔11〕 关于全球化的影响,见Jim Sheffield, Andrey Korotayev and Leonid Grinin (ed.), *Globalization: Yesterday, Today and Tomorrow*, 2013年; David Deese (ed.), *Globalization: Causes and Effect*, 2012年; Parisa Samimi and Hashem Salarzadeh Jenatabadi, *Globalization and Economic Growth: Empirical Evidence on the Role of Complementarities*, 2014年 https://journals.plos.org/plosone/article?id=10.1371/journal.pone.0087824(2022年1月30日访问);作者对伊斯兰合作组织各成员方进行实证研究后的结论为经济全球化对各国的经济增长不仅有直接影响而且通过各国的互补性改革产生间接影响。Paul Hirst & Grahame Thompson, *Globalization and the Future of the Nation State*, Economy and Society, Volume 24, 1995, Issue 3, p. 408 - 442.

〔12〕 See Julian Ku & John Yoo, *Globalization and Sovereinty*, Berkeley J. Int'l L, Vol. 31, p. 210 (2013); Stephen D. Krasner, *Globalization and Sovereignty*, States and Sovereignty in the Global Economy, 1999.

国家是发达国家、发展中国家、大国、小国、强国、弱国而异。在有些情况下，如果没有其他国家的支持和帮助，一些本属于国家内部的问题也无法有效解决。希腊债务危机和土耳其金融和债务危机就是例证。[13] 其他如地球暖化、气候变化、环境保护、反洗钱、反恐等则更需要国际合作。形成经济全球化的前述条件并非一朝一夕突然出现，而是经过一个从无到有，从不充分到充分的过程。这也是为什么说全球化是世界大趋势的原因。[14] 既然全球化是世界的大势，其便不可能因某些个别国家的逆势行为而改变。在特朗普主政时期，美国一方面推行单边主义和贸易保护主义，另一方面亦努力与其他国家达成协议，即验证了全球化依然是当今世界的主要趋势。[15] 作为世界主要趋势的全球化不仅在经济领域给世界带来改变，而且对国际法律秩序的发展有重要作用。

(二)条约拘束力提高

经济全球化对国际秩序，特别是国际经济法有重要影响。这首先表现在条约的拘束力显著提高，且涵盖范围扩大。第二次世界大战行将结束时建立的国际秩序以及其后达成的多边和双边条约，对形成一套完整的规范国际经

---

〔13〕 2009 年希腊的财政赤字达到其国民生总值的 15%，引起市场关注，使希腊无法通过发行债券融资，从而引发希腊无法偿还主权债务的危机。欧盟和国际货币基金组织均向希腊提供了援助。自 2018 年 4 月起，土耳其的里拉不到半年内贬值达 50%，见“2018 - 2022 Turkish currency and debt crisis”，2021 年 11 月，https://en. wikipedia. org/wiki/Turkish_currency_and_debt_crisis,_2018，(2022 年 1 月 30 日访问)。此情况的发生主要是因为土耳其拒不释放美国的一名牧师。土耳其政府认为该人为此前政变的幕后黑手。美国对土耳其实施制裁，从而导致其货币贬值。

〔14〕 有论者认为，即使出现了在特朗普任总统期间反多边化的现象，国际社会还是普遍支持多边主义，中国、俄罗斯和欧盟等关键国家和地区对多边主义的支持便说明了这一点。See David Donoghue, *Multilateralism and Interdependence*, Irish Studies in International Affairs, Vol. 29, p. 15 (2018). 国际法院前法官 Higgins 也认为全球化为当今世界的特点是不可否认的事实。See Rosalyn Higgins, *International Law in a Changing International System*, The Cambridge Law Journal, Vol. 58:1, p. 78 - 95(1999).

〔15〕 耶鲁大学法学院 McDougal 教授早在 20 世纪 50 年代就指出，“身处地球对面的人从未谋面，但在广义的世界社会关于价值的相互决策过程中持续影响对方。参与此决策的是一些个人，但这些个人从属于很多不同的团体，并通过各色各样的组织的形式或角色行事，这些组织不仅包括国家而且包括国际组织、政党、压力团体、私人社团等。在此相互影响的行为中，这些个人以及其团体追求的价值包含人类的所有喜爱，或可将之划分为权力、财富、教化、尊重、幸福、技能、正直、情感等”。See Myres S. McDougal, *The Impact of International Law upon National Law: A Policy - Oriented Perspective*, South Dakota Law Review, Vol. 4, p. 25 - 92(1959).

济交往与交易的制度有不可替代的作用。然这些条约更多的是原则性地规范缔约方承担的义务,且各国在加入时亦多有所保留,因而大大降低了其效力。传统国际法固有的缺乏执行机构和惩罚及报复手段为前述国际规范未能发挥应有作用之根本原因。这种情况因《世贸组织协定》[16]和诸多双边投资协定之生效而得以改变。

《世贸组织协定》涉及广泛的领域,从货物贸易、服务贸易、知识产权保护到国际投资,从各成员政策的制定、执行到法院、海关执法原则和标准的划定等,无不具有相当详细的规范。仅就服务贸易而言,《世贸组织协定》几乎涵盖除生产环节外的所有商业活动,包括运输、仓储、包装、批发、零售、售后服务、电商服务、互联网服务、数据交易等。[17]

《世贸组织协定》不允许缔约方对任何条款作出保留,[18]加之详尽的规则,使其拘束力远远超过任何其他国际条约。更为重要的是,世贸组织有近似于国家法院的争端解决机制,只要是专家组或是上诉机构作出了裁定,便会依准自动通过原则成为对相关成员有拘束力的决定,[19]拒不履行的成员便可能受到报复。传统上,基于国际社会弱肉强食的现实,小国、弱国受到不公平待遇也没有能力报复、制裁大国、强国。然而,世贸组织的建立使小国、弱国有了报复大国及强国的利器,即放弃知识产权保护。根据《知识产权协定》,每一成员均有义务对其他成员符合资格的知识产权加以保护,胜诉的一方在无能力以其他方法报复时,便可选择放弃保护败诉一方的知识产权。如在欧共体香蕉案,厄瓜多尔认为欧共体未履行上诉机构报告的建议,故依《争端解决谅解》第 22 条第 2 款请求争端解决机构授权其中止根据《关贸总协定》《服务贸

---

〔16〕 1994 年 4 月在摩洛哥马拉喀什举行的关贸总协定部长级会议正式决定成立世贸组织,并签订了《建立世界贸易组织的马拉喀什协议》,其附件包括《货物贸易总协定》《服务贸易总协定》《知识产权协定》《争端解决谅解》。

〔17〕 《服务贸易总协定》第 1 条第 2 款将服务贸易界定为以四种方式提供的服务:跨境提供、境外消费、商业存在和自然人流动。

〔18〕 《世贸组织协定》要求各成员方无选择地以“一揽子”方式接受乌拉圭回合达成的所有协议,唯一的例外是附件 4 下的《民用航空器贸易协定》《政府采购协定》《国际奶制品协定》《国际牛肉协定》。

〔19〕 世贸组织争端解决机制引入了“反向协商一致”原则。在争端解决机构审议专家组报告或上诉机构报告时,只要不是所有的成员都反对,则相关报告便获得通过,从而排除了败诉方单方面阻挠报告通过的可能。

易总协定》《知识产权协定》给予欧共体的优惠待遇。[20] 2000年3月，争端解决机构授权厄瓜多尔依据《关贸总协定》《服务贸易总协定》中止减让，若厄瓜多尔无法在前述协定下实现报复的目的，则可放弃《知识产权协定》的一些义务，以实现全额报复。[21] 在该案中，仲裁庭详细分析了放弃知识产权保护涉及的问题，[22]表现出对通过放弃知识产权保护达到报复目的的忧虑。然而，美国赌博案的仲裁庭则非常肯定地裁定，如果安提瓜无法通过《服务贸易总协定》实现报复，则其可通过放弃《知识产权协定》下的保护义务来实现。[23] 由此不难看出，通过放弃知识产权保护达到报复的目的在世贸组织已没有任何障碍。这无疑增加了小国、弱国在世贸组织的话语权，尽管实践中因为地缘政治、地缘经济等原因，经济实力较小的世贸组织成员尚难实际放弃知识产权保护。

无论如何，鉴于当代知识产权主要掌握在经济大国和强国手中，通过世贸组织授权而放弃知识产权保护对大国、强国具有相当大的威慑力。这也从而迫使所有世贸组织成员认真遵守承诺。正是在此情况下和此意义上，世贸组织的成立从实质上改变了国际规范的弱势，成为全球化环境下国际规范的重要特征。

经济全球化对国际投资规范的影响亦相当明显。自20世纪60年代起，各国先后签署了3000余个双边投资协定和含有投资章节的自由贸易协

---

〔20〕 见“European Communities – Regime for the Importation, Sale and Distribution of Bananas – Recourse to Arbitration by the European Communities under Article 22.6 of the ESU”，仲裁决定（Decision by the Arbitrators），WT/DS27/ARB/ECU，24 March 2000。

〔21〕 见“European Communities – Regime for the Importation, Sale and Distribution of Bananas – Recourse to Arbitration by the European Communities under Article 22.6 of the ESU”，仲裁决定（Decision by the Arbitrators），WT/DS27/ARB/ECU，24 March 2000，第173段。

〔22〕 见“European Communities – Regime for the Importation, Sale and Distribution of Bananas – Recourse to Arbitration by the European Communities under Article 22.6 of the ESU”，仲裁决定（Decision by the Arbitrators），WT/DS27/ARB/ECU，24 March 2000，第139–165段。

〔23〕 见“United States – Measures Affecting The Cross – Border Supply of Gambling And Betting Services Recourse to Arbitration by the United States under Article 22.6 of the DSU”，Decision by the Arbitrators，WT/DS285/ARB，21 December 2007，para. 6.1.

定。[24] 这些协定基本包含了国民待遇、最惠国待遇、公平公正待遇、充分保证与安全等条款。20 世纪 90 年代随着阿根廷经济危机导致一系列的投资者与东道国争议被提交国际仲裁，且投资者屡屡被裁定胜诉并获得赔偿，国际资本开始重视如何善用国际投资仲裁机制。[25] 国际投资仲裁的特点之一是其程序规则大多采用普通法的诉辩习惯，包括对先例的重视。尽管理论上国际投资裁决仅对当事方有效且不具先例的作用，然争议当事方和仲裁庭均无例外地将先前的裁决视为具有说服力的决定，反复在仲裁中援引。信息技术和网络技术的广泛应用和普及使得此趋势有增无减，结果便是事实上的投资判例法形成。[26] 事实上的投资判例法使不同投资仲裁庭对条约的解释相互影响，从而产生了溢出效应，增加了投资裁决的实际效力范围。在各国争相吸引外资进入的情况下，是否执行裁决成为衡量东道国投资环境的重要参考，因此，败诉的东道国不得不依投资裁决赔偿。此过程的结果是使双边投资协定和含投资章节的自由贸易协定的拘束力增加。[27]

国际规范适用范围之宽泛，拘束力之大、之严的直接效果是传统国家主权权力受到限制。或可说，现代国际法规则，如《世贸组织协定》，对国家主权的限制系相关国家自愿为之，故是行使主权的表象。[28] 但此说法仅就如何导致限制而言，并未改变国家主权权力事实上受到限制的现实。总之，当代国际法

---

[24] 双边投资协定时有增加，且当代的自由贸易协定均含投资章节，故相关数据时有变更。此处的数据系依世贸组织、联合国贸发会议和世界银行国际中心的数据粗略整理而成。关于双边投资协定的准确信息，见国际中心的数据库：https://icsid. worldbank. org/resources/databases/bilateral – investment – treaties（2022 年 2 月 25 日访问）。

[25] 关于投资者与东道国仲裁等，详见 Guiguo Wang, *International Investment Law: A Chinese Perspective*, Rutledge, 2015, Chapters 1 – 2.

[26] 参见 Guiguo Wang, *Radiating Impact of WTO on Its Members' Legal System: The Chinese Perspective*, Recueil des Cours of Hague Academy of International Law, Volume 349, p. 287 – 535, Martinns Nijhoff, 2010, at p. 509 – 516.

[27] 世贸组织对各成员的治理机制和法律之影响学者多有论述，如 Gregory Shaffer, *How the World Trade Organization Shapes Regulatory Governance*, Regulation & Governance, Vol. 9, p. 1 – 15 (2015)。

[28] 关于经济全球化与主权的关系，中国国际经济法学会曾于 2000 年年会上热烈讨论。各方的观点详见《国际经济法论丛》第 4 卷，2001 年版，第 1 – 138 页；王贵国：《经济全球化与中国法制兴革的取向》，载《国际经济法论丛》，第 3 卷，2000 年版，第 1 – 14 页；焦津洪：《经济全球化及其对国际经济法的挑战》，载《国际经济法论丛》，第 3 卷，2000 年版，第 15 – 25 页。

对国家主权的限制已直接体现在立法、行政和司法等方面。[29]

(三)国际组织间的合作加强

国际组织间合作的加强亦为经济全球化的特征。国际组织古来有之,国际组织间的合作也不是什么新鲜事。然而,经济全球化将国际组织间的合作提到了一个新的层次,甚至达到不相互合作便不能有效运作的地步。历史上,国际货币基金组织和世界银行被称为姐妹组织,原因是该两个机构的职能具互为补充、相辅相成的特点。在新的历史条件下,也就是全球化的过程中,国际货币基金组织和世界银行都不约而同地将工作的重点放在解决世界贫困,将之作为国际公共政策(public goods)对待之。[30]

受贫困困扰的主要是发展中国家,然其解决必须依靠整个国际社会的力量,方法之一便是提高市场的开放程度。开放市场或曰贸易自由化有一个过程。在此过程中,由于国内经济结构的原因,开放市场的国家很可能在一定时间内出现贸易逆差。世贸组织与国际货币基金组织和世界银行分别签订协议,设立了贸易一体化机制(Trade Integration Mechanism),[31]专责向因贸易自由化出现收支失衡的国家提供援助。该机制可使参与各方有效预测开放市场国家的政策与措施。受援国是否能得到援助首先取决于其是否能够满足这些国际机构设定的条件。事实上,世界银行、国际货币基金组织及区域性开发银行等早就形成了提供援助和贷款的条件,包括国内经济结构调整计划、人权、少数族裔和妇女参政、反腐倡廉措施、推动法治等内容。[32] 这些都事实上

---

〔29〕 有学者通过研究美国社会对世界贸易秩序的反映认为世贸组织的"一揽子承诺"和规则导向等对国家主权构成严重限制,从而使得持不同意见的国家受到很大压力。See Judith Goldstein and Robert Gulotty, *The Globalisation Crisis: Populism and the Rise of an Anti – Trade Coalition*, European Review of International Studies, Vol. 6:3, p. 57 – 83(2019). 这从另一方面说明现有秩序对各国的主权构成限制已成为全球化世界的一个明显特征。

〔30〕 见 Michael Camdessus, "Address by Michel Camdessus Chairman of the Executive Board and Managing Director of the IMF to the Board of Governors of the Fund", 1999 年 5 月 28 日,全文见 https://www.imf.org/en/News/Articles/2015/09/28/04/53/sp092899(2022 年 2 月 25 日访问)。

〔31〕 根据 2004 年 4 月签订的贸易一体化机制协议,国际货币基金组织将向因贸易自由化遭遇支付困难的国家提供援助。

〔32〕 例如,国际货币基金组织经常以请求援助的国家进行经济结构改革等为提供资金的条件。关于此问题的讨论,见 Rumu Sarkar, *International Development Law: Rule of Law, Human Rights & Global Finance* (2nd eds.), Springer, 2009, p. 194 – 201。

加大了国际组织介入成员方内部事务的力度。[33]

国际组织间还在国际条约解释等方面形成合作关系。这在世贸组织和世界海关组织[34]间尤为突出。众所周知,任何进口产品的产地以及进口价值之认定直接关乎进口产品享受的待遇。在世贸组织下,规范此类事项的是《原产地规则协定》[35]和《海关估值协定》。[36] 然这两个协定的解释和执行则赖于世界海关组织,后者制定的规则,乃至其辖下的委员会之决议或会议记录,均对世贸组织具拘束力。通常情况下,世贸组织的产品分类均依世界海关组织的协调系统(HS),遇有难以确定的个案则需参照世界海关组织的会议记录。例如,在欧盟电脑部件案,[37]世贸组织上诉机构不仅参照了协调系统而且还考虑了协调系统委员会的会议记录。世界海关组织的委员会记录本来对成员方不具有拘束力,但通过世贸组织的专家组和上诉机构援引,便成为对世贸组织成员具拘束力的国际文件。需要指出的是,此情况并非仅在世贸组织和世界海关组织间发生。

知识产权保护历来属于世界知识产权组织的职责范畴,相关的国际条约包括《巴黎公约》《伯尔尼公约》《罗马公约》《关于集成电路的知识产权条约》等。这些条约的特点是原则性规定较多,缺乏执行机制以及仅规定了相对标准。例如,这些条约都规定缔约国有义务给予其他缔约方的知识产权以最惠国待遇和国民待遇;在没有具体待遇标准的情况下,每个缔约方提供的国民待

---

〔33〕 有论者指出,在提供贷款的过程中,世界银行通常会考虑借款国的下述情况"在多大程度上人们对社会的法律有信心并遵守相关法律,以及合同履行的质量、警察、法院、犯罪率和暴力"等,并将之作为衡量200多个国家法治程度的元素。见 Simon Chesterman, *An International Rule of Law?*, The American Journal of Comparative Law, Vol. 56:2, p. 347(2008).

〔34〕 世界海关组织(World Custom Union, WCO)的前身为海关合作理事会(Customs Cooperation Council, CCC),所在地为比利时首都布鲁塞尔。海关合作理事会于1952年11月成立,1994年10月改称世界海关组织。

〔35〕 《原产地规则协定》是乌拉圭回合达成的一揽子协议之一,旨在协调各成员关于产品的原产地规则。

〔36〕 《海关估价协定》的正式名称为《关税及贸易总协定第七条贯彻执行协议》,是乌拉圭回合达成的协议之一,旨在制定一项公平、统一和中性的海关对商品的估价制度,以便既符合商业实践的要求,又可避免武断或虚构的海关估价。

〔37〕 在该案中,欧共体对局域网设备按通信设备征收关税,申诉方美国认为应按自动数据处理机征收关税。双方争议的焦点是如何确定欧共体减让表中涉及局域网设备的关税减让。见"European Communities - Customs Classification of Certain Computer Equipment",上诉机构报告,世贸组织文件第 WT/DS62/AB/R, WT/DS67/AB/R 和 WT/DS68/AB/R 号,1998年6月5日。

遇可能相差甚远亦不违反条约义务。再如,专利的授予应满足哪些条件,这些条约并无规定,每个缔约方可依自己的标准执行。也正因如此,这些条约事实上也不需要执行机制监督义务的履行。《知识产权协定》将前述条约的部分条文直接纳入其文本,其结果是使原来缺乏执行机制的条文可以通过世贸组织机制执行。在美国版权案中,[38]世贸组织争端解决机构认为《知识产权协定》直接纳入其他条约条款的行为,表示缔约方并非想简单抄录相关条约条文,而是要继承这些条约的实施原则。该案涉及《伯尔尼公约》的"微小例外原则"是否适用于《知识产权协定》。负责该案的专家组指出,《知识产权协定》第9条并未排除适用"微小例外原则",另从乌拉圭回合的文件起草看,没有任何成员质疑《知识产权协定》系以包括"微小例外原则"在内的《伯尔尼公约》为基础。基于条约的解释应避免相互冲突的意思之原则,专家组裁定《知识产权协定》通过纳入《伯尔尼公约》的条款将其实践中形成的"微小例外原则"纳入其中。[39]

此外,世贸组织争端解决机构还在审理案件的过程中将其他条约的规定纳入多边贸易秩序,并在实践中直接影响其他国际条约的执行。欧盟香蕉案便涉及《洛美协定》的执行,[40]而欧盟关税优惠案[41]则与发展中国家应享有的优惠和特别待遇有关;发展中国家的特殊待遇正是依据关贸总协定时代通过的1971年豁免决议和于1979年11月28日通过的《关于发展中国家差别和更优惠待遇、互惠和更充分参与的决定》(Decision on Differential and More Favourable Treatment, Reciprocity, and Fuller Participation of Developing Countries),即《授权条款》。由此不难看出,随着全球化的发展,国际条约的相互援引、纳入以及国际组织间相互参照、借鉴实践中形成的惯例将成为常态。这可使一些原本不具强制执行可能的条约规定通过世贸组织机制得以强

---

〔38〕 参见"United States — Section 110(5) of US Copyright Act",专家组报告,世贸组织文件第WT/DS160/R号,2000年1月15日(以下简称美国版权法案)。

〔39〕 参见"United States — Section 110(5) of US Copyright Act",专家组报告,世贸组织文件第WT/DS160/R号,2000年1月15日(以下简称美国版权法案),第23-24页。

〔40〕 见"European Communities—Regime for the Importation, Sale and Distribution of Bananas",上诉机构报告,世贸组织文件第WT/DS27/AB/R号,1997年9月9日(以下简称欧盟香蕉上诉案)。

〔41〕 参见"European communities - Conditions for the Granting of Tariff Preferences to Developing Countries",上诉机构报告,世贸组织文件第WT/DS246/AB/R号,2004年4月7日。

制执行。

国际组织间的合作并非始于世贸组织；早在世贸组织成立之前，关贸总协定和国际货币基金组织就建立并保持了具有实质意义的合作关系。根据《关贸总协定》第12条的规定，任何成员遇有国际收支严重失衡和严重失衡威胁，得对进口产品加以数量限制。欲依此例外对进口进行限制的成员应先与世贸组织国际收支限制委员会磋商，而磋商的基础便是国际货币基金组织的意见。此类意见通常包括相关成员的国际收支状况，如“货币储备是否严重下降”以及应采取的措施等。国际货币基金组织的意见对世贸组织具有约束力。〔42〕

国际组织间的合作当然并不限于前述较专业性的机构。即使像联合国这样高度政治性的国际组织也早已被卷入了合作的大潮。不必讲联合国贸发会议、跨国公司中心等专设机构，联合国本身就与世贸组织成立了国际贸易中心，〔43〕专责国际贸易趋势的研究。另世贸组织的前身关贸总协定通过了给予发展中国家特殊与区别待遇的决议，〔44〕《世贸组织协定》的许多附件亦含给予发展中国家优惠待遇的规定，〔45〕然这些文件都没有具体界定何为发展中国家，故哪些成员应享有特殊待遇还必须依照联合国的界定。

联合国还制定了一套《中央产品分类表》（CPC），涵盖货物和服务的详细分类。世贸组织成员在就服务贸易作出承诺时，大多参照《中央产品分类表》并按其分类编号撰写承诺表。在美国赌博案中，〔46〕美国的服务贸易承诺并不

〔42〕 参见《关贸总协定》第15条。

〔43〕 国际贸易中心系《关贸总协定》于1964年设立，自1968年始，由关贸总协定和联合国贸易与发展会议共同管理。该中心旨在支持发展中国家和转型经济国家，特别是这些国家的企业界，充分开发其在贸易与商业运作方面的潜能，以最终实现可持续发展的目标。

〔44〕 1979年关贸总协定东京回合通过了《关于发展中国家差别和更优惠待遇、互惠和更充分参与的决定》，使普惠制有了充分的法律依据。

〔45〕 比如，《关贸总协定》第4部分，《服务贸易总协定》第4条，《知识产权协定》第66、67条，《争端解决谅解》中的第3条第12款，第4条第10款，第12条第10款，第21条第2、7、8款等条款都体现了对发展中国家的优惠和差别待遇。

〔46〕 2003年，美国众议院通过“禁止非法网络赌博交易法”，此法及其他联邦法律和一些州的法律，限制美国公民使用信用卡和通过银行账户向国外赌博网站支付赌金。此举令安提瓜一度繁荣的网络赌博服务产业日渐衰落。安提瓜认为美国实施的影响赌博服务的跨境提供的措施不符合《服务贸易总协定》的规定及其具体承诺。参见“United States – Measures Affecting the Cross – Border Supply of Gambling and Betting Services”，上诉机构报告，世贸组织文件第WT/DS285/AB/R号，2005年4月7日。

包括跨境赌博,然作为指控方的安提瓜认为美国服务贸易具体承诺第 10D 项下“其他娱乐活动”包括了赌博。为了确定美国服务贸易的具体承诺是否包含跨境赌博,世贸组织上诉机构通过参阅联合国《中央产品分类表》认定美国对开放国内赌博市场作出了承诺,从而因未允许安提瓜进入市场而违约。

美国赌博案的直接效果是,遇有服务贸易具体承诺不清楚处,其解释便可能需要参照联合国《中央产品分类表》。鉴于服务贸易是尚在快速发展的领域,日后必然有许多不确定或是难以确定的归类情形;又鉴于在欧盟电脑部件案中,上诉机构参考世界海关组织相关委员会意见的做法未受到质疑,将来在服务贸易争议中联合国有关服务分类的意见势必对世贸组织起重要作用。这将进一步推动两个机构加强合作。

国际组织还在一些具体事项上合作。联合国反运毒和罪案办公室(UN Office on Drugs and Crime)曾与世界海关组织达成协议,在厄瓜多尔监控集装箱的运输,以达致反运毒和反有组织犯罪的目的。[47]

至于以相互合作为目的,一个国际组织作为观察员参与另一国际组织活动的做法早已不是什么特例。自世贸组织成立以来,先后有世界粮农组织、国际货币基金组织、国际贸易中心、世界银行、经合组织、联合国、联合国贸发会议、世界知识产权组织等成为观察员。[48]

(四)国际经济法的主体增加

国家和国际组织作为国际经济法的主体毫无悬念。非政府组织、跨国企

〔47〕 2004 年 10 月,联合国反运毒和罪案办公室与世界海关组织达成协议共同实施《集装箱控制计划》,向各国,尤其是发展中国家提供加强边界和海关控制的培训和技术支持,并大力推动各国在打击贩运等领域加强双边和多边合作。

〔48〕 世贸组织于 1996 年 12 月 6 日与国际货币基金组织签订合作协议,相互给予观察员身份,共享信息,当一方与双方的共同成员所讨论的措施,可能与该成员在另一方所负义务违背时,该方应与另一方磋商。1997 年 4 月,世贸组织与世界银行签订协议,明确双方共享信息,增进交流与合作,互以观察员身份列席对方决策机构的会议。见 WTO 官方网:http://www.wto.org/english/thewto_e/igo_obs_e.htm(2022 年 2 月 25 日访问)。

业和个人是否可以作为国际经济法主体并非完全没有争议的问题。[49] 不可否认的是，全球化导致非政府组织的影响力急遽增加。[50] 尽管非政府组织一直存在，但人们对其影响力之认识并非足够。[51] 这当然与以前的通信和信息技术不似今天这样发达、普及直接相关。现代非政府组织首先拿多边国际投资协议（草案）小试牛刀。[52] 当时谈判在发达国家间紧锣密鼓地进行，外人根本不晓得其内容，以及谈到了什么程度。突然，一个非政府组织将发达国家的草案通过互联网予以公布，令世界哗然，也使多边国际投资协议的谈判无疾而终。非政府组织真正发挥威力还是在美国西雅图召开的世贸组织部长级会议。反对全球化的非政府组织最终阻止了 1999 年西雅图部长会议的召开以及 2003 年墨西哥坎昆部长会议取得的任何成果。

除了大规模的集体行动外，在国际社会的具体事务上，非政府组织也正在发挥越来越大的作用。[53] 在世贸组织争端解决和谈判议题上，非政府组织的影响也是有目共睹的。例如，在美国虾和虾产品出口限制案中，[54] 保护海洋

---

〔49〕 关于政府间国际组织、非政府组织、跨国公司等非主权国家实体和机构在国际法上的地位之讨论，见 Math Noortmann, August Reinisch & Cedric Ryngaert, *Non – State Actors in International Law*, Hart Publishing, 2015; Sufyan Droubi & Jean d' Aspremont, *International Organisations, Non – State Actors, and the Formation of Customary International Law, Manchester* University Press, 2020。

〔50〕 非政府组织参与国际治理已是不争的事实。有学者认为非政府组织属于"当今世界最受信任的机构之一部分，建立了全球性名牌"，且有很多资源；如 2014 年，全球最大的 30 个非政府组织掌握的资源高达 190 亿欧元。See Sebastian Forsch, *Moving to the Global South: An Analysis of the Relocation of International NGO Secretariats*, St Antony's International Review, Vol. 13:2, p. 160 (2018).

〔51〕 全球化使非政府组织不得不改变其组织架构和运作模式，关于在欧洲和美国注册的最大的几个非政府组织在全球化环境下的挑战研究，见 Marc Lindenberg & Coralie Bryant, *Going Global, Transforming Relief and Development NGOs*, Kumarian Press, 2001; 关于中小型非政府组织，特别是在印度、墨西哥和加纳注册的非政府组织面临的特殊问题和挑战，详见 Emma Mawdsley, et al., *Knowledge, Power and Development Agendas: NGOs North and South*, Practical Action Publishing, 2002。

〔52〕 See Katia Tieleman, *The Failure of Multilateral Agreement on Investment (MAI) and the Absence of A Global Public Policy Framework, Case Study for the UN Vision Project on Global Public Policy Networks*, http://www.gppi.net/fileadmin/gppi/Tieleman_MAI_GPP_Network.pdf.

〔53〕 See Math Noortmann, *Non – Governmental Organizations: Recognition, Roles, Rights and Responsibilities*, in Math Noortmann, August Reinisch & Cedric Rybgaert, eds., Non – State Actors in International Law, Hart Publishing, 2015, p. 205 – 224.

〔54〕 参见"United States – Import Prohibition of Certain Shrimp and Shrimp Products"，上诉机构报告，世贸组织文件第 WT/DS58/AB/R 号，1998 年 10 月 12 日（以下简称美国虾和虾产品上诉案）。

中心(Center for Marine Conservation)、国际环境法中心(Center for International Environmental Law)及世界自然基金(World Wide Fund for Nature)三个非政府组织主动向专家组提交意见。世贸组织上诉机构裁定专家组可在审理争议时考虑并采纳这些意见。非政府组织之影响力由此可见一斑。

传统上,从事国际贸易与投资等交易的主要是跨国公司。随着信息技术的广泛应用,跨境交易成本显著下降,资金和资源的转移都变得较为自由。特别是当代国际规范无不将提高政府行为的透明度放在首位,将市场信息的自由传播视为衡量相关市场是否符合国际标准的尺度。此发展使得一些中小企业乃至个人都可从事跨境经济交易,也使跨国公司的概念发生了变化。〔55〕 企业乃至个人参与跨国经济交易与交往、承担义务并享受权利为不争之事实。〔56〕 企业和个人以投资者的身份参与涉及东道国政府的投资仲裁便为例证。

基于前述,鉴于非政府组织、企业和个人已经在深度参与跨国经济交易与交往,其在国际经济法上的地位应予积极考虑。承认这些实体和个人在国际经济法上的主体地位并非简单地将之视为与国家和国际组织相同的主体。事实上,国家和国际组织也是不同的国际经济法主体。这犹如国家法律层面的自然人和法人也有不同类型,不同的自然人和法人也受到不同的限制及享受不同的权利。但这并不影响其作为内国法上的主体资格。

二、国际和国家规范互鉴互补

(一)内国法规范国际化与国际规范内国法化

全球化需要与之相适应的国际规范。实践表明,大多国际规范都是来自

〔55〕 See Jan Wouters & Anna – Luise Chane, *Multinational Corporations in International Law*, in Math Noortmann, August Reinisch & Cedric Rybgaert, eds. , Non – State Actors in International Law, Hart Publishing, 2015, p. 225 – 252.

〔56〕 See August Reinisch, *Investors*, in Math Noortmann, August Reinisch & Cedric Rybgaert, eds. , Non – State Actors in International Law, Hart Publishing, 2015, p. 253 – 272; Catherine Brölmann and Janne Nijman, *Personality*, in Jean d' Aspremont & Sahib Singh, eds. , Concepts for International Law: Contributions to Disciplinary Thought, Edward Elgar Publishing Limited, 2019, p. 678 – 690.

各国的内国法,方法主要是通过内国法的国际法化。大多国际条约和协定的谈判中,各国代表团都是以其本国的法律规定为蓝本提出立场文件。[57] 世贸组织的专家组和上诉机构以及国际投资仲裁庭所适用的程序规则和原则很多也是来自内国法。[58] 如此就形成一个循环,即先是内国法规范进入国际法,形成国际规范后再回到内国法。当然国际规范并非简单地回到内国法,而是以具有拘束力的国际规范的地位回到内国法,从而具有重塑和改造后者的作用。[59] 这些对内国法有实质影响的规范经由世贸组织的专家组和上诉机构以及投资仲裁庭的解释[60]形成国际判例法,对各国的法律、行政行为、司法程序和判决产生影响,[61]从而进一步对各国的法律概念、法律价值、法律规则等构成直接影响。这也在一定程度上打破了学者关于国际法与内国法关系的传统论述,[62]然无论是按照哪一种理论,国际规范和内国法规范都会相互作

---

〔57〕 例如,在对 TRIPs 协议的谈判历史进行研究后,世贸组织知识产权部主任 Taubman 指出,谈判代表的国内法经验和专长对谈判有很大助力,且谈判过程中领导者的政治智慧非常重要。见 Antony Taubman, Thematic review: Negotiating "trade – related aspects" of intellectual property rights, https://www.wto.org/english/res_e/booksp_e/trips_agree_e/chapter_2_e.pdf(2022 年 2 月 25 日访问)。

〔58〕 此方面较为突出者包括世贸组织上诉机构只负责法律审与许多国家的上诉法院的职能一致。关于世贸组织上诉机构限于法律审的规定,见《争端解决谅解》第 17 条第 6 款。

〔59〕 关于此问题的讨论,详见 Mitsuo Matsushita, Thomas J. Schoenbaum, Petros C. Mavroidis 和 Michael Hahn, *The World Trade Organization: Law, Practice and Policy*(3th eds.), Oxford University Press, 2015。另见 John J. Barceló Ⅲ, "The Status of WTO Rules in U.S. Law", https://scholarship.law.cornell.edu/cgi/viewcontent.cgi?article=1035&context=lsrp_papers(2022 年 2 月 25 日访问)。笔者讨论了哪些世贸组织规则在美国的法律中起到重要作用,哪些规则没有起到作用及其原因。

〔60〕 See Alexandra Hagelüken, "The Impact of EC Law and WTO Law on Domestic Law: A Critical Analysis of the Case Law of the European Court of Justice", http://digitool.library.mcgill.ca/R/?func=dbin-jump-full&object_id=21683&local_base=GEN01-MCG02(2022 年 2 月 25 日访问)。

〔61〕 关于此问题的讨论,见 Markus Wagner, "Regulatory Space in International Trade Law and International Investment Law", https://scholarship.law.upenn.edu/cgi/viewcontent.cgi?referer=&httpsredir=1&article=1884&context=jil(2022 年 2 月 25 日访问);Frank J. Garcia, Lindita Ciko, Apurv Gaurav, Kirrin Hough, *Reforming the International Investment Regime: Lessons from International Trade Law*, Journal of International Economic Law, Vol. 18, p. 861 – 892(2015); Donald McRae, *The World Trade Organization and International Investment Law: Converging Systems—Can the Case for Convergence be Made?*, Jerusalem Review of Legal Studies, Vol. 9, p. 13 – 23 (2014).

〔62〕 例如,史上学者历来有国际法的一元论和两元论之分。See J. G. Starke, *Monism and Dualism in the Theory of International Law*, Brit. Y.B. Int'l L., Vol. 17, p. 66(1936).

用。国际条约在赋予国家权利的同时也要求国家政府承担义务。一个国家享有的权利便为一个或所有其他国家应承担的义务，而不同国家的相互承诺则构成了规范国际社会的法律整体。为了履行国际义务，每个国家都必须做到有所为和有所不为。此情况不仅在传统国际公法而且在国际经济法领域都会出现。例如，《国际货币基金组织协定条款》就要求所有缔约方都不得执行违反其他缔约方法律的外汇合同。〔63〕 但是，这与全球化环境下国际规范与内国法之关系相比不过是小巫见大巫。〔64〕

(二)国际规范强势进入内国法

在全球化的环境下，国际规范进入内国法具有高层次、具体化、强制性的特点。这可从世贸组织的实践中得到验证。《世贸组织协定》的特点是不允许任何成员对之作出保留。此外，与其他国际条约不同，《世贸组织协定》对货物贸易、服务贸易、知识产权保护等都规定了最低标准。如《知识产权协定》具体规定了内国法保护专利、商标和版权的标准，包括在什么情况下商标申请人应获得商标权，满足哪些条件后专利申请人应获得专利权，哪些因素不能成为不授予专利权的理由，强制实施专利的条件，惩处侵权行为的方法及赔偿标准等。〔65〕 此外，《知识产权协定》还要求每个成员都承诺关于知识产权争议的最后决定权不得由行政机关行使。鉴于此规定，中国在加入世贸组织时便将涉及知识产权授予与否的最终裁决权改为由法院行使。〔66〕 《反倾销协定》《反补贴协定》《保障措施协定》则分别对倾销和补贴的定义、调查程序及标准、实施措施的标准和期限等明确规范。〔67〕 《卫生协定》等对成员检疫检验

---

〔63〕 参见《国际货币基金组织协定条款》第 8 条第 2 款(b)。

〔64〕 有论者认为全球化导致全球宪法化，使国际法的一些原则成为国家宪法的补充，而《联合国宪章》就是国际社会的宪法。见 Luiza Barbosa and Roberto Kuster，前引书，第 146 页。

〔65〕 如《知识产权协定》第 15、16、27、28、31 条和第 45 条。

〔66〕 例如，现行有效的中国《商标法》第 35 条第 3 款规定："被异议人对商标评审委员会的决定不服的，可以自收到通知之日起三十日内向人民法院起诉"，第 44 条第 3 款规定："当事人对商标评审委员会的裁定不服的，可以自收到通知之日起三十日内向人民法院起诉"；《专利法》第 41 条第 2 款规定："专利申请人对国务院专利行政部门的复审决定不服的，可以自收到通知之日起三个月内向人民法院起诉"。中国加入世贸组织前，法院并无上述权力。

〔67〕 详见《反倾销协定》第 2～13 条，《补贴与反补贴措施协定》第 1～8 条，《保障措施协定》第 3～4 条。

的标准等也有具体规定。

《世贸组织协定》的另一特点是不同领域的协定可交叉适用。如各成员关于农产品的法律除受农业协定的规范外,亦可受《反补贴协定》的管辖,检疫检验的法律一方面受限于《卫生协定》的规范,另一方面亦处于《关贸总协定》之下,涉及投资的法律则可能受《服务贸易总协定》和《投资措施协定》规范。此情况显然并非仅发生在世贸组织。前述世界银行提供贷款以及国际货币基金组织提供援助的条件亦对借款国有直接影响。或可说,《世贸组织协定》与其他国际条约形成了一个网状的权利与义务架构,每个国际社会成员的法律都不得超越该国际秩序的范围,但必须符合该秩序规定的标准。[68]

世贸组织建立以来,其争端解决机构先后多次裁定很多成员的内国法不符合《世贸组织协定》的规定。涉案的成员有的是发达国家,有的是发展中国家,涵盖的范围则包括最惠国待遇、国民待遇、市场准入、反倾销、反补贴、知识产权等。美国出口限制案[69]系属此类案件。该案主要涉及的是补贴的定义,[70]负责该案的专家组指出,实践中只有当法律的强制性(mandatory)规定违反了《世贸组织协定》时,才应被裁定违约;那些给予行政机关预留空间(裁量权)的规定,虽然表面上可能不符合《世贸组织协定》,然因在执行中,执法机关可通过行使裁量权使之符合《世贸组织协定》,该法律便不应被裁定违约;这是因为,在世贸组织下,每个成员的法律和法律制度均应被假定为符合《世贸组织协定》,除非有相反的证明相关成员违反了此义务。美国出口限制案的裁决对世贸成员法律之制定有重要影响。为了达到既不违反国际义务又保留较大的自由度,涉及可以给予法院和行政机关以较大裁量权的事项,立法者便不会作出硬性规定。

---

〔68〕 就此而言,所有大经济体成员都经常成为世贸组织争端解决机制下的投诉方和被投诉方。尽管中国加入世贸组织的时间相对较晚,但仍涉及多个争议解决案。关于中国执行世贸组织争端解决裁决的情况,See Weihuan Zhou, *China's Implementation of the Rulings of the World Trade Organization*, Hart Publishing, 2019。

〔69〕 参见"United States – Measures Treating Export Restraints as Subsidies",专家组报告,世贸组织文件第 WT/DS194/R 号,2001 年 6 月 29 日。

〔70〕 该案涉及如何解释《补贴与反补贴协定》第 1 条第 1 款"政府向一筹资机构付款,或委托或指示一私营机构履行……一种或多种通常应属于政府的职能,且此种做法与政府通常采用的做法并无实质差别"的规定。美国《反补贴法》的前言部分规定,任何国家对出口限制便构成补贴,并应依法予以制裁。

美国1916年《反倾销法》原含有刑事惩罚条款。鉴于《反倾销协定》关于倾销的惩罚仅限于增加进口税，世贸组织争端解决机构裁定美国行之有效80余年的《反倾销法》违约，从而必须修改。[71] 其他裁定内国法违反《世贸组织协定》的个案还包括美国外国销售公司法案、[72]日本烈酒案、[73]欧共体香蕉案、[74]印度专利案、[75]加拿大专利案[76]等。这些案件的共同点是相关法律在《世贸组织协定》生效前即已存在，但后来被裁定违反了《世贸组织协定》；有的涉及庞大的经济利益，有的则涉及重要法律制度的修改。例如，美国外国销售公司法案关乎美国每年50亿美元的财政收入，欧共体香蕉案则直接影响到欧盟的进口许可证制度、自然灾害补偿制度以及销售制度等。这就不仅仅是法律和制度的修改，而是国家主权所受影响是否在可接受范围的问题。美国早有专家指出，如果世贸组织继续裁定美国法律违约，美国可能考虑退出世贸组织。[77]

国际规范进入内国法还表现在对行政机关执法行为的影响。在阿根廷家

---

〔71〕 参见United States – Anti – Dumping Act of 1916，上诉机构报告，2000年8月28日，WT/DS136/AB/R, WT/DS162/AB/R。

〔72〕 欧共体认为美国根据其国内税法第921 –927条对“外国销售公司”给予特殊税收待遇，违反了美国根据《关贸总协定》第3.4、16条和《反补贴协定》第3条所承担的义务。参见“United States – Tax Treatment for ‘Foreign Sales Corporations’”，上诉机构报告，世贸组织文件第WT/DS108/AB/R号，2000年2月24日。

〔73〕 该案涉及日本的酒税法。根据日本酒税法，在日本销售的酒精含量超过1度的酒都必须缴纳酒税；酒被分成10类，对各类酒按每公升含酒精浓度，规定不同的税率。投诉方欧共体、加拿大和美国认为，日本对酒的分类，实际上造成进口酒比国产酒税率高的情况，因而违反了《关贸总协定》国民待遇的规定。参见“Japan – Taxes on Alcoholic Beverages”，上诉机构报告，世贸组织文件第WT/DS8/AB/R, WT/DS10/AB/R和WT/DS11/AB/R号，1996年10月4日。

〔74〕 在该案，厄瓜多尔、洪都拉斯、危地马拉、墨西哥及美国认为欧共体有关香蕉进口、销售和分销制度违反了《关贸总协定》第1条第1款、第2条、第3条第4款、第10条，《进口许可程序协议》第1条第2款、第3款和第3条第1款，《与贸易有关的投资措施协议》第2条、第5条，《农业协议》第4条第2款，以及《服务贸易总协定》第2条、第11条。见欧盟香蕉上诉案。

〔75〕 该案源于美国认为印度缺乏关于医药品和农用化学品的专利保护制度，从而违反了《知识产权协议》第27、65、70条。尽管印度作为发展中国家可援引过渡期规定，但还是被裁定违约。参见“India – Patent Protection for Pharmaceutical and Agricultural Chemical Products”，上诉机构报告，世贸组织文件第WT/DS50/AB/R号，1997年12月19日。

〔76〕 在该案中，美国主张加拿大的《专利法》第44、45条有关专利保护期限的规定不符合《知识产权协定》第33、65、70条。参见“Canada – Term of Patent Protection”，上诉机构报告，世贸组织文件第WT/DS170/AB/R号，2000年9月18日。

〔77〕 John H. Jackson, *The Great* 1994 *Sovereignty Debate*: *United States Acceptance and Implementation of the Uruguay Round Results*, Colum. J. Transnat'l L., Volume 36, 1997, p. 157.

禽案中,[78]巴西对阿根廷提出 40 余项指控,包括发起反倾销调查缺乏依据,错误适用法律(如确定倾销的标准),调查机关在认定证据方面违反了《反倾销协定》,倾销幅度认定不当,在认定当地产业遭受损失方面没有考虑《反倾销协定》规定的所有因素,以及反倾销税的征收不当等。负责该案的专家组几乎支持了巴西的全部指控,认为阿根廷在答辩时提出的理由为"事后辩解"(ex post rationalization),[79]故不可采用。在泰国钢梁反倾销税案、[80]美国钢铁保障措施案、[81]欧盟床单反倾销案[82]等争议中,世贸组织争端解决机构都对各个国家调查机关的调查方法、证据的认定程序和标准等作出了裁定,从而肯定或否定了相关行为违约与否。

(三)条约解释影响内国法

除了条约的具体规定外,世贸组织对条约的解释也可直接影响各成员的立法和执法。在美国软木案中,世贸组织上诉机构认定,长在地上的树木不同于《反补贴协定》下的"货物",然而当这些树木被伐倒后便成为木头,从而就成为货物,故批准采伐树木的权利就是提供"货物"。[83] 此外,针对《反补贴协定》关于市场的规定,上诉机构裁定世界上不存在纯粹的市场(pure market)或不受政府干预的市场,[84]因任何市场都会在一定程度上受到政府行为

---

[78] 参见"Argentina – Definitive Antidumping Duties on Poultry from Brazil",专家组报告,世贸组织文件第 WT/DS241/R 号,2003 年 4 月 22 日(以下简称阿根廷家禽案)。

[79] 参见阿根廷家禽案,第 7.187 段。专家组的这一结论是基于《反倾销协定》附件二第 6 段的下述规定:"如证据或信息未被接受,则应将有关理由通知提供方,并应提供在合理时间内作出进一步说明的机会,同时适当考虑调查的时限。如主管机关认为相关说明不令人满意,则应在任何公布的裁定中列出拒绝该证据或信息的理由。"

[80] 见"Thailand – Anti – Dumping Duties on Angles, Shapes and Sections of Iron or Non – Alloy Steel and H – Beams from Poland",上诉机构报告,世贸组织文件第 WT/DS122/AB/R 号,2001 年 3 月 12 日。

[81] 2002 年美国宣布对 14 种钢铁产品实行为期 3 年的进口限制、征收 8% –30% 的关税。欧盟、日本、中国、韩国、瑞士、挪威、新西兰和巴西认为美国所采取的钢铁产品进口限制措施不符合世贸组织的有关规定。参见"United States – Definitive Safeguard Measures on Imports of Certain Steel Products",上诉机构报告,世贸组织文件第 WT/DS248/AB/R, WT/DS249/AB/R, WT/DS251/AB/R, WT/DS254/AB/R, WT/DS258/AB/R 及 WT/DS259/AB/R 号,2003 年 11 月 10 日。

[82] 参见"European Communities – Anti – Dumping Duties on Imports of Cotton – Type Bed Linen From India",上诉机构报告,世贸组织文件第 WT/DS142/AB/R 号,2001 年 3 月 1 日。

[83] 参见美国软木上诉案,第 75 段。

[84] 参见美国软木上诉案,第 87 段。

的影响。这对于嗣后世贸组织解释《世贸组织协定》可以在何程度上接受政府对市场的干预有重要作用。在欧盟石棉案中,[85]世贸组织裁定对人类健康有负面影响的水泥(如可能导致癌症)与其他水泥不属于同类产品。这些案例的一个共同特点是世贸组织通过对《世贸组织协定》等条文的解释将国际规范植入成员的内国法。

世贸组织对条约的解释非常具体。例如,从字面上讲,英文的充分(adequacy)和足够(sufficiency)是同义词。在美国软木案中,上诉机构认为,当两个词在同一条款出现时,其意思便不相同。[86] 上诉机构还分析了《反补贴协定》第14条第4款中英文"in relation to"短语的意思,认为其不是指将政府提供货物的价格同私人交易的价格对比,而是"关于""参照"(relation, connection, reference, as regards)市场价格的意思。据此,在考虑补贴幅度时,除了提供货物的成员的市场价格外,还可以采用其他标准。[87] 按照世贸组织上诉机构的前述解释,只有当提供货物成员市场的价格因政府的干预不能反映补贴幅度时,进口成员的调查机关方可采用其他标准。这一裁定的意义在于,在反补贴调查中,调查机关采用其他标准,必须证明其必要性。在世贸组织制度下,每一成员关于反补贴、反倾销和保障措施的法律都必须在具体细则上与《世贸组织协定》相一致。在没有世贸组织对一些具体条文做出解释前,各成员可根据本国的文化和习惯解释本国法律。有了世贸组织的解释,各成员对本国法律相关条文的解释必须遵从世贸组织的解释,否则便可能被视为违反《世贸组织协定》。如在美国虾和虾产品上诉案中,[88]世贸组织争端解决机构推翻了美国国际贸易法院的判决。再有,国际货币基金组织关于任何成员均不得执行违反其他国家外汇条例的合同之规定亦主要是针对司法机关。这都说明,世贸组织、国际货币基金组织等国际组织对各成员的行政和司法机关解释本国法律有重要影响。

---

[85] 见"European Communities – Measures Affecting Asbestos and Asbestos – Containing Products",上诉机构报告,世贸组织文件第 WT/DS135/AB/R 号,2001 年 3 月 12 日。

[86] 参见美国软木上诉案,第 84 段。

[87] 美国软木上诉案,第 89 段。上诉机构并不否认,提供货物成员市场的价格应作为确定补贴的主要标准(primary benchmark)。

[88] 参见美国虾和虾产品上诉案,注 54。

由于文化、传统等原因，在执法方法和手段方面，有的国家较注重调查的结果以及作出结论所依据的法律，即实体法的实施，有的国家则可能更强调程序正义。世贸组织的所有协定几乎都将公平、公正、客观、合理和透明作为执法的标准。如下文所述，透明度的要求是为了使执法机关所作决定是否客观、是否合理可为外人所知，从而由之判断相关决定是否为基于规范的决定。原则上，一个客观的决定，附以具体的理由说明，便可符合公平的原则，而依公平原则作出的决定应可满足正义的要求。依此推断，任何行政机关的决定缺乏适当解释便可能如阿根廷家禽案般被认为是不合理和不客观的。故世贸组织的规则及其解释具有统一各成员法律之制定和实施的作用。当然，此处的统一是指各国的法律和法律实施的渐次趋同。在法治为世界趋势的今天，各国法律及其执行的渐次趋同势必以建立法治社会为基本目标。

从前述不难看出，国际规范通过条约的强制要求进入内国法是不争的事实。然而，国际规范进入内国法并非简单地将国际条约的原则和规则植入内国法。尽管国际条约的许多规则都来自或曰借鉴于各国的内国法，但这些内国法规则经过国际条约的洗礼后再以国际规范的形式进入内国法已并非原来意义上的内国法规范。首先，这些规则并非原封不动地从国际造法程序走了一遭那么简单。任何条约的签订都需要缔约方谈判。在谈判过程中，大国、强国会有较大的话语权，但其他国家也一定会依本国的需要、本社会的文化和习惯，提出己方的意见。出于国际合作的需要，大国、强国也不得不在一些非根本性、非原则性的问题上妥协。在此情况下达成的协议，其规则不可能仅反映某个甚至某些国家的内国法，而是各缔约方折中的结果。其次，即使是国际条约未对相关内国法加以实质性改变，其适用和解释的原则也发生了变化。如前所述，条约的解释需依国际法的习惯规则，即《维也纳条约法公约》第 31 条和第 32 条的规定。条约解释机构在解释约文时应仅依照国际法，而不是任何国家的内国法。最后，就内国法规范进入国际规范而言，那些法律制度较为健全、法律执行较为有效的国家，或曰法治较发达的国家之法律规范进入国际条约的比例及影响均较大。一个国家是否为法治国家是一个相对的概念，因为世界上没有任何国家称得上是完全的法治社会，也没有任何一个国家是完全非法治的国家。国际规范与内国法规范的互动和互补为推动国际和国家层面的法治奠定了基础。

三、全球化呼唤法治化

人类社会的经验说明法治是社会运行，包括经济和社会发展的有效保障，从而在国际和国家层面得到充分的重视。因此，法治成为近年很多学者研究的议题，将法治作为可持续发展不可或缺的一部分，意在将法律保护人类的经济和社会权利、健康权等纳入发展的范畴，[89] 尽管论者对法治的内涵和外延认识不同，研究的方法、重点等亦相异。有人认为，法治的历史在西方可以追溯到柏拉图和亚里士多德时代。[90] 当然，这是指法治的初始形态，更多地强调的是规则的存在。在某种程度上，这与中国传统文化中的"礼"颇为相似，所不同的是柏拉图和亚里士多德提倡的规则也适用于统治者本人。[91] 既然法治的历史可以追溯到远古，今天人们关于法治的认识便定然不同。随着时间的延续，法治的概念也经历了不断演变发展的过程。在此过程中，人们就法治的概念提出了各式各样的论点，包括技术性的和政治方面的。[92]

(一)法治的基本理论

尽管人们对法治的渊源、内容等有多维度的研究，似乎大家都在说同一件事，但事实上却鲜有共识。对法治有深入研究并有多年司法实践经验的宾汉(Bingham)勋爵曾经说，"无疑人们以为此宪法原则的含义已经太清晰、太为人所理解，以至于不需要从法律上确定。事实是法官总是在判决中提及法治，但却从来没有解释其意涵，受人尊敬的作者对法治的意涵和价值也颇有疑

〔89〕 参见 Arnartya Sen, *Development as freedom*, Knopf 出版社，1999 年。另参见 David M Trubek, *Law and Development: Forty Years after "Scholars in Self – Estrangement"*, The University of Toronto Law Journal, Volume 66, Issue 3, 2016, p. 301 – 329.

〔90〕 Christoph Bleiker and Marc Krupanski, *The Rule of Law and Security Sector Reform*, Ubiquity Press, 2012, p. 21.

〔91〕 关于古代中国法治的讨论，参见 William P. Alford, *Of Arsenic and Old Lace: Looking Anew at Chinese Justice in Late Imperial China*, California Law Review, Vol. 72, p. 1180 – 1249.

〔92〕 关于此问题的讨论，参见 Christoph Bleiker and Marc Krupanski，前引书，第 22 – 31 页；Corey Brettschneider, *A Substantive Conception of the Rule of Law: Nonarbitrary Treatment and the Limits of Procedure*, Getting to the Rule of Law，第 50 卷，2011 年版，第 52 – 63 页。

问”。[93] 宾汉据此就法治的内涵提出了八项原则,[94]包括:(1)一国内的所有个人和机构均享有公开公布且不具有溯及既往效力并由法院适用的法律上的权利并受其约束,但应有例外;(2)法律权利和义务一般应通过法律的适用而不是裁量权的行使得以解决;(3)法律应对所有人一体适用,除非客观原因要求不同待遇;[95](4)法治必须充分保护人权;(5)民事争议之解决的费用不应过高或非正常地延误;(6)各级政府官员应善意依相关目的行使权力,且不滥权;(7)国家司法机构应公正;(8)国家应遵照国际法,包括条约和习惯国际法和国际惯例履行义务。或可说,这是迄今为止关于法治的较全面论述。[96] 除前述诸项外,透明度原则亦为法治的重要内容。

英国国际法学者 Allott 认为人类生存和生活的必要性要求实行法治,“我们不仅自我规范,我们也受外来规范。人类具有此双重性。外来的压力要求我们为了自己的生命而承担更大的责任。人类从来都清楚自然界的必要性及规律。自然界的事物,如白天与黑夜、季节、水涝与干旱、出生、成长到死亡,我们只能接受而不能控制。在我们存在的自然界,我们的自我决定自由是有限的。我们是自然界的自由代理人,但我们是自然界的非自由主体。在自然界的必要性和规律之下,人类进行生活,包括个体生活和集体生活。…… 我们因遵从自然而成为自然界的主人。然我们更进一步,我们创造了第二个自然界,在自然界创造了人类世界。我们创造了一套非自然的必要性和规律来规范我们的存在,包括个体和集体的存在。为了成为第二个自然界的主人,我们遵从我们创造的第二个自然界”。[97] 这是自然法学派关于法治的较详细论

---

〔93〕 See Lord Bingham, *The Rule of Law*, Cambridge Law Journal, Vol. 66:1, p. 67 – 85(2007).

〔94〕 See Lord Bingham, *The Rule of Law*, Cambridge Law Journal, Vol. 66:1, p. 69 – 85(2007).

〔95〕 就此,宾汉援引了美国最高法院前法官杰克逊(Jackson)在1949年的一个著名判决,“我认为所有城市、州和联邦政府在行使权力时,除非为了实现法律的目标,有合理区别对待的理由,否则应确保其居民不受歧视待遇是一个健康的原则”,认为60年之后该原则不仅是健康的原则而是法治的支柱。同上,第74–75页。

〔96〕 亦有学者认为法治包括五个方面:(1)法律具合理的明确性;(2)法律具合理的稳定性;(3)法律可公开获得;(4)法律包含规则和标准;(5)法律适用于将来及不具有溯及既往。See Joseph Raz, *The Law's Own Virtue*, Oxford Journal of Legal Studies, Vol. 39:1, p. 3(2019).

〔97〕 See Philip Allott, *The Rule of Law*, in Jean d' Aspremont & Sahib Singh, eds., Concepts for International Law: Contributions to Disciplinary Thought, Edward Elgar Publishing Limited, 2019, p. 804 – 805.

述，在国际法学界有很大影响。

此外，鉴于国际社会逐渐关注发展问题，有的学者从发展法的角度研究国际法治问题。[98] 其他论者的讨论大多从某个侧面探讨法治问题，这与其经验和背景直接相关。如曾任卢旺达问题国际刑事法庭总检察官的贾洛（Jallow）便特别强调法治与人权以及政府官员问责的关系。[99] 还有人从宗教、法治与发展的角度分析其相互作用，[100] 法治与外国直接投资的作用，[101] 国际援助对发展中国家法治的作用[102] 等。作为法理学的内容，法治与政治和政治学密切相关，故也成为政治学领域学者关注的议题。例如，有的政治学学者认为法治的核心内容就是和人治相对立者。[103] 人们之所以认为人治不利于社会的发展是因为人治的特点是可以不咨询被统治者的意见，而任由统治者依自己的意愿专断决定。[104] 统而言之，论者关于法治讨论的一个共同特点是从内国法的角度探讨者居多。随着国际社会对法治重视程度的提高，越来越多的学者开始从国际层面研究法治问题。[105]

（二）法治概念的国际化

国际社会正式将法治作为议题系于 1993 年在维也纳召开的世界人权会议（World Conference on Human Rights）上，在该会议上联合国大会通过了《维

---

〔98〕 关于发展视角的国际法治讨论，参见 Rumu Sarkar, *International Development Law: Rule of Law, Human Rights & Global Finance*, Springer, 2009, p. 29 – 174.

〔99〕 See Hassan B. Jallow, *Justice and the Rule of Law: A Global Perspective*, The International Lawyer, Vol. 43:1, p. 77 – 81 (2009).

〔100〕 See Charles M. North, Wafa Hakim Orman & Carl R. Gwin, *Religion, Corruption, and the Rule of Law*, Journal of Money, Credit and Banking, Vol. 45:5, p. 757 – 779 (2013).

〔101〕 See Joseph L. Staats, *Foreign Direct Investment in Latin America: The Importance of Judicial Strength and Rule of Law*, International Studies Quarterly, Vol. 56, p. 193 – 202 (2012).

〔102〕 See Katherine Erbeznik, *Money Can't Buy You Law: The Effects of Foreign Aid on the Rule of Law in Developing Countries*, Indiana Journal of Global Legal Studies, Vol. 18:2, p. 873 – 900 (2011).

〔103〕 See Richard Bellamy, and Andrew Mason (ed.), *Political Concepts*, Manchester University Press, 2003, p. 119.

〔104〕 再如，有的政治学者通过实证方法分析各国对法治的态度及实践。See Svend – Erik Skaaning, *Measuring the Rule of Law*, Political Research Quarterly, Vol. 63:2, p. 449 – 460 (2010).

〔105〕 有论者认为内国法的经验说明法律本身的含义经常有不同甚至相互冲突的解释，故有人担心强调法治只会使发达国家和发展中国家的精英阶层受益。See Ian Johnstone, *The Rule of Law Under Siege*, The Fletcher Forum of World Affairs, Vol. 44:1, p. 7, 10 (2020).

也纳宣言和行动纲领》。[106] 该宣言将法治与平等、正义、发展等共同列为联合国宪章推动的原则,并要求各国推动法治建设。[107]

2004 年,联合国秘书长在其向安全理事会提交的题为“冲突中和冲突后社会的法治和过渡司法”[108] 的报告中提出,法治“是本组织使命的核心概念。这个概念指的是这样一个治理原则:所有人、机构和实体,无论属于公营部门还是私营部门,包括国家本身,都对公开发布、平等实施和独立裁断,并与国际人权规范和标准保持一致的法律负责。这个概念还要求采取措施来保证遵守以下原则:法律至高无上、法律面前人人平等、对法律负责、公正适用法律、三权分立、参与性决策、法律上的可靠性、避免任意性以及程序和法律透明”。[109] 2012 年,联合国秘书长在其向大会所做关于《伸张正义:加强国内和国际法治行动纲领》[110] 的报告(以下简称《国际法治行动纲领报告》)中,再次提出法治的概念,内容基本与 2004 年报告一致,但将“三权分立”改为“权力分立”。[111] 此修改系因为三权分立并非所有国家都实行的法律制度,故不应成为判断一个社会是否为法治社会的标准。联合国助理秘书长(Volker Türk)于 2020 年在联合国大会第六委员会的发言中认为法治是国家有效治理的前提条件,同时亦指出,气候变化、新冠肺炎、数字经济等为世界面对的挑战,故联合国在加强法治的努力时应提供包括评价正义及有关个人隐私保护和数据保护政策建议的多种选择;至关重要的是我们要问我们自己,在国际、区域和国家层面我们需要什么形式和结构的法治。[112]

---

[106] 关于《维也纳宣言与行动纲领》(Vienna Declaration and Programme of Action),全文参见 https://www.ohchr.org/Documents/ProfessionalInterest/vienna.pdf(2022 年 2 月 25 日访问)。

[107] 关于国际法治概念的提出及发展历史,包括国际法上的国际法治对内国法的影响等,See Simon Chesterman, *An International Rule of Law?*, The American Journal of Comparative Law,前引书。

[108] 联合国安全理事会,秘书长的报告:《冲突中和冲突后社会的法治和过渡司法》,联合国文件第 S/2004/616 号,2004 年 8 月 3 日,第 6 段。

[109] 联合国大会通过的《2005 年世界首脑会议成果》第 21 段亦重申“各级建立良政和法治”对经济发展和吸引外资的重要性。参见《2005 年世界首脑会议成果》,联合国大会文件第 A/res/60/1 号,2005 年 9 月 16 日。

[110] 联合国第 66 届会议:《国际法治行动纲领报告》,联合国文件第 A/66/749 号,2012 年 3 月 16 日,https://undocs.org/zh/A/66/749(2022 年 1 月 30 日访问)。

[111] 参见《国际法治行动纲领报告》第 2 段。

[112] 参见 Volker Türk,“Remarks for the Sixth Committee Debate on the Rule of Law”,2020 年 10 月 20 日。全文参见 https://www.un.org/en/ga/sixth/75/pdfs/statements/rule_of_law/08mtg_asg.pdf(2022 年 2 月 25 日访问)。

联合国秘书长在《国际法治行动纲领报告》还提出,"在国际一级,法治为国家的行动提供可预测性和合法性,加强其主权平等,加强国家对其境内受其管辖的所有个人的责任",[113]"在国家一级,法治是国家与其管辖下的个人之间社会契约的核心所在,确保正义贯穿于社会各个层面。法治确保保护所有人权,使公民和非公民对滥用职权行为都能诉诸合法途径,便于和平和公平地解决争端。国家机构可以制定和实施明确、公开和公正的法律,并一视同仁地向所有人提供公平、平等和负责任的公共服务,以此确保法治。加强法治促进建立这样一个环境,它有助于人类可持续发展,并对妇女、儿童以及境内流离失所者、无国籍人士、难民和移民等弱势群体给予保护和赋予权能"。[114] 此联合国秘书长报告关于法治在国际和国家层面作用之论述对嗣后国际社会对法治的关注有重要影响。其将法治纳入可持续发展的范畴则为推动法治全球化有重要意义。

《国际法治行动纲领报告》督促各国"重视法治,为可持续经济增长营造有利环境"。就可持续发展而言,《国际法治行动纲领报告》强调可持续发展应具有"公平、包容和对社会负责"的特点,并以实现"减贫"和世界和平为最终目标。为达此目标,《国际法治行动纲领报告》提出国际法治应以《联合国宪章》为基础,各国应遵守该宪章及国际法。[115] 由联合国确认法治为可持续发展不可或缺的内容之意义在于:为了实现可持续发展,各国应一方面在本国实施法治,另一方面应在国际层面推动法治。根据《国际法治行动纲领报告》,推动国际法治首先是遵守以《联合国宪章》为基石的国际法,包括主权平等、不干涉内政、和平解决争端、实现人格尊严等原则和目标。

在联合国秘书长《国际法治行动纲领报告》提交的同年,《国内和国际的法治问题大会高级别会议宣言》(以下简称《法治宣言》)通过。[116] 该宣言重申并确认,"法治原则平等地适用于所有国家",各国和国际组织的所有活动均应将"法治与正义"作为指导原则并遵行之。[117] 这主要是因为,法治的作用

---

〔113〕 参见《国际法治行动纲领报告》第3段。

〔114〕 《国际法治行动纲领报告》第4段。

〔115〕 《国际法治行动纲领报告》第11段。

〔116〕 《法治宣言》于2012年9月24日的联合国大会第67/1号决议通过。

〔117〕 参见《法治宣言》第2段。

之一是给予人们以"可预测性和合法性"。尽管《法治宣言》并未界定何为法治,但其规定"所有个人、机构和实体,无论是公共还是私营部门,包括国家本身,都有责任遵守公正、公平和平等的法律,并有权享受法律的平等保护,不受任何歧视"。不可否认,前述内容均为法治的主要内容。《法治宣言》同时指出,法治与经济发展有相辅相成和互为补充的作用。[118] 《法治宣言》通过后的次年,联合国大会通过了《国内和国际的法治决议》,在序言中重申"必须在国内和国际上普遍遵守和实行法治,并庄严承诺维护以法治和国际法为基础的国际秩序"。[119] 不难看出,无论是《法治宣言》还是"国内和国际的法治决议"都强调国际法的重要性。其主张的"法治与正义"原则以及"公正、公平和平等"待遇不仅适用于一国内的人与人的关系,也适用于国际社会国家与国家的关系。在高度全球化的当今世界,只有当这些人类共同认可的基本价值在国家和国际层面同时得到实际承认并付诸实施,法治方可显现其对社会发展的作用。这也是国际社会将国际法治和国家法治放在一起推动的意义所在。

《2030 年可持续发展议程》[120] 则将"创建一个普遍尊重人权和人的尊严、法治、公正、平等和非歧视,尊重种族、民族和文化多样性,尊重机会均等以充分发挥人的潜能和促进共同繁荣的世界"[121] 作为人类发展的目标。[122] 值得关注的是《2030 年可持续发展议程》关于尊重民族和文化多样性的表述。任何法律和法律制度都与相关社会的文化和传统相关,从而相同的社会价值在不同的社会、不同的文化可能有不同的表现形式。尊重文化的多样性就是一方面承认人类共同承认的价值以及为实现这些价值需要遵守的国际规范,

---

[118] 《法治宣言》第 7 段规定,"法治与发展密切关联,相辅相成,推进国内和国际的法治,对于实现持续和包容性经济增长、可持续发展、消除贫困与饥饿以及充分实现包括发展权在内的所有人权和基本自由来说,至关重要,而所有这一切又会进一步增强法治"。

[119] 联合国第 68 届会议,大会决议第 68/116 号,联合国文件第 A/RES/68/116 号,2013 年 12 月 16 日。

[120] 《2030 年可持续发展议程》于联合国大会 2015 年 9 月 25 日第 70/1 号决议通过,全文参见 https://www.un.org/zh/documents/treaty/files/A-RES-70-1.shtml(2022 年 2 月 25 日访问)。

[121] 同上,序言第 8 段。《2030 年可持续发展议程》则将促进法治,包括"在国家和国际层面促进法治,确保所有人都有平等诉诸司法的机会"列为目标 16。

[122] 此外,"根据国家立法和国际协议,确保公众获得各种信息,保障基本自由"以及"推动和实施非歧视性法律和政策以促进可持续发展" 亦被列为可持续发展目标。参见《2030 年可持续发展议程》目标 16.10 及目标 16.b。

同时允许各国依本国文化采取必要措施实现人类的共同价值。易言之,在遵守国际法的前提下,各国有依本国文化、传统构建法治社会的权利和自由。如前所述,透明度原则现已成为国际和国家法治的重要内容。

四、国际法治与透明度原则

透明度主要是指信息的公开、获得信息的机会和可能、决策和决定程序的公开、决策和决定的理由公开等。国际法治要求信息的公开化及可获得性,故透明度原则也成为国际治理不可或缺者。透明度原则之所以成为公认的国际法治原则涉及很多因素,包括:(1)世界的信息化和数字化使得提供信息、信息的传播和获得的成本变得具有可操作性。(2)随着全球化的不断发展,一些传统上属于国家的权力和责任转到了国际组织;国际组织的运作必然处于作为其成员的监督之下,为达此目的,其运作必须具有相对高的透明度。(3)当代的条约大多要求缔约方履行承诺的方式方法、具体的履行程度。(4)随着信息和通信技术的广泛应用,构成国际社会的非政府组织对国际事务的监督手段和力度增加,使国际组织的运作以及国家政府的运作(包括条约的履行)受到外部的广泛监督。[123] 此外,在高度全球化的世界,很多行为均可能产生域外效果。这就使任何国家政府,甚至一些非政府机构和企业,如行业协会、网络公司等,在作决定时必须考虑其可能的国际影响。同时,所有国家政府和非政府机构及企业亦需要关注其他国家、非政府机构等的行为和不行为。这种相互的、多方面和多层次的需求便构成透明度原则形成的诱因和基础。

透明度原则在国际法中的地位不容置疑,尽管其是否为习惯国际法的一部分尚有不同意见。有论者认为尽管将透明度原则视为国际法的"硬法"尚有困难,但这并不影响其作为评价国际法治的标准。[124] 另有人认为透明度原

---

〔123〕 就此而言,非政府组织通过直接或间接参与国际会议的讨论,向世贸组织的专家组和上诉机构以及国际投资仲裁庭提供专家意见,制定产品和服务标准等,对国际条约的制定与执行以及其他方面国际秩序之形成和运作有实际和实质影响。

〔124〕 Anne - Sophie Tabau, *Evaluation of the Paris Climate Agreement According to a Global Standard of Transparency*, Carbon & Climate Law Review, Vol. 10:1, p. 23 - 33(2016).

则尚未被国际社会公认为具有习惯国际法效力的原则。然一个不争的事实是,许多国际条约,包括《世贸组织协定》《巴黎协定》等均含有透明度原则的规定。世贸组织的专家组和上诉机构以及投资仲裁庭等亦在裁决中不断确认透明度原则的国际法地位。此外,联合国还就私人投资者与东道国的争端解决通过了《联合国投资人与国家间基于条约仲裁透明度公约》[125](以下简称《毛里求斯透明度公约》)和《联合国国际贸易法委员会投资人与国家间基于条约仲裁透明度规则》[126](以下简称《透明度规则》)。或可说,透明度原则早已成为国际贸易和投资领域的重要原则,世贸组织在此方面的实践尤为突出。

(一)透明度原则与贸易

透明度是世贸组织的基本原则之一。世贸组织诸协定都将透明度原则作为各成员执行《世贸组织协定》的基本义务。《知识产权协定》附件一的标题便是透明度指引,规定各成员应如何履行《知识产权协定》下的义务,包括通知的内容、履行义务的方式、报告以及知识产权理事会的监督职能等。[127] 实践中,由于历史、文化传统以及法律制度的不同,一个国家的执法机关分析法律条文的方法、决策程序、思考问题的方法等均可能与其他国家不同。在此情况下,如何满足国际法上透明度的要求便难免出现异议。例如,在阿根廷家禽案中,阿根廷在答辩中数次提到其关于反倾销的裁定是有根据的,并当场提出了理据。然世贸组织争端解决机构认为,阿根廷提出的理据属于事后辩解,是无效的。[128] 从阿根廷案不难看出,世贸组织下的透明度更注重程序、决策过程以及决策所依据的理据,并且决策者的思维过程,包括对证据的采信都必须见诸文字,否则便会违反透明度原则,而一个不符合透明度原则的决定很难符合公平、公正和客观的标准。世贸组织的许多个案都证明了此点。

---

[125] 《毛里求斯透明度公约》(Mauritius Convention on Transparency),经联合国大会第69/116号决议于2014年12月10日通过,2017年10月18日生效。公约全文参见https://uncitral. un. org/zh/texts/arbitration/conventions/transparency(2022年2月25日访问)。

[126] 《透明度规则》于2014年4月1日生效,全文见https://uncitral. un. org/sites/uncitral. un. org/files/media - documents/uncitral/zh/rules - on - transparency - c. pdf(2022年2月25日访问)。

[127] 参见"Guide to Transparency under TRIPS";全文见https://www. wto. org/english/tratop_e/trips_e/ta_docs_e/app1_e. pdf (2021年10月10日访问)。

[128] 参见王贵国:《全球化以致中和——从阿根廷家禽反倾销案说起》,载《法学家》2003年第4期。

在日本农产品Ⅱ案中,日本要求外国水果在进入日本前必须接受检疫,以防止梨火疫病菌(erwinia amylovora)进入日本。作为投诉方的美国指责日本未事先发布此检疫要求,从而违反了《卫生协定》第7条及其附件B的规定。《卫生协定》第7条规定,"各成员应依照附件B的规定通知其卫生与植物卫生措施的变更,并提供有关其卫生与植物卫生措施的信息"。《卫生协定》附件B第1条则规定,"各成员应保证迅速公布所有已采用的卫生与植物卫生法规,以使有利害关系的成员知晓";第2条规定,"除紧急情况外,各成员应在卫生与植物卫生法规的公布和生效之间留出合理时间间隔,使出口成员,特别是发展中国家成员的生产者有时间使其产品和生产方法适应进口成员的要求"。

负责审理该案的专家组认为,《卫生协定》附件B关于公布法规的义务适用于"普遍适用的与植物检疫措施相关的法律、法令或命令"。[129] 同时,专家组注意到日本的检测要求实际上并非强制性或具有法律效力,而只是作为证明进口水果安全性的一种方法。基于相关要求非强制性的性质,专家组认为日本政府实施的措施不能被视为附件B下的"植物卫生法规"。然而,基于广泛认可的透明度原则,专家组认为,《卫生协定》附件B的义务包括检疫要求,因为出口商会因为遵守该措施而受益。[130] 专家组接着指出,日本政府提供的"回复查询服务"不能被视为其履行了关于公布法规的义务。此外,专家组还认为,检疫要求的"高度技术性"也使日本不能以"回复查询服务"作为履行了发布法规义务的"借口"。[131]

在上诉阶段,上诉机构同意专家组对附件B透明度义务的宽泛解释,并通过援引相关条款的目的加强了专家组解释的说服力。上诉机构裁定,附件B下的"法律、法令或命令"仅是透明度义务的列举。[132] 上诉机构同时指出,

---

〔129〕 参见 Japan – Measures Affecting Agricultural Products Ⅱ,专家组报告,1998年10月27日,WT/DS76/R,第8.108段。

〔130〕 参见 Japan – Measures Affecting Agricultural Products Ⅱ,专家组报告,1998年10月27日,WT/DS76/R,第8.111–12段。

〔131〕 参见 Japan – Measures Affecting Agricultural Products Ⅱ,专家组报告,1998年10月27日,WT/DS76/R,第8.115段。

〔132〕 参见 Japan – Measures Affecting Agricultural Products Ⅱ,上诉机构报告,世贸组织文件第WT/DS76/AB/R号,1999年3月19日,第105段。

附件 B 的目的是“使感兴趣的成员熟悉”食品安全的相关法规,而对附件 B 相关条款必须依其目的进行解释。[133] 基于前述条约解释原则,上诉机构认为日本的非强制性检测要求属于《卫生协定》透明度义务的范围。此案说明,世贸组织较倾向于对透明度义务做宽泛的解释。

在泰国工字钢反倾销案中,[134] 世贸组织专家组对《反倾销协定》第 3.1 条做出了宽泛的解释,使世贸组织成员主管机关的决定需要在多大程度上体现理据的要求再次呈现在世人面前。《反倾销协定》第 3.1 条规定,“对损害的确定应依据肯定性证据,并应包括对下述内容的客观审查:(a)倾销进口产品的数量和倾销进口产品对国内市场同类产品价格的影响,及(b)这些进口产品随之对此类产品国内生产者产生的影响”。专家组认为,第 3.1 条中的“肯定性证据”为确定进口倾销产品对国内产业损害的基础,同时,该款要求世贸组织成员在做出决定时应对相关因素进行“客观审查”。[135] 按照世贸组织争端解决的习惯,专家组就何为“肯定性”以及“客观”参阅了字典,并确定“肯定性”的意思是“正式或明确地陈述”,而“客观”则为“呈现没有感情色彩的事实”。基于字典的定义,专家组认为将第 3.1 条中的“肯定性证据”和“客观审查”放在一起考虑的结果便是,世贸组织成员主管机关的决定应为“正式的或明确的陈述”,至少在反倾销最终裁定做出时应如此。专家组的理由是,“如果无法获得与调查相关的信息以及最终裁定所依据的核心事实,各相关方便会被剥夺在调查中进行有意义抗辩的机会,而至少在最终裁决做出时仍无法获得被披露的事实基础及支持相关决定的理由,各相关方和世贸组织成员将无法评估就该裁定的投诉是否有效”。[136] 专家组关于世贸组织成员需评估投诉是否有效的论述是基于《争端解决谅解》第 3.7 条的规定,即“在提出一案件前,一成员应就根据这些程序采取的措施是否有效作出判断”。专家组认

---

[133] 参见 Japan – Measures Affecting Agricultural Products Ⅱ,上诉机构报告,世贸组织文件第 WT/DS76/AB/R 号,1999 年 3 月 19 日,第 106 段。

[134] “Thailand – Anti – Dumping Duties on Angles, Shapes and Sections of Iron or Non – Alloy Steel and H Beams from Poland”,专家组报告,世贸组织文件第 WT/DS122/R 号,2000 年 9 月 28 日。

[135] “Thailand – Anti – Dumping Duties on Angles, Shapes and Sections of Iron or Non – Alloy Steel and H Beams from Poland”,专家组报告,世贸组织文件第 WT/DS122/R 号,第 7.143 段。

[136] “Thailand – Anti – Dumping Duties on Angles, Shapes and Sections of Iron or Non – Alloy Steel and H Beams from Poland”,专家组报告,世贸组织文件第 WT/DS122/R 号,第 7.143 段。

为向提出投诉的世贸组织成员,特别是发展中国家成员提供最终裁定的理由特别重要。此外,专家组还认为提供事实依据和理由也为专家组的审查提供了依据。[137]

泰国工字钢案的专家组还将《反倾销协定》第 12 条纳入第 3.1 条,一并考虑,认为第 12 条为解释第 3.1 条提供了"重要背景",说明世贸组织成员对当事方获取相关成员做出决定所依赖的事实和法律的重视。[138] 根据第 12.2.2 条,各成员"在规定征收最终反倾销税或接受价格承诺的肯定裁定的情况下,关于结束或中止调查的公告应包含或通过一份单独报告提供导致实施最终措施或接受价格承诺的所有有关的事实问题和法律问题及理由"。同时,相关成员的主管机关还应提供"接受或拒绝出口商和进口商所提有关论据或请求事项的理由"。应该说,这是世贸组织争端解决机构首次对反倾销的透明度义务做如此解释。除泰国工字钢案的专家组外,尚无其他专家组将《反倾销协定》第 12 条和第 3.1 条放在一起考虑,以确定世贸组织成员的义务。鉴于兹事体大,泰国就专家组的裁定提起上诉。

上诉机构对《反倾销协定》第 12 条与第 3.1 条的关系做出了不同的判断,认为应将实质性义务与程序义务分开。上诉机构指出,《反倾销协定》第 3.1 条规定了世贸组织成员征收反倾销税的实质性义务,包括在做出决定时可依赖的证据,[139] 第 12 条是关于世贸组织成员主管机关做出最终裁决的程序性和正当程序义务的条款,对解释第 3.1 条的"肯定性证据"和"客观审查"有上下文的参考作用,但没有理由将第 12 条纳入第 3.1 条的实质性条款。[140] 上诉机构同时指出,前述裁决并不暗示泰国关于损害确定的过程符合第 12 条

---

[137] "Thailand – Anti – Dumping Duties on Angles, Shapes and Sections of Iron or Non – Alloy Steel and H Beams from Poland",专家组报告,世贸组织文件第 WT/DS122/R 号,第 7.149 段。该专家组认为世贸成员主管机关披露其作出裁决的事实依据和理由对专家组的审查工作至关重要。

[138] "Thailand – Anti – Dumping Duties on Angles, Shapes and Sections of Iron or Non – Alloy Steel and H Beams from Poland",专家组报告,世贸组织文件第 WT/DS122/R 号,第 7.151 段。

[139] "Thailand – Anti – Dumping Duties on Angles, Shapes and Sections of Iron or Non – Alloy Steel and H Beams from Poland",上诉机构报告,世贸组织文件第 WT/DS122/AB/R 号,2001 年 3 月 12 日,第 106 段。

[140] "Thailand – Anti – Dumping Duties on Angles, Shapes and Sections of Iron or Non – Alloy Steel and H Beams from Poland",上诉机构报告,世贸组织文件第 WT/DS122/AB/R 号,2001 年 3 月 12 日,第 110 段。

的规定。[141] 其之所以未就泰国是否违反了第12条作出裁定是因为专家组并未就之做出决定，而基于上诉机构仅负责法律审的原则，其便不应对之做出判断。然而，上诉机构并未明确推翻专家组关于适用第12条的意见，故与反倾销调查和裁定相关的透明度义务是否可同时参照《反倾销协定》第3.1条和第12条尚无定论。此方面将如何发展值得关注。这也说明世贸组织争端解决机制的改革有其必要性。

欧共体管道配件案[142]也涉及透明度义务的解释，特别是对《反倾销协定》第6.4条的解释。该条要求世贸组织成员负责反倾销调查的部门"应迅速向所有利害关系方提供机会，使其了解与案件陈述有关的所有信息"。与日本农产品Ⅱ案的裁决相同，上诉机构对此义务做出了宽泛的解释。在该案中，巴西争辩称，欧共体没有披露某些文件，以解释它是如何做出对巴西生产者造成不利影响的倾销裁定的。专家组在审理此案时并未裁定欧共体违反了《反倾销协定》第6.4条，因其认为：(1)巴西提及的文件数据与欧共体披露给各当事方的信息是一致的。(2)相关文件对欧共体的调查并无"附加值"。(3)该文件无关倾销的裁定；欧共体在做出倾销裁定时没有明确地依赖该文件。[143]

然在上诉阶段，上诉机构否决了专家组的裁定，认为根据《反倾销协定》第6.4条的规定，世贸组织成员不仅必须披露从调查机关的角度看是相关的文件，而且还应披露与当事方陈述案件有关的文件。[144] 对第6.4条的前述解释应该是基于该条本身关于应向所有利害关系方提供所有信息的规定。值得注意的是，上诉机构认为在确定文件相关性方面，应做宽泛的理解，而不必专门考虑成员的调查机构是否依赖相关信息做出倾销与否的决定。上诉机构认

---

[141] "Thailand – Anti – Dumping Duties on Angles, Shapes and Sections of Iron or Non – Alloy Steel and H Beams from Poland"，上诉机构报告，世贸组织文件第WT/DS122/AB/R号，2001年3月12日，第106段。

[142] 参见"EC – Anti – Dumping Duties on Malleable Cast Iron Tube or Pipe Fittings from Brazil"，专家组报告，世贸组织文件第WT/DS219/R号，2003年3月7日。

[143] 参见"EC – Anti – Dumping Duties on Malleable Cast Iron Tube or Pipe Fittings from Brazil"，专家组报告，世贸组织文件第WT/DS219/R号，2003年3月7日，第7.348段。

[144] 参见"EC – Anti – Dumping Duties on Malleable Cast Iron Tube or Pipe Fittings from Brazil"，上诉机构报告，世贸组织文件第WT/DS219/AB/R及WT/DSB/M/154号，2003年8月18日，第145段。

为,专家组建议的信息应具有“增值性”的建议没有必要,只要负责机关在倾销调查中使用了相关信息便满足了信息相关性的要求。[145]

上诉机构在欧共体管道配件案中的前述裁决不仅对如何评判世贸组织成员是否遵守了透明度原则十分重要,而且对反倾销调查中的私人或企业亦有重要影响。在所有反倾销、反补贴、保障措施等案中,最终受影响的必然是私人或企业本身。因此,行使调查权的世贸组织成员应如何收集证据、评价证据、发布信息等必然关系到私权利。这与《知识产权协定》第 63 条将透明义务适用于私人当事方有异曲同工之效。

世贸组织下的《保障措施协定》对各成员在实施保障措施方面的透明度要求更为具体。在该协定下,各成员在确定进口“对生产同类或直接竞争产品的国内产业造成严重损害或严重损害威胁”时,得对相关进口产品实施保障措施。[146] 然任何成员实施保障措施的前提是“只有在其主管机关根据以往制定的程序进行调查、并按 1994 年关贸总协定第 10 条进行公开”。[147] 除公开与调查相关的资料外,《保障措施协定》对调查本身也有具体规定,包括“调查应包括对所有利害关系方作出的合理公告,及进口商、出口商和其他利害关系方可提出证据及其意见的公开听证会或其他适当方式,包括对其他方的陈述作出答复并提出意见的机会,特别是关于保障措施的实施是否符合公共利益的意见”。[148] 这主要是就调查的程序而言,主要目的是给予当事方以机会提交己方的证据并陈述己方的意见。此规定要求的是调查程序的公平和公开。调查结束后,“主管机关应公布一份报告,列出其对所有有关事实问题和法律问题的调查结果和理由充分的结论”。[149] 有理由的决定历来被视为透明度原则的重要内容,但调查机构的决定是否能够满足“理由充分的结论”的要求则只能依个案的具体事实而定。

---

〔145〕 参见“EC – Anti – Dumping Duties on Malleable Cast Iron Tube or Pipe Fittings from Brazil”,上诉机构报告,世贸组织文件第 WT/DS219/AB/R 及 WT/DSB/M/154 号,2003 年 8 月 18 日,第 147 段。

〔146〕 参见《保障措施协定》第 2.1 条。

〔147〕 参见《保障措施协定》第 3.1 条。

〔148〕 《保障措施协定》第 3.1 条。

〔149〕 《保障措施协定》第 3.1 条。

在美国羊肉[150]案中，上诉机构对透明度义务进行了评论，强调尽管专家组无权对涉案证据重新审视，但不应将相关成员主管机关对证据的认证照单全收；相反，专家组应审视主管机关的决定是否基于充分的理据，是否“就涉案信息的性质，特别是信息的复杂性以及对这些数据的合理解释的回应给予了完全的关注”。[151] 如果“关于某些事实的替代解释是合理的”，而在前述替代解释下，主管机关的解释是不足够的，则该主管机关的决定便是“并非基于理据或充分理据者”。上诉机构的前述裁定表明，《保障措施协定》系以提高各成员方内决策的质量为目标，规定了成员主管机关在做决定前应考虑所有相关问题，从而最终改善决策程序及其效果。为达此目的，上诉机构认为专家组在依《保障措施协定》第4.2(a)条审查成员主管机关的决定时，必须持开放的态度，以判断相关决定是否“不具有理据或充分理据”。[152] 在上诉机构看来，只有如此，专家组的审查才可达到客观的效果。

在美国管道保障措施案中，[153] 上诉机构在美国羊肉案的基础上，补充了关于透明度的要求，指出成员主管机关的决定之理由必须“明确而确定”。[154] 主管机关就某些事项所做决定的理由不能“仅仅暗示或暗示某种解释”，而必须“以明示方式直接解释”。[155] 上诉机构的前述观点再次表明，其认为《保障措施协定》关于透明度要求的最重要意义在于提高成员的内部治理质量。

关于调查机关说明理由的义务以及应如何说明理由，上诉机构在美国对进口钢材最终保障措施案中指出，《保障措施协定》第3.1条有关调查报告应

---

〔150〕 参见“US – Safeguard Measures on Imports of Fresh, Chilled or Frozen Lamb Meat from New Zealand and Australia”，上诉机构报告，世贸组织文件第WT/DS177/AB/R号，2001年5月1日。

〔151〕 参见“US – Safeguard Measures on Imports of Fresh, Chilled or Frozen Lamb Meat from New Zealand and Australia”，上诉机构报告，世贸组织文件第WT/DS177/AB/R号，2001年5月1日，第106段。

〔152〕 参见“US – Safeguard Measures on Imports of Fresh, Chilled or Frozen Lamb Meat from New Zealand and Australia”，上诉机构报告，世贸组织文件第WT/DS177/AB/R号，2001年5月1日，第106段。

〔153〕 参见“US – Definitive Safeguard Measures on Imports of Circular Welded Carbon Quality Line Pipe from Korea”，Report of the Appellate Body，WT/DS202/AB/R，2002。

〔154〕 参见“US – Definitive Safeguard Measures on Imports of Circular Welded Carbon Quality Line Pipe from Korea”，Report of the Appellate Body，WT/DS202/AB/R，2002，第217段。

〔155〕 参见“US – Definitive Safeguard Measures on Imports of Circular Welded Carbon Quality Line Pipe from Korea”，Report of the Appellate Body，WT/DS202/AB/R，2002，第217段。

“列出其对所有有关事实问题和法律问题的调查结果和理由充分的结论”的义务应按照相关规定的“通常意思”解释。上诉机构认为,“结论”一般是指讨论或调查的结果,或是经分析得出的判断或陈述;有理由的结论要求相关机构将其判断或陈述及其所依据的理据以具“关联性或逻辑性的方式表述”。[156] 此外,上诉机构还指出,根据《保障措施协定》第 3.1 条的规定,专家组不得自行推定当事成员的结论是否符合该条的规定。[157] 易言之,任何成员在保障措施调查报告中是否履行了“理由充分的结论”的义务,应从相关报告本身判断,而不需要专家组或上诉机构通过解释报告的文字而得出结论。这就是说,调查报告本身应能显现其是基于理由做出结论,而不需要推导。

世贸组织在条约解释方面的特点是一致性和连续性较强。专家组和上诉机构关于透明度原则的解释对将来的个案有重要影响。同时,上诉机构报告及专家组报告(经争端解决机构通过者)关于法律问题的解释对嗣后的专家组具有先例的作用。世贸组织争端解决机构通过对条约的解释,强调各成员主管机关在处理涉及世贸组织的事项时,如反倾销、反补贴、保障措施等的调查和决定,必须提供做出决定的理据。其结果就是使国际法上的善治原则融入了各成员的法律制度、法律和法律的执行。实践中,一些投资仲裁庭也援引世贸组织上诉机构和专家组的裁决。这就使投资与贸易领域的条约解释具有相互借鉴、互为补充的作用。国际贸易领域透明度原则的适用已如前述,尽管双边投资协定和自由贸易协定等的投资章节甚少含有透明度原则的规定,但实践中关于公平公正待遇等条文的解释均涉及透明度原则。此外,投资争端解决本身,如仲裁程序的透明度亦早已成为国际社会关注的议题。

(二)投资领域透明度原则的法典化

仲裁是解决投资者与东道国间争议的重要手段,投资者提起投资仲裁首先需证明其有法律依据。投资者母国和东道国间签订的双边投资协定、自由贸易协定等的投资章节通常会规定投资争端的解决方式以及由哪些机构进行

---

〔156〕 参见“US – Definitive Safeguard Measures on Imports of Certain Steel Products”, Report of the Appellate Body, WT/DS248/AB/R, 2003, para. 287。

〔157〕 参见“US – Definitive Safeguard Measures on Imports of Certain Steel Products”, Report of the Appellate Body, WT/DS248/AB/R, 2003, para. 287, 第 288 条。

仲裁或调解。此类条约规定在实践中被认为是东道国做出的诉诸国际仲裁的要约,一旦投资者将争议提交仲裁便被视为接受了东道国的要约,即做出了承诺,从而争议双方便达成了将争议提交国际仲裁的依据。[158] 除了在世界银行下设的国际中心[159]等进行的投资仲裁外,一些仲裁机构和临时仲裁庭大多适用《联合国贸易法委员会仲裁规则》(以下简称《仲裁规则》),有些仲裁机构则在对之进行微小修改后适用,尽管该仲裁规则的目的主要是解决平等民事主体间的商事争议。鉴于《仲裁规则》经常被纳入双边投资协定和自由贸易协定关于投资争端解决的条款,联合国贸易法委员会不断对之进行修订,包括透明度原则的适用,力争使其与时俱进。

透明度原则之所以在投资领域受到重视是因为国际投资仲裁的一方为国家政府,必然牵涉公共利益。作为法治要求的一部分,国家政府的行为应具有公开性,包括为何会引发投资争议以及处理争议的过程等,然这与传统的仲裁保密性相冲突。为了解决此问题,联合国大会通过了《透明度规则》。正如通过该规则的联合国大会决议所指出,"透明度规则将大大有助于建立公平高效解决国际投资争议的统一法律框架,提高透明度,加强问责制,促进善治"。[160] 基于此,《透明度规则》第 3 条规定与投资仲裁相关的所有文件,包括仲裁通知、答复、申请书、答辩书、其他陈述或书面材料、第三方意见以及投资者母国的意见等,均应向公众提供。[161] 此外,只要有人向仲裁庭提出请求,专家报告和证人陈述亦应公布,[162]而无论提出请求者是否与案件相关。

《透明度规则》并未规定信息储存处应通过何种方法或手段公布信息。在互联网时代以及基于一些仲裁机构的实践,通过网络公布相关信息应为适当的方式。这一方面可以减少公布信息的费用,另一方面亦可满足公众知情

---

〔158〕 关于此问题的讨论,参见 Guiguo Wang, *International Investment Law – A Chinese Perspective*, Routledge, 2015 年,第 5 章。

〔159〕 该中心系依《华盛顿公约》设立,参见 https://www.un.org/zh/aboutun/structure/icsid/(2022 年 2 月 25 日访问)。

〔160〕 联合国大会第 68/109 号决议,2013 年 12 月 16 日通过,全文参见 https://uncitral.un.org/sites/uncitral.un.org/files/media-documents/uncitral/zh/rules-on-transparency-c.pdf(2022 年 2 月 25 日访问)。

〔161〕 负责公布此类信息的机构系《透明度规则》下的"信息存储处",即联合国秘书长或联合国贸易法委员会指定的一个机构。参见《透明度规则》第 2 条及第 8 条。

〔162〕 参见《透明度规则》第 3 条第 2 款。

权的需要。除了公布仲裁文件外,《透明度规则》还要求仲裁庭做出安排,以"便利公众列席审理"。[163] 至于仲裁庭应安排公众线上还是线下列席庭审,《透明度规则》则无具体要求。假如要求线下列席庭审的人数众多,仲裁庭是否可以仅安排部分人士列席线下庭审,其他人则线上列席?考虑到线下列席有可能导致争议当事方的费用增加(如临时仲裁庭可能在酒店开庭),此决定应由仲裁庭做出,但仲裁庭的决定应以公众可以获取信息为基础。

《透明度规则》亦就信息公布规定了例外。作为例外不必公布的信息包括,商业机密、受法律保护不得披露的信息、披露将妨碍执行法律的信息以及"被申请方认为信息披露将违背其基本安全利益"的信息等。[164] 遇有信息是否属于机密产生歧义时,仲裁庭应"经与争议各方协商后"决定之。[165] 易言之,如果争议当事方对涉案信息是否属于机密有不同意见,仲裁庭有权决定是否公布相关信息。

《透明度规则》系于 2013 年年底通过。关于其适用范围,据说花了很多时间才达成一致,[166] 其结果便是国家可以选择排除和加入两种方式。《透明度规则》适用于投资者与东道国间的争议,具体哪些争议可以适用《透明度规则》则需要授权。通常情况下,投资者母国和投资东道国间的投资协定或自由贸易协定等的投资章节关于投资者与东道国争端解决的规定为授权条款。理论上即使没有此类条约,投资者也可以与东道国政府达成协议,将其争议提交国际仲裁。然实践中这不会发生,也从未发生。基于前述,《透明度规则》规定其"适用于依照 2014 年 4 月 1 日及之后订立的为投资或投资人提供保护的条约","在《贸易法委员会仲裁规则》下提起的投资人与国家间的仲裁"。[167] 该规定有一个但书,即除非相关条约缔约方另有约定。易言之,只要是《透明度规则》生效当日或之后生效的投资协定或其他含投资章节的条约规定了投资争议适用《仲裁规则》,《透明度规则》便自动适用,除非相关缔约

---

〔163〕《透明度规则》第 6 条第 3 款。

〔164〕参见《透明度规则》第 7 条。

〔165〕参见《透明度规则》第 7 条第 3 款。

〔166〕See Keith Loken, *Introductory Note to UNCITRAL Rules on Transparency in Treaty - based Investor - State Arbitration*, I. L. M. , Vol. 52, p. 1300(2013).

〔167〕参见《透明度规则》第 1 条第 1 款。

方做出了相反的约定。这便是排除方法的具体体现。同时，即使前述投资协定和其他条约系于 2014 年 4 月 1 日前生效，只要争议当事方同意，或者相关条约的缔约方同意，《透明度规则》亦可适用之。[168] 这是加入方式的体现。显然，此规定主要是为了扩大《透明度规则》的适用范围。实践中，投资协定或其他条约的缔约方若希望在投资争端解决中适用《透明度规则》，其可通过修改现行有效的条约或是签订备忘录等为之。但是，无论以哪一种方式修改条约，均一定需谈判完成。目前涉及跨境投资的双边协定和其他条约已达 3000 余个，对如此众多的国际条约进行修改谈判绝非简单的工程。《毛里求斯透明度公约》的通过便是针对此问题。

在《透明度规则》通过几个月后开放签字的《毛里求斯透明度公约》开宗明义便规定其适用于“根据 2014 年 4 月 1 日之前订立的投资条约，在投资人与国家或区域经济一体化组织之间进行的仲裁”。[169] 此规定体现的是加入方式，即各国只要签订了《毛里求斯透明度公约》，其于 2014 年 4 月 1 日前签订并生效的与投资相关的条约便全部适用之，除非缔约国做出了保留。具体言之，如果投资者母国和东道国均为《毛里求斯透明度公约》的缔约方，且未做出保留，则相关争议可以适用《透明度规则》。基于《毛里求斯透明度公约》第 2 条第 2 款的规定，即使投资争议仲裁并非依《贸易法委员会仲裁规则》提起，如果申请人同意，《透明度规则》依然可以适用，条件是作为被申请人的东道国未对《毛里求斯透明度公约》的适用做出保留。或可说，在任何情况下，只要作为被申请人的东道国同意，《透明度规则》均可以通过《毛里求斯透明度公约》适用于其与投资者间的争议。无疑，《毛里求斯透明度公约》已经极大地扩大了《透明度规则》的适用范围，唯一的例外应该是投资者不得依最惠国待遇条款适用《透明度规则》。[170] 考虑到投资仲裁将最惠国待遇条款适用于争端解决程序事项引发的争议及各国通过条约实践做出的反应，这一例外规定并不意外。

从《毛里求斯透明度公约》在联合国开放签字后不足 3 年便获足够国家

---

〔168〕 参见《透明度规则》第 1 条第 2 款。

〔169〕 参见《毛里求斯透明度公约》第 1 条。

〔170〕 参见《毛里求斯透明度公约》第 2 条第 5 款。

批准并生效,[171]说明国际社会对投资透明度原则的支持。《毛里求斯透明度公约》和《透明度规则》的直接影响会在国际投资秩序,特别是投资争端解决中表现出来。长远而言,该公约和规则对透明度原则在国际法中的地位,进而对国际法治等的作用均不容小觑。

五、中华传统文化与国际法治

经济全球化的表现形式是世界经济的一体化以及各国经济的市场化。市场化的经济需要相对全面、严谨及有效的规则加以规范,这使全球化环境下的国际规范具有不可替代的地位。各国经济的相互依赖程度越高越需要具有强制性和具体详细的国际规范及与之相关的执行机制。随着国际规范渐次进入内国法,各国的法律规范、执法原则和标准以及法律价值等不断趋同。其初期主要涉及货物贸易、服务贸易、知识产权等方面的规范,原则和规则包含最惠国待遇、国民待遇、产品和服务的分类、市场准入、反倾销、反补贴、卫生检疫检验等。随着全球化的进一步深化,与气候变化、环境保护、可持续发展、公共卫生、直接投资、反垄断、公平竞争、贸易便利、政府采购等相关的规则亦会渐次进入各国的内国法。之后如经济犯罪、反腐败、劳工待遇、社会改革等亦会成为各国法律趋同的内容。正是在此情况下,建立并完善国际法治和国家法治的议题被提上议程。

实现国际和国家两个层面的法治是各国相互依赖关系或曰全球化的发展使然。中国的先哲们很早就认识到世界相互依存的性质,指出,"我们既生于人世间,不能离人,而别人又有权力以影响我们的幸福,则我们为我们自己的幸福起见,应与别人交好,助别人以求别人助我。我们为我们自己的幸福起见,亦须节制我们的欲望,并压抑其能引起坏结果者。这是理性所命令之职务,但其原理亦无非所以使吾人多得幸福而已"[172]。为达此目的,人们便需相互配合和相互容忍,因只有如此才能使每个人受益。全球化的发展亦要求国

---

[171] 关于《毛里求斯透明度公约》的缔约方和已批准国家,参见 https://uncitral. un. org/en/texts/arbitration/conventions/transparency/status(2022 年 2 月 25 日访问)。

[172] 冯友兰:《三松堂学术文集》,北京大学出版社 1984 年版,第 95 页。

际社会做出此选择。有西方学者认为国际法包含对守法者奖赏机制及对违法者的惩罚制度，从而使得各国不得不遵从国际规范，[173] 是从另一角度谈此问题。

（一）国际法治之“道”

国际法治和国家法治的提出、建设和完善是经济全球化发展的结果。根据中华传统文化，任何事物发生、发展、成熟、消亡都有其必然性，即均应遵循其“道”。“有物混成，先天地生。寂兮廖兮，周行而不殆，可以为天下母。”[174]“道隐无名，吾不知其名，字之曰道，強为之名。”宋代理学大师二程称“道”为“理”。根据他们的观点，一切事物都必须遵守其“理”，否则就无法发生、存在、发展或达到极致。就此，伊川曰：“天下物皆可以理照。有物必有则，一物须有一理。”[175] 冯友兰认为，“一物必有一理。…… 实际的事物，是理的实例。理是本来如此的。人知之与否，对于其有，不发生影响。一理在实际上有实例与否，对于其有，亦不发生影响”。[176] 同时，理是不变的。“理在天下，只是一个理。放诸四海而准。须是质诸天地，考诸三王，不易之理。”[177]“万物得其本者生，百事得其道者成”[178] 说的也是世界的发展有其“道”，人类的行为顺其道则可以成功，否则即便不完全失败，也必然事倍功半。我们认为，全球化是当今世界的潮流，反映的是世界发展的“道”，故依此潮流者便为顺其道。法治是经济全球化发展的结果；法治的推动、构建、完善亦需遵循法治本身的“道”。

---

[173] 如 Aaken 和 Simsek 认为，国际法的奖赏和惩罚制度既有国际的又有国内的元素。一个国家参加世卫组织可享有利益，包括信息共享和国际公共卫生项目等，然一旦某个国家因不遵守世卫组织的规则而失去投票权便无法继续享受这些权利。See Anne van Aaken & Betül Simsek, *Rewarding in International Law*, American Journal of International Law, Vol. 115:2, p. 195 – 241 (2021).

[174] 《道德经》第 25 章。

[175] 伊川：《遗书》卷 18。

[176] 冯友兰：《新原人》，载刘梦溪主编：《中国现代学术经典——冯友兰卷（下）》，河北教育出版社 1996 年版，第 795 – 796 页。

[177] 伊川：《遗书》卷 2 上。

[178] 刘向：《说苑》，又名《新苑》，记述春秋战国至汉代的遗闻轶事之书，https://baike.baidu.hk/item/%E8%AA%AC%E8%8B%91%C2%B7%E8%AB%87%E5%8F%A2/2401709（2022 年 1 月 30 日访问）。

那么法治的“道”是什么呢？我们认为，首先应承认国际法治和国家法治是处于两个不同社会的事物，其有共性，亦有代表其各自社会的异性。国际法治适用于国际社会，国家法治适用于国家社会。国际社会系由国家社会组成，国家社会则由构成其整体的人组成。鉴于构成国家的人有不同的文化、历史、传统、宗教、语言等，国家与国家之间会有很多相异之处。基于前述，不仅适用于国际社会和国家社会的法律、法律制度不同，而且每个国家的法律、法律制度与其他国家比较也不尽相同。就“法治”而言，国际法治和国家法治以及不同国家的法治都具有“法治”的特性或曰共性，否则其便不能被称为法治。在承认法治共性的同时，我们还必须承认法治在不同社会的个性或曰异性。

人们一般认为法治是与人治相对立的概念；尽管如此，法治和人治都是人类相互依赖关系发展导致的结果。关于人类初始国家社会的形成，中国先哲们说：“古者民始生、未有刑政之时，盖其亨，人异义。是以一人则一义，二人则二义，十人则十义。其人兹众，其所谓义者亦兹众。是以人是其义，以非人之义，故交相非也。是以内者父子兄弟作怨恶，离散不能相和合。天下之百姓，皆以水火毒药相亏害……天下之乱，若禽兽然。夫明乎天下之所以乱者，生于无政长。是故选天下之贤可者，立以为天子。”[179]这显然是人治的社会，但并不是说当时的社会没有制度和规范，只不过当时的规范之内容，形成规范的程序、执行规范的机制以及违反规范受到的惩罚等均与我们所熟悉的今天的情况不同而已矣。中国的历史、传统、文化等与其他国家不同，后者的制度形成背景、过程以及社会规范的内容也必然与中国的相异。这再次说明，国际社会将法治视为社会治理的有效手段是总结人类历史发展的结果，然由于历史、文化等原因，各国所实行的制度、采用的规范，包括制定规范的程序和实施规范的机制等也必然不尽相同。但是，这并不影响人类以法治为手段治理社会的整体共识。

国际社会的存在也是人类相互依赖关系使然，只不过人们评论此相互依赖关系主要集中在国家与国家间。事实上国际组织、非政府组织、跨国公司、

---

〔179〕《墨子.尚同上》，中国哲学书电子化计划网，https://ctext.org/mozi/identification-with-the-superior-i/zh（2022年1月30日访问）。

企业实体乃至个人都在不同程度及以不同形式参与国际事务。[180] 有论者认为跨国公司和非政府组织已在通过各种形式参与或影响国际决策,包括国际法院的判决,[181] 甚至在改进国际法(如人权和环境领域)。[182] 这就使国际社会和国家社会在存在的基础和治理手段方面必然有相通性。国际法治和国家法治之提出系基于此,两个层面的法治之性及其发生发展的道必有相通、相同和相异之处。我们认为,国际社会和国家社会法治的共性是其作为法治的道具有同质性,反映在法治本身便是构成法治的基本特质相同;然而,不同社会适用的具体法律原则、规则、标准、执法机制、执法手段等则不尽相同。

尽管国际社会和国家社会就实现法治所采取的具体措施可能不同,但其制度必须符合法治的基本要求。法治系以法律和法律制度的存在为基础,且"法者,国家所以布大信于天下"[183] 也。易言之,法律和法律制度的存在并非简单的物理意义上的放在哪里,法治要求法律必须昭告天下,取信于天下。国际社会的法律为国际法,亦应具有此特点。同时,法治还需要随社会的进步而不断进步、不断完善,从而不断接近法治的至善境界,也就是尽法治之本性。古人云,"唯天下至诚为能尽其性。能尽其性,则能尽人之性。能尽人之性,则能尽物之性。能尽物之性,则可以赞天地之化育。可以赞天地之化育,则可以与天地参矣",[184] 说的便是此道理。国际社会法治之发展势必沿此道。

(二)国际法治之"德"

法治的生成、发展和完善不仅需要符合其"道"或"理",而且必需依其

---

[180] 这也产生一些新的问题,如这些非政府组织、跨国公司等是否具有国际法上的地位和权利。有学者认为跨国公司和非政府组织在国际法上的地位应给予有限度的承认,即就其参与活动及承担义务的范围承认其具有国际法上的权利。See Catherine Brölmann and Janne Nijman *Personality*,载于 Jean d' Aspremont 和 Sahib Singh(编),Concepts for International Law: Contributions to Disciplinary Thought.

[181] 参见 Rosalyn Higgins,*International Law in a Changing International System*, 前引书,第 84 – 85 页。

[182] See Steve Charnovitz,*Nongovernmental Organizations and International Law*,The American Journal of International Law,Vol. 100:2,p. 348 – 372(2006).

[183] 《戴胄犯颜执法》,原文参见 http://wyw.5156edu.com/html/z4729m1214j1392.html(2022 年 2 月 25 日访问)。

[184] 参见《中庸》第 22 章。

“德”而成。古人云:“道生之,德畜之。物形之,势成之。是以万物莫不尊道而贵德。”[185] 人们多认为古代的“德”通“得”。故也有论者主张“道”为体,而“德”为用,意即万事万物的发生发展必符合其“道”,但这些事物的发生发展也需要一些条件,需要能够使符合“道”的事物成为现实的条件。[186] 作为世界上的事物之一,法治是以社会为基础,需依赖于社会而存在,并因其所依赖的社会不同而必有不同的“德”。法治从概念的产生到得到人类的认可经历了一个演进的过程,先是基于国家社会,而后进入国际社会,得到国际社会的认可。国际法治的基础或曰“德”是国际法,而当代国际法的基石是《联合国宪章》。因此,作为实现国际法治的第一步便是认真、实际、有效地履行《联合国宪章》的原则和规定,只有在此基础上方可以谈论如何推动、完善国际法治。

《联合国宪章》致力于实现的目的包括“基本人权,人格尊严与价值,以及男女与大小各国平等……维持正义,尊重由条约与国际法其他渊源而起之义务”。[187] 为达此目的,联合国会员承诺“力行容恕,彼此以善邻之道,和睦相处”,“保证非为公共利益,不得使用武力”,以及“促成全球人民经济及社会之进展”。[188] 简言之,联合国的宗旨包括下述几个方面:(1)人格尊严,即人类作为人应有的尊严;(2)建基于人类平等之上的国家平等;(3)和睦相处,基础是维持正义、尊重国际条约和国际法的义务;(4)促进经济和社会发展。

为实现前述目标,《联合国宪章》规定了各国应遵守的原则,其最重要者便是成员方主权平等,[189] 或曰主权国家平等原则。主权国家平等原则实为国家法治下的人人平等原则的延伸;鉴于人与生俱来权利之最重要者是平等,故由人组成的国家之平等便为自然之意。《联合国宪章》序言的“大小各国平等”的规定就体现了此点。《联合国宪章》的另一原则是和平解决争端,“各成

---

[185] 《道德经》第51章。有论者认为“所谓‘德’,其原始意就是‘得’,引申意为万物在谋求生存过程中所应具备的道德品质,具体表现为人类的行为准则。如果人类的行为符合道德的标准,人类就能得以繁衍生息,否则就只能是自取灭亡”。陈才俊:《道德经全集》,海潮出版社2006年版,第227页。

[186] 道家的“德”与冯友兰主张的新理学的“气”基本相同,讲的都是如何通过具体的条件实现“道”或“理”。

[187] 参见《联合国宪章》序言。

[188] 参见《联合国宪章》序言。

[189] 参见《联合国宪章》第2条。

员方应以和平方法解决其国际争端，俾免危及国际和平、安全及正义”。[190] 这一原则与“力行容恕，彼此以善邻之道，和睦相处”的规定一脉相承；各国间交往的领域宽泛、频密，没有宽容就不可能和睦相处，在全球化的今天更是如此。至于各会员不得“侵害任何成员方或国家之领土完整或政治独立”和不得“干涉在本质上属于任何国家国内管辖之事件”[191] 则是主权平等原则之必然内容。

《联合国宪章》要求各国尊重除条约外，由“国际法其他渊源而起之义务”。其他渊源应主要是指习惯国际法。[192] 因此，与国际法治相关的“法律”或规范应包括国际条约和习惯国际法。《联合国宪章》等规定的原则和规则为此类“法律”的核心内容。各国的文化、传统、习惯等则与各该原则和规则的形成、实施、丰富直接相关。

法治要求社会有适当的执法机制，保证法律面前人人平等、行政和司法机关不滥权以及滥权必导致处罚。[193] 每个社会的执法和监督机制均需符合其具体情况和需要。就此而言，属于相同社会类型的执法机制的组织形式、执法程序等可能不同，但其功能则应相同或相近。国际社会和国家社会属于两个不同的社会类型，故其执法机制必然不尽相同，然其作为法治必备的执法机制之功能在本质上应具有同质性。无论所采用的是何制度，使社会成员遵守法律应为执法机制的基本要求。易言之，国际社会可采用不同于国家社会的执法机制，但相关机制的性质和功能应与国家社会的相关机制的性质和功能本质上相同。如此方能做到“小德川流，大德敦化”，[194] 国际社会法治和国家社

---

〔190〕 参见《联合国宪章》第 2 条。

〔191〕 参见《联合国宪章》第 2 条。

〔192〕 对如何定义习惯国际法，学界历来有不同主张。总体而言，各方最主要的争论点在于习惯国际法的国家实践和法律确信(opinio juris)两个元素的决定。较传统的观点认为习惯国际法必须有国家的持续实践以及将行为本身视为法律义务，即法律确信。另一派则主张国家实践不一定需要很长时间，只要国家行为时意识到其有义务为之则可。关于各派的基本立场之讨论见 Jeremy Pearce, *Customary International Law Not Merely Fiction or Myth*, Australian International Law Journal, 2003, p. 125 – 140。

〔193〕 希腊著名哲学家柏拉图在其《政治家》和《法律》篇对人治和法治做了比较。亚里士多德亦在其《政治学》里提出法治即意味对实存法和正式的对统治者和行政长官之制衡的服从。现代法理学则将法治视为政府机关依据经正当程序制定的成文法合法行使权力，即法治之基本点是确保权力机关不滥用权力。

〔194〕 参见《中庸》第 30 章。

会法治得以共生互补。随着时间的推移，特别是科学技术的发展，国际社会所采取的执法手段亦会改变。

六、中华传统文化与国际法原则

作为最古老和最优秀的文化之一，中华传统文化在很多方面都与当代国际法的原则和规则有共同和共通之处，包括国家主权、国家平等、诚实信用及和平解决争端等。

（一）主权原则

主权原则是国际法最重要的也是最古老的原则之一。“主权简单地讲就是每个有领土的社会，无论与其他国家相比其多么微小和微弱，也无论其内部是如何组成，均可主张不受其他国家的干涉，而无论后者有多大或多么强大”，[195]至少在联合国成立前是如此。《联合国宪章》第2条第7款一方面确认了国家主权不受侵犯的原则，另一方面授权联合国安理会在国际和平受到威胁时可采取行动；这在一定限度内构成对主权原则的限制。中国的先哲对国家平等之重要性，包括其对人类和平的影响，有精辟的论述。墨子曾言：“视人之国若视其国，视人之家若视其家，视人之身若视其身。”[196]将其他国家视若自己的国家是从尊重、关心的角度言，是最根本的主权者平等内涵。《尚书》主张“克明俊德，以亲九族。九族既睦，平章百姓。百姓昭明，协和万邦”。[197]“百姓昭明”说的是无论是百官还是百姓都明辨是非，各国自然就会和平，而其基础是明白善恶。此有原则的与人为善，将主权平等的内涵提到了新的高度。

国际社会的情况亦然，随着各国经济关系的不断密切，主权原则的内容也

---

[195] See W. Michael Reisman, *The Quest for World Order and Human Dignity in the Twenty – First Century: Constitutive Process and Individual Commitment*, General Course on Public International Law, Collected Courses of the Hague Academy of International Law, Vol. 351, p. 9 – 382(2012).

[196] 墨子：《兼爱》，全文参见 https://so. gushiwen. cn/shiwenv_73887e787a4a. aspx（2022 年 2 月 25 日访问）。

[197] 参见《尚书·虞书·尧典》，全文参见 https://so. gushiwen. cn/guwen/bookv_46653FD803893E4F18554C38B9E75D4C. aspx（2022 年 2 月 25 日访问）。

在发生变化。国家对自然资源的主权早已得到国际社会的承认,[198]科技主权、毒株主权、疫苗主权、网络主权等则为全球化和科技进步的结果。全球化还使得“维持公共秩序的国家政府机器不足够有效,无论从国家致力于维持国家经济、卫生防护、控制犯罪、经济垄断,还是从保护知识产权和实体财产权的努力方面考虑,单个国家,无论其是超级大国还是微型国家,都不可能在不加入不断复杂化和持续性的国际安排下,依靠自己的力量达到预期的效果,而这些国际安排包括获得收益同时要求放弃国家的一些权力”。[199] 不难看出,全球化环境下的主权原则一直在发生变化,一直要面临新的挑战。

我们认为,全球化的结果是使地球上的人类及其国家结成了一个有机的实体,一损俱损、一荣俱荣。为了自身的利益考虑,各国只能更自觉地尊重、遵守国际法的义务。正如先哲们所说:“我们尊奉他,只因我们尊敬他,并无别的动机。此必是我们的理性所加于我们之法律,我们的本性之最深,最根本者的表示。道德的理性,并不是对于快乐苦痛的算账。他自身即是我们内中的正义律,指明道德的生活是我们人之真目的与条件。”[200]各国遵守国际法,方能落实主权原则,也才可以实现国家间的平等、公平和正义。中华传统文化历来认为公平和正义对社会非常重要,主张:“有国有家者,不患寡而患不均,不患贫而患不安;盖均无贫,和无寡,安无倾。”[201]此对中国社会的影响根深蒂固,在政府的决策和决定以及人们的日常生活中随处可见。平等、公平、正义也是《联合国宪章》所致力于实现的内容。

《联合国宪章》倡导各国应“力行容恕,彼此以善邻之道,和睦相处”。这就要求每个国家均应以宽容的态度善待其他国家。中华传统文化主张“亲仁善邻,国之宝也”;[202]“天下之人皆相爱,强不执弱,众不劫寡,富不侮贫,贵不

[198] 如联合国大会于1962年11月7日通过“天然资源之永久主权”的第1803(XVII)号决议。全文参见https://www.un.org/zh/documents/treaty/files/A-RES-1803(XVII).shtml(2022年2月25日访问)。

[199] 参见W. Michael Reisman, *The Quest for World Order and Human Dignity in the Twenty-First Century: Constitutive Process and Individual Commitment*,前引书,第71页。

[200] 冯友兰:《三松堂学术文集》,北京大学出版社1984年版,第99页。

[201] 《论语·季氏》第16章第1节。

[202] 参见《左传·隐公六年》,全文参见https://so.gushiwen.cn/guwen/bookv_46653FD803893E4F2BDE78EF3152135A.aspx (2022年1月30日访问)。

敖贱,诈不欺愚”。[203] 此对中国社会有非常重要的影响,也在中国的外交政策中充分体现。“力行容恕”就是包容,就是指应该承认每个国家的人民都有自由选择自己的政治、经济、社会和法律体制的权利,并尊重其他国家人民的选择。作为联合国宗旨的《联合国宪章》第1条关于“尊重人民平等权利”及“促成国际合作,以解决国家间属于经济、社会、文化及人类福利性质之国际问题,且不分种族、性别、语言或宗教”的规定反映的就是对国际社会多元性的尊重。中国人主张“万物各得其和以生,各得其养以成”,[204]“万物并育而不相害,道并行而不相悖”[205]体现了中华文化的包容性,与《联合国宪章》的规定不谋而合,反映了历史发展的规律。

“力行容恕”及“尊重人民平等权利”要求各国对其他国家尊重、理解、容纳,要有利人的理念。中华传统文化主张“上善若水”,[206]盖因水的特点是无论其在哪里,都可以利人。如人类具有水的品格,所想、所诺、所言便会接近“道”。水能处于低洼之处,甚至人们不喜欢乃至厌恶的地方。或曰:“君子素其位而行,不愿乎其外。”[207]水处于任何地方均能坦然泰然,且有利于人。如无论是多么污垢的东西,经水洗涤后都可以变得干净。此外,水滋润万物,但从不与万物争高下。人类或其他生物、植物没有水便不能存活,然而水从不将其所滋润、所抚育的万物据为己有。正因为此,古人认为,“江海所以能为百谷王者,以其善下之”,[208]并将之作为人与人交往的原则。平等的人之间的处事方法和心态如此,将之适用到平等的国与国之间的关系势必可多些宽容,从而减少冲突。

从历史的角度看,国际社会的绝大多数争议和武力冲突均与一个国家或社会的欲望相关。中国人历来认为“罪莫大于可欲,祸莫大于不知足,咎莫大于欲得,故知足之足常足也”。[209] 或可说,一个国家的贪婪本身就是违反人类

---

[203] 参见墨子:《兼爱》,前引书。

[204] 参见荀子:《天论》,全文参见 https://www.arteducation.com.tw/guwen/bookv_3478.html(2022年1月30日访问)。

[205] 《中庸》第30章。

[206] 参见《道德经》第25章。

[207] 《中庸》第14章。

[208] 参见《道德经》第66章。

[209] 《道德经》第46章。

"和睦相处"的做人之本,也是违反国际法的开始;一个国家有了贪念,便会引发行动(包括战争),大国、强国尤其易为利欲所左右。历史上为了掠夺他国资源而发动战争者不乏先例,尽管入侵者往往以某些貌似合法的理由掩盖。这些争议、战争和类战争行为不是干涉他国内政就是对其他主权者的侵犯,从而违反《联合国宪章》和习惯国际法的主权原则。中华传统文化关于戒欲的论述对维护主权原则有莫大助益。

(二)国家平等原则

国家有大小、强弱之分是国际社会的现实,否则便没有必要强调国家不分大小平等。如何在不同国家共存的世界"以善邻之道,和睦相处"不仅是《联合国宪章》的要求,而且是维持世界和平与安全之必要。关于国与国的关系,中华传统文化主张"大国者下流",[210] 即大国应该对小国礼让,认为"大国以下小国,则取小国;小国以下大国,则取大国"。[211] 儒家亦持相同的看法,如梁惠王下所记载:齐宣王问曰:"交邻国有道乎?"孟子对曰:"有。惟仁者为能以大事小,是故汤事葛、文王事昆夷。惟智者为能以小事大,故太王事獯鬻、勾践事吴王。以大事小者,乐天者也;以小事大者,畏天者也。乐天者保天下,畏天者保其国。"易言之,大国如果尊重小国,则可以得到小国的支持;同理,如果小国尊重大国,则大国便会支持小国。这里讲的是,无论是大国还是小国均必须相互尊重,必须令对方心服,方能得到对方的支持。就此,孟子云"以力假仁者霸,霸必有大国。以德行仁者王,王不待大",讲的也是以实力地位出发对其他国家颐指气使是霸权的做法,不会得到人心,只有以德服人,讲究仁义,方能令众人信服。[212]

谦虚待人和对人尊重是每个国家均应遵守的原则,然大国和小国的责任仍有不同。统而言之,鉴于大国、强国本身的地位和影响力,其有责任为国际社会做出表率。正所谓"君子动而世为天下道,行而世为天下法,言而世为天下则"。[213] 儒家的"上好礼,则民莫敢不敬,上好义,则民莫敢不服;上好信,则

---

[210] 《道德经》第61章。
[211] 《道德经》第61章。
[212] 参见《孟子》第3卷,《公孙丑章句上》。
[213] 参见《中庸》第29章。

民莫敢不用情"[214]讲的也是这个道理。如果大国、强国行事与其地位不符,不能以身作则,则其他国家,包括小国、弱国便不会心服。国际法上共同但有区别的责任原则也是基于此。

共同但有区别的责任原则在国际合作中的适用要求大国、强国让利于小国、弱国。古人云:"富与贵,是人之所欲也,不以其道得之,不处也。"[215]尽管每个国家都希望占有较多的资源,在国际合作中享有较多的利益,但任何事物都有个度,故所有国家必须做到有所为、有所不为。古人云"畜马乘,不察于鸡豚;伐冰之家,不畜牛羊",[216]就是告诫人们,在国际合作中不可以将所有利益全部据为己有,一定要根据自己的地位和贡献取得,否则就会坠入"不仁者以身发财"[217]的险地。

人都会犯错,国家亦然。对国家,特别是大国、强国的另一要求应该是有错必究、有错必改。"君子泰而不骄,小人骄而不泰"[218]说的是君子犯了错误,就应该勇于承认并改正之。这是君子与小人最大的不同。"君子之过也,如日月之食焉。过之,人皆见之;更也,人皆仰之。"[219]国际社会亦如此,人类也会犯错误,关键是知错能改。古人云:"天下不能常治,有弊所当革也。犹人身不能常安,有疾所当治也。"[220]

在国际社会实行法治,大国、强国有不可替代的作用,同时应承担较大的责任。一个国家具备了这些美德,其就会受到他国的尊敬,自己也就有了尊严。达到了如此境界,按照中华传统文化的观点,就可以托付重任或曰"爱以身为天下,若可托天下"。[221] 一言以蔽之,一个国家的强大首先是内心的强大,其次是能宽以待人,能在国际事务中多承担责任,多考虑其他国家,特别是小国、弱国的需求。对此,先贤早有定论,认为"惟仁者能以大事小";"惟智者

---

[214] 《论语·子路》第 13 章第 4 节。

[215] 《论语·里仁》第 5 章。

[216] 参见《大学》第 11 章。

[217] 参见《大学》第 11 章。

[218] 《论语·子路》第 13 章第 26 节。

[219] 《论语·子张》第 19 章第 21 节。

[220] 何坦(宋):《西畴老人常言》,第 92 段,全文参见 https://ctext. org/wiki. pl? if = gb&chapter = 115283(2022 年 2 月 25 日访问)。

[221] 参见《道德经》第 13 章。

能以小事大”,[222]意即只有有仁爱之心的人或国家方可以大事小、以强事弱;小国之所以愿意事大,愿意接受大国、强国,并非因其投机取巧,而是因为其敬畏天“道”。[223] 明白了此中的道理,则各国可相互尊重、平等以待,则国际法治可期、世界和平可期。

(三)诚实信用原则

诚实信用(good faith)是传统国际法的基本原则,见诸很多国际条约、国际法院的判决和国际投资裁决等。《联合国宪章》的“各成员方应一秉善意,履行其依本宪章所担负之义务”[224]以及“尊重由条约与国际法其他渊源而起之义务”[225]体现的也是此原则。与很多国际法原则相同,诚实信用原则亦来自内国法,系所有国家法律制度的核心价值。国际法上的诚实信用原则经常与条约必须信守原则结合适用。[226] 有观点认为条约必须信守早于19世纪末20世纪初便成为国际法的基本原则,并在国际联盟盟约得到体现,尽管该文件并未明文言及此原则。[227] 1969年《维也纳条约法公约》开宗明义便宣布“善意之原则以及条约必须遵守规则乃举世所承认”,进而规定“凡有效之条约对其各当事国有拘束力,必须由各该国善意履行”。[228] “善意”[229]指的就是诚实信用,“善意履行”就是指各国应依诚实信用原则履行条约,不得以国内

---

[222] 参见《孟子·梁惠王下》,详见 http://guoxue.lishichunqiu.com/jingbu/mengzi/727.shtml(2022年2月27日访问)。

[223] 孟子在此特别引用《诗经》的“畏天之威,于时保之”,说明小国敬畏的是天道,并非大国的强。参见《孟子·梁惠王下》。

[224] 《联合国宪章》第2条第2款。

[225] 《联合国宪章》序言。

[226] 关于条约必须信守原则的例外情况之讨论,参见 Christina Binder, *Summary – Pacta Sunt Servanda*, https://link.springer.com/content/pdf/bbm%3A978-3-642-35094-8%2F1.pdf(2022年2月25日访问)。

[227] James G. Apple (ed.), *General Principles of International Law*, http://www.judicialmonitor.org/archive_0506/generalprinciples.html(2022年2月25日访问)。

[228] 参见《维也纳条约法公约》的前言和第26条。

[229] “善意”系由英文的“good faith”翻译而来,属于早期的译法,近代人多将 good faith 译为诚实信用,似更合乎英文原意。

法或其他理由为借口规避条约义务或滥用权利。[230] 然亦有学者从经济学的角度考虑条约信守原则,认为如果不遵守协议可以给当事方带来益处,其可以选择重新谈判或者退出相关协议。[231] 到目前为止,此尚非国际社会的主流意见。

国际法学家劳特派特(Lauterpacht)的著名论断是"没有被滥用的权利不会被拒绝承认,而无论该权利是如何确立的"。[232] 国际法院在其判决中亦多次援引诚实信用原则以及条约必须信守原则。在匈牙利诉斯洛伐克案中,国际法院在判决中指出,《维也纳条约法公约》第 26 条规定的条约必须善意履行是"暗示此乃条约本身以及当事方达成协议的目的,此点应重于其字面意思。诚实信用原则要求当事方以合理的方式方法实现条约的目的"。[233] 一些国际投资仲裁裁决亦以外国投资违反了公认的诚实信用原则而不受保护,如凤凰(Phoenix)案[234]的仲裁庭便指出,"诚实信用原则早已为国际公法和所有国家的法律制度所承认",[235]该原则要求所有当事方诚实和公正对待对方。在援引了数个其他投资仲裁庭的裁决后,Pheonix 案的仲裁庭基于涉案申请人"毫无疑问违反了诚实信用原则"[236]的判断,驳回了其仲裁申请。

---

[230] 关于诚实信用原则的讨论,参见 Andreas R. Ziegler and Jorun Baumgartner, "Good Faith as a General Principle of (International) Law", http://www. oxfordscholarship. com/view/10. 1093/acprof:oso/9780198739791. 001. 0001/acprof - 9780198739791 - chapter - 2(2022 年 2 月 25 日访问);Steven Reinhold, "Good Faith in International Law", *UCL Journal of Law and Jurisprudence*, Volume 2,2013,p. 40 - 63。

[231] 有西方学者认为如果退出现有协议较有利,则一个国家可要求按其意愿重新谈判该协议。如谈判不成功,则该国家可以退出协议。尽管如此做并非有利,但重新谈判和退出协议可以使其他国家受到损害,从而对各方而言也是理性的选择。See Timothy Meyer, *Power, Exit Costs, and Renegotiation in International Law*, Harvard International Law Journal, Vol. 51:2, p. 379 - 425 (2010).

[232] 参见 Hersch Lauterpacht, *Development of International Law by the International Court*, Cambridge University Press, 1958, p. 164。

[233] 参见 *Case concerning the Gabčíkovo - Nagymaros Project* (*Hungary v. Slovakia*),国际法院判决,*I. C. J. Rep.* 第 7 卷,1997 年 9 月 25 日,第 142 段。

[234] 见 *Phoenix Action, Ltd. v. The Czech Republic*,裁决,2009 年 4 月 15 日,ICSID Case No. ARB/06/05。

[235] 见 *Phoenix Action, Ltd. v. The Czech Republic*,裁决,2009 年 4 月 15 日,ICSID Case No. ARB/06/05,第 107 段。

[236] 见 *Phoenix Action, Ltd. v. The Czech Republic*,裁决,2009 年 4 月 15 日,ICSID Case No. ARB/06/05,第 113 段。

作为礼仪之邦，中华传统文化历来将诚实信用作为人们行事的标准，认为“诚者，天之道也；诚之者，人之道也”。[237] 易言之，根据中华传统文化，真诚是上天定下的原则，而追求真诚是做人的原则。做到真诚，首先要有善心，要与人为善。而要做到与人为善便须“言必信、行必果”，“敬事而信”，[238] 即把握好诚实信用的原则。中华传统文化将诚实信用视为与人相处的原则，提出“为人君止于仁，为人臣止于敬，为人子止于孝，为人父止于慈，与国人交，止于信”。[239] 此处“止”的意思就是“至善”，[240] 即至高无上的境界。“邦畿千里，唯民所止”“绵蛮黄鸟，止于丘隅”[241] 讲的就是此意。

中华传统文化不仅将诚实信用作为人们行事的基本准则，而且强调在上位的人应起到表率的作用，指出：“信不足焉，有不信焉”，[242]“其身正，不令而行；其身不正，虽令不从”。[243] 将中国文化的这些论述适用到国际社会便是各国在交往中首先应该重诚信。同时，大国、强国则应起到表率作用。如果这样做的话，则其他国家“莫敢不敬”“莫敢不服”“莫敢不用情”。[244] 若各国都遵循诚实信用原则，则国际社会便会形成“与人为善”的氛围，《联合国宪章》倡导的睦邻友好关系便可实现。就此而言，博大精深的中华传统文化与当世的国际秩序有着莫大的内在相通之处，可在发展国际秩序方面做出较大的贡献。

(四)和平解决争端

联合国的宗旨和目的之一是维护世界和平与安全，故和平解决争端为《联合国宪章》的基本原则。这一原则在国际经济法上的具体体现是鼓励商事争议的当事方及投资争议的投资者与东道国通过非讼方式解决争议。20世纪70—80年代，国际社会推动以替代方式解决争端。替代方式主要是指通

---

[237] 参见《中庸》第20章。

[238] 参见《论语·学而》第1章第5节。

[239] 参见《大学》第4章。

[240] 朱熹认为，“止者，必至于是而不遷之意”；“知止為始，能得為終”，故“圣人之止，无非至善”；“至善，则事理當然之极也”。参见朱熹：《大学章句集注》，全文参见 http://www.millionbook.net/gd/z/zhuxi/000/002.htm(2022年1月30日访问)。

[241] 《大学》第4章。

[242] 参见《道德经》第17章。

[243] 参见《论语·子路》第13章。

[244] 《论语·子路》第13章。

过仲裁而不是司法诉讼解决争议。鉴于商事和投资仲裁的程序渐次司法化以及裁决执行遇到的困难(特别是投资裁决),人们开始探讨通过其他方式解决国际争端。调解成为较具吸引力的方法。[245]《联合国关于调解所产生的国际和解协议公约》亦称《新加坡调解公约》就是在此背景下达成并生效的。

家庭和社会的和睦是中华传统文化的核心价值,历来主张"礼之用,和为贵"。[246] 中国古代的"礼"具有西方社会"法律"的地位,说"礼"的作用也就是"法律"的作用,也就是说法律的功能在于使社会和谐。这与《联合国宪章》的和平解决争端原则颇为一致。需要指出的是,中华传统文化一方面强调社会和谐的重要性,另一方面主张和谐要有原则,要依规则或法律。所谓"有所不行,知和而和,不以礼节之,亦不可行也"[247]便是此意。儒家的创始人孔子说:"听讼,吾犹人也,必也使无讼乎!"[248]"无讼"也不是无原则的非讼,而是要讲求原则,以期达到"无情者不得尽其辞"。[249] 只有如此,方能使社会和谐,即"大畏民志"。[250] 道家亦主张和平解决争议,提出"和大怨,必有余怨,安可以为善?是以圣人执左契,而不责于人。有德司契,无德司彻",[251]认为有了争议后解决不如没有争议,因为争议的解决并不能是当事方回到争议发生前的形态。基于此观念,道家进一步提出"执左契,而不责于人的观点。在古代,持'左契'的是债权人。执左契而追着人讨债,就不会产生争议。尽管可能只有圣人才能做到这一点,但道家认为"天道无亲,常与善人",意即只要人们努力了,就会得到回报。

以和平手段解决争议是中华传统文化的精髓之一。老子例来强调,"以道佐人主者,不以兵强天下,其事好还。师之所处,荆棘生焉。大军之后,必有

[245] 有学者的研究结论认为,调解在联合国和平解决争端中有重要角色。参见 Luiza Barbosa and Roberto Kuster,前引书,第 148 – 153 页。

[246] 参见《论语·学而》第 1 章第 12 节。

[247] 《论语·学而》第 1 章第 12 节。

[248] 《大学》第 5 章。朱子对此的解释是"圣人能使无实之人不敢尽其虚诞之辞。盖我之明德既明,自然有以畏服民之心志,故讼不待听而自无也。观于此言,可以知本末之先后矣"。见朱熹:《大学章句注集》,全文参见 http://www.millionbook.net/gd/z/zhuxi/000/002.htm(2022 年 1 月 30 日访问)。

[249] 参见《大学》第 5 章。

[250] 《大学》第 5 章。

[251] 《道德经》第 79 章。

凶年"。[252] 即使是不得已而用兵,也要适可而止,即"善有果而已,不以取强"。依道家的观点,"兵者"乃"不祥之器,非君子之器",[253] 故即使不得已而用兵,也要保持恬淡的心态,因为以非和平的方式取胜,也是"胜而不美,而美之者,是乐杀人。夫乐杀人者,则不可得志于天下矣"。[254] 中华传统文化还主张为了实现社会的和谐,应实行德政和德治。"为政以德,譬如北辰居其所而众星共之。"[255] "德治"的目的是鼓励人们向善,使人"齐之以礼,有耻且格"。[256] 百姓有了羞耻之心,就不会轻易违反法律,从而达致社会和谐和秩序稳定。

我们认为,《联合国宪章》关于和平解决争议的原则与中华传统文化完全契合。以和平的方式解决个人与个人(包括企业与企业)、个人与国家以及国家与国家间的争议是实现世界和平的必要条件。中华传统文化关于此方面的实践有精辟的总结,从理论上进行了深入的论述。当全球化环境下的国际社会秩序需要与时俱进之时,此人类历史和文化的结晶可发挥作用、做出贡献。

(五)人格尊严与人权

联合国的诞生是各国相互依赖关系发展的结果,实现《联合国宪章》下的人格尊严和人权亦必须基于全球化的大势。关于国家社会的形成,冯友兰先生曾说:"在只有人而尚未有社会组织的时候,人都无限制地各为其私。人人无限制地各为其私的结果,是普遍底争夺混乱。在普遍底争夺混乱中,人是不能生存底。幸而人虽不是生来都有道德,但却生来都有理智,他们知道在争夺混乱中,人不能生存。他们知道人若都无限制底为其私,其结果,至都不能为其私。他们遂共同立了一种'社约',约定大家对于其为私都不能超过一个界限。大家又共同制定一种规则,以规定这个界限。大家又公共组织了一种机关,以推行这种规则。墨子、荀子以及西洋如霍布士一派底哲学家,对于国家

[252] 《道德经》第30章。
[253] 《道德经》第31章。
[254] 《道德经》第31章。
[255] 《论语·为政》第2章第1节。
[256] 参见《论语·为政》第2章第3节。

社会，以及法律、道德的起源，都持这一种说法。”[257]放在全球化的当下，此论点亦甚为确当。如果每个国家都仅为一己之私，则整个世界便会处于乱世。人类的尊严和人权便无从谈起。

中华传统文化教导人们考虑问题要站在世界的高度，要将自己（本国）作为天地万物的一部分，一荣俱荣。王阳明在评论《大学》是大人的学问时曾说：“大人者，以天地万物为一体者也。其视天下犹一家，中国犹一人焉。若夫间形骸而分尔我者，小人矣。大人之能以天地万物为一体也，非意之也，其心之仁本若是，其与天地万物而为一也。”[258]易言之，人不仅要将自己视为天地万物的一部分，同时对其他人、其他事还要有仁爱之心，要有良知。“阳明说：‘人人都有良知，良知见善即知其为善，见恶即知其为恶’。这是‘不学而知，不虑而能’底。我们的说法，虽不必与阳明同；但人应该作些什么事，以尽某伦，或尽某职，并不很难知道，这似乎是不成问题底。知道人应该作些什么事以尽某伦或尽某职，则即一直作去，不再有别的计较，此即是道学家所谓顺应，所谓无为。”[259]“无为”是指只要人按自己的良知去做，便会达至“无不为”的境界。将此适用到今天的国际社会，如果每个国家都以仁爱之心、以良知对待其他国家，做到“有诸己而后求诸人，无诸己而后非诸人”，[260]则世界便会和谐，人类的尊严与人权便可能实现。

人权是公认的国际法上的权利，包括每个人的政治权、健康权和经济权等，然不同时间段人们所强调的权利会有不同。例如，当一个社会正在受到流行性病毒肆虐时，该社会内每个人首先需要的是健康权，即对自己身体的保护和免疫。再如，经济贫困社会的成员亟须的应该是改善经济条件，因为如果经济条件得不到改善，健康权、政治权等便无从谈起。基于前述，实现《联合国宪章》规定的人格尊严和人权需考虑相关国家的经济、社会、文化、传统等诸方面，并以后者为基础。同时，人格尊严和人权可通过多种方式和方法实现，

---

[257] 参见冯友兰：《新原人》，载刘梦溪主编：《中国现代学术经典——冯友兰卷（下）》，河北教育出版社1996年版，第567－568页。

[258] 王守仁：《大学问》，全文参见 https://digglife.net/articles/inquiry－on－the－great－learning.html（2022年1月30日访问）。

[259] 冯友兰：《新原人》，载刘梦溪主编：《中国现代学术经典——冯友兰卷（下）》，河北教育出版社1996年版，第613页。

[260] 参见《大学》第10章。

国际社会应切忌用“一刀切”的方式强行适用某种社会制度、法律等。人类社会的共识是法治系有效的治理模式，遂主张应在国际社会实行法治，然如何实行法治的重点应该放在其是否可以为人类带来安宁和幸福，而不是必须实行哪一种形式的制度。就此《庄子·在宥》篇说：“昔尧之治天下也，使天下欣欣焉人乐其性，是不恬也；桀之治天下也，使天下瘁瘁焉人苦其性，是不愉也。”〔261〕这就是说，即使一个制度使其人民天天过节般地兴奋，也不是适当的，因其违背了人的本性。因此，我们谈人格尊严和人权必须放在一定的时空，要符合相关社会的具体条件。基于此，如何实现《联合国宪章》下的人格尊严和人权主要应由每个主权国家根据自身情况决定之。当然，这并不是说人权没有任何标准。

诗云：“乐只君子，民之父母。”〔262〕古代人将政府视为父母，故中华传统文化认为作为人民的父母官应紧贴社会的需要，想人民所想，急人民所急。要做到“民之所好好之，民之所恶恶之。”〔263〕至于如何做到“民之所好好之”，《论语》的一段对话颇具启示：“子贡问曰：‘乡人皆好之，何如？’子曰，‘未可也。’‘乡人皆恶之，何如？’子曰：‘未可也。不如乡人之善者好之，其不善者恶之’”。〔264〕 此处讲的就是有原则的“好恶”观，不是以是否所有人都认为好就好，而是善者认为好才是好。既然善者赞成，那么不善者必然反对。这就是中华传统文化的辩证观。如何方能达到此境界呢？中华传统文化历来强调修身，故诗曰：“假乐君子，显贤令德，宜民宜人，受禄于天。保佑命之，自天申之。”〔265〕自己开心快乐了，自然就会表现出和睦。放在国际社会考虑，一个国家首先要将自己的事情做好，使本国人民生活幸福。这是作为国家的本分。各国都守本分，则世界范围的人格尊严和人权便可实现。或可说，这就是中华传统文化的精华，可对国际法治的建立和发扬多有贡献。

综上所述，我们认为百年变局是变中有不变，不变中有变；其在原有的世

---

〔261〕《庄子·外篇·在宥》，全文参见 https://ctext. org/zhuangzi/letting - be - and - exercising - forbearance/zh(2022 年 1 月 30 日访问)。

〔262〕《诗经·小雅·南山有台》，载司徒博文编译：《诗经全译》，当代世界出版社 2006 年版，第 202 页。

〔263〕参见《大学》第 11 章。

〔264〕《论语·子路》第 13 章第 24 节。

〔265〕《诗经·大雅·假乐》，载司徒博文编译：《诗经全译》，当代世界出版社 2006 年版，第 334 页。

界格局的基础上变化，是既继承又发展。百年变局最大的不变是经济全球化依然是世界的大势，全球化导致条约拘束力提高、国际规则强势进入内国法、国际和内国规范互鉴互补、国际组织间的合作加强，且仍在进展。全球化的演进呼唤国际和国家层面的法治化。这也是基于全球化的先前发展。《世贸组织协定》等国际条约本就包括法治内容的要求，并在实践中将之具体化、标准化。世贸组织关于透明度原则的解释以及国际社会就透明度原则在投资领域的立法努力等均为例证。法治将成为国际治理的重要内容和标准，也是百年变局下国际经济法的新特点。作为人类主要文明之一的中华传统文化有上下五千年的历史，对人类社会的发展做出了重要贡献，在很多方面均与当今世界国际法律秩序的原则和规则，包括国际法治的要求相吻合。《联合国宪章》和其他国际条约以及传统国际法规定的国家主权、国家平等、和平解决争端、人格尊严与价值、和睦相处、维持正义、信守承诺等，中华传统文化有相同的主张。对应如何观察、评析世界的变化及趋势，中华传统文化的哲理可提供独特的视角。基于前述，在当今世界的百年变局中，中华传统文化应可对国际法治，进而对促进人格尊严和世界和平做出更多、更大的贡献。